EL ESCRITOR Y EL INTELECTUAL ENTRE DOS MUNDOS

Lugares y figuras del desplazamiento

Cécile Chantraine-Braillon
Norah Giraldi Dei Cas
Fatiha Idmhand
(eds.)

EL ESCRITOR Y EL INTELECTUAL ENTRE DOS MUNDOS

Lugares y figuras del desplazamiento

Cécile Chantraine-Braillon
Norah Giraldi Dei Cas
Fatiha Idmhand (eds.)

Iberoamericana • Vervuert • 2010

© Iberoamericana, 2010
Amor de Dios, 1 – E-28014 Madrid
Tel.: +34 91 429 35 22
Fax: +34 91 429 53 97
info@iberoamericanalibros.com
www.ibero-americana.net

© Vervuert, 2010
Elisabethenstr. 3-9 – D-60594 Frankfurt am Main
Tel.: +49 69 597 46 17
Fax: +49 69 597 87 43
info@iberoamericanalibros.com
www.ibero-americana.net

ISBN 978-84-8489-520-6 (Iberoamericana)
ISBN 978-3-86527-588-2 (Vervuert)

Depósito Legal: M-37044-2010

Diseño de cubierta: Carlos Zamora

Impreso en España
The paper on which this book is printed meets the requirements of ISO 9706

Índice

2. Las orillas de la identidad

3. Entre dos mundos: fronteras y pasajes

PREFACIO

El escritor y el intelectual entre dos mundos da cuenta del Homenaje internacional a Fernando Aínsa, organizado por el centro de investigación CECILLE de la Universidad Lille Nord de France (Centre d'Études en Civilisations, Langues et Littératures Étrangères) en colaboración con la Maison Européenne des Sciences de l'Homme et de la Société de la Region Nord-Pas de Calais, y auspiciado por las universidades de Caen (LEIA – Laboratoire d'Études Italiennes, Ibériques et Ibéro-Américaines), de Poitiers (Centre de Recherches Latino-américaines), de Rennes (LIRA – Laboratoire Interdisciplinaire de recherche sur les Amériques) y de la Sorbonne Nouvelle – Paris 3 (CRICCAL – Centre de Recherches Interuniversitaires sur les Champs Culturels en Amérique Latine). Se asociaron también en la preparación de este Homenaje la Academia Nacional de Letras del Uruguay, la Academia de la Lengua de Venezuela y la Asociación Española de Estudios Literarios Hispanoamericanos (AEELH) de España.

El 5 y 6 de junio de 2009, más de treinta investigadores de América y de Europa se reunieron en Lille para tomar en cuenta los diferentes ejes de la producción intelectual y crítica de Fernando Aínsa, así como su variada e importante trayectoria de escritor. El acto se abrió con las palabras de José Carlos Rovira, presidente de la Asociación Española de Estudios Literarios Hispanoamericanos (AEELH) que apoya el Homenaje reconociendo con «admiración y amistad al maestro Aínsa, miembro desde los comienzos de nuestra asociación y que ha dado siempre apoyo a las iniciativas y congresos de la misma. Valoramos tanto la obra literaria de Fernando Aínsa como su impresionante obra crítica, en cuya lúcida y nutrida reflexión tenemos siempre un modelo y una construcción esencial, no sólamente sobre el pasado sino también sobre lo contemporáneo».

Lille, febrero de 2010

Introducción

El escritor y el intelectual entre dos mundos Homenaje internacional a Fernando Aínsa

Cécile Chantraine-Braillon
Norah Giraldi Dei Cas
Fatiha Idmhand

La condición del escritor y el intelectual dividido entre dos mundos, la noción de no pertenencia a un solo territorio, fronteras esfuminadas, viajes de ida y vuelta, exilios forzosos o voluntarios, vagabundeos iniciáticos, aprendizajes de la *otredad*, aspiraciones a «salir de sí mismo» que favorecen los mundos virtuales del espacio cibernético, todos son elementos que caracterizan la creación *transfronteriza* de nuestro tiempo de la que la obra de Fernando Aínsa es referente ineludible. Cerca de setenta contribuciones de escritores, críticos y especialistas —entre los que se cuentan José Luis Abellán, Enrique Vila-Matas, Luisa Valenzuela, Ida Vitale, Cristina Peri Rossi, François Delprat, Julio Ortega, Virgilio López-Lemus, Mercedes López-Baralt— abordan en *El escritor y el intelectual entre dos mundos* la figura del *entre-deux* forjada por Daniel Sibony y la pérdida del «mapa» de los referentes identitarios en beneficio de la diversidad, fusiones y mestizajes de la que la obra crítica y ensayística de Aínsa es ejemplo emblemático.

Pocos autores como Fernando Aínsa se han dedicado en las últimas décadas del siglo XX y la primera del siglo XXI a estudiar, reflexionar y elaborar síntesis sobre el pensamiento latinoamericano y las representaciones literarias que han contribuido a configurar su identidad en movimiento. Y pocos, como él, se han comportado como un humanista renacentista de los tiempos modernos. Aínsa es el letrado que deambula por los ámbitos más variados de la cultura, un intelectual reflexivo y pleno de referencias, cuyo pensamiento sin anteojeras fluye en sus trabajos de crítico y de creador. En su obra sabe enaltecer el privilegio de ser hispano-uruguayo —nacido en España durante la Guerra Civil y emigrado al Uruguay en su adolescencia—, es decir, de haber vivido siempre entre dos continentes y, quizás por eso, toda su obra alterna la mirada de cerca y la mirada de lejos para enfocar y ofrecer lecturas nutridas y originales perspectivas de análisis. Una trayectoria intelectual que puede ser interpretada a partir de la figura del *entredeux*, según la noción forjada por Daniel Sibony, esa figura que denota el compartir y el darse al *Otro*, en un gesto de encuentro y de descubrimiento, en el espejo de uno mismo. En la obra de Fernando Aínsa esta figura permite poner en evidencia un espacio dinámico de interrelación entre dos mundos, sus acercamientos, sus diferencias y contradicciones. A partir de los discursos que subyacen en la creación de América Latina, la ensayística de Aínsa pone en evidencia, con originalidad y talento, un pensamiento latinoamericano sellado por la idea de utopía y su propia identidad, ligada, al mismo tiempo, a Europa y a Estados Unidos tanto por relaciones de atracción como de oposiciones y conflictos.

Asimismo, la pertinencia de sus interpretaciones y lecturas críticas sobre la narrativa uruguaya hacen de Fernando Aínsa uno de los especialistas más citados de esta literatura del sur que, no por ser singular y mirar muchas veces oblicuamente lo latinoamericano, deja de ser profundamente otra, es decir, americana. Aínsa ha sido uno de los primeros críticos en señalar la originalidad y la envergadura universal del discurso poético de Juan Carlos Onetti. A él se debe también la promoción a nivel internacional de narradores jóvenes, de varias generaciones de uruguayos que hoy se leen en el mundo entero. Numerosos premios internacionales en Argentina, México, España, Francia y Uruguay reconocen el valor de su obra de creación y de ensayista, sin olvidar que sus relatos figuran en varias antologías del cuento hispanoamericano. Intelectual y escritor reconocido, ha sido nombrado miembro correspondiente de la Academia Nacional de Letras del Uruguay y de la de Venezuela.

Así es como, desde Alemania, Argentina, Bélgica, Brasil, Chile, Cuba, España, Estados Unidos, Italia, Francia, México, Venezuela y Uruguay, los investigadores y escritores en relación con quienes Aínsa ha elaborado tramos de su excepcional trayectoria intelectual se han organizado para intervenir en esta publicación que celebra la obra de este erudito de los tiempos modernos y sus enfoques innovadores logrados gracias a su apertura de espíritu y a sus vastos conocimientos en Filosofía, Historia y Literatura. La obra de Fernando Aínsa traduce el destino del hombre americano y sus relaciones con otros mundos en novedosas propuestas que podemos definir con uno de sus títulos: *Del topos al logos. Propuestas de geopoética*, publicado en esta editorial. Su ensayo *La reconstrucción de la utopía* ha sido traducido a varias lenguas, entre otras al francés, portugués de Brasil, ruso, rumano, polaco, checo y macedonio. Su novela *El paraíso de la reina María Julia* (1994) merece ser llevada al cine por la calidad de las imágenes y de los diálogos, y por el mensaje que transmite: una nueva manera de ser y de estar entre dos mundos en plena mutación ideológica. Esta novela ilustra, a través de la historia de una pareja despareja de latinoamericanos en Madrid, el desencanto que caracterizó el fin del siglo XX. Los dos personajes se dibujan en un claroscuro de picaresca que se sitúa formalmente en el espacio que se proyecta como un constante ir y venir entre sus dos apartamentos y, sobre todo, en la escalera del inmueble de segunda donde se conocen, metáfora de cruces, pasajes, encuentros y desencuentros con que se trama la acción. Viven en ese *huis clos* una pasión, al mismo tiempo buscándose y separándose de sí mismos. La relación que establecen se lee en la novela a través de diferentes secuencias hilvanadas por discursos que trazan pensamientos en dos claves: la voz interior, con la nostalgia de la pérdida, que indica lo que piensa cada personaje y no se atreve a decir al otro, y la voz con que se exterioriza cada uno de ellos materializa, en el diálogo, el intento de construir la pareja y un nuevo presente. Viven ambos a la sombra de la pérdida, en la desilusión (lo que se añora de Cuba, lo que se perdió en el Cono Sur, lo que se busca sin encontrar en Europa), hasta terminar en una fuga loca por Berlín, ante la caída del muro, que acaba por sellar su separación.

La voz de Aínsa en la ficción contrasta con la de su yo poético. En *Travesías. Juegos a la distancia* (2000) y *Aprendizajes tardíos* (2007), Fernando Aínsa encarna la voz del buscador entre dos mundos, de un saber que se va haciendo entre las variaciones y las repeticiones del poema por medio de imágenes, sonidos, versos, estrofas que fijan lo real, lo visto o lo vivido, en visión. Es un hacedor moderno consciente y profundo de sus partidas, término que utilizamos en dos sentidos:

en el sentido de leyes universales que se aplican a la comunidad y con las que se debe cumplir (el pasaje del tiempo, por ejemplo), y en el sentido de secuencias de un tiempo de la subjetividad, hecho de amor, afectos, simpatías, muchas veces cortados por separaciones, éxodos, despedidas, desarraigos, trayectos de un sujeto radicante que, en la recomposición de ciclos, como los de la naturaleza, siente que puede emerger y permanecer en la poesía.

Como un merecido reconocimiento a esta trayectoria, hace unos años atrás y de manera colectiva, decidimos organizar un Congreso en su homenaje que permitiera explorar su obra en torno a *lugares y figuras del desplazamiento* y al *entre dos mundos*, cuestiones centrales en su pensamiento crítico y su trayectoria vital. Sabiendo que Fernando Aínsa tiene una red de amigos que se extiende por el mundo entero, cuyos miembros son eminentes catedráticos, críticos e investigadores que se han nutrido de su pensamiento y han dialogado con él, pensamos en convocarlos para proceder a la lectura que permita tener una idea global de los aportes de la erudición prodigiosa y del quehacer literario de este intelectual que reflexiona sobre nuestra modernidad sin dejar de escudriñar y cuestionar los modelos de pensamiento construidos en el pasado.

La capacidad excepcional de Fernando Aínsa para difundir saberes bien prodigados y su amistad intelectual al servicio de varios grupos de investigaciones de la academia europea y americana llevó a una centena de personas a adherir a este homenaje internacional que contó con el apoyo de instituciones prestigiosas entre las que se encuentran la Academia de la Lengua de Venezuela, la Academia Nacional de Letras del Uruguay, la Asociación Española de Estudios Literarios Hispanoamericanos (AEELH) de España, la Universidad de Caen Basse-Normandie, la Universidad de Rennes, la Universidad Sorbonne Nouvelle – Paris 3 y el Centre de Recherches Latino-Américaines de Poitiers. El Coloquio internacional de homenaje se llevó a cabo en la Universidad de Lille, los días 5 y 6 de junio de 2009.

El volumen que publica ahora Iberoamericana Editorial Vervuert da cuenta de esta adhesión internacional sin precedente que se concretiza por la calidad de los aportes presentados en torno a temáticas y nociones que su obra forja y explora, y que, como en el caso de algunos de sus libros, precisan desde el título su pertinente sentido: «del canon a la periferia»; las nuevas utopías; del espacio vivido al espacio del texto;

«de aquí y de allá», en el entredós de la escritura; escribir «con acento extranjero»…, y que en una literatura personal que atestigua tanto el asombro como la perplejidad frente al cambio, no deja de servirse sabiamente del humor para dar cuenta de la pérdida desde el otro lado del espejo. La obra que presentamos alcanza su cohesión gracias a un importante número de contribuciones que se han fijado como objeto de análisis diferentes facetas de la obra inmensa de Fernando Aínsa, al igual que el estudio de su relación con la obra de otros autores. La participación de escritores sella el deseo de reconocimiento con un hilo inalienable: resulta raro poder conjugar las voces singulares de escritores en el homenaje a uno de ellos. En este caso se debe, sin lugar a dudas, a la estela que deja en los otros la obra del homenajeado y a la amistad que él sabe cultivar. La composición de este libro tiene en cuenta estas dos vertientes: la excelencia de la palabra crítica que forma la materia de las diferentes partes de la obra y la singularidad de las voces de los artistas que se desgrana en forma de epígrafes.

El homenaje que recoge este libro adquiere todo su sentido por la calidad de los trabajos que se presentaron para celebrar las diferentes facetas de la creación de Fernando Aínsa: por un lado, la del poeta de nuevas cartografías, amante de las cosas aparentemente simples como los ciclos de la naturaleza que se representan en su huerta, en su nuevo terruño en Teruel que, sin embargo, está lleno de encrucijadas que llevan a cuestas los recuerdos de varias generaciones; por otro, en su obra de intelectual que explora la biblioteca para tejer la memoria entre los continentes hasta abarcar los términos del ser y del estar con las claves de la modernidad en la que interviene haciendo y transformando.

Lille, diciembre de 2009

FRAGMENTOS PARA UNA POÉTICA DE LA EXTRANJERÍA

Fernando Aínsa

Hará unos años —para ser precisos en mayo del 2005— volvíamos en tren de Caen a París con Norah Giraldi y otros colegas después de un coloquio sobre la ciudad contemporánea en la literatura latinoamericana. Mientras atravesábamos la grisura casi eterna de Normandía, hablamos de una de las características más originales de la narrativa latinoamericana actual: la pérdida del «mapa» de los referentes identitarios tradicionales (territorio, nación, costumbres), la abolición de fronteras, el surgimiento de una «geografía alternativa de la pertenencia», las «pulsiones de otro lugar» que asaetan al escritor, la importancia del viaje en la nueva ficción, la transgresión, la mezcla de códigos y la exaltación del descentramiento y la marginalidad, así como las lealtades múltiples que se generan a través de la pluralidad y la interculturalidad en que vivimos; en resumen, el carácter *transterritorial* de la literatura de este nuevo milenio, lo que supone la ruptura de un modelo de escritor y la recomposición de su papel en la sociedad.

Sin embargo, se recordó en el animado vagón del tren —donde nosotros mismos éramos un reflejo del mosaico cultural de lo que discutíamos— que todo esto era muy reciente. Hasta hace unas décadas los escritores parecían estar obligados a «representar» a su país y si no lo hacían, por vivir «fuera» o estar tentados por el cosmopolitismo, se le pedían cuentas —como se las pidieron a Borges— y debían dar explicaciones como hizo Julio Cortázar en su famosa polémica con José María Arguedas. Un Cortázar que había parodiado en *Los premios* y, sobre todo, en *62 Modelo para armar* a los engominados argentinos que asumen un «destino porteño» en Europa. Representar un país, como lo hacían sus ridículos personajes paseando por Londres y París con «trajes a rayas y entallados» y peinados de un modo penoso, llegó a conformar una caricatura existencial de la auténtica dificultad de tener una identidad fija más allá del estereotipo. Esos trajes solemnes eran un auténtico disfraz con el cual se quería transmitir una seriedad y aplomo que íntimamente no se poseía, «esa especie de padre argentino de sienes plateadas y trajes bien cortados que inspiran confianza» de que hablaba Cortázar. Por algo había abierto *Rayuela* con el significativo epígrafe de Jacques Vaché: «Rien ne vous tue un homme comme d'être obligé de représenter un pays».

En el animado trayecto Caen-París se recordaron otras polémicas derivadas del esencialismo nacionalista y político imperante años antes, de los interminables debates sobre la identidad latinoamericana, del compromiso raigal entendido como una obligación y no como el resultado de una opción personal y de cómo, a partir de la experiencia del exilio forzoso o voluntario, se habían ido imponiendo otros temas en la literatura y en nuestras propias vidas: el de vivir entre dos mundos, el de estar divididos entre «aquí» y «allá», el de la identidad fragmentada y reconfigurada con otros parámetros que desbordan patrias, fronteras y territorios.

Norah pensó entonces que estos cambios podrían ser objeto de un Coloquio y me hizo ver que buena parte de mi obra, con sus títulos inequívocos, iba en ese sentido: *Con acento extranjero* (1984); *De aquí y de allá* (1986); *Travesías. Juegos a la distancia* (2000); *Pasarelas: letras entre dos mundos* (2001), *Espacio literario y fronteras de la identidad* (2005), pero también *Identidad cultural de Iberoamérica en su narrativa* (1986), donde se apostaba a una identidad dialéctica y en permanente cuestionamiento y en los diversos libros sobre la utopía que había escrito, concebidos todos ellos como dualidad y confrontación de espacios y antinomias, tensión utópica que marca la historia de América Latina.

Poco después, Norah me escribió con el proyecto del homenaje, centrado alrededor de esa condición de «entre-deux» que había surgido en un intercambio de ideas ferroviario, es decir —y haciendo honor al tema—, en el transcurso de un viaje.

En el otoño del año siguiente, en la Bienal Mariano Picón Salas de Mérida, en Venezuela, me pidieron definir mi poética personal y presentarla en forma de comunicación ante una audiencia internacional de escritores. La propuesta me pareció tan pretenciosa como desproporcionada, pero me obligó a poner en orden algunas ideas dispersas y a descubrir, no sin cierto azoro, que sólo podía intentarlo a partir del conjunto de una obra que respondía, sin haberlo pretendido inicialmente, a una biografía hecha de exilio, *errancia*, forzado cosmopolitismo, pertenencias múltiples y a una inevitable condición de eterno extranjero dondequiera he vivido. Recordé entonces el proyecto de Norah y aunque en Mérida me limité a glosar el libro *Travesías*, donde en cierto modo resumía la ambivalente dualidad del vivir entre «aquí» y «allá», ese planteo me obligó a sentar las bases de lo que quisiera desarrollar hoy. Una propuesta fragmentaria de una «poética de la extranjería» a partir del presupuesto que da título al Coloquio: vivir entre dos mundos, entre dos continente, América Latina y Europa, algo que la convocatoria llama un «privilegio» y que me esforzaré por considerarlo así y probarlo en consecuencia.

En todo caso, si hay que hablar inicialmente de «pertenencias nacionales», integro, por lo menos, dos patrias, «terruños» como diría Carlos Reyles y prefiero repetir, tanto rechazo me provocan los «ismos» derivados de nación o patria. Estos terruños son el Uruguay, donde viví años fundamentales de mi vida (Max Aub decía que uno es del país donde ha estudiado el bachillerato y yo lo estudié en Montevideo) y el Aragón de mis orígenes paternos en cuyo paisaje me he insertado en la recta final de mi vida.

Por ello, la condición de «extranjero» a la que me referiré está lejos de esa suerte de *boutade* que propone Enrique Vila-Matas cuando afirma: «De un tiempo a esta parte, yo quiero ser extranjero siempre»; un escritor que decidió aplicarse a sí mismo la ley de extranjería para dejar de ser un escritor español y habitar un «territorio sin aduanas». Se trata —para el autor de *El mal de Montano*— de «viajar, perder países» y sentirse en su ciudad natal, Barcelona, como «un pasajero en tránsito hacia ciudades lejanas»; se trata de buscar un lugar donde nadie lo conozca y «llevar a cabo la experiencia de volver a empezar, pero con el equipaje de toda la experiencia adquirida durante estos años».

Más lejos todavía está mi propuesta de «poética de la extranjería» de la radical afirmación de Cioran: «lo extranjero se había vuelto mi

Dios», gracias a la cual convirtió su exilio en una apasionante aventura fundacional del desarraigo y practicó esa capacidad de sentirse en «casa» en cualquier cultura, lo que reivindicaba con orgullo.

PALMA DE MALLORCA O CÓMO NACER EXTRANJERO

Por lo pronto, porque la condición de extranjero de la que quisiera hablar hoy no es una opción personal, sino el resultado de un destino no elegido voluntariamente. Algo de aquello que Albert Camus llamaba «el destino de los que padecen la historia», personajes que consideraba más interesantes que los presuntos héroes que la hacen y creen protagonizarla.

Padecida, aunque no haya sido el mío un destino particularmente excepcional, pese a que desde el día en que nací fui un extranjero en mi propia tierra. Hijo de padre aragonés y madre francesa, al nacer en plena Guerra Civil española en Palma de Mallorca, fui siempre un «forastero» entre mis compatriotas, calificativo —forastero— que sólo oiría luego en las películas del Oeste y sus héroes mitificados, imponiéndose con aplomo y pistola en mano en pueblos donde no impera la ley.

Forastero sometido a una cerrada insularidad, al franquismo opresor y al catolicismo ultramontano aliados en esa hidra que asfixiaba toda diferencia, crecí en un hogar heterodoxo construido sobre lecturas de libros prohibidos por el régimen y mirillas abiertas al pasado reciente que oficialmente se ocultaba y a las tierras que existían más allá de los Pirineos. No fue fácil, lo repito, al recordar con mal sabor cómo en la escuela era el *«forasté da merda»* a quien mandaban «hacer puñetas», condición que me valió encerronas y agresiones. Mis únicos amigos en aquel universo hostil fueron «peninsulares» de origen como yo: un vasco, bilbaíno por más señas, un castellano y, como no podía ser menos, un chueta, judío mallorquín, también extranjero en su propia tierra.

Extranjero en la ciudad en que había nacido, aprendí desde pequeño a mirar el mundo desde los márgenes, esa «mirada oblicua» y «descolocada» que me apasionaría luego en literatura: de Kafka a Onetti, de Dostoievski a Cortázar, el ángulo del absurdo y la parodia de tantos «raros» uruguayos, ese «extranjero» paradigmático de la obra homónima de Camus.

Montevideo o el feliz empatriamento

En plena represión franquista la emigración se impuso y el apacible Uruguay de un diciembre de 1951, esa «Suiza de América» como se lo había engañosamente bautizado, nos acogió en forma tan generosa que me olvidé de inmediato de mi infancia insular mallorquina a la que desterré a los sótanos de la memoria. En Malvín, el que sería mi barrio para siempre, me integré a una «barra» e hice rápidamente amigos de esos que son para toda la vida. Un par de años después, viviría con intensa felicidad el momento en que me entregaron mi credencial de flamante ciudadano uruguayo: ya no era un extranjero y hasta podía votar. ¡Qué más se podía pedir!

Sin embargo, aunque no me sintiera extranjero en Uruguay, la palabra exilio, término que había sido erudito hasta que lo popularizó la Guerra Civil española, fue familiar, por no decir ineludible en el mundo que me rodeaba. Pese a que sentía que no me correspondían las generales de la ley por haberme transformado en uruguayo, los *exiliados* —y no los *exilados*, como se diría después—, fueron los amigos de mi padre, aquellos que dividían claramente el mundo entre el Bien y el Mal, principios categóricos que habían dado respectivamente republicanos y franquistas, rojos y azules.

Vivía en Montevideo en un mundo de *refugiados*, como se los llamaba también, donde la devoción a la España republicana derrotada era tan grande como el odio a la España franquista imperante. La única España válida y legítima era la «España Peregrina», la del exilio, la de los *transterrados* —ese feliz neologismo acuñado por José Gaos—, la de los empatriados en ese país generoso que nos había acogido sin ambivalencias. Nadie podía sentirse verdaderamente desterrado o expatriado en el Uruguay de entonces, tantas facilidades tenían los españoles, desde la ciudadanía legal adquirida sin dificultad hasta los derechos cívicos y políticos que permitían ser electores y elegidos en un sistema democrático hasta ese momento indiscutido y único en el continente.

De un modo u otro, ese *transtierro* fue más bien un *empatriamiento*. De eso se trató: de insertarse, de vivir y actuar en la nueva tierra. «Yo no me siento extranjero, aunque a veces blasfemo contra México y otras lo adoro hasta un extremo para el cual no hay palabras adecuadas», afirmaba en el otro extremo del continente Ramón Sender, un autor que leíamos en Montevideo en las ediciones «Proyección» del exilio anarquista español en la Argentina. María Teresa León, la esposa de Rafael Alberti, que andaba buscando «una patria para reemplazar a la que nos arrancaron del alma de un solo tirón», como escribió en *Memoria*, diría más o menos lo mismo de Buenos Aires: «Veinte años en una ciudad marcan», para reconocer que: «Seguramente los que llegamos a América fuimos los más felices».

«América es la patria de mi sangre» —llegó a decir León Felipe—, patria donde había de poner «la primera piedra de mi patria perdida», una piedra auténtica y no la de los «símbolos obliterados, los ritos sin sentido» y «el verso vano», por lo que reclamaba «carta de mestizo para cantar en coro […] como todos los poetas de la América española».

Otro exiliado, Manuel Andújar aconsejaba el «descubrimiento propio de América». Se trataba de «comprender más y mejor a Hispanoamérica, donde estamos y donde somos», afirmaba en *Crisis de la nostalgia*, esfuerzo que realizó a través de la revista *Presencia*, editada para quienes —como decía textualmente— «viven entre dos mundos» y deseaban practicar un «mestizaje ambiental» y un «criollaje selecto». Como ven, ya estaba el tema que nos reúne ahora —vivir entre dos mundos— en el aire del tiempo de entonces.

De este mundo de verdades desgarradas y rotundas, nostálgicas y apasionadas del exilio español, dimanaba el aura ética y moral en la que crecí y me formé en Uruguay. Para quienes perdimos siendo adolescentes la fe religiosa que nos habían inculcado a «machamartillo» siendo niños en la oscura España de la posguerra, la Guerra Civil nos daba la medida de dos concepciones irreconciliables de la historia que se prolongaban en la moral de la vida cotidiana y en las definiciones de los conflictos posteriores, como fuera la Segunda Guerra Mundial oponiendo el nazi-fascismo a los valores de la cultura occidental que decían representar los Aliados y en el propio devenir social y político de América Latina, confrontada a golpes de Estado, dictaduras y revoluciones de las que la boliviana de 1952 y la cubana de 1959 serían referentes.

Mi integración en Uruguay fue total y apasionada, y me volqué al periodismo, al aprendizaje, práctica y crítica de la literatura uruguaya, vocación inicial de inserción que se ha mantenido en el tiempo, más allá de avatares personales. Resultado de ello han sido cinco libros que se han ido escalonando a lo largo de casi cuarenta años: *Las trampas de*

Onetti (1970); *Tiempo reconquistado. Siete ensayos sobre literatura uruguaya* (1977); *Nuevas fronteras de la narrativa uruguaya* (1994); *Del canon a la periferia* (2002); y el reciente *Espacios de la memoria. Lugares y paisajes de la cultura uruguaya* (2008), escritos entre Uruguay y Europa, en todo caso en contacto permanente con escritores y amigos «orientales», algunos de los cuales están hoy aquí, para mi alegría y contento, y otros se han adherido desde Montevideo a estas jornadas. Gracias a esta red fundamental de nervio vivo que da la amistad he recibido novedades y he podido seguir una producción literaria que, felizmente, está más activa que nunca.

Sin embargo, aunque circunscriptos a la literatura uruguaya, estos ensayos no han sido «nacionalistas», ni han puesto el acento en nuestras «raíces». Los marcos nacionales de un estado me han parecido siempre un modo arbitrario de aproximar una literatura. Por ello no he querido caer en la tentación del nacionalismo crítico, analizando obras y autores en la perspectiva exclusiva de los límites geográficos del país, insistiendo en las diferencias y olvidando cuales deben ser las verdaderas categorías que presiden la aproximación crítica a un texto. Por el contrario, se han abierto a una suerte de literatura comparada, donde la «savia local» se «injerta» con naturalidad en la creación literaria del mundo. Por esta razón, si métodos de crítica pudieron ser diferentes para cada uno de los títulos, preocupaciones comunes han guiado la redacción del conjunto, aunque estuvieran sometidas a «dudas cartesianas», que ningún «discurso del método» me ha resuelto, desde los lejanos días en que trabajaba en la redacción de *Las trampas de Onetti*.

Entre otras «dudas», las más acuciantes: ¿a partir de qué momento se pasa de una escritura individual a una expresión colectiva y representativa de una nación?; ¿dónde terminan las *influencias* y dónde empieza la *autenticidad*? O la duda más obvia, pero no por ello más fácil de responder: ¿se necesita de un número mínimo de escritores para hablar de literatura nacional?; mejor aún, ¿hablar de literatura nacional es un problema de número o de la conciencia difusa o claramente expresada de formar parte de una colectividad?

Consciente de estas interrogantes, he preferido siempre encarar el marco de la literatura uruguaya al que me he ceñido, como un concepto operativo imbricado en la historia y la voluntad cristalizadora de un pueblo, reconocido por rasgos y signos que también siento como propios. Hablar de literatura uruguaya —como puede ser hablar de literatura paraguaya, nicaragüense o ecuatoriana para otros— es un modo de establecer un campo de estudio particularizado, referido a una «producción cultural» que, más allá de las corrientes estéticas e influencias en que se reconoce y gracias a las cuales se diferencia, está marcada por los jalones de su historia. Una historia que es también americana y con la cual el Uruguay comparte muchas de las expresiones que han hecho del continente uno de los polos más activos de la creación literaria del siglo XX.

Desde esta perspectiva, la *diferencia* literaria uruguaya es más contextual que textual, ya que el nivel de la lengua —y al margen de algunas modalidades en que la comunidad oriental se expresa— no basta para identificar una obra como nacional. El corpus que define y organiza «lo uruguayo» como un todo, del que la narrativa es una de sus expresiones, pero no la única, es el destino común en que está inmerso y con el cual se relacionan, en forma interdependiente y transdisciplinaria, ensayos culturales, políticos, antropológicos, sociológicos, históricos y hasta periodísticos, en una tensa urdimbre intertextual de ramificaciones abiertas a todo tipo de afinidades, influencias y correspondencias.

En la doble perspectiva del texto y su inevitable contexto, del individuo y de la comunidad a la que pertenecemos, concebí mis libros sobre literatura uruguaya, un modo de recordar que la buena literatura rebasa siempre las fronteras de una patria determinada para participar de la aventura colectiva de la humanidad. La peculiaridad de nuestra identidad no se diluye ni se aliena en su participación en el mundo, en ese saber compartir con otros una misma «condición humana». Por el contrario, nuestro «derecho a lo peculiar» se enriquece con esa «apertura de fronteras». Debemos —me he dicho siempre— insertar la especificidad uruguaya en la universalidad, pero en una «universalidad enraizada», porque —como ya lo precisara Mariano Picón Salas— «no se puede ser universal en lo abstracto».

En una nota al pie de página de su completa antología *Doscientos años de poesía cubana* (1999), Virgilio López Lemus recuerda que en un viaje por Francia el ensayista Juan Marinello encontró inscrita en el fondo de un viejo plato la sentencia: «el arte no tiene patria, pero el artista sí», aforismo que hace suyo para reivindicar una tradición literaria cubana «comprendida como multiplicidad, como abierto campo de diferentes tendencias, corrientes y líneas».

Este distingo me ha parecido esencial para abordar la narrativa uruguaya, donde lo que pudiera tildarse de «autoctonía» rebasa lo nacional, es universalista, sin ser siempre cosmopolita, principio y reto de apertura, sentido de amplitud que deberían permitir abolir las categorías de literatura de «dentro» y «fuera», nacional y de «emigración» y/o exilio en un mundo cada vez más intercomunicado e interdependiente. Ello supondría aceptar que hay otras formas posibles de universalidad; que la cultura nacional ha dejado de ser un hecho exclusivo constreñido a los límites territoriales y no pertenece exclusivamente al gentilicio con que pueda calificarse: cubana, argentina, colombiana o uruguaya. En definitiva, que estamos frente a fronteras esfuminadas sin estar abolidas, límites sobre el que se tienden puentes para «esencializar lo nacional hasta lograr su universalidad plena» en un difícil equilibrio entre patria del escritor y arte sin fronteras.

¿Pero qué sucede cuando ese escritor intenta recuperar —desde el «afuera» en que está sumergido— el lejano «adentro» en que viviera? ¿Qué sucede cuando el escritor que vive «sin fronteras» convierte su obra en el esforzado rescate de un territorio o un pasado «patrimonializado» por el tiempo y la distancia? Aunque no lo haga siempre con nostalgia, busca salvar recuerdos que se desfibran en una memoria que lo traiciona, en la engañosa idealización de un tiempo y un espacio cuyos límites están acotados por el antes y el después de su partida. Entonces, el aforismo inscrito en el viejo plato que leyera Marinello parece invertirse: ahora «el artista no tiene patria, pero el arte sí».

La literatura nacional escrita fuera de fronteras tiene, pues, otros contextos y referentes. Testigo de un «mundo paralelo» que conserva en su memoria, pero que recuerda con temor y no siempre con nostalgia, el escritor es capaz de recrear su realidad de origen desde la nueva que le procura su condición de intruso y de «bárbaro». Basta pensar en la obra de Juan José Saer y la irradiación mítica de «la Zona» que funda como espacio novelesco desde la brumosa Bretaña en que vivió y en el que se reconoce el litoral argentino entre Rosario y Santa Fe de su infancia y juventud.

En realidad, se trata de «injertar el mundo en el tronco propio» —al decir metafórico de José Martí— rompiendo así el círculo de la dialéctica del conflicto entre lo «universal» y lo «particular». Cada tronco cultural debe funcionar, por lo tanto, como una plataforma desde la cual se organiza un modo de ver el mundo, tanto para expresar lo propio, como para aprender a «contrastarlo» con otros modos y percepciones. Para ello, debe prescindirse de toda «definición monocultural» y estar dispuesto a un «reaprendizaje a pensar» críticamente y, desde la polifonía, la diversidad. Abolir los muros, traspasar las fronteras —la frontera, otro tema apasionante que recorre en forma transversal parte de mi obra—, mirar el mundo desde un punto determinado, otear el horizonte sin prejuicios, de eso se trataba. Si nuestra «comarca» está en el mundo, es porque creemos en la *boutade* del poeta portugués Miguel Torga: «Lo universal es lo local, menos los muros».

En el contexto de estas reflexiones quisiera recordar al exiliado español que marcó más mi vida en esos años: Benito Milla, «Don Benito» como lo llamábamos con afectuoso respeto quienes lo tratamos de cerca. De origen anarquista —secretario de la Juventud Libertaria en Cataluña—, Milla llegó al Uruguay después de varios años de exilio en Francia y, partiendo de un puesto de libros de venta callejera en la Plaza Libertad, en pleno centro de Montevideo, fundó una de las librerías y editoriales de mayor incidencia en los «efervescentes» años sesenta uruguayos, Alfa, donde trabajé y aprendí las bases del oficio de la edición en que he trabajado desde entonces.

En la editorial Alfa se editaron obras de Juan Carlos Onetti, Mario Benedetti, Carlos Martínez Moreno, y la de los jóvenes narradores de la generación del 60 como Eduardo Galeano, Cristina Peri Rossi y Saúl Ibargoyen Islas; y también novelas de españoles exiliados en Montevideo como Ernesto Contreras y José Carmona Blanco, o ensayos fundamentales como la historia del anarquismo español de José Peirats.

La militancia libertaria de Milla fue cediendo con los años hacia un humanismo que se reconocía en Albert Camus, Roger Munier, Nathaniel Tarn, Jean Bloch-Michel y en la poesía de Kostas Axeloss y Hans Magnus Enzerberger, autores —todos ellos— a los que publicó en las revistas *Deslinde* y *Temas* que editó sucesivamente en Montevideo. En sus páginas, los jóvenes intelectuales uruguayos nos familiarizamos con autores españoles como José Ángel Valente, Carlos Barral, Juan Goytisolo, y poetas latinoamericanos como Octavio Paz, José Germán Belli y Juan Liscano.

«Don Benito» hablaba de «diálogo» y de tender «puentes» entre América y Europa, lo que parecían utopías en una sociedad liberal que se agriaba y cuyos muros se resquebrajaban a ojos vistas. Escribía, por ejemplo: «Propiciamos la comunicación, el diálogo y la confrontación en una hora del mundo en la que el desgaste de los esquemas ideológicos se hace cada vez más evidente, y también un movimiento de apertura cultural al margen de la cuadrícula cerrada de los partidos, los grupos y las camarillas». En 1964 sostenía que había que «reconocer a los otros, no como enemigos, sino como interlocutores», usando una terminología nueva —alteridad y otredad— puesta al servicio de un imposible idealismo.

Pero Milla adivinaba, además, lo que después resultó evidente: la mutación ideológica de nuestro tiempo, el fin del maniqueísmo impuesto por la Guerra Fría. Milla hablaba de «los diferentes marxismos», lo que parecía una herejía para los marxistas ortodoxos uruguayos, del pluralismo cultural, del nacionalismo emergente en el seno de los grandes bloques y, sobre todo, de cómo evitar, en un país de rica tradición democrática como el Uruguay, los errores que habían conducido a la Guerra Civil española.

Por ello, sus palabras sonaban extrañas en su país de adopción, embarcado como estaba en un proceso de polarización ideológica y en una confrontación política y social sin precedentes en su historia. En esos años, la antinomia española iba cediendo a su inevitable prolongación americana. Democracia contra dictadura, liberación contra dependencia, progreso contra reacción, revolución *versus* contra-revolución, pasaron a ser las palabras mágicas con que en la euforia de los «sesenta» se pretendía conjurar la historia del continente. Nuevos «vientos del pueblo» llevaban y arrastraban, esparcían el corazón y aventaban la garganta, al decir del poeta Miguel Hernández.

Las ilusiones poco durarían. A partir de los años setenta, los «niños de la guerra» española empezamos a vivir en carne propia el destino de nuestros padres. Una historia cíclica parecía repetirse ineluctablemente. El fascismo derrotado en Europa resurgía en América, a veces disfrazado de falsas notas populistas.

Descubriría, no sin cierta resignación, que un destino no se cambia tan fácilmente como podemos creer a veces. Si había nacido extranjero y creía haber dejado de serlo, al volverse el aire irrespirable en el inefable «como el Uruguay no hay», otra emigración, la segunda, se impuso.

«Partir, "repartir". Parto mi corazón en pedazos y lo reparto», escribiría años después en *Travesías* y así me fui de Montevideo: con el corazón partido, pero repartido. Un escritor amigo me despidió cariñosamente en un periódico montevideano que título «Adiós al gallego de Malvín». En ese adiós con el apelativo de «gallego», gentilicio que se usa para todo español emigrado al Río de la Plata, se recordaba mi nacimiento y con Malvín, mi entrañable enraizamiento. Entre dos mundos estaba, tenaz y nuevamente situado.

Sin tener aún plena conciencia, iba a empezar una etapa vital de mi vida que duraría hasta fines de 1999.

París, donde todos somos extranjeros

Un nuevo trasterramiento me llevó a Francia, donde recuperé la lengua de mi madre, aunque condenado a hablarla «con acento extranjero», el que sería título de una novela que publiqué pocos años después en la editorial Nordan que un grupo de exiliados uruguayos —Comunidad del Sur— había fundado en Estocolmo, uno de los polos de la «diáspora» oriental en el mundo y que ahora, reescrita, se acaba de editar con el título *Los que han vuelto*.

Extranjero —*et comment!*— en la tierra de mi madre, aunque con el agravante que me dio trabajar en la Unesco, esa torre de Babel donde todos son «forasteros», aunque a veces parezcan simples «turistas».

Y, por sobre todas las cosas, el azar, tal vez encontrado porque lo andaba buscando, propició que el 14 de junio de 1974, Julio Moncada, un poeta chileno exilado, me presentara a Mónica, también chilena de pura cepa que reivindicaba con orgullo una bisabuela mapuche. Mi destino quedaría sellado. Gracias a la que sería desde entonces mi compañera, Chile pasó a ser un tercer «terruño» a unir al mapa fragmentario de mi identidad. En todo caso, sus paisajes, sus gentes, su literatura, su sabrosa cocina y ese acento y ocurrentes expresiones con las que me identifico apenas piso su tierra. Pero además, porque Mónica sería la primera y rigurosa lectora de todo lo que he escrito desde entonces, incluidas estas palabras.

Escrito desde entonces; de esto se trata, justamente.

Con todo, el exilio volvió a ser el tema cotidiano en la diáspora no sólo uruguaya, sino chilena y de la Argentina a partir de 1976. Los cantos y poemas, los cuentos, novelas y testimonios sintetizaban en mesas redondas, festivales, coloquios y publicaciones el drama que una generación después de la de mi padre se repetía, esta vez del otro lado del Atlántico. En muchos casos, eran los hijos de los exiliados españoles los que emprendían la ruta del retorno a los orígenes, la difícil recuperación de las «raíces rotas» de que había hablado Arturo Barea al intentar su imposible reinserción en España. El círculo se cerraba, absurdamente, en el punto de partida.

No obstante, fue en París donde, paradójicamente, descubrí una hasta entonces desconocida vocación latinoamericana. Yo, como muchos otros y como buena parte de los latinoamericanos que llegamos a Francia, nacidos o criados (como fuera mi caso) del otro lado del Atlántico, antes de llegar a París, somos de un país determinado: argentino, venezolano, colombiano, peruano, mexicano, chileno o uruguayo. Pero, una vez allí, ese ciudadano de un país determinado pasa a ser, antes que nada, latinoamericano, condición y conciencia que se adquiere de inmediato y que se superpone con naturalidad a la ciudadanía de origen. Se pasa a compartir una cultura y problemas comunes; se descubre una hermandad que aproxima naciones en la distancia; y se ingresa en ese vasto, diverso, pero bien delimitado conglomerado de «lo latinoamericano». La matriz de la lengua compartida, por sobre acentos y modalidades lexicales, hace el resto.

París propicia el encuentro entre vecinos que se desconocían, abate fronteras, prejuicios y estereotipos nacionales, para refundirlos en un troquel donde, pese a los nuevos tópicos forjados, se aprende y se conoce mucho más sobre el resto de América Latina de lo que se sabía viviendo en el propio continente. Éste es el privilegio —tal vez el mayor— de quienes, dejando atrás patrias de origen o de adopción (como fuera mi caso), empujados por vientos (o huracanes) de la historia, han vivido muchos años en París.

En la distancia, América Latina se vertebra, integra y se proyecta como una unidad que sólo en los sueños bolivarianos parecía posible. Como unidad se la descubre y estudia; en su nombre se crea y escribe. Conferencias, exposiciones, encuentros, congresos, publicaciones y conciertos lo recuerdan periódicamente. Asociaciones, instituciones, universidades u organizaciones internacionales, aseguran la frecuencia de un interés o canalizan entusiasmos y vocaciones.

En los círculos concéntricos o tangenciales a este espacio parisino, se articulan otros en el resto de Francia, donde cristaliza con la misma o mayor, fuerza esa identidad común latinoamericana en la que se reconocen las lealtades múltiples que va generando. Polos en Toulouse, Poitiers, Nantes, Aix-en-Provence, Caen, Amiens o Lille —por sólo citar aquellos que mejor he conocido— completan esta red sutil donde surgen afinidades electivas y complicidades culturales. Por sobre todas ellas —actividades o instituciones— se gestan las amistades, los afectos y los amores que eliminan barreras y redimensionan la nacionalidad de origen en la *vasta spes* de América Latina.

Tal fue mi experiencia entre 1973 y fines de 1999.

En casi 27 años de vida y trabajo en París formalicé una vocación por el pensamiento y la cultura latinoamericana que han marcado mi vida profesional y creativa. De ella han resultado no sólo los libros que he publicado en esos años, sino un cúmulo de actividades tan diversas como desperdigadas: artículos, entrevistas, reseñas, presentaciones, prólogos y epílogos, páginas heterogéneas girando siempre alrededor de América Latina. A causa de esta tarea —mejor, gracias a ella— se fue urdiendo el entramado de conocidos y amigos que la estimulaba y la hacía posible.

Hubo quienes inicialmente abrieron puertas, a partir de aquel mes de junio de 1973 en que aterricé en París, a cuya memoria no puedo dejar de referirme: Paul Verdevoye, César Fernández Moreno y Julio Ramón Ribeyro. Hubo otros, muchos otros, que fueron conformando esa libreta de direcciones que lleva uno consigo vaya adonde vaya: colegas de la Unesco, del CELCIRP y el CRICCAL, entre los cuales debo destacar a Teresa Orecchia Havas, Amadeo López, Osvaldo Obregón y François Delprat, a escritores, periodistas y editores con los cuales se ha compartido una parte importante de la vida.

Dos ejes fundamentales de preocupación marcaron mi flamante quehacer latinoamericano: el estudio de la identidad a través de su narrativa y el de la función de la utopía en la historia de su pensamiento. No me voy a referir al primero aunque en *Identidad cultural de Iberoamérica en su narrativa* (1986) se desarrolla la noción de «las dos orillas de la identidad», una idea que bien podría aplicarse a la temática de este encuentro, ni tampoco al segundo —la utopía— pese a que durante veinte años fuera objeto de mis desvelos, lo que se ha reflejado en los ensayos *Los buscadores de la utopía* (1977), *Necesidad de la utopía* (1990), *De la Edad de Oro a El Dorado. Génesis del discurso utópico* (1992), *La reconstrucción de la utopía* (1998) y en numerosos trabajos publicados en libros colectivos donde se insiste en la función utópica como expresión del pensamiento crítico, subrayando la importancia de su dimensión histórica en América Latina. Nuestra apuesta no se resignaba a un complaciente «pensamiento único» al que tendía el conformismo del post-1989, sino a reivindicar la dimensión imaginativa de «querer lo imposible» e intentar recuperar la función utópica inherente al ser humano, ese *homo utopicus* que no abdica ante el *homo economicus*. Una «reconstrucción» que se proyectaba al margen del fracaso de los modelos actuales o, justamente, a causa de esa derrota, consciente de que la historia, aunque lo hayan pretendido algunos, felizmente no ha terminado.

Donde se agudiza la mirada periférica

En la perspectiva de estos fragmentos para una poética de la extranjería que he elegido como tema para este trabajo no puedo dejar de referirme al hecho de que vivir en Francia con la posibilidad de viajar con frecuencia a países donde, lógicamente, siempre fui un extranjero, me permitió ir aguzando una mirada que se instaló en forma progresiva en la periferia. Este recentramiento supuso una modificación del punto de vista con que habitualmente había analizado la literatura, auténtica reordenación de las prioridades estéticas aceptadas hasta ese momento e incorporación de la alienación, descolocación y desarraigo a una nueva lectura de la problemática de la identidad.

Por lo pronto, porque en América Latina, gracias a la indiscutible capacidad heurística del término, las dicotomías centro/periferia, arraigo/evasión e identidad/alienación tienen una acepción más amplia y forman parte del debate sobre el «ser americano» y su idiosincrasia, la «ex-centricidad» de su cultura y su posicionamiento en el marco de la civilización occidental; un debate que se refleja en amplios sectores de la producción literaria y ensayística. Erradicada a la periferia, América Latina se ha visto a sí misma —tal como recordaba Carlos Fuentes—viviendo en «los Balcanes de la cultura», es decir, al margen de los centros culturales asociados inevitablemente con las grandes capitales europeas o como decía irónicamente Pablo Neruda: «Nosotros los chilenos, somos los sobrinos de Occidente». En tanto que lejanía referida a un hipotético centro, el uruguayo Alberto Zum Felde se permitió la *boutade*, no exenta de nostalgia:

«Nosotros los habitantes del Río de la Plata, vivimos en el confín del mundo».

En el «extremo occidente» en que está situada, América Latina ha sido sinónimo de expulsión y destierro, expresión metafísica del «drama de la extranjería del hombre en el mundo», como lo proponía, no sin cierta angustia, H. A. Murena en *El pecado original de América* (1954): «América está integrada por desterrados y es destierro y todo desterrado sabe profundamente que para poder vivir debe acabar con el pasado, debe borrar los recuerdos de ese mundo al que le está vedado el retorno, porque de lo contrario queda suspendido de ellos y no acierta a vivir».

Otro escritor argentino, Julio Cortázar, construyó en *Rayuela*, a partir del sentimiento de «no estar del todo» en ningún lado, un auténtico viaje desde la periferia (Buenos Aires) al centro (París), para descubrir que sólo en la vuelta —el regreso a la periferia— está el secreto. «Se dio cuenta de que la vuelta era realmente la ida en más de un sentido», se dice Horacio Oliveira, su protagonista, al regresar a Buenos Aires después de haberse inútilmente buscado en París, la ciudad que se consideraba paradigma y centro de la cultura. Sin embargo, no tarda en comprobar que es «terrible tarea la de chapotear en un círculo cuyo centro está en todas partes y su circunferencia en ninguna, por decirlo escolásticamente» y descubrir que no tiene centro y que no podrá tenerlo nunca.

Son numerosos ahora los escritores que constatan el derrumbe de los pilares del mundo clásico y la modernidad forjada a su socaire y hacen de ese descubrimiento el *leitmotiv* de su obra. En ese espacio generado por la desorientación y la pérdida de referentes, se gesta el impulso de creación y el nuevo equilibrio de la literatura excéntrica, es decir, esa literatura que surge fuera del centro, oblicua y marginal, desajustada en relación a lo que son las atribuciones que se le asignan como misión. Instalados en la fragilidad de las zonas intermedias, los creadores buscan un espacio donde integrar una sensibilidad aguzada en un mundo que maneja otros valores y que por ello los empuja fuera del sistema. En esta dirección puede leerse la obra de los uruguayos Juan Carlos Onetti y Mario Levrero, los mexicanos Guillermo Fadanelli, Daniel Sada y Ana Clavel, la chilena Guadalupe Santa Cruz y la de sus antecedentes el ecuatoriano Pablo Palacio, el chileno Juan Emar y el panameño Eliseo Colón Zayas.

El mundo contemporáneo agrava la condición apátrida del ser humano —condición de la que ya hablaba Hegel al referirse al que vive fuera de la «tribu» o nación que lo protege— marcado por ese afán relativista y cosmopolita del laicismo humanista que se inaugura con el Siglo de las Luces. Varios ejemplos actuales lo evidencian. Entre otros, el del «artista migratorio», convertido en uno de los múltiples enlaces transculturales de un mundo colocado bajo el signo del nomadismo planetario.

Encuentros, perspectivas mutuas e intercambiadas, cuando no intercambiables, intersecciones y separaciones motivadas que procuran sentimientos tan dispares como la fuga de sí mismo y la necesidad del contacto y el encuentro en el otro, son temas ensalzados por escritores que, muchas veces, llevan en sí mismo esa ambivalente condición. Ser fugitivo en una lengua extranjera, dicen unos, perderse de nuestra propia lengua en tierras extrañas, proponen otros. Se trata —para algunos— de huir hacia los márgenes, a una remota periferia, vivir la liminaridad, instalarse en los confines donde llevar a cabo una experiencia de aprendizaje y subjetividad. Decía Marguerite Yourcenar que el emperador Adriano amaba los confines —los *limes* o límites del Imperio romano— porque le conferían libertad. Le brindaban también extrañeza y le propiciaban una quimérica fertilidad intercultural que aprovechó a su pesar el desterrado Ovidio. Una fertilidad de la que ahora parecen descubrirse sus potencialidades —como hace Luis Sepúlveda siguiendo las huellas de Coloane en Tierra del Fuego o Bruce Chatwin en la Patagonia, aunque la connotación metafórica del confín como periferia extrema le otorga una imprecisa y movediza delimitación. En la mejor tradición narrativa y cinematográfica de las *road movies* Oswaldo Soriano en *Una sombra ya pronto serás* (1990) y Hugo Burel *Crónica del gato que huye* (1996) se lanzan al vagabundaje itinerante sin sentido aparente para proponer una especie de paródica novela de viaje e iniciación, aunque el recorrido absurdo por el mapa de una monótona geografía pampeana devuelva al protagonista a su punto de partida o a otro idéntico.

La auténtica patria literaria está, tal vez, ahí: en el confín, en una periferia a la que se le ha descubierto un centro o que se lo busca a través de una errancia en apariencia sin rumbo. «Los confines mueren y resurgen, se detienen, se cancelan y reaparecen inesperadamente» —recuerda Claudio Magris, cuya sinuosa y sugerente lejanía elabora los mapas de la geografía alternativa de las pertenencias.

En todo caso, vivir siendo siempre un extranjero, porque se está perdido en la propia tierra, en un mundo que tiene una creciente oferta para vivir fuera del «lugar en que se ha nacido» y para integrarse a redes que desconocen las exclusivas fronteras nacionales y culturales. La geografía alternativa de la pertenencia se impone, pues, en gran parte del mundo. El trazado de esta nueva cartografía se basa en los flujos segmentados y combinados que atraviesan y desdibujan las fronteras existentes y nos indica que los procesos de mundialización en que estamos inmersos, las facilidades para viajar y comunicarse, las herramientas de Internet, gracias a las cuales forjamos afinidades electivas en desmedro de las territoriales o étnicas, agudizan esta condición errante del escritor. Numerosos intelectuales y artistas exploran ahora la diversidad material y cultural de un mundo del que han eliminado esas fronteras, aunque políticamente sigan existiendo, al incorporarse a otras colectividades para intercambiar ideas y experiencias estéticas. Son las «palabras nómadas» con que se expresa la nueva narrativa latinoamericana, tema que es justamente el objeto del libro de crítica en el que estoy trabajando en este momento y del que adelanté el pasado mes de abril en la Universidad de Salamanca el primer capítulo en el marco de un congreso sobre la «última narrativa latinoamericana».

En estas «palabras nómadas» se proyecta el espacio de alteridad por antonomasia y donde lo «otro», lo ignoto, lo extranjero, se confronta con el espacio cerrado en cuyo interior se habita, el lugar familiar de las certezas. La marginalidad desde la que se ha elaborado un discurso hecho de alienación, descolocación y desarraigo en el que abunda ahora la narrativa y el ensayo, permite elaborar una mirada propia y auténtica desde la periferia. A partir de la toma de conciencia de su propia *excentricidad*, la creación y el pensamiento reivindican la periferia como focos de culturas alternativas, disidencia y creatividad poética y artística.

Se exalta así la «condición nomádica» y la figura del «fugitivo cultural» como componentes de una identidad que ya no es unívoca —territorio y lengua y menos aún étnica— sino múltiple, capaz de esgrimir, según que circunstancia o conveniencia, uno u otro pasaporte. Ello permite superar «los sacrosantos emblemas de identidad, verdaderos distintivos estereotipados de nosotros como víctimas exóticas» y forjar una mirada «múltiple, politeísta y *módica*», gracias a la cual se puede abrir el proceso de una interacción crítica con la tradición entendida como memoria de un pasado histórico que debe ser revisitado en permanencia. Se trata de romper los muros que se levantan frente a la alteridad en un entorno cada vez más ambivalente y «mestizo» que reclama superar el distingo entre dentro y fuera, nacional e internacional, nosotros y los otros, con una visión capaz de expresar la plasticidad cultural y el carácter dialógico del mundo contemporáneo.

Para ello hay que partir de la idea de «no pertenencia a un lugar», de una realidad hecha de fronteras esfuminadas, viajes de ida y vuelta, «vagabundeos iniciáticos», «cultura del camino», «callejeo» impenitente, impulsos de vida errante, nomadismo asumido como destino, aspiraciones a «estar en otro lugar» y de «salir de sí mismo» que favorecen también los mundos virtuales del espacio cibernético, aprendizajes en la *otredad* y —¿por qué no?— secreta nostalgia por el mundo perdido de los orígenes, en que se reconoce buena parte de la narrativa contemporánea. Lejos de reivindicaciones patrióticas o identitarias, el escritor, *homo viator* por excelencia, puede preguntarse —como hace el colombiano Eduardo García Aguilar— «dónde queda el extranjero» tras tantas fusiones y mestizajes, viajes, ausencias y retornos: «¿En la patria abandonada o en las patrias adquiridas a fuerza del éxodo? ¿Quién es más extranjero: el nativo que retorna a deambular por sus parajes nativos o el forastero que agota el asfalto de nuevas y luminosas metrópolis del Viejo y del Nuevo Mundo?».

En la patria de la lengua

Habiendo llegado a la misma conclusión, extranjero aquí y allá, decidí en esos años que mi literatura no podía sino reflejar esta condición. *De aquí y de allá*, un conjunto de textos breves que había ido publicando en México, Portugal, Las Palmas y Aix-en-Provence (la ciudad donde vivía mi madre), condensaría los trozos recuperados de un itinerario vital hecho de un viajar asumido como destino. Lo haría como un manual de «juegos a la distancia», cuyas reglas son el vértigo del horizonte y el cambio permanente de centro. Aforismos, relatos breves, *propos*, pensamientos sueltos, paradojas, compusieron un «rompecabezas» que intenté armar y al que le faltaban algunas piezas perdidas en alguna de mis innúmeras mudanzas. Al decidir a fines de 1999 un regreso a la patria de mi lengua —el español o castellano, para ser políticamente correcto, única patria en la que me reconozco—, ese texto se transformaría en *Travesías*, gracias a una reflexión creativa (elaborada a la distancia) del «Ser del Sur» que añadí a aquellos primeros juegos.

Mi lugar de residencia actual —entre Zaragoza y un pueblo de la provincia de Teruel, Oliete— me permite tener una casa amplia, reconstruida en una heredad de mi abuela paterna, cuyo eje central es una biblioteca consagrada a la literatura latinoamericana donde los libros no necesitan estar en doble fila, con un gran espacio dedicado a la cultura uruguaya. Gracias a Internet y a Skype, estoy en contacto permanente con el Uruguay (amigos, colegas, prensa, foros como el de la Casa de los Escritores) y con el resto del mundo.

¿Regresar? Como dice mi amiga Consuelo Treviño, colombiana radicada en Madrid: «Cuando escribo regreso a mi tierra». Así lo siento en Oliete, obsesionado como estoy por escribir, mientras las fuerzas y el presunto uso de razón de que dispongo todavía me acompañen.

Como agnóstico no creo en otra vida ni en un más allá que no sea la memoria que pueda fijar la palabra impresa. Si un reconocimiento debe llegar —y mentiría si dijera que no me importa— que sea por lo escrito, por los panoramas que me he esforzado en trazar, por las pistas que puedo haber abierto, por esforzarme en mantener una visión amplia y comprensiva, actualizada y para nada excluyente; por la curiosidad por leer o releer autores olvidados que he intentado recuperar para lectores más jóvenes o de otros horizontes.

Éstos son ahora los «aprendizajes tardíos» que han dado título al libro de poemas que publiqué hace dos años. Aprendizajes tardíos en un triple sentido: el de la poesía que nunca había practicado más allá de la respetuosa lectura; el sentido de una vida más sosegada y menos ambiciosa, impuesto tras una penosa enfermedad; y, finalmente, el descubrimiento de los secretos ritmos cíclicos de la naturaleza, a través de la práctica «horaciana» de tareas del campo en el pueblo de Teruel.

Si esta conferencia de fragmentos tan dispares necesitara de una moraleja, este final —la conciliación de Europa y América gracias a la cultura común que he compartido y comparto a través de la lectura y la escritura— la sugeriría sin problema. No obstante, felizmente, la literatura no necesita de moralejas y la época en que vivimos menos aún. Y el autor de estas palabras —un uruguayo de origen español que ha residido en París durante más de 26 años y que tomó a fines de 1999 la decisión de vivir y escribir en Aragón— sería el menos indicado para proponerla, pese a que esté convencido que la mejor condición del escritor es saber extraer esa «música» que suena en el interior de todo ser humano, viva en ésta o en la otra orilla, o a caballo entre «las dos», como buena parte de los presentes en este libro.

DE RAÍCES Y DESARRAIGADOS

Incluyo al final un poema de mi libro *Aprendizajes tardíos* (2007) en el que me pregunto sobre si debemos seguir hablando de raíces, tan poco vegetal me parece el destino humano, dueño de esta fantástica condición de la movilidad, ese caminar que hace caminos al andar.

¿QUÉ es esto de las raíces?
Las tienen ellas, plantas y árboles,
fijados al paisaje desde el primer brote
hasta el rayo que los parte o la hoz que las siega.
¿Por qué debo tenerlas yo,
personaje provisorio de tan diversos escenarios?

¿Fueron raíces las que unían a la barra de muchachos
que bajábamos a la playa las noches de verano
y freíamos pescado sobre la arena
de aquel Montevideo ahora evocado?
¿Fueron raíces las que se arrancaron
cuando el aire se hizo irrespirable?
¿Qué fueron de ellas los años en que cambiaste de lengua,
cielo y compañera?

Errabundo trabajador,
cosmopolita, por entonces sin saberlo,
voluble viajero
¿arraigado dónde?
Imaginabas otras vidas posibles
como un juego de piezas intercambiables

—cuentos, destinos alternativos—
cuando te asomaste
a la orilla del Pacífico
en Papudo
y mirabas seducido las vetustas casas de madera
hogares de otras existencias que podrías haber vivido
o novelabas los caserones en Normandía
con sus persianas bajadas en el invierno interminable,
desde una bicicleta alquilada en la estación.

¿Raíces?
Las tienen ellas,
cuya silenciosa vocación botánica
José cuida con esmero.
Arraigados vegetales
árboles plantados en sus trece
orientados hacia el sur,
callados,
creciendo a su ritmo,
palmo a palmo,
como indican sus secretas leyes.

Aunque fuera del viento pasajero encaramado
por tantos años
ahora me digo
—algo más sosegado—
al modo de la autora de «el silencio de las plantas»
(esa poeta de nombre impronunciable)
que la relación unilateral entre ellas
—las enraizadas—
y yo
no va mal del todo,
aunque la conversación entre nosotros
sea tan necesaria como imposible.

1. Un escritor transatlántico

Fernando Aínsa: un hombre sin fronteras

Jorge Arbeleche

Fernando Aínsa: un hombre sin fronteras. Ni geográficas ni literarias ni vitales. Su domicilio es el mundo, aunque desde hace años resida en Zaragoza. Su radio de acción, todo el ámbito de la creación. Y el de sus creaturas. Ha vivido en América y en Europa, sin olvidar ninguna de las dos. Por el contrario, estableció de modo permanente, puentes de fuerza indestructibles, fortalecidos sobre los cimientos de la amistad y la calidad artística.

Generoso en su entrega humana, como también en su juicio estético, siempre basado en el eje del rigor y la seriedad; nunca el amiguismo ni tampoco la rigidez.

Una amable sonrisa es el sello indeleble de su rostro, aun ante las adversidades y desgracias. Jamás una queja. Siempre una postura positiva emanada de su fe en la vida y en lo humano.

Ha navegado con feliz destino y noble timón por aguas del ensayo y la crítica literaria, así como también por la narrativa de ficción. Demostró en un género la seriedad de sus enfoques y la sabiduría para establecer los sistemas literarios con diferentes escrituras que hacen el entramado de una literatura con sus tradiciones y novedades. En el otro, ha sabido crear sus mundos ficticios y creíbles por la densidad de sus personajes, la verosimilitud de sus tramas y la calidad de una prosa a la vez apasionante y apasionada.

En los últimos tiempos, la necesidad de la introspección y la búsqueda de un silencio interior, lo han llevado a abordar la lírica, mostrándose como un poeta de nobilísima raíz y frondosa copa.

En nombre de la Academia Nacional de Letras del Uruguay y en el mío propio, me honro en participar de este homenaje que constituye un acto de justicia humana, ética y estética.

Perfiles de Fernando Aínsa

Wilfredo Penco
Presidente de la Academia Nacional de Letras del Uruguay

En un apéndice de su libro *Literatura uruguaya del medio siglo* (1966), Emir Rodríguez Monegal consideró, bajo el título «Los Nuevos», a varios de los escritores emergentes en esa década y, en lo que a crítica y ensayo literario se refiere, asumió una perspectiva que puede ser calificada como implacable y hasta intimidante. En medio de ese operativo demoledor en el que parecía que nadie se salvaba del paredón, sólo terminó absuelto un joven periodista, de origen español, menor de 30 años, a quien se le reconoció que practicaba «la crítica periodística con toda responsabilidad». Rodríguez Monegal, que ya era célebre por su vocación de polemista en el Río de la Plata y se haría aún más famoso poco tiempo después en los ámbitos académicos internacionales desde su cátedra de Yale, destacó la labor de Fernando Aínsa —que así se llamaba ese entonces joven periodista—, señalando además que «la mejor reseña de libros recientes dentro la nueva promoción es sin duda la suya». Lo presentó formado en una línea «predominantemente francesa», que consideraba «algo anacrónica», sin dar más detalles, pero a la vez «interesado por todas las formas nuevas, tanto de la literatura como del cine o del teatro».

Esta imagen que podría permanecer estereotipada tras esos años sesenta ya no es, sin embargo, la misma, más de cuatro décadas después, aunque no deja de ser sintomática y un buen comienzo. Ha pasado mucha agua bajo el puente y Fernando Aínsa cumplió una destacada trayectoria en Uruguay y, sobre todo, fuera del país; en ese trayecto, que abarcó con predomino el campo de la literatura, procuró mantenerse fiel a la matriz de sus coordenadas formativas y, por eso mismo, desarrolló una equilibrada vocación renovadora sin saltos desconcertantes ni dogmáticas filiaciones.

URUGUAYO DE CERCA Y DE LEJOS

En 1997, en ocasión de su ingreso como miembro correspondiente de la Academia Nacional de Letras del Uruguay, se hizo notar que Fernando Aínsa residía en el extranjero hacía muchos años. También se recordó que, si bien nació en una España azotada por la Guerra Civil, en Palma de Mallorca, donde realizó sus primeros estudios, se hizo uruguayo desde muy joven. Es probable que su arraigada vocación montevideana haya tenido origen en el período en que, ya radicado en la capital de este pequeño país sudamericano, se inscribió en el Instituto Alfredo Vázquez Acevedo. Las clases de ese entonces prestigioso centro de enseñanza deben haber sido decisivas para su formación intelectual y su compenetración y compromiso con Uruguay, consolidados en su posterior paso por las aulas universitarias, de las que habría de egresar con el título de doctor en Derecho y Ciencias Sociales.

El hecho de sentirse uruguayo, de abrazar la historia y las tradiciones del país, no le hicieron olvidar su España natal, a la que siguió relacionado con sus inquietudes intelectuales, en los primeros tramos del quehacer literario. Un breve ensayo, «Utopía y realidad en el universitario español», publicado en la revista *Tribuna Universitaria* en septiembre de 1963, es muestra suficiente de los lazos mantenidos con los orígenes.

No debería llamar la atención ese vínculo si no fuera porque lo mismo, y acentuado, le ocurrió con Uruguay cuando cambió de domicilio y se radicó en París. Aínsa regresó, una y otra vez a Montevideo, ciudad equívoca, de cara o de espaldas al río como mar, que tanto le atrae. Pero lo importante es su relación con el país y de manera principal con su literatura, sobre la que ha trabajado, a la distancia, con sostenida voluntad y perseverante aplicación, literatura que sólo un uruguayo que conoce a fondo sus matices y variantes puede interpretar como lo hace Aínsa, como algo familiar y entrañable.

Las actividades que desempeñó en el exterior, tan variadas y significativas en el campo literario, pudieron haberlo alejado de la literatura uruguaya, que al fin de cuentas es sólo un capítulo en la historia de las letras de América hispana. El despliegue de una actividad internacional fecunda no le impidió, sin embargo, concentrarse en esa literatura, en particular su narrativa, que siguió estudiando desde París, primero, y más tarde a medio camino de Zaragoza y Oliete (Teruel).

Los ensayos reunidos en *Tiempo reconquistado* (1977) y en *Nuevas fronteras de la narrativa uruguaya* (1993) muestran esa orientación. También ponen de manifiesto en Aínsa su opción por la pluralidad —necesaria para las articulaciones globalizadoras— de elementos provenientes de diversos métodos críticos, sin olvidar el cuidadoso deslinde de las categorías literarias de las que no lo son, aunque estas últimas condicionen también el proceso de la producción ficcional. En su quehacer crítico no debe ser olvidado su pionero ensayo *Las trampas de Onetti* (1970); tampoco, por el esfuerzo del trabajo y la apertura de nuevas rutas interpretativas, la edición y coordinación de *La carreta* de Enrique Amorím para la Colección Archivos (ALLCA XX) en 1988.

PREOCUPACIONES Y RELECTURAS

También *Del Canon a la periferia. Encuentros y transgresiones en la literatura uruguaya* (2002) fue procesado, como otros anteriores, a partir de enfoques sectoriales que corresponden a obras, autores o tendencias, en ocasión de relecturas, aniversarios u otras circunstancias coyunturales que han sido impuestas al autor por su apremiante calendario de conferencias y seminarios internacionales. La inflexión o la exigencia de cada abordaje en particular no han sido obstáculo para su incorporación a una perspectiva de conjunto, porque en definitiva el tratamiento en cada caso parte de una cosmovisión en la que se fundamenta la coherencia de toda ulterior tarea de reelaboración integradora.

Canon, encuentro, periferia y transgresión: en estos términos que el libro anuncia desde el título se concentra el núcleo conceptual desplegado en cuatro grandes capítulos y en los diversos trabajos que cada capítulo recopila. Tales trabajos, o unidades básicas, admiten asimismo, al menos para su comentario, una nueva organización de lectura que facilita líneas interpretativas y de comprensión.

Por lo pronto, el libro incluye dos unidades de prioritario desarrollo teórico en torno a un par de registros que han sido preocupación constante en la obra de Aínsa, objetos sometidos a la perseverancia del estudio y la profundización. Éstos son la identidad y la frontera; ambos vinculados estrechamente y el último, en particular, relevado en su naturaleza ambivalente, en su índole periférica, de margen, de borde, de límite, de línea demarcadora, de separación y, a la vez, de espacio integrador de alteridades, productor de una propia especificidad geográfica, lingüística, cultural, literaria.

En esta parcela, el autor se desenvuelve con solvencia del mismo modo que cuando se ocupa de la identidad nacional, sus contradicciones y sus dilemas en el discurso literario, sobre la base dicotómica de «tradición e innovación, continuidad y ruptura, integración y cambio, conservatismo y evolución, cuando no revolución, evasión y arraigo, aperturas hacia otras culturas [esto es: asimilación y transculturación], y repliegue aislacionista y defensivo». Con equilibrio y el apoyo ilustre, entre otros, del maestro Leopoldo Zea, Aínsa concluye, tomando en cuenta el contexto latinoamericano y los movimientos centrífugos y centrípetos operados en su transcurso histórico, que «modernidad y tradición ya no son tan excluyentes como se creía» y se tienden sobre un proceso «abierto e inconcluso», tal como lo prueban obras desmitificadoras y en tensión «entre el diagnóstico de una dura realidad y la esperanzada aspiración a un mundo diferente».

Cercanas a estas reflexiones de envergadura teórica, el autor esboza dos tesis como sustento de una vía a explorar. La primera establece un paralelismo de contraposición —entre el canon y su transgresión— a partir de las celebraciones patrióticas y los festejos carnavalescos, con especial énfasis en estos últimos —sobre los que se han producido amplios aportes bibliográficos—, en detrimento de las primeras, menos examinadas en su evolución histórica y su significación ritual, en la representación de su ceremonial y su normativa. Máscaras, apariencias, simulacros, orden y subversión quedan anotados en una literatura que no se limita a la crónica y comprende a la ficción para posibles lecturas apenas indicadas en esta instancia.

La segunda tesis sostiene la tipología del dandi y el bohemio, consolidada en el Novecientos uruguayo, en una línea de inconformismo y disidencia que moldea la figura del intelectual comprometido. Esta propuesta deja al descubierto aspectos controversiales referidos al alcance de la conciencia social de los escritores, aspectos que se alinean en un proceso histórico aludido pero no de modo suficiente con referencia a la implantación del modelo *batllista* de país y sus comodidades escalafonarias o burocráticas captadoras de buena parte de la intelectualidad, proceso que Carlos Real de Azúa resumió magistralmente en el título de su libro *El impulso y su freno*.

Aínsa propone también relecturas ponderadas, en primer término, de *Ariel* de Rodó y de sus crónicas europeas que constituyen —estas últimas— un muy importante punto de inflexión —poco estudiado— en el manejo del lenguaje del más relevante ensayista del 900, como si apuntara a la depuración de énfasis retóricos ganando en capacidad de agudeza reflexiva, en un viaje que sería postrero, ya no rumbo a Paros sino a la muy siciliana Palermo. La relectura de Onetti, por su parte, es un modelo de aproximación crítica, como han sido otras de Aínsa al autor de *La vida breve*, esta vez bajo la sombra de la muerte que queda al descubierto en las más sutiles notas intertextuales que implican a personajes, situaciones y paisajes repasados con seguro, casi familiar conocimiento del mundo del que forman parte.

Los recorridos que plantea para la novela de Carlos Martínez Moreno, *Los aborígenes*, y la obra narrativa de Saúl Ibargoyen Islas, presentan con coherencia modos de materialización teórica, una vez más, en torno a los problemas de la frontera y la identidad, ejemplificados en sus extremos. En el último capítulo, su esfuerzo se concentra en la construcción de un marco conceptual sobre la base de un doble legado literario —el que proyectó Felisberto Hernández y el establecido por Juan Carlos Onetti— bajo el que procura ordenar o amparar a una serie de actuales narradores presentados como «los nuevos centros de la periferia». Sin entrar a la discutible jerarquización de los narradores elegidos para el análisis, entre ellos mismos y en relación con otros sólo referidos o apenas nombrados (como Juan Carlos Mondragón y Carlos Liscano, los más diestros, junto a Rafael Courtoisie, en la narrativa de la última década y media), su inventario de pesadillas, violencias, rutinas, melancolías, fragilidades y alucinaciones verificadas en esta narrativa, completa la convincente puesta a punto de un panorama que sigue abierto, porque como Aínsa anota, las ficciones se proyectan en un «mundo fragmentado», sobre «las ruinas de la utopía», en una suma inconclusa que muestra su paradoja cuando la periferia apunta a determinar el canon.

IDENTIDAD, UTOPÍA Y FICCIÓN

Como narrador, Fernando Aínsa trabaja con más comodidad en el género novelístico, en el que se suman varios títulos: *El testigo* (1964), *Con cierto asombro* (1968), *De papá en adelante* (1970), *Con acento extranjero* (1985) y *El paraíso de la reina María Julia* (1994). Esta obra se completa con tres libros de cuentos, *En la orilla* (1966), *Las palomas de Rodrigo* (1988) y *Los naufragios de Malinow y otros relatos* (1989), y pone en evidencia a un escritor con predilección por Montevideo y la costa Atlántica, los espacios imaginarios, los problemas más inmediatos y los más profundos, y la inflexión alegórica, así como la búsqueda y el ejercicio de técnicas variadas y aprendidas en las fuentes más o menos próximas contemporáneas (desde el *nouveau roman* hasta la narrativa hispanoamericana de la segunda mitad del siglo XX).

Como narrador su trayectoria es considerable y como poeta sólo dio a conocer un libro de madurez (*Aprendizajes tardíos*, 2007). Pero sobre todo es necesario no olvidar su labor periodística en Montevideo (de la que dan cuenta las páginas de *La Mañana, Época, Reporter, El Sol y Hechos*, en la década del sesenta), la que también nutrió e hizo más ágil y efectivo al escritor de cuentos y novelas. Su capacidad de análisis periodístico puede ser corroborada en un libro que es a la vez testimonio de eficacia y hábil construcción del relato, me refiero a *Usa: una revolución en las conciencias* (1972). En la otra punta del espectro, como pauta de un amplio afán exploratorio, se ubica una curiosa serie de aforismos reunidos en volumen: *Travesías* (2000).

Además de libros tan importantes como los que dedica a la literatura del continente (*Pasarelas. Letras entre dos mundos* y *Espacios del imaginario latinoamericano,* ambos publicados en 2002, *Narrativa hispanoamericana del siglo XX: del espacio vivido al espacio del texto* y *Reescribir el pasado. Historia y ficción en América Latina,* los dos del 2003, y *Del topos al logo,* 2006), estaría lejos de ser completa una presentación de Fernando Aínsa si no se hiciera por lo menos una referencia básica a los temas de la utopía y la identidad latinoamericana, sobre los que ha trabajado durante años con óptimos resultados. Títulos como *Los busca-*

dores de la utopía (1977), *Identidad de Iberoamérica en su narrativa* (1988), *Necesidad de la utopía* (1990), *De la Edad de Oro a El Dorado* (1992), *Historia, utopía y ficción de la Ciudad de los Césares* (1992), *Espacios de encuentro y mediación. Sociedad civil, democracia y utopía en América Latina* (2004), jalonan un estudio pormenorizado que ha sido objeto de ajustes, reescrituras y afinamientos a lo largo de una documentada reflexión que se pregunta, con madurez, sobre la imagen que los hombres proyectan sobre sí mismos. Como dice el autor:

> En la acelerada demolición de sueños y esperanzas con que se cierra el milenio, la función utópica que acompañara íntimamente el imaginario individual y colectivo de la Humanidad a lo largo de su historia, parece de golpe cancelada y arrojada al «baúl» donde se ofrecen en «liquidación» los fragmentos de ideologías e ideas empobrecidas, un lenguaje de palabras gastadas y vaciadas en todo sentido.

La respuesta a esta inquietud radica en la «distinción entre función y modelo utópicos» —como indica el propio Aínsa—. «Sí, el contenido de los modelos varía según las épocas y circunstancias, la función utópica es permanente y acompaña los ritmos sincrónicos o diacrónicos de la Historia, como una constante» y «es ahora más necesaria que nunca, justamente cuando los modelos que se propusieron en siglos y décadas anteriores han fracasado o están severamente cuestionados».

En ese marco se produce la búsqueda de la identidad y de la unidad (en la diversidad) latinoamericanas, búsqueda que Aínsa orienta sobre la novelística del continente. Y él mismo confiesa, a propósito de esta labor, que

> si una vida no puede reducirse al índice de un libro, tal vez porque la propia vida del autor no valga esa pena, es honesto reconocer cuando ha habido tantas satisfacciones envueltas en el descubrimiento de la realidad-real que está detrás de novelas que se habían leído desordenadamente en una habitación de tres por cuatro en la ciudad de Montevideo.

Fernando Aínsa: de la España peregrina al exilio uruguayo

Alfredo Alzugarat

«Las etapas de la vida son provincias con fronteras que sólo pueden cruzarse en una dirección», ha afirmado Fernando Aínsa (2000: 11) refiriéndose a la realidad del exiliado, a la unión indisoluble, como si se tratara de una misma cosa, del tramo del tiempo que transcurre al espacio en que se lo vive. O aún más: a la vivencia del tiempo como «una cuarta dimensión del espacio», tal como lo veía Bergson; o al espacio-tiempo que es «la propia experiencia, lo vivido, el lugar de la memoria y de la esperanza» (Aínsa 2006: 30); o finalmente, «al espacio vivido», como repetirá Aínsa en muchas otras oportunidades.

Quizá la propia trayectoria vital de Fernando Aínsa explique su vocación por el topoanálisis, indique ese privilegio otorgado al espacio como primer punto de mira para el análisis de la literatura, como focalización determinante para desentrañar los significados del imaginario. Su propia vida puede resumirse en «una geografía íntima y secreta», «una cartografía personal e intransferible», según sus palabras (2000: 11). Su historia circular, de ida y de vuelta, de pasaje de un exilio a otro, de arraigos y desarraigos, encierra un vínculo con el espacio como pocas. Lógico resulta, pues, que el complejo recorrido de su obra crítica desembocara en una propuesta de geopoética, tal como la diera a conocer en sus últimas obras.

«El lugar es elemento fundamental de toda identidad, en tanto que autopercepción de la territorialidad y del espacio personal», afirma con certeza Aínsa (2006: 22-23). Pero el espacio como tal puede definir la identidad de diversas maneras. Horacio Quiroga, por ejemplo, puede ser el paradigma del individuo que crea su propio espacio, un universo modelado a su antojo, proyección o prolongación de su existir. Resulta casi imposible imaginar a Quiroga sin la selva de Misiones. La densa trabazón de vegetación y río que enmarcó gran parte de su tiempo vital y de su obra literaria fue producto de su libre elección, del esfuerzo con que magnificó un sitio ideal. Es el individuo ocupando y transformando un solo y único espacio que lo identifica plenamente.

Distinto es el caso de Aínsa: no uno sino varios espacios enmarcan su vida; tampoco voluntarios y de libre elección en su mayor parte sino forzados por el devenir de las circunstancias. Integrante de los «niños de la guerra» española, cuyos padres huyen del suelo natal impelidos por los desastres tras la caída de la República, encontrará en la América del Sur, en Uruguay precisamente, un entrañable remanso de más de dos décadas, una patria adoptiva que finalmente también lo empujará al exilio en París desde donde, veinticinco años después, podrá volver al punto de partida, a las tierras de sus ancestros. Los distintos espacios dividen su vida en varias etapas o tramos otorgándole identidad. Pero ningún espacio está drásticamente separado de los otros, todos conviven en un mismo ser que se alimenta de ellos. Se vive en uno añorando al otro.

Podríamos comparar la trayectoria vital de Fernando Aínsa con muchos otros intelectuales y escritores cuyas vidas transcurrieron entre dos mundos, por cierto, pero, por una relación de cercanía, se me ocurre hacerlo con William Henry Hudson. Nacido en Argentina, hijo de anglófonos, Hudson recorre el sur de su país y zonas rurales del Uruguay para luego exiliarse definitivamente en Inglaterra. Lo asimilado en el Sur será materia prima fundamental para lo que escribirá en el lejano Norte, vivirá en este último espacio recreando los anteriormente vividos, desde el brumoso Londres que lo adoptó reconstruirá el deslumbramiento que le produjo la naturaleza viva y múltiple de la Patagonia y la pradera soleada y rebelde del Uruguay a la que emblemáticamente bautizará como «tierra purpúrea». Han transcurrido más de treinta años entre la experiencia vivida y su testimonio a través de la narración. Al unirse por la vía del recuerdo y la escritura los distintos espacios, se unen también las distintas etapas de la vida. Las «etapas» y las «provincias con frontera», como ha preferido decir Fernando Aínsa, quien atravesó por similar experiencia.

PRIMERA ETAPA: MONTEVIDEO

Se caracteriza Fernando Aínsa a sí mismo como formando parte de los «niños de la guerra», «es decir, los nacidos en España y emigrados de niños o adolescentes a América Latina», según testimonia en su estudio sobre el exilio español (2002b: 94). Pero pudo haber sido uno de aquellos «niños del mundo» de aquel entonces a los que invocara César Vallejo en «España, aparta de mí este cáliz»: «Niños del mundo, / si cae España —digo, es un decir— / si cae... / salid niños del mundo; id a buscarla». Se insertará entonces dentro de «la España peregrina» que se derramaba generosamente por tierras del continente americano buscando sustituir la patria amada.

«Y... ¿si hubiese dos Españas, por ejemplo?», se preguntaba León Felipe y Aínsa lo cita (2002b: 91). La pregunta no era nueva en la tradición cultural peninsular. También Antonio Machado, a propósito del Año del Desastre y de un sombrío futuro sin poder colonial, a principios del siglo XX, supo distinguir «entre una España que muere y otra España que bosteza». Las dos Españas, precisamente, que se desangrarían durante tres largos años en la Guerra Civil. «Una de las dos Españas / ha de helarte el corazón», dice Machado. «La única España válida y legítima era la 'España Peregrina', la del exilio», complementará sin titubeos Aínsa (ibíd.).

América fue la tierra preferida por ese exilio español, por los primeros intelectuales que emigran o huyen de su país: Pedro Salinas, Jorge Guillén, Luis Cernuda, León Felipe, Rafel Alberti, Manuel Altolaguirre; y por los que les siguieron tiempo después. Es profunda la admiración del joven Aínsa por aquellos que alcanzó a conocer junto a su padre: José Bergamín, Benito Milla, Eduardo Yepes. Asiste al recital del poeta Marcos Ana en su primera llegada al Uruguay después de 22 años de prisión. Valora las virtudes de Margarita Xirgú. El exilio español está presente en su vida como lo está en la cultura uruguaya de los años cincuenta y sesenta, y es, sin duda, factor fundamental en su formación.

A la vez, sin traumas aparentes, se inserta en la numerosa generación de escritores uruguayos de los años sesenta. «Son clara y simplemente un grupo», afirmaría Mercedes Ramírez de todos ellos, «unidos por una difusa conciencia de ser los delegados del porvenir y, sin tener aquella arisca combatividad casi parricida de la generación del 45, asumen la postura decidida de quien está haciendo algo diferente de la anterior» (1969: 593-594). Serán también los «legatarios de una demolición», al decir de Carlos Real de Azúa y los que, según Aínsa, «munidos de un sólido bagaje intelectual, formados en la mejor tradición europea y norteamericana» les tocó descubrir a un mismo tiempo «la eclosión de la literatura latinoamericana» y los, a esa altura, claros «indicios del deterioro del sistema en el que habían crecido» (2008: 137).

Las primeras obras de Fernando Aínsa en el campo de la narración —*El testigo*, *En la orilla*, *Con cierto asombro*— alternan con su obra periodística y ensayística en *La Mañana, Época, Acción* y en varias de las muchas revistas literarias de la época. Son los tiempos en que el dibujante y pintor Jorge Centurión lo caracterizaba de perfil, con su pipa, sus lentes y alguna entrada de calvicie.

Insertarse en la generación del 60 era también insertarse en años movedizos y turbulentos, de crisis profunda, censura y garrote, de latinoamericanización y aspiraciones revolucionarias. Difícil era ser consciente de la dimensión de ese presente y menos de avizorar el cruel futuro que aguardaba a la vuelta de la esquina. Al narrador de *Con cierto asombro* (1968) pronto la realidad lo superará. Las manifestaciones, la represión en las calles, los episodios de lucha armada, le resultan obra de «pocos» entre «muchos que deliran», que se movilizan «sabiendo que todo será siempre y por ahora: solidaridad con algo ajeno, protesta momentánea, horas de calabozo y sobreseimiento en la Corte» (185-186). Es un narrador que todavía quiere confiar empecinadamente en la excepcionalidad de un Uruguay que había sido, pero que ya inexorablemente estaba dejando de ser y que manifiesta sus dudas y su temor al respecto, por eso utilizará expresiones como «por ahora» o «momentáneamente y que dure». Pronto, muy pronto, parafraseando al autor, los sablazos no irían de plano sino de filo, las ráfagas no serían de agua sino de ametralladoras y los «pocos» se convertirían en una muchedumbre de presos, asesinados, desaparecidos y exiliados.

Resulta de interés contrastar aquella imagen de los años sesenta, realizada en el momento de los hechos y expuesta en la citada novela, y la que hoy Aínsa ofrece, tamizada por la distancia del tiempo y la reflexión sobre el acontecer histórico, en su último libro, *Espacios de la memoria*. Se remontará entonces a los años treinta para hallar los indicios que marcan el principio del fin de «un país culturalmente abierto al mundo que hasta ese momento había vivido con orgulloso optimismo su carácter excepcional» (Aínsa 2008: 91) con respecto al resto de América, y reseñará el Uruguay del fin del Estado benefactor batllista que desemboca en el golpe de Estado de Gabriel Terra, momento clave en nuestra historia cuando, dice Aínsa, «se detiene la expansión y se anuncian los primeros signos de involución y deterioro». Montevideo paulatinamente se convertirá en un «lujoso biombo para ocultar al resto del Uruguay» y concluirá en una «ciudad extendida en forma desordenada [donde] sobrevuela esa sensación de resaca de una fiesta que terminó mal, tras tanto derroche y desperdicio, cuando tenía casi todo para haber sido realmente lo que soñó ser» (ibíd.: 113).

Hay en esta visión de su último libro un desengaño patente, maduro, definitivo. Aunque sostenga que «Uruguay prolonga hasta bien promediada la década del sesenta la creencia en la estabilidad, en la propia capacidad auto-regenerativa interna, tanto en el plano político como en el cultural» (ibíd.: 121) podrá también afirmar que «el asesinato, el velatorio y el entierro de Liber Arce el 14 de agosto de 1968 dan la conciencia al Uruguay de que se ha entrado de lleno en un proceso de violencia» (ibíd.: 149).

En la década del sesenta, España continuaba siendo un referente: Serrat musicalizaba a Antonio Machado, Paco Ibáñez recorría con su canto la mejor poesía peninsular y el poema de Gabriel Celaya, «La poesía es un arma cargada de futuro», se convirtió en una consigna generacional. «A partir de los setenta, los "niños de la guerra" española empezaríamos a vivir en carne propia el destino de nuestros padres. Una historia cíclica parecía repetirse, ineluctablemente» (Aínsa 2002b: 103).

SEGUNDA ETAPA: PARÍS

Desde abril de 1974 la capital de Francia será su lugar de residencia por veinticinco años. «Empiezo a creer que es verdad que "nunca estuve más cerca de Latinoamérica que cuando vivía en París"», afirmará luego Fernando Aínsa en su libro *Travesías* (2000: 28) Su vocación por la identidad latinoamericana se reafirmará en 1977. Son los años en que escribe «La significación novelesca del espacio latinoamericano» y «Los buscadores del paraíso», ejes de su obra *Los buscadores de la Utopía*. Se marca allí un punto de inflexión en su pensamiento. La habilidad de Fernando Aínsa para insertar una escritura confesional o testimonial en su discurso crítico o en sus panorámicas socioliterarias permite dar una idea de las alternativas, giros o aun rectificaciones de su perspectiva. Así, afirma en 1997:

> Al abordar estos temas a lo largo de los años, tanto en ensayos sobre literatura uruguaya como en el más vasto de la latinoamericana, no he dejado de replantearme «dudas cartesianas» que ningún «discurso del método» crítico me ha resuelto. En los lejanos días en que empecé a trabajar sobre la obra de Juan Carlos Onetti, creía que la creación literaria debía ser analizada en forma autónoma, prescindiendo lo más posible de todo análisis contextual, lo que intenté reflejar en *Las trampas de Onetti* (1970). Hoy en día no estoy tan seguro de ello. En todo caso, tengo más dudas que entonces (Aínsa 2002: 13-14).

En las entrelíneas de estas expresiones se oculta la vastedad de la literatura latinoamericana y el tema de la identidad como quehacer literario. Ambos conceptos lo convocan hasta volvérsele preferenciales e inevitables, casi una obsesión. Al respecto, la influencia de Leopoldo Zea parece haber sido decisiva. Dice Aínsa en su libro *Pasarelas*:

> Zea es un Maestro, el indiscutido maestro de la historia de las ideas y del pensamiento latinoamericano contemporáneo. Un maestro cuyo nombre se pronuncia [...] con el afecto de cientos de discípulos y colegas del mundo entero que han aprendido con él a conocer, definir y pensar lo americano como una "identidad" original y propia y sobre todo a ver la realidad del resto del mundo, incluida la europea, desde una perspectiva "excéntrica" (2002a: 55-56).

Puede especularse con varios factores concomitantes precipitando la vocación crítica por la literatura latinoamericana y por el empeño identitario. Por un lado, la pertenencia a la generación del 60 en Uruguay y su contexto histórico; por otro, las consecuencias del *boom*, que colocan a la narrativa latinoamericana en un sitial de privilegio para el lector europeo. Finalmente, la realidad latinoamericana entrevista definitivamente como una sola tras concluir, para bien o para mal, la excepcionalidad política, social y económica de un Uruguay que vivía a espaldas del resto del continente. Pero, por sobre todo, incide la realidad de su condición de exiliado o, en su caso tan particular, de re-exiliado. Según Lewis Edinger, los pensamientos y acciones del exiliado «permanecen orientadas hacia la tierra que continúa suya» y «sus raíces emocionales e intelectuales permanecen firmemente arraigadas en su pueblo» (1956: 33). ¿Cuál es la tierra, el pueblo de Fernando Aínsa? Pocas veces existe oportunidad de encontrar un caso tan flagrante de doble nacionalidad. Si «el lugar es elemento fundamental de la identidad», como el propio Aínsa ha expresado, recordar a Uruguay es recordar por extensión a toda América y recordar a España.

La poética del espacio, de Gaston Bachelard, y en general, el espacialismo como perspectiva pluridisciplinaria presente en la antropología cultural, en las artes y en la literatura, es el último factor que se coadyuva a los demás. Todos serán firmemente imbricados en la visión global de la literatura latinoamericana y uruguaya que Aínsa irá tejiendo pacientemente a lo largo de más de tres décadas. Imposible será para él concebir la literatura latinoamericana sin las nociones de espacio-tiempo y espacio-identidad.

El «sistema de lugares» que Aínsa traza desde 1977 en adelante procura abarcar la literatura latinoamericana como interrogante y respuesta a la realidad de América desde el río Bravo hasta la Tierra de Fuego. La relación subjetiva que se establece entre el hombre y su alrededor implica necesariamente una representación del paisaje cargada de significado. Texto y contexto: la geografía se vuelve metáfora y todos los espacios, los reales y los imaginarios, los naturales y los creados por la mano del hombre, los colectivos y los íntimos, serán visitados por Aínsa: el «espacio de la selva» y el de las ciudades, las ínsulas y los ríos, el viaje y la búsqueda de la utopía, la casa, el jardín y la frontera, todos con su carácter ambivalente, con su ambigua sustancia de heroísmo y de extrañitud, de sueño y realidad, de separación y de encuentro o transgresión. Todo se incorpora, de manera flexible pero nunca forzada, a esta concepción sistémica de la literatura latinoamericana. Estacionado en ella es posible expandirse en todas direcciones y forjar panorámicas exhaustivas que recorren diacrónicamente el imaginario latinoamericano, desde las Crónicas de Indias hasta la más reciente narrativa, en constante reactualización, reciclando una y otra vez la materia prima en el objetivo último del trazado de un canon siempre enriquecido. Conclusión inevitable de este desarrollo es la propuesta de una geopoética, campo abierto a la especulación y al descubrimiento, que explique y que describa el pasaje del «topos» al «logos» y las distintas instancias del paisaje conquistado por el hombre.

En la ensayística latinoamericana preceden y anuncian esta geopoética innumerables estudios que apuntan en esa dirección, entre otros, de Carlos Fuentes, Fernando Alegría y Octavio Paz. Corresponde a Fernando Aínsa el mérito de una sistematización y aplicación práctica de la misma de minuciosa elaboración.

En la base de su complejo abordaje literario subyace la América mestiza, «mayoritaria y plural, la que mejor define esta identidad configurada día a día en un proceso de creación y recreación permanente». Es el reconocido legado de Leopoldo Zea, que adjudica a América «un doble pasado o una doble herencia: la propia y la de Europa» (Aínsa 2002: 23), y dentro de ésta, en primer lugar, la de España.

Tercera etapa: Zaragoza-Oliete

Oliete es un poblado de sólo 700 habitantes situado en el municipio de Teruel, a más de 90 kilómetros de Zaragoza, a dos días y medio a pie de Barcelona, en una de las zonas más agrestes y frías de España. Mientras la mayor parte de la humanidad celebraba con algarabía la entrada a un nuevo milenio, Fernando Aínsa halló la manera más singular de hacerlo instalándose en ese lejano pueblito de sus ancestros, exactamente en la reconstruida casa de campo de quien fuera su abuela paterna. Será la tercera provincia de su vida, al mismo tiempo punto de partida y punto de llegada.

Las propuestas de geopoética y los sucesivos topoanálisis que las componen siguen perfeccionándose en la escritura y el pensamiento de Aínsa hasta hallar su máxima expresión en *Del topos al logos* (2006), su obra más acabada. Poco nuevo podría señalarse en esta etapa, sin embargo, si no fuera por la especial atención dedicada a la literatura uruguaya. Es que la misma línea de interpretación realizada a escala del continente, el mismo proceder, las mismas metas, Aínsa lo aplica a nivel de su querido Uruguay. Así, a *Nuevas fronteras de la narrativa uruguaya* (1960-1993), le seguirán ahora dos nuevas obras, *Del canon a la periferia. Encuentros y transgresiones en la literatura uruguaya* (2002) y su más reciente *Espacios de la memoria. Lugares y paisajes de la cultura uruguaya* (2008).

Es en este último libro donde la veta testimonial aflora quizá con más frecuencia que en otra alguna. Los años sesenta, aquellos que lo vieron nacer como escritor, años tan fascinantes como terribles, tan cercanos como polémicos, le exigen al autor la difícil tarea de «ser historiador de su tiempo». Nos cuenta no sin emoción:

> Para realizar este trabajo, me sumergí en mi hemeroteca personal situada en una casa de campo perdida en la provincia de Teruel, la más despoblada, pobre y árida de España. Colecciones de los semanarios *Reporter, Hechos* y del diario *Época*, números sueltos de *Marcha*, recortes periodísticos variados, revistas literarias del período y olvidados folletos y libros de ensayos de tapas amarillentas, amontonados en esa casa del pueblo de Oliete, han sido releídos como si fuera un investigador becado por sí mismo en la soledad y el silencio de una tierra situada entre el pueblo natal de Buñuel, el de Goya y el de los antepasados de José Gervasio Artigas, la Puebla de Albortón. Claro que ha sido una curiosa experiencia intentar ser historiador de su tiempo, tratar de investigar los propios recuerdos, de objetivar la subjetividad (2008: 118-119).

En la soledad y el silencio de Oliete Aínsa repasa su vida, sus expectativas, lo que se sabía y lo que no se sabía en aquellos años. Desde España se llama al lejano país de la juventud: la primera década del nuevo milenio convoca, con minucia de orfebre, símbolos y sucesos de cuarenta años antes. Un hombre, cargado de recuerdos, desde un perdido rincón de la campiña española, tiene un mundo por recrear. Una voz nostálgica, afilada por el paso de los años, subyace en su discurso crítico. El esfuerzo por superar la distancia del exilio lo lleva incluso a ubicar su actual lugar de residencia entre puntos cardinales que recuerdan al prócer de la patria lejana.

Ubicado ahora en su justo lugar, Aínsa reedita «La desembocadura literaria de los ríos inéditos», antes publicado en *Del topos al logos*, donde inaugura la narrativa fluvial uruguaya, abordaje singular que establece una ruptura a la trillada dicotomía entre campo y ciudad. Pero, sin duda, las secciones más importantes del libro las constituyen

«La invención literaria de Montevideo» y «Estética y melancolía del deterioro urbano», ambiciosos esfuerzos de trazar un canon literario de la ciudad de su juventud. En ambos trabajos Aínsa persigue detenidamente la construcción del espacio capitalino en la literatura uruguaya desde mediados del siglo XIX hasta nuestros días y lo aborda desde los más variados ángulos, invitando a la reflexión pero también al recuerdo y la admiración. Detrás del rigor analítico y de la larga panorámica que recurre a todos los géneros y a decenas de autores y libros, se adivinan los rescoldos de la nostalgia.

Resulta sintomático al respecto que Aínsa siga los pasos de Richard Lamb, el joven álter ego de Willian Henry Hudson en la novela *La tierra purpúrea*; lo acompañe hasta la cima del Cerro que domina a la ciudad y haga allí suyas las palabras de aquél: «Hacia cualquier parte que me vuelva, veo ante mis ojos una de las más hermosas moradas que Dios hizo para el hombre; grandes llanuras sonriendo con eterna primavera, antiguos bosques, ríos rápidos y hermosos, filas de colinas azules que se alargan hasta el horizonte brumoso»[1] (Hudson 2001: 32). Es la visión idealizada de otro emigrado, que desde otro lugar de Europa y desde hace más de cien años, presta sus palabras al hombre que vive en Oliete, en su España, su exilio uruguayo.

(En recuerdo a una velada inolvidable con Fernando Aínsa, Jaime Monestier y Pablo Silva Olazábal, hacia fines de octubre de 2008, en el «mítico» bar Los Yuyos, entre sabrosa gastronomía uruguaya.)

Montevideo, febrero de 2009

BIBLIOGRAFÍA

AÍNSA, Fernando (1969): *Con cierto asombro*. Montevideo: Alfa.
— (2000): *Travesías. Juegos a la distancia*. Málaga: Revista Litoral.
— (2002): *Del canon a la periferia. Encuentros y transgresiones en la literatura uruguaya*. Montevideo: Trilce.
— (2002): *Pasarelas. Letras entre dos mundos*. Paris: Indigo & Côté-Femmes.

[1] Reproduzco aquí en su totalidad el fragmento de *La tierra purpúrea* de W. H. Hudson, que Fernando Aínsa recoge parcialmente.

— (2006): *Del topos al logos. Propuestas de geopoética*. Madrid/Frankfurt: Iberoamericana/Vervuert.

— (2008): *Espacios de la memoria. Lugares y paisajes de la cultura uruguaya*. Montevideo: Trilce.

Edinger, Lewis (1956): *German Exile Politics: The Social Democratic Executive Committee in the Nazi Era*. Berkeley: University of California Press.

Hudson, W. H. (2001): *La tierra purpúrea*. Traducción de Idea Vilariño. Montevideo: Banda Oriental.

Ramírez de Rossiello, Mercedes (1969): «Los nuevos narradores», en *Capítulo Oriental*, n° 38.

Fernando Aínsa sobre un puente atlántico: elogio a buen tiempo

Virgilio López Lemus

El Coloso de Rodas alcanzó a ser una de las Siete Maravillas del Mundo antiguo por su enorme tamaño, que situaba un pie a cada lado en la entrada de la bahía de la legendaria ciudad griega. Andando los siglos y desde octubre de 1492, comenzó a ocurrir un acontecimiento colosal, pues surgieron en la Tierra hombres que podían poner sus plantas en dos continentes separados por todo un océano: el Atlántico. El hecho pasó a ser, más que una «maravilla», un asunto de identidad, puesto que primero la colonización europea del Nuevo Mundo, y luego el surgimiento de un mundo nuevo armado de más de dos decenas de repúblicas, presentó sobre la faz del planeta el hecho insólito de la *transterranidad*, del hombre (y la mujer) de cara a dos realidades, con un pie en Europa y otro en la América (si hubiera un tercero, estaría situado en África), sobre todo en la vasta región al sur del río Bravo, que comprende lo que no sin disputa alcanzó a llamarse América Latina.

Fernando Aínsa es uno de esos hombres, y uno ilustre. Como el gran novelista cubano Alejo Carpentier, fue de los primeros en tratar a fondo el asunto de esta peculiaridad que puede dividir la identidad de un solo ser humano en dos, situadas respectivamente en dos continentes, si bien bajo el signo aunador de lo que se ha llamado la «cultura occidental». Europeos en América o americanos en Europa no son ya hoy extraños, exóticos, marginales o marginalizados por las sociedades respectivas, sino gentes de inmigraciones, aunadores de costumbres y de formas de vida que los identifica por el pie que no cesa de estar en la raíz (europea o americana) mientras el otro viaja, se asienta de manera total o parcial en el nuevo territorio elegido. César Vallejo puede estar sepultado en el cementerio de Montparnasse en París, pero su raíz sigue siendo de los Andes, o el cubano Carpentier sepultado en La Habana, mantiene en su obra viva el ritmo cardíaco de un París donde vivió prolongadamente. Julio Cortázar, Jorge Luis Borges, Guillermo Cabrera Infante, Mario Vargas Llosa repiten el «Aquí/Allá» tan vibrantes de las novelas de Carpentier. Hay que preguntarse con cuál Aquí se identificaron mejor Cristóbal Colón, el barón de Humboldt, y tantísimos hombres nacidos en Europa con su suerte ligada a la América de una manera decisiva.

Es el caso de don Fernando Aínsa, extraordinario ensayista, prosista de alto vuelo reflexivo, narrador y poeta que atesora en su haber un nacimiento español, crianza uruguaya y retorno al país natal convertido en un hombre de dos dimensiones espaciales y una sólida cultura de ambos mundos. No resulta un hombre dividido, fragmentado por alguna impostura ciudadana, sino que su identidad es un asunto claro y preciso, Fernando Aínsa no devino un Coloso de Rodas sino un hombre que sabe lo que sabe y siente, con un saber consolidado en el diálogo, en el puente interoceánico.

Toda su obra está encabalgada, como un verso, entre estas dos tierras continentales: *De la Edad de Oro a El Dorado. Génesis del discurso utópico americano* (México, 1992); *Historia, utopía y ficción de la Ciudad de los Césares. Metamorfosis de un mito* (Madrid, 1992); *Travesías. Juegos a la distancia* (Málaga, 2000); *Pasarelas. Letras entre dos mundos* (París, 2002); *Del canon a la periferia. Encuentros y transgresiones en la literatura uruguaya* (Montevideo, 2002); *Espacios del imaginario latinoamericano. Propuestas de geopoética* (La Habana, 2002); *Reescribir el pasado. Historia y ficción en América Latina* (Mérida, Venezuela, 2003); *Narrativa hispanoamericana del siglo XX. Del espacio vivido al espacio del texto* (Zaragoza, 2003). Este grupo de textos publicados como libros, y otros editados en los veinte últimos años, así como numerosos ensayos dispersos en revistas de las dos orillas atlánticas, versan sobre ese diálogo que hace nacer literaturas interrelacionadas, puesta en escena de realidades evocables por la poesía o por el relato y que luego se desmenuzan en el ensayo interpretativo o en el de valores identitarios, de lo cual es Aínsa un consumado especialista.

Su ensayística tiene de manera muy fuerte y evidente la impronta americana. Ha sido «terreno» de nuestro autor centrarse en la parafernalia de mitos y de utopías que se dieron cita en la Amárica Latina desde el Descubrimiento a las Independencias y en su propia coetaneidad. Si bien Aínsa ha desarrollado teorías al respecto, su labor se desgranó mucho más sobre la crítica literaria, siempre con la mirada observadora sobre el devenir de la narrativa latinoamericana, en su relación visible y que él ha destacado de manera profunda con los movimientos estéticos del Viejo Mundo, sobre todo desde el Romanticismo, las Vanguardias y las Postvanguardias. Para alcanzar la maestría crítica, ha tenido que francamente asimilar cientos de lecturas de obras transcendentes incluso ya fuera del ámbito del idioma español, pero asimismo de otras cuyas repercusiones no sobrepasan los límites nacionales. Su labor no ha consistido en determinar calidades o falta de ellas, sino sobre todo de advertir cómo en la literatura de lengua española hay una relación temática, un encuentro de identidades y un ser, que es precisamente el hombre latinoamericano realizando su propio camino de identidad. Por ello le consagró todo un volumen a los asuntos identitarios en la narrativa, porque la cuestión sociológica, la historia, la economía y la política van a reflejarse como en un espejo mágico en la obra narrativa de los mejores exponentes del hombre americano, desde *Don Segundo Sombra* a *Doña Bárbara* y de ésta a *Cien años de soledad*.

Aínsa no se ha atenido a la exploración del «hombre de dos culturas», porque le importa el desarrollo del ser americano, en particular, del latinoamericano, que, ya decíamos, es su campo de referencias. Pero no ha dejado de apreciar, porque es de suyo biográfico, la relación Europa-América, en el terreno de la cultura occidental, de la que América Latina dejó de ser una heredera paciente para situarse en su vórtice, en el vórtice cultural y no en la periferia, como por desdicha sí ocurre en la dimensión económica. La literatura no es subdesarrollada porque refleje el subdesarrollo periférico de las naciones de América Latina, antes bien, la narrativa y la poesía de este mundo se han integrado al desarrollo de las letras universales y han hecho contribuciones de tanto peso que no ha podido dejar de ser reconocido y tener honda repercusión, dado el prestigio de figuras como Pablo Neruda,

Jorge Luis Borges, Alejo Carpentier, José Lezama Lima, Gabriel García Márquez, Carlos Fuentes, Mario Vargas Llosa, y tantos otros que pusieron altas picas de la poesía y la prosa de lengua española al final del siglo XX.

En años recientes, Fernando Aínsa ha dado a conocer una novela y dos libros de poemas, se ha develado como ese poeta en ciernes que siempre fue en sus escritos. Haber vivido consagrado al arte de la palabra y a la reflexión sobre ese arte, trae un caudal de emociones que la palabra reflexiva no puede expresar. El ensayista tuvo que develar su otra faz. Y debe indagarse si en verdad el ensayo es una manera más de abrazar a la poiesis. Yo creo que sí, todo ensayista legítimo es un poeta no precisamente en ciernes, sino en el ejercicio de un grado de poesía intelectiva que apela a la reflexión, que a veces se hace cartesiana porque emite juicios o valora racionalmente. No todos los ensayistas alcanzan a la poesía de la valoración (visible en filósofos de la poesía como María Zambrano o Gaston Bachelard), pero no hay más que abrir un libro de Aínsa para darnos cuenta de que él va más allá de un rito profesoral, de un asunto didáctico, de un interés pedagógico, de un discernir estético cientificista, para darle vuelo a su palabra, calidad y calidez a sus ideas, salidas de cerebro y corazón. Los caminos apolíneos y dionisíacos del saber buscan su encuentro en una sola vía mediante sus páginas, que saben escrutar espacios imaginarios, mitos, leyendas, utopías, situaciones lúdicas en espacio y tiempo americanos. Aínsa no explica América al europeo, sino que habla de su literatura, sobre todo de su narrativa, como el sabio consumado que es, tras tantos años de análisis sistemático, de lecturas apasionadas y de sopesar para orientar lecturas de todo tipo. No explica, sino que asume esa identidad desde el vórtice creativo literario y expone, deja ver, subraya la autoctonía y el alto vuelo imaginativo de obras que han alcanzado a ser paradigmáticas del ser latinoamericano;

También en su novela *El paraíso de la reina María Julia*, hasta ahora dos veces editada —una en España (1992) y otra en La Habana (2005)—, el tan estimado ensayista y crítico de la narrativa se convertía él mismo en narrador, mediante una reflexiva y a la vez simpática y dramática novela del mundo de los emigrados en Europa, tema por demás de subida actualidad y que ha sido objeto de más de un estudio del propio Aínsa. Las dotes narrativas de este autor quedaban así fuera de toda duda, con ganancia de goce para sus lectores.

Ese puente que se advierte en su poesía y en su obra narrativa se revela con mayor intensidad en su obra ensayística. Fernando Aínsa representa como pocos críticos latinoamericanos al artífice-crítico, al erudito que lee con gozo y devuelve la lectura acrecida, enriquecedora, enriqueciendo las obras o las observaciones de épocas y estilos por medio de una prosa honda en sus contenidos, sencilla en su exposición, inteligente por su resplandor, no como exhibición de inteligencia o sabiduría, sino prosa conmovedora en su diafanidad y deseos de comunicación, como si su autor abriese un cofre y disimulase los trabajos previos para mostrarlo.

Aínsa es uno de los grandes ensayistas latinoamericanos que acrecientan su saber en la labor del crítico y no hace de su labor ciertamente erudita un muestrario del lado oscuro de las letras, sino que ofrece una fiesta de la inteligencia al servicio del lector. Del doble lector: de las obras en sí y de la escritura ensayística no ancilar, sino bellas letras para sí, signadas por el conocimiento y el placer de la especulación, el descubrimiento, el desvelamiento, la certeza de bisturí y la magia de la palabra que no lo revela todo, sino que establece con las obras ficcionales y los procesos histórico-culturales un juego, una relación de identidad.

El sentido doble también significa que el autor se dirige a dos públicos, es el crítico literario que acerca dos realidades, que presenta obras americanas a todo tipo de lectores europeos o americanos y que las analiza con técnicas propias de las ciencias literarias contemporáneas, de mejores calidades para la comprensión de los lectores del Viejo Continente. Pero asimismo, su público natural, su lector privilegiado ha de ser el latinoamericano, al cual le muestra los valores universales de las obras nacidas en sus contextos. La doble cultura literaria de Aínsa, americana y europea, le permite visualizar más a fondo las raíces, las interconecciones, el diálogo interoceánico, que ponen en contacto la tradición occidental desde la Antigüedad clásica con la literatura de los llamados *boom* y *postboom*.

Dice un proverbio chino que sabio es el hombre que tiene un escudo y una espada y escoge un lirio, que es decir el valor universal de la poesía. Metafóricamente, ése es el resultado de su trabajo de hombre con un pie en América Latina y el otro entre España y Francia, desde el Mediterráneo europeo al Caribe como mediterráneo americano, desde los Alpes a los Andes, desde el Sena al Amazonas, desde el centro de Europa a la Pampa… Aínsa escoge el lirio. El vino chileno, el francés y español se beben como un solo sorbo. La literatura de las dos orillas, en lenguas española, portuguesa o francesa, se tocan y se interpenetran, y descubrir ese tesoro de intertextualidades ha sido una de las tareas prístinas del gran ensayista.

Como pocos, él ha identificado el valor de los términos «isla» y «ciudad» en la construcción mítica, en las utopías, y los advierte desde la ciudad-isla griega hasta la *Utopía* de Tomás Moro, pero si esta parafernalia de lo mítico y lo milagroso o maravilloso viene desde Europa a América, desde la orilla latinoamericana el mismo viaje se convierte en mito, en relación inciciática, porque pasar el Atlántico hacia Europa es una de las «tareas» que aparecen en *Los pasos perdidos* de Carpentier, pero que Fernando Aínsa desentraña de este modo:

> El viaje a Europa cobra así una dimensión mítica en la que contradictoria y simultáneamente puede darse la integración y la desintegración de la identidad, aunque la función gnoseológica propuesta y el modelo cultural buscado en cada caso sean muy diversos. […] La variedad tipológica de los viajes que tienen una significación literaria es grande. Así puede hablarse:
>
> -del viaje como iniciación a la vida, viaje iniciático, aprendizaje imprescindible para artistas, pintores y escritores;
>
> -del viaje reverencial y admirativo, merced al cual se aspira ingresar a la cultura europea, considerada siempre como prestigiosa;
>
> -del viaje cuya meta es el triunfo en Europa, forma de consagración y revancha sobre el país de origen;
>
> -del viaje como idealización de los orígenes, a través de los mecanismos simplificadores de la nostalgia;
>
> -del viaje como diferenciación y como auto-afirmación por contraste. El que vuelve será siempre un ser diferente al que se fue;
>
> -del viaje en el que, gracias a la distancia, se adquiere desde «la otra orilla» (Europa), la necesaria perspectiva global de «esta orilla» (América);
>
> -del viaje como evasión o huida de una realidad que no se comprende o que se desprecia. Se vive y se asume la condición de extranjero en Europa, más fácil de sobrellevar que la integración en el propio contorno.
>
> -del viaje como exilio, decidido voluntaria o forzosamente («La significación del viaje»).

Hay que advertir que en esta magnificación identitaria del viaje, Aínsa sabe y subraya que «la auténtica ida es el viaje de retorno». Es el americano que regresa de Europa cargado de conceptos a su lugar de origen y, como un Simón Bolívar, sueña con el mejoramiento humano de sus tierras natales.

Para concluir, me permito volver a las citas, esta vez con una mucho más breve tomada de unos versos de *Aprendizajes tardíos*:

> Así recorro feliz mi nueva propiedad,
> tierras de memoria familiar recuperada,
> olvidada heredad replantada con esmero.

Puede pensarse aquí, con el don multiexpresivo de la poesía, que Aínsa se refiere a la tierra de heredad familiar de su rincón en Oliete (Teruel), o también a otra heredad más ancestral aún, la del espíritu, aquella que hace viajes de ida y vuelta entre España y Uruguay y lo podría haber hecho exclamar al modo de refranero: «Contra España, no hay maña» y «Como Uruguay, no hay». Si el corazón tiene razones que la razón desconoce en el decir pascaliano, estas máximas no se contradicen en el corazón de Aínsa, antes bien, son complementarias.

Fernando Aínsa ha gozado del amor y de la amistad, ha escrito largamente sobre el camino de otros (narradores, poetas) y se ha expresado a sí mismo, mientras permanece fiel a una identidad conformada por un ser «de aquí y de allá», que ha rendido frutos de obras y utilidad de la mejor especie: la de ser útil al encuentro de culturas bajo el sereno don de la palabra.

Rouen, febrero de 2009

BIBLIOGRAFÍA

AÍNSA, Fernando (2000): «La significación del viaje», en *Del topos al logos. Espacios del imaginario latinoamericano*. La Habana: Editorial Arte y Literatura.

— (2007): *Aprendizajes tardíos*. Mérida: Ediciones El Otro, el Mismo.

2. Las orillas de la identidad

Puente Aínsa

Rudy Gerdanc

> Un puente se atraviesa como Juegos a la distancia.
> Un puente es noble como El paraíso de la Reina María Julia.
> Un puente comunica una cultura con otra, como toda tu obra.
>
> José Lezama Lima, «Un puente, un gran puente…»

Puente Aínsa:

¡Cuántos escritores han atravesado tus textos! (Las Pasiones compartidas, esas Miradas asesinas…)

¡Cuántos grupos literarios han realizado sus proyectos! (Doce más uno, El Nido del Cóndor…)

¡A cuántas revista literarias has tendido una mano! (*Vericuetos, La Puerta de los Poetas*…)

¡Cuántas antologías has prologado! (*Cuentos migratorios*, ¿un pretexto para realizar un sueño americano?)

¡En cuántos bares has bosquejado «Utopías»! (Recuerdo una, digna de vos. Poco antes de que te instales en España me dijiste: «Rudy hay que fundar un pueblo donde los escritos puedan terminar sus días escribiendo en paz».)[1]

Puente Aínsa son todos tus libros, en especial *Pasarelas*.
Puente Aínsa sigue siendo este Coloquio.
Puente Aínsa será la realización de tus «Utopías».

París, mayo de 2009

[1] Y por supuesto *Siete escritores latinoamericanos en París*, que por una cuestión de ritmo, figura al pie de la página.

Ficción contemporánea: identidad, universalidad, interactividad

François Delprat
Université Sorbonne Nouvelle – Paris 3

La obra de reflexión y de crítica de Fernando Aínsa es muy amplia: ensayos, artículos, conferencias y ponencias en revistas especializadas a propósito de obras de reciente publicación o de obras mayores que han alcanzado el renombre de monumento de la literatura. Destaca entre todos un libro que ha despertado una atención general y ha impactado por la amplitud de sus enfoques y su vasto panorama de la prosa narrativa iberoamericana, teniendo gran aceptación en los estudios de historia de las ideas en torno a la literatura de ficción. A la vez síntesis crítica de los principales rasgos de la literatura hispanoamericana y brasileña y denso y enjundioso libro de reflexión sobre un elevado número de obras, muestra un agudo sentido analítico y profundiza en los temas y las estéticas que han dado a las escrituras de América Latina su lugar privilegiado en el discurso universal de la cultura.

En *Identidad cultural de Iberoamérica en su narrativa* (1986), Fernando Aínsa señala el distintivo de la ficción narrativa: no separa la percepción y aprensión de lo real de su representación ni de la captación de su significado. Hasta en los casos en que la obra literaria pretende apartarse de lo real, remite a él de una manera indirecta o lo sustituye a través de formas y procedimientos adecuados (lo veremos en su momento). El ensayo confronta cada obra con su época de creación y con el referente al que remite, muchas veces muy anterior; por otra parte, la obra no puede desligarse de las lecturas sucesivas, más divergentes a medida del éxito y la posteridad. Fernando Aínsa convoca también los recientes aportes de la crítica propensos a valorar aspectos de la escritura que habían quedado desapercibidos y unos significados nuevamente descubiertos o reactivados por la lectura contemporánea.

Para mayor intelección de la creación narrativa, las ideas de identidad cultural, de universalidad en literatura y de la función de la literatura en el mundo occidental estimulan la visión de la historia literaria en este tomo de gran contenido, cuyo pensamiento abarca facetas numerosas que traslucen la lectura de un muy vasto conjunto de obras esenciales de la historia literaria y cultural, con mayor énfasis a las obras de mediados del siglo XX.

El presente homenaje recuerda los grandes trazos de una reflexión muy dinámica y se propone mostrar que los rasgos más originales de la actual creación literaria responden plenamente a las opciones estéticas y a los poderes de la ficción que, hace más de veinte años, Fernando Aínsa señalaba como los más prometedores.

IDENTIDAD CULTURAL Y UNIVERSALIDAD

Para enfocar la reflexión, el tomo se abre con valiosos escorzos de historia del pensamiento y la cultura, así como de teoría de la literatura y anuncia a grandes rasgos la manera de examinar las obras literarias y el método que sigue su elección, y presentación. El «Proemio» diseña la orientación y las grandes etapas del libro. El primer capítulo da un balance de la actual manera de pensar la identidad cultural, el lugar de la literatura (y también de otras formas de arte) en la caracterización de la identidad que puede verse alternativamente a escala local, nacional o continental, y que tiene mucho que ver con los conceptos de concienca universal e individual, y con los mecanismos ideológicos de la relación entre conciencia y realidad, y también de la relación entre lenguaje y realidad.

El balance de tan avanzada labor en historia de la cultura resulta a mi parecer de una experiencia triple que ha tenido el autor: su lectura crítica de la literatura contemporánea en busca de los rasgos específicos de la literatura iberoamericana (su primer fruto fue su libro *Los buscadores de la utopía*, 1977); su propia experiencia de escritor de ficción y de ensayos críticos; y el haber asumido durante años responsabilidades en la actividad editorial de la Unesco (cuando la famosa Colección de Obras Representativas), privilegiado observatorio de los conceptos de la cultura a través del mundo entero y encrucijada para una gran actuación en las diversas formas de la acción cultural. Los trabajos de sociólogos, de filósofos y ensayistas de la teoría de la literatura, de la ideología en la cultura y la acción política dan a la visión del mundo el papel principal en la construcción de una identidad; recíprocamente ésta es un componente principal de la conciencia de estar en el mundo tanto en la vida personal como en la acción colectiva: el compromiso.

La identidad como patrimonio que se transmite dentro de un determinado grupo tiende a afirmarse como conservadora, dando a la identidad cultural el papel de puente entre presente y pasado, lo que plantea la interrogante de la innovación que constantemente se espera del creador artístico de nuestro tiempo. Es de subrayar que no siempre fue así y que es nuestra era contemporánea la que ha hecho de la innovación un criterio del reconocimiento por la crítica y la institucionalidad, una prueba de que se puede definir una marcha de la historia de la cultura.

Un segundo momento importante de esta reflexión de Fernando Aínsa es el considerar esta misma oposición entre tradición e innovación como un encuentro entre dos factores complementarios, comparables a dos fuerzas contrarias cuya interacción da mayor impulso vital a los seres y a la actividad de la sociedades humanas. En el plano de lo intelectual, esto induce una larga lista de contrarios en la que identidad alterna con universalidad, unidad cultural con diversidad, nacionalismo con internacionalismo, realismo con realismo mágico y con lo real maravilloso, y también con lo fantástico, en que también alternan endógeno con exógeno, indigenismo con hispanismo…; treinta vocablos pertinentemente aparejados y opuestos según el ángulo desde el cual se quiera mirar la cultura toman en cuenta las perspectivas y las formas de expresión cultural en el mundo iberoamericano (Aínsa 1986: 7 y 71-72).

Gracias a estas muy bien documentadas reflexiones previas, fundadas en filosofía y clasificadas en función de lo propicias que son a poner de relieve las grandes tendencias de la narrativa, el libro se dota de un amplio espectro analítico, mostrando que la identidad revelada en esta literatura constituye un proceso de construcción, en incesante transformación, afincando la idea de que lo particular desemboca en lo universal: más que encerrarse en la conciencia de sí, abre hacia el otro.

DIVERSIDAD Y HETEROGENEIDAD

La complementaria «identidad-universalidad», también señalada como «especificidad-globalidad», cobra un lugar muy importante, echando una luz original sobre la marcha del trabajo, para desembocar en la idea de heterogeneidad cultural y temática. Los capítulos sucesivos enfocan de este modo obras que no se escogen en función de una cronología sino con el afán de mostrar una constante circulación en la temática y en el proceso de conciencia identitaria, un ir y venir entre presente y pasado. Esta compleja combinatoria se reconoce hoy como «transculturación», concepto definido por Fernando Ortiz (1940: cap. II, «Del fenómeno social de la "transculturación" y de su importancia en Cuba») y que remite a un fenómeno propio de la formación de las sociedades e identidades culturales en toda Latinoamérica, entendidas como fruto de la pérdida de diversas componentes de los grupos originales de la población ahora mestizada, de la adquisición de nuevos caracteres y de la evolución de los caracteres anteriores hacia nuevos significados. Este fenómeno se aprecia también en la literatura y redunda en el concepto de *transculturación narrativa* preconizado por Ángel Rama (1982).

El lector comprende que por cultura se remite, por una parte, a obras representativas creadas en un medio social determinado y, por otra, a lo medios e instrumentos que han dado lugar a esta creación como son los modos de pensar, el idioma en que se redacta una obra y también otros factores transmitidos en el seno de este grupo social, gracias a los cuales siente su propia unidad y logra diferenciarse de otros grupos (a veces a enfrentarse con otros grupos): «una conciencia compartida por los miembros de una sociedad que se considera en posesión de características que los hacen percibirse como distintos de otros grupos, dueños a su vez de fisonomías propias» (León-Portilla 1975; citado en Aínsa 1986: 30).

A continuación las tres grandes partes del libro ilustran este entrevero de diversidad y enfrentamiento a través de obras narrativas escogidas por la temática común que hace resaltar varios enfoques ideológicos: «Significación novelesca del espacio americano», luego «Los viajes iniciáticos», en fin «De la comarca al universo». La representación de Iberoamérica aparece tributaria de un discurso ideológico, una forma contestataria frente a los modelos imperantes del discurso, planteando deliberadamente el debate sobre lo que puede llamarse una identidad cultural del subcontinente. Las páginas finales del libro exponen una idea recurrente en varios trabajos del autor: la narrativa latinoamericana es una necesidad porque propicia la creación de una imagen de América en la cual pueden mirarse los latinoamericanos, en sus diferencias y en sus variadas opciones culturales, sociales y políticas, o sea un mestizaje literario. La identidad cultural iberoamericana construida por el arte, en especial la literatura, es soñada y a la vez real, es una utopía. Presentes ya en *Los buscadores de la utopía*, de 1977, estas ideas vuelven a inspirar notables análisis y estudios críticos en *Travesías. Juegos a la distancia* (2000) y en los ensayos de *Pasarelas* (2002, sección «Vasos comunicantes»).

Esta breve síntesis invita a leer de nuevo un estudio que ha sido fundamental para comprender el gran éxito internacional de la literatura latinoamericana desde mediados del siglo XX. Las ideas que se acaban de subrayar cobran mayor relieve aun cuando se fija la atención en las grandes tendencias que surgen en las obras narrativas de los recientes decenios. Los planteamientos de Fernando Aínsa siguen vigentes en la historia literaria posterior a la publicación de su ensayo.

En el transcurso de la historia de las literaturas se ha podido observar hasta qué punto son indisociables lo particular y lo universal, lo real y lo simbólico. El cuento o la novela recurren a numerosos «efectos de realidad» que por su mismo alcance restringido fomentan un salto hacia la caracterización de la condición humana, de alcance universal (Aínsa 1986: 10, 56). No obsta el uso frecuente del calificativo de «universal» para señalar en la crítica occidental los valores estéticos y morales, y los procesos creativos propios del occidente, en los cuales hasta el Oriente ha sido transfigurado en instrumento simbólico, curioso resultado de una transculturación que ha sido transplantada en Iberoamérica por efecto de la hegemonía cultural europea. Al transponerse de uno a otro continente, estos rasgos producen significados diferentes, así es posible percibir la identidad iberoamericana por lo que tiene de diferencia con la de los modelos en uso en los centros culturales mundiales que son Europa y Estados Unidos.

Sin embargo, la literatura de los últimos años del siglo XX y de principios del siglo XXI, ya no hace hincapié en esta diferenciación, esta distancia para con las culturas hegemónicas, y se encamina hacia una mayor receptividad del otro, reforzando así la complementaridad entre identidad y universalidad, poniendo en duda que sean pertinentes las señas de identidad anteriormente proclamadas. Este punto de la reflexión de Aínsa se fija en la ironía en la novela *Los cortejos del diablo* de Germán Espinosa, y se ha reforzado en el capítulo «Los visionarios transgresores del orden histórico» de *Reescribir el pasado* (2003), tema fértil para la crítica porque la ironización de la historia es inseparable del placer del texto, fundándose en la implicación del lector al que se supone dotado de los conocimientos correspondientes.

Ya en la transición del siglo XX al XXI, la vida en grandes urbes se ha vuelto característica general de la mayor parte de las sociedades latinoamericanas, de suerte que las formas culturales actuales, al representar la vida rural o la vida de la ciudad y de los grupos socioculturales respectivos, ya no lo hacen del mismo modo que a mediados del siglo XX. Sin embargo, se nota que la heterogeneidad de los grupos correspondientes a cada sector y de sus expresiones culturales persiste en las obras recientes, porque en la moderna megalópolis se encuentran hoy estratos sociales y formas de expresión que proceden de un pasado todavía reciente. Los signos del costumbrismo rústico han sido retomados por el realismo mágico, como se podía observar, por ejemplo, en el manejo de los símbolos y la reactivación de mitos en la novela de Carlos Fuentes, *La región más transparente* (1959): en las fiestas y reuniones sociales de la ciudad de México convergen prominentes hombres de negocios, políticos duchos en interesadas amistades, destacados artistas, y se da como acostumbrada figura el personaje de Ixca Cienfuegos, encarnación del fuego volcánico, potencia emanada de la cosmogonía indígena, cuya presencia basta para impulsar el conjunto de la novela hacia una mitología de nuevo cuño y cuyas raíces remiten a las culturas de varios continentes. Se aprecia a partir de este momento un telurismo diseñado a la inversa del que contemplaban las novelas de la tierra o las novelas de la selva de primera mitad del siglo XX. Pese a esta diferencia de inspiración poética, subsiste la posibilidad de yuxtaponer temas que pertenecen a círculos distintos de la cultura y de la conciencia de estar en el mundo.

Puede considerarse que Homero Aridjis, en su novela *La zona del silencio* (2002), actualiza este procedimiento, aunque con un fuerte matiz de parodia. Un triángulo desértico del Estado de Chihuaha, en el noroeste de México cercano a la frontera con Estados Unidos, es una zona de naturaleza bruta y violenta, vida la menos organizada en profunda soledad. Ha sido escogido para implantar un Centro de Investigaciones Científicas que hospeda a varios investigadores: un astrónomo observador de objetos celestes no identificados, quizás extraterrestres, un biólogo que ha dedicado su vida a la observación de un sapo con cuernos que sólo vive en forma intermitente durante las breves temporadas lluviosas. Tal ciclo vital, con interrupción o estado de suspensión remite en el texto a la gran travesía del tiempo de unas momias indígenas, recientemente encontradas en unas galerías subterráneas naturales de esta región, y en otro momento con la «Planta de la resurrección», que cobra nuevo vigor con la lluvia y vuelve a crecer aunque acaba de pasar por varios meses absolutamente reseca en una muerte aparente.

En este desierto cuyo ambiente parece deberle algo a la novela de Dino Buzzati, *El desierto de los tártaros* (1940), y a la película adaptada de ella por Valerio Zurlini (1976), se construye esta gran travesía de los tiempos que es igualmente la de los espacios intersiderales, porque es una zona de frecuentes lluvias de meteoritos (para que no quepa duda, el paisaje se evoca sembrado de monolitos negros que vienen a recordar *2001: una odisea del espacio*, de Stanley Kubrick, con guión de Arthur C. Clarke, 1968). Alrededor, la vida mexicana es la de la frontera con sus trapicheos y engaños, animada en una picaresca de la vida política y económica: el general Leónidas Harpago es un acaparador del dinero y del poder. Rodeado de esbirros, se arroga un derecho de vida o muerte sobre la región, y disfruta de la ambigua complicidad de uno de sus rivales llamado Conejo Castro, ex-cura que ha colgado los hábitos para dedicarse al narcotráfico y al cabaret con prostitutas, y al que le gusta disfrazarse de cardenal. Sería posible captar en estas figuras un recuerdo de los cuentos populares de Tío Tigre y Tío Conejo, trasladados del África ecuatorial al Caribe, del mismo modo que otras figuras mitológicas derivadas de tradiciones varias parecen inspirar peripecias y personajes. La protección de Harpago incumbe a los mellizos Tequila y Mezcal, explícitamente relativos a figuras mitológicas de la India, de la Antigüedad griega o romana o de la América precolombina. El apellido de la madre de los mellizos es Saturno; el astrónomo Tapia publica en el periódico *El Sol de Coralillo* unas crónicas astrológicas que suele firmar con el seudónimo Cronos. El espíritu de las momias del desierto se apodera de la personalidad de los seres vivos: el biólogo Roberto Rodríguez cae poseso por Tasai, espíritu potente de un sabio indio tepehuan que triunfa en su afán obsesivo de revivir la momia de Duvúrai, su amada a la que asesinaron antaño unos esbirros. Traída de nuevo a la vida gracias a la Planta de la Resurrección, ésta encarna en el cuerpo de una cabaretera de Ciudad Juárez. Los shamanes o piaches divagan por la zona, portadores del pensamiento indio contemporáneo, conscientes de no depender del tiempo presente sino de ser pruebas de una vida que corre por milenios en armonía con todos los elementos del cosmos.

El enredo, al estilo de novela de misterio, tiene sus peripecias amorosas entre la hija del General y un joven periodista que investiga las desapariciones de sabios dedicados al estudio de la Zona del Silencio. La joven pareja trata de escapar de la persecución del general que muere con sus esbirros cuando su auto se estrella contra el camión de cerveza de los mellizos súbitamente desenmascarados como ángeles de la muerte. Los muertos tendrán otra vida, rondando por la Zona del Silencio como almas en pena, o como las momias resucitadas de los indios. Son numerosas las escenas que remiten a estratos diferentes de un imaginario universal, Elena la bella, los errantes fantasmas, el eterno retorno, el amor y la muerte, poniendo una mueca cada vez más amarga y grotesca sobre la imagen de la violencia mortal con la que se ha rodeado Ciudad Juárez, colmo de la tragedia, máximo ejemplo de hado siniestro en todo el país.

El intenso colorido y pintoresquismo local proyecta el relato a un significado universal. La delimitación geográfica de la Zona del Silencio es imprecisa, la manera de apreciar el tiempo y el espacio anula la separación entre momentos y lugares, entre los seres y las cosas, y la novela ofrece un carnaval de la simbólica universal renovando un humorismo mexicano, sin descuidar los recursos descriptivos de la tierra ni los conocimientos arqueológicos. Unas cartas de Roberto Rodríguez cumplen el papel de explicar el desierto y de traer al lector la clave simbólica principal; el destinatario aparente de las cartas se llama H (inicial de Homero, nombre también del autor de la novela). El libro ofrece una modernización de la tradicional satira de la mexicanidad, parodiando la novela de acción, la novela fantástica y la novela esotérica que se ha puesto de moda; dentro de una temática universal, se ríe de las formas más varias de la ficción, bromeando con los asuntos más graves.

REALIDAD VIRTUAL: LA CULTURA EN RED GLOBALIZADA

En la América Latina de hoy, la película, la telenovela, lo mismo que las grabaciones de canciones viejas y nuevas o las reimpresiones de viejas novelas por entrega, son medios consuetudinarios de amenizar la realidad de todas las ciudades y sirven en la actual narrativa de señal de lugar o de época, marcadores contextuales que a veces son tan logrados que dan ilusión de ser el objeto mismo del relato. También entran en la ficción los comentarios deportivos de radio y televisión y de prensa, porque se desempeñan en la onda de lo sensacional, estimulan pasiones. Estos catalizadores de placer popular asoman en textos recientes, a veces sencillamente como ambiente de un enredo, o para dar sustancia a un episodio de rivalidades o de complicidades, particularmente entre protagonistas masculinos. Son datos constitutivos de un nuevo realismo,[1] pero casi siempre la narrativa toma distancia, dejando asomar una intención paródica aun en los recuerdos conmovedores, efecto de desrealización más a menudo que efecto de realidad.

Esta nueva dimensión se ha acentuado con el desarrollo de los medios audiovisuales y el uso del ordenador como enlace entre las personas y como acceso a la información. Ya está cambiada a causa de estos medios la creación literaria, se ha modificado el estatuto del texto y su relación con lo real. Desde ahora, el escribir en pantalla y la multiplicación de las versiones del texto y la facilidad de borrarlas (a la vez ventaja y amenaza) suscitan una gran expectativa de otras formas

---

[1] Véase el estudio pionero de Aínsa, «Raíces populares y cultura de masas en la nueva narrativa hispanoamericana» (2000: 7-16). Osvaldo Obregón evoca este trabajo en el presente libro de homenaje.

de literatura y un constante escepticimo, una duda, que muchas veces se expresan con humorismo. El escritor chileno Alberto Fuguet había publicado relatos en torno a la realidad de la urbe, los marginales, el tedio del vacío cotidiano, un asco existencial (*Sobredosis*, 1990; *Mala onda*, 1991), el vacío del propio ser, la realidad urbana absurda (*Por favor rebobinar*, 1994). Su compatriota Sergio Gómez había criticado la realidad chilena de su juventud, los valores nuevos en el período posterior a la Unidad Popular y a la dictadura de Pinochet, mostrando el estado de espíritu de unos jóvenes que no se reconocían en los escritores comprometidos ni en la visión del mundo de otras generaciones (*Adiós, Carlos Marx, nos vemos en el cielo*, 1992; *Vidas ejemplares*, 1994). Se reunieron los dos escritores para conformar antologías de cuentos cuyos referentes tenían que ver con alguno de los nuevos medios de comunicación masiva, señas de nueva modernidad y de convivencia en la juventud urbana: *Cuentos con walkman* (1993) y *Disco duro* (1994).

Para su antología *McOndo* (1996), invitaron a numerosos escritores a romper con el realismo mágico, con el realismo en general, deseando plantear lo virtual como norma de una nueva literatura. Escogieron diecisiete textos de autores jóvenes cuyos cuentos entraban en su objetivo de nueva onda de escritura, ligada a la inquietud existencial en un mundo submergido por las nuevas tecnologías de la comunicación y lo virtual. Los cuentistas —todos nacidos después de 1959 y entre los cuales tres son españoles— enmarcaban su texto en la ciudad de un mundo ultramoderno e internacionalizado, todos con el placer lúdico de un vocabulario y de conceptos cada vez más difundidos de la realidad virtual, de red global y procesos innovadores. El cuento «Señales captadas en una fiesta», del argentino Rodrigo Fresán, instala un horizonte humorístico y fantástico. La muerte está presente en unos personajes angustiados, pero lo es por su sentimiento de inutilidad, de inconsistencia de todo lo que ven y hacen, la víspera del año 2000. Varios de ellos dicen que el mundo ha de desmaterializarse en esta fecha fatídica y se dan el apelativo de «irrealistas virtuales», su esperanza es entrar en el nuevo milenio para comenzar a vivir.

Al plasmar cuadros que definen nuevas modalidades culturales y nuevos códigos, parecen estos cuentos ponerse de espaldas a la línea de la búsqueda identitaria, pero de uno a otro texto se revela la denuncia de la ingenuidad con la que el público adopta tecnologías y formas de comunicación y contenidos que proceden de una visión mercantilista del mundo y remedan formas venidas de Estados Unidos. La intención crítica sigue poderosa para dar acceso a la idea de que el acto de escribir se basta a sí mismo y de que el asunto central del relato actual o su tema pueden escogerse en unos contextos muy variados y preferiblemente fuera de contexto.

Otro ejemplo revelador es el del venezolano Luis Barrera Linares. La mayor parte de sus muy irónicos cuentos satiriza la vida de la capital, con acento burlón llevado a diferentes niveles, incluso en los cuentos eróticos. Los poderes de la literatura anulan el orden establecido, político, social y económico. Sus escritos literarios (también tiene un blog) burlan hasta las obras que él admira por considerar superada su misión identitaria. *Sobre héroes y tombos* (1999) es un homenaje divertido a la ambición de la novela total en Ernesto Sábato. Más aventurera es la realidad virtual de sus *Cuentos enred@dos* (2003), cuyo autor se denuncia como distinto al Barrera Linares bien conocido de sus coterráneos: es un primo misterioso cuya imagen ha sido plasmada en su blog. Los cuentos desempeñan escenas de ámbito propio de la red global dentro de la cual surgen acechanzas y dramas que anuncian el desmoronamiento inevitable de toda representación, de toda realidad, incluso la virtual. En el cuento «De Antología», unos protagonistas femenino/masculino han coincidido en un congreso de universitarios y durante la parte turística del programa han preferido ir a descansar en un parque. Se les acerca un desconocido que dice ser de la agencia turística Antología y pretende ser oriundo del mismo país, con lo que capta su interés. Les regala unas bellas chamarras de piel y les recomienda que se pongan en relación con su «taita» que sigue viviendo en su tierra. De regreso a casa, la narradora recibe una llamada telefónica del «taita» y poco después también le toca recibir una a su amiga Maritza que empieza a preocuparse porque todos sus conocidos empiezan a recibir estas llamadas. Un día, en la pantalla del ordenador se inscribe un mensaje del «taita» y, al día siguiente, al pulsar el mando e iluminarse la pantalla, la narradora se siente aspirada adentro de la pantalla y trasladada al mundo fantástico de Antología; quizás encuentre en este mundo a algunos de los que han protagonizado el cuento. La desmaterialización de la realidad parece una norma cuando se trata de una realidad de papel, pero ya no hay papel, todo es virtual, la ficción misma se ha difuminado.

LO IMAGINARIO Y LO ABSURDO

1996, año de la publicación de *McOndo*, es también el del «Manifiesto del CRAC», grupo que reúne a varios escritores jóvenes de México: Jorge Volpi, Ignacio Padilla, Miguel Angel Palou y Eloy Urroz han escogido este nombre en proclamación de su búsqueda de nuevos contenidos literarios y de nueva escritura. Enteramente apartados del boom del que se burlan, rechazan toda influencia, desprecian la manía de la identidad latinoamericana y se interesan por temas del mundo entero, dando preferencia a escenarios de otras partes, a asuntos de otros lugares y tiempos que puedan tener también un significado aquí y ahora. El protagonista de la novela de Jorge Volpi, *En busca de Klingsor* (1999), es un científico norteamericano cuya misión secreta es buscar a un famoso sabio cuyos descubrimientos sobre la materia y la energía han trastornado profundamente la física durante la Segunda Guerra Mundial. Está en juego un gran poder en el contexto de la posguerra, lo que da paso al manejo de una vasta documentación histórica y científica enmarcada dentro de una reflexión sobre una ética del conocimiento, contraria al ejercicio cínico del poder durante el Nazismo, mostrando que este cinismo ha perdurado en el mundo después de la derrota de la Alemania nazi. El fracaso de la utopías se expresa aún más ampliamente en *El fin de la locura* (2003): Volpi atribuye a un joven protagonista mejicano el afán de trasladar a su país los conceptos del individualismo libertario y del «situacionismo» pescados al vuelo de la boca de los oradores parisinos en 1968. La idea del hundimiento del orden mundial es el asunto principal de *No será la tierra* (2006) con la caída del Muro de Berlín en que se vio el fracaso de la construcción del comunismo y de los ideales del materialismo revolucionario. Este fracaso coincide con un súbito auge de otra utopía, el sueño del hombre de ser amo de su destino a través del progreso acelerado de la biología: el conocimiento de la estructura del genoma y su mecanismo, las posibilidades de manipulación genética anuncian la salud perfecta. En todos estos libros, la inacabable capacidad del hombre de racionalizar sus ilusiones fracasa, porque algún acontecimiento imprevisto la vuelve una irrisión.

El pensamiento contemporáneo entraña una profunda duda, una incertidumbre de la historia, como lo muestran las teorías de la humanidad posmoderna. Sin embargo, no es el fin de la historia lo que preocupa a Alberto Fuguet y Sergio Gómez, o a los miembros del CRAC, ni tampoco la muerte de las ideologías. Ellos ven otra imagen del hombre, asignando a la literatura el propósito de plasmarla mediante un lenguaje que moldean y trabajan incesantemente, una literatura como arte en contante transmutación, porque está ligada a la capacidad de recepción y de reacción del lector: una interactividad.

Recordemos que la reflexiones finales del libro de Fernando Aínsa se titulan «La emancipación en función de la calidad literaria» (1986: 506-509). Al volver a leerlas es dable pensar que los irreverentes jóvenes escritores de 1996, ahora ya todos escritores consagrados y de éxito internacional, han sabido aprovechar el ejemplo de sus antecesores, pese al desafío que lanzaban, en particular cuando los de *McOndo* se definían como una generación «que es post-todo: postmodernismo, post-yuppie, post-comunismo, post-babyboom, post-capa de ozono. Aquí no hay realismo mágico, hay realismo virtual». Ejercer la literatura es para ellos un oficio, dar a ver lo que es el mundo, no en función de especificidades locales sino a la escala de una cultura fundada en una intercomunicación global:

> El mundo se empequeñeció y compartimos una cultura bastante similar, que nos ha hermanado irremediablemente sin buscarlo. Hemos crecido pegados a los mismos programas de televisión, admirado las mismas películas y leído todo lo que se merece leer, en una sincronía digna de considerarse mágica. Todo esto trae, evidentemente, una similar postura ante la literatura y el compartir campos de referencia unificadores. Esta realidad no es gratuita. Capaz que sea mágica (Fuguet/Gómez 1996: 18).

BIBLIOGRAFÍA

AÍNSA, Fernando (1977): *Los buscadores de la utopía*. Caracas: Monte Ávila.
— (1986): *Identidad cultural de Iberoamérica en su narrativa*. Madrid: Gredos Ávila.
— (2000): *Travesías. Juegos a la distancia*. Málaga: Litoral.
— (2000): «Raíces populares y cultura de masas en la nueva narrativa hispanoamericana», en *América, Cahiers du CRICCAL*. Paris: Presses de la Sorbonne Nouvelle, n°25: «Les nouveaux réalismes», pp. 7-16.
— (2002): *Pasarelas. Letras entre dos mundos*. Paris: Indigo & Côté-femmes.

— (2003): *Reescribir el pasado. Historia y ficción en América Latina.* CELARG/Ediciones El Otro, El Mismo.

FUGUET, Alberto/GÓMEZ, Sergio (1996): *McOndo.* Barcelona: Grijalbo Mondadori.

LEÓN-PORTILLA, Miguel (1975): «Antropología y culturas en peligro», en *América Indígena*, vol. 35, p. 17.

ORTIZ, Fernando (1940): *Contrapunteo cubano del tabaco y el azúcar.* La Habana: J. Montero.

RAMA, Ángel (1982): *Transculturación narrativa en América Latina.* México/Madrid: Siglo XXI.

«Estamos aquí/somos de allá». De fronteras e hibridaciones

María Caballero Wangüemert
Universidad de Sevilla

> La *identidad, lo auténtico* se negocia hoy en día
> en la diversidad de las orillas y en los puntos-cru-
> ces del encuentro de culturas (y no a través de
> oposiciones, sino por medio de operadores tales
> como *allí, aquí, en medio, simultáneamente*): se
> vive simultáneamente en diversos mundos, en un
> *intermedio,* en un espacio extraterritorial.
>
> De Toro (2006: 228)

La historia tan peculiar de Puerto Rico durante el pasado siglo es la causa de la obsesión identitaria, de la pervivencia, más allá de otros países y modas, de un asunto que explotó con la independencia y la entrada masiva del romanticismno en tierras americanas. No obstante, y aunque con matices, hoy el puertorriqueño es parte de ese pluralismo multipolar de nuestro mundo contemporáneo; un ciudadano multicultural, deudor —como en tantas ocasiones nos ha contado García Canclini— de la crisis del proyecto políticocultural de las naciones modernas, de sus relatos unificadores. En concreto, el sujeto latino es fruto de la desterritorialización y relocalización de comunidades enteras en el seno de Estados Unidos, un fenómeno de imprevisibles consecuencias en su punto de partida y abordado desde conceptos convergentes como transculturación (Spitta), frontera (Anzaldúa), transfrontera (José Saldívar), tropicalización (Aparicio), *los Borders Studies* o los *Latino Studies*... Remito al lector interesado al número monográfico de la *Revista Iberoamericana*, coordinado por Sandoval-Sánchez y Aparicio (2005), quienes dedican muchas páginas a desbrozar los debates sobre identidad latina, definir los campos de estudio o a matizar cuestiones de raza, género y etnicidad; incluso cuestiones más sibilinas, por ejemplo, cuándo un escritor latinoamericano pasa a ser *latino*, esa nueva cultura colectiva en desarrollo (hispanos, chicanos, nuyorican…). El fenómeno es tan imparable y de dimensiones tan desbordadas que críticos como Mignolo han propuesto repensar el curriculum hispanista desde los lenguaje-frontera, en lugar de los lenguajes nacionales. Lo que no se discute es el valor transnacional y transculturador de la latinidad.

De fronteras e hibridaciones: las alternativas teóricas

«¿Qué es una frontera? ¿Tiene sentido seguir hablando hoy de fronteras, en un mundo globalizado, interdependiente e intercomunicado como el nuestro?», se pregunta Aínsa en su libro *Del topos al logos* (2006: 217). Una frontera divide y acerca a la vez, lo que ha de tenerse en cuenta en su doble «dimensión de límite protector de diferencias como en la de línea que invita al pasaje y a la transgresión» (ibíd.). Y puede ser física, geográfica o más sutil. Por eso —sigue diciendo— la frontera «existe en el interior de los países y entre los propios seres humanos […]. Son las barreras consagradas por el miedo a todo lo que se ignora del *otro* […]. Cada lugar es la frontera de otro lugar, cada ser humano es la frontera del *otro* (ibíd.: 222, 223).

Fernando se replantea una cuestión ambigua cuyos bordes tocan temas como el exilio y la identidad, la «extraterritorialidad y patria literaria»… Precisamente, ése es el título del ensayo que abre su libro *Pasarelas. Letras entre dos mundos* (2002), sugerente recolección por la que desfilan múltiples intelectuales, narradores y poetas; índice en definitiva de la rica cultura del crítico. Lo traigo aquí y ahora precisamente por ese pequeño ensayo introductorio, en que retoma muchos de los aspectos (exilio, desarraigo, pluralismo propio de la globalización actual…) que fueron centrales en sus *Travesías. Juegos a la distancia* (2000). Porque él ha sufrido, ha experimentado en carne propia mucha de la problemática que maneja desde el punto de vista teórico:

> En esos territorios exteriores, donde se han refugiado quienes han hecho realmente sus maletas, se consagran el desarraigo, el exilio voluntario o forzoso y la extraterritorialidad, es decir, el surgimiento de un pluralismo lingüístico y la carencia de hogar que marcó la narrativa del siglo XX (Aínsa 2002: 15).

Ya en un trabajo anterior utilicé este ensayo, muy útil para entender el proceso de una cultura como la puertorriqueña que sufre el constante influjo norteamericano desde el pasado siglo. Y lo hice convencida de la verdad de sus asertos: «las culturas en comunicación y sometidas a influencias permanentes son más resistentes [...]. Desde el punto de vista de la creatividad, solo las culturas en intercambio y en interacción dejan rastros y sobreviven. La verdadera historia de la cultura es la historia de una fecundación continua» (Aínsa 2002: 17).

Con ese marco teórico y dentro de esas claves, quisiera dividir mi trabajo en dos partes claramente diferenciadas: una breve nota sobre la literatura puertorriqueña en sus dos ámbitos (isleños y continental) como literatura de frontera, a la luz de las teorías esbozadas por Aínsa al respecto; y un comentario de *Travesías* también en una doble vertiente: como texto autobiográfico, y como texto metafísico en el que se desnuda el ser humano. Advierto de entrada que mi trabajo no pretende ser creativo, sino dar la palabra a otros, establecer un diálogo de textos. Y todo ello con un propósito: examinar la validez de los asertos críticos, confrontándolos con declaraciones de los escritores boricuas que ejemplifican de modo palmario las tesis del crítico homenajeado.

1. PUERTO RICO, HIBRIDISMO Y FRONTERA LINGÜÍSTICA

> Cimentada en la hibridez antillana, de una amarga visceralidad, hecha de cuanto se perciben el corazón y el oído, he ahí un esbozo inicial de la cultura puertorriqueña. Y dependiente, en la tangencialidad, de los enfoques, los prestigios, los glamures que exporta la cultura norteamericana. (Sánchez 1997: 209).

Así se expresa el autor de *La guaracha del Macho Camacho* (1976) quien tiene bien presente su «condición de escritor inserto en las dificultades de una cultura fronteriza» (Sánchez 1997: 57), un escritor de éxito que, como tantos, ha trabajado y vivido entre Estados Unidos y la isla. Es cierto que no ha sido cuestionado como otros que han dedicado muchas páginas a teorizar un problema que les atañe vitalmente:

> Debido a nuestras circunstancias históricas los puertorriqueños hemos contribuido a la creación de una nueva topografía cultural en

América Latina. La hibridez cultural, racial y social es lo que nos define como pueblo. En mi opinión, el continente entero asumirá estas mismas características de frontera durante el siglo XXI: América (Norte y Sur) unida en una sola frontera, la del *Nuevo Mundo* (Ferré 2001: 175).

Son palabras de «Escribir entre dos filos», texto autobiográfico *pro domo sua* que se inserta en el último libro de ensayos de Rosario Ferré, un audaz testimonio de quien, por su trayectoria, ha probado los márgenes y el centro, la isla y Norteamérica, lo conservador y lo ¿progresista?, el inglés y el español:

> Ser de un país y de una cultura implica una manera íntima de ser y de pensar [...]. Aprendí que se puede ser puertorriqueño sin saber hablar español; pero, sobre todo, que se puede ser puertorriqueño hablando español e inglés, y escribiendo correctamente ambos (Ferré 2001: 174).

> Y a nosotros en Puerto Rico nos dicen que tenemos que dejar de ser más para ser menos. Que debemos ser puros para evitar las confusiones. Que tenemos, en fin, que escoger entre ser ciudadamos norteamericanos o ciudadanos puertorriqueños. La pureza, sea nacional o racial, me aterra. Me hace pensar en los nazis. Prefiero tener ambas ciudadanías y hablar los dos lenguajes. Soy una ciudadana del Nuevo Mundo —de América del Norte y de América del Sur— y seguiré escribiendo en español y en inglés aunque sobre mi cabeza se crucen las espadas (ibíd.: 179).

La errancia como identidad: el viaje rizomático de La guagua aérea

La historia del Puerto Rico del Estado Libre Asociado, con sus secuelas de emigración a Nueva York desde los años cincuenta, puso en marcha un fenómeno nuevo: un país cimentado sobre dos geografías (isla y continente) en el que iban perfilándose situaciones muy variadas. El que emigra lo hace en busca de un mundo mejor, aunque no siempre lo consigue. Los sociólogos constataron las incidencias y desdoblamientos de ese doble viaje (ida y retorno), con secuelas colaterales (parientes, amigos), mientras las nuevas generaciones nacidas ya en Estados Unidos sufrían su propia crisis identitaria. Nunca fue un exilio de una sola dirección, sino un fenómeno complejo, abierto, que se renovaba en una huida hacia delante... y que Luis Rafael Sánchez supo plasmar de modo muy gráfico en un ensayo que hizo época:

> *La guagua aérea* es uno de los primeros textos que hablan de la migración como algo circular, no como un viaje unidireccional o un *exilio* definitivo, sino como un vaivén, como un viaje que siempre vuelve a empezar [...]. Esta errancia del puertorriqueño hace imposible decir dónde empiezan y dónde terminan las fronteras de la nación, ya que siempre es posible que en cierto momento más de la mitad de los puertorriqueños estén fuera de la isla [...]. El nomadismo puertorriqueño en la modernidad, que se cristaliza en la imagen de la guagua aérea, recuerda que el caribeño no tiene raíces, sino que es lo que Deleuze llama un *rizoma* (una vegetación sin centro pero que se conecta por debajo de la tierra) (Van Haesendonck 2008: 26-27).

Problema de identidad... problema de lengua: «salir contra el afuera de otra lengua. Aquí empieza la verdadera orfandad, el verdadero exilio [...]. Hay que salir contra el afuera de la lengua de los otros, hacer el esfuerzo de habitarla» —se ha dicho (Aínsa 2000: 26)—. Además, no se trata de dos países hispanoamericanos, sino de dos cosmovisiones enfrentadas desde Sarmiento, Martí y Darío (pragmatismo/idealismo). No obstante, la posmodernidad globalizadora arrumbó los viejos maniqueísmos; las continuas interferencias de contextos culturales diametralmente opuestos en su origen limaron asperezas. Y el vehículo no podía ser otro que la lengua, cuya creatividad se disparó:

> La oscilación pendular del puertorriqueño entre dos contextos culturales se observa, entre otros, en la constante hibridación del idioma, i.e. la influencia recíproca del inglés en el español y viceversa. Puede decirse que el vaivén espacial convierte también la lengua del puertorriqueño en *portátil, rizomática* (Van Haesendonck 2008: 28).

La errancia —esa castiza palabra castellana utilizada por Machado, como recuerda Aínsa (2000: 10)— como patria, como identidad, aplicada a cada ser humano; aplicada a todo un pueblo cuyas fronteras son porosas, fluidas:

> A pesar del abismo entre la vida política de la isla y lo que ocurre en las comunidades diaspóricas, no cabría duda de que hay una creciente

influencia mutua entre ambas *orillas*, de tal modo que para Flores (Ibid. 11) es lícito hablar incluso de *the Puerto Rican trans-colony.* Otro sociólogo, Jorge Duany, opina del mismo modo que «las líneas divisorias entre la isla y la diáspora se han hecho cada vez menos útiles para imaginar una comunidad nacional y transnacional» (Duany 1998: 238) (Van Haesendonck 2008: 25).

De nuyorican y otros: la diáspora estadounidense y sus nuevas fronteras

¿De dónde es usted? Unos ojos rientes y una fuga de bonitos sonrojos le administran el rostro cuando me contesta —*De Puerto Rico* [...]. — *Pero ¿de qué pueblo de Puerto Rico?* Con naturalidad que asusta, equivalente la sonrisa a la más triunfal de las marchas, la vecina de asiento me contesta —*De Nueva York* [...]. Lugar común, traspié geográfico, broma, hábil apropiación, dulce venganza: la respuesta de mi vecina de asiento supone eso y mucho más [...]. Es la reclamación legítima de un espacio, furiosamente conquistado. ¡El espacio de una nación flotante entre dos puertos de contrabandear esperanzas! (Sánchez 1994: 21).

Últimamente y en el marco de otros trabajos, Yolanda Martínez-San Miguel ha estudiado el entorno de Nueva York para proclamar una especie de «caribeñidad a la intemperie» donde se prima la invención de lo caribeño: «el origen pasa a ser una categoría aprendida y la noción de la casa se convierte en una metáfora móvil, aunque no necesariamente menos persuasiva» (Martínez-San Miguel 2004: 472).

Así sucede con los nuyorican. A la hora de evaluar el fenómeno puede resultar muy fértil la conceptualización de la frontera como «membrana» que perfila Aínsa en su libro *Del topos al logos* (2006: 217-234). «La frontera difícilmente puede dejar de ser la membrana a través de la cual respiran los espacios interiores que protege, respiración que asegura las influencias e intercambios inherentes a su propia supervivencia, por muy autárquica y cerrada que se pretenda» (ibíd.: 218). «Membrana» es algo poroso, un tejido dúctil y moldeable, sin límites claros y en perpetuo movimiento… al menos eso es lo que sugiere el vocablo: «La frontera como membrana permeable permite la ósmosis de campos culturales diversos» (ibíd.: 229). «En tanto que membrana protectora, la frontera establece una línea de demarcación entre lo que es uno y la otredad del resto del mundo» (ibíd.: 223). También «invita a pasar del otro lado, a su transgresión» (ibíd.: 230).

Los puertorriqueños en los Estados Unidos se encuentran a caballo de una frontera lingüística y cultural cruzando continuamente de un lado a otro (Hernández 2000: 382).

Se trata efectivamente de una literatura de frontera, aunque no se haga en un espacio demarcado por mares, ríos, montañas o tratados sino definido por las características que distinguen diferentes tradiciones literarias. Lo fronterizo sería, pues, el lugar de los encuentros y de las síntesis, el momento de las transformaciones y de las innovaciones (ibíd.: 375).

Muchos de los escritores nuyorican adolecen de la hibridez que causa el no sentirse plenamente aceptados ni en un mundo ni en el otro. Para ellos no existe Nepantla, esa «tierra de en medio» de la que habla Pat Mora para definir a los chicanos. Más bien el desencuentro, la desubicación de quienes no se sienten acogidos por los suyos, los isleños. Miguel Algarín ha dicho en ocasiones cosas como ésta:

Los puertorriqueños de la isla deberían reconocer que nosotros, los de Nueva York, no somos enemigos, sino que por la naturaleza de nuestra era, estamos en una frontera electrónica y nuestra mentalidad se está desarrollando con una velocidad increíble… no estamos en el Caribe pero nuestras raíces son caribeñas… Soy norteamericano, pero soy caribeño por nacimiento y mentalidad. Llevo conmigo la emoción de un pueblo isleño y la puedo colocar en la vanguardia de la frontera electrónica, de la frontera científica del Norte (Hernández 2004: 215)

Piri Thomas en «Regreso al hogar: un neoyorican en Puerto Rico» (Rodríguez de Laguna 1985: 181-184) ha contado su experiencia tejida de añoranza isleña y rechazo en su primera visita debido a su mal español. En el lado opuesto, sucesivas generaciones de nuyorican van marcando una distancia despreciativa respecto a sus hermanos isleños, funcionando como «voyeur del otro, de lo que está más allá de lo que se conoce» (Aínsa 2006: 228):

La llegada de esta nueva ola de emigrantes fue un violento despertar para nosotros. Ellos vinieron usando los colores resplandecientes del trópico y hablando el español de la clase trabajadora, alto y claro. Y esta gente con sus actitudes desenvueltas, eran nuestras hermanas, hermanos, tías, tíos, primos, padres y abuelos. *Jíbaros… Tomateros, lobos de mar*, murmurábamos y nos burlábamos de su acento. Algunos de nosotros nunca habíamos estado en Puerto Rico, fantaseábamos acerca de la asimilación dentro de la cultura anglosajona, y habíamos desarrollado incluso cierto desdén hacia la pobreza (Mohr 1985: 187).

Podría decirse que en la literatura de esta escritora, Nueva York funciona como «límite extremo respecto a un centro […]. Sus habitantes tienen siempre el sentimiento de haber nacido en el borde de algo diferente, lejos de la cultura hegemónica del centro al que están referidos» (Aínsa 2006: 228). Y es que:

> Desde los años setenta, escritores como Piri Thomas, Pedro Pietri, Giannina Braschi, Ángel Lozada, Abraham Rodríguez Jr., Esmeralda Santiago, Manuel Ramos Otero, Judith Ortiz Cofer han ido desplazando las fronteras de la literatura puertorriqueña, que siempre ha sido (y sigue siendo) sinónimo de escritura isleña; esta definición, limitada, de la literatura nacional como lo que se produce en la isla es difícilmente sostenible (Van Haesendonck 2008: 24).

«Nadando entre dos aguas, atrapados entre dos fuegos, enmarcados dentro de dos horizontes de referencias culturales, la situación de los escritores puertorriqueños en los Estados Unidos resulta particular» (Hernández 2004: 209). Todo eso —es más que sabido— afecta a una literatura cuyas realizaciones más creativas se producen paradójicamente en suelo continental americano: «Ese maridaje fundamental entre los elementos de una cultura puertorriqueña recibida por medio de una tradición oral […] y los instrumentos para expresar esa cultura por escrito que le había dado la otra —el inglés literario, el acceso a una tradición libresca— es lo que caracteriza, a nuestra manera de ver, la profunda creatividad de esta literatura» (Hernández 2004: 215). En «Ausencia no debe decir olvido» resume muchas de las tesis de su libro *Puerto Rican Voices in English. Interviews with Writers* (1997). Tras recordar que «según el censo del 2000, había 3,4 millones de puertorriqueños en los EE. UU., una cifra casi igual a la de los habitantes de la isla, que son 3,8 millones» (ibíd.: 294), estudia la novela de Piri Thomas, *Down these Mean Streets* (New York: Vintage, 1967). Escrita desde una sensibilidad puertorriqueña, insiste en las nuevas hibridaciones: asimilaciones e incorporaciones de diferentes tradiciones literarias.

Para cerrar este apartado, no en vano es propio de la literatura de todos los tiempos transgredir los límites… La literatura nuyorican hace realidad el aserto, tan posmoderno y tan poscolonial de Fernando:

> En definitiva, hay que plantearse la necesidad de aprender a vivir *a través* de las fronteras, en la porosidad y en la ósmosis del cuerpo social e individual que respira, en la intimidad protegida de una identidad y en el intercambio que da elasticidad a todo límite (Aínsa 2006: 230).

2. Travesías. Los «juegos a la distancia» de Fernando Aínsa

Fernando Aínsa no es un teórico improvisado: ha sufrido en su carne los avatares de la emigración ¿traslación?, el vivir entre dos orillas, eludiendo posibles fronteras. Ahora que la autobiografía está de moda, que los estudios doctorales y universitarios en general asumen de nuevo y sin rubor alguno los contextos y parten de las circunstancias biográficas para iluminar la formación de cualquier artista, me propongo seguir leyendo algunas de sus teorías esbozadas en «De aquí y de allá» (2000: 9-64) e «Islario contemporáneo» (103-119). Siendo tan distinta —diametralmente opuesta incluso— la experiencia de los puertorriqueños y el maestro uruguayo de origen español, convergen en su afán de superar barreras, de sobrenadar en ese humus intelectual, cultural y vital propio de nuestra época, no sin melancolía, no sin problemas y desgarros que en el caso de Fernando dejaron su huella en esas travesías, prosas breves, escritas en París con la mirada en Latinoamérica, pero sin restricciones. El escritor —como en su día la condesa de Merlin— es hombre de dos orillas, que a la vez añora y confirma su evolución (30, 58…), su despego de los amigos de allá (459), su distancia respecto del hogar materno (57), idealizado desde la engañosa memoria generadora de paraísos perdidos…¡tal vez no fueran paraísos los de la niñez!

En ese sentido, estas prosas fragmentarias son y no son lo que aparentan. Abiertas a la sugerencia, adensadas cual aforismos a lo Gómez Dávila, o fluidas como relato de viajes («De océano a océano. Ejercicio práctico», 93-100), diario personal o ensayo («El ser del sur», 67-92), pueden leerse como testimonio de que el ser humano es uno y el mismo, «el otro el mismo» —Borges dixit— en geografías y tiempos diversos. Aún más: conociendo las aficiones filosóficas de su autor, me atrevería a decir que constituyen un pequeño y fragmentario tratado de antropología y psicología humanas, una interrogación de raigambre filosófica —y la filosofía está hoy en la calle y en los textos literarios— sobre el hombre contemporáneo, afectado de la eterna insatisfacción que ya señalara en el siglo IV Agustín de Hipona: «Nos hiciste Señor para Ti y nuestro corazón está inquieto hasta que descanse en Ti». Conclusión que extraigo enlazando el inicio con el final del libro:

> Estamos aquí, somos de allá (Aínsa 2000: 9).

> A veces tengo nostalgia de un país donde no he estado nunca. Me siento exilado de una tierra prometida a la que no he podido llegar y de la cual tengo vagas noticias. Su lejanía me da vértigo (ibíd.: 118).

Escritos en una sociedad laica y tal vez sin intencionalidad trascendente alguna, apuntan sin embargo a la raíz trascendente que las manifestaciones culturales de los egipcios hasta hoy subrayan y los agnósticos más redomados reconocen en ese bípedo tan especial que es el hombre, siempre en camino. ¿Y mientras tanto? Fernando parece apuntar una posible salida:

> Tu verdadera raíz estaría donde piensas, participas, amas y actúas individual o colectivamente. Podríamos decir que lo importante es el punto a través del cual mantienes una relación dinámica de tensión y resistencia con los que nos interesa.
> Y este punto no importa si está aquí o allá. Todo dependerá del momento, las circunstancias y los hombres (Aínsa 2000: 63).

Ésa es la misión del hombre: construir aquí su eternidad, bien arraigado en el ahora, pero consciente de su provisionalidad.

¿Y mientras tanto? El imaginario colectivo ha provisto a la humanidad de metáforas, alegorías, «pobre barquilla mía entre las olas sola» —decía Lope—. «Todos somos náufragos que soñamos islas» —dirá Aínsa—. Y continúa con una propuesta antropológica:

Náufragos de la vida que necesitamos de islas imaginarias, de islas donde concentrar recuerdos y proyectar utopías, de islas secretas y personales donde se reiteren los motivos que persiguen al ser humano desde la más remota antigüedad: ese paraíso al que todos creemos tener derecho y que *debe* existir en *algún* lugar; ese rincón del mundo de los sueños al que será posible evadirse un día, esa isla siempre lejana que subyace en el *principio esperanza* que guía nuestros pasos en la distancia (Aínsa 2000: 103).

Así arranca la última sección, islarios, en los que apuesta por un hombre capaz de utopías, capaz de convivir en paz en «un mundo que no necesitara destruir el de los demás, porque —pese a todo y a tantos complacidos agoreros— sigue habiendo todavía en este malherido planeta, suficiente espacio libre para soñar» (Aínsa 2000: 119).

Para concluir y enlazar ambos epígrafes, podría sugerirse que las alternativas puertorriqueñas de los cincuenta para aquí pueden leerse como metáfora de la vida humana:

¿Proteger su isla, defender el propio espacio feliz o transgredir los límites del infierno y arriesgarse en el mundo? Aquí es donde empiezan realmente los problemas.

En todo caso, pareciera que en los sucesivos naufragios y resurrecciones con que inevitablemente se jalona la vida humana, la ambivalencia del signo de la isla —paraíso para unos y cárcel de otros, sueño y realidad, lugar de evasión y aventura, pero también vivero del *insularismo* que amenaza al espíritu— nos acompaña como inevitable dualidad existencial (Aínsa 2000: 111).

De la teoría de/sobre la frontera a las prosas autobiográficas del autor, las «travesías» de Fernando Aínsa pueden leerse en diversos registros y niveles, pero siempre sugieren la superación de las barreras; apuntan a la necesidad de la utopía, a la búsqueda de un más allá que sacie sin medida.

Bibliografía

Aínsa, Fernando (2000): *Travesías. Juegos a la distancia*. Málaga: Litoral.
— (2002): *Pasarelas. Letras entre dos mundos*. Paris: Indigo & Côté-Femmes.
— (2002): *Del topos al logos. Propuestas de geopoética*. Madrid/Frankfurt: Iberoamericana/Vervuert.

APARICIO, Frances R. (2001): «Las migraciones de la escritura. Los espacios de la literatura puertorriqueña estadounidense», en Felipe Díaz, Luis/ Zimmerman, Marc (eds.), *Globalización, nación postmodernidad. Estudios culturales puertorriqueños*. San Juan de Puerto Rico: La Casa, pp. 291-213.

DÍAZ, Luis Felipe (2008): *La na(rra)ción en la literatura puertorriqueña*. Río Piedras: Huracán.

—/ZIMMERMAN, Marc (eds.) (2001): *Globalización, nación, postmodernidad*. San Juan de Puerto Rico: La Casa.

DUANY, Jorge (2002): *The Puerto Rican Nation on the Move. Identities on the Island and in the United States*. Chapel Hill/London: The University of North Carolina Press.

FERRÉ, Rosario (2001): *A la sombra de tu nombre*. México: Alfaguara.

FLORES, Juan (2000): *From Bomba to Hip-hop. Puerto Rican Culture and Latino Identity*. New York: Columbia University Press.

HERNÁNDEZ, Carmen Dolores (1997): *Puerto Rican Voices in English. Interviews with Writers*. Westport (Conn.): Praeger.

— (2000): «Emigración y literatura», en *Revista de Estudios Hispánicos*, vol. 27, nº 2 (ejemplar dedicado a: *Cien años de Literatura puertorriqueña: 1901-2000*), pp. 375-386.

— (2004): «Ausencia no debe decir olvido», en Hernández, Carmen Dolores (ed.), *Literatura Puertorriqueña. Visiones alternas*. San Juan de Puerto Rico: Centro de Estudios Avanzados de Puerto Rico y el Caribe, pp. 291-318.

— (2004): «Escribiendo en la frontera», en López-Baralt, Mercedes (ed.), *Literatura puertorriqueña del siglo XX. Antología*. Río Piedras: Editorial de la Universidad de Puerto Rico, pp. 209-216.

MARTÍNEZ-SAN MIGUEL, Yolanda (2003): *Caribe Two Ways: cultura de la migración en el Caribe insular hispánico*. San Juan de Puerto Rico: Callejón.

— (2004): «La otra isla de Nueva York y la caribeñidad a la intemperie», en Torres-Saillant, Silvio/Hernández, Ramona/R. Jiménez, Blas (eds.), *Desde la otra orilla. Hacia una nacionalidad sin desalojos*. Santo Domingo: Manatí, pp. 469-490.

MOHR, Nicholasa (1985): «Los puertorriqueños en Nueva York: evolución cultural e identidad», en Rodríguez de Laguna, Asela (ed.), *Imágenes e identidades: el puertorriqueño en la literatura*. Río Piedras: Huracán, pp.185-189.

MORAÑA, Mabel (2000): «Migraciones del latinoamericanismo», en *Revista Iberoamericana*, nº 193, pp. 821-829.

OTERO GARABÍS, Juan (2000): *Nación y ritmo: «descargas» desde el Caribe*. San Juan de Puerto Rico: Callejón.

PABÓN, Carlos (2002): *Nación postmortem. Ensayos sobre los tiempos de insoportable ambigüedad*. San Juan de Puerto Rico: Callejón.

RÍOS ÁVILA, Rubén (2002): *La raza cómica. Del sujeto en Puerto Rico*. San Juan de Puerto Rico: Callejón.

RODRÍGUEZ DE LAGUNA, Asela (ed.) (1985): *Imágenes e identidades: el puertorriqueño en la literatura*. Río Piedras: Huracán.

SÁNCHEZ, Luis Rafael (1994): *La guagua aérea*. Río Piedras: Corporación Producciones Culturales.

— (1997): *No llores por nosotros Puerto Rico*. Hanover: Ediciones del Norte.

SANDOVAL-SÁNCHEZ, Alberto (1997): «¡Mira, que vienen los nuyoricans! El temor de la Otredad en la literatura nacionalista puertorriqueña», en *Revista de Crítica Literaria Latinoamericana*, 23/45, pp. 307-325.

TORO, Alfonso de (ed.) (2006): *Cartografías y estrategias de la postmodernidad y la postcolonialidad en Latinoamérica: Hibridez. Globalización*. Madrid/Frankfurt: Iberoamericana/Vervuert.

— (2007): *Estrategias de la hibridez en América Latina. Del descubrimiento al siglo XXI*. Frankfurt: Peter Lang.

TORRES-SAILLANT, Silvio/HERNÁNDEZ, Ramona/BLAS R., Jiménez (eds.) (2004): *Desde la otra orilla. Hacia una nacionalidad sin desalojos*. Santo Domingo: Manatí.

VAN HAESENDONCK, Kristian (2008): *¿Encanto o espanto? Identidad y nación en la novela puertorriqueña actual*. Madrid/Frankfurt: Iberoamericana/Vervuert.

(2005): «Hibridismos culturales: la literatura y cultura de los latinos en los Estados Unidos», número especial, *Revista Iberoamericana*, vol. LXXI, nº 212, julio-septiembre.

Miel para Ochún: la imaginación mitológica de Palés

Mercedes López-Baralt
Universidad de Puerto Rico

> *Para Fernando Aínsa, que insertó en su horizonte*
> *utópico nuestra antillanía, al decir «Todos somos*
> *náufragos que soñamos islas».*

En un campo muy distante al que hoy me ocupa, y hace más de cuarenta años, Stephen Gilman cambiaba el rumbo de los estudios galdosianos al proponer a la heroína de *Fortunata y Jacinta* como «the most profoundly mythological being to be produced in nineteenth century Spain» (1966: 77), al tiempo que revelaba una de las claves de la escritura de Galdós: el abrazo entre el discurso realista, referencial, y la exploración intimista de la conciencia a través del sueño y el mito. Alan Smith ha seguido sus pasos, en su estupendo libro *Galdós y la imaginación mitológica*. Ambos nos transmiten una verdad como un puño: los grandes artistas son mitógrafos; es decir, crean arquetipos que vienen de lejos y apuestan al futuro. Éste, no nos quepa duda, es el caso del más grande de los poetas puertorriqueños.

Hace unos años, ponderaba *en El barco en la botella: la poesía de Luis Palés Matos* su calidad de mitógrafo. Porque Palés, en vez de recrear miméticamente al negro antillano, persigue revelar lo negro que pervive en el alma danzante de las islas del Caribe, regresando a los orígenes de la africanía mítica. A partir de lo que Lévi-Strauss llama la *pensée sauvage* (aquel pensamiento universal, libre y espontáneo, basado en semejanzas, que culmina en el arte), el *Tuntún de pasa y grifería*, en sus ediciones de 1937 y 1950, celebra la naturaleza, la magia, la oscuridad, la noche, la luna, lo femenino, el mito y el ritual. Quizá

una de las manifestaciones más contundentes de la inmersión palesiana en el pensamiento salvaje está en la creación de arquetipos míticos,
cuyos ejemplos más poderosos son femeninos, hembras negras o
mulatas —Tembandumba de la Quimbamba, Mulata-Antilla, Lepro-
mónida, la mulata velero que marea al Tío Sam bailando plena—, y
que en transformación caleidoscópica culminan en la heroína de los
poemas del amor y de la muerte de Palés, Filí-Melé.

En su intento de socavar la racionalidad occidental en el Tuntún,
Palés se acerca al inconsciente, invocándolo como fuente de sus versos
negros. Así, en «Pueblo negro» se confesará «obsedido» por «la remota
visión» de un «caserío irreal de paz y sueño», que proviene de sus
«brumas interiores». Ensueño alucinatorio que reencontramos en
«Kalahari», poema en que el pueblo negro surge de «mi pensamiento
a la deriva». Genial alusión a lo que años más tarde Lévi-Strauss lla-
maría «pensamiento salvaje» y que nos remonta a una sentencia del
vate guayamés en un poema de 1920: «El sueño es el estado natural».

Y de ese sueño nació Filí-Melé, la heroína del portentoso poema
«Puerta al tiempo en tres voces», de 1949:

I

del trasfondo de un sueño la escapada
Filí-Melé. La fluida cabellera
fronda crece, de abejas enjambrada;
el tronco —desnudez cristalizada—
es desnudez en luz tan desnudada
que al mirarlo se mira la mirada.

Frutos hay, y la vena despertada
látele azul y en el azul diluye
su pálida tintura derramada,
por donde todo hacia la muerte fluye
en huida tan lueñe y sosegada
que nada en ella en apariencia huye.

Filí-Melé, Filí-Melé, ¿hacia dónde
tú, si no hay tiempo para recogerte
ni espacio donde puedas contenerte?
Filí, la inaprehensible ya atrapada,
Melé, numen y esencia de la muerte.

Y ahora, ¿a qué trasmundo, perseguida
serás, si es que eres? ¿Para qué ribera
huye tu blanca vela distendida
sobre mares oleados de quimera?

II

En sombra de sentido de palabras,
fantasmas de palabras;
en el susto que toma a las palabras
cuando con leve, súbita pisada,
las roza el halo del fulgor del alma;
—rasgo de ala en el agua,
ritmo intentado que no logra acorde,
abortada emoción cohibida de habla—;
en el silencio tan cercano al grito
que recorre las noches estrelladas,
y más lo vemos que lo oímos,
y casi le palpamos la sustancia;
o en el silencio plano y amarillo
de las desiertas playas,
batiendo el mar en su tambor de arena
salado puño de ola y alga,
¿Qué lenguaje te encuentra, con qué idioma
(ojo inmóvil, voz muda, mano laxa)
podré yo asirte, columbrar tu imagen,
la imagen de tu imagen reflejada
muy allá de la música-poesía,
muy atrás de los cantos sin palabras?

Mis palabras, mis sombras de palabras,
a ti, en la punta de sus pies, aupadas.
Mis deseos, mis galgos de deseos,
a ti, ahilados, translúcidos espectros.
Yo, evaporado, diluido, roto,
abierta red en el sinfín sin fondo…
Tú, por ninguna parte de la nada,
¡qué escondida, cuán alta!

III

En lo fugaz, en lo que ya no existe
cuando se piensa,
y apenas deja de pensarse
cobra existencia;
en lo que si se nombra se destruye,
catedral de ceniza, árbol de niebla...
¿Cómo subir tu rama?
¿Cómo tocar tu puerta?

Pienso, Filí-Melé, que en el buscarte
ya te estoy encontrando,
y te vuelvo a perder en el oleaje
donde a cincel de espuma te has formado.
Pienso que de tu pena hasta la mía
se tiende un puente de armonioso llanto
tan quebradizo y frágil, que en la sombra
sólo puede el silencio atravesarlo.
Un gesto, una mirada, bastarían
a fallar sus estribos de aire amargo
como al modo de Weber, que en la noche
nos da, cisne teutón, su último canto.

*

Canto final donde la acción frustrada
abre al tiempo una puerta sostenida
en tres voces que esperan tu llegada;
tu llegada, aunque sé que eres perdida...
Perdida y ya por siempre conquistada,
fiel fugada Filí-Melé abolida
(Palés 1995: 625-628).

Partiendo de la propuesta de Eduardo Forastieri de la mulatez de
Filí-Melé como heredera de la Sulamita del *Cantar de los cantares*, que
se precia de la oscuridad de su piel (*negra sum sed formosa*), he diferido
de mi admirada Margot Arce, quien concibe la musa palesiana como
rubia cual la Venus de Boticelli. Son muchos los argumentos textuales
que abonan a la imagen mulata de la heroína palesiana: la etimología
griega de *mélas* (lo oscuro), que lleva al francés *mêlée*, que nombra la

mezcla; la coherencia que emparenta entre sí a los arquetipos femeninos del vate guayamés, todos negros o mulatos; la afirmación del poeta mismo («Melé por su sangre mezclada»), citada por Enguídanos; las
alusiones al cabello rizado, «enjambrado» de Filí-Melé; otras alusiones
a la piel de la mulata en la «Plena del menéalo» («Babas de miel te acao-
ban»), que a partir de la miel la vinculan con la musa de «Puerta al
tiempo»; la acentuación aguda de las dos partes de su nombre, que
recuerda las invocaciones rituales a deidades africanas estudiadas por
Fernando Ortiz; y la estructura triádica (dos palabras unidas por un
guión) que vincula a la Mulata-Antilla con Filí-Melé, que expresa la
función dialéctica de los opuestos que observa Ríos Avila y que apunta
a la plenitud, según Forastieri. Y que también recuerda la propuesta de
Octavio Paz de que la abolición de los contrarios funda la poesía, como
lo he sugerido en otro momento.

Este collar de camándulas textual nos lleva, si queremos ampliar el
horizonte interpretativo de Filí-Melé, a otra referencia obligada: la de
la mitología africana en las Antillas. Porque si bien se puede asediar a la
musa de Palés desde una perspectiva ovidiana, como lo hago en *Orfeo
mulato*, no podemos desatender el reclamo que desde su nombre mismo nos alerta a la diversidad que la engendra. El primer nombre de la
heroína nos remite, etimológicamente, al amor; y, literariamente, a
Filis, heroína amorosa de antigua solera occidental. En tanto personaje de la mitología griega, figura en el segundo libro de la epopeya epistolar de Ovidio, *Heroides*; pero también es personaje frecuente de la
poesía pastoril, que Lope recupera para el Siglo de Oro. El segundo
nombre de la musa de Palés no es un sustantivo, pero su función adje-
tival nos conduce a la realidad antillana del mestizaje.

Y en esta realidad la mitología yoruba es importante e imprescindible para acceder a una visión cabal de la riqueza simbólica de Filí-
Melé en el ciclo de los poemas del amor y de la muerte. Pues una de
sus muchas transformaciones es africana: me refiero a la deidad femenina principal del panteón de los orichas antillanos, Ochún. Ambas
heroínas comparten elementos claves del complejo simbólico que les
sirve de entorno, como veremos en breve.

Pero antes de entrar en materia debemos hacer explícito un ineludible *caveat*. Y es que la religión yoruba no ha tenido un arraigo tan
fuerte en Puerto Rico como en Cuba, a donde llega en el siglo XVI con
la esclavitud, se difunde a través de los cabildos de negros creados por

la Iglesia católica para fines de evangelización (logrando el efecto opuesto: fomentar el antiguo culto africano enmascarado tras los santos), y se mantiene viva en el siglo XX y comienzos del XXI como eje fundamental de la cultura nacional. En el caso de Puerto Rico, su presencia ha sido menos obvia, posiblemente porque la población esclava en nuestra isla fue en el XIX marcadamente menor que la de Cuba, donde constituía la mayoría de la población. Aun así, no cabe duda de la presencia yoruba en Puerto Rico, confirmada por estudiosos del calibre de Manuel Álvarez Nazario, Luis M. Soler y Ricardo Alegría. Sin embargo, es a partir de la revolución castrista de 1959 que se intensifica la impronta yoruba en la isla, al regresar con el exilio cubano, con el que también llegó a varias comunidades latinas de Estados Unidos, tales como las de Nueva York, Chicago, Nueva Jersey, Los Ángeles y Miami. En Puerto Rico, posiblemente más que en la cultura popular, hoy cobra vigencia en sectores del mundo intelectual.

Pese a que el arraigo de la religión yoruba no ha alcanzado en Puerto Rico la calidad de elemento indispensable en la construcción de lo nacional, como en el caso de Cuba, su huella en la poesía de Luis Palés Matos es evidente y se puede trazar a partir de dos caminos: el primero, el de la oralidad; el segundo, el de las lecturas. Comencemos por el primero.

Aunque es evidente que Palés no vivió la efervescencia de lo que hoy llamamos *santería*, no podemos olvidar que mamó en la leche los cantos africanos de la cocinera negra Lupe, en su hogar infantil de Guayama. En su novela autobiográfica *Litoral*, de 1949, el poeta hace constar la presencia en Guayama de una cultura negra viva, de la que rescata el rito del baquiné para describirlo, en el capítulo XVII, con la riqueza de detalles de una narración antropológica. En dicho capítulo nos revela, de una pincelada, el origen de Lupe, a la que le había dedicado el capítulo XI. Nos dice así: «(Vieja, buena e inolvidable Lupe, con el espíritu —zombí o muñanga— desencarnado, vuelto ya a los bosques de tu remota Guinea originaria, ¡cuántas veces me quedé dormido en tu regazo al rumor de ese canto maravilloso, de aquel *adombe* profundo que todavía suena en mi corazón!)» (Palés 1984: 88). De esta cita, vale destacar dos elementos: por una parte, el hecho de que la tradición oral africana ingresó en el inconsciente del poeta de manera poderosa, pues la recibió en la duermevela de su temprana niñez, lo que explica que en el futuro constituyera parte indeleble de su imaginario de adulto; y, por otra, el hecho de que Lupe viene de Guinea, lo que apunta a la posibilidad de su origen yoruba.

Pero, más allá de las fuentes orales de la negritud palesiana, vale recordar las lecturas del poeta, comenzando por los títulos de tema africano que consigna en su edición de 1950 del *Tuntún*, de autores de la talla de Carpentier y Fernando Ortiz, entre otros. Describamos brevemente, a partir de la bibliografía erudita sobre el tema, los elementos fundamentales de la religión yoruba o Regla de Ocha, cuyo remoto origen se halla en lo que hoy conocemos como Nigeria y que en Cuba constituye la más importante de las contribuciones del legado africano en la formación de su antillanía. Si bien la deidad principal es Olodumare u Olofi, alejada de los avatares de la tierra, se manifiesta en deidades multidimensionales u orichas, que representan las fuerzas de la naturaleza y a las que los seres humanos pueden apelar en busca de ayuda o de intercesión ante Olodumare.

Vivian Romeu (2006) señala que, aunque dicha religión se conserva esencialmente en los registros de la tradición oral, existe en Cuba un libro sagrado oculto a la mirada de los no iniciados (e incluso vedado a la mirada femenina), que sirve para consulta y pronósticos por santeros reconocidos. El libro contiene 256 historias denominadas *patakines*, que narran episodios míticos de las 16 deidades u orichas que conforman el panteón cubano. Entre ellas, sobresalen Changó, Yemayá y Ochún, que en el catolicismo equivalen, respectivamente, a Santa Bárbara, la Virgen de la Regla y la Virgen de la Caridad del Cobre (la «Cachita» cubana). Changó es el rey de los guerreros, varón valiente y seductor. Su contraparte femenina es Ochún, la diosa yoruba del amor, mulata inteligente, sensual y coqueta, que seduce con su danza y mantiene relaciones incestuosas con el hijo adoptivo de Yemayá, Changó. Nombrada a veces como la Venus africana, Ochún también es la deidad de los ríos, mientras que su hermana menor, Yemayá —casada con Ogún— es la diosa de la maternidad y el mar. Isabel Castellanos (2001) interpreta el parentesco de Ochún y Yemayá como una metáfora del río que desemboca en el mar. Ochún, patrona de los ríos, representa el flujo de la vida y, como éstos, tiene muchos «caminos» o vueltas; es decir, varios rostros, personalidades y nombres. Lo ha explicado Lydia Cabrera (1974), ofreciendo catorce nombres y comportamientos para la deidad. Siempre cambiante, Ochún, conocida por alegre, coqueta y rumbera, a veces emerge como severa, disciplinada y casta. Natalia Bolívar Aróstegui describe sus atributos (entre los que predomina el espejo) y su danza sensual, en la que «a veces hace ademanes de remero y, otras, imita los movimientos de la que muele en el pilón». Cuando se la representa, «se le pone un espejo de mano para que se entretenga contemplándose y desenredando su cabellera» (Bolívar Aróstegui 2004: 181-183).

Se hace evidente por lo ya dicho que Ochún y Yemayá conforman la imagen de lo femenino: la primera pone el acento en la sexualidad y la segunda en la fecundidad. Imagen que sigue siendo plural en la Cuba actual, pero sus componentes han variado. En «La Virgen del Cobre: historia, leyenda y símbolo sincrético», de 1971, José Juan Arrom propone que la oricha africana devino en una santa afrocubana de tres rostros, al sincretizarse con la Virgen del Cobre (patrona nacional de la isla de Cuba, pero de origen blanco, español) y la deidad taína Atabex. Por su parte, Madeline Cámara afirma que el proceso de sincretismo de la oricha en Cuba ha sido tan complejo que ha generado «un poderoso símbolo bipolar que se desdobla en la Virgen de la Caridad del Cobre, Madre del pueblo cubano, y en una hermosa joven mulata que aparece en todo el arte cubano del siglo XIX como protagonista de amores ilícitos y desafortunados» (2003: 11). Un ejemplo emblemático de esta *mulata de rumbo* es, desde luego, la protagonista de la novela *Cecilia Valdés*, de Cirilo Villaverde.

Miel para Ochún, el título de un film reciente del argentino Humberto Solás (1994), nos sirve para subrayar la importancia de la miel en el complejo simbólico asociado a la sensual oricha. Cros Sandoval la describe como una mulata joven y voluptuosa, dueña del agua dulce, de los ríos y de las fuentes, que disfrutaba danzando desnuda, con su cuerpo untado del poderoso afrodisiaco *oñí* (el nombre yoruba para la miel). Embadurnada del líquido ambarino, su piel refulge como oro al danzar a la luz de la luna.

Al reflexionar sobre esta deidad que no por casualidad se adorna con alhajas de color oro y cobre, Vivian Romeu (2006) insiste en que la unción de la miel es una importante estrategia de seducción y nos recuerda que, desde el tiempo de los romanos, la miel ha sido asociada a la sabiduría y el amor, por lo que Ochún queda emparentada con la Afrodita mítica. Nuestra laureada escritora Mayra Santos Febres, practicante de la santería, me cuenta que los hijos de Ochún, para hablarle y pedirle favores, se llenan la boca de miel.

En dos antiguos relatos sobre Ochún, recogidos por Rómulo Lachatañeré (2001), se describe otra de las funciones seductoras del *oñí*, más allá de dorar su cuerpo para cubrirla de luz: la de hacerla resbaladiza para escapar de sus amantes y así enardecerlos con su huida. El primero cuenta un episodio de la vida de Ochún, quien, casada con un viejo, lo engaña con otra deidad, el guerrero Ogún, forjador de metales. Untada de oñí, Ochún se desnuda y comienza a danzar para él, y aunque por momentos se le escapa, termina en sus brazos. El segundo vuelve a describirnos sus ardides para excitar a los hombres, gracias a la miel. Pero esta vez ha de huir de veras. Otra vez arremete contra Ogún, pero no para disfrutar con él del abrazo sexual, sino para ayudar a su hermana Yemayá, que había quedado insatisfecha del coito con él. Armada de un plato lleno de oñí, Ochún camina por la selva en busca del amante compartido, esta vez en su faz de labrador. Cuando se encuentran, Ochún se derrama la miel por el cuerpo y en el vértigo de la danza toma su falda que gira como vela hinchada por el viento. Él la toma por la cintura, pero ella se le resbala y escapa al monte. Ogún la sigue y Ochún se tiende mañosamente en la hierba, exhibiendo su carne exuberante. Ogún la posee, pero Ochún le reclama que no la ha satisfecho del todo, que mejor lo hacen bajo techo, y en la oscuridad lo lleva hasta la cabaña de Yemayá, que espera tendida en su estera. Ogún no percibe la presencia de la hermana y se acuesta en el mismo lecho con ella y con Ochún. Entonces ésta se va sigilosamente y lo deja con Yemayá, con quien Ogún hará el amor hasta el amanecer.

Ambos relatos nos revelan que Ochún tiene dos armas para seducir a los hombres, la miel y la danza, y que en el juego erótico la huida se convierte en otro instrumento de seducción. Tras un comentario textual minucioso de los poemas del ciclo final de Palés en mi libro inédito *Orfeo mulato*, he podido constatar que la miel, la danza y la huida también forman parte del entorno simbólico de Filí-Melé. ¿Casualidad o causalidad? Me inclino por esta última. A las lecturas explícitas de Palés hay que añadir las implícitas, aquéllas que sólo pueden inferirse de recurrencias y paralelos textuales entre sus poemas y la tradición oral yoruba (y otros textos cultos, desde luego). *El libro de Lachatañeré* bien pudo formar parte de lo que quisiera llamar «la biblioteca invisible de Palés», es decir, de la multitud de lecturas que no hizo explícitas el poeta. Lachatañeré fue un importante estudioso

cubano de las raíces africanas de su cultura, autor de *El sistema religio-*
so de los afrocubanos es una reimpresión de sus dos libros, ¡Oh mío Yema-
yá! Cuentos y cantos negros (1936), y *Manual de santería* (1942), ambos
publicados en Cuba. Los dos relatos que cito pertenecen al libro de
1936, que anticipa en trece años el comienzo del ciclo de Filí-Melé.
Las coincidencias significativas entre la heroína palesiana y Ochún
que nos proponen estos relatos van más allá de la miel que hace brillar
su cuerpo (recordemos la «cabellera de abejas enjambrada» de Filí-
Melé y su tronco que refulge al inicio de «Puerta al tiempo en tres
voces»), de la fuga (en el citado poema el poeta buscará a su musa, lla-
mándola *escapada, inaprehensible, escondida, fugitiva, perseguida, abo-*
lida) y de la danza (el arquetipo femenino palesiano es decididamente
danzante, como lo podemos apreciar en el caso de Tembandumba, de
la Mulata-Antilla que danzando en el mar marea al Tío Sam, y de Filí-
Melé, que inaugura el ciclo final del poeta precisamente danzando en
un poema de 1949, «Boceto»). Pero Filí-Melé también danza de otras
maneras: en el ir y venir de su fuga y sus apariciones (además de lla-
marla escapada, el poeta dirá que la está encontrando, hablará de su
llegada, y la nombrará como atrapada, conquistada). Filí-Melé también danza en el movimiento de sus transformaciones constantes: no
sólo es Ochún, sino Eurídice, Venus, Dafne, Galatea y Medusa; también es tierra, mar, sueño, árbol, velero, humo, templo, miel… Hay
dos coincidencias más entre el segundo de los relatos de Lachatañeré y
los poemas del ciclo de Filí-Melé. En una ocasión Ochún se tiende
sensualmente en la hierba, como lo hará la musa palesiana en «El llamado». En otra se despoja de la falda, y ya desnuda, la iza al viento
como una vela hinchada (esto último nos hace pensar en la descripción que hace Romeu de Ochún remando): en ambos casos recordamos la transformación en nave o velero tanto de la Mulata-Antilla de
la «Plena del menéalo» como de la Filí-Melé de «Puerta al tiempo en
tres voces» y «El llamado».

De otra parte, en su caracterización de Ochún, Lydia Cabrera alude al espejo en que se mira. Bolívar Aróstegui vuelve al tema, señalando que a la deidad se le suele poner un espejo de mano «para que se
entretenga contemplándose y desenredando su cabellera». Ello nos
recuerda cómo el cuerpo resplandeciente de Filí-Melé se convierte, al
inicio de «Puerta al tiempo en tres voces», en espejo en el que se mira
el poeta. Curiosamente, en el poema aparece el cabello —una cabelle-

ra enmarañada, como la que se desenreda Ochún— en el mismo pasaje en el que su cuerpo se convierte en espejo.

Pero aun hay más instancias en las que el complejo simbólico de Ochún se da la mano con el de Filí-Melé. Hay una indispensable: los «caminos» o vueltas del río que nombra Isabel Castellanos (2001) al describir a la oricha, alusivos a los cambios sorprendentes que sufre su apariencia física, nos llevan a pensar en la transformación como esencia de la musa palesiana, que deviene en el arquetipo mítico más importante de nuestra poesía. El poeta mismo, en «La búsqueda asesina», reconoce el perpetuo movimiento como seña de identidad de la amada: «Cambio de forma en tránsito constante, / habida y transfugada a sueño, a bruma… / Agua-luz lagrimándose en diamante, / diamante sollozándose en espuma» (Palés 1995: 641).

Otras coincidencias que emparentan a ambas figuras míticas, la yoruba y la puertorriqueña, tienen que ver con el culto a la primera. En Puerto Rico, dos importantes escritores contemporáneos me han descrito el culto a Ochún, con detalles que hacen pensar en Filí-Melé. Para Juan López Bauzá, reconocido babalao, el ritual impone el mirarse en el espejo, pero también la danza. En esto último coincide Mayra Santos Febres, quien hace años me contaba cómo, en vez de rezarle a Ochún, le bailaba en su casa una rumbita frente a su imagen. Por su parte, y al describir las ceremonias de su culto en Cuba, Guzmán Miranda y Caballero Rodríguez (2004) ven en la danza una señal de que el santo ha bajado. Como la sensual oricha, Filí-Melé iniciará, desde el poema «Boceto», el ciclo que lleva su nombre, danzando hasta el éxtasis que anuncia lo sagrado: «Eres como de aire detenido / en lámina de música ondulante, / te mueves, vuelo hacia país flotante, / por lígero numen concebido. // A cada movimiento del movido / volar de tu pisar, arco radiante / trémulo irradia de tu pie volante / en eje luminoso convertido» (Palés 1995: 624).

A lo largo del ciclo de Filí-Melé, Palés —como los devotos de Ochún— no sólo se llena simbólicamente de miel la boca para hablarle a la elusiva musa con imágenes tan hermosas como imposibles —«catedral de ceniza», «árbol de niebla», le dirá en «Puerta al tiempo»—, sino que también le rinde culto bailando en «La búsqueda asesina». Es interesante notar que, en varios momentos del ciclo, la relación entre la musa y el Palés asume una evidente verticalidad. Ella, en tanto deidad que encarna el absoluto (el amor, la belleza, la poesía), está arriba cual catedral o árbol («cuán alta», exclamará el poeta en «Puerta al tiempo»). Según la muerte tira del poeta en «El llamado» con «tenue hilo de estrella», en «La búsqueda asesina» Filí-Melé usurpará el poder de la «larga voz de hoja seca» para manipularlo, cual titiritera, a su antojo. El poeta, rendido, acepta las condiciones de la sumisión. Ella será el zumbel y él la peonza, el trompo cantarín que también bailará para su diosa:

> Zumbel tú, yo peonza. Vuelva el tiro,
> aquel leve tirar sobre el quebranto
> que a masa inerte dábale pie y giro
> haciéndola cantar en risa y llanto
> y en sonrisa y suspiro…
> ¡Vuelva, zumbel, el tiro,
> que mientras tires tú me dura el canto! (Palés 1995: 642).

Un detalle final: «Ochún sostiene siempre la mirada», dice la ya citada estudiosa de la santería, Vivian Romeu. Recordemos que la mirada del poeta inicia «Puerta al tiempo en tres voces», y aunque el poema no registra explícitamente que la amada lo mire a su vez, podemos inferirlo de su transformación en Medusa. Es precisamente la cabellera de abejas enjambrada, que augura el peligro de la desaparición inminente del mortal mirado por la peligrosa deidad, la que nos devuelve a Ovidio. Pero eso ya es el tema de *Orfeo mulato*.

Este ensayo reelabora ideas de un libro inédito, en prensa en la editorial de la Universidad de Puerto Rico: *Orfeo mulato: Palés ante el umbral de lo sagrado*. Cito los poemas de Palés a partir de mi edición crítica de su poesía, de 1995.

BIBLIOGRAFÍA

ALEGRÍA, Ricardo (1992): *Descubrimiento conquista y colonización de Puerto Rico* [1969]. San Juan de Puerto Rico: Colección de Estudios Puertorriqueños.

ÁLVAREZ NAZARIO, Manuel (1961): *El elemento afronegroide en el español de Puerto Rico*. San Juan de Puerto Rico: Instituto de Cultura Puertorriqueña.

ARROM, José Juan (1971): «La Virgen del Cobre: historia, leyenda y símbolo sincrético», en *Certidumbre de América: estudios de letras, folklore y cul-*

tura. Madrid, Gredos, 2ª ed., pp. 184-214 (La Habana: Letras Cubanas, 1980).

BOLÍVAR ARÓSTEGUI, Natalia (1994): *Los orishas en Cuba*. La Habana: PM Ediciones.

CABRERA, Lydia (1974): *Yemayá y Ochún: Kariocha, Iyalorichas y Olorichas*. Madrid: Ediciones C. R.

CÁMARA, Madeline (2003): «Ochún en la cultura cubana: metáfora y metonimia en el discurso de la nación», en *La Palabra y el Hombre. Revista de la Universidad Veracruzana*, n° 125.

CARPENTIER, Alejo (1979 [1946]): *La música en Cuba*. México: Fondo de Cultura Económica.

CASTELLANOS, Isabel (2001): «A River of Many Turns: The Polyphony of Ochún in Afro-Cuban Tradition», en Murphy, Joseph M./Sanford, Mei Mei, *Osun across the Waters: A Yoruba Goddess in Africa and the Americas*. Bloomington: Indiana University Press.

CROS SANDOVAL, Mercedes (2006): *Worldview, the Orichas and Santería (Africa to Cuba and Beyond)*. Gainesville *et al.*: University Press of Florida.

DÍAZ SOLER, Luis M. (1974): *Historia de la esclavitud negra en Puerto Rico*. San Juan de Puerto Rico: Editorial de la Universidad de Puerto Rico.

ELIADE, Mircea (1973): *Mito y realidad*. Madrid: Guadarrama.

— (1980): *El mito del eterno retorno*. Madrid/Buenos Aires: Alianza Emecé.

ENGUÍDANOS, Miguel (1961): *La poesía de Luis Palés Matos*. San Juan de Puerto Rico: Editorial de la Universidad de Puerto Rico.

GILMAN, Stephen (1966): «The Birth of Fortunata», en *Anales Galdosianos*, año I, pp. 71-83.

GONZÁLEZ-WIPLLER, Migene (2001): *Santería, la religión*. St. Paul (Minn.): Llewelyn Español.

GUZMÁN MIRANDA, Omar/CABALLERO RODRÍGUEZ, Tamara (2004): «Sobre los cultos mágicos religiosos de la región oriental de Cuba: una visión sociológica», en *Revista de la Universidad de Oriente*, n° 104, pp. 106-123.

FORASTIERI BRASCHI, Eduardo (1994): «*Nigra sum sed formosa*: una interpolación del *Cantar de los cantares* en la poesía del último Palés Matos», en *Confluencia*, IX, 2, primavera, pp. 26-32.

LACHATAÑERÉ, Rómulo (2001): *El sistema religioso de los afrocubanos*. La Habana: Instituto Cubano del Libro.

LÉVI-STRAUSS, Claude (1972a [1962]): *El pensamiento salvaje*. México: Fondo de Cultura Económica.

— (1972b): *Mitológicas. Lo crudo y lo cocido*. México: Fondo de Cultura Económica.

LÓPEZ-BARALT, Mercedes (1997): *El barco en la botella: la poesía de Luis Palés Matos.* San Juan de Puerto Rico: Plaza Mayor.

— (2005): *Para decir al Otro: literatura y antropología en nuestra América.* Madrid/Frankfurt: Iberoamericana/Vervuert.

MALINOWSKI, Bronislav (1954): «Myth in Primitive Psychology» [1925], en *Science, Magic and Religión,* Garden City (NY): A Doubleday Anchor Books.

MURPHY, Joseph M. (1988): *Santería.* Boston: Beacon Press.

— (2001): «Yeyé Cachita: Ochún in a Cuban Mirror», en Murphy, Joseph M./Sanford, Mei-Mei, *Osun across the Waters: A Yoruba Goddess in Africa and the Americas.* Bloomington: Indiana University Press.

ORTIZ, Fernando (1965 [1950]): *La africanía de la música folklórica en Cuba.* La Habana: Editorial Universitaria.

PALÉS MATOS, Luis (1984): *Litoral: Reseña de una vida inútil,* en Arce de Vázquez, Margot (ed.), *Obras, tomo II: Prosa.* San Juan de Puerto Rico: Editorial de la Universidad de Puerto Rico, pp. 15-157.

— (1995): *La poesía de Luis Palés Matos.* Edición crítica de Mercedes López-Baralt. San Juan de Puerto Rico: Editorial de la Universidad de Puerto Rico.

PEDREIRA, Antonio S. (1934): *Insularismo. Ensayos de interpretación puertorriqueña.* Madrid: Tipografía Artística.

PROPP, Vladimir (1977): *Morfología del cuento* [1928]. Madrid: Fundamentos.

RÍOS AVILA, Rubén (1993): «La raza cómica: identidad y cuerpo en Pedreira y Palés», en *La Torre. Homenaje a Nilita Vientós Gastón,* VII (27-28), vol. II, julio-septiembre, pp. 559-576.

ROMEU, Vivian (2006): «Estructura y discurso de género en tres deidades del panteón afrocubano», en *Revista Mexicana de Ciencias Políticas y Sociales,* vol. XLVIII, mayo-agosto, pp. 105-114.

SMITH, Alan (2005): *La imaginación mitológica de Galdós.* Madrid: Cátedra.

VANDERCOOK, John W. (1926): *Black Majesty: The Life of Christoph, King of Haiti.* New York/London: Harper Brothers.

VÁZQUEZ ARCE, Carmen (1998): «Sobre lo mítico-heroico ancestral en el *Tuntún de pasa y grifería* de Luis Palés Matos», en *Actas del Congreso Internacional Luis Palés Matos.* Guayama: Universidad Interamaricana de Puerto Rico.

Mempo Giardinelli o la escritura de la desubicación

Luis Veres
Universidad CEU Cardenal Herrera (Valencia, España)

Siempre he creído en la idea de que la escritura es un viaje que se realiza desde el espacio en donde uno no está, desde un universo que imaginamos y que proyectamos en nuestra memoria para averiguar quiénes somos y adónde nos dirigimos, es decir, para definir las preguntas que durante ya muchos siglos de civilización los seres humanos nos hemos planteado como un medio para superar la dificultad que la existencia humana plantea. La búsqueda de la identidad ha sido, por tanto, uno de los temas más frecuentes de la literatura en relación con la irrupción del mundo moderno y las transformaciones que todo ello ha supuesto. Mempo Giardinelli es un autor paradigmático en este viaje proyectivo del escritor característico de una modernidad muy relacionada con temas como la memoria y la definición identitaria:

> Literatura, pues, como viaje a la fantasía, como disparador de la imaginación que nos impulsa a descubrir. Literatura como camino hacia el conocimiento. Como indagación filosófica y psicológica-viaje interior-hacia el interior de la especie humana. Quiero decir: literatura viaje son paralelos casi perfectos.
>
> Por supuesto que éste ya lo supo, o intuyó, Homero. Lo sentí cabalmente cuando camine por la Acrópolis de Atenas, hace unos años. Desde aquellas alturas majestuosas, el mundo, la vida, no podían verse sino

como un viaje: el mar esta ahí y atrae, bajo el cielo infinito, pero sobre todo uno se siente impulsado a reflexionar sobre las miserias y grandezas de los hombres y mujeres que siempre transitaron esas tierras y todas las tierras del mundo. La odisea de Ulises, vista así y, no es sino un viaje fabuloso hacia la verdadera dimensión del ser humano, además de que ser griego —entonces y siempre— ha sido sinónimo de la palabra «viajero». De igual modo algunos siglos después Virgilio hizo lo mismo, cuando Augusto lo convocó a escribir (o sea a inventar) la historia de Roma. Lo que en realidad hizo Virgilio fue escribir otro viaje fabuloso: Eneas cruza Mediterráneo para desembarcar en el Lazio y fundar una civilización (Giardinelli 2008: 29).

En Mempo Giardinelli se presenta este afán de búsqueda de la identidad y de la recuperación de un pasado borroso necesario para la definición del propio sujeto y que está muy latente en la novela *Santo oficio de la memoria*. Todos los personajes necesitan constantemente reivindicar la realidad de la historia argentina, por medio de pinceladas, de imágenes, de comentarios acerca de una historia que ha sufrido el falseamiento por parte de los distintos regímenes autoritarios que recorren su trayecto vital en el siglo XX y que se constituye por hechos concretos: desde los condenados a desaparecer por la Junta Militar a los niños arrebatados a sus padres y donados en adopción. Y a este requerimiento, ante el que la novela no puede permanecer insensible, responde una de las obras más interesantes de la primera década del siglo XXI en el ámbito rioplatense. La novela de Mempo Giardinelli resulta, posiblemente, uno de los mejores títulos, si no el mejor, de la última década ya que ha logrado trascender uno de los asuntos más conocidos y más visibles de la realidad argentina. Por ello, el tratamiento del tema, con numerosos elementos propios de la posmodernidad, desdice el falso epíteto de frívolo con que tan frecuentemente es tildado el discurso posmoderno.

Desde el principio, la obra está salpicada por evidentes sospechas sobre la referencialidad del lenguaje para captar el pasado. De hecho, es una novela sin argumento definido, sin historia, y el viaje en barco es una sencilla excusa para reconocer la imposibilidad de recuperar fielmente ese pasado. Y de este modo, en ella se plantea ya en la primera parte de la obra el problema lacaniano de que el lenguaje no sirve para informar, sino sólo para evocar el pasado:

A mí no me asustan los recuerdos y si a él le sirven para lo que quiere establecer, sea lo que sea, pues adelante. Lo importante de una historia, para mí, es la evocación misma. Lacan dice que el lenguaje no es para informar sino para evocar. Como lo tome cada uno es cosa de cada uno. Ninguna historia, ninguna literatura, oral o escrita, tiene por qué ser útil para algo. El arte no sirve para nada y sin embargo es bello y necesario. Por mucho que conozcamos lo que creemos conocer lo narraremos de manera diversa de cómo los hechos fueron. Y no me parece mal. El desconocimiento de lo conocido no tiene límites (Giardinelli 2004: 64).

Ante la crisis del lenguaje y su validez como modelo de representación de la realidad, ese código lingüístico queda cuestionado del mismo modo que lo podría ser cualquier otro tipo de representación, desde el cine a la literatura. Por ello, Giardinelli, en *Santo oficio de la memoria*, resalta el reconocimiento de que la literatura es literatura y no representación de la realidad, sino un código incapaz de representarla, con lo cual incide en la bruma que acecha dentro de la posmodernidad la línea que separa la realidad de la ficción. Así, el personaje de Hipólito Solares plantea esta aparente reticencia ante la validez de la literatura para contar la verdad:

Decía que hubiese querido ser Hemingway, a quien leía con devoción, pero que en la Argentina no se podía porque nuestros lectores son unos imbéciles, decía, aquí sobreabunda la clase de lector con el que Macedonio no podía reconciliarse y yo tampoco, yo también querría un lector que en todo momento supiese que está leyendo una novela y no presenciando una vida; no quiero, decía, un tipo que está intentando saber qué hay detrás; no quiero un investigador de mi historia personal, carajo, quiero lectores que crean la novela que les cuento y punto, y por eso no escribo (Giardinelli 2004: 65).

Frente a esta literatura entendida como ficción, valida sólo en el ámbito del arte, el personaje de Franca propone la inutilidad del arte en general. Los ataques se dirigen a la posmodernidad, pero coincidiendo con sus rasgos más característicos, y se encaminan al reconocimiento de que el arte no sirve para cambiar la realidad, pues los grandes relatos se han terminado. Los ataques en tono de queja se dirigen hacia el circuito literario que condena al arte a la comercialización y al estancamiento dentro del universo del mercado:

Estoy negativa, sí, pero usted no me puede negar que ahora el arte se jodió. En esta modernidad de la modernidad que llaman Posmodernidad, ahora pareciera que sólo sirve como referente. Hoy, con la Historia del Arte nos hacemos la paja, discúlpeme. Porque la sociedad industrial moderna, informática y veleidosa, prescinde del arte con toda tranquilidad. Sí, claro, lo mantienen, pero elitista y reducido a círculos concentrados. Ya no tiene la vinculación que tenía con la sociedad. Hoy está controlado, maniatado, domeñado como todo. Se trata más de respuestas computerizadas que de cuestionamientos inquietantes. Ya nadie se pregunta por el arte: si creen que lo necesitan, van y lo miran, y eso es todo. Hoy es un adorno para gordas, ricachones y excéntricos. Las universidades, los estudiosos son hoy más marginales que nunca. Y si una cultura vale por lo que deja, digo yo, ésta va a dejar sólo destrucción. ¿No es esto la llamada posmodernidad: pasar de todo, creer que nada sirve porque todo está perdido? (Giardinelli 2004: 275).

La mayoría de los personajes que recorren la historia de *Santo oficio de la memoria* se definen a partir de sus gustos literarios, de suerte que el conjunto de sus consideraciones coincide con la apertura de la práctica artística de la memoria. Por ello, Alfonso Toro (1991) ha señalado que la posmodernidad es un renacimiento artístico de la memoria. Ante la sensación de que la literatura cae en el agotamiento se recupera la tradición y se recodifican los discursos pretéritos a modo de síntesis, al igual que la publicidad utiliza los ideogramas kitch, tal como apuntó Eco (1972). La literatura así tiene un carácter definitorio de la realidad, como sucedió con los modernistas de la novela de Martí Lucía Jerez, una realidad que es indefinible desde el punto de vista lingüístico y, por tanto, literario, pero ello no es impedimento para que sea uno de los medios aproximativos para caracterizar la realidad de los argentinos. Por ello, hay una gran presencia de la literatura argentina, relacionada con el propio carácter culturalista de los argentinos, en los monólogos de las distintas voces narrativas. De esa manera, a veces la literatura se convierte en algo superficial, como para el personaje de Micaela, personaje que critica la profundidad de los comentarios de otros personajes frente a su propia superficialidad, y este procedimiento no deja de ser a la vez una parodia y un homenaje de la posmodernidad a la historia literaria argentina.

Micaela, pues, como miembro del aristocrático patriciado criollo se define por esa superficialidad y nombra a escritores que resultan ser indicios de su propia caracterización de clase. Así, además de los arquetipos del romanticismo español —Bécquer— y del modernismo —Amado Nervo—, nombra a Lugones, al filonazi Hugo Wast, frente a Roberto Arlt, al cual reconoce no entender y por el cual siente una especie de compasión.

En el otro polo, frente al personaje de Micaela, se sitúa Franca, que reivindica el papel de las mujeres en la historia y denuncia su opresión. De nuevo la realidad va a ser vista en términos literarios, por medio de la cita de los escritores que se convierten en signos del tiempo, en síntomas de una época, de un carácter y de una clase social muy diferente:

> Nunca me las tiré de Olimpia de Gouges, ni de Mary Wollstonecraft, ni pretendí ser una Concepción Arenal ni una Frida Kahlo. Pero entendí, aun antes de conocerlas en los libros, que como decía Flora Tristán y creo que el mismo Engels siempre hay alguien más oprimido que el oprimido: la mujer del oprimido (Giardinelli 2004: 108).

La literatura como manifestación de un lenguaje en crisis también se va a presentar como un producto que es el resultado de la visión masculina de la historia. En consecuencia, Franca parodia el sexo masculino en relación con los grandes escritores de la historia hasta llegar a Walt Dysney:

> Basta pensar en Homero, en Cervantes, en Shakespeare, en Verne, en Quiroga, en Conrad, en Hemingway… Quizás por eso somos infieles por naturaleza, aunque se crea que los hombres son los más proclives al adulterio. Son tan tontos los hombres, tan deliciosamente ingenuos como ciervecitos juguetones. Bambi para mí era macho, le digo a Pedro. ¿No? ¿Vos qué crees? Y Pedro se ríe. Sí, era tan candoroso que debió ser varoncito. Este Walt Disney… Asexuada todo para cumplir con el puritanismo yanqui (Giardinelli 2004: 108).

Como se puede observar, la literatura es sometida a los comentarios de los personajes. Allí se muestra la desconfianza posmoderna hacia la retórica y hacia el pensamiento, enmascarado, confuso y fundamentado en la brillantez retórica del significante. Por ello, se utiliza también como crítica política. Las críticas se dirigen a los escritores defensores del liberalismo —Paz, Vargas Llosa y Milan Kundera—:

Pero estuve releyendo a Paz, a Vargas Llosa y a Kundera, últimamente, porque quiero saber exactamente qué piensa la derecha moderna, y descubro, fíjese, que a veces la brillantez de una prosa, de una exposición, hace que una idea aparezca con mayor luminosidad que la que realmente contiene; es decir, hay como un lustre que no necesariamente refleja el brillo de lo dicho, sino que el brillo está en el modo como se lo ha dicho. En cambio, las mejores prosas siguen siendo las sencillas, que son las que expresan mejor la profundidad del pensamiento porque carecen de toda densidad en el fraseo. Pero sí, claro, por favor tome lo que digo solamente como sospechas de lo habladora que soy. Yo no estoy diciendo que esos tipos no tienen ideas. Lo que digo es que son tan brillantes, tan buenos oradores por escrito, digamos, que una ya no sabe si es genial lo que dijeron o es que sólo dijeron genialmente una obviedad (Giardinelli 2004: 277).

Sin embargo, aunque pueda presentarse una actitud de desconfianza ante el discurso literario, actitud muy acorde con la posmodernidad, la literatura sirve de argumento de autoridad en boca de algunos personajes. Así se cita a Monterroso, a Borges, a Anatole France, a Buñuel frente al discurso tradicional y religioso: «Como dice Monterroso, las ideas de Cristo eran tan pero tan buenas que hubo la necesidad de crear toda la organización de la Iglesia para combatirlas». O este caso de Borges: «Anoto una frase genial de Borges: Descartes refiere que los monos podrían hablar si quisieran, pero han resuelto guardar silencio para que no los obliguen a trabajar». También se repite algún comentario de Borges tal como apareció en el relato original:

A veces me da por cerrar los libros, apoyarme en la borda y contemplar la vastedad del océano evocando esa metáfora corriente en la Argentina que describe la pampa como un mar. Hudson, citado por Borges en su inolvidable Evangelio según Marcos, ya advirtió que el mar parece más grande sólo porque se lo ve desde la cubierta de los barcos, y no, como a la pampa, que la vemos desde nuestra altura, o acaso, desde un caballo (Giardinelli 2004: 370-371).

La literatura y el cine sirven para sentenciar y cuestionar el estado actual de la Argentina y, en general del mundo: «Como alguna vez dijo Buñuel, la humanidad es una mierda» (Giardinelli 2004: 275). Pero, curiosamente, la literatura que no sufre la parodia posmoderna es la literatura más próxima al siglo XX. El clasicismo grecolatino resulta parodiado y es mostrado como un discurso antiguo propio de viejos y personajes ridículos, de la vieja clase patricia. Así, la Nona, en su parodia, señala:

> Decía: Si viene la parca, ¡a sus marcas! Que eso no es de Virgilio, aunque lo parece, ¿no?, qué plomo Virgilio, viste. Pero dale, morfa, querida, morfemos, que así se hace más liviana, la espera y sanseacabó, ya te dije que mejor no hablo más pero la verdad es que no puedo parar, no puedo parar (Giardinelli 2004: 209).

Detrás de las referencias al clasicismo, a la Arcadia de Virgilio se plantea en la novela de Giardinelli la exigencia de que la literatura hable de la realidad a causa de la misma imposibilidad o gran dificultad de hacerse con un molde capaz de percibirla fielmente. Por eso, la buena literatura se convierte en argumento de autoridad en boca de muchos personajes: «Tiene razón Lowry: la voluntad del hombre es inconquistable, incluso para Dios». Pero al mismo tiempo, la novela, como consecuencia de la adopción de múltiples puntos de vista le da vueltas y vueltas al planteamiento literario, poniendo de relieve el relativismo de la concepción de la vida en el último siglo. Incluso dicho programa, que cumple la función de la autoritas es parodiado de modo que se dirá:

> —La literatura es el sistema Braille del cine, dijo no sé quién.
> —Frase ingeniosa, pero no es verdad. La verdad en el arte es que cada uno sepa escribir un Soconusco, si quiere y cree que puedo hacerlo. Nadie está obligado a ello, pero si se escribe, que sea literatura, arte. Y que se sepa adjetivar, colocar los tiempos de verbos, dominar la técnica, romperla, quebrar las formas y las reglas. Y todo ello, contando una historia. Porque sin narración no hay literatura.
> —No hay narrativa, querrás decir. Pero el cierto: quizás el arte es no hacer caso de las reglas. No tener reglas. O hacer que la obra sea las reglas mismas. La suprema anarquía del movimiento libre, de la invención sin códigos o sujeciones. Lo grande de Leonardo es que inventó casi todas las reglas. Lo malo de los que vinieron después fue seguirlas a pie juntillas (Giardinelli 2004: 445).

Ese cuestionamiento de las verdades absolutas afecta a la misma teoría literaria, desde el estructuralismo a la reconstrucción, escuelas que resultan parodiadas con Derrida a la cabeza, y al mismo tiempo, suponen una reivindicación de la novela bien hecha, del arte de contar historias:

> La literatura tiene esas posibilidades —profesoró repantigándose ella también y señalando con un dedo oscilante las copas llenas—: nunca se deja conforme a nadie. Cuando apareció la manía estructuralista y la diversión semiológica, la claridad escritural y el realismo fueron considerados vulgaridades Ahora cualquiera sabe que la desconstrucción y todo eso no es sino lo que se le antoje al seguidor de Derrida de turno. Pero arrasaron con los contextos, la historia, los conocimientos. El buen narrar importa cada vez menos, y parece que desde entonces todo se lee diferente; hoy el que no escribe críptico es un idiota naturalista o un costumbrista anticuado. Por bien que escriba lo condenarán (Giardinelli 2004: 443).

En este cuestionamiento el lenguaje juega un papel esencial, reivindicativo para Giardinelli. De esa manera, la novela abunda en programas literarios que funcionan a modo de manifiesto de vanguardia, manifiesto que se incluye en los diálogos del personaje encargado de salvaguardar la memoria mediante la escritura. Así, el personaje de la Nona subraya:

> Sólo los principiantes se preocupan por el cómo empezar —dijo la Nona—. Y los temas no son lo de menos, mijita. En literatura nada es lo de menos, y por eso todos los esquemas son falsos quebradizos. Hace treinta años se empezó a decir que había que seducir a la palabra, adorarla, darla vueltas, amasarla, cocerla a fuego lento, amarla y poseerla sensualmente. Después eso fue antiguo y se impuso quebrar la palabra, romperla, violarla. Si antes era James, Proust, Carpentier, Borges, ahora era Joyce, Huidobro, Ionesco, Cortázar. Le rompieron el culo a la palabra. ¿Y? (Giardinelli 2004: 444).

El programa literario deshace la idea de originalidad y se suma al precepto de que todo está escrito, especialmente en Argentina, y, sin embargo, aún pervive el afán de originalidad. Por este motivo, el personaje de Franca defiende un debate sobre los eternos problemas del hombre como el asunto central de la literatura. La historia se hace con literatura en la novela de Mempo Giardinelli, por lo que el tiempo de la historia personal de los personajes viene dado con acontecimientos pertenecientes a la historia de la literatura. Esta última sirve para guardar la memoria y el recuerdo es ese Santo oficio reivindicado por su autor:

> Foto. Estoy en el puerto, de niño, vestido de marinerito. Ha terminado la Primera Guerra Mundial. Es 1919 y todo el mundo habla del desplante del crucero 9 de Julio, que llevando los restos de Amado Nervo se negó a saludar la bandera norteamericana al entrar en el puerto de Santo Domingo (Giardinelli 2004: 240).

La literatura se convierte así en el poso del tiempo, en una historia a veces más fiable que la propia Historia oficial. Por ello, el enjuiciamiento del pasado se convierte en enjuiciamiento de la Historia de la Literatura y de sus protagonistas, sobre todo de aquéllos que hicieron un trasvase del mundo de la cultura al de la política, como en el caso de Lugones y su discurso «La hora de la espada» que reclamaba el uso de la fuerza para poner orden en el país. El error del pasado marca las consecuencias en el futuro, desde las dictaduras de Perón y los Videla-Viola-Massera a la Guerra de las Malvinas.

La reivindicación de la memoria viene dada sobre todo en el personaje de la Nona, personaje que no cesa de escribir todo lo que pasa y que es considerada por los demás como una loca trastornada. El discurso del loco, a la manera de Foucault, es el discurso del que se opone a la barbarie del olvido, es el discurso de la memoria y del recuerdo que impide no repetir las malas ideas de «La hora de la espada» y todas aquéllas que han surgido en el pasado:

> En casa siempre se subrayaba eso: *Olvidar es matar*, decía la Nona, y ése era una especie de dogma, una verdad consagrada en la amilia. Nadie lo pensaba demasiado, pero se aceptaba: olvidar es matar. Quizás porque en casa se hacía culto de la información, del saber, y porque siempre se leyeron periódicos revolucionarios, cualquiera fuese su línea (Giardinelli 2004: 332).

Sólo la literatura es capaz, según Giardinelli, de salvaguardar a la memoria. «Olvidar es matar» se repite en la historia de la familia de la Nona y también que «la memoria es el único tribunal incorruptible…» (Giardinelli 2004: 407) Por ello, ella escribe, no cesa de escribir para salvaguardar a su estirpe del olvido, para salvaguardarla de la muerte, aunque esa historia sea personal, parcial, la ruina de lo que ocurrió, pero más fiel a la realidad que el olvido y el silenciamiento, más fiel a la vida en definitiva frente a la muerte y la mentira que ha significado en Argentina la historia oficial:

> La historia es una memoria guardada, dicha y escrita. Sobre todo escrita, y por eso es interesante que en la familia tengamos uno que escribe y escribe todo el día. Aunque nos haya salido el menos lúcido el más bastardo, el Tonto de los Domenoconelle. Quizá por todo eso el más legítimo. A él hay que llevarle todo. Contarle todo. Y es que si la vida es un cuento contado por un idiota lleno de sonido y de furia que no significa nada, nosotros tenemos el nuestro en la familia. Francia le dijo a Patiño que hay que conservarlo todo escrito, que sólo lo escrito permanece y dura. Es lo único que tiene consistencia. Pero la historia no sólo es sonido y furia, eso no es cierto, la historia es lo que yo recuerdo y otro lee. La historia es el momento en que se recrea una memoria. La historia no es lo que sucedió, sino lo que alguno escribió que ha sucedido, leído en otro momento por uno que cree lo que lee. Por eso estamos en la obligación de descreer de todo y por eso somos tan descreídos… Pasa siempre así, Pietro: hay que huir de los dogmas y para ello tomar distancia de las historias oficiales, pero teniendo en cuenta que toda historia contraoficial un día puede cristalizar y convertirse en la oficial sustitutiva y ojo con eso. Attenti con las trampas. Desconfiar siempre. Porque, cuando la historia se oficializa, se petrifica; y cuando se petrifica, comienza la mentira. De lo que se desprende que la verdadera historia es la que está viva, la que no se detiene, la que está activa, es decir, la memoria (Giardinelli 2004: 394-395).

Al ser la literatura memoria, la censura literaria es el olvido y, en consecuencia, es la muerte. Las responsabilidad de este juicio se dirige a la Junta Militar, durante la dictadura en la que se instituyó una censura literaria en la universidad:

> ¿Qué le voy a decir? ¿Qué en la universidad, yo, que voy para veinte años de profesora, tenía que mostrar mi cédula de identidad todos los días? ¿Qué de repente entraban los soldados a mis clases y se llevaban a dos estudiantes y yo no podía decir ni mu? ¿Qué nos pasábamos todo el tiempo hablando de estupideces, y que lo que verdaderamente pensábamos no podíamos decirlo ni insinuarlo? ¿Qué aquí no podíamos leer ni Fuentevejuna ni Cortázar y que en la clase de Iberoamericana sólo se podía hablar de la Silva, de Andrés Bello o analizar poemas de Amado

Nervo? ¿Qué le iba a escribir a nuestro Pedrito querido, militante en el exilio? ¿Qué a mí me aprobaba los programas de cada semestre un capitán de artillería? ¿Qué cuando quise hacer un seminario sobre narrativa contemporánea un comandante de gendarmería me citó a su despacho para que le explicara detalladamente el curso y me sugirió que no olvidara incluir las maravillosas novelas de Hugo Wast, tales como *Oro, El Kahal* o *666* y toda esa parafernalia antisemita, a mí, hija de Magdalena Kramenenko, judía y a mucha honra? (Giardinelli 2004: 433).

Santo oficio de la memoria es, en definitiva, un ajuste de cuentas con la historia de Argentina, pero también un ajuste de cuentas con la historia de la literatura argentina. La descreencia, acorde con los tiempos que desvela la posmodernidad, de poder narrar la historia de su país, le ha facilitado encontrar a Giardinelli un texto de múltiples voces, de múltiples interpretaciones, en el que brilla la utilización de los méritos y deméritos nacionales, los éxitos y los fracasos de Argentina, los mitos y las vergüenzas de su país, que se aúnan en un retrato de magníficas proporciones a la sombra de una tremenda admiración por el discurso literario nacional. *Santo oficio de la memoria* es un canto a la propia literatura y a su capacidad de contar historias, de retratarnos a las personas y de vernos a nosotros mismos reflejados en el papel impreso de una novela. Mempo Guiardinelli logra un relato de una intensidad inusitada en la que se ajusta perfectamente a las pautas de la época que vivimos y, por ello, consigue un retrato muy creíble de la última centuria de su país, un relato que trasciende hechos contados repetidamente en la literatura argentina, un relato de denuncia que desmenuza las ruinas de la patria sin demagogias, un relato que se muestra por medio de un artefacto formal de estructura perfecta. Giardinelli le ha puesto molde a lo más difícil de retratar, le ha puesto cerco al tiempo. Su obra es un elogiable intento de no olvidar lo que nos hace más humanos, la memoria. Y todo en relación con la literatura, la literatura dentro de la misma literatura, la memoria, dentro de la memoria, y todo lejos, muy lejos del olvido.

BIBLIOGRAFÍA

BARRERA, Trinidad (2008): «Narrativa Argentina del siglo XX: cruces nacionalistas, fantasías, inmigración, dictaduras y exilio», en Barrera, Trinidad (coord.), *Historia de la literatura hispanoamericana*. Madrid: Cátedra, pp. 409-436.

Casals, Joseph (2003): *Afinidades vienesas*. Madrid: Anagrama.

Castro, Belen (2008): «El ensayo hispanoamericano del siglo XX. Un panorama posible», en Barrera, Trinidad (coord.), *Historia de la literatura hispanoamericana*. Madrid: Cátedra, vol. III.

Cornejo Polar, Antonio (1994): Escribir en el aire. Ensayo sobre la heterogeneidad socio-cultural en las literaturas andinas. Lima: Horizonte.

Degiovanni, Fernando (2007): «Imaginar la patria, imaginar sus textos: la tradición nacional de la Argentina de fin de siglo», en Boyle, Catherine (ed.), *Exploración y proceso: investigando la cultura hispánica*. Valencia/London: Generalitat Valenciana/Dirección General del Libro, Archivos y Bibliotecas/King's College London.

Eco, Humberto (1972): *La estructura ausente*. Bacelona: Lumen.

— (1997): *Apocalípticos e integrados*. Barcelona: Lumen.

Finkielkraut, Alain (1987): *La derrota del pensamiento*. Barcelona: Anagrama.

Franco, Jean (1981): «Memoria, narración y repetición: la narrativa hispanoamericana en la época de la cultura de masas», en Rama, Ángel, *et al.*, *Allá del boom. Literatura y mercado*. México: Marcha Editores.

Fuente, José Luis de la (2005): *La nueva narrativa hispanoamericana entre la realidad y las formas de la apariencia*. Valladolid: Universidad de Valladolid.

Fukuyama, Francis (1992): *El fin de la Historia y el último hombre*. Barcelona: Planeta.

Giardinelli, Tempo (1990): «Variaciones sobre la postmodernidad (o qué es eso del postboom latinoamericano)», en *Nuevo Texto Crítico*.

— (2004): *Santo oficio de la memoria*. Barcelona: Ediciones B.

— (2008): «Literatura y viaje en el fin del mundo: la Patagonia y algo más», en Mattalia, Sonia/Celma, Pilar/Alonso, Pilar (coords.), *El viaje en la literatura hispanoamericana: el espíritu colombino*. Madrid/Frankfurt: Iberoamercana/Vervuert.

Grüner, Eduardo (2002): *El fin de las pequeñas historias: de los estudios culturales al retorno (imposible de lo trágico)*. Buenos Aires: Paidós.

Inañez, Andrés (2008): «Esclavos de la modernidad», en *ABCD de las Artes y las Letras*, nº 859, julio.

Lynch, John (2001): «Las primeras décadas de la Independencia», en Lynch, John, *et al.*, *Historia de la Argentina*. Barcelona: Crítica.

Lyotard, François (1986): *La condición postmoderna*. Madrid: Cátedra.

Mignolo, Walter D. (1996): «Posoccidentalismo: las epistemologías fronterizas y el dilema de los estudios (latinoamericanos) de área», en *Revista*

Iberoamericana. Crítica cultural y teoría lieraria latinoamericana, nº 176-177, julio-diciembre.

Naifleisch, Jaime (1996): «El imaginario global: Buenos Aires se aleja», en Vázquez-Rial, Horacio (dir.), *Buenos Aires 1880-1930. La capital de un imperio imaginario*. Madrid: Alianza.

Toro, Alfonso (1991): «Postmodernidad y Latinoamérica (con un modelo para la narrativa postmoderna», en *Revista Iberoamericana*, nº 155-156, abril-septiembre.

Vattimo, Gianni (1989): *El fin de la modernidad. Nihilismo y hermenéutica en la cultura postmoderna*. Barcelona: Gedisa.

Vázquez-Rial, Horacio (2002): *El enigma argentino (descifrado para españoles)*. Barcelona: Ediciones B.

Veres, Luis (2007): «Borges y la fundación mítica de Buenos Aires», en *Los reyes y el laberinto. Sobre Borges, Lugones y otros ensayos*. Valencia: Generalitat Valenciana/Dirección General del Libro, Archivos y Bibliotecas.

— (2008): «La novela histórica y el cuestionamiento de la historia», en *República de las Letras Revista de la Asociación Colegial de Escritores de España*, nº 105, enero-febrero.

Razones de mudanza (en un mundo dañado).
La poesía de Cortázar: de «La patria» al «Quartier»

Daniel Mesa Gancedo
Universidad de Zaragoza

La *dis-locación*, entendida como la separación y fricción entre dos lugares que, en cierto modo, mantienen una cierta relación de contigüidad, constituye lo que podríamos llamar una estructura imaginaria fundamental en la obra de Julio Cortázar. Desde el título de la primera colección de relatos, fechada entre 1937 y 1945 (*La otra orilla*, inédita hasta 1994), hasta los de algunos de sus últimos cuentos («Las caras de la medalla» en *Alguien que anda por ahí*, 1977; «Anillo de Moebius» en *Queremos tanto a Glenda*, 1980), la conciencia de que lo que se tiene por realidad comporta un «otro lado» distinto y, sin embargo, anexo articula de modo expreso toda su obra, como atestiguan por extenso novelas como Rayuela (con su segmentación en «lados») o *62 Modelo para armar* (con la inquietante «Zona» en la que los personajes llevan una vida paralela a la «cotidiana»). Apenas hará falta recordar que ese «otro lado», que Cortázar —con Lorca— nunca cesó de «rondar»,[1] es el *jenseits* o el *ailleurs* de la tradición romántico-simbolista, al que también llamó en *Rayuela* el *yonder* (cap. 99) y que

---

[1] En *Salvo el crepúsculo* (y también en alguna entrevista, como la que concedió a Soler Serrano en 1986) recuerda la cita del «Poema doble del lago Eden»: «porque yo no soy un poeta, ni un hombre, ni una hoja, / pero sí un pulso herido que ronda las cosas del otro lado» (SC: 322). Las siglas referidas a obras cortazarianas se descifran en la bibliografía final.

cobró, no sólo en sus ficciones, la forma concreta de una fluida dialéctica entre dos ciudades llamadas Buenos Aires y París.

Hace más de treinta años, cuando aún nada se sabía de aquella otra
orilla que albergaba cuentos cortazarianos casi desconocidos, en un
trabajo inaugural desde el punto de vista *topológico* que aquí nos interesa, Fernando Aínsa supo ver que la tensión dialéctica entre «las dos
orillas» permitía comprender muchos aspectos de una obra, la de Cortázar, entonces todavía en marcha. Desde un enfoque filosófico
amplio (entre lo social, lo existencial y lo metafísico), Aínsa nos enseñó que Cortázar se inscribía así «en una tradición literaria», la del
«destierro rioplatense» (1973: 34), que «repite un esquema alegórico
[...] con expresiones novelísticas variadas, especialmente desde la
generación de escritores del 80: el cuestionamiento del "ser nacional"»
(40). Pero ese quizá hoy sorprendente nexo con unos lejanos ancestros
se apoyaba en algo mucho más repetido luego que comprendido: la
«búsqueda personal del propio centro» (34). El personaje típicamente
cortazariano era un «descolocado» (categoría fundamental que Fernando Aínsa ha legado al análisis de la narrativa hispanoamericana) y
que lo era «en relación a su realidad original: estar "desterrado" en
América» (35). Como en Beckett, añadía Aínsa, la «representación
paródica es el único recurso para integrarse en una realidad que [lo]
rechaza y a la que [ha] perdido acceso» (36); que «el juego habrá de
convertirse en un modo de colocación» (37).

Significativamente, ese trabajo clásico de Aínsa se iniciaba con la
cita de un esquivo poema cortazariano, «La patria». Aunque luego no se
refiriera a ella, se insinuaba desde el pórtico que la poesía constituía
acaso la *otra orilla* —más antigua y más firme, si se quiere— de la escritura de Julio Cortázar. Hoy ya podemos saber que en la práctica sostenida de la escritura lírica Cortázar fue exponiendo, quizás antes que en
ningún otro lugar, su conciencia de enfrentarse a esa «realidad inaccesible» a la que se refirió Aínsa. En la poesía de Cortázar que puede fechar-
se en torno a su salida casi definitiva de Buenos Aires (1951), habla a
menudo un «yo» consciente de habitar un «mundo dañado», en el sentido en que Adorno hablaba (en fechas no muy anteriores) de una «vida
dañada» (*beschädigt*: estropeada, defectuosa, deteriorada...).[2] En esos

---

[2] Me refiero al subtítulo de su compilación de fragmentos de «ciencia melancólica» titulados *Minima moralia (Reflexiones desde la vida dañada)*, publicada en

poemas expuso las que podríamos considerar sus razones de mudanza, que justificaban el abandono de ese mundo; pero para dejar constancia de que no había en ellos puro lamento nostálgico,[3] Cortázar agrupó esos poemas, esos motivos, con un título duradero en su proyecto poético, *Razones de la cólera*,[4] que, más allá de la paradoja[5] o el oxímoron, es preferible considerar ahora como muestra, justamente, de una «razón dialéctica». Es interesante al respecto tener presente un pasaje de *La violencia y lo sagrado* de René Girard:

> Lejos de ser ilusoria, como pretende nuestra ignorancia de niños ricos, de necios privilegiados, la Cólera es una realidad formidable; su justicia es realmente implacable, su imparcialidad realmente divina, puesto que se abate indistintamente sobre todos los antagonistas: coincide con la reciprocidad, con el retorno automático de la violencia sobre quienes tienen la desdicha de recurrir a ella, suponiéndose capaces de dominarla. […] el retorno automático de la violencia a su punto de partida, en las relaciones humanas, no tiene nada de imaginario. Si todavía no sabemos nada de ella tal vez no sea porque hemos escapado definitivamente a esta ley, porque la hemos «superado», sino porque su aplicación, en el mundo moderno, ha sido prolongadamente *diferida*, por unas razones que se nos escapan. Eso es quizás lo que la historia contemporánea está a punto de descubrir (1983: 270).

alemán en 1951 y fechados entre 1944 y 1947 (cito por la traducción española: Adorno 1987).

[3] «[…] el sujeto que se lamenta amenaza con anquilosarse en su modo de ser, cumpliendo así de nuevo la ley que rige el curso del mundo» (Adorno 1987: 10).

[4] No podré hacer aquí la historia de este título en el proyecto cortazariano. Baste decir que recoge poemas fechados en Buenos Aires, 1950-1951, y París, 1956. Surge en el mismo momento en que Cortázar está escribiendo *El examen* y el sintagma aparece utilizado por algún personaje de la novela (E: 153) y también por Andrés Fava, en su diario (DAF: 109). Ya Graciela de Sola (1968: 26-41) dejó constancia de haber visto un conjunto de poemas agrupado con ese título (que debe ser el conservado en el fondo Cortázar de la Universidad de Princeton). Ese título aparece como el de una sección de *Pameos y meopas* (1971) y luego como el de otra (con textos no coincidentes) de *Salvo el crepúsculo* (1984), y fue el título elegido por los editores italianos para recopilar la poesía cortazariana (1982), incluyendo textos no recogidos en ningún otro lugar (RC).

[5] Análoga a la que con otro signo alienta en la *Razón de amor* de Pedro Salinas —también contemporánea—, a quien Cortázar antologaría en 1971.

Casi podría decirse que el Cortázar que está a punto de desarraigarse coincide con la interpretación de Girard, quien consideraba, ciertamente sin euforia, que la violencia está en la base de toda relación social, pues una de sus formas es el sometimiento del individuo a un orden desacralizado e in-trascendente, que redunda en alienación, en in-diferenciación, en destrucción de la identidad del sujeto. Así, las *Razones de la cólera* cortazarianas revelan la conciencia de atravesar una «estación violenta»,[6] tanto más siniestra por cuanto se disfraza de progreso y bienestar. Esa violencia soterrada expulsará al sujeto, le hará conocer el destierro y el desarraigo, experiencias que van contra la *permanencia* y, por tanto, hablan de la imposición de una fuerza a la que sólo se puede responder con «razones» que digan la «cólera».

Contra ese «mundo dañado», Cortázar pone en marcha, entonces, un proceso de escritura disolvente, que puede leerse como postulación de la utopía que subyace a toda aspiración de fuga: la oposición topológica germinal entre el «acá» y el «allá» es la abstracción de esa aspiración a la utopía crítica y el lenguaje —«des-velador»— cumple su función en ese programa como instrumento que, para poder soñar con la «otra orilla», según enseñó Ricœur, desmantela el discurso de la ideología.[7]

Pero, en efecto, esa «cólera» no va sólo dirigida contra un orden que ha perdido sus propias «razones», sino que también se dirige contra el propio sujeto: la escritura crítico-lírica de Cortázar no deja fuera la auto-crítica. Al evocar, muchos años más tarde, aquellos momentos, el autor lo reconoce explícitamente:

> […] la vida le fue bajando la cresta a la historia militar y deportiva, vino un tiempo de desacralización y autocrítica, sólo aquí y allá queda-

---

[6] Ahora, el referente es Apollinaire («La jolie rousse») a través de Octavio Paz, quien agrupó con ese título poemas de mucha mayor potencia imaginística que los cortazarianos (entre ellos está «Piedra de sol»), pero casi estrictamente contemporáneos (1948-1957) (Paz 1998: 231-278). Los puso, además, bajo la advocación de un epígrafe tomado del mismo poema de Apollinaire, que no puede sino llamar nuestra atención ahora: «O soleil c'est le temps de la Raison ardente» (cf. Karam 2005).

[7] «[…] pour pouvoir rêver d'un ailleurs, il faut déjà avoir conquis par une interprétation sans cesse nouvelle des traditions dont nous procédons, quelque chose comme une identité narrative; mais d'autre part, les idéologies dans lesquelles cette identité se dissimule font appel à une conscience capable de se regarder elle-même sans broncher à partir de nulle part» («L'idéologie et l'utopie: deux expressions de l'imaginaire social»; Ricœur 1986: 391).

ron pedacitos de escarapela y Febo asoma («Lucas, su patrioterismo»; UTL: 17).

Como se verá, el poema «La patria» es uno de esos pedazos, que muestra sin pudor su deterioro. Sin duda, Cortázar percibió cuánta violencia existía soterrada en la que empezaba a ser «sociedad del bienestar», o se removía no tan soterrada en la nueva sociedad peronista (si se quiere anclar cronológicamente el inicio de esa conciencia), que prefería las alpargatas a los libros (como rezaba una de sus proclamas «anti-elitistas») y silenciaba, con discursos difundidos por «altoparlantes», la audición solitaria de Bela Bartok o de Alban Berg.[8] Esa grosera «crítica de la cultura» exigía una nueva y lúcida crítica de la otra cultura que el discurso del poder pretendía imponer. Pero al Cortázar último no se le escapa que había algo corrupto —enajenado y hasta travestido— en la veneración que él mismo experimentaba entonces por esa «alta cultura». Un fragmento capital de *Salvo el crepúsculo* lo reconoce:

> Nuestra autocompasión estaba demasiado presente en la poesía bonaerense de ese tiempo plagado de elegías, que en el fondo eran tangos con diploma de alta cultura, el mismo amargo regusto de nuestras frustraciones locales que se travestían con la involuntaria ayuda de los dior o los cardin importados por las modas poéticas del momento (el año Lorca, el semestre Hölderlin…) (SC: 337).

La cultura se había convertido en una cuestión de «marca» o «firma», pero la «autenticidad» del producto sólo puede afirmarse en *las fuentes*, esto es, en Europa. Es, pues, un «malestar de la cultura» (quizá

---

[8] «Yo no me vine a París para santificar nada, sino porque me ahogaba dentro de un peronismo que era incapaz de comprender en 1951, cuando un altoparlante de la esquina de mi casa me impedía escuchar los cuartetos de Bela Bartok» [«Carta a Saúl Sosnowski (a propósito de una entrevista a David Viñas)», 1972; OC/3: 58]; «Entonces, dentro de la Argentina los choques, las fricciones, la sensación de violación que padecíamos cotidianamente frente a ese desborde popular; nuestra condición de jóvenes burgueses que leíamos en varios idiomas, nos impidió entender ese fenómeno [el peronismo]. Nos molestaban los altoparlantes en las esquinas gritando: "Perón, Perón, qué grande sos", porque se intercalaban con el último concierto de Alban Berg que estábamos escuchando. Eso produjo en nosotros una equivocación suicida y muchos nos mandamos a mudar» (González Bermejo 1978: 119).

incluso en el sentido de *estar-mal colocado*) el que mueve al sujeto, pero ello no le impide comprender que, larvadamente, a su alrededor se fraguan ya «documentos de la barbarie» que eclosionaría abiertamente en un plazo no demasiado largo, como temía Girard y casi previó el propio Cortázar,[9] cuando escribió algunos poemas (entre otros, «Por tarjeta», que habla de un «desaparecido»), a su juicio premonitorios, pues trascienden el discurso nostalgioso del «descolocado» para convertirse en signo anticipador del horror que alentaba (larvado) en las situaciones que suscitaron las «razones de la cólera»:

> Nunca viniendo solos, y en estos últimos años tan pegados a nuestro exilio, que no es el del *Lejano Buenos Aires* de una clásica bohemia porteña sino el destierro en masa, tifón del odio y el miedo. Escuchar hoy aquí los viejos tangos ya no es una ceremonia de la nostalgia; este tiempo, esta historia los han cargado de horror y de llanto, los han vuelto máquinas mnemónicas, emblemas de todo lo que se venía preparando desde tan atrás y tan adentro en la Argentina (SC: 74).

De ese modo, los «tangos» —que es como se presentan en *Salvo el crepúsculo* muchos de esos poemas, a veces antes agrupados como «razones de la cólera»— cobran un sentido insospechado en el momento de su escritura y la respuesta del sujeto a la presión de un mundo en el que no puede ni quiere integrarse, la decisión de salirse de él, anticipa, con tantos años de distancia, la forzosa salida de otros muchos que no habían podido ver la sombra que se cernía sobre ese mundo.[10]

---

[9] Al respecto suele citarse la «premonición» del funeral de Eva Perón que se describe en *El examen*.

[10] Benedetti se hace eco de ese comentario autoral: «¿Por qué se dedica a exhumar poemas como *Milonga* o *Por tarjeta*, que tienen 20 años de solera, si no es para avecinarlos de algún modo (cual si fueran una interpretación *avant la lettre*) a los recientes y trágicos capítulos de la historia argentina?» (1988: 10). Es sabido que Cortázar se consideró, desde el triunfo de la dictadura argentina, un exiliado político (más aún cuando sus libros fueron prohibidos por la Junta Militar). Sin necesidad de acentuar ningún aspecto «profético» en la escritura cortazariana, se comprende mejor esa actitud si se integra en el proceso de escritura de la «cólera» que vengo analizando. La historia confirma, fantásticamente, la intuición: el mundo degenerado («dañado») que ya se denunciaba en poemas de los años cincuenta no puede evitar hacer exhibición del horror en el que concluye. La salida del país en 1951 no es sólo ruptura «bohemia» con una «vida burguesa» y *rangée* que el autor temía, según con-

El discurso poético cumple, en esas circunstancias, una función social evidente, como el propio Cortázar reconoce. Por un lado, posee capacidad de fijación de la «memoria colectiva» (y no sólo individual), especialmente en contextos de conflicto. En ellos se hace imprescindible algo que Cortázar evocó al referirse a la función de la poesía en El Salvador arrasado por la guerra civil: «su exorcismo de chacales, su llamarada purificadora, su memoria obstinándose» (Cortázar 1981: 15). También cuando empieza a gestarse el proyecto de *Razones de la cólera* la poesía era un refugio, que habría de convertirse, con el tiempo, en antídoto de la información «alienante».[11] De hecho, al analizar retrospectivamente el momento, Cortázar reconoce su propia responsabilidad en el mantenimiento de ese estado de cosas (al menos en lo literario), pero afirmando su voluntad de ruptura radical, consigue un

fesaba todavía en entrevistas previas al golpe militar (cf. Beaulieu-Camus 1974), sino anticipación inconsciente (por imposible) de una respuesta que sólo el tiempo hará forzosa para muchos. Esa nueva lectura que la historia impone al discurso poético justifica, a buen seguro, la opinión de Cortázar respecto a un cierto cambio de «valores culturales» que precede en *Salvo el crepúsculo* a «La mufa», y cuyo alcance se amplía desde este punto de vista: «Hoy (podría dar los nombres de quienes opinan que es una regresión lamentable), el ronroneo de un tango en la memoria me trae más imágenes que toda la historia de Gibbons» (SC: 70).

[11] «Habíamos vivido y leído de prestado, aunque los préstamos fueran tan hermosos; habíamos amado en la poesía algo como un privilegio diplomático, una extraterritorialidad, el nepente verbal de tanta torpe tiranía y tanta insolente expoliación de nuestras vidas civiles» («Neruda entre nosotros», 1974; OC/3: 71); «Azotada por una historia vertiginosa, en la que nos perdemos bajo el torbellino cotidiano de la información, la poesía más que nunca: sus ojos selectores fijando lo que no tenemos derecho de olvidar, salvando piedras blancas, pájaros, instantes como fogonazos de flash, la belleza, la dignidad de la vida» (Cortázar 1981: 15). En todo momento, Cortázar subraya la función de la poesía en esos contextos conflictivos. También con respecto a Nicaragua, por ejemplo: «en Europa se asombran a veces de la multiplicación y la importancia que han llegado a tener los talleres de poesía en Nicaragua. Que la sed y la voluntad de cultura busquen su expresión en tantísimos centros donde jóvenes y menos jóvenes ejercitan la imaginación, gozan del placer de ese inmenso plato de frutas que es el lenguaje cuando se lo saborea después de elegirlo, pulirlo y morderlo con fruición, he ahí algo que pasma a otras sociedades donde la poesía sigue siendo una actividad solitaria y entre cuatro paredes, reducida a un mínimo de publicaciones y de lectores. No es fácil que comprendan hasta qué punto esa actividad no tiene absolutamente nada de *cultural* en el sentido elitista, sino que es una manifestación de esta otra cultura que estoy tratando de mostrar a los escépticos o a los sorprendidos, esta cultura que es revolución porque esta revolución es cultura, sin compartimentaciones selectivas ni genéricas» (Cortázar 1983).

doble efecto: postular el destierro (o la *descolocación*) como una opción estético-creativa; y —de modo más interesante— establecer la escritura como su verdadero *territorio* (no en vano, Cortázar dará este título a una de sus obras más singulares, en el año 78):

> Para uno que otro buscando una identidad y de ahí una reconciliación, cuántos se contentaban con sustituir raíces por injertos, el habla nacional por pastiches anglo/franco/españoles. Por supuesto yo también había caído en la trampa y cómo, pero a la hora de las rupturas busqué salir a manotones, desde poemas y cuentos y destierro (SC: 337).

Hay, pues, un discurso crítico-lírico cortazariano que desglosa esas «razones de la cólera», planteando de modo abierto el conflicto entre el individuo y el mundo, o, en otros términos, entre el «estado de ánimo» y el «estado de cosas».[12] Son poemas en los que se evidencia la crisis «yo-espacio», que, autobiográficamente, conduce a la salida del autor del ámbito de formación y a su instalación en un espacio «extraño», pero dotado de los prestigios de la utopía cultural: Europa. Luego, habrá también un «retorno» —aunque inmediatamente no sea físico— al espacio original, ampliado, en el que el «yo» confiesa encontrar su identidad plena.[13] Pero el mundo de la «cólera», el mundo privado de todo asidero trascendente, sumido en la «crisis de valores», se convierte en un espacio constrictivo que acaba por expulsar al sujeto.

Ese proceso se traduce en un importante número de poemas que, más allá y más acá de su agrupación dinámica bajo el título de «Razo-

[12] En un trabajo reciente, Mario Muchnik (2007) se preguntaba: «¿Por qué se fue Julio Cortázar de la Argentina?». Sugería que la respuesta se hallaba en textos como *El examen*, contemporáneo de los poemas que voy comentando. En la transcripción del diálogo subsiguiente a esa conferencia, Aurora Bernárdez señalaba una anécdota significativa: «Habrá habido razones de todo tipo, culturales, hedónicas, más que políticas. En esos tiempos Cortázar no era el hombre políticamente comprometido que llegó a ser después, pero sí sabía dónde vivía [...]. Julio sufría entonces de muchas alergias [...]. Un día fue a ver a un médico, un hombre inteligente, que después de escucharlo le dijo: "Lo suyo no es una enfermedad, lo suyo es un estado de opinión: váyase"» (Muchnik 2007: 99-100).

[13] Este movimiento de «retorno» y «reintegración», que tanto interesó a Aínsa, podría relacionarse con el predicamento alcanzado por el tema del «hijo pródigo» en la poesía de la generación argentina del 40 (Orozco, Wilcock, Molina), según ha estudiado Víctor Gustavo Zonana (2001, 2004).

nes de la cólera», llegan a formar casi una serie[14] *dislocada* en dos vertientes: la que expone el que podríamos llamar «enrarecido lado de
acá» y la que descubre el «deslucido lado de allá». La primera está for-
mada por textos como «Cantos argentinos» (I y II), «Fauna y flora del
río», «Aire del sur», «Medianoche aquí», «1950, año del libertador,
etc.», «Esta ternura», «Pavadas» o «La polca del espiante».[15] Todos
ellos van mostrando cómo, dialécticamente, el supuesto escapismo
que algunos podrían achacar al que quiere irse de ese «mundo dañado», no es sino una *expulsión* del sujeto, y la eventual renuncia a la
acción es, por el contrario, la decisión positiva de negarse a actuar en
el marco de acción posible que ese mundo construye para delimitar,
con palabras y razones, un espacio a salvo del deterioro.

Así surgen, en efecto, estos «cantos argentinos» que, irónicamente,
disuelven la tradición épica nacional marcada por el signo de lo elevado y una euforia ecuménica, para optar por la sátira desencantada. El
yo vive en un «tiempo hueco y barato» («Cantos argentinos I»), donde no puede desarrollarse, atrapado por un río simbólico, que no vivi-
fica («Cantos argentinos II»), sino que discurre indolente a los pies de
una ciudad que es vista como una «perra perezosa», con la que entabla
una relación abyecta.[16] Nada de lo que el yo pudiera ofrecer encuen-

---

[14] En diálogo con Muchnik, a la pregunta de si en los poemas de Cortázar hay
noticia sobre el porqué de la marcha de Argentina, la misma Aurora Bernárdez responde: «Hay más de uno en que sí está presente su rechazo de una realidad que
detesta, pero creo que ahí el rechazo es menos concreto, es menos concreto que la no
aceptación de un mundo políticamente tan falso, tan mentiroso, en el que nada se
puede creer, que es el que en ese momento lo rodea. No, en los poemas, me parece
—a lo mejor me estoy olvidando de algunos […]—, el repudio es general, es el repudio de las convenciones, de la mentira no sólo política, sino la mentira en que vivimos en general, en mayor o menor medida. Es el anticonformismo radical de Cortázar que va desde los principios de una moral hipócrita hasta la escritura; en su
escritura se ve perfectamente cómo se aparta de lo ya hecho, de lo ya dicho, de lo que
pierde vigor y sentido a fuerza de repetición» (Muchnik 2007: 101). La interpretación general es correcta, pero creo que en efecto hay algunos poemas en los que el
«rechazo» es más concreto de lo que recuerda Bernárdez.
[15] Para su localización, remito a los índices de la edición de la poesía completa
cortazariana en PP.
[16] Algo ya señalado por Rosalba Campra: «Este conjunto de mitos degradados que
sin embargo siguen actuando con fuerza identificatoria tienen como eje a Buenos
Aires, motivo de una nostalgia no mitigada por la lucidez con que se reconocen su
fallas. Esta visión a la vez crítica y enamorada se metaforiza en la imagen del río, que
ya una larga tradición literaria ha fijado como definición de Buenos Aires» (1987: 18).

tra destinatario en ese contexto («Esta ternura») y cualquier intento de
acción es necedad o «pavada» destinada al fracaso. Entre las más graves, justamente, estará consolar al desterrado («Al hombre desterrado
/ no le hables de su casa. / La verdadera patria / cara la está pagando»,
9-12). El discurso se convierte en un «memorial de agravios» o en una
admonición «moralizante», que denuncia la degradada relación con
esa patria «falsa» («Esta ternura», «Pavadas», «1950, Año del Libertador, etc.»).

El poema «La patria» es el colofón virulento a esta primera serie.
Cortázar dice haberlo compuesto en 1955 como síntesis del «estado
de ánimo en la época en que decidí marcharme del país» (VDOM:
195). Se trata de un poema extenso, de tono elegíaco, en el que, como
el propio autor confiesa, intenta una especie de transformación
«alquímica» de la pasión que rige la escritura de ese ciclo: «para mí,
detrás de tanta cólera, el amor está allí desnudo y hondo como el río
que me llevó tan lejos» (ibíd.).[17]

Un aspecto fundamental de este poema es característico de toda la
serie de poemas que cuestionan el «estado de cosas»: la intensificación
del uso del lenguaje como mimesis, esto es, la entrada en el poema de
un discurso ajeno (el discurso «mostrenco») presentado «en bruto», la
«palabra-objeto», pero objeto *pervertido* porque se somete al valor de
cambio, y palabra que el poeta transcribe para dejar que se *des-diga* a
sí misma en el nuevo contexto que el poema le construye.[18]

[17] A pesar de ello, el intento no parece contentar al autor, que hará desaparecer el
poema de su corpus legible, al punto que el texto sólo será recuperado póstumamen-
te, revelando que la publicación original quizá estaba corrompida al haber desaparecido un verso: «qué quiniela, hermanito, en Boedo, en la Boca» (34). No obstante, es
significativo que, a diferencia de lo que ocurre con otros poemas mucho más conspi-
cuos, éste enseguida llama la atención de la escasa crítica que se ha dedicado a la poesía cortazariana. Rein ve en el poema alguna diferencia con respecto a los poemas de
Razones de la cólera: «un lirismo más reflexivo, más lúcido y más rico en el lenguaje,
más agresivo y más preciso en la alusión política y social, aunque no logra una comunicación tan inmediata» (1969: 71-72). En contraste, resulta curioso el silencio de
Roy (1974), a pesar de que el texto entra de lleno en su enfoque de crítica «social».

[18] Alazraki colocó este poema en un lugar de privilegio en la historia de la poesía
argentina, considerándolo intensa recreación del mito de la patria, que supera incluso a ilustres precedentes, y destacó ese componente «textural»: «desde la distancia y el
exilio redescubre la patria con una intensidad que no tenían ni el Palermo de Carrie-
go ni la Buenos Aires mítica de Borges. Pienso en un poema como "La patria" en el
que, parafraseando a Nabokov, "el texto es la textura". Cada verso se apoya en pala-

En tal sentido, el componente léxico de «La patria» es especialmente importante. Los argentinismos «en serie» son numerosos
(«Malandras, cajetillas, señores y cafishos», v.

14); la fraseología tam-
bién pasa al poema como ejemplo del habla amortizada, carente de
significado, destinada a llenar los silencios y a sustituir todo proceso
reflexivo: «no te metás, qué vachaché, dale que va, paciencia» (48). El
idioma (de los argentinos) es el principal obstáculo para la renovación, porque la frase hecha expulsa al «hecho mismo»; los lemas
comerciales pretenden sustituir la representación de la realidad, pero
pueden cargarse de un sentido insospechado: «[...] Y qué carajo, / si
la casita era su sueño, si lo mataron en pelea, / si usted lo ve, lo prueba y se lo lleva. // Liquidación forzosa, se remata hasta lo último» (21-
24). Es la comprobación de hallarse en un espacio en descomposición, en la que lo valioso es objeto de saldo.[19]

Y, sin embargo, reiteradamente, se lee «Te quiero, país [...]» (4,
25, 26, 40, 46, 61, 62). Pero los atributos que se le conceden a ese país
pretenden revelar que ello ocurre contra los numerosos defectos que
se le achacan: «tirado más abajo del mar» (4), «tirado a la vereda» (25),
«tacho de basura» (26), «desnudo qué sueña con un smoking» (40),
«de barro» (46), «pañuelo sucio» (61). Es, pues, una relación conflictiva, en la que no se prescinde de lo negativo y degradado (el país es
también «pez panza arriba», 4, o «caja de fósforos vacía», 25), porque
lo que importa es todavía el sentimiento positivo, del que se espera la

---

bras cargadas de resonancias, en algún lunfardismo, en un nombre-mito, en dos o
tres lugares queridos que otorgan al poema el tono íntimo de una confidencia, una
tristeza muy argentina, el sentimiento de una patria constantemente perdida para ser
otra vez recuperada desde la ternura de una calle y un zaguán. No creo exagerar si
digo que "La patria" es para los argentinos lo que "La suave patria" había sido para
los mexicanos» (1980: XIX-XX). La referencia a *Pale Fire* de Nabokov que hace Alazraki se relaciona con la mención que el propio Cortázar hizo de ese texto para explicar su composición de *62 Modelo para armar* (cf. UR/I: 257). Resulta igualmente
interesante la relación que sugiere Alazraki con el que se tiene por uno de los mayores representantes de una estética «menor» (el posmodernismo), porque tal vez no
fuera del todo descabellado integrar a Cortázar en esa herencia (cf. la síntesis que
hace Le Corre 2001), anticipando un modo de escritura que luego llevaría a su extremo, por ejemplo, César Fernández Moreno en *Buenos Aires, me vas a matar* (1977).

[19] El diminutivo irónico —«casita»— será uso característico en todos estos poemas. También se recuperan las rimas internas como recurso satírico: «pobre sombra
de país, lleno de vientos, / de monumentos y espamentos» (5-6); «bagualas, chama-
més, malambos, mambos, tangos» (19).

regeneración: «Pero te quiero, país de barro, y otros te quieren, y algo / saldrá de este sentir. [...]» (46-47).

De esa tensión entre amor y odio, surge un «fresco» de la patria. Además del lenguaje, se presenta un desfile de costumbres colectivas, sucesos históricos o «tipos», todo aquello que forja un «carácter nacional» lleno

> de orgullo sin objeto, sujeto para asaltos,
> escupido curdela inofensivo puteando y sacudiendo banderitas,
> repartiendo escarapelas en la lluvia, salpicando
> de babas y estupor canchas de fútbol y ringsides.
> [...]
> Malandras, cajetillas, señores y cafishos,
> diputados, tilingas de apellido compuesto,
> gordas tejiendo en los zaguanes, maestras normales, curas, escribanos,
> centroforwards, livianos, Fangio solo, tenientes
> primeros, coroneles, generales, marinos, sanidad, carnavales, obispos.

El «yo», abrumado por ese marasmo,[20] ridiculiza el talante pseudo-crítico que lleva a que en cada piso haya «alguien que nació haciendo discursos / para algún otro que nació para escucharlos y pelarse las manos» (30-31). Esa falsa comunicación culmina en alienación total: «ser argentino es estar triste, / ser argentino es estar lejos» (50-51).

La inscripción de la distancia, el desplazamiento o la descolocación como rasgo ontológico (y, por doloroso, tan romántico) obliga a reparar en la configuración espacial imaginaria del poema, que convierte a «La patria» en un texto clave de la obra cortazariana. Numerosas expresiones implican el sentimiento del *espacio abstracto* como base de la relación entre el sujeto y el país, empezando por esa definición final del «carácter nacional» como el del esencialmente «desplazado», al punto de integrarlo en una posible lectura autobiográfica, la del sujeto que ha sido definitivamente expulsado de su espacio: «[...] Hoy es distancia, fuga» (47); o ya en los últimos versos, que cierran el poema haciendo eco al principio (que se ubicaba en «esta noche continua, esta distancia», 3): «[...] te quiero / sin esperanza y sin perdón, sin

---

[20] La enumeración es recurso frecuente en otros poemas del ciclo, como son «1950, año del libertador, etc.», «Esta ternura» o «Pavadas».

vuelta y sin derecho, / nada más que de lejos y amargado y de noche»
(62-64).

Si esa «noche» reiterada revela su condición de cronotopo cuando
luego —en el «deslucido lado de allá»—, se eche de menos la Cruz del
Sur,[21] el poema inscribe también otros espacios, que, siendo indeter-
minados, tienen un carácter simbólico, como cifra del país. Así, el
«mar» bajo el que ese mismo país está hundido (4) o la «vereda» en
la que está tirado (25),[22] las «canchas de fútbol y ringsides» (10) o la
«casita» que era su sueño, en que los argentinos del poema se refugian
del tedio o del miedo; o también esas «calles / cubiertas de carteles
peronistas» (61-62) que acosan al sujeto, en un momento perfectamente anclado en la historia.

También aparecen paisajes de campo,[23] que extienden el sentimiento de constricción más allá de los límites de la cosmópolis alienante. El «yo» también topa contra «los ranchos que paran la mugre
de la pampa» (36) o «un horizonte de bañados» (60). Pero, así y todo,
la aparición de lugares concretos cifra la crítica en un espacio llamado
«Buenos Aires» (ese «siempre mismo Buenos Aires», que se recordará
en «Milonga»):

> qué quiniela, hermanito, en Boedo, en la Boca,
> en Palermo y Barracas, en los puentes, afuera,
> [...]
> en la Plaza de Mayo donde ronda la muerte trajeada de Mentira.

Frente a ese espacio ominoso bonaerense, los espacios concretos
del interior argentino pueden todavía conservar su condición de lugares de memoria benévolos: «me acuerdo de una estrella en pleno cam-

---

[21] «Extraño la Cruz del Sur / cuando la noche me hace alzar la cabeza», comienza «Milonga», uno de los poemas que pueden ubicarse en esa «otra orilla».

[22] Las «veredas» serán espacio liminar clave en «Veredas de Buenos Aires», un
poema escrito «en el lado de allá»: son el suelo en el que se inscribe la parte más
importante de la biografía del yo, espacio fronterizo entre la seguridad de la casa y la
amenaza de la calzada por la que se circula a mayor velocidad.

[23] Que conectan con otros poemas como «Aire del Sur». El «paisanaje» del campo le interesa menos: «el poncho te lo dejo, folklorista infeliz» (55), verso en el que
algunos (Montes-Bradley 2005: 121) han querido ver una alusión a Augusto Raúl
Cortázar, primo del autor.

po, / me acuerdo de un amanecer de puna, / de Tilcara de tarde, de Paraná fragante, / de Tupungato arisca, [...]» (56-59).[24]

«La patria» es, pues, una especie de «ajuste de cuentas» con el espacio constrictivo que va a terminar de expulsar al sujeto. Éste escribe para clarificar su sentimiento y su memoria.[25] Es un mundo antiguo, que se evoca en un tiempo de oscuridad, casi en un tiempo fúnebre («Esta tierra sobre los ojos, / este paño pegajoso negro de estrellas impasibles», 1-2). La evocación de ese mundo amado difícilmente, sin condescendencia pero sin rencor, se aparece como necesidad para poder seguir adelante sin lastre. La patria, entonces, es, como el agua en el poema de Keats,[26] «La tierra entre los dedos, la basura en los ojos» (49), que se escapa y que ciega, pero a la vez irrenunciable espacio de formación de la identidad, ámbito del pasado, teatro de la memoria.

En esas circunstancias, la salida de Buenos Aires es una liberación, pero exigida por la coherencia: un modo de acción que dinamiza la crítica, aunque sea una acción restringida al ámbito de lo individual. Durar en ese mundo opresivo sería legitimar las condiciones que propician tal opresión. Si la fuerza individual no permite transformarlo íntegramente, salir de él es el gesto libre, acorde y responsable con la propia crítica, pues es un modo de negar a ese mundo dañado cualquier derecho sobre la propia vida. Era preciso, entonces, renovar las

---

[24] Tras esas referencias —que, al nombrar poéticamente la provincia no disimulan un cierto tono «regionalista» que por esas mismas fechas Neruda estaba exacerbando en su *Canto general*— debe leerse el recuerdo autobiográfico del maravillado descubrimiento de la geografía argentina. Durante el verano austral de 1941, como consta en las cartas a Mercedes Arias, viaja con su amigo Francisco Reta por el norte de Argentina: Córdoba, La Rioja, Tucumán, Jujuy, Tilcara, Resistencia, Corrientes, Posadas (1-VI-1941; Domínguez 1992: 236). Un año más tarde, cuando va a emprender otro viaje capital (el que le llevará a Chile), Cortázar afirma algo que puede relacionarse con «La patria»: «Necesito ese viaje, tengo que hacerlo o de lo contrario perderé los pocos deseos que todavía me quedan de vivir en la Argentina, país infecto» (diciembre de 1942; Domínguez 1992: 261).

[25] Y en ello se muestra afín a los poemas amorosos, por ejemplo, del ciclo titulado *Larga distancia*, de fechas concurrentes con «La patria», aunque el objeto del amor en este poema sea impersonal.

[26] Que da título además a una sección de *Salvo el crepúsculo*, «El agua entre los dedos»: «Still scooping up the water with my fingers / In which a trembling diamond never lingers» («To Charles Cowden Clarke», citado por Cortázar; SC: 109).

«razones de la cólera y la nostalgia», hacerlas dinámicas, hacerse dueño de ellas, obligarlas a depender de una decisión propia, que no fueran sólo impuestas por la rutina de la Gran Costumbre:[27]

> Sin un camino preciso, pero seguro de que debía escapar de las ruti-
> nas porteñas tal como se practicaban en esos años. Había que irse (en
> todo caso yo tenía que irme), agazaparse en la ironía, mirarse desde ahí
> sin lástima, con un mínimo de piedad, confiando en poder volver alguna
> vez «más viejo y más sapiente» (cita de un poeta inglés, me dirá alguien
> justamente). Y que las razones de la cólera y la nostalgia no fueran sola-
> mente el hecho de estar tan atado al poste ciudadano, a los ritos de la
> mufa (SC: 337).

Si «La patria» definía el parámetro espacial, «1950, Año del Libertador, etc.» define concretamente el parámetro temporal de esta
«expulsión». No hay tiempo de comentarlo, pero es otro (anti)canto
argentino basado en la enumeración de esos «ritos de la mufa», formas
de la falsificación y el ocultamiento del «yo» impuestas desde afuera,
que debieran ser «purgadas» desde aún más afuera y más lejos para
alcanzar al fin la verdadera identidad:

> [llorá] tu adolescencia en las esquinas del hastío, la patota, el amor sin
> recompensa,
> llorá el escalafón, el campeonato, el bife vuelta y vuelta,
> llorá tu nombramiento o tu diploma (12-14).

El «argentino improbable» capaz de realizar esa catarsis sin salir de
su patria, observaría que, aun liberado de esas «desgracias que creía
ajenas», debe enfrentarse todavía con la indiferencia de sus semejantes
(«Esta ternura»), si pretende ofrecerles algo propio: «Entonces, ¿nadie
quiere esto, / nadie?» (14-15). Esto, obviamente, es también el poema
mismo, acaso lo último que se atreve a ofrecer el sujeto. Pero ni siquiera su palabra es recibida.

---

[27] De algún modo, menos elaborado, esa actitud consuena con la expuesta por
Adorno en el prólogo a *Minima moralia*: «La violencia que me había desterrado me
impedía a la vez su pleno conocimiento. Aún no me había confesado a mí mismo la
complicidad en cuyo círculo mágico cae quien, a la vista de los hechos indecibles que
colectivamente acontecen, se para a hablar de lo individual» (1987: 12).

Así, cuando —como se lee también en «Esta ternura»— queda «la puerta abierta para nadie», el umbral sólo puede ser franqueado en el otro sentido: si nadie entra, habrá que salir. El sujeto, cortados todos los vínculos con el mundo, se siente expulsado y su estado de ánimo le lleva a prepararse para la partida.

Pero cambiar de lugar, ya se dijo, es una experiencia violenta, y lo es también porque —como anunciaba Baudelaire, en unos versos de «Les hiboux», que Cortázar utiliza como epígrafe de la última reconstrucción del ciclo «Razones de la cólera» en *Salvo el crepúsculo*— implica un castigo, un sacrificio que no oculta su índole órfica,[28] en ese mundo ya desacralizado. Antes de «La polca del espiante» (que desarrolla irónicamente la sensación de la despedida), Cortázar hace suyas igualmente las palabras de *Don Segundo Sombra*:

> Me fui, como quien se desangra.
> Así termina *Don Segundo Sombra*, así termina la cólera para dejarme, sucio y lavado a la vez, frente a otros cielos. Desde luego, como Orfeo, tantas veces habría de mirar hacia atrás y pagar el precio. Lo sigo pagando hoy; sigo y seguiré mirándote, Eurídice Argentina (SC: 345).

La cita de un texto de referencia en la configuración de la identidad nacional,[29] el contenido sacrificial simbólico de esa cita (ratificado en la paradoja lustral del comentario: «sucio y lavado a la vez»), la autocita que remite a una configuración espacial de orden trascendente («otros cielos», no otras tierras, significativamente),[30] la explícita referencia a Orfeo, convierten este comentario, el poema que lo precede y, por extensión, todo el ciclo de *Razones de la cólera*, explícitamente aludido ahí, en cifra y colofón consciente del discurso lírico cortazariano, tal como él quiso reconstruirlo en *Salvo el crepúsculo*.

---

[28] «L'homme ivre d'une ombre qui passe / Porte toujours le châtiment / D'avoir voulu changer de place» (SC: 317).

[29] Es fundacional también en la escritura de Cortázar. En una carta a Marcela Duprat consigna: «Güiraldes, al final de *Don Segundo Sombra*, dice: "Me fui como quien se desangra". Así hube de volverme yo del norte» (Chivilcoy, 30-VI-1941; Cócaro *et al.* 1993: s. p.). Unos años después, el álter ego Andrés Fava confiesa abiertamente: «Yo empiezo verdaderamente en este punto. Empiezo frente a *Don Segundo Sombra*, llorando» (DAF: 46).

[30] Con referencia al cuento «El otro cielo», de *Todos los fuegos el fuego*, en el que los dos espacios, París y Buenos Aires, están unidos.

Poemas desde ese «deslucido lado de allá», como «Quartier» o «Rue Montmartre», espacios ya despojados —por la experiencia— de su marbete del «bienestar de la cultura», serán tangos de vuelta, que hacen serie con otros no menos «anclaos en París» (como «Milonga», «La mufa» o «Veredas de Buenos Aires»): transcriben la «pesadumbre» de los «otros cielos», que serán «barrios cambiados» —como quería Homero Manzi, a quien también recuerda explícitamente Cortázar en *Salvo el crepúsculo*—, desde los que se imagina al «pequeño fantasma silencioso» («La mufa», v. 4) que quedó en Buenos Aires.

Así la escritura poética cortazariana parece regresar al punto de partida: como en «La patria» (los malandras, los cajetillas o las tilingas), también en el «Quartier» proliferan las víctimas del «estado de cosas»: las «midinettes» (5), la «madre hacendosa» (17), los «niños de lustrados cartapacios» (24), comidos también por el vacío que portan en sí mismos. Como allá, también acá esas figuras son ominosas y siniestras para el yo. La conclusión no es optimista: parece imposible encontrar un espacio de libertad plena en el orbe occidental establecido. Sólo habrá que dar un paso para que en el discurso cortazariano emerja la utopía política revolucionaria como salida natural de este discurso crítico. Pero eso sólo ocurrirá en otros lados.

BIBLIOGRAFÍA

Textos primarios de Julio Cortázar

(1981): «La compañera», prólogo a *Antología poética. Homenaje a El Salvador*. Madrid: Visor, p. 15.

(1983): «Decir la palabra "cultura" en Nicaragua (1 y 2)», en *El País*, III.

DAF: *Diario de Andrés Fava*. Madrid: Alfaguara, 1995.

E: *El examen* [1986]. Madrid: Alfaguara, 1988.

OC: *Obra crítica*. Madrid: Alfaguara, 3 vols., 1994.

PP: *Poesía y poética. Obras completas IV*. Barcelona: Galaxia Gutenberg/Círculo de Lectores, 2005.

RC: «Le ragioni della collera», en *Carte Scoperte*, 2, Rocco Fontana Ed., 1982.

SC: *Salvo el crepúsculo*. Madrid: Alfaguara, 1985.

UR: *Último round* [1969]. Madrid: Siglo XXI, 2 vols., 1988-1989.

UTL: *Un tal Lucas* [1979]. Barcelona: Ediciones B, 1989.
VDOM: *La vuelta al día en ochenta mundos*. México: Siglo XXI, 1968 (4ª en un solo volumen).

Bibliografía secundaria

ADORNO, Theodor W. (1987): *Minima moralia (Reflexiones desde la vida dañada)*. Trad. de Joaquín Chamorro Mielke. Madrid: Taurus.

AÍNSA, Fernando (1973): «Las dos orillas de Julio Cortázar», en Lastra, Pedro (ed.), *Julio Cortázar*. Madrid: Taurus, pp. 34-63.

ALAZRAKI, Jaime (1980): «Prólogo» a Cortázar, Julio, *Rayuela*. Caracas: Biblioteca Ayacucho.

BEAULIEU-CAMUS, Catherine (1974): *Recherches sur Julio Cortázar. Aspects d'une biographie*. Ivry-sur-Seine: C. Nimier.

BENEDETTI, Mario (1988): «Cortázar *by night*», en *El País*, 11 de septiembre.

CAMPRA, Rosalba (1987): «La poesía de Cortázar», en *Casa de las Américas*, 164, pp. 17-24.

CÓCARO, N., *et al.* (1993): *El joven Cortázar*. Buenos Aires: Ediciones del Saber.

DOMÍNGUEZ, Mignon (ed.) (1992): *Cartas desconocidas de Julio Cortázar (1939-1945)*. Buenos Aires: Sudamericana.

GIRARD, René (1983): *La violencia y lo sagrado*. Barcelona: Anagrama.

GONZÁLEZ BERMEJO, Ernesto (1978): *Conversaciones con Cortázar*. Barcelona: EDHASA.

KARMA, Tanius (2005): «Un acercamiento comunicológico a la vida-obra de Octavio Paz», en *Espéculo*, 29, <http://www.ucm.es/info/especulo/numero29/opazcomu.html> (23/5/2009).

LE CORRE, Hervé (2001): *Poesía hispanoamericana posmodernista: historia, teoría, prácticas*. Madrid: Gredos.

MONTES-BRADLEY, Eduardo (2005): *Cortázar sin barba*. Barcelona: Debate.

MUCHNIK, Mario (2007): «¿Por qué se fue Julio Cortázar de la Argentina?», en Vázquez Recio, Nieves (coord.), *Volver a Cortázar*. Cádiz: Diputación Provincial de Cádiz, pp. 81-103.

PAZ, Octavio (1998): *Obra poética (1935-1988)*. Barcelona: Seix-Barral.

REIN, Mercedes (1969): *Cortázar: el escritor y sus máscaras*. Montevideo: Diaco.

RICOEUR, Paul (1986): *Du texte à l'action. Essais d'herméneutique II*. Paris: Seuil.

ROY, Joaquín (1974): *Julio Cortázar ante su sociedad*. Barcelona: Península.

SOLA, Gabriela de (1968): *Julio Cortázar y el hombre nuevo*. Buenos Aires: Sudamericana.

SOLER SERRANO, Joaquín (1986): «Julio Cortázar. Otra carta quizá perdida (entrevista)», en *Escritores a fondo*. Barcelona: Planeta, pp. 71-86.

ZONANA, Víctor Gustavo (2001): «El hijo pródigo en la poesía del '40: Enrique Molina», en *Revista de Literaturas Modernas*, 31, pp. 193-218.

— (2004): «La parábola del hijo pródigo en la poesía neorromántica argentina», en *Homenaje a Emilia de Zuleta*. Boletín GEC (Mendoza), 14-15, pp. 209-226.

Descolocación y metalepsis en «El otro cielo»

Matei Chihaia

A comienzos de los años setenta, cuando se perfila la variedad de la obra cortazariana, Fernando Aínsa es uno de los primeros críticos en lograr compaginar los cuentos tempranos y las formas pequeñas y transversales con la célebre novela experimental, *Rayuela*. En un artículo de la *Revista Iberoamericana* de 1973, siendo todo el número dedicado a Julio Cortázar, el crítico uruguayo describe dos ejes que llevan de la novela *Los premios* hasta los libros de entonces reciente publicación, *La vuelta al día en ochenta mundos* (1967) y *Último round* (1969). Aínsa hace notar que las ficciones y otras prosas se encuentran en una situación excéntrica entre Sudamérica y Europa, entre Buenos Aires y París, una situación que les impone la búsqueda de un centro. Esta situación *topográfica, horizontal* se complica por un eje *topológico*, vertical, el cual convierte la oposición entre «el lado de acá» y «el lado de allá» en una diferencia entre tierra y cielo, o, en algunos casos, infierno. Mientras que la topografía facilita la búsqueda de una identidad cultural, la topología muestra las ambigüedades de esta misma búsqueda, ya que puede existir más de un cielo. Entre el eje vertical y el eje horizontal, el camino del desterrado deja de ser lineal. Consecuentemente, en la espiral, en la que los personajes caminan hay dudas «sobre si realmente se está avanzando hacia el centro o ascendiendo hacia el Cielo» (Aínsa 1973: 434). De acuerdo con este artículo fundamental, no sólo *Rayuela* con sus dos lados —el de acá y el de allá— pone de manifiesto estas dudas, sino también numerosos cuentos, en los cuales la busca del centro existencial llama la atención a la falta de un centro de orientación y a las ambigüedades que resultan de eso. Por lo tanto el cuento «El otro cielo» resulta «un relato clave en la literatura de Cortázar» (ibíd.: 440, n. 34), por la incertidumbre acerca del cielo, por la topología ambigua, ambigüedad comentada también por Rodríguez Monegal en el mismo número de la *Revista Iberoamericana*. «El otro cielo», por su publicación al final del volumen de cuentos *Todos los fuegos el fuego*, demuestra que no hay solución de continuidad en los años sesenta entre *Rayuela* y *Último Round*, y menos aún, un «circuito de deterioro», fórmula por la que David Viñas critica un supuesto alejamiento de Cortázar a la realidad política sudamericana (Aletto 2009). En este momento crucial, Fernando Aínsa hace hincapié en las explicaciones que el propio Cortázar da en *La vuelta al día en ochenta mundos* para enfatizar la dimensión seria de los textos desacreditados por Viñas como demasiado lúdicos. De hecho, la búsqueda de una identidad sudamericana no excluye los juegos y los experimentos estéticos a los que se dedica el Cortázar de sesenta y ocho y sesenta y nueve. En particular en el breve texto «Del sentimiento de no estar del todo», el autor expresa su malestar con toda forma de colocación fijada de antemano y afirma que escribe «por descolocación; y como escribo desde un intersticio, estoy siempre invitando a que otros busquen los suyos» (Cortázar 1984: 32). La conciencia de esta descolocación, que se expresa en una «constante lúdica» (ibíd.: 33) de sus textos no termina la búsqueda por un «emplazamiento», todo lo contrario, inicia un movimiento ya que el autor vive y escribe «amenazado por esa lateralidad, por ese paralaje verdadero. Por ese estar siempre un poco más a la izquierda o más al fondo del lugar donde se debería estar para que todo cuajara satisfactoriamente en un día más de vida sin conflictos» (ibíd.: 35). Aunque la idea del «paralaje verdadero» continua siendo una metáfora de vasta significación, el artículo de Aínsa propone relacionarla con la condición típicamente rioplatense del destierro. El «destierro americano» no constituye simplemente una realidad geopolítica, sino más bien geopoética, con un concepto propuesto hace poco por el crítico (Aínsa 2006): es decir que el «sentimiento del no estar del todo» crea una actitud de distanciamiento frente a toda representación del mundo.

Como la «otredad», otro concepto clave de la época, la descolocación se sitúa a varios niveles de la narración. En «El otro cielo», Francisca Noguerol encuentra tres dimensiones de la otredad. Primero, la relación intertextual por la cual el texto se enfrenta a otro; las citas de *Los cantos de Maldoror*, por las que empiezan los capítulos del cuento de Cortázar subrayan así el diálogo entre dos idiomas —español y francés— y dos obras distintas. Segundo, el narrador cuyo punto de vista y cuya posición oscila entre Buenos Aires y París, entre el siglo XIX y el siglo XX, hace prueba de un «paralaje verdadero» por este enfoque propiamente descolocado. Tercero, finalmente, en el nivel de la trama y de sus personajes, encontramos el tema del doble, cuyos matices también profundiza Noguerol: el paralelismo entre la figura real de Lautréamont, autor de *Los cantos de Maldoror*, y el personaje ficticio llamado «El sudamericano», la simpatía entre éste y el narrador, argentino errante por las calles de París, y las semejanzas inquietantes con el asesino perverso apodado «Laurent», todos estos «dobles» radican en una visión del mundo cortazariana, según la cual cada ser humano se relaciona a otros por una estructura abstracta llamada «figura» (Noguerol 1994: 239-245). Hasta el propio Cortázar no sale del campo magnético de estas estructuras, que le vinculan a su narrador y al sudamericano, en los cuales parece reflejarse la biografía del autor (ibíd.: 245-246). De esta «figura» que rebasa los umbrales de la obra —ya que establece una relación inhabitual entre el autor y sus personajes— me parece que resulta una última, una cuarta, forma de otredad o descolocación en lo que se refiere a la misma forma del libro. En mi opinión, las reflexiones sobre la lectura y sus soportes materiales, con todas sus implicaciones políticas, culturales y simplemente estéticas, forman un punto de convergencia entre las obras de Fernando Aínsa —y no hablo solamente del crítico Aínsa— y Julio Cortázar.

La descolocación pone en duda las fronteras de la ficción y de lo real: no es sólo que la realidad deja de ser una evidencia, sino también los soportes y las formas habituales de la ficción. Quisiera acercar el concepto de «descolocación», movilizado por Fernando Aínsa en 1973, al concepto de «metalepsis». También a comienzos de los años setenta, en 1972, Gérard Genette retoma el término retórico de metalepsis, es decir, la inversión de causa y efecto, para describir un procedimiento narrativo encontrado en otro un texto breve de Cortázar,

Continuidad de los parques, donde parecen invertidos los papeles del sujeto de la lectura —o sea, del lector— y de su objeto —un personaje de la novela en cuestión—. La metalepsis, según Genette, es una «transgresión» de niveles narrativos, «de la metadiégesis a la diégesis, o viceversa» (1972: 243-246). En concreto, el breve cuento deja la impresión que su protagonista se ve sorprendido por un personaje de la novela que él mismo está a punto de leer: este personaje tiene el propósito de matar a un rival que se parece de manera inquietante al hombre que lee la novela «arrellanado en su sillón de terciopelo verde». El sujeto de la lectura se convierte, pues, en el objeto de la acción que está a punto de leer. La definición que Genette retoma y amplifica en su última publicación, la monografía *Métalepse*, puede también servir para el análisis de obras gráficas o audiovisuales, y un excelente volumen editado por John Pier y Jean-Marie Schaeffer lo confirma: parece obvio que se plantea una problemática parecida a la metalepsis narrativa en el conocido dibujo de M. C. Escher con las dos manos que se esbozan mutuamente o el personaje que atraviesa la pantalla cinematográfico en la película de Woody Allen, *La rosa púrpura del Cairo* (Genette 2004; Pier/Schaeffer 2005). Estas transgresiones o ambigüedades representativas recuerdan al espectador que toda ficción tiene su marco, le señalan los límites del mundo representado, o incluso, como piensa Dorrit Cohn (2005: 130), muestran la fragilidad de las pautas del mundo real, de los marcos sociales por los cuales nos colocamos en una realidad.

Entre 1966 y 1969, las ficciones de Cortázar prefiguran la apertura del concepto cognitivo de la ficción, que más que literario, permitirá incluir obras como el dibujo de Escher. El concepto de «metalepsis», y el conjunto de obras diversas reunidas gracias a este concepto se corresponde con las propuestas estéticas de las ficciones y de los ensayos, por los cuales el Cortázar de los años sesenta sale del marco de la escritura, y se aproxima cada vez más a unas formas visuales. Como «descolocación», esta visualidad se manifiesta en la metáfora del «paralaje verdadero». «Paralaje» significa, en las ciencias ópticas, un cambio de posición que se debe a un cambio de punto de vista. Es fácil experimentar un máximo efecto cuando uno mira su propia nariz con el ojo derecho y el ojo izquierdo. Disminuyendo la distancia del objeto, esta diferencia permite medir distancias cósmicas, como las que hay entre estrellas o planetas, y estuvo en el centro de la discusión en los años de la «carrera espacial» (Hirshfeld 2001: XII), cuando Cortázar publicó *Del sentimiento de no estar del todo*. El intersticio, o desdoblamiento de la realidad se experimenta como un ángulo de desviación óptica. Los textos abren dos puntos de vista que no se pueden reunir para formar una visión estereoscópica: miren, por ejemplo, las tapas desiguales de *Todos los fuegos el fuego*. La experiencia de la paralaje radica en la diferencia entre la imagen del mundo en el ojo derecho, y lo que ve el ojo izquierdo, o en la mínima diferencia entre la tapa y la contratapa.

El interés por los marcos visuales y la dimensión espacial del mundo desafía las formas del lenguaje y la cultura del libro, basada en lo que está entre las tapas. Dentro de la ficción literaria, el desfase del narrador con respecto a su entorno se expresa principalmente por recursos gramaticales como los deícticos «aquí/acá/ahí» y «ahora» empleados de manera irregular. Menudean los comentarios explícitos que realzan el sistema deíctico y articulan cierto distanciamiento frente a las convenciones de la ficción. Un ejemplo destacado es la frase de «Las babas del diablo», donde el narrador pone en duda su propia colocación gramatical: «Ahora mismo (qué palabra, ahora, qué estúpida mentira) podía quedarme sentado en el pretil sobre el río» (Cortázar 2000b: 227). Además de tales comentarios, en los cuentos encontramos sistemáticas ambigüedades de referencia, que explican muchos de los efectos de «metalepsis»: Alma Rosa Aguilar estudió ampliamente este recurso de estilo típico, que contribuye al desasosiego del lector frente a los textos cortazarianos. La importancia del sistema deíctico consiste en que crea un equilibrio entre el desdibujo de las fronteras y un marco bastante fuerte para que se note la transgresión (Aguilar 1998: 321). En los años sesenta, tales recursos de referencia llaman la atención del lector sobre las fronteras del lenguaje, al marco del texto y a sus soportes materiales. Los conjuntos gráficos de sus obras de 1968 y 1969 radicalizan este reto al libro, inspirado sin duda por otros «desencuadernados» rioplatenses (Prieto 2002) y, en particular, la «colocación descolocada» en el *Libro sin tapas* (1929) de Felisberto Hernández (Panesi 1993: 30).

El mismo reto de una lectura descolocada está presente en las formas visuales narradas en cuentos como «Las babas del diablo», y se perfila claramente en el conjunto del libro *Todos los fuegos el fuego*. Siendo la metalepsis una manera de cuestionar las fronteras del texto, la colocación del lector, hasta su posición frente a la ficción y al libro que tiene en las manos, se manifiesta en un interesante efecto óptico. Primero, la escritura al revés, como en un espejo, lleva a pensar que una tapa es la imagen reflejada de la otra; a segunda vista, sin embargo, el lector se da cuenta que la portada no muestra exactamente la misma imagen como la contraportada; o sea, la galería cambia según el punto de vista del lector. Mientras que la primera ilusión convierte el libro en un medio visual, transparente, la segunda radica en un efecto de «paralaje verdadero», es decir que cumple el propósito descrito en *La vuelta al día en ochenta mundos*. Este paralaje enfrenta al lector con la diferencia de su visión del lado de acá y del lado de allá; la mirada anterior a la lectura muestra otra cosa que la de después de la lectura. El efecto de las tapas no es casualidad, sino que se debe al mismo autor. Como se desprende de algunas cartas de Cortázar, el escritor reflexiona intensamente acerca de la cubierta de su libro, proponiéndole al editor dos «Posibilidades: 1) Tapa y contratapa ilustradas, una con la Galerie Vivienne (ya tengo viejas fotos) y la otra con el Pasaje Güemes; digamos que en el lomo del libro se operaría la fusión de las dos fotos, insinuando el posible paso de una galería a la otra. 2) Tapa ilustrada con la Galerie Vivienne, cortada verticalmente en dos, de manera que una parte queda en positivo y la otra en negativo, lo que sugeriría también la noción de "pasaje" de un plano a otro» (Cortázar 2000a: 974; carta del 22-XII-1965 a Francisco Porrúa). Mientras que la primera versión se realiza en *Todos los fuegos el fuego*, la segunda propuesta se cumple tres años después en *La vuelta al día en ochenta mundos*; ambos volúmenes enseñan lo positivo y lo negativo de la misma imagen. Esa importancia de la sugerencia de Cortázar me parece confirmar el estrecho nexo entre el libro de cuentos y la obra poco convencional de ensayos, dibujos, *collages* y esbozos narrativos. La lectura llega a ser una experiencia de iniciación. Desde luego, los textos contribuyen al menos tanto a esta experiencia como el juego de portada y contraportada.

Por su insistencia en la experiencia del espacio como experiencia potencialmente extraña, alejada a las convenciones narrativas el artículo sobre la «descolocación» me parece inspirar también la dialéctica propuesta por Nicolás Rosa, entre una topografía inequívoca, trazada por nombres y lugares reconocibles y habituales como «Galería Güemes» o «Passage Vivienne», y una topología extraña, en la que pueden existir varios cielos, diversos cielos, otros cielos. Mientras la topografía permite la colocación, la topología es una fuerza inquietante que niega las referencias unívocas (Rosa 2004: 212-213). Esta asimetría fundamental de la narración marca también el tema de la identidad cultural sudamericana. El narrador, un argentino de habla francesa, busca su lugar entre, por un lado, la realidad sociopolítica sudamericana que le impone vivir una vida de clase media y votar por Perón o Tamborini, y, por otro, la apertura hacia la transgresión surrealista, personificada por los cantos de Maldoror —un conflicto típico del universo de *Rayuela* (Nitsch 1997)—. Para el narrador en busca de identidad, los viajes imaginarios a París, a la deriva, desempeñan una doble función: en el nivel de la historia constituyen un elemento del rito de pasaje que llevará a su iniciación en el mundo de los ciudadanos adultos, un momento liminal, de oscuridad y terror, pero también de camaradería y comunión; en el nivel del *discurso narrativo*, sin embargo, el vagar por las galerías cubiertas produce un efecto de distanciamiento duradero frente a las formas literarias tradicionales. Se instala un «paralaje verdadero», una forma de poner en duda una visión del mundo arraigada en un único punto de vista —o en un marco de representación demasiado literario—. Para volver al díptico de tapa y contratapa, me parece significativo que el cuento «El otro cielo» se ubique al final del libro, seguido sin más por la imagen de la galería Güemes, el título y las palabras «Editorial Sudamericana» escritas al revés. El cuento no conduce al lector hacia una revelación de la cultura sudamericana, sino que lo enfrenta a un juego de espejos, en el que la sudamericanidad sería un asunto de editorial, de literatura. Fernando Aínsa entiende, en sus artículos sobre Cortázar, la coherencia de este programa artístico y político, que se niega a ser colocado tanto en una estética de la transgresión como en el compromiso extra-literario. Señala que el lado de «acá» no es una localización geográfica, sino un punto de vista desde el cual se contempla el mundo (Aínsa 2005: 111). Aínsa realza en particular esta manera de presentar una cultura sudamericana, en vez de representarla: en el juego de dobles puesto en escena por «El otro cielo», el narrador nunca logra hablar al misterioso personaje del «sudamericano», cuya mirada está fija y descolocada a la vez. Nunca conoceremos la repuesta de este sudamericano, europeo exiliado a Uruguay, y luego vuelto a Europa. Por otro efecto de metalepsis, sin embargo, que se parece a la carta-epílogo para

Queremos tanto a Glenda (1980), *Botella al mar* (1982), habla a través
la voz de otro europeo uruguayo, la voz de un verdadero crítico y poeta salido de la ficción de otro, Fernando Aínsa.

Bibliografía

Aguilar, Alma Rosa (1998): *La référenciation dans la construction du récit
fantastique. Analyse sémantique de la référenciation dans Pasajes de Julio
Cortázar*. Villeneuve d'Ascq: Presses Universitaires du Septentrion.

Aínsa, Fernando (1973): «Las Dos Orillas de Julio Cortázar», en *Revista Iberoamericana*, vol. XXXIX, nº 84-85, pp. 425-456.

— (2005): *Espacio literario y fronteras de la identidad*. San José: Universidad
de Costa Rica.

— (2006): *Del Topos al Logos. Propuestas de geopoética*. Madrid/Frankfurt:
Iberoamericana/Vervuert.

Aletto, Carlos (2009): «Algunas polémicas sobre la poética de Julio Cortázar en el 'circuito de deterioro'», ponencia en el VII Congreso Orbis Tertius, Universidad de La Plata (19 de mayo).

Cohn, Dorrit (2005): «Métalepse et mise en abyme», en Pier, John/Scha-
effer, Jean-Marie (eds.), *Métalepses. Entorses au pacte de la représentation*.
Paris: EHESS, pp. 121-130.

Cortázar, Julio (1984): «Del sentimiento de no estar del todo», en Cortázar, Julio, *La vuelta al día en ochenta mundos (1967)*. México: Siglo XXI,
vol. I, pp. 32-38.

— (2000a): *Cartas. vol. II*. Buenos Aires: Alfaguara.

— (2000b): Los relatos, 3: Pasajes (1976). Madrid: Alianza.

Genette, Gérard (1972): «Discours du récit», en Genette, Gérard, *Figures
III*. Paris: Seuil, pp. 65-282.

— (2004): *Métalepse. De la figure à la fiction*. Paris: Seuil.

Hirshfeld, Alan W. (2001): *Parallax. The Race to Measure the Cosmos*. New
York: W. H. Freeman.

Nitsch, Wolfram (1997): «Die lockere und die feste Schraube. Spiel und
Terror in Cortázars *Rayuela*», en Schulz-Buschhaus, Ulrich/Stierle, Karl-
heinz (eds.), *Projekte des Romans nach der Moderne*. München: Fink, pp.
263-287.

Noguerol Jiménez, Francisca (1994): «Julio Cortázar, en busca del otro
cielo», en Bargalló Carraté, Juan (ed.), *Identidad y alteridad, aproximación al tema del «doble»*. Sevilla: Alfar, pp. 237-249.

Panesi, Jorge (1993): *Felisberto Hernández*. Rosario: Beatriz Viterbo.

PIER, John/SCHAEFFER, Jean-Marie (2005): «Introduction. La métalepse, aujourd'hui», en John, Pier/Schaeffer, Jean-Marie (eds.), *Métalepses. Entorses au pacte de la représentation*. Paris: EHESS, pp. 7-15.

PRIETO, Julio (2002): *Desencuadernados: vanguardias excéntricas en el Río de la Plata. Macedonio Fernández y Felisberto Hernández*. Rosario: Beatriz Viterbo.

RODRÍGUEZ MONEGAL, Emir (1973): «Le 'Fantôme' de Lautréamont», en *Revista Iberoamericana*, vol. XXXIX, n° 84-85, pp. 625-639.

ROSA, Nicolás (2004): «Cortázar: los modos de la ficción», en Manzini, Adriana, *et al.* (eds.), *Ficciones argentinas. Antología de lecturas críticas*. Buenos Aires: Norma, pp. 201-222.

La fugacidad es lo único que permanece: negociaciones de una identidad en tránsito

Silvana Mandolessi
KULeuven

I

Juan José Saer es un autor reticente a la confesión autobiográfica. En preparación a la primera antología importante acerca de su obra, María Teresa Gramuglio le solicita un pequeño esbozo de su vida, y Saer responde con el escueto texto siguiente:

> […] nací en Serondino, provincia de Santa Fe, el 28 de junio de 1937. Mis padres eran inmigrantes sirios. Nos trasladamos a Santa Fe en enero de 1949. En 1962 me fui a vivir al campo, a Colastiné Norte, y en 1968, por muchas razones diferentes, voluntarias e involuntarias, a París. Tales son los hechos más salientes de mi biografía (Saer 1986: 10).

Casi diez años después, Saer reproduce casi textualmente, para el libro *Primera Persona*, la presentación autobiográfica anterior. Como señala Julio Premat (2002: 284), en esta parca autobiografía la escasez funciona como una puesta de relieve. Los pocos datos que aparecen concentran toda la atención. Y estos datos hacen exclusiva referencia a los desplazamientos que Saer experimentó durante su vida, de Serondino a Santa Fé, luego a Colastiné Norte y, finalmente, a París, incluyendo la mención de un desplazamiento previo de la familia que se desprende del origen de sus padres, inmigrantes sirios. Así, Saer resalta, como los únicos datos significativos de su propia vida, aquéllos que conciernen al viaje, al movimiento, a la migración entre diversos lugares de pertenencia. Como autorretrato, el énfasis puesto en el desplazamiento sugiere una concepción de la identidad cuyo rasgo principal es, precisamente, el devenir y no la estabilidad de una pertenencia plena a un territorio o una nación.

La crítica ha señalado como una característica sobresaliente de la obra de Saer el anclaje casi excluyente de sus ficciones en un territorio preciso: «la zona».[1] En efecto, la mayoría de las novelas y los cuentos de Saer se localizan en el mismo espacio, un territorio construido ficcionalmente —a la manera de la «Santa María» de Onetti, o del modelo paradigmático de Faulkner— que remite, a su vez, al lugar biográfico en el que transcurrió su infancia y su juventud. Sin embargo, junto a la fidelidad con la que Saer retrata siempre el mismo espacio aparecen obsesivamente en sus ficciones personajes que dejan el lugar de origen o que regresan a él luego de una larga ausencia, y son incluso estos personajes, en muchas ocasiones, los protagonistas de las obras. El lugar de origen parece cobrar, por un lado, una importancia capital, si tenemos en cuenta la fidelidad a ese lugar como localización excluyente de sus ficciones; por otro lado, la importancia de los personajes que lo abandonan o que regresan a él sugiere un interés de Saer por el cambio de espacio, por el tránsito, y cabe pensar, en consecuencia, por una concepción de la identidad en estrecha relación con el devenir.

En lo que sigue quisiera concentrarme en este tópico en un ensayo publicado en 1991, *El río sin orillas. Tratado imaginario*. Mi propósito es indagar qué concepción de la identidad y, particularmente, qué relación entre identidad y nación se desprende de este libro. ¿Opta Saer por una concepción de la identidad que enfatiza la estabilidad y la fidelidad a los rasgos de origen? O, por el contrario, ¿es vista la identidad como una entidad en movimiento, versátil, y sujeta a los cambios surgidos de los desplazamientos que experimenta el sujeto? Aunque sería posible rastrear las intrusiones autobiográficas que se intercalan en la prosa ensayística, he optado por otra vía de indaga-

---

[1] Para un análisis de «la zona» como escenario ficcional y de su importancia para la definición de la poética saeriana, ver Corbatta (1991) y Foffani/ Mancini (2000).

ción. Si *El río sin orillas...* puede ser leído como una autobiografía elusiva (Bracamonte 2000), me interesa ver cómo la representación del espacio —condensado en el río, personaje principal de la obra, y que es, al mismo tiempo, sinécdoque de la República Argentina— puede ser leído como una representación indirecta, o una metáfora, de la identidad.

II

El río sin orillas. Tratado imaginario (1991) es un ensayo sobre el Río de la Plata, escrito por encargo de su editor, a partir del éxito obtenido por *Danubio* de Claudio Magris. Por varias razones, la escritura de este libro suscita en Saer cierta incomodidad. En primer lugar, el hecho mismo de escribir por encargo parece privar al proyecto de la necesaria libertad respecto al mercado, o sujetarlo a condicionamientos que no son los de la evolución de la propia poética; además, el género propuesto, la no-ficción, es un género del que Saer ha renegado en varias ocasiones, aduciendo que el hecho de proponerse voluntariamente ajustarse a hechos referenciales no es suficiente para otorgar a la obra el carácter de no ficción. En la concepción de Saer, ficción y verdad no se oponen; la ficción es una manera de conocimiento para internarse en la «espesa selva de lo real», un modo de indagar la realidad que aparece siempre como enigmática, inasible, inteligible; inversamente, la «verdad» resulta un concepto mucho más problemático que la mera sujeción a hechos comprobables. Respecto a la relación problemática de *El río sin orillas* con el resto de la obra de Saer, o con los postulados defendidos por Saer como base de su poética, Bracamonte (2000) subraya que en el trabajo sobre la memoria, la experiencia y la escritura que se lleva a cabo en este ensayo es posible observar los mismos postulados del resto de la obra saeriana. En la misma línea, Julio Premat (2002: 287) señala correspondencias precisas de *El río sin orillas* con novelas, tales como *El entenado*, *La ocasión*, *La imborrable*.

Pero existe una razón más para que Saer se sienta incómodo respecto a esta obra, y es el vínculo que el lector tiende a establecer entre el tema —la representación de un territorio, el río de la Plata, y por extensión, Argentina— y Saer como autor «argentino». Su legitimidad para escribir sobre Argentina viene dada, en teoría, por su pertenencia al territorio. Saer no duda en afirmar, desde el inicio, que el río de la Plata es «su lugar». Contemplando emotivamente desde el avión que lo trae de regreso la confluencia de los ríos que dan nacimiento al río de la Plata, el autor asevera:

> Ese lugar chato y abandonado era para mí, mientras lo contemplaba, más mágico que Babilonia, más hirviente de hechos significativos que Roma o que Atenas, más colorido que Viena o Ámsterdam, más ensangrentado que Tebas o Jericó. Era mi lugar: en él, muerte y delicia me eran inevitablemente propias. [...] el placer melancólico [...] que me daba su contemplación, era un estado específico, una correspondencia entre lo interno y lo exterior, que ningún otro lugar del mundo podía darme (Saer 1991: 17).

Sin embargo, esta identificación plena que Saer establece con su lugar de origen no deja de ser problemática. Al identificarse afirmativamente con la nación, Saer otorga indirectamente un sentido al concepto de identidad nacional, que supone en el sujeto una serie de rasgos relativamente estables determinados por su lugar de origen. Esto está en abierta contradicción con la negativa, expresada frecuentemente a lo largo de su obra, de otorgar a la identidad nacional un peso significativo en la definición de un sujeto. Particularmente, la identificación con la forma nacional es peligrosa en el caso del escritor, quien debe evitarla cuidadosamente como condición de la práctica estética. Para Saer, como lo manifiesta en el artículo «La perspectiva exterior», ser polaco, ser francés o ser argentino, no significa nada, ya que, aparte de la elección del idioma, «¿en qué sentido se le puede pedir semejante autodefinición a un escritor?» (Saer 1997: 17). Aún más categórico, Saer afirma que «*a priori*, el escritor no es nada, nadie, situación que, a decir verdad, metafísicamente hablando, comparte con los demás hombres», pero que si para los demás hombres la construcción de la existencia reside en rellenar esa ausencia de contenido, «para el escritor todo el asunto consiste en preservarla» (ibíd.).

¿Cómo conciliar, entonces, esta condición de la práctica estética, con la manera indudablemente afirmativa con la que Saer se confiesa vinculado a ese territorio, «su lugar», que mira desde el avión, la Argentina? La manera en que *El río sin orillas...* concilia la sensación de pertenencia a una nación, con la negación de una identidad nacional estable radica, en nuestra hipótesis, en la manera en que ese territorio aparece representado en el ensayo. En *El río sin orillas...* el principal rasgo de Argentina es ser un lugar de paso, un lugar de devenir y tránsito. Al retratar ese espacio de pertenencia como un lugar de paso, que impide la fosilización o la fijación, la definición de «argentinidad» pierde su carácter determinista o estable.

Antes de comenzar el texto, la dedicatoria ya subraya, al igual que lo hacía Saer en su propia «autobiografía», el desplazamiento como el rasgo más notable de una vida: «En el recuerdo de José Saer (Damasco 1905-Santa Fe 1966) y de María Anoch (Damasco 1908-Santa Fe 1990)». La migración marca al autor desde los orígenes, incluso anteriores a su nacimiento, en la figura de sus padres, inmigrantes sirios. Así, los padres «argentinos» son, en realidad, figuras desplazadas, venidas desde un lugar lejano. Al igual que sucedía en su propio esbozo autobiográfico, los datos son significativos por su escasez, ya que lo único que se resalta es el hecho del desplazamiento. A continuación, la escena que abre el libro describe al autor en el avión, en un viaje de visita a la Argentina. Este primer segmento sirve de introducción para lo que luego será el cuerpo del libro: una historia del río de la Plata desde su descubrimiento, por Solís, hasta el trágico período de la dictadura argentina, realizada a través de la recopilación de textos de historiadores, políticos, escritores, viajeros. Al comenzar el relato con la narración de ese viaje en avión, desde el que el autor observa la figura del río, Saer no sólo tiñe el libro de su propia experiencia personal, alejándolo de la pretensión de tratado objetivo o documental, sino que también construye un *locus* desde el cual relata: ese *locus* es, nuevamente, el del tránsito, el de alguien que relata no desde la calma de un lugar apacible y resguardado, sino de quien se haya en movimiento.

Adentrados ya en la historia del territorio, el autor dedica el inicio del relato al descubrimiento del Río de la Plata por parte de Juan Díaz de Solís. Antes, sin embargo, destaca la aridez del territorio, la pobreza dada no solamente por la ausencia de recursos que permitan sobrevivir, sino también su pobreza estética: «Desprovisto de árboles, de piedra, de fauna cinegética, de metales preciosos, en ese lugar *siempre se estaba de paso*» (Saer 1991: 44). «Hasta el siglo XX» —agrega el narrador— «nadie se sintió en su casa en Buenos Aires», lo que refuerza al afirmar que «todos sus habitantes vienen de otra parte» (ibíd.) y que incluso «si consideramos el término etimológicamente es un lugar que carece de aborígenes» (ibíd.). Los escasos aborígenes que rondaban el río a comienzos del siglo XVI eran indios nómades, desplazándose sólo hasta sus orillas. Es significativo, en consecuencia, que ni siquiera los habitantes originarios, según la descripción de Saer, puedan ser considerados originarios de la región. El descubrimiento del Río de la Plata por parte de Juan Díaz de Solís en 1516 refuerza, por otra parte, el énfasis en el territorio argentino como espacio de tránsito refractario a la fijeza. Al desembarcar «de paso» a las islas Molucas en la desembocadura del río, Solís se encuentra sorpresivamente con una tribu de indios, quienes, luego de matarlo con sus flechas lo devoran crudo junto a sus compañeros de exploración. Posteriormente, serán Gaboto y Pedro de Mendoza quienes logren instalar los primeros asentamientos españoles en la zona. De ambos, Saer destaca que más que un lugar en el que instalarse definitivamente, los dos persiguen establecer puestos provisorios. Sobre Gaboto, Saer señala que «sólo quería establecer un fuerte a mitad de camino entre el norte fabuloso que se disponía a explorar y el océano Atlántico, un puesto de retaguardia transitorio» (ibíd.: 59) y que «las mismas consideraciones presidirían la fundación de Buenos Aires por Pedro de Mendoza, en 1536» (ibíd.). Para apoyar su afirmación, el autor aduce que el lugar en el que fue fundado el fuerte era tan inhóspito, tan poco atractivo, tan hostil, que «basta haberlo visto una sola vez para darse cuenta de que nadie, a menos que fuese por obligación, podría decidir quedarse en un lugar semejante» (ibíd.). Así, los diferentes proyectos de «fundación» tienen una característica común: nadie —ni Gaboto al fundar el fuerte *Sancti Spiriti*, ni Pedro de Mendoza— opta por el río de la Plata como un lugar de establecimiento definitivo sino como uno provisorio, inestable, efímero. Estas características son las que aparecen, por lo tanto, como verdaderamente «fundacionales», en el sentido que, prolongándose en el tiempo, darán a los argentinos su «óptica especial». Lo que salta a la vista, según el autor, de los relatos históricos, es que

> [...] en las primeras décadas, por no decir en el primer siglo de la conquista, todo el mundo estaba *de paso* por el río de la Plata, nadie tenía

la menor intención de instalarse. Esta óptica especial persistirá hasta nuestros días en muchos sectores de la población, por causas diversas y asumiendo formas diferentes, y ha influido en la constitución de nuestra sociedad, de nuestra cultura, de nuestras costumbres, de nuestras emociones y de nuestra economía (Saer 1991: 59).

Otro dispositivo importante para la construcción del espacio como un lugar de tránsito en oposición al sema de permanencia o inmovilidad es, sin duda, la figura paradigmática del propio río como imagen del cambio. No falta, al respecto, la referencia a Heráclito, cuya conocida sentencia —«nadie se baña dos veces en el mismo río»— es el modelo de la afirmación del devenir. Al respecto, es interesante notar que la cita a Heráclito se reproduce en tres variantes: la primera, la que corresponde a Heráclito;[2] la segunda, según la «variante radical de uno de sus discípulos», quien afirma «nadie entre nunca en ningún río» (Saer 1991: 24); y, la tercera, una adaptación personal del autor, «cada uno trata de entrar, infructuoso, como en un sueño, en su propio río» (ibíd.). En estas tres variantes es posible observar un efecto que duplica el significado de la frase: a través de sus sucesivas variantes, es la frase de Heráclito la que deviene en diferentes versiones. La frase deviene, también, de acuerdo a leyes tácitas de cambio y permanencia.

III

Una parte importante del libro se ocupa del siglo XIX y es significativo que las fuentes que Saer decida utilizar correspondan no a escritores argentinos, sino a ese grupo de textos que se ha dado en llamar textos de viajeros. En el siglo XIX, como lo demuestra Adolfo Prieto en su libro *Los viajeros ingleses y la emergencia de la literatura argentina, 1820-1850* (1996), los textos escritos por los viajeros ingleses retrataron, por primera vez, con una mirada extrañada fruto de la distancia respecto a su referente, el territorio argentino. Las observaciones que se encuentran en estos libros, escritos, además, en otro idioma, no resultan un complemento anecdótico sino que constituyeron la base

---

[2] En realidad, se trata de la frase de Heráclito tal como se popularizada por Platón en el *Cratilo*. Una traducción más acorde con las palabras de Heráclito sería «en el mismo río entramos y no entramos, pues somos y no somos (los mismos)».

fundacional de la emergente literatura argentina: es posible encontrar en las primeras descripciones de los escritores «argentinos» imágenes casi textuales, en muchos casos, de esos viajeros ingleses. En su recuento, Saer no sólo se limita a los viajeros ingleses, sino que recorre una larga lista de viajeros de diversas nacionalidades. El recorrido comienza con un viajero ilustre, Charles Darwin, y culmina, ya en el siglo XX, con el escritor polaco Witold Gombrowicz. La elección de los viajeros como fuente textual no es inocente: a través de ella Saer vuelve a privilegiar una serie de textos cuya matriz textual es el desplazamiento y cuya mirada extrañada se revela como más lúcida y más exacta que la de quienes se encuentran «cegados» por la cotidianeidad. Pero los viajeros cobran importancia, además, porque en *El río sin orillas...* se convierten en la figura paradigmática de la identidad argentina, que Saer postula, como afirmamos, como propia de un territorio en el que siempre se está «de paso».

En el artículo «Entre el deseo y la memoria: relatos de viaje en el Río de la Plata» (2005), Silvia Rosman llama la atención sobre el hecho de que William Hudson no esté presente en las páginas del ensayo de Saer: «Resulta curioso que, a primera vista, en este texto, donde el viaje no es más que la recapitulación libresca de otros relatos de viaje, Hudson sea el gran ausente. Aparecen Ebelot, Chatwin-Musters, Darwin, entre otros, pero sobre Hudson, Saer no dice una palabra» (2005: 138). De acuerdo a Rosman, es llamativa la ausencia de Hudson, ya que este escritor constituye una paradigma del «extranjero permanente, exiliado nato», una figura que se resiste a todo proyecto de localización. Ezequiel Martínez Estrada —como recuerda Rosman— reivindica a Hudson como una figura que interrumpe la contigüidad entre nación y ser, y que, en tanto tal, se vuelve una figura liminal y desestabilizante, crucial para pensar a la Argentina (ibíd.: 136). Es por encarnar este paradigma que no sigue el trinomio sangre/tierra/lengua característico del nacionalismo cultural, que la ausencia de Hudson resulta, en efecto, curiosa, en el ensayo de Saer. Rosman no plantea una razón para la ausencia significativa de Hudson, aunque sugiera que «este silencio u omisión no debe leerse como un signo de descuido, olvido o desconocimiento» (ibíd.: 138). Plantear una hipótesis acerca de la razón por la que Hudson no aparece en el ensayo de Saer excede este trabajo, aunque esa ausencia es útil para leer, por contraposición, el escritor que Saer propone como figura paradigmática del extranjero, que representa al mismo tiempo una figuración de la identidad nacional.

En la figura de Witold Gombrowicz, escritor polaco que vivió en Argentina entre 1939 y 1963, Saer encuentra una figura paradigmática para pensar la identidad nacional. Es necesario destacar que antes de las páginas que le dedica en *El río sin orillas*... Saer había escrito un artículo sobre Gombrowicz[3] incluido en *El concepto de ficción*. En él, Saer subraya que gran parte de la literatura argentina, desde sus orígenes, pero sobre todo en el siglo XIX y a principios del actual, «ha sido escrita por extranjeros y en idiomas extranjeros» (1997: 21) y que en esta tradición Gombrowicz «se inscribe en un lugar destacado» (ibíd.). Además, esta «perspectiva exterior» —título del artículo—, esta posición «desde fuera» que pueden detentar los extranjeros, ha sido siempre crucial, señala Saer, para los intelectuales argentinos, a quienes les ha resultado indispensable para pensar la cultura nacional.[4] Así, la marginalidad de Gombrowicz no intenta ser menoscabada, sino que, merced a esa posición exterior y al hecho de que lo extranjero ha tenido durante toda la cultura argentina un papel determinante, Gombrowicz se integra a la cultura del país. En *El río sin orillas*... Saer vuelve a abordar a Gombrowicz y es aún más claro: «Por proponerse encarnar, con desmesura, lo extranjero, terminó siendo, como Lord Jim para su compatriota Joseph Conrad, "uno de los nuestros"» (ibíd.: 158). ¿Por qué Gombrowicz ocupa ese lugar relevante para Saer dentro de la cultura argentina? Witold Gombrowicz no es sólo un ejemplo de escritor desplazado por su propia experiencia existencial, sino que toda su obra ofrece una compleja reflexión en torno al problema de la identidad. A través del concepto de «forma», un término político, social, subjetivo y cultural que Gombrowicz acuña para nombrar las constricciones a las que está sometido el sujeto, propone una teoría

---

[3] «La perspectiva exterior: Gombrowicz en la Argentina», publicado originalmente en *Punto de Vista* 35, 1989, p. 14.

[4] Graciela Montaldo señala, respecto a «la perspectiva exterior», que Saer «exagera la idea», aunque resulta «innegable que la distancia con la propia cultura ha sido hasta ahora uno de los rasgos más productivos en los intelectuales argentinos» (1993: 100). Montaldo subraya, además, la deuda que esta tesis mantiene con Ezequiel Martínez Estrada, para quien «los extranjeros o los marginados que provienen de otra lengua», «de otra tradición y de otra cultura» son «quienes tienen una perspectiva más real sobre Argentina» (ibíd.: 113).

sobre la necesidad del yo de permanecer libre de las determinaciones con que se intenta fijar, poner un orden, a la multiplicidad esencial que lo constituye. La «forma» está asociada a la imagen social, a los diversos roles que buscan estabilizar al sujeto en una imagen coherente, legible y estable. La «forma nacional», es decir, la identidad nacional, presentada como una serie de rasgos estables que se imponen al sujeto tiene el mismo efecto, aunque más potente, que otros modelos identitarios: la identidad nacional, como el resto de los modelos de subjetividad —modelos de género, de clase, roles sociales, etc.— anula las diferencias individuales bajo una homogeneidad impuesta. Esto lleva a Gombrowicz a luchar por un «distanciamiento de la forma nacional», lucha que él lleva a cabo a través de un diálogo a menudo virulento, otras veces irónico con lo que se propone como el «ser» nacional. Así, Saer encuentra en Gombrowicz un sustento teórico para su propia concepción: si bien la identidad nacional es, sin duda, una marca en la formación de cualquier sujeto, el yo debe procurar mantener una distancia con ese modelo homogeneizador. La manera en la que Saer resuelve esta dialéctica entre pertenencia y ajenidad no deja de ser paradójica: Saer declara a Argentina como «mi lugar», que «signo, modo o cicatriz, lo arrastro y lo arrastraré conmigo dondequiera que vaya» (1991: 17). Sin embargo, este lugar, tal como aparece descrito en *El río sin orillas…* se caracteriza por la ausencia de una identidad precisa: si el río de la Plata —y por extensión Argentina— es «un lugar de paso», de tránsito permanente, toda identidad que pueda promover queda asociada al cambio, al devenir, o, de otra manera, la identidad nacional no aparece como opresiva puesto que no es posible fijarla en determinados rasgos afirmativos o estables, condición que define, *a priori*, toda identidad. Esta formulación coincide casi exactamente con la definición que Witold Gombrowicz hizo de Argentina en su *Diario*, un país «sin forma»:

> ¿Qué es la Argentina? ¿Es una masa que todavía no ha llegado a ser un pastel, es sencillamente algo que no tiene una forma definitiva, o bien es una protesta contra la mecanización del espíritu, un gesto de desgana o indiferencia de un hombre que aleja de sí mismo la acumulación demasiado automática, la inteligencia demasiado inteligente, la belleza demasiado bella, la moralidad demasiado moral? En este clima, en esta constelación podría surgir una verdadera y creativa protesta contra Europa,

si..., si la blandura encontrase un método para hacerse dura..., si la indefinición pudiese convertirse en un programa, o sea, en una definición (2005: 112).

Así, la definición del territorio que se desprende de *El río sin orillas*... representa la disolución de la dicotomía nativo/extranjero: en un país conformado por extranjeros, el extranjero por antonomasia —Gombrowicz, para Saer—termina siendo «uno de los nuestros». Esta particularidad del territorio es lo que permite, finalmente, a Saer convertir a la cultura del Río de la Plata en una anticipación y un paradigma de nuestra vivencia contemporánea de la identidad:

> Esa imposibilidad de reconocerse en una tradición única, ese desgarramiento entre un pasado ajeno y un presente inabarcable, ese sentimiento de estar en medio de una multitud sin raíces [...] esa vaguedad del propio ser tan propia de nuestro tiempo, floreció tal vez antes que en ninguna parte en las inmediaciones del río sin orillas. En vez de querer ser algo a toda costa —pertenecer a una patria, a una tradición, reconocerse en una clase, en un nombre, en una posición social, tal vez hoy en día no pueda haber más orgullo legítimo que el de reconocerse como nada, como menos que nada, fruto misterioso de la contingencia, producto de combinaciones inextricables que igualan a todo ser viviente en la misma presencia fugitiva y azarosa. El primer paso para penetrar en nuestra verdadera identidad consiste justamente en admitir que, a la luz de la reflexión y, por qué no, también de la piedad, ninguna identidad afirmativa ya es posible (Saer 1991: 203-204).

«A la luz de la reflexión y, por qué no, también de la piedad»: esta vivencia contemporánea del devenir no aparece en Saer como una celebración acrítica sino con un dejo de melancolía, con la conciencia de una pérdida, pero también con la posibilidad de apresar la felicidad fugaz de un instante a partir del reconocimiento, precisamente, de su fugacidad.

BIBLIOGRAFÍA

BRACAMONTE, Jorge (2000): «Lo autobiográfico en la reinvención territorial (sobre un texto "menor" de Juan José Saer», en Legaz, María Elena (ed.),

Desde la niebla. Sobre lo autobiográfico en la literatura argentina. Córdoba: Alción, pp. 85-107.

CORBATTA, Jorgelina (1991): «*En la zona*: germen de la praxis poética de Juan José Saer», en *Revista Iberoamericana*, nº 155-156, abril-septiembre, pp. 557-568.

FOFFANI, Enrique/MANCINI, Adriana (2000): «Más allá del regionalismo: la transformación del paisaje», en Drucaroff, Elsa (ed.), *La narración gana la partida. Historia crítica de la literatura argentina*. Buenos Aires: Emecé.

GOMBROWICZ, Witold (2005): *Diario (1953-1969)*. Traducción del polaco por Bożena Zaboklicka y Francesc Miravitlles. Barcelona: Seix Barral.

MONTALDO, Graciela (1993): *De pronto, el campo. Literatura argentina y tradición rural*. Rosario: Beatriz Viterbo.

PREMAT, Julio (2002): *La dicha de Saturno. Escritura y melancolía en la obra de Juan José Saer*. Rosario: Beatriz Viterbo.

ROSMAN, Silvia (2005): «Entre el deseo y la memoria: relatos de viaje en el Río de la Plata», en *The Colorado Review of Hispanic Studies*, vol. 3, pp. 131-140.

SAER, Juan José (1986): *Juan José Saer por Juan José Saer*. Buenos Aires: Celtia [reedición de relatos, incluye «Razones», ensayo].

— (1991): *El río sin orillas. Tratado imaginario*. Buenos Aires: Alianza Editorial.

— (1997): *El concepto de ficción*. Buenos Aires: Ariel.

Déjenme solo que soy muchos

Enrique Vila-Matas

Sigo asombrándome de que Fernando Aínsa siga asombrándose de que Octavio Paz pudiera haber dicho: «Déjenme solo que soy muchos». Este texto trata de homenajear a su manera las *Prosas entreveradas* de mi amigo Aínsa. Quiere acudir presto al libro en torno a sus poéticas. Algunas de esas poéticas concurren, convergen y divergen en mi propia obra. Tal vez por eso me llamo Aínsa. O Tabucchi. Y ahora déjenme solo.

I

Sostiene Tabucchi que él y yo nos conocemos desde hace medio siglo, desde el remoto verano del 53, en el que el tío paterno de Tabucchi alquiló una casa de dos plantas junto a la de mis padres, en Cadaqués. Ese verano yo tenía cinco años y el autor de *Sostiene Pereira*, diez. Yo no me acuerdo casi nada de él, sólo que hablaba esporádicamente con el chico de los vecinos, algo mayor que yo.

Hoy en día me gusta imaginar que al atardecer, mientras hablaba con el niño vecino, mi madre me ordenaba volver a entrar en casa, me decía que se estaba haciendo cada vez más tarde. Pero sólo me gusta imaginarlo, no puedo recordarlo, y mi madre se niega a decir que ella me obligara a reentrar en la casa al atardecer, y menos aún que para ello me dijera que se estaba haciendo cada vez más tarde.

—No puedo decirte lo contrario —dice mi madre—. Lo siento pero no sería un recuerdo verdadero. Si quieras invéntalo, imagínalo. Pero yo nunca te dije al atardecer que entraras en casa y menos aún que se estuviera haciendo cada vez más tarde. Imagínalo, si quieres. Tienes derecho a los recuerdos inventados. Lo único cierto es que hablabas con el niño de los Tabucchi y que luego te cansabas y te ibas a la cocina sin que nadie te dijera nada.

Sostiene Tabucchi que yo cogía una silla y me encaramaba en ella para poder ver la casa de los vecinos y que, en más de una ocasión, en cuanto le veía aparecer a él en el jardín, le decía a modo de revelación algo que ya en aquellos días a Tabucchi le parecía que iba a acabar siendo un recuerdo inolvidable:

—Antonio, ¿me escuchas Antonio? Los adultos son estúpidos.

Pasó el tiempo, pasaron muchos años. Un día me compré un librito de extraño título, *Dama de Porto Pim*, lo firmaba un tal Tabucchi, y yo al comprarlo no podía imaginar que lo había escrito mi vecino. Corría el año de 1983, treinta veranos nos separaban de aquella tapia que separaba las casas familiares en Cadaqués y que se había erigido en un recuerdo de infancia para Tabucchi, no así para mí, que poco después de leer y quedar fascinado por *Dama de Porto Pim*, me dediqué a escribir un texto, *Recuerdos inventados*, en el que utilizaba el tablón de anuncios del Café Sport de la isla de Faial en las Azores —ese bar del que hablaba Tabucchi en su libro— para construir una caravana de voces, anónimas o conocidas, que se juntaban en el espacio del tablón para emitir mensajes de náufragos de la vida.

Todos los recuerdos eran inventados, tal como rezaba el título. Con el paso de los años, *Dama de Porto Pim* iba a convertirse en un pequeño faro para mi obra de creación. Allí estaba, en aquel libro tan pequeño, todo lo que yo deseaba hacer en literatura: la construcción de miniaturas literarias perfectas, el tinglado moderno de la voz fragmentada, la evocación de recuerdos inventados para poderme hacer paradójicamente con una voz literaria propia... Cuando publiqué esos recuerdos inventados, no sabía que algún día viajaría a las lejanas Azores y vería ese tablón de madera o soporte visual de «las voces traídas por algo, imposible decir por qué».

Mi madre, al leer ese homenaje solapado a Tabucchi, me dijo que no le extrañaría nada que ese escritor al que yo tanto citaba fuera el niño de los vecinos de Cadaqués en el verano del 53. Me reí, me parecía inverosímil, muy improbable. «¿Qué vecinos?», recuerdo que pregunté.

—Los Tabucchi —dijo mi madre.

Cuando conocí a Antonio Tabucchi, le pregunté si había veraneado alguna vez en Cadaqués y me dijo que sí y pronto vimos que yo era el niño que encontraba estúpidos a los adultos. Poco tiempo después de descubrir ese gran recuerdo verdadero que parecía unirnos más allá de la vida y del tiempo, yo leí que Tabucchi se consideraba la sombra de Pessoa y decidí convertirme en la sombra de Tabucchi para así tratar de ser la sombra de la sombra de una sombra. Hoy, que ya sólo soy la sombra de mi vecino, voy delante en una expedición fantástica al mundo misterioso de las voces. Voy solo y perdido, aunque imagino ser el adelantado de esa expedición fantasma, de ese recuerdo inventado. Y cuando pienso en los recuerdos verdaderos que Tabucchi y yo compartimos me acuerdo de inmediato del día en que visité, sin habérselo dicho a nadie, el Museo de las Janelas Verdes de Lisboa y descubrí que alguien, en la sombra, me perseguía y que yo no era más que la sombreada sombra de una sombra que seguía a una sombra en el espacio verdadero de un recuerdo veraniego que hoy es sólo pura y simple bella letra, tal vez una canción napolitana que alguien un día cantará para siempre. Se lo digo a veces a mi madre. Y ella entonces quiere saber cómo se canta una canción para siempre. «Son canciones que hablan de un tiempo que ya no existe», le digo. Y añado: «Por eso nadie las oye, sólo tú y yo, madre». Ella entonces quiere saber dónde las podemos oír. «Porque yo no las oigo», dice mi madre. «En la casa de al lado», le explico. «¿En verano?», pregunta mi madre. «Sí», le respondo. «Ya están llegando», le digo, «porque empieza el verano y cada vez se hará más tarde». «Más tarde», repite mi madre. Y luego pregunta en casa de quiénes.

—¿En casa de quiénes más tarde? —pregunta.

Sólo la entiendo yo.

—De los Tabucchi, madre, de los Tabucchi.

II

He llegado a ser perseguido por jóvenes escritores que querían seguirme cuando yo estuviera siguiendo a Tabucchi, imagino que para ser la sombra de la sombra (yo) de la sombra (Tabucchi) de una

sombra (Pessoa). Y, por otra parte, muchas veces me han preguntado —mejor dicho, reprochado, como si hubiera cometido algún
delito— por qué trabajo tanto con citas de autores. A esta pregunta
mecánicamente les contesto que practico una literatura de investigación y que, como dice Juan Villoro, leo a los demás hasta volverlos
otros. Este afán de apropiación —sigo diciéndoles— incluye mi propia parodia; en mi libro autobiográfico *Paris no se acaba nunca* el
narrador participa en un concurso de dobles de Hemingway sin parecerse nada a éste, participa sólo porque decide que se parece al escritor
americano; es decir, cree que es su copia, pero no se le parece en nada.

Puede parecer paradójico, pero he buscado siempre mi originalidad de escritor en la asimilación de otras voces. Las ideas o frases
adquieren otro sentido al ser glosadas, levemente retocadas, situadas
en un contexto insólito. «Me llamo Erik Satie, como todo mundo».
Como también ha escrito Juan Villoro, esta frase del compositor francés resume mi noción de personalidad: «Ser Satie es ser irrepetible,
esto es, encontrar un modo propio de disolverse hacia el triunfal ano-
nimato, donde lo único es propiedad de todos».

Las palabras de Villoro me transportan por un momento al mundo
de un libro de ensayos de Juan García Ponce, *La errancia sin fin*, donde
este crucial autor mexicano enuncia su concepto de la literatura como
discurso polivalente en el cual los autores se funden y se pierden en el
espacio anónimo de la literatura. Ya en su propia obra, desde el principio, García Ponce empleó la intertextualidad para crear homenajes a sus
autores favoritos y de esa forma fundir su literatura con la de ellos.

No nos engañemos: escribimos siempre después de otros. En mi
caso, a esa operación de ideas y frases de otros que adquieren otro sentido al ser retocadas levemente, hay que añadir una operación paralela y casi idéntica: la invasión en mis textos de citas literarias totalmente inventadas, que se mezclan con las verdaderas. ¿Y por qué, dios
mío, hago eso? Creo que en el fondo, detrás de ese método, hay un
intento de modificar ligeramente el estilo, tal vez porque hace ya
tiempo que pienso que en novela todo es cuestión de estilo.

Aunque muchos aún no se han enterado, la novela dejó, hace ya
más de un siglo, de tener la misión que tuvo en la época de Balzac,
Galdós o Flaubert. Su papel documental, e incluso el psicológico, han
terminado. «¿Y entonces qué le queda a la novela?», preguntaba Louis
Ferdinand Céline. «Pues no le queda gran cosa —decía—, le queda el

estilo [...]. Ese estilo está hecho a partir de una cierta forma de forzar las frases a salir ligeramente de su significado habitual, de sacarlas de sus goznes, para decirlo de alguna manera, y forzar así al lector a que desplace también su sentido. ¡Pero muy ligeramente! Porque en todo esto, si lo haces demasiado pesado, cometes un error, es el error, ¿no es así? Entonces eso requiere grandes dosis de distancia, de sensibilidad; es muy difícil de hacer, porque hay que dar vueltas alrededor. ¿Alrededor de qué? Alrededor de la emoción».

Nota al margen hasta de este margen: aunque parezca raro, la emoción puede estar ligada a la fría descontextualización. No hay nada en este mundo que no pueda relacionarse. Recuerdo lo maravillado que quedé cuando descubrí que W. G. Sebald sentía también fascinación por la conexión de cosas en apariencia extraordinariamente distantes. De hecho, esas conexiones son en el fondo relativamente sencillas si uno toma el camino directo de una cita literaria. Por ejemplo, si a uno le da por decir: «Como decía Francis Ponge, la emoción puede estar ligada perfectamente a la más fría, gélida, descontextualización».

Parece que aún les oiga:

—¡Ah, si lo decía Francis Ponge...!

Pero es que además, ¿por qué no puede estar la emoción ligada a la más fría descontextualización? ¿Acaso no eran emocionantes, por ejemplo, las palabras del frío y artificial androide que llora a la lluvia descontextualizada en *Blade Runner*?

Algunas de mis citas inventadas han hecho extraña fortuna y larga carrera y confirman que en la literatura unos escribimos siempre después de otros. Y así se da el caso, por ejemplo, de que se atribuye cada día más a Marguerite Duras una frase que no ha sido nunca de ella: «Escribir es intentar saber qué escribiríamos si escribiéramos». Lo que realmente dijo es algo distinto y tal vez más embrollado: «Escribir es intentar saber qué escribiríamos si escribiésemos —sólo lo sabemos después— antes».

Hablaba ella de si escribiésemos antes. El equívoco se originó cuando, al ir a citar la frase por primera vez, me cansó la idea de tener que copiarla idéntica y, además, descubrí que me llevaba obstinadamente a una frase nueva, mía. Así que no pude evitarlo y decidí cambiarla. Lo que no esperaba era que aquel cambio llegara a calar tan hondo, pues últimamente la frase falsa se me aparece hasta en la sopa, la citan por todas partes.

Otro caso parecido al de Duras lo he tenido con Franz Kafka. En cierta ocasión, se me ocurrió citar unas palabras de su *Diario*: «Alemania ha declarado la guerra a Rusia. Por la tarde, fui a nadar (2 de agosto de 1914)». Ante mi asombro, he visto luego la frase repetida tantas veces que hasta se la oí decir el actor Gabino Diego en una comedia cinematográfica, y la gente en el cine se reía a mandíbula batiente. Sin embargo, la transcripción literal de lo que dijo Kafka habría sido ésta: «Alemania ha declarado la guerra a Rusia. Por la tarde, Escuela de Natación».

Sí, es verdad. Escribimos siempre después de otros. Y a mí no me causa problema recordar frecuentemente esa evidencia. Es más, me gusta hacerlo, porque en mí anida un declarado deseo de no ser nunca únicamente yo mismo, sino también ser descaradamente los otros.

Me llamo Tabucchi como todo el mundo. Y al igual que él, dudo, por ejemplo, de la existencia de Borges y pienso que el rechazo de éste a una identidad personal (su afán de no ser Nadie) nunca fue tan sólo una actitud existencial llena de ironía, sino más bien el tema central de su obra. En su relato «La forma de la espada», Borges, a través de su personaje John Vincent Moon, sostiene la siguiente convicción:

> Lo que hace un hombre es como si todos los hombres lo hicieran. Es por ello que no es injusto que una desobediencia en un jardín contamine a todo el género humano; como no es injusto que la crucifixión de un solo judío sea suficiente para salvarlo. Posiblemente Schopenhauer tiene razón: yo soy los otros, todo hombre es todos los hombres, Shakespeare es de algún modo el miserable John Vincent Moon.

Yo también soy ahora John Vincent Moon y digo que para Borges el escritor llamado Borges era un personaje que él mismo había creado y que, si nos sumamos a su paradoja, podemos decir que Borges, personaje de alguien llamado como él, no existió jamás, no existió más que en los libros. Eso lo dijo también Tabucchi y yo, por tanto, también soy Tabucchi que un día me dio un papel en el que estaba escrita la frase de Borges de la que acabo de apropiarme: «Yo soy los otros, todo hombre es todos los hombres».

Así es que, cuando escribo, sin duda soy Tabucchi, Satie, Borges y John Vincent Moon y todos los hombres que han sido todos los hombres en este mundo. Aunque, eso sí, para no complicar ya más las cosas, me llamo únicamente Antonio Tabucchi. Como todo el mundo, por otra parte.

Bien pensado, creo mi inclusión de citas (falsas o no) en medio de mis textos debe mucho a la fascinación que provocaron en mi juventud las películas de Jean-Luc Godard con toda esa parafernalia de citas insertadas en medio de sus historias, esas citas que detenían la acción como si fueran esos carteles que insertaban los diálogos en las películas de cine mudo... Me formé literariamente viendo el cine de vanguardia de los años sesenta. Y lo que vi en aquellas películas me pareció tan asombrosamente natural que para mí el cine era —sigue siéndolo— todo aquello.

Yo me formé en la era de Godard. Así como él decía que quería hacer películas de ficción que fueran como documentales y documentales que fueran como películas de ficción, yo he escrito —o he pretendido escribir— narraciones autobiográficas que son como ensayos y ensayos que son como narraciones. Y tanto en unas como en otras he insertado mis citas. Decía Susan Sontag en el prólogo del admirable —hoy bastante extraviado— libro *Vudú urbano* de Edgardo Cozarinsky, un pionero y gran experto en incluir citas en sus relatos: «Su derroche de citas en forma de epígrafes me hace pensar en aquellos films de Godard que estaban sembrados de citas. En el sentido en que Godard, director cinéfilo, hacía sus films a partir de y sobre su enamoramiento con el cine. Cozarinsky ha hecho un libro a partir de y sobre su enamoramiento con ciertos libros».

Me formé en la era de Godard. Lo que le había visto hacer a éste y a otros cineastas de los sesenta lo asimilé con tanta naturalidad que después, cuando alguien me reprochaba, por ejemplo, la incorporación de citas a mis novelas, me quedaba asustado de la ignorancia del que reprochaba aquello en el fondo tan normal para mí. A fin de cuentas, poner una cita es como lanzar una bengala de aviso y requerir cómplices. Me sorprendía encontrar tarugos que veían con malos ojos lo que yo siempre había visto con mi mejor mirada: esas líneas ajenas que uno incluye con uno u otro, o ningún propósito, en el texto propio.

Pienso, con Fernando Savater, que las personas que no comprenden el encanto de las citas suelen ser las mismas que no entienden lo justo, equitativo y necesario de la originalidad. Porque donde se puede y se debe ser verdaderamente original es al citar. Por eso algunos de los escritores más auténticamente originales del siglo pasado, como Walter Benjamin o Norman O. Brown, se propusieron (y el segundo llevó en *Love's Body* su proyecto a cabo) libros que no estuvieran compuestos más que de citas, es decir que fuesen realmente originales...

Y también creo con Savater que los maniáticos anticitas están abocados a los destinos menos deseables para un escritor: el casticismo y la ocurrencia, es decir, las dos peores variantes del tópico. Citar es respirar literatura para no ahogarse entre los tópicos castizos y ocurrentes que se le vienen a uno a la pluma cuando nos empeñamos en esa vulgaridad suprema, «no deberle nada a nadie». En el fondo, quien no cita no hace más que repetir pero sin saberlo ni elegirlo

Salvando todas las insalvables distancias, ese método que tanto he utilizado yo de ampliación de sentidos a través de las citas tiene puntos en común con aquel procedimiento que inventara mi admirado Raymond Roussel y que explicó en *Cómo escribí algunos libros míos*:

> Desde muy joven escribía relatos breves sirviéndome de este procedimiento.
>
> Escogía dos palabras casi semejantes (al modo de los metagramas). Por ejemplo, billard (billar) y pillard (saqueador, bandido). A continuación, añadía palabras idénticas, pero tomadas en sentidos diferentes, y obtenía con ello frases casi idénticas...

Remito al lector a ese texto de Raymond Roussel, donde su procedimiento se revela como una máquina infinita de producción de literatura y de caleidoscópica creación de sentidos diferentes.

Quiero finalmente decir que esa maquinaria de sentidos diferentes supo intuirla y sugerirla Roland Barthes cuando en su libro *Sade, Fourier, Loyola* nos dice (si no recuerdo mal) que en realidad hoy no existe ningún espacio lingüístico ajeno a la ideología burguesa: nuestro lenguaje proviene de ella, vuelve a ella, en ella queda encerrado. La única reacción posible no es el desafío ni la destrucción sino, solamente, el robo: fragmentar el antiguo texto de la cultura, de la ciencia, de la literatura, y diseminar sus rasgos según fórmulas irreconciliables, del mismo modo en que se maquilla una mercadería robada.

3. Entre dos mundos: fronteras y pasajes

A DOS VOCES

Jaime Monestier

El soldado siguió avanzando por el pasillo, llegó hasta nosotros y nos miró, primero a mí, luego a mi padre dormido. No lo despertó, se limitó a mirar la libreta, a buscar algo que finalmente señaló con el índice. Entonces le puso la mano sobre el hombro y lo sacudió.

Camarada, el pasaporte, por favor.

Él abrió los ojos como si despertara sobresaltado y se puso de pie.

Qué sucede.

El pasaporte.

Echó mano al bolsillo interior del saco y se lo dio.

Está todo en orden, camarada, también el permiso de mi hijo.

Veremos.

Y comenzó a mirarlo hoja por hoja, de la primera a la última.

Usted es Basilio Morosdov.

Sí.

Y su hijo se llama David.

Así es.

Dónde está la madre.

Falleció.

Cuándo murió.

Hace tres años, en Montevideo, en Uruguay.

Aquí no lo dice.

Lo dice en el permiso de salida que le dieron a mi hijo, ahí lo dice, yo lo tengo.

Pero no lo pusieron en el pasaporte, tiene que estar, se olvidaron de ponerlo.

El permiso de salida es el pasaporte de mi hijo.

No, el pasaporte de su hijo es su pasaporte, porque ahí dice que usted viaja con su hijo, pero no dice que la madre murió, en cambio dice que usted es casado.

Es que tiene varios años pero está vigente.

Eso no interesa, dice que usted es casado, no dice que su esposa murió, tiene que decirlo, el pasaporte es lo único que vale, con el pasaporte en estas condiciones usted no puede salir, tiene que entregarme los documentos y descender y pedir que pongan en el pasaporte que usted es viudo, que el niño es huérfano de madre y la fecha de fallecimiento de ella: tienen que ponerlo en Anotaciones Especiales, en las hojas que están al final.

Pero ya cruzamos la frontera.

No, estamos cruzándola, todavía estamos en la Patria.

La relación México-España: un vínculo de amistad entre dos mundos

José Luis Abellán

> Este ensayo en homenaje a Fernando Aínsa trata de escenificar un caso concreto de la temática en que él es un maestro: la de escritores e intelectuales *entre dos mundos.*

Desde el momento mismo de su independencia política, las repúblicas iberoamericanas iniciaron un proceso de lo que ellos mismos llamaron emancipación mental. Era evidente, desde luego, que no se podía ser independiente políticamente si esa independencia no se reafirmaba mediante una actitud intelectual de defensa de la personalidad propia en todos y cada uno de sus propios países. En los primeros momentos, esa defensa de la personalidad propia se aglutinó en torno a los ideales de la Ilustración conducidos a través de una poderosa expansión de la masonería y movimiento afines. Muy pronto, sin embargo, esa emancipación mental se canalizó a través del positivismo, un sistema filosófico que representaba una oposición frontal a la concepción católica de la vida, representación por excelencia de la ideología imperante durante la dominación colonial: frente a la idea de Dios la afirmación de la Naturaleza; frente a la moral católica de sesgo espiritualista la defensa de una ética materialista de corte científico, frente a una jerarquía social coronada por la idea de autoridad y la defensa de un orden establecido, la proclamación de la libertad en el orden social y en el desarrollo económico, en busca de los valores propios de una sociedad industrializada.

En líneas generales esta actitud tomó las ideas de un marco intelectual donde se primaban dos ideales del sajonismo frente a la latinidad;

recordemos el lema de Sarmiento: «seamos los Estados Unidos del Sur». Muy pronto, sin embargo, se vio que esta actitud estaba condenada a caer bajo otra dominación: la del gigante del Norte. Las intervenciones de William Walker en Centroamérica y la apropiación del 50% del territorio mexicano en 1848, fueron una llamada de atención suficiente para advertirles de lo que los propios protagonistas del proceso llamaban «manifest destiny». El expansionismo norteamericano se aparecía como imparable y la prueba evidente y sin concesiones llegó en 1898 cuando la propia España sufrió la clamorosa derrota por la que perdió los restos del Imperio colonial que mantenía en las Antillas y en Filipinas.

Se acentuó entonces una reacción que ya venía manifestándose con anterioridad: la defensa de los valores hispánicos y el acercamiento amistoso hacia la propia España. La celebración del IV Centenario de América en 1892 con los acontecimientos de la Rábida y la subsecuente afirmación de amistad hispano-americana eran signos claros de lo que se acercaba. Desde este punto de vista, es inútil resaltar la importancia del llamado Modernismo: un movimiento que surge de la crisis y que da respuesta a la crisis. Espíritus sagaces nacidos en Cuba —como José Martí—, en Uruguay —como José Enrique Rodó— o en Nicaragua —como Rubén Darío—, lo evidencian. La obra de los tres compone un manifiesto de ideas y de actitudes donde la afirmación de lo propio no resulta incompatible con la dimensión cosmopolita y universalista.

El Modernismo es una revolución formal en busca de la belleza; de ahí la importancia que los poetas adquieren en el movimiento, pero que no por eso deja de involucrar una dimensión filosófica, desde cuyo punto de vista constituye una reacción contra el positivismo al uso que se vale de elementos simbolistas e impresionistas para conseguir sus objetivos: el ritmo, el color, la metáfora, la paradoja, la alegoría, etc. En el Modernismo —una forma de neorromanticismo— se busca la identidad propia de los países que hablan el español como lengua común —la hispanidad—, pero sin rehuir las identidades particulares: españolidad, mexicanidad, argentinidad, chilenidad, etc. Hay, pues, en el movimiento un nacionalismo compartido —los valores hispánicos— que no supone un rechazo de los nacionalismos particulares. Es sabido que en España emerge un castellanismo casticista —Unamuno como arquetipo— que va a originar una acentuada exaltación nacionalista, pero sin dar la espalda a inquietudes trascendentales: el sentido de la vida, el problema de la muerte, el paso del tiempo, el lugar de la razón, la preocupación por la raza, el lugar de la nación en la órbita de la cultura.

Mediante el Modernismo la cultura hispánica en su generalidad se incorpora a la órbita de la cultura occidental en un proceso que pone en cuestión los valores de la modernidad: critica al racionalismo extremo, superación de una inmanencia radicalizada, rechazo al materialismo positivista sin alternativas, recuperación del ámbito del misterio y del encantamiento del mundo.

La dialéctica casticismo-cosmopolitismo se instala en todos los espíritus que comparten el nuevo orden intelectual. México, que comparte frontera con Estados Unidos, se hace particularmente consciente del peligro y de su responsabilidad frente al mismo. En la primera década del siglo XX se pone en marcha un proceso de ideas y de actitudes que le van a dar un protagonismo singular y que culminará con la llamada «Revolución mexicana». Antecedentes de esa conmoción será la publicación de la revista *Savia Moderna* a partir de 1906, la fundación del Ateneo de la Juventud en 1908 y la puesta en marcha de la Universidad Nacional Autónoma de México en 1910. El conjunto de ideas que implican estas iniciativas será protagonizado por la llamada Generación del Centenario, una generación de mexicanos ilustres que van a abrir las puertas a la modernidad del siglo XX. En el Ateneo de la Juventud coinciden hombres como Antonio Caso, José Vasconcelos, Pedro Henríquez Ureña, Alfonso Reyes. La reacción anti-positivista que va a ser el núcleo neurálgico del Modernismo queda formulada con precisión por Antonio Caso, el filósofo del momento, en su ensayo *La existencia como economía, como desinterés y como caridad* (1919). Pedro Henríquez Ureña, el animador más importante del grupo, describe muy vivamente las inquietudes del grupo:

> Sentíamos la opresión intelectual, junto con la opresión política y económica de que ya se daba cuenta gran parte del país. Veíamos que la filosofía oficial era demasiado sistemática, demasiado definitiva para no equivocarse. Entonces nos lanzamos a leer a todos los filosóficos a quienes el positivismo condenaba como inútiles, desde Platón que fue nuestro mayor maestro, hasta Kant o Nietzsche. Descubrimos a Bergson, a Boutroux, a James, a Croce. Y en la literatura no nos confinamos dentro de la Francia Moderna. Leíamos a los griegos, que fueron nuestra pasión. Ensayamos

la literatura inglesa. Volvimos, pero a nuestro modo, contrariando toda receta, a la literatura española, que había quedado relegada a las manos de los académicos de provincia. Atacamos y desacreditamos las tendencias de todo arte pompier: nuestros compañeros que iban a Europa no fueron ya a inspirarse en la falsa tradición de las academias, sino a contemplar directamente las grandes creaciones y a observar el libre juego de las tendencias novísimas: al volver, estaban en aptitud de descubrir todo lo que daban de sí la tierra nativa y su glorioso pasado artístico (2004: 377-378).

En el ambiente de la época dos hombres señeros aparecen como agentes de la internacionalización de la cultura; ambos vivieron en España y en numerosos países americanos, identificándose con el germen de la nueva sensibilidad. Así se refiere a ellos Alfonso Rey:

> Dos países de América, los dos pequeños, han tenido el privilegio de ofrecer la cuna, en la segunda mitad del pasado siglo y en poco menos de veinte años, a dos hombres universales en las letras y en el pensamiento. Ambos fueron interlocutores de talla para sostener, cada uno en su esfera, el diálogo entre el Nuevo Mundo y el Antiguo. Después del nicaragüense Rubén Darío, titán comparable a los más altos, junto a cuyo ingente y boscoso territorio los demás dominios contemporáneos resultan cotos apacibles, nadie en nuestros días había cubierto con los crespones de su luto mayor número de repúblicas que el dominicano Pedro Henríquez Ureña, quien, sin exceptuar a los Estados Unidos, para todas ellas esparció la siembra de sus enseñanzas (1948: 205).

Ambos estuvieron en España y palparon hasta el fondo las raíces de la cultura común, promoviendo el acercamiento entre el Continente y la Península. Fueron sin duda ellos los que crearon un clima intelectual propicio a tal fin, pero que tuvo especiales efectos en relación con México; consecuencias colaterales y políticas de la Revolución hizo que se instalaran en Madrid como exiliados los hermanos Alfonso y Rodolfo Reyes, Martín Luis Guzmán, Andrés Iduarte y Carlos Pereira. En Madrid se relacionaron con Rubén Darío, con Pedro Henríquez Ureña y con el también mexicano Amado Nervo, que venía residiendo en Madrid desde 1905, hasta fundar un grupo de viva simpatía y fecundas consecuencias. Esa estancia va a dejar una honda huella en todos ellos, como lo recuerda con generosidad Alfonso Reyes, que permaneció entre nosotros entre 1914 y 1924:

¡Diez años de intensa actividad en Madrid! ¡Y qué Madrid el de aquel entonces, qué Atenas a los pies de la sierra carpetovetónica! Mi época madrileña coincidió, con rara y providencial exactitud, a mis anhelos de emancipación. Quise ser quien era, y no remolque de voluntades ajenas. Gracias a Madrid, lo logré. Cuando emprendí el viaje de San Sebastián a Madrid, pude sentir lo que sintió Goethe al tomar el coche para Weimar (1990: 177).

La misma opinión tuvieron los otros mexicanos que permanecieron entre nosotros durante aquellos años: Francisco A. de Icaza, Vicente Riva Palacio, Andrés Iduarte, Martín Luis Guzmán o Rodolfo Reyes, hermano de Alfonso. Todos ellos participaron en pie de igualdad con los españoles en instituciones como el Centro de Estudios Históricos, la Residencia de Estudiantes o el Ateneo de Madrid. Algunos de ellos hicieron de España su patria, como fue el caso de Carlos Pereyra. Había sido ministro de su país en Bruselas y miembro de la Comisión Permanente hasta el estallido de la Primera Guerra Mundial. Cuando el presidente mexicano Venustiano Carranza decidió prescindir de la representación diplomática de su país en el exterior, Pereyra optó por instalarse en Madrid hasta su muerte. En nuestro país realizó una importante labor de historiador con la publicación de numerosos libros e investigaciones sobre temas iberoamericanos y mexicanos. Trabajaba por las tardes en el Ateneo de Madrid y se hizo conocido en el ambiente intelectual con sus numerosas conferencias. En el periódico *El Sol* del día 28 de abril de 1922 un redactor anónimo escribió sobre él lo siguiente:

> Es bien conocido del público español por sus importantes libros de polémica histórica, en que revisa con nuevo y atinado criterio diversos puntos de la historia de la América española, y mantiene gallardamente la tradición de la civilización hispana frente al imperialismo de los Estados Unidos. El señor Pereyra ha intervenido eficazmente en la vida intelectual del Ateneo de Madrid.

El Ateneo de Madrid fue el núcleo más activo del grupo de exiliados mexicanos durante las dos primeras décadas del siglo XX, pero la tradición mexicana del viaje a España se mantuvo hasta la Guerra Civil. Al Congreso de Escritores Antifascistas en Valencia asistieron José Mancisidor, Octavio Paz, Elena Garro y Carlos Pellicer. En los años de la II República estuvieron en España intelectuales mexicanos tan importantes como Silvio Zavala, Narciso Bassols y Daniel Cossio Villegas. Ninguno de ellos dejó de visitar el Ateneo y algunos, como Andrés Iduarte, llegaron a ocupar cargos directivos, pues fue presidente de la Sección Iberoamericana.

El recuerdo de España fue imborrable para todos ellos, pero quizá para ninguno tanto como para Amado Nervo. Llevaba el poeta en Madrid desde 1905 como miembro destacado de la Legación mexicana, pero cuando las convulsiones políticas de la Revolución en aquel país afectaron a las relaciones diplomáticas, se encontró en una penosa situación económica. No faltaron, sin embargo, espíritus con sensibilidad suficiente que trataron de hacer frente al problema. El diputado don Fernando de Antón del Olmet reaccionó pidiendo en una sesión de las Cortes al ministro de Instrucción Pública una pensión para el ilustrísimo poeta reconocido en España como una gloria similar a la de Rubén Darío. La petición tuvo eco, no en las Cortes, donde ese tipo de peticiones no había lugar, sino en la sensibilidad del gran diario que fue *España*. En el número del 2 de diciembre de 1915, apareció una muy oportuna nota que decía lo siguiente:

> Los mejicanos en España
> El Sr. Antón del Olmet ha pedido al Congreso que se concediese una pensión a Amando Nervo, el poeta mejicano que de largo tiempo vive entre nosotros, y hasta hace poco estaba adscrito a la representación diplomática de su país. La proposición del Sr. Antón del Olmet no ha sido recogida. No tenía, en efecto, condiciones de viabilidad. Pero hay un germen en ella que creemos debía prosperar. Nada de pensiones, porque no se trata de inválidos. Mas es un hecho que las convulsiones mejicanas han traído al regazo español algunos hombres de aquella tierra dotados de excelentísimas fuerzas intelectuales y morales: son literatos, artistas, técnicos, etc. El desorden fatal de su patria los ha puesto impensadamente en difícil situación ante la vida. ¿No sería una obra dignamente española tratar a esos mejicanos en destierro de modo que España no sea tal destierro para ellos sino una ampliación de su pueblo? ¿No habría medio de aprovechar esas fuerzas intelectuales dentro de nuestra sociedad? ¿No son acciones como esta que proponemos la verdadera política hispanoamericana, y todo lo demás retórica, y sobre esto, retórica mala?

Sin embargo, la referencia indiscutible de todos ellos fue el Ateneo de Madrid. Volvamos, pues, a él y clasifiquemos la razón de esta singular preferencia. Y a mi juicio no puede haber otra que el ser ese lugar el habitáculo por excelencia de la libertad intelectual; de él dice Alfonso Reyes que era «un sagrado como antes lo eran las casas de Dios» (1963: 345). Y para reafirmarlo nos cuenta la siguiente anécdota: cuando algunos derechistas se quejaban del carácter marcadamente izquierdista del Ateneo, un conservador conocido, socio del Ateneo, les contestó:

> El Ateneo debe tener el carácter de la mayoría de sus socios. Soy conservador. No veo más manera de luchar contra las tendencias del Ateneo que inscribirse en la lista de socios a personas de mis ideas. El día en que se intente coartar en algo las libertades tradicionales de nuestra casa, yo, y conmigo todos los conservadores del Ateneo, seremos los primeros en oponernos.

Así lo he experimentado yo también durante los años de mi presidencia, y así lo he defendido públicamente cuando he tenido ocasión de hacerlo (Abellán 2007).

Este fenómeno de exiliados mexicanos en Madrid y que van a dejar su legado entre nosotros es lo que le permitirá a Max Henríquez Ureña hablar de «el retorno de los galeones» (1930), pues, en efecto, el trasvase cultural de lo que España llevó a América regresa ahora en las primeras décadas del siglo XX con nuevas aportaciones que los herederos retrotraen a la metrópoli, enriqueciéndola. El Modernismo puede considerarse, desde este punto de vista, como devolución enriquecida de lo que España llevó al Continente descubierto. Y la principal riqueza —aparte las novedades formales, literarias, estéticas— fue el descubrimiento y afirmación de una solidaridad compartida. Rubén Darío canta a la «sangre de Hispania fecunda» y elogia los «mil cachorros sueltos del León español», mientras José Enrique Rodó nos habla de una Magna patria, que no es sólo la América española, sino la que él llama una España niña, joven, dentro de la cual soñamos «un porvenir en que a la plenitud de la grandeza de América corresponda un milagroso avatar de la grandeza española, y en que el genio de la raza se despliegue así, en simultáneas magnificencias a este y aquel lado del mar, como dos enredaderas, florecidas en una misma especie de flor, que entonasen un triunfal acorde de púrpuras del uno al otro de dos balcones fronteros» (Abellán 1991: 108).

En 1925 este movimiento de solidaridad compartida entre España y la América española había arraigado profundamente a ambos lados del Atlántico. En España, Unamuno trabajaba incansablemente en esa línea y Ortega y Gasset había llegado a defender lo siguiente: la existencia de un nuevo ingrediente era la historia del planeta, la raza española, una especie de «España mayor, dentro de la cual, nuestra península es solo una provincia» (1983: 131).

En México ese sentimiento de solidaridad también había arraigado profundamente; por eso José Vasconcelos llegó a proponer una «Liga de Naciones de habla española», de la que la vieja metrópoli entraría a formar parte como una más (Vasconcelos 1925b: 102). El ideal de Simón Bolivar volvió a resucitar, aunque entonces con un signo distinto; en un artículo publicado en la revista *España y América* incluso dijo: «Queremos la unión de los pueblos ibéricos sin excluir a España y comprendiendo expresamente al Brasil, y tenemos que excluir a los Estados Unidos, no por odio, sino porque ellos representan otra expresión de la historia humana»; para concluir: «En este punto Bolivar no podía pensar como nosotros; acababa de sacudir el yugo español, y llevado de un exceso natural de sentimiento, se inclinaba a simpatizar con el inglés, el ancestral enemigo de España y de la raza española; en cambio, ahora, sentimos que vuelve a ser nuestro enemigo el que lo sea de España» (ibíd.: 75). Cuando en ese mismo año de 1925, Vasconcelos publicó *La raza cósmica*, esas ideas habían cuajado plenamente; dos años después dio a conocer una interpretación de la cultura iberoamericana titulada *Indología* (1927), donde lo español tiene clara prioridad: «Cualquiera que sea el juicio que sobre nuestra mentalidad hispano-americana deba recaer, creo que hasta la fecha es indudable que dicha mentalidad debe ser clasificada dentro del temperamento español en primer término y en último término... Por muy abundantes que sean nuestras importaciones culturales, queda firme el hecho de que somos castellanos y latinos de temperamento y de mentalidad, aunque no lo fuéramos de sangre» (Vasconcelos 1927: 130).

A la vista de este marco de simpatía y comprensión mutua, no puede extrañarnos que, cuando los españoles derrotados en la Guerra Civil de 1936 tuvieron que salir de España, México les acogiera con los brazos abiertos. Un factor importante en la decisión fue sin duda que el presidente Lázaro Cárdenas viese en los ilustrados españoles arrojados al exilio una manera de enriquecer culturalmente a su país, pero desde luego no fue la única ni muchísimo menos. A su lado hay que colocar la simpatía con que fueron acogidos por el pueblo mexicano, en ningún modo explicable por razones meramente pragmáticas. La muchedumbre de mexicanos que se agolpaba en el puerto de Veracruz para dar la bienvenida a los españoles que desembarcaban del *Sinaia* o del *Mexique* estaban más motivados por la simpatía y por el afecto que por otro tipo de razones, aunque no cabe desconocer el apoyo y el sentimiento de solidaridad que la República española inspiraba al pueblo mexicano. En seguida éste distinguió a los «refugiados» de los «gachupines», concediéndoles un trato de favor y de cercanía. Es imposible pensar que de otro modo se hubiese podido fundar en pleno distrito federal una institución como La Casa de España en México, y nada menos que en 1938 cuando ni siquiera estaba terminada la Guerra Civil en nuestro país.

Es sabido, por lo demás, el importante papel que en esa fundación hubo de realizar Alfonso Reyes, que sin duda recordaba el buen trato que recibió durante su estadía en España. En *Las vísperas de España* escribió lo siguiente:

> Devuelto por 1920 al servicio exterior de mi país, aunque tuve que alejarme un poco de la literatura militante, nunca perdí mis contactos. La expresión de mi gratitud para mis compañeros de España —en que asocio a muchos otros que no tengo tiempo de nombrar— sería inagotable. Ellos saben que ninguno de sus actuales dolores puede serme ajeno y que siempre iluminará mi conciencia el recuerdo de aquellos años, tan fecundos para mí en todos los sentidos. Aprendí a quererlos y a comprenderlos en medio de la labor compartida, en torno a las mesas de plomo de las imprentas madrileñas. La suerte me ha deparado el alto honor de encarnar, para la España nueva, la primera amistad del México nuevo, aunque la más modesta sin duda. Este honor no lo cederé a ninguno (1956: 43).

La Casa de España se convirtió pronto en El Colegio de México, donde siguieron colaborando españoles y mexicanos como lo harían también en la revista *Cuadernos Americanos*, continuación de la famosa *España peregrina*, fundada por José Bergamín y Juan Larrea. La colaboración mutua fue ejemplar y la actitud de México se convirtió en paradigma de la amistad entre dos pueblos hermanos. El general Lázaro Cárdenas incentivó el que los españoles pudieran seguir trabajando en México en lo mismo que trabajaban en España, impulsando el sólido desarrollo del país. Quizá en ningún lugar se hizo eso tan evidente como en la editorial conocida como Fondo de Cultura Económica. Había sido concebida, como indica su nombre, por Cárdenas como un fondo de los mejores libros de economía existentes en el mercado occidental para que, traducidos al español, ayudasen a la formación de economistas mexicanos con vistas al desarrollo del país. La llegada de los exiliados españoles a México amplió el proyecto sin desvirtuarlo, convirtiéndose en una editorial de amplio espectro que cubría todas las ramas del saber, y aún más, puesto que llegó a abarcar también obras de literatura y de creación. Hoy el Fondo de la Cultura Económica es no sólo una de las mejores editoriales de lengua española, sino un ejemplo de solidaridad, de buen hacer y un producto admirable de la colaboración.

El exilio de los republicanos españoles en México no sólo fue una respuesta paralela a la de los mexicanos en España a principios de siglo, sino expresión paradigmática de la amistad entre España e Iberoamérica. México no aceptó mantener relaciones diplomáticas con el régimen del general Franco y mantuvo esa ruptura durante todo el tiempo que duró la dictadura. El distrito federal se convirtió también en capital de la República española: allí se asentaron las Cortes y de allí salieron los distintos Gobiernos de la República en el exilio. En cierto modo, podemos decir que la democracia española se refugió en México durante cuarenta años y que México fue por eso factor decisivo en eso que se ha dado en llamar «transición pacífica a la democracia». Es difícil imaginar una muestra mayor de la solidaridad entre pueblos y es difícil no sentir una profunda emoción cuando se constata con la evidencia que lo hemos hecho aquí.

Bibliografía

Abellán, José Luis (1991): *José Enrique Rodó*. Madrid: Ediciones de Cultura Hispánica.

— (2007): *El Ateneo de Madrid como espacio de experimentación social*. Madrid: Ateneo Científico, Literario y Artístico de Madrid.

Hernández Ureña, Pedro (2004): «La influencia de la revolución en la vida intelectual de México», en *Obras Completas*. Santo Domingo: Secretaria de Estado de Cultura/Edición Nacional, pp. 377-378.

HENRÍQUEZ UREÑA, Max (1930): *El retorno de los galeones*. Madrid: Renacimiento.

ORTEGA Y GASSET, José (1983): «El Espectador II», en *Obras completas*, tomo IV. Madrid: Alianza Editorial.

REYES, Alfonso (1948): «Evocación de Pedro Henríquez Ureña», en *Grata compañía*. México: Tezontle, p. 205 [reproducido en (1960): *Obras completas*, tomo XII. México: Fondo de Cultura Económica].

— (1956): *Las vísperas de España*, en *Obras completas*, tomo II. México: Fondo de Cultura Económica.

— (1963): «El arco iris del silencio», en *Obras completas*, tomo III. México: Fondo de Cultura Económica.

— (1990): *Obras completas*, tomo XXIV. México: Fondo de Cultura Económica.

Vasconcelos, José (1925a): «Palabras de un gran hispanófilo», en *España y América, Revista Comercial*, n° 155, julio.

— (1925b): «Hacia la Liga de Naciones de habla española», en *España y América, Revista Comercial*, n° 157, septiembre.

— (1927): *Indología*. Barcelona: Agencia Mundial de Librería.

HOSTOS Y MARTÍ EN NUEVA YORK

Julio Ortega
Brown University

Leer los 20 tomos de las *Obras* de José María de Hostos (1839-1903) lo convierte a uno en testigo de la hechura biográfica que, a su vez, es una historia cultural latinoamericana. Otro tanto de lo mismo ocurre con José Martí, cuya función intelectual de testigo es menos biográfica que la de Hostos, aunque no es menor su convicción de que la escritura se debe al lugar del escritor en un mundo haciéndose. Ambos están poseídos por la promesa de su proyecto, por esa vehemencia de pertenecer al futuro. Casi todo parece haber sido dicho sobre ellos, pero como ocurre con los clásicos, al leerlos nos parece que casi todo queda por ser dicho.

Revisando la noción de autor clásico me encontré con una conferencia que dictó Coetzee, el premio Nobel de Literatura sudafricano, titulada «¿Qué es un clásico?». Para responder a esa pregunta que se hace a sí mismo, Coetzee acude a Eliot, que había dado también una conferencia preguntándose «¿Qué es un clásico?». Para responderse, Eliot, a su vez, había acudido a Sainte-Beuve, a su conferencia titulada «¿Qué es un clásico?».

Este juego de conferencias inclusivas plantea la misma pregunta pero en los tres casos la respuesta es diferente. En primer lugar, se asume la noción tradicional de que un clásico es alguien que es leído más de cien años. Pero Coetzee, después de desechar la noción de Eliot, según la cual un clásico sería el fundador de una identidad cultural eurocéntrica, postula que clásico es un escritor que vive a través de nosotros. Esto es, un escritor que no se deja morir porque encuentra siempre lectores a través de los cuales hablar.

Esa definición me pareció justa para seguir escuchando la voz de Hostos.

Hostos es un clásico americano, como lo son Martí y Sarmiento, y tienen los tres en común el estar situados y deberse al sentido de su pertenencia política y cultural. Todo clásico americano, se diría, construye el imaginario de lo local. Y en esa dimensión hay que hacerlos conversar devolviéndoles la palabra. En verdad, leerlos es retomar la charla y proseguir el camino que empezaron, acerca de lo cual tienen siempre algo más que decir. No en vano Hostos asumió su tarea de publicista de la independencia del Caribe, que concibió con una federación antillana entre Cuba, Santo Domingo y Puerto Rico. Y cuando la conversación amenazaba con agotarse, decidió hacerse educador y como maestro de maestros, desde Santo Domingo, amplió la concurrencia de mensajeros del diálogo emancipador. Periodista, educador y sociólogo, fue un apóstol de la comunicación, en cuyo carácter revelador creía. Por eso, la suya es una conversación que toca tierra: es precisa, abundante, y se prolonga, porque la anima el horizonte abierto. El suyo es un diálogo creador de espacios. Primero es el espacio de intimidad que un gran escritor sabe propiciar en su audiencia; luego, el espacio público, donde hace falta descenderlo de las estatuas. Uno piensa en Hostos, inevitablemente, como un especie de patriota multiplicado por bustos y estatuas alegóricas. Con todo, no es difícil liberarlo de esa estatuaria grandilocuente que se le ha impuesto, y él mismo espera una mano para dejar el pedestal. Porque cuando los escritores terminan en estatuas no solamente dejan de ser leídos sino que ya no conversan con nosotros.

Hostos, lo sabemos, fue un fundador idealista, un intelectual ilustrado, y un ensayista moderno, que a sí mismo se concebía como un peregrino, «como un pájaro fuera de su nido». Entre Hostos y Martí, otro peregrino raigal, lo primero que sorprende son sus grandes diferencias. Pero no por ello deja de hacerse productiva su conversación. Es misterioso, por ejemplo, que Hostos y Martí no se hubieran conocido, y que haya tan poca referencia de uno sobre el otro, fuera de unas frases de elogio. Si bien no coincidieron en Nueva York y Martí era más joven, es evidente que sus ideas y proyectos comparten el ágape americano. Hostos estaba en Chile cuando murió Martí en el primer acto revolucionario de la Independencia cubana, y acusó la noticia de esta muerte. Pero Martí había reconocido que Hostos era la figura del patriota y precursor. Y Hostos, a su vez, reconoció el valor de Martí. Pero le llamó la atención a Hostos el hecho de que Martí hablaba de «Nuestra América», cuando Hostos y otros patriotas puertorriqueños y cubanos habían hablado en el exilio, varias veces, de nuestra América. Hostos dice que Martí ha utilizado o ha hecho suyas —no lo dice como reproche sino como un hecho— nociones comunes al mundo de los patriotas exiliados o emigrados en Estados Unidos. Otro tanto ocurre con el concepto de «sinceridad». ¿Se acuerdan de una frase poco conocida de Martí: «Yo soy un hombre sincero»? Hostos utiliza también el concepto de sinceridad, una definición clave de la época, que sugiere que el valor del yo se debe a que entre sus palabras y sus actos hay total correspondencia. Esto es, la ética clásica sostiene una valoración emotiva.

Leyendo o releyendo a Hostos, me doy cuenta de que una cosa son los textos de un gran autor o de un clásico, y otra la historia de su lectura. Porque muchas veces ocurre que la vida de un clásico se interpone entre la lectura y sus textos. Borges protestaba que el hombre Unamuno hubiese reemplazado al escritor Unamuno, por ejemplo. A tal punto se sobreimpone, a veces, la biografía del autor que la lectura sólo la confirma. Es el caso de Sor Juana Inés de la Cruz, que hemos terminado convirtiendo en monja rebelde, mujer heroica, y sujeto subalterno victimizado. Esa lectura sentimental ha sustituido a la complejidad de su obra. Nos recuerda el caso de una famosa monja y poeta portuguesa que fue llamada la Décima Musa, se sospechó que sus poemas amorosos eran biográficos, y hasta se le atribuyó el culto de Lesbos... En el caso de Hostos, probablemente la historia de su lectura requiera ser revisitada, sobre todo tratándose de un escritor que vivía en permanente efervescencia autoanalítica. Pocos escritores como Hostos se han auscultado tanto, como es patente en sus diarios. Y quien hace eso no presume de conocerse, aunque sí sabe que el lenguaje tiene un sentido inmediato, incluso una pragmática, que exige dar cuenta, registrar pruebas y levantar testimonio. En Hostos es notable este afán de investigación de la realidad y de su propio lugar en ella. Revela, por eso, la conciencia de hablar siempre desde un lugar específico. No habla desde una disciplina, ni desde una ideología, sino que habla situado en las estrategias de la práctica: los trabajos de la Independencia de Puerto Rico, la unidad de las Antillas, la democratización de la vida cotidiana, la educación de los nuevos americanos. El programa de Hostos está construido como una prédica normativa por hacerse —ese horizonte de inminencia convierte a su programa en utopía.

Hostos es un hacedor utópico; y eso lo hace aún más americano, porque lo característicamente latinoamericano es la noción de que el futuro será lo que hagamos de él. Lo cual requiere una especie de salud cultural, de fuerza espiritual contra el abatimiento, a pesar de las razones contrarias. Pero no es un mero futurista porque su obra prueba que es el presente lo que siempre es posible. Esa acción creadora demuestra la envergadura intelectual de Hostos.

Creo, por ello, que esa demanda de un presente utópico lo hace no solamente nuestro contemporáneo, sino nuestro coetáneo. Con Hostos uno se encuentra todos los días, porque su lenguaje, interesantemente, no ha envejecido. De otros clásicos del siglo XIX se podría decir que su lenguaje lleva el paso de la época. Pero Hostos, gracias a esta reflexión analítica sobre su lugar en el discurso y gracias a estas postulaciones utopistas del ahora, sigue disputando la actualidad.

Para volver a Hostos y para renovar la conversación con él hace falta nuevas hipótesis de lectura, y no necesariamente desde la filosofía, la sociología, la política, como se ha venido haciendo a partir de las genealogías disciplinarias, sino desde una lectura menos interesada en archivarlo en el nacionalismo y la ideología. La primera demanda de su obra es que la leamos creativamente.

José María de Hostos había nacido en 1839. Muy joven fue enviado por sus padres a estudiar en España. Allí, a los 23 años, escribió una novela insólita, *La peregrinación de Bayoán*, cuyo repertorio de ideas y valores declara el pensamiento del autor. Notablemente, la fábula de la novela se convertirá en un modelo de su propia vida, en una suerte de hipérbole estructurante. Desde la ficción y la autobiografía, ese modelo articula el «peregrinaje» y la noción del sujeto nacional como criatura americana cuyo linaje es una alegoría a la vez fundadora y desplazada de la nación posible. De modo que se puede proponer la hipótesis de que la noción de familia cristaliza la forma de una representación crucial de su época.

Hay en Hostos una extraordinaria conciencia de la familia. En primer lugar, se trata de la familia personal suya, que él tiene que abandonar, no sin conflicto, por sus estudios, sus viajes y su trabajo de conspirador patriota. La madre fallece cuando él está en España, muere una hermana suya luego, pero tampoco puede visitar al padre, pues no quiere regresar a un Puerto Rico dominado por el poder colonial, aunque sabe que su activismo pone en peligro al padre. Esa agonía familiar lo persigue en su peregrinaje, como su conciencia desgarrada. Las tareas de la libertad llevan el precio de lo más preciado.

Pero esta familia se incluirá en otra, más grande, que es la familia puertorriqueña. Para recuperar en un núcleo mayor a la suya, esta familia nacional, sin embargo, no es suficiente, porque Hostos encuentra muy pocos amigos en Puerto Rico, y las alianzas que quiere hacer, intelectuales y políticas, son conflictivas, y entiende que el verdadero drama es la constitución colonial de los individuos. Por eso, repite: «Yo no soy colono, yo no soy colono», queriendo decir: pienso libremente. El espacio posible de la libertad, aparentemente, está también colonizado y no hay familia verosímil en un espacio sin comunidad de sacrificios y alianzas de fe mutua.

Y en ese drama extremo, Hostos produce un pensamiento que sufre. El sufrimiento moral y vital es la falta de respuesta de los suyos. Cree que habla a una familia puertorriqueña pero su silencio le hace dudar si existe. En el exilio, en Nueva York, se encuentra con puertorriqueños aliados, por supuesto, a la independencia, y los concibe como puertorriqueños adultos, por rebeldes, y cree deberse a ellos. Así, sólo la rebelión es señal de existencia de una familia puesta a prueba por la dilación y el faccionalismo político.

Quizá para albergar esta noción de la familia puertorriqueña vulnerada, Hostos elabora una más grande aún, la familia antillana. Hostos, ya se ve, es un hombre que va construyendo familias, con parejo entusiasmo al de Bolívar forjando repúblicas. América Latina, creyó Bolívar, era «una pequeña humanidad». Para Hostos nuestra América sería una familia de familias. En su novela, utiliza para su personaje el nombre del primer indígena de Puerto Rico que dudó de la inmortalidad de los españoles; nombre que también él asume como persona política. Bayoán representa la nacionalidad puertorriqueña, mientras que Marién, su novia, es cubana; y Guarionex, su amigo, es dominicano. Puerto Rico, Cuba y República Dominicana son, así, la gran

familia que Hostos quiere construir, porque las Antillas son una república, según él, natural. Tiene una idea casi mística de las Antillas,
como una manifestación del espíritu, cuya geografía es la unidad
familiar de una confederación liberada. El mundo espera por esta realización superior de la idea del hombre libre.

Es intrigante que esta alegoría de una familia que construye la
nacionalidad antillana reproduzca la historia familiar del propio Hostos, quien había nacido en Mayagüez, Puerto Rico. Su abuela materna era dominicana y, por parte del padre, tenía antepasados cubanos.
A los 38 años de edad, después de varios noviazgos interrumpidos por
la causa revolucionaria, se casa con Belinda Ayala, cubana, y se instalan en República Dominicana. Allí nacieron varios de sus hijos (dos
de ellos nacieron en Chile), y allí murió y está enterrado. Su larga
familia encarna la hipótesis de su proyecto.

Hostos es consciente de que está viviendo la novela que sobre sí
mismo escribió, una novela que es también una alegoría supranacional.

Se ha observado en la historia del XIX una construcción literaria
paralela a la construcción de las nacionalidades. Ya se sabe que las
novelas están hechas sobre familias desdichadas, porque las felices no
hacen buenos relatos. Pero el romance familiar, en América Latina, es
una forma aleccionadora del romance nacional. La desdicha de una
familia es lección política para la posible familia nacional, y la novela
es el género donde esa ecuación es un drama social.

Es notable que Hostos reproduzca en su obra y en su vida, una y
otra vez, esta noción de que la experiencia de lo nacional es una
demanda moral y política. La producción de lo nacional se hace constitutiva de los individuos, proveedora de una identidad que no es
solamente un pasaporte, un lenguaje, un lugar de nacer, sino una
comunidad.

En *La peregrinación de Bayoán*, además, Hostos se descubre escritor y se hace a sí mismo escritor. En esta novela, Bayoán y Marién se
aman apasionadamente, pero él agoniza de dolor moral y no puede
casarse con ella porque se debe a los ideales de justicia, que le imponen ir a España y sumarse a la rebelión liberal que construirá la República española después de arrojar a la Monarquía. Hostos, como otros
intelectuales de su época, cree que el liberalismo español va a favorecer
la independencia de los países americanos, y se siente destinado a
formar parte de ese movimiento. Trabajó en ello siendo muy joven, y

se hizo amigo de las grandes figuras políticas del liberalismo, cuya admiración ganó. Incluso, sus amigos tenían acordado nombrarlo gobernador de Barcelona, donde hizo un periódico tan liberal como revolucionario.

Pero cuando los amigos españoles abandonaron la idea de la independencia de Cuba y Puerto Rico, él se les enfrentó drásticamente. Renunció a España, cuestionó el proyecto liberal y se dio cuenta de que la independencia de las Antillas y la construcción de una confederación antillana tendría que hacerse con una revolución. Fue a Nueva York a hacerla. Antecedió a Martí en ese mismo sueño. *La peregrinación de Bayoán* declara el propósito didáctico-moral de su empresa:

> el problema de la patria y de su libertad, el problema de la gloria y el amor, el ideal del matrimonio y de la familia, el ideal del progreso humano y del perfeccionamiento individual, la noción de la verdad y la justicia, la noción de la virtud personal y del bien universal, no eran para mí menos estímulos intelectuales o afectivos, eran el resultado de toda la actividad de mi razón, de mi corazón y de mi voluntad, eran mi vida.

Hostos tiene esta extraordinaria capacidad para decir quién es porque vive una validación del valor del lenguaje clásico: las palabras son suficientes para decir lo que quieren significar. Pero la demanda que Hostos le hace a la novela excede a la novela. Termina escribiendo un libro que es un tratado de filosofía social, un diario íntimo, un relato de viaje. Ese relato de viaje es paralelo al *Diario* de Colón, a quien Hostos entendía como un héroe fundador y a quien respondía con su propio diario, que empieza el mismo día que el descubrimiento de América; sólo que respondía a Colón desde una refundación de las Antillas. Pero esta novela es también un programa ilustrado de reformas. Hostos mismo tuvo que enviarlo a las librerías de Puerto Rico, pero fue prohibido y, pronto, recogido y devuelto.

Hay que decir que Hostos no confiaba en la poesía, ni en la novela, porque era un pensador ilustrado que creía en la perfectibilidad de los hombres. Alguien que cree en la perfectibilidad humana no es dado a escribir buenas novelas, porque para hacerlo hay que creer que los hombres se equivocan muchísimo. En cambio Hostos creía que el hombre estaba aquí para ser mejor y hacernos mejores a todos; lo cual hace que la suya sea una novela de ideas vividas como un proyecto.

Nos dice que la vida puede ser mejor cuando las ideas que la gobiernan se convierten en carne nuestra. Quizá porque el proyecto emancipador excede a una vida, Hostos no tuvo ya necesidad de escribir otra novela.

Se trata de un programa vital. Pero es éste un programa vitalista de tal exigencia sobre la conducta humana que hace que la novela sea más que un relato, un modelo alegórico. Es una novela que construye modos de vida que demandan resoluciones extremas.

Bayoán es novio de Marién, pero no puede casarse con ella porque él se debe a un deber superior al matrimonio. Su deber es la causa patriótica. No podría él perder su honor ante ella, porque perder su exigencia moral sería degradar el amor mutuo. Éste es un planteamiento muy poco novelesco, que solamente puede tener una resolución novelesca: ella acepta que él cumpla su destino, pero ella enferma y, finalmente, deciden casarse. Sin embargo, fuera de las Antillas ella pierde vitalidad y muere. Y queda él abatido por la agonía del sacrificio. Al final, la narración opta por una estrategia que la redime: el epílogo ya no lo cuenta Bayoán sino un editor, amigo del personaje, quien con ese desenlace resuelve la alegoría como novela.

Nadie se ocupó del libro en España. Hostos estaba preocupado porque sus amigos que escribían en los periódicos le habían dicho que era una gran novela, pero ninguno la reseñaba. Hasta que alguien se lo explicó: todos la han leído como una novela anti-española. Es irónico que los liberales, que simpatizaban con la independencia de las Antillas, tuvieran esa reacción defensiva. Sus demandas eran excesivas para su contemporáneos, entendió Hostos, y sólo quedaba asumir las consecuencias. Se muda, después, a Nueva York.

Pero si seguimos sus pasos veremos que Hostos no tiene tiempo para Nueva York. Hostos no es un hombre que se distrae fácilmente. En eso se diferencia de Martí, quien sí tenía el gusto de la ciudad. Martí cuenta cómo baja de su departamento para pasear la avenida, pero se encuentra con la multitud y ve que todos van con determinación a sus asuntos: se detiene, da marcha atrás y vuelve a su cuarto a trabajar. Le gustaba mucho caminar por Central Park, pero compartía la pasión hacedora de su ciudad.

Tenía la conciencia del trabajo que después se llamó «puritana», pero que no es sólo una virtud protestante. Es la conciencia que en el XIX se puede llamar «fáustica», la noción de que los hombres nos definimos por lo que hacemos; no por lo que opinamos o creemos, sino por lo que somos capaces de hacer. En el siglo XIX, Estados Unidos vive el culto de su civilización fáustica, cuya forma política es el «destino manifiesto» expansionista, que alarmó a Martí. Conocía, como dijo, al monstruo en su entraña pero fue capaz de admirar la construcción del Puente de Brooklyn y la inauguración de la Estatua de la Libertad.

Pero Martí tenía el gusto de la vida cotidiana porque además de ser muy moderno ejercitaba una mediación decisiva para relacionarse con la modernidad, que es la crónica. Ésa es la gran diferencia con Hostos, que no fue un cronista, porque para serlo hay que tener un gusto por lo efímero, por lo episódico, por la novela de la vida callejera. Martí era callejero; Hostos, en cambio, escuchaba el eco de sus pasos en la calle vacía. Martí escribe sobre lo que ha visto y lo que no ha visto como si lo hubiera vivido por igual, porque todo lo está viviendo en los periódicos. Hostos, más bien, utiliza el periodismo por razones prácticas de su programa de liberación de las Antillas. El periodismo es su agencia de actualización de ese programa. «He venido a hacer la propaganda», dice Hostos, como un nuevo Moisés. Decir es parte del hacer cuando se trata de la revolución. Por lo demás, en Nueva York Hostos es muy pobre. Tiene un solo alumno de francés y sólo puede pagarse un cuartucho y una comida modesta. Pero su alumno, que toma pocas horas de clase semanales, decide tomar menos horas. Hostos debe reducirse a la mitad. Resiste el hambre estoicamente, y más le importa que su ropa miserable lo inhiba de salir a las reuniones políticas, a los clubs de revolucionarios. Se ha percatado de que cuando aparece vestido tan pobremente y con unos zapatos destruidos, la gente no le presta atención y le mira su apariencia. Su sensibilidad de hidalgo se siente herida y decide no salir de su cuarto. Un amigo periodista cubano le manda unas pruebas de imprenta y le añade un dinero de regalo, pero Hostos, con su dignidad herida, se siente insultado y lo devuelve. Varias veces devuelve tributos que puedan pasar por caridad. Era de una extraordinaria integridad. Cuando reside en Lima, le ofrece una paga el famoso empresario norteamericano Henry Meiggs, que está construyendo ferrocarriles merced a los contratos que obtiene sobornando políticos y periodistas. Hostos es la única persona que le rechaza el dinero.

En Nueva York, sin embargo, Hostos tiene hábitos saludables y, además de sus ejercicios matutinos, camina hasta 30 cuadras de ida y vuelta. Llama a su caminata «otro baño de naturaleza artificial en Central Park». Martí jamás hubiera pensado que el Central Park era artificial. «¿Qué será de mis ávidos pulmones el día en que respiren el aire puro, el ambiente perfumado de mis campos?», escribe Hostos, anticipando su reencuentro con la verdadera naturaleza.

La idea de que el campo es superior a la ciudad, es una convicción que comparte con Martí. Cuando Martí tiene que pensar en el ciudadano futuro, se pregunta si el hombre republicano de nuestra América saldrá del campo o de la ciudad. Del campo, se responde. Porque el hombre de la ciudad es débil, se debe a la moda y la novedad. Y Hostos piensa lo mismo: el hombre del campo es más genuino, más trabajador, más moral y familiar. Se equivocaron ambos. Y tuvo razón Sarmiento, quien convirtió al hombre de la ciudad en heraldo de la civilización aunque, víctima de las simetrías, condenó al hombre del campo como residuo de la barbarie. Las repúblicas terminaron dividiendo lo que ya estaba mal dividido.

Sarmiento, que también recorrió Estados Unidos, había leído a Martí, y Martí a Sarmiento, y obviamente no se gustaban, porque Martí pensaba que Sarmiento era demasiado pro-norteamericano y Sarmiento pensaba que Martí escribía casi como un español. Martí escribía una suerte de prosa teresiana, con cláusulas de tres sentencias y muchos puntos y comas, a pesar del periodismo; mientras que Sarmiento escribía casi informalmente, más cerca del coloquio. Sarmiento hizo un viaje fabuloso en uno de esos barcos de vapor que recorrían el Mississipi, y admiró la fuerza del país creciente. Se preguntó por las razones que habían hecho a este país el más adelantado. Y concluyó que las razones eran tres: la educación, los ferrocarriles y la inmigración. De modo que cuando fue elegido presidente de la Argentina, propagó las escuelas, construyó ferrocarriles y favoreció la inmigración. Pero cuando el modelo fracasó, en sus memorias atribuyó el fracaso a la inferioridad de la raza, algo que Martí jamás hubiera dicho, porque creía que no nos debemos a la raza sino a la civilidad; y que Hostos hubiera combatido, a nombre de que, gracias a la mezcla, somos una raza superior.

Estos grandes clásicos del siglo XIX se parecen mucho y, a la vez, difieren en mucho, pero es en ambas configuraciones donde adquieren su individualidad. Los distingue la versión que postulan de lo moderno. Hostos, siendo más programático, responde por la genealogía de la modernidad. Es un hombre de la Ilustración, cuya noción utópica del perfeccionamiento del hombre y la sociedad sostiene su fe en la educación, que es el eje de su República. Hostos está entre los primeros en creer en la educación de las mujeres, y cuando vive en Chile, trabajando en la educación, ingresan a la Universidad las primeras mujeres de América Latina, antes incluso que en algunos países europeos. Esa modernidad de su pensamiento es vigente aún hoy. Sus demandas son su actualidad.

Hay que decir que en Nueva York lo pasa muy mal con los emigrados y exiliados cubanos. Se encuentra con muchos cubanos comprometidos con la revolución pero no aprueba que en sus clubs disputen entre todos. Hostos termina frustrado y ofendido de que unos hablen mal de otros, porque en esa descalificación mutua se gestan grupos de interés y de poder, y se degrada el pensamiento antillano. Tiene una visión dignificante del individuo y no acepta esa cara del exilio.

Vive Hostos la agonía del hacedor. Es un hombre que cree en la acción y que acepta la posibilidad del sacrificio, pero los cubanos patriotas no comparten su plan de empezar una revolución en Cuba y desde esa base seguir a Puerto Rico. Hasta que el general Aguilera se convence del plan y decide empezar la lucha con Hostos y un puñado de patriotas. Alquilan en Boston el barco, y con una tripulación de seis marinos emprenden el viaje revolucionario. Pero el barco es muy viejo y lento, y apenas empieza a navegar se hace evidente que no pueden seguir. Terminan en un muelle de Newport, Rhode Island. Ésa fue la gran aventura militar de Hostos.

En su *Diario* escribe:

> Día y medio después entramos en Newport, Rhode Island, que está a unas cien millas de Boston. Salí de allí al mediodía, llegué aquí a Nueva York a las 8:00 de esta noche. No quiero hacer comentarios. Solamente quiero expresar mi intención, no emprenderé aventuras de las que yo mismo no sea el director. El ridículo es demasiado grave cuando es el resultado de una tentativa heroica.

Cuando sale a la calle observa que la gente trata de ocultar la sonrisa. Hostos pensó que podría morir en esa aventura y había dejado hecho su testamento, que era la lista de sus libros y obra inédita. Exactamente como la famosa carta testamentaria de Martí, cuando dona sus obras a la posteridad.

Es notable la conciencia de peregrino que animaba a Hostos. A pesar de su desconfianza en la literatura, finalmente una imagen se repite en sus escritos: la familia de imágenes que incluyen partir, caminar, el camino de la vida, y los pies. Es revelador que aparezcan cada vez que se pregunta qué es la patria. Es el lugar donde uno empieza a caminar, responde. Es una imagen, además, justa porque su peregrinaje es un trabajo en el territorio del exilio. Estuvo en España, Nueva York, Chile, Perú, Argentina, Brasil, Colombia, Venezuela, además de las Antillas. En Chile trabajó nueve años como rector de un liceo. Pero de pronto era ya el final del siglo XIX, y entendió que no podía postergar más su obra revolucionaria, para que sus hechos correspondieran a sus palabras. Convenció a su mujer que tenían que emprender con toda la familia el extraordinario viaje de vuelta. Por lo pronto, de Santiago de Chile a Puerto Cabello, en Venezuela, para dejar a la mujer y a la familia con el padre de ella, que vivía ahí.

En enero de 1898 tuvo lugar el hundimiento del *Maine* y el comienzo de la Guerra Hispano-norteamericana. En julio estuvo Hostos en Nueva York, después en Puerto Rico, y enero del 99 es parte de la Comisión puertorriqueña que se entrevista con el presidente MacKinley. Sostiene ante los poderes norteamericanos la cuestión de la Independencia de Puerto Rico, que ha pasado de manos españolas a norteamericanas, y seguramente tomándole la palabra al imperio recomienda la única salida legal: que haya un plebiscito para que los puertorriqueños decidan entre la anexión o la libertad. Desde temprano, Hostos entiende que ésa es la realidad política decisiva y elabora un lúcido documento, otra vez fundador, sobre qué es un plebiscito. El caminante se encuentra con la encrucijada de la nueva política imperial, que decidirá el resto del siglo.

Para terminar, volvamos a los pasos del peregrino. Esos pasos han sido la autoconciencia del exilio. En Lima, anotó la tristeza de pasear las calles «en la noche de mi llegada», y concluía: «A la ciudad de Lima no se ve sin pena, ni se deja sin dolor». Para el exiliado, las ciudades se distinguen por la caminata que imponen. Pero cuando se pregunta por la fuerza con que nos aferramos al suelo natal, dice haber encontrado la razón: «Amamos la patria, porque es un punto de partida». Si la vida es un viaje, la razón no sabría encontrar el punto de partida si no fuera por el terruño, cuya imagen nos llama. La patria nos hace conscientes de que pertenecemos a ella porque no estamos en ella, y todo lo que vemos nos remite a ella. La patria es esa ausencia de nuestros pasos.

Al comienzo, en Chile, cuando tiene que dejar Valparaíso, escribió: «Partí sin volver la cabeza, maldiciéndome a mí mismo, descontento hasta el desconsuelo de haber podido estar tan sereno y reprimiendo las lágrimas que acudían a mis ojos cada vez que el choque con las piedras de la acera me producía una sacudida orgánica». Ha terminado con una novia a nombre de sus tareas revolucionarias, y debe retomar el camino de Bayoán. Agonizan sus propios pasos en la acera.

Y al final de su vida, ya viejo, maestro en Santo Domingo, escribe: «Por eso, a consecuencia de los cuatro viajes, dos de ida y dos de vuelta, desde mi casa a mi escuela y desde mi escuela a mi casa hace ya más de un mes que experimento dolores vivos en las ingles. Bien sea relajación de glándulas, bien desviación de ganglios, ya no puedo resistir las caminatas que toda mi vida han sido mi placer». No poder caminar anuncia el morir.

Y sigue: «Verdad es, de todos modos, que a los sesenta y cuatro años [la edad a que murió] tener que afrontar cada día un camino o polvoroso o lodoso, desnivelado, abandonado, expuesto a soles febricitantes o a lluvias neumoniales o a fatigas como las que me han enfermado, la verdad es que ya no debería yo estar expuesto a contingencias tales».

El sufrimiento de su caminata se ha hecho indigno de su vida. Justamente por la dignidad que su pensamiento le ha dado al sufrimiento antillano.

Y en la última página que escribe en el *Diario*, el seis de agosto de 1903, pocos días antes de morir, leemos:

> Volví a hallar al pobre Sócrates. Ya está muy abatido. Al «¿Cómo va, señor?», me contestó: «Arrastrándome». Y efectivamente, arrastraba un tanto las piernas. Y comentó al arrastre: «Hace días siento calambres que a veces son fuertísimos al despertarme y que después se convierten en un cansancio de piernas doloridas. Aun más fastidioso que ese achaque de casa vieja, es la cantidad de sedimento de estómago que se me ha depositado en la lengua, y que ya parece que no cede a los purgantes. Mientras

tanto, trabajando, a pesar que me prescriben el descanso completo. Pero el trabajo es hasta un entretenimiento indispensable en mi mal». «Pero en suma —le pregunté con interés afectuoso— ¿qué mal es ése?» «¿Mi verdadero mal? ¿El verdadero?» «Ése.» «Mi mal verdadero...»

Habla de sí mismo en el papel de Sócrates, que es alguien que ha muerto a nombre de la verdad, pero siempre conversando consigo mismo, sobre la verdad de una vida adelantada al camino.

Bibliografía de Eugenio María Hostos

(1969): *Obras completas.* 2ª ed., facsimilar de la conmemorativa del Centenario. San Juan de Puerto Rico: Instituto de Cultura de Puerto Rico.

(1989): *Obras completas.* Edición crítica. San Juan de Puerto Rico: Editorial del Instituto de Cultura Puertorriqueña/Editorial de la Universidad de Puerto Rico.

Volúmenes publicados:

- *La peregrinación de Bayoán* (1988).
- *Tratado de sociología* (1989).
- *Ciencia de la pedagogía* (1991).
- *Cuento, teatro, poesía, ensayo* (1992).
- *Diario* (1866-1869).
- *La tela de araña* (1997).
- *Crítica. Tratado de Moral* (2000).
- *Epistolario* (1865-1878) (2000).
- *Puerto Rico «Madre Isla»*, 2 vols. (2001).

Alteridad y creación literaria en Miguel Méndez

Roberto Sánchez Benítez
Universidad Michoacana/Arizona State University

A muy temprana edad, el escritor chicano Miguel Méndez (Bisbee, Arizona, 1930) conocerá los mundos que habrán de definirlo como escritor. Esta condición de otredad, vivida en la subjetividad, le permitirá realizar las hazañas del recuerdo y de la invención literaria. Uno de estos mundos se encontrará poblado de fantasías, creación de la interioridad, mientras que el otro habrá de ser redescrito en la memoria a partir del primero y confrontado incesantemente con él. El dilema del escritor se define por la imposibilidad de no poder abandonar ambos mundos. Él es el primero en atestiguar su escisión y la confrontación con un otro que se crea tanto en el acto de la escritura como en la lectura. Es el escritor quien primeramente vive la otredad, creada por la división de sus mundos y quien, a partir de los otros, se singulariza devolviendo, a su vez, la posibilidad de otro-yo que se crea en la lectura. El «uno» que van creando los «otros»; el «otro» que va siendo «uno», el «otro» que se desprende de «uno». Tal tensión entre lo que uno es y los demás, entre estar un poco al margen y el total involucramiento con todo y todos es lo que hace al escritor. Sólo la literatura es capaz de conjuntarlos y dotarlos de diferentes niveles de autenticidad.

En el escritor se da, en principio, la polifonía de voces que componen su obra literaria. Convivencia y familiaridad con este «otro» que puede llegar a convertirse en un «fantasma» inactual, en un recuerdo, en una sombra necesaria para la creación. Ese «otro» puede ser también el «yo» al que el escritor desea conocer mejor y cuyo sentido tal vez pueda encontrarse en la alteridad radical, la que representa la finitud. Se verá que, para el caso de Miguel Méndez, ese otro referido involucrará asimismo lo «inexistente» como motivador de la fantasía literaria. Una nada que el escritor se encarga de poblar y que asume en la imagen del «desierto». Por lo demás, su condición chicana le permitirá transitar y revivir la cultura mexicana en la norteamericana, haciendo del habla «pachucona» la habitación de un espacio para el encuentro de la memoria y la identidad.[1] El «entre mundos» habrá de ser en él una condición para entender las desigualdades sociales, así como la resistencia a culturas que tienden a reducir a la invisibilidad la singularidad de los seres humanos.

EL VIVIR ENTRE MUNDOS

Es tanta la angustia del hombre, rotas sus alas, que las estrellas condolidas sí bajan y se hermanan con sus penas, así emergen irradiantes en el cosmos de cada lágrima y ruedan con ellas por sobre el mismo barro del que estamos hechos los humanos.

---

[1] Un ejemplo de tal habla es el siguiente, donde el personaje Chuco, de la novela *Peregrinos de Aztlán*, se queja de su condición migratoria en Estados Unidos, utilizando vocablos populares duros y sólo entendibles a quienes comparten su destino. Ahí mismo pregunta por su identidad: «Me siento muy agitado, carnal, muy gacho... La jefita, pos ya se borró. Los carnalitos, pos dándole al camello; sandía, lechuga, ¿sabes qué, ése? Yo me la echaba de bato muy al alba porque era chingón en el jale; ora que estoy ruco me pongo a teoricar el punto, porque tú sábanas, ése, que cuando uno ya no da al ancho, pues es como un fierro gastado; si uno pide help, pos le tiran a uno con mierda. ¿Sabes qué?, ora como que apaño guerguenza, siempre camellando como un pinchi animal, ése, usté que ha leyido tantos "comics", ¿qué somos slaves, nosotros la raza? Luego, ése... es como si le filerearan a uno los hígados. Allá, ése, pos es uno "greaser", un "Mexican"; viene uno acá, ése, y quesque uno es "pocho"; me empieza a cuadrar que me llamen chicano, bato, me caí a toda madre, carnal, siquiera ya es uno algo, no cualesquier greaser o pocho, ¿qué no? Usté que ha leyido tantos funnys, carnalito, ¿qué semos, ése?» (Méndez 1991: 37).

MIGUEL MÉNDEZ

Miguel Méndez es de los escritores chicanos que tiene la firme convicción de que existe una perspectiva propia de esta literatura, la cual es inencontrable en otras tradiciones literarias, por la sencilla razón de que las experiencias que narra son propias de la mezcla cultural mexicana-indígena-norteamericana. En este sentido, uno de los rasgos definitorios de esta literatura es su obsesión, digámoslo así, por el pasado y la recuperación de la memoria ancestral de los pueblos que han poblado los territorios del Suroeste de Estados Unidos, es decir, por la mirada retrospectiva que rescata del olvido la vida de quienes no han merecido una referencia en las historias oficiales ni de Estados Unidos ni de México; en suma, por su insistencia en una identidad que tiene que ser suficiente para generar una conciencia que trascienda los enclaves temporales. Literatura que representa un llamado a la historia mexicana, a la mitología y la sabiduría popular.

Habría así, en la literatura chicana, una nostalgia por una unidad esencial, perdida u olvidada, o en proceso de desaparición y un lamento por la opresión y alienación en el presente, situación que debe ser corregida antes de que la cultura chicana desaparezca. Esta perspectiva temporal hace que dicha literatura adquiera un tono «diaspórico», en términos del crítico Bruce-Novoa. Al olvidar el pasado se corre el riesgo de perder identidad y, en consecuencia, de disolverse en el *melting pot* de la asimilación. Es por ello que dicha literatura «assumes the task of instructing the Chicanos, especially the younger generations, about their heritage» (Bruce-Novoa 1980: 11). El chicano es presentado como la víctima y lo opuesto a la cultura norteamericana, sustentada en la tecnología, la deshumanización, el individualismo, lo no ecológico. Existe una viva oposición entre el «humanismo» chicano, su armonía con la naturaleza, y el antihumanismo tecnológico de la sociedad norteamericana, que también puede leerse entre la apertura chicana, racial, mestiza, cultural y la cultura cerrada, hostil como lo es, en algún sentido, la norteamericana. El escritor chicano actuaría como la conciencia de su pueblo en contraste con la conciencia atomizada de los hacedores de cultura norteamericanos.

El chicano es un hijo creyente de lo natural y reivindicador imaginario de Aztlán, el mítico lugar del que salieron las tribus a fundar

México o las culturas del sur y del que fueron despojados los mexicanos luego de la firma del Tratado Guadalupe-Hidalgo, de 1848, en el
cual México perdió la mitad de su territorio ante Estados Unidos. Pero
también, el chicano es quien realiza un énfasis en la familia, la cual se
vincula a la tierra y al barrio: el llamado «pachuco», figura descrita
polémicamente por Octavio Paz (1987: 9-25), ha sido entendido
como una de las primeras formas del despertar cultural y político de
esta comunidad. El chicano es gente explotada, colonizada, que necesita reaprender su historia en función de reagruparse en una identidad
y conciencia transfronteriza. La literatura chicana habría insistido
entonces en la recuperación de la herencia mexicana, la cultura, la
comunión con la naturaleza, así como en fortalecer la resistencia contra cualquier intromisión de la cultura angloamericana[2] que significa-
ra una pérdida de estos rasgos identitarios.

Méndez restates the fundamental threat to the culture: the oral tradition, once the receptable and process of our identity, has ceased to func-
tion, and the poor are in danger of being devoured by the chaos which
for them the order of a strange and oppressive socio-cultural system
represents (Bruce-Novoa 1986: 211).

La experiencia del vivir «entre fronteras», del *in between*, será muy
propia del escritor Miguel Méndez, quien nace en Arizona, pasa los primeros años de su infancia en el norte de Sonora, México, para después
volver a Arizona, donde trabajará como obrero en la construcción.
En todas sus obras habrá de reflejar esta experiencia vital,[3] lo que le
permitirá presentar una amplia variedad de personajes, todos ellos

[2] Un ejemplo interesante de lo anterior lo constituye la novela *Heart of Aztlán*
(1976), de otro escritor chicano importante, Rudolfo Anaya. En ella se describe la
tragedia de los campesinos de Nuevo México, migrantes mexicanos en los años cuarenta del siglo pasado, que tienen que vender sus tierras y migrar a los barrios de las
grandes ciudades norteamericanas. La pérdida del vínculo con su tierra, con la naturaleza, habrá de conducir a la disolución y degradación moral de la familia, a la pérdida de identidad y memoria que liga a las comunidades, a la soledad y angustia propias del individualismo, a la «tristeza de la vida»: «Without the land the relationship
a man created with the earth would be lost, old customs and traditions would fall by
the wayside, and they would be like wandering gypsies without a homeland where
they might anchor their spirit» (Anaya 1976: 3).
[3] Algunos libros del autor son: *Peregrinos de Aztlán* (1974), quizá la más conocida; *Los criaderos humanos* (1976); *Tata Casehua y otros cuentos* (1980); *Cuentos para*

desprotegidos, abandonados, fronterizos, silenciados, vueltos fantasmas en los dos mundos que cruzan incesantemente y que se juntan en la frontera entre México y Estados Unidos.[4] De una ciudad fronteriza como Tijuana indicará aspectos fuertes que no revelan sino el torbellino en el que se ven envueltos quienes la viven o cruzan: ciudad barata,

niños traviesos (1979); *De la vida y del folklore de la frontera* (1986); *Cuentos y ensayos para reír y aprender* (1988); y *Que no mueran los sueños* (1991).

[4] Algunos de ellos: La Malquerida, una puta con doble personalidad, de carácter hosco, difícil, agresivo, de rabia contenida por tener ese lugar en la sociedad. Jodida desde el nacimiento. Secretaria engañada por lenones, acabará trabajando para prostíbulos de mala muerte. Chalito, un niño que morirá por no tener la atención adecuada en el momento preciso y por ser pobre. Todo lo que pudo recibir fue un té de canela y dos aspirinas, además de una frotada en el pecho con vick vaporub. El Cometa, precursor del estilo jipi. Dejó de ir a la peluquería dado que en alguna ocasión el peluquero estuvo a punto de cortarle una oreja. Sus barbas y bigote fueron entonces un «solo mazacote de mocos y babas». Le decían el Cometa porque se amarraba a la ropa decenas de serpentinas de todos colores. La loca Ruperta, pordiosera, que siempre andaba vestida de novia aun y cuando de su boca sólo salían los hedores de la comida podrida que recogía en los basureros. El extraordinario yaqui Chayo Cuamea, enamorado de la muerte, de la Flaca, como le decía y a quien terminará haciéndole el amor en el momento de morir. Habrá de recordar que ser indio es no tener destino, pasar desapercibido y ser esplotado hasta la ignominia: «el ser indios significaba el olvido, el oprobio, el desprecio, la inca sentencia de la más vil de las miserias y el afrentoso desdén hacia sus pieles prietas» (Méndez 1991: 168). Habrá de desmitificar a los grandes traidores de la Revolución mexicana, quienes se aprovecharon de ella y continuaron explotando, empobreciendo y envileciendo a los campesinos mexicanos. Chuquito, el bato brabucón, Será piscador de algodón en Marana, Arizona, y el as en el corte de la sandía en Yuma, pero también de uva, tomate, betabeles. Mucho tiempo después lo encontrará Loreto tirado en una calle de Los Ángeles, Aztlán, envejecido, borracho, defendiendo la imagen tradicional del sombrerudo sentada bajo la sombra de un sahuaro, diciendo que si está así no es porque sea flojo y no le importe nada, sino porque está cansado y triste, sin que nadie vea por él después de haber dado la vida en el trabajo: «El camarada fue campión en la pizca, ése; está así de puro agotado; ni quien lo ayude, ni quien lo respete, como si fuera una pala o un pico gastado que ya no sirve pa madre...» (ibíd.: 45). Al final se lo llevará la policía, a ese chicano borracho. Jesusito de Belén, buqui milagroso, santo milagrero inventado por la necesidad de tener fe en algo. Un don especial de él, además de curar a los enfermos, será el de hablar varias lenguas. Se decía que hablaba varias, el maya, el náhuatl, el yaqui, incluyendo a unas muy misteriosas, «tan extrañas que no parecían del continente, sino más bien lenguas antiquísimas» (ibíd.: 50). A lo lejos se le miraba cómo flotaba en el aire, creando senderos intransitables para los mortales. Lo acabarán «sacrificando» amarrado a un sahuaro, por el temor que despertaba de que pudiera influir tanto en la gente al grado de levantarla. Son los caciques quienes se encargarán de matarlo.

al alcance de cualquier dólar y con los cuales se puede comprar placer, vicios, abusos, explotación, miseria.[5] Ciudad fuga, atravesada por la famosa calle Revolución, eje neurálgico de bares, puteros, tiendas de baratijas para el recuerdo de la perdición momentánea. Ciudad que con la noche se va vistiendo de «alcahueta coquetona con la cual seduce a los incautos». Ciudad que «como una diosa mitológica, cínica y desvergonzada» se va aprovechando de «las debilidades humanas para llenar sus últimos rincones» (Méndez 1991: 30). Ciudad que consuela de las visiones terroríficas de la guerra (la Segunda Guerra Mundial, las de Vietnam y Corea, y en las que participaron miles de migrantes mexicanos sin nada a cambio),[6] que ofrece cariños y caricias a quienes lo tienen todo menos eso; que hace valer a las personas por lo que en verdad tienen y no por lo que son, como en cualquier metrópoli deshumanizada.

La manera de autodefinirse de Méndez es, por ello, muy sintomática:

> Soy un albañil y literato poeta con la agilidad de mis manos y el rigor disciplinado de mi mente con una mezcolanza que endurece como piedra más cadenas eternas de ladrillos he construido hogares y universidades a la vez he dispuesto galaxias de palabras engarce de letras en procesión de sílabas tras pensamientos acuciosos y laberínticos labro construcciones señeras al unísono de poemas en versos así de modo simultáneo surgen paredes y edificios cuentos novelas poesías y un sin fin de proyectos... (Méndez 1996: 36).

Esta identidad poco entendida, que no se confunde ni se agota con la apariencia le permite, por el contrario, criticar al mundo de los «famas», en términos de Cortázar, es decir, a aquéllos que basan lo que son precisamente en la apariencia y que sólo creen en lo que ven. Ajeno a los vítores de la fama y a quienes lo miran con dejo todavía de

---

[5] Dos libros importantes sobre estos temas fronterizos lo son del autor Luis Alberto Urrea: *Across the Wire. Life and Hard Times of the Mexican Border* (New York: Anchor Book, 1993) y *By the Lake of the Sleeping Children. The Secret Life of the Mexican Border* (New York: Anchor Book,1996).

[6] Dice uno de los personajes: «Allá los llevan quesque pa'l Asia, amigo, tiernitos los probes, con el cuanto de que van a defender no sé qué jodidos y a pocas hojas, mi amigo, pos ahí tan de retache, encamados o lisiados, todos dados a la madre, con l'alma llena de nudos de ver tanto desmadre, ay amigo...» (Méndez 1991: 148).

desprecio al no poder ser tasado sobre la base del dinero o las posesiones materiales, el escritor se reserva su máxima victoria y alegría en su capacidad para crear lo que los demás no pueden:

> pobre obrero dirán no tiene capital ni propiedades no imaginan siquiera lo contento que suele sentirse un soñante que hace de la realidad motivos de fantasía para pitorrearse de su dolor y llorar la alegría de aquellos que con tanto gozo y poder cavan la fosa donde yacerá la ilusión cuando ya no abriguen un solo deseo sin el precio cifrado en su etiqueta respectiva (Méndez 1996: 36).

En su formación estarán muy presentes las enseñanzas recibidas por los indios yaquis, a los que conoció en su adolescencia; son ellos los que lo iniciarán en el arte de conservar historias y leyendas. «Los años que vivió Méndez en El Claro (Sonora) le sirvieron de iniciación e introducción a las voces misteriosas del desierto y de los yaquis, elementos que brotan de sus obras con asombrosa familiaridad» (Rodríguez del Pino 1982: 40). Lo mismo habrá de ocurrirle en su experiencia de obrero, donde habrán de interesarle «las historias y las opiniones de estos hombres que parecían estar en constante peregrinaje, pues a menudo desaparecían para otros rumbos en constante búsqueda por mejorar su condición humana» (ibíd.: 41).[7]

[7] En su novela central, *Peregrinos de Aztlán*, Méndez, a través del personaje del yaqui Loreto Maldonado, retrata la voz de los vencidos: por su raza hablará toda la historia de las tierras arrancadas a los indios yaquis. En una sola historia se concentra toda la historia yaqui: desde que defendían sus tierrras de otras tribus, hasta la llegada de los españoles, los ingleses, de los que triunfaron en la Revolución mexicana y se quedaron también con las pocas tierras que tenían. Un arco que une dos nadas, la del origen y la de muerte. Arco de vida miserable, explotación y marginación, violencia y exclusión. La historia del suroeste de Estados Unidos narrada con lujo expresivo y rabia. Tal es el cometido central de esta obra, a veces novela, testimonio, recuento de daños y ruinas en las que acaban los pueblos, los individuos, las esperanzas de la gente pobre. Lo dice el autor en el «Prefacio» de la obra, escrita cuando tenía 26 años, al señalar que, por más que quiso, no pudo evitar que las palabras violentas, fuertes, toscas y deformes, se hicieran presentes, él que anduvo eligiendo las suavecitas, redondeadas, «como esas piedras que han pulido por siglos las corrientes de los ríos» (Méndez 1991: 21). En algunos momentos se impondrán las palabras rebeldes para «contar del dolor, el sentimiento y la cólera de los oprimidos», a fin de cuentas, palabras que corresponden a un lenguaje directo. Con ello, el relato del autor busca proporcionar una enseñanza directa de la condición de los oprimidos y pobres, más eficaz que si estuviera envuelta en un lenguaje fosilizado, «sublimador de

La escritora canadiense Margaret Atwood ha señalado que la experiencia del «doble», de la otredad, en el escritor es básica para el desarrollo de su literatura. El escritor vive en sí mismo varios mundos, al menos, el de los vivos y el fantasmal de sus ficciones (Atwood 2002: 37), pero también el del secreto o misterio del que emanan sus palabras y al cual intentan responder.[8] Es en él donde se da, en principio, la polifonía de voces que componen su obra literaria. En el caso de Miguel se trata, como vemos, de las voces de los que no la han tenido, a los que el silencio ha sepultado en el desprecio, la explotación, la miseria y muerte.[9]

El autor es quien primeramente se divide para crear un texto que será interpretado de diversas maneras. Ese «otro» puede ser también el «yo» al que el escritor desea conocer mejor, corriendo quizá el riesgo de perderse en extrañas revelaciones. Por ello, las obras literarias pueden leerse en el sentido de ser un modelo de autoconocimiento de nuestro «yo» más íntimo, mostrando un sentido peculiar de la mortalidad. A los dos mundos iniciales de su existencia (entre la vida y la

lo muerto en bellas esculturas de mármol» (ibíd.). En las expresiones y palabras quedará ello guardado: «hablantineando como matraca», «briagales», «desmojodido», «hijuelamadre», «petatear», «charangón», «manejadera», «changarro», «birongas», «carnales», «cuchitril», «huacha este bato, carnal», «por toos laredos», «nos borramos pal chante», «turulato», «guasangas tempraneras», «en friega», «leperadas», «nos damos en la madre», «hijos de la chingada», «chingonototote», «bicholudo», «los voy a poner moros a jodetes», «culones», etc.

[8] Una interesante proposición de la filiación abrahámica de la literatura (el silencio que Abraham guarda respecto de lo que Dios le ha pedido, además del perdón y confesión subsecuentes) la desarrolla Jacques Derrida. Filiación que se entiende por el derecho que tiene la literatura a decir o a ocultarlo todo; a exonerar al escritor de responsabilidad sobre lo que dice; de que corresponda o no a cualquier sentido sobre la realidad; obedecer el llamado exclusivo de la «obra» como destinación; el autorizar decisiones basadas en lo que se dice y el que pueda finalmente obedecer a razones extraliterarias (Derrida 2000: 146).

[9] En la ya citada novela *Peregrinos de Aztlán*, Miguel retrata la existencia fantasmal de los campesinos que se internan en Estados Unidos, inexistentes, sombras a la orilla de los caminos que nadie ve. Quizá como en ninguna otra obra, en ésta Méndez describe el tormento y el sacrificio que llevan a cabo los campesinos mexicanos, perseguidos por la Migra y después explotados por los empleadores que les pagan una miseria por su trabajo. Ellos, que llegan con un hambre que les viene de muy lejos, de siglos; hambre rabiosa que luego es enfrentada al rechazo, la explotación y la persecución policiaca: «¡Esclavos! en tierra ajena, olvidados y proscritos en la propia» (Méndez 1991: 56).

muerte, primero; Estados Unidos y México, después), Méndez habrá de incorporar otros dos, como buen escritor que ha sido: el real y el ideal o ficcional. Entre ellos ha sabido moverse «por sobre mares nimbados de voces extrañas y familiares y a la vez colmados de una infinita gama de rostros vivos y muertos, con aires de ámbitos espectrales de épocas y espacios ya distantes». Cuenta que apenas si pudo nacer y desarrollarse, sietemesino. Desde ahí tiene la sensación de haber sido siempre «fronterizo». Frente a la «Señora de las Lágrimas» y la Muerte como tal, «la que corta el tiempo y borra el espacio», se presentó el «caballero incógnito», el «gran señor, don Misterio» y pudo salvarse. La experiencia lo llevará a tener un hambre de vivir incansablemente y a alimentarse también con el espíritu de la literatura.

Muy pronto, Méndez conocerá los «dos cosmos» en los cuales se dividirá o entre los cuales habrá de vivir incesantemente: uno, el interior, poblado de fantasías; y otro, el real, el cual habrá de ir ensanchando al primero a medida que crezca. Creación del ser interior y descubrimiento del externo, ambos conduciendo a extraordinarias vivencias, emociones y sorpresas: «Uno es el cosmos interior contemplable desde la mente a vuelo de invenciones y fantasías, y otro el exterior concreto que se confronta con la visión de los ojos, se palpa con el tacto y el caminar sólido» (Méndez 1996: 86). Mundos que sólo el «verbo impreso» conjunta y fusiona. Es la literatura la que puede hacerlos coexistir sin menoscabo de ninguno y sin que pierdan su poder. «Decir de la existencia del espíritu en la dimensión inmaterial, precisa de otra palabra que sugiera el vivir nada más en carácter espiritual» (Méndez 1995: 43-44).

Este mundo inmaterial, de fantasmas y extraños testigos de los sueños, pareciera no tener límite, ni antes ni después de sí mismo. Su origen podría perderse en la noche de los tiempos. No pareciera tener origen ni fin. Universo ilimitado que, de vez en cuando y por su misma naturaleza, se comunica con el finito; entra en contacto con éste precisamente en el sueño, la muerte o la ficción. Dos «códigos» que se intersectan. De este otro universo espiritual, del que se alimenta también la literatura, nos dice Méndez:

es imperecedero por inmaterial, reside del otro lado de la muerte. Bien pudiera compararse a una mente incorpórea donde caben tantos y más cosas y misterios que los dables en los cosmos de cuerpos celestiales sólidos y en los espacios cargados de substancias propiciadoras de nacimientos de mundos concretos y de seres físicos dotados de alma (1995: 51).

Pero entonces son los recuerdos los que insisten en la memoria intranquila. El escritor como un resucitador de almas: simplemente accede a un dominio perdido en el tiempo y recupera lo que fue o lo que es en una eternidad universal. Recuerdos que manan del inconsciente, pero que corresponden a una comunidad que los ha forjado en su devernir. Memoria involuntaria por la cual se pueden «colar», de manera no prevista, algunos de estos fantasmas que asolan la tranquilidad del escritor y por lo cual naufraga en desatinos. Una fiebre que lo obliga a exudar el recuerdo para que su cuerpo pueda descansar. Ahondar en los recuerdos significa también revivir los sinsabores de que está hecha la vida; heridas que no han terminado de sanar; aspectos dolorosos o traumáticos que la conciencia ha tenido que retirar de su ámbito, tal como lo dice el psicoanálisis, para poder seguir existiendo. Es así que la conciencia no puede vivir con tanto dolor acumulado. Los exorcismos de la literatura. Andar paseando por la memoria y la escritura no tiene nada de fácil: «Este quehacer, Fidelito, se lleva con pasión y eso es como pasear el alma por entre las llamas; paga con sinsabores y desengaños» (Méndez 1996: 46).

Es por ello que Miguel confiesa que podría escribir varias autobiografías, «todas diferentes y a la vez similares en esencia». Son tantas las cosas que se podrían contar y tantas otras las que se quedan en el olvido. En una autobiografía dictada por un yo «al que recién lo fosforece el áureo perfil de una intensa nostalgia» (ibíd.: vi), Miguel va intercalando paisajes de su memoria con los de un tiempo «real» donde se encuentra describiéndolos.

> Cuantas memorias hacen de senderos para que mi nostalgia ávida de nutrientes vaya y rescate el pasado desde la dimensión donde mora y me lo retorne vivo, puesto en el plano exacto donde residen el espacio y el tiempo perennes (Méndez 1996: 6).

Vivir entre mundos que el tiempo mezclará. Personajes de carne y hueso que darán alimento a los de ficción, los cuales podrán ayudar después a entender a los primeros en lo que tienen de esencial e inolvidable. Nunca la literatura despega sus pies de la tierra para irse a morar en un mundo de falsos ideales o prospectos irrealizables; más bien los hunde en ella, en el barro del que estamos hechos y cocidos. Con el rasgo que la define, explora la realidad, acercando sus contornos, sobrevolándola desde el ángulo de la creación e invención. El dilema del escritor se define por la imposibilidad de no poder abandonar sus mundos reales e imaginarios, de tener que ser en cada uno de ellos, uno en el día, el otro en la noche, cuando el cansancio del cuerpo da paso a la fantasía, al delirio creativo y ficcional. Es tanto en uno como en otro. De día es un hombre como todos los demás, habla como ellos, vive donde ellos, es uno de ellos. Durante la noche, robándole horas al sueño, ruega a las Musas (al fin y al cabo mujeres) para que le concedan la gracia de su don de escritor y le permitan hablar de lo que ha vivido.

De cualquier manera, el escritor habrá de poblar el desierto que representa el silencio en los mundos que lo viven. En este sentido, Méndez hace decir a su personaje del Poeta Loco: «Ven fiebre, hazme hervir los huesos. Quiero saberme en pleno misterio, al lado de las cosas y seres extraños al barro que me enjaula» (2002: 43). Es el escritor quien suple lo faltante, quien toma reducto en el misterio y trae buenas nuevas para soportar una existencia pesada y muchas veces vivida sin sentido. La arena del desierto, uno de los escenarios predilectos del autor, al lado de las ciudades fronterizas, será la página en blanco que se encargará de llenar con sus fantasías y delirios. Será la palabra la que pueble la nada que nos rodea con frecuencia. Palabra que es espíritu, la huella inconfundible de cada espíritu encarnado.

Méndez señala que «la inexistencia es una ventana al imaginante» (Méndez 1996: 69). La nada que el mago hechicero de la palabra transmutará en lo que su deseo le dicte. Viejo chamán que decide cambiar la naturaleza de las cosas, ya que si algo caracteriza a la literatura es su exceso con relación a la naturaleza. Así, se le antoja transmutar las dunas del desierto en olas marinas que, de pronto, se confunden con el verde de la jungla, peces que se vuelven pájaros. No sólo se trata de una operación de lo visible, de lo que la imaginación deja ver y cambia a su antojo, sino que invade a todos los sentidos: sonidos, gustos, emociones y alegrías. Esta operación de transmutación también lo remite a la más palpable de sus consistencias como ser creador y cuya razón de ser se hunde de verdad en la naturaleza humana: «A mí, ente imaginativo, me absorbe el imperio de mi ser de barro o el (de) mi mar en el que recién bórrome borrándome» (ibíd.: 70).

Para dar cuenta de lo esencial humano, en lo cual cree Méndez, el artista debe tomar de la realidad cantidades variables de ficción, ya que es «por medio de la fantasía, el espíritu creador, la intuición, que se logran síntesis no dables en la rutina cotidiana» (Cárdenas s/f). La confianza que tiene Méndez en la palabra es total, al grado de que ésta puede «cambiar el destino de una nación», o bien de que «una frase basta para arruinar una vida entera o, simplemente, unas cuantas palabras cambian rumbos por nuevos senderos no imaginados jamás» (Méndez 2002: 65).

En la experiencia de la «otredad» o del doble cabe asimismo la otredad radical, la muerte, por ejemplo, dado que lo que forma la memoria son recuerdos de lo que ya no somos o han sido los otros, y que aun así quiere decir algo con insistencia. Muertos que siguen dando de qué hablar y a los que la escritura devuelve el hálito de vida, tal como ocurre en Miguel Méndez. Muertos que no descansan, como en la novela *Pedro Páramo* (1955) de Juan Rulfo. Es por ello que la literatura, de alguna manera, nos pone en un tiempo diferente al que transcurre en lo cotidiano. Tiempo sin tiempo, atemporalidad semejante a la de los sueños o lo que podríamos intuir como la eternidad. Tiempo capturado y nosotros con él. En la medida en que estamos fuera del tiempo, es a través de la escritura literaria que podemos estar presentes en cualquier momento o lugar. Las grandes obras literarias nos entregan esta trascendencia espacio-temporal de ir más allá del momento en el que fueron concebidas y de ser entendidas por quienes no forman parte de su tradición cultural. Si así ocurre, puede entonces entenderse la razón por la cual, con frecuencia, al artista o escritor le son conferidos poderes mágicos, chamánicos, para revelar no sólo el tiempo que ha vivido (el gran clarividente y descifrador del presente y pasado), sino el que vendrá, dado que puede ver todo desde un punto de vista «absoluto», en el sentido de poder sintetizar el tiempo; intuir su convergencia en las cosas, los rostros, personas, acontecimientos, como también lo señala Méndez. Intuirse a sí mismo en un todo enunciable. Hablar con los «muertos» (los fantasmas, los recuerdos) puede convertirse entonces en una clave de conocimiento insospechada, una riqueza poco apreciada.

All writers learn from the dead. As long as you continue to write, you continue to explore the work of writers who have preceded you; you also feel judged and held to account by them. But you don't learn only from writers — you can learn from ancestors in all their forms (Atwood 2002: 178).

Sólo al escritor le será dado entonces este «don» de ir y venir al «mundo de los muertos», del cual regresará, no sin dificultades, con conocimientos extraordinarios, insospechados, como lo vemos en Virgilio, Dante, Shakespeare, Rilke, Kafka, Borges y otros. La escritura vuelve a las cosas al tiempo. Las arranca de su silencio e inmovilidad, de la muerte eterna en la que yacen, de la eternidad, y las vuelve a la vida, a la erosión inevitable del presente. Ir del presente al «había una vez...».

La invención del pasado

Al igual que Atwood, Miguel Méndez sostiene que la escritura representa la inmersión en un laberinto en el cual el literato se extravía frecuentemente, pero para mejor encontrar(se) en los demás y en sí mismo. Méndez habla de sus «incursiones laberínticas y demás elucubraciones que [le] conducen a remolque» (1996: 67). Oscuridad, errancia, luminosidad, claridad, al final de todo. Se trata de algo más que de nombrar las cosas. Hay que iluminarlas con el entendimiento, hacerlas claras, transparentes para nosotros: «soy un náufrago indefenso entre las aguas crecidas del infame Río de las Letras, o bien, pordiosero extraviado entre un océano celeste, testo de luminarias» (ibíd.: 67). Para atravesar las galaxias de las letras, recorrer los mundos humanos, los sentimientos, el dolor y el asombro interminable del niño que siempre ha sido, Méndez se fabrica una nave cuyo «combustible» es su propia fantasía y potencia fabuladora, es decir, la pasión, ya que sin ella no sería posible la literatura.

Pero también le ocurre ser un escritor que no puede detener el fluir de la palabra, esa fiebre cuyo pretexto le sirve al autor para contar de manera no organizada del todo, espontánea, al ritmo que se presentan los recuerdos y el interés se fija en ellos, a la manera en que el pensamiento discurre. Con la tarea de salvar del olvido los recuerdos para que los que vienen se enteren de lo que se ha vivido, se deja llevar por el azar del juego imaginativo, «sin ningún orden ni obediencia a los planos y a la cronología que dan al relato panoramas simétricos y sucedidos explícitos, salto en alas de mi mente de una cosa a la otra» (Méndez 1996: 68).

El historiador Michel de Certeau ha sostenido que la literatura es producida sobre la base de huellas silentes, sobre el hecho de que lo que pasó no volverá y de que la voz de esos acontecimientos se ha perdido para siempre. Es la muerte la que impone mutismo en la huella. La literatura será entonces un trabajo sobre la «huella», la ausencia o muerte. Hace posible la «heterología», el logos del otro, tanto de lo que ya no es como del otro que es el lector. La escritura relaciona estas dos ausencias; hace posible su encuentro en el presente. Podríamos decir que el historiador, así como el literato «creates these narratives of the past which are equivalent to cemeteries in cities; it exorcizes and affirms a present of death in the midst of the living» (De Certeau, citado en Ricœur 2004: 367). El lenguaje como suelo y tumba de los muertos.

De aquí el hecho de que la escritura se convierta en una creación de pasado. Por medio de ella nos damos un pasado. Sobrellevar las ausencias, lo que ha dejado de ser y ha formado parte de nosotros. El sentido de la escritura radica en conservar la memoria, los recuerdos que nos pueden olvidar. No morir del todo y quedar atrapado en el relato de una historia. Repasar lo vivido, lo que inicialmente se encuentra condenado a muerte.

Tanto el historiador como el escritor se enfrentan a una doble ausencia: la de la cosa en sí misma que ya no se encuentra más y la del evento que nunca tuvo lugar, la excepción que no pudo hacerse, lo que se dejó de lado por haber hecho algo específico. Interpretación que a la vez atina y desvaría, devela y oculta. Cosas que ya no están, eventos que han sucedido de diversas maneras, de acuerdo con su interpretación. Es decir, la reivención (histórica, memorística, literaria) que genera la ausencia material de las cosas, o por el hecho de estar siempre siendo reinterpretadas. Ausencia constituyente de la memoria y la escritura y, más allá de ella, la condición temporal humana, finita. La temporalidad.

El pasado está por ahí, esperando que el presente lo recupere, que lo descubra en aquello que la conciencia pareciera no haber puesto demasiada atención cuando ocurrió. Presente que se amplía, que vuelve a sus raíces para cambiar. No está ahí inerte, incólume, intangible. Esta relación de tiempos la podemos encontrar descrita en alguien como el «trasterrado» español en México José Gaos, quien señala que es con razón en el futuro, con vistas hacia él, que comienza el trabajo de la memoria. Es una impronta del futuro la que se encuentra en la base de la recuperación y reordenación del pasado. El mismo Heidegger habría sostenido que el «fenómeno fundamental» del tiempo es el futuro (1997: 14E).

La intervención que Méndez realiza del presente en el pasado llega a ser tal que, desde ese mismo pasado, los personajes recordados o reinventados, reclaman al escritor su intromisión; incluso hay algunos que se cuelan en la casa de la imaginación del escritor sin que éste lo haya pedido. Pero también ocurre que el autor, convertido en un personaje más de la novela, se ubica en el pasado de su memoria y se dota de poderes clarividentes señalando el futuro que tendrán algunos de los personajes. El autor se encarna en su pasado y se convierte en un personaje más inventado por el mismo para poder dialogar con los actores del pasado; entrar en la escena del pasado con voz y voto.

La memoria es quien talla, esculpe al tiempo: tiene a su favor y en contra, a la vez, al tiempo. Palidece con él, se alimenta de él. Lo que la nutre la aniquila. Cuando en lugar de sumar los años, éstos se restan a lo que queda de vida, las imágenes palidecen; sólo quedan borrones, paisajes perdidos en la distancia, más parecidos a espejismos que se aniquilan. En consecuencia, todo es visto desde la «distancia del tiempo»:

> Un algo así como matices de un cromo indefinible, que sugiere dimensiones, relieves, siluetas, acordes al espíritu de las topografías conformantes de raros panoramas, rostros de gentes, gallinas, perros, semidiluidos en mis retinas esmogosas (Méndez 1996: 88).

Pero no sólo es el ojo del escritor el que se restrega hasta querer obtener una claridad en las imágenes del pasado sino que, lo que pudiera ser una metáfora para ver mejor lo que ya no existe o sólo existe en la memoria, el símil se extiende hasta hacer de la tierra una tierra-ojo restregada por la atmósfera, día tras día, diluyendo las figuras que sobre ella existen, contorneándolas, borrándolas, alineándolas. Movimiento giratorio de la tierra que carcome a los seres y a las cosas.

El pasado es lo que nos ha hecho; se muestra imbatible ante el presente. Pudiera ser, o es, el que se encarga de ir conformando una interioridad que se distingue de la exterioridad que representa el presente con sus exigencias inmediatas. Dicho de otra manera, nuestro exterior es presente, nuestra interioridad es pasada, latente, remanente, siempre a la espera de ser consultada de manera íntima y sólo comunicable por medio de la escritura. Ahora bien, por paradójico que suene, el pasado es más presente que el presente dada su constancia o consistencia, de que sea más bien una huella y dado que el segundo se consume en un instante. Menos consistencia en el presente, más en el pasado y en razón de que ambas dimensiones temporales se «tienden al futuro». Pero he aquí que el escritor realiza una transposicion más, imaginaria si se quiere: reunir todo el tiempo en una sola dimensión; borrar la frontera entre la realidad y la imaginación o el pensamiento: tocar las cosas desde el ayer, vivir el presente en la continuidad que viene desde el pasado, porque no podemos sino estar siendo.

Se trata de un fluir temporal más que establecer estancos de tiempo. Los seres del presente y del pasado terminan fusionándose; salen de un lado y se pasan al otro sin el menor empacho, sin la menor dificultad:

> La perennidad reside en el alma, pese a rotaciones y a desgastes físicos. De algún modo he transpuesto las entidades todas del tiempo a una dimensión única. De entre lo real que veo y toco y lo ideal albergado en el pensamiento, borro toda frontera. [...] Lo que veo y lo que pienso suelen desertar de sus planos idóneos sin que yo de pronto me percate a conciencia. El tiempo y el espacio cerebrales se redimen en ánima por virtud de un paso del alma, infinitesimalmente instantáneo (Méndez 1996: 95).

Ésta es la idea que puede relacionar la sempiterna presencia que el poeta es capaz de presentir en sí mismo y volverla comunicable, y, con ello, nosotros participar de ella. Una modalidad de lo interminable mientras exista humanidad, claro está. Al final de su autobiografía, Miguel Méndez tiene un reencuentro con el niño que se fue, con el que se es, el que cada uno lleva dentro y del que nunca deberíamos de desprendernos. Quien escribe va volando de Hermosillo a Tucson y pasa por su viejo pueblo, El Claro, Sonora. Se ve, es visto por un niño que es él, agitando los brazos al aire, saludando al que va volando. Un rencuentro momentáneo que ha valido toda la vida. Reencuentro con uno mismo a través de la escritura y la ficción. Único espacio donde se da cita el tiempo completo, sin divisiones, absoluto, que reúne lo que somos y lo que no, y al que también frecuenta, como hemos visto, la ausencia, la muerte, el silencio, el misterio, a quienes debemos entretener narrando precisamente cuentos, como lo hace Sherezada en *Las mil y una noches*, título que le pareció a Borges de los más bellos jamás creados, entre otras cosas por empatar la idea de «mil» a la de «infinito» (Borges 1989: 234). Muerte que habrá de esperar nuestra llegada, en lugar de que sea ella la que llegue. «No, no hay tal porvenir, sólo el porir avanza. La muerte no viene; nosotros nosotros vamos hacia ella» (Méndez 1996: 119).

BIBLIOGRAFÍA

ANAYA, Rudolfo (1976): *Heart of Aztlán*. Albuquerque: University of New Mexico Press.

ATWOOD, Margaret (2002): *Negotiating with the Dead. A Writer on Writing*. Cambridge/New York: Cambridge University Press.

BORGES, Jorge Luis (1989): «Las mil y una noches», en *Obras completas*, vol. II. Buenos Aires: Emecé.

BRUCE-NOVOA, John (1980): *Chicano Authors. Inquiry by Interview*. Austin: University of Texas Press.

— (1986): «Miguel Méndez: Voices of Silence», en Vernon E., Lattin (ed.), *Contemporary Chicano Fiction. A Critical Survey*. Binghamton: Bilingual Press.

CÁRDENAS, Lupe (s/f): «Tres autores de literatura chicana: ensayos y entrevistas», en <http://www.cervantesvirtual.com/servlet/SirveObras/chic/9025840321123615253457/index.htm> (consultada el 15/05/09).

DERRIDA, Jacques (2000): *Dar la muerte*. Barcelona: Paidós.

HEIDEGGER, Martin (1997): *The Concept of Time*. Oxford/Cambridge: Blackwell Publishers Inc.

MÉNDEZ, Miguel (1991): *Peregrinos de Aztlán*. Tempe: Bilingual Press.

— (1996): *Entre letras y ladrillos*. Autobiografía novelada. Tempe: Bilingual Press.

— (1995): *Los muertos también cuentan*. México: Universidad Autónoma de Ciudad Juárez.

— (2002): *El circo que se perdió en el desierto de Sonora*. México: Fondo de Cultura Económica.

PAZ, Octavio (1987): *El laberinto de la soledad*. México: Fondo de Cultura Económica.

RICOEUR, Paul (2004): *Memory, History and Forgetting*. Chicago: The University of Chicago Press.

RODRÍGUEZ DEL PINO, Salvador (1982): *La novela chicana escrita en español: cinco autores comprometidos*. Ypsilanti: Bilingual Press.

DE LA CIUDAD LETRADA A LA SELVA. ACERCA DE MASCARITA Y DE MARCOS

Kristine Vanden Berghe
Université de Liège

Entre los intelectuales que han optado por abandonar un mundo para instalarse en otro encontramos al peruano Saúl Zuratas, personaje entrañable de *El hablador* (Vargas Llosa 1987), ex estudiante de filosofía y letras, a quien le fue prometida una brillante carrera, pero que prefirió abandonar las bibliotecas de Lima sin dejar rastro para convertirse en un contador de historias en la Selva amazónica. Una profunda empatía hacia los indígenas machiguengas a quienes quería proteger de los estragos de la 'civilización occidental' explica esta elección.

Unos años antes de que Vargas Llosa publicara su novela, otro ex estudiante de filosofía y letras tomó una decisión parecida. Después de que hubiera abandonado los ámbitos intelectuales de México, D. F., se perdieron sus pasos hasta que, una década más tarde, algunos pensaron reconocerlos en la Selva lacandona, entre los mayas del sureste mexicano. Como Zuratas, se puso a contar historias y, como éste, dijo hacerlo porque le preocupaba la indefensión de los indígenas.

Saúl Zuratas y el personaje autoficcional creado por el subcomandante Marcos en *Relatos de el Viejo Antonio* (1998) y *Don Durito de la Lacandona* (1999) son dos personajes representativos de la figura del 'entre dos mundos' y se parecen en muchos sentidos. Después de desentrañar los rasgos que tienen en común, argumentaré que, desde la teoría de la paratopía elaborada por Dominique Maingueneau

(2004), Zuratas y Marcos son personajes ejemplares de la figura del escritor a pesar de que (o tal vez porque) su trayecto 'centrípeto' los aleja de la ciudad letrada (Aínsa 1986).

COINCIDENCIAS

Cuando Zuratas decide empezar una vida nueva entre los machiguengas, se convierte en su hablador, el que camina de una comunidad a otra para hacer circular las noticias y para recordarles sus historias tradicionales. Cuenta a su auditorio lo que le contó a su vez Tasurinchi: «Y me contó esta historia que ahora les voy a contar» (Hablador 52).[1] La función que cumple es importante porque, al desempeñar a la vez el papel de guardián de la tradición y de agente de cohesión social, fortalece la cultura machiguenga. De ahí que sea bienvenido dondequiera que vaya: «Los hombres que andan me reciben con alegría, me dan de comer y me hacen halagos» (Hablador 138). De la misma manera, una de las actividades fundamentales de Marcos como personaje autoficcional es contar historias. Lo hace para contribuir a la protección de los indígenas, para que la nación los tenga en cuenta. Al igual que Zuratas, Marcos se presenta como el más reciente eslabón en una cadena de transmisión: «Cuenta el Viejo Antonio que cuando era joven Antonio y su padre era el viejo Antonio le contó la historia que ahora me dicta al oído para que la mar la conozca de mis labios» (VA 123).

Ni el desplazamiento físico radical ni el estatuto privilegiado del que gozan en su nuevo mundo implican que Zuratas o Marcos se aculturen entre los indígenas. Al contrario, de su discurso —su lengua, sus referencias culturales y sus autorretratos— se desprende que están anclados en dos mundos. Sus respectivos autores parecen decir que, por distintas que sean las intenciones y por enormes que resulten los esfuerzos, es imposible hacer abstracción de una formación letrada y de una educación occidental.

Esto se nota en primer lugar en la manera en que construyen una lengua particular. Tanto el narrador Zuratas como el narrador Mar-

---

[1] De ahora en adelante me referiré a *El Hablador* como Hablador, a *Relatos de El Viejo Antonio* como VA.

cos, en los relatos que transmiten, usan una forma híbrida del español al que inyectan resonancias de las lenguas indígenas. Zuratas crea un efecto de oralidad por la acumulación de frases aditivas, por redundancias tipo «Es lo que yo he sabido» y por la confusión de adverbios de tiempo: *ahora, entonces, antes* y *después* (O'Bryan 1995: 78). Acerca de esos rasgos y de su interacción con las características de la lengua escrita, O'Bryan ha dicho que es una preciosa metáfora del Perú (ibíd.: 84). A esto se podría añadir que también lo es de la situación entre dos mundos del narrador, la ciudad letrada donde prevalece la escritura y la sociedad primitiva donde la palabra no es vista como escritura sino oída como sonido.

En los relatos del Viejo Antonio transmitidos por Marcos, se vuelven a encontrar algunos rasgos básicos del lenguaje de Zuratas. La confusión de los adverbios de tiempo que cuestionan el tiempo occidental es uno de ellos: «que eso fue antes y que ahora es un después» (VA 91) o «Esto que les contamos pasó hace muchos años, es decir, hoy» (VA 114). A esto se añaden el uso transitivo de verbos normalmente intransitivos y el uso 'incorrecto' de los posesivos —que también encontramos en *El hablador* («¿No eres su casa de ellas?», 56)— como sendos elementos que enfatizan las diferencias entre el español y las lenguas indígenas. De manera general, en la literatura respecto a estas interlenguas (Lienhard 2003; Vega 2003), se suele subrayar que permiten al narrador acercarse al mundo indígena en función de un proyecto ideológico favorable a éste y que piden al lector que se comprometa activamente con este mundo. Sin embargo, también se podría considerar el tema en función de la mitad del camino que no recorre y destacar que la creación de una interlengua ilustra asimismo las ataduras del narrador a un mundo anterior, en el caso de Zuratas, y a una cultura hegemónica de origen hispánico, en el de Marcos.

Las referencias culturales en el discurso de ambos narradores apoyan esta idea de un 'entre dos' enunciativo. Zuratas y Marcos cuentan relatos en los que abundan los temas y los personajes de inspiración indígena. Las historias del peruano son difíciles de entender, entre otras razones por las referencias a personajes 'exóticos' como los diablos que, cuando estornudan, trastornan el mundo: «Cuando vuelvas a visitar a Tasurinchi recuérdale que es el diablo el que hace ¡achiss! Y no la mujer que pare niños muertos o se pone muchos collares de charquira» (Hablador 52). De modo semejante, los relatos de Marcos parecen ser mitos de tonalidad indígena: «y pensaron los dioses en llegar a un buen acuerdo que solos no los tuviera, que trajera a salir de las cuevas a los hombres y mujeres murciélago» (VA 34).

Esas referencias a las culturas indígenas se combinan con una serie de menciones a autores que provienen del acervo occidental. En las historias contadas por Marcos se intercalan citas de García Lorca, Brecht, Cortázar, Borges y, sobre todo, Cervantes. Este cruce de referencias se entiende por la heterogeneidad de los proyectos zapatistas y por los distintos públicos a los que se dirigen (Vanden Berghe/ Maddens 2004). Pero también es legítimo pensar que Marcos no puede abandonar enteramente su formación adquirida en el mundo del que proviene.[2]

El caso de Zuratas es algo distinto y aquí cabe señalar una diferencia importante que media entre él y Marcos.[3] En la medida en que el peruano decide dedicar su vida a aislar al pueblo machiguenga de las influencias occidentales, el hecho de que él mismo cuente historias inspiradas en grandes relatos occidentales, especialmente la Biblia y *La metamorfosis* de Kafka, apoya de un modo más convincente la idea de que el abandono físico radical de un mundo no puede acompañarse de un abandono tan radical en lo cultural: «Un espíritu poderoso los había soplado. No tenía cara ni cuerpo. Era Tasurinchi-jehová» (Hablador 207). A pesar de sus intenciones, Zuratas es incapaz de cortar los lazos que le atan a su formación primera.

Los autorretratos corroboran estas facetas del desplazamiento. Tanto Zuratas como Marcos recalcan que han adquirido una nueva identidad, incluso los términos con los que lo postulan son bastante semejantes. El primero dice a sus compañeros machiguengas: «Antes, yo andaba con otro pueblo y creía que era el mío. No había nacido aún. Nací de verdad desde que ando como machiguenga. Ese otro pueblo se quedó allá, atrás» (Hablador 207).[4] El uso de los pronombres (el 'nosotros' que incluye a Zuratas entre los indígenas) apoya esta

---

[2] Lo que, por otro lado, no implica que quiera hacer esto, pues si fuera el caso, no podría cumplir su papel de intermediario entre el mundo indígena y el mestizo en México.

[3] Cabría señalar otras diferencias entre ambos personajes, pero como no inciden sobre el tema que nos ocupa, no las trataremos aquí.

[4] El primer narrador confirma esta interpretación: «Desde el primer contacto que tuvo con la Amazonia, Mascarita fue atrapado en una emboscada espiritual que hizo de él una persona distinta» (Hablador 22).

declaración: «Sabemos que nos odia a los machiguengos» (Hablador 60). Acerca de Marcos, sus compañeros mayas también dijeron que cambió de identidad y también lo incluyen en un 'nosotros': «Siendo clara la piel de este hombre y su paso anterior a esas tierras, vino a ser parte nuestra. Es su corazón indígena como cualquiera de nuestros muertos y tiene el alma morena como la entraña de estos suelos. No es más lo que fue antes. No es ya él sino nosotros» (EZLN 1995: 102; comunicado del 12 de octubre de 1994). Al año siguiente, Marcos confirmó esta idea al incluirse en el pronombre 'nos': «Nos encontramos con un país [...] dispuesto a incluirnos en el 'nosotros'» (EZLN 1995: 434; comunicado del subcomandante insurgente Marcos, del 25 de agosto de 1995).

En ambos relatos, el tema del cambio de identidad se cifra en alusiones a Kafka. La lectura preferida de Zuratas es *La metamorfosis* (Hablador 19). Influye tanto en él que, por arte de magia, se convierte en un escarabajo, Tasurinchi-gregorio (Hablador 196).[5] En los relatos de Marcos, Durito a su vez hace pensar en Gregorio. Aunque su nombre no incluya resonancias a la obra kafkiana, es un escarabajo que cambia constantemente de identidad – se presenta ora como escarabajo, ora como caballero andante, Nabucodonosor o colega de Brecht- lo que invita a asociarlo con el personaje kafkiano.[6]

Pero como la de Jano, la representación de los narradores-personajes es bifronte. Aunque dicen haber nacido de nuevo y formar parte de una nueva comunidad, Zuratas y Marcos siguen siendo los 'otros' en ésta. Los dos confiesan que el mundo de donde vienen los pone en una situación de desventaja física en el mundo de la selva y admiten que esto los convierta en chapuceros que sobreviven gracias a sus huéspedes indígenas. Saúl se retrata como aprendiz de los machiguengas:

[5] Es tan sólo uno de los aspectos que toma el tema de las metamorfosis en *El hablador*. El propio nombre de pila de Zuratas, Saúl, remite al converso más conocido de la Biblia que cayó de su caballo y se convirtió en un defensor apasionado del cristianismo.

[6] Otras muchas coincidencias podrían recalcarse, como la presencia del lorito que acompaña al hablador, llamado Gregorio Samsa (Hablador 17) y el autorretrato con lorito del propio Marcos (1994). En cierto momento, Durito incluso aparece como escarabajo cuando Marcos contesta a un compañero que le dice que tiene un escarabajo en el hombro: «no es un escarabajo, es un lorito que habla en francés» (Marcos 1999: 67)

«Esto lo aprendí de ustedes» (Hablador 211). De una manera parecida, Marcos se retrata como un torpe que se beneficia, para sobrevivir
en la selva, de la ayuda del Viejo Antonio quien le recuerda su papel
de aprendiz: «Ya aprendiste que para saber y para caminar hay que
preguntar» (VA 60).

El problema de la identidad umbral que separa y une pasado y
futuro se simboliza en la máscara, que tiene la forma de un lunar en la
cara de Zuratas y de un pasamontañas en la de Marcos. Según el primer narrador de *El hablador*, la cara deformada de Zuratas influyó en
su solidaridad con los machiguengas, porque hacía de él un feo, «un
marginal entre los marginales» (Hablador 233). Un comentario del
propio Zuratas dirigido a su auditorio machiguenga corrobora esta
idea: «Antes, esta mancha me importaba mucho. No lo decía. A mí
nomás, a mis almas. Lo guardaba y ese secreto me comía. A poquitos
me iba comiendo aquí adentro. Triste vivía, parece. Ahora no me
importa. Al menos, creo que no. Gracias a ustedes será» (Hablador
201). El lunar hace que en Lima se le conozca como 'Mascarita'.
Según opina Sergio R. Franco, este apodo esconde un esencialismo ya
que toda máscara presupone un rostro tras ella, un fondo de «verdad»
depositado en lo profundo (2005: 584). Si asociamos esta idea con lo
que acabamos de argumentar, su máscara sería su nueva identidad
adquirida que no se sustituye a su identidad occidental, sino que viene a sobreponérsele.[7]

Entre Mascarita y el enmascarado más prominente de Chiapas
sólo hay un paso. Como es el caso del lunar, el pasamontañas de Marcos lo convierte en marginal entre los marginados, le da un color
oscuro entre la gente de piel oscura. Sin embargo, su manera de
hablar, sus ojos menos rasgados que los del resto de los enmascarados,
y una nariz más parecida a la de Cyrano de Bergerac (la comparación
es del propio Marcos) que a la nariz maya, traicionan, aquí también,
una cara occidental detrás de la máscara indígena.

Señalemos aún que las colectividades en las que ambos personajes se integran se distinguen esencialmente porque no dejan de
moverse, de manera que su propio viaje de un mundo a otro se prolonga en el continuo desplazarse del pueblo que los adoptó. Los

---

[7] En este sentido el apodo 'mascarita' se podría asociar con un aspecto etimológico del título 'El hablador' (cf. Vanden Berghe 2009).

machiguenguas se llaman a sí mismos 'pueblo que anda': «Menos mal que sabemos andar. Menos mal que hemos estado andando tanto tiempo. Menos mal que siempre estuvimos cambiando de sitio. ¡Qué sería de nosotros si fuéramos de esos que no se mueven!» (Hablador 52). Asimismo, entre los zapatistas mayas la idea de caminar es central: «aprendieron los hombres y mujeres verdaderos que las preguntas sirven para caminar, no para quedarse parados así nomás. Y, desde entonces los hombres y mujeres verdaderos para caminar preguntan, para llegar se despiden y para irse saludan. Nunca se están quietos» (VA 59).[8]

Escritores ejemplares fuera de la ciudad letrada

Entre Mascarita y Marcos las coincidencias son tan abundantes y, en algunos puntos, tan precisas, que la tentación es grande de imaginar entre ellos una relación genealógica. A Mario Vargas Llosa, vehemente crítico del proyecto zapatista[9] y ausente del discurso del subcomandante Marcos, éste le habría hecho un homenaje implícito al crearse un personaje a la medida de Mascarita. Si he decidido no privilegiar el posible aspecto genealógico de la cuestión, no es tanto porque tenga un carácter especulativo casi lúdico, sino porque Mascarita y Marcos parecen ser personajes bastante comunes, por lo menos en lo que toca a los aspectos que hemos destacado. En *Identidad cultural de Iberoamérica en su narrativa* (1986), Fernando Aínsa demuestra con convicción e ilustra con una erudición fuera de lo común que este tipo de personajes no sólo de ninguna manera son excepcionales sino que incluso abundan en la historia de la literatura iberoamericana. Esto hace que una lectura genealógica sea poco verosímil o que, al menos, se deba manejar la hipótesis de que la novela de Vargas Llosa sólo es uno de los numerosos antecedentes en los que Marcos puede haberse inspirado.

Una buena parte del estudio de Aínsa trata de las variantes que ha tomado el motivo del pasar de un mundo a otro en la literatura ibero-

---

[8] Según argumenta Aínsa, el tema remonta al «éxodo, cuando no la diáspora, con que la humanidad se ha defendido de persecuciones y exterminaciones» (2003: 69).

[9] Véanse los artículos de opinión que dedicara al EZLN en 1994, 1996 y 1998.

americana. 'Movimiento', 'locomoción', 'desplazamiento' son los conceptos en torno a los cuales estructura su análisis en el que estipula que: «Sed de camino, ansia de posesión del mundo, elogio de la pobreza y del vagabundeo, resumen en este párrafo una psicología existencial que puede rastrearse en muchas novelas iberoamericanas» (1986: 202). Divide las múltiples variantes de ese vagabundear en un 'movimiento centrífugo' hacia fuera de América Latina y un 'movimiento centrípeto' hacia «el 'interior' secreto y raigal de América» (ibíd.: 204). En esta última categoría encontramos las novelas cuyos personajes quieren cambiar el mundo (ibíd.: 276).[10] Está claro que Mascarita y Marcos caben dentro de ella.

Aínsa sugiere también que el constante caminar del personaje iberoamericano se explica por un profundo desajuste que lo caracteriza de manera intrínseca: «lo que resulta un fenómeno reciente en la ficción europea —el 'desajuste' de la identidad del personaje de la novela tradicional— puede haber sido una característica permanente del hombre americano» (1986: 188), o:

> Es como si el hecho de saberse 'desajustados', cuando no 'alienados', hiciera más evidente la necesidad de 'integración' y encuentro del anhelado 'espacio feliz' con que sueñan de un modo u otro. De allí el permanente 'movimiento', entendido como desplazamiento 'topológico' en el espacio, que caracteriza esa búsqueda y las numerosas novelas que la jalonan en una u otra dirección (ibíd.: 192).

Leídos en función del estudio de Aínsa —que no los pudo tratar, ya que es de 1986—[11] y haciendo abstracción de alguno que otro rasgo que se aparta,[12] los personajes de Mascarita y de Marcos son ejemplares y típicos de la narrativa iberoamericana.

---

[10] «se proponen "cambiar" la vida de los "demás". Terminar con la explotación de indios, peones de caucherías y obreros de *ingenios* azucareros, constituye el eje de la búsqueda» (Aínsa 1986: 276).

[11] En 2005, sin embargo, Aínsa publica un artículo sobre *El hablador* en un número especial que *Ínsula* dedica a Vargas Llosa. Allí lo compara con otras novelas que había estudiado en su libro de 1986.

[12] Los retratos de Marcos y de Mascarita se desvían en dos aspectos del 'retrato robot' que hace Aínsa del personaje iberoamericano. Por una parte, ni Mascarita ni Marcos —por lo menos por ahora— regresan de su viaje a la selva. En su caso, falta lo que el crítico llama «La "vuelta", la inevitable "vuelta" en que se revierten todas las

A continuación, y para concluir, quisiera argumentar que también pueden considerarse como típicos del escritor latinoamericano, y del escritor *tout court* según lo concibe Dominique Maingueneau en su teoría sobre la paratopía literaria (2003). De hecho, algunos conceptos claves que sirven a Aínsa para construir su teoría sobre la narrativa iberoamericana —tales como movimiento perpetuo y desajuste existencial— se parecen mucho a los conceptos a partir de los cuales Maingueneau define la paratopía que, según argumenta, es característica del lugar de enunciación constitutivo de la literatura y del escritor. Maingueneau sugiere a partir de una serie de ejemplos que el lugar desde el cual se enuncian los discursos literarios, si bien varía en el tiempo, siempre es paradójico y se define como una complicada y difícil negociación entre el lugar y la ausencia de lugar, como una imposibilidad de estabilizarse. Para el escritor es problemática su pertenencia a un lugar o a un grupo:

> Celui qui énonce à l'intérieur d'un discours constituant ne peut se placer ni à l'extérieur ni à l'intérieur de la société: il est voué à nourrir son œuvre du caractère radicalement problématique de sa propre appartenance à cette société. Son énonciation se constitue à travers cette impossibilité même de s'assigner une véritable 'place'. Localité paradoxale, paratopie, qui n'est pas l'absence de tout lieu, mais une difficile négociation entre le lieu et le non-lieu, une localisation parasitaire, qui vit de l'impossibilité même de se stabiliser (Maingueneau 2003: 52-53).

Una implicación fundamental de la posición paradójica o paratopía es que el escritor explota constantemente las roturas en la sociedad. Maingueneau lo define como el que no está en su lugar allí donde está, el que se desplaza de un lugar a otro sin arraigarse nunca, el que no encuentra su lugar, el que no se acomoda. En otro momento identifica esta 'negociación' en términos de fronteras: «l'énonciation littéraire déstabilise la représentation que l'on se fait communément d'un lieu, avec un dedans et un dehors. Les 'milieux' littéraires sont en fait des frontières» (Maingueneau 2003: 72). Según el lingüista, si hay

---

"idas" de la narrativa del movimiento centrípeto» (222). En segundo lugar, un rasgo básico es que son presentados en función de su ocupación principal, contar o escribir. Podríamos, entonces, sugerir que se haga otra clase de personajes, los 'contadores centrípetos' que se quedan en 'el centro raigal'.

un rasgo que define al escritor, es la dificultad de pertenencia, tanto a la sociedad como al campo literario.

Se dirá que la teoría de la paratopía se aplica a las circunstancias enunciativas de un autor mientras que Aínsa y nosotros en este texto estudiamos personajes. Pero Maingueneau también introduce la noción de 'embrague' del texto sobre las condiciones de enunciación, con lo cual sugiere que la obra refleja las condiciones de su propia enunciación en el universo narrativo que construye (Maingueneau 2003: 95). Esto explica, por una parte, que los escritores tengan una predilección por los personajes paratópicos que escapan a las líneas de división en las sociedades —«bohémiens, juifs, femmes, clowns, aventuriers, Indiens d'Amérique...» (ibíd.: 77)— y, por otra parte, la relación ambivalente entre el autor y estos personajes (ibíd.: 99).

Los retratos de Zuratas y de Marcos están hechos a base de los rasgos que Maingueneau considera eminentemente paratópicos. Tienen el rasgo de la paratopía de identidad que los aleja del grupo al que pertenecen ya que abandonan su mundo original. Esto se combina con una paratopía espacial ya que ambos son descritos como personajes inestables que, tras abandonar su lugar de origen, continúan caminando, en el caso de Marcos debido al proyecto de caminar de los zapatistas, en el caso de Mascarita por asociarse con un pueblo cuya vocación consiste en moverse. Este movimiento espacial se combina con un movimiento temporal ya que abandonan el mundo de la ciudad moderna para ir a vivir de una manera más arcaica.[13] En la biografía de Mascarita y de Marcos aún resalta la paratopía familiar ya que renuncian a ser los hijos de sus padres, a la transmisión genealógica: al irse a la selva y, al ponerse a contar, abandonan su patronímico. Respectivamente el lunar de Mascarita y la enorme nariz cuya fealdad Marcos no deja de destacar, garantizan la paratopía física.[14] Finalmente, el uso de la interlengua a su manera demuestra la dialéctica paratópica inclusión/exclusión en el nivel de la lengua literaria.

---

[13] También esto coincide con uno de los aspectos del viaje destacados por Aínsa quien ha señalado que: «uno de los *leitmotivs* de la narrativa del movimiento centrípeto [es] la estrecha relación entre espacio y tiempo» (1986: 247).

[14] En el caso de Mascarita su identidad judía acaba por exacerbar su no pertenencia. Se lo podría entonces incluir en una serie de personajes judíos errantes, brevemente discutida por Aínsa (1986: 190).

El retrato del escritor o de sus personajes, sin embargo, no es completo si uno no toma en cuenta que su paratopía también se nutre del carácter problemático de su propia pertenencia al campo literario (Maingueneau 2003: 85). Esto es evidentemente el caso de Mascarita que abandona los espacios letrados de Lima, la universidad y los bares donde conversaba de literatura, para desplazarse hacia lugares ágrafos, ubicados fuera de la ciudad letrada. Por su parte, el hecho de que Marcos haya abandonado un espacio letrado se desprende del enorme bagaje literario y más globalmente cultural que se encuentra en sus relatos.

De ahí que podamos concluir que, en ambos personajes, de manera paradójica, su abandono de la ciudad letrada es garante de la solidez de sus retratos como escritores. En cuanto a Mascarita, la idea de paratopía permite incluir al hablador y a la literatura oral dentro de la producción literaria escrita y anular de esta manera una diferencia a primera vista esencial que media entre su mundo de origen y su mundo de llegada, entre ser un escritor y ser un hablador. Asimismo, lo acerca al narrador autoficcional de la novela. En el caso de Marcos, contribuye a construirle una imagen pública en función de su pertenencia al campo literario y ayuda a hacer olvidar al lector que anda armado a la cabeza de un ejército de guerrilla implicado en una guerra de baja intensidad. Definitivamente, al desplazarse a otro mundo no letrado se ha convertido a sí mismo en un escritor. Lo que Aínsa ha estudiado como movimiento al corazón 'secreto y raigal' de América es, por lo tanto, también un movimiento al corazón de la literatura.

Bibliografía

Aínsa, Fernando (1986): *Identidad cultural de Iberoamérica en su narrativa.* Madrid: Gredos.

— (1998): «La arcadia como antesala del infierno (el motivo de la selva amazónica en la obra de Vargas Llosa)», en *Ínsula*, n° 624, diciembre, pp. 4-5.

— (2003): *Narrativa hispanoamericana del siglo XX. Del espacio vivido al espacio del texto.* Zaragoza: Prensas Universitarias de Zaragoza.

Ezln (1995): *Documentos y comunicados 2.* México: Era.

Franco, Sergio R.: «Tecnologías de la representación en *El hablador*, de Mario Vargas Llosa», en *Revista Iberoamericana*, vol. LXXI, n° 211, abril-junio, pp. 575-589.

LIEHNARD, Martin (2003): *La voz y su huella*. México/Tuxla Gutiérrez: Ediciones Casa Juan Pablos/Universidad de Ciencias y Artes de Chiapas.

MAIGUENEAU, Dominique (2004): *Le discours littéraire. Paratopie et scène d'énonciation*. Paris: Armand Colin.

O'BRYAN-KNIGHT, Jean (1995): *The Story of the Storyteller: «La tía Julia y el escribidor», «Historia de Mayta» and «El Hablador» by Mario Vargas Llosa*. Amsterdam: Rodopi.

SUBCOMANDANTE MARCOS: en <http://palabra.ezln.org.mx> (consulta el 8 de julio de 2009).

— (1998): *Relatos de El Viejo Antonio*. San Cristóbal de las Casas: Centro de Información y Análisis de Chiapas.

— (1999): *Don Durito de la Lacandona*. San Cristóbal de las Casas: Centro de Información y Análisis de Chiapas.

VANDEN BERGHE, Kristine (2005): *Narrativa de la rebelión zapatista. Los relatos del Subcomandante Marcos*. Madrid/Frankfurt: Iberoamericana/Vervuert.

— (2009): «Acerca de un rey hablador y de un hablador a secas: ecos de *Los ríos profundos* de José María Arguedas en *El hablador* de Mario Vargas Llosa», en *Neophilologus*, 93, pp. 249-261.

—/BART Maddens (2004): «Ethnocentrism, Nationalism and Post-nationalism in the Tales of Subcomandante Marcos», en *Mexican Studies/Estudios mexicanos*, 20/1, pp. 123-144.

VARGAS LLOSA, Mario (1987): *El hablador*. Barcelona: Seix-Barral.

— (1994): «México en llamas», en *El País*, 16 de enero, pp. 13-14.

— (1996): «La revolución posmoderna», en *El País*, 11 de agosto, pp. 9-10.

— (1998): «La otra cara del paraíso», en *El País*, 15 de marzo, pp. 15-16.

VEGA, María José (2003): *Imperios de papel. Introducción a la crítica postcolonial*. Barcelona: Crítica.

De Nicotiano a Karl-Johan/Calyuja: René Vázquez Díaz y los espejos del exilio

Patrick Collard
Universiteit Gent

«Yo hago mis críticas desde una soledad profundamente comprometida. Mi compromiso no es ni siquiera político. Es ético y humanista», le contesta René Vázquez Díaz a Soledad Ortega (2009). Explícita y sumamente crítico respecto del régimen cubano pero también muy lejos, en lo geográfico y lo ideológico, del ámbito de Miami, René Vázquez Díaz, nacido en Caibarién, Cuba, en 1952 y afincado en Malmö, Suecia, desde 1975, se caracteriza por sus actitudes fundamentalmente dialogantes y conciliadoras de cara al futuro de Cuba: «Es una opción existencial, es como una canción de la orquesta Original de Manzanillo, que me gusta mucho y dice: A la hora que me llamen, voy» (Zamora Céspedes 2003).

En sus obras narrativas y ensayísticas sigue explorando y poniendo en escena las distintas modalidades de su condición de exiliado,[1] como lo confirma la reciente publicación, en 2009, de su última obra de ficción hasta el momento. Cerca de 15 años —y varias otras obras literarias, entre otras *De pronto el doctor Leal* (2007), la novela corta ganadora del Premio Juan Rulfo de Radio France Internationale—

---

[1] Merece la pena destacar que el profundo apego de Vázquez Díaz a su país de origen se expresó también en la publicación de un notable libro de cocina (2002), en el cual las recetas alternan con anécdotas relacionadas con la infancia y familia del autor

separan la publicación en castellano[2] de la novela *La isla del Cundea-mor* (1995) de «Exilia», el capítulo/relato final y más largo de *El pez sabe que la lombriz oculta un anzuelo* (2009). El exilio y la búsqueda o la nostalgia de los orígenes constituyen *leitmotivs* de ambos textos de un escritor que ha hecho de Cuba —su gente, su historia, su cultura, sus costumbres— el tema central de su obra.[3] Los enfoques, sin embargo, son bastante distintos aunque complementarios.[4]

UNA ISLA EN MIAMI

La isla del Cundeamor forma parte de una trilogía sobre Cuba vista a través de los ojos de niños y adolescentes —*La era imaginaria* (1987) y *Un amor que se nos va* (2006)— y adultos desterrados (*La isla del Cundeamor*). Es una novela tan divertida como dramática, de mirada en general irónica[5] y de tono ora tierno ora sarcástico o amargo. Está llena de peripecias más o menos verosímiles, escenas delirantes, parodias de episodios de culebrón, de comedia hollywoodiana, de cine negro o del 'narcorrido' mexicano. El panorama que el novelista presenta del microcosmos cubano de Miami al final del los años ochenta es un retrato sin concesión de un espacio social de falsedad, donde todo el mundo engaña a todo el mundo y donde la tragedia siempre compite con la farsa en la trayectoria de los personajes, enfermos todos o casi de una incurable nostalgia cubana y obsesionados con la idea del hipotético regreso más o menos próximo. Repartidos a lo largo de la novela, se encuentran fragmentos de conversaciones que, si se juntan, constituyen un pequeño compendio de la historia de Cuba desde los tiempos de Machado hasta finales de los ochenta (sin olvidar la obligada referencia a José Martí).

---

[2] La condición de exiliado de René Vázquez Díaz se señala, entre otras cosas, por el hecho de que varias obras suyas salieron primero en traducción (francesa o sueca); así, *La isla del Cundeamor* salió en francés dos años antes del original en castellano.

[3] Para las obras anteriores a 2002, véase Izquierdo Pedroso 2002.

[4] La parte dedicada a *La isla del Cundeamor* en esta contribución es una versión reelaborada y abreviada de otro trabajo mío (Collard 2001)

[5] La ironía de Vázquez Díaz, aplicada por ejemplo a la perversión del discurso oficial, merecería un estudio separado y detenido; para *La era imaginaria*, se puede consultar el trabajo de Martínez (1991).

La organización narratológica de *La isla del Cundeamor* es un tanto curiosa y cargada de simbolismo: una novela supuestamente sin publicar, echada al mar en trozos dispersos (la consabida botella del náufrago es un verdadero *Leitmotiv* en esta novela) narrada por un «yo» cuya identificación con la Tía Ulalume tarda bastante en revelarse. Cada uno de los catorce capítulos se cierra con un diálogo con el narrador, impreso en letra cursiva: en los catorce diálogos toman la palabra catorce personajes distintos; en un caso se trata del diálogo de un personaje —un tanto bebido— consigo mismo.

Todos los personajes de origen cubano están determinados ante todo por la conciencia de su condición de insulares exiliados, con sus odios y nostalgias respecto de la isla a la vez tan cercana y tan lejana. En primer lugar y a la superficie del texto, llama la atención lo satírico y lo burlesco respecto de los exiliados como grupo y sus comportamientos. Por ejemplo, merece la pena mencionar el inventario de asociaciones y partidos que dividen entre sí a los exiliados; habla Betty Boop, uno de los personajes más logrados de la novela, haciendo un notable ejercicio de acumulación de sinónimos y denominaciones despectivas en la enumeración paródica:

> Yo he donado, como una comemierda, para todas las organizaciones que proclamaban la hecatombe de la Revolución (aquí Betty empezó a contar precipitadamente con los dedos): la Rosa Blanca, ladrones; Alfa 66, degenerados; Los Centinelas de la Libertad, hijos de puta; la Representación cubana del Exilio, mercachifles; el Movimiento Nacionalista Cubano, descarados; el Comité de Lucha contra la Coexistencia Pacífica, mercenarios; el Poder Cubano, falsarios; la Asociación de Veteranos de la Bahía de los Cochinos, cochinos; el Ejército secreto Anticomunista, embusteros; la Coincidencia Patriótica, barrioteros; el Gobierno Cubano Secreto, zoquetes; el Comité Ejecutivo Libertador, no sé ni quiénes son; el Movimiento Unitario Invasor, bocones; la Plataforma Democrática, socarrones; la Fundición Nacional Cubano Americana, rinquincalla; la Unión Liberal, como para vomitar (Vázquez Díaz 1995: 54).

El espacio focal de la narración es la casa de la Tía Ulalume y su marido, el finés Hetkinen, en la isla del Cundeamor, donde la pareja reconstruyó un ambiente cubano. Pero es una isla cuya particularidad más destacada es la de no existir: es el nombre que le han dado y siempre usan los propietarios, pero que nadie conoce fuera del círculo de familiares y amigos. Varias veces se repite «esta isla no existe», subra-yándose así que se trata de una recreación literalmente fuera de la rea-lidad pero que es la única realidad de sus habitantes: el lector ni siquiera se entera de su verdadero nombre. Es un espacio ideal, literal-mente utópico, donde vive también el escultor Nicotiano (protago-nista ya de *La era imaginaria*) que sólo produce, obsesivamente, escul-turas que representan cangrejos. La trama de la novela cuenta esencialmente los acontecimientos de algunas semanas durante las cuales en la vida de tres protagonistas de origen cubano se operan rup-turas y cambios profundos que afectan y modifican su condición de insulares exiliados, empujándolos a dejar Miami. El desenlace es de fuerte dosis irónico y simbólico. En el gueto negro de Miami, Nico-tiano es agredido y golpeado a muerte; expira «con todo el cuerpo agi-tado por una rabiosa convulsión que no cesó en las extremidades infe-riores hasta que un Chevrolet enorme le pasó por encima» (Vázquez Díaz 1995: 309). O sea: el exiliado externo es víctima de los exiliados internos, los parias del sueño americano y muere literalmente aplasta-do por un objeto emblemático de dicho sueño. Betty se marcha con el judío Kopiec, formando con él una pareja constituida por dos repre-sentantes de pueblos marcados por el signo de la errancia y la diáspo-ra. El matrimonio Ulalume-Hetkinen cede a las presiones para vender su propiedad y deciden irse a España —«que después de todo es la Madre Patria» (ibíd.: 310)— con el firme propósito de reconstruir allá su isla del Cundeamor y... hacer negocios con Cuba. René Vázquez Díaz aprovecha a fondo el peculiar estatuto socio-político de Miami, elaborando una construcción novelesca basada en espacios, encuen-tros y desencuentros que ponen de relieve, por una parte, la continua, repetitiva reinvención de la isla perdida y, por otra, una serie de situa-ciones caracterizadas por juegos de espejos y una imbricación de mecanismos de exclusión, prejuicios raciales y explotación; de aisla-miento, en resumidas cuentas.

Al igual que en otros relatos de Vázquez Díaz, éste se caracteriza por la presencia de frecuentes juegos intertextuales, con guiños a José Martí, Alejo Carpentier y Claude Lévi-Strauss. Pero el caso de inter-textualidad más profunda quizás sea el que se revela explícitamente en el paratexto, porque en el dorso del libro figura una cita del pro-pio novelista en la que éste define Cuba como «la isla que se repite» (las comillas son de Vázquez Díaz), palabras que son la primera parte

del famoso trabajo (1989) del excelente novelista cubano Antonio
Benítez Rojo (1931-2005), otro exiliado. Y en efecto, *La isla del Cundeamor* es como una versión en prosa de ficción narrativa del título de
Benítez Rojo: a lo largo de su novela, Vázquez Díaz no para de representar de modo literal y sistemático el concepto de repetición de la isla.

DE KARL-JOHAN A CALYUJA

El pez sabe que la lombriz oculta un anzuelo es un libro breve cuya
definición genérica a primera vista no resulta muy evidente. Consta de
cinco capítulos explícitamente llamados así, cada uno provisto de un
título. Dicho de otro modo: el autor manifiesta la clara voluntad de
presentar los textos como un conjunto, como una novela (corta). Por
otra parte, los distintos capítulos gozan de autonomía narrativa: eso sí,
algunos personajes y lugares de un capítulo reaparecen en otra, pero
estas coincidencias no impiden que cada una de las cinco subdivisio-
nes pueda leerse por separado como si se tratara de un relato breve,
coherente y acabado, sin 'necesidad', en apariencia, de conexión con
los otros relatos. Y, sin embargo, la unidad reivindicada por el autor es
mucho más fuerte de lo que parece. ¿En qué consiste? La formulación
más simple de la respuesta es que el lector, al cerrar el libro, se da cuenta de que en «Exilia», el último capítulo/relato, que en extensión ocupa un tercio del conjunto, desembocan temáticamente los cuatro anteriores. El espacio principal o exclusivo de los capítulos 1 («El niño
enamorado»), 3 («La mujer sola») y 4 («La saxofona») es Villalona, el
pueblo ficticio de la infancia del narrador, el Macondo (*mutatis
mutandis*) de René Vázquez Díaz, situado en la provincia de Villa Clara, como Caibarién, donde nació el autor. El capítulo 2 («Macho
Grande en el Balcón») y «Exilia», cuyo espacio inicial es Malmö, en
Suecia, transcurren ambos tanto en La Habana como en Villalona.
Del primero al cuarto capítulo, los relatos están a cargo de un mismo
narrador en primera persona, involucrado, a edades distintas, en grado
variable en la narración y nacido según ciertos indicios (véase más adelante) hacia la misma fecha (1952) que el propio autor. En el último
capítulo, todo indica que Karl-Johan, el narrador-protagonista de
«Exilia», es el hijo del narrador de los relatos anteriores y que esa situación final estaba anunciada en «La mujer sola» —«[...] ni tampoco

podía saber que yo mismo, al cabo de muchos años, también me quedaría inescrutablemente solo en un país lejano, ajeno y extraño» (Vázquez Díaz 2009: 52)— y en «La saxofona» —«[...] ninguno de los tres podíamos imaginar que unos años más tarde yo también me iría de Cuba» (ibíd.: 83)—. Además, Karl-Johan encuentra en La Habana al doctor Restituto (el protagonista del segundo capítulo) y en Villanona a Marieta, alias la Saxofona (protagonista del segundo capítulo). Cada uno de los capítulos contiene evocaciones de o alusiones a asuntos de política nacional o internacional que permite fechar, más o menos, los acontecimientos narrados: después de febrero de 1962 (el embargo norteamericano) y antes de marzo de 1968 (la llamada Ofensiva Revolucionaria), en cuanto a «El niño enamorado»; para «Exilia», después del 20 de marzo de 2003 (invasión de Irak) y antes de febrero de 2008, puesto que todavía sigue gobernando Fidel. Así, los capítulos se configuran como una sucesión de episodios enmarcados en cerca de cuarenta años la vida cubana y sus circunstancias (adversas, generalmente), contados desde el destierro, por un narrador que era un niño en los albores de la Revolución. Su hijo, cuyo nombre pronto se 'cubaniza' como Calyuja, hará el camino inverso. La dosis autobiográfica en *El pez sabe que la lombriz oculta un anzuelo* es muy fuerte, no en el sentido literal sino precisamente a través de todo un sistema de inversiones respecto de la realidad biográfica del autor. El famoso «Je est un autre» de Arthur Rimbaud lo expresa René Vázquez Díaz mediante la paradoja siguiente, hablando del Niño/Padre de Karl-Johan: «Ese personaje fantasmagórico es autobiográfico porque representa exactamente todo lo contrario a lo que yo soy» (Ortega 2009).

Resumo muy en breve la trama de «Exilia». El joven Karl-Johan, nacido y radicado en Malmö, acaba de perder a su padre, un Cubano expatriado, con quien por cierto no se llevaba muy bien;[6] un periódico socialdemócrata lo manda a Cuba para presenciar «la caída definitiva de Fidel Castro» (Vázquez Díaz 2009: 85). El joven, que a pesar de sus orígenes no se siente nada cubano sino sueco, es muy reticente, acepta a regañadientes y ya antes de embarcar, le asalta una duda premonitoria: «Pero ¿y si fuese Fidel Castro el que se convirtiera en testi-

---

[6] El conflicto con el padre (o la ausencia de éste), exacerbado en *Un amor que se nos va*, es otro tema constante en la obra narrativa de René Vázquez Díaz.

go de la caída de un tal Karl-Johan?» (ibíd.: 92). La premonición resulta ser cierta: los americanos no desembarcan, Castro no cae; en cambio, en Cuba, el joven se entera de la quiebra de su periódico, Karl-Johan se vuelve Calyuja, se enamora de una misteriosa Aurelia/Exilia y el desenlace sugiere que ya nunca se podrá deshacer de lo que es literalmente su patria, la isla que su padre abandonó in *illo tempore* para asimilarse a la sociedad sueca. El círculo está cerrado, la historia ha dado una vuelta completa. El encuentro con Exilia anula en el hijo las consecuencias del exilio del padre. Después de la visita a Villalona, el pueblo del Padre/Niño, el espacio de los orígenes y del comienzo de la novela, termina la odisea identitaria del protagonista del último capítulo.

Se habrá notado en lo anterior la presencia de una de las numerosas muestras de esa ironía omnipresente en nuestro autor y de carácter político-histórica en este caso: no se produce el tan anunciado derrumbe del régimen cubano pero sí el del diario socialdemócrata para el cual el narrador se fue a Cuba como testigo de la invasión de la isla. Los cubanos han perdido su más firme apoyo cuando se «desmerengó» (Fidel Castro dixit) el comunismo en la ex Unión Soviética y sus países satélites; pero el país de la socialdemocracia ya no puede financiar su prensa más emblemática, mientras sigue en pie, contra viento y marea el régimen castrista. Bonita metáfora del final de la Historia… sólo que continúa el Gran Relato en «la isla que se repite».

Es sólo en el relato final donde reaparece el título del libro y donde se revela que procede de unos versos del destacado poeta sueco Gunnar Ekelöf (1907-1968): «*El pez sabe que la lombriz oculta un anzuelo,* / y a pesar de todo pica» (Vázquez Díaz 2009: 119; énfasis del autor). En una entrevista, el novelista aclara la relación de estos versos con su libro, diciendo entre otras cosas:

> En todo el libro hay un culto a las tentaciones y a los sentimientos que transforman la vida, en un ambiente con los olores, los sabores y los amores de Cuba. El Niño, Karl-Johan y Exilia representan la mezcolanza de lo que se quiere ser y lo que se intuye que es. Mi libro insta a morder el anzuelo a ver qué pasa (Ortega 2009).

A su manera, «Exilia» es un relato de aprendizaje que cuenta el itinerario de autodescubrimiento que lleva al protagonista a aceptar como un enriquecimiento el carácter doble de su identidad cultural, cuya parte cubana rechazaba al principio:

> [...] ¿cómo cojones iba a ser «de origen cubano», si había nacido en Malmö de madre sueca oriunda de Gotemburgo? ¿qué otra cosa podría ser yo si no sueco y sólo sueco, si me crié en Malmö entre amigos de Malmö leyendo literatura sueca, y la única vez que fui a Cuba (porque me llevó mi madre y no mi padre) tenía cuatro años? Mi idioma materno es el sueco [...].

De ahí la divertida y sutil ambigüedad de las palabras del doctor Restituto cuando, al final del relato un Karl-Johan ya transformado se encuentra en una cama de hospital después de un accidente de coche: «Eso sí, informó el doctor, ha perdido dos dientes, señor Calyuja. Pero le hemos salvado las raíces, de modo que en Suecia le podrán poner unas coronas fijas». Salvarse las raíces, de eso efectivamente se trataba; aunque, en una fase ulterior las coronas fijas se las pusieran en Suecia..., Karl-Johan ha mordido el anzuelo; Aurelia/Exilia ha cumplido con su misión y puede desaparecer; Karl-Johan/Calyuja quedará alejado para siempre del laberinto en que se había encerrado su padre; el «laberinto» es la imagen que usa René Vázquez Díaz para definir la situación de enajenación en la que viven tantos exiliados:

> La condición esencial del emigrado es vivir dentro de un laberinto con señalizaciones ajenas, murmurando o gritando mensajes que a nadie le importan. Ahora bien, dentro o fuera de ese laberinto, se pueden crear cosas maravillosas porque el inmigrante está impulsado por una fuerza enorme, positiva, que es la de construir una nueva vida. O sea, morder el anzuelo y tragárselo pero si dejarse pescar. Muy pocos lo logran. La tragedia particular de muchos inmigrantes cubanos es que se doblegan —creyendo que son muy libres— ante la exigencia foránea de convertirse en renegados incapaces de reconocerle ningún tipo de grandeza a la Revolución que los hizo posible (Ortega 2009).

Si bien el propio Karl-Johan tarda en enterarse de su bi-culturalidad, al lector no se le puede escapar que René Vázquez multiplica a los dobles, que asedian al recalcitrante protagonista y que son como la exteriorización de lo que el joven reprime: en Malmö duda en elegir entre su mujer Annia y su amante Annika, ya que «en realidad las amaba a las dos» (Vázquez Díaz 2009: 90); apenas desembarcado en La Habana, el viejo taxista le recuerda «difusamente» a su padre (ibíd.: 95); camino del Hotel Nacional es abordado por una chica que dice llamarse Aurelia y haberse cambiado el nombre en Exilia; ella empieza a llamarlo Cayluja; cuando cae enfermo con fiebre, lo atienden dos camareras y resulta que ambas se llaman María (a las que por cierto luego añadirá una tercera, la prima de Aurelia). El personaje, cuyo nombre de elección constituye el título del capítulo final, está acompañado de un aura (Aurelia…) de misterio e impregnado de irrealidad o, dicho quizás de modo más exacto, de carácter onírico. El primer encuentro es nocturno y repentino: «De repente y sin que yo advirtiera de dónde diablos había salido, una muchacha entrelazó su mano con la mía» (ibíd.: 102); en otro momento, Exilia es —si efectivamente de ella se trata—más bien fantasmal, sólo «una silueta blanca que se alejaba hacia el Malecón» (ibíd.: 107); cuando cae enfermo, en la «afiebrada cabeza» del narrador «la única imagen que se presentó fue la de Exilia» (ibíd.: 115). Para colmo de confusión, resulta que según María (¡nº 3!), Aurelia-Exilia está enferma de SIDA, dato contradicho por su amigo el poeta disidente, quien revela al narrador que Aurelia es piloto de avioneta en Matanzas, además de lesbiana, al igual que la supuesta celosa prima, que ambas fueron amantes pero que Aurelia la dejó por una cantante que a su vez la abandonó para emigrar con otra a Miami (siempre Miami…) y desde entonces adoptó el nombre de Exilia. Nótese la inversión: Exilia es abandonada por una cubana que sale de la isla y amada por un sueco que «penetra» (ibíd.: 128). Cuando después de esas estrambóticas revelaciones Karl-Johan vuelve a ver a su inasible amada —¿o se lo imagina?— ésta se avanza hacia él «vestida de blanco, incorpórea» (ibíd.: 127). El narrador cierra los ojos y al abrirlos le «pareció que los había tenido cerrados durante varias horas. Sí, no había nada espectral en la faz divina que tenía delante. Vine porque me deseaste, musitó sin dejar de abrazarme, lo percibí en el centro mismo del corazón» (ibíd.: 128). Resulta que estas palabras son un eco preciso de otras, pronunciadas en la despedida del fracasado primer encuentro: «Cuando quieras verme otra vez, deséame» (ibíd.: 111).

Es bastante obvio que Aurelia/Exilia es una alegoría de Cuba y que la distancia que separa el no deseo del deseo es la imagen del camino recorrido por Karl-Johan/Calyuja. El significado de la auto-denominación «Exilia» no requiere más explicaciones: la isla-que-se-repite por

todas partes se autodefine por el exilio; recuperar culturalmente a los
Karl-Johan es una victoria sobre el a-isla-miento: «no me sueltes...
No me sueltes, no tengas miedo...», susurra suplicando Aurelia/Exilia
al final del primer encuentro (ibíd.: 108).

Pero, ¿por qué se llamaba Aurelia? Podría tratarse de un doble guiño intertextual relacionado con la función y las modalidades de presencia del personaje. En «Exilia» la narración se mueve en los inciertos
límites entre sueño y realidad, y esta oscilación tiene, como se acaba
de señalar, un valor alegórico. Para hablar de uno de sus temas predilectos, la relación del (hijo de) exiliado con su tierra, René Vázquez
Díaz echa mano de los recursos de una tradición asociada de modo
entrañable con el boom de la literatura hispanoamericana, la del realismo mágico y lo fantástico. El nombre original de la protagonista es
de respetable alcurnia literaria: se emparienta con la emblemática
Aura del relato homónimo de Carlos Fuentes (1962), uno de los principales maestros del escritor cubano, y es el nombre de la no menos
emblemática protagonista del último relato (1853), homónimo también, del escritor romántico francés Gérard de Nerval (1808-1855).
La idea de que Exilia pudiera estar inspirada en parte en aquellas dos
prestigiosas y fascinantes antecesoras es muy seductora. Sin insistir ya
en la notable señal al lector, dada por los nombres de las protagonistas
femeninas, y a sabiendas, por supuesto, que las tres experiencias difieren radicalmente entre sí en cuanto a su significado,[7] quedan como
indicios básicos de conexiones: en ambos supuestos hipotextos el protagonista masculino (un «tú» en Aura, un «yo» en Aurélia) se enamora
de una mujer misteriosa que se transfigura y al final deja el mundo
«real»; las dos experiencias revisten un carácter marcadamente onírico
(explícito por cierto en el subtítulo de la obra de Nerval: *Aurélia ou le
rêve et la vie*); tanto al tema de Aura como a Exilia se aplican las palabras con las que el «yo» de *Aurélia* de Nerval anuncia lo que va a rela-
tar: «Ici a commencé pour moi ce que j'appellerai l'épanchement du
songe dans la vie réelle» (1966: 363). De todas formas, ya se ha sugerido al inicio de esta contribución que la intertextualidad en la obra
narrativa de René Vázquez Díaz es un tema estimulante que podría
dar lugar a investigaciones fecundas.

---

[7] En Gérard de Nerval, la experiencia es esotérica y mística; en Carlos Fuentes se
trata de la relación entre Eros, Tanatos y Cronos.

En una entrevista (Pino 2007), René Vázquez Díaz se define acertadamente como «un escritor-isla» y añade: «yo nunca he salido de Cuba. El que nace en una isla siempre la lleva dentro». Bien ilustran estas ideas tanto Nicotiano, el incansable escultor de cangrejos en Miami, donde le toca una muerte violenta, como Karl-Johan, el sueco que se (re)cubaniza haciendo el amor con Exilia. Ambos son, a la vez, álter egos espirituales y, en lo biográfico, polos opuestos de un escritor cubano que sigue cultivando su caribeña isla del Cundeamor en la sueca Malmö.

BIBLIOGRAFÍA

BENÍTEZ ROJO, Antonio (1989): *La isla que se repite. El Caribe y la perspectiva posmoderna*. Hanover: Ediciones del Norte.

COLLARD, Patrick (2001): «La insularidad exiliada según René Vázquez Díaz», en De Maeseneer, Rita (ed.), *Convergencias e interferencias. Escribir desde los borde(r)s*. Valencia: Excultura

FUENTES, Carlos (1962): *Aura*. México: Era.

IZQUIERDO PEDROSO, Lázara (2002): *Zwei Seiten Kubas. Identität und Exil*. Stuttgart: Schmetterling Verlag.

MARTÍNEZ, Elena M. (1991): *El discurso dialógico de «La era imaginaria» de René Vázquez Díaz*. Madrid: Betania.

NERVAL, Gérard de (1966): *Aurélia*, en *Œuvres*, tomo I. Ed. de Albert Béguin y Jean Richer. Paris: Gallimard.

ORTEGA, Soledad (2009): «Existe un fascismo latente en Europa», en *Entrevista a René Vázquez Díaz*, junio, <http://www. intermonox-fam.org/es/page.asp?id=3567> (20/08/2009).

PINO, Carlos (2007): «Entrevista con el escritor cubano René Vázquez Díaz, autor de *Un amor que se nos va*», en *Quimera*, <http://www.rebelion.org/noticia.php?id=450794>.

VÁZQUEZ DÍAZ, René (1987): *La era imaginaria*. Barcelona: Montesinos.

— (1995): *La isla del Cundeamor*. Madrid: Alfaguara.

— (2002): *El sabor de Cuba. Comer y beber*. Fotografías de Merja Vázquez Díaz. Barcelona: Tusquets.

— (2006): *Un amor que se nos va*. Barcelona: Montesinos

— (2007): *De pronto el doctor Leal*. Barcelona: Icaria.

— (2009): El pez sabe que la lombriz oculta un anzuelo. Barcelona: Icaria.

ZAMORA CÉSPEDES, Bladimir (2003): »A la hora que me llamen, voy (Entrevista con René Vázquez Díaz). Cuba-La Jiribilla», en <http://www.lajiribilla. cubaweb.cu/2003/n092_05.html> (06/09/2009).

Miradas alternas entre España y América Latina a principios del siglo XX. Notas para un estudio de literatura de viajes*

Julio Peñate Rivero
Université de Fribourg, Suisse

Preliminares

La mirada del otro sobre la propia historia (en cuanto fuente de enriquecimiento o posibilidad perdida) reviste una trascendencia hasta ahora insuficientemente estudiada en el ámbito de nuestras letras. Un caso particular de este amplio campo temático es la visión que los países antes sometidos a la metrópoli colonial guardan de ella y cómo esa mirada evoluciona a lo largo del tiempo. Lo mismo cabe observar respecto a la percepción de las antiguas colonias por parte del colonizador. Entre América Latina y España este cruce de miradas posee una tradición secular, pero tal vez lo más relevante del último siglo y medio (sobre todo del siglo XX) es el protagonismo que ha venido adquiriendo la voz americana. Por ese motivo, nos centraremos en ella a partir de textos publicados a lo largo de las primeras cuatro décadas de la pasada centuria.

Dado que nos limitamos aquí a cuatro autores, no nos permitiremos conclusiones de orden general. Se trata sólo de una muestra, que

* Este trabajo forma parte de un proyecto de investigación en curso, subvencionado por el Fondo Nacional Suizo de Investigaciones Científicas sobre «El relato de viaje factual en la literatura hispánica del siglo XX».

esperamos sea significativa, de ciertos temas y posiciones frente a ellos por parte de escritores hispanoamericanos que «han hecho» personalmente la experiencia de España y la han transmitido como tal. En medio de los puntos que los separan hay al menos uno que los reúne: el impacto imborrable de dicha experiencia.

Manuel Ugarte: *Visiones de España (apuntes de un viajero argentino)* (1904)

El poeta y crítico bonaerense Miguel Ugarte realiza un amplio recorrido por España en el breve período de dos meses: entra por Irún y atraviesa la meseta castellana hasta llegar a Madrid pasando por Fuenterrabía, Burgos, Valladolid, Salamanca y Ávila. Visita luego ciudades como Cartagena (la más al sur de su periplo), Valencia, Zaragoza y Barcelona. La mayor parte del libro se consagra a la España interior y a sus gentes. Si bien el texto contiene algunas secuencias exclusivamente ensayísticas, Ugarte manifiesta cierta preferencia (y capacidad narrativa) por dramatizar escenas de conversación o un encuentro con algo o alguien (sobre todo en el primer tercio de su obra) para luego generalizar a partir de lo que ha visto, como sugiriendo que la experiencia adquirida en su recorrido lo legitima para dar ese paso.

El interior del país que nos presenta Manuel Ugarte está formado esencialmente por lugares silenciosos, tristes, mortecinos, como paralizados en el tiempo. Los seres que pueblan esos espacios, dominados por devotas, soldados y clérigos, mueren sin haber vivido, encerrados en sí mismos, sin capacidad de reacción, resignados a su suerte, como aplastados por un peso secular, incapaces de adaptarse a la modernidad. Para ellos, hijos de antiguos exploradores, el interés por el otro no existe. Tal vez por eso «el español no comprende que alguien pueda correr tierras por el mero placer de ver paisajes bellos y observar nuevas costumbres [...]. En más de un caserío pequeño nos han mirado con desconfianza, cuando nos han oído declarar que nuestro viaje no tiene un fin especulativo, ni militar, ni fúnebre» (Ugarte 1904: 29). Entre los personajes que mejor resumen esa situación destaca Rosario, criada de una pensión de Zumárraga (Guipúzcoa), que el autor presenta como síntesis de la postración española:

Rosario no había salido nunca de Zumárraga. Sabía que existían otros pueblos, porque aquellas gentes que asomaban la cabeza por la ventanilla de los vagones debían ir a alguna parte. Pero nunca se le había ocurrido que ella también podía subir al tren. Allí había nacido y allí esperaba morir; no ambicionaba más que seguir ganando toda la vida las seis pesetas mensuales que le paga el dueño de la fonda. Y en esa resignación, en esa pasividad conmovedora, me pareció ver el símbolo del pueblo español de hoy, que expoliado, herido, molestado por todos, no atina más que a cerrar los ojos y a dormir, como si un maleficio imposible le hubiera arrancado la tendencia a la vida (Ugarte 1904: 33).

España aparece como dividida en dos tiempos, el de su esplendorosa historia pasada y el actual de general decadencia, sin capacidad de renovación, avocada a una ruina casi inevitable. Ugarte afirma visitarla con un sentimiento de solidaridad por la postración de esa tierra pero interesado sobre todo por los restos de su pasado: «Venimos a penetrarnos de su alma secular y recrearnos en sus bellezas y a visitar sus fundaciones y sus ruinas, como hijos respetuosos que se descubren ante la vejez del padre» (Ugarte 1904: 11). De esta breve cita podemos extraer dos enseñanzas, que se encuentran dispersas a lo largo del libro, sobre la actitud del viajero: por un lado, no parece haber sentimiento de revanchismo o de condena hacia la antigua metrópoli (estamos lejos de la actitud de Sarmiento como juez de la semibárbara sociedad peninsular) sino de pesar por su estado actual y de cierto pesimismo frente a las posibilidades de regeneración futura. Por otro lado, Ugarte va a España buscando el pasado (histórico, monumental, literario) del cual tiene referencias indirectas por su formación anterior, pero de algún modo quiere sentirlo, palparlo, hacerlo parte de su propia experiencia, porque, en definitiva, considera que ese pasado también es suyo y forma parte de sí mismo.

Sin explicitarlo claramente, Manuel Ugarte se permite un diagnóstico sobre la postración actual de España. Si el peso de la historia constituye, como se ha visto, parte de la explicación, la otra parte la centra nuestro viajero en la omnipresencia agobiante de la Iglesia, incompatible con la sociedad moderna. Para expresarlo, se basa de nuevo en una acción concreta, por ejemplo, la visita a la catedral de Burgos, para emitir una reflexión general a partir de lo que observa: «Hace frío. Se diría que nos hallamos en ignoradas catacumbas celebrando ritos de hechiceros que se obstinan en su demencia [...]. Parece que la luz se apaga en las almas ante tan horrendo espectáculo de fatalidad y de sombra. El hombre moderno se ahoga en ese mundo vencido, donde parece que todo es aniquilamiento, tristeza, muerte infinita» (Ugarte 1904: 40-41). Notemos que hasta la lengua española ha sufrido de esta misma situación: la normativa hueca y tradicionalista de la Iglesia tiene su parangón en el academicismo lingüístico y literario; encorsetada en sus viejas normas, falta de irreverencia y de renovación, la lengua se empobrece cada día. Ugarte se apoya en un artículo de Unamuno cuyo título no cita, para establecer la relación entre Iglesia y Academia: «Las lenguas, como las religiones [...] viven de herejías. El ortodoxismo lleva a la muerte por osificación; el heterodoxismo es fuente de vida» (ibíd.: 132).

Recuérdese que, medio siglo antes, Sarmiento ya había abordado este punto y ofrecido soluciones mediante su peculiar reforma ortográfica. Pero, al contrario de su compatriota, Manuel Ugarte no descarta del todo la posibilidad de una regeneración para España e incluso propone medidas concretas que aquí sólo vamos a resumir: en primer lugar, el intercambio comercial vivificador con el exterior, que Ugarte ilustra en un puñado de ciudades marítimas, especialmente activas y volcadas al intercambio con Levante o con América (Barcelona, Valencia, Bilbao, La Coruña y Málaga entre otras; ver el capítulo «Los puertos», 183-187). En segundo lugar, el contacto estrecho con Francia, país modernizador tanto en lo literario como en lo político y cuya influencia no puede ser sino benéfica para el país (154-168). Y, en tercer lugar, la confianza en la acción de las élites: Ugarte cita a Pérez Galdós, Rueda, Unamuno, Maeztu, Alberto Rusiñol, Canalejas, etc., es decir, a representantes de la literatura, de las artes o de la política a los que une su descontento por la situación actual (vistas desde hoy, esas referencias pueden parecer más o menos acertadas, pero tal no es el objeto de estas páginas sino el hecho mismo de la propuesta para recuperar a un país gravemente enfermo).

Finalmente, Ugarte llega incluso a dar un paso más: la proposición de las nuevas nacionalidades americanas como ejemplo para el resto del mundo, ejemplo basado en su general desapego por los localismos estrechos que dividen y empobrecen; la historia de América, basada en el intercambio de «todas las costumbres y todas las civilizaciones», viene a ser para nuestro autor algo así como un nuevo paradigma vital, «el presentimiento de humanidad superior del mañana» (Ugarte 1904: 177). Así pues, tenemos un «retorno de los barcos» en sentido ideológico: las naciones americanas ya no deben limitarse a recibir indiscriminadamente los modelos impuestos desde fuera sino que ahora ya se pueden permitir ofrecerse como tales frente al exterior, lo cual supone un salto cualitativo de enorme importancia en la visión de las relaciones internacionales reclamando una igualdad de trato para las que hoy, un siglo después, llamaríamos «potencias emergentes» de origen colonial.

Rómulo Cúneo-Vidal: *España. Impresiones de un sudamericano* (1910)

Este intelectual peruano, conocido sobre todo por su labor historiográfica, efectúa un recorrido de seis meses por lugares habituales entre los viajeros hispanos de la época: Madrid y alrededores (Escorial, Toledo, Ávila), Salamanca, el Sur (Sevilla, Huelva, Granada) y Cataluña (Barcelona, Montserrat). Los microespacios preferidos serán los monumentos arquitectónicos (Escorial, catedral de Toledo, Alhambra...), los artísticos (Museo del Prado) y los domicilios o lugares de encuentro con personajes ilustres (Pardo Bazán, Unamuno, José Prado y Palacios).

El proyecto explícito del autor (él lo llama su 'programa') es recoger todos los datos e impresiones posibles para «Expresar con sinceridad lo que un hijo de América percibe, siente y medita al pisar el sacro suelo de España y al ponerse en contacto con la raza, las costumbres, las instituciones, las ideas de las que son repercusión histórica la vida y las instituciones americanas» (Cúneo-Vidal 1910: V). De este denso programa conviene destacar al menos los siguientes puntos: la afirmación de la identidad americana de su autor (que aparece explicitada en el título y en diversas secuencias del texto); la percepción de la historia de América como originada, al menos en parte, en la vida y tradiciones peninsulares; la actitud respetuosa del autor con el lugar del que extrae sus observaciones y con el resultado de éstas, el cual promete transmitir sin falsearlo. A este respecto, observamos que el texto se construye con frecuencia a partir de breves pinceladas (sobre todo al hablar de los lugares visitados), de notas y de reflexiones con un tono sobrio, directo y sencillo, como obedeciendo al impulso de sensaciones vivas e inmediatas: un aire fresco de notas espontáneas («impresiones» según el subtítulo), lo cual no excluye la revisión y cuidado del escritor, atento a la corrección y tal vez a un efecto de naturalidad que parece en buena medida conseguido.

El interés de Cúneo-Vidal por España se orienta casi exclusivamente hacia su pasado histórico: hechos, lugares, personajes y obras destacadas. Así, le atraerá Toledo en cuanto representación física de la historia de España; dedica un amplio espacio a la biografía de Santa Teresa, a la de Cervantes, a la del conquistador Francisco de Aguirre, así como a los pintores que más le atraen del Museo del Prado (El Greco, Murillo, Velázquez), y visita diversos lugares por su relación con América: el monasterio de La Rábida, Ávila como cuna de conquistadores y virreyes del Perú, la Armería Real de Madrid por los artefactos bélicos usados en América, Sevilla por sus monumentos, por su Archivo de Indias y por sus calles que le recuerdan las de Lima —«Las casas de Sevilla son, las más de ellas, de dos pisos. Están dotadas, como las de Lima, de "ventanas de reja" y de espaciosos patios floridos. Hay plazuelas y calles en que la ilusión de estar en Lima es perfecta [...]. Sevilla, hermana mayor de Lima» (Cúneo-Vidal 1910: 169, 181). Incluso las conversaciones con sus huéspedes están sistemáticamente centradas en asuntos americanos e imagina cómo habría sido el presente de España de no haberse producido determinados hechos del pasado como la expulsión de los judíos o la misma conquista de América.

Sobre este punto, nuestro autor aporta una tesis que no por conocida es de menos interés, dado quien la emite (un ciudadano americano): España estaba naturalmente destinada a una expansión mediterránea o/y por el norte de África —«España hubiera dominado sin sujeción en el Mediterráneo; el camino a las Indias hubiera estado en sus manos. Habría sido la primera nación comercial del mundo» (Cúneo-Vidal 1910: 7)—. Por consiguiente, entregarse a la empresa del Imperio americano supuso una forma de suicidio. Por un lado, este país se ha visto así confrontado a tareas históricas desmesuradas: la reconquista contra los árabes, la conquista y colonización imperial, las guerras napoleónicas, etc. Por el otro, perdió el revulsivo que le podría haber supuesto el admitir la sana crisis religiosa que invadió a Europa a comienzos de la Edad Moderna, así como las formas de pensar y la inventiva para enfrentarse a la realidad de que han hecho gala secularmente franceses, alemanes o italianos. Consecuencia: hoy España es un país en crisis, fatigado, resignado, sin confianza, sin mayor capacidad para nuevos esfuerzos —«Las generaciones nacen, observan delante de sí, encuentran un mundo invariado y monótono y renuncian a sus propios estros, refrenan sus propias energías y se resignan a vegetar tristemente» (ibíd.: 8-9)—. La salida adoptada por los que no se conforman, la emigración (cifrada por Cúneo-Vidal en 260.000 emigrantes sólo para 1909), no puede ser una solución de futuro para el país.

Nótese también que, como en el caso de Ugarte, nuestro visitante presenta su procedencia con cierto orgullo, repitiendo varias veces la fórmula «hijo de América», y el gentilicio «americano», en consonancia con el subtítulo de la obra («Impresiones de un Sudamericano»). Así pues, el ex colonizado afirma su origen y se sitúa en el mismo plano que cualquier otro visitante extranjero e incluso parece sentirse más legitimado que él por las ventajas que le proporciona el estar familiarizado con el país por una historia en buena parte común. Y aquí entraría el recurso retórico de España como madre patria y de los países americanos como sus hijos: Cúneo-Vidal no duda en emplearlo como para justificar sus juicios críticos a partir de una posición de respeto y de preocupación solidaria e incluso filial por el país que ha visitado; su tono quizás no sea comparable al «Me duele España» unamuniano, pero parece marcado por una notable sinceridad. Y cabe observar que nuestro autor va aún más lejos proponiendo incluso una alternativa de futuro: ya no se apunta, como en Ugarte, a personas, lugares o entidades capaces de imaginarlo sino a proponer una opción pragmática y muy concreta. Se trata de la solución federalista, que Cúneo-Vidal justifica como algo ya en cierto modo arraigado en la mejor tradición peninsular: «la implantación del federalismo sobre la pauta de los reinos y parcialidades en que estuvo dividida la península en su época más fecunda, altiva y gloriosa» (Cúneo-Vidal 1910: 12).

RICARDO ROJAS: *RETABLO ESPAÑOL* (1938)

El polígrafo tucumano relata en este libro un viaje efectuado por España «durante varios meses de 1908» (Rojas 1948: 15), aunque el texto fue publicado en 1938. Carecemos, pues, de precisión de fechas y de duración, lo cual no importa mucho para nuestro propósito. Durante ese tiempo, visita diversas ciudades de toda la geografía española: San Sebastián, Burgos, Ávila, Salamanca, Córdoba, Granada, Sevilla, La Coruña y Barcelona, entre otras (incluso da un salto a Tánger y a Tetuán), aunque su residencia habitual será Madrid, lugar que funciona como centro radial para los diversos desplazamientos. Si bien, antes de visitar la Península Ibérica, Rojas residió varios meses de 1907 en París, el libro privilegia sobre todo su estancia española.

Dada la época de la visita, no extrañará que el medio de transporte elegido sea el tren, pero sí importa destacar su particular funcionalidad como espacio privilegiado: el tren es un ámbito cerrado, separado del medio exterior y al mismo tiempo inmerso en él y en su continua transformación a medida que el viaje avanza. Es, pues, un espacio a la vez estable y dinámico, apto para provocar tanto la ensoñación poética como la reflexión en torno al sentido del propio viaje, a su origen y a las fuentes literarias que lo inspiran —para el recorrido por La Mancha se refiere al inevitable *Don Quijote* y al libro viático de Azorín sobre esas tierras: *La ruta de Don Quijote* (Rojas 1948: 119-120). El mismo Azorín se lo había regalado y dedicado—. Incluso revela el sentido del propio desplazamiento: Rojas afirma descubrir en esos momentos que su viaje viene a ser «una peregrinación», una forma particular de «iniciación» personal para captar dimensiones inéditas del espíritu, de la vida, de la muerte, de la relación entre razón y locura, de la historia humana (ibíd.: 121).

El ejemplo del tren apunta a algo mucho más amplio y destacable, al impacto que la estancia dejó en la sensibilidad del autor e incluso en su formación: «Tal experiencia resultó decisiva para mí» (ibíd.: 16), reconocerá al publicar el libro treinta años después. Esa misma distancia temporal tiene también dos derivaciones: por un lado, el hecho mismo de volver sobre tal asunto incide en marcar lo trascendente de la huella de aquel viaje en su biografía; España va a ser un tema recurrente en su producción intelectual, ya sea de forma directa con libros de tema español (*El alma española, Poesías de Cervantes, Cervantes, Retablo español...*) o indirecta como en *La restauración nacionalista*, escrito al regresar de Europa; además, el drama de la Guerra Civil avivó sin duda sus recuerdos y el deseo de volver sobre ellos. Por otro lado, la relación entre la cantidad de tiempo pasado y la vivacidad y frescura de la narración nos indican que la obra no puede menos de haber sido sometida a un intenso proceso de ficcionalización que permite al autor privilegiar su visión de sí mismo y del mundo por encima de fidelidades rigurosamente memorísticas.

Otro rasgo importante para la valoración general del texto es su proceso de elaboración: desde la libreta de viaje inicial hasta el libro finalmente publicado, hay una abrumadora masa de información, especialmente sobre historiografía, literatura y arte de España, parte de la cual apareció con posterioridad al viaje como, por ejemplo, *El sentimiento trágico de la vida* (1913), de Miguel de Unamuno, o *Introducción a la historia de la literatura mística en España* (1927), de Pedro Sainz Rodríguez, sin olvidar datos tales como la desaparición, igualmente posterior, de varias personalidades españolas: Maeztu, Lorca y Francisco Grandmontagne. Todo ello habla de un largo camino de acumulación de materiales, de maduración y de reflexión sobre los términos de su discurso, por lo que podemos suponer que el contenido general de este libro y lo que diga sobre el tema que aquí nos interesa puede tener especial interés siendo, además, obra de un intelectual tan señalado en la primera parte del siglo XX como Ricardo Rojas.

Centrándonos más específicamente en nuestro asunto, distingamos la imagen previa que el viajero tiene de su futura visita a Europa y la visión que su estancia ha producido en el autor una vez terminado el viaje. En lo concerniente al primer punto, esa pre-imagen se puede articular en torno a la noción de proyecto: lo que esperaba el joven Rojas de su experiencia europea. Conviene hablar ahora de dos proyectos viáticos, explícito el uno, implícito el otro. El primero lo señala textualmente el propio autor al final de su libro: «Yo había partido a Europa con dos propósitos personalísimos: estudiar a España, para buscar las claves de nuestro origen y conocer las naciones europeas que más influyeron en el desenvolvimiento de la Argentina después de su organización como república autónoma» (Rojas 1948: 400), motivo por el cual, antes de España había visitado Francia, Inglaterra e Italia. Pero se ha de precisar que la lectura de Retablo español muestra bien la existencia de otro proyecto, implícito en este caso: el de conocer y darse a conocer entre la intelectualidad española de la época (Ricardo Rojas tenía entonces 25 años y unos comprensibles deseos de promoción personal), Pérez Galdós, Pardo Bazán, Giner de los Ríos, Blasco Ibáñez, Unamuno, Menéndez y Pelayo,

Valle Inclán, Menéndez Pidal, entre otros, con quienes Rojas insiste en haber mantenido contactos personales e incluso amistosos (un detalle formal confirma la importancia de este punto: si en un libro viático cabe esperar cierto protagonismo descriptivo de espacios ya sean urbanos o campesinos, aquí el centro es la descripción de los personajes visitados).

Pero lo que nos importa ahora es el resultado de esa estancia europea en relación con su visión de España (como asunto principal del libro) y con su propia posición ante le mundo. Respecto a este punto, Rojas regresa más maduro intelectualmente, reafirmado en su americanidad (no son casuales a este propósito los términos con los que suele referirse a sí mismo: 'sudamericano', 'viajero sudamericano', 'peregrino argentino'), pero en ruptura explícita con la perspectiva sarmientina, ruptura sintetizada en dos puntos clave. El primero es la percepción negativa de España como un antimodelo más próximo a la barbarie rechazada por Sarmiento que a su modelo de civilización; baste recordar la parte española de sus Viajes y su célebre afirmación: «He venido a España con el santo propósito de levantarle el proceso verbal, para fundar una acusación, que, como fiscal reconocido ya, tengo que hacerle ante el tribunal de la opinión en América» (Sarmiento 1993: 128). Rojas, que dedica unas ponderadas páginas al autor de *Facundo* (1948: 291-295), explica la actitud de Sarmiento por el estado lamentable de España durante su visita (año 1846), realiza un breve recorrido por la contribución española a la cultura occidental y sostiene, en las últimas palabras de introducción a *Retablo español*, que los «americanos necesitamos entenderla [a España], porque su historia es parte en la nuestra. La caída o el ascenso de los valores españoles en la política del mundo interesa a nuestro propio destino, puesto que hablamos el mismo idioma" (ibíd.: 10). El segundo punto es su distinta percepción de la cultura; Sarmiento privilegiaba la parte material y económica que, según Rojas, produce colonias pero no naciones: la cultura (filosofía, religión, ciencia, arte, ideales) representa algo más que empresas económicas o inmigratorias; es fundamentalmente espiritual y produce un estilo de vida específico. Frente a Alberdi, autor de la divisa «gobernar es poblar», Rojas sostendrá que gobernar no es poblar sino crear pueblo, es decir, poner en pie una sociedad con ideales y conciencia histórica de sí misma (ibíd.: 402).

ROBERTO ARLT: *AGUAFUERTES ESPAÑOLAS*[1] (1936)

Roberto Arlt recorre España durante más de un año (de abril de 1935 a mayo de 1936) como cronista del periódico bonaerense *El Mundo*. A él enviará sus aguafuertes de tema español, una parte de las cuales serán reunidas en 1936 por la editorial bonaerense Rosso con el título de *Aguafuertes españolas*.[2] Centraremos nuestra atención sobre este texto, que recoge la estancia del autor en Andalucía y en el África española.

El proyecto de Roberto Arlt queda expresado en el primer capítulo de forma bastante terminante: «Los literatos que han escrito sobre España, me han engañado. No han visto nada porque estaban ciegos o no querían ver» (Arlt 1971: 19). Arlt pretende dar una imagen diferente y auténtica del país a partir de lo que él percibe con sus propios ojos y con una posición de total receptividad frente a lo que ve. Esta reflexión liminar parece dirigir el conjunto del libro, cuyas páginas van a ser una aclaración y una confirmación del propósito inicial. A ello dedicaremos las siguientes líneas.

El interés del autor gira en torno a dos puntos centrales: el presente más bien que el pasado y los habitantes más bien que los objetos. El pasado no le interesa por su grandiosidad pretérita sino por su persistencia actual. No admira (o así lo pretende) un monumento tan impresionante y celebrado como puede ser la Alhambra de Granada (o el Escorial, cuya construcción tanto le agobia en sus *Aguafuertes madrileñas*) y, en cambio, sí retiene un aspecto en el que no siempre piensan los visitantes: el gigantesco esfuerzo humano necesario para su realización (lo mismo sucede respecto a su visión de la Semana Santa de Sevilla). Sin embargo, ello no le impide valorar un edificio como la catedral de Cádiz por la autenticidad y pureza de sus líneas: «La catedral no ha sido manchada con un solo adorno. Le es suficiente la sinceridad de su material» (Arlt 1971: 25).

---

[1] Dado el objeto de este trabajo, nos limitamos a la parte peninsular del texto, aunque Arlt dedica todo un capítulo a Marruecos, tierra que le marca profundamente según lo muestran sus relatos de la serie *El criador de gorilas* (1941) y su obra escénica *África* (1938).

[2] Posteriormente, Silvia Saítta ha editado tres colecciones más: *Aguafuertes gallegas y asturianas* (1999), *Aguafuertes madrileñas* (2000) y *Aguafuertes vascas* (2005), que tendremos en cuenta en nuestra exposición.

El interés por los hombres y mujeres de la España contemporánea recubre al menos dos rasgos destacables: por un lado, le interesa
aquello que los describe de la manera más inequívoca: sus comportamientos y actitudes en su actividad normal y cotidiana (en tono
machadiano, lo que la gente hace es lo que hace a la gente). La pasión
cinematográfica de Arlt, confesada varias veces en el texto, se percibe
meridianamente aquí: abriendo el campo de su retina lo más ampliamente posible, fija lo que «la cámara» capta, por ejemplo, desde la
terraza de un café, paseando por la calle, recorriendo el Sacromonte
granadino, etc. Por el otro, el tipo de habitante que retiene su atención
no es el notable cultural, político o económico como era lo habitual
hasta entonces —recordemos los casos de Ugarte, Cúneo-Vidal y
Rojas, a los que se pueden añadir otros como Barreda (1917),[3] Soiza
Reilly (1909)[4] o, anteriormente, el propio Sarmiento—. Arlt, que afirma haber llevado a España un fajo de cartas de presentación que nunca usaría, fija su mirada esencialmente en la gente modesta: empleados,
obreros, campesinos, etc., a quienes a veces cita por su nombre. Es
en ellos donde el viajero pretende encontrar la representación más
apropiada del español y los auténticos protagonistas de la vida, de los
problemas y de las eventuales soluciones del país. Tendríamos así el
contramodelo de los escritores antes citados, quienes situaban la repre-
sentatividad nacional esencialmente en las élites con las que ellos se
habían relacionado. Desde luego, los tiempos son ahora distintos, el
protagonismo popular ha subido muchos enteros sobre todo después
de la reciente revolución de Asturias (1934), a la que Arlt presta gran
atención en sus *Aguafuertes asturianas* (1999: 143-147), y se percibe
claramente que su progresismo ideológico está en armonía con esta
perspectiva. Otra cosa es que la historia le haya o no dado la razón.

Más que bibliográfico,[5] el contacto con la realidad española es
esencialmente directo y provocado por un cronista que busca encon-

---

[3] No analizamos aquí la obra de este autor ya que lo hemos hecho anteriormente (Peñate Rivero 2008).

[4] Juan José de Soiza Reilly es el caso más claro de esta serie de autores con sus
conocidas entrevistas a personalidades de diversos países (España, Francia, Italia,
Brasil).

[5] Esa preocupación bibliográfica también se da ocasionalmente: en *Aguafuertes
vascas* vemos a Arlt documentándose en bibliotecas y pidiendo la traducción de
publicaciones en euskera sobre literatura, folclore, nacionalismo vasco, etc. (Arlt
2005: 73-88).

trarse con la gente, que penetra en sus vidas e incluso en su interioridad espiritual (con una omnisciencia reveladora del creador de ficciones por detrás del redactor) y que no se limita a recibir de los demás
sino que procura intercambiar con ellos (véanse las páginas dedicadas
a los gitanos de Granada), aunque sólo sea mediante una foto hecha a
su interlocutor como recuerdo. Ese contacto directo tiene una consecuencia fundamental sobre Arlt: le lleva a reflexionar seriamente sobre
lo que está haciendo y sobre su sentido, e incluso a cambiar su visión
o sus «pre-juicios» respecto al pueblo cuya vida observa. Si el primer
elemento lo podemos encontrar fácilmente en los viajeros anteriores,
no se puede decir lo mismo del segundo, cuya importancia es decisiva: constituye una de las mejores pruebas del impacto de la estancia
en el visitante; la modificación que la nueva experiencia provoca en el
viajero es la prueba más fehaciente de haber viajado. En este sentido,
no es causal que, a medida que avanza, el libro se haga paulatinamente menos descriptivo y, en cambio, más valorativo y personal.

Tampoco se detiene mucho nuestro autor en el aspecto racial hispánico, tan presente en los viajeros anteriores (incluso en Rojas, que
publica su *Retablo* con posterioridad a estas *Aguafuertes*), aunque a
veces fuera de manera bastante retórica como en el caso de Cúneo-
Vidal. Tal vez el origen germánico de Arlt influyera de algún modo en
este punto, pero nos parece más decisiva su postura ideológica, su función de informador sobre «la sociedad presente como materia redacta-
ble» (parafraseando al Galdós reformador de la novela española) y su
actitud de acercarse al otro desde un talante de igualdad e incluso de
superioridad (él no ignora que su formación y su posición de observador le dan cierta ventaja sobre los sujetos observados). En cambio, Arlt
sí emplea la fórmula propia, «mirada criolla», bastante más abarcadora
puesto que incluye a argentinos de otros orígenes (el austro-alemán en
su caso) y sitúa al conjunto de sus compatriotas como una globalidad
frente el exterior. Se trata, pues, de otra manera de afirmación propia
posiblemente más cohesionadora que las anteriores.

En resumen

Las páginas anteriores nos han permitido apreciar una evolución
de la mirada americana sobre la antigua metrópoli española a partir de

cuatro ejemplos representativos en las primeras décadas del siglo XX. Carlos Rojas, por haber publicado su viaje de 1908 en 1938, con la perspectiva de la edad y de los años transcurridos, nos ha servido de guía para enlazar con Roberto Arlt cuya estancia y producción resultan imprescindibles en un panorama como éste. Se refuerza así la presencia argentina de la muestra pero ello corresponde a la realidad de la enorme cantidad de viajeros y de textos generados por la experiencia viática. Si bien se podría completar esta relación con la visión hispanoamericana de escritores españoles de la misma época, como Ciro Bayo (*El peregrino en Indias*) o Eduardo Zamacois (*La alegría de andar*), no lo permite el espacio de estas páginas.

Sí importa destacar una consecuencia mayor para la historia de las ideas y de la literatura: la necesidad de incorporar la aportación hispanoamericana al corpus de reflexiones y propuestas de regeneración y modernización que se produjeron en relación con España desde el final de las colonias hasta la Guerra Civil. Y entre tales propuestas bien pueden figurar las de nuestros autores: Ugarte, por sugerir a América Latina como ejemplo y apostar por las élites locales y por la periferia peninsular; Cúneo-Vidal, por la implementación de medidas nuevas y concretas de renovación como la solución federal; Rojas, por la activación de la tradición histórica española que él consideraba aún vigente; Roberto Arlt, por la confianza que demostró tener en la capacidad del pueblo español, pero seguir por aquí ya sería contar parte de otra historia. ¿Fueron mucho más allá los autores de la llamada «Generación del 98» y de las siguientes?

BIBLIOGRAFÍA

ALBERDI, Juan Bautista (1953): «Memorias e impresiones de viaje», en *Obras escogidas*, tomo VI. Buenos Aires: Luz del día.

ARLT, Roberto (1971): *Aguafuertes españolas*. Buenos Aires: Compañía General Fabril S. A.

— (1999): *Aguafuertes gallegas y asturianas*. Buenos Aires: Losada.

— (2000): *Aguafuertes madrileñas*. Buenos Aires: Losada.

— (2005): *Aguafuertes vascas*. Buenos Aires: Simurg.

BARREDA, Ernesto Mario (1917): *Las rosas del mantón (andanzas y emociones por tierras de España)*. Buenos Aires: Sociedad Cooperativa Editorial Limitada.

BAYO, Ciro (1911): *El peregrino en Indias*. Madrid: Sucesores de Hernando.

CÚNEO-VIDAL, Rómulo (1910): *España. Impresiones de un Sudamericano*. Paris: Garnier Hermanos.

PEÑATE RIVERO, Julio (2008): «Una visión argentina de España a principios del siglo XX: los caminos peninsulares de Ernesto Mario Barreda», en *Letras*, n° 57-58, enero-diciembre, pp. 107-122.

ROJAS, Carlos (1948): *Retablo español*. Buenos Aires: Losada.

SARMIENTO, Domingo Faustino (1993): *Viajes por Europa, África y América (1845-1847)*. Madrid: Consejo Superior de Investigaciones Científicas.

SOIZA REILLY, Juan José de (1909): *Cien hombres célebres. Confesiones literarias*. Barcelona/Buenos Aires: Casa Editorial Maucci.

UGARTE, Manuel (1904): *Visiones de España (apuntes de un viajero argentino)*. Valencia: F. Sempere y Cía.

ZAMACOIS, Eduardo (1920): *La alegría de andar*. Madrid: Renacimiento.

EL ACENTO DE FERNANDO AÍNSA, 25 AÑOS DESPUÉS

Rosa Maria Grillo

Hace más de 20 años, yo escribía, a propósito de *Con acento extranjero*[1] (1985), novela que Fernando Aínsa acababa de publicar en Estocolmo: «Juan Carlos non può che partire, che ritornare nella Spagna natale, dove il padre si era ritirato già da qualche anno. E nel natale e ritrovato "barrio popular de la ciudad de Zaragoza" padre e figlio, accomunati da un comune destino di "exilios y desexilios", superato e annullato ogni conflitto generazionale, passeggiano insieme, additati come "españoles [que] hablan con un cierto acento extranjero"» (Grillo 1988: 132). En aquel entonces, Fernando vivía

---

[1] Podríamos definirla una novela de formación, con todas las etapas canónicas: alejamiento del padre, desapego a personas y cosas, alcohol, primer amor, viaje de reconocimiento, regreso, etc. La novela se desarrolla entre Santiago de Chile y Zaragoza, protagonistas son un padre y un hijo exiliados en Chile a raíz de la victoria de Franco. José Luis —el hijo— vive fascinado por los cuentos heroicos que le hace el padre de su participación en la guerra, pero creciendo esta imagen se va desmoronando dejando en el hijo decepción y apatía. Viaja a España para re-conocer sus raíces y otras verdades y, al regresar, se va despertando a la vida política hasta un episodio que va a cambiar radicalmente su vida: asiste a la violación y a la muerte de una muchacha por parte de un policía durante el golpe de Estado de Pinochet. Va incrementando su participación a la resistencia hasta tener que huir: va a Zaragoza, donde ya hace unos años el padre había regresado.

felizmente en París, viajaba por Europa y América, sentía indudablemente cierta nostalgia de sus patrias, pero nadie podía prever un
regreso a su primera patria, aquella España donde había nacido y vivido los primeros años de su vida. En cambio él sí que lo tenía entre sus
proyectos más íntimos y más firmes, ya que lo puso como decisión
definitiva en su novela casi autobiográfica *Con acento extranjero*. Evidentemente, y lo sabía desde siempre, él tampoco podía más que
«ritornare nella Spagna natale», porque, aunque su perfil fuera indudablemente el de un 'hombre internacional',[2] había vivido demasiado
de cerca —como hombre, como intelectual y, ahora podemos añadir,
como poeta— la circunstancia del exilio para no añorar el regreso…
regreso ¿a qué?, ¿a dónde? Ahora lo sabemos, a la España de sus ancestros y de su primera infancia, sintiéndose parte integrante de aquel
exilio que llevó a América a miles y miles de republicanos españoles,
aunque su traslado se efectuara algunos años más tarde del fatídico
1939 y él lo viviera 'de segunda mano', siendo niño. A aquel exilio ha
pertenecido, sobre aquel exilio ha trabajado y publicado diversos artículos en los que siempre las miradas interna y externa, la subjetiva del
exiliado y la objetiva del investigador, se han cruzado con inteligente
inquietud, hablando de los exiliados españoles en Uruguay que, si
bien no numerosos, han dejado huellas profundas, desde José Bergamín a Benito Milla, a las fugaces visitas de Rafael Alberti y María
Teresa León. Yo misma le dediqué unas líneas en un panorama sobre
la literatura del exilio español en las Américas (Grillo 1996: 359-360),
a él y a Horacio Vázquez Rial, como 'niños de la guerra' o 'segunda
generación del exilio', y en diversas ocasiones hemos coincidido
hablando del Uruguay de los años treinta y cuarenta, hospitalario y
generoso con todo tipo de migraciones y exilios.

Y este libro con su matiz autobiográfico confirma su ideal integración en esta generación. A pesar de que no todas las aventuras y desventuras narradas en el libro coincidan con sus datos biográficos; a
pesar de que el carácter del protagonista, en un principio abúlico y

---

[2] En *Aprendizajes tardíos* (2007), confesión poética de su despertarse tardío la
poesía y a otros placeres/tareas de la vida («aprendiz de hortelano, / falso modesto
cocinero» se autodefine; 2007: 7), Aínsa resume y hace un balance de su propia vida
a partir, precisamente, de sus raíces o falta de raíces, definiéndose «personaje provisorio de tan diversos escenarios» (78).

ajeno a cualquier preocupación política, esté muy distante de el de Fernando; a pesar de que el teatro del segundo exilio sea el convulso del golpe en Chile contra Allende y no el menos llamativo de Bordaberry en el Uruguay de 1973... a pesar de todo esto, hay cierto aire de familia, de vida compartida, de sensaciones propias y no de ficción, que permiten hablar de obra casi-autobiográfica. Y aún más releyendo la obra 25 años después y pensando en el homenaje que le hemos ofrecido en Lille a un Fernando Aínsa hondamente arraigado en España, en Zaragoza: ciudad en la que ahora vive y que es también la meta elegida por sus entes de ficción ya en 1985. En Zaragoza se cierra también el círculo de exilios y desexilios (que son otros exilios más) de su 'nueva' familia de papel, la de su 'nueva' novela, *Los que han vuelto* (2008), en realidad una re-escritura de la anterior.

Pero, ¿qué ha cambiado en estos 25 años en Fernando y en su acento extranjero, ya que ha sentido la necesidad no de una segunda edición, si bien 'corregida y aumentada', sino de una nueva edición, renovada hasta en el título? Intentaré detectar estos cambios y averiguar si nos pueden ayudar a hacer una lectura más completa del ayer y del hoy de Fernando. Por supuesto que no voy a hacer un análisis de las variantes o de los cambios estilísticos, sino sólo analizar algunos cambios utilizándolos como indicios que permitan acercarnos al acento de Fernando, el de ayer y el de hoy.

Ha cambiado el título de *Con acento extranjero* a *Los que han vuelto*,[3] poniendo así el énfasis sobre una acción cumplida y cerrada, y no sobre un proceso de aclimatación[4] del que el acento puede ser un índice o un indicio, y que puede sufrir modificaciones a lo largo de la trayectoria vital narrada en el libro mismo. Puede haber influido en este cambio la diferente circunstancia de Fernando, entonces hispano-uruguayo en París, 'movedizo' que se llevaba a cuestas su acento extranjero, y ahora establemente afincado en Zaragoza, es decir, sintiéndose él mismo alguien que ha vuelto ya definitivamente y sin acento extranjero.

Importante es detenernos en la Introducción que podría ser un epílogo (en 1985: Prólogo a modo de epílogo) que no es un juego

---

[3] Si no hay indicación contraria, las citas se refieren a este texto.

[4] En *Identidad cultural de Iberoamérica en su narrativa*, Aínsa había indicado unas cuantas etapas en el proceso de integración en el país huésped: adaptación, integración, sincretismo cultural (Aínsa 1986: 60-63).

posmoderno (junto con su capicúa Epílogo a modo de introducción –
en 1985: Epílogo a modo de prólogo) ni simple aparato paratextual,
sino parte integrante del texto e inteligente clave de lectura del mismo. Nos damos cuenta inmediatamente de que hay un cambio en los
nombres (Ramón Cáceres Rodríguez —padre— y Juan Carlos Cáceres Moreno —hijo— ahora se llaman Ramón Trallero Calvo y José
Luis Trallero Moreno) y una puesta al día, o contextualización al presente, 'natural' para una re-escritura que confirma aún más el carácter
profundamente autobiográfico del texto. En la 'variante' del 2008 se
les presenta algo más ancianos y se añade un párrafo que indica el
paso del tiempo: viven allí, en Zaragoza, desde hace 20 años. No es
el dato cronológico en sí el que nos interesa, sino el tono, de auténtica participación emotiva, con el que Fernando alude al paso del tiempo, que es el paso de su mismo tiempo y que le ha permitido acercarse a sus entes de ficción viviendo ahora, como ellos, en Zaragoza:

> Es mejor saber desde las primeras líneas que padre e hijo, después de
> haber estado separados, viven desde hace años juntos en una pequeña
> casa de Ciudad Jardín, un barrio de Zaragoza de trazado tan exclusivo
> que puede brindarles la evocación de un mundo lejano que ya no les per-
> tenece […] no hay un designio preestablecido que guíe, una y otra vez, el
> rumbo que los lleva a recorrer en diferentes direcciones un parque que
> han ido conquistando, desde todos los ángulos posibles, a lo largo de
> estos últimos veinte años. Pretenden improvisar el itinerario con la inten-
> ción de no repetirlo, aunque el zigzagueo haya dejado de ser el de anda-
> riegos primerizos para transformarse en la experiencia de un paisaje que
> ya es parte de su memoria. Respiran la primavera o el otoño con la inten-
> sidad de lo ya vivido (Aínsa 2008: 9-10).

Ya no viven en el barrio popular el Arenal —como en *Con acento
extranjero*— sino en un barrio residencial. ¿Por qué? La respuesta más
simple es que en estos 20 años su condición económica ha mejorado,
se han asentado, ya no son exiliados recién llegados sino residentes…
Pero puede haber otra respuesta: el trazado de Ciudad Jardín es «tan
exclusivo que puede brindarles la evocación de un mundo lejano que
ya no les pertenece» (Aínsa 2008: 9). No es impropio por lo tanto pensar en Montevideo, en su trazado cruciforme, y en aquella nostalgia de
las geografías de la patria, la que hizo escribir a Mario Benedetti, recién
fallecido en Montevideo y a quien va nuestro recuerdo por su gran

trayectoria humana y cultural, también él víctima y protagonista de un exilio fecundo y asumido con entereza y firmeza, por ejemplo, un cuento de altísima calidad y profunda emoción como Geografías.[5]

En el interior del texto no hay muchos cambios, sobre todo no los hay en los puntos cruciales. El mismo registro casi-referencial, por ejemplo, que vuelve insistentemente sobre la 'historia repetida' de España 1937-Chile 1973: «Ni Ramón en 1937, ni Juan Carlos[6] en 1973 han sido héroes, aunque se lo creyeran en algún momento» (Aínsa 2008: 12). Anécdotas, personajes y pensamientos que se repiten en una y otra historia —de España y de Chile, del padre y del hijo—, o que se aluden recíprocamente, llaman prepotentemente la atención sobre esa historia circular, esos viajes de ida y vuelta que han cambiado la Historia de los dos países. Igual es también la alusión a la intrahistoria unamuniana: «Han sido apenas, como miles de otros actores anónimos que han desfilado entre esas fechas, testigos de guerras y conflictos en el que se vieron envueltos, cicatrices y recuerdos que han ido languideciendo en años sucesivos, hasta la indiferencia del día de hoy» (ibíd.); y el firme rechazo de la Historia oficial:

> […] se fue a un quiosco de periódicos y miró los titulares, otro gesto inhabitual en él, para decidirse finalmente por la compra de un par de periódicos. Abstraído, pero con cierta determinación, recorrió las sucesivas páginas consagradas al gesto del General que había decidido «salvar la Patria». Un golpe de estado tajante y radical, un presidente suicidado (¿asesinado?), un gobierno en fuga, un proceso que empezaba. En ninguna de ellas encontró referencias a ese pequeño rincón donde, por puro azar, se había encontrado la tarde anterior y menos aún a esa violación y muerte a la que había asistido. Pequeños detalles que se le omitían al lector en aras de lo importante, es decir, «la página de la historia que se había dado vuelta» (ibíd.: 111).

Y no hay cambios en la estructura profunda en el momento tópico de la toma de conciencia política de José Luis —saber que ya no es

---

[5] Las geografías del exilio han inspirado páginas muy emocionantes tanto de los cuentos de Benedetti presentes en el volumen del mismo título (Geografías, 1984) como de un libro de aforismos de Fernando Aínsa, Juegos a la distancia (1986 y 2000).

[6] Evidente error: Juan Carlos era el nombre del personaje en la primera novela, en la segunda ha cambiado en José Luis.

posible la indiferencia— en el clásico vaivén entre el hoy y el ayer, entre Chile y España:

Se vio a sí mismo como sólo es posible verse en los sueños. Iba caminando por una avenida donde ciertas casas podían ser las del barrio donde vivía en Santiago y otras de Zaragoza donde vivía ahora su padre. Un barrio parecido dividido entre el Viejo y el Nuevo Mundo. *La prueba de que esa avenida transitaba extrañamente en un espacio confundido, la tuvo al reconocer en una bocacalle un ancho puente sobre el río Huerva, prolongado en un paseo lleno de fuentes y, un poco más lejos, vio un recodo del río Mapocho, al pie del cerro Santa Lucía en cuya cumbre se levantaba una estatua de Alfonso el Batallador.*[7] Se vio caminando, pero lo hacía de un modo lento y con dificultades. Sudaba, le costaba andar. Había que verlo caminando, más bien arrastrando, por estar atada a su cintura una gruesa cuerda, una especie de carreta llena de libros [...]. De pronto una silueta empezó a crecer desde el horizonte, andando por la calle en ruinas hacia él. Al aproximarse a ella creyó reconocerla: tendría su edad o tal vez menos, y calzaba rústicos zapatos y vestía un traje de pana. Al cruzarse se saludaron con cortesía no exenta de simpatía. Entonces el joven, cuyo rostro cubría una barba de tonos rojizos, le preguntó cuál era su nombre. Se lo dijo. Sin sorpresa, le replicó: «yo también me llamo así» [...]. Se había despertado entonces poseído de una sensación nueva. Porque en el sueño se había alejado, viéndose siempre a sí mismo, pero no ya en el cuerpo de quien arrastraba con dificultad el carro, sino en el cuerpo del joven barbudo. Esa sensación iba acompañada de una ambigüedad; no poder confirmar si ese otro era alguien realmente conocido, su padre por ejemplo. Él mismo, entonces, había llegado ante la boca de una alcantarilla, había levantado la tapa y había entrado lentamente por el redondo hueco diciéndole adiós al otro, desapareciendo rumbo a un desconcertante mundo subterráneo y, por lo tanto, clandestino [...]. A partir de ese día de septiembre de 1973, José Luis empezó, en efecto, a ser otro siendo él mismo, eficacia que se mediría —con las palabras de Eduardo Sánchez—[8] por su natural y probada discreción. Con ese aire ausente con que se había definido para los demás durante esos últimos años, se deslizaba en horas anteriores al toque de queda de un barrio a otro, en

---

[7] Este último párrafo, puesto en cursiva por mí, no estaba en la primera edición: Aínsa ha añadido numerosas descripciones geográficas o urbanísticas para subrayar la con-fusión y el parecido, en la conciencia de su personaje, de los dos mundos.
[8] Es una voz 'fuera del campo', un testigo implicado que en los momentos tópicos ofrece su propia versión de lo acaecido.

autobuses cargados de silenciosos obreros y empleados. Iba y venía, pero sus movimientos no estaban guiados por el azar. Traía y llevaba mensajes, informaciones que le pasaban desde sótanos o altillos, modestos datos que lo hicieron sentirse útil en el torbellino confuso que seguía a las derrotas. Aprendía a conjugar el verbo «resistir», cuando otros hablaban de «lo inevitable» (Aínsa 2008: 114-116).

No está aquí, por supuesto, el paso desde la intrahistoria a la Historia, pero sí a una intrahistoria activa y consciente, de quien ya no vive de espaldas a la Historia.

Igual es también uno de los momentos más intensos de la novela, donde Fernando describe con técnica cinematográfica, rápidos comentarios 'fuera de campo' y algo de escritura extrañada, de quien no entiende y no quiere entender el significado de voces, ruidos, etc., la acción violenta de la que José Luis es involuntario testigo. La conciencia de que no hay palabras para decir esas atrocidades se refleja hasta en la disposición gráfica de los breves párrafos, que dejan entrever mucho más de lo que dicen en las entrelíneas marcadas y asimétricas.

En un principio, él, José Luis, pensaba sólo en «cómo arreglárselas para esquivar conflictos y problemas. Pasar de lado, pasar desapercibido, apenas rozar la gente, nunca cruzarla en el sentido estricto de la palabra: un arte, el arte de soslayar lo ineludible. Hoy, sin embargo, a boca de jarro, de cabeza, en el centro de lo que pasa, pero en realidad: "¿qué diablos pasa hoy?"». Hoy, apenas tocado por la Historia, ya no puede taparse ojos y oídos. Huyendo de la violencia de la calle se refugia en un portón y se sienta[9]

en un escalón del ángulo donde la escalera doblaba pero desde donde era posible ver la entrada [esperando] que todo se calmara afuera. Para ayudarse, cerró los ojos, un modo de olvidar que afuera pasaban cosas. En eso estaba cuando ella entró, ella ha entrado, ella ha entrado corriendo (una sombra graciosa, una minifalda apenas cubriendo las finas piernas enfundadas en medias negras); ella está entrando con un revoloteo de desesperación y un grito entrecortado; ella había entrado seguida de otra

---

[9] Espero que se me perdone la larga cita, que creo necesaria para ejemplificar la técnica narrativa de este párrafo, perfectamente adecuada al contenido, y que es mi personal homenaje al amigo Fernando.

sombra (una sombra que la ha tomado del brazo, que la sacude, las piernas cubiertas con brillantes botas negras), ella hubiese entrado para escaparse, pero no puede y grita (la sombra que la seguía la empuja contra la pared y le cubre la boca con la mano. La sombra dice: «Calláte cabrita, vení para acá»); ella apretada contra la pared se debate y cae al suelo. Le dan patadas, le gritan: «ven cabrita, ¡te voy a enseñar lo que es un milico huevón!».

José Luis, ¿qué haces sentado en la escalera, mirando y adivinando lo que pasa a pocos metros de tu privilegiada condición de espectador?; ¿te muerdes las uñas aterrorizado?; ¿te tiemblan las piernas?

[…] Patadas al cuerpo caído (ella había entrado corriendo) y luego la sombra agazapada sobre el cuerpo inmóvil en el suelo, una respiración inflamada, una voz repitiendo «putita, putita».

Nada más, el resto del barullo, los gritos de la calle, los tiros, las explosiones, han desaparecido como en una vieja película muda. Nada más que un jadeo y esa voz inclinada sobre el cuerpo caído, moviéndose rítmicamente, repitiendo «putita, putita». Nada más, nada menos.

(ella había entrado corriendo, ahora estaba inerte, a la merced de la sombra) […]

Quédate tranquilo José Luis, no te siguen, pero

(ella había entrado corriendo queriendo escaparse) no puedes evitar llorar como un niño.

Y te quedas allí, agazapado, hasta muy tarde, cuando la calle está silenciosa. Bajas entonces con una nueva dignidad asumida aunque te delata la sombra de terror que ha marcado tu cara para siempre, la manga desgarrada y el brazo dolorido.

Bajas y llegas a la entrada.

Ella está caída en el suelo, las ropas arrancadas, las piernas inertes y abiertas. Al pasar sobre su cuerpo descubres algo que brilla. Te agachas y recoges una cigarrera plateada con dos iniciales grabadas en su borde superior y en ese momento, cuando menos lo esperas, descubres que ella,

ella que entró corriendo,

ella que ha entrado, intentando desasirse de la sombra que la seguía;

ella que ahora está caída en el suelo,

ella abre los ojos

y te mira fijamente por un instante,

te mira José Luis, pero lo hace con odio, estás agachado junto a ella y te mira y te dice:

—¡Déjeme de una vez! ¡Déjeme por favor, déjeme desgraciado!

Piense en su madre.
Con la cigarrera en la mano José Luis no pudo pensar en su madre,
aún cuando ella
(ella que entró corriendo buscando refugio)
deja caer su cabeza hacia un lado,
muerta (Aínsa 2008: 106-109).

En el interior del texto, como decíamos, no hay cambios de relieve. Los encontramos, en cambio, en el final, donde el Epílogo a modo
de prólogo de 1985 se ha transformado en un capítulo más (Un sello
de salida en el pasaporte), y se ha añadido un Epílogo a modo de
introducción que es una nueva puesta al día en varias direcciones. En
sentido histórico-social, ciertamente, con alusiones a otros 'acentos
extranjeros' que no son los de la 'patria grande' de la hispanofonía:

> [...] últimamente, los domingos, adivinan en los perfiles que cruzan
> otros rasgos extranjeros y la brisa les trae voces de acento andino o en len-
> guas desconocidas, árabe, rumano, tal vez polaco. El parque está cam-
> biando de fisonomía y aunque las plantas y los árboles son los mismos,
> pareciera que el jardín botánico y sus flores exóticas hubieran rebasado
> las verjas que lo protegen para ir fecundando su polen, al vaivén de bri-
> sas, un espacio que se va ensanchando. Nada se detiene, todo sigue cam-
> biando a sus ojos (Aínsa 2008: 127-128).

También hay una puesta al día de tipo personal. En efecto, no deja
Fernando de incluir algo tan íntimo y autobiográfico como sus problemas de salud, su estadía en el Hospital, pero transfiriéndolos a su
padre, como identificándose con él: una especie de sincretismo generacional que mete el punto final a esta historia de sueños y pesadillas, de
presentes y futuros, realidades y ficciones, como en las mejores nove-
las-testimonio de Nuestra América Mestiza. Palabras escritas para el
texto de 2008, pero, extremo juego a la distancia de Fernando, extremo barajar las cartas de su vida y de su escritura, parecen escritas en
1985, adivinando el futuro, mientras, en cambio, inventan un pasado:

> [...] hoy, José Luis ha dirigido sin querer su mirada al edificio del
> Hospital Miguel Servet. Sus ojos han recorrido al azar las ventanas de
> varios pisos que dan sobre el parque y sin saber por qué se han detenido en
> el séptimo. En ese momento, José Luis ya tiene en el fondo no develado de

su memoria el recuerdo de lo que todavía no ha sucedido, un recuerdo de un futuro inevitable por llegar. No lo sabe, pero un día no muy lejano, mirará ese mismo parque que recorren ahora al azar de los senderos que se bifurcan en direcciones que pretenden ser diferentes, desde una ventana del séptimo piso, donde está, saliendo de los ascensores hacia la izquierda, el departamento de neurología. Un día del que ya tiene el recuerdo sin saberlo, se apoyará en el alfeizar de esa ventana que ha barrido por un segundo su mirada indiferente y pensará en las caminatas que había hecho durante años con su padre por ese parque que tan bien conocían. Reconocerá lugares, árboles, fuentes y trazados geométricos desde el nuevo ángulo en que estará situado. Desde esa altura, todo adquirirá una insospechada perspectiva. A su lado, su padre yacerá en una cama, uncido a tan necesarios como humillantes tubos y mascarillas, la mirada perdida para siempre en un horizonte sin memoria, preparando esa salida honrosa y definitiva, pero no por ello menos discreta, de un mundo por el que pasó sin haber incidido en él, sin dejar trazas y sin que nada fuera realmente suyo, aunque se lo hubiera creído o lo hubiera merecido. Entonces, desde esa ventana, descubrirá los senderos que van más allá del Parque Grande y se pierden en una lejanía borrosa sobre la que despunta, como todos los días, el amanecer (Aínsa 2008: 127-128).

También en este caso la ficción se acerca transversalmente a la realidad: la enfermedad del padre, lejos de Zaragoza, se 'sincretiza' con la enfermedad de Fernando y con su estadía en el Hospital Miguel Servet, de modo que esta mirada desde el «séptimo piso» es la del mismo Fernando...

Pero hay algo más. La novela de 1985 había auspicado el 'regreso' de los dos, padre e hijo (y la del 2000 lo había confirmado), pero mientras la biografía de Fernando se ha 'ajustado' a aquella narración, la del padre se ha quedado inconclusa. Con el poema que cierra *Aprendizajes tardíos*, único libro de poesía de Aínsa y sin duda el más auténtica e impúdicamente autobiográfico, de alguna forma el hijo cierra el círculo y paga su deuda hacia la figura paterna y hacia su propia obra de ficción, siempre en esta óptica de lecturas y relecturas de su propia vida a través de la literatura, en un poema que empieza como una *boutade* y se cierra como una confesión y un testamento:

> Papá está disimulado en mi equipaje. / Viaja con pasaporte español y cédula uruguaya / envueltas en un plástico / y sin otro papeleo / [...]

Papà no se ha delatado en la aduana. / Ya está en casa, / la mía, / la que fue suya, / [...] Papá vuelve a su tierra, / recogiendo las redes de su vida como quienes / —empujados, por no decir, forzados— / cruzaron hace décadas el Atlántico. / [...] Desempaquetado / en lo alto de mi biblioteca de libros uruguayos / Papá espera ahora su viaje definitivo / en una urna sellada de cerámica de Teruel. [...] Allí, / al pie del pino [...] / lo dejaré con un sentido 'hasta luego', / pues lo tengo decidido / y espero que mi voluntad se cumpla: /cuando me abrace la dama del abismo, / con la que me tuteo y dialogo, / aquí vendré / a descansar, / —a mi vez— / a tu lado" (Aínsa 2007: 81-83).

Confesión y testamento, y también epígrafe y colofón a su(s) novela(s), guiño a los que han vuelto pero hablan con cierto acento extranjero.

Bibliografía

Aínsa, Fernando (1985): *Con acento extranjero*. Stockholm: Nordan.

— (1986): *Identidad cultural de Iberoamérica en su narrativa*. Madrid: Gredos.

— (1991): *De aquí y de allá. Juegos a la distancia*. Montevideo: Mirador.

— (2000): *Travesías. Juegos a la distancia*. Málaga: Litoral.

— (2007): *Aprendizajes tardíos*. Sevilla: Renacimiento.

— (2008): *Los que han vuelto*. Zaragoza: Mira Editores.

Grillo, Rosa Maria (1988): «Con acento extranjero», en *Latinoamerica*, 32, pp. 131-132.

— (1996): «La literatura del exilio», en de Llera, Luis (ed.), *El último exilio español en América*. Madrid: Mapfre, pp. 317-517.

La función paterna en
Los que han vuelto
de Fernando Aínsa

Amadeo López
GRELPP/Université Paris Ouest-Nanterre La Défense

Papá pertenecía a esa clase de hombres definitivos que necesitó el mundo para comprobar a lo largo de varias décadas que la gran mayoría estuvieron equivocados en 1936. [...] Sus incomparables verdades habían sido tan tajantes que tardé muchos años en comprenderlas y muchos otros en desmentirlas. [...]
Pero la vida [...] erosionaba día a día sus definiciones y sólo le quedó —una vez que empecé a conocerlo realmente— ir ajustando, modificando y trapaceando, dando inefables marchas atrás en todo aquello que se había impuesto como su versión de las cosas y del mundo un 1 de abril de 1939. Papá —como muchos otros— fue la primera víctima y yo la segunda; un modo cómodo de llamar actualmente lo que fue, durante años, una excelente relación entre padre e hijo (Aínsa 2009: 15).

Estas líneas contienen la clave del desliz del estatus del padre en la búsqueda identitaria del hijo. Si es verdad, como dice Freud, que un padre cumple en la historia de la cultura la función de reproducir un sujeto escindido, Ramón Trallero Calvo ejemplifica esa función.

El ideal del Yo

Las «verdades tajantes» del padre configuran, en un primer momento, al padre ideal, al héroe republicano de la defensa de

Madrid: «Yo, José Luis, su hijo, debería creer en la grandeza de ese destino y soñaría» (Aínsa 2009: 19). Ese sueño arropa al padre real con los atributos del padre simbólico, instancia idealizada, ideal del Yo.

Las descripciones que hace Ramón Trallero Calvo del Zaragoza de sus tiempos juveniles le abren al hijo el espacio de un pasado ideal en el que el padre ha estado involucrado: «íbamos acumulando la fe que luego tendríamos que poner a prueba en las trincheras» (ibíd.: 16).

Esa fe se la irá describiendo el padre —afeitándose ante el espejo, con múltiples y repetidas pinceladas, subrayando su arresto y encuentro con María Luisa —la futura esposa—, en Torrelodones, su huida de esta ciudad ocupada por los franquistas, su misión en la defensa de Madrid, las peripecias del reencuentro y casamiento. En este primer momento, «lo único que hacía [el hijo] era escuchar a su padre en silencio o ayudarlo a seguir el hilo de su relato con preguntas admiradas» (ibíd.: 40).

En la descripción que le hace Ramón Trallero Calvo del sitio de Madrid, el hijo percibe al padre como modelo en un ambiente de heroísmo. En particular cuando cuenta cómo logró conectar el hilo de la bomba en las alcantarillas de los suburbios, arriesgando su vida, pese a que los compañeros lo invitaban a interrumpir la operación:

> Ramón, ¡corre! los fascistas han 'desembarcado' por Carabanchel, pero no deja de seguir conectando los cables que faltan: «¡Los cabrones trotan, Ramón! ¡larga eso y vente!», pero papá les dice, «Vayan, que yo les sigo» (Aínsa 2009: 44).

Modelo provisional, pues la duda se infiltra en esa imagen idealizada al ir vislumbrando sus flaquezas, contradicciones y renuncias. Con el miedo que confiesa el padre que sintió en Madrid después de la carta de María Luisa que le entregaron en el frente y la pérdida de la fe en los valores por los que luchaba se esfuma su estatus de héroe: «desde que recibí esa carta empecé a tener miedo sin poder controlarlo. [...] Perdí muchas cosas [...] y una de las primeras era la seguridad absoluta de lo que estaba haciendo» (Aínsa 2009: 46).

La carta de María Luisa induce una ruptura del compromiso del padre con la lucha y por ende cuestiona el papel de héroe que las descripciones anteriores del sitio de Madrid habían alimentado en la representación del hijo.

UN PADRE EN QUIEBRA

Hay en la novela varios momentos en los que el padre se desvela para el hijo en su mediocridad. Uno de ellos concierne el estatus «de artista comprometido con el arte y con el destino del pueblo español» (Aínsa 2009: 18) que lo había llevado a Madrid.

Refiriéndose a la época en que él empezaba a afeitarse y a no escuchar al padre, dice José Luis:

> En esos días [...] fue cuando me atreví a preguntarle, con la tristeza de quien ha empezado a dudar del Gran Universo de los Héroes Republicanos en el Exilio [...]. «¿Desde cuándo no pintas, Papá?, nunca vi nada tuyo.»
>
> Entonces farfulló: «Madrid era la gran marmita donde se cocían todas las artes sobre el fuego revolucionario [...]. Esa vez, agaché la cabeza y consentí: una vez más, papá, tienes razón, tienes la razón» (Aínsa 2009: 21).

La respuesta del padre indica, obviamente, que su estatus de artista se evapora, aumentando la decepción que se profundiza con lo que observa en la Casa de España:

> En esa Casa pasé muchas tardes [...], viendo cómo papá perdía, poco a poco, todo lo diferente que tuvo para mí y se parecía cada vez más a los demás.
>
> [...] Y allí también lo vi empezar a beber y a terminar sus veladas con un tono achispado (Aínsa 2009: 21).

Ese padre que se hunde en la mediocridad de los demás y en el alcohol no puede constituir un referente identitario para el hijo.

Pero el golpe definitivo al estatus idealizado del padre lo constituye la revelación que le hace a José Luis el tío de Zaragoza sobre su situación de confinado privilegiado en Torrelodones:

> ¿Cómo no iba a estar bien tratado en Torrelodones y ser un confinado de lujo, no por ser un pintor inocuo, sino por ser el Mayor Zamora amigo de la familia de su padre?; ¿no te contó tu padre cómo ese capitán lo protegía a pesar de ser un enemigo? (Aínsa 2009: 86).

El silencio de Ramón Trallero Calvo sobre las relaciones del capitán franquista con la familia de su padre y, por ende, sobre su condición de «confinado de lujo» consuma el derrumbe del padre que se venía cristalizando desde antes de la ida del hijo a España. En términos lacanianos, cabe decir que está forcluído.

En busca de raíces

Tras la propuesta de Eduardo Sánchez de que José Luis se fuera a España para poner un término a las incesantes disputas con el padre y descubrir por sí mismo la España real, el hijo vislumbra en ese viaje la posibilidad de un anclaje identitario, proclamando a voz en grito: «Soy hijo de españoles, ni siquiera he sido concebido en Chile. [...] Yo, José Luis Trallero, pertenezco a un pueblo dramático, con una Historia que se conjuga con mayúscula» (Aínsa 2009: 53-54).

El énfasis de la frase «Soy hijo de españoles» indica desajuste con relación al país donde reside y al mismo tiempo idealización de España en cuanto afirmación de su diferencia, como si necesitase mostrar y mostrarse a sí mismo su superioridad. Una manera de ocultar el desajuste y la ausencia de raíces:

> Eduardo Sánchez se lo dijo un día a Ramón Trallero: «tu hijo no vive, apenas vive una historia que no es la suya [...], parece un extranjero vocacional» (Aínsa 2009: 54).

La extranjería es su esencia. Ausencia de vida propia, como el personaje de *El paraíso de la reina María Julia* que vive, ajeno a sí mismo, con el sentimiento de estar en un pozo. La España que se va construyendo José Luis es una España utópica:

> ¡Basta ya de remontarte a los ancestros que divides entre Navarra, rama materna, y Aragón, rama paterna [...].
> ¡Basta ya de esta farsa con que te escamoteas! ¿Qué esperas para irte? [...].
> José Luis se quedó asombrado. [...] Era como si [...] ya no pudiera discutir más contra su padre (Aínsa 2009: 55).

El deseo de derrumbe del padre, que aparece en varios momentos de la novela, se acompaña de cierto sentimiento de culpabilidad y refleja al mismo tiempo añoranza de una sólida presencia paterna. El viaje a España obedece, en última instancia, a la búsqueda de su razón:

> Me voy por fin. [...] voy a vivir todas las aventuras que he querido vivir y siempre le escuché contar [a papá] [...]. Pues me voy a Zaragoza a eso, pero luego me iré a Pamplona a encontrar las raíces de mi madre y su familia y todo lo que no sé de ella. Iré a Torrelodones, iré a Madrid, iré a Valencia [...]. Tengo mucho que reconstruir allí, tengo que entender, tengo que dar un sentido a todo lo que no lo tiene. Así no puedo seguir: ¿A dónde voy, si no me voy? (Aínsa 2009: 56-57).

El deseo de asidero se traduce, pues, por una identificación con las vivencias del padre y por la necesidad de «encontrar las raíces» de la madre de quien sólo sabe lo que su padre le contó indefinidas veces ante el espejo, limitándose prácticamente al «cómo se conocieron» en Torrelodones.

La carencia materna

Refiriéndose a la épica de la travesía de los padres en un «viejo buque de carga» (Aínsa 2009: 24) y la auforia de la llegada a Chile, dice José Luis:

> Así llegaron mis padres a Chile. Al parecer, yo ya estaba concebido en el bendito vientre de María Luisa (mamá), como resultado de los amores transcurridos en un bote salvavidas, único rincón de intimidad que los más espabilados habían descubierto en el barco y cuya consigna se pasaban las parejas entre sí (Aínsa 2009: 25).

Nótese que «mamá» está entre paréntesis después del nombre María Luisa, lo que le resta importancia a la condición de madre, cuya imagen aparece «borrosa», como si no la hubiera conocido. Empero, el deseo de la madre es patente en estas líneas que evocan la escena de la marcha de la madre para España y su muerte en un accidente en Pamplona:

> ¿Y mamá?: ¡qué borrosa está su imagen en mi recuerdo! Cómo me costó intentar quererla cuando quise hacerlo. Y es que tal vez quise hacerlo muy tarde, cuando ya no había remedio. Un día [...] empezó a hablar de volver [...] [a España]. La escuchábamos en silencio porque tenía razón; aunque papá tenía miedo de quedarse solo. [...] Un día me anunciaron lo que ya sabía: «mamá se va y te va a traer regalos muy bonitos» (Aínsa 2009: 50).

Hay, sin duda, en la marcha de la madre, un sentimiento de abandono, que afecta asimismo al padre, dejando al niño sin anclaje estabilizador. A ese sentimiento contribuirá también el encubrimiento de la muerte de la madre que le imponen al hijo su padre y doña Emilia, la señora que acogieron en casa, cuando llegó el telegrama anunciando su fallecimiento en Pamplona. Esta escena resurgirá de manera difuminada en el recuerdo del hijo, cuando, años más tarde, intenta encontrar, en el cementerio de Pamplona, la tumba de la madre:

> Esto es lo que más recordaría durante años: el timbre sonando con una peculiar tonalidad que él adjudicó a la alarma de su juego interrumpido [...].
> No recuerda a su padre entrando con la media vuelta de llave de siempre [...] ni recuerda su gesto contraído [...]. Él pegó su cara al vidrio y lo vio llorar por primera vez en su vida. [...] Y él sólo recordaría el timbre que había sonado con impaciencia (Aínsa 2009: 65).

Esta cita pone de manifiesto la eficacia de la represión. Puesto que lo han excluido del contenido del telegrama, el niño reprime la escena —la «olvida»— para protegerse. De ahí sin duda el goce que experimenta cuando doña Emilia lo lleva a los juegos del Parque para ocultarle la tristeza del padre —«No entendía por qué, pero fue feliz» (Aínsa 2009: 66)—. Ese «goce» echa un «espeso velo», como diría Donoso, sobre lo que intuye. De ahí que no haya podido hacer el trabajo del duelo ni encontrar la tumba de la madre en Pamplona, como si quisiera negar su existencia/ausencia.

Cuando, días después, el padre le anuncia de manera indirecta la muerte de la madre, el hijo percibe ese anuncio como algo lejano, incomprensible:

> ¿Recuerdas el telegrama del otro día? Decía eso, que estaba muy enferma. Él, sin embargo, ya sabía sin saberlo y más también: pero estar

muerta lejos, después de haberla visto partir con desconcierto, disimulando el miedo, no era una forma de estar realmente muerta. Era difícil para él y lo fue durante mucho tiempo (Aínsa 2009: 66).

Si la madre no está «realmente muerta», subsiste la posibilidad de volver a verla, como lo evidencian sus preguntas sobre el paradero de la madre y sobre su juventud:

> Luego se preguntaría y preguntaría, mamá, ¿dónde está mamá? Luego también la olvidaría, pero un día se diría: «Quiero reconstruir su memoria», y haría muchos esfuerzos recorriendo algunas fotos [...] y, a veces, cuando papá estaba en la casa le preguntaría: «¿Cómo era mamá cuando joven?», y él empezaría, como si fuera un tercero el narrador, a contarle «cómo conocí a tu madre». Le hablaría con tono impersonal, no queriendo arañarle una cicatriz cerrada con paciencia (Aínsa 2009: 66-67).

El aparente distanciamiento del padre en sus respuestas no propicia la reconstrucción de la memoria de la madre. En realidad, la María Luisa de quien le habla Ramón Trallero Calvo no es la madre, sino la amante de su padre, tal cual las repetidas narraciones de sus relaciones con ella se la han presentado.

Empero, esto no excluye el sentimiento de carencia que aparece también en *El paraíso de la reina María Julia*. En esta novela, las relaciones de Ricardo con María Julia se mueven en el espacio de una relación dual con la madre. Para Ricardo, María Julia es a la vez amante y «madre», como lo indican la reiteración del término «mamita» y su pasión de índole fusional con ella que deja traslucir la nostalgia de la madre ausente, pero también, y quizá por ello, una transferencia sobre María Julia. En *Los que han vuelto*, en cambio, no existe ningún substituto materno al que pueda agarrarse el hijo. Sólo en el Vía Crucis que emprende tras las huellas de la madre acaricia la esperanza de encontrar un asidero.

En la primera estación —«mamá cae atropellada por un taxis junto a la plaza del castillo»—, José Luis busca en vano, porque todo está trastocado, el lugar del accidente. «Fue en ese original día de soledad en que tomó la primera copa de brandi y que empezó a sentir todo de un modo distinto» (Aínsa 2009: 62), aunque con cierto sentimiento de culpabilidad: «Cerca de aquí debo verte, madre, pero sigo turista, aunque no debiera. Por no deber tomó su tercera y aún cuarta copa de brandi y luego se fue hacia la calle Ansoleaga» (ibíd.), en donde vivía su abuelo materno, asesinado «el 20 de julio de 1936» (ibíd.).

En la segunda estación —«Se llevan al abuelo por anarquista»—, José Luis se dirige por primera vez a su madre en un monodiálogo cargado de afección, visualizando la escena en que ella descubre que le habían llevado al padre y habían revuelto la casa:

> Madre, te veo con el moño recogido, el pecho duro, caminando ligero por el callejón [...].
> Madre, te veo como te vi en las fotos amarillentas en que ríes ante el portal [...], te veo, madre [...] en el portal ante las viejas que gesticulan [...]. Te veo, madre, subiendo las escaleras y abriendo la puerta y quedando espantada: la mesa está volcada y todo revuelto (Aínsa 2009: 62-63).

La repetición de «te veo, madre» le da a esta escena una dimensión de «encuentro» con la madre, el primer «encuentro» arropado por el cariño, la compasión y sin duda también por la añoranza de una presencia materna que siempre brilló por su ausencia. Quizá por ello concluya el largo paréntesis del monodiálogo en estos términos:

> Que lo veo, madre, que lo estoy viendo [...], y de sentirlo así, José Luis pudo meterse en una tasca y comer cecina con una jarra de tinto e irse a dormir sin pensar en otra cosa que eso: dormir la cogorza (Aínsa 2009: 63-64).

¿Cómo interpretar estas líneas?, ¿como el resultado de una «liberación» tras el «encuentro» con la madre, lo que pudiera significar el comienzo del trabajo del duelo, o sencillamente como el deseo de olvidar el pasado brumoso de «una vieja y desgastada historia que le había oído a papá» (Aínsa 2009: 62), según dice el narrador al comienzo de la escena? Esta segunda interpretación la acreditan las copas de coñac que le abren el espacio de la segunda estación, consciente de su actitud de turista, copas que, con la lluvia, parecen propiciar la emergencia de fragmentos de la novela familiar, sin que esos fragmentos cobren consistencia duradera, por la fragilidad del entramado:

A la mañana siguiente, cuando José Luis llegó cerca del paseo [...] retomó el interrumpido viacrucis. Sacó entonces la petaquera llena de cazalla y se tomó tres tragos. Sólo así caminó con más entusiasmo [...]. Un estúpido modo de asumir un destino desfibrado ya antes de entrar en el cementerio (Aínsa 2009: 64).

¿Cómo asumir un destino «desfibrado», el de una madre que sólo emerge en la neblina del alcohol y el suyo propio en el terreno movedizo de los recuerdos, que ni siquiera son suyos, recuerdos de recuerdos deslavados? De ahí que la búsqueda de la tumba bajo los efectos de la casalla transcurra en una especie de duermevela en donde, sin embargo, emerge, en tercera persona, el lejano recuerdo del repicar del timbre con el telegrama anunciando la muerte de la madre, lejano recuerdo ya citado.

Volviendo al presente de la narración, en el cementerio, José Luis «casi olvidó a qué había ido: leía cada lápida» sin encontrar «la fosa 46 con la foto del abuelo materno» (Aínsa 2009: 67). La fosa aparecerá por fin, pero en ella descubre, no el nombre de su madre, sino la foto de otra persona.

El pasado es irrecuperable. Todo es borroso. La búsqueda de las raíces es la búsqueda de sí mismo, pero la fuente se agotó y José Luis se queda sin asidero. Ni la tumba de la madre, ni los parientes lejanos acuden a su cita en la dirección indicada por el padre. Éstos se habían ido a Caracas. De ahí que, decepcionado, decida abandonar la búsqueda:

> Ese atardecer estuvo sentado con un bolsón en un andén, esperando el tren para Madrid. Madre, no te vi con el moño recogido.
> Que no lo vi, madre, que no lo estoy viendo (Aínsa 2009: 68).

Este monodiálogo pudiera obedecer a una suerte de justificación de su renuncia a la búsqueda. El encuentro con Monique en el tren le decide a dar la espalda a Torrelodones y a Madrid, y a irse con ella a Córdoba, transgrediendo el mandato paterno que, además de la misión principal —«Visita la tumba de tu madre y recuérdala por los dos» (Aínsa 2009: 70)—, contenía «misiones secundarias»: «Capta España, hijo, penetra en su espíritu milenario; capta el drama oscuro de su gente, la brutalidad de la tiranía y de la ignorancia» (ibíd.: 71).

Del brazo de Monique por Córdoba, Cádiz y Sevilla, José Luis se reviste de una nueva identidad, la identidad de un turista sudamericano que pretende, con su aparato de fotos y los paseos en una jaca, captar la mirada admirativa de los gañanes para adquirir la certeza de sí. Certeza que sólo la mirada reconocedora del padre le pudiera brindar: «se imaginó, por un segundo, mirado con asombro por su padre. Había jugado al turista perfecto» (ibíd.).

Por furtiva que sea esa mirada imaginada, es obvio que en ella busca el hijo el reconocimiento estructurador. Así podría colmar el vacío que intenta velar con la ostentosa excursión.

FRACASO Y REAJUSTE

La imagen del padre reaparece en Barcelona, pero ya no en un contexto de eufórica jactancia, sino en el de un despertar envuelto en soledad y vacío tras la marcha furtiva de Monique: «papá y su sonrisa, tan dispuesto para el silencio como para un gesto de indiferencia» (Aínsa 2009: 71).

¿Qué significan ese «silencio» y esa «indiferencia»? La respuesta nos la da explícitamente José Luis en un monodiálogo interior cuando el padre lo felicita por su primer sueldo:

> Ya no hablamos ni tenemos el gusto de discutir, que esa fue también una hermosa etapa. [...] Quisiera [...] volver a sentarme en el taburete del baño, los pantalones cortos sin cubrirme las rodillas costrosas, y oírte repetir la historia de «cómo conocí a tu madre».
> [...]
> La nostalgia que expresan estas líneas se acompaña de un deseo de regresión a la fase de identificación con el padre idealizado que añora, pero ese padre ya feneció: «Quisiera pensar en ti como el padre único y no como el blando papá a quien no doy cuenta de ninguno de mis actos, tan inútil me parece todo, tan perdido está el diálogo desde que he vuelto» (Aínsa 2009: 86-87).

La constatación del desgaste referencial del padre agudiza en el hijo un vivo sentimiento de carencia, de inutilidad, de fracaso generalizado: «de desarraigo que él mismo encarnaba» (Aínsa 2009: 74).

Como Ricardo, en *El paraíso de la reina María Julia*, que hace proyectos siempre postergados, José Luis, en esa situación de *rêverie* en la cubierta del barco, hace proyectos de trabajo, de estudios y de casamiento. Sólo se concretizará el primero gracias a las relaciones del viejo amigo de su padre, «el generoso Alcalde que cobijara en el municipio al aterido exiliado Ramón Trallero» (ibíd.: 81). Al pedir ayuda a este antiguo protector del padre, José Luis se mantiene simbólicamente bajo la imagen paterna negativa que connota la expresión «aterido Ramón Trallero»: «me quiero independizar y necesito un trabajo» (ibíd.: 82), le dice.

Con el nombramiento de funcionario que obtiene por fin, el padre puede regresar a España —«ya eres un hombre [...] ya no me necesitas» (ibíd.: 86), le dice el padre—y el hijo sentirse independiente y libre: «en cierto modo, en el renunciamiento final de su padre tenía él una fórmula de triunfo» (Aínsa 2009: 89). El triunfo del hijo equivale, simbólicamente, a un parricidio.

UN SUSTITUTO DEL PADRE

Eduardo ocupa el lugar dejado vacío por el padre. Es él quien decide a José Luis a emprender su primer viaje a España para poner un término a los interminables enfrentamientos con el padre. Es él quien le convence, en los primeros días del golpe de Pinochet, de que mesure sus reacciones que lo pueden delatar. Las palabras de Eduardo le abren el camino al nuevo José Luis, comprometido y prudente. Y, por fin, es Eduardo quien lo salva, *in extremis*, de las garras de los esbirros de Pinochet que lo estaban esperando en casa y lo envía a España con una nueva identidad, que José Luis percibe como un nuevo nacimiento, como «Españolito apenas nacido» (Aínsa 2009: 123). En este sentido, Eduardo desempeña una de las facetas fundamentales del rol del padre que es la de inscribir al hijo en una genealogía cultural, en una historia, aquí la de la Madre Patria a quien José Luis invoca a manera de letanía en el aeropuerto. Hay sin duda en esta letanía un guiño jocoso a la letanía de la espiritualidad marial; pero dadas las circunstancias en que se encuentra el personaje, no parece incongruente la idea de que la Madre Patria reemplaza en cierto modo a la madre ausente y a la Virgen a quien ese tipo de invocaciones suele dirigirse.

Si Eduardo suple en múltiples momentos a la carencia paterna en la representación del hijo, conviene notar, empero, que su función en las últimas escenas parece orientar a José Luis nuevamente hacia el padre real. Al respecto, el sueño con el doble es particularmente significativo puesto que, según el narrador, ha sido decisivo en la evolución del personaje:

> [José Luis] se vio a sí mismo como solo es posible verse en los sueños. Iba caminando por una avenida donde ciertas casas podían ser las del barrio donde vivía en Santiago y otras de Zaragoza donde vivía ahora su padre. Un barrio parecido dividido entre el Viejo y el Nuevo Mundo (Aínsa 2009: 116).

Esa avenida lo conduce a la casa paterna, al reencuentro con el padre. El personaje se debate en busca de una síntesis identitaria estabilizadora. La cuestión del doble, en efecto, está vinculada con la de la identidad. La conciencia del Yo en cuanto unidad evoluciona del sentimiento difuso de indiferenciación con el entorno al sentimiento del Yo-cuerpo fragmentado antes de reconocerse como unidad frente al espejo. Si el doble procede del principio de identidad, su trayectoria lo orienta hacia la alteridad, situando al Yo a horcajadas entre el serse, como diría Unamuno, y el ser otro.

Tras un gigantesco esfuerzo tirando, «más bien arrastrando, por estar atada a su cintura una gruesa cuerda, una especie de carreta llena de libros» (Aínsa 2009: 116), José Luis ve una silueta que se le acerca y se convierte en su doble, tiene el mismo nombre, la misma edad, vive en la misma calle y el mismo número, «pero en distintas ciudades», «calzaba rústicos zapatos y vestía un traje de pana» (ibíd.).

No cabe duda de que ese otro joven con «rústicos zapatos» y «traje de pana» es el padre, visualizado en su juventud. El deseo de reencontrar al padre se expresa con el surgimiento de la «silueta [que] empezó a crecer desde el horizonte, andando por la calle en ruinas hacia él» (ibíd.). Es como si fuese el padre quien lo fuese a buscar para liberarlo del peso que iba arrastrando. Quizá por eso este sueño no tiene el carácter de inquietante extrañeza que, según Freud, es inherente al doble. El ambiente onírico aquí sitúa la emergencia del doble en un espacio cercano al tema primitivo, el de un yo idéntico, que constituía una garantía de la supervivencia del Yo. El hilo invisible del destino que conducía, según los antiguos Griegos, la trayectoria de cada individuo, Aínsa lo califica de «oportunidad». Entre las «oportunidades» que llevaron a José Luis a ser «otro siendo el mismo» (ibíd.: 117), figuran las circunstancias que lo decidieron a comprometerse con la resistencia a Pinochet. Sin embargo, la inquietante extrañeza no parece del todo ausente, puesto que la visión del otro que se le acerca y en el que se introduce se acompaña de un sentimiento ambiguo:

> Se había despertado entonces poseído de una sensación nueva. [...] Esa sensación iba acompañada de una ambigüedad, no poder confirmar si ese otro era alguien realmente conocido, su padre por ejemplo.
>
> Él mismo, entonces, había llegado ante la tapa de una alcantarilla, había levantado la tapa y había entrado lentamente por el redondo hueco diciéndose adiós al otro, desapareciendo rumbo a un desconcertante mundo subterráneo y, por lo tanto, clandestino (Aínsa 2009: 117).

Al introducirse por ese «mundo subterráneo», el hijo reproduce, en la clandestinidad de la resistencia chilena, el comportamiento del padre en las alcantarillas madrileñas:

> En esos días [...] sintió que viejos fantasmas de su infancia y adolescencia aprendidos frente a un espejo de un cuarto de baño podían convertirse en una razón de vida práctica (Aínsa 2009: 118).

La emergencia de los «viejos fantasmas» le abre a José Luis, cual hijo pródigo, la puerta de la casa paterna. El hijo rescata así el sentido de la existencia y restablece psicológicamente el vínculo con el referente paterno, antes de hacerlo «físicamente», en el espacio de la novela, a su llegada a Zaragoza. Con ello se justifica el prólogo, al que remite el epílogo, en el que el narrador presenta el fin de las relaciones padre-hijo —final de la novela también— como un círculo en el que el hijo, siguiendo la trayectoria invertida del padre, parece más viejo que su genitor, lo que pudiera inducir la idea de una inversión, en cierto modo, de la genealogía. El epílogo, sin embargo, indica más bien una suerte de relación gemelar en la que el hijo se identifica nuevamente con el padre, a la vez que desea el reconocimiento por dicha identificación: «Aquí está tu otra mitad —podría haberle dicho. Haciendo mutis por el foro, saliendo de una representación donde tuve, como tú hace treinta y siete años, un papel discreto que representé con sinceridad. A un exilio, otro» (Aínsa 2009: 127). La lúdica regla de tres del último capítulo —«1939 es a 1973 como Torrelodones a Coquimbo, Madrid a Santiago» (ibíd.: 128)— equipara al padre y al hijo en sus encuentros amorosos y en su compromiso político. Por esas razones, el hijo se alza al nivel del padre. Ambos se completan, se funden y confunden en ese gran espacio en blanco en donde «un cierto acento extranjero» (ibíd.) los sitúa como diferentes, nuevamente desarraigados, exiliados. Como todos los que, según el epílogo, oyen expresarse en múltiples lenguas, va «cada uno con su vida a cuestas [...], ellos con la que trajeron hace años desde Chile» (ibíd.: 129).

CONCLUSIÓN

La función paterna en esta novela se caracteriza por un proceso de erosión del estatus del padre que, junto con la carencia materna, deja al hijo sin referente estructurador. Objeto de una identificación primaria, Ramón Trallero Calvo representa para el hijo el ideal del Yo, el héroe republicano a quien admira y escucha embelesado. La ausencia de la madre favorece la relación dual, fusional, padre-hijo. Con el descubrimiento del lado oscuro del padre —sus flaquezas, contradicciones, renuncias y omisiones—, se desdora su imagen y se abre para el hijo una larga fase de desajuste, de profundo sentimiento de desarraigo existencial. Frente a un «blando papá» —padre mediocre, carente—, y a la imagen borrosa de una madre cuya muerte le ocultaron y de la que nunca pudo hacer el duelo, José Luis posiciona a Eduardo —amigo de la familia— en el lugar dejado vacío por el padre, el lugar del Otro. Bajo su mandato, emprende la búsqueda de raíces tras las huellas de la madre en España. Mandato intrínsecamente nulo, pues a la vez que confirma la exclusión del padre del lugar del Otro, mantiene al hijo en el espacio del fracaso: «Mira, vete de una vez. No te será difícil rehacer tu vida allá, porque aquí ni hecha la tienes» (Aínsa 2009: 55). De ahí que en sus andanzas en busca de asidero por España sólo le responda la ausencia y el sentimiento generalizado de fracaso, sentimiento superado parcialmente cuando la «oportunidad» del golpe de Pinochet lo lleva a comprometerse con la resistencia clandestina, reproduciendo el comportamiento del padre en el Madrid revolucionario. Con ello —huyendo de Chile a Zaragoza donde le había precedido Ramón Trallero Calvo— reencuentra en cierto modo al padre, pero ya no como el Tercero fundador, sino como figura gemelar, «su otra mitad», sin saber quién sostiene a quién, desarraigados los dos.

BIBLIOGRAFÍA

AÍNSA, Fernando (1994): *El paraíso de la reina Julia*. Bogotá: Índigo Editores.
— (2009): *Los que han vuelto*. Zaragoza: Mira Editores.

Hacerse con lo visible de cara a poetizar el caos-mundo: metamorfosis de lo épico fronterizo en *Toda la tierra*, de Saúl Ibargoyen Islas

Philippe Dessommes Flórez
Atelier de Traduction Hispanique de l'ENS de Lyon

Si no tiene caso demostrar la extensión y hondura de la obra crítica de Fernando Aínsa, es porque viene alimentándose de cuantos libros significativos produce el continente latinoamericano y porque su incansable autor sabe restituir, luego de tantas campañas de lectura de altura, lo mismo interpretaciones globales que análisis particulares, elaborados por el rasero de su enciclopédico saber.

Por tanto, nos parece justo empezar subrayando el carácter decisivo de este tipo de obras para los traductores. Sin tales fundamentos analíticos de grandes dimensiones (periodización, evolución de los géneros, tendencias temáticas y estilísticas…), la lectura previa a cualquier intento de traducción sufriría estrechez de miras, cuando no pobreza, y la producción de un texto nuevo, que sólo aparenta remitir a lo microscópico, quedaría sometida al azar y a la miopía.

Con este enfoque, lo que sigue puede aparecer como un efecto particular (esperemos que fecundo) de la lectura de un autor tan original como es Saúl Ibargoyen y de su novela Toda la tierra a la luz de los aportes críticos y la sensibilidad poética de Fernando Aínsa. Procuraremos aclarar en qué medida pertenece dicha obra a la nueva novela histórica latinoamericana, y nos preguntaremos por las posibles afinidades entre el pensamiento crítico que la apuntala y alguna que otra corriente del pensamiento humanístico actual.

Fernando Aínsa demostró las limitaciones de las referencias directas a la epopeya homérica en cuanto se trata de adueñarse y dar cuenta de la historia nacional. Los hechos cuya existencia supone la citada
novela uruguaya, contemporáneos de Acevedo Díaz, se narran desde
el año 2000. Ya no se trata, pues, de proveer al país de una literatura
nacional según un modelo hegeliano de la épica, «en la que la voluntad y el sentimiento resultan una totalidad indivisa» (Hegel 1965:
140; traducción nuestra), y en la que se ve infinita la distancia entre el
aedo (portavoz del poder fáctico) y una nación en agraz. Hoy por hoy,
importa saber cómo se ejerce la intención, no de recobrar una imposible objetividad del pasado, sino de encaminar una sociedad hacia el
porvenir gracias a una reflexión sobre su pasado (Aínsa 2003: 125).
Según Fernando Aínsa, dicho planteamiento se justifica por el hecho
de que «en el estallido actual de las formas y modelos de representación del tiempo, tanto del pasado, presente o futuro, el sentido histórico de una obra resulta mucho más ambiguo y contradictorio [pues]
las formas del tiempo de la conciencia individual, con las que se asocia en general la ficción novelesca, y el tiempo de la conciencia colectiva, al que se atenía la historiografía tradicional, han intercambiado
buena parte de sus roles» (ibíd.: 68). Y, efectivamente, Fernando Aínsa busca en la novela latinoamericana del siglo XX la prueba de una
voluntad compartida de «rastrear la "historia verdadera" de que hablaba el mismo Úslar» (ibíd.: 78). Tamaña empresa colectiva y proteica
de relativización de la verdad histórica admitiría opciones como el
descomedimiento delirante de un personaje ficticio (don Juan de
Mañozga en *Los cortejos del diablo*), la parodia (*Zama*, según Saer), la
reescritura de novelas anteriores con vistas a la «revisión» y a la des-
acralización por el humor (Ibargüengoitia al subvertir y reelaborar en
Los pasos de López el personaje de Hidalgo presentado por L. Castillo
Ledón en *Hidalgo: la vida del héroe*) (ibíd.: 108-111). Todo ello no
merma la libertad de los autores de denegar el valor ontológicamente
«histórico» de algunas de esas novelas. Éste es el caso de Úslar quien,
movido por su escepticismo de historiador ante un auténtico minué
mimético de monigotes emperifollados, se distanció (sin encastillarse
en ningún *esprit de sérieux*) de esa «novela histórica» y pasó a hablar de
sus propias obras como de «novelas en la historia», con un enfoque
comprensivo e interpretativo del Hombre (Márquez Rodríguez 1991:
148). No a otra conclusión llega Fernando Aínsa al declarar: «Ésta es

la característica más importante de la nueva novela histórica latinoamericana: buscar entre las ruinas de una historia desmantelada por la retórica y la mentira al individuo auténtico perdido detrás de los acontecimientos, descubrir y ensalzar al ser humano en su dimensión más vital, aunque parezca inventado, aunque en definitiva lo sea» (2003: 111-112). Otros estudios, contemporáneos de *Reescribir el pasado*, o posteriores, como la tesis de Marta Cichocka —quien lo cita de manera significativa en varias ocasiones—, explicaron las características de la nueva novela histórica. Queda claro que poner en tela de juicio la posibilidad de que exista una verdad única, tildando de sospechoso a quien la cuenta, no sólo destruye la Historia sino que obliga a reelaborar otra verdad y a preguntarse a la par por el devenir del estatuto del narrador.

«No conocemos nuestro país sino después de haber visto otro»[1]

Escritas las más de ellas desde el exilio, las obras de Saúl Ibargoyen que hablan de la frontera quedaron de inmediato interpretadas por Fernando Aínsa —al igual que las de Rulfo, Roa Bastos, Barreiro Saguier y Guimarães Rosa que giran en torno a otras minorías indígenas— en su intención fundamental: «captar e incorporar aspectos esenciales de la identidad de estas minorías, a partir de una operación de "integración" de la identidad por el lenguaje» (Aínsa 1986: 105). En 1986, Ibargoyen sólo tenía publicados dos libros: uno de cuentos, *Fronteras de Joaquim Coluna* (1973), y una novela, *La sangre interminable* (1982), pero Fernando Aínsa percibió sus mejores quilates, que confirmarían toda su obra: «Desde el momento en que [dichos autores] no se sienten fuera, sino dentro del lenguaje, no se trata de "copiar" un sistema con verosimilitud sociológica, como hacían regionalistas y realistas sociales, sino de "crear", a partir de su realidad plurisémica, una dimensión literaria que desborde los límites de una comunidad marginada para hacerla parte de la "totalidad"» (Aínsa 1986: 105-106). En numerosos cuentos y varias novelas —*Toda la tierra*, en particular—, el autor interpretó una comunidad fronteriza que

---

[1] Aínsa (2000: 57).

reúne sin barreras las ciudades de Santana do Livramento (Rio Grande do Sul, Brasil) y Rivera (Uruguay), al formar una pasarela económica y mercantil entre ambos países, un microcosmos político, cultural y lingüístico (portuñol riverense, o sea hibridación con alternancia de códigos, léxico prestado —incluso del substrato indio...).

TODA LA TIERRA

La acción de esta novela polifónica abarca las tres generaciones posteriores a la Independencia y llega por alusión a los años 1920-1930, adoptando por telón de fondo la época de construcción de las identidades nacionales. En Brasil, el Imperio de Pedro I y Pedro II, la República positivista, favorable a los caudillos y fazendeiros. Mientras tanto, la Banda Oriental intenta controlar el propio destino a través de una alianza con la Argentina para vencer el anexionismo brasilero (Guerra Grande de 1825-1828); una vez independiente, se reúne con sus dos potentes vecinos para vencer a Paraguay (Triple Alianza de 1865-1870). Pero ni la victoria militar ni la independencia pueden con la endémica inseguridad del interior, ni con las incursiones de los «hacendados del Rio Grande do Sul, lanzados a la conquista de tierras uruguayas, [ni con] el banco Maua que encauza la vida financiera» (Halperín Donghi 1972: 151; traducción nuestra). Al contrario de Paraguay, que construye su identidad aislado y pese al exterminio de las tres cuartas partes de la población, Uruguay lo hace a despecho de las anexiones y la porosidad de sus fronteras, asumida mal que bien hasta hoy. El presidente Latorre intentaría poner fin a esa situación, libertaria en demasía (ibíd.: 158).

Pueden repartirse las acciones de la novela en tres épocas. La fundación de la historia familiar consiste en que José Cunda abandona Canguçueiro, el pueblo de sus antepasados, y cruza la frontera. Víctima de la xenofobia y la barbarie del propietario de la cantina en que pensaba solazarse en camino, lo salva de la muerte la dependienta del lugar, Juana Mangarí. De su unión nacerá una hija, Almendorina Coralina. Pocos años después de la Guerra de Triple Alianza, José Cunda le compra la hacienda Siete Árboles a Timeo, un militar que la adquirió al amparo de las circunstancias bélicas. La segunda época empieza con Almendorina en edad de merecer. Germina la tragedia con la llegada de su primo, el ambicioso Juanito Bautista, último miembro de la rama familiar brasileña, desaparecida en circunstancias sin aclarar. Del matrimonio de conveniencia nacerán una mujer y siete varones, sin contar unos cuantos hijos ilegítimos, uno de los cuales, Lucasio Adán, se hará cura de una de las parroquias de Rivamento. El paso de los años, su matrimonio y la «adquisición» de siete haciendas gracias a un juego de influencias civiles o militares, y por el tráfico ilícito de bienes convierten a Juanito Bautista en don Yócasto, conde de Canguçueiro. Se hace más y más obvio el sacrificio de las aspiraciones utópicas de su tío (subrayadas por el edénico nombre de Siete Árboles) en aras de su propio anhelo de poseer «toda la tierra». El acontecimiento clave de la tercera época es el asesinato de uno de sus hijos, Bautista Benjamín, mientras se ventila unos de los mayores tráficos de Yócasto. Del suceso se derivan una presunta encuesta y un desencadenamiento de violencias, sufrimientos y agonías. El fangoso remolino se lleva a un pintor (que supo entender la personalidad de Yócasto), a los tres culpables designados por Almendorina, a Timeo, a los dos fundadores y al propio Yócasto.

Pese a la sencillez de lo narrado, discernir el exacto fluir del tiempo así como las instancias narrativas plantea dificultades: además de un relato raras veces lineal y de una estructura dispersa, el tiempo se somete a una arritmia significativa. Cada capítulo surge de su propia lógica memorial o testimonial, y va marcando los tumbos de la historia y de los destinos personales. La época fundacional (1850-1875, aproximadamente) queda evocada en dos capítulos (9, 14), la de la expansión (1875-1920, más o menos) en ocho (6, 12, 11, 20, 17, 23, 30 y 19, si nos ajustamos a la cronología probable de los hechos), y la de las violencias que acaban con la dinastía en más de veinte: 7 y 29; 5 y 16, luego 21, 13, 26, 36; 3, 10 y 15; 2; 24 y 28; 34; 33; 35; 25; 31; 1, 4, 29, 32; 8 y 22; 18 y 27, que reagrupamos de este modo para tomar en cuenta tanto del punto de vista de los personajes como de la cronología, y en la medida en que fijar un orden secuencial es más relevante que poner fechas. Por otra parte, Ibargoyen trastorna la diacronía de modo que su lector quede atrapado y salga desde un principio en pos de la explicación de estas violencias finales. Por lo cual, no escribe ni una novela histórica de tipo decimonónico, ni tampoco una novela a lo Úslar (*La visita en el tiempo*), sino que reinventa un tiempo existencial, múltiple y fragmentado por relatos y testimonios entrecruzados, que sólo podrá captar su lector si acepta reconstruir una concatenación, hipotéticamente causal, de acontecimientos. El efecto producido, si adoptamos la fórmula de María Ezquerro en *Théorie et fiction*, es que: «Le temps référentiel, le temps historique en l'occurrence, loin d'avoir pour fonction d'ancrer le temps du roman dans une durée précise et consistante, se trouve être un temps mort, en marge du temps, une durée vide, désertée de sens, où rien d'important ne se produit» (citado en Cichocka 2007: 110). Por obra y gracia de este esfuerzo de des-composición, Ibargoyen reniega definitivamente de la idea de que ninguna verdad histórica pueda conseguirse sur le *mode du reflet*.

La crítica de las fuentes ha de apuntar como una huella de historicidad la alusión a la condición de militar del abuelo de Ibargoyen en el coronel Ambrosiano Ilha. Asimismo, Saúl Ambrosiano corresponde a un primer desdoblamiento del autor en personaje ficcional, figura proyectada en el pasado de un periodista fronterizo dedicado a «asuntos culturosos». Esta representación exterior hace las veces de contrapunto al aedo Olavio Brás, de nacionalismo estrecho y rimbombante (49-50), presa de los acostumbrados arranques del romanticismo al uso. Ibargoyen ejerció una actividad periodística, política y sindical, y ha sido víctima de la represión y el exilio. Esto da pie para que evoquemos paralelamente a Acevedo Díaz, fundador de varios periódicos, opositor a Lorenzo Latorre en las trincheras, conocedor de los calabozos y el exilio en una época en que, según José Pedro Varela, después de 19 revoluciones en 45 años, «la guerra [era] el estado normal de la República»,[2] lo cual le confiere al personaje novelesco una sustancia existencial decantada en el lavador de los episodios nacionales. Pero de ahí no pasa la comparación: mezclando ironía y auto-irrisión, la evocación de Acevedo Díaz, de quien numerosas «páginas épicas son, sin lugar a dudas, representativas de los mejores esfuerzos por reconocer cuáles son los elementos forjadores de una nacionalidad» (Aínsa 2003: 131), pone de manifiesto la distancia invencible entre lo épico fundador de un pasado mítico e inalcanzable de uno y las piruetas culturosas de otro. Por fin, relativizando más aún, este personaje desdoblado no posee el estatus de narrador omnisciente y se aparta llegando otras voces, también dedicadas a la misma indagación.

---

[2] Citado por Rubén Cotelo en su *Historia de la literatura uruguaya* (Aínsa 2003: 118).

El trabajo de la memoria en la caída de la casa del conde de Canguçueiro constituye la esencia de la novela y los relatos «de tan entreveradas escrituras» (17) que ofrece, y el juego con el contrato de lectura que implica hace imposible cualquier contínuum narrativo. Al lector se le avisa enseguida («distintas voces han entretejido este relato», 9), y cada capítulo brinda un cuadro aparentemente independiente. Uno de los narradores da la primera arremetida contra la pereza eventual del lector-oyente, evocando el raspado palimpséstico para el que se prepara, *hic et nunc*: «Este cuento ya se contó o lo contaron, usté lo sabe o sabrá, en los papeles de otra historia. Y si no lo sabe, pues mire nomás, que tiene que aprenderlo. Y estudiarlo, sí, con palabras que se asujetan a la saliva del mero aire de todos nosotros. Que no es, no, ni nada, la babosidad negra y azulosa o hasta roja, como una tinta que muerde mezcladas papelerías sin música y sin ruido» (21). Aquí y ahora, contigo o con Usted, lector-oyente. Cuentista de la cultura oral, cuya palabra, improvisada y conativa, vibra entre tradición e inspiración, el narrador actúa con conocimiento de causa, a conciencia plena desde nuestra época y chista a su público (la *cour* o asamblea del cuento criollo martiniqués o guadalupeño) para confesarle en voz alta las dificultades metodológicas que le salen al paso en ese trabajo de rememoración: «Este cronista tuvo el temor de no memorizar [unas coplas] en lo correcto, y en saliendo para la redacción de la *Notembó Tribune*, empezó a preguntar al personal […] [y] aquí temerosamente se transcriben porque toda verdad de cada uno debe tener, al menos, un poco de sombra» (144).

Se abulta la sustancia novelesca, como una fruta de la encuesta y la remembranza del narrador principal, y se enriquece y prolonga horizontalmente con otros relatos y testimonios adventicios en la lengua mestizada de la frontera, con puntos de vista externos, equivalentes ya del coro, ya del bufón, sin dejar de lado el prosopopéyico mapa que esgrima una reflexión sobre la historia con vistas a derrotar al poetastro local y la retórica oficial, partidaria, destructora de las utopías del pasado pues, nos dice, «para mí todos los lados son como las caras del viento» (137).

Más que un relato des-construido, tenemos una construcción rizomatosa ante la cual adivinamos una imagen del desorden del mundo. Pero si bien estaba en un callejón sin salida la novela histórica tradicional, cabe preguntarnos en qué medida supera la crisis la propuesta sauliana.

Cécile Quintana propuso dos pistas de reflexión analizando una novela anterior, *Noche de espadas* (1987), tanto más útil de recordar que se refiere a ella una nota de *Toda la tierra* (151): la verdad del propósito —retomar un elemento épico, el de la campaña de pacificación interior bajo las presidencias de Latorre y Santos para darle forma de mito— está determinada por el hecho de que esa verdad no se concibe como el contrario de una mentira sino del olvido; y, por otra parte, el portador de esa verdad estructurante, su doble ficticio, el Poeta o *auctor*, la expresa por obra y gracia de su arte, una «habilidad mágica» parecida a la del pintor (Quintana 2009: 183-201).

Le chercheur de traces

En las dos novelas, el arte del pintor es motivo de justificación por el hecho de que la lengua, prisionera de la ganga social, es incapaz de arrancar embozos y máscaras. En *Toda la tierra*, Ludovico Cintra, el artista, muestra que el proceso de creación es una revelación en la que, aparentemente, sólo importa el dominio técnico, que ignora el lenguaje articulado, pues sabe que «cada sonido es el mensajero de su propio silencio» (31). So pretexto de pensar en las herramientas de su arte, lo define al final por su objetivo: «¿Pinto o invento? ¿Qué hombre es como es? A este señor lo vi tres veces: no puedo negarlo ahora en esta ocasión de su retrato...». Y cuando se dispone a pintar la mirada de Yócasto, su memoria interpretativa le permite darle «dos ínfimas pulsiones de vida; dos grumos producidos por un aplastamiento de pétalos carnudos; dos coágulos de una sangre caída de un cielo que no era el de allí». Al igual que el poeta borgiano de la «Parábola del palacio», que logra condensar todo lo real en un único verso, o una sola metáfora perfecta que se sustituye a la inmensidad del palacio del Emperador amarillo, la verdad de ese retrato le merecerá al pintor un pago rabioso y la muerte. Demuestra así su sacrílega capacidad de desvelar e interpretar las huellas de la infamia de Yócasto que le han traído su memoria y su intuición, haciendo acopio y uso de materias y colores, «con la minucia de un oficio nunca aprendido ni estudiado [...]. Lo demás fue labor de pura disciplina». Tal *modus operandi* de los visionarios no es sino una facultad de hacer caso omiso del presente y de los signos engañosos que éste le alcanza al observador. Ahora bien, uno de los narradores de las primeras páginas advierte a su lector-oyente y lo convida a que, escuchándolo, tome el mismo tipo de riesgo: «Pues no es de deleite recordar lo que uno ni siquiera huele malamente que ha existido. O si usté y/o yo, o aquel pendejazo, o el tal abusado o el tan experto, no sabemos inventar la fijación de un toque, de un impulso, de una pulsación, de un mínimo latido, de un pedo fetal, de un trozo de nervio enganchado a un bulbo que sirve para que tus pelos se erecten cuando el llamado amor exige o proclama su inmediatez, su fulgor, su indigencia…» (22)

Démonos el gusto de un breve paralelo. Poniéndolo en un contexto comparable de búsqueda de otra verdad, Imre Kertész nos describe al emisario encargado de indagar rastros de la infamia de los campos nazis como a un hombre desconfiado de las supuestas pruebas materiales, carcomidas por el presente. De ahí que surja en su método arqueológico lo imprevisto, el azar, la intuición, que sí admiten cierta formulación poetizada, la metáfora generada por la vívida experiencia del presente. Se trata de una auténtica lectura del paisaje, que citaremos por la traducción francesa:

Pas de doute, cette couleur [una remanente porción de amarillo imperial en una pared] dans cette lumière particulière, cette couleur aussi était intemporelle, seul un instant quotidien l'avait rendue saisissable, un instant totalement différent, qu'il avait néanmoins pu retrouver dans la pression impitoyable de ce présent trompeur, mais dont aucune carte géographique, aucun inventaire, si précis et exhaustif fût-il, ne pouvait apporter la preuve. Ce qu'il s'était efforcé d'écarter de son travail méthodique était justement ce qui lui avait porté chance: le hasard, cet élément inévitable que pourtant aucune investigation ne prenait jamais en compte. Il n'avait donc pas besoin d'un froid recensement mais de faits inattendus; il avait toujours cherché ce qu'on lui cachait au lieu de saisir le visible; consciemment ou non, il avait toujours traqué ce à quoi il n'avait jamais prêté attention: ce jaune, cette découverte violente et bouleversante; et cette découverte qui était le fruit de l'instant présent donna naissance à cet autre instant qu'il avait pourchassé jusqu'alors sans succès, à savoir cet instant caché, conservé pour lui et ne pouvant exister que par lui; et voilà, tout était incontestable, prouvé et douloureusement certain. […] La ville devenait éloquente sous le regard qui la faisait parler: elle s'étendait devant lui, ouvrant ses portes, démasquée, vaincue, encore réticente certes, mais déjà soumise. Pareille à la pellicule plongée dans le bain révélateur, elle prenait vie derrière la fine membrane de son masque sous l'effet du regard. Sa beauté s'effritait: à sa place se figeait une patine pourrie et une dignité transie, délabrée, décatie, désarmée (43-45).

Para Kertész, el verdadero revelador de la realidad del pasado en el momento presente es la propia subjetividad del investigador; comprendemos que sólo la intuición figurativa permite expresar el vínculo entre una y otro. De idéntica manera, en la novela de Ibargoyen, nada pone mayores trabas a la encuesta que la pretendida pura objetividad, la relación policial de los hechos después del asesinato de Benjamín Bautista, o el discurso de los poderosos, pues todos se valen de una lengua prefabricada y normalizada. El problema de la ficción consiste en desarmar la lengua monolítica y compacta que vertebraba la sacrosanta objetividad de la Historia oficial o ideologizada.

Este rodeo nos lleva a adherirnos con más entusiasmo a que el autor se haya dado a la parodia, el humor o la ironía, de los que pueden ser excelentes exponentes el relato del asesinato en la prensa de Porto Triste y Montevidéu (cap. II), o la desconfianza de algún personaje respecto del autor-narrador-investigador —cap. XXVII: «¿No serás sólo un palabrero, un ñe'engatú, de los que fronterean pur aquí, tratando de traer engaños a nuestra gente?»—. Es más: con lo que se queda el lector-oyente es con la idea de que la nueva historia encuentra en sus autores y personajes la legitimidad para descodificar-recodificar, para dejar una huella que un tiempo necesario y una subjetividad particular hacen significativa, aunque sea de forma efímera. Con todo, este «revelado» y esta «revelación» distan mucho de ser evidentes.

POÉTICA DE SAÚL IBARGOYEN

El autor declaraba con motivo de la publicación del libro: «Toda la tierra se apega a los planteamientos iniciales de mi escritura narrativa, no sólo en el sentido de una escritura fronteriza de un "fronterizo cultural", sino en cuanto a presentarse como un producto ajeno a la macrocefalia del país y a la sacralización posmoderna de la lengua culta» (Muñoz 2000), lo cual entra en el marco de un proceso creativo perfectamente descrito por Fernando Aínsa:

De la combinación de estos tres componentes —voluntad de consignar hechos, integración de mitos y fabulaciones, y retórica discursiva para narrarlos— surge la polisemia de la que fuera una nueva familia textual generalizada con el descubrimiento y la conquista de América, pero cuyas influencias se extienden hasta hoy en día en la reescritura paródica o arcaizante, a través de las que se expresan autores de novelas históricas. Crónicas cuya original intención histórica es hoy ficcional; crónicas que, en definitiva, pueden llegar a ser representativas de la otra historia de América que está por escribirse: la de las minorías, vencidos y marginados, la del pensamiento heterodoxo y disidente (2003: 33).

¿*CUR SECESSISTI?*[3]

La lengua es a un tiempo el instrumento y el objetivo de esta orientación subversiva contra el centro. En efecto, para atrapar a su lector-oyente, el narrador ha de hacer que su propia realidad le parezca extraña, o que él mismo se sienta extraño en lo que poco antes le parecía familiar. Nada de halagarlo con una perezosa identificación de lo propio: lo obliga a saltar por encima del obstáculo de una nueva realidad de naturaleza altamente poética, y por ello le ayuda con un papel explícito de trujamán: «(Éste no es estilo de pensar, como usté habrá notado, de don José Cunda, ni su modo de falar. Pero en lo diverso está el gusto: usté escucha o lee, y yo y nosotros le contamos esta extremosa relación, que el mentado José Cunda en cierta oportunidad nos trasmitiera.)» (124). Con todo, ésta es la señal de un cambio profundo y sistemático en la naturaleza del texto: la escritura fronteriza no es color local sino búsqueda de otra forma universal rastreando la alteridad. De modo que los portadores de una poética nueva no son sólo los testigos y partícipes de la intrahistoria. La jerigonza del castrense al comprobar la muerte de Bautista Benjamín queda distanciada por la adjunción de una nota anónima, enfática y compasiva: «Los ocho todos disparos fueron causantes de una muerte isofáctica. De seguro que el extinto nada pudo experimentar que se parezca

---

[3] Según el título del poema de René Char, de quien parte de la obra (*Feuillets d'Hypnos, Les Loyaux Adversaires*) demuestra la dimensión de «resistencia» y de «maquis»: a un tiempo retirarse y hacer secesión, reservarse y fragmentar su palabra para subvertir con más fuerza lo real.

o pudiera parecerse a un miserabilísimo dolor. Fue, imaginamos, como un arrebato de viento, que seca de pronto una camisa bien mojada por sudor o por lluvia...» (23). El texto rezuma imágenes (comparaciones figurativas, metáforas, metonimias, analogías...) de lo más inhabituales: «una colina suave como eructo de monja» (109); «el camino estirado como el brazo de algún dios» (126), de palabras cogidas de lenguas indias (guaraní: gurí por niño, ñemongeta por conversar; quechua ojota y tarasco huarache por sandalia), de transposiciones literales («boca de la noche» por «crepúsculo»), de afronegrismos brasileños (capanga por «guardaespaldas»). Por no ser nunca nombrada sino insistente y largamente reformulada, colectivamente reconquistada para contrarrestar la realidad impuesta por el invasor venido del sur, la evocación del pasado revitaliza y renueva el mito y la utopía. *Pronomination*,[4] perífrasis, rareza de las aliteraciones y de la materia sonora se elevan a figuras del pensamiento, ya no de estilo, por ejemplo en el capítulo fundamental en que el sobrino, desde lo alto del caballo, echa el ojo —que no una mera mirada— a toda la tierra:

> Y la calle amarilla apartándose de las casas, siempre procurando el Norte, y entre sus granos y pedruscos y turbios terregales y estiércoles descuartizados se dan formas de piedra negrísimas o muy azul, como cuchillos o cabezas de flecha o útiles de raspar o moler, formas que sólo algún hijo chico de peón o cocinera llega a levantar, súbitos juguetes para sus manos de sucia desnudez, artefactos abandonados o colocados en muchos aquí y ahí y allá para ofrecer señal de un rumbo a espaldas de los aires del Sur, de una vereda que empujara a los perseguidos señores de esas bandas, a los dueños de ningunas tierras, a los antiguos hijos profundos del venado y del tatú, de la víbora y el bagre, de la perdiz y el yaguareté, del capivara y la tararira, de la tortuga y el ñandú, del águila y el surubí, hacia las comarcas donde el hambre no existe ni el frío paraliza la sangre de los hombres viejos ni el sol destroza con su fiebre a la mujer preñada ni el gusano de la muerte muerde el corazón de los guerreros ni el agua inmóvil corrompe la barriga de nadie ni la víbora de fuego se traga a los niños dormidos (39-40).

[4] Según Pierre Fontanier (1968: 326), consiste en evocar un objeto enunciando algún atributo o calidad, o acción que suscite la idea en vez de designarlo por su nombre.

Lo sistemático y lo variado de estos procedimientos permite acercarlo a la *ostranenie* de algunos autores rusos, que designa esa distanciación tan específica y denodada de otro rebelde al poder como era Ossip Mandelstam, y consiste en intrincar y subvertir lo real «poniendo a distancia el objeto apercibido gracias a una pasmosa yuxtaposición de imágenes procedentes de otros dominios de la vida, muy diferentes, y por lo general opuestos» (Brown 2009: 210; traducción nuestra). De modo y manera que, al cabo, cae sobre el texto un velo de opacidad nacido del «légamo depositado por los pueblos, légamo feraz pero, a decir verdad, inseguro y todavía sin explorar, las más veces denegado u ofuscado, y de cuya obcecada presencia no pueden hacer caso omiso nuestras vidas» (Glissant 1990: 125).[5]

Resumiendo, vemos que la novela de Ibargoyen incita a sus lectores a entender que la trama novelesca se difumina en un aparente caos para que surja otra problemática vinculada con la revitalización de la función utópica a través de una crítica de la historia y de la lengua. Sin la función poética que desenvara y desencorseta la lengua por sucesivas fulguraciones, no cabe desalienación ni compromiso, y el autor desea implicar a su lector en esa búsqueda, convertirlo en un *chercheur de traces*. Édouard Glissant insistió en ello: «La poesía no es diversión ni alarde de sentimientos y bellezas. La poesía nutre un conocimiento a salvo de todo fallo de caducidad» (ibíd.: 95). Ibargoyen y Glissant coinciden y fraternizan en la idea de que el grado más elevado del conocimiento es, por esencia, poético.

Glissant adujo que las culturas heterogéneas se enorgullecen de aquella lengua barroca, proliferante, en adelante natural en toda América, «porque sabemos que las confluencias las hace la marginalidad, y que los clasicismos los hace la intolerancia» (ibíd.: 105). ¿Cómo habría el traductor de obviar algunos paralelos y cotejos, de los cuales el menos significativo no resultaría del estudio comparativo con la literatura de expresión criolla y francesa? La idea de que no habrá lectura de la historia de nueva planta si no se reinventa un lenguaje apropiado a su objeto ya se encuentra en algunos de nuestros poetas antillanos (empezando por Aimé Césaire), cuya labor puso en teoría el mismo Glissant en *Poétique de la Relation*, y de la que afirmamos que

---

[5] Traducimos las citas de Glissant, excepto 1996. *Cf.* También en Muñoz: «la sopa lingüística para diversas cucharas».

la obra de Patrick Chamoiseau *Biblique des derniers gestes*, novela-poe-ma al igual que *Toda la tierra*, es un hermosísimo exponente. Aquel caos-mundo del que nos habla Glissant sienta de entrada que la mul-tiplicidad e inmediatez de las relaciones en nuestro presente hacen impredecible la andadura del mundo. Esto no lleva a abdicar sino a proponer une visión profética del pasado: «El pasado no ha de ser reconstruido de forma objetiva (o incluso subjetiva) por el historia-dor, sino que ha de ser imaginado también, de forma profética, por las gentes, las comunidades y las culturas que se han visto privadas del mismo» (Glissant 1996: 86). Y lleva a construir una poética que sea contrapeso a los sistemas dominantes.

Despunta en todo lo dicho la nueva utopía anhelada por Fernando Aínsa, o mejor dicho, de la que Fernando Aínsa afirma la permanen-cia «como género alternativo» (1997: 144), con vistas a reorganizar el espacio mental y geográfico del hombre. En esta poética del caos late un conocimiento y un renacimiento del mundo, pues excluye el dog-matismo y el *esprit de système*: «el caos-mundo sólo es un desorden bajo el supuesto de un orden que la poética no piensa revelar a toda costa (la poética no es una ciencia) pero del que sí pretende preservar el impulso. [...] Pero su orden oculto no supone jerarquías, preemi-nencias —lenguas predilectas ni pueblos-príncipes» (Glissant 1990: 108). Y fue en nombre de aquel mismo «pluralismo multipolar» des-crito por Fernando Aínsa en 1986 (481), y ahormado en pensamien-to «archipélico», y en nombre de una «multiplicidad lingüística [pro-tectora] de las hablas, de la más extensiva a las más amenazada» como Glissant logra interesar y legitimar el optimismo de las empresas sau-lianas. En efecto, es a través de obras que participan de esta estética del caos-mundo como

> se revitalizan un equilibrio y una perdurabilidad. Y, por muy lento y desapercibido que sea el proceso, los individuos y las comunidades van superando la fachenda y el faroleo, el sufrimiento y el tormento, la poten-cia y la impaciencia. Todo radica en cómo optimizar el proceso. Son imprevisibles las resultantes, pero ya se perfila algo duradero donde antes señoreaban los antiguos clasicismos. Lo duradero no se da profundizando una tradición sino gracias a la propensión de todas las tradiciones a trabar relaciones entre sí. Varios barrocos están relevando a esos clasicismos. Las técnicas de relación van reemplazando las técnicas absolutistas, las cuales

eran a menudo técnicas de auto-absolución. Las artes de la extensión relatan (dilatan) las artes de la profundidad (Glissant 1990: 109).

Bibliografía

Aínsa, Fernando (1986): *Identidad cultural de Iberoamérica en su narrativa*. Madrid: Gredos

— (1987): *D'ici, de là-bas*. Traducción de Jean-Claude Villegas. Dijon: Aleï.

— (1988): *Las palomas de Rodrigo*. Montevideo: Monte Sexto.

— (1997): *La reconstruction de l'utopie*. Traducción de Nicole Cantó. Paris: Arcantères/Unesco.

— (2000): *Travesías. Juegos a la distancia*. Málaga: Litoral.

— (2002): *Del canon a la periferia*. Montevideo: Trilce.

— (2003): *Reescribir el pasado*. Mérida: CELARG.

— (2006): *Del topos al logos. Propuestas de geopoética*. Madrid/Fankfurt: Iberoamericana/Vervuert.

Brown, Clarence (2009): «Apéndice» a *Le timbre égyptien*. Traducción de Véronique David-Marescot. Ossip Mandelstam: Le Bruit du Temps, pp. 91-122.

Cichocka, Marta (2007): *Entre la nouvelle histoire et le nouveau roman historique. Réinventions, relectures, écritures*. Paris: L'Harmattan.

Fontanier, Pierre (1968): *Les figures du discours*. Paris: Flammarion.

García Robles, Hugo (2000): «Una novela polifónica», en *Revista Tres*, n° 219, julio.

Glissant, Édouard (1990): *Poétique de la Relation*. Paris: Gallimard.

— (2002): *Introducción a una poética de lo diverso*. Traducción de Luis Cayo Pérez Bueno. Barcelona: Ediciones del Bronce. [Edición francesa: Paris: Gallimard, 1996.]

Halperín Donghi, Tulio (1972): *Histoire contemporaine de l'Amérique latine*. Paris: Payot.

Hegel, Georg Wilhelm Friedrich (1965): *Esthétique*, vol. 8: *La poésie*. Paris: Aubier-Montaigne.

Ibargoyen Islas, Saúl (1982): *La sangre interminable*. México: Oasis.

— (1997): *Cuento a cuento*. México: Eón.

— (2000): *Toda la tierra*. México: Eón.

— (2007): *Sangre en el sur*. México: Eón.

Kertész, Imre (2003): *Le chercheur de traces*. Arles: Actes Sud.

Márquez Rodríguez, Alexis (1991): *Historia y ficción en la novela venezolana*. Caracas: Monte Ávila.

MUÑOZ, Miguel Ángel (2000): «No debo pensar por mis personajes», en *El Financiero*, 14 de septiembre, México, entrevista de Saúl Ibargoyen (disponible en <www.palabra virtual.com/Ibargoyen/critica>).

QUINTANA, Cécile (2009): «Saúl Ibargoyen: la escenificación del distanciamiento épico», en Renaud, Maryse (coord.), *Epicidad y heroísmo en la literatura hispanoamericana*. Poitiers: CRLA-Archivos.

LA TRADUCCIÓN ERRANTE: DE BORGES A PERLONGHER

Julio Prieto

En un texto póstumo, «La traducción: a favor y en contra», Walter Benjamin observa: «El valor de las malas traducciones: malentendidos productivos» (2002: 250).[1] En la literatura moderna, la idea de una productividad de la «mala» traducción encuentra terreno fértil en el Río de la Plata. La productividad de las orillas, como mito fundacional de la cultura argentina desde Sarmiento a Borges, está vinculada a operaciones de traducción, desplazamiento y cruce de lenguas. En «El escritor argentino y la tradición» (1955), Borges propone una teoría de la cultura argentina y latinoamericana basada en la productividad de la periferia como espacio de reactivación de la tradición occidental a partir de una capacidad de lectura heterodoxa. En gran medida, lo que propone este célebre ensayo es una teoría de la cultura basada en la confabulación de tres nociones: tradición, traducción, traición. La idea de la lectura como malversación, como traducción infiel, impregna la escritura de Borges. Textos como «La busca de Averroes», «Pierre Menard, autor del *Quijote*», «Las versiones homéricas» o «El evangelio según Marcos» exploran la productividad del error, el desvío, la mala interpretación y aun la imposibilidad de la traducción. En su «Auto-

---

[1] Aquí y en lo sucesivo, salvo indicación en caso contrario, las traducciones de citas cuyo idioma original no es el español son mías.

biographical Essay» (1970) —texto de por sí interesante desde el punto de vista de la traducción, al haber sido escrito originalmente en inglés en colaboración con su traductor, Norman Thomas di Giovanni, y haber aparecido luego en español en una versión no autorizada—, Borges refiere una anécdota reveladora: como su primera lectura juvenil del *Quijote* fue en la traducción inglesa, cuando leyó el original, el español de Cervantes le pareció una «mala traducción». En esta anécdota diríamos que está resumido el arte literario de Borges. De hecho la noción de «mala» traducción impregna la tradición argentina, antes y después de Borges. Su gesto fundacional sería la práctica de la cita apócrifa en Sarmiento, procedimiento retomado y perfeccionado por lo que Borges llama en «Pierre Menard, autor del *Quijote*» «la técnica del anacronismo deliberado y de las atribuciones erróneas» (1989: 450). «A tale / told by an idiot, full of sound and fury, / signifying nothing», cita de Macbeth, se convierte en cita de Hamlet en el epígrafe de *Recuerdos de provincia* (1850). La práctica de una traducción «mala» o desviada se ve favorecida por la inflexión poscolonial de la cultura hispanoamericana: en *Recuerdos de provincia* Sarmiento describe esta práctica de lectura irreverente como la tarea de «ir traduciendo el espíritu europeo al espíritu americano, con los cambios que el diverso teatro requería» (1948: 173). En cierto modo, la tarea del escritor hispanoamericano sería «la tarea de la (mala) traducción».[2]

En su vertiente malversadora, la traducción, en vez de hacer de puente entre dos lenguas, sería un puente tendido hacia otra versión de la propia lengua —hacia un extrañamiento de la propia tradición—. En lugar de un trayecto de ida y vuelta cuyo resultado sería la apropiación de una otredad lingüística, esta modalidad de traducción implicaría una ida sin vuelta —o una ida que «volvería» a otro territorio, a una lengua o tradición extrañada por un acto de traducción creativa—. El emblema de esta modalidad de traducción podría ser un fragmento de Macedonio Fernández, donde se cuenta la historia de un extraño puente:

---

[2] Como observa Sylvia Molloy, «[s]i traducir es leer, es leer *con diferencia*: la traducción que perpetra, por así decirlo, el lector, no copia los contornos del original sino que, necesariamente, se desvía de ellos [...]. En cierto sentido, podría decirse que traducir, como lo entiende Sarmiento, no es 'leer muy bien' sino, desde un punto de vista convencional, *leer muy mal*» (1996: 38).

Sabido es cuánto ha sufrido la humanidad por ingratitudes de puentes. Pero en éste, ¿dónde estaba la ingratitud? En la otra orilla no puede ser, porque el puente no apuntaba hacia la otra orilla y en verdad el arduo problema del momento era torcer el río de modo que pasase por debajo del puente. Esto era lo menos que se podía molestar, y esperar, de un río que no se había tomado trabajo ninguno en el asunto puente (1989: 128).

En el «asunto puente» —en el asunto de la literatura, que es el tema implícito de este fragmento— la «mala» traducción sería una forma de volver a la extrañeza de la misma orilla —o, visto de otro modo, de «torcer el río» de la tradición para hacerlo llegar a la otra orilla de lo propio.

Un ejemplo de cómo Borges remueve la propia tradición desde el margen de la traducción podemos observarlo en el ámbito de la formación y transfiguración de los géneros. La noción de «literatura fantástica», que Borges formula en los años treinta del pasado siglo, tiene su origen en una productiva mala interpretación de la noción de romance —término que en la crítica anglosajona se opone al de *novel* para designar los géneros narrativos no realistas, desde el género pastoril y la novela bizantina hasta la novela gótica o de fantasmas, el western, el policial o la ciencia-ficción—. Aprovechando estratégicamente la ausencia en español y en la tradición hispánica moderna de un término no estable para designar uno de los elementos de la dicotomía *novel-romance*, Borges acuña en la fragua de la traducción el concepto de «literatura fantástica» con un alto grado de distorsión en cuanto al original. Para señalar sólo el aspecto más llamativo de esa distorsión, Borges atribuye al concepto de «literatura fantástica» unas constantes estéticas que (salvo en los casos excepcionales que toma como modelos: Poe, Stevenson, Chesterton) son exactamente las opuestas a las que suelen caracterizar las distintas formas de romance. Lo que en éstas suele predominar —desorden y profusión indiscriminada de la fantasía—, en el modelo narrativo que Borges llama «literatura fantástica», obtenido a partir del molde de un subgénero menor del romance, la novela de aventuras, se convierte en un ideal de orden, control y economía literaria. Ideal inevitablemente ligado a la tradición moderna de lo fantástico en español a partir de Borges, pero que no corresponde a la estética predominante en la tradición del romance o en la tradición europea de lo fantástico, sino que obedece a intereses muy específicos del proyecto literario de Borges tal y como se conforma en los años treinta. En última instancia, el concepto de «literatura fantástica», tal y como es delineado en textos como «El arte narrativo y la magia» (1932) o el prólogo a *La invención de Morel* (1940), es el argumento del que se sirve Borges para desligarse definitivamente de la poética vanguardista de su juventud, a la vez que de lo que podríamos llamar la «falacia realista» predominante en el campo literario de esos años.

La literatura de Borges ilustra el vigor con que arraigan en el Río de la Plata propuestas que exploran la productividad del margen de la traducción —una idea que en la época moderna tiene su primer brote en el romanticismo alemán—. Los hermanos Schlegel, Novalis, Hölderlin y el mismo Goethe reivindican la idea de una *imitatio* creativa que tendría una de sus mejores expresiones en la traducción, elevada desde su condición de parergon, discurso secundario o ancilar, a la esfera de la creación y la originalidad literaria. La afirmación de Novalis, a propósito de la traducción de August Wilhelm Schlegel de las obras de Shakespeare, de que «el Shakespeare alemán es ahora mejor que el inglés» (1980: 632) recuerda la predilección de Borges por el *Quijote* en inglés. La tesis de Friedrich Schlegel de que «una obra original es una traducción elevada a la segunda potencia» (1958: XVIII, 235) es comparable a la figura del «traductor (casi) autorial» que propone Macedonio Fernández, para quien «la mera, pero primera, copia es ya una originalidad» (1944: 13). Para Friedrich Schlegel, Alemania era en 1798 un país interesante para la acción del pensamiento crítico por su carácter «inacabado» (1988: 107) y ello en un período histórico que describe como «la verdadera época del arte de la traducción» (1958: XVI, 64). La situación de los románticos alemanes ante la tradición clásica, y el modo en que negocian su relación con la Antigüedad por medio de la traducción, tiene paralelos interesantes en la situación de Argentina y Latinoamérica en cuanto a la tradición occidental. Así, lo significativo de un texto como «El escritor argentino y la tradición» estaría no sólo en su dimensión geopolítica —la vinculación del margen de la traducción a una productividad cultural— sino también en su dimensión histórico-literaria —el hecho de que la teoría de la traducción implícita en su teoría de la cultura latinoamericana pueda leerse como una traducción de la teoría de la traducción romántica.

En qué medida Borges traduce con desvío esa teoría puede apreciarse en su famoso relato «Pierre Menard, autor del *Quijote*». No en vano el proyecto de reproducir literalmente unos pasajes del *Quijote* en una lengua a la vez oriunda y extranjera —el español de Cervantes, doblemente extrañado por la traslación temporal (del siglo XVII al siglo XX) y por la lengua materna del autor del proyecto, un escritor francés— se dice inspirado por un fragmento de Novalis. Ahora bien, lo desconcertante del proyecto de Menard es que pone en juego un doble filo en virtud del cual el tema romántico de la originalidad de la traducción, capaz de superar a su modelo, coincide con su reducción al absurdo y, de hecho, con la afirmación de la tesis aparentemente contraria: una imposibilidad de la traducción que más que por Novalis se diría inspirada por Benedetto Croce. «Ningún enunciado», afirma Croce, «es íntegramente repetible. [...] Traducir es elevar la imposibilidad de la repetición a un segundo y un tercer grado» (Steiner 2001: 253). El proyecto de «traducción» de Pierre Menard es a la vez diabólicamente original y abismalmente estéril: en términos de teoría de la traducción, participa tanto de la inspiración utópica de la «traducción interlineal» de Benjamin (2007: 123) como del escepticismo de Nabokov —recordemos los versos iniciales de su poema «On Translating Eugene Onegin» (1955): «What is translation? On a platter / A poet's pale and glaring head, / A parrot's screech, a monkey's chatter, / And profanation of the dead» (532), que podríamos traducir así: «¿Qué es la traducción? Servida en un plato / la cabeza de un poeta —perdido el color, los ojos tuertos—, / el chillar de un loro, de un mono el garabato, / y una profanación de los muertos». La tarea del traductor, hacer hablar a un muerto en otra lengua y en otra época, es un extraño ventrilocuismo, un juego de marionetas no muy distinto de la sinrazón de intentar hacer hablar a un muerto llamado Cervantes en la otredad de su propia lengua en otra época. En ambos casos, la traducción propone una metáfora implícita de la lectura, que siempre es traducción de lo escrito en una lengua a «otra» lengua que sería ella misma en otro tiempo.

En un texto reciente, «Las dificultades de la traducción» —incluido en *Prosas entreveradas* (2009)—, Fernando Aínsa retoma esta idea y propone un nuevo avatar rioplatense de la «mala» traducción en la figura de Peter Menhardt. Más allá del patente homenaje a Pierre Menard —amén del vínculo onomástico, el texto está dedicado «A

Borges, obviamente; a Cervantes, tal vez» (2009: 21)—, este breve
texto acumula variantes de la obra «invisible» de Menard —la «traducción» intralingüística del *Quijote* del siglo XVII a un insospechado
Quijote del siglo XX «reescrito» por un autor francés— y no pocos destellos de su obra «visible» —ejercicios de traducción aparentemente
absurdos (del francés al francés, o bien del francés al francés, pasando
por el español) como la «trasposición en alejandrinos del *Cimetière
marin* de Paul Valéry» (ibíd.: 445) o la «versión literal de la versión
literal que hizo Quevedo de la *Introduction à la vie dévote de San Francisco de Sales*» (ibíd.: 446). En la invención de Aínsa un oscuro autor
alemán que se gana la vida en Francia como traductor del inglés al
francés escribe un texto (el «imposible» texto que leemos) que sería la
improbable traducción al español, a cargo de un autor que afirma desconocer por completo esa lengua y no tener la menor intención de
aprenderla, de un ensayo académico sobre «las dificultades de la traducción» originalmente escrito en castellano —«una lengua que sólo
en apariencia es idéntica al español» (ibíd.: 25), observa sibilinamente
Menhardt— cuya autora, si bien de nacionalidad francesa, es hija de
española y padre uruguayo, lo que explica el «curioso mestizaje» de un
texto que «a la contundencia hispana de herencia materna» añade
«típicas imprecisiones, discordancias y circunloquios rioplatenses de
origen paterno» (ibíd.: 24). Por si esto fuera poco, en un irónico bucle
final nos enteramos de que la «traducción» de Menhardt se solaparía
con la probable traducción al español realizada por la propia autora…
A todas luces, Menhardt es digno sucesor de Menard, en cuanto reen-
carnación de la figura de la traducción «imposible» y de una *reductio
ad absurdum* de la idea de la lectura como reescritura aberrante o
desviada.

Pero, bien mirado, Menhardt no sólo remite a Borges. En cuanto
«traductor» que desconoce la lengua en la que escribe y viene a encarnar
una encrucijada de mestizajes lingüísticos, se diría que también tiene
algo de Arlt. Borges —como otros antes y después que él: Sarmiento,
Darío, Lezama, Paz, Carpentier— renueva la tradición hispanoamericana a partir de su políglota capacidad de traducir y absorber otras tradiciones literarias. En contraste con esto, la situación de Roberto Arlt la
resume bien Ricardo Piglia: «Cuando Arlt confiesa que escribe mal, lo
que hace es decir que escribe desde donde leyó o mejor, desde donde
pudo leer. Así, "las horribles traducciones españolas" de las que habla

Bianco son el espejo donde la escritura de Arlt encuentra "los modelos"
[…] que quiere leer» (1973: 26-27). En Arlt, como en Borges, tradición, traducción y traición aparecen íntimamente ligadas, pero con un
acento diferente: no como una capacidad de lectura sino como un déficit. En cuanto hijo de inmigrantes centroeuropeos en cuyo hogar se
hablaba un español precario, y al que las circunstancias privaron luego
de una educación formal, el peculiar reto al que se enfrenta Arlt se
podría formular así: ¿cómo acceder a la literatura desde la desposesión
no ya de una lengua materna sino de la capacidad de leer y traducir
otras lenguas? La «mala» escritura de Arlt es una forma de negociar esa
doble carencia. Ello tal vez explica por qué el tema de la traición, tan
determinante en la escritura de Arlt como en la de Borges, adquiere
matices distintos en uno y otro caso. Mientras que en Borges la traición
es intercultural y translingüística, en Arlt es necesariamente intralingüística e interclasista, tiene que ver con una cierta intervención o per-
formatividad de la lengua en la escena de la lucha de clases. Borges traiciona y malversa entre lenguas y en cuanto a la tradición occidental;
Arlt «malescribe» y traduce infielmente entre clases sociales y dentro de
una lengua —Piglia apunta con acierto que Arlt, al entrecomillar las
palabras lunfardas y explicarlas en notas al pie, actúa «como un "traductor"» (1973: 27)—. Si en Borges la traición es el emblema que sintetiza una teoría cultural y una filosofía de la lectura, en Arlt es una
cicatriz, aquello que marca la falta de propiedad literaria, la acción política y la reflexión sobre el poder.

El caso de Arlt corrobora la tesis de George Steiner según la cual la
traducción no necesariamente es algo que «pone en juego dos o más
lenguas» (2001: 287). Su proyecto literario se podría resumir en la idea
de «hablar en un holandés espantoso» (ibíd.: 60) que formula uno de
sus personajes en la primera versión de su obra teatral *Saverio el cruel*:
trasladar la idea de traducción infiel a la propia gramática y manejar la
propia lengua como una lengua extranjera. Ese deseo de extranjería de
la lengua arltiana, orientado a producir un efecto de espanto, se manifiesta en su porosidad al extranjerismo, en el gusto por trufar su prosa
de palabras extranjeras sin traducir —palabras vulgares o tecnicismos
no admitidos (aún) por el idioma, que serían la contracara del cultis-
mo, es decir, de lo extranjero aceptable en un registro elegante—. El
estilo de Arlt oscila entre la lengua extranjera mal escrita y su apropiación inventiva —entre el «gud-bai» (51), escrito tal como suena, de la

primera versión de *Saverio el cruel*, y una frase de *Los siete locos* como:
«su espíritu estallaría como un shrapnell» (60).

Traducción y traición se alían en Arlt por la vertiente de una
«mala» escritura que tiene larga resonancia en las letras rioplatenses.
Para ilustrarlo paso a comentar brevemente dos casos más de esa tradición argentina de traducción errante. El hecho de que Witold
Gombrowicz, un escritor polaco que a pesar de haber vivido más de
veinte años en Argentina escribió toda su obra en polaco, pueda ser
leído como escritor argentino, como de hecho lo leen autores como
Piglia o Saer, nos da una idea de la vigencia de esa tradición. Si para
Borges el mejor ejemplo de la literatura gauchesca es *The Purple
Land* (1885) de William Hudson —una novela escrita en inglés
sobre el Uruguay—, no es del todo sorprendente que novelas como
Ferdydurke, Trans-Atlántico (1953) o el *Diario* (1953-69) de Gombrowicz puedan ser leídas como parte de la literatura argentina. De
hecho, es justamente la perversidad de la traducción de *Ferdydurke*,
en la que el autor colaboró activamente desconociendo el español, lo
que le otorga a Gombrowicz un lugar destacado en esa tradición. Las
singulares circunstancias de la traducción de *Ferdydurke*, cuyo original polaco data de 1937, le permitieron a Gombrowicz poner en juego, diez años después y en una lengua extranjera, una suerte de
actualización histórica de su estética de la inmadurez. En los altos del
café Rex de Buenos Aires, un grupo de amigos encabezado por el
cubano Virgilio Piñera acometió la traducción de una novela que en
su versión castellana evidencia múltiples ejemplos de los caprichos
lingüísticos de Gombrowicz. Así, abundan las mutaciones léxicas
—la «extrañeza» se convierte en «extrañez», el «asco» en «asquero-
seo»— y neologismos como la «fachalfarra» o el «cuculeíto», que a
Gombrowicz le sonaban mejor que la mera «facha» o el mero «culo».
En esa traducción el discurso gombrowicziano de la inmadurez se ve
potenciado por la inspiración absurdista y el acento cubano de Piñera —de modo que en vez de «autos» argentinos circulan por ella
«carros» cubanos. Es decir, *Ferdydurke* sería una novela ejemplarmente argentina por su condición de novela polaca traducida a un español
delirante con acentos a la vez porteños y caribeños. La convergencia
en este caso de «mala» traducción, inmadurez y desplazamiento nacional recuerdan el comentario de Friedrich Schlegel sobre lo «inacabado»
de la Alemania del romanticismo —la Argentina de 1947 propondría

una situación análoga: un campo propicio para una nueva «época de la traducción creativa».

Esta línea de perversa traslación interlingüística y transnacional se diría que llega a su apoteosis en la poesía de Néstor Perlonguer. Su poética del «neobarroso transplatino», con sus múltiples trasvases de jergas bajas y limítrofes (portuñol, lunfardo, germanía de la prostitución masculina, etc.), opera un extrañamiento de la lengua sin parangón en la tradición hispánica moderna —para encontrar algo equiparable quizá habría que remontarse a las *Soledades* de Góngora y su creativa traducción al español de la sintaxis latina—. Perlongher explora el espectro de desvío de lo aceptable en una lengua, tensando y dilatando sus márgenes históricos de legibilidad por medio de un nomadismo interlingüístico que podríamos describir como una suerte de «traducción sin rumbo». Perlongher lo expresa mejor: «entre las muecas pizpiretas / la adaptación de la pintada / banda al inglés, al castellano, / runa gorjea, lela rima / agita el torpe peineteo, / el puro bucle de la pluma» (2003: 228). Como en el caso de Gombrowicz, esa informalidad o pérdida de rumbo de la traducción adopta una marcada inflexión geopolítica y transnacional. En este sentido, el título de su primer poemario es significativo: *Austria-Hungría* (1980) sugiere que la literatura argentina no sólo tiene un lado polaco sino también un lado austro-húngaro. De hecho, una cierta línea centroeuropea emparentaría a Perlongher, Gombrowicz y Arlt, que no en vano era hijo de una austro-húngara (Ekaterina Iostrabitzer, una italo-austríaca de Trieste) y de un polaco-alemán de Posnan (Karl Arlt, a la sazón súbdito de Prusia). La poesía de Perlongher trabaja el topónimo como figura de una suerte de borrado o esfumatura transnacional, según el principio de que «la disolución se acelera en los bordes» (ibíd.: 248). Austria-Hungría, Danzig, Riga, Oslo aparecen como instancias de desvanecimiento del lugar y sus anclajes nacionales, vistos bajo la luz de una metafísica sardónica, como en uno de sus más famosos poemas, «El cadáver de la nación»: «Decir 'en' no es una maravilla? / Una pretensión de centramiento? / Un centramiento de lo céntrico, cuyo forward / muere al amanecer y descompuesto de / El Tunel / Hay cadáveres» (ibíd.: 128).

En cuanto técnica de dis-pensar el lugar, la figura privilegiada por la escritura de Perlonguer sería la orilla. En cierto modo toda su poesía y su estética de lo «neobarroso» podrían leerse como una reescritura del mito borgiano de las orillas. *Austria-Hungría* puede verse como traducción intralingüística de un lenguaje marginal —el del deseo homosexual asociado a lo lumpen— en términos diacrónicos espurios. Interpretación perversa de una fantasía de pasado, *Austria-Hungría* pone en juego un gesto de traducción suspendida, que revolotea con una mezcla de fascinación e irrisión en torno al lustre legendario del Imperio austro-húngaro. El gesto de la «mala» traducción en Perlongher no implica, entonces, una transcodificación sino una puesta en escena del traslado. En toda traducción se trata de mudar de código: aquí las palabras se mudan, pero enmudeciendo el territorio en que podrían recalar. La lengua inicia un viaje hacia un lugar donde se borra toda noción de equivalencia: en cierto modo, lo que se escenifica es la necesidad e imposibilidad de la traducción, la intensidad de un gozne que une y separa (otra figura del deseo). El gozne o hiato de la traducción estaría cifrado en el signo diacrítico —el guión— que hace conceptualmente posible la existencia de esa extraña entidad geopolítica llamada "Austria-Hungría". La dualidad Austria-Hungría sugiere una versión particular del mito bíblico de la dispersión de lenguas y nacionalidades, en cuyos bordes y pasadizos operaría la traducción como agente de una siempre precaria ligazón. Argentina como fantasía nacional ex-céntrica, movilizada desde el margen del deseo, vendría a ser el «entremedias de lo austro-húngaro»: la nación desvanecida en el hiato-gozne-guión como instancia de trasvase y desplazamiento. Una fantasía ex-nacional, literalmente escrita desde la otra orilla: desde el Sao Paulo trans-platino donde Perlongher compuso la mayor parte de su poesía, así como sus estudios antropológicos sobre el SIDA y la prostitución masculina, originalmente escritos en portugués. La traducción desfuncionalizada, venida a menos —mero acoplamiento de códigos fundidos sin descodificación— sería el agente reactivo en la imaginación de ese espacio barroso —la orilla trans-platina—, donde se humedecen secas instancias imperiales (no necesariamente centroeuropeas) y se despliegan las (no siempre civilizadas) operaciones de la poesía perlongheriana.

BIBLIOGRAFÍA

AÍNSA, Fernando (2009): *Prosas entreveradas*. Zaragoza: Ediciones de la Librería Cálamo.

ARLT, Roberto (c. 1924): *Saverio el cruel* [1ª versión]. Berlin: Ibero-amerikanisches Institut. Manuscrito inédito, 79 p.

— (1995): *Los siete locos*. Buenos Aires: Losada.

BORGES, Jorge Luis (1970): «Autobiographical Essay», en *The Aleph and Other Stories, 1933-1969*. New York: E. P. Dutton.

— (1989): *Obras completas*, vols. 1 y 2. Barcelona: Emecé.

BENJAMIN, Walter (2002): «Translation – For and Against», en Eiland, Howard/Jennings, Michael (eds.), *Selected Writings*. Cambridge: Harvard University Press, vol. 3, pp. 249-252.

— (2007): «Die Aufgabe des Übersetzers», en *Aura und Reflexion, Schriften zur Kunsttheorie und Ästhetik*. Frankfurt: Suhrkamp, pp. 111-230.

FERNÁNDEZ, Macedonio (1944): «Nota editorial», en *Papeles de Buenos Aires*, 3, p. 13.

— (1989): *Papeles de Recienvenido. Continuación de la Nada*. Buenos Aires: Corregidor.

GOMBROWICZ, Witold (1964): *Ferdydurke*. Buenos Aires: Sudamericana.

MOLLOY, Sylvia (1996): *Acto de presencia: la escritura autobiográfica en Hispanoamérica*. México: Fondo de Cultura Económica.

NABOKOV, Vladimir (1968): «On Translating Eugene Onegin», en Stegner, Page (ed.), *Nabokov's Congeries*. New York: Viking Press, pp. 531-532.

NOVALIS (1980): *Werke und Briefe*. Gütersloh: Bertelsmann.

PERLONGHER, Néstor (2003): *Poemas completos*. Buenos Aires: Seix Barral.

PIGLIA, Ricardo (1973): «Roberto Arlt: una crítica de la economía literaria», en *Los libros*, 29, pp. 22-27.

SARMIENTO, Domingo Faustino (1948): *Obras completas*, vol. 3. Buenos Aires: Luz del Día.

SCHLEGEL, Friedrich (1958): *Kritische Friedrich Schlegel Ausgabe*. München: Ferdinand Schöningh, vols. XVI y XVIII.

— (1988): *Kritische Schriften und Fragmente*. München: Ferdinand Schöningh, vol. II.

STEINER, George (2001): *Después de Babel: aspectos del lenguaje y la traducción*. Madrid: Fondo de Cultura Económica.

DE CHIMALTENANGO A GUARDIA PIEMONTESE

Dante Liano

I

¿Cuándo comienza esta historia? Un buen inicio sería el parque central de Chimaltenango, un pueblón de Guatemala, a 53 kilómetros de la capital, sin más glorias que una pila bastante fea en el centro, y al que la imaginación de sus pobladores atribuye un desagüe en el Océano Atlántico y otro en el Pacífico. ¿Cómo pudieron los paisanos llegar a tal hipérbole? Sencillo: la fuente tiene dos tuberías que, por misteriosos motivos, van a dar a dos ríos diferentes. Quiero decir, a dos arroyuelos insignificantes. Uno de ellos se convierte, kilómetros más abajo, en el río Nahualate, que desemboca en el Mar Pacífico. Otro, también después de varios kilómetros, en el Motagua, poderoso río del norte que desemboca en el Mar Caribe. No teniendo Chimaltenango otras maravillas turísticas de qué ufanarse, aceptemos esta invención como buena, pues si no habría que refugiarse en el balneario «Los Aposentos», que es donde el río Nahualate comienza a hacerse grande, y donde alguien construyó unas piscinas que, dados los 2000 metros de altura del lugar, y dado que estamos al aire libre, sólo algunos desventurados se atreven a usar, con riesgos siempre presentes de pulmonía si no de resfriado común. El resto de paseantes, en su mayoría indígenas, llevan carne para asar, pues el parque es un agradable bosque de pinos, lleno del aroma fresco del aire de montaña. Hay asadores en donde se pone el carbón, y luego también hay vendedoras de tortillas calientes, aguacates, bebidas, aunque el precavido viandante lleva siempre su pachita de guaro para aliviar el frío ya dicho. Aparte de que hay siempre una banda de chuchos, los más flacos del mundo, los más esmirriados, bastardos y pulgosos chuchos del universo, que llegan con la lengua de fuera y su famosa mirada a implorar un pedacito de carne. Peores son, por humanos, los niños que piden un pedazo de pan mientras estás desayunando frente al parque de Oaxaca. Te hacen literalmente mierda el desayuno mexicano (esos pletóricos desayunos con frijoles refritos, bacon, huevos a la ranchera y tortillas en abundancia, que te dejan viendo luces durante buena parte de la mañana, viendo luces y soltando disimulados pedos en la gira turística), pues vienen los niños de Oaxaca y se te quedan viendo, y si cometes el error de darle un pedacito de pan a uno, te has jodido para la eternidad, porque de todas partes sale una muchedumbre de limosneros, que no te dejarán en paz hasta que no te levantes exasperado y te vayas a desayunar a otra parte, o, variante, hasta que resistas el asalto y sigas comiendo sin pestañear delante de los famélicos pedigüeños, con el riesgo de ir a vomitarlo todo, de la pura vergüenza, al baño del hotel.

Pues la historia podría comenzar en el parque de Chimaltenango, pero para qué comenzar tan tarde, si el puro gusto de contar puede iniciar muchos años antes, en otro continente, ya para armar una de esas sagas infinitas que comienzan en Afganistán y terminan en la Manchuria. Sin ir tan lejos, la historia podría comenzar en Italia, en las montañas invernales italianas, allí donde es diciembre y la nieve comenzó a caer desde mitad de noviembre, allá abajo está el mar, se mira desde el pueblo, un mar gris y espumoso, un mar enemigo y frío, mientras que en la colina las casas están blancas, cargadas de nieve, no obstante que ya un par de veces los vecinos se han subido a los tejados a palearla, para que no se les vengan encima las casas.

Hay que ir al bosque, con las manos que se desangran, cortar leña, y mantener las chimeneas encendidas. Las casas son minúsculas, pero cuesta calentarlas. Entendámonos: en el pueblo se amontonan las casas de los campesinos. Cada piso es bajito, porque la gente tampoco es alta, pero el hielo penetra en los huesos, penetra en los pulmones, y es la época en que los viejos se mueren, les viene la fiebre, luego la tos, escupen sangre y en pocos días han entregado el alma. Los viejos y los niños chiquitos. En el pueblo se amontonan las casas de los campesinos pero en la plaza está el Palacio del Marqués Spinelli, el dueño de las tierras, el hijo de los dueños de las tierras desde que vinieron los piamonteses, y el gran señor feudal de la época repartió lo que le sobraba de sus propiedades entre los emigrantes.

Entonces hay que ir más atrás, a la época en que un señor feudal de la Calabria, fue a visitar, por motivos que nadie tiene la menor idea, y que a nadie interesan, los valles piamonteses. ¿Fue a vender vino? ¿O queso de cabras? ¿Aceitunas? El gran señor feudal sube por toda la península itálica y se va para arriba, para arriba, para arriba. No irá solo, seguramente. Alguien lo acompañará. Pongamos un grupo de cinco personas. Llegan a la Valle del Pellice. Allí, en un pueblo, entran a una taberna y comen cordero asado, bañado por un buen vino, mucho y buen vino. El calor del fuego, la digestión pesada, la ebriedad y las canciones en ese dialecto áspero de la Magna Grecia, frente al provenzal de los dulces acentos del lugar.

Hay hambre y carestía también aquí, señor, lo informan. ¡El hambre y la carestía son naturales, existen porque existe el hombre!, exclama el señor feudal y quiero ver quién lo contradice, con sus fornidos acompañantes que ahora se llamarían guardaespaldas. Es más, el señor feudal eructa un aforismo: «La pobreza es la condición natural del hombre». Y nadie lo contradice. (En realidad, debo esta maravillosa frase al señor Manuel Ayau, teórico y ejecutor del neoliberismo en Guatemala, quien se atrevió a pronunciarla en televisión en un extraño debate que tuvo con monseñor Juan Gerardi. Era la época en que los militares degollaban niños y mujeres en el campo del país, y el señor Ayau era un intelectual poderoso, y ni siquiera el obispo Gerardi se atrevió a contradecirlo. «La pobreza es la condición natural del hombre». Vaya huevos, dicho por uno de los hombres más ricos del país, en un país en que los pobres son el 68% de la población. Dicho sea de paso, a Gerardi lo asesinaron también, también los militares, años después.)

II

Conocí Guardia Piemontese porque conocí a Erika y, por otra vía, al señor Antonio Caminiti. También debo su conocimiento al sito Internet de las *Páginas Amarillas* de la telefónica italiana. Entre las curiosidades del sito, se encuentra la estadística de los apellidos italianos. Cuántos Rossi, cuántos Bianchi, cuántos Esposito… El sito tiene sus monerías. Los apellidos italianos siempre me llamaron la atención, pues se encuentra de todo. El apellido «Poverino» no tiene equivalente en español, y lo creo, pues quien se llamase «Pobrecito», en nuestro pundonoroso mundo heredero de hidalgos locos y presuntuosos, se lo cambiaría por «Rico», que sí lo hay, y no por nada el más ilustre cervantista. El sito informa también de la gente con apellido de animal, y si bien resulta natural que haya diez mil seis «Gatti», uno se pregunta por cuál masoquismo los 184 «Topi» quieren seguir llamándose Ratones. Y pase por los mil doscientos diez «Sette», pero, ¿quién obliga a los 119 «Zero» a anularse de esa manera? Y así uno se va enterando de informaciones inútiles, buenas para las páginas de relleno de un periódico. Por ejemplo, hay 584 «Brutti», que significa «feo», no «bruto», pero que de todos modos no da mayor nobleza. O que hay 126 «Stanchi» (cansados). ¿Tiene algún valor saber que los dos nombres más difundidos en Italia son Giuseppe y María? ¿Que el apellido más común, con mucho, es «Rossi»? No, no sirve para nada. Como no servía para nada averiguar que mi apellido lo llevan, en Italia, otras 32 personas. Y que esas 32 personas viven, en su mayoría, en Guardia Piemontese.

Para algo servía, en realidad. Durante toda mi vida, creí que mi abuelo, Giuseppe Liano, había nacido en Cosenza, como había declarado al llegar a Guatemala. Cuando pedí su partida de nacimiento a la municipalidad de esa ciudad, me contestaron que no existía. Al leer en el sito de las *Páginas Amarillas* que la mayor parte de los Liano provenían de Guardia Piemontese, deduje que mi abuelo había nacido allí, y que, por una economía del signo muy comprensible, se había declarado como nativo de Cosenza. No le pasó como a mí, que declaré haber nacido en Chimaltenango, y eso me crea pérdidas de tiempo impresionantes. Bastaría que hubiera dicho que había nacido en Guatemala. Años después, un siglo después, algún descendiente mío se equivocaría buscando mi partida de nacimiento en la ciudad de Guatemala.

Comenté el asunto con mis amigos Milena y Massimo, una noche como ésta, en que nos han invitado a cenar.

—No es posible, exclamó Milena.

—¿Qué no es posible?

—Que provengas de Guardia Piemontese.

—¿Por qué?

—Porque un amigo de mi tío vive allí, y porque yo nací a pocos kilómetros de distancia.

Así que resultábamos medio paisanos, por así decirlo, con Milena. Que al día siguiente llamó al amigo de su tío, el señor Antonio Caminiti, Jefe jubilado de la estación de trenes de Guardia, y que, por tanto, conoce a todo el mundo allí. Esa misma noche, el señor Caminiti me llamó. Me prometió buscar los documentos de mi abuelo en la municipalidad. Nos estuvimos llamando por teléfono por largo tiempo con el señor Caminiti. Tanto que acabo de ir a la calle a mandarle su tarjeta de Navidad, para que vea que no lo hemos olvidado. Caminiti vive al lado de la estación del tren, en una decorosa casa de jubilado, con sus tacitas de café de borde dorado para cuando llegan visitas. Hombre sereno y afable, y servicial.

Fue por esos tiempos cuando me escribió Erika Liano. Vive en Udine, tiene como 26 años y es una muchacha curiosa. Cuando vio en la librería El hombre de Montserrat, y notó que el autor tenía su mismo apellido, y que había nacido en Guatemala y que vivía en Italia, buscó en Internet y halló, en el espléndido sito de Juan Carlos Escobedo, mi dirección electrónica. Me escribió un cortés e-mail, buscando confirmación a las informaciones que poseía. Comenzamos a escribirnos y, al final de las cansadas, concertamos un viaje a Guardia Piemontese, para ir a buscar, en los archivos municipales, el rastro de nuestros antepasados. Fue un verano no muy cálido. Ella bajó de Udine, sin mayores problemas, pues su padre, Giuseppe Liano (el mismo nombre de mi abuelo), había nacido en Guardia, y tenía casa allí. Yo bajé desde Milán (en Italia se baja del Norte al Sur, y el verbo quiere decir todo lo que uno entiende cuando lo oye). Tomé el tren de las once de la noche, y maldormí entre ruidos de estaciones, soplidos de vapor, silbatos de maquinistas, y las oscilaciones del terremoto andante que es siempre el ferrocarril. A las nueve de la mañana llegamos a Guardia. Y entonces pude contemplar el pueblo, desde donde, un siglo atrás, había partido mi abuelo. *A far l'America…*

III

Debe ser diferente descender de viajeros que de emigrantes. El viajero se levanta excitado, ansioso por llegar al lugar nuevo, por descubrir, explorar, conocer. El emigrante deja atrás la angustia y va hacia a la angustia. Cada viaje que hago despierta en ansias ancestrales. El tren salía a las once de la noche y había reservado una cabina en el *Wagon-Lit*. Había descubierto su comodidad una vez, en París, cuando pasé frente a una agencia de viajes, el precio no era muy alto, y me quedé con la sensación de lujo de un compartimiento todo para mí, con baño privado y todo. Fue tanto el gusto que dormí toda la noche, y me tuve que apresurar cuando me despertaron llegando a Milán.

No fue así el viaje a Calabria. Despertaba a cada rato, y el sueño de piedra que me había imaginado, la repetición del otro, fue en cambio una serie de pesadillas interrumpidas por los ruidos fuertes del ferrocarril. Trataba de adivinar las estaciones que pasábamos, pues los altoparlantes no eran siempre claros, afuera, en la oscuridad nocturna. ¿Dijo «Arezzo, Stazione di Arezzo»? Quién sabe, y quién sabe si estaba dormido o despierto, que me pareció oír, y me pareció esa estación y quizás era otra. Pero, ¿cuál podría ser? Qué pregunta idiota, antes de caer en la agitación de las pesadillas.

El tren pasó por Piacenza, ciudad pequeña, con su Plaza de los Caballos, más hermosa que la de la Catedral (cenando una noche estival y calurosa bajo su campanario, alguien me hizo notar el nicho en donde colocaban las jaulas de los condenados por el Santo Oficio. El sambenito). Y luego, Reggio Emilia, Parma, Módena, Bolonia. Tengo suficiente tiempo de vivir en Italia como para conservar un recuerdo de cada una.

En Reggio Emilia, una Fiesta dell'Unità, donde un voluntario del Partido Comunista nos llevó por las orillas del Po, a conocer su ciudad natal. Nos llevaba en su panel y el giro turístico consistía en señalarnos el lugar en donde había nacido él, su escuela, donde vivía la abuela, la tía… Sin embargo, conocimos el set de Novecento, de Bertolucci. Tengo una foto reflejado en el espejo auténtico del salón en donde hay un gran baile. La ilusión de incluirme en la película a posteriori, por el efecto retroactivo de la fotografía. Tonterías, fue antes o después del copioso almuerzo en la trattoria en la ribera del río, anguilas, pececillos fritos, el sabor a barro del pescado de agua dulce.

Pero el lugar de los recuerdos es Bolonia. La ciudad de las calles bordeadas por altos corredores cubiertos, las lonjas, en donde se protege el caminante de la nieve abundante. No conozco la Bolonia de los turistas, aunque sí la conozco, pero quiero decir que no fui allí nunca como un turista. Fue el lugar de mi primer trabajo en Italia, nada de ponerse a llorar, se entiende, lector de español en la Universidad, cuántos quisieran haber comenzado así. Estaba Manuel, que era el representante de una organización revolucionaria y se ganaba la vida cargando bultos para una empresa de mudanzas. Muchas veces me venía a buscar a la salida de clases, y juntos nos íbamos a almorzar al comedor universitario, que costaba poquísimo, hasta Manuel se lo podía permitir. Íbamos al Comedor de los Perros, así llamado porque iban todos los marginados que, para más abundancia, poseían un perro. Y comían ellos y comía el perro, carajo, que para todos da Dios. A veces, había que hacer una larga cola, bajo la nieve, y la sensación de ser un paria, uno que está haciendo fila para comer, en medio de otros desgraciados, era bastante patente, tanto como para sentirse romántico, y triste, y melancólico. O simplemente deprimido. Para ser sinceros, las más de las veces. Yo hacía de todo para no sentirme un desplazado, hasta que un día se sentó frente a mí un chiflado. Iba de todo al comedor de la Universidad. Y este loco de mierda era también locuaz. Quería conversar. No me bastó tener los ojos fijos en el plato. El hijo de puta me comenzó a hablar, y no tuve más remedio que contestarle algo. Advirtió mi acento. «¿Eres del sur?», me dijo. «No, soy extranjero». «¿De dónde?» Odiaba decir mi lugar de proveniencia, porque detrás venía el rosario de preguntas. «De Guatemala». Entonces, el muy mierda comenzó a gritar: «¡Un marginado, un marginado, un marginado! ¡Otro marginado como yo!» Yo me quería morir, y el otro grita y grita. Entonces me hizo la más obvia de las preguntas, pues no es cierto que los locos sean sabios, como no es cierto que los ciegos ven más que los videntes. Ésas son las pajas que se inventan los que no han sufrido. Los locos pueden ser más estúpidos que los demás. Y este loco, que además de loco era imbécil, me hace la pregunta de rigor: «¿Te gusta Italia?» ¿Qué le iba a contestar? «¡Claro que sí, me encanta!» Y entonces se exaltó, se le destrabaron unos cuantos cables, y me dijo: «Bravo, muy bien, Italia es el país más lindo del mundo, ya lo creo». Y yo: «Sí, ya te lo dije, es decir, te lo dije yo primero; Italia es bellísima, ¿cómo no?». «¿Y conoces las canciones napolitanas? «Sí, las conozco, también, conozco las canciones napolitanas», y el loco se pone a cantar a voz en grito: «Oooooh soooole míííííooooo», y medio comedor cagado de risa, mientras yo me moría de la vergüenza, ya escapando, mejor no comer que pasar esos bochornos…

Ah, Bolonia en donde Rafael Landívar padeció la angustia del exilio. Casi al final de los dos años que estuve allí hice la peregrinación a la iglesita en donde estuvo. Hay una placa que nadie lee, quizá sólo los guatemaltecos que pasan por allí, y quizá ni siquiera los guatemaltecos, que son por lo general incultos y si no lo son, les importa un carajo de Landívar y su dulce cara parens, dulcis Guatimala, salve... Tendría que escribir otra novela para contar mi estancia en Bolonia, y no creo que valdría la pena.

IV

Decir que mi recorrido era igual al del gran señor calabrés, que, al comando de un ejército de desarrapados valdenses bajaba de los valles del Piamonte hacia las costas calabresas era seguramente una mentira. Mi viaje era cómodo, y lejos del mar. Al menos, hasta llegar a Nápoles. De Nápoles en adelante, el Mediterráneo. El tren hace menos de 50 minutos entre Bolonia y Florencia. ¡Cuántas veces recorrí ese trayecto! Ida y vuelta, ida y vuelta. Me levantaba temprano, para tomar el tren de las siete, y a las ocho y media estaba ya en mi puesto de trabajo. Todo el día con la obsesión de regresar. No pude amar a Bolonia por eso. Vivía en Florencia, y no valía la pena dejar esa ciudad sólo porque tenía el trabajo a menos de una hora de tren. Florencia, palmo a palmo. Alquilé siete casas en Florencia. Casi siempre en el Oltrarno.

Cuando mi tren pasó por Florencia, era demasiado temprano. Quizá las cuatro de la mañana, o antes. Seguramente antes, porque llegamos a nuestra meta hacia las nueve. El sol se reflejaba en el mar. He vivido ocho años en Florencia. Dos de estudiante y luego, al regreso, seis más. No siempre fue hermoso. Pero me pasaron tantas cosas, que son multitud.

Hacia las ocho de la mañana, pasó el inspector, con periódico, brioches y un café. No me lo esperaba y me sorprendió tanta abundancia en los ferrocarriles italianos. Poco después, ya estábamos en la estación de Paola, a veinte kilómetros de Guardia Piemontese. Bastaba tomar un taxi, y en diez minutos estaríamos en el hotel que habíamos reservado. Resultó ser un albergue para gente de la tercera edad, que va a Guardia por sus famosos baños termales. La comida del hotel era digna de sus huéspedes.

Del hotel llamé a Erika, quien tenía ya bastante tiempo de estar allí. No sé dónde nos dimos cita. Cuando la vi, confirmé que tenía que ser una pariente mía. Su aspecto me recordó a algunas de mis tías. Y los ojos no podían ser más que los desaforados ojos de mi familia, con un resplandor perdido de locura. A mi timidez inicial ella respondió con una conversación fluida y llena de simpatía. Comenzábamos bien.

Nuestro plan era muy simple. Basándonos en la potencia de nuestro apellido, queríamos convencer a los empleados de la municipalidad para que nos dejaran ver los archivos de la comuna. Más que el apellido, pudo la simpatía de Erika. Y al poco tiempo estábamos ya oliendo la humedad y el polvo de los libros de asentamientos. A la búsqueda del señor Giuseppe Liano, nacido en 1867, de Giuseppe y Rosa Pando.

El Ayuntamiento de Guardia Piemontese se encuentra en el punto más alto de la colina que aloja al casco antiguo de la ciudad. Como casi todos los pueblos costeros, existe una parte de la ciudad a orillas del mar, nacida desde cuando comenzó el turismo, gracias al boom económico de los años cincuenta. Todas las actividades importantes están en la costa. Un pequeño autobús se encarga de llevar a los escasos pasajeros a mitad de la colina, en donde están las Termas, antiguos edificios de la época fascista, construidos sobre las antiguas termas romanas. Allí, en medio de un olor a azufre casi insoportable, se levanta un parque húmedo, cuyo clima me hizo recordar los bosques semitropicales de Guatemala. En esos establecimientos, los ancianos beben agua mineral, hacen baños de agua hirviendo, de barro, inhalaciones, se curan tuberculosis y tisis, dermatitis, hongos, tiñas y llagas varias.

El busito, después de haberse detenido un rato en las Termas, se lanza por un horrible viaducto, también de época fascista, que hace más fácil la ascensión al pueblo, pero que destroza la belleza de la colina. Aparte de que en el pueblo ya no vive casi nadie. Uno se asombra de que la gente prefiera vivir en las horribles casas de cemento de la costa, en lugar de las antiguas habitaciones de piedra, ahora en completa decadencia, casi a punto de derrumbarse. La ciudad, pequeña, es una joya. Y desde casi cualquier punto se puede ver el Mediterráneo, hasta el horizonte, con crepúsculos dorados, perezosos, hasta emocionantes, si uno está para eso.

¿Y la gente, a dónde se fue la gente? A Detroit, me dice Erika. La mayor parte de los guardiolos se fueron para Estados Unidos, al principio del siglo XX. Los primeros escogieron como meta la fábrica de los Ford. Y de allí llamaron a los demás. También su padre trabajó en Detroit, me cuenta. Eso me inquieta aún más. Pues, entonces, mi abuelo, ¿qué carajos fue a hacer a Guatemala, lo más lejos posible, al menos mentalmente, de Detroit? La respuesta era fácil, banal, tonta: fue a hacer el pobre, mientras los demás una mediana riqueza la hicieron.

El trabajo en los archivos fue bueno. Pude comprobar que mi intuición no me había engañado. En efecto, localicé el acta de nacimiento de mi abuelo, la fotocopié, hice el certificado. También Erika sacó su provecho. Cuando nos acabábamos de conocer, insinuó que alguna parte de los Liano era noble. Una semana después, luego de haber fatigado los archivos, y de encontrar en la línea referente a la profesión, una repetición incontable de pastores y campesinos, ya no insistió mucho en la nobleza. Reconstruimos, como si fuéramos arqueólogos, las líneas que podrían llevarnos al antepasado común. Pero ese antepasado no existía. Los archivos se interrumpían hacia 1830, y el resto, nos dijeron las empleadas de la Municipalidad, se encontraba en Paola, en un desorden increíble. Sería para otra vez.

Sin embargo, la sensación de que éramos parientes de algún modo, de algún modo persistió. Un golpe tremendo a mi vanidad me la dieron unas amigas, cuando les presenté a Erika como mi prima. No, me dijeron. Con sus 25 años, será tu sobrina, no tu prima. Pues sí, mi sobrina.

El resto de la estancia en Guardia fue de ir a la playa, y verse con frecuencia con Erika. Todo el mundo nos repitió la historia de los orígenes de la ciudad. Había una vez una gran señor feudal que fue al Piamonte a hacer unos negocios, y al ver a los habitantes de los valle valdenses en tal estado de pobreza, les ofreció esta colina deshabitada y despreciada por sus propios arrendatarios.

V

El señor Antonio Caminiti tendrá unos sesenta años. Para llegar a su casa, hay que pasar bajo el puente del ferrocarril, y caminar hacia la playa. Vive en la parte nueva de Guardia, con casas construidas con los ahorros de toda la vida, en algunos casos, y en otros, con las remesas de los inmigrantes a Alemania o a los Estados Unidos. No hay intención de arquitecto, sino trabajo de fines de semana, albañiles los propios dueños, o maestros de obras pagados fuera de hora. Paredes blancas, techo de tejas rojas. Televisor.

Nos reciben con gusto, él y su mujer. Al fin nos conocemos, después de tanto llamarnos por teléfono. No había hecho ningún esfuerzo por imaginarlo, así que no hay sorpresa al verlo. La pareja representa sólidamente la madurez de una vida, la lentitud de movimientos de la jubilación. «Ah, sí», dice. «Cuarenta años como jefe de la estación de trenes». Ahora, insomnios («es la edad, usted sabe, uno de viejo ya no duerme bien»), pequeñas preocupaciones de salud («el año pasado me hicieron una operación en Milán, los hospitales de aquí no están equipados como los del norte», mitifica), largas siestas en la tarde, paseos meditabundos a la orilla del mar. «Le gusta el lugar», afirma o pregunta, pero no espera la respuesta, «yo no nací aquí, pero es como si fuera de Guardia, imagínese, después de cuarenta años como jefe de la estación de trenes». ¿Se dará cuenta de que se repite? La esposa habla poco. Sirve el café («el café del sur es el mejor de Italia, no hay duda»), acomoda el azafate con pastelitos, hemos almorzado bien, y esa merienda no nos apetece, pero igual comemos las pastitas con crema o con chocolate («al regreso tendremos que hacer dieta», decimos, y como si fuera muy gracioso, todos ríen).

«El casco histórico es muy bonito», digo la verdad. «Lástima que esté tan abandonado». Y luego le contamos algo que nos llamó la atención. Erika nos llevó a uno de los pocos cafés que hay en el pueblo de arriba (abajo está lleno, por los turistas), y el dueño era uno de los pocos Liano que quedan. Entusiasta, Erika me presentó. «El señor también se apellida Liano». El presunto pariente, inmutable. «Viene de Milán», añadió. El otro, de piedra. Se volteó, ajustó la máquina humeante, sacudió el recipiente para vaciarlo del café usado, lo puso bajo el mezclador, le vertió una dosis, lo ajustó de nuevo bajo el filtro del agua. «Turista», dijo. «No», se animó Erika. «En realidad viene de Guatemala, pues su abuelo era de Guardia…» El otro mostró su cara inexpresiva. El hombre tendría unos cuarenta y cinco años. Su rostro estaba prematuramente arrugado. Quise creer que en él se concentraban siglos de emigraciones, de persecución, de historias antiguas. La necesidad de atribuir a los otros nuestras fantasías. «Piense usted, uno de Guardia en un país tan lejano…», trató Erika, por última vez. «Se fueron a todas partes», respondió. «La vida aquí es insoportable». El pasaje del pasado al presente, con toda su violencia, nos dejó mudos. El café italiano es breve, está hecho para excitar, no para conversar. Ya lo habíamos terminado. Pagamos en silencio y salimos al sol de la tarde. Erika estaba desolada.

La aventura me pareció cómica y el señor Caminiti sonrió. «No somos expansivos. Los calabreses somos más bien reservados». Hablamos de mi profesión, de mis parientes, le conté el resultado final de mi investigación, que simplemente confirmaba la suya. Estaba satisfecho y no había mucho que hablar. Entonces me contó la historia del gran señor calabrés que había subido al Piamonte y había ofrecido a sus famélicos habitantes la colina de Guardia.

«En la época romana, el lugar era famoso», me ilustró (yo lo había leído en el sito Internet de la Municipalidad). «Por las Termas», añadió. «¿Vieron la Puerta de la Sangre?»

Es lo primero que se ve, entrando del lado de las Termas. De esa Puerta, el laberinto de calles se va encaramando hacia arriba, hasta donde ahora está la municipalidad, y desde donde se ve el panorama. Desde arriba, correntadas de sangre bajaron hasta la puerta principal, el 5 de junio de 1561, cuando los hombres de la Inquisición degollaron, decapitaron, partieron en dos, torturaron y se saciaron, homicidas, con los valdenses de Guardia, que no querían convertirse a la religión católica. El cardenal Antonio Ghislieri ordenó la masacre. Poco tiempo después, se convertiría en papa Pío V.

Entrar en Guardia Piamontese no era fácil. El inquisidor tuvo una idea. Fingió que 50 hombres de Fuscaldo, un pueblo vecino, eran delincuentes y que tenía que encerrarlos en Guardia. Una vez dentro del pueblo, lo tomaron por la fuerza y abrieron las puertas a un grupo de 300 sicarios, que acabaron con los valdenses. De allí los funestos nombres de algunos sitios del pueblo: Puerta de la Sangre, Plaza de la Masacre…

Había poco más que hablar. Dimos un paseo por la playa, y luego, en la calle principal, nos topamos con Thomas, un alemán que enseñaba también en Milán. Sorpresa, exclamaciones, explicaciones. Thomas le estaba enseñando alemán a los hijos de un adinerado farmacéutico. «Por la mañana, clases de alemán. Por la tarde, playa», nos contó. «Y además, me pagan por eso».

El farmacéutico, que tenía aspiraciones culturales, se entusiasmó del clima internacional y nos invitó a cenar en Fuscaldo, el lugar de donde habían venido los traidores en 1561. Dos fueron las cosas chistosas de esa cena: la primera, que el farmacéutico nos escatimó el vino blanco, un vulgar vino de mesa que nos describió con el estilo de los enólogos que escriben en los semanarios populares; la segunda, que nos hizo pagar a cada uno lo suyo. Thomas estaba furioso. «¿Cómo se dice, uno que no quiere pagar, uno que gusta ahorro?», preguntaba, más colorado que de costumbre. «Tacaño». «¡Eso, tacaño, más que tacaño, hijo de cien putas!», decía, mientras nos tomábamos una gran cantidad de cervezas en el bar de la playa.

4. Travesías y exilios

Saudade saludable

Jorge Cortés

Magnífico libro. ¿Exilios? ¿Emigraciones? Mejor geografías, geografías humanas. Verbigracia: Francia limita al norte (si es que es el norte...) con los de sur (si es que están el sur); al este con los del oeste (ah, ¿pero qué oeste?); al sur con vaya usted a saber, y al oeste está la grandeza del mar (eso, con o sin nosotros, sí que es cierto). Y es que este escritor ha hecho de su vida un viaje, un largo viaje que lo cambia todo.

Hay una saudade saludable, morriñera, de esas palabras que no encuentran sosiego sino en estirarse, como si fuera puntitos de luz que resisten al apagón. Es, con sus contradicciones, el peso de la voz sin casa, o de quien se pertenece a su propia historia y él mismo es su geografía: somos lo que fuimos, aunque nunca estuviéramos allí. El lector, entonces, refuerza su compostura y se adhiere a un argumento que brota de la convicción más sinceramente humana.

A propósito de *Travesías* de Fernando Aínsa

Poética, antropología y política del exilio en la obra de Fernando Aínsa

Alcira B. Bonilla
CONICET-UNRN-UBA

> ¿Qué es esto de las raíces?
> Las tienen ellas, plantas y árboles,
> fijados al paisaje desde el primer brote
> hasta el rayo que los parte o la hoz que las siega.
> ¿Por qué debo tenerlas yo,
> personaje provisorio de tan diversos escenarios?
> Fernando Aínsa, *Aprendizajes tardíos*

La palabra «exilio» es un término extraño y semánticamente complejo. En el *Diccionario de la lengua española*, según el artículo enmendado de la 22ª ed., se aclara su proveniencia de la palabra latina *exilĭum* y se brindan cinco acepciones, siendo la última un agregado para la próxima edición: 1) separación de una persona de la tierra en que vive; 2) expatriación, generalmente por motivos políticos; 3) efecto de estar exiliada una persona; 4) lugar en que vive el exiliado; 5) conjunto de personas exiliadas (RAE 2009). Durante el siglo XIX en América Latina, los protagonistas de la Independencia y la generación nacida durante su primera década, que tantas veces tuvieron que abandonar el territorio de origen por motivos políticos, hablan de destierro, emigración y proscripción (Caro Figueroa 2008: 215). Fernando Aínsa, como eco de diversas fuentes y sobre todo basándose en la experiencia vivida como «niño de la guerra» (aunque no llegó a Uruguay con un contingente de pares sino con su familia), hace referencia a la transformación del uso de esta palabra, que pasa de término casi erudito hasta convertirse hacia 1936 en lugar común de este tiempo por obra de la Guerra Civil española (Aínsa 2002a: 91).

Por la circunstancia existencial antes mencionada, que significó para Aínsa la asunción del exilio familiar más la adquisición de la nacionalidad uruguaya, y su errancia posterior, fijando residencia en Francia por casi veinticinco años y luego retornando a España, la figura de nuestro homenajeado se muestra más como la de un exiliado *sui generis* que como la de un migrante que hubiera optado voluntariamente por salir de su país de origen tras horizontes de vida mejores, y queda vinculada de este modo tanto a los diversos éxodos que la política del último siglo provocó en Europa como en América Latina. Sin embargo, la lectura pormenorizada de sus textos impide una visión simplificada de este exilio peculiar y plantea diversos interrogantes que en el trabajo se despliegan a lo largo de errancias y derivas contenidas en los tres parágrafos que siguen. Si la división entre «poética», «antropología» y «política» del exilio proviene de las diversas búsquedas realizadas en los textos, también es respuesta a las que los mismos sugieren y suscitan como intervención del lector.

POÉTICA DEL EXILIO

Aunque toda mención del exilio pareciera exigir en primer término un tratamiento antropológico, el estudio de las obras de Aínsa, fundamentalmente las dedicadas al exilio, permite la reconstrucción de una «poética del exilio», explícita en muchas de ellas e implícita en casi todas, que por su poder performativo se vuelve previa a la antropología del mismo.

Más allá de las necesarias referencias eruditas, que responden a las múltiples lecturas e investigaciones de Aínsa, para acceder a esta poética hay que agregar que la experiencia del exilio —el familiar y luego los asumidos más o menos libremente— no fue al parecer tan traumática para Aínsa como para la generación de sus mayores. Al repasar los «apacibles años cincuenta» de su infancia uruguaya, sólo tiene recuerdos de acogida y simpatía por parte de una sociedad que se había solidarizado con los ideales republicanos y compadecido de la desgracia de los vencidos por el franquismo:

> Nadie podía sentirse verdaderamente desterrado o expatriado en el Uruguay de entonces, tantas facilidades teníamos los españoles, desde la

ciudadanía legal adquirida sin dificultad hasta los derechos cívicos y políticos que nos permitían ser electores y elegidos en un sistema democrático hasta ese momento indiscutido y único en el continente (Aínsa 2002a: 91-92).

Tal vez por ello, la adopción de una poética del exilio no lo conduce a elecciones radicales como las del delirio filosófico, o filosófico-poético, forma retomada parcialmente de su admirada María Zambrano, que desarrolló una «fenomenología del exilio», y autores coetáneos como Juan Larrea o José Bergamín (Abellán 1998: 297-368). Para subrayar las diferencias, no resulta ocioso recordar que con este género Zambrano logró plasmar en los versos de su *Delirio del incrédulo* de 1950 y en varios textos más la experiencia del exilio en tanto pérdida de mundo y palabra («De verdad ¿es que no hay nada? Hay la nada / Y que no lo recuerdes. Era tu gloria»; Moreno Sanz 1998: 87). Si «hay la nada», ¿cómo pensar?, ¿cómo escribir? Una única respuesta posible: «delirando». Con antecedentes de esta modalidad de escritura en diversos ejemplos nietzscheanos (Moreno Sanz 2008) y en los «dislates» de San Juan de la Cruz, que evaden el carácter referencial del lenguaje en una escritura infinita que se torna «música callada» (López-Baralt 2006), a los que debe añadirse la influencia de la teoría freudiana del carácter terapéutico del delirio, Zambrano buscó forzar las palabras para que prolongaran y comunicaran el delirio de sentirse vivo en la desnudez de la existencia y en el abandono y el desierto de la historia, sin lazos, sin fronteras, sin proyecto, en el límite con la muerte (Zambrano 1990: 29-44). En el delirio el corazón, la entraña musical por excelencia, a la vez íntima y comunicante, vela la existencia con su latido cuando toda esperanza parece perdida y en su desvelo reenciende la palabra y el pensamiento desde la oscuridad, el abandono, la penuria dando forma y articulación, al terror (el exilio) que la carne sólo podría expresar como aullido no articulado.

A diferencia de esta autora, la poética del exilio (no de mera «extranjería»), se plantea en Aínsa como necesidad de dar cuenta de un rasgo definitivo de su existencia y de la de tantas y tantos como él, que, alejados de la patria natal, a veces emprendieron caminos sin retorno y otras, reafincados en el suelo primero, se encontraron con la nostalgia por espacios que no habían sido de paso, sino formadores de su personalidad, creadores de lazos intersubjetivos y obligantes. Tal reconstrucción, sin embargo, que conlleva la hipótesis de la elección de una poética del exilio por parte de Aínsa, no está libre de ambigüedades y contradicciones, la mayor de las cuales se da en una apuesta también permanente por cierto universalismo[1] que busca liberarse de la tensión planteada por las metáforas botánicas del enraizamiento y el desarraigo (Aínsa 2002b: 15-16). Si construir y habitar concretan el lugar, el topos, que al ser descrito se transforma en logos (Aínsa 2006: 11), ¿qué pasa con el no lugar del exilio y su palabra? Justamente la tensión crítica con la que Aínsa trata el tema muestra las estrategias topológicas y literarias por las que la literatura del exilio no llega a convertirse en literatura apátrida. Esto último puede observarse sobre todo en la valorización que hace de la cultura de la diáspora de los escritores latinoamericanos del setenta. Según señala, éstos, sin renegar de las voces propias, en un mundo que se ha tornado sensible a la diferencia y en interacción con él, dan muestras de la riqueza de la condición humana y de la inagotable capacidad creadora de la imaginación y el lenguaje. En el caso de los exiliados, que es en parte el propio, evoca una especie de función terapéutica positiva que tuvo el distanciamiento de los países desgarrados de origen en la reconfiguración de sus subjetividades y, por consiguiente, su influencia en la reformulación de poéticas y políticas (Aínsa 2002b: 17-42).

Dos aspectos de la escritura de Aínsa merecen señalarse como contribuciones mayores a esta poética del exilio. Por una parte, su desarrollo de estudios sobre las fronteras, como espacios geopoéticos privilegiados generadores de creaciones específicas (2002a, 2002c, 2006), y, por otra, el despliegue de su «poética del exilio» en sentido propio a través de los aforismos de *Travesías*, que, según entiende la autora de este texto, constituye una verdadera *summa brevis* (si fuera posible tal contrasentido) del pensamiento de Fernando Aínsa. Aunque en los acápites siguientes habrá de volverse una y otra vez a estos escritos, no es posible soslayar algunas referencias a la poética del exilio que encierran.

---

[1] En este trabajo se hace referencia de modo más preciso a una de las formas cómo se plantea en la literatura latinoamericana (y en su cultura, en general) la tensión entre lo universal (generalmente, falso, europeizado) y lo particular, que es característico de ella.

La noción antinómica de frontera, como límite protector y como espacio de encuentro y transgresión, parece explicar gran parte de las diferencias histórico-culturales de las que da cuenta la literatura, entre otras expresiones. Los desarrollos teóricos que dedica a esta noción, tanto en el estudio de la dialéctica de la antinomia enunciada como en el del límite fronterizo como expresión del poder que lo instaura y mantiene, como espacio diferente y la significación de la transgresión del límite, se convierten en base explicativa de gran parte de la literatura latinoamericana y vuelven visibles para el crítico una enorme cantidad de fenómenos lingüísticos, culturales, subjetivos y políticos muchas veces encubiertos por los sesgos o bien universalistas o globalizantes, o bien nacionalistas o folclorizantes de las investigaciones. Así «membrana protectora» a la vez que «permeable» —metáforas organicistas a las que es afecto Aínsa—, hablar de frontera se vuelve sinónimo de hablar de literatura en América Latina, y repetir desde un lugar eminente el esquema antinómico que caracteriza a ésta, sin olvidar hasta qué punto el propio acto creador de escribir se realiza en la ambivalencia de la frontera y supone el exilio y su poética:

> Por vivir sus contradicciones en carne propia es, tal vez por ello, que los creadores son quienes más conocen el exilio y la escritura la que mejor refleja la frontera interior que divide la conciencia del escritor entre la patria de origen y la condición de apátrida, la que se hace eco del desgarramiento que conlleva la expulsión fuera de las fronteras (Aínsa 2002a: 39).

Errancia, *dérives*, exilio; «salida hacia el afuera», que se convierte en salida «contra fuera», en la resistencia que este movimiento no deseado, ni previsto, provoca empero en los otros, que parecen sentirse invadidos por el diferente. «Estamos aquí, somos de allá.» Simples muestras de la poética desplegada en *Travesías*, a través de aforismos como flechas, que horadan los lugares comunes, los miedos, la compasión superficial o fecticia. Algunas más: rechazo del heroísmo retórico (comprometerse por un tiempo a no escribir EXILIO), elusión de la ilusión de los sistemas de fuga, de los regresos (variantes sobre el hogar), partir y repartir el corazón, el centro y la(s) distancia(s), el Norte y el Sur, encontrar islas de náufragos donde construir el mundo (utopía). A otras edades y de maneras quizá menos lacerantes que la de

Zambrano, Aínsa experimentó el exilio o los exilios. Con la misma inevitabilidad que ella ha llegado a amarlo, regresando, como ella, a la patria natal para emprender la difícil recuperación de las «raíces rotas» (Aínsa 2002a: 103), y, sin embargo… No emplea una expresión delirante cuando trata de expresarlo, sino, ante la imposible traducción de la experiencia, un lenguaje de sugerencia y evocación que libera el pensamiento, la imaginación y la palabra del lector, convirtiéndolo en co-exiliado por el hecho de ser humano, solamente. Después vendrá la teoría.

Antropología del exilio

Hablar de una antropología del exilio implica fundamentalmente el tratamiento de dos cuestiones: la de la condición humana peculiar del exiliado y la de su identidad. Resulta obvio decir que estas cuestiones se imbrican mutuamente y sólo podrían separarse mediante una operación abstractiva. Ambas cuestiones han sido abordadas por Fernando Aínsa aunque en medida y, sobre todo, modo diferentes.

Conocedor de una vasta literatura de y sobre el exilio, Aínsa trabaja la condición humana del exiliado de modo indirecto a través de sus estudios sobre los exiliados españoles, los menos, y sobre literatura latinoamericana y, de modo aforístico, la encara de manera explícita, aunque compleja y problemática fundamentalmente en *Travesías*. A partir de este texto se sugieren numerosas líneas de trabajo, que, en algunos casos, recuerdan pasajes de Zambrano sobre el exiliado y el exilio. Al igual que Zambrano, el tratamiento de las figuras del exilio y del exiliado/exilado excede el marco de la biografía personal y de los acontecimientos históricos y, como ella, piensa el exilio desde el exilio radical del hombre al definirlo como «orfandad» (Aínsa 2000: 26).

Recurrir a la fenomenóloga Zambrano ayuda a comprender algunos pasos metodológicos de Aínsa. Así, por ejemplo, ésta opera una *epojé* de los supuestos habituales desde los cuales se considera el exilio, obligando a rechazar de entrada la tradicional caracterización heroica del exiliado. Con ello obtiene un campo de visibilidad para esta dimensión de la vida humana a la que accede mediante la práctica de «variaciones imaginarias» confrontando la figura del exiliado con las del refugiado y del desterrado. El abandono («nadie le pide ni le llama») marca el carácter sacro del exilio y pone en evidencia la condición más propia de todo ser humano: padecer y trascenderse sin poder acabar de estar que posibilita los caminos para su realización personal e histórica al emprender una «peregrinación entre las entrañas esparcidas de una historia trágica», cuyos sentidos Zambrano pretende sacar a luz por su recurso a la «razón poética», razón apta para y capaz de hacerse cargo de todo aquello que ha estado en el exilio de la razón occidental (1990: 29-44). En numerosos fragmentos parece Aínsa estar bajo la inspiración de Zambrano, entre otros, la idea de una geografía íntima y secreta, la cuestión del centro, el exilio como elección de vida, la ambigüedad del exilio, la lengua del otro, el retorno, los cuerpos del exilio, el amor de las islas... Estas semejanzas, que tienen que ver con una matriz social y formativa común, no empecen ni la originalidad de la escritura de Aínsa ni sus contribuciones fundamentales al tema, sobre todo las enigmáticas páginas de «El ser del sur» con sus especulaciones sobre la relatividad geográfica y su apuesta fuerte, basado en las posibilidades lingüísticas del idioma: «Solamente destruyendo el espacio y las falsas alternativas que conlleva, permitirá al hombre del hemisferio de "abajo" ser realmente, porque da lo mismo estar en ésta que en aquella orilla, en el Sur o en el Norte» (Aínsa 2000: 89).

La segunda cuestión que pertenece a esta antropología del exilio es la de la identidad. Aínsa distingue con firmeza entre el punto de vista de una concepción tradicional de identidad, vale decir la pertenencia a un territorio identitario, y una nueva noción que aparece después de la crisis o insostenibilidad de la primera. En efecto, según la concepción tradicional el enraizamiento se da en los límites de un estado, una lengua, una religión, una etnia, en resumen, con todo lo que puede simbolizarse en una «cédula de identidad» o en el pasaporte necesario para cruzar fronteras, muchas veces cerradas defensivamente sobre sí mismas. En ellas se reconocen los miembros de una comunidad, y esta conciencia forma parte de su propia identidad individual. Por contraste entre esta noción tradicional de identidad, concebida como universo autónomo, coherente y negándose a influencias exteriores, una nueva noción aparece después de la crisis o insostenibilidad de la primera, causada generalmente por los movimientos de exilio o migración, pero también visible en las fronteras, cuando «lo distintivo ya no es siempre sinónimo de homogeneidad y no coincide necesariamente con un territorio determinado» y las identidades no son impermeables las unas a las otras (Aínsa 1997). La identidad múltiple, o las múltiples identidades que conviven en un mismo ser humano plantean desafíos antropológicos y políticos que Aínsa está dispuesto a asumir tras sus análisis de las fronteras alternativas del territorio identitario, los nuevos repertorios identitarios y la redimensionalización de lo particular y lo universal consecuente. El trazado de esta nueva cartografía, basada en los flujos segmentados y combinados que atraviesan y redibujan las fronteras existentes, se va dando a partir de tres procesos paralelos e interdependientes en curso: el surgimiento de verdaderas culturas «diaspóricas», resultado de los flujos de circulación cultural suscitados por las emigraciones de los países en vías de desarrollo hacia los más desarrollados; la importancia creciente de las figuras del éxodo y el exilio y la exaltación de la «condición nomádica», siendo las nociones de desarraigo y del «fugitivo cultural» componentes de la identidad en el marco de los procesos de globalización y el redimensionamiento del particularismo y la universalidad.

POLÍTICA DEL EXILIO

La política del exilio elaborada por Fernando Aínsa resulta de su múltiple preocupación por la historia del imaginario sociopolítico latinoamericano, signado por la intención utópica, y la integración de esta intención, como motor de alternativas, en un proyecto democrático, intercultural, mestizo y utópico. De la América colonial hispana, receptáculo vacío de todas las utopías europeas posibles, a un presente complejo de pluralismo cultural y decisiones que tomen en cuenta el rostro del otro (pobre, mestizo, migrante) como interpelante, se tiende un arco en el que cabe la posibilidad de una propuesta democrática participativa que tome en cuenta la herencia histórica, las condiciones del presente y la perspectiva de una. utopía realista de otro mundo posible. El exiliado, en su distancia, como se indicó en párrafos anteriores, se encuentra en una situación de distanciamiento preferente que le permite evaluar el pasado y proyectar un futuro mejor.

La globalización económica y la menos lograda globalización del conocimiento todavía no han logrado dar cuenta de la necesidad, expresada por los diversos exilios, de dar cauce a procesos de globalización plurales ya en marcha, en los que tengan cabida diversas formas de expresión política y cultural, con respeto y promoción de la diversidad (Aínsa 2004: 23). Los nuevos vínculos que se generan por el exilio y las migraciones, que no hacen sino reforzar los intercambios interculturales, y la emergencia de nuevas formas de convivencia y de ciudadanía (Bonilla 2008) resultan para nuestro autor, gran estudioso de las utopías generadas por el descubrimiento y la conquista de América desde 1516, promisorios y la expresión preferencial de la función utópica que ha presidido en gran medida el devenir de los países de América Latina. Por su revalorización del potencial alternativo y dinámico del pensamiento utópico, como alternativa al pensamiento único, y en su empeño constructor de una segunda modernidad, Aínsa se revela un verdadero "utopógrafo", en el estilo de Guamán Poma de Ayala; vale decir, en síntesis, un arquitecto de utopías para nuestro tiempo sudamericano:

> La utopía no puede limitarse a un género. Desde la experiencia de América Latina, es la función utópica la que ha marcado su historia, desde el 'encuentro' inicial, el descubrimiento, la conquista y la colonización, hasta nuestros días, pasando por el pensamiento del período de la ilustración y la independencia, por lo cual toda utopía futura debe recoger no sólo ese legado histórico, sino su carácter experimental, íntimamente ligado con el devenir político, social y artístico-literario. Más que en ninguna otra región, la utopía en América Latina ha sido y será plurifuncional e interdependiente, intercultural y mestiza (Aínsa 2004: 25).

Se están dando diversos procesos que Aínsa sistematiza como el surgimiento de culturas «diaspóricas» resultantes de los flujos de circulación cultural suscitados por las emigraciones hacia los países más desarrollados, la importancia creciente de las figuras del éxodo y del exilio, con la consiguiente exaltación de la «condición nomádica», el desarraigo y la condición de «fugitivo cultural» y la multiplicación de los circuitos de circulación y difusión. Todo ello configura el reto actual planteado por la crisis de la ontología de la pertenencia nacional y el proceso de desterritorialización, plantea la interculturalidad por oposición a todo esencialismo cultural y fixista y la erige como límite a toda lógica identitaria monolítica, tanto las fijadas a los límites tradicionales del estado nacional como a las defensoras de algún tipo de regresión a orígenes pretendidamente puros. Curiosamente en este punto, el español Fernando Aínsa es superado por el uruguayo o sudamericano homónimo que toma decisivamente la voz. América Latina, continente abierto y receptivo, pionera en el reconocimiento de la diversidad cultural y étnica, se encuentra en condiciones óptimas de conciliar ahora sobre todo en el ámbito físico de sus megalópolis, tierra de acogida de innumerables migrantes internos y externos, «los valores universales de la razón con las pasiones, las diferencias y la fragmentación universal» (Aínsa 2004: 29). Por esta razón, una utopía contemporánea «debe apostar imaginativamente a la diversidad y a los particularismos culturales sin dejar de abrirse al mismo tiempo, a las perspectivas de una interculturalidad a escala planetaria» (ibíd.: 30).

Ya descendiendo al terreno de lo concreto, y para aventar imágenes inmovilistas de las utopías del pasado, Aínsa no somete a discusión un modelo de perfección geométrica, ni tampoco el de una destrucción del estado nacional moderno, sino en una medida bastante más modesta, el de un desarrollo autocentrado, con grados de autogestión y de participación ciudadana y con visión solidaria a nivel nacional e internacional, en donde se piense globalmente y se actúe regional o localmente. A la propuesta de una aceptación de la globalización de las luchas por el reconocimiento en un marco flexible de los todavía estados nacionales se añade como pieza indispensable la necesidad de una utopización de la democracia o la construcción de una cultura democrática que se yerga frente al conformismo de las democracias de hecho a través de una mayor radicalidad democrática en el cumplimiento de la ley y la desobediencia civil o resistencia activa, amén de una necesaria democratización del conocimiento y la construcción de una cultura democrática, una democracia de la persona, para emplear nuevamente una expresión de Zambrano citada por Aínsa.

Oscilando entre la historia, la teoría y la propuesta concreta (pensada para América Latina —¿Uruguay, la patria de acogida y adopción primera?—) esta política del exilio que entrega a discusión Aínsa recoge lo mejor de sus densas investigaciones sobre el valor y la función del pensamiento utópico en nuestra historia y recupera para el tiempo presente una reflexión sobre la estructura utópica del ser humano y la teoría de la posibilidad real, ya desarrolladas en la obra pionera de Bloch, pero sin caer en la tentación fácil de trasponerla al pensamiento latinoamericano. Por el contrario, en una propuesta historiográfico-política original, Aínsa convoca y provoca el estudio de la historia del imaginario subversivo americano, al que denomina la «gran enciclopedia de la esperanza americana», venero permanente de modelos alternativos que permite recuperar las imágenes de un deseo que va más allá de los límites del estado nacional pero que identifican a los pueblos latinoamericanos en un sueño común susceptible de realizaciones.

BIBLIOGRAFÍA

ABELLÁN, José Luis (1998): *El exilio filosófico en América. Los transterrados de 1939.* México: Fondo de Cultura Económica.

AÍNSA, Fernando (1992): *Historia, utopía y ficción de la Ciudad de los Césares. Metamorfosis de un mito.* Madrid: Alianza Editorial.

— (1997): «El desafío de la identidad múltiple en la sociedad globalizada», en *Universum*, 12.

— (1999): *La reconstrucción de la utopía.* Buenos Aires: Ediciones del Sol.

— (2000): *Travesías. Juegos a la distancia.* Málaga: Litoral.

— (2002a): *Del canon a la periferia. Encuentros y transgresiones en la literatura uruguaya.* Montevideo: Trilce.

— (2002b): *Pasarelas. Letras entre dos mundos. Ensayo.* Paris: Indigo & Côté-Femmes.

— (2002c): *Espacios del imaginario latinoamericano. Propuestas de geopoética.* La Habana: Editorial Arte y Literatura.

— (2004): *Espacios de encuentro y mediación. Sociedad civil, democracia y utopía en América Latina.* Montevideo: Nordan.

— (2006): *Del topos al logos. Propuestas de geopoética.* Madrid/Frankfurt: Iberoamericana/Vervuert.

— (2007): *Aprendizajes tardíos.* Sevilla: Renacimiento.

BIAGINI, Hugo E./ROIG, Arturo A. (eds.) (2008): *Diccionario del pensamiento alternativo.* Buenos Aires: Biblos.

BONILLA, Alcira B. (2002): «Escritura y pensamiento del exilio», en Lena Paz, Marta (comp.), *Primeras Jornadas Teatro-cine-narrativa: ¿imágenes del nuevo milenio?* Buenos Aires: Nueva Generación, pp. 63-70.

— (2003): «Filosofía y utopía en América Latina / Philosophy and Utopia in Latin America», en Lobosco, Marcelo R. (comp.), *La resignificación de la ética, la ciudadanía y los derechos humanos en el siglo XXI.* Buenos Aires: EUDEBA, pp. 177-190 y 409-422.

— (2007): «Ética, Mundo de la vida y migración», en Salas Astrain, Ricardo (ed.), *Sociedad y Mundo de la vida (Lebenswelt). A la luz del pensamiento Fenomenológico Hermenéutico actual*. Santiago de Chile: Ediciones CCSH, pp. 27-57.

— (2007): «Esbozos para un campo interdisciplinario. Filosofía intercultural y estudios migratorios», en Alemián, Carlos (ed.), *Evolución de las ideas filosóficas 1980-2005. XIII Jornadas de Pensamiento Filosófico (Actas)*. Buenos Aires: FEPAI, pp. 189-198.

— (2008): «La "razón poética" como discurso femenino del exilio en el pensamiento de María Zambrano», en *Actas. Simposio sobre Gênero, Arte e Memoria «Abrindo a caixa de Pandora»*, 29-09 a 1-10- 2008. Pelotas: Universidade Federal de Pelotas, CD-Rom.

— (2008): «El derecho humano a migrar y la transformación de la noción de ciudadanía», en Arué, Raúl/Bazzano, Blanca/D'Andrea, Viviana (comps.), *Transformaciones, prácticas sociales e identidad cultural. Jornadas Nacionales «Transformaciones, prácticas sociales e identidad cultural» – Proyecto CIUNT-2007*. Tucumán: Universidad Nacional de Tucumán, vol. II, pp. 773-788.

— (2008): «El "Otro": el migrante», en Fornet-Betancourt, Raúl (ed.), *Menschenbilder interkulturell. Kulturen der Humanisierung und der Anerkennung*. Aachen: Verlagsgruppe Mainz in Aachen, pp. 366- 375.

— (2008): «Imágenes de nación y ciudadanías interculturales emergentes», en Guerci de Siufi, Beatriz (comp.), *Filosofía, cultura y sociedad en el NOA*. San Salvador de Jujuy: EDIUNJu, pp. 27-34.

— (2008): «La biografía como género filosófico: construcción de subjetividad, memoria y responsabilidad», en *Stromata*, LXIV, 12, pp. 39-52.

— (2009): «El Otro, el migrante; errancias por la filosofía contemporánea sobre la migración y el exilio». Conferencia, inédito.

CARO FIGUEROA, Gregorio A. (2008): «Exilio Político», en Biagini, Hugo E./Roig, Arturo A. (eds), *Diccionario del pensamiento alternativo*. Buenos Aires: Biblos, pp. 214-216.

LÓPEZ-BARALT, L. (2006) «Los lenguajes infinitos de San Juan de la Cruz e Ibn-'Arabi de Murcia'», en *Actas. VI Congreso AIH*.

MORENO SANZ, José (1999): *El ángel en el límite y el confín intermedio. Tres poemas y un esquema de María Zambrano*. Madrid: Endymion.

— (2008): *El logos oscuro: tragedia, mística y filosofía en María Zambrano. El eje de «El hombre y lo divino», los inéditos y los restos de un naufragio*. Madrid: Verbum/Endymion, 4 vols.

REAL ACADEMIA ESPAÑOLA (2001): *Diccionario de la lengua española*. 22ª ed. Madrid: Espasa-Calpe (versión actualizada al 31/08/09: <http://bus con.rae.es>).

SALAS ASTRAIN, Ricardo (coord.) (2005): *Pensamiento crítico latinoamericano*. Santiago de Chile: EUCSH.

SÁNCHEZ CUERVO, Antolín (2008): «Éxodo», en Biagini, Hugo E./Roig, Arturo A. (eds.), *Diccionario del pensamiento alternativo*. Buenos Aires: Biblos, pp. 216-217.

ZAMBRANO, María (1990): *Los bienaventurados*. Madrid: Siruela.

— (2004): *La razón en la sombra. Antología crítica*. Madrid: Siruela.

ESTAR AQUÍ Y SER DE ALLÁ, FERNANDO AÍNSA: EL PARAÍSO EN EL EXILIO

Consuelo Triviño Anzola

> Somos de aquellos que rechazan categóricamente la ilusión de un paraíso en el más allá, la inmunda quietud del rentista, la infantil creencia en una edad de oro, siempre prometida y siempre pospuesta. Pretendemos vivir en la actualidad. Ciertamente, debe prepararse el porvenir, pero ¿existe un mejor medio para esto que haciéndolo presente?
>
> PIERRE MABILLE, «El paraíso»

«Estamos aquí, somos de allá. / He aquí una proposición simple para empezar.» Así da comienzo Fernando Aínsa a su libro *Travesías. Juegos a la distancia*, una reflexión sobre el viaje como búsqueda de un espejo para la identidad, esa empresa quimérica, pero vital para la condición mestiza que configura el ser latinoamericano. Fernando Aínsa nació en Zaragoza, pero se trasladó con su familia a Montevideo donde estudio el bachillerato. Ese país despertó su pasión por la literatura universal, pero fue en París donde descubrió a América Latina, donde adquirió consciencia de ese vasto y bien delimitado universo. En un reportaje recientemente publicado en la revista Brecha del Uruguay, nos refiere lo ocurrido a su llegada a París, su descubrimiento de la literatura latinoamericana que se dedicó investigar y divulgar y, en especial, la uruguaya, que integró «en ese vasto, diverso, pero bien delimitado conglomerado de "lo latinoamericano"» (Aínsa 2009: 25). Lo mismo le ocurrió a Asturias y a Carpentier y a tantos otros intelectuales que viajaron a Europa tras la ansiada modernidad y se reencontraron, en cambio, con sus orígenes, lo que les permitió interpretar mitos y leyendas desde la perspectiva del otro.

Desde su llegada a París en 1972 Fernando Aínsa trabajó en la Unesco, un organismo internacional, que como sabemos, se creó a la luz de los ideales de movimientos unificadores de las sociedades humanas que se conocen como mundialismo —según aclara él mismo, en uno de sus ensayos sobre la globalización— lo que le permitió un amplio horizonte y suficiente distancia para integrar y unificar un continente en el contexto internacional. Esto ha requerido, en su caso, un esfuerzo de interpretación de los procesos históricos en América Latina, de las realidades palpitantes del presente que a todos nos afectan: hibridación, exilio, emigración, interculturalidad, etc. Nuevas situaciones que exigen un cambio de paradigmas y un esfuerzo de asimilación, de tolerancia y de apertura, y una toma de conciencia de los problemas, no tanto como a latinoamericanos, emigrantes o nómadas, sino como a ciudadanos del mundo.

Fernando Aínsa ha tratado estos temas en una larga lista de ensayos desde *Los buscadores de la utopía* (1977) hasta *Espacios de mediación y encuentro. Sociedad civil, democracia y utopía en América Latina* (2004). El primero es una referencia obligada para entender el proceso de la novela latinoamericana y su concepción de lo que debería ser el Nuevo Mundo y el segundo nos da las claves de interpretación de sus procesos históricos. Sin embargo, es su minuciosa indagación sobre la utopía lo que vertebra su pensamiento, desde los cronistas, pasando por los libertadores, hasta llegar a las aspiraciones de la izquierda redentorista. De sí mismo dirá en la mencionada entrevista:

> Como agnóstico no creo en otra vida ni en un más allá que no sea la memoria que pueda fijar la palabra impresa. Si un reconocimiento debe llegar —y mentiría si dijera que no me importa—, que sea por lo escrito, por los panoramas que me he esforzado en trazar, por las pistas que puedo haber abierto, por esforzarme en mantener una visión amplia y comprensiva, para nada excluyente; por la curiosidad de leer o releer autores olvidados que he intentado recuperar para los lectores más jóvenes o de otros horizontes (Aínsa 2009: 25).

Actualmente Aínsa reside en Zaragoza, en su pueblo natal a donde ha regresado, cerrando así en un círculo la línea que se proyecta con su partida cuando, siendo un niño, viajó con su familia a América, huyendo de la Guerra Civil española, «el mundo es redondo, nos dice, pero nunca es más redondo que cuando se aleja y, al seguir alejándose, empieza a volver» (Aínsa 2000: 11). No obstante se siente uruguayo en cuanto afirma que «uno es de donde hizo el bachillerato», donde estructuró su ser a partir de experiencias y lecturas. Su trayectoria que incluye repetidos viajes de América a Europa, lo ha llevado a reflexionar sobre el ser y el estar, verbos de la existencia referidos al espacio, al tiempo y al movimiento, al estado del ser. Precisamente del desasosiego trata su novela *El paraíso de la reina María Julia* donde se aborda el tema del exilio, el desarraigo y el fracaso de cierta intelectualidad latinoamericana desfasada en el tiempo.

Publicada en 1995, la novela pone en evidencia la condición del intelectual latinoamericano en su desafortunada y errática búsqueda de un lugar. El autor recurre a la ficción narrativa para desmontar los mitos que hemos alimentado a lo largo de la historia. Ricardo Gómez, el protagonista, no es el joven que llega a París abrumado por la información libresca que quiere convertir en experiencia, sino un suramericano cuarentón, con una educación formal deficiente y escaso interés por la lectura y el trabajo intelectual. Al llegar a Madrid se encuentra perdido, a oscuras y sin la fuerza vital que requiere empezar una nueva vida, sin ánimos para probar suerte en otra parte. Su único vínculo es la vecina, una cubana cercana a los setenta años llamada María Julia.

Si en la matriz de nuestra cultura mestiza el padre está en Europa y es en su búsqueda que han partido distintas generaciones de intelectuales, en esta novela, lo que el protagonista encuentra en Europa, en el Madrid de finales de los ochenta, es a la madre, en la figura de María Julia, una cubana «gusana», para él, y en cuyo cuerpo habitará buscando un refugio seguro ante la orfandad del exilio.

Podría decirse que el estar aquí y ser de allá inspira también la novela en la que el autor indaga sobre la condición de un pseudointelectual suramericano, que se desvía hacia Madrid. Es el revés de la historia del propio autor, un intelectual uruguayo nacido en España, residente en París, por un largo periodo y posteriormente retornado a su pueblo natal. Esta circunstancia no puede dejar indiferente a quien la padece, pues llegar a un lugar desconocido exige replantearse la vida.

La novela nos muestra de qué manera se ensayan estrategias para «superar» una extranjería que aísla, margina y anula al ser. Una de estas estrategias puede ser disfrazarse de nativo para ser aceptado, como le ocurre a Ricardo Gómez que llega buscando el apoyo de sus compañeros de célula, esas redes latinoamericanas de solidaridad que protegen y a la vez asfixian con sus imposiciones. Pero el protagonista tiene poco margen de maniobra como activista político, en un medio casi hostil al estereotipo del perseguido político, ese intelectual que en los setenta aseguró un lugar en la sociedad en revistas, editoriales, dentro del sistema educativo, o en el ámbito cultural.

El tema del exilio político presenta otra variable en *El paraíso de la reina María Julia*, y es el desfase en el tiempo, lo que dificulta el proceso de inserción del exiliado. Con ironía y también con cierta conmiseración, el autor desmonta al personaje presentándonos su dramática situación, lo que implica estar aquí y ser de allá, ser de un lugar donde no se quiere estar y estar en un lugar donde no se puede ser. Arrojado de una y otra orilla (porque el lugar de los orígenes oprime y deprime, y «lo posible está siempre lejos. La salvación y la distancia se avizoran en otra orilla» se dice en *Travesías...* (Aínsa 2000: 12). Pero el lugar a donde se llega, te rechaza, y el ser recurre a las máscaras o recupera la inocencia. Lo cierto es que intenta juntar los trozos que va dejando en su camino (recuerdos, remordimientos, melodías, sabores, objetos, fetiches, etc.). Arraigar implica, en parte, el olvido y en parte también, recuperar los espacios de la memoria. En el caso del intelectual, esto es posible través de la escritura.

Ricardo Gómez es consciente de lo que deja atrás y de la nada a la que se enfrenta: «Nada, sólo tengo lo que tenía cuando llegué a ese refugio. Me quedo mirando la biblioteca de ladrillos y maderas que nunca he llegado a levantar» (Aínsa 2005: 158). No es gratuito el énfasis que pone en el autor en el abandono de la biblioteca que es también el de la cultura letrada en la que arraiga el intelectual y que, a la postre, constituye su equipaje. Pero el protagonista no lee, subraya el autor: «allí estuvieron, llegando unos días después para bajar en cajones, los libros que nunca he leído, que sospecho no leeré nunca y que si he leído ya he olvidado» (ibíd.).

Además, Ricardo llega a un apartamento al que le han cortado la luz y esa falta de luz, de corriente, lo empuja hacia el piso de su vecina en busca de la música, de la compañía, del calor de una copa y del erotismo por el que fluyen sus reservas afectivas, su energía vital, su desamparo. Sin duda, María Julia, la cubana septuagenaria que encarna la imagen de la madre, compensa sus carencias. Ella será su anclaje, será la alternativa a la provisionalidad de su vida, a la penumbra, al caos reinante que convierte su espacio en un lugar inhabitable.

En el balance del personaje, después de un mes de convivencia, sus conclusiones son demoledoras: no tiene dinero, no tiene trabajo y tampoco se esfuerza por conseguirlo, no concibe planes de futuro y tampoco puede matricularse en la universidad porque no ha terminado su licenciatura, ni tiene una beca. Por tanto, decide romper la dependencia de la cubana, pues no sólo ve un inconveniente en la diferencia de edad, sino en los prejuicios de su entorno, ya que juntos representan sistemas políticos opuestos (los defensores de la utopía revolucionaria y los traidores a la causa, los cubanos llamados «gusanos»). El protagonista intenta convencerse de que es solo un encuentro azaroso entre seres diferentes que coinciden en un rellano a oscuras y que no deberían juntarse. Pero, en realidad, los dos tienen más puntos en común de lo que suponen, «somos dos fracasados que se han inventado un destino», personajes que fingen ser otro; ella, una profesora de literatura; él, un periodista (Aínsa 2005: 155).

En su tentativa de salvación Ricardo trata de asimilarse a otra realidad en el Madrid descreído y alejado de América Latina. Se acerca a la ciudad universitaria, asiste como oyente a los cursos de literatura hispanoamericana. Dada su situación, volver a la condición de estudiante implica una regresión, además, sin un título que le permitiera oficializar su situación. Pero el entorno sí le permite relacionarse con jóvenes españolas con quienes presume, hablándoles de libros que no ha leído y jugando a los novios convencionales con Oriana. La joven es la niña rica que también juega a ser tímida e inexperta.

Fingir es la opción que Ricardo encuentra para «estar», para asegurarse un sitio en el país de acogida. Consciente del autoengaño, reconoce que también fingía en su país, entre sus correligionarios, simulando entender películas soporíferas, pero de prestigio entre ellos, negando ver la televisión, para no ser rechazado por las sectas, porque en su tierra se negaba en público lo que se hacía en la intimidad.

Pero el protagonista se da cuenta de que Oriana, la joven madrileña, no era de ninguna manera una alternativa a María Julia. De la cubana lo tientan los boleros, la bebida, los olores de su cocina que suben por los tragaluces del patio interior del edificio hasta su piso. El reino de la felicidad no será nunca el reino de la necesidad, en el que están atrapados estos dos exiliados, y es por necesidad que Ricardo abandona a Oriana para volver a la mujer que es también la «madre nutricia», hembra voraz que ofrece su carne y vence resistencias: «Durante esos ocho días de quita y pon, fuimos olvidando los serios bagajes de citas y principios con que nos habíamos agredido al principio. Parecíamos instalados definitivamente en el Limbo, umbral del paraíso, donde no son necesarias las explicaciones una vez que has sido admitido en los Círculos» (Aínsa 2005: 77-78).

Y es que en *El paraíso de la reina María Julia*, Ricardo no descubre a América como tampoco conecta con Madrid, ni entra en sintonía con el país de acogida —por llegar cuando ya nadie cree en las revoluciones—. Consciente de lo que implica esa falta de conexión y esa distancia temporal, se dice: «Habría que haber llegado oliendo a la pólvora de junio o septiembre de 1973. De eso se habría tratado para ganar un espacio de libertad en este cuarto de pensión» (Aínsa 2005: 18).

Severo Sarduy destacaría en esta novela, además de las situaciones propias de la picaresca, el erotismo heterodoxo, cierta obscenidad lezamaniana, o el retrato ácido de los escritores de algunas ciudades latinoamericanas. Y, en efecto, el protagonista llega con la derrota (como una pesada carga de ladrillos). Su historia es parte de un proceso constante, nos sugiere el autor, pues al dejar el piso, le cede ese espacio un amigo de la misma cofradía, próximo a realizar el viaje de vuelta a su patria. Es decir que, mientras unos vienen a probar suerte, otros se marchan, cerrando un episodio como «extranjeros», en su intento por recuperar la patria perdida. El piso de Ricardo se nos presenta así como el lugar simbólico del naufragio, una bisagra que acoge y arroja, despidiendo a los que se van y recibiendo a los que llegan. Ricardo Gómez tiende sus redes para «echar raíces», pero siente que la aventura es azarosa:

> Cada mañana al iniciar mi peregrinaje a través de Madrid en busca de los nudos de la red de contactos que traía anotados en la sobada agenda de la Papelería Barreiro y Ramos, hacía las abluciones de la Fe Perdida invocando el decálogo del intelectual comprometido en la pila de agua bendita del lavabo de la celda de mi Pensión-Convento (Aínsa 2005: 19).

En definitiva y en resumen, Madrid no es un paraíso para los refugiados latinoamericanos. Acaso por que España, por esas fechas, ha endurecido la ley de extranjería con su ingreso a la Comunidad Económica Europea. América está lejos y, además, en Europa ha caído el muro, borrando con ello las fronteras ideológicas. Bajo sus escombros mueren aplastados los sueños de esa izquierda que se empeñaba en trasplantar en América un comunismo que jamás pudo concretarse en los países tras la cortina de hierro. Y es que el orden internacional cambia dando comienzo a una nueva emigración, la de los desplazados económicos. En ese ambiente de hostilidad, Ricardo no vislumbra una salida honrosa, antes bien, tropieza con obstáculos. Por un lado, están los nativos que lo miran con desconfianza, porque ya han dejado de creer «en los aires de víctimas y perseguidos» que traen los del otro lado del mar, como se lo restriega el murciano con quien compartía habitación en la pensión; por otro lado, están los pontífices de su tierra que le dan o le quitan el derecho a la existencia según convenga y otro extremo, los compatriotas que ven en su regreso una amenaza.

Su arraigo está, por tanto en el placer y el erotismo, en el encuentro con el otro, libre de máscaras y fingimientos, en el anhelado reposo en el cuerpo, de modo que el viaje por lejanas tierras se convierte así en recorrido por la piel de la persona amada. La falta de voluntad aquí se compensa con el deseo erótico y la entrega, en saciarse con y en ese otro que proporciona la materia nutricia. Así, el sentimiento de orfandad se calma con el vaho genésico que redime de las culpas. La patria, el lugar de los orígenes, es por tanto el cuerpo del otro, parece decirnos el autor. La imagen que nos devuelve el espejo no es lo opuesto, sino lo complementario, porque la felicidad está en la conciliación de los contrarios: el hombre y la mujer, el adulto y la anciana, el revolucionario y la «gusana», en la medida que Ricardo asume sus contradicciones, al margen de los juicios de valor de sus «compañeros de lucha».

Superadas las falsas dicotomías, en su viaje de ida y vuelta, Fernado Aínsa también desmitifica los tópicos sobre el exilio en su libro de poemas *Aprendizajes tardíos*, donde aborda temas como la recuperación de los espacios de la memoria, el viaje, el paso del tiempo, la patria, «esa entelequia», como diría el viajero José María Vargas Vila. A través de la escritura se intenta recuperar lo que nos parece lejano, los recuerdos enterrados, «la olvidada heredad». En este poemario se hace un recuento de la vida pasada, que en realidad es la continuidad en la escritura, en el proceso de ordenar los elementos dispersos de la memoria que atropelladamente regresan con la vuelta a la tierra de los antepasados, cuando se abren viejos baúles y se desempolvan cartas, mensajes, facturas, fotografías antiguas, manuscritos incompletos. Los objetos cobran vida, los sabores lejanos se recuperan, permiten tomar conciencia del paso del tiempo, como el gusto de la nuez que evoca sabores, deseos y apetitos propios de la juventud y que en la vejez se disipan, como el de querer devorarse el mundo, deseo que ya no anima a la vejez. Se trata, nos sugiere Fernando Aínsa, de liberarse del peso de los estereotipos, de no responder a una pretendida identidad, ni a la fidelidad a una patria, como en los versos dedicados al nieto: «Debes crecer inmunizado / —así de libre— / sin nación a la qué rendir pleitesía / si sabes escapar del lazo que aprisiona / acentos / y esos rasgos que escudriñan curiosos / los impertinentes» (Aínsa 2007: 65).

Para Aínsa, como para Agnes Heller, a quien cita en uno de sus ensayos, todos somos extranjeros, en cuanto venimos a este mundo por accidente, y donde hemos tenido que adaptarnos al medio. Ser extranjero es, pues, un reto necesario para la construcción del sujeto, porque esta condición pone a prueba nuestra capacidad de asimilación. Tanto ha cambiado el mundo que ahora todos somos extranjeros, nos sugiere Fernando Aínsa, poniendo en cuestión el paradigma del exilio, y la «identidad latinoamericana», como en esta novela donde le rinde tributo al cuerpo, al placer y a la posibilidad del encuentro con el otro. Acaso en un mundo cambiante y de bases tan poco firmes, nuestro estar se pone en riesgo y podemos sentirnos, como María Julia y Ricardo, en el Berlín unificado, desorientados, deambulando sin un sentido muy preciso, entre los espacios de la nueva convivencia, igual que los sin tierra de otras épocas que habitan en las ciudades latinoamericanas, o los millones de desplazados, que hoy son extranjeros en su tierra, y que nadie quiere ver, sujetos despojados de su tierra natal, sin posibilidad de ser y estar, resultado de la violenta implantación de medidas económicas que hunden a nuestros castigados países.

Bibliografía

Aínsa, Fernando (2000): *Travesías. Juegos en la distancia*. Málaga: Litoral.
— (2004): *Espacios de mediación y encuentro. Sociedad civil, democracia y utopía en América Latina*. Montevideo: Nordan.

— (2005): *El paraíso de la reina María Julia*. La Habana: Editorial Arte y Cultura.

— (2007): *Aprendizajes tardíos*. Sevilla: Renacimiento.

— (2009): *Pasarelas. Letras entre dos mundos*. Paris: Indigo & Côté-Femmes.

— (2009) «La literatura uruguaya de Teruel a Montevideo pasando por París», en *Brecha*, 23 de febrero, p. 25.

«Mudanza para ser»: *Travesías*, de Fernando Aínsa

Francisca Noguerol
Universidad de Salamanca

Señala el chileno Gonzalo Rojas en su prólogo a *Del relámpago*: «Porque dicha o desdicha, todo es mudanza para ser. Para ser y más ser; y en eso andamos los poetas» (1981: 9). Partiendo de esta iluminadora cita, en las siguientes páginas abordaré las claves del pensamiento de Fernando Aínsa a través de su cuaderno de bitácora *Travesías. Juegos a la distancia* (2000), incidiendo tanto en la condición híbrida de su escritura como en la libertad, intensidad y sentido lúdico que permean sus textos. Asimismo, destacaré la relación dialéctica, nunca resuelta, entre búsqueda de la identidad y defensa de la errancia que lo preside. En este sentido, antes de comenzar mi exposición quiero subrayar la pertinencia de celebrar este merecido homenaje al autor hispano-uruguayo en Lille, ciudad a medio camino entre las culturas flamenca, borgoñona, española y francesa, situada en una región de frontera y cuyo nombre proviene de *L'Isle* —recordemos la importancia de la isla en Aínsa— en referencia a su localización en una superficie de tierra rodeada de antiguas zonas pantanosas.

UN PENSAMIENTO FLUIDO

La figura de Fernando Aínsa es, desde hace décadas, justamente reconocida en el mundo de las letras hispanoamericanas. Extremada-

mente polifacética, tan libre como lúcida en su exploración de la condición humana, en su vertiente crítica siempre se ha mostrado dispuesta a transitar territorios nuevos y poco explorados. Su actitud de
búsqueda continua se ve plasmada, de hecho, en el título de su primer
poemario —*Aprendizajes tardíos* (2007)—, donde da fe, por otra parte, de su adhesión a una literatura voluntariamente errante pero nunca errática, ya que vigila y cuida el estilo hasta convertirlo en único
principio unificador de su escritura.

Así, su pensamiento puede ser descrito como trashumante y fluido
de acuerdo con el concepto de literatura nómada acuñado por Gilles
Deleuze y Félix Guattari:

> Les lignes de fuite ne définissent pas un avenir mais un devenir. Il n'y
> a pas de programme, pas de plan de carrière possible lorsque nous
> sommes sur une ligne de fuite. On devient soi-même imperceptible et
> clandestin dans un voyage immobile […] où le plus grand secret est de
> n'avoir plus rien à cacher (Deleuze/Guattari 1980: 78).[1]

El título de sus ensayos da fe tanto del carácter dinámico de su
visión del mundo —interesada en establecer pasajes y reacia a la auto-
suficiencia— como de su interés porque los contemporáneos manten-
gamos la capacidad de soñar un mundo mejor. Es el caso de *Los buscadores de la utopía* (1977), *Identidad cultural de Iberoamérica en su
narrativa* (1986), *Necesidad de la utopía* (1990), *Del canon a la periferia, Pasarelas. Letras entre dos mundos* (2002), *Espacios del imaginario
latinoamericano* (2002) o *Del topos al logos. Propuestas de geopoética*
(2006), por poner unos pocos ejemplos.

En su obra de creación este hecho se percibe tempranamente en la
novela *Con acento extranjero*. Editada en Suecia en 1985 y de signo claramente autobiográfico, refleja la especial cualificación de Aínsa para
meditar sobre los desplazamientos y sus consecuencias por su condición
de hijo de *exiliado* español en Uruguay, posteriormente convertido él
mismo en exilado latinoamericano en París y, tras su regreso a España,
habitante de Zaragoza y Oliete, centros —por ahora— definitivos,

---

[1] Los autores que, como Aínsa, crean textos signados por una poética ajena a las
categorías, múltiple y abierta, encajan perfectamente en el perfil de los esquizos
antiedípicos definidos por Deleuze y Guattari en *L'Anti-Œdipe* (1972).

aunque esta palabra ciertamente poco tenga que ver con él.[2] La impronta marcada por la experiencia de haber vivido «aquí y allá» se aprecia asimismo, por citar unos pocos ejemplos, en relatos como «Postales porteñas», «El amigo de Otto»; en la novela *El paraíso de la reina María Julia* (1997), protagonizada por personajes trasterrados en París; y, finalmente, en el poemario inédito *Clima húmedo*, donde contrasta el Montevideo húmedo de su juventud con el seco Oliete del presente.

Este hecho, sin embargo, resulta especialmente significativo en *Prosas entreveradas* (2009) y *Travesías* (2000), dos títulos muy vinculados entre sí. La reciente *Prosas entreveradas* (2009) defiende ya en su inicio el hibridismo[3] y aborda frecuentemente la condición de extranjería en sus textos. Es el caso de entradas como «Formas geométricas irregulares»: «Graffiti en castellano imaginado bajo un puente de Rótterdam: "Allí no se podía vivir y aquí nos morimos por volver"» (2009: 43); «Dificultades del viajero»: «—*Est que vous parlez français? —Oui, suffisamment pour avoir des problèmes*» (ibíd.: 47); «De eso se trata ahora»: «Su amor por la patria no tiene fronteras» (ibíd.: 52). O, finalmente, en «Arraigo» —«No quiero parecerme a los árboles, que echan raíces en un lugar y no se mueven, aunque crezcan hacia lo alto y se digan arraigados, sino al viento, al agua, al sol, a los buitres que sobrevuelan mi pueblo, a todo lo que marcha sin cesar» (ibíd.: 56)—, texto estrechamente vinculado a otro aparecido anteriormente en *Travesías*: «"No soy un geranio. No vivo en una maceta. Por algo tengo dos pies para andar donde quiera", se justifica Arrabal para seguir viviendo en París más de veinte años después de la muerte de Franco» (63).

---

[2] He transcrito en cursiva los términos *exiliado* —más añejo y peninsular— y *exilado* —contemporáneo y empleado en el subcontinente— porque provocan una interesante meditación del narrador en *Travesías*: «¿Estáis contentos con esta solución, viejos republicanos exiliados en América y ahora hablando castellano con acento extranjero en la propia España, adonde habéis vuelto tras haber huido —una vez más— de los generales Generalísimos que campearon por los años setenta en la que fuera vuestra segunda patria? Fuisteis exiliados; vuestros hijos americanos serán exilados» (2000: 13). A partir de ahora, citaré el volumen colocando simplemente entre paréntesis la página a la que corresponde el párrafo consignado.

[3] El texto se abre con la definición de «entreverar»: «1. Mezclar, introducir algo entre otras cosas // 2. Dicho de personas, de animales o de cosas: Mezclarse desordenadamente // 3. Dicho de dos masas de caballería: Encontrarse para luchar. (*Diccionario de la Lengua Española*, Real Academia Española)» (Aínsa 2009: 7).

Por su parte, *Travesías. Juegos a la distancia* (2000), volumen al que dedicaré la presente reflexión, se encuentra signado por la «mudanza para ser» desde la primera a la última página.

MISCELÁNEA Y LIBERTAD

De Aínsa prefiero su escritura más enjuta y fibrosa, la que surge de iluminaciones en las que la elegancia y la sustancia de pensamiento van tomadas de la mano, aquella signada por la densidad, la ironía, la inteligencia y el lirismo a partes iguales. Este tipo de creación se da, con frecuencia, en su vertiente ensayística, y se encuentra en la base de *Travesías*, uno de sus libros más logrados y que reúne aforismos, ensayos heterodoxos, micro-relatos y divagaciones de la más diversa especie.

El volumen, dividido en tres partes fundamentales —«De aquí y de allá», «El ser del sur» e «Islario contemporáneo»—, da fe de un hecho incuestionable: el concepto de «libro» compacto y unitario ha estallado, de modo que muchos de los mejores textos contemporáneos, adscribibles a la categoría de las misceláneas, se revelan como las esquirlas irregulares que quedan tras la explosión. Marcadas por el rasgo común de la brevedad y la variada morfología, estas obras cuentan entre sus antecedentes con modelos tan ilustres como la «silva de varia lección» renacentista, los cuadernos de apuntes sobre las propias lecturas publicados por autores como Stendhal o Poe o los libros de pensamientos y aforismos de tradición centroeuropea.

En Iberoamérica, encontramos sus primeras versiones en los exitosos volúmenes de crónicas modernistas, defensores de una prosa de intensidades, y en la «literatura de cascajo» practicada por algunos selectos grupos de intelectuales como los ateneístas mexicanos; posteriormente, fueron defendidas por las vanguardias históricas gracias a su naturaleza ajena a las convenciones genéricas, para gozar de especial relevancia a partir del último tercio del siglo XX.[4] Este hecho explica cómo, en las últimas décadas, los tradicionales diarios de vida

---

[4] He analizado la eclosión de este tipo de escritura en «Híbridos genéricos: la desintegración del libro en la literatura hispanoamericana del siglo XX» (Noguerol 1999) y «Líneas de fuga: el triunfo de los dietarios en la última narrativa en español» (Noguerol 2009).

han derivado paulatinamente en cuadernos de apuntes, del mismo modo que las autobiografías están siendo progresivamente superadas por las autoficciones en el gusto de autores y lectores.

No obstante, las prevenciones contra esta atípica fórmula literaria se han extendido hasta nuestros días. Así, Mario Benedetti confesaba no haber sido capaz de publicar *Despistes y franquezas* hasta bien avanzada su vida:

> Este libro, en el que he trabajado los últimos cinco años, es algo así como un entrevero: cuentos realistas, viñetas de humor, enigmas policiacos, relatos fantásticos, fragmentos autobiográficos, poemas, parodias, graffiti. Confieso que como lector siempre he disfrutado con los entreveros literarios. […] De antiguo aspiré secretamente a escribir […] mi personal libro-entrevero, ya que consideré este atajo como un signo de libertad creadora y, también, del derecho a seguir el derrotero de la imaginación […]. Si no lo hice antes fue primordialmente por dos motivos: no haberme sobrepuesto a cierta cortedad para la ruptura de moldes heredados, y, sobre todo, no haber desembocado hasta hoy en el estado de ánimo, espontáneamente lúdico, que es base y factor de semejante heterodoxia (Benedetti 1990: 13).

El orgullo con que estas creaciones ostentan su carácter inclasificable es ya puesto en evidencia por sus títulos, basados frecuentemente en la paradoja y ajenos a prejuicios genéricos. Es el caso de *Cuaderno de escritura* (1969), de Salvador Elizondo; *Prosas apátridas* (1975), de Julio Ramón Ribeyro; *Textos extraños* (1981) de Guillermo Samperio; *Despistes y franquezas* (1990), de Mario Benedetti; *Cuaderno imaginario* (1996), de José Miguel Oviedo; *La batalla perdurable* (a veces prosa) (1996), de Adolfo Castañón o, finalmente, *Dietario voluble* (2008), de Enrique Vila-Matas. La defensa de la libertad y la imaginación presente en los mismos es reflejada igualmente en *La vuelta al día en ochenta mundos* (1967), de Julio Cortázar; *Movimiento perpetuo* (1972), de Augusto Monterroso; *Manual del distraído* (1978) de Alejandro Rossi; *La musa y el garabato de Felipe Garrido* (1984); *La vida maravillosa* (1988), de José Miguel Oviedo o *Días imaginarios* (2002), de José María Merino, entre otros ejemplos.

El interés por estos formatos abiertos crece desde el momento en que buscan la página concisa y escueta, olvidando los excesos formales de otros moldes canónicos. Como señala Augusto Monterroso: «Un

libro es una conversación. La conversación es un arte, un arte educa-
do. Las conversaciones bien educadas evitan los monólogos muy largos, y por eso las novelas vienen a ser un abuso del trato con los
demás. [...] Hay algo más urbano en los cuentos y en los ensayos»
(1987: 26). Algunos de los mejores autores en español se han atrevido
a practicar muy pronto este género híbrido. Es el caso de Alejandro
Rossi, quien defendía ya en 1978 la libertad genérica en la «Advertencia» al justamente reconocido *Manual del distraído*:

> El *Manual del distraído* nunca se castigó con limitaciones de género: el
> lector encontrará aquí ensayos más o menos canónicos y ensayos que se
> parecen más a una narración. Y también descubrirá narraciones que inclu-
> yen elementos ensayísticos y narraciones cuyo único afán es contar una
> pequeña historia. Tampoco están ausentes las reflexiones brevísimas, las
> confesiones rápidas o los recuerdos. Un libro, en todo caso, que huye de los
> rigores didácticos pero no de la crítica, y que fervorosamente cree en los sus-
> tantivos, en los verbos y en los ritmos de las frases. Un libro —lector
> improbable— que expresa mi gusto por el juego, por la moral, por la amis-
> tad y, sobre todo, por la literatura. Léelo, si es posible, como yo lo escribí:
> sin planes, sin pretensiones cósmicas, con amor al detalle (Rossi 1997: 31).

En definitiva, el mejor acercamiento a estos textos, como señala
Esperanza López Parada, consiste en evitar cualquier taxonomía de los
mismos: «La única conducta, la menos falsa y manipuladora es ésta de
conservarlos en su diferencia y en su indefinición, tratarlos como objetos disímiles e individuales, ya que cada uno funda el código por el que
va a regirse, establecerse su nombre, sus características» (1996: 19).

EL PARATEXTO NECESARIO

Aínsa da fe del cuidado con que supervisa sus obras al elegir como
portada de *Travesías* un cuadro del pintor chileno Lorenzo Saval, hijo
también de españoles, exiliado de su país y posteriormente afincado
en Málaga. Titulado significativamente *El náufrago*, refleja el dinamismo, el sentido del viaje y el deseo de comunicación que preside la
escritura de Aínsa, pues en él se dan la mano los barcos, el mensaje en
una botella —como las frases que el autor nos lanza como por azar,
pero que permanecen en nuestra memoria— y el deseo de empuñar la

antorcha de la sabiduría, lo que ocurre en el caso de personaje representado y que alude de nuevo al carácter iluminador del volumen.

En cuanto al título, «travesías» remite a viajes por mar o aire, especialmente significativos en la obra de un autor para el que la experiencia del desplazamiento está muy relacionada con la de la vida. Este hecho aparece reflejados en el capítulo «De océano a océano (ejercicio práctico)», narración de un periplo en autobús de Montevideo a Valparaíso o, lo que es lo mismo, del océano Atlántico al Pacífico, y que permite al narrador comprender un poco mejor «el ser del sur».[5] Por otra parte, las travesías connotan riesgos, tanto como las preguntas que va planteándose a lo largo del volumen y que, muchas veces, deja en suspenso, consciente de que las respuestas son «para los grandes simplificadores».[6] Este hecho hace que Aínsa no adoctrine, sino que matice; no asevere, sino que tache estereotipos; enseñe sugiriendo, y que se le pueda aplicar una frase citada en el mismo libro: «Los espíritus son como los paracaídas. Sólo funcionan cuando están abiertos (Louis Pawels)» (55).

El vínculo existente entre navegación y literatura se hace asimismo patente en un autor muy cercano al espíritu de *Travesías*. En la entrada 68 de *Bartleby y compañía*, Enrique Vila-Matas retoma una frase de Kafka para explicar lo que ocurre en el proceso de escritura de lo que él llama «este diario por el que navego a la deriva»: «Cuanto más marchan los hombres, más se alejan de la meta. [...] Piensan que andan, pero sólo se precipitan —sin avanzar— en el vacío. Eso es todo" (2001: 150). Un poco más adelante, subraya: «Sólo sé que para expresar ese drama navego muy bien en lo fragmentario y en el hallazgo casual o en el recuerdo repentino de libros, vidas, textos o, simplemente, frases sueltas que van ampliando las dimensiones del laberinto sin centro [...]. Soy como un explorador que avanza hacia el vacío. Eso es todo» (ibíd.: 151).

---

[5] El texto se inicia significativamente con la frase: «Se recomienda practicar este ejercicio o alguno equivalente para captar el significado de la travesía del *Ser del sur*» (89).

[6] En este sentido, se comprende que concluya la primera parte del volumen dudando de su proyecto: «Tal vez el juego para voces múltiples que se ha jugado a través de estas páginas es nulo desde el principio» (62). O, más adelante: «El exilio, ¿estar mal consigo mismo? Me temo que todo esto es, felizmente, un poco más complicado de lo que parece. Dejemos las respuestas para los grandes simplificadores. Nosotros, podríamos limitarnos a empezar por hacer un inventario de los sistemas de fuga propios a cada uno de quienes han jugado a la distancia en estas páginas, para comprometernos luego, por un saludable lapso de tiempo, a no escribir más EXILIO con mayúscula» (64).

En esta misma línea, el filósofo Rafael Argullol coincide con Aínsa
en la utilización del vocablo «travesía» para su defensa de una escritura transversal: «Contra los comportamientos estancos que recluyen en
prisiones cerradas lo lírico o lo narrativo, la literatura pura o la literatura de ideas, hace ya bastantes años que me declaré partidario de una
"escritura transversal" que, a modo de travesía, navegara sin prejuicios
por el mar de las formas para dejar constancia de los itinerarios artísticos que cada escritor fuera capaz de capturar» (Argullol, en Martínez-Conde 1994: 16; énfasis nuestro).

Por su parte, el subtítulo «Juegos a la distancia» desvela en su primera parte el carácter lúdico que permea el texto, enemigo de la nostalgia a pesar de los temas que aborda,[7] mientras el sintagma «a la distancia» remite a las lejanías —reales o imaginarias— que definen las
incomprensiones patentes en nuestro mundo pero remite, asimismo,
a la necesaria distancia que establece el narrador entre lo dicho y lo
vivido: esto es, a su máscara como hablante. Éste es uno de los aspectos más interesantes en la constitución de los dietarios: el juego de
revelación/ocultamiento del «yo» al que nos someten continuamente
sus autores, del que Aínsa no es una excepción. De hecho, en palabras
de nuevo de Vila-Matas, «se trata de ser muchos y construirse una
personalidad a base de ser todos los hombres» (2008).

«Estamos aquí, somos de allá. He aquí una proposición simple
para empezar" (9), comienza explicando el sujeto narrativo de *Travesías* con unas frases que revelan el coro de voces al que se dirige y por
el que está constituido el propio texto. El recurso a la primera persona
del plural le permite escudarse en testimonios de amigos mencionados
con sus nombres[8] o consignados por un *tú* que engloba a toda la diáspora latinoamericana en Europa.[9]

---

[7] Así se aprecia cuando medita sobre la suerte del libro que, irónicamente, debería
haberse publicado según la voz narrativa con un anuncio en el periódico: «Se aceptan
todo tipo de recuerdos y testimonios sobre la condición de extranjero y estados afines.
Sentimentales abstenerse» (25). Más adelante, mantendrá este espíritu juguetón en
relación a la obra: «(A tener en cuenta para la tercera edición de estos *Juegos a la distancia*, si el éxito me acompaña)» (25).

[8] Este hecho se observa en declaraciones como las siguientes: «Tengo que poner distancia entre lo que huyo de mí mismo y aquel al que aspiro —me ha dicho Miguel» (11);
«Aquí elijo a mis amigos; allá soportaba a mis compatriotas, me explica Esteban» (14).

[9] Venko Kanev ya destacó agudamente este rasgo en su artículo sobre *De aquí y
de allá* (Kanev 1996-1997).

Los informantes aparecen interpelados, discutiendo y reflexionando sobre su condición común de latinoamericanos en el exilio, hermanados por el idioma y las circunstancias. El mismo narrador lo destaca al comienzo: «Este libro no es literatura: es un juego colectivo; un conjunto de voces solitarias provenientes de muchos rincones, distanciadas y reunidas en el tiempo en un coro simultáneo» (9). Hablamos así de un texto convivial en el sentido etimológico de la palabra, que irónicamente podría dar lugar en el futuro a un best-seller de autoayuda: «Si estos *Juegos a la distancia* no me dan el resultado esperado, me propongo escribir un *Manual para la supervivencia de Exiliados y Extranjeros en general...*» (37).

Pero el carácter polifónico del texto no se encuentra reducido a los amigos reales citados, presentados en *De aquí y de allá* en una lista final que desaparece de la edición de Travesías. Un autor tan culto e influido por la literatura como Aínsa dialoga necesariamente con otros autores, cuyas citas retoma —en *Prosas entreveradas* incluirá, asimismo, un apartado denominado «Frases solicitadas en préstamo (sin devolución)»— y, en más de una ocasión, continúa. Es el caso de «La distancia», texto que sintetiza en buena parte las meditaciones recogidas en «De aquí y de allá» y donde leemos: «El viaje es la búsqueda de un espejo para la identidad humana, ha escrito Ernst Bloch. El problema son los espejos rotos y sus múltiples reflejos» (9).

En esta situación de inestabilidad, las rupturas del hilo narrativo a través de digresiones y de la inclusión inesperada de otras voces resulta tan esencial como el empleo de la paradoja, sin duda una de las figuras de pensamiento preferidas por el autor y de la que ofrezco un significativo ejemplo: «El mundo es redondo. Pero nunca es más redondo que cuando uno se aleja y, al seguir alejándose, empieza a volver. De insistir, nos encontramos sorprendidos en el punto de partida» (11).

UNA ESTRUCTURA PROTEICA

Ya he señalado cómo el primer tercio de *Travesías* está constituido por «De aquí y de allá», conjunto de aforismos y reflexiones publicado primero en francés (1987) y luego en español (1991), y que revela un cambio interesante de actitud por parte del autor a la hora de publicar: si en sus primeras versiones los textos reseñados subrayaban las ideas principales a través de negrita y cursiva y reflejaban por medio de espacios en blanco la aparición de digresiones, en *Travesías* desaparecen todas estas marcas, como si en este momento Aínsa aceptara de mejor grado la estructura polifónica y voluntariamente desordenada de sus páginas.

En cuanto a la pertinencia del aforismo para este tipo de obra, baste recordar su etimología —*aforisein* significa «dividir, sacar a la luz lo oscuro»— y, de nuevo, las palabras con que Argullol continúa el párrafo arriba citado: «Naturalmente, el aforismo es un tipo de expresión que se adecua a la transversalidad literaria. Es, al mismo tiempo, poesía y pensamiento, narración e idea. El escritor de aforismos va dejando señales en su camino, insinuando el rumbo pero velando la meta. Sus verdades son provisionales porque sabiamente renuncia a apropiarse de la verdad" (Argullol, en Martínez-Conde 1994: 16).

José Bergamín, uno de los grandes escritores del exilio español al que Aínsa tuvo ocasión de conocer y admirar, es quizás quien mejor ha descrito las potencialidades de un género que él mismo practicaba con pasión. Así se aprecia en una definición incluida en *La cabeza a pájaros* (1934) y posteriormente recogida por José Ferrater Mora en su *Diccionario de filosofía*: «El aforismo no es breve sino inconmensurable; tiene una potencia de expresión inagotable, y en este sentido puede ser también "un muñón que pide continuarse", pero no según las exigencias del pensar, sino según las de la expresión» (1986: 66-67). En otra ocasión, el mismo Bergamín subrayará: «No importa que el aforismo sea cierto o incierto: lo que importa es que sea certero» (1981: 88). El hecho de que estos textos nazcan de la experiencia no los hace irrefutables, como sí lo son los axiomas. Ricardo Martínez Conde lo subraya acertadamente en su artículo «El aforismo o la formulación de la duda»: «Inacabable y sin meta precisa en su búsqueda, [el aforismo] presenta lo que llamó Seferis dokimés; es decir, tentativas o pruebas» (1999: 81).

En esta misma línea se sitúa el ensayo breve, descrito por Gabriel Zaid con una aguda frase que lo hermana al género que acabamos de comentar —«No hay ensayo más breve que un aforismo» (1982: 66)— y que, ya en 1914, fue perfectamente descrito por Julio Torri: «El ensayo corto ahuyenta en nosotros la tentación de agotar el tema, de decirlo desatentamente todo de una vez [...]. Es la expresión cabal, aunque ligera, de una idea. Su carácter propio procede del don de

evocación que comparte con las cosas esbozadas y sin desarrollo [...].
El desarrollo supone la intención de llegar a las multitudes. Es como
un puente entre las imprecisas meditaciones de un solitario y la torpe-
za intelectiva de un filisteo» (1964: 33-34).

Paso ya a comentar «El ser del sur», segunda parte de *Travesías*
constituida por reflexiones mayoritariamente ensayísticas. Aun así,
integra el diario de viaje del autor entre Montevideo y Valparaíso, texto breve ya reseñado y situado en la línea de dietarios tan reconocidos
como *Die Ringe des Saturn: Eine englische Wallfahrt* (1995), de W. G.
Sebald, o *Danubio* (1986) y *Microcosmi* (1997), de Claudio Magris,
que en español han encontrado su correspondencia en títulos extraordinarios como *El Arte de la fuga* (1996) y *El viaje* (2000), de Sergio
Pitol; *También Berlín se olvida* (2004), de Fabio Morábito; *La brújula*
(2006) y *Australia, un viaje* (2008), de Jorge Carrión; y, finalmente,
en títulos de Sergio Chejfec como *Los incompletos* (2004), *Baroni: un
viaje* (2007) o *Mis dos mundos*, considerada por la revista Quimera
como una de las dos mejores novelas publicadas en el año 2008 y, por
tanto, claro ejemplo de la difícil adscripción genérica de estos textos.

Finalmente, «Islario contemporáneo» recupera uno de los *loci* más
caros a Aínsa: la isla como proyección de la utopía, lo que explica el
cariz predominantemente ensayístico de los textos que componen esta
parte. El volumen, haciendo honor al pensamiento de su autor, acaba
esperanzadamente con el sueño de un mundo «que no necesitara destruir el de los demás, porque —pese a todo y a tantos complacidos
agoreros— sigue habiendo todavía en este malherido planeta suficiente espacio libre para soñar» (119).

MOTIVOS DE LA TRAVESÍA

Paso ya a destacar los temas principales desarrollados en *Travesías*,
estrechamente vinculados —como no podía ser de otro modo— a la
geopoética de Aínsa. El libro parece hacerse eco de lo comentado por
Arturo Ardao en *Espacio e inteligencia*: «Pocos prejuicios más pertina-
ces, y a la vez más graves, en la historia de la filosofía que el que sus-
trae del espacio los fenómenos psíquicos» (1993: 48). En este sentido,
se defiende en todo momento que «no hay espacio sin tiempo, ni
tiempo sin espacio [...]; el espacio es por Naturaleza temporal y el

tiempo espacial» (18). Para recuperar el tiempo perdido se hace fundamental el recuerdo de la historia cotidiana, como se demuestra cuando, frente al frío y nublado París, el sujeto narrativo evoca el calor del verano montevideano, o como cuando comprende que su juventud tiene que ver tanto con unos años definitivamente pasados como con ciertas películas, comidas, canciones, automóviles o cigarrillos (39).

La experiencia del exilio permea todo el libro, hecho que ya comentó Kanev en su artículo sobre *De aquí y de allá* (1996-1997). A pesar del dolor que conlleva el desplazamiento forzoso del lugar de origen, Aínsa parece seguir la máxima de Carlos Fuentes que asocia el ser latinoamericano a la experiencia de la diáspora y por la que encuentra su verdadera identidad: «Hemos salido de nuestro hogar y debemos pagar el precio del prodigio: el hogar sólo será pródigo si lo abandonamos en busca de los asombros que su costumbre nos niega. El exilio es un homenaje maravilloso a nuestros orígenes» (1991: 70).

En la misma línea se expresaron otros escritores trasterrados. Para Juan José Saer, «fuera de lo conocido, de la infancia, de lo familiar, de la lengua, se atraviesa una especie de purgatorio, de no ser, hasta que se reaprende un nuevo mundo, que consiste en el aprendizaje de lo conocido relativizado por lo desconocido […]. Yo creo que la relativización de lo familiar es un hecho positivo. El extranjero es un nuevo avatar del principio de realidad» (1986: 12). Por su parte, Mempo Giardinelli declarará: «El exilio, la transterración, es una pérdida y una ganancia. Todo es doble, condenadamente doble» (1985: 88).

El desexilio y sus consecuencias será, por su parte, analizado en «Vuelta y re-vuelta», último apartado de *De aquí y de allá*. En este capítulo se aprecia el miedo al regreso generado en los exiliados tras años de vida en el extranjero, similar al manifestado por don Rafael en *Primavera con una esquina rota* (1982), de Mario Benedetti, y que lleva asimismo al narrador de *El libro de los abrazos* (1989), de Eduardo Galeano, a proferir la demoledora frase: «Mis certezas desayunan dudas» (1989: 129).

Aínsa insiste con frecuencia en que el único y verdadero exilio se encuentra relacionado con el idioma, por lo que incluye en *Travesías* la frase de Heidegger según la cual «la lengua es la casa del ser» (26). Este hecho explica su interés por, parafraseando a Roland Barthes, «mirar el mundo por *el agujero de la cerradura del lenguaje*» (40). Algu-

nos términos multívocos como *errance* —equivalente a «vagar» y
«errar» en español— provocan meditaciones como la siguiente: «Me
gustaba la palabra francesa *Errance*. ¿"Erramos" allá?, tal vez por eso
estamos aquí: ¿Erramos en la *errance*, o erramos porque estamos en
errance?» (9). Siguiendo esta línea, realiza lúcidas reflexiones a partir
de ciertos términos. Es el caso del vocablo des-aforados, convertidos
en los que están afuera —por lugar— y no los desamparados por ley o
fuero, y término aplicado al personaje del Cid, también calificado
como *fora-ejido* y *des-terrado* (12). Del mismo modo, *exiliado* puede
ser el que está fuera de su isla o paraíso perdido, y no el que salta hacia
afuera, como quiere la etimología del término.

Su fascinación por términos análogos, aunque no sinónimos, lo
lleva a coleccionar palabras relacionadas con el exilio —*trasterrados,
exiliados, exilados, dérives* (en francés, que espera no tenga traducción
al español) (10) o, un poco más adelante, *trashumantes* (14). Del mismo modo, realizará una breve disquisición lingüística sobre los latinoamericanos ricos que vivieron en el París de entresiglos —*descastados,
transplantados, rastacueros* (15)— y planteará el término *diáspora*
como dispersión de individuos que antes vivían juntos (16). Por último, ironizará sobre la palabra *repatriación*, siempre forzosa para los
que quieren ir a otro lado (18) e incluso jugará con la paronomasia en
frases como las siguientes: «Nos hemos ido; hemos (hu)ido —dicen»
(20); «Antes de (des)esperar, se sugiere esperar» (22); «Estoy exiliado.
El desenxiliador que me desexilie, buen desenxiliador será» (27).

Debo destacar, por último, cómo el libro se encuentra signado por
el deseo de que alcancemos colectivamente un punto de vista más
humano, solidario y plural. Como señala la voz narrativa: «La verdad
es que, casi todo lo que han escrito los latinoamericanos sobre París,
proviene de la pluma de escritores diplomáticos. Ya va siendo hora
de que escuchemos lo que dicen mis amigos peruanos del Hogar de
inmigrantes de la comuna de Montreuil» (29). En esta misma línea se
encuentran las meditaciones recogidas en «El ser del sur», donde insiste en la relatividad de la geografía y demuestra cómo nuestra visión de
la realidad sería otra si siguiéramos los parámetros del mapa ideado
por Joaquín Torres García en 1943, que convirtió el sur en el norte y
el norte en el sur, hecho que cuenta con el hermoso antecedente del
mapa de Al-Idrissi de 1154. Esta línea de pensamiento es continuada
por algunas de sus recientes *Prosas entreveradas*, entre las que destacan

«Paisaje desde el otro lado del estrecho» (Aínsa 2009: 13-14) y «Amadou, el Rey» (ibíd.: 17-18).

En este sentido, quiero hacer notar la similitud del pensamiento de nuestro autor con el de otro ilustre uruguayo trasterrado: el cantautor Jorge Drexler, que coloca la defensa de la tolerancia como base de sus letras —«Don de fluir», «Todo se transforma», «Hermana duda», «La vida es más compleja de lo que parece»— y que reivindica la utopía en «Al otro lado del río», canción por la que ganó un Oscar en 2005 e incluida en la banda sonora de la película *Diarios de motocicleta* (2004), de Walter Salles.

La cercanía entre Drexler y Aínsa puede apreciarse, de hecho, en la letra de «Frontera», cantada al alegre ritmo de la chamarrita uruguaya:

> Yo no sé de dónde soy,
> mi casa está en la frontera
> Y las fronteras se mueven,
> como las banderas.
> [...]
> Soy hijo de un forastero
> y de una estrella del alba,
> y si hay amor, me dijeron,
> toda distancia se salva.
> No tengo muchas verdades,
> prefiero no dar consejos.
> Cada cual por su camino,
> igual va a aprender de viejo.
> Que el mundo está como está
> por causa de las certezas.
> La guerra y la vanidad
> comen en la misma mesa (Drexler 1999).

Conclusión

Llego así al final de un camino que me ha permitido destacar la incuestionable calidad de *Travesías. Juegos a la distancia*, verdadero ejercicio de la inteligencia a medio camino entre el ensayo, el aforismo y el dietario y volumen presidido por el sema de la errancia. Ajeno a la solemnidad y exigente consigo mismo, demuestra lo que ya señalara

Milagros Ezquerro en su prólogo a *L'hybride/Lo híbrido*: por un principio básico de la biología, de la reunión de especímenes diferentes siempre surge uno más fuerte (2005: 11). Es el caso del maíz, en el reino vegetal; de la mula, en el animal y… ¿por qué no? De *Travesías*, en el de la literatura.

BIBLIOGRAFÍA

AÍNSA, Fernando (1985): *Con acento extranjero*. Stockholm: Nordam.

— (1987): *D'ici, de là-bas (Jeux de distance)*. Dijon: Alëi.

— (1991): *De aquí y de allá*. Montevideo: Ediciones del Mirador.

— (1997): *El paraíso de la reina María Julia*. Montevideo: Fin de Siglo.

— (2000): *Travesías*. Málaga: Litoral.

— (2003): «Del espacio vivido al espacio del texto», en *Anuario de Filosofía Argentina y Americana*, 20, pp. 19-36.

— (2007): *Aprendizajes tardíos*. Sevilla: Renacimiento.

— (2009): *Prosas entreveradas*. Zaragoza: Cálamo.

ARDAO, Arturo (1993): *Espacio e inteligencia*. Montevideo: Biblioteca de Marcha.

BENEDETTI, Mario (1982): *Primavera con una esquina rota*. México: Nueva Imagen.

— (1990): *Despistes y franquezas*. Madrid: Alfaguara.

BERGAMÍN, José (1981): *El cohete y la estrella* [1923] / *La cabeza a pájaros* [1934]. Introducción y notas de José Esteban. Madrid: Cátedra.

DELEUZE, Pilles/FÉLIX, Guattari (1972): *L'Anti-Œdipe. Capitalisme et Schizofrénie 1*. Paris: Éditions de Minuit.

— (1980): Mille plateaux. Capitalisme et Schizofrénie 2, Paris: Éditions de Minuit.

DREXLER, Jorge (1999): «Frontera», en *El álbum Frontera*. Barcelona: Virgin.

— (2001): «Un país con el nombre de un río», en *El álbum Sea*. Barcelona: Virgin.

EZQUERRO, Milagros (2005): *L'hybride/Lo híbrido*. Paris: Indigo & Côté-Femmes.

FERRATER MORA, José (1986): *Diccionario de Filosofía*. Madrid: Alianza, 4 vols.

FUENTES, Carlos (1991 [1975]): *Terra Nostra*. México: Joaquín Mortiz.

GALEANO, Eduardo (1989): *El libro de los abrazos*. Montevideo: P/L@.

GIARDINELLI, Mempo (1985): «Dictaduras y el artista en el exilio», en *Discurso Literario*, 3, 1, pp. 85-92.

KANEV, Venko (1996-1997): «La anécdota vivida y la escritura del fragmento de Fernando Aínsa», en *Río de la Plata*, 17-18, pp. 529-538.

LÓPEZ PARADA, Esperanza (1996): «La marginalia: el sueño de una literatura desordenada», en Tovar, Paco (ed.), *Narrativa y poesía hispanoamericana (1964-1994)*. Lleida: Universidad de Lleida, pp. 15-21.

MARTÍNEZ CONDE, Ricardo (1994): *Cuentas del tiempo*. Prólogo de Rafael Argullol. Valencia: Pre-Textos.

— (1999): «El aforismo o la formulación de la duda», en *Cuadernos Hispanoamericanos*, 586, pp. 77-85.

MONTERROSO, Augusto (1987 [1985]): *La letra e*. Madrid: Alianza.

NOGUEROL, Francisca (1999): «Híbridos genéricos: la desintegración del libro en la literatura hispanoamericana del siglo XX», en *Rilce*, 15, 1, pp. 239-250.

— (2009): «Líneas de fuga: el triunfo de los híbridos en la última literatura en español», en *Ínsula*, 754, pp. 22-25.

ROJAS, Gonzalo (1981): *Del relámpago*. México: Fondo de Cultura Económica.

ROSSI, Alejandro (1997 [1978]): *Manual del distraído*. Madrid: Anagrama.

SAER, Juan José (1986): «El extranjero», en Jorge Lafforgue (ed.), *Juan José Saer por Juan José Saer*. Buenos Aires: Celtia.

SALLES, Walter (dir.) (2004): *Diarios de motocicleta*. BD Cine

TORRI, Julio (1964 [1914]): «El ensayo corto», en *Tres libros*. México: Fondo de Cultura Económica.

VILA-MATAS, Enrique (2001): *Bartleby y compañía*. Barcelona: Anagrama.

— (2008). «Intertextualidad y metaliteratura», conferencia pronunciada el 12 de mayo. Audio (mp3) en <http://www.march.es/conferencias/anteriores/voz.asp?id=2503> (bajado el 15/03/2009).

ZAID, Gabriel (1982): *La feria del progreso*. Madrid: Taurus.

Otro lugar, otra lengua

Hugo García Robles

Más radical que la reforma con que Rodó definía los viajes, cambiar de país, mudar de entorno, es una conmoción más profunda y duradera que la obvia y mera novedad de nuevos horizontes.

Al margen del accidente que supone el exilio, aunque este matiz sin duda agrega dramatismo al cambio de geografía, la revuelta que sacude el ser entero del que cambia de lugar es una experiencia radical que Aínsa ha sabido ver en muchos de sus textos, aunque *Travesías. Juegos a la distancia* (2000) se centra en ella de modo muy específico y concreto,

«Estamos aquí, somos de allá» así se inicia el libro citado. Aunque quizá podríamos optar por la fórmula «somos allá». De modo que la esencial correspondencia que nos ata a un espacio determinado, a un lugar que nos define, sea más categórica.

En rigor somos también en función del lugar donde estamos. El espejo que dijo Ernst Bloch es muy amplio y abarcador. Nos permite vernos —y ver también el lugar de donde provenimos— con una perspectiva y distancia que sólo el viaje puede procurar. Podría compararse como el equivalente de atravesar la calle, única manera de ver la casa propia desde la acera de enfrente. Quien no abandona la acera, por muy alta que levante su cabeza, tendrá un ángulo inédito de su morada, pero no podrá verla en su total y frontal dimensión.

LA CASA DEL SER

Si es cierto que el habla es la casa del ser, es fácil imaginar cuánto cambia en la residencia del rioplatense —fue el caso de quien escribe— cuando aprendió en Caracas los modos del verbo *ser*. Una de las diferencias que, desde la ribera de la lengua, sugería que el cambio de lugar tocaba otras zonas. Mientras que en las orillas del Río de la Plata, decimos «cuando yo era pequeño», el venezolano dice: «cuando yo estaba pequeño». Me ha convencido de su penetración y agudeza la versión caraqueña: yo era el mismo, no había cambiado mi ser profundo, simplemente *estaba*, no era, pequeño, ya que bajo otro tamaño y edad continuaba siendo el mismo. Los años y el tiempo pasan por uno y sin duda van vistiendo nuestro ser como las capas sucesivas de una cebolla viva, pero el núcleo de nuestro yo, por mucho que cambiemos, pertenece al mismo ser original. Podremos cambiar pero precisamente por ello, para que el cambio sea visible debemos aceptar que somos aquel y no uno nuevo u otro.

Era Machado en la voz de uno de sus álter egos filosóficos, Abel Martín, quien decía: «sólo se mueven las cosas que no cambian», conduciendo la reflexión al terreno de las aporías presocráticas.

ERRAR ES HUMANO

Aínsa se detiene en el vocablo francés *errance* y narra como se entregaba a la reiteración de esa palabra, con acertada figura: «colonizando el territorio». La inmediata connotación de la palabra que también existe en español (muy cercana fonética y gráficamente), es la de errar, es decir, vagar, marchar sin un rumbo determinado, como sinónimo de error, marrar, equivocar. ¿Qué extraño mecanismo pre-verbal conecta al movimiento, al traslado con el error, con la equivocación? Hasta el *Martín Fierro* sentencia «consérvate en el rincón / donde nació tu existencia / vaca que cambia querencia / se atrasa en la parición».

El texto de Aínsa avanza por esta senda, que desemboca en otra palabra francesa: *dériver*. Errar, derivar, andar a la deriva. Abatimiento o desvío del verdadero rumbo de una nave, define la Real Academia la palabra «deriva». El empleo de *abatimiento* resuena como otro correlato que acompaña muy bien el tono anímico del que cambia o abandona el lugar donde vivía, donde nació.

En los primeros meses del exilio caraqueño quien escribe vivió el abatimiento previsible, alejado de su tierra y del entorno familiar, padre, madre, hermana, hijos. Un psiquiatra venezolano a quien veía regularmente como autor al atender sus tareas como director de Producción de Monte Ávila Editores, le preguntó un día por qué te veo siempre triste. La respuesta sin ocultarle la verdad originó el siguiente comentario: «estás haciendo un duelo, porque se te ha muerto tu país». Y agregó, «dura unos dos años». Explicación que según el amigo, es la causa de dar destinos diplomáticos de dos años, para que el funcionario itinerante no viva de desgarramiento en desgarramiento.

Posee una arista perturbadora, esta manera de ver los alejamientos del suelo natal, como velatorio, tramo fúnebre que es preciso salvar para adaptarse al nuevo territorio.

No es fácil separar este ángulo reflexivo del carácter traumático que reviste nacer, quizá vivir. El hombre como decía Ortega naufraga en el mar de la existencia y si no ensaya movimientos natatorios se ahogaría en ese mar. Esos movimientos son la cultura, siempre en la plástica y sugerente definición del pensador español. De modo que al naufragio de nacer se sumarán sucesivos naufragios que debe enfrentar para consumar su condición humana: separarse de la madre, abandonar por segunda vez el seno materno, útero antes, casa familiar ahora, no son los únicos naufragios.

Extrañarse, tomar distancia para ver, esa forma habitual de abandonar el seguro refugio del yo, arriesgarse a la intemperie de lo otro, constituyen variables del mismo naufragio.

Exilio

Aínsa dice que se puede medir la distancia de tu exilio, nacido en un lugar vives en otro, con distintos parámetros: en la distancia física que los separa, en las horas de vuelo. Podría agregarse que la diferencia horaria, esa herencia de la rotación terrestre, deja en la noche un lugar mientas en otro amanece o es mediodía, la oscuridad contrapuesta al sol alto.

El mundo y su forma de esfera, aplanada en los polos, como dice la cosmografía básica, permite que alejarse, poco a poco, se convierta en regreso.

Es significativo verificar cuanto dice la etimología acerca de la palabra exilio y el carácter precursor del exilio en el *Cid Campeador*. Ese tránsito gramatical que lleva de «des-aforado», con su secuela tremenda de convertirlo en «fora-ejido». Se torna visible el carácter peyorativo y la mácula de la desdicha o el deshonor que supone ser «desterrado» o «forajido»: en rigor, alejados de su lugar de origen, desprendidos del suelo que nos vio nacer..

La consecuencia de esta dolorosa operación de desarraigo es precisamente perder las raíces o exhibirlas como restos que delatan el suelo natal. De allí se puede deducir el carácter de «transplantado», según el chileno que recuerda Aínsa, con sus raíces en el aire. De allí podría deducirse que, como el clavel del aire, hermosa flor parásita, que falta de raíces se instala en troncos vegetales ajenos de los cuales extrae la savia que la nutre. De igual modo, el exiliado o exilado, viven en el medio ajeno que lo nutre como un intruso insertado donde no le corresponde.

Descastado, transplantado, re-encauchado

Las voces que aluden a la situación del exiliado son ilustrativas del carácter implícito de descrédito, duda o descalificación sin más. En Venezuela, que recibió en el momento de las dictaduras en el Cono Sur un aluvión de chilenos, argentinos y uruguayos, en general del mundo intelectual. Muchos de ellos adoptamos finalmente la nacionalización, porque entre los recursos de las dictaduras para inmovilizar a los disidentes, se practicó negarle el pasaporte legal correspondiente. A los que optaban por la nacionalidad legal en Venezuela se les llamaba con humor que tiene su punta despectiva, «re-encauchados». Se aludía así a los neumáticos reparados («cauchos» se llama en Venezuela a los neumáticos). La evidente expresión que anotaba la necesidad de reparar lo perdido, una nacionalidad tal como se pierde, con el uso, la «banda de rodamiento» en los neumáticos fijados a las ruedas de los vehículos. También aquí, es el traslado, el cambio de lugar lo que genera el desgaste, el deterioro, que obliga a reparar o a sustituir.

Aínsa reseña otras denominaciones como «descastados» o «transplantados», todas con tono peyorativo manifiesto o subyacente.

En la Antigüedad clásica el exilio era la condena que se correspondía, como alternativa, a la prisión o a la muerte.

LA MEMORIA EN BUSCA DEL LUGAR NATAL

Para aquel que por diferentes razones, se ha visto obligado a cambiar de país, una experiencia desconcertante es encontrar, en la nueva ciudad, un atisbo que le recuerda a su lugar de origen. Sucede de pronto: inesperadamente una esquina de Caracas o de Barcelona se asocia con su lugar de origen, le trae del fondo de su memoria más emotiva, un ángulo de Montevideo. Lucha para recordar exactamente cual es el trozo de la ciudad rioplatense que está evocando en él la ciudad caribeña. Advierte que la dificultad en hallar el lugar preciso es una expresión más del exilio. Repara que todo el bagaje de su memoria no es un archivo abstracto, que ha nacido y ha sido guardado con el sello ineludible del lugar físico que lo acompañó. De modo que, recuperar esa memoria, cuando el entorno no es el mismo que asistió a la experiencia al vivirla, se dificulta porque también el ejercicio de la memoria está sometida a los reflejos condicionados. Es lícito preguntarse que sucedería si al actor, que ha memorizado sus parlamentos y los ha actuado con una escenografía determinada, un buen día se encuentra en medio de otro escenario, rodeado por objetos y muebles, paisaje o lugar, que no son los mismos que asistieron a su memorización previa. Es muy posible que un desajuste entorpezca su recuerdo.

De igual modo el cambio de ciudad afecta el reservorio de nuestra memoria y afectados por el nuevo escenario no logramos con facilidad detectar el recuerdo que queremos traer el primer plano de nuestra conciencia.

Es esta circunstancia la que origina mi poema «Exilio»:

No las palabras del exilio
sino el exilio en las palabras
no hallarla
equivocar el nombre

u olvidarlas
no recordar la placa de la esquina
y conservar la esquina en la memoria
y la memoria dispuesta, amartillada,
Apuntando a la sien
como un suicida por amor.

LA MIRADA DE LOS OTROS

Aínsa detecta algo que en efecto sucede: la mirada de los otros «que buscan en nuestro cuerpo la marca inequívoca de un sello que garantice la fabricación lejana».

Así es. Quien escribe vivió esta experiencia en Barcelona, con numerosas anécdotas y encuentros que revelan el afán de detectar la diferencia, el sello o la marca que refuerce el carácter extraño, ajeno, extranjero en suma. Durante un almuerzo con intelectuales catalanes llovieron las preguntas sobre las costumbres, los hábitos cotidianos y las comidas que consumía en Montevideo. No salían de su asombro cuando expuse que la paella levantina era un plato apreciado y habitual, que los jamones despertaban apetitos equivalentes a los hispanos peninsulares. Casi lamentaron que la comida rioplatense reeditara buena parte de sus ancestros hispanos e italianos. La necesidad de exotismo en los visitantes o exiliados, es una exigencia pertinaz. Por otra parte, el estereotipo de los etnocentrismos acostumbrados está detrás de estos interrogatorios. Vale la pena recordar que la palabra «bárbaro» significa originalmente «no griego». Los warao, pueblo indígena venezolano, dicen: «sólo nosotros somos gente».

LA IDENTIDAD BASADA EN LA COMIDA

En el capítulo titulado «Los desaforados», Aínsa, bajo el epígrafe «La madre», navega en la cocina como un vehículo seguro de la identidad cultural. Ésta es una verdad profunda y primaria. Aquello que nos alimentó, que fue desde el comienzo de nuestra vida un dato cotidiano, componente rutinario y fundamental que no fue posible esquivar, es una de las aristas esenciales de nuestro perfil como individuo y desborda hacia la comunidad de personas que configuran el pueblo o la población de una región o un país. La carne asada, la infusión del mate, los «sándwiches» son elementos que sin duda definen al uruguayo promedio.

En cuanto a la radical importancia de lo que comemos, se ha observado que la madre cuando da de comer a su bebé, suele decirle «mmm, qué rico». De ese fonema que es la letra *m* sostenida para enfatizar el sabor de la comida, proviene la palabra que en español, francés, inglés, alemán y portugués, nombra a la madre. Es decir que de allí brotan madre, *mère*, *mother*, *mutter* y *mae*.

Todos hemos vivido la lucha de los inmigrantes para cultivar lejos de su suelo, las comidas que consumieron al nacer. Es gracias a este desesperado esfuerzo para salvar la memoria gastronómica que los italianos han colonizado, felizmente el mundo entero, con la pizza y las pastas.

Se podrá decir que aunque el plato no está necesariamente asociado a las raíces del lenguaje que sí se detectan en la palabra madre, de todos modos introducen en el lenguaje de los demás el bagaje cultural que viajó como único equipaje en los que en el siglo XIX llegaron a América, desde Nueva York al Plata. Tagliatelle, ravioli, polenta, se convierten en voces cotidianas con días fijos en la ingesta semanal de los rioplatenses. Nadie escapa a la pasta en el sacrosanto almuerzo del domingo que suele reunir, todavía, a toda la familia.

La ciudad

No todas las ciudades albergan una sensación equivalente del exilio. Aínsa explica que en algunas se siente menos. Relata como ejemplo las características de Londres, ciudad en la cual un paseo por Hyde Park en «un día martes no feriado a las cuatro de la tarde» cerca de turistas japoneses puede ser casi una excusa o justificación del exilio «para no sentir vergüenza».

En esas ciudades existen verdadero nichos o *ghettos* que revelan aristas indias, salvadoreñas, chilenas, pakistaníes con su aroma a incienso. En Caracas la zona llamada La Candelaria, sin duda asiento de los exiliados españoles, quedó fija en el tiempo como el refugio de las tascas con la cocina, los vinos y el Pacharán peninsulares, cuando ya los exiliados han echado raíces y sus hijos y nietos venezolanos son adultos.

Hay ciudades en las que el exilio inspira. Aínsa cita el caso de Gogol que escribió *Las almas muertas* en Roma y Babel que pergeñó *Caballería roja* en Nápoles. Conjunción esta última muy difícil de entender: qué nexo inspirador puede atar el estupendo libro de Babel a la cálida y mediterránea ciudad italiana.

En todo caso, en el caso de quien escribe Caracas fue acogedora y terminó abrigándolo, después de los primeros días de soledad comprensible. En cambio, toda vez que transitó por ciudades alemanas se sintió claramente aislado con una fuerza que iba más allá de la diferencia de lengua. En algún caso, amigos como César, uruguayo o como el chileno Gonzalo Rojas, no lograron aclimatarse al espacio germano. Vivieron años en buenas condiciones de trabajo pero divorciados y resistentes de su entorno.

A veces, paradójicamente, se ha argumentado que la distancia del solar nativo se convierte en una nueva manera de afirmar los orígenes. Aínsa cita al escritor embajador, sin nombrarlo, que dijo «nunca estuve más cerca de Latinoamérica que cuando vivía en París». Esta paradoja podría entenderse como una metáfora que concierne a la poderosa palanca de la nostalgia que torna presente lo añorado, con mucha más fuerza, eventualmente, que cotejado con los sentimientos que se viven instalados en la rutina y normalidad del lugar propio. Alejarse, como se dijo antes, a veces acerca. Tal como la esfera terrestre navegando una sola dirección convierte, a partir de cierto instante, el alejamiento en aproximación.

DESAJUSTE, CAMBIO, PIEDAD

El malestar puede ser fecundo si en él se emboza mi realidad, revelándomela, según Aínsa. En todo caso la condena de todo cambio como algo «malo» o «no deseable», a priori por su condición de novedad, terreno desconocido, sitio por descubrir, colonizar, incorporar, digerir.

Baudelaire lo define aludiendo a infidelidad y mudanza. En las letras francesas románticas el mirlo blanco es una nueva versión de la diferencia que es vista primariamente como defecto, en definitiva el mismo mensaje o moraleja del «patito feo», el ave poco agraciada que termina en blanco y deslumbrante cisne.

El aspecto de la autocompasión que conlleva el exilio conduce, en ciertas personas a una verdadera profesión del desarraigado, viven componiendo el personaje y lo interpretan en todo momento con una convicción profesional sorprendente. Es casi involuntaria y puede interpretarse como una desesperada búsqueda de la protección que suele desencadenar la desdicha. En consecuencia, posar de exiliado todo el tiempo, es una manera como otra de despertar la solidaridad, el afecto y la comprensión de los demás.

En la historia de la humanidad existen ejemplos famosos de exiliados que han hecho historia: Mari en Londres, Chapen en París. En el caso de Chopin, es pertinente preguntarse si su obra habría alcanzado la dimensión de ser el eco sonoro de la patria lejana, si no hubiera abandonado el suelo natal. Las mazurcas y polonesas que crea lejos de Polonia son sin duda una espléndida respuesta creativa a las penas de la nostalgia y el alejamiento de la patria. Esta poderosa fuerza alimentó muchos exilios y la obra de José Martí o de Darío, no es para nada ajena a ella en ambos. A pesar del rasgo ecuménico que alcanzan sus creaciones, algo de la distancia que los separó del suelo patrio se respira a cada paso. Sin duda que el afán trashumante llevó a Darío lejos de Nicaragua mientras que el caso del cubano exhibe la huella dramática del exilio y la lucha por la libertad de su patria.

EL LENGUAJE Y SUS RAÍCES MÁS ÍNTIMAS

El agudo George Steiner ha dedicado reflexiones admirables al tema del lenguaje y ha sabido calar en numerosos libros las mil aristas sorprendentes que viven detrás de las palabras. En el capítulo «Los idiomas de Eros» de *Los libros que nunca he escrito* llega a plantearse una pregunta límite: «¿Cómo es la vida sexual de un sordomudo?». El autor se detiene en la importancia de su pregunta porque transita por la dinámica lingüística, concierne a la estructura semántica de la sexualidad.

En desarrollo de sus ideas se refiere la multiplicidad de lenguas y advierte que esa diversidad es la que revela ángulos y matices expresivos que no pueden pertenecer a una sola lengua. La multiplicidad no es por lo tanto un castigo sino una ventaja que revela la multiplicidad de la realidad.

El repertorio de voces que conciernen a la sexualidad y al amor tiene características muy peculiares. Ya lo detectó Proust en la flor que lleva Odette en su primera experiencia erótica, de allí que «hacer catleyas» en el código de la pareja fuera sinónimo de hacer el amor. El habla popular que tiene sus voces prohibidas y secretas para todo lo que concierne a la sexualidad es una de las áreas en las que el transplantado, o exiliado, mide la distancia que lo separa de su suelo natal. El acto del amor cumplido con la pareja ajena a su propio origen es una circunstancia colmada de inéditos y sorpresas, una verdadera operación de descubrimiento y colonización.

Toda experiencia que compromete como el amor, nuestro yo más profundo, es un llamado al lenguaje, a su formulación semántica, a su prosodia, a las referencias que lo atan de manera inevitable con el lenguaje y sus componentes.

El lugar asociado a una lengua, a un texto

Los trazos de la canción de Bruce Chatwin traduce así el título original *The Songlines* que, en realidad, es la letra de la canción, es decir, el texto que se canta. Allí se explica que cada antepasado totémico dejó huellas que son palabras y sonidos musicales que quedaron impresos en la tierra, funcionando como medio de conectarse los habitantes de Australia, por alejados que estén.

En rigor esta sorprendente geografía elaborada por medio de canciones es muchas cosas más. Al seguir ese mapa trazado de modo tan original. Mientas no se aparten del camino que marca, los viajeros encontrarán seres hospitalarios que los recibirán con beneplácito. De modo que los «songlines» constituyen también un especie de pasaporte.

Ello origina que toda Australia se puede leer o escuchar como una partitura. Toda la explicación Chatwin la recibe de Arkadi, un ruso que vive en Australia desde hace décadas.

Anota Chatwin que al reproducir el mundo que habitan con canciones, los aborígenes australianos restituyen a la poesía su sentido original como «poiesis», es decir, en la Antigua Grecia, sinónimo de creación. De esta raíz, proviene poesía y poética.

Otra de las consecuencias de esta concepción es que todo el que camina, el hombre andariego, hacía un viaje ritual, transitaba el camino de sus antepasados, entonaba las canciones que heredó de ellos y al hacerlo reiteraba la Creación. De tal modo se confunde el país con la canción que los aborígenes no creían que existiera antes de ser cantado. Ser cantado era sinónimo de existir.

En cierto modo esta visión hace de los australianos aborígenes «adanes sonoros». En ellos la función de nombrar las cosas se convierte en canto.

Es curioso que Steiner en su inventario de las raíces comunes que identifican lo europeo y a los europeos, además de la institución de los locales llamados cafés, señale el ejercicio de la caminata. Enumera las largas jornadas de los románticos y no omite el hermoso «lied» de Schubert *Der wanderer*, que por cierto el compositor extendió después, creando una fantasía pianística sobre el mismo tema.

EL RETORNO NO ES FÁCIL

Como decía Neruda, «nosotros los de entonces / ya no somos los mismos». El exiliado que regresa a su patria no la encuentra, no la reconoce, advierte que no es la misma que dejó. Comprende que la nostalgia mediante la cual cultivó una memoria de sus raíces, no se ha detenido en el tiempo, que la historia ha transcurrido. Por supuesto ha transcurrido también la suya, de donde se origina el desfase. Ambas realidades, la ciudad y el ausente, se han distanciado al amparo del curso que han seguido, alejados aunque coexistiendo en el mismo tiempo.

Aínsa lo dice explícitamente: «vuelves y te sientes extraño. Pasad la primer emoción te das cuenta de que ya no eres el que se fue, sino otro diferente, a mitad de camino entre los que se quedaron y los que han nacido lejos».

Por otra parte, y ello explica parcialmente ese desajuste, el exiliado o el emigrado va aceptando los modos del nuevo lugar. El hogar adoptivo que sustituye el original se introduce paulatinamente en su espíritu y un buen día descubre, al regresar, que posee ya nostalgias de la patria adoptiva. Lo iniciado como espacio precario se ha ido convirtiendo, felizmente, en nueva patria.

Quien escribe vive, después de casi veinte años de su retorno a Montevideo, nostalgias de Caracas. Alguna canción de cantantes populares venezolanos, como Simón Díaz o Cecilia Todd, lo conmueven profundamente. Es consciente de que una fibra íntima está ahora implantada en el suelo venezolano, en sus gentes, en los amigos que allí están y con los cuales mantiene contacto regular, correo electrónico mediante. A la vez, en todo momento se las ingenia para visitar Caracas y verlos

Llega un momento en el cual tiene sentido preguntarse, de dónde es uno y quien es en realidad: el que fue o el que volvió. Todos son válidos, porque la realidad es histórica, cambia con el tiempo que fluye. El lugar que habitamos, no solo aquel en el cual nacimos, nos condicionan y modelan. Lo dijo Ortega y Gasset: «Yo soy yo y mis circunstancias».

ARRIBA, ABAJO, NORTE Y SUR

Aínsa parte de la distinción bíblica que ubica el cielo en las alturas y el infierno en las profundidades. En todo caso el reino del Hades era también subterráneo para los griegos. No elude esta definición espacial ni el propio Paraíso, que evidentemente, cualquiera sea el lugar que la Biblia le asigna, aproximadamente al este de Jerusalén, es un sitio al norte del Ecuador.

A pesar que el hemisferio sur albergaba las maravillas de las culturas precolombinas sudamericanas, el descubrimiento para Occidente ocurre cuando los hombres del norte se arriesgan y Colón llega al Nuevo Mundo.

Por un mecanismo perfectamente comprensible, el hombre ubica el bienestar total, el Paraíso, en un lugar distante, alejado para que llegar a él supone el esfuerzo de un camino moral, no físico. Esto sucede así en los paraísos concebidos en el orden religioso. Pero otro tanto, equivalente aunque distinto, ocurre con los paraísos laicos: la sociedad sin clases no está en un lugar físico, ni alejado ni cercano. Se ubica en el plano del tiempo, después de un largo proceso que es una réplica temporal de la distancia espacial. Por esta razón se suele anotar que San Agustín en *La ciudad de Dios*, al establecer un rumbo, un sentido en la historia, es un precursor desde la religión de lo que Marx teorizara en su concepción del devenir histórico humano.

Esta división es visible en Europa. Casi todos los países, Aínsa los señala explícitamente, tienen un norte próspero, valioso y apetecible, contrapuesto a un sur pobre, atrasado, indeseable. Los pobladores de ambos espacios también asumen, según quien opine sea del norte o del sur, un juicio de valor distinto.

Milán, Turín son prósperos, limpios, moralmente plausibles, mientras que Nápoles, Sicilia, Palermo están habitados por *gente cattiva*, la *camorra*, *mafiosi*. Aún en Estados Unidos la distinción norte-sur al margen de la Guerra de Secesión conserva todavía la mácula del sur esclavista como la cara opuesta del norte democrático e igualitario. Aínsa precisa que el Ku-Klux-Klan expresa esa malignidad a priori del *deep south*. Paradójicamente hay que agregar que una porción importante de la mejor literatura y música norteamericana nacen y crecen en ese espacio perverso: Faulkner, Carson McCullers, el jazz y su herencia presente en el *rock*. No es casual que Memphis, ciudad sureña si las hay, sea la patria de Elvis Presley. Por cierto, un blanco que asimiló y recreó melodías y ritmos contaminados por el entorno afroamericano. La movilidad de Elvis al cantar es también de fuente afro, de acuerdo con el musicólogo Curt Sachs, que ha establecido que el hombre afro vive el ritmo como motricidad, mientras el europeo lo percibe como medida.

Parecería que la división geográfica con su carga peyorativa y su, por así decirlo, pecado original, no omite ni la nación alemana. Baviera, con sus cantos y cervecerías animadas, ajenas a la formalidad de Hamburgo, para citar una ciudad del norte, albergó el nazismo.

Quizá convenga no perder de vista, que los mecanismos compensatorios a que recurre el hombre para disminuir con una esperanza su eventual desdicha, que no es otra que la problemática conexa al hecho de estar vivo. Ello ha engendrado la frase de Borges «que el cielo exista, aunque mi lugar sea el infierno».

LAS RIBERAS DEL RÍO DE LA PLATA

Varias son la citas referencias que invoca Aínsa en el capítulo «Memoria de un cierto sur». Desde el crítico uruguayo Alberto Zum Felde que afirmaba los rioplatenses vivían en el «confín del mundo» hasta la punzante definición de Neruda que veía a los chilenos como «los sobrinos de Occidente». La lista de ironías o sarcasmos es más larga y llega hasta Onetti que hablaba del Uruguay, donde no había sino uno, dos, treinta y tres gauchos, aludiendo burlonamente a un capítulo heroico de la emancipación del país.

Para Borges la Argentina estaba poblada de «europeos en exilio», idea que desarrolló también el admirable y olvidado Murena en *El pecado original de América*, pero vestida ahora de la «expulsión» que condujo a los americanos a caer en una tierra en bruto, «vacía de espíritu», «a la que dimos en llamar América».

Con justicia observa Aínsa que se trata del mismo tema de la extranjería. Quizá conviene matizar esta dramática situación precisando que ella es válida para los americanos descendientes de los inmigrantes que, en el Río de la Plata y en Uruguay en especial, son la totalidad. Sin población indígena, la masa de la población refleja en sus apellidos de manera apabullante la herencia hispana e italiana, sin que falten ancestros polacos, alemanes, franceses y demás naciones europeas. Pero, por su parte, en los países donde la presencia indígena como Perú o México es notoria y muy importante por el pasado cultural glorioso, ha caído la maldición de la extranjería en su propio suelo, evangelizado, aculturado, forzado a adoptar sin lograrlo, modelos y pautas culturales ajenas.

En el Río de la Plata, las letras de tango, por cierto venero de una poesía popular muy valiosa, contienen algunas pistas de la extranjería, del desarraigo, del paraíso lejano identificado con París. Este perfil que está en las letras modernistas, basta leer Darío, late en el tango de manera constante, sobre todo en los textos del período clásico, desde 1910 a 1940, cuando la voz de Gardel llevó el tango al mundo y a toda Hispanoamérica.

Es curioso que no se hayan investigado las razones por las cuales, el tango es tan popular todavía hoy, en Caracas, Colombia, Puerto Rico, Cuba. En la capital venezolana no solamente existe un monumento a Gardel, sino que el imaginario popular a décadas de su muerte en Medellín, Colombia, conserva la memoria del cantor.

Es posible que el personaje Gardel, con su muerte trágica, lejos del Río de la Plata, su discutida nacionalidad que lo atrapa en las redes del emigrado o trasplantado, capaz de triunfar en New York, París o Barcelona, como un hijo pródigo que retorna a sus raíces con ventura.

El tango «Anclao en París» que canta la nostalgia del porteño que está en la capital francesa, adonde acudió, detrás del sueño del «paraíso perdido». El fracaso le duele y añora su ciudad natal, evocando las noticias que le llegan del crecimiento y hermosura renovada de las calles y plazas queridas. Dice «alguien me ha contado que estás floreciente y un juego de calles se da en diagonal». El paraíso buscado se transforma en el paraíso perdido, en definitiva todas variantes de una búsqueda frustrada.

A esta altura, aquél de los *Poemas en prosa* de Baudelaire, donde imagina el mundo como una clínica donde cada paciente envidia al que ocupa la cama vecina, víctima del mismo o de otro mal. La inconformidad de vivir, la esencial condición de naufragio que significa nacer, que el exilio y el cambio de patria, subrayan, enfatizan, acrecientan.

El lenguaje, casa del ser, como queda dicho antes, no evita sino que traduce de mil modos este desajuste, sensación de intemperie consustancial al hombre, porque nacer es cambiar la seguridad del seno materno por la intemperie, no importa dónde.

Dobles ausencias del emigrante rioplatense

Perla Petrich
Université Paris 8

Fernando Aínsa es español y uruguayo; dos nacionalidades que permiten al escritor un transitar casi continuo de un vértice a otro. Su libro *Travesías* nace de este deambular. La portada[1] es una imagen que se descompone en tres secuencias: en la primera un buque avanza. En la siguiente el hombre-viajero aparece suspenso entre las aguas por lo que es posible imaginar un naufragio. En la última una botella deriva en el mar posiblemente con un mensaje. La historia gráfica, al igual que la escrita, comienza y termina in media res. No sabemos el cómo ni el porqué de la partida. No sabemos si alguien recogió la botella y leyó el mensaje. Observamos y leemos sobre la errancia del náufrago. Errancia del hombre (*fora-jido*) y su deseo de rescate. No hay fin del relato, sólo algunas episodios rememorativos.

¿A qué obedece la redacción de *Travesías*? Posiblemente a una necesidad prusiana de reconstruir —literariamente— el objeto perdido (país, barrio, casa, familia…) y retrazar el camino —los caminos— que condujeron a la pérdida de ese terruño sin el cual se vive descentrado, desterritorializado, *des-aforado*, *des-terrado*. La experiencia convertida en obra literaria sugiere una nueva figura geométrica: la esfera, el mundo redondo «pero nunca más redondo que cuando uno se aleja y, al seguir alejándose, empieza a volver» (T 11).[2]

---

[1] La obra que ilustra la portada lleva como título *Náufrago* y pertenece a Lorenzo Saval.

[2] La «T» será utilizada como abreviación de *Travesías*.

El libro escapa a una catalogación, todo intento resultaría reduccionista. Ni totalmente autobiográfico, ni completamente testimonial o ensayístico. Posiblemente una sutil combinación de recuerdos y reflexiones, «una crónica de un viaje inconcluso», como se anuncia en la contraportada.

Empecemos entonces por los recuerdos. Aínsa opta por la memoria intimista, por el recuerdo chico, por lo que él mismo define como «historia menuda»: «los pequeños trozos de lo que fue nuestro mundo cotidiano hace algunos años. Esa vida cotidiana que compartimos y que ha desaparecido» (T 38). La memoria remite a lo que quedó «allá» pero en lugar de las *madeleines* se añoran «las galletas dulces, el pan con grasa y las galletas marina» (T 31). Las vacaciones en Cabourg se reemplazan por la vida de barrio y «una tarde de verano en la que se escucha, a través de la luz tamizada de una persiana veneciana bajada, el sonido metálico del triángulo del carrito del barquillero» o «un ladrido de un perro que nos recuerda el eco de los fondos de las casas de nuestros barrios lejanos» (T 24).

Memoria individual, memoria colectiva, memoria literaria

La memoria de Aínsa es individual pero, al mismo tiempo, está inscrita en la memoria de un grupo cerrado que podría identificarse con los amigos de la misma generación, los que en épocas más o menos cercanas, partieron del Río de la Plata. Una memoria de emigrado más que de exilado o, al menos, sin mayor explicitación política. Breve es la referencia a la situación de la partida («Quería escaparme y me dijeron "Vete corriendo". Los creí porque mi vocación era la fuga y porque no tenía otro remedio. ¿Conocen la ley de las fugas? Te dicen: "Estás libre", te alejas tranquilamente y te disparan por la espalda. Me han disparado y me han herido para siempre. Nunca más podré ser el mismo, aunque parezca que estoy curado y os sonría» (T 20). ¿Pudor o elección deliberada de olvido? Desde 1985 existe una democracia en Uruguay pero el dolor perdura. El escritor busca y encuentra un compromiso —una frontera de silencio o de sobreentendidos— que le permite defender una cierta imagen de sí mismo y de aquello que debe transmitir. Esa frontera —entre lo decible y lo indecible— evita la implosión. También hay que tener en cuenta que estamos frente a un testimonio escrito y en este caso específico a una memoria convertida en literatura. Aunque la intención pueda parecer ser sólo el deseo de fijar lo vivido, hay restricciones que dependen del interés de los eventuales lectores. Mucho se ha escrito sobre el exilio pero escasos son los testimonios —o las ficciones testimoniales— de emigrados intelectuales hoy en día en Francia[3] y esto, en cierta manera, garantiza una recepción positiva y encauza la temática.

Fernando Aínsa, como todo emigrante-inmigrante, es portador de una memoria individual en la que inconscientemente se ha mezclado —sincretizado— una memoria colectiva. Los acontecimientos a los que se refiere (partida, instalación, dificultades de la vida cotidiana —para obtener papeles, alojamiento, trabajo—, enfermedad, muerte...) son hechos vividos por todos los inmigrantes argentinos y uruguayos en Paris, particularmente de esos intelectuales que constituyen un mundo disperso de rioplatenses llegados a Francia entre los años sesenta por motivos culturales y/o económicos y en los años setenta por causas políticas. La mayoría escaparon al encierro en guetos ya que pocos buscaron una solidaridad exclusiva con los compatriotas en asociaciones o barrios o incluso grupos limitados de amigos. Ni reagrupamientos ni comunitarismo. También evitaron la desocupación (a pesar de asumir empleos por lo general por debajo de sus capacidades o títulos) o la estigmatización (por el color de su piel y sus rasgos generalmente europeos). Ningún signo social ni cultural aparente les impidió una incorporación más o menos rápida según las circunstancias y los apoyos locales con los que se contaba. Y, sin embargo, en la mayoría de ellos perdura un sentimiento de existir (de «ser») al margen. Un descentramiento que inevitablemente se produce también con respecto al país de origen. Se trata de experiencias y sentimientos comunes a toda una generación que ha vivido con pocas diferencias las mismas circunstancias de emigración y/o exilio.

Dentro de contexto Paris se convierte en el marco de construcción de la memoria y, al mismo tiempo, de reflexión sobre la emigración rioplatense. Aínsa da el paso que lo lleva a la representación literaria de esa memoria. Ese paso implica fijar la realidad y al mismo tiempo

---

[3] Entre otros autores que trataron el tema podemos citar a Dujovne (2000), Futoransky (1986), Gologoff (1989), Manzur (1980), Saer (1991), Yurkievich (1973). Para más información, consultar Petrich (1998 y 2000).

trascenderla porque, inevitablemente, la literatura cree sensato el
deseo de lo imposible,[4] en este caso, «sobrevivir» a la migración a través la escritura. Y Aínsa, no sólo posee talento para enfrentar esta
tarea, sino también una gran dosis de humor: «Si estos Juegos a la distancia no me dan el resultado esperado, me propongo escribir un
Manual para la supervivencia de exilados y Extranjeros en general,
con indicaciones precisas de cómo atravesar el Desierto de la Vida, la
Selva del prójimo» (T 37)

Los caminos de *Travesías*

La experiencia migratoria de Aínsa combina varias trayectorias textuales. Una de ellas es la combinación de la primera persona singular
y la primera plural, entre lo que *me* ocurrió y lo que le ocurrió a amigos y conocidos (Ariel, Pedro, Joaquín, Manuel, Raquel y Aníbal, el
arquitecto Mariano y tantos otros), lo cual permite establecer el lazo
entre la memoria individual y la memoria colectiva. El *yo* y el *nosotros*
se muta a veces en un *tú* (singular-plural) observado y analizado como
objeto previsible: «Tu retorno ha sido momentáneo. Ahora la decisión
del exilio será deliberada y probablemente definitiva» (T 60), «La
guardiana del templo familiar ha venido a verte. Te observa y te reconoce poco a poco detrás de los nuevos modales que has asumido a
pesar tuyo» (T 43). En otras ocasiones, el *tú* implica una interpelación
directa al lector: «¿Conoces el juego de las matouchkas, esas muñecas
rusas que se esconden unas dentro de las otras, o de las cajas chinas
[...]? A veces pienso que nuestras vidas son un poco así» (T 47).

La escritura pareciera servir como un espacio de tránsito, de puente para dialogar consigo mismo, con los seres queridos a los que se
hace referencia continuamente (Mónica, su hija Paulina, la suegra
María Teresa, la bisabuela de Mónica, el abuelo de María Teresa, etc.)
y directa e indirectamente con las grandes figuras intelectuales latinoamericanas y francesas de esta época. A veces Aínsa se dirige directamente a los autores, como por ejemplo cuando supuestamente interroga a Saúl Yurkievich: «¿No es verdad Saúl?» (T 17); en otras

---

[4] Uno de los argumentos de Roland Barthes en la Lección inaugural de la cátedra
de Semiología Lingüística del Collège de France, 7 de enero de 1977.

ocasiones los cita: «En este quehacer parece guiado por aquella pregunta clave de Don Gastón Bachelard, el de las largas barbas: "¿Dónde está el peso mayor del 'estar allí', en el estar o el allí"» (T 89).

Una constelación de personajes que va desde el minúsculo círculo familiar a las amplias referencias ideológicas y literarias. Todos ellos aparecen imbricados con sus palabras cotidianas o sus frases célebres para constituir el marco de la memoria reflexiva del escritor-migrante.

Otra de las combinaciones posibles es que el autor desaparezca de la instancia de enunciación directa y se expanda en una reflexión sobre la migración. El yo-narrador se despersonaliza, abandona el papel testimonial para convertirse, o bien en intermediario de un mensaje —que ya hemos señalado— proveniente de sujetos de autoridad (Alberdi, Asturias, Cortázar, Sartre, Lévi-Strauss, Victoria Ocampo, Ortega y Gasset, Zum Felde, Onetti, etc.) o bien, para elaborar, a su vez, un discurso referencial, tal es el caso de capítulos como «El ser del sur» o «Islario contemporáneo». En este caso se abandona el tono intimista o los paréntesis interrogatorios que marcan el monólogo interior para dar lugar a un tono ensayístico.

Todos los entrecruzamientos descritos construyen una especie de calidoscopio migratorio. Cada página de *Travesías* arma una nueva figura, sin que eso signifique avance hacia un desenlace. El texto se inicia y termina (como la ilustración de la portada) en un punto detenido. La dinámica consiste en las perspectivas de enfoques que se van abriendo. La escritura es el espejo de una errancia; se construye a la deriva, dispersa, migrando de un registro discursivo a otro.

La doble ausencia

Aínsa insiste sobre la diferencia semántico-ontológica entre *ser* y *estar*; diferencia que se ajusta perfectamente a esta imagen de doble ausencia permanente señalada por Abdelmalek Sayad (1999), cuando el inmigrante algerino está en Francia quisiera poder vivir en Algeria y viceversa. Aínsa acepta ese dilema como insoluble: «Partir, "repartir". Parto mi corazón en pedazos y lo reparto» (T 62). Esta «dislocación» es común a todos los emigrantes, como lo es también la ilusión que suele jugar de acicate para la partida: los argelinos imaginaban una Francia que les ofrecería seguridad y trabajo, los rioplatenses imaginaban una Francia que les facilitaría todo lo que faltaba en el «Sur»: libertad, cultura y bienestar económico. Espejismo de *bien-être* compartido tanto por el obrero como por el intelectual sureño. Para sobrevivir en la dislocación una reconstrucción identitaria es necesaria. La nueva identidad resultante tendrá grietas por donde siempre se filtrará un aire helado contra el que no hay protección posible, pero también ofrecerá nuevas zonas de estabilidad. La definición del *otro*, del opuesto a lo que se es o, al menos, se quisiera ser, formará parte de este proceso. Aínsa señala con precisión esta transición que provoca siempre un estado de extrañeza: «Vuelves y te sientes extraño. Pasada la primera emoción te das cuenta de que ya no eres el que se fue, sino otro diferente, a mitad de camino entre los que se quedaron y los que han nacido lejos. Descubres que te recuerdas de un modo y en realidad eres de otro [...] te sientes desdoblado» (T 56). En ese juego entre el *allá* y el *aquí* los amigos de *antes* que se presentan *aquí* resultan ajenos; son *otros*, son ellos los *desajustados* frente al mundo que el inmigrante ha logrado *ordenar* no sin pocos esfuerzos: «Hay amigos que vienen a "conocer Europa" pero no se mueven de la silla de nuestra habitación [...]. Al amigo de antes que lógicamente no habla "esta maldita lengua de aquí", hay que explicarle todo. Los gestos inconscientes (para nosotros) se vuelven complicados rituales (para ellos) de los cuales hay que descodificar su secreta liturgia: el plano del metro, cómo entrar y salir de sus corredores subterráneos [...]. Un día laborable, cargado de paquetes y pagando exceso de equipaje, lo dejaremos en el Aeropuerto. Nos dirá, mientras nos devuelve el gran abrazo de sonoras palmadas en la espalda: "¿Sabés una cosa? No comprendo como puedes vivir aquí. No hay como nuestra tierra"» (T 46).

VIAJE A LA SEMILLA

El oscilar continuo entre *aquí* y *allá* provoca reacciones a veces extremas y en ese caso el individuo termina eligiendo definitivamente un espacio. Se olvida, niega, reniega del otro. Por lo general, sobre todo cuando las opciones no existen, las decisiones son menos drásticas y se crean estrategias (el subtítulo de Travesías se refiere a Juegos de la distancia) que permitan establecer ciertos márgenes de equilibrio. Un ejemplo es el de la cita anterior en donde se constata una nueva clasificación de identificación (ellos/nosotros) dentro de la cual ciertos amigos de antes se convierten en *los otros* y se admite que el país de *allá* (distanciamiento déitico significativo) les pertenece. La paradoja es que el país de *aquí* no llega nunca a ser totalmente considerado como «el país de nosotros» (los inmigrados). La ausencia ya no es doble, sino más bien un descentramiento definitivo. La memoria ya no puede —ni quiere— recuperar el pasado en su totalidad (el país que se dejó, los amigos de entonces, la familia, la forma de vida que se tenía...) y se reduce cada vez más a objetos y sensaciones minúsculas, a añoranzas puramente sensoriales: el sol que quema a la hora de la siesta, «los pájaros y los gallos que cantan en las madrugadas, allá en la esquina de mi barrio» (T 17). La oposición disfórica es «la lluvia en París a las cinco de la tarde del Día de los Muertos» (T 17). Para el inmigrante ese mundo de memoria casi mítica y atemporal de un *allá* íntimo, casi infantil, casi matriz inicial, resulta un último reducto de posesión inalienable, una cristalización definitiva del pasado. El recuerdo se ubica en un nivel simbólico descartando la información real que pueda filtrarse (el desencuentro con el país actual, la consciencia de un imposible regreso). Esa memoria parcial que ha realizado selecciones y operado olvidos, es la condición para seguir creando vínculos con el país de origen, para imaginar siempre, tal como lo hace Aínsa, que las «islas de náufragos» son también «islas de esperanzas».

BIBLIOGRAFÍA

AÍNSA, Fernando (2000): *Travesías. Juegos a la distancia*. Málaga: Litoral.
DUJOVNE, Alicia (1997): *El árbol de la gitana*. Madrid: Alfaguara
FUTORANSKY, Luisa (1986). *De Pe a Pa (o de la China a París)*. Barcelona: Anagrama
GOLOBOFF, Mario (1989): *Criador de palomas*. Barcelona: Muchnik.
MANZUR, Gregorio (1980): *Solstice du jaguar*. Paris: Fayard
PETRICH, Perla (1998): «París escrito por varios argentinos y un uruguayo», en *Actes du XXVIIIᵉ Congrès de la Société des Hispanistes Français*. Paris: Université Paris X – Nanterre.
— (2000): «Memorias de emigrantes: escritores argentinos en París», en *Amérique latine Histoire et Mémoire. Les Cahiers ALHIM*, 1, [en línea].
SAER, Juan (1991): *El río sin orillas*. Madrid/Buenos Aires: Alianza.

SAYAD, Abdelmalek (1999): *La double absence. Des illusions de l'émigré aux souffrances de l'immigré.* Paris: Seuil.

YURKIEVICH, Saúl (1973): *Retener sin detener.* Barcelona: Ocnos.

Nada hay como irse

Teresa Porzecanski

Vivir en tránsito: *Travesías de Fernando Aínsa*

Distancia, separación, tránsito, paisajes contrastantes, rostros de rasgos desconocidos, son las reflexiones en clave de poesía recogidas por Fernando Aínsa, nacido en España en 1937 de padre aragonés y madre francesa —todos emigrantes al Uruguay—, en su volumen *Travesías*. «El sistema de fuga elaborado por cada uno define los límites de una cartografía personal e intransferible», escribe el autor, «A cada cual su geografía: las etapas de la vida son provincias con fronteras que sólo pueden cruzarse en una dirección» (2000). Así, los temas atinentes a la extranjería, la identidad, el exilio, las palabras de cada nuevo idioma que cuesta pronunciar, el irse, el regresar, las maneras de estar y de no estar en un lugar, desfilan como estaciones de un itinerario que evalúa, cuestiona, e interroga las propias vivencias del migrante en busca de revelaciones.

No exenta de nostalgia y sutil ironía, esta perspectiva va construyendo tímidamente la memoria, en modo delicado, sin nunca invocar cabalmente el dolor por lo perdido: «Nadie me advirtió que dejaría para siempre los pájaros y los gallos que cantan en las madrugadas, allá en la esquina de mi barrio» (2000).

A la intemperie

Vivir a la intemperie, exponerse al mundo, hablar otras lenguas, recorrer otra ciudad, develan la importancia de los caminos, una manera propia, inventada o improvisada, que permite vivir en la modalidad del tránsito. El migrante es aquél que atraviesa mundos diferentes, no siempre por voluntad propia —refugiados, perseguidos— sin lograr determinar un núcleo sólido para construir su identidad, y multiplicando las preguntas sobre la misma en el curso de sus desplazamientos. Si bien todas las identidades tienden a desplegarse en plural, el fenómeno de la migración exacerba el problema a partir de una afiliación siembre dividida, y de una definición pendiente. Se trata de un protagonista cuyos mundos interiores perviven siempre desfasados de los exteriores: uno está allí pero no está allí, uno está siempre en otro lado, o uno está misteriosamente en varios sitios: la ubicuidad.

Claro, hay, por contraste, también algunas ventajas. Se trata del descentramiento radical de los etnocentrismos, de un desapego autoimpuesto que omite la impiadosa comparación; se trata de eso que, a veces, se llama extrema libertad y otras, desarraigo.

Ser extranjero/a

Lo heredé de padres y de abuelos inmigrantes. ¿Cómo es la nueva, provisoria, subjetividad del extranjero/a? Está asediada por los lugares de la infancia, por colores, por viejos aromas. Y los climas, las temperaturas, las siluetas de algunos árboles, de calles o caminos que uno solía mirar cada día al levantarse. Se trata de un cúmulo de breves pero intensas sensaciones guardadas: «como sopla el viento y su presencia obsesiva a la vuelta de cualquier esquina de la Ciudad Vieja» (Aínsa 2000). Los parientes, sus fantasmas, las personas queridas de las que fuimos extraditados abruptamente, perviven solidificadas en sus propios retratos perennes como obsesiones queridas que confirman día a día que uno es otro, que uno ha sido y será siempre otro/a.

«LOS QUE VIVEN UNA SOLA VEZ»

En medio de esas dependencias necesarias y tristes, siempre controladas para evitar que desborden, la poesía de Aínsa ofrece fulgurantes hallazgos reflexivos: «Dicen que se vive una sola vez. He hecho la experiencia y he ido a visitar a los que viven una sola vez. Están asomados a las puertas de las casas en que nacieron y no han salido de su pueblo. Han ido, tal vez, a la ciudad para un examen médico o al casamiento de un pariente en otro pueblo de la misma provincia. Han nacido y viven en su tierra; deberían ser felices» (2000). El país de uno mismo, así mirado, desde esa distancia, infranqueable porque es la del tiempo y no la del espacio, vuelve a ser aquel lugar que perteneció a uno mismo, secreto y milagroso, donde, sin embargo, quedarse para siempre le hubiera hecho a uno infeliz.

«VETE»

Si hay alguien de dos mundos, de tres o más mundos, es quien atraviesa una diáspora. De los pueblos migrantes, tal vez gitanos y judíos, ilustren mejor los milenarios traslados a través de regiones disímiles, fronteras imprecisas, y lenguas y culturas heterogéneas, todas ellas nutriendo sus acervos cargados de tradiciones y mitos. Si bien a esta altura no puede pensarse la historia del mundo sin migraciones —ya desde las primeras bandas de homínidos hace cinco millones de años del presente— en la cultura judía la diáspora se constituye en un fenómeno central de su supervivencia, atravesada por la alteridad, y la constante inestabilidad con que la discriminación y la persecución la decidieron a siempre nuevos destinos. Exilios voluntarios y otros obligados, búsqueda de igualdad de derechos de educarse, huida del racismo, la motivación no ha sido solo el cumplimiento de una meta o la mejora del nivel económico, sino muchas veces simplemente el mantenerse con vida.

Pero, nada hay como el irse, tomar distancia, para ver mejor lo que se ha dejado atrás. El consejo que Dios le ofrece a Abram en Babilonia, es el que cualquier joven necesita hoy para crecer: «vete de tu tierra y de tu patria y de la casa de tu padre, a la tierra que yo te mostraré» (Génesis II:12:1).

Al partir, si bien uno mismo se parte, uno adquiere la distancia necesaria para construir los recuerdos del origen, y proyectarse en el desenvolvimiento de la propia vida. Irse quiere decir iniciar una relación con el futuro, con lo que está por venir, y aceptar la existencia de lo desconocido para explorar lo ignoto.

IRSE

Éste fue también el consejo que siguió en el siglo XII Benjamin de Tudela: un largo viaje de al menos 14 años para tomar contacto con las comunidades judías diaspóricas de las comarcas ribereñas del Mediterráneo. En la Edad Media, cuando el mundo era casi ilimitado pues los medios de locomoción terrestre eran a sangre, este hijo de rabinos, hablante del árabe, el hebreo, el griego y el latín, se aventuró a lo ignoto. Su itinerario le llevó desde Tudela a Zaragoza, desde Zaragoza a Tortosa, y así a Barcelona, Narbona, Montpellier, Arles, Marsella, Génova, Pisa, Roma, Nápoles, Salerno, Tarento y Otranto. Recorrió después el Imperio Bizantino y las islas del Egeo, los reinos cristianos de los cruzados en Siria y Palestina. Se adentró en el mundo musulmán del Imperio Seléucida en Mesopotamia, y en Basora, se embarcó para circunnavegar la península arábiga, llegando hasta Egipto de donde regresó a Tudela pasando por Sicilia.

En su relato, publicado en hebreo en Constantinopla en 1543, se incluyen observaciones sobre la situación material, la cultura y la política de los países que visitó; pero sobre todo se describen con datos y detalles el estado de las minorías judías que conoci en cada comarca. Y también escribe sobre las comunidades de países en los que no estuvo pero de los que recibió información por terceros, tales como las antiguas juderías de Kai Fung, en China, y de Cochín en Kerala, India.

En su análisis de los temas que aborda una literatura judía diaspórica M. Pardes descubre, esencialmente, que «inmigración y emigración, [...] exilio, búsqueda de la identidad, peregrinación, nomadismo» son temas por excelencia. Según la autora:

[...] el tema del viaje está íntimamente ligado a la experiencia judía desde las primeras historias bíblicas [...] hasta las versiones contemporáneas de búsqueda y/o regreso a las tierras de Sión, pasando por numerosos exilios y migraciones. Más aún, el motivo del viaje desde el punto de vista simbólico, como proceso de búsqueda interior, de iniciación, de transformación espiritual o de cumplimiento de una meta, forma parte también de la tradición judía (Pardes 2004: xiii).

MEMORIA Y EXTRANJERÍA

En mi novela *Perfumes de Cartago*, se cuenta la llegada y vicisitudes de una familia sefardí en el Montevideo del año 35 en el marco de un levantamiento contra el Gobierno autoritario de Gabriel Terra, acontecimiento al que se llamó «el levantamiento de Paso Morlán». La memoria y la extranjería aparecen entretejidas: «Aquellos habían sido países de ensueño, países que no fueron países sino mundos, se dijo. Sus bisabuelas habían construido sustancias sagradas, inenarrables. Habían provocado hechos mágicos, milagrosos. Supo, como si algo se lo estuviera mostrando, que vidas como aquellas jamás volverían a tener lugar» (2003: 8).

Pero ambas, memoria y extranjería están drásticamente transformadas por la imaginación y son un producto de ésta última más que sustancias de existencia independiente:

> Por días y por noches, la línea del horizonte estuvo fija y José Sus pensó que se habían detenido en un espacio de nadie, sin tiempo y sin vejez. Sentado en cuclillas sobre la cubierta, inhalando tabaco perfumado a través de su narguile de bronce, imaginaba un Uruguay selvático de cuyos abigarrados cocoteros descendían pequeños monos ágiles. A lo lejos, casi veía sus pueblos desnudos, inocentes de pecado, cultivando huertos de los que brotaban sandías grandes como casas y tomates a punto de reventar. Sería una tierra que no conocía el odio ni el estigma. Una tierra sin mal. Allí, bajo el sol torrencial, su blanca piel tomaría la coloración adámica. Y bajo una brisa compasiva, reposaría de los dolores de su estirpe, enterrados en él por cópulas antiguas (Porzecanski 2003: 31).

La extranjería, a través de la memoria y la imaginación, vuelve a inventar lo perdido, trayéndolo al presente como rehabilitación de una experiencia que no tuvo suficiente espacio en el pasado. En esta forma, re-activa emociones reprimidas y duelos suspendidos, y propone disposiciones nuevas para el pensamiento y la acción, en radical oposición al automatismo de un discurso social saturado de presente y cotidianeidad repetitivas.

El pasado arrastra siempre una historia oculta de antigua ajenidad que hemos ido familiarizando con el pasar del tiempo hasta olvidarla casi. Al introducir la distancia estética entre el presente y el pasado, la ficción narrativa puede producir también la ruptura con el presente, de modo que lo vuelve en cierta forma «extraño». Hay una necesidad perentoria de extrañeza, de «extranjeridad» con respecto al propio pasado, que opera como señal, preámbulo que anuncia la necesidad de una nueva recombinación de elementos para elaborar la identidad.

Uruguay: recuperando la noción de extranjería

Gracias a la recuperación de la extranjería, aquellas prácticas del ser y del hacer que han sido repetidas y codificadas hasta el automatismo, pueden ser despegadas de una noción de nacionalidad estancada por una retórica uniformizadora y simplista, que no ha considerado las particularidades esenciales de cada uno de sus contingentes formativos. La noción de extranjeridad se vuelve necesaria a cada cultura para desarmar los estereotipos —especialmente los racistas— ya sedimentados e impulsar variadas formas de recomposición en la aceptación de la diferencia.

Así, por ejemplo, las memorias de la inmigración, al transformarse en materia de la ficción narrativa permiten articular una reinterpretación de los procesos de la modernización uruguaya. En el Uruguay de principios del siglo XX, el énfasis político y económico de carácter aglutinante e hiper-integrador tuvo como función la creación de la nación moderna y la tarea de prevenir o atenuar los conflictos entre contingentes étnicos diferentes. Pero una vez dejado atrás ese período, la renovación de la interrogante sobre el origen busca ahora reflexionar sobre la mayor diversidad que realmente tuvieron, y el colorido y la riqueza de su heterogeneidad, lo que puede ser leído como una aspiración a profundizar en la democratización de la sociedad vernácula.

Al recuperar la noción de *extranjería*, la sociedad ofrece al ciudadano una mayor libertad para aparecer al mismo tiempo y frente a su otro, como un semejante y como un diferente, y para ejercer esa diferencia sin las presiones del estigma o la exclusión.

PEREGRINAJES

Lo exótico, el peregrinaje, y el desarraigo son variaciones del tema de la extranjería y, básicamente, se integran dentro del mismo complejo conceptual que enfrenta a lo homogéneo con lo heterogéneo, a lo familiar y conocido con aquello misterioso y distante. Y puede pensarse que, más allá de las peripecias políticas que han provocado los exilios y los desarraigos, estas temáticas conforman el núcleo de los problemas que las naciones emergentes de la Conquista enfrentan centralmente para construir sus identidades: cómo procesar las relaciones de filiación al mismo tiempo que las de parricidio.

Es posible que las sociedades tiendan a hacerse más rígidas y monocordes si en ellas se ha disuelto toda noción de extranjeridad, debido a la repetición ritual de las tradiciones y costumbres generalizadas que amortiguan las particularidades, al haberse fundado maneras de ser y de pensar que quedan «instituidas» e implícitas en una imagen sintéticas demasiado estereotipada. Como reacción, aparecen intentos de buscar nuevas formas en que la extranjería pueda ser recuperada (cf. Porcecanski 2005).

EXTRANJERO PARA UNO MISMO

En *Extranjeros para nosotros mismos*, Kristeva aborda la figura del extranjero no solo en el sentido de aquel que viene de otro lugar (el que es extraño o diferente en una sociedad o una cultura que no son las propias), sino también, aludiendo a lo desconocido o diferente que compone a cada individuo. Según su pensamiento, el vínculo entre judaísmo y extranjería es paradigma de una marca, de una cierta perturbación.

Esta cuestión puede ser generalizada cuando refiere a la parte «exótica» de nosotros mismos, que es concebida, en sí, como una «extranjería» personal y propia que portamos, inexplicablemente, cada uno. Se trata del «otro yo» alienado, desconocido para uno mismo, inseguro respecto de cómo definirse y aparecerse, y que deviene una de las figuras características de la ficción del siglo XX y es objeto de estudio para las ciencias humanas y en la filosofía contemporánea.

SINGULARIDADES QUE NO SON

Afirma Aínsa que «buena parte de [esta] problemática [...] [de la identidad] se vincula a esta necesidad de elaborar "modelos de autoctonía" buscados en rasgos tipológicos nacionales o globalmente válidos para la propia comunidad y para el continente» (1998: 185), rasgos que sirvieran para reivindicar sistemas de valores comunes y distintivos.

La búsqueda de nuevas formas de «extranjeridad» como reacción a una excesiva homogeneidad de experiencias vitales provoca un nomadismo conceptual en busca de «raíces» y fundamentos. El valor renovado de esta búsqueda se apoya en el redescubrimiento de singularidades novedosas, distintivas, peculiares, que pudieren servir como referencia para nuevas identificaciones con estilos de vida alternativos.

Pero cada vez que creemos encontrar algo «típico», propio de un única cultura y exclusivo de ella, cuando intentamos rastrear sus orígenes, vemos que el panorama se diluye en una cantidad de cruzamientos, influencias encimadas, divergencias y similitudes.

Enfoques recientes del concepto de identidad colectiva cuestionan el viejo «esencialismo» de atributos que se consideraban implícitos o constitutivos de identidades fijas y estables. Se critica hoy la rigidez del concepto y se propone la construcción social de la diversidad como una base viable para un «ser colectivo» mucho más cambiante y provisorio. Se apela a formas de identificación que toman en consideración variables tales como género, ocupación, edad, diversos tipos de creencias, subculturas étnicas, religiosas, políticas, ocupacionales, entre otras, y que fragmentan las sociedades al punto de establecer un reticulado de diversidad más que una representación homogénea.

Esta diversidad levanta problemas políticos en torno a la pertenencia a la nación y a la auto-referencia. Los sujetos, a través de estas formas de identificación, producen la construcción de un sí mismo particular y propio, que puede entrar en oposición con la idea de una totalidad coherente. No podemos hablar, entonces, ya, de un imaginario social único, nacional o regional. Ni tampoco de un único «inconsciente cultural» capaz de abarcar todas las diferencias. «Lo diverso es generador de fronteras en la misma medida en que la frontera es creadora de diversidad» (Aínsa 2002: 29), por lo que toda región del mundo deviene, desde esta mirada, un espacio atravesado por estrategias identitarias múltiples y complejas, resultantes de procesos discontinuos de poblamiento, a la vez que de arraigo y desarraigo, de diversos contingentes inmigratorios superpuestos, de sucesivos aprendizajes aculturativos, y de la incorporación de maneras y estilos de vida sincréticos.

Respondiendo a la modalidad vigente en las sociedades urbanas contemporáneas, permeadas por los medios de comunicación globales, las identidades regionales que tienden a elaborarse son más el resultado del concepto de fronteras «débiles» que de una demarcación precisa en términos de soberanías nacionales.

Sumado a todo ello, «en este marco de globalización, la explosión de signos de la cultura cuya genealogía está en discusión promueve en el sujeto posmoderno una crisis de identidad y al mismo tiempo su lucha por reconquistarla en una contexto de homogeneidad y diferenciación» (Lagorio 1996: 142).

Desdibujando fronteras

Al mismo tiempo innecesarias pero imprescindibles, las fronteras permiten la construcción de la identidad y de la alteridad (Aínsa 2002: 31) tanto individuales como colectivas, y permanecen ambiguas, al mismo tiempo que vigentes y violadas por la globalización de las apropiaciones simbólicas de una cultura que deviene indeteniblemente planetaria.

Como afirma García Canclini, «las naciones ya no son lo que eran, ni tienen fronteras o aduanas estrictas que contengan lo que se produce en su interior y filtren lo que les llega de afuera. Somos millones los que salimos de nuestros países, quienes seguimos siendo mexicanos o cubanos en Estados Unidos, bolivianos y uruguayos en Argentina, latinoamericanos en Madrid, Paris o Chicago» (García Canclini 2002: 27). Ni qué decir de la historia del poblamiento de países que, como Uruguay, formado en solo tres siglos casi exclusivamente por sucesivas oleadas migratorias, entró, en la últimas décadas del siglo XX, en la categoría de «país de emigración». Hay estimaciones que afirman que el volumen de emigrantes uruguayos en el período 1963-2004 habría llegado aproximadamente a los 440.000, alrededor del 13,9% de la población total residente en el país. Ello muestra con qué intensidad las pertenencias se vuelven duales, ambivalentes, cosmopolitas para cada vez crecientes sectores de la población.

Un tema problemático es la confrontación entre las identidades múltiples, y los procesos culturales que las vinculan o las alejan así como lo que refiere a las transformaciones y rupturas del sentido de pertenencia a grupos primarios y secundarios, a territorios, paisajes y lugares. ¿A quién pertenezco? ¿Soy ciudadano/a del mundo, de mi región o de mi país? ¿Soy vecino de mi barrio? Presenciamos el rápido dislocamiento de lo que antes parecía una pertenencia definitiva e incuestionable a un cierto lugar, a una cierta tradición, a un cierto paisaje, en lo que Mons (1994) ha denominado desterritorialización.

NEO-CULTURAS TRASHUMANTES

Aquella idea de que los pueblos nacían en un lugar y gestaban en él una acumulación de tradiciones que servían para sostener y hacer perdurar el colectivo social, se enfrenta hoy a los movimientos intensos de sincretismo y globalización. La constatación de que otras culturas han estado siempre presentes en la nuestra de manera irreversible, nos implica en estos nuevos movimientos de convergencia de la identidad. Cuando la televisión, el cine, internet o los anuncios de publicidad en las grandes ciudades están permanentemente recordándonos que podemos ir y regresar de otros lugares rápidamente, imaginamos una existencia fantasmática que existe y crece en varios lugares a la vez.

Según García Canclini, «esta difusión translocal de la cultura, y el consiguiente des dibujamiento de territorios se agudizan ahora, no sólo debido a los viajes, los exilios y las migraciones económicas. También por el modo en que la reorganización de mercados musicales, televisivos y cinematográficos reestructura los estilos de vida y disgrega imaginarios compartidos» (2002: 27-28).

Entonces una nueva clase de ubicuidad se instala en nuestra percepción de la experiencia colectiva: estamos aquí pero también estamos allá, podemos «sentirnos» aquí y allá al mismo tiempo. Los vínculos con los lugares y los momentos, los vínculos con el futuro y el pasado, sufren procesos de re-acomodamiento que generan nuevos contratos colectivos. El concepto frontera pasa entonces a ser una suerte de territorio incierto, ambiguo, que no termina de definirse, y que es objeto de renovadas negociaciones, apropiaciones, préstamos y transacciones las que, construidas por siempre nuevos sujetos sociales, se torna un lugar simbólico necesario para hacer aparecer estas emergentes neo-culturas de identidades móviles, itinerantes, trashumantes.

BIBLIOGRAFÍA

AÍNSA, Fernando (1988): *Las palomas de Rodrigo*. Montevideo: Monte Sexto.
— (1998): «Discurso Académico», en *Boletín de la Academia Nacional de Letras*, nº 4, julio-diciembre.
— (2000): *Travesías. Juegos a la distancia*. Málaga: Litoral.
— (2001): «El destino de la utopía latinoamericana como interculturalidad y mestizaje», en *Revista UNIVERSUM*, nº 16, p. 18.
— (2002): *Del canon a la periferia*. Montevideo: Trilce.
— (2007): *Aprendizajes tardíos*. Sevilla: Renacimiento.
ELIADE, Mircea (1972): *El mito del eterno retorno. Arquetipos y repetición*. México: Alianza.
GARCÍA CANCLINI, Néstor (2001): *Culturas híbridas. Estrategias para entrar y salir de la modernidad*. Buenos Aires: Paidós.
— (2002): *Latinoamericanos buscando lugar en este siglo*. México: Paidós.
GERBI, Antonello (1960): *La disputa del Nuevo Mundo*. México: Fondo de Cultura Económica.
JIMÉNEZ, José (1994): «Sin patria. Los vínculos de pertenencia en el mundo de hoy: familia, país, nación», en Schnitzman, Dora, *Nuevos Paradigmas, Cultura y Subjetividad*. Buenos Aires: Paidós.
KRISTEVA, J./GISPERT, J. (1991): *Extranjeros para nosotros mismos*. Barcelona: Plaza y Janés.
LAGORIO, Carlos (1996): «Modelos culturales de la identidad posmoderna», en Marafioti, R., *et al.*, *Culturas nómades, Juventud, culturas masivas y educación*. Buenos Aires: Biblos.
MONS, Alain (1994): *La metáfora social. Imagen, territorio, comunicación*. Buenos Aires: Nueva Visión.

PARDES, Marcela J. (2004): *El motivo del viaje en la literatura latinoamericana judia contemporánea*. A Dissertation Submitted tothe Temple University Graduate Board in Partial Fulfillment of the Requirements for the Degree Doctor of Philosophy.

TODOROV, Tzvetan (1991): *Nosotros y los otros*. México: Siglo XXI.

PORZECANSKI, Teresa (2003): *Perfumes de Cartago*. Montevideo: Planeta, 5ª ed.

— (2005): «Nuevos imaginarios de la identidad uruguaya: neo indigenismo y ejemplaridad», en Caetano, G., *et al.*, *Veinte años de democracia. Uruguay 1985-2005: miradas múltiples*. Montevideo: Taurus, pp. 407-427.

SEGALEN, Víctor (1989). *Ensayo sobre el exotismo. Una estética de lo diverso*. México: Fondo de Cultura Económica.

Diáspora, errancia, raíz en *La sombra del jardín* de Cristina Siscar

Néstor Ponce

A Fernando Aínsa,
por Prince Edward Island
A Miguel Praino,
por lo del nuevo del Cuarteto Cedrón

Reflexionar sobre la literatura argentina escrita y/o publicada fuera de las fronteras nacionales en los últimos años, de la literatura argentina escrita y/o publicada en el territorio nacional pero marcada por la experiencia del exilio y/o la emigración, implica, además, definir los bordes de un corte temporal. En efecto, por circunstancias diferentes, en los últimos treinta años, numerosos autores abandonaron su país para establecerse, escribir y, a veces, editar en el extranjero, o volver y escribir y editar en Argentina.

Una primera ola emigrante llega a Europa y a México a partir de 1974 y se intensifica desde 1976, incorporando incluso a sus filas a algunos «emigrados» anteriores (como Cortázar o Saer); una segunda ola irrumpe en Europa, México y Estados Unidos a partir de los noventa, y en algunos casos se empalma con la presencia de exiliados que permanecieron en sus países de adopción. Las condiciones de la expatriación, la situación socio-política en el país de origen y en el de llegada, las condiciones de supervivencia en el mundo entero, en esa década —conocida por los politólogos en América Latina como la «década perdida»—, cambiaron. Al corte temporal necesario se le suma el carácter masivo del fenómeno, lo que implica una producción considerable, un corpus que da lugar al análisis.

Es sabido que literatura y expatriación (o exilio) son términos que
van vinculados. Saer apuntó: «Los mayores escritores argentinos son
exilados aunque nunca hayan salido de su ciudad natal» (1981: 226;
traducción nuestra).[1] Se ha dicho, incluso, que la condición propia de
la escritura es la del exilio, en la medida en que la producción de ficción está hecha de luchas y transgresiones contra la norma y el canon,
en especial desde el siglo XIX, cuando con la construcción del campo
literario el artista se inserta en una escala de valores independiente de
la sociedad y de la economía (cf. Bourdieu 1992). El caso de Kafka,
judío que escribe en alemán en Checoslovaquia (cf. Steiner 1978); o
de Oscar Wilde, irlandés, homosexual, que escribe algunos de sus textos en francés; o de Fernando Pessoa, que se inventa heterónimos; o
de Édouard Glissant y otros escritores del Caribe o de África del Norte, que escriben desde la errancia entre la tierra natal y las metrópolis,[2]
son citados a menudo como ejemplo. A ello cabría agregar que, si bien
la circunstancia del exilio es de origen político, esa misma circunstancia posiciona al escritor de cara a la experiencia narrativa.

La literatura está marcada por la expatriación. La literatura lleva en
sí ese signo congénito. La generación de 1837, Echeverría, Sarmiento,
Mármol, Alberdi, viven por períodos más o menos prolongados fuera
del país. Varios escritores de la generación del 80 viven, escriben y
sitúan sus obras en Europa. El Inca Garcilaso de la Vega pasa una larga temporada en España; gran parte de la vida de Martí transcurre
lejos de Cuba; Bernal Díaz del Castillo muere a los 81 años en Guatemala. Joseph Conrad, Samuel Beckett, Eugène Ionesco, Vladimir
Nabokov, polacos, irlandeses, rumanos, rusos, cambian de lengua.
Conrad puede ser considerado como un pionero; pero el caso de los
otros autores grafica una tendencia que se acentúa desde los cincuenta y que cuestiona desde la base relación de esos autores con una literatura nacional. Dos grandes opciones parecen dibujarse para los
escritores expatriados: por un lado, la de los escritores que siguen
escribiendo en su lengua materna, más o menos influidos, consciente
o inconscientemente, por el entorno; por otro lado la de los narrado-

---

[1] Casonava evoca el típico caso de William Faulkner (1999: 138).

[2] «Condition terrible que celle de percevoir son architecture intérieure, son monde, les instants de ses jours, ses valeurs propres, avec le regard de l'Autre» (Bernabé et
al. 1989: 14).

res que abandonan su lengua de origen y adoptan la del país en el que viven. Con ello, cuestionan el fundamento del reconocimiento de la crítica y de la academia, apelan a otra tradición.

Algunos escritores argentinos siguieron este movimiento. Juan Rodolfo Wilcock se estableció en Italia en 1958 y dejó de escribir en español: «Me voy a Italia a escribir en italiano, el castellano ya no da para más».[3] Héctor Bianciotti fue abandonando progresivamente el español hasta terminar adoptando el francés (el relato «La barque dans le Néckar», de *L'amour n'est pas aimé*, fue escrito directamente en ese idioma). Copi llegó a Paris en 1962 y publicó numerosps textos en francés. Otros emigrantes, en cambio, permanecieron fieles a la lengua materna, la exploraron y la mezclaron —a grados muy diferentes— con la nueva habla cotidiana (Cortázar, Saer, Obligado, Neuman).

Argentina fue también tierra de asilo y numerosos escritores se instalaron allí. Uno de los casos más evocados es el del polaco Witold Gombrowicz que vivió 25 años en Argentina antes de regresar a Europa. El propio Gombrowicz, con la ayuda de jóvenes autores dirigidos por otro expatriado, el cubano Virgilio Piñera, tradujo al castellano su novela *Ferdydurke*, y siguió escribiendo en polaco y pensando en su país (*Trans-Atlantik*, 1953). ¿Cómo no ver en el destino de este autor un anticipo del destino de tantos escritores de la diáspora argentina algunas décadas después? Si Gombrowicz se vincula con Saer, Héctor Bianciotti lo hace con Paul Groussac, quien va a adoptar el español e integrar el corpus literario argentino.

Si retomamos el corpus de esta producción diaspórica antes evocada, surgen rapidamente algunas preguntas: ¿cuáles son las propuestas estructurales, genéricas, lingüísticas, intertextuales que habitan esta literatura?, ¿cuáles son las temáticas que la recorren?, ¿cuáles son los puntos en común y las diferencias —si los hubiera— con la producción dentro de las fronteras?, ¿cómo se vinculan con las tendencias ideológicas y culturales de la cultura de la globalización?, ¿cómo aparece la figura del autor —real, textual, imaginario— a la luz de la nueva situación?, ¿cómo se insertan estas prácticas escriturales en una estrategia de representación, en el caso en que una representación fuera posible?

---

[3] Requeni (1979); Jitrik (2000), cit. por Judith Podlubne y Alberto Giordano, 386. Acerca de Copi, ver Ponce (1988).

***

Desde fines de los años cincuenta y durante los sesenta se instala
en las letras argentinas una crítica de la representación a partir de la
misma práctica literaria. Esto facilita entre otras cosas una reescritura
de la representación de la historia, como forma de cuestionamiento
del presente (David Viñas), una reflexión sobre las formas realistas de
representación que lleva a un cuestionamiento de la estructura y del
lenguaje (Cortázar).

Bajo la dictadura, se prolonga la experiencia de los años anteriores,
en la medida en que difícilmente se puede instalar la ilusión mimética
cuando reina el discurso autoritario. En ese marco se desarrolló una
tendencia por las formas alusivas y elípticas que acerca la producción
intramuros (*Respiración artificial* de Ricardo Piglia) a la exterior (*El
vuelo del trigre* de Daniel Moyano) y esto incluso luego de la vuelta de
la democracia (*Si un hombre vivo te hace llorar* de Clara Obligado). Se
constata también la tentativa de tematizar la experiencia narrativa,
confundiéndola a veces con la experiencia vital, lo que hace que la
escritura sea el tema de la escritura (Saer, Martini, Piglia).[4] Podemos
encontrar este fenómeno en obras que toman como referente la historia nacional reciente o la experiencia del exilio. En dicho contexto, los
escritores que fueron marcados por la expatriación tienden —quizás
un poco más que aquéllos que permanecieron en Argentina— a la
confluencia genérica, con textos de definición indecisa, con formas
conceptuales móviles, que empalman estructuras variadas como el
policial, el fantástico, el ensayo, el testimonio, el minimalismo, la
fragmentación.[5] Dice Daniel Freidemberg hablando de *Estado de
memoria* de Tununa Mercado:

> No se trata de relatos, al menos en el sentido más habitual del térmi-
> no, tampoco de artículos ni de memorias, pero algo hay de todo eso, y
> también de ensayo y de confesión. Aparecido por primera vez en 1990,

---

[4] Esto provoca una redefinición de las tradiciones y los referentes literarios. Borges, Arlt, Macedonio Fernández son vueltos a inyectar en el circuito literario y se
transforman, según los términos de Michel Foucault, en «fundadores de discursivi-
dad» («Qu'est-ce qu'un auteur?», en Bruun 2001: 76-82).

[5] Valga como ejemplo de esto el libro *Los efectos personales* de Cristina Siscar (ver
más abajo).

En estado de memoria no sólo rompía entonces con la noción de género literario o la desconocía drásticamente, sino incluso con la de literatura tal como se la suele entender (1999).

En el fondo, esto coincide con el cuestionamiento del discurso para captar la realidad que a partir de los años setenta-ochenta se generaliza en Europa y en EE. UU. (cf. Casanova 1999), y al que había aludido Édouard Glissant al formular su poética del caos:

> Je partirais d'une poétique des positions actuelles de l'être-dans le-monde, et la vision évidente en sera que l'être est chaotique dans un monde chaotique. La question qui se pose est celle-ci: ce chaos qui fissure l'être et qui divise le monde est-ce le chaos qui précède les apocalypses, les fins du monde, comme une certaine littérature le définit? [...] Ma poétique est totalement à l'opposé. Ma poétique, c'est que rien n'est plus beau que le chaos — et qu'il n'y a rien de plus beau que le chaos-monde (1994: 111).[6]

***

Parece indudable que la experiencia de la extraterritorialidad incide en el hecho literario a todo nivel. La lengua del escritor se permeabiliza con la influencia del entorno, máxime cuando se trata de naciones de habla hispana. Se habla así, entre otros casos, de los escritores «argenmex»: la producción de Myriam Laurini y sobre todo de Rolo Díez es elocuente al respecto. Esta permeabilización no sólo es lingüística, sino que opera también en el terreno referencial, en la relación de la experiencia de los personajes con el medio, en las tradiciones culturales —y en la Historia— que se movilizan en el texto y que interactúan no solamente en el ámbito de lo narrado, sino también en las formas para transmitir ese mensaje. Es decir que el país de recepción puede penetrar el texto del escritor trasnacional a partir de la influencia de sintagmas narrativos (modos de contar, de armar un relato), de figuras de lenguaje (uso de ciertas formas paródicas en México), de mitemas.

---

[6] El conjunto de la obra crítica de Glissant se caracteriza por la transgresión genérica: sus textos no corresponden a lo que se entiende por ensayo tradicional, tanto a nivel de la estructura como del lenguaje y de la metodología de análisis.

La expatriación también incide en la temática en la que se podrían englobar los textos diaspóricos. De Diego (2000) se ha referido al exilio y ha determinado algunos temas: «la experiencia de la pérdida, la separación, el desarraigo», a la que se le suma la experiencia del exilio propiamente dicho; la pérdida que provoca una «deriva espacial» y una fractura identitaria; la «reinterpretación» de la historia reciente. Si extendemos el análisis hasta estos últimos años, se constata que la experiencia de la pérdida, si bien se mantiene, es dominada por el relato de la instalación en el nuevo país y el choque cultural resultante. El propio de Diego señalaba la existencia de «una novela extraña por lo atípica», *Yo soy del jet-lumpen* (1990) de Paula Wajsman, donde «el exilio, en vez de producir una fractura de la identidad, la reafirma como un recurso de supervivencia». A nuestro juicio, se trata de un antecedente de una producción más vasta que va a desarrollarse en el futuro, y que propone otra reconstrucción identitaria y se empalma con el análisis de *La sombra del jardín* de Cristina Siscar (ver más abajo). Indudablemente, esta nueva propuesta se conecta con la segunda tematización evocada por de Diego, pero la errancia, en el marco de un proceso de deconstrucción de la identidad, sirve como punto de partida para su reconstrucción. El tercer eje temático se amplia: de la historia reciente pasamos a revisitar el siglo XIX y el siglo XX, pero con la misma intención de evocar el presente. Por fin, se publican ficciones que borronean la precisión del espacio referencial (*Si un hombre vivo te hace llorar*) y que aluden de manera más o menos implícita a sociedades globalizadas; relatos que se sitúan claramente en paisajes ajenos, sin que asome la presencia de un personaje argentino, y que parecen aceptar los principios del multiculturalismo (todo esto no implica, claro está, que la literatura diaspórica argentina se halle desconectada de la literatura argentina intra muros, latinoamericana o universal; así, algunas de las formas o temáticas asumidas por ella pueden coincidir con aquéllas de otros países).

Estas transformaciones textuales condicionan asimismo la circulación de los libros. El extranjero se ha transformado en un tema corriente en la literatura europea y norteamericana, y al mismo tiempo las diásporas han terminado por crear un nuevo tipo de lector, que podríamos llamar «transnacional» latinoamericano. Este hecho es elocuente para la comunidad cubana de Estados Unidos, y se concreta además en el terreno de las más variadas actividades culturales (creación de revistas, diarios, radios, canales de televisión, representaciones teatrales, música, cine, etc.). Existen pues nuevas formas de circulación del producto cultural porque lo transnacional se compagina con la transculturización. Del mismo modo, la inserción de la literatura de la diáspora en el ámbito de la literatura nacional obedece a principios diferentes a los que rigen para la literatura local. Los libros de los escritores diaspóricos, en algunos casos, son editados en el país de residencia del autor y no circulan en el ámbito al cual estaban destinados originalmente; en otros casos, la ausencia del escritor implica la desconexión con los espacios de difusión cultural. Nos encontramos así con una masa de textos «fronterizos», situados en una especie de tierra de nadie de cara a la literatura nacional, que reciben escasa o ninguna legitimación de parte de la academia, la crítica y el lectorado en general.

***

Ahora bien, si la experiencia de la desterritorialización puede ser traumática, si lo es también la experiencia del llamado «exilio interior» bajo la dictadura, no lo es menos la experiencia del retorno o del «desexilio», para retomar el término acuñado por Mario Benedetti (1994). La novela *La sombra del jardín* de Cristina Siscar, publicada en Buenos Aires en 1999, más de diez años después del regreso de la escritora del exilio en Francia, tematiza la experiencia del extrañamiento, acerca la ficción a la autobiografía —lo que implica una cierta ficcionalización del autor o de la función autorial— y nos parece que se inscribe plenamente en lo que hemos estado definiendo hasta ahora como literatura de la diáspora.

En efecto, la novela se caracteriza por un cuestionamiento identitario de la narradora-protagonista, una exiliada argentina en París, que sus amigos marionetistas de la compañía «Imago Mundi» bautizarán de manera alusiva «Miss Poupée» (20) porque quiere fabricar los muñecos para los espectáculos. El cuestionamiento parte de la fragmentación biográfica, espacial, temporal, y del astillamiento de la Historia[7] como lugar de memoria personal y de identidad sistemática y unívoca, desde el *incipit* de la novela:

---

[7] Glissant habla de una «archipielaguización» de la historia (1997: 31).

Nevaba. Era la primera vez que yo veía nevar. Estaba en la [*sic*] Square Saint-Jacques, a punto de salir de viaje, y no tenía guantes. Entre una bufanda roja y una boina azul, suspendidas sobre el blanco, asomaban mis ojos.

Ahí, en el kilómetro cero de París, lugar de reunión y de partida, se anudaban para volver a desatarse, igual que las vías al entrar y salir de una estación, los hilos de una historia que había empezado a tejerse tres meses atrás, el día de mi llegada a la ciudad. O tal vez mucho antes, con los sucesos que, desde el otro lado del océano, me habían empujado hasta el centro de esa plaza donde estoy a las dos de la tarde de un día de enero, de comienzos de enero, hace años (Siscar 1999: 9).[8]

Este comienzo de la novela es doble: por un lado abre la ficción, y por el otro, para la protagonista, tiene todo de un nacimiento, de un principio original de todas las cosas. La narradora descubre por primera vez la nieve, se encuentra en tierra francesa (ver los colores citados), en un lugar paradigmático para el desplazamiento (ver más abajo), y para la narración de ese viaje («los hilos de una historia») que anuncia de entrada la multiplicidad de desplazamientos a lo largo de la Historia («O tal vez mucho antes…»). Viaje y narración surgen de entrada como una de las claves de la novela, a imagen y semejanza de muchos otros textos trasnacionales (*Libro de navíos y borrascas* de Daniel Moyano, *La hija de Marx* de Clara Obligado, *A sus plantas rendido un león* de Osvaldo Soriano, *Siroco* de Vicente Battista, *De Pe a Pa. De Pekín a París* de Luisa Futoransky, *En estado de memoria* de Tununa Mercado, etc.).

El cuestionamiento identitario que aparece desde el comienzo de la novela de Siscar, dijimos, se separa del concepto de identidad como forma absoluta y única, y en el contacto con los otros deriva en una construcción rizómica.[9] Se aleja del *ghetto* —en ningún momento del relato la protagonista encuentra o busca a argentinos—, para confluir con

---

[8] Todas las citas pertenecen a esta edición. El kilómetro cero aludido es el square Saint-Jacques, de donde partían los peregrinos a Santiago de Compostela.

[9] «L'idée de l'identité comme racine unique donne la mesure au nom de laquelle ces communautés furent asservies par d'autres, et au nom de laquelle nombre d'entre elles menèrent leurs luttes de libération. Mais à la racine unique, qui tue alentour, n'oserons-nous pas proposer par élargissement la racine rhizome, qui ouvre Relation? Elle n'est pas déracinée: mais elle n'usurpe pas alentour. Sur l'imaginaire de l'identité racine —unique, boutons cet imaginaire de l'identité— rhizome (Glissant 1997: 21).

europeos, africanos, latinoamericanos, asiáticos. Las nacionalidades de los marionetistas con los que empieza a trabajar son diversas: nigeriano, indú, polaco. Iván nació en Rusia, se crió en Quebec, vivió en Londres y en Haití antes de anclar en Francia. Parece resonar la frase de Glissant: «À l'Être qui se pose, montrons l'Étant qui s'appose» (1997: 21).

El signo de Miss Poupée es la errancia, como lo es para todos los titiriteros:.

> Con el tiempo vas a aceptar que todos los lugares son lo mismo para la gente como nosotros [Iván se dirige a Miss Poupée; la aclaración es nuestra]. Nuestra casa puede estar en cualquier parte y en ninguna. Ya no hay hogar. Hay edificios que nos cobijan provisoriamente, la kombi, paisajes, tu bolso, los recuerdos (77).

Así, la novela comienza en las calles de la capital y prosigue en el departamento de Stanislav y de la compañía (9-24; el traslado al campo ocupa las páginas 25 a 31). El segundo espacio físico en el que se establece la protagonista es el de la casa de campo de Iván (32-86), con un lugar de preferencia, el desván en el que encuentran las pinturas abandonadas de una tal Stella. De allí la compañía se dirige a Lieja (86-94), para comenzar las representaciones. Este desplazamiento coincide con la enfermedad de Miss Poupée. Al sanar, la protagonista decide regresar al pueblo cercano a la casa de Iván, buscando el destino de Stella. La mujer no ha retenido el nombre extranjero («En la estación compro un mapa de Francia, y un estudio minucioso me indica que no figura ningún pueblo o pequeña ciudad, en todo el noroeste, llamado *Envers*. ¿O era *Revers*? ¿O, quizá, *Rêveur*?», 93). Sigue a esto una largo recorrido infructuoso para hallar el lugar, que empieza en el tren y sigue por pueblos y ciudades de la región de Bélgica (Lieja-Bruselas) y del noroeste de Francia (94-127; lugares sin nombre, Reims, Bar-le-Duc, Epernay, Verdún, Champaña, Lorena). Luego regresa por un corto lapso de tiempo a París, donde conoce al profesor chileno Lucio, especialista en tango (128-139). A continuación la encontramos compartiendo una casa en los Alpes con una exiliada búlgara, Hanna (139-150). Se trata de un prolongado período de dos años caracterizado desde el punto de visto diegético por la elipsis y el resumen. La novela se cierra con la protagonista rumbo a la estación de trenes, sin que se nos indique el destino (150).

Los primeros encuentros de la protagonista con extranjeros se producen en París («la primera y única puerta que me han abierto», 130, dice en la última parte de la novela), que opera así como un *locus* generador de expectativas y como detonador narrativo. París aparece entonces como un centro y el Square Saint-Jacques, en el que le ha dado cita Stanislav, es a su vez el centro en el centro,[10] pero que, en lugar de proponer un atadero, es antes que nada un núcleo estructurador de movimientos centrífugos. París es punto de partida y lugar de paso, pero si la novela comienza allí, cuando la visita por segunda vez la protagonista no es más la misma: ha sido atravesada por la experiencia y por el contacto con el otro. El espacio urbano, lejos de ser el territorio del refugio, es el lugar del cuestionamiento, de la interrogación y de la errancia. Iván le dice a Miss Poupée: «Caminos, eso es todo lo que hay para nosotros; hacer un alto en el camino, cavar, enterrar una semilla y seguir andando. No somos de los que se quedan a ver florecer el jardín» (77). La errancia constante parece ser la Itaca a la que quería volver Odiseo:

> ¿Y a dónde regresar? ¿Es Ítaca el desván con los cuadros de Stella? ¿La casa de Iván en medio de los bosques? ¿Acaso la buhardilla de París? ¿O el departamento devastado en Buenos Aires? (95-96).

La dispersión desmonta la lógica espacial. Cuestiona el punto de llegada, pero también el punto de partida, para imponer la noción de tránsito. ¿Dónde empieza la historia?, se pregunta Miss Poupée. ¿En París, tres meses antes? ¿En Buenos Aires? Además, faltan los elementos que faciliten el reconocimiento y en cierto modo la posesión del entorno. La condición de extranjera es doble: la protagonista no sólo está descubriendo la ciudad —recordemos que apenas hace tres meses que ha llegado a Francia—, sino que también la nieve complica las posibilidades de reconocimiento, en la medida en que oculta las formas (no es casual por eso que compare el paisaje a un grabado japonés, 9): «Nieva antes del mediodía, de modo que el paisaje se ha vuelto poco a poco doblemente extranjero» (9; el mismo procedimiento es repetido en la casa de campo de Iván, 84 y 86).

---

[10] Recordemos además que Miss Poupée está en «el centro de esa plaza» (9). Las figuras concéntricas, más que concentrar, provocan un efecto de dispersión.

La desterritorialización redunda luego en un cuestionamiento de la escritura, que debe reconstruirse a partir de signos inciertos e imprecisos, de marcas que van dejando su impronta en el texto, como las huellas o la «S» (la chica judía se llamaba Stella, lo que hace pensar en «estela»). Así las huellas que se borran en la nieve (10),[11] los dibujos sinuosos que va dejando con una rama (15), abandonando inconcluso un pedido de auxilio (S.O.S.), el rastro de algún animal desconocido (56), el movimiento en «S» de Stella huyendo de los nazis («corre entre los árboles del otro lado del arroyo», 76) o las propias huellas que vuelven a reaparecer cuando abandona la casa en los Alpes (150)[12] aluden a una transitoriedad frágil, a una nueva forma de relación con el espacio.

El cuestionamiento de la escritura atraviesa la errancia y la fugacidad (cf. Suleiman 1977). Se trata de definir nuevas formas de la memoria y de la apropiación. Una frase da vueltas por la cabeza de la protagonista, sin que logre en ningún momento localizarla (las repeticiones son variadas, 95, 98, etc.), vincularla con algún libro: «un lugar para este no saber dónde estar». El verso, lleno de significaciones y al que la protagonista puede identificarse límpidamente, pertenece a César Vallejo. El destino de este verso errante se compara a la grabación de las historias que narraron los miembros de la compañía una noche, en casa de Iván, y que constituyen pese a todo una forma de hilar esas historias:

> Indiferentes, mezcladas, imbricándose y contestándose azarosamente, las voces ya no eran nuestras voces sino algo todavía más inmaterial, sin memoria de las bocas: diálogo de ecos, o eco múltiple, plural, puro eco yendo y viniendo por las montañas, difundiéndose y perdiéndose a lo lejos (146).

Miss Poupée atraviesa así un proceso de formación, de aprendizaje —que aún no ha culminado al terminar el libro—, puntuado por diversas etapas. Aparece la «muerte simbólica», cuando cae enferma y

---

[11] «Sólo un breve puente entre la lluvia y la nieve, me digo, conduce del sonido al silencio: apenas una leve cohesión por la cual la materia, densa, resistente, admite por un instante nuestras huellas» (10).

[12] Como una página aún sin escribirse: «Mire donde mire, todo es blanco. Blanco a los costados, arriba, abajo, blanco adelante y, salvo mis huellas, blanco atrás» (150).

pasa una semana en un estado de semi-inconciencia («La cara es de Nimis. Me da un vaso de agua, remedios. ¿*Renaciendo*?, me dice», 88; énfasis nuestro).

En su aprendizaje, la mujer descubre también que otras personas, en otros tiempos y en otros lugares, han conocido experiencias similares a la suya («empiezo a creer que en la espesura se esconden las imágenes de momentos pasados, las huellas anónimas, esos jirones que la historia desecha», 82). Los objetos personales —que son en suma afectos personales— quedan abandonados como señas de identidades perdidas, como marcas o tatuajes (por evocar el título de otros libros de Siscar).[13] De tal modo, en la casa de campo de Iván, uno de los marionetistas, encuentra en la buhardilla diversos cuadros abandonados. A pesar del misterio que rodea la historia de la muchacha —el casero, Monsieur Fader o Guy, su supuesto novio, se niegan a suministrar cualquier tipo de información— se entera que la autora es Stella, la joven judía polaca, que vivió allí durante la segunda guerra mundial (91). Los cuadros son objetos, son afectos, y también son una forma de escritura que permanece como un eco en el texto. Más tarde, la protagonista descubre grabadas en un árbol las iniciales «S y G» y una fecha, 1942 (73), cree ver en la tierra la misma escritura («Los perros están echados en la galería, junto al balde vacío. Y el viento levanta la tierra en remolinos que forman, fugazmente, dos iniciales: S y G», 81). Las iniciales aluden a una posible historia de amor entre la muchacha judía y Guy, un campesino de una granja vecina (79-81).

Con las informaciones que va recogiendo, Miss Poupée ata cabos y reconstruye (resignifica) el destino de Stella, que supone judía, descubierta por los nazis y trasladada a algún campo de concentración. La traza es una forma de resistencia contra el olvido, contra el pensamiento organizado como sistema del «ser único», de la identidad única y dominante. Varias veces en el texto la protagonista evoca su pasado en Argentina: quiere mostrarle a su amiga búlgara Hanna «en un espejito quebrado y oscuro, un río de nombre mentiroso que nadie quiere ver» (142). Ese Río de la Plata tan innominado como la prota-

---

[13] *Tatuajes / Tatouages* (1985). Los otros libros publicados por Cristina Siscar son los siguientes: *Reescrito en la bruma* (1987); *Lugar de todos los nombres* (1988); *Los efectos personales* (1994). Escritura, espacio, marcas son las características de estos títulos.

gonista es otro dibujo textual que consigue plasmarse en signo a partir de un giro. Es alusión, astillamiento. Cuando en casa de Iván cada uno cuenta algo —un recuerdo, un deseo—, la narradora sólo encuentra asidero en un bolso de cuero —que luego, por supuesto, va a perder—, el único objeto/efecto/afecto, regalo de una amiga, que ha podido traer de su país. El objeto sirve como disparador narrativo para contar un recuerdo de la represión y la persecución: «Las cabezas se inclinan, se aprestan a escuchar lo que se cuenta una vez, para siempr» (43).

Se tejen así en la errancia del trasterrado las marcas del borroneo identitario que lo acercan a otras historias inconclusas: los cuerpos se disgregan, se esfuman, se desmaterializan, pero para volver a formarse de otro modo, en un movimiento perpetuo y continuo que va más allá de los límites territoriales y cronológicos:

> Sin duda también ha construido, segmento a segmento, mi cuerpo, mi expresión, y ahora toda la maquinaria cerebral se ha puesto en marcha para encajar los datos visuales con la voz y la pregunta. Pero todavía no pertenezco al orden de lo real, donde las cosas existen por sí mismas; si Iván cierra los ojos o se distrae, corro el riesgo de disgregarme, quizá sin dejar un solo trazo de mi presencia en ese espacio que, en lo que dura un parpadeo, podría recuperar su blancura (75).

> Me quedo sentada en lo que ha sido la base de una columna. Durante un tiempo impreciso, horas quizá, se repite en mi mente una visión: la bóveda, lo que aún resta de ella, se derrumba totalmente, y el fresco desaparece en el suelo, convertido en una capa de polvo; y otra vez la bóveda derrumbándose y el fresco hecho polvo para siempre y el viento dispersando el polvo y la lluvia diluyéndolo y así... (83).

> La monja ha cerrado el libro y los ojos. De soslayo espío el sombrerito violeta, el echarpe violeta, que enmarcan la cara de la anciana, pero no consigo ver la cara, la cara tal vez se hunde y disuelve irremediablemente, minuto a minuto (101).

> Nada cambiaría, si la estación estuviese a oscuras. Los viajeros se esfuman apagando sus rastros. Quedará tal vez un botón, una hebilla en un rincón, una raya indescernible en alguna pared, un boleto que barrerán más tarde (102).

La perpetuidad de la disolución y de la reconstrucción insiste en la fugacidad de los seres y los hechos, pero también en la fuerza de las convicciones y en la necesidad de la Historia.

El cuestionamiento identitario que sufre Miss Poupée se amplia en el presente de la diégesis, puesto que es confundida en las calles de París con una griega, con una iraní o con una italiana —es decir, con un ramillete de otras historias personales, de persecución, de condena, de olvido—, le hablan en lenguas incomprensibles; Stanislav piensa que es polaca porque cuando la ve por primera vez (12-13) está leyendo —único texto rescatado de la hecatombe en Argentina— un libro de Witold Gombrowicz... El nigeriano Gniagá la recibe con un elocuente «Welcome, signorina» (19) antes de hablarle directamente en inglés. Esta presencia multilingüística es el signo de un desdoblamiento, de una ampliación del lenguaje textual que combina, incorpora, mezcla otras hablas y que, en cierto modo, deja de ser monolingüe. Es ésta otra característica distintiva de la literatura de la diáspora: traer otros aportes a la lengua argentina, formular nuevas propuestas de construcción de la frase, generar nuevas síntesis. O como descentrar la lengua referencial, la lengua del supuesto centro.[14]

El problema de expresión de la protagonista termina por imponer una lengua abreviada, trunca, o una lengua telegráfica que quiere contar una historia, como un balbuceo, como la voz de un niño que aprende el lenguaje («Por medio de gestos, y recurriendo finalmente al lenguaje esencial, telegráfico, consigo decir lo que nunca había dicho»; «Oigo mis últimas palabras, pero no sé si oigo lo que digo o lo que pienso, si es un eco de lo que dije o una sombra de lo que quiero decir», 22). El aprendizaje de la nueva lengua es lento y traumático, y el proceso alcanza su punto culminante desde el punto de vista dramático en los Alpes, cuando la comunicación con Hanna se reduce a lo esencial, pasando por la mudez o el grito, e incluso la inmovilidad (147):

> Hanna es búlgara y parece muda. Con los vecinos y los clientes habla lo estrictamente imprescindible, y en general prefiere comunicarse por señas. Esta conducta, lejos de constituir un obstáculo, es apreciada como una emanación del lenguaje elemental de sus productos. Yo la imité en

---

[14] «[...] le multilinguisme n'est pas quantitatif. C'est un des modes de l'imaginaire» (Glissant 1997: 26).

forma espontánea, sin esfuerzo, como si ésa hubiera sido mi condición natural, una restitución más que una pérdida, y un cierto modo de la felicidad. Así fue que, desde el primer momento, ella y yo sellamos un pacto —obviamente tácito— de mutismo (141).

Otro medio de comunicación que debemos tomar en cuenta es el lenguaje de los cuerpos. En varios textos de la diáspora, el contacto físico, el amor con el «otro extranjero» sirve para acercar a los errantes y les permite que encuentren un medio para romper el silencio (es el caso de Miss Poupée con Gniagá y Stanislav).

El ícono de esta empresa de comunicación lo encontramos en el trozo de sobre (otro objeto/afecto de los «otros», otro fragmento de una realidad caleidoscópica y caótica) que descubre en un rincón de su buhardilla, bajo la alfombra. El matasellos borroso —como una escritura insegura— indica una fecha, 1936 (15), y la estampilla representa un castillo muy similar a la casa de campo de Iván. Cierta forma de expresión es pues posible, a pesar del castigo de la historia: 1936 que recuerda el ascenso imparable del nazismo y el comienzo de la guerra civil española. La representación, borrosa por momentos, permite fijar en el papel las marcas de la realidad, y en cierto modo destacar su independencia como objeto autónomo de la imaginación rizómica. Esto se corrobora en la diégesis, cuando de regreso de Bélgica, la protagonista comienza un fracasado peregrinaje —el constante ir y venir del exiliado— a la búsqueda de la casa de campo en la que estuvo alojada. Las búsquedas infructuosas repercuten en el plano de la lengua: la protagonista no retuvo el nombre del lugar en el que se hallaba la casa. Debe rastrear ese signo (*Envers, Revers, Revêur*, es decir. «hacia», «reverso», «soñador»), para llegar al significado, en bibliotecas y oficinas de turismo, interrogando a fastidiadas empleadas administrativas. La ficción en la ficción —la estampilla con la imagen del castillo— se impone a la realidad en la ficción —la casa de campo de Iván.

Se tematiza en suma la empresa de dar una imagen del mundo, lo que nos remite al nombre de la compañía de marionetas, «Imago Mundi» (19). Este nombre que viene del Medioevo, fue adoptado por varios libros y enciclopedias, y remite al concepto de reunión de la belleza y el saber, de la estética y la verdad, la búsqueda edénica y mítica de un «jardín de al lado». O sea que esta búsqueda posiciona a la escritura ante sus responsabilidades epistemológicas (cf. Meschonnic 1973). Como vemos, una de las preocupaciones de esta novela, la escritura de la escritura, coincide plenamente con las preocupaciones de otros escritores «nacionales» del período. Sin embargo, estas preocupaciones son sistemáticas y constantes en los narradores de la diáspora y se caracterizan por la construcción rizómica que dispersa la ilusión de una identidad argentina unívoca (Wajsman, Mercado, Siscar).

Lo mismo podría decirse de la reivindicación de una tradición de cultura universal a la que adscribe el texto y que ya es sabido es una vieja toma de posición de Borges. La intertextualidad nos remite a una vasta tradición que pasa por Gombrowicz, las leyendas de Nigeria, las canciones indúes, los cuadros de Vermeer, los versos de Vallejo o Arolas, y por fin una fotocopia enviada por el chileno Lucio, que contiene el fragmento de una canción y un comentario analítico. La autora de este texto señala que, de las tres versiones conocidas de la canción comentada, prefiere «la que está fechada en *Revers* en 1396». La parábola se cierra: una versión parece acercarse a cierta verdad y confirma la búsqueda emprendida por la mujer en la diégesis. La inversión de las fechas (1396 y 1936) completa el dispositivo: 1396 es la fecha de la invasión de los otomanos a Bulgaria (el país de Hanna), la tentativa de imponer un sistema sobre otro, lo que genera dispersión, diáspora rizoma.

Si la narradora adhiere a la tradición cultural universal, es porque su historia personal se empariente con la Historia de la humanidad, con una transhistoria en la cual el instante coincide con la eternidad de la repetición. La represión que conoció en Argentina es la misma ejercida por los nazis en Plaszaow (46), cuando asesinaron al padre de Stanislav, o por el Imperio Otomano invadiendo Bulgaria. El único cuadro fechado en la buhardilla es de 1940. Los nazis persiguen y reprimen a los artistas. Stella es víctima de esa represión, como la protagonista en Argentina: «Ahora todos los jardines intemporales rodean a la muchacha de 1940» (52). Mediante este juego, el personaje/autor sin nombre le da autenticidad a la ficción y, sobre todo, autentifica lo imaginario. El texto deviene memoria de la dispersión y es el «lugar para este no saber dónde estar» (95) que reclama la trasterrada. La identidad del Ser se convierte en formación del Siendo.

En *La sombra del jardín* encontramos una práctica poética que invierte algunas constantes de la literatura del exilio y que anticipa otras de la literatura diaspórica. La errancia y el viaje no sólo son búsqueda, sino también encuentro y arraigo, curiosidad de lo nuevo. La protagonista no precisa guías en la tarea que emprende. Le basta con la ayuda y la solidaridad de los titiriteros o del profesor Lucio, aunque queda claro que el camino está sembrado de obstáculos (empleadas administrativas fastidiadas, exiliados traumatizados como Hanna). Miss Poupée acepta la errancia, investiga, se enfrenta al silencio, busca, busca (cf. Vierne 1973). Las trazas y las huellas que va dejando a su paso llevan el germen del imaginario liberador y creativo, los rizomas significantes que son apertura, opacidad, mezcla.

BIBLIOGRAFÍA

BENEDETTI, Mario (1984): *El desexilio y otras conjeturas*. Madrid: El País.

BERNABÉ, Jean/CHAMOISEAU, Patrick/CONFIANT, Rafael (1989): *Éloge de la créolité*. Paris: Gallimard.

BOURDIEU, Pierre (1992): *Les règles de l'art. Genèse et structure du champ littéraire*. Paris: Seuil.

CASANOVA, Pascale (1999): *La République Mondiale des Lettres*. Paris: Seuil.

DE DIEGO, J. L. (2000): «Relatos atravesados por los exilios», en Jitrik, Noé (dir.), *Historia crítica de la literatura argentina, La narración gana la partida*. Buenos Aires: Emecé, vol. 11, pp. 431-458.

FOUCAULT, Michel (2001): «Qu'est-ce qu'un auteur?» [1969], en Bruun, A., *L'Auteur*. Paris: GF-Corpus, pp. 76-82.

FREIDEMBERG, D. (1999): «Revista Ñ», en *Clarín*, 7 de febrero.

GLISSANT, Édouard (1994): *Le chaos-monde, l'oral et l'écrit. Écrire la parole de nuit*. Paris: Gallimard.

— (1997): *Traité du Tout-monde. Poétique IV*. Paris: Gallimard.

JITRIK, Noé (dir.) (2000): *Historia crítica de la literatura argentina. La narración gana la partida*. Buenos Aires: Emecé.

MESCHONNIC, Henri (1973): *Pour la poétique II. Epistémologie de l'écriture. Poétique de la traduction*. Paris: Gallimard.

PONCE, Néstor (1988): «Copi: la irrespetuosa búsqueda del ser», en *El Público*, n° 56, mayo, pp. 47-49.

REQUENI, A. (1978): «Coherencia rilkeana», en *La Prensa*, marzo.

SAER, Juan José (1981): «Exil et littérature», en *Les Temps Modernes, Argentine entre populisme et militarisme*, n° 420-421.

SISCAR, Cristiana (1985): *Tatuajes / Tatouages*. Edición bilingüe español-francés. Paris: Ediciones del Correcaminos.

— (1987): *Reescrito en la bruma*. Buenos Aires: Per Abbat.

— (1988): *Lugar de todos los nombres*. Buenos Aires: Punto Sur.

— (1994): *Los efectos personales*. Buenos Aires: Ediciones de la Flor.

— (1999): *La sombra del jardín*. Buenos Aires: Simurg.

STEINER, George (1978): *Après Babel. Le langage et la tradition gnostique* [1975]. Paris: Albin Michel.

SULEIMAN, S. (1977): «Le récit exemplaire. Parabole, fable, roman à thèse», en *Poétique*, n° 32, noviembre.

VIERNE, Simone (1973): *Rite. Roman. Initiation*. Grenoble: Presses Universitaires de Grenoble.

WAJSMAN, Paula (1990): *Yo soy del jet-lumpen*. Buenos Aires: Ediciones de la Flor.

Asteriscos sobre el exilio

Enrique Fierro

Para un homenaje a Fernando Aínsa

La poesía intenta, aunque sea en vano («hablar por hablar /
no decir nada / hablar en vano / escribir en vano») constituirse en
el lugar del lenguaje donde se conjugan espacios y tiempos que
superen las falsedades en que vivimos cuando pretendemos
hacer a un lado esa nuestra condición primera: la de ser
exiliados.

Entre el cuerpo físico y el cuerpo de la historia el cuerpo del
lenguaje, la memoria, las marcas y señales del lenguaje de la
poesía, que son y no son las marcas y señales del cuerpo físico
y del cuerpo de la historia.

Los poemas se escriben con las palabras que han sido y de pronto
ya no son las de la comunidad a la que perteneciste, aunque hacia
ella, consciente o inconscientemente, te dirijas o creas dirigirte.
Por eso pudiste, en un homenaje al poeta Julio Herrera y Reissig,
un exiliado interior del Modernismo hispanoamericano, afirmar,
no sin temor a equivocarte: «La patria: / la página / en blanco».

El exilio es este andar como traspapelado por la extrañeza de los cuerpos, de los lenguajes, de las historias hasta el día del regreso, cuando, como nos recordó Novalis, «todo será cuerpo».

Escribir poesía es aceptar y negar, al mismo tiempo, el exilio, que es, como le oí a alguien en México, «una operación irreversible».

En un abrir y cerrar de ojos puedo tener una experiencia de exilio: cierro los ojos y me exilio del mundo, abro los ojos y me exilio del sueño. Por eso algunos, desde su exilio, sea de la índole que sea, miran el mundo con los ojos cerrados pero sin párpados.

A veces, en el exilio, uno sale de caza, mayor o menor. Uno sale a cazar una palabra y se encuentra con una fuga de palabras.

Los siempre exiliados muchas veces nos callamos (que es una manera de exiliarse del discurso del poder) y de pronto hasta logramos hacer silencio, para oírnos y para que no nos oigan, porque a veces no queremos que nos oigan. Pero otras muchas veces hablamos en voz bien alta sin dejar de ser exiliados: ahora ilusos exiliados del silencio. Silencio del que venimos y hacia el que vamos. Cito de otro homenaje, esta vez al poeta mexicano Alí Chumacero: «Ingenuamente lo pensamos: / campo y mujer otros lugares / fértil el viaje entre los hombres / (hacia el escándalo callado / el corazón enloquecido)».

Cuántas veces los exiliados que escribimos en español hemos repetido los versos iniciales del Cantar I, el del destierro, del *Poema de Mío Cid*: «De los sos ojos tan fuertemientre llorando / tornava la cabeca y estávalos catando».

El hambre y la sed de palabras crecen con el exilio, exilio que es profundidad y en donde la escritura poética deviene una conducta. Pienso, siempre, en Luis Cernuda. Aunque hubiesen sido los poemas americanos de Rafael Alberti, quien vivía allí nomás, en Buenos Aires, a los que volvía una y otra vez en mi infancia y adolescencia: la guerra civil española y una de sus secuelas, la llamada España Peregrina, eran tema recurrente en las conversaciones de mi familia y con mis amigos.

En el tiempo de las certezas, antes del de las dudas (Duda trabaja hasta las once / de la noche desde la mañana / en cambio Certeza no trabaja) pude escribir, no bien me instalé, exiliado forzoso, en México, lo siguiente: «Este Viento de Inferno / que sacude la tarde / (¿dónde Lopez Velarde?) / del Invierno al Averno / lo sabemos Eterno: / ¿llega al Sur?, ¿Montevideo / desaparece y el Frío / grita y enmudece el Río / de la Plata? Ya lo creo». ¿Ni aquí ni allá, ni ahora ni siempre, la negación de la poesía por las palabras del poema no logrará nunca convertirse en negación de la negación, en regreso a los orígenes? ¿La poesía es, entonces, una tarea imposible? ¿Abandonada por los dioses, abandonada por la historia, no le queda otra opción que abandonarse a sí misma para empezar a fojas cero, con la nada que es la sustancia del exilio, como único sustento? Pregunto y me pregunto y no sé cómo ni qué responder.

En el exilio la poesía pone de manifiesto u oculta (o, mejor: pone de manifiesto y, a la vez, oculta) contradicciones que, en un mismo gesto verbal, construyen y destruyen un laberinto que no conduce a ninguna parte. Me vienen a la memoria los conocidos versos de uno de nuestros raros (¿no debería decir exiliados?), el peruano Martín Adán: «Poesía no dice nada: / Poesía se está, callada, / escuchando su propia voz».

Del centro salió obligada hacia la periferia una innumerable cantidad de gente y hoy el centro no entiende cómo tantos de los descendientes de esos exiliados regresan y los vuelve a exiliar o los acepta pero como exiliados interiores. ¿Llegará algún día a preguntarse el centro: quién que es no es un exiliado?

Los poetas y los frutos de su trabajo, los poemas, son y están exiliados en este mundo en que vivimos regido por las (hasta ahora) irreductibles leyes del Mercado. Salvo los que han devenido mercaderes y que, es triste comprobarlo, me atrevería a decir que ya son legión. La de los que han

vuelto sedentarias a las palabras, que pasan así a
convertirse en las palabras muertas de no se sabe qué tribu. O
de ya se sabe qué tribu...

Aunque te sepas en un callejón sin salida, o a la deriva,
al margen, errante, como un apestado, no debes olvidar que
siempre hay palabras (las de verdad) con las que podrás
construir un orden (o un desorden) dinámico superior
que te permitirá estar al mismo tiempo dentro y fuera de ti,
dentro y fuera del mundo de los otros, los que te convirtieron
en lo que ahora eres: uno más de la diáspora, un condenado
al ostracismo, alguien que ha sido proscrito para
siempre jamás. Con la memoria a cuestas podrás inventar,
innovar como jamás podrán hacerlo quienes se han apropiado
de lo que te robaron pero no saben qué hacer con ello.

Aunque sea impensable un más allá del lenguaje que nos permita
observar el lenguaje, a eso es lo que los exiliados del lenguaje
oficial, el del poder, nos proponemos llegar.

La palabra poética es fundacional y por eso transgrede el orden,
sea éste de la naturaleza que sea. A ello se debe que quienes deciden
por los demás la hacen a un lado, la colocan en una situación anómala:
la del exilio. Que es la condición ideal para recuperar la
sintaxis perdida e inventar una nueva.

A veces el exilio se convierte en un lenguaje cuyos "contenidos"
se logran por medio de la ausencia, gran generadora de proximidades.

Bellísimas elegías han sido compuestas en medio de la
adversidad de un destierro inapelable. Y así la distancia y el olvido
son derrotados una y otra vez.

En parte retomo algo que ya planteé y esbozo una respuesta
tentativa: el que obra desde el exilio obra siempre a fojas cero,
tiene que empezar todo otra vez, en la seguridad de que no
será de una vez por todas. Esta es una experiencia que siempre
se debe agradecer. Por eso alguna vez dije y ahora repito: gracias
al exilio, que me ha dado tanto.

CALLE CAULAINCOURT

Alfredo Fressia

Domingo de mañana. Me bajé en Batignolles para comer algo en el café de Jacky, pero es domingo y está cerrado. Sigo a pie hasta la plaza Clichy, puede ser que encuentre algo abierto, después subiré la calle Caulaincourt hasta la casa de Jean-Francis. El apartamento de Jean-Francis es triste y lindo, una buhardilla en un callejón sin salida cerca del metro Lamarck-Caulaincourt. El problema es subir la calle Caulaincourt, que es curva, en repecho y parece no acabar nunca, como en las pesadillas.

Era claro que todo iba a estar cerrado en la plaza, tenía que haberlo previsto, considerando mi suerte. Me siento un momento en una acera, porque esta plaza no tiene bancos, no es más que un corredor urbano, desertado a esta hora. Miro el boulevard Clichy, las puertas cerradas de la librería donde Jean-Francis trabajó varios años y que en sus buenos tiempos abría hasta muy tarde en la noche. Cerca está la joyería La Turquoise, donde los travestis brasileños llevan los cheques. Muchos clientes les pagan con cheque y ellos no tienen papeles, no pueden abrir una cuenta bancaria para depositarlos. La dueña de La Turquoise, Madame Bordelais, por pura gentileza, y mientras esto no le comprometa su declaración de impuestos, deposita los cheques en su propia cuenta y les da el dinero. Es una gauchada, si puedo usar esa palabra aquí, sentado frente a la plaza Clichy, pensando en las dificultades de los travestis brasileños. Una gauchada es lo que yo precisaría ahora, alguien que me llevara a casa de Jean-Francis. Soy joven todavía, es cierto, tengo treinta y pocos años. Pero hoy dormí poco, siento frío, tengo el estómago vacío y poca suerte.

En la mitad de la plaza se levanta el monumento al mariscal Moncey, el que defendió París, al fin del imperio napoleónico, contra la invasión rusa. Pienso que los travestis están acá para juntar plata, y también sueñan con nobles rusos (pero pueden ser ingleses) que se enamoran de ellos. A veces logran lo primero y vuelven a Brasil con plata como para comprarse por lo menos un apartamento. Yo no tengo ninguno de esos proyectos. Pero desde 1978 vengo aproximadamente cada dos años. Este promedio durará hasta mediados de la década de los ochenta. Vengo porque pertenezco a otra tribu errante, la de los exiliados. Vengo a encontrar a mis uruguayos, a saber noticias, de ellos, de mí mismo.

Reúno fuerzas y me levanto de la acera frente a esta plaza desierta. La plaza Clichy un domingo gris de mañana en invierno: un buen resumen del desamor. Ese es mi sentimiento por París en esa época. Las muchachas que pasan apresuradas trabajan en Pigalle, en la plaza Blanche, o en Rochechouart, ya se sabe. Los otros transeúntes son turistas que van a la basílica del Sacré-Cœur, esa iglesia más fea que la plaza Clichy, o a comprar recuerdos con los pintores en serie de la plaza du Tertre. La plaza Clichy los domingos de mañana no existe, o se me confunde con la grisura general del exilio.

Empiezo a subir el repecho de la calle Caulaincourt. No miro nada, o sí, miro la acera y los árboles, enormes. A estos los franceses los llaman «sophoras». Pienso en las aceras rotas de Montevideo y en los paraísos en los que trepaba de niño. Vengo a París también para tener noticias de Montevideo. Vivo en San Pablo, soy profesor en la Alianza Francesa local, vengo a París porque tengo la casa de Jean, donde me instalo como él se instala en la mía en San Pablo. Las noticias de mi Montevideo imposible son el aire, a veces viciado, que respiro durante muchos años.

Por eso necesito a mis amigos, sobre todo a mi Trinidad Non Sancta, Juan, Jean, Adalberto. Juan Introini, claro, mi amigo desde la adolescencia. Es profesor de Latín en la Facultad de Humanidades. Tantos años de estudios, tanto talento, él y Jorge Cuinat, y un día los echaron de la Universidad. No eran confiables. Un profesor categoría

A los habrá reemplazado. Porque hay ciudadanos A, ciudadanos B y ciudadanos C. Cuando me echaron a mí del Uruguay esa división en categorías todavía no existía, o no tenía un nombre, esas tres letras. Me fui a San Pablo en silencio, que nadie se diera cuenta, mi exilio fue sin ninguna categoría. De mis varios delitos creo que el peor consistía en ser amigo de un preso político, el pobre Nelson Marra. En ir a la cárcel de Punta Carretas todos los sábados, infaltable. La fidelidad no se perdona. Ser un hombre honrado, practicar la amistad, la solidaridad, eso no se perdona en una dictadura. Hay siempre un consenso implícito en las dictaduras, la idea de un mal menor, un espacio sin valores donde medran los oportunistas. También por eso la dictadura es terrible, y no sólo por ser un régimen «de fuerza». Pienso en la demolición del IPA, no puedo evitarlo.

Paro un minuto para recobrar fuerzas, estoy en el puente de la calle Caulaincourt sobre el cementerio Montmartre. Lo quiero a este cementerio. Pero es que me gustan todos los de París. En los años setenta y en los primeros ochenta los cementerios son lo único que amo en esta ciudad. Me prometo venir estos días a visitar las tumbas de mis muertos queridos del Montmartre: Alfred de Vigny, Stendhal, Berlioz, Théophile Gautier, los hermanos Goncourt, Vaslav Nijinsky y, por qué no, Émile Zola. El periplo no será pequeño. Y en el cementerio Montmartre hay que mimar a los gatos, al menos darles de comer, o darles calor, para conjurar la mala suerte.

Vengo a París con obstinación para pasar los tres meses de mis vacaciones escolares brasileñas, es decir, siempre en invierno europeo, para encontrar el calor de los amigos, las charlas, la esperanza. Recorro siempre mi periplo de los «Refugiados Políticos» —así dice en sus documentos—. Voy a ver a mis uruguayos de Grigny-La Grande Borne. Pero están los de la Porte des Lilas, los que estudian y viven cerca de la calle des Écoles. Son tantos. Yo los necesito a todos.

Justamente esta mañanita estoy llegando de Grigny. Es una periferia lejana. Nos reímos: La Gran Puta sería un nombre más adecuado que La Grande Borne. Tenía una cena anoche en casa de Jean Stern, un militante gay francés. Éramos dos invitados, un militante holandés y yo. Pero quiero quedarme en Grigny, lo llamo a Stern, no puedo ir, nunca llegaría a la calle de Turenne, estoy atrapado en un embotellamiento, en Grigny. Stern ya entendió todo. No puedo y no quiero dejar a mis amigos, él lo sabe. Después conoceré al holandés, él y yo escribiremos alguna nota para la revista *Gai Pied*. Pero ahora mi urgencia son los uruguayos.

Terminé por dormir en La Grande Borne, me desperté temprano, tomé un mate lavado y volví en tren a la Gare de Lyon ahora de mañana. ¿Qué hacen los uruguayos cuando se juntan en Grigny, la pobre, o en la calle des Écoles, más rica, o al menos más intelectual? Toman vino, recuerdan. Algunos hacen proyectos. Yo recompongo el cuerpo muerto que nos une. Se llama Uruguay, es inmenso. Es gigante lo que nos ocurrió, gigante la pérdida. Hace años que nos reencontramos y siempre volvemos a esa perplejidad, nos reunimos para contemplarla, para medirla, es una ausencia hablada. Nos contamos historias.

¿No sabían la historia de Gustavo M.? La sabían, nos la volvemos a contar siempre. Fue a Cuba a entrenarse para la guerrilla. Tuvo algunas crisis nerviosas, lo internaron. Al fin la dirección de la guerrilla renunció a él. Lo mandaron a Varsovia, que hiciera lo que quisiera. De allí se vino en tren a París. Lo veo una vez más. Somos jóvenes, muy jóvenes. Fue en 1978, me llama por teléfono, está en Asnières, un suburbio, quiere morir. Paso todo el mes de enero con él en Asnières. Años después me contará. No se mató porque mi presencia le devolvió algún sentido a la vida. «¿Y eso es bueno?», le pregunté. No acusa recibo de mi guasa, me garantiza que sí. Sé que vivo para mis uruguayos, para que no pasemos el borde, para recordarlo: estamos frente al abismo.

En la calle Caulaincourt, después de la curva más grande, hay una plazoleta. Se llama Place Constantin Pecqueur, es cerca de la casa de Jean. No sé quién habrá sido Constantin Pecqueur, pero quien hizo la plaza tuvo piedad de los peatones, la llenó de sophoras. París también tiene sus respiros.

Pienso en la vida cotidiana de los uruguayos exiliados. Los de Grigny tienen hijos. Los niños hablan mal el español, tienen dificultades. Viven en edificios enormes, bloques sin identidad. Allí viven uruguayos, argentinos, chilenos, brasileños, vietnamitas, muchos africanos tanto del África ecuatorial como del Magreb.

Estoy casi llegando. Atravieso la cuadra con los estudios de la Pathé, la compañía de cine que creó mundos cosmopolitas, historias de pacotilla. Hoy esos estudios están desafectados, deben albergar sólo fantasmas. Jean-Francis es su vecino.

Duerme cuando llego. Preparo el café y mis recuerdos. Pienso en Juan y en él, mis «dos Juanes». Jean-Francis Aymonier es mi apoyo, mi puerto seguro, hace tantos años, desde marzo de 1977, diría él, que es muy preciso con las fechas. Había ido a San Pablo a casarse, los veo llegando en taxi a los dos novios, para buscarme en la biblioteca de la Alianza Francesa. Me llama el portero, tengo que bajar corriendo, conminado a subir al taxi. Logro caber entre el ramo de flores, la cola del vestido de la novia, Jean radiante dentro de su traje, hecho para la ocasión. El casamiento podrá no durar mucho tiempo, pero vendrán otros amores, en San Pablo o en París, atravesaremos la vida juntos, indiferentes a los cambios de hemisferio. Jean, que no habla español, el más uruguayo de los franceses, irá a Montevideo, a casa de Graciela Míguez y de Juan Introini, me traerá noticias, será amigo de mis amigos.

Muchos años después —el 17 de mayo del 2000, me lo recordaría él— tendrá que pasar por su forma de exilio, el accidente de tránsito. Jean, corrector de un diario en París, está llegando en moto a su trabajo, la mala suerte, con casco y todo, el golpe en la nuca contra el cordón de la acera. Jean tetraplégico. Jean el fuerte. Durante algún tiempo está tentado por la muerte, quiere morir, me lo pide. Dice: «Mátame». Me contagia el desaliento, llego a pensar seriamente en ese pedido final. Pero el espíritu vuelve, las ganas de vivir a pesar de todo. Treinta años después, Jean y yo seguimos conversando, a veces en silencio, o nos colgamos a ese teléfono de internet con el que me llama, durante horas los fines de semana.

Los amigos de los uruguayos se «uruguayizan» también, y todos nos contamos historias para sobrevivir. Las precisamos. Durante años Roque y Esther Seixas, mis amigos *gaúchos*, han vuelto a Brasil después de décadas en Montevideo, me llaman desde Río Grande, hablamos de los presos. Nos cuesta hablar de los desaparecidos. Margarita, la Flaca, está desaparecida, fue en Buenos Aires. Los tres lo sabemos. Pero precisamos el relato salvador. Alguien en Montevideo dijo que la Flaca se casó con un violoncelista búlgaro de la sinfónica de Buenos Aires. Que tuvo hijos. Nos repetimos este relato, siempre, nos aferramos a él, no mencionamos que probablemente está muerta. Llego a París y cuento: la Flaca está casada, vive, tiene hijos en Buenos Aires.

Sí, dice Daniel, el uruguayo de la Porte des Lilas, él lo supo, Esther le escribió desde Brasil a Roberto en Grigny. Daniel se casó con Beatriz la argentina. La policía la buscaba, era en 1977. Encontraron a su hermana, a la salida de un subte. La mataron porque la confundieron con Beatriz. Alguien logra avisarle a Beatriz. Que se fuera, adonde pudiera. Un comisario de la ONU la recibe de madrugada, logra embarcarla a París. Ella cargará la culpa de una hermana muerta en su lugar. Esther me llama desde Río Grande, supo que Daniel se casó con una argentina, es refugiada, tendrán un hijo. Salvaron sus vidas, repite Esther.

Adalberto, mi amigo de Ribeirão Preto, el que un día vivirá en Maringá, prepara su maestría en Paris. Antes de viajar, en 1980, Adalberto de Oliveira Souza va a Asunción. Lleva libros míos a Josefina Plá, vuelve con fotos y regalos de Josefina, incluidas sus últimas plaquettes de poesía. Esas fotos de Josefina serán de las pocas imágenes suyas que se salvarán, son un documento, Josefina entre sus gatos. Las haré publicar años después, en 2003, en cierto libro-homenaje que le dedicará a su memoria la alcaldía de su lugar natal, La Oliva, Fuerteventura, en las Canarias. De Asunción Adalberto baja a Buenos Aires, en tren. De Buenos Aires también volverá con noticias de los padres de G., el que había abandonado la vida religiosa, esos muchachos, y se había ido a vivir a Brasil sin dar explicaciones, primero a San Pablo, después a Recife. Adalberto sigue a Montevideo, estará con Juan Introini, con Miryan Pereyra, me hará el informe de la situación. Repetirá sus informaciones en París. Adalberto, el amigo de Alfredo, como Jean, incorporados a la espera de los exiliados uruguayos.

Hasta Ivo, mi amigo checo, circulará en la órbita de los uruguayos y el exilio. Ivo era el contrapunto necesario de los exilios uruguayos, era el hombre atrapado en otra de las pesadillas del siglo XX. Católico y físico nuclear, Ivo tenía veinte años en la primavera de Praga, apoyó a Alexander Dubček, arrojó piedras contra los tanques rusos, lloró la derrota, la vivió como una violación.

Somos amigos desde 1978, cuando voy a Roma a pasar enero con Juan Introini, en la pensión de estudiantes del Trastévere. Expulsado de la Universidad, Juan recibe del gobierno italiano una beca para perfeccionar sus estudios clásicos. Uno de los estudiantes es un checo llamado Ivo Čáp, hace estudios en física nuclear. Soy nuevo en Europa, quiero conocer el mundo, Juan se enferma durante mis días romanos —las alergias de Juan, el hígado—. Ivo me dice en su mejor italiano: Te pasearé por Roma.

Y me paseó, por cierto. Porque para Ivo atravesar Roma entera era hacer «una piccola passegiata». Teníamos la misma edad —ambos habíamos nacido en agosto del 48— pero las fuerzas de Ivo eran de otro mundo, para mí al menos. Los primeros días hablamos mucho de la dictadura uruguaya, de la que tenía noticias gracias a Juan. Además, había descubierto que sus conocimientos de italiano le permitían entender muchas frases completas en español. Pero poco a poco el centro de nuestras conversaciones se va desplazando. Ivo no logra callarse, cuenta los acontecimientos de 1968 en Checoslovaquia, la dictadura. Lo desespera que gente de izquierda en occidente no pueda entender el crimen que está ocurriendo en su país, en todo el bloque socialista.

Yo trataré de dar voz a su protesta en algunos poemas, pocos, demasiado pocos, sobre la invasión. Hablaré con todos mis amigos, llevaré el tema a los Refugiados de París, como lo llevaré después a Montevideo. Yo voy de mis exiliados uruguayos a mi «insiliado» checo en los Cárpatos eslovacos, donde él da sus clases. Aprendí que oírse ayuda a sobrevivir, a aliviar las lastimaduras de la historia.

Al fin de su período de especialización Ivo Čáp intenta prolongar sus estudios en Roma, pero la autorización le es negada por el gobierno de su país y vuelve a Eslovaquia, de donde ya no podrá salir. El único modo de vernos consistirá en que yo vaya, para mí es fácil obtener la visa de las autoridades checas. Eso sí, necesito presentarme «frente a las autoridades policiales durante las primeras 48 horas de estadía en territorio checoslovaco», advierten en francés las visas concedidas. Las «piccole passegiate», enormes, serán ahora en Praga, en los Cárpatos, en Bratislava. Y seguiremos contándonos historias de resistencia a las dictaduras, en plural. Sé que Ivo me lleva a las iglesias barrocas o medievales y aprovecha para rezar. No podría hacerlo sin mí. Si lo hiciera sin una excusa turística podría ser dimitido de la universidad. «Pero por lo menos acá no te morirás de hambre, como en occidente», le recuerdo. No, pero lo humillarán, lo pondrán por ejemplo de portero de algún edificio, y él quiere estudiar.

Desde París iré en dos ocasiones a Checoslovaquia, en 1982 y en 1985. El «socialismo real» dejará de existir pocos años después, pero en los ochenta no lo sospechamos. Ivo me espera fielmente en la otra punta de las diecinueve horas del tren de Praga. Jean y Juan me dejan en la Gare de l'Est, Ivo me recoge en Praga-Centro al día siguiente. En el medio hay una frontera con alambres de púas y soldados, se llamaba «cortina de hierro». En los ochenta también ignorábamos que vendrían fronteras peores.

En Bratislava, la última noche, era enero de 1985, Ivo no se retiene. En un restaurante elegante, frecuentado por la *nomenclatura* local y que puedo pagar porque cambié francos franceses en el mercado negro —es en una torre futurista sobre el Danubio, y el local parece girar— Ivo llora. No sé cómo reaccionar, no sé cómo se consuela a alguien tan enérgico y lleno de fe como Ivo. Somos dos locos indignados, lloramos las dictaduras, no nacimos para aceptarlas.

De Bratislava vuelvo a Praga en el tren nocturno, para seguir a París. Es la primera vez que estoy sin Ivo en Praga. Paso por la casa de Pavel y Klara, dos amigos suyos que aprendí a estimar. En el café Europa, sobre la plaza Venceslao, donde el régimen tolera una mínima vida gay, le escribo a Ivo una tarjeta postal, que envío abierta para que llegue. Pero va escrita en italiano. Mi tarjeta no llegará nunca. Ivo sabe lo que escribí en ella.

Pero en aquel enero de 1985 son más alegres los fines de semana con los uruguayos, y hasta los almuerzos cotidianos con Adalberto en los restaurantes universitarios de la calle de Cîteaux, o de Jean Calvin. Festejamos la vuelta de la democracia. Yo todavía tengo algunas aprensiones, pero se siente la felicidad en el aire. Pesa menos el repecho de la calle Caulaincourt. Juan Introini pasa el mes en París. Ya ha escrito la mayor parte de los cuentos que integrarán su libro *El intruso*. Yo conocía algunos de ellos, ahora leo el conjunto, es estupendo.

Jorge Cuinat está viviendo en París, tiene una beca de la universidad venezolana donde trabaja. Estudia a Cicerón. Morirá en agosto del año siguiente, el día de sus cumpleaños. Los problemas cardíacos, el exilio para complicar esos problemas. Pero durante el mes de enero estamos todos juntos en París, Juan Introini, Adalberto, Jean-Francis, es decir, la Trinidad Non Sancta, y Jorge Cuinat, y todos los uruguayos. Casi todos se preparan para volver.

Una noche Jorge viene a buscarme a la calle Caulaincourt, quiere que pasemos la noche en su casa, cerca de la plaza de Italie, ya compró el whisky. Será nuestra despedida. Juan ya se volvió a Montevideo, yo me volvería a San Pablo dos días después, y ya no vería más a Jorge. Una parte de él lo sabe, de ahí esa despedida, regada a alcohol, y debidamente autorizada por el médico. Revisamos nuestra adolescencia en el barrio del Reducto, la calle Marsella, donde ambos habíamos vivido —Introini vivía cerca, en Marcelino Sosa—, los compañeros del IPA, siempre el IPA tan amado, los de Humanidades, cada uno de ellos, y cada año, antes y después del exilio. Jorge habla, yo sé que lo necesita, que es preciso que lo haga porque después no habrá tiempo. No volverá vivo a Montevideo. Lo espera una operación en el hospital Pitié-Salpêtrière, y algunos meses de vida, fuera del país.

Ese mes de enero, el más liviano de mis inviernos en París, vamos a exposiciones con Jorge y las personas de mi Trinidad. Visitar el museo Rodin, que a Jorge le gusta tanto, pasar una tarde en Versalles, asistir a *Tristán e Isolda* de Wagner en la Ópera, y porque Jean había comprado la entrada meses antes, y yo entro con su documento de identidad. Vamos a teatros, un Chéjov por la Comédie-Française, en Saint-Denis, tomamos champán ofrecido por Jacky en su boliche de la avenida de Clichy porque ese año yo le llevé desde Brasil las banderitas de los equipos de fútbol de San Pablo y Río que él expone en su café. Es el año que pasamos una semana inolvidable en la casa de campo de Jennifer, la madre inglesa de Jean, en Normandía. Recorremos las playas, desde Honfleur hasta Cabourg, reaprendemos la felicidad. Con Jean haremos una escapada de algunos días a Italia, adonde yo no iba desde los tiempos de Juan Introini en Roma.

Me doy cuenta de que nunca había paseado por la calle de Rivoli, o por la plaza Vendôme, como si en París siempre anduviera de paso y con prisa. Fui mucho tiempo el hombre que subía la calle Caulaincourt como si cargara un mundo en mis espaldas, recorro barrios alejados, demoro en conocer o en apreciar los lugares celebrados, al menos con esa alegría sin reglas ni compromisos que también es un derecho. Lo mismo fue en Montevideo. Mucho tiempo yo casi sólo conocía la calle Minas donde nací y la calle Marsella donde viví tantos años. Demoraré en conocer el centro. Todo demora en mi vida. Por eso me deslumbra estudiar Literatura, porque descubro el mundo, que estaba escondido para mí. Soy y seré siempre el muchacho de barrio asombrado en el café Sorocabana, alguien que precisa oír y aprender.

En este enero o febrero del 85 tomo café con Jorge en la calle Soufflot, y una tarde decidimos parecer dos turistas. Adalberto se nos junta, habla un español extraño pero no quiere ser identificado por los reales turistas brasileños que llenan el café frente al jardín de Luxembourg. Nos reímos. La frase en español de Adalberto: «Estamos felices hoy», con destaque para el «hoy», pasará a nuestro folklore parisiense, con Juan Introini la decimos hasta hoy. Por cautela, seguramente.

Escribo estos recuerdos en los años 2000, cuando no está especialmente en mi horizonte viajar a París, Jean ya no vive en la calle Caulaincourt, la propia Checoslovaquia ya no existe más, los travestis brasileños parecen haber cambiado París por Milán o Barcelona y los exiliados están todos de vuelta en Uruguay, o por lo menos vuelven a Uruguay con la frecuencia que desean. Yo sigo sin saber quién fue Constantin Pecqueur, pero confieso que me sentaría una última vez en la plazoleta después de la curva grande de la calle Caulaincourt, bajo los *sophoras*, y miraría aliviado las aceras que bajan hacia el cementerio, Clichy y la estatua lejana de Moncey.

5. De la comarca al mundo

Un diálogo sin interrupciones

Saúl Ibargoyen

Conocí a Fernando Aínsa, este aragonés nacido en 1937, naturalizado uruguayo, caminador de muchos rumbos, frecuentador de idiomas y culturas, forjador de muchos libros y proyectos, abogado de leyes que cambió por la legalidad de la creación literaria, editor, periodista, conferencista, crítico profundo y apegado a su verdad, creyente en la instauración de nuevas utopías, amigo de la vida y el buen vino, adversario tenaz de la desgracia y la muerte-, lo conocí, decía, en mi natal Montevideo, hace algo más de 40 años. Es decir, empecé a conocerlo.

Podría rememorar aquí los encuentros con tantos escritores amigos en los que, entre óptimas comidas y esplendentes vinos rojos, entretejimos más de una vez literatura y vida cordial. ¿Algunos nombres? Alfredo Gravina, Manuel Márquez, Felipe Novoa, Iván Kmaid... fallecidos hace años. Y entre fechas y fechas han corrido cuatro décadas. Si el contacto personal en vivo y en directo con Aínsa no se produjo con mayor frecuencia, fue por avatares que el dios Azar desplegó en nuestras vidas. Exilios, cambios de país de residencia, familias afectadas o desintegradas, rumbos de incierto destino. Pero siempre, de alguna manera, sostuvimos con la decisión que la amistad produce, los contactos y el fluir de una relación enriquecida —sobre todo para mí— con la vigencia amical y la lectura de sus libros; libros unos buscados y encontrados en librerías de México o Montevideo, otros enviados por el mismo Aínsa.

Finalmente, y creo no haber dicho casi nada con respecto a un amigo tan querido y tan admirable, debo reconocer aquí sus incanjeables comentarios críticos a mi narrativa fronteriza uruguayo-brasileña y, en parte, a mi producción versal. Aquí también le digo que mucho han aprendido mis personajes de sus sabias evaluaciones; de este modo, a no dudarlo, influirán en cuanto personas de tinta y papel, tal vez de carne y sangre, en lo que pueda yo escribir gracias a la presencia de ese verdadero maestro que se llama Fernando Aínsa.

Ciudad de México, octubre de 2009

LOS CUENTOS «TRENZADOS» DE FERNANDO AÍNSA

Rosa Pellicer
Universidad de Zaragoza

En las historias de la literatura hispanoamericana y, más concretamente uruguaya, Fernando Aínsa aparece como un narrador de la llamada «generación del 60» o «de la crisis», en la que él mismo se sitúa, que comienza a publicar entre 1962 y 1965. La unidad del grupo no viene dada tanto por la fecha de nacimiento cuanto por otros factores, como el rigor literario y la situación política. Dice Aínsa:

> [...] la Generación del 60 se inscribió en la tradición de rigor intelectual, preocupación formal y compromiso de sus mayores, Más allá de las diferencias estéticas garantizaron una continuidad en la que la diversidad fue la garantía de una polifonía expresiva polivalente y no el resultado de una confrontación generacional (1993: 24).[1]

[1] Para Hugo Verani, los narradores que se dan a conocer hacia 1960 no forman una nueva generación, «marcada por el revisionismo de procedimientos estéticos o ideológicos, sino un grupo de escritores en distintas fases de desarrollo que forman una comunidad cultural. El entramado y la confluencia de diversos grupos demuestran la complejidad del proceso literario, la riqueza de tonalidades contiguas y superpuestas en cualquier período histórico. La conciencia social, consecuencia del impacto de la Revolución Cubana, y las expectativas del lector condicionan el agrupamiento natural de narradores que al iniciar su vida creadora no se apartan de las normas estéticas del período. Tal continuidad se percibe en los narradores que surgen en el primer lustro de los sesenta» (1996: 35-36).

En una de sus reflexiones sobre el nuevo cuento uruguayo, Fernando Aínsa señala que se percibe en él una continuidad de las líneas maestras iniciadas por Felisberto Hernández y Juan Carlos Onetti.[2] De su confluencia surge una visión del mundo oblicua, sesgada, que comparten los más recientes narradores uruguayos, aunque, pudorosamente, su nombre no aparezca en la nómina.

Según su propio testimonio, el futuro ensayista, novelista y aprendiz de poeta Fernando Aínsa inició su andadura literaria con un cuento escrito en su época de estudiante, «Los hijos del cerrajero Saturnino», situado en un lugar llamado El Paso. A partir de este momento publica otros once relatos que, después de aparecer en revistas y diversas antologías, en 1988 salen a la luz, por razones editoriales, en dos volúmenes: *Los naufragios de Malinow* y *Las palomas de Rodrigo*, editados en Montevideo. La unidad que presentan los doce cuentos queda de manifiesto en el proyecto de edición que los reunirá con el título provisional *de Doce historias del Mar del Sur*. Estos relatos se caracterizan por el cruce entre historia, o realidad, e invención, o fantasía, y «por la doble integración de influencias y recuperación de raíces» (Aínsa 2003a). En una entrevista de 1988 Fernando Aínsa, al comentar con Miguel Ángel Campodónico su labor de creación, decía a propósito de sus cuentos:

> Pero lo más entrañable desde el punto de vista de la creación, es una serie de cuentos que he ido destilando casi como si fueran sonetos, muy cerrados desde el punto de vista de la forma, pero muy enraizados en un pueblo casi mistificado en mi memoria que lo localizo en la costa del Uruguay. Es un pueblo de pescadores, pero al mismo tiempo de gauchos-pescadores, al que convertí en una especie de arquetipo de la historia del país. En esos cuentos se reconocen en forma alegórica muchos episodios de la historia del Uruguay (Campodónico 1988: 19) .

---

[2] Ambas tendencias —aunque originalmente diversas, cuando no opuestas— coinciden, sin embargo, en operar al margen del corpus canónico y del «gran cauce» de las corrientes en boga e invitan a «hacerse a un lado» y a un replegarse sobre sí mismas, obedeciendo a una vocación minoritaria de autoexclusión. En la confluencia de estas líneas complementarias, donde marginalidad y fantasía pueden explicarse recíprocamente, surge esa visión sesgada del mundo, esa percepción particular, ángulo de coincidencia entre sensibilidad estética y filosofía existencial, vivencia del absurdo más que teorización angustiada sobre el sin sentido, postura de base y desajuste, a partir de la cual se proyecta y elabora la poética de una corriente de escritores que en el Uruguay de hoy puede considerarse mayoritaria (Aínsa 2001).

Estas palabras resumen los rasgos comunes a estos cuentos: la forma «clásica», el espacio común, la alegoría. Las diferentes reseñas aparecidas en diarios uruguayos señalan además el tono poético y el didactismo. Veinte años después, se reitera lo anterior en la noticia que acompañará la edición conjunta de los cuentos:

Los episodios representativos de la historia de un pueblo imaginario —El Paso— cuyo escenario puede reconocerse en el paisaje agreste de la costa oceánica del Atlántico sur, aparecen trascendidos por los vínculos sutiles forjados por una atmósfera y un tono comunes. Más allá de la intención simbólica de las alegorías propuestas por el autor, cada cuento se transforma en una cerrada representación de connotaciones humanas de validez universal, un modo de injertar la comarca en el mundo (Aínsa en prensa).

La intención de dotar de unidad a esta serie de relatos, escritos en tiempos muy distantes, se refleja en las modificaciones de tiempo y espacio que introdujo su autor en «El hambre de Juan Echave», que siguió a «Los hijos del cerrajero Saturnino», y en el adjetivo «trenzados» que utiliza en la citada noticia. Esta es una característica de toda la escritura de Fernando Aínsa, presente tanto en los libros de ensayo, como en sus *Prosas entreveradas*. Intentar dar cuenta de los lazos que forman el trenzado narrativo de los cuentos de El Paso es el propósito de estas páginas.

La publicación conjunta de los dos libros en 1988 y su posterior reordenación ponen de manifiesto la voluntad integradora del autor. *Doce historias del Mar del Sur* presenta todos los rasgos de las llamadas «colecciones de cuentos integrados» señalados por los estudiosos del tema. En 1971 Forrest L. Ingram proponía la siguiente definición para lo que llama el «ciclo cuentístico»:

short story cycle as a book of short stories so linked to each other by their author that the reader's successive experience on various levels of the pattern of the whole signicantly modifies his experience of each of its component parts (1971: 19).[3]

---

[3] Gabriela Mora da cuenta de las diferentes denominaciones que reciben este tipo de colecciones, y señala la importancia del lector, que debe hallar la unidad del conjunto (Gabriela Mora, «Notas teóricas en torno a las colecciones de cuentos cíclicos o integrados», < http://www.educoas.org/Portal/bdigital/contenido/interamer/interamer_50/az_mora.as>, 8-5-2009). Para el ámbito hispanoamericano, véanse los trabajos de Romano/Brescia (2006), Noguerol (2008) y Sánchez Carbó (2009).

Las colecciones de cuentos integrados son una muestra de la per-
meabilidad de las fronteras genéricas que presenta la narrativa contemporánea, sobre todo en relación con la novela.[4] Esta modalidad
narrativa se construye de forma consciente en torno a la tensión entre
independencia y cohesión, ya que los cuentos que forman la colección, o el ciclo, deben ser autosuficientes, tener sentido por sí mismos. Para Fernando Aínsa, un buen cuento, además de autárquico y
autojustificado, «debe ser redondo (por lo tanto cerrado en sí mismo)
y que su estructura no puede distraerse ni diversificarse, porque está
hecha de una rigurosa disciplina y un sentido de lo esencial que lo ha
ido depurando como género a través de los siglos» (Aínsa 2003). Así,
cualquiera de los cuentos que tienen como escenario El Paso puede
leerse con independencia de la totalidad, pero no cabe duda de que la
lectura de la serie completa hace que su significado se ensanche y, además, el lector subordinará los elementos de cada pieza a la totalidad.

Miguel Comes establece dos modos de integración en este tipo de
colecciones: la hipotaxis y la parataxis, y señala la importancia del paratexto; por su parte José A. Sánchez Carbó propone tres variedades tipo-
lógicas: integración explícita, implícita y técnica.[5] Tanto la hipotaxis

---

[4] Como señala Tomassini: «En el corpus narrativo de las últimas décadas existen
numerosos volúmenes que se resisten a encasillamientos genéricos rígido: libros de
cuentos que pueden ser leídos como novelas, novelas fragmentadas, hechas de piezas
narrativas menores relativamente autónomas pero vinculadas entre sí, ofrecen testimonio suficiente de que la estructura y la productividad que le es propia-en cuanto
privilegio del proceso constructivo que tiene lugar en la lectura que sobre la concepción de la "obra" como un todo acabado- subordina la presión de los géneros como
formas estéticas establecidas que reclaman modos particulares de lectura» (2003).
Según Ana Rueda, «Mediante el ciclo de cuentos el cuento usurpa a la novela su
indiscutible poderío —la extensión— trascendiendo uno de los límites que más ha
tiranizado al cuento y que también más fuerza le ha dado» (1995: 566). La reflexión
de Lauro Zavala se inscribe también en lo relativo de las fronteras convencionales de
los géneros y la tensión entre unidad textual y diversidad genérica (2005).
[5] Miguel Comes considera detenidamente los diferentes modos de constitución
paratáctica, «o sea, las remisiones directas que se producen entre dos o más textos de un
mismo autor, es el orbe donde se capta este tipo de unidad, que no implica la sujeción
de una porción del volumen a otra, sino la sujeción a él de todas por igual» (2000: 564).
Según Sánchez Carbó, «las colecciones de integración técnica destacan por emplear
estrategias formales como el marco, la anáfora discursiva y géneros o modalidades narrativas específicas (biografía, crónica, lipograma, minificción, epístola, etc.); la implícita se
caracteriza por incorporar reiteradamente un símbolo, un motivo o por configurar un
personaje colectivo; la explícita es la más común y cercana a la novela, por la intratex-

como la integración explícita tienen que ver con estrategias formales como el marco narrativo, entre ellas se encuentra la «Breve introducción al mundo austral», que abre *Las palomas de Rodrigo* y encabeza *Doce historias del Mar del Sur*. En esta introducción se sitúa y caracteriza, por medio de los cuatro elementos, el espacio de los cuentos, un pueblo llamado El Paso, cuyo referente real es La Pedrera, del departamento de Rocha, en la costa atlántica uruguaya. Este nombre propio opera como una suerte de descripción en potencia del lugar: «alguien ha dicho que por todas estas razones esta aldea se llama el Paso. Todo pasa sobre él y poco queda, porque vientos, climas, hombres e influencias de todo tipo se abaten con violencia para irse luego a otro lado con un golpe en la dirección de las veletas» (Aínsa 1988a: 17).[6]

Es un pueblo de la costa, pero sus habitantes no son buenos marineros y viven de espaldas al mar; la tierra es escasa y árida, por contrapartida la tierra fértil, la estancia El Casco, rodeada por una alambrada, pertenece al cacique don Miguel Irralde. Así que desde el comienzo aparece una primera oposición, que recuerda a la narrativa criollista, o mejor al «nuevo criollismo», como llama Mempo Giardinelli a una importante tendencia del cuento hispanoamericano actual.[7] Una carretera une a los habitantes de El Paso con la capital, de la que apenas saben algo por los que pasan por el pueblo, cuyo nombre tiene un carácter simbólico evidente. Así, El Paso, como tantos lugares de la narrativa contemporánea es una isla de «tierra firme», como denomina Fernando Aínsa a este tipo de espacio:[8]

---

tualidad y la repetición de elementos como personajes, acciones, espacios o tiempos. En esta última son distinguibles dos tipos de desarrollo: uno diacrónico y otro sincrónico, según sea o no evidente un avance temporal en la historia» (2009: 410-411).

[6] Fernando Aínsa, *Las palomas de Rodrigo*. Montevideo: Monte Sexto, 1988. Las citas siguientes remiten a esta edición (PR).

[7] El escritor argentino sostiene que en la actualidad se está escribiendo en Hispanoamérica, «un cuento de vanguardia que revisita formas del criollismo tradicional, pero renovándolo mediante la construcción de nuevas estructuras y mediante el ensayo de técnicas experimentales sobre los mismo viejos temas nacionales. [...] este vanguardismo se monta lo tradicional pero para quebrarlo, par reinventarlo. La reformulación es lo revolucionario. El rechazo de que es objeto deviene epifanía. Y entonces asoma este nuevo criollismo, vigoroso e irreverente, un criollismo —diría yo— de nuevo cuño» (Giardinelli 1998: 59-60).

[8] «En la medida de su aislamiento, estos "pueblos-isla" de la geografía continental —que tan bien refleja la narrativa— preservan una armonía y felicidad primordial e

> Alambradas, la costa, una carretera, la laguna y los médanos, delimitan
> nuestra banda por los cuatro puntos cardinales y lo aíslan sin darle mucho
> respiro, aunque hay quien dice que gracias a esas barreras naturales es el
> resto del mundo el que separa de nosotros y no a la inversa (PR 15).

Aunque no se lo mencione en la «Breve introducción», el lugar privilegiado de El Paso es el bar Jiménez, que no es necesario describir ya
que es igual a cualquier bar de cualquier pueblo hispanoamericano. Es
el lugar de reunión de los personajes, que narran a los demás un
momento importante de su vida, o comentan sucesos del pasado o del
presente. Además establece la oposición espacial dentro/fuera, abier-
to/cerrado. Poco sabemos de El Casco, la estancia del poderoso don
Miguel, sólo que tiene tierras buenas, cercadas por una alambrada. La
casa se describe escuetamente en «Los hijos del cerrajero Saturnino»,
el cuento que al ser el primero en el orden de la escritura, pero el penúl-
timo en el desarrollo temporal, contiene más detalles sobre El Paso. El
espacio es uno de los medios privilegiados de integración, además
de tener un papel protagonista en narrativa hispanoamericana del
siglo XX, hasta el punto que su historia ha sido explorada por el propio
Fernando Aínsa desde esta perspectiva (Aínsa 2003).

No asistimos a la fundación de la mítica aldea de El Paso, ya que,
como señala Hugo Giovanneti, es «una realidad que vive incitante y
ostensiblemente más acá (y más allá) del suceso filticio» (Giovanneti
1988). En esta introducción se hace hincapié en que no se trata de
«una especie de paraíso austral perdido en el otro hemisferio» (PR
16), donde todo pudiera ser posible, ni está fuera de la historia, es
decir no se trata de ningún modo de una utopía ucrónica. Aunque el
tiempo en el que suceden las historias, y la historia, sea dilatado y no
aparezcan indicaciones temporales, parece que abarca desde los años
treinta del siglo pasado hasta el golpe de estado de 1973, momento de
cierre del ciclo de relatos de El Paso.

---

incontaminada. De ahí su vulnerabilidad, ya que la incomunicación y el aislamiento
son cada vez más difíciles de mantener. [...] Por ello, la isla de "tierra firme" de la
narrativa latinoamericana es espacio privilegiado de la nostalgia y la memoria. Anacrónica, arcaizante y pre-moderna, protectora de n pasado idealizado, el *topos* insular
se sitúa a la defensiva y teme al futuro. En ningún caso apuesta al "principio Esperanza", tan caro a Ernst Bloch, para quien el Nuevo Mundo había sido la encarnación de la utopía geográfica, el depositario del futuro» (Aínsa 2002: 41).

La «Breve introducción al mundo austral» se cierra con la mención de otro elemento de integración: el verdadero personaje de la colección es un sujeto colectivo, y la resbaladiza noción de autoría se desplaza a uno de sus personajes:

> Nuestros hombres y mujeres, los vivos y los muertos, confundidos en nuestra memoria y en nuestra imaginación, todos nosotros podríamos ser los autores de este libro. Bastaría con que cada uno diera su nombre a un capítulo para comprobar que un momento de la vida de un hombre puede ser el mejor resumen de los siglos que otros han necesitado para tener un capítulo en la historia (PR 18).

Este párrafo es importante por tres razones. En primer lugar anuncia que cada uno de los cuentos corresponde a un suceso ocurrido a un personaje, cuyo nombre siempre figura en el título; en segundo lugar la palabra «capítulo», ya que como tales aparecen los cuentos tanto de *Los naufragios de Malinow* como los de *Las palomas de Rodrigo*, de este modo se insinúa la pertenencia a una «novela», a un todo. Finalmente, la referencia a la autoría colectiva, que adopta la voz de un narrador anónimo en primera persona del plural, se concreta en el último cuento, «Las palomas de Rodrigo», donde aparece un innominado personaje-narrador, que se identifica sin ninguna dificultad con el autor de los cuentos. Después de la muerte simbólica de la paloma que cuida su hijo Rodrigo, el 27 de junio de 1973, el narrador promete a sus hijos escribir «lo que le digan»: «Por eso decido irrumpir personalmente en la historia de nuestra aldea —que también es la de los míos— y contar en primera persona» (PR 88). Como era de esperar, las primeras líneas que teclea son el comienzo del cuento que estamos leyendo. De modo que el supuesto narrador de los relatos es un «historiador» cuya función es guardar la memoria de los hechos ocurridos en su propio pueblo.

Continuando con los paratextos, además de la introducción, los títulos son otra forma de integrar las unidades. Así, en todos ellos figura el nombre del protagonista: Malinow, Héctor, Sísifo, Vicente, Teresita…, y van precedidos de un subtítulo y un epígrafe. El subtítulo, además de introducir el tema general, tiene siempre un tono didáctico, de manera que el cuento se presenta como un «ejemplo» de problemas fundamentales del hombre: el amor, la memoria, la muerte, el

destino, la religión, la envidia o la vocación. Tal vez convenga recordar
estas palabras del propio Aínsa a propósito del cuento:

> En efecto, en Latinoamérica se han recuperado, a través de nuevas
> formulaciones estéticas, las raíces anteriores del género, tales como la ora-
> lidad, el imaginario popular y colectivo presente en mitos y tradiciones y
> las formas arcaicas de subgéneros que están en el origen del cuento (pará-
> bolas, crónicas, baladas, leyendas, «caracteres», etc.) muchas de las cuales
> no habían tenido expresiones americanas en su momento histórico (Aín-
> sa 2003a).

El subtítulo confiere a los cuentos un carácter didáctico y a veces
moral, no exento de humor, que pretende trascender la mera historia,
acercándose así a los ejemplos de una de las primeras colecciones de
cuentos integrados en español, *El conde Lucanor*. La diferencia es que
la lección que se extrae de la lectura del ejemplo está colocada al inicio
no al final, como es lo habitual, de modo que guía su lectura. En las
colecciones medievales ocupa esta posición sólo en *De los exemplos por
A.B.C.* (1961), que comienzan con una sentencia en latín, seguida de
su traducción al castellano en un dístico.[9]

Otro elemento de integración técnica es el epígrafe. La colección
se abre con una cita de Restif de la Bretonne, de *El descubrimiento austral por el hombre volador* (1781) que resume la intención del libro: no
hay diferencias entre los dos hemisferios. Los epígrafes que acompañan a los cuentos tienen un sentido semejante, ya que aluden a su
tema, y recorren parte de la literatura universal: de Dante a Fernando
Aínsa. En alguna ocasión su autor es citado, aunque sea imprecisamente, dentro del texto, como sucede en «Los naufragios de Malinow», o comparte una anécdota, como en «Los hijos del cerrajero
Saturnino», además de servir de comentario del texto o subrayar su
significado.[10]

---

[9] En otras colecciones un dibujo sirve de inicio al cuento, que es su comentario,
como en el fabulario de Sebastian Mey, cuyas fábulas se cierran con una sentencia
(1975), o en la colección *Ci nous dit* donde, además de la ilustración inicial, todos los
textos que se refieren a historias bíblicas comienzan con esta expresión (1979). Debo
la información a mi colega y amiga M.ª Jesús Lacarra.

[10] Se trata de una de las funciones del epígrafe señaladas por Genette: «La deu-
xième fonction possible de l'épigraphe est sans doute la plus canonique: elle consiste
en un commentaire du *texte*, dont elle précise ou souligne indirectement la signifi-

Dentro de lo que Sánchez Carbó llama «unidad explícita» y Comes «parataxis», se encuentran la intratextualidad, la presencia de los mismos personajes, el hecho ya mencionado de que existan lazos entre el primer texto, en este caso la «Breve introducción al mundo austral» y el último, «Las palomas de Rodrigo», motivos, anécdotas y por supuesto el escenario.[11] Entre los personajes que aparecen en varios cuentos, en uno como principal, en los demás como secundarios, o simplemente mencionados para ayudar a la interrelación, se encuentran Malinow (Óscar Byron, en la nueva edición) cuyos relatos sobre naufragios imaginarios, que terminan por ser reales, crea el tono y la atmósfera de los once restantes, el doctor Emilio Castelao, Pascual y su familia, Matías el de las rifas, Héctor, el que logró cambiar su destino borrándose las rayas de la mano o las referencias a don Miguel Irralde, el dueño de El Casco. Entre los motivos recurrentes está la sequía, anunciada en la introducción, el hambre o la muerte, presente por lo menos de forma explícita en cinco cuentos.[12]

Otro recurso para enlazar dos relatos consiste en que en uno se anuncia la historia de otro, como sucede en «El primer paciente del doctor Emilio Castelao», donde se alude a «Una misión para Vicente»:

> Durante esos años pasaron pocas cosas importantes en nuestro pueblo y que contaremos, tal vez, algún otro día. Por ejemplo, el año en que sufrimos una gran sequía y en que Emilio nos ayudó a dibujar unas hermosas alas para Vicente, inspiradas en un viejo álbum con láminas de Leonardo (Aínsa 1988b: 38-39).

En un orden formal, cuando un personaje cuenta su historia a los demás, habitualmente reunidos en el bar Jiménez, su relato aparece con una tipografía distinta y con mayor sangrado a la izquierda. Esta

---

cation. Ce commentaire peut être fort clair [...]. Il est plus souvent énigmatique, d'une signification qui ne s'éclaircira, ou confirmera, qu'à la pleine lecture du texte» (1987: 146).

[11] «The dynamic pattern of recurrent development (which I will call "typically cyclic") affects the themes, leitmotifs, settings, characters, and structures of individual stories. As these elements expand their context and deepent heir poetic significance, they tend to form, together, a composite myth» (Ingram 1971: 20-21).

[12] La muerte aparece en «El primer paciente del doctor Emilio Castelao», «Una misión para Vicente», «El amigo de Otto», «Un vals para Teresita», «La pesadilla de Sísifo», «Las palomas de Rodrigo».

forma de insertar el relato principal en otro relato, que a su vez pertenece a una totalidad, refuerza el carácter de caja china de la estructura.
En cuanto a la temporalidad, *Doce historias del Mar del Sur* presenta una de las características de las series de cuentos integrados: no es
necesario un desarrollo cronológico lineal, entre otras razones porque,
hay que insistir, cada cuento tiene una vida independiente del conjunto, debido a que prevalece el modelo rítmico de la narración sobre
la consistencia cronológica de los hechos. A pesar de que los sucesos se
desarrollan en un tiempo mítico, cuyas referencias simbólicas son las
estaciones y la memoria colectiva, se puede notar un cierto avance y
ordenar temporalmente algunos de los sucesos, teniendo en cuenta
ciertas indicaciones que remiten a cuentos anteriores o posteriores. La
presencia o ausencia de Malinow es clave para intentar reconstruir el
orden cronológico. Así, aunque el hallazgo del esqueleto de Teresita
suceda muchos años después de su desaparición, ésta ocurrió cuando
Malinow todavía vivía en El Paso. También sirve de indicio la muerte
del hijo y la mujer de Pascual, Odila, así como la partida de Héctor.
Por otra parte hay que tener en cuenta que en todos los cuentos don
Miguel Irralde está vivo y es el dueño de El Casco. A partir de estos
indicios se podría aventurar una diacronía algo inestable que recorre
el ya mencionado lapso temporal, que se iniciaría en los años treinta
del siglo veinte y finaliza en la fecha precisa del 27de junio de 1973.
De este modo se puede reconstruir, parcialmente, la historia disconti-
nua de la comunidad de El Paso: «Los naufragios de Malinow» abren
la serie, aunque, como se ha mencionado «Un vals para Teresita» relata una historia anterior a la partida de Malinow; a continuación vendrían «El primer paciente del doctor Emilio Castelao», «El hambre de
Juan Echave» y «Una misión para Vicente»; «Los santos de doña
Ramona» y «Los destinos de Héctor» están enlazados por la presencia
de Matías, el de las rifas, y «La memoria perdida de Agustín» tiene que
ser posterior a éste, ya que Héctor se ha marchado del pueblo. Respecto a «La pesadilla de Sísifo» y «El amigo de Otto» comparten el
tiempo detenido del resto, y pueden haber sucedido en cualquier
punto del arco cronológico del ciclo. La serie se cierra con «Los hijos
del cerrajero Saturnino» donde se sugiere, como señala Malva E. Filer,
que «el tiempo de la rebelión ha llegado» (1990: 622), de manos del
hijo del cacique, Gustavo Irralde, e indica el comienzo de tiempos
turbulentos, y con «Las palomas de Rodrigo», donde se anuncia que

«la historia parece clausurarse momentáneamente», como leemos en el subtítulo, con el golpe de estado.

Esta irrupción de la historia es consecuencia del deseo del autor expresado en la introducción, y es el elemento fundamental que quebrará el «orden» de ese pueblo hispanoamericano arquetípico, donde el tiempo parecía detenido.[13] Leemos en «Los hijos del cerrajero Saturnino»:

> También podría recordarse cómo la mayoría de nosotros había nacido allí mismo, crecido y madurado en ese paisaje sin variantes. O recordar cómo los llegados de otros horizontes se habían detenido en nuestras playas y decían ser felices. Éramos parte de un orden que nadie imaginaba de otro modo. [...] No había otro orden posible, hasta ese entonces (Aínsa 1988a: 69).

El último cuento sirve de cierre al ciclo: si en la «Breve introducción» se nos advertía que El Paso no era una arcadia feliz, un paraíso austral o una tierra prometida, la brutal irrupción la violencia lo instala para siempre en la historia.

Al comienzo de la novela filosófica *La Découverte australe par un Homme-volant ou Le Dédale français*, el historiador se pregunta si el relato del hombre austral, llamado Je-ne-sai-quoi, es verdad o ficción. Tras la lectura de *Doce historias del Mar del Sur*, se nos plantea la misma duda que a Ms. Joly, el supuesto amigo y compilador de Nicolas Restif de la Bretonne:

> Yo juzgo el Descubrimiento Austral como una ficción, pero mi amigo nunca ha tenido es idea, tomaba un aire frío, aun severo cuando yo quería pedirle explicaciones al respecto o cuando le exponía mis dudas. Era su secreto favorito (Restif de la Bretone 1962: 24).

---

[13] Vicente se siente alarmado al comprobar que el orden, en este caso celestial, en el que creía se ha alterado: «Había sido para Vicente agradable y fácil imaginar un cielo tan devotamente ordenado —pisos de nubes algodonosas, pisos de nubes lejanas, morada de ángeles, el Paraíso y sobre todo, y sobre todos, Dios asegurando la tranquilidad con leyes que no se pueden cambiar— que era comprensible sentirlo alarmado como estaba ahora» (PR 22).

BIBLIOGRAFÍA

AÍNSA, Fernando (1988a): *Las palomas de Rodrigo*. Montevideo: Monte Sexto.

— (1988): *Los naufragios de Malinow y otros relatos*. Montevideo: Ediciones de la Plaza.

— (1993): *Nuevas fronteras de la narrativa uruguaya (1960-1993)*. Montevideo: Trilce.

— (2001): «El nuevo cuento uruguayo. La alegoría inconclusa: entre la descolocación y el realismo oblicuo», en *El Cuento en Red*, 4, <http://cuentoen red.xoc.uam.mx> (14-04-09).

— (2002): *Espacio del imaginario latinoamericano. Propuesta de geopoética*. La Habana: Editorial Arte y Literatura.

— (2003a): «El cuento latinoamericano: Un pájaro barroco en una jaula geométrica», en *El Cuento en Red*, 8, <http://cuentoenred.xoc.uam.mx> (23-04-09).

— (2003b): *Narrativa hispanoamericana del siglo XX. Del espacio vivido al espacio del texto*. Zaragoza: Prensas Universitarias de Zaragoza.

— (2009) (en prensa): *Doce historias del Mar del Sur*.

BURGOS, Fernando (ed.) (2004): *Los escritores y la creación en Hispanoamérica*. Madrid: Castalia.

CAMPODONGO, Miguel Ángel (1988): «Entrevista con Fernando Aínsa», en *Aquí*, 12 de julio, p. 19.

BLANGUEZ, Gérard (ed.) (1979): *Ci nous dit. Recueil d'examples moraux*. Paris: Société des Anciens Textes Français.

COMES, Miguel (2000): «Para una teoría del ciclo de cuentos hispanoamericano», en *Rilce*, 16, 3, pp. 557-583.

KELLER, John Esten (ed.) (1961): *De los exemplos por A.B.C.* Madrid: CSIC.

FILER, Malva (1990): «Fernando Aínsa: *Los naufragios de Malinow y otros relatos*. Montevideo: Ediciones de la Plaza, 1988. *Las palomas de Rodrigo*. Montevideo: Monte Sexto, 1988» (reseña), en *Revista Iberoamericana*, 151, pp. 621-623.

GENETTE, Gérard (1987): *Seuils*. Paris: Seuil.

GIARDINELLI, Mempo (1998): «Una meditación sobre el cuento criollista en la Argentina de fin del siglo XX», en *Anales de Literatura Hispanoamericana*, 27, pp. 59-72.

GIOVANNETTI, Hugo (1988): «Fernando Aínsa, la baraja destapada» (sin localización).

INGRAM, Forrest L. (1971): *Representative Short Story Cycles of Twentieth Century*. Den Haag/Paris. Mouton.

MEY, Sebastian (1975): *Fabulario*. Edición de Carmen Bravo-Villasante. Madrid: Fundación Universitaria Española.

MORA, Gabriela (2005): «Notas teóricas en torno a las colecciones de cuentos integrados», en <http://educoas.org/Portal/bdigital/contenido/interamer/interamer50/az. mora.as> (8-05-09).

NOGUEROL, Francisca (2008): «Juntos pero no revueltos: la colección de cuentos integrados en las literatura hispánicas», en *Alma América: in honorem Victorino Polo*, II. Murcia: Universidad de Murcia, pp. 162-172.

ROMANO, Evelia/BRESCIA, Pablo (eds.) (2006): *El ojo en el caleidoscopio: las colecciones de cuentos integrados en Latinoamérica*. México: UNAM.

RESTIF DE LA BRETONNE, Nicolas (1962): *El Descubrimiento Austral por un Hombre Volador o El Dédalo Francés. Novela filosófica*. Traducción y prólogo de Eugenio Pereira Salas. Santiago de Chile: Facultad de Filosofía y Letras (Centro de Investigaciones de Historia Americana. Serie «Curiosa Americana»).

RUEDA, Ana (1995): «Los perímetros del cuento hispanoamericano actual», en Pupo-Walker, Enrique (ed.), *El cuento hispanoamericano*. Madrid: Castalia, pp. 551-571.

SÁNCHEZ CARBÓ, José A. (2009): «Rincones del mundo: la función del espacio en las colecciones de relatos integrados en México» (tesis doctoral inédita).

TOMASSINI, Graciela (2003): «La frontera móvil: las series de cuentos que 'se leen como novelas'», en *El Cuento en Red*, 8, <http://cuentoenred.xoc. uam.mx> (7-05-09).

VERANI, Hugo (1996): *De la vanguardia a la posmodernidad: Narrativa uruguaya*. Montevideo: Trilce.

ZAVALA, Lauro (2005): *La minificción bajo el microscopio*. Bogotá: Universidad Pedagógica Nacional de Colombia.

Fundación y mitificación de El Paso en los relatos de Fernando Aínsa

Carmen Ruiz Barrionuevo
Universidad de Salamanca

Las dos compilaciones de relatos de Fernando Aínsa, *Las palomas de Rodrigo* (LPR) y *Los naufragios de Malinow y otros relatos* (LNM), aparecen en el mismo año 1988, el primero en mayo y el segundo unos meses después, en noviembre, y es fácil advertir que se trata de dos títulos imbricados en su diseño, procedimiento y estructura, pues el segundo completa el tema y abunda en el mismo espacio que se trazara en el primero, adoptando además similar distribución: ambos presentan seis cuentos organizados en capítulos que ambicionan la ruptura de los márgenes del género del relato breve para establecerse en la amplitud de los parámetros de la novela con la creación de un ámbito espacial que favorece su autonomía y la recurrencia de los personajes.

Aínsa se vale del procedimiento mitificador que usó la narrativa latinoamericana de la segunda mitad del siglo XX, muy especialmente por parte de los autores del Boom, al proyectar una serie de relatos encadenados que construyen un espacio geográfico, cuyo ámbito pivota sobre los personajes para diseñar una gran metáfora del mundo austral y, más concretamente, del país en el que vivió una parte de su vida, y al que se siente ligado, la Banda Oriental, la República del Uruguay. Sería pertinente recordar en este punto la mítica recreación de la ciudad[1] de Santa María, que realizara Juan Carlos Onetti, porque de ella se ha ocupado largamente Aínsa como crítico a partir de ese libro revelador que es

---

[1] En su libro *Del topos al logos* Aínsa dedica bastantes páginas al tema de la ciudad en la narrativa y todo lo que implica en el apartado de la reconstrucción de los espacios mediante el efecto de la memoria y las representaciones del pasado (Aínsa 2006: 131-214).

Las trampas de Onetti (1970), pero sus cuentos, como veremos, no tienen que ver con ese escritor en su trazado e intencionalidad, aunque sí es cierto que pretende dotarlos también de un sentido espacial, además de un sesgo alegórico y referencial, no exento tampoco de ironía y de ribetes paródicos. Son dos títulos, por tanto, que persiguen el mismo objetivo y deben ser interpretados en una sucesión de continuidad, ya que el primero, *Las palomas de Rodrigo*, contiene además, algunas de las claves que desvelan el propósito del autor y el segundo, *Los naufragios de Malinow y otros relatos*, continúa y recupera espacio y pobladores de ese mundo anteriormente presentado. De ahí el carácter de díptico con que pueden leerse ambos libros, aunque necesariamente, para su cabal interpretación, se deba comenzar por la «Breve introducción al mundo austral» que abre el primero de ellos. Claro que si del mundo austral (o del Uruguay) va a hablarse, el autor debe buscar también la homogeneidad mediante las claves internas que se distribuyen en ambos títulos, una de las cuales aparece claramente al final de la primera colección, en el capítulo VI, titulado precisamente «Las palomas de Rodrigo», donde jugando con la simbología de la paloma se alude a ese período de bonanza que disfrutó largamente esta república, hasta el punto de conseguir el sobrenombre de la «Suiza de América». Porque, transpuesto el tema a la ficción, aunque no se recuerda cómo llegaron las palomas a El Paso —tan placenteros y dados al olvido son los períodos de paz— sí se percibe emblemáticamente que «Sin querer, el palomo empezó a sembrar nuevos motivos de discordia entre nosotros» (LPR 82), llegando a proponerse un plan de exterminio a través de la «Brigada Nacional de la Lucha Anti-Paloma» y, frente a él, de forma simbólica el acto de resistencia que al fin queda plasmado en la escritura: «Por eso decido irrumpir personalmente en la historia de nuestra aldea —que también es la de los míos— y contar en primera persona» (LPR 88; en negrita en el original). Es así como el hombre adulto se instituye en narrador de la vida de la comunidad e introduce las claves, no sólo del sujeto que elabora la ficción, sino las referencias que identifican, sin lugar a dudas, el espacio elaborado en los textos precedentes. Por ello también en las últimas líneas del relato que cierra este volumen se señala como dato significativo la muerte de la paloma, el 27 de junio de 1973, fecha que recuerda al lector un momento crucial de la historia del Uruguay, pues en ese día el entonces presidente Juan María Bordaberry disolvió las Cámaras de Senadores y Representantes con el apoyo de las Fuerzas

Armadas, y creó un Consejo de Estado que restringió la libertad de pensamiento, facultando al ejército y a la policía para intervenir directamente. Así se marca el comienzo de la dictadura cívico-militar en el Uruguay con su sangrienta estela de crímenes y limitación de las libertades, que duraría hasta 1985. Una fecha que se resalta de modo especial, geográficamente, pero también en la propia génesis del relato, pues el sujeto narrativo que cuenta la historia dejará sentado que «Desde ese entonces no hemos vuelto a ver palomas en El Paso. Sus imágenes, incluso, han sido arrancadas de los textos escolares y ya nadie se atreve a cantar: "Si a tu ventana llega una paloma" o: "Crece palomita y volvéte halcón"» (LPR 89), es decir, se trata de una identificación geográfica pero que al mismo tiempo también pretende fijar retrospectivamente su propio sentido testimonial como sujeto narrativo que edifica la ficción del espacio poblado de los personajes de El Paso.

Ese único indicio ya supondría suficiente aviso para que el lector realizara una interpretación certera, pero al escritor le interesa insistir en el proceso de referencialidad y ello hace necesaria la «Breve introducción al mundo austral», una explicación mítica e irónica a la vez que promueve, en una nueva ruptura genérica, la reflexión propia del ensayo y el punto de vista desde el que se cuenta, a través de un narrador intradiegético que al declarar sus intenciones se constituye en voz plural de su comunidad. Se trata pues, también, además de una declaración de principios, de una poética del texto, que lo antecede y explica, por lo que llegará a concluir al final, marcando el carácter colectivo de la voz narrativa que «ahora somos capaces de reconstruir e imaginar la vida de nuestro pueblo» (LPR 18). Pero no sólo eso, se persigue al mismo tiempo un proceso fundacional, de retorno a los orígenes, de explicación de un mundo por sus elementos naturales que a la vez lo cohesionan con el resto del mundo conocido. Por eso se apoya en los cuatro elementos, agua, tierra, aire y fuego que fundamentan cuanto existe y que también particularizan a los habitantes de ese mundo austral. El orden de exposición es también intencionado y por esa razón el primer elemento será el agua que, al cubrir gran parte de la superficie del planeta, es el primer elemento que implica y explica a todos los hombres y a los pobladores de El Paso. Sin embargo, en este caso, de modo directo e irónico, pues la gente que pobló ese espacio vino de los barcos: a través del mar «han llegado algunos habitantes de El Paso y la mayoría de nuestros antepasados» (LPR 14), aunque se señale a continuación, que viven de espaldas al mar, sin ocuparse de su explotación, ya que «nuestras inquietudes y preocupaciones se concentran en la tierra» (LPR 14). Esta inestabilidad del origen les hará apoyarse en la tangibilidad de lo terreno, y aunque el lugar se llame El Paso, nombre irónico, por provisional y pasajero, se llegará a aclarar casi al final de la introducción que —«por todas estas razones esta aldea se llama El Paso. Todo pasa[2] sobre él y poco queda» (LPR 17)— marcando el carácter efímero pero también el aspecto físico, porque constituye una estrecha franja, la banda oriental, que limita por dos de sus lados, con el océano y la laguna, y por los otros puntos cardinales con un alambrado sin acceso, cuyo territorio pertenece al cacique don Miguel Irralde con su mansión de El Casco, y con los médanos y arenales por los que nadie llega a arriesgarse.

Es visible el interés de Aínsa por la temporalidad y el carácter transitorio del ser humano, no en vano algunos de sus libros se pertrechan en títulos que hacen alusión a la conectividad pero también a la fragilidad y al carácter movedizo: *Travesías* (2000), *Pasarelas* (2002), tanto en el plano de la propia reflexión del ensayo como de la interpretación del hecho literario. No es de extrañar por ello que el poblado se llame El Paso y se caracterice por su aislamiento, es casi una isla, pero no una isla utópica, aunque la mayoría de sus pobladores se sienten conformes en ese mundo, pues geográficamente condicionados su carácter se ha forjado en el aislamiento y la aceptación:

> Alambrados, la costa, una carretera, la laguna y los médanos, delimitan nuestra banda por los cuatro puntos cardinales y lo aíslan sin darle ˙mucho respiro, aunque hay quien dice que gracias a esas barreras naturales es el resto del mundo el que se separa de nosotros y no a la inversa (LPR 15).

El espacio creado en estos cuentos es un espacio urbano, aunque se haga referencia a él varias veces como aldea, o más bien es un «lugar» del texto, un lugar conformado en el texto, y «otro sitio» complementario del lugar real evocado.[3] Un lugar que como otros incluye el cielo, su cielo, un cielo diferente, el del mundo austral, que hace referencia a

---

[2] En negrita en el original.
[3] Tomamos estos términos de las reflexiones del autor acerca del tema (Aínsa 2006: 169).

la inversión de las antípodas, aunque no es un cielo al revés, y se insiste en que esa circunstancia no hace a la gente distinta. Y es en este punto justamente en el que el sujeto narrativo ejerce su poder para desmentir las adherencias utópicas que durante todos estos siglos han desfigurado el continente, pues la imaginación volcada sobre la literatura ha hecho prevalecer las imágenes estereotipadas a través de los sueños y los escritos de esos viajeros de los primeros siglos que persiguieron el paraíso austral y «Habían soñado con ríos de plata, edades de oro, montañas de canela y con gigantes de buen corazón» (LPR 15) que nunca existieron en el mundo de lo real. En cambio, en otro plano, al menos dos de los temas que preocupan al autor se traslucen en el texto: el eje Norte-Sur y el tema de la utopía. Ambos han sido ocasión de diferentes ensayos, es el caso de *Travesías*, donde llega a razonar:

> A partir de esos ejes se ha organizado la periferia, se han fijado las coordenadas de una geografía tan política como subjetiva: la que condena a los desterrados del Sur a la dependencia (como estaba de moda decir en los sesenta), la que ha dado a países y pueblos ese sentimiento de vivir en el 'sótano' de un edificio global en cuyo pent-house se celebran las fiestas a las que no han sido invitados (Aínsa 2000: 69).

Un tema que está además imbricado con el falseamiento utópico de los espacios por lo que es congruente que en estos relatos se inserte desde el punto de vista de un narrador que a la vez que crea un espacio en la escritura, argumenta con datos que rebaten esa desfiguración. Sin olvidar que en esa alteración incide otra adulteración más, la de los viajeros que intentaron reconstruir en la nueva tierra el «reflejo invertido del espejo de su tierra en la nuestra», y así forjar «lo que ellos ya no podían hacer en su vieja patria» (LPR 16). En esencia, el argumento del encubrimiento de América, el continente visto como «tierra de la esperanza y del futuro» (LPR 16), y como consecuencia, espacio borrado, no conocido, encubierto. Todo ello se plantea de forma directa en esta introducción al mundo austral.

Los dos últimos elementos naturales, aire y fuego, están enlazados y también religados a esa tierra, el aire se identifica con los frecuentes vendavales («esta banda está sometida a todo tipo de vendavales», LPR 16) y por tanto a frecuentes sequías que calcinan la tierra; el fuego presenta una doble faceta, la positiva de los procesos de cocción de los alimentos y la negativa de destrucción de los campos con las sequías, el desencadenamiento de inundaciones, y la consiguiente resignación y solidaridad; proceso que afecta al lugar, en una irónica caracterización de un mundo que mucho se asemeja a otros lejanos, aunque parezca no tener historia. Porque «[n]o tenemos monumentos, bibliotecas o castillos y los que han ido a la escuela han aprendido siempre la historia de los demás y la geografía de los países lejanos» (LPR 18), aseveración ante la cual ese narrador quiere infundir la certeza de la existencia de una historia que hay que contar, poniendo en pie a personajes de un mundo que parece diferente, aunque no deje de ser un engaño de las apariencias en el aspecto humano. Una característica importante es que junto a esta poética de la historia contada que subyace en la «Breve introducción al mundo austral» aparece también una poética del texto, que nos dice cómo interpretarlo, al afianzarse en la idea de que si estos hombres no son distintos a los de otros lugares, contar su historia significa recuperar el pasado y prolongar el presente, con lo que una de las frases finales se constituye en la clave del hacer intrínseco de los relatos que vienen a continuación y así facilitar su interpretación. Se trata de centrar actos y sucesos en un personaje a través del cual se entrevé el funcionamiento del tiempo y del espacio, porque «[b]astaría con que cada uno diera su nombre a un capítulo para comprobar que un momento de la vida de un hombre puede ser el mejor resumen de los siglos que otros han necesitado para tener un capítulo en esta historia» (LPR 18). Y es justamente este funcionamiento narrativo el que encontramos en los textos que aparecen tanto en *Las palomas de Rodrigo* como en *Los naufragios de Malinow y otros relatos*. Por eso los relatos se aglutinan en capítulos de un todo más amplio, de una novela en ciernes, y son relatos a la vez, porque pretenden establecer la continuidad de la historia de un pueblo y la intrahistoria de sus habitantes.

Los seis capítulos o relatos de *Las palomas de Rodrigo* constituyen seis fases de la historia y de los acontecimientos de ese pueblo y cada uno de ellos aporta una interpretación al conjunto. El capítulo I, «Una misión para Vicente», plantea el momento primero, casi ancestral, en el que el hombre mira al cielo sin comprenderlo. Vicente representa al hombre que tiene una visión mítica del universo pues ha heredado las tradiciones de forma oral, «Vicente aprendió que el cielo está formado por siete pisos curvos» (LPR 21) que están constituidos por las nubes, nieblas, estrellas, luna, planetas y el sol, «estando reservado otro para el Paraíso donde van los justos y reinando en el último nuestro Señor» (LPR 22). Es una visión del mundo tradicional, pretecnológico, agrario, que también representa la ingenuidad del Medievo: «Me pregunto si Dios está realmente al corriente de lo que pasa en los pisos bajos de su reino celestial» (LPR 22), a lo que no es ajena la cita de *El Purgatorio* de Dante que abre el cuento.[4] Vicente se plantea un objetivo que excede sus facultades: «volar hacia Dios y plantear el problema de esta aldea olvidada de su gracia» (LPR 26) para hacerle ver las consecuencias de la pertinaz sequía, y a su lado el resto de los habitantes de El Paso contribuyen con ingenuas propuestas para paliar esos males sin olvidar el anacronismo irónico del sujeto narrativo que actualiza la parodia de ese mundo: «No tenemos capital para hacer nada» (LPR 23). El intento de volar al cielo para exponer el problema en las altas esferas se convertirá así en un proyecto colectivo en el que participarán todos los habitantes, tal y como se produjo en las grandes empresas del Medievo, en la construcción de las grandes catedrales, por ejemplo, como productos de la fe, amparándose en este caso en una distorsión ingenua del fenómeno religioso. Sin embargo, este Medievo se desarrolla en un tiempo anacrónicamente posterior, ya que los planos de las alas los inspira «un tal Leonardo» (LPR 25). Además no está exento el espacio de la asincronía que tanto se ha achacado al continente americano. Y la ironía interviene para notarlo.

El texto de este primer relato va desarrollando con interés la trama, mostrando la preocupación, las discusiones, la colaboración de todos, y al final la consecución del vuelo hacia el infinito: «logró vencer la gravedad y sostenido por la resistencia del aire empezó a remontar lentamente la distancia perdida» (LPR 29). El final sin embargo no

---

[4] Hay que resaltar la importancia de las referencias que se citan al frente de cada capítulo, y que responden a significativos títulos de la literatura, con los que establece cada relato un diálogo intertextual. Así, entre otros, en el primer volumen: «El hambre de Juan Echave» se relaciona con *Hambre* de Knut Hamsun, «Los hijos del cerrajero Saturnino» con *El jardín de los cerezos* de Antón Chejov y «Las palomas de Rodrigo» con la *Balada del viejo marinero* de Samuel Taylor Coleridge. Y en el segundo: «Los naufragios de Malinow» se relaciona con la «Oda marítima» de Fernando Pessoa; «Los destinos de Héctor» con *La tierra baldía* de T. S. Eliot y «Un vals para Teresita» con «El Beyzades a su amada» de C. P. Cavafis.

vela el carácter mítico de la figura de Vicente, irónicamente interpretado, por lo que se ofrece una pregunta y una respuesta que tranquilizan a los habitantes de la aldea: «¿Habría realmente[5] volado Vicente?» (LPR 30), claro que, justifican, que «al viajar sin comer ni beber, Vicente había muerto, simplemente, de hambre» (LPR 31). Justamente es el hambre el tema del siguiente cuento que conforma el capítulo II, «El hambre de Juan Echave», una de las plagas de la humanidad y el motor del viaje para los que emigran. Exilio y emigración surgen aquí como explicación de la cualidades físicas de Juan Echave que era capaz de matar a un caballo con sus puños, pues «[c]on sus puños como único equipaje, colgando y balanceándose al ritmo de su gran cuerpo, Juan nos anunció, pocos días después, que se iba a buscar el éxito que no podía encontrar en El Paso» (LPR 33). Pero por desgracia, quien llegó a ser el orgullo del pueblo vuelve acabado, como un juguete roto, y su pasado, contado por el propio protagonista se erige en un escalofriante itinerario de la miseria y la ingratitud humanas. El final del cuento con la animalización del personaje, que en su retorno al pueblo recibe la comida destinada a un perro al valerse de su habilidad para imitar los ladridos, confirman aún más lo primario del impulso del hambre. Por eso la frase «Hay que conocerlo, para hablar del hambre hay que conocerlo» (LPR 40; en negrita en el original).

Los relatos que vienen a continuación van redondeando las notas características de la comunidad de El Paso, pues si el primero se refería a un mundo agrario, y el segundo aludía a la emigración y la pobreza, ahora en los sucesivos van apareciendo los poderes opresores de la comunidad. Así en el capítulo III, «Los santos de doña Ramona», se muestran el cacique y la iglesia, y en los capítulos IV y V se hará referencia a ciertos aspectos de la interacción de las clases sociales y el cambio que se avecina, centrados en este caso en los personajes de Sísifo y de Saturnino. En el primero de los citados, «Los santos de doña Ramona», se cuenta de forma irónica y paródica el intento de establecer el poder de la Iglesia en la comunidad («En este pueblo desgraciado no tenemos ni una capilla para que rezar sirva realmente de algo», LPR 45), un poder que no se siente como tal sino como una fuente de progreso («Con un Señor Cura, El Paso también ten-

---

[5] En negrita en el original.

dría buenos entierros», LPR 46). Por eso se funda el Comité pro
Fundación de la Basílica de El Paso pensando en emular a las lejanas
catedrales para llegar a la conclusión final de que «no sería posible
levantar sobre la arena y en una costa tan ventosa edificios tan ambiciosos» (LPR 48), con lo que ven necesario tasar las capacidades de
las que disponen y las necesidades de las que carecen y que habrán de
conseguir.

Como era de esperar se produce la inquietud del poderoso Don
Miguel Irralde que ve una posible agresión a su poder en la «movilización general» (LPR 49; en negrita en el original) de El Paso por la
empresa de la basílica. La estratagema del cacique que se vale de la
manipulación de las creencias para lograr sus objetivos está bien trazada: Si «Don Miguel está muy interesado por el proyecto de Basílica»
(LPR 49) enseguida todos piensan en una ayuda del cacique para su
construcción, que términos como «fuentes de financiación», «capacidad de endeudamiento», «plaza financiera» atraen a nuestro presente,
parodian el gesto e introducen la ironía porque contradicen la fisono-
mía de un pueblo agrícola y ganadero, constituyéndose además en
una forma de introducir la distancia crítica. De ahí la habilidad del
cacique, pues en una comunidad reacia a lo libresco, será un libro el
que introduzca la confusión, «Don Miguel nos ayuda, sí, pero siempre y cuando nos pongamos de acuerdo en cuál será el Santo Patrón
de este pueblo» (LPR 52). Un libro que además es un Santoral que
está programado por la Iglesia. Es así como se introduce la discrepancia y una divertida discusión, mediante la cual, de paso, se hace ver la
composición del pueblo: «La mayoría de este pueblo somos peones,
hombres sin oficio, trabajadores de lo que venga. Vivimos de lo que
podemos, lo mismo esquilamos ovejas que cargamos ladrillos, lo mismo cortamos leña que reparamos un alambrado» (LPR 54). En el desenlace se aprecia que don Miguel ha introducido la manzana de la discordia y la división de los habitantes con lo que el proyecto nunca se
realizará.

El personaje del cacique, que se introduce en este cuento de forma
significativa, se irá perfilando con todo su poder en los dos siguientes
relatos. Si en el capítulo IV, «La pesadilla de Sísifo», se plantea el odio
al poderoso opresor cuya vida no puede repetirse sin sufrimiento
(«Supimos que [Sísifo] poco antes de morir intentó no dormir, para
eludir lo que ya era su curiosa enfermedad: vivir y volver a revivir los

instantes que había imaginado para otros y que estaba condenado a sufrir en carne propia», LPR 58) y con ello persisten las imágenes ligadas a la vida de la familia Irralde y la influencia negativa en la comunidad que revive con su especial sentido Sísifo Fernández. Pero lo que aquí constituye un sentimiento se materializa con complejidad en el capítulo V, titulado «Los hijos del cerrajero Saturnino», pues en él se insinúa el cambio histórico y el revulsivo revolucionario. Las clases sociales, hasta ahora separadas, se aproximan, y ello propicia el cambio y también el arribismo. Saturnino, el *homo faber*, carpintero, cerrajero, será útil para el cacique don Miguel Irralde en el grotesco escenario que su hijo Gustavo arma en El Casco al encerrar a toda la familia y echar las llaves al pozo. En la visita del capataz para conseguir la colaboración del pueblo se recuerda la dependencia de la aldea de tan ilustre familia, el orden patriarcal mantenido desde tiempo inmemorial y también la felicidad en que habían crecido en un paisaje sin cambios. Sin embargo la premisa de que formaban parte de un orden que nadie concebía distinto va a trastocarse pronto, pues Saturnino «[v]uelto de la estancia, era otro hombre» (LPR 70), con modales de señor y con un empleo privilegiado de mayordomo, proporcionado por el cacique, empleo que le lleva a despreciar a sus conciudadanos: «Nunca llegarán ustedes a nada preciso, porque sois gentes sin oficio —nos provocaba—. Si Don Miguel pensó en si desde su encierro es porque tengo conocimientos que ninguno de ustedes tiene» (LPR 71).

La partida de Saturnino de El Paso repercute en las gentes del pueblo pues les hará ver su poder y sus posibilidades de ascenso social: «Lo que nadie sabe en este maldito pueblo es que tengo un doble de todas las llaves de El Casco y así, de quererlo, yo también podría ser Señor— y repitió la palabra Señor con respeto, como solíamos hacer lo nosotros» (LPR 71). Las llaves que Saturnino hace, las cerraduras que abre, son también paradigmáticas de una situación, son llaves y cerraduras que le proporcionan poder en la mansión del poderoso Irralde porque «El Casco, que es el centro del mundo como sabemos todos nosotros, necesita de unas y otras» (LPR 73). Pero entre las gentes del pueblo se discute su oportunismo. A su lado otro personaje fundamental para el cambio es el hijo de Don Miguel Irralde, Gustavo, que pretende erigirse en líder e introducir la revuelta en la aldea. Especialmente significativo es el parlamento que les dirige y que se instituye en simbólico del desencadenamiento de los cambios sociales y de la introducción de los pueblos en la Historia:

> Seguir mi dinastía es muy aburrido. Aquí no pasa nada, cuando deberían pasar muchas cosas, como en otras partes […]. Corresponde de este modo que los hijos de los Señores como yo, habiendo tenido la suerte de la lectura de la vida de la Historia, tomen la iniciativa de pasar a la oposición e invitar a la vieja dama que nos visite (LPR 75).

Es así como los habitantes de El Paso deciden hacerse expertos en cerraduras, pero cuando había suficientes diplomados en cerrajería llegan los vientos de la revolución y se acaba con su utilidad: «Es el fin. Las puertas no se abren, las puertas de derriban» (LPR 77). Serán los hijos de Saturnino los que emprenden ese camino de renovación y por eso «nuestro pueblo por algo se llama El Paso— ha sido siempre propicio a vivir del eco, a repetir lo que unos y otros han traído con los diferentes vientos» (LPR 76).

Vemos entonces que esta primera compilación recoge todo el proceso que culmina en la modernización de una comunidad, desde su comienzo originario hasta el inicio del cambio. Sin embargo la segunda parte que constituye Los naufragios de Malinow y otros relatos, ya nos evidencia una sociedad más estable en la que se delinean las figuras de una serie de personajes integrados en ese espacio, sus costumbres, sus vivencias. Varios de ellos, tienen ya profesiones celebradas y estables, propias de lugares más adelantados, como es el caso del doctor Emilio Castelao, en «El primer paciente del doctor Emilio Castelao», médico con gran afición por la pintura, en un homenaje al gallego Alfonso Castelao (LNM 31); pero también se destaca el origen de sus habitantes en la inmigración y la importancia del mar en sus vidas, es el caso de «Los naufragios de Malinow» («No recordamos cuántas veces nos contó Malinow este naufragio que se entroncaba con la pretendida historia de su sangre», LNM 9); a la vez se desarrollan los sueños cumplidos, largamente deseados, en «Los destinos de Héctor»; el sentido de la amistad en «El amigo de Otto»; el intento de hacer prevalecer el recuerdo en «La memoria perdida de Agustín», y la transformación social de un mundo agrario en un mundo industrializado con la recuperación de un mito en «Un vals para Teresita»: «Esta tarde los niños de El Paso se han aventurado un poco más lejos en sus juegos.

No han hecho caso a sus padres y, jugando a rodar desde los altos médanos hacia la orilla rocosa de la Punta del Diablo, en el centro de una nube se arena, se han encontrado con el esqueleto de Teresita» (LNM 75). La sociedad de El Paso, ya estabilizada, y conservando parte de su aislamiento, se ha posesionado de los mismos padecimientos, de los mismos males del progreso y la civilización.

BIBLIOGRAFÍA

AÍNSA, Fernando (1988): *Las palomas de Rodrigo*. Montevideo: Monte Sexto.
— (1988): *Los naufragios de Malinow y otros relatos*. Montevideo: Talleres Gráficos El País.
— (1970): *Las trampas de Onetti*. Montevideo: Alfa.
— (2000): *Travesías. Juegos a distancia*. Málaga: Litoral.
— (2002): *Pasarelas. Letras entre dos mundos*. Paris: Indigo & Côté-Femmes.
— (2006): *Del topos al logos. Propuestas de geopoética*. Madrid/Frankfurt: Iberoamericana/Vervuert.

El balneario en la literatura uruguaya: ¿refugio o lugar de rescate de la memoria? Los actos fundacionales de Santa María y Marazul

Giuseppe Gatti

> *El hombre es un dios cuando sueña*
> *y un mendigo cuando piensa.*
> Friedrich Hölderlin

En una entrevista del año 1995, poco después de que le fuera otorgado el Premio Juan Rulfo, Hugo Burel afirmó que el rol del escritor no puede ni debe ser el de fotocopiador de la realidad: en esa ocasión el escritor definió el arte de escribir como un «acto silencioso, solitario, de complicidad y muy cargado de magia». Es justamente este espacio de intimidad en el momento creador lo que confiere al oficio de la escritura un poder casi demiúrgico, por cuanto —como señala el autor en la entrevista de Carola Kweksilber— permite «crear otras realidades, que se pueden parecer mucho a ésta pero que tienen otras formulaciones, otras dimensiones» (Kweksilber 1996: 13). La capacidad de edificar un mundo, pensar en los colores y arquitecturas de sus casas y sus calles, dar vida a los distintos personajes e imaginar sus caras y sus voces representa la razón de la escritura. La construcción de un espacio nuevo, inexplorado por inexistente, es, según Burel «el gran motivo de la escritura: inventar un mundo que antes no existía, poder ofrecérselo a alguien y, en primer lugar, a mí mismo» (ibíd.).

La realidad, pues, no es única sino que hay tantas posibles cuántas son las subjetividades capaces de percibirlas: el mundo creado tiene que estar claramente separado del real y es esta elaboración personal la que hace posible que una creación se convierta en artística. En el pasaje de la realidad al mundo del arte, el autor se enfrenta a la responsabilidad de una *elección*, primera etapa de un proceso que después necesita de una *deformación*. Los acontecimientos reales padecen una dislocación por parte del artista, que sin embargo no puede dejar de conservar el alma de los hechos (Aínsa 1987: 116).[1]

El proceso de *selección* y *deformación* operado por Juan Carlos Onetti en su obra da origen a un espacio ficcional en el que las leyes de la causalidad se aplican de la misma manera que a la llamada realidad. Las actitudes y los comportamientos de los héroes de Onetti se manifiestan previsibles, pues las leyes que rigen el universo ficcional son tan estrictas y rígidas como en el mundo real; así, afirma Aínsa, «la lógica tradicional y las leyes físicas del mundo real gobiernan identicamente el mundo de la fantasía» (1987: 117).

En la literatura de Burel la creación literaria permite el ingreso a medias a otra realidad: el sueño, como en Onetti, no libera del todo la fantasía y su mundo es creíble porque refleja asimismo el mundo urbano rioplatense (o el litoral, como en el caso de Marazul). En Burel, la fundación y la consolidación literaria del balneario imaginario de Marazul determinan la «exisitencia en sí» (y también la persistencia) de un «condado» a orillas del Atlántico: independientemente de su inexistencia en el mundo real, los elementos geográficos, sociales y culturales del balneario bureliano pueden encontrarse en cualquier asentamiento marítimo de los departamentos de Rocha y Maldonado (La Pedrera, La Paloma, Valizas, Punta del Diablo…), de la misma manera que las características humanas y territoriales de Santa María remiten al litoral uruguayo del Oeste o a la costa argentina a orillas del río Uruguay: «Hay muchas Santas Marías reales en Corrientes y Entre Ríos. Sus habitantes […] pueden ser los de cualquier ciudad de esas provincias y participan de una condición humana tipicamente rioplatense» (Aínsa 1987: 118).

Tanto Santa María como Marazul constituyen un territorio verosímil y representan un microcosmos literario con una marcada identi-

---

[1] En su artículo «Los posibles de la imaginación», a propósito del proceso de creación en Onetti, Fernando Aínsa afirma que «la selección y la deformación deben conservar el alma de los hechos» en contraposición con la más repugnante de las formas de mentira que es la de decir sólo la verdad más superficial ocultando el alma de los acontecimientos.

dad cultural.[2] Si en Santa María no hay «ni real-maravilloso, ni realismo mágico, ni literatura fantástica» (Aínsa 1987: 118), en Marazul la línea que separa la verosimilitud de lo fantástico no es tan marcada. En la narrativa de Onetti, la elección de un espacio imaginario en el que localizar las historias de sus personajes responde a la necesidad de elegir un ámbito provinciano, de ciudad-pueblo, que permita a los seres de su mundo ficcional recobrar una individualidad que la gran urbe rioplatense ha ido destruyendo: como si buscara una forma de «equilibrio ambiental», Onetti contrapone la tensión que impera en sus textos de la gran ciudad (Buenos Aires o Montevideo) a la mansa tranquilidad de una pequeña ciudad de «segundo orden»; en su narrativa, como subraya Maryse Renaud, «la exigüidad provincial [...] lejos de ser percibida de forma negativa, surge como la condición sine qua non para la reconquista de una identidad insidiosamente socavada por la crueldad de la gran urbe» (1993: 69).

Tanto Onetti en Santa María como Burel en Marazul buscan exaltar la pequeñez no sólo en sentido físico, sino elaborada según el concepto bachelardiano de la miniatura. Entrar al espacio del balneario, universo reducido respecto a la ciudad, significa incursionar en un *petit objet*. Es allí donde Bachelard subraya que «lo grande sale de lo pequeño, no por la ley lógica de una dialéctica de los contrarios, sino gracias a la liberación de las dimensiones, liberación que es la característica misma de la actividad de imaginación» (2006: 191).

En la narrativa de Onetti, el regreso a ciudad provinciana después de largas errancias urbanas de parte de sus personajes (Larsen y Medina entre otros), responde a la exigencia de consignar un universo quieto y en el que los detalles adquieren una importancia fundamental. Como afirma Renaud, la «miniaturización del espacio sanmariano aparece [...] cargada de connotaciones afectivas nada desdeñables: pequeñez e intimidad soñada van juntas» (1993: 69-70). Los personajes de Burel, menos trágicos que los de Onetti, sienten sin embargo la misma atracción por el aislamiento del pequeño balneario: de la misma manera que los onettianos Larsen o Aránzuru, los protagonistas del ciclo de Marazul celebran la estancia en un mundo tranquilo y ale-

---

[2] En un encuentro montevideano con Hugo Burel, a finales de marzo de 2008, el escrito me comentó que los cuentos de Marazul «configuran dentro de [su] narrativa la posibilidad de la creación de un espacio mítico, la invención de un lugar ficcional —como han hecho tantos autores, por ejemplo Faulkner y Onetti».

jado de la exaltación vivida en la gran ciudad. Se reivindica así una «quietud serena» que —como afirma Renaud en el caso de Onetti— «provocará [...] a Larsen [...] la certidumbre de saberse por fin en alguna parte, en un lugar preciso, [...] sólidamente anclado entre el río y la colonia de labradores suizos» (ibíd.).

Burel elige la costa oriental de Uruguay. La escenificación de sus relatos en un balneario de la costa atlántica forma parte de una tradición narrativa común a varios escritores que crean un espacio imaginario en este entorno. En su ensayo «Literatura de balneario», Mario Benedetti subrayaba ya en 1964 y no sin cierta dosis de preocupación, que «después de largas décadas de literatura gauchesca y de una breve temporada de narrativa ciudadana, [...] ha llegado el momento de preguntarnos si no estamos asistiendo a la eclosión de una nueva variedad: la literatura de balneario» (1988: 397). La presencia de un balneario como escenario narrativo se había manifestado en la literatura uruguaya anterior a la década del sesenta de manera esporádica y sin que el paisaje adquiriera nunca el rol de protagonista de la narración:[3] así se aprecia en la obra de autores como Enrique Amorín (*Eva Burgos, Todo puede suceder*), José Pedro Díaz (*El habitante*), Carlos Maggi (*La trastienda*), Armonia Somers (*Muerte por alacrán*), textos en los que el paisaje constituye un simple elemento más de la trama.

Tras referirse a los autores citados e incluir asimismo en este subgénero *Los altos pinos* de Giselda Zani, Benedetti reflexiona sobre la presencia de este espacio en la producción de Onetti. Santa María no es, claramente, asimilable al balneario arquetípico que constituye el eje del presente análisis: ni por ubicación geográfica ni por dimensión (se trata de una «pequeña capital»), ni por el entramado social que la conforma. En cambio, en el cuento «La cara de la desgracia», en el que Onetti sitúa la acción en un balneario, los elementos típicos del paisaje marítimo (por ejemplo, la nieblina matinal) no adquieren la misma relevancia que las vivencias de la protagonista: por el contrario, «la exasperante y alucinada abyección, la impecable estructura» del cuento siguen manteniendo su dominio sobre el mar y la costa, de manera que se puede afirmar, con Benedetti, que «allí el balneario es sólo un accesorio» (1988: 398).

---

[3] Así afirma Benedetti en el texto citado arriba: «En los escritores de anteriores promociones, el balneario apareció esporádicamente y sin acaparar el interés de la trama» (1988: 397).

En la actualidad, los ya mencionados pueblos de Villamar (Hugo Giovannetti Viola), San José de las Cañas (Mario Delgado Aparaín), Cabo Frío (Leonardo Rossiello), El Paso (Fernando Aínsa) y el Marazul bureliano conforman un conjunto de pueblos marítimos cuya presencia en las letras uruguayas conforma —de hecho— una clara literatura de balneario, siempre y cuando se le atribuya a esté término el significado positivo de invención de un espacio mítico y no de «linda evasión para los fines de semana» (Benedetti 1988: 397).

La invención de este espacio en la literatura oriental contemporánea responde a la exigencia de crear un escenario en el que colocar no sólo a los personajes sino también sus estados anímicos, dudas, miedos y anhelos: el protagonista que se aleja de la multitud y se asienta en una pequeña aldea marina busca el aislamiento para reflexionar sobre su condición o evadirse de la realidad. Sin embargo, el escenario no adquiere el estatus de *princeps historiae*, sino que completa y acompaña con su «voz» la trama. Por eso, quizás parezca demasiado radical la reflexión de Benedetti cuando afirma que «pese a esas mínimas costas, dunas y rocas, a nadie se le ocurriría hablar de una *literatura de balneario* con referencia a Amorín, Zani, Onetti, Maggi, Díaz o Somers. En cada una de las obras mencionadas, siempre hay algo más importante para ser recordado. Pero ahora el panorama es otro» (1988: 398).

En los escritores contemporáneos, la creación de un espacio marítimo imaginario no se explica como una simple búsqueda de un *locus amœnus* —así lo había afirmado Benedetti, en esos momentos claro defensor de la literatura de compromiso, cuando escribió: «La calle es conflictual, el campo es conflictual; sólo la playa es idílica» (1988: 400)—, sino la definición de un espacio especialmente cualificado para el encuentro con el propio «yo».

La misma literatura onettiana demuestra esa tendencia. Si bien la ciudad de Santa María no posee rasgo de balneario, su creación determina la existencia de un espacio que otorga a los protagonistas la posibildad de vivir el territorio como una «presencia». Así lo señala Claude Fell en «Juan Carlos Onetti y la escritura del silencio»: «La ciudad [de Santa María] es ante todo una presencia, un lugar anónimo e indiferente donde los personajes se aíslan para examinar su desesperación o para dejar que su imaginación los transporte en un contexto que ellos desearían más clemente» (1987: 143).

Como es sabido, Onetti emprende la construcción de su propio universo ficcional fundando la ciudad de Santa María por obra de la imaginación de Brausen, en el año 1950: su proceso de edificación de un espacio mítico a orillas del Río de la Plata es precedido por un trabajo de consolidación de la ficcionalización urbana. La evolución socioeconómica de los países rioplatenses había determinado el fin de la literatura de los grandes espacios y marcado el comienzo de la épica de la ciudad. Las tres primeras novelas de Onetti, *El pozo* (1939), *Tierra de nadie* (1941) y *Para esta noche* (1943) están ubicadas en un paisaje urbano en el que (sobre)viven seres solitarios u obligados a vivir ocultos.

Onetti hunde a sus protagonistas —casi siempre hombres y mujeres trasplantados de otro continente— en la misma condición de soledad que destacaba entonces en el existencialismo europeo y que —como afirma Claude Fell— pertenecía también a la tradición conosureña del mismo período: «Este concepto de la soledad fundamental del hombre en medio de las multitudes ciudadanas aproxima la obra de Onetti a la de los existencialistas europeos, pero igualmente la sitúa en una tradición novelesca rioplatense donde codean los nombres de Marechal, de Sábato, de Cortázar, de Haroldo Conti, de Carlos Martínez Moreno y de Mario Benedetti» (1987: 143).

En la fase de elaboración del espacio de Santa María, Onetti otorga a Brausen los mismos poderes del demiurgo griego. Es Platón quien hace referencia por primera vez a la figura del demiurgo como artífice de una creación *ex nihilo*. Onetti coincide con el demiurgo en la capacidad de Brausen para «producir ideas»; según Beatriz Bayce la analogía reside pues «en el atributo de poseer las ideas ejemplares de todas las cosas [...] Brausen crea a partir de un *modelo ejemplar* que primero es real, histórico, antes de pasar a la idea» (1987: 23).

Burel es el Brausen de Marazul: en su caso, la *idea* viene después. El balneario costero de Marazul ha sido fundado como reino imaginario; sin embargo, responde a un doble proceso de elaboración de la memoria: por un lado, en Marazul el escritor aplica las mismas leyes que rigen la vida fuera de temporada en un balneario de la costa este uruguaya; el pasaje de la realidad a la ficción ocurre con naturalidad, como si el espacio fuera la prolongación de una dimensión real. Es aquí donde se inserta el segundo significado de la creación de Marazul: en el *topos* bureliano la realidad se extiende hacia la dimensión ficcional, con lo que la ensoñación se superpone, sin borrarla, a la realidad (Torres 2008: 23).[4]

La tarea de creación de Santa María es deliberadamente obra de la la fantasía de Brausen en la *La vida breve*. Así, la creación del espacio mítico implica la intervención de alguien como Brausen, víctima ya de su propia decadencia y de su fracaso conyugal, quien funda la urbe como último espacio de salvación. Inicialmente, la tarea de imaginar una ciudad para que sea el escenario de un guión de cine aparece como un simple pedido que Stein —su único amigo en Buenos Aires— le dirige. Así lo destaca Aínsa en *Los posibles de la imaginación*: «Santa María, ciudad imaginada por Brausen, estaba en el origen destinada a ser el escenario de una película. La lógica del relato que imagina Brausen es la de un guión cinematográfico» (Aínsa 1987: 125).

A partir del momento de su fundación, Santa María existe de manera independiente de su creador. De forma parecida, la Marazul bureliana representa el arquetipo de un territorio conocido y es —para Aínsa— uno de esos «microcosmos en los que han buscado refugio otros escritores uruguayos» (2006: 145). Ya al comienzo de *La vida breve*, cuando Santa María no es sino un simple embrión en la mente de Brausen y se encuentra en un status puramente imaginario, Onetti hace que su creador le otorgue al agua un rol relevante, describiendo con minucia un río ancho con sus embarcaciones «empavesadas»; el río representa en las novelas del ciclo la comunicación con el mundo exterior y se constituye —según Renaud— en «el alma, la arteria vital de la pequeña ciudad [...], puerta abierta para el universo pragmático de la ciudad» (1993: 71).

En Burel la arquitectura, los edificios y la ubicación del «condado» marinero no se alejan mucho de la estructura clásica del balneario uruguayo representado en la literatura nacional de las últimas décadas: pequeñas casas edificadas en forma desordenada frente a la playa, chalets un tiempo espléndidos y hoy semiabandonados o en plena decadencia, bahías de arena golpeadas por olas bravas y el

---

[4] Afirma Alfredo Torres que la «creación artística es siempre, en mayor o menor medida y con independencia de modos narrativos, emergencia autorreferencial. No hay, no ha habido, un artista capaz de concebir imágenes sobre lo que no fue parte de la historia personal, a nivel individual o colectivo».

viento constante del Atlántico. La ambientación de los relatos fuera de temporada responde a la exigencia de constituir el nuevo territorio como morada de paso de personajes solitarios y preparados para cualquier evento: por eso, según Aínsa, su mirada es la de quien «aguarda un suceso extraordinario, una catástrofe o una maravilla» (2006: 145).

No siempre la creación de un espacio abierto a lo extraordinario y la consiguiente evasión a un lugar aislado, entre olas y dunas, responde a la exigencia de una búsqueda de soledad o de introspección; Mario Benedetti, en la recopilación de cuentos *Montevideanos*, ofrece —no sin una buena dosis de humor— un retrato de un balneario de la costa este de Uruguay que sirve de emplazamiento a fabulosos encuentros amorosos, imposibles de realizarse en la capital. Así lo cuenta el protagonista de uno de los relatos: «[...] me fui de vacaciones al Este. Desde hacía años, mis vacaciones en el Este habían constituido mi esperanza más firme desde el punto de vista sentimental. [...] En un balneario uno sólo ve mujercitas limpias, frescas, descansadas, dispuestas a reírse, a festejarlo todo. Claro que también en Montevideo hay mujercitas limpias; pero las pobres están siempre cansadas» (2007: 105-106).

En Burel se asiste —en cambio— a un proceso de desmitificación del balneario prototípico, que aparece no ya como lugar donde cobijar esperanzas y expectativas, sino como espacio donde las circunstancias desnudan al protagonista y toman una dirección sorprendente. Si en el texto de Benedetti el balneario es el lugar de la risa, de la diversión, de la evasión fácil y sin compromiso, en la narrativa bureliana el paisaje fuera de temporada y las casas vacías con su aire adormecido crean un clima de aproximación a lo insólito, en el que las construcciones parecen como «afincadas» en una dimensión paralela. La desolación que se aprecia en los rincones donde se acumula la arena, las hamacas desnudas de almohadones, los parrilleros limpios en los jardines sin que quede rastro de una sola brasa fría envuelven Marazul en «un silencio de espera y una condición de refugio abandonado» (Burel 2007: 201).

El límite difuso entre realidad y fantasia es evidenciado en la onettiana *Dejemos hablar el viento* por Omar Prego Gadea y María Angélica Petit. Publicada en 1979, a casi 30 años de la fundación de Santa María, la novela recupera en el condado imaginario los viejos temas

del autor: «la muerte, el amor el inexorable desencuentro, y la incomunicación, el malentendido existencial» (Prego Gadea/Petit 1987:
378). Medina, el protagonista de la novela emprende una huida a la
inversa de Brausen: médico y pintor fracasado, abandona Santa María
para refugiarse en la ciudad —igualmente imaginaria— de Lavanda
(nombre abreviado de la Banda Oriental) cuya descripción permite
identificar el Montevideo que encontró Onetti a su regreso de Buenos
Aires en 1955. En este lugar opresivo y ambiguo tiene lugar el
encuentro de Medina con el fantasma de Larsen, el personaje por
antonomasia de la saga de Santa María: pero Onetti mantiene el relato en un terreno ambiguo que podría asimismo caer en la categoría de
lo extraño, ya que Larsen puede ser un fantasma engendrado por la
imaginación de Medina, o —incluso— un sueño.[5]

De todos modos, el límite de lo real ya se ha franqueado: la incursión en una dimensión paralela —como en el balneario imaginario de
Burel— se produce a través de sugerencias, detalles insinuales y dudas
interpretativas. El «viaje» a Marazul adquiere en la narrativa bureliana
un rol que es —al mismo tiempo— catártico y evasivo: así, los personajes atribuyen al tiempo transcurrido allá una connotación liberadora que la lectura demostrará engañosa.

El balneario nace como resultado de un mapa mental creado por el
recuerdo, tras la elaboración de apuntes visuales que se han ido acumulando con el tiempo en la memoria. La génesis del territorio ficcional recuerda el proceso de creación artística de Edward Hopper, pintor
de las escenas más conocidas de la vida norteamericana en la segunda
posguerra. Un cuadro de Hopper nunca es representación fiel de una
sola realidad: no busca la exacta transposición al lienzo de un paisaje o
un rostro, por el contrario, la obra nace de apuntes tomados con minucia, notas que la memoria reelabora —como afirma Orietta Rossi Pinelli— para finalmente usarlos en un conjunto realista pero no totalmente «real»: «[Hopper] al quadro arrivava attraverso questo lento e
meditato procedimento. [...] Non si trattava di una transcrizione esat-
ta di un luogo, bensì di un`opera composta in parte su appunti preci-

---

[5] La incursión en lo fantástico en la novela es comentado por Omar Prego y
María Angélica Petit: «Al final de la primera parte, Medina tendrá un encuentro de
ultratumba con Larsen (o Carreño, una aliteración de carroña) que se sitúa en el ímite
te de lo sobrenatural o de lo fantástico».

si, in parte attraverso la selezione mnemonica di impressioni altrettanto precise ricavate da luoghi limitrofi» (2002: 24).[6] Las continuas referencias a la luminosidad del paisaje en los cuentos de Marazul conlleva la necesidad de reflexionar sobre la relación de la luz con la creación artística y lo «sagrado».[7] La luminosidad aparece siempre relacionada, en las sociedades míticas, con las historias sagradas. Así se aprecia también en la literatura más cercana a Burel. En *La vida breve*, Onetti asocia lo «verdadero» con la luz del sol: la luminosidad pertenece a seres como Brausen, asociado a las divinidades capaces de crear mundos, porque «el mediodía y la blancura solar son atributos universales de las divinidades superiores, que pueden también aplicarse a una imagen perdurable, de éxtasis terreno» (Bayce 1987: 30). Un nuevo espacio se va conformando gracias a la imaginación del Dios/demiurgo, con el que éste consigue su salvación «ultraterrena». De ahí que la blancura presida Santa María: hay —en la descripción de Onetti— una luz que «acompaña las cosas verdaderas, como la ciudad y la colonia que ahora se le aparecían a Brausen definitivamente suyas. Alimentadas por la [...] blancura [...] las cosas eran suyas, empezaban a ser lo más importante y verdadero» (Bayce 1987: 31).

La fundación de Marazul por parte de Burel responde a un proceso creativo que en parte coincide con el de Onetti: si en Brausen perdura el recuerdo de un *día feliz*, metáfora de un tiempo *breve* de felicidad pasada, el balneario bureliano nace como símbolo de un proceso de vuelta a los *orígenes*. En Burel, sin embargo, el balneario es la ficcionalización de un instante puntual de dicha que permanece en la memoria de como algo perdido, ya que su literatura se basa en la celebración, no en la nostalgia, del tiempo perdido.

---

[6] «Hopper llegaba al cuadro a través de un lento y meditado proceso. Non se trataba de la exacta transcripción de un lugar sino de una obra compuesta en parte gracias a apuntes exactos y en parte a través de la selección hecha por la memoria de impresiones igualmente exactas sacadas de lugares cercanos» (traducción mía).

[7] Ofrecemos un ejemplo de este hecho en algunos cuentos burelianos, «La alemana»: «Cuando Medina me dio la llave me recomendó cuidarme del sol los primeros días» (32); «Indicios de Eloisa»: «Hasta me elige un buen rincón con luz natural para que yo escriba, cerca de la ventana, de modo que al levantar de vez en cuando la vista me encuentre con una duna blanca» (69); «Marina»: «Cuando despertó, el sol ya estaba alto» (133); «Solitario Blues»: «[...] cuando el sol empezó a entibiar, bajó a la playa» (175).

El nombre que Onetti eligió para su ciudad remite a conceptos bíblicos: Santa María alude a la nostalgia por un Edén perdido y una pureza que ya no pertenece al ser humano. A la madre de Jesús en el capítulo III del Génesis se le atribuye «el poder de aplastar la cabeza de la serpiente, causa de la caída» (Bayce 1987: 31) del hombre. En Burel, sin embargo, la creación de Marazul supone la vuelta a los orígenes pero no responde a la necesidad de recuperar una dicha perdida.[8] La sensación de libertad que sus protagonistas experimentan en este contexto no impide que los relatos descubran a veces un desengaño fatal, como en el caso de «Solitario Blues», lo que socava el mito de «las vacaciones como patria ideal de la felicidad» (Estramil 1998: 11).

La construcción del espacio de Marazul como telón de fondo para sus cuentos (y, en medida menor, para algunas de sus novelas) permiten establecer una conexión temporal entre los hechos narrados en distintas historias. Este hecho resulta evidente ya en el cuento «La alemana», donde se describe el único hotel del pueblo, mencionado asimismo en «Marina» y «Solitario Blues». Finalmente, en *El elogio de la nieve y doce cuentos* más, la tetralogía se completa con la incorporación del cuento largo «Indicios de Eloísa».

Gracias a la reiterada aparición de un escenario que define el universo del escritor, se repiten los guiños cómplices al lector de sus obras. La intertextualidad se va consolidando a través de continuas referencias a elementos del paisaje o a personas presentados en anteriores relatos.[9]

---

[8] En la entrevista todavía inédita que mantuvimos en marzo de 2008 el escritor destacó lo siguiente en relación con la creación de Marazul: «[Este balneario] expresa el vínculo que yo tengo con el verano, con el mar, con la playa, con la vida en un balneario, con la posibilidad de una vida natural y de cierta soledad. Se trata de un espacio vinculado a la infancia, a un Edén».

[9] El hotel del padre de la joven alemana protagonista del cuento homónimo vuelve a aparecer en «Indicios de Eloísa»: «También se divisaban las dunas circunstantes y el antiguo hotel de Marazul, ahora abandonado y tapiado» (68), y en «Solitario Blues»: «Sabía que el alemán del hotel había vendido el suyo hacía muchos años a unos gitanos. Por demás, el edificio ahora estaba abandonado, tapiado» (174). Finalmente, el balneario y su semi-abandonado paisaje hacen su aparición también en una novela de ambientación tan típicamente urbana como *El autor de mis días*: el protagonista, al final de la narración deja la ciudad y va a recuperarse de una depresión a Marazul.

Señala Francisca Noguerol Jiménez que las colecciones de cuentos integrados modernas se caracterizan por «unidad espacial, temática y de personajes para ofrecer una visión totalizadora de la realidad» (2000: 4). Se delinea, así, en los cuentarios modernos, la presencia de textos unidos por el espacio: en ellos, varias historias independientes retoman los mismos personajes y son contadas a menudo por un único narrador que relata los hechos acontecidos en un mismo lugar (pueblo o ciudad) a lo largo de los años.[10]

Así, se puede afirmar que, de la misma manera que las novelas y los relatos de Onetti conservan entre sí «una unidad y una coherencia profundas y se establecen correspondencias de un libro a otro por intermedio de ciertos personajes [...] y de un escenario imaginado (Santa María)» (Fell 1987: 144), Burel logra gracias a los relatos de Marazul la creación de un universo tan compacto como definido en sus detalles más nimios, por lo que le conviene expresarlo a través del género cuentístico. En este contexto, la afirmación de Baudelaire según la cual «para el hombre que sueña ante el mar seis o siete leguas representan el radio del infinito» (2003: 79) cobra el sentido de una sentencia: la sensación de que Marazul funge como espacio primordial de los *orígenes* (por ello se encuentra relacionado con la memoria) se entremezcla con la percepción de que el balneario y su mar representan el lugar de la «renovación».

En el, el ser humano se renueva, según un proceso de «purificación» que pertenece a los mitos de diferentes pueblos. Así, el mar a veces se convierte en protagonista y puede llegar a matar («Solitario Blues»); en otras ocasiones se muestra espectador de una historia en la que se recuperan esperanzas de reconciliación tras décadas de deliberado olvido («Marina»); en un caso puede ser el elemento que nos muestra la imposibilidad de la huida («La alemana»), en otros es el escenario donde la ficción es construida con vistas a evadir la realidad («Indicios de Eloísa»). El agua se muestra pues, siguiendo a Bachelard, como «señora del lenguaje fluido, [...] del lenguaje continuo, [...] del

---

[10] Entre varios ejemplos citados por Francisca Noguerol destacan el caso de *Tradiciones peruanas* (1872-1919) de Ricardo Palma, como claro precedente del cuentario moderno, y al otro extremo temporal, el caso de *Ciudad lejana* (2003) del ecuatoriano Javier Vascónez: en ambos textos la historia de la ciudad en la que se desarrollan los hechos es contada desde sus albores.

lenguaje que aligera el ritmo, que da una materia uniforme a ritmos diferentes» (2003: 278-279).

En un paisaje donimado por el mar, la caída, el envejecimiento y la muerte se hacen más visibles, pero «es también en el mar donde el ritual hace recuperable el poder de rejuvenejecimiento» (Bayce 1987: 48). La inmersión en el mar y el contacto con las aguas representan un nuevo nacimiento (la vida viene del mar, afirman las teorías evolucionistas). De la misma manera que ocurre con los personajes de Onetti, las vacilaciones y el estancamiento ciudadano se convierten —al contacto con el agua— en necesidad de acción; así escribe Maryse Renaud a propósito de Santa María y de las aguas de su río: «El agua entrañará un ardor y un exceso capaces de contrabalancear las claudicaciones de una energía humana a menudo limitada. Y poseerá una especificidad lo bastante marcada como para justificar ampliamente el primer plano que le es asignado en los cuentos y en las novelas [de Onetti]» (1993: 178). Los antihéroes de los relatos urbanos de Burel se caracterizan en su mayoría por una actitud ociosa, indolente, algo soñadora (pensemos en Boris, protagonista de «Contraluz», o en el coro polifónico de voces de «El elogio de la nieve»). Viven en la ciudad dejando pasar un tiempo vacío: como don Quijotes del siglo XX y XXI, sufren «el vacío de una sociedad enrarecida, casi inexistente, en torno a un individuo hambriento de que algo acontezca» (Madariaga 1969: 54).

En Onetti el agua aparece bajo distintas formas.[145] Relacionado con los temas burelianos se encuentra su rol de catalizador de recuerdos: el caer silencioso y obstinado de la lluvia en el cuento «La casa en la arena» representa en la memoria nostálgica de Díaz Grey la materialización de un «recuerdo, obsesivo y turbador a la vez, de una lluvia tenaz que acompaña extrañamente al personaje de Molly» (Renaud 1993: 179). Por su parte, el actante de los relatos burelianos se acerca al mar para aislarse de la sociedad en un contexto que lo ignora, lo convierte en una «presencia ausente» y no le exige nada. Sólo en Marazul los recuerdos pueden volver con fuerza onettiana: basta pensar en «Solitario Blues», donde la música del pasado surge del mar y donde el elemento marino y el silencio nocturno definen, según el

---

[145] Subraya Maryse Renaud que «[t]odos los tipos de agua parecen estar reunidos en la obra de Juan Carlos Onetti» (1993: 178).

habitual esquema narrativo bureliano, una atmósfera melancólica en la que el protagonista «[m]iró la masa negra y oscilante del mar y sintió un profundo cansancio y la inexplicable nostalgia de una noche de su infancia» (Burel 1998: 174).

BIBLIOGRAFÍA

AÍNSA, Fernando (1987): «Los posibles de la imaginación», en Verani, Hugo, *Juan Carlos Onetti; el escritor y la crítica*. Madrid: Taurus, pp. 115-140.

— (1993): *Nuevas fronteras de la narrativa uruguaya (1960-1993)*. Montevideo: Trilce.

— (2001): «La alegoría inconclusa: entre la descolocación y el realismo oblicuo», en *El Cuento en Red*, n° 4, pp. 1-15, <http://148.206.107.10/biblioteca_digital/estadistica.php?id_host=10&tipo=ARTICULO&id=3306&archivo=10-245-3306tux.pdf&titulo> (18/04/2008).

— (2003): *Narrativa hispanoamericana del siglo XX: del espacio vivido al espacio del texto*. Zaragoza: Prensas Universitarias de Zaragoza.

— (2006): «La invención literaria de Montevideo», en *Cuadernos Hispanoamericanos*, n° 670, pp. 15-27.

— (2006): «Del canon a la periferia: encuentros y transgresiones en la literatura uruguaya», en *Biblioteca Virtual Miguel de Cervantes*, <http://www.cervantesvirtual.com/servlet/SirveObras/02427218656920720976613/index.htm> (15/04/2008).

AA. VV. (1980): *Onetti en Xalapa. Texto crítico 18-19*. Xalapa/México: Centro de Investigaciones Lingüístico-Literarias Universidad Veracruzana/La Impresora azteca.

AA. VV. (1990): *Juan Carlos Onetti. Una escritura afirmativa del hombre urbano*. Barcelona: Anthropos.

AA. VV. (2007): *Antología de cuentos uruguayos contemporáneos*. Montevideo: AG Ediciones.

BACHELARD, Gaston (2003): *El agua y los sueños*. México: Fundo de Cultura Económica.

— (2006): *La poética del espacio*. México: Fundo de Cultura Económica.

BAUDELAIRE, Charles (2006): *Diarios íntimos*. Buenos Aires: Plaza.

BAYCE, Beatriz (1987): *Mito y sueño en la narrativa de Onetti*. Montevideo: Arca.

BENEDETTI, Mario (1998): *Literatura uruguaya. Siglo XX*. Montevideo: Arca.

— (2007): *Montevideanos*. Buenos Aires: Planeta.

Burel, Hugo (1983): *Esperando a la pianista*. Montevideo: Libros del Astillero.

— (1989): *Tampoco la pena dura*. Montevideo: Sudamericana.

— (1993): *Solitario Blues*. Montevideo: Trilce.

— (1995): *El elogio de la nieve*. Montevideo: Fin de siglo.

— (1995): *Crónica del gato que huye*. Montevideo: Fin de siglo.

— (1997): *El ojo de vidrio*. Montevideo: Alfaguara.

— (1997): *Los dados de Dios*. Montevideo: Alfaguara.

— (1998): El elogio de la nieve y doce cuentos más. Montevideo: Alfaguara.

— (2000): *El autor de mis días*. Montevideo: Alfaguara.

— (2003): *Los inmortales*. Montevideo: Alfaguara.

— (2003): *Tijeras de plata*. Madrid: Lengua de Trapo.

— (2005): *El corredor nocturno*. Buenos Aires: Alfagura.

— (2007): *El desfile salvaje*. Montevideo: Alfaguara.

Cipriani López, Carlos (1993): «El tamiz de la nostalgia. Reseña de *Solitario Blues*», en *El País Cultural*, p. 5.

De Mattos, Tomás (1996): «Narrativa uruguaya y cultura de la impunidad», en Kohut, Karl (coord.), *Literaturas del Río de la Plata hoy. De las utopías al desencanto*. Madrid/Frankfurt: Iberoamericana/Vervuert, pp. 224-232.

Delgado Aparín, Mario (1996): «El largo camino de la vida breve rioplatense», en Kohut, Karl (coord.), *Literaturas del Río de la Plata hoy. De las utopías al desencanto*. Madrid/Frankfurt: Iberoamericana/Vervuert, pp. 221-223.

Estramil, Mercedes (1998): «Cuentos de Hugo Burel. El simulacro y la nieve. Reseña de *El elogio de la nieve y doce cuentos más*», en *El País Cultural*, 13 de noviembre, p. 11.

Fell, Claude (1987): «Juan Carlos Onetti y la escritura del silencio», en Verani, Hugo (coord.), *Juan Carlos Onetti: el escritor y la crítica*. Madrid: Taurus, pp. 141-153.

Gandolfo, Elvio (1983): «Fluida descripción del fracaso. Reseña de *Esperando a la pianista*», en *Opinar*, 2 de junio, pp. 11-12.

— (1996): «La realidad y la nieve virtuales», en *El País Cultural*, 1 de marzo, p. 3.

Giacoman, Helmy F. (coord.) (1974): *Homenaje a Juan Carlos Onetti: variaciones interpretativas en torno a su obra*. Nueva York: L. A. Publishing Company Inc.

Kwelsilber, Carola (1996): «Simbología de la nieve ausente», en *Suplemento Cultura*, p. 13.

Larre Borges, Ana Inés (1986): «Sueños a veces», en *Brecha*, p. 30.

Madariaga, Salvador de (1969): *Bosquejo de Europa*. Buenos Aires: Sudamericana.

MORAÑA, Ana (1996): «Elogio de las mariposas albinas. Estudio sobre *El elogio de la nieve*, de Hugo Burel, Premio Juan Rulfo», en *Cuadernos de Marcha*, n° 114.

NOGUEROL JINÉNEZ, Francisca (1994-1995): «La proyección de lo absurdo en El museo de los esfuerzos inútiles de Cristina Peri Rossi», en *Antípodas: Journal of Hispanic and Galician Studies*, n° 6-7.

— (2000): «Juntos pero no revueltos: la colección de cuentos integrados en las literaturas hispánicas». S.R.

ONETTI, Juan Carlos (1994): *Para una tumba sin nombre*. Montevideo: Arca.

— (2007): *Los adioses*. Buenos Aires: Punto de Lectura.

— (2007): *La vida breve*. Buenos Aires: Punto de Lectura.

— (2007): *El pozo*. Buenos Aires: Punto de Lectura.

PEVERONI, Gabriel (1993): «El diseño de la soledad. Reseña de *Solitario Blues*», en *El Día-Cultural*, 9 de junio, p. 19.

PREGO GADEA, Omar/PETIT, María Angélica (1987): «El juicio final», en Verani, Hugo (coord.), *Juan Carlos Onetti: el escritor y la crítica*. Madrid: Taurus, pp. 378-396.

RENAUD, Maryse (1993): *Hacia una búsqueda de la identidad*. Montevideo: Proyección.

ROSSI PINELLI, Orietta (2002): *Hopper*. Firenze: Giunti.

SÁNCHEZ, Yvette/SPILLER, Roland (coords.) (2004): *La poética de la mirada*. Madrid: Visor.

TODOROV, Tzvetan (1982): *Introducción a la literatura fantástica*. Barcelona: Ediciones Buenos Aires.

TORRES, Alfredo (2008): «Sembrar la memoria», en *Brecha*, p. 23.

Cuaderno de viaje: Sicilianas (1) Palermo, capital de Sicilia

Ramón Acín

Atravesar Sicilia de punta a punta. Con calma, con la mirada atenta, con el corazón dispuesto. De Catania a Palermo. De camino, sol
—nos confirman que en julio el promedio de horas de sol al día es de
12, nada menos—, variedad de paisajes y silencio. Arranca el día en
Catania con la humedad y un pegajoso calor de costa, para caer en el
infierno del interior. Mientras los pueblos se asoman por las colinas,
colgados de sus cimas, o besan el costado de la carretera, la memoria
trae lecturas y escenas de películas. Queda a la espalda y al costado
izquierdo o sur, el aire de la Grecia antigua y la modernidad turística
para entrar en la «omertá» del interior, más árido y secular. El viajero
piensa en la admirable *Las parroquias de Regalpetra*. El paisaje, atmósfera y ambiente descrito y transmitido por Sciascia en esta obra, bien
podría pertenecer a cualquier pueblo de los que se asoman durante la
travesía. No cree que haya muchas diferencias con el Rocalmuto natal
del escritor. *Las parroquias de Regalpetra* llevan a Nino Savarese y sus
«Fatti di Petra»: el filón de mitos y leyendas sicilianas, que el viajero
conoció gracias a los elogios vertidos por Sciascia en el prólogo de su
Las parroquias... —a inicios de los años noventa, cuando Alianza Editorial aún transmitía cultura de la buena en sus «libros de bolsillo».
   La catarata de recuerdos sobre lecturas es inmensa. Como la de
escenas de cine. Al pasar cerca de Corleone, se abalanza la cara de don

Vito-Marlon Brando de *El Padrino*, rodada por Coppola. No en Sicilia, claro. Después, se asocian escenas de *Salvatore Giuliano*, en el buen trabajo de Francesco Rossi. Entre medio se cuela la lectura de *El Gatopardo* de Guiseppe Tomaso de Lampedusa, aupada por la versión cinematográfica de Luchino Visconti. Y, por supuesto, la grata *Cinema Paradiso* de Giuseppe Tomatore. Siempre atrajeron al viajero las correrías de Totó-Salvatore por el pueblo de Giancaldo (el pueblo real de rodaje fue: Palazzo Adriano) y la espectacular y sensual María que fluye en el flash-back de Salvatore. Atrapa la historia de amistad (con Alfredo) que da pie a la película y permite abordar otros temas como el amor, la vida, la memoria, la política, el paso del tiempo... Todo un revoltijo gozoso que hace olvidar los kilómetros recorridos y la distancia, cada vez menor, hasta Palermo.

El paisaje, variado, de tanto en tanto, se despereza con elevaciones montañosas que impactan. En ocasiones, cerca de sus cimas, se recogen bellísimas poblaciones que avizoran desde la altura. En éstas, la estrategia medieval defensiva queda patente. Tan patente como su estancamiento en el pasado. En otras, un vacío grita la inexistencia de lo humano. El contraste se cuela en el ánimo, disparando suposiciones donde la historia y la mafia golpean con fuerza. No es difícil imaginar correrías de bandidos por las crestas montañosas que quedan a los lados o por las que atraviesa la carretera. Tampoco es difícil imaginar en ellas escaramuzas y batallas donde los aragoneses del Medievo tuvieron enhiesto el pendón de la Corona Aragón. Pero la historia fluye constantemente. Ya en ruinas, tipo Segesta, que envían al pasado más remoto. Ya, con sus castillos normandos, sarracenos o aragoneses, a la presencia y dominio de todos ellos a lo largo de un espacio de mil y pico años. O, incluso, en pleno XIX, las ondulaciones, llanuras y montañas que nos salen al paso reenvían a la «expedición de los mil» que comandara Garibaldi para tomar Palermo, centro clave de la isla en tiempo del Reino de las Dos Sicilias.

La historia, la literatura, el cine, la vida... sale al encuentro en esta travesía de Catania a Palermo, pero también la violencia, la sangre y el asesinato.

El viajero no recuerda ahora el año del atentado mortal de De la Chiessa, sí, más o menos, el del juez Falcone y otro de sus ayudantes. Los últimos debieron de acontecer a principios de los noventa, el del general carabinieri De la Chiessa sucedería, por tanto, antes, sobre los setenta o, quizá, a comienzos de los ochenta, porque se llevó al cine *Cien días en Palermo* de la mano de Ferrara.

De pronto, cuando las crestas montañosas quieren herir altivas cerrando el paso, se intuye el mar Tirreno aparece azul.

Palermo ya es meta cercana. Termini, Bagheria y Solunto dan la bienvenida antes de llegar. La bahía, espectacular y luminosa, espera como una sensual odalisca tendida en su diván azul. Un Tirreno muy femenino se pierde en lontananza con sus zalamerías. El viajero ansía que todas sus prevenciones se deshagan como un azucarillo en el café. Le han hablado tanto de la desidia, de la suciedad, del abandono que teme lo peor. Por fortuna, Palermo parece haber cambiado. Se nota limpio al enfilar, rumbo al puerto, la Vía Foro Itálico.

La llegada al hotel coincide con el atraque de algún barco, ferri o crucero. La Vía Francesco Crespí —cómo no, uno de los padres de la patria— bulle cual alocado hormiguero. Cambiar de sentido en la vía es una odisea. El hotel mira al embarcadero de los ferris y cruceros y meter el morro del coche en sentido contrario es como jugarse la vida. Sin embargo, tiene mucho de bullir vital. Es, incluso, divertido. De jugador de póker. Hay que saber intuir la maniobra del adversario y zas, girar en redondo. Casi quemando los neumáticos como en un circuito de Fórmula 1.

Conseguido. Por fin, Palermo en su jugo.

El viajero abandona el coche alquilado. Para siempre. A partir de este momento, todo a pie. Incluso, si es necesario, durante la inexcusable visita a Monreale y a Monte Pelegrino. Dos metas claves por motivos bien diferentes. Con el tiempo, se desechará Monte Pelegrino. Una representación de pupis tradicionales bien vale el trueque.

La habitación da al mar. Alguno de los amigos del viajero tiene peor suerte. Su habitación da cara a la ciudad. A un interior no muy grato. Entre bromas, comenta, que, desde su aposento, Palermo parece recién bombardeado. Es el típico primer choque ante lo desconocido. Es decir, el golpetazo inicial que siempre hace exagerar. Con el tiempo, tras la derrumbada panorámica de eso edificios, saldrá al encuentro un grato mercado al aire libre donde el oloroso salami es estupendo. Al menos en la boca y apaciguando el estómago.

Se impone la visita a la Catedral. Cierra pronto. Llegar a ella es como una etapa del Tour. Más de media hora, calle arriba, en zigzag, vía Cavour, vía Maqueda, vía Vittorio Emanuele y la gran sorpresa: toda una lección de arte.

Nuestra Señora de la Asunción que antes fue iglesia paleocristiana, mezquita e iglesia normanda, estalla con una portada maravillosa y un pórtico que, de nuevo, lleva al corazón de la Corona de Aragón —gótico catalán—. Los detalles demoran la visita, pero, sin embargo, no aumentan el cansancio acumulado ante los kilómetros recorridos desde Catania o por los nervios ante la entrada a la ciudad en una hora punta. Al contrario, sedan. Hay detalles que obligan a sentarse para masticar lo observado —exterior de los ábsides, inscripción árabe, por ejemplo—. Mirar y reflexionar para ahondar en el pasado es algo muy distinto a posar una rápida mirada de turista al uso. En el interior de la Catedral, la cúpula y, sobre todo, la rareza del meridiano. Éste, con su parte de misterio —localizar el hueco por donde se filtra el rayo de sol, intuir la dirección a seguir, etc.—, atrae como un imán. Es una rareza que, sin embargo, tiene su lógica y consume parte del tiempo. El viajero y sus amigos elucubran sentados en las bancas de la catedral. Como en una tertulia. Hasta que llega el cierre. En el exterior, giro en torno al edificio: ábsides otra vez, el campanile, el palacio obispal adjunto y, de rebote, un breve acercamiento hasta la Porta Nova que, parece ser, conmemora la visita de Carlos V a Palermo. Otra vez, el rastro español. Los atlantes impresionan. No la talla, sino la mirada y dureza de su rostro mientras, abúlicos, cruzan su brazos. Bajo su ombligo, más rostros ceñudos que acompañan esa dureza observada.

Llevado por la ansiedad, el viajero retrocede sobre sus pasos, dirección Vittorio Emanuele abajo. La nueva meta: Piazza Marina y alrededores. Ha leído que en ella está la esencia del viejo Palermo. El barrio Kalsa, bastión árabe, primero, y, después, de la Corona de Aragón, le succiona. En el recorrido, hay sorpresas que disgustan: desidia y cierta suciedad pegajosa por la basura abandonada. Mucha polución: Vittorio Emanuele apesta a gasolina. Otras se entienden: el barrio sufrió un potente bombardeo durante la Segunda Guerra Mundial —la mafia, apuntan los cronistas, apenas movió su dedo a la hora de reconstruir. Tampoco es tanto el desaguisado, medita el viajero. Quizá esté acostumbrándose a los contrastes de Sicilia.

En Piazza Marina alucina. El viajero piensa que vino en busca de historia y se fue lobotomizado ante la visión de los ficus magnolioides.

Aprecia Santa María della Catena, le atrapa La Gancia, le impresiona, por fuera, el Palazzo Abatellis —sabe que en él se halla un «triunfo de la muerte» que no llegará a ver— y se desilusiona el caserón cerrado que alberga el Museo Internacional delle Marionette. Pero queda absorto ante los ficus. Tan hercúleos como inesperados, desbocan la imaginación. Troncos que se elevan, raíces que caen de las ramas buscando la tierra, umbrías que insinúan reflejos, claroscuros... Una magnífica atmósfera para imaginar el pasado de esta plaza: lugar de ejecuciones, de teatro, de reuniones, de torneos... y, también, del trágico quehacer del brazo inquisitorial. Queda petrificado, como un sonámbulo, visitando los espacios donde brotan, crecen, o lo que sea los tres ficus que amamantan la imaginación. La noche cae y el estómago llama. Pero antes, en penumbra casi, un recorrido veloz por Mura delle Cattive.

Debe volver a Piazza Marina. Sin embargo, el deseo quedará varado. No podrá cumplir el deseo los días venideros. Hay arte a toneladas, para más de un mes. Se debe elegir.

Cerca del hotel, en un restaurante de nombre inglés —sólo de nombre—, sacia el hambre. La comida sabe a gloria. Es buena, variada, bien condimentada, muy italiana y, a la vez, con toque moderno. El servicio efectivo. El precio adecuado. Después de algunas pruebas por la cuadrícula de Palermo, el viajero acabará siempre en él. Más vale pájaro en mano que ciento volando.

Palermo, Monreale, como mínimo, esperan. Mañana será otro día.

Desde que el viajero llegó a la isla se levanta al clarear. Hay, como mínimo, una hora de diferencia con España. Son un poco más de las cinco y media. Es decir, como una hora menos de sueño de lo habitual, pero no importa. Vale la pena el frescor de la amanecida, el contacto silencioso con el bostezo de Palermo. El mar, pese a la mansedumbre del puerto, deja intuir una especie de ceceante silbido. Una música de fondo que rompen los empleados portuarios y los primeros ronroneos de los coches. Las calles aún rezuman la humedad de la noche. Es grato deambular. Además, del recorrido artístico, hoy quiere visitar mercados al aire libre y lo que descubra en un vagar sin rumbo.

La Capilla Palatina espera. Tiene tanta historia acumulada sobre ella que aguardar al grupo le pone nervioso. Piden taxis. Todo un acierto. El taxista tiene novia en España, de Cuéllar, y la conversación fluye amistosa. Como de hermanos —eso dice que son los aragone-

ses— o, en su caso, de vecinos. Acaba de ser San Fermín y él habla de
correr los toros de Cuéllar. Le gusta, pero no acepta que se les mate.
Ha sido un acierto porque Pascuale, el taxista, se las arregla para saber
del grupo y de la estancia en Palermo. Así saldrá un buen precio para
ir, al día siguiente, a Monreale. Para él y para el grupo. Pascuale y un
amigo suyo, convertirán dos taxis normales, en taxis para doce personas sin apreturas y sin infracciones. Maravilla este don previsor y, a la
vez, multiplicador de los sicilianos.

La Capilla deslumbra. «Kao» durante más de una hora. Para quienes estudiamos la vieja *Historia Sagrada* en los tiempos de bachiller
elemental es una delicia. El viajero no quiere ni imaginar la cara de
bobo ante la incomprensión de quien es lego en la materia. Por mucho
que alguien explique su significado, nada como revivir uno su propio
pasado, comulgar con algo que está en su interior. Los mosaicos
bizantinos sobrepasan la perfección. Toda la capilla, del Pantócrator
del altar a diversas escenas de las naves laterales, irradia color, suges-
tión, historia y recuerdos en un sutil maridaje de memoria y mirada.
Es un cómic que narra los tiempos antes de Cristo en Oriente Medio.
Sin más. «Kao», lo que se dice «kao». Menos atracción ante un fabuloso artesonado musulmán cerrando la capilla y un decoradísimo can-
delabro románico. Pese al impacto, el viajero todavía no ha visitado
Monreale. Allí será la apoteosis.

La mañana ha comenzado gozosa. Y de gozo en gozo transcurrirá a
pesar de no poder visitar el resto de los edificios: castillo normando y
demás dependencias de Piazza del Parlamento. Están cerrados o está
prohibida la entrada. Como en la Aljafería de Zaragoza que alberga las
Cortes del Gobierno de Aragón, en estos se alberga el gobierno de
Sicilia —siempre ha sido el eje de la ciudad— y, en la visita, se ven los
despachos de los grupos políticos mayoritarios en Italia. El gozo continúa ante la visión de las cúpulas rosáceas de San Giovanni degli Ere-
miti, superado por las más puntillosas y gráciles de San Cotaldo en el
increíble entorno que agrupa Fontana Pretoria, La Martorana o, entre
otros edificios y sutilezas arquitectónicas, artísticas o, simplemente,
inusitadas, los Quatro Canni. Hay que detenerse y gozar. Fontana
Pretoria es, junto a los Quatro Canti, algo especial. Para rumiar lentamente. Por sus esculturas en la primera —también, por ser lugar de
protesta para los huelguistas. Enfrente de la Fontana está el Ayuntamiento o Palazzo delle Aquile— y, por su rareza, en los otros.

El viajero desciende hacia el Mercato della Vucciria. Singular, con un poso costumbrista muy vital, etnológico, incluso. Sin embargo, piensa, que con menor fuerza y arrastre visual si lo compara con el de Catania. Los sentidos se disparan en un múltiple mar de colores y olores, ante todo. También se puede comer alimentos preparados de cara al público. Disfruta correteando por las callejas que lo acogen. Acaba en la Piazza San Domenico y así pasa de los las vituallas que sacian lo físico a la iglesia de los domínicos que se ocupaba-ocupa de lo espiritual. La portada, aunque del XVIII, es lo que más interesa. Y, cerquita, el interior del Oratorio del Rosario de San Domenico con un cuadro de Van Dyck. Abundan —no sabe la causa— los oratorios en Palermo.

Queda para más tarde el Museo Archeologico Regionale. Disfrutará con algunas piezas. En espacial, con los sarcófagos fenicios, con restos púnicos y algunos utensilios griegos/romanos procedentes de Selinunte. La sonrisa aflora cuando, entre los utensilios domésticos, descubre objetos fálicos —vasijas de ungüentos y colonias, supongo— con clara utilidad íntima y femenina. Al Suroeste, le dicen, se encuentra el Museo de Zoología y el Orto Botanico que debe visitar. No viaja sólo y, a veces, en lo que, en principio, no le interesa, salta el asombro. No es el caso, aunque el Orto Botanico albergue un buen herbario del XVIII y los ejemplares, de varias especies, atraigan la mirada.

Saciado de arte, busca callejear. Perderse sin rumbo es uno de los placeres que más agrado proporcionan. De lo imprevisto puede esperarse todo. Así, además, se rompe con la monotonía de lo previsible. Es bueno e instructivo hundirse en la retícula de la ciudad.

El viajero suele orientarse bien. En Palermo es fácil: vía Roma, vía Maqueda, vía Cavour y vía Vittorio Emanuele son ejes muy precisos. Y mucho mejor es la referencia del puerto. No hay problema. La cuadrícula va en la mente. Al deambular por Palermo, toma nuevas referencias. Así, en los inicios de este aventurarse, descubre el edificio de Correos, de arquitectura fascista, grandilocuente, clásica en su escalinata y columnaje que buscan imponer, pero sin la gracia del edificio avistado en la piazza Bellini de Catania. Observa que el teatro Massimo y el Teatro Politeama —en uno de los dos se anuncia «caballería rusticana», la ópera basada en la obra de mi admirado Giovanni Verga— se codean con edificios modernos, cada vez más actuales conforme va hacia el noroeste por la Vía della Libertá. Edificios cada vez más poblados de tiendas, en las que la globalización muestra su cara más común. Algunos edificios tienen interés. En otros se intuye el dinero de quienes los habitan. Los más son como en cualquier ciudad, sin alma. O con el alma de la repetición. En conjunto, las fachadas, aunque no digan mucho, con su limpieza, con su historia o con su eclectismo de cierta altura, sí que cuchichean insinuaciones. La Palermo más moderna responde al esquema de cualquier ciudad: pierde solera conforme se aleja del centro, aunque así gane en espulgo y claridad.

La noche en Palermo pesa. A la humedad le cuesta desgajarse de la calorina. Pero a la hora de cenar no hay prisa. Es preferible el neón de los establecimientos, la luz de las farolas, el intento de topar con una brisa que no arranca… a las cuatro paredes de la habitación, en el hotel. Por fortuna, apenas llegó a Palermo, descubrió la terraza del hotel en el último piso, mirando al mar. El problema: a las 23:30 echan la persiana. Y, hoy, cuando ocurre, no quedan arrestos para pasear de nuevo por las cercanías. Ni para acercarse al mar.

Hay que escoger. La semana y media llega a su fin. Le apena no ver Mondello y su puerto de pescadores que le da renombre. Desde niño, cuando descubrió el mar —es de tierra adentro y de montaña cerrada: nació en el Pirineo más abrupto—, le tiran los puertos y los lengüetazos que les propina el mar. Sobre todo, los puertos le gustan mucho cuando arriban los pescadores con sus barcos. Le atrapa ese típico y último laborar de los pescadores, tal vez lento y cansino, pero eficaz, la visión de sus rostros curtidos, alegres y agotados, el olor a salitre que impregna el ambiente, la sensación a mar abierto que aportan, la visión de manos callosas, su forma de vestir, el centellear del pescado cuando se descarga… Para qué seguir. No puede llegar a Mondello. Tampoco lo hará a Monte Pellegrino, donde Santa Rosalía se entregó a una vida de eremita para evitar que Rinaldo —su padre la prometió en matrimonio— accediese a ella y se viera obligada a abandonar al «señor Gesú», Dios de los cielos.

No visitará tampoco la Cripta dei Cappuccini como tenía pensado. En sus sótanos-catacumbas albergan miles de momias. Entre ellas, la de Giuseppe Tomasi de Lampedusa. Algunos amigos que sí la han visitado —lo hicieron rápido, el día de la llegada a Palermo, antes de entregar el coche en la agencia de alquiler— le ponen los dientes largos. «No se puede explicar. Es para verlo», dicen al narrarle el cementerio de cadáveres momificados más grandioso del mundo. Comentan que, vestidos, según sexo y categoría, se alinean en los sótanos del convento. Un espectáculo único, donde el respeto a la muerte lidia con un punto tétrico o donde el olvido al que está destinado todo bicho viviente parece diluirse, inútilmente, agarrándose a la vida de esta manera tan peculiar como imposible. Lo más granado de Palermo, hasta el XIX, duerme tan exclusivo sueño eterno. Le duele perderse la visión y carecer de la experiencia que de ella pudiera derivarse. Más, cuando por su cabeza se proyecta la escritura de una futura historia de terror y muerte.

Hay más destrozos en esta visita-estancia en Palermo. Uno especial, literario: Le hubiese gustado visitar La Cuba, el castillo normando que sirve de atmósfera y ubicación a uno de los cuentos del *Decameron* de Boccaccio. Otro, por su extrañeza: un puente sin río —Ponte dell'Ammiraglio.

Debe escoger. Opta por Monreale y por una sesión de teatro de pupi.

Monreale es el no va más. Tras el aperitivo de la magnífica «Capella Palatina» de Palermo, la grandiosidad de Monreale le alancea una y otra vez con su belleza. Increíble el cómic interior de la Catedral. Todo —coro, crucero, naves…— está cubierto por mosaicos. No cree que haya visitante que salga de la Catedral sin experimentar un cambio sustancial. El Antiguo Testamento más significativo, al completo. Quien no aprenda al contemplar las escenas será porque no quiere, lo cual es imposible. Las viñetas tiran con insistencia. La insistencia de la seducción, de la belleza, de la teatralidad, e, incluso, de cierta morbidez —la estatua de sal, el sacrificio de Isacac…—, pese a un sencillo trazo que puede parecer hasta ingenuo. Al exterior, visita obligada al portal de bronce que se decora con sugerentes grifones y previsibles leones, así como a los ábsides policromados y su entorno.

Sin embargo, la sorpresa estalla en el claustro: 228 columnas pareadas, cuyos capiteles historiados se comen el tiempo en un santiamén. Desde una decoración vegetal a una ingenua imaginería que narra el Antiguo Testamento, sin olvidar los elementos simbólicos que han conformado las páginas de varios libros. Hay, sin duda, varios artesanos canteros, muy hábiles, en su tallado. Adivinar la escena, rumiar su significado, reflexionar sobre la simbología, admirar la decoración plural de las columnas —en especial, la que acoge la representación de

a Adán y Eva— lleva su tiempo. Pero la hora del regreso se echa encima. Esperan los taxis. Pascuale y su amigo deben regresar. Es lo pacta-
do. Quizá se ha pecado por defecto. Sabía de la riqueza y grandiosidad
de Monreale, pero, a pesar del hartazgo de arte acumulado en semana
y media, la idea concebida se ha quedado en nada. Monreale rompe
las expectativas. No cree que nadie se vaya de esta catedral y, sobre
todo, del claustro sin experimentar una especie de paralización del
tiempo: las horas son segundos. Aquí se constata, de manera fehaciente, la diferencia tan sustancial entre el «tiempo vivido» y el «tiempo
cronológico».

En Palermo, ante la ya próxima hora de comer, nueva incursión sin
rumbo. Piensa en la sesión de marionetas que cerrará —espera, con
broche de oro— su estancia siciliana. Repite restaurante. Lo bueno,
dos veces bueno. No en vano, el viajero es paisano de Baltasar Gracián.

Junto al hotel, la familia Mancuso tiene su teatrito. El «Carlo Mag-
no» se llama. Una auténtica monada. Late el embrujo de su sencillez.
Una sala con bóveda de cañón que, en su brevedad —cabida para algo
más de medio centenar de espectadores—, destila el fascinante aire
de los buenos espacios de representación. Tiene gancho. Al fondo, el
proscenio, que acoge varios espacios —los Mancuso, con Enzo al
frente, están preparando el espectáculo, mientras devora el espacio
con sus ojos. Le han permitido que quedarse—. Espacios que toma-
ran carne durante la función de manera inesperada.

Comienza la función. Sobre un cuadro de vida portuaria, charla de
amigos que conversan —por cierto en siciliano—, aparecen otros cuadros —ya en comprensible italiano—. Cajas chinas, vamos. Historias
dentro de historias con puntos de enlace, apenas entrevistos. Estas
marionetas representan tipos sicilianos que contienen el arquetipo,
pero con suma gracia. Ayuda, claro, la palabra. Los Mancuso son diestros en la oralidad. Y, por supuesto, lo son también en el manejo de
sus pupis. Las hacen corretear, con soltura, por el escenario —todavía
no ha llegado la escena del perro temblón que le dejará al viajero fuera de combate—. Mientras dialogan y discuten, se relata una historia
que encadena otras. De las hazañas de Orlando y Rinaldo, sus luchas
con los sarracenos, la historia-leyenda de Palermo, se pasa, por arte de
magia al santoral mediante la representación de Santa Rosalía. A
momentos hilarantes —levitación de Santa Rosalía, por ejemplo—
acompañan otros de dureza suma. Es el caso de la batalla de caballeros

cristianos frente a sarracenos. La efectista crudeza de la batalla hace rodar cabezas, abrir cráneos y amontonar cadáveres —siempre sarracenos, claro—, propio del gore más sangriento, pero sin que la sangre corra por el escenario. Será el espectador quien, ante la imposibilidad de vísceras en un muñeco de madera, se encargue de tal casquería. Al final, suma fructífera con el florilegio de Santa Rosalía, leyendas varias —Le tredici feriti di Rinaldo, etc.—, historia de Palermo y vida cotidiana de sicilianos en parleta de carasol. Y, sobre todo, acunados por una música de organillo que maneja un muchacho, aún infante, que vive la representación a tope. No sólo atiende a la música que le corresponde tocar en cada escena, sino que, con su cabeza, asiente o niega los diálogos de la historia. Y sus labios mascullan. Los Mancuso ya tienen quien continúe su arte. Al espectador —es decir, al viajero— se le van los ojos tras él. Y vive, incluso por persona interpuesta, dos veces la historia que narran-interpretan los Mancuso.

Fascinado, la hora de representación ha pasado en un voleo. De nuevo el «tiempo vivido». Sin embargo, aún queda un nuevo asombro. Acabada la función, zangolotea por el teatrito mientras recogen utensilios y ordena las pupis. A la salida, gracias esta demora, puede ver su «laboratorio» artesano donde hacen sus personajes y crean-recrean las historias.

Palermo, última estación del viaje a Sicilia, toca a su fin. La noche ha devorado las últimas luces. Tras la cena, tanta conmoción, deja paso a la melancolía (Elio Vittorini, dixit) y a la meditación sobre la memoria. Todo acaba. Es la única certeza de verdad. Pero que le quiten lo bailado: Semana y media disfrutando a su manera; semana y media sin saber nada de nada —¿qué ha ocurrido en el mundo?—, semana y media consigo mismo en el buscado exilio de una isla, la Isla, Sicilia.

Fragmento inédito

6. Reescribir la historia

LA UTOPÍA DESMANTELADA

Efer Arocha

En lo que concierne a la historia, el narrador Fernando Aínsa no se anda con rodeos en *El paraíso de la reina María Julia*. Nos suelta una andanada, una ráfaga de realidad explota y hace saltar en astillas lo que antes fuera un mundo utópico en la construcción de una sociedad anhelada: la hoz y el martillo, los perfiles de Marx y Lenin, viejas medallas de Stalin, posters propagandísticos, hebillas y galones y un poco más allá a un alemán que ofrece en saldo condecoraciones y chaquetas de la Volksarmee. Se pueden ahora contemplar atónitos los objetos transformados en recuerdos turísticos de una civilización desaparecida, los símbolos reverenciados hasta hace unos meses trasformados en una vuelta abrupta de la historia, en un adorno *kitsch* abrochado sobre una *T-shirt* de universidad americana que lleva con los senos sueltos una rubia que masca chicle en la puerta de una discoteca.

FERNANDO AÍNSA: HISTORIA Y LA FICCIÓN COMPLEMENTARIA

Ricardo Gattini[*]

Las relaciones entre la historia y la literatura es una preocupación de larga data que se renueva de manera constante, y en la que cada época se inclina por dejar en relieve parte del aspecto que la caracteriza. Desde el positivismo en la historia y el papel forjador de las nacionalidades de la novela histórica del siglo XIX, hasta la relativización del saber histórico y la tendencia de la actual ficción de vocación histórica al cuestionamiento de los relatos del pasado.

En nuestro tiempo, el conocimiento especializado, como racimo de subespecialidades, ha construido porciones que se complacen en profundizarse en sí mimas y convierten a menudo sus finalidades en únicas y excluyentes. De este modo, se crean visiones distintas, muchas veces contrapuestas con otras de su especie. En esta misma dirección, pero en sentido contrario, surge la aporía de ser «especialista en cuestiones generales»: una intención de abarcar el todo, distinto de las partes, pero a través de las partes.

En las relaciones entre la historia y la literatura, se nos presenta un escenario en donde cada una asoma desde su particular ángulo: la historiografía pretende llegar a la verdad científica cuando revive los hechos pretéritos; la literatura se despliega en el afán de desarrollar la

[*] Autor de la novela histórica *El barco de ébano* y la narrativa *Adiós, querida gringa*.

ficción de los sucesos del pasado para lo cual es suficiente que las posibilidades sean verosímiles. Por la vía suplementaria, una toma de la otra lo que le falta: la historia, el imaginario narrativo de la literatura; y esta última, los recursos formales de la primera.

Sobre estas ideas conocidas y estudiadas a cabalidad, alrededor de las publicaciones de autores a quienes, por su relevancia, sólo basta nombrarlos: White, Ricœur, Lukács entre otros, algunos pensadores latinoamericanos, inmersos en nuestras profundas densidades, le han otorgado al tema una dirección propia que recoge el contenido de nuestros sueños, pero también de nuestra forma de soñar.

Fernando Aínsa ha examinado de manera persistente nuestra novela histórica, al menos desde 1991. Sus conclusiones se han publicado como artículos en diversos medios, recogidos en un libro fundamental: *Reescribir el pasado. Historia y ficción en América Latina.*

En su obra describe e interpreta los procesos investigativos y creativos de la narración histórica, sus motivaciones y sensibilidades. Entre los variados aspectos en los que se vierte, podemos distinguir conceptos de relevancia reflejados en publicaciones emitidas por investigadores y autores de nuestro medio en plena actividad.

Entre estas precisiones: las manifestaciones críticas dentro de la disciplina histórica, las relaciones entre la historia y otras ciencias y, por sobre todo los vínculos entre la historiografía y la literatura de vocación histórica, tema al que nos acercaremos con mayor atención.

Fernando Aínsa nos recuerda que la dinámica del ejercicio de la investigación histórica permite distintas visiones entre los historiadores que posibilitan otras tantas interpretaciones de los hechos del pasado.

> La propia historia de ha visto obligada a aceptar su disidencia en su seno: las otras historias posibles, el revisionismo histórico como alternativa de la historia dominante, la versión individual frente a la oficial (Aínsa 2003: 49-49).

Es posible encontrar esta observación en la visión de jóvenes investigadores, quienes discrepan, no ya de la denominada historia oficial, sino de un modo establecido y preponderante de hacer la historia en el país.

> El panorama de la historiografía que se ha realizado en Chile en el último tiempo —por lo pronto, desde la llegada de la democracia—

supondría una apertura en diversos ámbitos [...] sumado por el flujo constante de diversos puntos de vista que se han constituido en el mundo y que le han dado la laxitud al campo de las ciencias sociales.

Lo cierto es que aún se siente en el ambiente un estancamiento o rigidez en el contexto historiográfico chileno para discutir y poner de manifiesto nuevas formas de entender el ejercicio histórico, que finalmente ha dado paso a la preeminencia [...] a una sola escuela: la Nueva Historia Social. Por lo que la configuración de este seminario de grado se entiende bajo el común resquemor e inquietud frente a este escenario (Mejías *et al.* 2006: 1).

Enseguida, se propone la necesidad de una renovación periódica de ciertos postulados de la historia: la noción de sujeto, texto o archivo, discurso y representación y la relación entre dominados dominadores. Respecto al primero de ellos:

La historia toma partido desde posturas filosóficas decimonónicas del sujeto —desde la concepción hegeliana— en términos de un actor social individual, libre, consciente para sí y su entorno (Mejías *et al.* 2006: 1).

[...] la Nueva Historia Social correspondería a una categoría que ha sido elaborada a partir de una tradición historiográfica occidental de izquierda que ha seguido la teoría marxista que «otorga» la calidad de sujeto sólo a aquel que está inserto dentro de un determinado sistema de dominación y que, a la vez, es capaz de levantar un proyecto *emancipador* y autónomo en contra de esta situación de precariedad.

Hacia ese canon ya establecido es donde ciertos trabajos de este seminario se dirigen, puesto que a partir de ellos se han manifestado las grietas que dicho canon presenta (ibíd.: 2).

Esta fuera de nuestro objeto pronunciarse sobre la discrepancia centrada en una noción de sujeto que predispone a una invisibilidad de cuerpos sociales como los esclavos africanos y su descendencia, sino en el origen y el vigor con que se presentan estas divergencias dentro de una misma universidad.

Otra de las preocupaciones del autor de *Reescribir el pasado* se refiere al saber histórico como disciplina científica y sus relaciones con otras ciencias.

La polisemia y la crisis del discurso historiográfico tradicional se traduce en recuperar la totalidad del hecho histórico, integridad que necesita de una relación más orgánica entre historia, economía, geografía, etnología y demás ciencias sociales (Aínsa 2003: 37).

Esta posición se ve configurada en algunos ejercicios de índole histórico por parte de investigadores formados en otras ciencias, pero de manera explícita en la opinión del arqueólogo Daniel Shávelzon:

> La arqueología, al trabajar con la cultura material para explicar los procesos del pasado, maneja evidencias diferentes de la historia puramente documental; y la arqueología histórica utiliza ambas fuentes para penetrar en el pasado. Y aquí está lo fascinante, ya que al complementarse o al contradecirse, permiten ver con mayor profundidad aspectos de otra forma casi invisibles (Shávelzon 2003: 23).

Sin embargo, en la obra de Aínsa, existe un tema que atraviesa los capítulos que la componen: identificar el discurso histórico y el ficcional como dos modos complementarios de mediación con la realidad para refigurar el tiempo en su común esfuerzo de persuasión.

En este camino integrador no sólo nos referimos a las conocidas relaciones de préstamos entre la historia y literatura comentadas al inicio, sino también a considerar la ficción contemporánea, según Aínsa, como «un complemento posible del acontecimiento histórico», cuyos «signos» se perciben a pesar de sus relaciones «complejas»; «pero no antitética» es una respecto de la otra. Y agrega: «la relativización del saber histórico tradicional acerca aún más los territorios de las dos disciplinas que han estado separadas».

Estas disquisiciones sobre tal convergencia, que pueden leerse coronadas por guirnaldas sólo teóricas, se encuentran en cambio en una situación simétrica con el quehacer en nuestra realidad actual, visible en la investigación historiográfica aparecida en nuestro medio en los últimos años, y aún en desarrollo; y en una ficción que se entromete en la historia como pretexto para aglomerar su alto ingrediente historiográfico.

En mi experiencia como escritor de un relato de ficción (Gattini 2008), se recogió un referente historiográfico del siglo XVIII y mitad del siguiente, relacionado con la esclavitud y sus consecuencias. Desde la apropiación biológica de seres humanos, después de trocar sus identidades, en el largo litoral de África, hasta su llegada a Chile donde se abolió en 1823. De allí surge esta reflexión creada en torno a la historia y la literatura. No obstante, el ejercicio se ha prolongado más allá de la publicación de la novela hasta ahora, con el ánimo de actualizar y confirmar la primigenia intención; y para intentar comprender con posterioridad, lo realizado en la práctica solitaria de la escritura y la investigación (Gattini 2009).

En este camino, nos hemos encontrado con interfases entre ambas disciplinas que merecen ser observadas, como los trabajos de los investigadores de formación literaria quienes se han introducido en la historiografía: Ximena Azúa, Paulina Barrenechea, Franklin Miranda y Cathereen Coltters, entre otros.

Desde el punto de vista de la organización de personas en el mundo académico, se han formado equipos de investigación y de divulgación histórica en los que se incluyen profesionales del ámbito literario. Es el caso del grupo liderado por Alejandra Araya, y del seminario permanente sobre la esclavitud dirigido por Celia Cussen, ambas del Departamento de Ciencias Históricas de la Universidad de Chile. También el del Instituto de Historia de la Pontificia Universidad Católica en su disposición al coloquio sobre las representaciones literarias de la historia; y del Instituto de Estudios Avanzados de la Universidad de Santiago, interesado en los puentes que se pueden construir entre las áreas de humanidades y de las ciencias sociales.

Durante la búsqueda de elementos que se hallan, a mi juicio, en la intersección entre la historiografía y la ficción con vocación histórica, tuvimos la ocasión de conocer los trabajos de tres historiadores en los que apreciamos esta cercanía que nos proponemos destacar.

Claudio Rolle muestra primero la proximidad del historiador a la ficción, cuando alude a una obra de Simón Schama, quien:

> [...] conjetura sobre cómo pudo ver el mundo un soldado de la Guerra de los Siete Años [...]. Alimentado con la documentación de época clásica, [Schama] logra dar las impresiones que los contemporáneos se hacían de los hechos y compone con fragmentos una representación ideal que, aunque sabemos que no existe, resulta plausible, hipnotizable, razonable (2001: 6).

Por otra parte, Rolle, al referirse a una obra del escritor Jorge Luis Borges, afirma:

[…] ensaya con los artificios de la ficción logrando una posibilidad de lectura del pasado de la que no tenemos seguridad pero que resulta hipnotizable, razonablemente conjeturable. Ofrece al historiador una posibilidad de lectura que lo ilumina en su reflexión histórica, proporcionándole una angulatura de visión que no es la acostumbrada e incluso una interpretación de todo el proceso (2001: 9).

Es el mismo Rolle quien afirma: «la construcción del relato, sea el de imaginación o el testimonial, se apoyan en la imaginación y en mayor o menor medida en la ficción que actúan como cemento en la estructura narrativa».

De allí que William San Martín, durante la realización de su propia tarea, al comentar sus fuentes judiciales advierte en este soporte de investigación una realidad «plasmada como verosimilitudes —posibilidades culturales, construcciones discursivas— más que realidades puras» (2007: 14). En este fragmento, debemos subrayar el término que invoca lo verosímil, concepto que se presenta en un relato inventado: aquello que tiene apariencia de verdadero, pero no es sinónimo de esa verdad atribuida, al modo convencional, en exclusivo a la intención historiográfica. Es decir, estaríamos frente al escenario de un registro sólo verosímil para sustentar una reconstrucción de los hechos reales con pretensiones de verdad, una dependencia de instrumentos de persuasión que está más allá del cálculo lineal para encontrar el difuso límite entre un concepto y otro.

El historiador argentino Pablo Lacoste en su artículo «Amor y esclavitud en la frontera sur del Imperio español: la manumisión de Luis Suárez (1762-1824)», nos lleva de la mano al recrear las desventuras de una atormentada madre mulata que vertió su vida en el intento de obtener la manumisión de su hijo, el esclavo Luis Suárez, a fines del siglo XVIII e inicios del siguiente, en la ciudad de Mendoza. Allí el investigador nos muestra una faceta que interpretamos más cerca de la literatura que de la narración historiográfica rígida y distante:

> El poder eclesiástico se opuso a la libertad de Luis, lo mismo que los hacendados y los jueces: Pero Pascual y Andrea siguieron luchando, y se jugaron la vida en ella. Cada paso, cada página de esta historia está escrita con el dolor, la pasión de un matrimonio por su hijo (Lacoste 2006: 86).

Ella no pudo actuar judicialmente, porque su condición de esclava no se lo permitía. Pero acompañó en todo momento a su marido; estuvo a su lado hasta el fin de sus días. Ella amó a su marido y a sus hijos; luchó por ellos y junto a ellos. Hasta morir de amor (ibíd.: 111).

Por otra parte, nos sentimos estimulados a indagar cuánto se acerca la literatura a la historia cuando la ficción, según Eddie Morales, «se apoya, en una copiosa documentación y lectura de las fuentes históricas» (2005: 24). Pensamos en aquellos casos en los que la estructura de soporte ha sido seleccionada y estudiada con rigor, durante un largo proceso, en el empeño de sacar a la superficie una parte de aquel mundo que fue. En una novela historiográfica que al incorporar el «dato duro», al mismo tiempo le otorga a éste una dimensión ampliada más allá del alcance del registro, mediante su capacidad heurística e intenciones propias.

En la obra de Fernando Aísa encontramos un espacio de posibilidades, configurado en los signos visibles de nuestro medio, en donde la historiografía y la ficción de vocación histórica se descentran una en la otra para converger en el objetivo principal de aproximarse a la recuperación de los hechos del pasado.

En un intento de seguir la dirección de estas dos líneas, se propone traer el caso de un registro judicial que se encuentra en el Archivo Nacional Real Audiencia de Santiago de Chile.

Se trata del juicio entablado, entre 1748 y 1755, por la mulata Petronila Valdovinos para recuperar sus hijos en manos de los herederos del presbítero don Agustín de Miranda, quienes sostenían que, si bien ella había obtenido la libertad, su vientre aún permanecía sometido a esclavitud y, por lo tanto, su último dueño era propietario del producto de sus alumbramientos. Finalmente, el juez falla en favor de la demandante quien se queda con sus hijos Agustín e Isabel en la condición de seres libres.

Este mismo archivo fue estudiado por cuatro investigadores durante el desenvolvimiento de su propia tarea, con distintas motivaciones y objetivos, y realizados en momentos diferentes.

Rosa Soto, la primera historiadora chilena que aborda la problemática de la mujer esclava en el país, en su doble connotación de menoscabo como mujer y esclava, se interesó en sacar a la superficie su protagonismo en la vida social y económica en la época de la Colonia, cubierto por un manto histórico que se extendía a todo vestigio de la presencia hemática africana en el origen de la población nacional.

Ella, al presentar el caso de Petronila Valdovinos, expone un aspecto muy relevante del proceso de esclavitud contenido en el título del capítulo final: «Situación de vientre» (1992: 45). El tema deja ver toda la connotación biológica que la esclavitud contiene: no sólo la posesión de los cuerpos como un bien mueble, sino también del resultado del proceso reproductivo que el cuerpo de la mujer genera; y que permitía la manumisión de la mujer, pero no la de su vientre de manera implícita.

Allí, la profesora Soto enfatiza sobre la costumbre de las esclavas de esconder a sus hijos recién nacidos para no exponerlos al dominio de sus amos, con la esperanza de verlos libres algún día. Después de la Ley sobre Libertad de Vientre de 1811, eras los amos los interesados en esconder en los campos a los hijos de esclavas para no reconocer, en la práctica, su libertad.

Carla Soto aborda el mismo registro para preguntarse, ante tanta vehemencia de Petronila para defender la libertad de sus hijos, si este acto indicaría un sentimiento de amor por ellos.

> Es así como también se podría conjeturar, siguiendo los planteamientos que ha regido toda mi investigación, que el natural amor de una madre hacia sus hijos puede hacerla optar por soluciones dolorosas como la separación a fin de protegerlos y evitar su esclavitud (Soto Mesa 1995: 124-125).

La investigadora en literatura Cathereen Coltters, rescata el carácter singular e híbrido «de este tipo de textos judiciales, que abarcan desde los elementos propiamente históricos hasta literarios». Su interés radica en el acto judicial mismo, que inicia Petronila Valdovinos, como campo de expresión.

A pesar de los amedrentamientos a los que eran sometidas durante el litigio en que la mayoría de las veces el fallo les era adverso, la sola participación de las esclavas en un juicio se puede interpretar como un mudamiento de estado, sobretodo si, como en este caso, se resuelve a favor de la mulata.

> Las demandas de estas mujeres revelan también la autoafirmación de su yo individual, el reconocimiento social de su condición de personas

libres, deseo al que aspiran, pues sólo en la legitimación que el otro hace de su situación ella deja de ser considerada objeto (Coltters 2001: 27).

El historiador William San Martín aborda la presencia del contingente negro en Chile como un grupo social heterogéneo. Cuestiona la tajante demarcación entre dominados y dominadores a través del análisis de aquellas dinámicas de interacción social que permiten apreciar la maleabilidad de la relaciones entre unos y otros.

> La maleabilidad no sólo discursiva de la esclavitud, sino la flexibilidad con que se presenta en una dimensión social es aquí crucial. La movilidad de estatus verosímil en este contexto cultural, [...] lo que nos interesa destacar es una situación de ambivalencia que rodea al estatus de la esclavitud, no presentándolo de manera rígida y estable, sino de [...] una infinidad de situaciones intermedias a la categoría de dominadores y dominados (San Martín 2007: 12).

Con respecto al juicio seguido por Petronila, se refiere a la posibilidad de que su hijo mayor haya sido engendrado por el presbítero Miranda, lo que, a la luz de las declaraciones vertidas por los testigos, se «nos permitiría aventurar, sin tener mayores antecedentes» (San Martín 2007: 13).

Hemos acudido al registro original del juicio seguido por la mulata a los herederos de quien fuera su último amo (Quinteros 2009: 1-80). También a otras referencias, sin desdeñar el registro de un connotado viajero presente en Chile en le misma época y los estudios genealógicos de algunas familias locales.

De allí ha surgido un ejercicio que se presenta a continuación. Se trata de conjeturas, simples suposiciones, transposiciones en el tiempo para llegar a una época en la que no vivimos; todo en el intento de reconstruir las vicisitudes padecidas por la esclava Petronila para lograr su libertad y la de sus hijos; una versión ficcionada que, gracias al respaldo de trabajos de la disciplina historiográfica, presume de verosímil para agregar una posibilidad más al mundo del lector.

Petronila

Cada vez que don Agustín asistía invitado a la casa de don Rodrigo, no permanecía indiferente cuando se le acercaba Petronila a servir un bocadillo picante o alguna bebida helada para refrescar al hombre que había dentro de la sotana, mientras permanecían en la sala en los calurosos días de Santiago en verano. Cuando pasaban al comedor, la mulata ubicada muy junto a él, le rellenaba su copa de vino a menudo; y al doblar levemente la rodilla, inclinaba su cuerpo hasta afirmarse en el costado del presbítero, como si fuera de manera casual.

Petronila vestía tan bien como las señoras de su tiempo (Byron 1955: 144-145): con sus hombros y su pecho al descubierto, realzado por el ajustado corpiño, el que se veía más amplio por la falta de joyas que lo adornara. Sus ademanes eran suaves, pero no dejaba de traslucir un fuerte carácter. Sabía que era una esclava tercerona: hija de español y mulata, lo que la distinguía del resto, pues en la medida que aumentaba el blanqueamiento de la piel se tenía una posición mayor en el reconocimiento social. También sabía que era una cría de don Rodrigo Quint de Valdovinos y Morales, nacido en España.

Su madre, Sebastiana Valderrama, una mulata esclava de la casa, aún cuando los compromisos adquiridos durante el amancebamiento a veces no se cumplían (Mejías 2006: cap. I, 5), había concebido a Petronila al confiar en la promesa de don Rodrigo de establecer su manumisión en el testamento. Pero éste cumpliría los ochenta años y ella todavía no veía su carta de libertad.

Las hijas de don Rodrigo, viudo desde 1702, no le tenían simpatía al capellán de la casa, el presbítero Maestro Agustín de Miranda: no les gustaban esas miradas que sostenía con su esclava Petronila de forma intensa y directa: sabían que si no había algo más en esas actitudes, lo habría en el cercano futuro. No tanto por tratarse de un clérigo, sino porque les recordaba las visitas de don Rodrigo, a la hora de la siesta, al tercer patio donde estaba la cocina, los trastos de lavado, las cuerdas de secado de la ropa y donde dormía Sebastiana y las otras esclavas.

Volvía su padre con los zapatos y las medias embarradas en los surcos de agua que dejaban el fluir de la aguas de desperdicio al vertirse hacia la chacra del fondo; pero también con olor a transpiración de negras y a esa humedad muy característica que tienen las áreas de servicio: una mezcla de cocimientos de carnes, lavazas y desperdicios humanos. Preferían sentirlo oler al sudor de los caballos o, por último, al alcohol del vino.

Estas ojeadas que don Agustín le prodigaba a Petronila, que se intensificaron hasta transformarse en atenciones directas, tampoco eran bien vistas en la casa de los Miranda: sus hermanas, Rosa y Magdalena, y su hermano, el capitán Joseph de Miranda, lo observaban y callaban el hecho con un frío desdén.

Don Agustín, no hacía caso del disgusto de los miembros de su familia. Ya era un hombre maduro y había tomado los hábitos demasiado joven. Le habría gustado haberse casado y tener hijos, pero no tuvo la posibilidad de haberlo meditado en el momento previo al importante compromiso que adquirió con la Iglesia. Algunas personas nobles tenían la opción de pretender puestos principales antes de vestir la sotana. En esos mismos años se sabía que el brillante doctor graduado en Lima en ambos derechos, don Manuel Alday, había celebrado esponsales secretos con una señorita de Santiago, comprometiéndose a casarse con ella si no ganaba la canongía a la que aspiraba (Silva Cotapos 1917: 10-11).

Eran hombres de la Iglesia los que le había sembrado esa inquietud que en don Agustín se profundizaba cada vez más. Hacía dos años que don Juan Bravo de Ribero era el obispo de Santiago: un respetado abogado de Charcas que había conocido el matrimonio, el calor de una mujer cercana y el cariño de sus hijos. Al enviudar, fue ordenado sacerdote con una promisoria carrera eclesiástica por delante (Oviedo Cavada 1996: 82-83).

Así y todo, era la misma Iglesia que le aportaba la solución. La Iglesia y la Corona de España. Esa enorme voluntad que veía en Petronila y su madre para ser libres era tan natural para don Agustín como el crecimiento de los árboles bajo el sol y la lluvia. Pero las autoridades eclesiásticas y la Corona se disputaban sus prerrogativas para castigar con la cárcel y el destierro a quienes habían propugnado la idea de que la esclavitud de los africanos contravenía la ley natural de la Santa Iglesia, como en el caso de los frailes capuchinos Francisco José de Jaca y Epifanio de Moirans (Pena González 2001: 701-702). Muchos miembros del clero coincidían con esas propuestas, pero nadie deseaba compartir su suerte. Las esclavas seguirían siendo bienes muebles, y fornicar con una cosa no era directo pecado para los unos ni delito para los otros.

En las costas africanas los ingleses transformaban a los negros cautivos en cosas negociables mediante documentos de carácter oficial, reconocidos por el Obispo y el Rey. Después de los tratados de Utrecht de 1713 tenían el monopolio de la trata casi por treinta años (Tomas 1998: 233) y traían los esclavos a estas tierras en donde se les mantenía la condición con que llegaban, a ellos y su descendencia; sin contar el gran contrabando de mercadería que acompañaba el flujo de africanos (Retamal Ávila 1980: 29), una invasión del mercado que también en la práctica era aceptado.

Don Agustín le hizo la promesa a Petronila de comprarla a don Rodrigo con el único objeto de otorgarle la carta de libertad, pues le daba mucho gusto pensar que ella estuviese fuera de su poder viviendo como persona libre.

En el verano de 1736, con las atenciones de las mulatas esclavas de la casa, entre ellas Petronila, don Agustín escuchaba los largos monólogos de don Rodrigo. Éste, ya enfermo y cansado de soledad, hablaba de su larga vida, en especial sobre sus período de corregidor de Santiago por dieciséis años, cuando participó en la construcción del palacio de los gobernadores.

Don Agustín notó que su anfitrión no se refería a lo que todos comentaban: los malos manejos en la hacienda pública y las serias reconvenciones que recibió mediante cédulas reales durante el ejercicio de su cargo (Salinas 2000: 450 y 458). Esa complicidad en la suspensión de esos temas, tan enojosos para el maestre de campo, tenía la finalidad de atraer su simpatía para que éste le pagara la deuda por razón de réditos de capellanía a los que don Agustín tenía derecho como capellán. Así, el paciente trato tuvo sus frutos: don Rodrigo aceptó venderle la esclava Petronila como parte de pago de sus compromisos pendientes.

La escritura se firmó al mes siguiente, en febrero de 1936. En ella se estipulaba la venta de la esclava por la suma de trescientos pesos, a cuenta de las obligaciones de pago del vendedor por dos mil pesos contraídas con el comprador. En el mismo documento se estipulaban las condiciones para otorgar la libertad de Petronila después que ésta le restituya los trescientos pesos al presbítero, para lo cual ella le entregaba a cuenta, en ese mismo acto, cincuenta pesos. Es decir, en el momento que la esclava entregare el saldo, quedaría libre por la fuerza de ese instrumento legal.

Cuando don Rodrigo falleció seis meses después, Sebastiana quedó como persona libre, y ya que Petronila no fue aceptada como dama en la casa de los Miranda, por sus «malas operaciones», don Agustín pagó arriendo en casa de las hermanas Ojeda por un cuarto para ella y otro, por separado, para su madre.

Allí vivía Petronila como persona libre como cualquier otra, sin que cumpliera obligación alguna con el presbítero ni le pagara a éste jornal: entraba y salía a su voluntad a la calle en donde todos se percataba de su condición autónoma de toda sujeción. El presbítero le llevaba para su sustento: pan, azúcar, carne, velas, amén de algunos reales. Incluso cuando la mulata enfermó, él llamó un médico y le llevó puntualmente sus medicinas. Acudía de día a tomar mate con ella y, las más de las veces, él llegaba con las necesidades de su sustento de noche y se quedaba a morar allí.

Un día ella llegó con unos candaditos de diamante para entregárselos a don Agustín, a cuenta de la deuda para obtener su manumisión. Él visiblemente molesto le ordenó que devolviera las joyas a quien se las había dado, porque su libertad la tenía muy segura y él ya le había perdonado cien pesos con lo que el saldo había disminuido a la mitad: la diferencia se estrechaba.

Al año siguiente, ella quedó embarazada de su primer hijo, quien en cuanto logró caminar fue llevado por don Agustín a su casa, en donde se crió. Fue entonces cuando Petronila se vio en una situación muy incómoda: accionaba como una persona libre incluso para entrar y salir de la casa de los Miranda, la gente la reconocía como una liberta a la vista de las situaciones que se forjaban, pero legalmente continuaba siendo una esclava pues aún no recibía la carta de ahorro y libertad, al no enterar todavía la suma que le faltaba.

Don Agustín deseaba cumplir con sus deseos, pero sabía que si extendía el documento que ella esperaba, se iría a otro lugar: era una mujer que muchos hombres hubieran querido tenerla a su lado. Él ya no era un joven y los males comenzaban a aparecer en su cuerpo. Necesitaba generar esa tensión: darle mucho de lo que pretendía, pero no tanto como para que lo dejara solo.

Cuando Petronila se embarazó por segunda vez y le hizo ver que su hijos también serían esclavos en los documentos, tanto como ella, el clérigo tomo la decisión de bautizar al niño, ya de cuatro años en el año de 1742, e hizo los arreglos para que le impusieran los óleos con el nombre de Agustín de Todos los Santos, como cuarterón libre. Fue la primera vez que a ella le preguntaron su nombre en un acto oficial. Dijo que era una Quint de Valdovinos. Así el pequeño aparece inscrito como hijo de Petronila Quintana y de padre no conocido.

De esta forma, la tirantez disminuyó, pero el clérigo se expuso a evidenciar lo que muchos presumían: su vinculación biológica con el niño (San Martín 2007: 12). El presbítero le tenía al niño una gran consideración: deseaba prepararlo para cumplir algún día con el cargo de sacristán en la iglesia de Santa Ana y se preocupaba al punto de hacer que el zapatero que fue de don Rodrigo Valdovinos acudiera a su casa a calzar su pequeño pie.

El maestro don Agustín de Miranda, presbítero, falleció de manera imprevista. Petronila quedó en el desamparo. Para evitar que los Miranda se apropiaran de su hija Isabel, ocultó su nacimiento, aduciendo una muerte prematura de la cría, entregándola a la familia de don Pascual Rodríguez que tenía una chacra al otro lado del río Mapocho. Sin embargo, su existencia fue denunciada y la niña, por mandato judicial, ingresó a la casa de los Miranda en calidad de esclava, junto a su hermano Agustín.

Llegado el año cuarenta y cinco, los herederos del presbítero se convencieron que si en la vida del difunto no se logró sujetar a Petronila a sus condiciones de esclavitud, menos lo conseguirían cuando éste no estaba. Por tal motivo, llegaron a un acuerdo con ella para que pagase una cantidad menor al saldo insoluto de ciento cincuenta pesos. Así Petronila recibió, por fin, su carta de ahorro y libertad.

Pero ella no estaba tranquila, ya tenía treinta y seis años: necesitaba que sus hijos estuvieran a su lado. En 1748 decide entablar un juicio en contra de los herederos de don Agustín para recuperar a Agustín e Isabel. Durante los siete años de su desarrollo, recibió el rigor de ser una liberta que se atrevió a llevar al estrado judicial a una conspicua familia santiaguina. No obstante, tanto el juez como también la instancia superior donde el caso fue llevado, fallaron a su favor.

En ese mismo año de 1955, asume como obispo de Santiago el brillante abogado doctor Manuel Alday y Aspeé, quien dos años después dictó un auto, que imponía pena de excomunión y una multa de doscientos pesos a los mercaderes y capitanes de buques que sacasen de Chile para llevar al Perú un esclavo casado separándole de su consorte, como solía hacerse hasta entonces (Barros Arana 2000: 317).

En Santiago, sin duda había signos de laxitud en el trato al africano venido por la fuerza a someterse a los designios del europeo instalado en América. Sin embargo, si Petronila cuando era esclava en algún momento había tenido un pié en la libertad, como liberta seguía manteniendo un pie en la esclavitud.

Bibliografía

Aínsa, Fernando (2003): *Reescribir el pasado. Historia y ficción en América Latina*. Mérida: CELARG/Ediciones El Otro, El Mismo.

Barros Arana, Diego (2000): *Historia general de Chile*, tomo VII. Santiago de Chile: Editorial Universitaria.

Byron, John (1955): *El naufragio de la fragata Wager*. Santiago de Chile: Zig-Zag. [Traducción de la 1ª edición inglesa de 1768, publicada en español.]

Coltters, Cathereen (2001): «La construcción del yo en las demandas judiciales de las esclavas negras en Chile colonial», en *Notas Históricas y Geográficas*, n° 12, pp. 11-28.

Gattini, Ricardo (2008): *El barco de ébano*. Santiago de Chile: Grijalbo/Random House Mondadori.

— (2009): «La esclavitud de los africanos en el cono sur como referente historiográfico de un relato de ficción», en *Estudios Avanzados*, 11, pp.143-151.

Lacoste, Pablo (2006): «Amor y esclavitud en la frontera sur del Imperio español: la manumisión de Luis Suárez (1762-1824)», en *Estudios Ibero-Americanos*, XXXII, n° 2, pp. 85-118.

Mejías, Elizabeth (2006): «Sujetos con cuerpo y alma propios: La afectividad y el cuerpo en la constitución de los esclavos como personas. Chile, 1750-1820». Informe para optar al grado de Licenciado en Historia de la Universidad de Chile.

Mejías, Elizabeth/Arismendi, Loreto/Muñoz, Alicia/Rodríguez, Teresita/Conejeros, Víctor/Sampieri, Sebastián (2006): Seminario de Grado «Textos, sujetos y discursos: construcción de identidad histórica en perspectiva cultural. Siglos XVIII-XX». Presentación de informes para optar al grado de Licenciado en Historia de la Universidad de Chile.

Morales, Eddie (2005): *Brevísima relación de la nueva novela histórica en Chile*. Valparaíso: Ediciones de la Facultad de Humanidades de la Universidad de Playa.

Oviedo Cavada, Carlos (1996): *Los obispos de Chile*. Santiago de Chile: Andrés Bello.

Pena González, Miguel Anxo. (2001): «Un documento singular de fray Francisco José de Jaca, acerca de la esclavitud práctica de los indios», en *Revista de Indias*, LXI, 223, pp. 701-713.

Quinteros, Katherine (2009): «Transcripción de Causa que sigue Petronila Valdovinos con los herederos del maestro don Agustín Miranda sobre la libertad de sus hijos (1748-1755)». Santiago de Chile: Archivo Nacional Fondo Real Audiencia, vol. 848, pza. 1. [Este documento forma parte del desarrollo de la tesis para optar al grado de Magister en Historia, Pontificia Universidad Católica de Chile.]

RETAMAL ÁVILA, Julio (1980): *La economía colonial*. Santiago de Chile: Salesiana.

ROLLE, Claudio (2001): *La ficción, la conjetura y los andamiajes de la Historia*. Santiago de Chile: Instituto de Historia de la Pontificia Universidad Católica de Chile.

SALINAS, Carlos (2000): «Catálogo de los libros registros del cedulario chileno, 1573-1727 (WIII)», en *Revista de Estudios Histórico-Jurídicos*, nº XXII, pp. 419-482.

SAN MARTÍN, William (2007): «Esclavitud, libertades y resistencias. Hacia una propuesta integrativa a las condiciones de la negritud en Chile. Siglo XVIII», en *Summa Historiae*, nº 2, *Revista de Estudios Latinoamericanos*.

SCHÁVELZON, Daniel (2003): *Buenos Aires negra*. Buenos Aires: Emecé.

SILVA COTAPOS, Carlos (1917): «Don Manuel de Alday y Aspee: obispo de Santiago de Chile, 1712-1788», en *Revista Chilena de Historia y Geografía*, tomo XXI.

SOTO LIRA, Rosa (1992): «Negras esclavas. Las otras mujeres de la Colonia», en *Proposiciones*, nº 21, pp. 36-49.

SOTO MESA, Carla (1995): «Cuando los documentos hablan… La esclavitud femenina en Chile y la legislación. Siglos XVI-XVIII». Tesis para optar al grado de Licenciado en Historia, Pontificia Universidad Católica de Chile.

THOMAS, Hugh (1998): *La trata de esclavos. Historia del tráfico de seres humanos de 1440 a 1870*. Barcelona: Planeta.

¿Reconquistar la historia?
La (nueva) novela histórica y el cine

Sabine Schlickers

En los últimos treinta años, la nueva novela histórica ha experimentado un *boom*, tanto en la producción literaria como en la recepción académica,[1] como lo demuestran los estudios pioneros de nuestro querido homenajeado Fernando Aínsa, recopilados en 2003 en el volumen titulado Reescribir la historia. Allí menciona también la primera nueva novela histórica, la biografía ficcionalizada sobre Colón, *El arpa y la sombra* de Alejo Carpentier de 1979, que Abel Posse ha transformado de un modo carnavalesco en 1987 en *Los perros del paraíso*. Pero las narraciones sobre la historia no se limitan, por supuesto, a la nueva novela histórica, sino que existe toda una retahíla de novelas, dramas y películas de autores latinoamericanos y españoles que se dedican primordialmente a los protagonistas de la conquista de América. El Quinto Centenario del Descubrimiento reanimó el impulso de reflexionar sobre la historia y originó un inmenso auge de novelas y películas históricas que todavía no ha encontrado su fin. Mientras la nueva novela histórica aborda el descubrimiento y la conquista de América desde una perspectiva contestataria, concibiendo «el hecho histórico como un hecho discursivo el

---

[1] Véanse el primer gran estudio de Menton (1993) y más recientemente Aínsa (2003), Rings (2005), Ceballos (2005) y Perkowska (2008).

cual, más que reflejar, significa [con lo que] el hecho histórico deviene
poética discursiva» (Moreno 1999: 3), la novela histórica tradicional
(en adelante: novela histórica) presenta los hechos históricos según un
modo afirmativo con técnicas narrativas conocidas que producen un
efecto de verosimilitud y son de fácil consumición..

    Tengo la hipótesis que el éxito de los *biopics* hollywoodenses («Fri-
da», «Amadeus», etc.) repercutió en la literatura dando lugar en los
últimos años a un aumento de biografías y novelas (auto)biográficas,
sobre todo sobre heroínas de la historia latinoamericana: véanse
Manuela (1991) de Luis Zúñiga, novela autobiográfica sobre la famosa amante de Bolívar,[2] o novelas históricas sobre la Malinche, cuyo
último representante es *Malinche* (2007) de Laura Esquivel. Otro
ejemplo de esta vertiente en el que ahondaré un poco es la autobiografía ficcional de Inés de Suárez, la compañera de Pedro de Valdivia
en la conquista de Chile, que Isabel Allende ha publicado en 2006
bajo el título *Inés del alma mía*. Esta novela ilustra tanto narrativa-
mente como a nivel intencional-ideológico los rasgos genéricos típicos
de la novela histórica que resaltan sobre todo si se contrastan con los
de la nueva novela histórica: en vez de una reescritura de la historia
mediante una escritura carnavalesca, acronológica, fragmentaria, con
referencias a la actualidad, Allende presenta una historia cronológica,
coherente, llena de acciones y con pretensión factual: «en estas páginas narro los hechos tal como fueron documentados. Me limité a
hilarlos con un ejercicio mínimo de imaginación», escribe en su
«advertencia necesaria», que contiene algunas ilustraciones de la *Arau-
cana* de Alonso de Ercilla. La novela de Allende carece de anacronis-
mos,[3] de referencias contrafactuales, de reflexiones metahistoriográfi-
cas, de la polifonía, de la superposición de niveles temporales, etc.
Persigue, en cambio, intenciones cognitivas, hedonistas y comerciales,

---

    [2] Esta novela podría considerarse como réplica hipertextual a la novela carnava-
lesca *La esposa del Dr. Thorne* (1988) de Denzil Romero, en cuanto que Zúñiga trata
de «resantificar» la imagen de Manuela Sáenz.

    [3] Un anacronismo gracioso se encuentra en la confesión de Colón (de Carpen-
tier) en su lecho de muerte, cuando escribe, acordándose de una guapa vizcaína:
«cuando yo me la llevé al río por vez primera, creyendo que era mozuela» (Carpentier 1979: 78), citando los primeros versos de «La casada infiel» del *Romancero gita-
no* (1928) de García Lorca: «Y que yo me la llevé al río / creyendo que era mozuela,
/ pero tenía marido».

ya que el voluminoso texto está dirigido a un amplio público de lectores predominantemente femenino (ver *infra*).

La nueva novela histórica quiere presentar la «historia desde abajo», o sea desde el punto de vista de aquellos, que no se mencionan ni siquiera en la historiografía oficial. *Maluco. La novela de los descubridores* (1990) de Ponce de León, por ejemplo, está contada por el bufón de la flota, uno de los pocos sobrevivientes[4] de esta fracasada expedición de Magelán. La nueva novela histórica presenta de manera paródica un contradiscurso que hace relucir lo que la historiografía tradicional ha negado o callado, trata de de-construir discursos identitarios, de romper la ilusión, introducir un perspectivismo múltiple y sobre todo de revelar que la historia carece de sentido y de coherencia.[5] Sus autores han reconocido que el pasado no puede apropiarse de manera objetiva e imparcial, de ahí la introducción de nuevas técnicas narrativas. Por otro lado, Aínsa ha señalado la «vocación literaria de las Crónicas [que] ha sido puest[a] en evidencia por la crítica»; Karl Kohut (2007) reactualizó este viejo proyecto de Edmundo O'Gorman de analizar las crónicas con los métodos del análisis literario. Hayden White demostró que el historiador recurre a estrategias narrativas y categorías poetológicas para otorgarle coherencia y sentido a unos acontecimientos del pasado que carecen de ello. No obstante, Aínsa rechaza acertadamente cierta sobreestimación de la «vocación literaria de la historiografía» (2003: 30). Se podría añadir que los críticos suelen modelar lo «nuevo» de la nueva novela histórica implícitamente sobre el trasfondo de la historia de acontecimientos políticos o del discurso positivista, sin tener en mente otras formas historiográficas como, por ejemplo, la *nouvelle histoire*: la fuerte presencia de un yo narrativo refleja que sobre su propio discurso destaca, por cierto, en la escuela de los *Annales* (ver Rüth 2004). Por último, Aínsa (2003: 10) ha señalado que los novelistas investigan en archivos y bibliotecas, o sea, que adoptan también los métodos de la historiografía. ¿Cómo

---

[4] En el apéndice apócrifo de Sepúlveda, éste no llega a aclarar la autenticidad de la crónica del bufón, pero subraya el placer que le ha causado su lectura —comentario metatextual que debe entenderse como guiño de ojo del autor implícito.

[5] Borges ha formulado este reconocimiento de un modo más bonito, más poético: «Schopenhauer pensaba que la historia no evoluciona de manera precisa y que los hechos que refiere no son menos casuales que las nubes, en las que nuestra fantasía cree percibir configuraciones de bahías o de leones» (1974/2002: 205).

deslindar, entonces, un texto historiográfico de un texto histórico-
literario? Propongo los siguientes criterios pragmáticos: antes que
nada, un texto literario requiere una lectura estética, no es una fuente,
a pesar de que muchos lectores e historiadores lo (mal)tratan así.
Segundo: la noción de literatura es una convención y con ello histórica y culturalmente variable. De ahí que las crónicas de los siglos XVI y
XVII no pertenezcan a la noción de literatura vigente, sino que corresponden —debido a su pretensión de veracidad— a los textos factuales, historiográficos, etc., a pesar de ofrecer una textualidad específica
que otorga la posibilidad de una lectura estética. Tercero, podemos
definir la literatura con Yuri Lotman como «sistema semiótico mode-
lizador secundario» que se basa en la lengua como primer sistema
semiótico.[6] Cuarto, debido a la no identidad entre autor y narrador
en textos literarios, la situación comunicativa se desdobla y se vuelve
más compleja. Puesto que no hay, empero, indicadores normativos de
ficcionalidad —sean estilísticos, sintácticos, semánticos o narrativos—, la ficcionalidad se define sobre la base convencional/pragmáti-
ca y según el código literario/artístico vigente.

Isabel Allende, en cambio, parece no estar afectada por estas preocupaciones. Su personaje Inés de Suárez lee la epopeya de su coetáneo
Ercilla y comenta:

> Me asombra el poder de esos versos de Alonso, que inventan la His-
> toria, desafían y vencen al olvido. Las palabras sin rima, como las mías,
> no tienen la autoridad de la poesía, pero de todos modos debo relatar mi
> versión de lo acontecido para dejar memoria de los trabajos que las muje-
> res hemos pasado en Chile y que suelen escapar a los cronistas, por dies-
> tros que sean (Allende 2006: 84).

Efectivamente: en el discurso colonial domina la perspectiva masculina del conquistador, quien ha internalizado el mesianismo de los

---

[6] Los «mundos novelescos se basan en determinados modelos de mundo, los cuales, en función de sistemas modelizadores secundarios [...] estructuran las apropiaciones de realidad efectuadas por las novelas. Como sistemas modelizadores secundarios, los modelos de mundo están conectados con los conjuntos de pensamiento
de su época (Ilustración, Filosofía de la Historia o Romanticismo, Positivismo, etc.)
que se proponen cumplir, modificar o traspasar (Titzmann 1991)» (traducido y citado en Dill *et al.* 1994: 14).

Reyes Católicos, mientras que el discurso ficcional del siglo XX suele romper y cuestionar la monologicidad y la perspectiva única de los héroes-cronistas. Allende se inscribe, pues, inteligentemente en este discurso, reconstruyendo el papel de las mujeres que la historiografía ha callado durante mucho tiempo. No obstante, las mujeres se caracterizan tanto en ésta como en otras novelas suyas por su siempre sonriente superioridad. Inés es muy consciente de ello y lo utiliza estratégicamente:

> [Pizarro] no era hombre de pedir consejo abiertamente y menos a una mujer, pero en la intimidad conmigo se quedaba callado, paseándose por el cuarto, hasta que yo atinaba a ofrecer mi opinión. Procuraba dársela con cierta vaguedad, para que al final creyera que la decisión era suya. Este sistema siempre me sirvió bien. Un hombre hace lo que puede, una mujer hace lo que el hombre no puede (Allende 2006: 159).

Como personaje concebido de modo romántico, sobrevive gracias al amor no sólo los horrores de la conquista —hambre, sed, actos violentos…—, sino que experimenta con Pedro «un amor de leyenda» (ibíd.: 106). En vez de una historia de la conquista, escribe una historia de amor, llenando con ello otro vacío de la historiografía:

> Ésta es mi historia y la de un hombre, don Pedro de Valdivia, cuyas heroicas proezas han sido anotadas con rigor por cronistas y perdurarán en sus páginas hasta el fin de los tiempos; sin embargo, yo sé de él lo que la Historia jamás podrá averiguar: qué temía y cómo amó (Allende 2006: 120).

Como testigo privilegiado, solamente Inés tiene acceso al interior oculto de este héroe de la conquista de Chile —sin que esta mirada que revela su pasión obsesiva añadiera ni el más mínimo aspecto relevante con respecto al acontecimiento clave de la conquista—. Porque a pesar de ser femenina, la perspectiva de Inés sigue siendo la de los vencedores.

Juan José Saer, en cambio, ha adoptado la perspectiva de un vencido, presentando en *El entenado* (1982) a un sobreviviente de una expedición española que naufragó en la costa argentina. Aunque se trata de la mirada de un europeo, este chico de quince años adquiere una perspectiva desde dentro, porque los indígenas no se lo comen como los tupinambás en el cercano Brasil (según mi compatriota Hans Staden),[7] sino que lo adoptan en su tribu, parecido a lo contado por Álvar Núñez Cabeza de Vaca en un episodio de sus *Naufragios*. En la historia del *Entenado*, redactada según el modelo de memorias de la novela picaresca —como también posteriormente en *Maluco*—, el protagonista describe 60 años después de haberlo vivido las costumbres y los rituales de los indígenas: «No tenían en cuenta ni edad ni sexo ni parentesco. Un padre podía penetrar a su propia hija de seis o siete años, un nieto sodomizar a su abuelo» (Saer 1982: 66). Pero a diferencia de los relatos de la conquista, no reprueba estas costumbres: «Yo crecí con ellos, y puedo decir que, con los años, al horror y a la repugnancia que me inspiraron al principio los fue reemplazando la compasión» (ibíd.: 93). Cuando lo expulsan después de diez años, encuentra a un compatriota suyo y reconoce asombrado que se ha olvidado de su lengua materna (ibíd.: 101). La recuperará, y volverá a España, pero nunca se olvidará de esta experiencia de alteridad.

En el cine se encuentran otros modos de apropiación de momentos claves de la historia colonial y poscolonial de Latinoamérica. Rafael de España reúne en su valiosa monografía *Las sombras del Encuentro. España y América: cuatro siglos de Historia a través del Cine* (2002) numerosas sinopsis y fechas fílmicas sobre estas películas españolas y de origen latinoamericano que mayormente no se consiguen en Europa. Al igual que en las crónicas y en la literatura, estas múltiples puestas en escena y apropiaciones vinculan los textos intermedial e intertextualmente. De ahí que una comparación de varias adaptaciones de los mismos hipotextos, sean literarios o no, resultaría muy interesante en cuanto a modos específicos de filmar y narrar el pasado. *Grosso modo*, pueden distinguirse también en las películas históricas los dos modos de apropiación que existen asimismo en la novela histórica y nueva novela histórica: uno afirmativo, que perpetúa las imágenes tradicionales, clasificado por Rosenstone (1995: 11) en «dramatic films» y «documentaries». Un ejemplo sería *1492 - The Conquest of Paradise* de Ridley Scott (1992), puesto que esta película demuestra la

---

[7] Ver la primera parte de la *Wahrhaftige Historie der wilden, nackten grimigen Menschenfresser-Leute* (1557) de Hans Staden, en la que cuenta su cautiverio por los indios tupinambás. Álvar Núñez Cabeza de Vaca relata en el capítulo XIV de sus *Naufragios* un caso de canibalismo entre cristianos.

resistencia de mitos coloniales poniendo en escena a un Colón heroízado (Gérard Depardieu) que anhela siempre hacer algo bueno aunque deriva invariablemente en algo malo, ya que fracasa por los poderes siniestros que lo rodean.[8] Esta lectura se impone ya desde el comienzo, cuando la cámara va acercando con el zoom detalles del grabado de Theodore de Bry, bajo el título en rojo vivo.[9]

Sobre tomas distintas de esta imagen aparece en blanco el letrero, mientras que la música de Vangelis acompaña crecientemente rápido, alto y acusativo la acción representada picturalmente. Los grabados cambian casi imperceptiblemente: justo después del primer encuentro pacífico, la cámara cambia paulatinamente hacia detalles que embarcan finalmente en escenas de gran violencia y crueldad.

Este grabado archiconocido de De Bry[10] ha sido integrado en la *Brevísima historia de las Indias* (1522) de Bartolomé de las Casas,

---

[8] Cf. el estudio de Wehrheim en Fendler/Wehrheim (2007: 3-23).
[9] Grabado Pl.IX, en Duchet *et al.* (1987: 197).
[10] <http://commons.wikimedia.org/wiki/File:De_Bry_1c.JPG> (public domain).

distribuyendo la leyenda negra en toda Europa.[11] A través de estas imágenes, la película se inscribe, pues, en esta tradición. Wehrheim (2007: 8 y ss.) reconoce que el «padre de la esclavitud de los indígenas»[12] se vuelve en la película paradójicamente testigo principal en contra de la misma.[13] Refiriéndose a la biografía *Historia del Almirante* del hijo de Colón, Hernando, señala que esta representación ambigua remonta hasta el siglo XVI.

La interpretación cinematográfica positiva de un Colón progresista se inscribe en el discurso de la «hispanidad», pero forma un fuerte contraste con la imagen que se destaca por sus propios textos. Tzvetan Todorov ha demostrado en *La conquête de l'Amérique...* que Colón era un hombre arraigado mentalmente en la Edad media, que quiso financiar con las ganancias de la India una nueva guerra santa para «conquistar» Jerusalén, tal como ya lo había señalado el mismo Colón en su «Carta a los Reyes» que se descubrió sólo a fines del siglo XX (Zamora 1993: 186) —Colón, podríamos concluir, era un hombre que marcó *malgré lui* la transgresión hacia el Renacimiento.

La primera escena de la película muestra la vieja Europa, o sea España,[14] por medio de un autodafé como represiva e intolerante. El historiador Rafael de España (2002: 117) señala dos errores garrafales en esta puesta en escena: los autodafés nunca se celebraron en plena noche y tampoco en el centro de la ciudad. No obstante, la película logra transmitir cierto espíritu de la época en vez de una verdad histó-

---

[11] S.v. «Leyenda Negra» en *Gran Enciclopedia Rialp*, t. XIV, Madrid: Rialp, 1981, pp. 273-276.

[12] Habría que matizar que la esclavitud se practicaba ya en el siglo XV en España y en Portugal con esclavos africanos.

[13] En *El arpa y la sombra*, por el contrario, el Colón ficcionalizado admite abiertamente haber concebido conscientemente la idea de esclavizar a los indios (Carpentier 1979: 130 y ss.).

[14] *1492* no tuvo su estreno en la Expo de Sevilla, como estaba previsto, porque «los representantes de la Sociedad Estatal Quinto Centenario» criticaron la representación de Colón y de su hazaña. Además hubo cambios en el letrero que rezaba: «Hace 500 años, España estaba dominada por el miedo y la superstición». En las copias españolas, «España» fue sustituida por «el Viejo Mundo». No obstante, R. de España señala razones que demuestran que los tiros no iban sólo a «defensas de la Hispanidad», sino que «quizá la raíz del conflicto deba buscarse en el apoyo» de la empresa a otra película sobre Colón: *Christopher Columbus - The Discovery* de John Glen, «un fracaso mayúsculo [que] pesó inevitablemente a la hora de juzgar el film de la "competencia"» (España 2002: 120).

rica. De ahí que tampoco represente correctamente el número de viajes de Colón al nuevo mundo – logrando por medio de esta falta de precisión histórica construir justamente aquella ilusión referencial que Maupassant había destacado ya a fines del XIX: «Faire vrai consiste donc à donner l'illusion complète du vrai [...]. J'en conclus que les Réalistes de talent devraient s'appeler plutôt des Illusionistes» (Maupassant 1887/1984: 23). A la vez, esta escena muestra unos principios elementales de la narración fílmica: el autodafé sirve a la vez como metáfora de la España represiva y como metonimia de la leyenda negra. Se comprimen y condensan hechos factuales que no se han desarrollado de esta manera, pero que transmiten un efecto de autenticidad, ilustrando la paradoja que Rosenstone resume acertadamente así: «On the screen, history must be fictional in order to be true!» (1995: 70).

El otro modo de la apropiación histórica, diametralmente opuesto al afirmativo, consiste en un «filming back», en una nueva lectura poscolonial del pasado que desmonta a los héroes y mitos de una forma similar a la nueva novela histórica. Rosenstone los califica de «postmodern history films» (1995: 12), refiriéndose a unas películas que reinventan el pasado y hacen surgir preguntas en vez de reproducir hechos conocidos. Rechazo esta reducción a una presunta posmodernidad, porque estoy segura de poder encontrar películas «modernas» que recurren ya a estrategias y dimensiones de sentido contestatario. Aunque es de suponer que la mayor parte de películas de este modo de apropiación contestatario no recurren a técnicas narrativas innovadoras que destruyen la ilusión ficcional. Queda por investigar, entonces, si los recursos discursivos y estéticos de la nueva novela histórica se encuentran asimismo en los representantes fílmicos o si se inventan otras técnicas cinematográficas para producir una nueva versión del pasado. Es de suponer que las técnicas innovadoras aparecen sobre todo en películas experimentales, neorrealistas y en parodias. La parodia es una praxis discursiva ambivalente, una imitación burlesca, cómica, exagerada, que exige un conocimiento profundo del objeto parodiado y constituye por consiguiente un *hommage* del mismo —como ya lo destacaron los teóricos del Renacimiento, refiriéndose a la «parodia in honore».

Caramuru – A invenção do Brasil (2001) ofrece un ejemplo extremo de una parodia de la historia del descubrimiento, mejor dicho de la invención del Brasil, como el subtítulo parece indicar haciendo alusión a la famosa tesis de Edmundo O'Gorman (1958).[15] Según este último, América era ya antes de su descubrimiento una prefiguración fabulosa de la cultura europea, cuyo *imaginaire* se había fomentado por la lectura de los clásicos de la filosofía natural y la firme creencia de Colón de descubrir la India. No obstante, la película no concretiza esta dimensión de sentido, sino que el subtítulo alude a aquella otra invención de los «modernistas brasileiros», o sea de los vanguardistas que habían proclamado en los años veinte la ruptura con Europa y la dedicación a la cultura propia, sobre todo la indígena de los tupí, contraponiendo a la importación de modelos culturales europeos la «sorpresa» y la «invención». «Tupi or not tupi, that is the question», la famosa cita travestida de Oswald de Andrade, es sólo un ejemplo de ello, al lado de la novela *Macunaíma. O Herói sem nenhum Caráter* (1928) de Mário de Andrade, cuyo héroe increíblemente perezoso y eróticamente insaciable es el personaje de identificación para el movimiento antropófago.[16]

Caramuru es Diogo Álvares, quien naufragó en 1510 en Bahia y se salvó solamente de la olla de los tupinambas por el flechazo de amor de la hija del cacique, Paraguaçu, y porque encontró entre los escombros del naufragio unas armas y pólvora con las que Diogo produjo una detonación —de ahí que los indios lo apoderaron «Caramuru», lo que significa «hijo del trueno». Diogo se casó con Paraguaçu y con la hermana de ella, Moema, y los tres llevaron una vida muy feliz. La película adapta esta leyenda y presenta la *ménage à trois* de un modo exagerado, pero muy cómico.

El padre de las chicas, el cacique Itaparica, encarna a Macunaíma: es perezoso, tiene mucha chispa y es muy astuto. Este *malandro* brasileño es, pues, una variante del pícaro español. Hablando con un caballero portugués le presenta su país, haciéndose pasar por agente inmobiliario, como un terreno en venta con vista a la bahía, playa para los niños, aparcamientos, minas, etc. Finalmente le hace creer que hay mucho oro por detectar, logrando «conquistar» incluso el grueso anillo de oro del portugués.

---

[15] Es llamativo que Théodore de Bry haya subtitulado ya uno de sus grabados «Colombus Primus *Inventor* Indiae Occidentalis» (mi cursiva, reproducido en Duchet *et al.* 1987: 196).

[16] *Cf.* Wentzlaff-Eggebert (1995: 227 y ss.). Existe también una adaptación cinematográfica bastante graciosa de la novela de Andrade, que se llama asimismo *Macunaíma* (1969, Joaquim Pedro de Andrade).

La parodia de la búsqueda del Dorado se repite varias veces a lo largo de la película. Diogo vuelve a Europa, acompañado por Paraguaçu. En su primer contacto con «la civilización», la «buen salvaje» no se muestra impresionada, sino que se divierte mucho en los jardines barrocos, subiendo por primera vez en su vida una escalera etc. Y a modo de una *mise en abyme* logra despertar la codicia por el oro en la novia oficial de Diogo, repitiendo la puesta en escena de su padre. La novia oficial viaja al Brasil, y Diogo alfabetiza a Paraguaçu, quien escribe durante la larga travesía de vuelta al Brasil en alta mar la historia que acabamos de ver y que Dioga ilustra con dibujos suyos. El tópico del mundo al revés se traduce en esta escena final con la mujer indígena como cronista y el hombre blanco como mero ilustrador de la historia. A la vez destaca aquí una *mise en abyme aporistique,* ya que la redacción por escrito de algo que acabamos de ver constituye una auto-inclusión paradójica cuyo efecto extraño se disfuma, no obstante, debido a la comicidad exagerada que vincula esta película intermedialmente con el cine de los Monty Python.

Caramuru demuestra que una parodia requiere distancia temporal y mental. Tal vez sea ésta una de las razones por las cuales no existen todavía parodias sobre otros hechos históricos más recientes como la guerra de Algeria, cuyas heridas todavía no se han cerrado y cuyos conflictos no se han resuelto. La historia de la colonización del Brasil y de otros países latinoamericanos, en cambio, pertenece a un pasado remoto cuya apropiación literaria y fílmica recurre frecuentemente al modo paródico.

En actos conmemorativos suele aumentar la producción artística, como lo demostró el Quinto Centenario en el 1992, o como lo demuestran actualmente las celebraciones del quincuagésimo aniversario de la Revolución Cubana. Contrastando la novela *La pasión según Carmela* (2008) de Marcos Aguinis con el largometraje de más de cuatro horas «Che» que salió en el mismo año en dos partes bajo la dirección de Steven Soderbergh, podemos idear varias hipótesis: Aguinis recurre al esquema tradicional de una novela de amor situada en una situación histórica clave: la lucha de la protagonista de clase alta, acomodada, y de un joven argentino revolucionario contra Batista, el triunfo de la revolución y del amor. Pero el idilio no perdura, ya que los desencantos con respecto a la política de la vanguardia revolucionaria aumentan, empezando

con la persecución de homosexuales y de supuestos contrarrevoluciona-
rios, a través de los fusilamientos en masa, errores de planificación, Praga, el caso Padilla, la caída en desgracia absolutamente arbitraria del
compañero argentino quien debe confesarse a si mismo en el calabozo
que Fidel ha traicionado la Revolución, escribiendo al mismo tiempo su
«autocrítica», hasta llegar a los intentos de fuga y al exilio final de ambos
en México. La historia de amor y de afectos constituye el trasfondo algo
patético de esta novela cuidadosamente documentada (en el anexo se
mencionan las fuentes) que de-construye en el doble sentido de la palabra los mitos de la revolución cubana.

Soderbergh trabajó junto con el actor Benicio del Toro durante más
de siete años en esta «documentación ficcionalizada» de la lucha cubana que se muestra en la primera parte, llamada en Alemania «Revolución», y del fracaso de la empresa guerrillera en Bolivia que termina
con la muerte de Ernesto Guevara en el año 1976 de la segunda parte,
llamada «Guerrilla». Tratando de no producir un típico *biopic* hollywoodense, el director hollywoodense Soderbergh renuncia a cualquier
acercamiento humano, utilizando una estricta focalización externa que
impide cualquier acceso al interior del héroe en su papel de luchador,
político y médico (cf. Höbel 2008). Lo poco que se aprende del pensamiento revolucionario se reduce a una reproducción de una entrevista
auténtica de los años sesenta y de un discurso de Guevara delante de las
Naciones Unidas. El resultado es una hagiografía aburrida, un gran fracaso fílmico y estético que ha recibido críticas denigrantes en los *feui-
lletons* (ver Leuken 2008 y Höbel 2008).

¿Podemos concluir entonces que la nueva novela histórica y la película neohistórica ya no existen, que la innovación perpetua de técnicas narrativas sofisticadas, la inversión de perspectivas, el carnavalis-
mo, la metaficcionalidad, la puesta en cuestión de todo cansa a lo
largo y ha encontrado consecuentemente su fin? ¿Que los lectores y
espectadores exigen nuevamente textos cerrados con una clara dona-
ción de sentido, que les otorguen evasión y entretenimiento, sobre
todo en esta época de crisis global? El éxito de novelas y películas
(auto)biográficas e históricas tradicionales que se mencionaron al
principio de este estudio parecen confirmar esta tendencia. En vista
del doble centenario de la independencia de Argentina y México cabe
esperar un nuevo auge de novelas y películas que versan sobre este
tema —el futuro demostrará si los autores y los lectores y espectadores

logran descubrir nuevos aspectos del pasado y «reconquistar» así una parte de su historia.

BIBLIOGRAFÍA

Textos

AGUINIS, Marcos (2008/20096): *La pasión según Carmela*. Buenos Aires: Sudamericana.

ALLENDE, Isabel (2006): *Inés del alma mía*. Barcelona: Random House Mondadori.

ANDRADE, Mário de (1928/2004): *Macunaíma. O Herói sem nenhum Caráter*. Rio de Janeiro: Garnier.

CARPENTIER, Alejo (1979): *El arpa y la sombra*. Madrid: Siglo XXI.

ESQUIVEL, Laura (2007): *Malinche*. Madrid: Suma de Letras.

NÚÑEZ CABEZA DE VACA, Álvar (1542/1989): *Naufragios, y relación de la jornada que hizo a la Florida con el adelantado Pánfilo de Narváez*. Ed. de Juan Francisco Maura. Madrid: Cátedra (Letras Hispánicas, 306).

PONCE DE LEÓN, Napoléon Baccino (1990): *Maluco. La novela de los descubridores*. Barcelona: Seix Barral.

POSSE, Abel (1987): *Los perros del paraíso*. Barcelona: Plaza & Janés.

— (1992): *El largo atardecer del caminante*. Barcelona: Random House Mondadori.

ROMERO, Denzil (1988/19904): *La esposa del Dr. Thorne*. Barcelona: Tusquets (La sonrisa vertical).

STADEN, Hans (1557/2006): *Brasilien: die wahrhaftige Historie der wilden, nackten grimigen Menschenfresser-Leute (1548-1555)*. Ed. de Gustav Faber, aus dem Frühneuhochdeutschen übertragen von Ulrich Schlemmer. Lenningen: Erdmann.

ZÚÑIGA, Luis (1991): *Manuela*. Quito: Abrapalabra.

Películas

1492. La Conquista del Paraíso (1992, Ridley Scott).
Caramuru - A invenção do Brasil (2001, Guel Arraes).
Che (2008, Steven Soderbergh).
Macunaíma (1969, Joaquim Pedro de Andrade).

Estudios

AÍNSA, Fernando (1997): «Invención literaria y "reconstrucción" histórica en la nueva narrativa latinoamericana», en Kohut, Karl, *Narración y reflexión. Las crónicas de Indias y la teoría historiográfica.* México: El Colegio de México, pp. 111-129.

— (2003): *Reescribir el pasado.* Mérida: Ediciones El Otro, El Mismo.

BORGES, Jorge Luis (1974/2002): «Domingo F. Sarmiento: *Facundo*», en *Prólogos con un prólogo de prólogos.* Madrid: Alianza, pp. 205-213.

CEBALLOS, René (2005): *Der transversalhistorische Roman in Lateinamerika.* Frankfurt: Vervuert.

DILL, Hans-Otto, *et al.* (eds.) (1994): *Apropiaciones de realidad en la novela hispanoamericana de los siglos XIX y XX.* Madrid/Frankfurt: Iberoamericana/Vervuert.

DUCHET, Michèle, *et al.* (1987): *L'Amérique de Théodore de Bry. Une collection de voyages protestante[s] du XVIᵉ siècle. Quatre études d'iconographie.* Paris: Éditions du Centre National de la Recherche Scientifique

ESPAÑA, Rafael de (2002): *Las sombras del Encuentro. España y América: cuatro siglos de Historia a través del Cine.* Badajoz: Departamento de Publicaciones de la Diputación Provincial de Badajoz.

FENDLER, Ute/WEHRHEIM, Monika (eds.) (2007): *Entdeckung, Eroberung, Inszenierung. Filmische Versionen der Kolonialgeschichte Lateinamerikas und Afrikas.* München: Meidenbauer.

HÖBEL, Wolfgang (2008): «Abhängen mit Che Guevara», <http://www.spiegel.de/kultur/kino/0,1518,554848,00.html> 23.7.09).

KOHUT, Karl (ed.) (2007): *Narración y reflexión. Las crónicas de Indias y la teoría historiográfica.* México: El Colegio de México.

LEUKEN, Verene (2008): «So viel aktuelle Wirklichkeit im Kino wie in diesem Jahr gab es selten», <http://www.faz.net/s/ Rub8A25A66CA9514B9892E0074EDE4E5AFA/Doc~E13A60453B2364F45968506D5BB E7A2B0~ATpl~Ecommon~Scontent.html> (23.07.09)

MAUPASSANT, Guy de (1887/1984): «Le roman», en *Pierre et Jean.* Paris: Michel, pp. 15-33.

MENTON, Seymour (1993): *La nueva novela histórica de la América Latina 1979-1992.* México: Fondo de Cultura Económica.

MORENO TURNER, Fernando (1999): «Parodia, metahistoria y metaliteratura (en torno a *Maluco* de Napoleón Baccino Ponce de León)», en *Hispamérica*, vol. XXVIII, nº 82, pp. 3-20.

O'GORMAN, Edmundo (1958): *La invención de América: el universalismo de la cultura de Occidente.* México: Fondo de Cultura Económica.

Perkowska, Magdalena (2008): *Historias híbridas. La nueva novela histórica latinoamericana (1985-2000) ante las teorías posmodernas de la historia.* Madrid/Frankfurt: Iberoamericana/Vervuert.

Rings, Guido (2005): *Eroberte Eroberer. Darstellungen der Konquista im neueren spanischen und lateinamerikanischen Roman.* Frankfurt: Vervuert.

Rosenstone, Robert (1995): *Visions of the Past: The Challenge of Film To Our Idea Of History.* Cambridge, Mass.: Harvard University Press.

Rüth, Axel (2004): *Erzählte Geschichte. Narrative Strukturen in der französischen Annales-Geschichtsschreibung.* Berlin: De Gruyter.

Todorov, Tzvetan (1982): *La conquête de l'Amérique: la question de l'autre.* Paris: Seuil.

Wehrheim, Monika (2007): «Kolumbus in R. Scotts *1492*», en Fendler, Ute/Wehrheim, Monika (eds.), *Entdeckung, Eroberung, Inszenierung. Filmische Versionen der Kolonialgeschichte Lateinamerikas und Afrikas.* München: Meidenbauer, pp. 3-26.

Wentzlaff-Eggebert, Harald (1995): «Die hispanoamerikanischen Avantgardebewegungen: ein Überblick», en Rössner, M. (ed.), *Lateinamerikanische Literaturgeschichte.* Stuttgart: Metzler, pp. 236-254.

Zamora, Margarita (1993): *Reading Columbus.* Berkeley: University of California Press.

ENRIQUE MOLINA FRENTE A LA PESADILLA DE LA HISTORIA

Teresa Orecchia Havas
Université de Caen

PUNTOS DE PARTIDA

En un trabajo reciente (Orecchia Havas 2009: 437-452) he intentado subrayar la deuda que la novela *Una sombra donde sueña Camila O'Gorman* tiene con la poesía de su autor y he sostenido que todo juicio comprensivo sobre ese libro requiere que se lo relacione no sólo con la poética surrealista de la que el autor no se alejó en ningún momento —punto que, aunque parece más o menos obvio, ha sido poco practicado por los críticos en el análisis del texto narrativo mismo—, sino con los tópicos predilectos del poeta, y aun más, con esa idea de estricta continuidad estética entre las diferentes partes de su obra que le hacía afirmar hablando de Camila que «[s]e trata, en realidad, de un largo texto poético».[1] Por otra parte, situando la novela en

---

[1] Torres Fierro (1982). Molina agrega: «Aquí el hecho histórico es seguido con absoluta fidelidad —incluso con el aporte de nuevos documentos. Pero en su desarrollo hay, al mismo tiempo, una interpretación poética, a menudo onírica, que integra la realidad histórica con su propia resonancia en lo más profundo de la sensibilidad y la imaginación. [...] [E]n Camila se intenta probar que la historia no es más que un caso particular de otra escena más desarrollada, más ambigua, más onírica, más vasta: la poesía» (35).

su contexto de producción con el fin de examinar su relación tanto
con el género como con la Historia —juegos de espejos del pasado y
el presente—, hice también hincapié en esas líneas en que su peculiar
discurso lírico e hiperbólico, aporte mayor al canon de la novela poética,[2] se planteaba en relación homológica con el clima de exaltación y
de deseada transformación social que se vivía en el momento de su
concepción y de su publicación. Ambas hipótesis seguirán vigentes
aquí en tanto puntos de partida, pero ahora la perspectiva se centrará
en el examen de la visión erótica de la Historia que el libro construye
sin demora y sin excepción.

La génesis y publicación de *Una sombra…*, que apareció en 1973,[3]
corresponden a lo que se puede llamar una época en *transición*,[4] que
iría desde aproximadamente 1968 o 1969, fechas de las primeras
grandes manifestaciones sindicales y obreras contra el poder militar,
hasta el mismo 1973, año de elecciones regulares y de retorno del
peronismo al gobierno del país. Es un quinquenio marcado por la violencia de la vida política y la «pasión de la revuelta»,[5] que abarca desde la emergencia espectacular de las acciones de guerrilla urbana y el
comienzo de los grandes episodios de represión como las ejecuciones
de Trelew hasta los pactos secretos entre los militares y Perón, hechos
todos que anuncian lo que serán las definitivas convulsiones de la
década. Se trata entonces de un momento tendido como un puente
entre un tiempo que se aspira a dejar atrás y otro que se percibe como
un futuro posible, mientras el presente revoca todas las certezas en
días de conmoción y de intenso protagonismo de la política. El paso
de los sesenta a los setenta se vive en un clima de situación siempre

---

[2] Los estudios teóricos sobre la novela poética, aun cuando acertados en la fijación de ciertos parámetros de análisis como la presencia del mito o de la imagen onírica, trabajan sobre discursos narrativos que son en definitiva más homogéneos. Por
eso resultan poco satisfactorios en la perspectiva de un texto cruzado por una proli-
feración de imágenes simbólicas y de técnicas visuales que sin embargo no perturban
la pertinencia (la lógica) narrativa de la referencialidad realista (histórica). Ver por
ejemplo Tadié (1994).

[3] La edición original es de 1973: véase Molina, Enrique: *Una sombra donde sueña Camila O'Gorman*. Buenos Aires: Losada. En este trabajo las citas del texto se
harán siguiendo la edición de Seix Barral de 1982.

[4] Para este concepto en relación con novelas de tema histórico publicadas en los
ochenta, ver Garramuño (1997: 16-18).

[5] La expresión es de David Rock.

irresuelta, que lo define ante todo como un lapso revulsivo donde parece poder operarse una transformación de valores, mentalidades y comportamientos. Contra el claroscuro de ese tiempo en movimiento o, en el sentido literal del término, en revolución, debería leerse la novela de Molina, que reescribe un episodio notorio ocurrido bajo el gobierno de Rosas con una fulgurante prosa onírica y visual de ascendencia surrealista.

Molina no innova en la elección del suceso que trata en su única novela. Los amores desdichados de Camila O'Gorman (1828-1848) y de su amante, el sacerdote Uladislao Gutiérrez, así como la persecución y la ejecución de la pareja por orden del Gobernador de Buenos Aires, afectaron fuertemente la imaginación de sus contemporáneos y se grabaron en la memoria popular, convirtiéndose rápidamente en leyenda y en material de acarreo para escritores y periodistas, después de haber sido un arma política en manos de la oposición al rosismo. Dan fe de ello no sólo la insistencia con que el episodio vuelve en los escritos historiográficos, sino la amplia tradición literaria que se ocupa de él a lo largo de un siglo y medio, la cual parte de la poesía cantada y el material periodístico contemporáneo a los hechos, pasa por los folletos anti-rosistas y las décimas patrióticas, por los Diarios, las Memorias y las biografías noveladas, por el teatro y las novelas posteriores a la caída de Rosas, y acaba expandiéndose en la primera mitad del siglo XX en varias obras teatrales.[6] La sola elección de esa «tragedia argentina»[7] remite entonces necesariamente a una doble tradición, historiográfica y ficcional, en la cual, si los discursos son diversos, las interpretaciones pueden ser coincidentes, sobre todo en cuanto a la fijación de la imagen de la protagonista como víctima de las circunstancias y del arbitrio único y todopoderoso de Rosas. Se puede conjeturar que uno de los datos esenciales para determinar el destino de ese episodio en la memoria, tanto culta como popular, es el modo flagrante en que un cuerpo femenino queda en él irremediablemente ligado a un núcleo de alto conflicto político. La época de los caudillos y de las guerras civiles es fecunda en episodios de sangre más crueles

---

[6] Sobre la tradición textual, ver el notable artículo de síntesis de Rivera (2000). Las novelas sobre el tema son mencionadas por Dellepiane (1978: 503, n. 18).

[7] Según el título de la última obra en tratar el tema antes de la novela de Molina, la pieza teatral de Miguel A. Olivera (1959): *Camila O'Gorman, una tragedia argentina*.

los unos que los otros, pero ese carácter cruento de la Historia queda habitualmente engarzado, si no justificado, en la trabazón de las guerras que sucesivamente proclaman la venganza, el triunfo o la derrota de una u otra facción. El episodio protagonizado por C. O'Gorman en cambio, que es en principio un suceso de índole privada, ajeno a todo combate político, resulta sugestivo de la situación de disponibilidad y desamparo frente al poder en que pueden colocarse no sólo los opositores eventuales sino todos aquéllos que de un modo u otro lo han provocado en sus baluartes, y pone mejor de relieve el uso irrestricto que se hace de los cuerpos, y en particular aquí, del cuerpo femenino, en momentos de tensión social en que parece peligrar la disposición hegemónica de la potestad. En este caso la provocación es de orden sexual, es decir, afecta a la moral pacata de la época, que clama por una salida represiva y resulta así una aliada oportuna de la voluntad tiránica, siendo el punto de partida del escándalo, según la versión consagrada por la hipocresía social, la fuga del hogar de una muchacha soltera que huye con un ministro de Dios. El objetivo final de una represalia tan injustificada y desmedida como la condena a muerte puede interpretarse por cierto como un intento de reafirmación del control masculino sobre el cuerpo (disidente) femenino, a través de una forma del castigo que denuncia el miedo a la desobediencia de la mujer y que parece explícitamente sexuada, puesto que aun cuando se ejecute a los dos reos, es la protagonista femenina la que recaba la atención pública y la de todos los que escribieron luego sobre la cuestión.

Sin embargo, parece evidente que la ambición de la novela no se limita a un intento de actualización de una leyenda nacional conocida de todos, puesto que conduce a una lectura de la Historia que abarca también al mito con una perspectiva visionaria y alegorizante. En ese sentido se debe pensar en la evocación de la época de la anarquía, contexto de la aventura del personaje, la cual tiene un estatuto narrativo que supera con creces tal encuadre: ocupa el espacio esencial de la primera parte del libro y está presentada como una suerte de fresco sexualizado y violento que, sin modificar los datos sustanciales —fechas, hechos de gobierno o de guerra—, los interpreta con un sorprendente lenguaje visual cargado de referencias eróticas. El surrealismo de Molina se hace aquí instrumento útil para lo que él llama *«esa zona en donde se funden en una verdad única el mundo exterior y el inte-*

rior» (Molina 1982: 8 y ss.),[8] es decir, en donde la escritura y el lector superan la luz siempre parcial que arroja el documento, y alcanzan al fin la verdad específica de la interpretación poética del universo. Esa verdad de la « poesía » coincide con un estado panerótico del mundo del que por definición no puede estar ausente la violencia, y en el que el impulso vital y el instinto de muerte están, según el pensamiento surrealista, indisolublemente imbricados. Por eso, si el tratamiento de la figura femenina, central para esa poética, no evita los rasgos idealizantes (Camila portadora de su belleza estatuaria, Camila multiplicada en cristales en el espacio lustral y maternal del río, etc.), tampoco rehuye la sexualización extrema de la heroína en enfoques que retoman el lado oscuro de los instintos (Camilas perversas en rituales sadomasoquistas, Camilas seductoras como sacerdotisas de cultos infernales, etc.) y que se presentan, en la lógica del relato, como versiones oníricas del imaginario social (predominantemente masculino), es decir como otras tantas fantasías provocadas por la conducta transgresora y por el cuerpo de la mujer. Consecuentemente, alcanzar la verdad cósmica del *eros* supone también reconocer sus mutaciones, su capacidad de metamorfosis, su presencia subterránea en todas las acciones del hombre, revelar el fondo pulsional que las gobierna. Por cierto, la propuesta del poeta contiene por lo menos dos elementos contradictorios, puesto que el modelo femenino está tan idealizado —según la tradición surrealista y en una línea de deuda al tardoromanticismo— como fetichizado por el despliegue de fantasmas sexuales, y puesto que la violencia de la Historia con la cual ese personaje se encuentra no deja de ser producto de la fuerza vital del hombre, aun cuando represente el lado negativo de esa vitalidad, cuyo objetivo no es la adoración del objeto sino su destrucción. De allí la explosión de imágenes luctuosas, horrendas, góticas, que aparecen entremezcladas con la narración de momentos seráficos o la evocación de paisajes —del alma, del cuerpo o de la naturaleza— lujuriantes y exóticos. Frente a ese hibridismo voluntario de la representación, Molina mismo se encargará de separar aguas y de distribuir programáticamente las cartas (las faces) del instinto a protagonistas diferentes en la página que abre su novela, en donde queda claramente dicho que la actitud vital, es decir, «*las virtudes de la pasión, las virtudes de la*

---

[8] En adelante, las páginas de la novela se indicarán junto al fragmento citado.

locura, el honor del amor» (7) corresponden a Camila, quien supera su condición de mero personaje histórico para corporeizar la energía mítica susceptible de revelar en el hombre las imágenes más secretas y los contenidos más profundos, mientras que enfrentada a ella campeará la actitud anti-vital, es decir, la de los que construyen un mundo poseído por el odio, la muerte y la rutina de la domesticidad.

El discurso narrativo debe satisfacer ese doble plano en que se definen los objetivos explícitos del texto, una línea demostrativa en que la historia violenta no reconoce moral ni nobleza —«Inconscientes adoradores del cáncer y la tumba, bendecidores de puñaladas y lanzazos, todos los hombres del país jadeaban en la gran competencia de la crueldad y el rencor, envueltos en una infinita dialéctica del terror, prolongada de generación en generación como una sífilis, hereditaria y nula y salvaje» (15)—, y un segundo nivel en que la violencia pierde sus atributos morales y pasa a ser una manifestación pura de la sexualidad. Las metáforas, las imágenes, el léxico, el erotismo sádico la manifiestan:

> Muchas mujeres hallaban un desconcertante parecido entre la mueca de esa boca —horrible— [la de una cabeza decapitada], y la de otra boca —amante y viva— crispada en el paroxismo del placer, y vista desde arriba, a causa de la posición adoptada por ella, la mujer, en el acto del amor, a horcajadas sobre el hombre tendido de espaldas, en la misma postura que a menudo elegía el degollador para cumplir su designio (17).

FACUNDO EN EL OBSERVATORIO DE ENRIQUE MOLINA

Los años que he colocado bajo el común denominador de la *transición* producen lecturas nacionalistas del pasado argentino, a menudo imbricadas en un pensamiento de izquierda, entre las cuales están en primera línea, sin ser las únicas, las de los ideólogos del peronismo. Se trata de informar *nuevamente* sobre el país y su historia y de organizar un sentimiento de pertenencia en un período en que la sociedad parece fragmentarse frente a un horizonte complejo donde alternan los efectos de la modernización de los sesenta con las tensiones de la vida civil y el surgimiento de las luchas armadas. Se trata también de uno de los frecuentes retornos de la impronta nacionalista en la historia de

las ideas en la Argentina en un momento en que la violencia de la vida
política se percibe como disolvente y en que resurge el temor de la
influencia de las ideologías venidas del exterior. Tal relectura no se
ejerce sólo en el terreno del ensayo y no implica sólo una revisión de
coordenadas historiográficas, sino que se proyecta sobre la producción
cultural en su conjunto.[9] Si en el campo de las ciencias sociales esa
época es pródiga en la aplicación de sofisticados esquemas epistemo-
lógicos, en el terreno de los imaginarios se presenta en cambio como
un tiempo de re-circulación de mitos y estereotipos de la identidad
cultural, a los que se vuelve a interrogar en su carácter de lugares fijos
del «ser» argentino y en razón de su potencialidad estética.[10] La revisión contiene entonces un objetivo didáctico vehiculado por un gesto
artístico.

En la obra poética de Enrique Molina el interés por los temas políticos, contemporáneos o no, está ausente hasta 1968, fecha en que
aparece *Monzón Napalm*, el único de sus libros que alude a un importante episodio coetáneo a su composición, la guerra de Vietnam. Ese
libro precede *Una sombra…* y basta para mostrar la aparición de un
nuevo registro de preocupaciones, aun cuando el lenguaje de los poe-

---

[9] Un buen ejemplo de revista cultural que busca un nuevo planteo en el campo
social con una intervención mayoritariamente centrada en la literatura —crítica literaria, revalorización de textos y descubrimiento de nuevos autores— es el de *Crisis*,
cuyo título completo es: *ideas, letras, artes en la CRISIS*, y cuyo primer número data
precisamente de mayo de 1973. Por otra parte, en la biblioteca personal de Federico
Vogelius, director de la revista, se encuentran según E. Molina los documentos
inéditos sobre el caso de Camila O'Gorman que aparecen reproducidos en el apéndice de la novela (313-325).

[10] El cine proporciona algunos ejemplos de esta situación. Leopoldo Torre Nilsson, después de una serie de dramas ficcionales caracterizados por su atmósfera extraña y sus personajes alternativamente inocentes o corruptos que le dieron fama y
constituyen lo más original de su obra, realiza un grupo de películas centradas en
héroes nacionales o en personajes de literatura altamente idiosincráticos: *Martín Fierro* (1968), *El Santo de la Espada* (1970), *Güemes* (1971), *La tierra en armas* (1972),
así como la adaptación de *Los siete locos* (1973). Fernando Solanas por su parte, ini-
ciador con Octavio Getino de un nuevo cine político que defiende la estética militante del documental, filma en 1969 *La hora de los hornos*, largo alegato sobre la historia de los argentinos en lucha contra la opresión, y responde al *Fierro* de Torre
Nilsson con su propio *Los hijos de Fierro* (1974-1978), interpretación menos académica y más comprometida del poema de Hernández.

mas no difiere fundamentalmente del de los libros anteriores.[11] Para su novela el escritor elegirá en cambio un personaje singular, una figura femenina que, si bien es modesta frente al juicio de la Historia, tiene la característica de estar indisolublemente asociada en su aventura a Rosas, el personaje más controvertido y comentado del siglo XIX argentino. Pero la historia de Camila O'Gorman contiene además otro elemento de seducción: se trata de un mito popular, de una leyenda veraz que se ha impuesto a la memoria culta, interesada por los hechos del pasado nacional, tanto como a la memoria popular, atraída por los contenidos emotivos del episodio y por sus acentos transgresivos, románticos y hasta heroicos. Esa dimensión arquetipal y popular está claramente presente en las palabras preliminares del autor, que involucran la función transmisora de una red de discursos y la capacidad de excitación de las imágenes:

> Un hecho, un personaje histórico tiene una faz externa, concreta, pasible de ser sometida a un juicio de valor. Y además una carga sentimental, *surgida de un consenso general,* una especie de energía que fascina o rechaza y opera como un elemento desencadenante de imágenes mentales que rescatan de lo profundo los más diversos contenidos, en una total libertad (7; énfasis nuestro).

Una sombra... no se recorta sin embargo únicamente contra los discursos sobre el suceso, ya sean documentos historiográficos o tradiciones de cuño más o menos literario, más o menos oral y popular. Molina ha buscado igualmente proyectar su ficción sobre un gran libro y sobre otro gran mito, el «símbolo espectral»[12] de Facundo, actualizado desde el título mismo de su novela. Y al invocar el libro de Sarmiento, consagrado como el mayor modelo de la escritura americana décimonónica, no ha tenido el propósito ilusorio de reescribir un *Facundo* contemporáneo afin de hacer espejear los vaticinios del pasado sobre la problemática del presente, sino el de mostrar una versión alternativa de la cultura, inventando una nueva —y poética— fundación basada en un modo distinto de pensar la sociedad y el

---

[11] «Perro / no toques esos senos donde las más delicadas violetas orgánicas serán un hervidero de escorpiones [...] Esa presa es tantálica / como el país sin sueño que defiende» («La prisionera», en Molina 1987: 351-352; pertenece a *Monzón Napalm*).

[12] El término es de Zárate (1978: 575).

hombre. En este sentido, si *Una sombra*… contiene numerosas alusiones al *Facundo* que lo identifican como una suerte de mito genético de una cultura y también lo muestran como un modelo que se halla diseminado en la textualidad novelística,[13] algunos de esos reenvíos que ocupan un lugar central en el discurso narrativo ponen en evidencia el estatuto puntual del modelo con respecto al proyecto del poeta.

El primero concierne el planteo de un enigma que estaría supuestamente dando origen al relato y la consecuente presentación del éste como un intento de resolverlo. En la obra de Sarmiento, ese enigma, sintetizado en la comentada figura retórica de invocación con que se abre el texto, es una construcción que sirve a la vez como pretexto para instruir el proceso de los caudillos y como hipótesis de conocimiento para organizar la interpretación socio-histórica de la realidad argentina. Como aquél llamando a la sombra del caudillo para que le revele el secreto de «las convulsiones internas que desgarran las entrañas de un noble pueblo» (Sarmiento 1997: 38) y descubriendo inmediatamente tras la figura de Facundo a Rosas, «su heredero, su complemento»,[14] Enrique Molina buscará tras la historia trágica de Camila O'Gorman no tanto desenmascarar un culpable, puesto que éste está a la vista, sino develar una incógnita supuesta, el secreto de las motivaciones de ese culpable, o sea el secreto de la psicología de Rosas. Es decir, inventará el rastreo de un conflicto que le permita bucear, con las armas del

---

[13] Los casos son numerosos y la cita o la alusión toman formas diversas, más o menos explícitas o disimuladas. Algunos ejemplos: a) cuando el narrador traza el retrato del General Paz, le atribuye literalmente a éste la famosa invocación a la sombra de Facundo que abre el relato de Sarmiento (cf. Molina 1982: 93); b) durante la primera parte de la novela, al evocarse los hechos políticos de la época, se va recordando en paralelo la vida de Camila niña o adolescente a través de las menciones a la edad que ella tenía en el momento de los diferentes sucesos. Sin embargo, cuando se relata la muerte de Quiroga en una auténtica reescritura del episodio de Barranca Yaco (ver después), se dice que Camila tenía entonces 17 años, que era su edad en 1845, fecha de la publicación de *Facundo*, y no en 1835, fecha del suceso histórico (114); c) menciones directas a la escritura de Sarmiento: «Sarmiento describe el episodio» (139), «[A]nota Sarmiento con su escritura de bisonte» (94), etc.

[14] «[T]ambién se hallan a millares las almas generosas que en quince años de lid sangrienta no han desesperado de vencer al monstruo que nos propone el enigma de la organización política de la República. Un día vendrá, al fin, que lo resuelvan; y el Esfinge argentino, mitad mujer por lo cobarde, mitad tigre por lo sanguinario, morirá a sus plantas, dando a la Tebas del Plata el rango elevado que le toca entre las naciones del Nuevo Mundo» (Sarmiento 1997: 39).

caso, en aquel plano que le interesa, el de la realidad subyacente a los
hechos reales (históricos), el de las pulsiones y los paisajes misteriosos
que informan la conducta humana. La comprensión de la psicología
del tirano será el objetivo final aducido por el narrador, que para
lograrlo superpondrá en el curso del relato la cumplida encuesta historiográfica sobre los sucesos (cotejo de fuentes, presentación de nuevos
documentos, cita de testigos, etc.) a un fantasmático protocolo médi-
co-literario en el que colaboran todas las potencias del onirismo. Por
cierto, el *misterio* de las motivaciones de Rosas, dada la mucha tinta
que el caso hizo correr, es ya una suerte de secreto a voces, e incluso la
idea propiciada por Molina del carácter reprimidamente incestuoso de
sus actos ya había sido evocada en la obra del francés Pelissot en la
segunda mitad del XIX (cf. Rivera 2000: 110-111). Pero es también evidente que el ángulo desde el cual el poeta propone los mismos interrogantes es diferente, porque está orientado por la tradición surrealista,
interesada en la defensa del desafío que plantean los actos criminales y
en la discusión del enigma de la realidad:

> Ce monde où tout est explicable parce qu'on nous l'enseigne, est déjà
> totalement broyé aujourd'hui par les recherches de la psychologie moder-
> ne. [...] [À] côté de la réalité confectionnée à la mesure de l'imbécillité et
> des assurances nécessaires, il y a *les faits*, les simples *faits* indépendants des
> conventions; il y a les crimes affreux; il y a les actes de violence inquali-
> fiables et irrationnels qui illuminent périodiquement de leur éclat récon-
> fortant et exemplaire, le désolant panorama moral (Dalí 1980: 68).

La tercera parte de la novela, que retoma los últimos días de los
prófugos y examina las contradicciones y lagunas de los relatos de que
se disponía aduciendo la compulsa de papeles desconocidos hasta el
momento, imita entonces en principio la lógica regular de la investigación y, yendo de un dato al otro, intenta arrojar luz sobre los hechos
que habrían quedado como en suspenso, en especial la intervención
de Manuela Rosas y la manera en que, contra lo esperado, se decidió
en un gesto sumario la ejecución de los amantes. Rosas aparecerá aquí
in fine como un servidor de la muerte, cuya conducta es jurídica y éti-
camente inaceptable —se recuerda que él mismo vive en concubinato
y tiene seis hijos de Eugenia Castro, una muchacha que le fue confia-
da cuando tenía trece años—. Citando una carta de Rosas a Federico

Terrero,[15] en la que aquél escribe (en 1877) que nadie le aconsejó la ejecución de la pareja y que la responsabilidad es sólo suya, el narrador indica que «[c]omo hombre, es con la muerte de Camila donde descubre su verdad. [...] Si se encarniza en su odio, es en las oscuras motivaciones del hombre donde hay que buscar la explicación» (276). En ese punto preciso, el relato retoma su vertiente exegético-poética, y abandona el archivo de la correspondencia y de los testimonios para volverse hacia la ficción en busca de la respuesta definitiva. Entonces no será la Historia la que tenga la última palabra, sino la dimensión

---

[15] Es útil insistir en que la incógnita de la psicología de Rosas ha preocupado a los escritores mucho antes de Enrique Molina, y que esa misma carta ha sido citada otras veces en apoyo del juicio asombrado de los historiadores en relación con el caso de C. O'Gorman. Lucio V. Mansilla, por ejemplo (1898: 170-175), la cita para refutar algunos elementos de la «leyenda» que circuló sobre los consejos propiciados a Rosas en el caso, así como para reafirmar el predominio de la voluntad en el carácter del Restaurador y su poca o nula disposición para las consideraciones morales. La fecha en cambio siete años antes, en marzo de 1870. Se puede conjeturar que Molina le atribuye a la carta una fecha simbólica si no exacta, por cuanto la hace preceder en sólo siete días a la muerte del mismo Rosas (Molina 1982: 277). En cuanto a José María Ramos Mejía, autor de un ensayo en tres volúmenes sobre *Rosas y su tiempo* (Buenos Aires: F. Lajouane, 1907) y de un estudio sobre la neurosis de Rosas (*Rosas y el Doctor Francia: Estudios psiquiátricos: la neurosis de Rosas: la melancolía del Doctor Francia*. Madrid: Ediciones América, s/f), escribe también un estudio preliminar a la *Historia de Rosas* de Manuel Bilbao, titulado «La personalidad moral del tirano». Allí el caso O'Gorman reaparece mencionado dos veces. En la primera, Ramos Mejía cita un fragmento de la misma carta (que él fecha en septiembre de 1869) en la que admira el «sereno cinismo con que [Rosas] reclama para sí todas las más crudas responsabilidades», la franqueza y la hombría. La segunda mención está destinada a ilustrar la capacidad histriónica y el gusto teatral de Rosas, del que ve un ejemplo tanto en el entierro de Dorrego como en la ejecución de Camila O'Gorman. Acompañando el relato de los sucesos, dice: «La ejecución de Camila O'Gorman, a las puertas de Buenos Aires, tiene detalles de un mecanismo hecho *ad hoc* para que dos o tres mil espectadores distribuyan a domicilio la horripilación y el presentimiento. [...] La idea de los peligros que entraña la rebelión contra la fuerza, surge potente en el cerebro de todos [...]. La mente del pueblo se llena así de estas imágenes, asimiladas como siempre a la persona de Rosas, y le prestan, en esta otra [*sic*] forma curiosa, el poderoso concurso de sugerencias y fatalismos» (En Bilbao, Manuel 1919: 37). Bilbao por su parte, cuya *Historia* se publicó por primera vez en 1868, es quien redactó las memorias de Antonino Reyes, edecán de Rosas y jefe de la prisión de Santos Lugares (*Vindicación y Memorias de Don Antonino Reyes,* arregladas y redactadas por Manuel Bilbao. Buenos Aires: Imprenta del Porvenir, 1883); ya Bilbao interpreta la acción de Rosas como un gesto de autoritarismo despechado.

del sueño que revela las verdades profundas. Después de una evaluación final de las pruebas escritas y de la opinión de varios historiadores («Hemos cedido por un momento al confuso mundo de los documentos y los balances, amado por los exégetas», 280), el narrador
librará su propia interpretación, bajo la forma de una visión lujuriosa
en donde Camila aparece como una «Hija Rebelde» entregada al sexo
y al placer de la desobediencia, y el Restaurador como un «Gran Padre
Tiránico» tentado por el incesto y reparando la afrenta a su poder con
la irreparable condena a muerte.

> Con un crispado ademán abre de golpe la puerta. Como salida de la
> boca de un horno una ráfaga ardiente envolvió su corazón. Hundidos en
> un antro de seda, en la desnuda, vehemente cabalgata en fuga hacia un
> salto prodigioso, en medio de una intensa agitación, las rodillas de ella
> alzadas como dos blancos faros, casi a la altura de sus propios senos sacu-
> didos por intensas oscilaciones, en un demente ceremonial carnal, entre-
> vió el cuerpo moreno de Ladislao entrelazado al de la Niña, la brillante
> tonsura al rojo vivo, la opulencia de esos muslos que no desaparecen
> jamás [...]. Era Manuelita con su máscara de Camila, Camila con su
> máscara de Manuelita. La serpiente vertió en sus venas un delirante vene-
> no y el Ilustre Restaurador recuperó su dureza inmemorial. La pluma
> quemaba el papel al trazar la sentencia. Sólo la sangre, ni siquiera la san-
> gre de la Insumisa, podrá reparar esa afrenta genital que le seca la boca
> con un vaho volcánico (281-282).

El uso de las fuentes historiográficas, citadas o aludidas, converge
con el desplazamiento del modelo sarmientino. Se lo puede observar
siguiendo la particular distribución del material en las tres partes que
cuenta la novela. En la primera parte, donde la Historia argentina
avanza según montajes que respetan someramente la cronología de los
hechos, aunque a menudo respondan a asociaciones de sentido y no
de fechas, el relato de las guerras civiles remite sobre todo a los escritos de historiadores «liberales»: Tomás de Iriarte en sus monumentales
memorias, Sarmiento, las *Memorias* del general Paz, y accesoriamente,
Saldías y Paul Groussac. La segunda, que narra los amores de Camila,
carece evidentemente de un sustrato semejante de autoridades, pero
acude a las *Memorias* de Antonino Reyes antes citadas, así como a los
«Inventario(s)» de escribano, informes policiales y cartas oficiales, e
inventa incluso un documento apócrifo, el «Relato de un testigo» de

los hechos de Goya, titulado «La Fiesta de la Delación». La tercera
parte busca en forma más definida un balance de opiniones y al acercarse al objetivo manifiesto de esclarecer la fisionomía moral de Rosas
da intencionadamente la palabra a los historiadores que le han sido
total o enteramente favorables: el citado Manuel Bilbao, Antonino
Reyes, Adolfo Saldías, Irazusta, y hasta Manuel Gálvez. Cita también
artículos periodísticos, informes y cartas, entre las cuales está la que
escribe Rosas *ca.* 1870, ya mencionada. Pero si todo el apoyo documental está llamado a certificar la veracidad de los hechos y a crear la
ilusión de la independencia del narrador, los disímiles puntos de vista
de esas fuentes y las diferentes familias políticas de origen de los autores quedan oscurecidos por el uso que de ellas se hace. En el texto de
llegada las oposiciones se borran dentro de un gran movimiento hacia
la prueba de los delitos por el paroxismo de los instintos, motivo por
el cual también el estatuto de los documentos resulta intercambiable,
haciendo que el apócrifo sobre la Fiesta de la Delación en que el
narrador/autor asume la voz del testigo valga tanto como el material de
archivos más fidedigno. Tanto los historiadores liberales como los revi-
sionistas están así utilizados a los efectos de una lectura que da fe de la
violencia de la Historia en general, de la cual la crueldad de Rosas es un
caso particular, y en ese sentido, la escrupulosidad de los partes policiales o militares, la supuesta precisión íntima de las cartas personales,
son señuelos que no pretenden enmascarar la apuesta esencial, que
propone a la Historia como un vasto museo de pulsiones de las cuales
no sabría dar cuenta una lógica puramente racional.

Sujeta al objetivo de abarcar la memoria consciente y el mundo
explícito de los hechos sociales tanto como a invocar las verdades del
sueño y del sexo, la prosa de Molina retoma por cierto las ambiciosas
operaciones figurativas y visuales de su poesía, pero agrega en *Una
sombra...* la novedad de una frase narrativa de ritmo veloz e intención
persuasiva, recorrida por efectos perlocutorios que recuerdan a veces
el impacto extraordinario del estilo sarmientino y su energía sintácti-
ca y retórica.[16] Es sobre todo en la evocación de las guerras civiles,[17]

---

[16] Dos de los mejores estudios sobre la escritura de Sarmiento son el ya clásico de
Barrenechea (1978) y el de Ramos (1988).

[17] Si hubiera que buscar un equivalente a la vivacidad y la rapidez de la narración
en la prosa de un historiador, por otra parte sumamente exacto, pero que no se priva
de dejar claras sus opiniones, se lo encontraría sin duda en la obra de José Luis Busa-

que ocupa la primera parte de la novela, donde los cuadros de detalle y de conjunto se suceden en un gran despliegue de situaciones cambiantes, de imágenes múltiples y de referentes transfigurados por el uso de figuras metafórico-metonímicas, y en donde son frecuentes los recursos de aceleración y de extrañamiento: la superposición de escenas, las descomposiciones kinésicas, la animación de lo inanimado, la simultaneización de lo sucesivo. Esa velocidad omnívora se acompaña (¿se atenúa?) con un recaudo didáctico que sólo aparece en esta primera parte: los medios títulos que, desde el margen, anuncian o acentúan lo esencial de cada fragmento, como una acotación folletinesca o teatral. Si el relato está en pasado, la acción suele retardarse para incorporar paulatinamente un tiempo mixto, detenido y fluído a la vez, donde surgen la visión y el cuadro vivo, la referencia a la pintura romántica o surrealista, el juego de metamorfosis o de hibridismos monstruosos, los ejercicios burlescos, las alegorías, los bruscos presentes. La búsqueda de lo profundo es una brújula que imanta esa poética de la destrucción y de la mutación del referente realista. En esos panoramas de aquelarre los muertos se confunden con los vivos, como en la poesía del autor, y los cuerpos y las cosas se sexualizan interminablemente. El tiempo referido queda corroído en tanto que pasado para que se lo pueda *ver*, para *darse a ver*, y que en él algo nos mire y nos estremezca: el horror de la historia, su violencia desatada, el erotismo de esa violencia.

Sin embargo, el designio de medirse con la escritura de Sarmiento no puede limitarse a la invención de un soplo épico que la remede —aun cuando esté engastado en otra estética—, ni a recordar más o menos literalmente una serie de tópicos. Es preciso inventar un mito

---

niche, cuya exposición de la época de la anarquía se lee a la vez como la más documentada y mejor narrada. El relato del entierro de Dorrego y la cita del principio de la alocución fúnebre de Rosas en la novela de Molina (65), precedidos del retrato del Restaurador en figura de extraño déspota aplicado sin descanso a sus estériles escritos administrativos, recuerdan de cerca el capítulo correspondiente en la *Historia* de Busaniche (1975: 502), quien insiste en cambio en la posible autoría de Rosas con respecto a ese discurso y apoya la hipótesis de que se trataba de un hombre suficientemente ilustrado como para utilizar la pluma con eficacia y maestría. Ramos Mejía menciona igualmente el entierro de Dorrego «que es también una nota tétrica y trascendental y en el que Rosas interviene hasta en la elección de los caballos que debían arrastrar el carro» (Ramos Mejía 1919: 87).

que sostenga la comparación con el de Facundo, y una escena que fije
el mito con la misma intensidad con que el relato del tigre cebado o el
de Barranca Yaco fijaron para siempre el perfil legendario del caudillo.
El autor de *Una sombra...* construye ese mito atribuyéndole a su personaje femenino los poderes más altos dentro de una axiología particular, que considera a la poesía como la forma superior del conocimiento, como el ámbito de una verdad superior a la de la Historia y
como la poseedora de la capacidad de iluminar lo profundo, el «tiempo puro» (7) de la conciencia. Por eso, desde el principio del relato,
un azar peculiar, que es en realidad una conjunción de novelescas pre-
destinaciones, habilita la historia de vida de Camila para que ésta se
transfigure en alegoría de la poesía, en fuerza erótica y cósmica encarnada en un asombroso destino individual.

Ciertos episodios de la novela que están encaminados a la elaboración del mito de la heroína remiten precisamente al tejido de acciones
de *Facundo*. Así por ejemplo, el del incendio de la casa paterna,
importante para la definición transgresora del personaje, tanto en uno
como en otro autor. Sarmiento cuenta el caso en unas líneas que son
un prodigio de preterición destinada a cautivar la imaginación del lector. Anuncia primero «un suceso que está muy válido y del que nadie
duda», luego lo contradice antes de narrarlo, aduciendo la opinión de
un autor atendible que descalifica su veracidad, y por fin lo relata,
pero presentándolo como algo demasiado horrible acerca de lo cual
prefiere tener en cuenta una opinión particular (la del que niega que
el suceso sea cierto) antes que «la tradición constante, el asentimiento
general» (de los que indican su veracidad). Se trata evidentemente de
una anécdota que, entre las que sirven para mostrar la crueldad, los
vicios y la soberbia de Quiroga, pone el acento en un intento de crimen supremo, el parricidio.[18] Pero si Sarmiento se ampara tras el ejercicio retórico para transmitir uno más entre los hechos innominables

---

[18] «Cuéntase que habiéndose negado su padre a darle una suma de dinero que le
pedía, asechó el momento en que padre y madre dormían la siesta para poner aldaba
a la pieza donde estaban, y prender fuego al techo de pajas con que están cubiertas
por lo general las habitaciones de los Llanos!» (Sarmiento 1997: 137). Una nota a fin
de capítulo termina sin embargo por confirmar los hechos: «Después de haber escrito lo que precede, he recibido de persona fidedigna la aseveración de haber el mismo
Quiroga contado en Tucumán, ante señoras que viven aún, la historia del incendio
de la casa. Toda duda desaparece ante deposiciones de este género» (144).

de revancha y arrebato que se atribuyen al caudillo —el motivo inmediato habría sido la negativa de su padre a darle el dinero que le pide—, E. Molina lo utiliza en cambio para signar la partida de su personaje del lugar de origen, el hogar paterno, dentro de una lógica de ingreso en la vida adulta y en la trayectoria de su destino rebelde. El dato, totalmente ficcional en su caso, ingresa entonces fácilmente dentro de una de esas escenas fantástico-oníricas con que se presentan tanto ciertos elementos verificables como otros de pura invención. La escena, situada en el capítulo que anuncia la fuga de los amantes, narra la reacción imprecadora de los padres de Camila y prodiga transformaciones e intervenciones extranaturales. Una mano verdosa levanta por los cabellos a la madre mientras ráfagas de demonios y un ángel rojo recubierto de escamas cruzan la habitación. En ese momento, «Impasible, Camila avanzó hacia la salida, los [padre y madre] apartó con la punta del pie. Eran livianos y esponjosos, pero también amenazadores y terribles, enseñaban los dientes, extendían hacia ella sus índices acusadores. Ganó la calle y prendió fuego a la casa. Nunca más volvió» (173).

Una parte del proceso textual de mitificación del personaje reside en su igualación a otras víctimas de la Historia. Idealizada, Camila es única, pero es también un *ejemplo*, que remite al paradigma de los que detentaban demasiada audacia y fuego vital como para ser perdonados. La reunión de ejemplos paradigmáticos es en realidad un mecanismo frecuente del discurso narrativo que sirve su designio alegórico. Así, en el gran fresco histórico de la primera parte la novela procede a menudo acercando y asimilando personajes entre sí: es el caso de Lamadrid, Aldao y Urquiza, guerreros y caudillos tratados paralelamente como héroes de epopeya en un mismo capítulo; de Lavalle y Rosas, vidas paralelas y «hermanos enemigos»; de Lavalle y Paz, cuyas leyendas se suceden en la evocación de triunfos y de luctuosas derrotas. Los principales caudillos, desde Rosas hasta Urquiza, sin diferenciación de bando ni de rango, hacen su entrada principal en el texto precedidos por acotaciones que imitan los epítetos de un estilo épico digno del folletín. Unitarios y federales actúan con la misma saña y valen lo mismo; Lavalle derrotado y desorientado se agaucha cuando Dorrego se engrandece. Tal asimilación o intercambio de conductas y de caracteres no intenta sólo enjuiciar a los actores indignos de un período crucial nivelándolos, sino que obedece al mismo objetivo que

la antítesis, otra figura habitual en el texto, apuntalando la creación de
un estilo de hipérbole destinado a reforzar el paisaje paroxístico y la
tragedia de la época. Es así como el personaje de Camila, exaltado
como modelo de fuerza vital, se verá comparado a Lavalle y hasta a
Facundo, en un enlace verbal que en el fondo no tiene nada de excén-
trico, puesto que implica a aquellos cuya trayectoria ha sido detenida
por el crimen y pone a la heroína en el mismo plano que los héroes
controvertidos y legendarios:

> La fatídica noche de Lavalle y Damasita, el bárbaro ritual de Barran-
> ca Yaco, la ejecución de Camila, provocan la misma sacudida en el sis-
> mógrafo que señala, con una aguja de fuego, los grados de la avidez de
> vivir. Nadie puede, a ellos, reprocharles un corazón pusilánime: exigen el
> vértigo, el peligro, pues han elegido ser. Y tal elección significa hacer bri-
> llar el mundo con una luz tantálica (25).

Desde la fuente sarmientina, el episodio de Barranca Yaco es quizás el que más ha contribuído, en tanto *escena*, a fijar la imagen del
«destino» de Quiroga; también se trata de un *morceau de bravoure*
dentro del texto de *Facundo*, que iguala y hasta supera otros núcleos
dramáticos en los cuales el estilo de Sarmiento redobla su eficacia
habitual con un trabajo de extremada síntesis narrativa y con una frase de ritmo impecable. Sabemos por otra parte que la muerte del caudillo se imprimió ampliamente ya en la imaginación de los poetas
populares coetáneos a esos sucesos tanto como luego en la de los escritores cultos, de Sarmiento a Borges. En ese sentido, este episodio, que
cierra la historia de Facundo, puede pensarse como el de mayor
potencialidad poética dentro de la biografía del caudillo, superior incluso al lance con el tigre, que la abre, y si bien su fuerza sugestiva es a la
vez dependiente e independiente de la elaboración sarmientina, es evidente que ésta fijó para la memoria culta tanto un mito literario como
un relato modelo de los hechos.[19]

---

[19] A propósito de la tradición, tanto culta como popular, sobre Quiroga y sobre
Barranca Yaco, ver Zárate (1978) y del mismo autor, *Facundo Quiroga. Barranca
Yaco: juicios y testimonios* (Buenos Aires: Plus Ultra, 1985). Sobre el discurso históri-
co del *Facundo* en relación con las estrategias ficcionales, y sobre el predominio de la
elaboración literaria en cuanto al personaje de Quiroga, ver, entre otros, Sorensen
Goodrich (1988: 573-583).

Una sombra... incluye dos veces la narración del crimen de
Barranca Yaco, a la manera de una escena primitiva que volviera a la
impensada memoria del texto. La secuencia aparece primero como
una completa reescritura del original y luego como un núcleo dramático releído y transfigurado, donde la heroína recorre el mismo trayecto final de Quiroga, equiparándose con éste. La novela explicita
así su diálogo texto a texto con el maestro y su propuesta sustitutiva
en lo que concierne a los protagonistas y al sentido de la Historia
argentina. La primera ocurrencia (parte I, 112-121) está elaborada
en un estilo grandioso que alude también a la pintura romántica y al
tema surrealista de la invasión de las cosas —cadáveres, objetos, rostros— por la mancha negra y pululante de las hormigas (Dalí), pará-
sitos simbólicos del tiempo y de la muerte. Si bien varias menciones
remiten en este capítulo ostensiblemente a Sarmiento (en particular
el encuentro desdeñoso de Facundo con el Deán en su toldo de San
Juan, las exigencias de Facundo en las postas, las súplicas del secretario Ortiz, la presentación de Santos Pérez, la rapidez de la narración
del ataque), éstas actúan como un hilo orientador por sobre el cual
operan, distorsionando el enfoque, las técnicas oníricas y el desborde
hacia la retórica de lo fantástico. Algunos recursos merecen especial
atención en relación con la transformación del modelo. En particular, el procedimiento de simultaneización visionaria de acciones, que
confunde los hechos de la vida de Facundo y hasta su retrato físico
con la constante mención de su muerte, convirtiendo el esbozo del
personaje en acción en una percepción anticipada de la corrosión del
cuerpo. La propuesta permea enseguida todo el relato de la persecución, del ataque a la galera y de sus consecuencias. Incluso en un
momento posterior, Quiroga, ya muerto, se dirige sin embargo a sus
asesinos desde la ventanilla del carruaje (119). Es interesante notar
que esa ruptura de las fronteras entre muertos y vivos, transeúntes de
la «intemperie» en paisajes marinos o terrestres, es tópica en la poesía
de Enrique Molina.[20] En la novela, la misma técnica de superposición de escenas en donde el tiempo se detiene sin detenerse hasta

---

[20] Sobre la obra poética de Molina, ver Matamoro (1990: 153-158). Y para no
citar más que un solo ejemplo en la poesía, ver «Hermano vagabundo muerto», en
Molina (1987: 182-185). Pertenece al libro *Amantes antípodas* (1961).

hacer confluir e identificarse la vida y la muerte de ciertos personajes recurre varias veces. Por ejemplo, el fantasma de Dorrego no deja de aparecérsele a Lavalle, cuya vida termina rigiendo, pero el caso es aun más imponente en la narración del asesinato de éste (88-89), en la cual se mezclan hábilmente las imágenes supremamente eróticas del jefe unitario y de su amante Damasita, vivos, con el relato del atentado y del desangrarse del cuerpo del general. Por fin, el protocolo se repite con el personaje de Urquiza ultimado en su palacio de San José, cuyas imágenes se recortan sobre las de su entrada triunfal en Buenos Aires después de Caseros (144-145), cerrando de manera a la vez monumental, irónica y luctuosa la primera parte del libro. Las visiones, que forman parte de los recursos habituales del discurso novelístico, completan también aquí la danza de irrealidad y certidumbres. El Facundo de Molina (aunque no sólo él en este capítulo) tiene visiones premonitorias —al pasar por la última posta «advierte que la galera tiene la forma de un ataúd gigante» (113)—, mientras que el narrador anuncia desgracia describiendo un paisaje de tétricas resonancias —«penetran a la carrera a la pétrea morgue de la sierra, un sitio donde jamás asoma la luna» (114)—, que enmarca la acción hasta que la tempestad se desencadena. Por su parte, ese relato de la tempestad arreciando sobre los cadáveres, evidentemente de cuño moliniano, lleva la visión del «muererío» a su cenit, en un cuadro donde todo es *disjecta membra* —eco de los diversos despedazamientos de los cuerpos a los que la novela se entrega con énfasis en cantidad de secuencias— descomposición y mezcla:

> Los caballos, enloquecidos por completo (aunque la determinación de grados en la locura resulta absurda cuando es la muerte la que entremezcla todos los datos) relinchaban con los huesos, y al grupo entero, hombres y bestias, azotados por la tormenta, le era cada vez más difícil diferenciar sus propios despojos de las cosas esparcidas y cubiertas de coágulos entre las que yacían. Por momentos, a causa del huracán de las nubes, cada cual cogía en la oscuridad lo que creía sus restos, hasta constituir un conglomerado aberrante de cadáveres, maderas, almohadones de hule y cerda, cabezas, riendas, gargantas degolladas, botas, cuerpos mutilados, piernas velludas y crispadas,barbas y pezuñas, mientras el rayo, con una percusión insomne precipitaba sobre el conjunto, desde lo alto, su largo espinazo de azufre centelleante (116).

Por último esta visión apocalíptica cede el lugar a una serie de metamorfosis de aquelarre y luego a la voz fantasmal de los testigos que hacen el inventario de las pertenencias del ilustre muerto. El capítulo no se cierra sin embargo allí. En una secuencia final, el protagonista retorna al relato una vez más bajo el ropaje de los vivos. El fragmento es interesante, porque propone una escena ficcional que ocurre en Buenos Aires, cuando el texto correspondiente en *Facundo* enfocaba también, antes de entrar en los sucesos de Barranca Yaco, la estadía de Quiroga en la ciudad. Sarmiento escribe en ese momento una serie de juicios sobre la situación política y el estado de la ciudad amenazada por el despotismo de Rosas, así como sobre la supuesta rivalidad entre los dos caudillos, pero se dedica además a actualizar el retrato de Facundo a través de una serie de anécdotas que como de costumbre en él incorporan materiales de acarreo oral destinados a *iluminar* el carácter del personaje. Son anécdotas que hacen nuevamente hincapié en el coraje, la astucia y la energía de Quiroga, y que son por igual útiles para describir sus supuestas ambiciones en esa etapa de su trayectoria. La secuencia mencionada en *Una sombra...* es en cambio una escena de seducción ficticia, que ocurre en una tertulia porteña en la que la virilidad irresistible del héroe quiebra todas las barreras del recato y precipita imaginariamente a sus interlocutoras en las delicias de la pasión carnal, del impudor y del ensueño sexual, como ménades de un culto secreto. Al paso de Quiroga todo se estremece y se desgarra, las mujeres son poseídas por visiones frenéticas, sus cuerpos arden, sus emociones estallan, el hombre es una «bárbara sinfonía de existir, [...] una fuerza que se posesiona de las almas y las cosas» (121), aun cuando esté al mismo tiempo muerto, «ahora que jura tirado en el fango, retorcido por la tormenta sobre las piedras de Barranca Yaco» (ibíd.). El discurso narrativo vuelve así sobre la pulsión erótica del héroe al que atribuye las mismas señas que atribuirá manifiestamente a Camila: tales víctimas de la Historia poseen una fuerza vital que las hace superiores a la muerte.

Esa identificación entre Facundo y Camila que intenta llevar a ésta a la altura mítica del antecedente se vuelve totalmente explícita en la segunda reescritura del episodio de Barranca Yaco. El fragmento se ubica durante una excursión subterránea onírica en la segunda parte de la novela (169-171) y en él se opera un desplazamiento revelador: las víctimas del atentado son ahora Camila y Ladislao, suerte de pareja adánica errante en el territorio de Rosas y de Facundo. Si bien se trata de una reconstrucción afantasmada[21] y abreviada del mismo pasaje, en la que prevalece el tono alusivo —unas pocas menciones (el topónimo, la quebrada, la galera, los postillones y el niño, los gauchos, el degüello) bastan para remitir al lector al relato originario—, el desenlace no deja lugar a dudas sobre la función del texto como acotación al mito. Ladislao muere como Facundo, con el ojo atravesado de un balazo; Camila es degollada, mientras su conciencia se desdobla en una serie de percepciones de la herida de la cuchilla abriendo su carne, y en una mirada de muerta, que ve su propio cadáver y el de su amante por debajo del tropel de los caballos que pasan sobre los cuerpos. La misma tempestad se desata entonces, pero esta vez representa la repetición del tiempo, de la Historia y de los mitos, «una tormenta milenaria, las aguas del mundo lavando una vez más un charco de sangre encima de unas piedras» (171).

Punto final

Las estrategias textuales que acabo de evocar implican en *Una sombra...* la reactualización del mayor relato fundacional argentino en la perspectiva de proponer una nueva hipótesis de lectura de la Historia que sea también un manifiesto sobre la verdad superior de la poesía. Para objetivar esa empresa, E. Molina desplaza a Facundo y coloca una figura de mujer en el centro de la ficción, convierte la determinación de la razón histórica en el azar de las vidas individuales, sustituye las oposiciones partidarias (unitarios/federales) por la crítica a todo partidismo y a toda institución, pasa de la política a la psicología, y extrema el hibridismo del texto buscando continuamente la creación

---

[21] También un poema de Molina trabaja algunas imágenes que resuenan como ecos lejanos de esa carrera hacia la muerte. Es «De la erosión de las nubes o discurso sobre los desplazamientos de la realidad» (en Molina 1987: 146-147) y pertenece al libro *Costumbres errantes o la redondez de la tierra* (1951): «Un país de cimerios / De ritos en torno a una brasa lunar donde ponen a hervir el agua de las lágrimas / Poblado por criaturas sin rostro / Desplegando un reguero de hormigas a modo de sonrisa / Oh escucha ese galope! / La andrajosa diligencia se pierde por el camino pantanoso / Y cuando una vez más / El demente cochero te saluda / Los destellos de su alto sombrero enceguecen las mariposas de otrora como / la llama en que deben morir / […]».

de una dimensión fantástica que representa también en su escritura la búsqueda de un ciclo original de imágenes.

En este sentido y sin olvidar el modelo, si bien el cruce de discursos genéricos (historiografía, ficción, biografía, folletín, prosa poética) caracteriza la novela, dos rasgos le dan unidad estilística y de propósito. Uno es su visión poetizada (o estetizada) del valor narrativo de la Historia, que convierte los hechos probados en grandes muestras pictóricas y los improbables en ensoñaciones surrealistas o hiperrealistas de extraordinaria densidad visual. El otro es la potenciación de una estética de la violencia de la Historia a través de un enfoque que privilegia y exaspera el impulso erótico que origina los actos humanos. La violencia de la Historia es aquí algo eminentemente sexual, es pulsión positiva en los que obedecen al llamado de la energía vital y es pulsión de muerte en el señorío truculento de las guerras civiles o el mortal influjo de las convenciones y rituales. El uso del entramado de textos facilita la exploración de las zonas oscuras de la pulsión autoritaria y del abuso de poder, pero el aparato discursivo ideal del que el poeta se apodera una vez más y que le permite por definición establecer su propio mapa de la violencia es la retórica surrealista. Por eso, si la novela se ofrece en un primer abordaje como una denuncia de la hipocresía de las ideologías represivas y como un texto en busca de un «humanismo poético» —sentido profundo del surrealismo como actitud frente al mundo según Molina—, en rigor lleva sin embargo al lector a enfrentar una dimensión mucho más corrosiva, en la cual la verdad última de la Historia es la de ser una metáfora trágica del deseo.

BIBLIOGRAFÍA

BARRENECHEA, Ana María (1978): «La configuración del *Facundo*», en *Textos hispanoamericanos. De Sarmiento a Sarduy*. Caracas: Monte Ávila, pp. 35-59.

BUSANICHE, José Luis (1975): *Historia argentina*. Buenos Aires: Solar/Hachette.

DALÍ, Salvador (29/10/1980): «Un chien andalou», en *Mirador*, reproducido en *Salvador Dalí, rétrospective 1920-1980*. Paris: Centre Georges Pompidou/Musée National d'Art Moderne.

DELLEPIANE, Ángela (1978): «Los Folletines Gauchescos de Eduardo Gutiérrez», en *Revista Iberoamericana*, n° 104-105, julio-diciembre, pp. 487-506.

Garramuño, Florencia (1997): *Genealogías culturales. Argentina, Brasil y Uruguay en la novela contemporánea (1981-1991)*. Rosario: Beatriz Viterbo.

Mansilla, Lucio V. (1898): *Rozas. Ensayo histórico-psicológico*. Paris: Garnier.

Matamoro, Blas (1990): «Enrique Molina: la sal y el sol del exilio», en *Lecturas Americanas (1974-1989)*. Madrid: ICI/Ediciones de Cultura Hispánica, pp. 153-158.

Molina, Enrique (1982): *Una sombra donde sueña Camila O'Gorman*. Barcelona: Seix Barral.

— (1987): «Obra poética», en *Obras completas*, tomo II. Buenos Aires: Corregidor.

Orecchia Havas, Teresa (2009): «Enrique Molina: Hacer brillar el mundo con una luz tantálica», en *Hommage à Milagros Ezquerro. Théorie et fiction*. México/Paris: RILMA2/ADEHL, pp. 437-452.

Ramos, Julio (1988): «Saber del *«otro»*: escritura y oralidad en el *Facundo* de D. F. Sarmiento», en *Revista Iberoamericana*, vol. LIV, n° 143, abril-junio, pp. 561-589.

Ramos Mejía, José María (1919): «La personalidad moral del tirano», en Bilbao, Manuel, *Historia de Rosas*. Buenos Aires: Casa Vaccaro.

Rivera, Jorge (2000): «Camila: la pasión en el país oscuro», en *Territorio Borges y otros ensayos breves*. Buenos Aires: Atuel, pp. 109-114.

Sarmiento, Domingo Faustino (1997): *Facundo, Civilización y barbarie*. Madrid: Cátedra, n° 323.

Sorensen Goodrich, Diana (1988): «*Facundo* y los riesgos de la ficción», en *Revista Iberoamericana*, vol. LIV, n° 143, abril-junio, pp. 573-583.

Tadié, Jean-Yves (1994): *Le récit poétique*. Paris: Gallimard, 1994.

Torres Fierro, Danubio (1982): «Un poeta en la intemperie. Entrevista a Enrique Molina», en *Revista de la Universidad de México*, vol. 9, enero, pp. 31-35.

Zárate, Armando (1978): «El Facundo: un Héroe como su Mito», en *Revista Iberoamericana*, n° 104-105, julio-diciembre, pp. 471-485.

Los riesgos de la ficción para colmar ausencias. *Purgatorio* de Tomás Eloy Martínez

Danuta Teresa Mozejko
Universidad Nacional de Córdoba

> El viaje nostálgico hacia los orígenes perdidos
> permite rehacer los pasos de una
> historia personal o familiar y
> reencontrar los lugares que se han dejado [...]
> El espacio recuperado es también
> la historia recuperada (Aínsa 1999: 110).

Publicada a fines de 2008, *Purgatorio*[1] del argentino Tomás Eloy Martínez es la novela más reciente del autor, en la que aborda el tema de la dictadura militar argentina de los años 1976 a 1983.

Varias líneas argumentales se entrecruzan en el texto. Por una parte, la historia de Emilia Dupuy cuyo esposo ha sido víctima de la represión, un desaparecido que reaparece en Highland Park treinta años después, aparentemente llenando una ausencia en la vida de la mujer. Emilia le cuenta su historia al yo —narrador-personaje— quien, por su parte, también necesita compensar la carencia que dejó en él el exilio forzado. Ambos personajes intentan colmar sus respectivos vacíos. Como lo declara Tomás Eloy Martínez en una entrevista: «El libro surgió de un vacío». «La melancolía de haber sido arrancado de mí mismo y haberme visto forzado a vivir una vida distinta de la que había imaginado. Ya que no pude vivir esa historia, me dije, por lo menos me la voy a contar, voy a tratar de reconstruirla con la imaginación. Fue una manera de cubrir esa ausencia impuesta por terceros a través de la narración y el relato» (Guyot 2008).

---

[1] Los números al final de las citas remiten a la edición de Alfaguara que figura en la bibliografía.

Las remisiones a la biografía de Tomás Eloy Martínez, exiliado como consecuencia de la presiones de la Triple A[2] antes de que se instalara la dictadura de 1976, introducen en la novela una dimensión autobiográfica. El enunciador propone una historia de la que él mismo es protagonista, a la vez que alterna con el relato de Emilia e incorpora una serie de personajes vinculados con el periodismo — Dupuy, padre del personaje femenino, Estéfano Caccace— y el arte, tales como Orson Welles y una serie de productores de discursos, sobre todo de ficción: Borges, Addolorato —clara referencia a Sábato—, Castellani, Cortázar, Puig, entre otros. En la novela se entrecruzan una serie de relatos más o menos desarrollados sobre los horrores del gobierno militar, relatos que proponen versiones diferentes de lo ocurrido. Cabría preguntarse, entonces, cuál es el estatuto de verdad atribuido a estas historias, sobre todo teniendo en cuenta la distinción básica entre los esfuerzos por enmascarar o develar lo siniestro. Además, dada la clave autobiográfica de la novela, ¿qué grado de verosimilitud se le atribuye al discurso del yo, presentado como alguien que vivió la dictadura desde el exilio y que adquirió el saber sobre ella a través de la información periodística? ¿Qué sentido se le asigna a su propio quehacer, tal como lo representa la novela?

La historia narrada

Emilia es hija de uno de los colaboradores de la dictadura, autor, además, de los textos que la justifican, le dan contenido y están orientados a manipular la opinión de los demás. Preocupado por mantener su buen nombre y la "gracia" que ha de garantizarle la salvación eterna (154), Orestes Dupuy es señalado sistemáticamente como el personaje carente de afectos, factor del orden y promotor de la norma. Es también quien sanciona las transgresiones como en el caso de las últimas páginas de la novela, cuando castiga a Emilia porque, por error, se llevó la capa de la reina de España durante el agasajo que le ofreció la

---

[2] Alianza Anticomunista Argentina (AAA), grupo paramilitar responsable de asesinatos de representantes de la izquierda durante la década de 1970, y de amenazas a artistas e intelectuales.

Junta Militar. Es también el causante de la desaparición de Simón y con ello, responsable de la carencia fundamental de su hija.

Simón es presentado como el objeto máximo de deseo, absolutizado y convertido en el móvil del desplazamiento de Emilia. Demorado inicialmente por el cuidado que la mujer le prodiga a su madre enferma —el otro personaje con el que la liga el afecto, asociada en más de una oportunidad a Simón—, el traslado hacia Brasil, Colombia, México y, finalmente, Estados Unidos, será provocado por noticias falsas que dirigen su búsqueda. El viaje y el exilio de Emilia serán presentados como el tiempo de tensión, de un querer asociado al no poder que deriva de noticias mentirosas hasta que, en Highland Park, Simón se incorpore a su vida cotidiana. La convivencia se corresponde con una etapa de superación de tensiones en la que Emilia puede decir, como lo hace en la página final de la novela, «Soy feliz» (291).

La entidad de Simón es ambigua. Lo «real» de su historia, también. La misma novela señala una doble lectura posible. Según una versión, la más ampliamente desarrollada en la novela de Martínez, Orestes Dupuy ha mandado a matar a su yerno a manos de los militares como consecuencia de la transgresión al orden impuesto: se atrevió a afirmar el valor de la vida en el almuerzo que la familia mantuvo con Anguila, el personaje que ocupa el lugar de Jorge Rafael Videla. Según otra versión, la historia de Simón Cardoso puede ser equivalente a la del personaje de Nathaniel Hawthorne en *Wakefield*, relato basado en una noticia periodística[3] que tiene una diferencia clave: el personaje se ausenta por decisión propia y vuelve después de mucho tiempo.

¿Qué consecuencias tiene la propuesta de esta doble posibilidad de lectura? En el pueblo donde se produce el encuentro, sólo un personaje extraño anuncia al resucitado, Large Lenny. No es garantía de veracidad. Por su parte, Emilia, en la tensión del deseo, ha perdido el riguroso control de los sentidos y puede equivocarse.

Con respecto a la «realidad» de la dictadura misma y a las torturas perpetradas, Emilia tampoco puede sostenerla de manera contundente. Se refiere a «lo que ahora se llama *la dictadura*» (100) tomando distancia en relación a los otros, con quienes puede llegar a mostrar dife-

---

[3] También los saberes del yo-personaje y narrador tienen su origen en los periódicos que lee.

rencias en la evaluación de los acontecimientos.[4] Reconoce la existencia de los personajes y de ciertos episodios en los que ha participado, pero éstos han sido fundamentalmente destinados a enmascarar el horror: el Mundial de fútbol, la visita de los reyes de España. Emilia sólo conoce la severidad, la falta de afecto del padre y de las normas que impone, preocupado sobre todo por mantener las apariencias propias —conservar su nombre en todas las situaciones— y ajenas: las autoridades militares son las encargadas de salvaguardar los valores que definen la nacionalidad. Pero la lógica del relato está explicitada: si Emilia reconociera este pasado como nefasto, debería reconocer también en su padre a un asesino, en su madre a una cómplice al igual que ella misma, en la medida en que, si bien obligada por el mandato paterno, participó en los eventos organizados por los dictadores. De esto sí hay constancia: se conservan fotos en los periódicos de la época. Emilia tiene intereses personales puestos en juego para no terminar de atribuir un estatuto de verdad a los acontecimientos que generaron su carencia. La resolución, real para ella, convierte a un desaparecido en un aparecido que permite transformar la tensión de la búsqueda en posesión del objeto de deseo. A la vez, su condición de ejecutora de órdenes y víctima, la vuelve inimputable.

Desde el punto de vista del relato producido por el agente extratextual, la entidad del desaparecido-aparecido constituye un problema. Si la dictadura y sus consecuencias son reales, no puede serlo el Simón del presente. Si ambos son irreales, el relato resulta ilegible para la mayoría de los lectores. La opción parece ser el juego entre la dictadura «real» y la resolución ficticia de la carencia en los personajes. Resulta pertinente, por lo tanto, considerar el nivel de verosimilitud atribuido a la presencia de Simón por parte de los demás actores de la novela y, sobre todo, por el enunciador.

Nadie sabe de la llegada de Simón al pueblo estadounidense. Al final de la novela, cuando Emilia desaparece del pueblo en el que nunca sucede nada, lo sorprendente es la ausencia de ella; nadie ha sentido a Simón; ni siquiera la amiga de Emilia, Nancy Frears, quien

---

[4] El yo-narrador deja constancia clara de su disenso: «Cuando te oí decir "lo que ahora llaman la dictadura" pensé por un momento que eras otra cómplice. Discúlpame. Lo que sufrimos fue una *dictadura*, como sabés, la más perversa que hubo en la Argentina» (100).

sólo percibe lo extraño de sus reacciones. No hay testigos del encuentro entre ella y Simón.

El único que podría confirmar de manera verosímil la historia es el yo-narrador. La construcción de su figura nos parece particularmente importante, tanto en su condición de personaje de la diégesis, como en la del enunciador[5] sobre todo en los paratextos y en los títulos de los capítulos. Algunas referencias al agente productor de la novela también resultan significativas.

LA AUTOCONFIGURACIÓN DEL YO

El yo se presenta en su rol de novelista que sueña un relato equivalente al que luego le contará Emilia. Le importa señalar que no es imputable por lo que soñó: «los seres humanos somos responsables de todo menos de nuestros sueños» (239). Primero el sueño propio, luego la voz del personaje que encuentra y en cuyo relato no puede creer del todo y, finalmente, la novela que el yo dice que escribe y que, como efecto de lectura en registro autobiográfico, el lector percibe como equivalente a la novela producida por Tomás Eloy Martínez.

Si bien el sueño propio anticipa en líneas generales el relato de Emilia, al comienzo el yo se presenta bastante indiferente a la historia del personaje hasta que revela homologías con sus propias tensiones en relación con el objeto que provoca la nostalgia: «Esos treinta años de separación —pensé— repiten de algún modo el vacío de los treinta años que pasé fuera de mi país y al que esperé encontrar, cuando volviera, tal como lo había dejado» (240). El exilio del yo se homologa a la búsqueda de un ausente, con algunos puntos de diferencia que nos parecen significativos:

a) El yo se asimila más bien a la historia de *Wakefield*, el personaje que se ausenta por propia decisión. La referencia a «un escritor al que le está vedado escribir» (240) y en virtud de la posibilidad de lectura autobiográfica que instala la novela, permite vincular al yo con el

---

[5] Optamos por llamar «narrador» al personaje que, desde la diégesis, asume el rol del novelista que escribe la historia de Emilia; llamamos «enunciador», en un nivel mayor de abstracción, a la figura textual que permite configurar a quien asume el relato en su conjunto, incluidos los paratextos (para las nociones de paratexto, epitexto, etc., ver Genette 2002).

agente de quien se afirma que debió irse del país por presiones y censuras de la triple A, previas a la dictadura. Esto convierte al yo en víctima, pero con capacidad de decisión. Emilia, por su parte, abandona el país en busca del marido desaparecido, movida por información falsa generada principalmente por su padre.

b) El yo sostiene, de manera explícita, su adhesión a las víctimas que no conoció: «no habría podido vivir ajeno a los atormentados, a los chupados, a los esclavos que en los campos de la muerte trabajaban para la gloria del Almirante y de la Anguila» (240). Emilia, si bien en algún momento aparece con el pañuelo blanco que identifica a las Madres de Plaza de Mayo, no tiene gestos explícitos —y menos públicos— de adhesión a las víctimas de la dictadura; su carencia afectiva es individual y la búsqueda del marido también lo es.

c) La tensividad que instala el vacío es resuelta por los dos personajes de manera diferente: «A ella la resucitó la esperanza de volver a ver a Simón, a mí me ha resucitado este libro» (241).

d) Mientras Emilia recuerda lo que vivió, el yo no puede guardar memoria de lo que no ha experimentado; en consecuencia, se configura como quien cuenta lo que escuchó, principalmente de boca de Emilia, y lo que leyó en los periódicos o bien en un documento de autoridad incuestionable: las actas del juicio a la Junta Militar. El recuerdo que es recuperación de textos en el caso del yo, va acompañado de una gran cantidad de datos caracterizadores de la época: moda, canciones, personajes y eventos que existen también en la memoria del previsible lector.

En los dos casos la resolución de las tensiones provocadas por la carencia aparece configurada con cierta dosis de ambigüedad. ¿Hasta qué punto la presencia de Simón es «real» o es sólo fruto de la ficción —dentro de la ficción— que construye la esperanza del personaje? ¿Qué alcances tiene la novela como resolución de la carencia del yo-narrador-personaje? ¿Qué modos de lectura provoca y hasta dónde compromete la creencia del lector?

El yo no tiene registro sensible que permita confirmar la existencia del personaje del que le habla la mujer: «Por mucho que me esfuerce nunca verá a Simón porque la única razón de ser de tu Simón es que tan sólo vos lo veas» (237). Es el productor de ficciones, reproductor de las historias que le cuentan otros, con algún asidero en el discurso periodístico ya que la fuente de su información son los diarios que lee tanto en la Web como en los recortes que ha venido coleccionando Emilia, con fotografías que instalan —la ilusión de, diría Barthes— lo real.

Sin embargo, como personaje, el yo registra algunas homologías con quienes actúan en Buenos Aires durante la dictadura. Orestes Dupuy es el gran constructor de ficciones. Su mayor preocupación reside en el cómo decir para que la gente crea. El y su mujer, al igual que las autoridades militares, instalan la ficción de *Wakefield* en Emilia: su esposo ha salido del lugar de detención y debe estar esperándola en otro lugar. Por otra parte, Dupuy es el gran promotor de relatos y acontecimientos orientados a enmascarar los desastres provocados por la dictadura, tanto desde el punto de vista de los derechos humanos como del económico. Hay también narraciones construidas para desviar la atención como los que refieren la presencia de los extraterrestres cuya existencia es afirmada por personajes con nombres reconocibles para el lector —Fabio Zerpa es uno de ellos— o la historia de Eric Schroeder, antiguo criminal de guerra que actuó en los campos de Auschwitz y Dwory. Este último es quien dice aprovechar las radiaciones de Ganímedes para curar a Ethel Dupuy del cáncer que la aqueja. Si bien la curación no es completa y persiste la enfermedad mental de la mujer, nadie, ni siquiera el narrador, niega que el cáncer haya desaparecido.

Orestes Dupuy es dueño de un periódico y amante de Nora Balmaceda, «coleccionista de amantes poderosos, aficionada a escribir novelas sentimentales» (115); ella es quien hace desaparecer a su esposo en un encuentro con extraterrestres y luego provoca la construcción de una basílica de «máxima seguridad» (120) edificada por prisioneros enfermos que son vistos mientras suben «a las nubes en una alfombra de luz. […] ¡Los ángeles se los llevaron para arriba!» (121). Para el lector que recupera datos biográficos en el proceso de lectura, Dupuy y Balmaceda concentran los roles de periodista y novelista del mismo Tomás Eloy Martínez; sólo que ellos actúan en Argentina, mientras que Martínez actúa desde Estados Unidos.

La incorporación de Orson Welles resulta particularmente interesante. También él produjo relatos sobre extraterrestres que resultaron creíbles para el receptor al punto de provocar pánico y huida real. Dupuy lo busca para encargarle una historia convincente sobre el Mundial de fútbol, fundada en su autoridad como enunciador. Welles elude el compromiso modificando la relación de intercambio entre los actores: si Dupuy le ofrecía dinero por la película, el estadounidense disminuye notablemente los costos y demanda, en reciprocidad, una «magia» equivalente a la suya de parte de los agentes de la dictadura: que hagan aparecer a los desaparecidos.

Se trata de dos modos diferentes de construir ficción. En el caso de los personajes asociados a la Junta, se destacan insistentemente algunas características: son relatos destinados a enmascarar una realidad terrible, de ocultar las violaciones a los derechos humanos, la tortura y las desapariciones bajo las apariencias de una nación feliz, en la que todos son derechos y humanos y donde reinan los valores. Ficción que es mentira, destinada a mostrar una felicidad que no existe. Ficción que niega y convierte en inexistentes[6] a los desaparecidos; les quita entidad. Y ficciones producidas por quienes, movidos por intereses predominantemente económicos, son presentados como carentes de todo tipo de afectos. Orestes Dupuy es el esposo y padre incapaz de amar: «jamás se le oía una palabra de amor» (221).

El yo-narrador señala las oposiciones. Si el padre no ama a su hija, ésta construye la figura de Simón desde el amor reiteradamente afirmado. Lo mismo hace el yo: la recuperación de un tiempo no vivido le permite imaginarse como padre que ama a sus hijos en el espacio argentino. Frente al interés y al desamor, la actividad del yo-novelista es orientada por la afectividad y una ética que no guarda relación con motivos económicos. Frente a los valores sostenidos por la dictadura —«Dios, Patria, Honor»— que fundaron las torturas y desapariciones, el yo se muestra luchando contra la muerte, afirmando la vida y, aunque sea sólo en la ficción, haciendo posible la felicidad de su personaje que es capaz de superar las tensiones del vacío y la espera. La dedicatoria, texto que se ubica en un nivel distinto de la diégesis en la que actúan los personajes, instala al autor, configurado en el paratexto, en el espacio de la afectividad, en un intercambio de dones en el que la novela es el contradón del afecto: «Para Gabriela Esquivada, por su amor» (7).

En esta serie de asociaciones que vamos señalando en la novela, resulta pertinente señalar las homologías y diferencias que explicita el

---

[6] El narrador recupera un fragmento de lo afirmado por Jorge Rafael Videla: «Un desaparecido es una incógnita, no tiene entidad, no está ni vivo ni muerto, no está. Es un desaparecido» (71)

enunciador entre el yo y algunos escritores argentinos que, directa o indirecta pero claramente, aparecen mencionados en la novela. Así, la referencia a Sábato a través del personaje de Addolorato resulta condenatoria, al igual que la que convoca la presencia de Borges en el mismo episodio.[7] El Borges que muere en Ginebra, Cortázar y Puig integran el grupo de los escritores exiliados. En tanto habitante del exilio, constructor de ficciones, el yo señala homologías con «Todos los grandes escritores argentinos [que] se iban a morir fuera porque en el país ya no cabían más muertos» (286). La ética de los escritores exiliados se opone a la complicidad de algunos que se quedaron. El yo se posiciona en la vieja polémica entre quienes vivieron en la Argentina de la dictadura y quienes, forzada o libremente, partieron al exilio.

LA ESCRITURA COMO EXPIACIÓN

En el personaje femenino de la novela, la ausencia provoca el desplazamiento hacia el exilio, la búsqueda. En el texto, ésta es orientada por información falsa, difundida por Orestes Dupuy. Éste es uno de los elementos que atentan contra el valor de verdad de la aparición de Simón. Pero creemos que hay una restricción que se impone en el modo mismo de organizar el relato, más allá de las características de los personajes, sobre todo la fuerza del deseo de Emilia y la intensidad de los sufrimientos que la alteran: y es que el encuentro «real» del esposo hubiera implicado la opción por una historia más próxima a la versión *Wakefield* que sus padres tratan de imponer cuando desaparece; la desaparición habría sido, en este caso, voluntaria y reversible. Desde la perspectiva de quienes adhieren al régimen, los desaparecidos no están, no son y, en todo caso, se han ido y pueden volver, recuperando así su condición de existentes. Optar por esta resolución, hubiera acercado al yo-narrador a las figuras de los defensores del régimen militar.

La opción, en esta novela, consiste en presentar el encuentro como algo que sólo el personaje de la diégesis puede registrar. La ambigüedad respecto al estatuto de lo «real» establece la diferencia entre los actores de la ficción y el narrador (personaje) de la diégesis junto con el enunciador extradiegético (cf. Genette 1972).

---

[7] Más adelante, en la novela se hace referencia menos negativa al Borges escritor.

Vista desde los personajes, la historia tiene un final feliz en el que sólo creen los dos actores centrales, Emilia y Simón, aunque la voz de éste aparezca en contadas ocasiones. Considerando los títulos de los cinco capítulos en los que se divide la novela, observamos también la insistencia en la ambigüedad de la historia, ambigüedad que se destaca dado el valor de anticipo sintético del contenido de las distintas partes del texto:

1. Viendo la sombra como un cuerpo sólido
2. Dama solitaria que iba cantando
3. Vi espíritus andando entre las llamas
4. Crees y no crees, y lo que es no es
5. Este rumor del mundo es sólo un soplo

Los cinco títulos son citas del «Purgatorio» de Dante Alighieri; cuatro de ellos aluden a la entidad de los seres que lo habitan: son espíritus, por lo cual su visibilidad resulta un oxímoron en tanto no son perceptibles por los sentidos, son y no son, por lo mismo, resultan a la vez creíbles y no creíbles. Los títulos pueden leerse sobre la isotopía que vincula el par ficción *versus* realidad (sensible), en un juego que mantiene la ambigüedad y confirma el desdibujamiento de la delimitación tajante de los términos.

Los títulos de los capítulos se vinculan claramente con el de la novela. Convocan, por lo tanto, efectos de sentido que derivan del recurso al intertexto, además de las variaciones que propone la novela misma de manera explícita o las que derivan de las relaciones que pueda establecer el lector sobre la base de las posibilidades que el texto instala.

El Purgatorio de la tradición católica, presente en la *Divina Comedia*, corresponde al espacio donde los muertos esperan purificarse de sus culpas, en tránsito hacia el Paraíso. El título del segundo capítulo: «Dama solitaria que iba cantando» convoca este sentido tradicional: corresponde al canto XXVII del «Purgatorio» de Dante, en el que Virgilio anuncia su retiro y cede lugar a Beatriz quien orientará a los personajes hacia y en el paraíso.

Para Emilia, la búsqueda es el purgatorio, el espacio del sufrimiento que hace posible, luego, el disfrute de un estado de beatitud que afirma en el último capítulo. Aunque, para el yo, se lo relativice: «El purgatorio es una espera de la que no se conoce el fin» (97).

El sintagma que encabeza el primer capítulo, «Viendo la sombra como un cuerpo sólido», corresponde al canto XXI en el que se produce el encuentro afectuoso entre dos poetas: Eustacio y Virgilio. Esta remisión a los poetas es vinculable con la figura del yo escritor, y autoriza la lectura del texto desde la perspectiva del trabajo de quien lo produce. ¿Cómo entender el «Purgatorio» desde este punto de vista?

El exilio provoca en el yo carencias, nostalgia y también culpa. La novela es para él, camino hacia la consecución de valores, al igual que para Emilia: «A ella la resucitó la esperanza de volver a ver a Simón, a mí me ha resucitado este libro» (241). Quizás por eso señala la condición inicial de su novela: un sueño del que no se responsabiliza, que se confirma en el relato de un personaje cuyo ajuste a la realidad no es comprobable. Si bien el enunciador afirma la desaparición de Simón en varias oportunidades, al final de la novela, cuando declara ante la policía, dice: «Creo que está muerto» (246). La modalización del enunciado es coherente con lo que dice a lo largo de la novela y reitera al final: «Sé que Simón Cardoso ha muerto, lo han declarado varios testigos» (266). Y más tarde: «Estoy preparado para lo inverosímil porque sé que Simón ha muerto y a estas alturas no tengo idea de lo que ha sucedido entre ellos, si acaso ha sucedido algo» (288). El narrador no comparte la certeza del personaje. La ficción construida mantiene su ambigua relación con lo real: es real la desaparición y con ella, la dictadura y sus horrores; no lo es del todo la resurrección del personaje y la satisfacción de la tensa espera de Emilia.

El título de la novela de Tomás Eloy Martínez, leído desde la perspectiva del personaje femenino de la diégesis, puede entenderse como el tiempo de tensión entre el estado de carencia provocada y la plenitud que genera la conjunción con el objeto de deseo, el estado final de felicidad que describe Emilia. Ella cree en la presencia de Simón y no termina de creer en la dictadura. El yo narrador modifica las modalizaciones: afirma el horror de la dictadura, cree en las desapariciones, pero no afirma la condición de real del personaje que aparece treinta años después. Es el autor ficticio de la ficción que, como los mapas, hace posible la existencia de espacios y personajes que antes no existían y autoriza la superposición de los tiempos de tal modo que en el hoy aparecen seres sometidos a su transcurso conviviendo con entidades —personaje como Simón y país como la Argentina— que no han cambiado. La conjunción con esos seres instala la plenitud. Pero ésta sólo es posible gracias a

DANUTA TERESA MOZEJKO

la ficción. Desde la alteración de los sentidos de Emilia, la presencia de Simón resulta aceptable; su tránsito por el purgatorio aparece como el tiempo de espera de la felicidad, tal como lo anuncia la dama que canta en el texto de Dante y lo reitera la misma Emilia: «Hasta los mediodías eternos terminan, como las esperas en el purgatorio. Te quedás ahí una eternidad, pero al otro lado de la eternidad está el cielo» (136).

La equivalencia entre mapas y ficción también contribuye a la ambigüedad. Los mapas pueden ser vistos como representaciones metonímicas de la realidad: plano a escala que re-presenta lo que existe fuera de él. Pero en la novela de Tomás Eloy Martínez se insiste en la posibilidad de dibujar, en los mapas, lo que no existe. Y se convoca los *mappaemundi*, especialmente el de Ptolomeo (188) que representaban la Tierra como espacio de tránsito hacia Jerusalén, su centro, itinerario hacia la salvación. La madre de Emilia, en medio del delirio, recita frases en hebreo: «*Leshaná habaá birushlayi*», que su esposo traduce: «El año que viene en Jerusalén» (148). Esta referencia intertextual aparece vinculada con la figura del escritor —personaje reiterado en la novela— que busca una salida, «Hákata», de Japón que haga posible su regreso a Buenos Aires. Esta asociación que se realiza en la novela entre espacios más reales unos, como New Jersey y Buenos Aires, o más cargados de valores simbólicos otros, como la última Thule (17), Hákata o Jerusalén, obliteran las posibilidades de lectura sobre una isotopía trascendente, como búsqueda de la salvación eterna, que sí aparecería como posible si se vincula la novela con la obra de Dante. Sin embargo, las citas de la *Divina Comedia* que aparecen en los epígrafes de los capítulos instalan, por su relación con las demás referencias geográficas, también esta posibilidad. En sus declaraciones periodísticas, Tomás Eloy Martínez restringe su alcance al relativizar la creencia en lo trascendente:

> ¡Toda la caminata, la búsqueda de Emilia, es como el penoso ascenso de las terrazas del Purgatorio en busca de un Paraíso que las almas que «purgan» ni siquiera saben si existe! Sospechan y suponen que existe, pero no lo saben realmente. El horror (como lo dice claramente la novela) es «la espera». La espera de lo que no se sabe qué es... (Ruiz Guiñazú 2008).

El purgatorio, espacio de tránsito, es también el ámbito de la expiación de la culpa. No hay redención posible para los causantes del horror; ellos mismos, en un nuevo paralelismo instalado en la novela, han usado la tortura para «purificar» el país (45, 49). En el presente hay un personaje que se configura como posible culpable necesitado de expiación: el narrador, escritor exiliado al que le faltó la oportunidad de compensar la carencia. Producir la ficción es el trabajo que le permite hacerlo. «Las novelas se escriben para eso: para reparar en el mundo la ausencia perpetua de lo que nunca existió» (166). Hacer feliz al personaje es un «acto de justicia literaria» (240). Así lo declara el mismo Tomás Eloy Martínez cuando afirma: «Ya que no pude vivir esa historia» (Guyot 2008).

La ficción, como los mapas, instala lo que no existe de manera sensible, y produce efectos. Emilia no muere físicamente, pero desaparece en un estado de plenitud. Producir ficción es equivalente a esperar pero también expiar la culpa. Expiación por no haber participado en la tragedia que podría anunciar el estado de gracia también para el narrador. La serie de equivalencias y oposiciones que *Purgatorio* autoriza a establecer entre los personajes de la diégesis y el yo, junto con las remisiones a los epitextos que el lector reconoce, permiten entrever un nuevo sentido atribuible a la afirmación de desconocimiento de lo que viene después: el haber participado en la construcción de la felicidad de sus personajes, el haber compensado la carencia de los otros, ¿es el camino de la enmienda del yo y de su reconocimiento en el panteón de los grandes escritores que viven y mueren en el exilio? En todo caso, no se decide a afirmarlo de sí mismo; el silencio es aquí prudencia y reconocimiento de los límites de la ficción: sostener la reaparición de Simón hubiera implicado hacer aparecer a los desaparecidos y, en todo caso, correr el riesgo de repetir la ficción instalada por la dictadura: no existen los desaparecidos, si están, no lo son y el horror tampoco fue. El novelista restituye la vigencia de los valores pero sólo en la ficción, por eso los seres creados son y no son, como lo sintetiza la referencia a Parménides convocado en la novela: «yo volví a leer a Parménides y aprendí que también el ser se oculta en los pliegues de la nada» (287).

BIBLIOGRAFÍA

AÍNSA, Fernando (1999): *La reconstrucción de la utopía*. Buenos Aires: Ediciones del Sol.

MARTÍNEZ, Tomás Eloy (2008): *Purgatorio*. Buenos Aires: Alfaguara.

GENETTE, Gérard (1972): *Figures III*. Paris: Seuil.

— (2002): *Seuils*. Paris: Seuil.

GUYOT, Héctor M. (2008): "La identidad de una persona está hecha de recuerdos", en *Adn Cultura*, 25 de octubre, <http://www.lanacion.com.ar/nota.asp?nota_id=1062190> (25/02/2009).

MOZEJKO, D. Teresa/COSTA, Ricardo L. (2002): *Lugares del decir. Competencia social y estrategias discursivas*. Rosario: Homo Sapiens.

RUIZ GUIÑAZÚ, Magdalena (2008): «"La inmortalidad no depende de una fe, sino de uno mismo". Reportaje a Tomás Eloy Martínez», en *Perfil* n° 0315, 23 de noviembre, <http://www.diarioperfil.com.ar/edimp/0315/articulo.php?art=11159&ed=0315> (28/02/2009).

CON PRECEDENTES: ACERCA DE ALEJANDRO MAGARIÑOS CERVANTES Y LA EMERGENCIA DEL GÉNERO NOVELA EN EL URUGUAY

Victoria Torres
Universität zu Köln (Alemania)

Mientras que hasta hace algunas décadas muchos críticos literarios tenían la misma opinión que el reconocido Alberto Zum Felde quien, refiriéndose a la época romántica del Uruguay, prefería, salvo contadísimas excepciones, ni siquiera mencionar a los «numerosos ciudadanos que durante este período cultivaron con más o menos dedicación, las letras, en verso o en prosa [...] por carecer de todo interés lo que escribieron, así literario como histórico» (Zum Felde 1930/1967: 158), desde hace algún tiempo algunos estudiosos se han interesado por aquellos años, recuperando en sus trabajos mucha de la producción del momento. En lo que hace específicamente al rescate de textos en prosa del siglo XIX, hay que destacar la tarea realizada por Leonardo Rossiello (1990) que recoge en un volumen cientos de narraciones breves de los primeros cincuenta años de vida independiente del Uruguay, como así también la *Bibliografía de las obras desconocidas u olvidadas de la narrativa uruguaya de mediano y largo alcance (1806-1888)* realizada por Virginia Cánova en el año 1990. Con esta recopilación su autora intenta por sobre todo poner de manifiesto «la fecundidad de la narrativa uruguaya del siglo XIX» (Cánova 1990: 79), por lo que, más que analizar las obras rescatadas, opta por hacer un registro de las mismas, con el fin de demostrar, valiéndose del agregado de fotos, cifras y porcentajes, la verdadera existencia de estos textos dejados de lado o incorrectamente catalogados en la mayoría de los libros de referencia de literatura uruguaya. Argumentando que, particularmente, fue el empleo de criterios valorativos por parte de los crítico el causante de dichas exclusiones, Cánova parece querer responder a los que, como aquel Zum Felde del *Proceso intelectual del Uruguay* (1930), habían instado a descartar los libros de muchos de los autores decimonónicos al considerar que «[u]na historia de las letras [...] no puede ser una estadística ni un catálogo» (Zum Felde 1930/1967:158). Más allá de que se pueda estar de acuerdo con una u otra forma de concebir las historias de la literatura, para el tema al que quisiera hacer breve referencia, la emergencia y constitución de la novela en el Uruguay, la investigación de Cánova es sin duda un significativo aporte para reflexionar acerca de un par de cuestiones; la primera pregunta que se nos plantea está referida a qué otros motivos pudieron haber contribuido a que esas primeras obras se mantuvieran durante tanto tiempo «desconocidas» o fueran «olvidadas» antes de ser rescatadas por esta investigadora residente en Suecia y qué significó este relegamiento para el desarrollo del género novelístico.[1] Ante todo hay que tener en cuenta que de los treinta textos recolectados en la *Bibliografía...* sólo algunos pueden ser considerados novelas —y esto más allá las imprecisiones que se tenían entonces a la hora de asignar a las obras un género— ya que en ella se incluyen también cartas, memorias, apuntes, hojas sueltas, retratos, documentos, etc., textos sujetos de por sí a otro tipo de circulación y recepción; por otra parte, entre las obras que sí podrían pertenecer al género, hay algunas que, ante la casi total ausencia de editoriales uruguayas hasta fines del siglo XIX, fueron publicadas en Argentina, Brasil y España y así o bien nunca llegaron al país o lo hicieron en forma muy restringida, mientras que otras permanecen hasta nuestros días entre las hojas de los periódicos de la época en forma de folletín, hecho que reduce cada vez más el acceso por parte de los lectores.[2]

---

[1] Como ya señalamos anteriormente Cánova atribuye este olvido fundamentalmente a la «aplicación de criterios estético valorativos que descalifican a esta literatura, de modo que los críticos hallan justificada su exclusión» (1990: 78-79).

[2] Entre las obras recuperadas por Cánova figuran las novelas de Mateo Magariños Cervantes *Eduardo* (1849), editada en Río de Janeiro, *La estrella del sud* (1849), *La vida por un capricho* (1850), *No hay mal que por bien no venga* y *Farsa y contrafarsa* (1865) de Alejandro Magariños Cervantes, publicada la primera en Málaga, las otras dos en Madrid, y la última en Buenos Aires, *La aerostática en Buenos Aires*

Otra de la razones que seguramente contribuyó al olvido de algunas de esta novelas está relacionada con el hecho de que los autores se encontraban escribiendo en un país que vivía en casi permanente estado de guerra, circunstancia extrema por la que a veces se vieron obligados a abandonar sus obras, dejándolas truncas y, de este modo, mucho más propensas a no ser leídas ni recordadas.[3]

A estas razones hay que agregar por otra parte el hecho de que algunos escritores, al considerar sus obras —incluso estando terminadas— «bocetos», «caprichos», «arrebatos» o «pequeñísimos escritos» destinados a «circular entre amigas y amigos», más allá de una cuestión de modestia a la hora de hablar de su propia obra, parecieron querer dejar claro que sus escritos habían sido producto de un momento excepcional, que sus novelas no formaban parte de un proyecto, sino que eran más bien ocasionales, indignas casi de tenerse en cuenta como algo serio o decisivo.[4]

(1856), aparecida en esta ciudad, al igual que *El herminio de la nueva Troya* (1857), *Virtud y amor hasta en la tumba* (1858), ambas de Laurindo Puente, y *Las víctimas del paso de Quinteros* (1858), anónimo. Entre las obras que permanecieron en folletín figuran: *La fuerza de un juramento* (1859), escrita por Gregorio Pérez Gomar, *Los amores de Montevideo* (1862) de Antonio Díaz (h.), *Una mujer como pocas* (1863), de Mateo Magariños Cervantes, *El bandido* (1864), anónima y *Los Palmares* (1871), de Carlos María Ramírez.

[3] Las obras inconclusas recogidas en la *Bibliografía...* son: *Los amores de Montevideo* (1862), de Antonio Díaz y *Una mujer como hay pocas* (1863), de Mateo Magariños Cervantes.

[4] Para poner algunos ejemplos, La aerostática en Buenos Aires (1856) se subtitula Capricho histórico-novelesco, De linaje (1888), Boceto de una novela nacional, Cristina (1885), Bosquejo de un romance de amor. Reproducimos además el prólogo a la novela La monja (¿1873?) de Justo Rosas en donde también se nota claramente esta postura: «El boceto de novela histórica titulado La monja que tuve sumo gusto de dedicárselo, fué publicado en el folletín de un periódico de esta capital en noviembre del año 71 y fué escrito en un momento de arrebato parecido quizá a los que tuvo el protagonista, el distinguido oriental nuestro común amigo el Dr D. Alejandro M. Cervantes cuando estuvo en Europa y escribió sus Veladas de invierno. Si no tuviere la convicción de que V. como amante de las bellas letras es en estremo indulgente como el inolvidable amigo el vate oriental Dr. D. Fermín F. y Artigas me hubiere guardado bien de dedicarle un pobre escrito literario que no tiene otro mérito que recordar algunas composiciones literarias de un literato del país; pero sé que V. recibirá con benevolencia este pequeñísimo escrito y lo hará circular entre sus amigas y amigos como una ínfima demostración del aprecio que le profesa éste su último amiguito».

Así, entre otras, estas cuestiones explicarían que, a pesar de la existencia de novelas uruguayas anteriores a la última década del siglo XIX, éstas no fueran tenidas en cuenta por los contemporáneos, quienes seguían aludiendo a la carencia de representantes del género; las novelas finiseculares fueron de este modo desde casi un principio percibidas como lo que después resultaron: primeros tanteos, casos aislados, que, al no recoger herencia alguna y no establecer continuidad, terminaron siendo justamente lo opuesto a esa fertilidad buscada por Cánova, es decir, más bien una esterilidad que no llevó a genealogías, y, paradójicamente, la evidencia de un vacío.[5]

Teniendo en cuenta estas breves consideraciones podemos entonces sí coincidir con Zum Felde que considera la obra de Eduardo Acevedo Díaz como el verdadero momento de emergencia de la novela uruguaya «no porque haya sido el primero en cultivar el género, sino el primero en lograr obra de categoría. Sus novelas históricas representan, en efecto, la primera realización seria y durable del género narrativo en el Uruguay» (Zum Felde 1930/1967: 223).

De acuerdo a este criterio en su célebre *Proceso intelectual del Uruguay*, y tan sólo «por fidelidad histórica, más que por exigencia crítica» (ibíd.: 154), Zum Felde se limitará entonces a hacer sólo algunas breves consideraciones acerca de las novelas de los primeros románticos, o, según su denominación, «romanticismo de la Defensa», con una única excepción a la que le dedicará más tiempo: la novela *Caramurú*, escrita por Alejandro Magariños Cervantes y tenida por muchos como la primera novela uruguaya, o, al menos, como la primera de tema nacional.[6] Sin embargo, contrariamente a lo que podría supo-

---

[5] Para ejemplificar esta percepción véase, por ejemplo, lo escrito por Samuel Blixén, uno de los críticos literarios más destacados de aquel momento, en un artículo de 1887 aparecido en el folletín de *La Razón* (Montevideo) en el que insiste en el hecho de que «la naciente literatura uruguaya ha sido mala madre para la novela» y que «los escasos escritores que [...] han merecido verdaderamente el nombre de literatos, se han dedicado más al artículo de política o al cultivo entusiasta del verso» que a la creación de obras narrativas.

[6] Todavía se duda acerca de la fecha exacta de publicación de *Caramurú*. Algunos críticos hablan de una edición española de 1848 que, sin embargo, confiesan no haber visto nunca; es quizás éste el motivo por el cual Zum Felde prefiere situarla «por los años 50» (1930/1967: 153); en el 1850 aparece la edición madrileña del Establecimiento Tipográfico de Aguirre y Cía., que es considerada por muchos como la primera; en 1851 en la Imprenta Uruguaya de Montevideo se imprime una ver-

nerse, este único análisis de Zum Felde de una novela del primer romanticismo uruguayo nada tiene de elogioso, sino que es realmente lapidario.[7] No se puede confirmar si este juicio tan negativo, proveniente de una autoridad literaria como Zum Felde, influyó, como argumenta Cánova, en los críticos siguientes, pero lo cierto es que las opiniones negativas sobre la novela se fueron acumulando, llevándola a encabezar la lista de los «libracos condenados a irremediable olvido» (Pérez Petit 1944: 187).[8] ¿A qué pudo deberse además la suerte corrida por esta novela, que por otra parte trataba un tema tan decisivo como singular como es la pintura del país? Si bien, a nuestro entender, no es posible negar el hecho de que las obras de creación de Magariños, incluyendo *Caramurú*, fueron resistiéndose cada vez más a una lectura interesante, hay que destacar que, en su momento, y a diferencia de lo ocurrido con el resto de las novelas de este período inicial, la producción literaria de este autor, según un testimonio de 1917 llamó mucho la atención del público y fue estudiada «[e]n América [por] Sarmiento, Gutiérrez, Bilbao, Mármol, Baralt. En España, Larra, Castelar, Zorrilla, Cánovas» García Calderón/Barbagelata 1917: 457). Sin embargo, mientras esto ocurría en el exterior, en su país, y más específicamente en su Montevideo natal, más que el conocimiento profundo o análisis de sus obras, fue el propio autor Magariños Cer-

---

sión local de la obra. La edición que manejamos y de la cual citamos fue hecha por la Biblioteca Rodó, Montevideo y carece de fecha. Más allá de las imprecisiones acerca del año de publicación y los debates sobre si es o no la primera novela uruguaya, algunos críticos, entre los que destacamos a Fernando Aínsa y sus certeros trabajos sobre esta obra, prefieren realzar su función al hallarse en «los inicios de la narrativa de signo nacional uruguayo» (2005: 93).

[7] A manera de ejemplo, para dar cuenta del tono de la crítica de Zum Felde reproducimos algunos párrafos de su análisis de la novela de Magariños contenidos en el *Proceso intelectual del Uruguay* (1930/1967): «*Caramurú*, novela, es en prosa lo que *Celiar* en verso. En ambas, los mismos falsos personajes de melodrama, el mismo argumento arbitrario e inverosímil, la misma flaqueza de expresión» (150), «Lo único que restaría como recurso de salvación a estas novelas, a pesar de la incongruencia de su argumento, esto es la vivacidad del relato, la plasticidad en la pintura de cuadros naturales y escenas de costumbres, falta también en absoluto. Prosaicas, desabridas, desprovistas de colorido y de una prolijidad pueril, ninguna de sus descripciones tiene valor literario [...]. Da verdadera lástima leer estas descripciones» (152-153).

[8] Más adelante referiremos algunas de estas críticas negativas sobre *Caramurú*. Para mayores precisiones acerca de la recepción de esta novela de Magariños, véase Aínsa (2005).

vantes el que se convirtió en un centro de atención: su popularidad, semejante a la de Acuña de Figueroa, primero, y Zorrilla de San Martín después, hizo que sus contemporáneos lo consideraran «la figura más representativa y autorizada personalidad literaria» de su época (Zubillaga 1931: 272),[9] prominente título que ostentó gustoso fundamentalmente desde el salón literario que él mismo fundó y dirigió y que durante años funcionó como «un centro de cultura y estímulo de las letras, en medio de la aspereza del ambiente» (Zum Felde 1930/1967: 147). Aun así, a pesar de estos honores, es importante destacar que la literatura no fue su única ocupación, sino una tarea más junto a muchas otras tantas, que, sin embargo, siempre le dejaron tiempo para grandes grandes aportes al ámbito de las letras del continente como es el hecho de haber creado e impulsado la Biblioteca Americana, una empresa editorial de vasta trascendencia y por la cual el uruguayo luchó hasta verse obligado a cancelarla debido a causas políticas.[10] En esta colección publicaron sus obras algunas de las figuras más descollantes de la intelectualidad rioplatense de la época —el propio Magariños Cervantes, Marcos Sastre, Juan María Gutiérrez, Florencio Varela, Luis Domínguez— como así también Miguel Cané, un autor relevante para el tema que tratamos en esta ponencia ya que es considerado como el primer novelista argentino.[11]

Pero más allá de estas referencias que ya de por sí solas convierten a Magariños en un autor excepcional para su época, la insistencia de los críticos en considerar que, como resume Setembrino Pereda en un artí-

[9] Unos párrafos más adelante el crítico refuerza esta imagen de Magariños al afirmar que el escritor fue «en su país el espíritu central y director de toda la cultura científica y artística, viendo reconocida y acatada su autoridad y su influencia durante varias generaciones».

[10] Magariños se desempeñó, además, entre otras cosas como abogado y jurisconsulto, como Juez de primera instancia, fiscal del Estado, senador, cónsul general y agente diplomático en el exterior, ministro de Relaciones Exteriores y de Hacienda, catedrático del aula de Derecho de Gentes en la Universidad Mayor de la República y rector. Además fue periodista y corresponsal de diversos medios periodísticos y fundador de la *Revista Española de ambos mundos*.

[11] Paul Verdevoye en su artículo «Novelista e intelectual en la Argentina antes de 1875» (*Palabra y Persona*, n° 5, 1999, 113-119) considera que con Miguel Cané padre «empieza la novela rioplatense»; estudios más recientes, destacan «el carácter inaugural de su narrativa en el camino de la novela moderna argentina», véase, por ejemplo: Beatriz Curia, «Miguel Cané (1812-1863) primer novelista argentino» (*Decimonónica*, vol. 4, n° 1, 2007, pp. 23-33).

culo de 1892 titulado justamente «La literatura nacional», no hay «ninguna existencia tan literaria como la de él en la República Oriental» y que si bien «tiene títulos de abogado y de doctor, ha formado parte del gobierno, del parlamento, de la judicatura [...] no es nada de esto para la imaginación de sus compatriotas [sino] el literato, el poeta Magariños Cervantes» (16), revela que la figura de Magariños sirvió también para satisfacer una necesidad: la de demostrar que el Uruguay tenía un literato vernáculo y por lo tanto entonces también una literatura de cuño propio con la cual garantizar la existencia de una nación culta y civilizada que dejaba atrás la barbarie de las guerras. No sorprende por ello que a Magariños se lo tuviera como algo así como a un redentor, tal como lo notamos ejemplarmente en estosversos extraídos de una poesía de Heraclio Fajardo dedicada al autor de *Caramurú* cuando éste volvía a Uruguay en 1855, después de nueve años de estadía en España:[12]

> Tú, en cuya frente brilla la aurora del talento,
> La inspiración que hiere tu armónico laúd;
> Tú, que has logrado un nombre de excelso valimiento,
> Tú, prez de esa ilustrada, patriota juventud:
>
> ¡Levanta, sí, levanta tu poderoso canto
> Y anímala a que emprenda su espléndida misión;
> Arrójale la chispa del fuego sacrosanto
> Que debe del poeta templar el corazón!
>
> ¡Indícale la senda que del error aleja;
> Infúndele creencias y aliento varonil;
> Enséñale la cumbre que el porvenir despeja,
> Y ayúdale a que venza sus asperezas mil!
>
> ¡Levántate! sus pasos te seguirán doquiera
> En este apostolado de regenaración
> Levántate!- seguro que el triunfo nos espera
> Si impávido llevamos la fe en el corazón!

---

[12] Los versos pertenecen, como dijimos, a una poesía de Heraclio Fajardo titulada «A Alejandro M. C.» incluida en su libro *Arenas del Uruguay*, publicado en Buenos Aires por la Imprenta de la Tribuna en 1862. En la transcripción que ofrecemos hemos actualizado la ortografía.

Pero esta necesidad o voluntad colectiva no hubiera sido seguramente tan potente de no haberse cruzado con una voluntad individual: Magariños por su parte aceptará también con gusto el desafío de ocupar ese lugar y lo cuidará y celebrará hasta bien entrada su vejez.

Junto a todas estas diferencias con el resto de sus contemporáneos uruguayos está además el hecho de haber publicado casi ininterrumpidamente de mediados de los cuarenta a mediados de los ochenta de su siglo;[13] esta condición de escritor prolífico pareció importarle a Magariños sobremanera pues, más allá de que sea cierto o no lo que refieren García Calderón y Barbagelata (1917: 456) acerca de que él mismo «se complacía en multiplicar [el número de sus producciones], afirmando que [...] había [...] "ediciones agotadas" y "ejemplares únicos"», en casi cada una de sus obras se pueden leer referencias a otros libros suyos de próxima aparición o a proyectos futuros ya en marcha. Este procedimiento, adopta diferentes formas y aparece por ejemplo como simple aviso sin mayores comentarios, como es el caso de la tapa de sus *Estudios históricos, políticos y sociales sobre el Río de la Plata* en donde se adelanta que «a esta obra seguirá un volumen de poesías titulado *Impresiones y recuerdos*», o bien integrado en los textos como ocurre en uno de los párrafos de *Caramurú* en donde el autor implícto comenta que: «El vaqueano es un tipo especialísimo de nuestras provincias, que desarrollaremos en otra novela de menores dimensiones que la presente, y que formará parte de los cuadros característicos y locales que nos proponemos reseñar, como ya hemos tenido el honor de preveniros antes» (Magariños Cervantes s/f: 154).

Esta forma de crear expectativa en sus lectores y a la vez de autopublicitarse se relaciona además con otra característica sobresaliente del uruguayo: su convicción de que escribir como él lo hacía significaba una importante tarea para su generación, fundadora de la literatu-

---

[13] Magariños escribió además de las otras novelas ya citadas en la nota 2, varios libros de poesía (*Palmas y ombúes, Celiar, Horas de melancolía, Patria, Independencia, Libertad, Canto a la Defensa de Montevideo, Querer es poder*, etc.) y algunas obras de teatro (*Percances matrimoniales, El rey de los azotes, Amor y Patria*, etc.). Asimismo, junto a su propia tarea como escritor hay que mencionar sin duda otro gran aporte suyo al ámbito de la literatura nacional: su labor como encargado de la publicación del *Album de poesías Uruguayas*, una colección destinada a cubrir el déficit de las suscripciones populares para la construcción en la Florida del monumento a la Independencia

ra del país; esta convicción, que se traduce en la idea de dejar obras como legado, se halla resume por ejemplo en uno de sus últimos libros, *Violetas y ortigas* (1880), que es propuesto por el autor como un «resumen de [su] vida y labor intelectual […] que tal vez podría servir más tarde de introducción a una edición corregida y aumentada de algunas obras [suyas] y ajenas» (Magariños Cervantes 1880: V).[14]

Este libro, que según el subtítulo es un «Mosaico en prosa y verso de páginas sueltas, arrancadas de libros y folletos pertenecientes a A.M.C., artículos de revistas y periódicos, del mismo, o en que otros se han ocupado de sus trabajos literarios, documentos públicos de su resorte, o en cuya redacción ha tenido parte, alegatos forenses, y por ultimo cartas privadas y papeles síngrafos, que a juicio del coleccionista ofrecen algún interés al curioso lector, aunque a primera vista crea que no sirven ni para taco de escopeta. Con notas ilustrativas, comentarios y glosas, para leer a ratos perdidos», puede además ser tomado como ejemplo concreto de otro de los propósitos personales de Magariños: no dejar nunca su trayectoria artística librada al azar y emplear conscientemente diversas estrategias con el fin de preservar su lugar de privilegio como escritor.

No obstante, estos esfuerzos propios, que, como ya vimos, estuvieron también apuntalados por el reconocimiento por parte de sus contemporáneos, no fueron tampoco suficientes para asegurar en el Uruguay la emergencia del género novela en toda su plenitud.

Así la obra más conocida de Magariños, *Caramurú*, a pesar de su importancia, no dejó de mostrar nunca su carácter apendicular: Ya desde las primeras líneas el autor advierte que «[a]unque esta no sea una novela histórica ni tenga las pretensiones de tal, sus personajes no pueden considerarse absolutamente como hijos de la imaginación» (Magariños Cervantes s/f: 37). Esta declaración pone coto a la ficción novelísitica e indica por un lado el hecho de que más que la novela, hasta el momento, era la narración histórica la que parecía ser más propicia para cumplir con los objetivos de narrar la nación, y, por otro lado, hace participar a *Caramurú* de lo que Alejandra Laera denomina «ficciones liminares», es decir, novelas que «producen ficción en los umbrales de la ficción» (2004: 21). Según esta estudiosa, los primeros

---

[14] En las citas que hacemos de este libro de Magariños hemos actualizado la ortografía y la acentuación.

autores habían tenido que «crear primero un espacio preliminar para construir desde allí la ficción» debido a la falta de antecedentes y, por lo tanto, de fortaleza del género (ibíd.).

En el caso de *Caramurú* ese umbral será una época decisiva en la historia del país: los años que van desde 1823, es decir, los años de la dominación portuguesa y brasileña de la Provincia Oriental, hasta 1827, cuando, con la victoria en la batalla de Ituzaingó, se puso fin a la dominación y se gestó la Convención Preliminar de Paz, cuya firma en 1828 reconoce como Estado libre, independiente y soberano al Uruguay, y pone fin al ciclo militar de la primera época. Sobre esta armazón fuertemente referencial, que, según Gustavo San Román (2003: 332), quien ha estudiado en detalle este aspecto de la obra, «como era de esperar de un cuidadoso historiador [...] es bastante consistente», se irá desarrollando sin embargo una ficción que Zum Felde califica de «arbitraria», «inverosímil», «disparatada», «incongruente», y debido a la influencia del folletín, «sin brújula ni sentido» (1930/1967: 150-154).[15] Aun así, al terminar de leer *Caramurú*, el

---

[15] Para mayor comprensión y para mostrar mejor el tono de la crítica reproducimos el resumen de la novela ofrecido por Zum Felde: «La acción acaece en 1823, durante la dominación portuguesa; y la novela se inicia con un rapto: Caramurú (que es gaucho —aunque su nombre es de indio—) se lleva a lo más recóndito del monte a la pálida Lía (¿qué sería de los románticos sin las eles?), tan celestial doncella como dama en pro. Mas, habiendo dado muerte, luego, a otro compinche, en una reyerta de pulpería, el raptor se ve obligado a huir de la policía, que le persigue; y llega a casa de un poderoso hacendado de Paysandú, a pedirle un préstamo de diez mil patacones. El hacendado promete ayudarlo, pero a condición de que le consiga un caballo, seguro ganador en unas carreras próximas. Caramurú acepta el trato y va a apoderarse de un parejero famoso que tiene una tribu de charrúas; para lograr lo cual, y en combinación con el cacique (!) se disfraza de espíritu maligno, atemorizando a la tribu, que se esconde. El mismo Caramurú monta al parejero en las pencas, pero no puede cobrar los diez mil patacones del hacendado, porque la policía lo reconoce y lo obliga a escapar nuevamente, pero esta vez al bosque, en cuya recóndita espesura se haya aún la angélica Lía, virgen y mártir. Como todo esto puede parecer demasiado simple, el autor resuelve enredar algo más los hilos de la trama. Sabe Caramurú, recién entonces, que su raptada Lía es hija de un ilustre abogado de Montevideo ¡su propio protector!; y generosamente, corre a devolvérsela. El abogado da a su hija al gaucho por esposa, creyendo tal vez que la había dejado imposible para otra solución; creencia errónea, sin embargo, porque Caramurú, cual cumplido caballero medioeval, sólo había besado a su dama la punta de los dedos. Pero el autor no se da por satisfecho; antes de terminar la novela, asistimos todavía a los lances caballerescos del gaucho oriental con el conde brasileño don Álvaro Abreu de Itape-

lector nota que todo el caos generado se resuelve en una sintropía: las enemistades y los desvíos son corregidos, y el protagonista, que con el correr de las páginas pierde su nombre nombre indio —Caramurú— para llamarse Amaro, y deja de ser el gaucho raptor, peleador, asesino, enchalecador del principio para develarse como un hombre correcto y de buen corazón, se convierte en el indudable merecedor de la mano de Lía —la joven por él raptada en el primer capítulo— porque no sólo no hay en sus venas nada de indio ni de gaucho sino que, además, como su amada, es de familia noble, al resultar incluso medio pariente de la chica.

De esta manera mientras que las ficciones fundacionales latinoamericanas estudiadas por Doris Sommer (1991) brindaban a los lectores una alegoría de la nación que se ansiaba, un simulacro narrado en el que prevalecía la verosimilitud, la coherencia y la armonía, a través de la representación novelesca de la unión amorosa de dos protagonistas opuestos espacial, étnica, económica o políticamente, en *Caramurú* tal fusión de contrarios no tiene lugar ya que en realidad no hay heterogeneidad: el cacique de los indios charrúas no es indio sino un esclavo liberto que traiciona a su tribu para ayudar al gaucho con nombre de indio, Caramurú, que en realidad no es gaucho sino noble; lo diferente, lo disonante es continuamente desactivado para ser devorado al final por la unión de lo mismo, en una relación con visos de incesto.[16]

Es en este punto, a mi entender, en donde habría que concentrar la crítica a la novela de Magariños pues si, como acertadamente, señaló Ricardo Piglia (1993:9) para el caso de la ficción argentina refiriéndose a *El matadero* de Esteban Echeverría «la ficción como tal [...] nace, [...], en el intento de representar el mundo del enemigo, del distinto, del otro (se llame bárbaro; gaucho, indio, o inmigrante)» y «esa representación supone y exige la ficción», en el caso de la novela *Caramurú*, este intento resulta en un desborde de fantasía del otro que termina anulándolo. Es en esta ficción encauzada a la fuerza y supeditada a

bí etc., ex novio de Lía. El gaucho vence al conde y le perdona la vida; mas, vuelven a encontrarse, en duelo singular, nada menos que en plena batalla de Ituzaingó. ¿Eso es todo? ¡No, aún queda por saber lo más sorprendente: Caramurú es hermano natural del conde!» (1930/1967: 151-152).

[16] Para más precisiones acerca de las ficciones fundacionales, véase Sommer (1991).

otros intereses en donde, a nuestro parecer, se notan más las falencias
de la novela de Alejandro Magariños Cervantes.

A esta cuestión hay que agregar el hecho de que el escritor uruguayo no oculta en ningún momento que los destinatarios de su obra no
son sus connacionales sino los lectores de España, lugar en donde
Magariños tenía quienes lo editaran y consagraran. Pese a todo esto,
con esta representación escrita para el otro, con esta «novela para españoles», para quienes el autor describe, por ejemplo, lo que es un gaucho porque «algunos de nuestros lectores [...] probablemente no
habrán oído en su vida pronunciar ese nombre» o que los ranchos son
«chozas de barro y paja, parecidas a las de algunas de los pueblos de la
Mancha y de Castilla», y para quienes se siente obligado a explicar
infinidad de cosas tales como por ejemplo que una «viscacha» es una
especie de «conejo», un «ñandú» es «como un avestruz» y un «jaguar»
«como un tigre», o que «sonso» significa «necio», que «orientales» son
los hijos de la república del Uruguay o que «Minas» es uno de los
departamentos de este país rioplatense, paradójicamente, Magariños
pareció en un principio llenar el vacío de novela nacional del que,
como ya dijimos, tanto se quejaban sus contemporáneos.

Con el correr del tiempo, no obstante, cada vez más críticos consi-
deraron que ese no era el honor que le correspondía llevar ni a la obra
ni a su autor: Ángel Rama —para nombrar a algunos de los más pres-
tigiosos ensayistas uruguayos— asevera, por ejemplo, que «nunca
supo Magariños lo que eran inspiraciones nacionales. No sólo porque
fue un pésimo escritor, a pesar del prestigio inmaculado que lo rodeó
hasta su muerte, sino porque nunca conoció la auténtica realidad de
su país [...]. El Uruguay le fue ajeno» (1968: 194); Arturo Sergio Visca (1960), opina que entre el valor real de su obra y su valorización
hay una desproporción que da lugar al mito Magariños Cervantes,
aseveración que Benedetti (1963) remata al asegurar que «también
hay desproporción en el enfoque de Visca, al elevar a Magariños Cervantes a la categoría de mito».

Sin embargo, serán justamente muchos de los que así se pronun-
cian quienes en sus mismos textos llamarán a Magariños «patriarca»,
un mote que, más allá de tener relación con su, para aquel entonces,
poco frecuente larga vida,[17] estaría indicando el lugar inicial que se le

---

[17] Alejandro Magariños Cervantes nació en 1825 y murió en 1893

siguió concediendo a este escritor dentro del contexto de las letras uruguayas, que, llegado un momento, necesitaron una figura a la que remitirse.[18]

Uno de los primeros en autoproclamarse depositario de esta herencia es justamente Eduardo Acevedo Díaz, cuando, en el discurso pronunciado en el entierro de Magariños Cervantes, afirma que el autor de *Caramurú* «fue el divulgador, quien dio el santo y seña a la juventud inteligente el secreto de las grandes inspiraciones nacionales» para luego marcar su especificidad al señalar que él es «de una escuela literaria distinta, por su fórmula, espíritu y tendencias» y que «[sus] gauchos melenudos y taciturnos no son [los] gauchos caballerescos, líricos, sentimentales [de Magariños] ni llegan los odios que él [Magariños] describe hasta más allá de la muerte, como en mi modo de ver [él / Acevedo] los descubr[e] en el fondo selvático de una raza bravía…» (citado por Rama 1968: 194).

Es en esta confluencia de la continuidad y la heterogeneidad en donde emerge la novela en tanto género, al concretarse, en palabras de Alejandra Laera, «la posibilidad de organizar al menos dos series en el interior de la producción ficcional del momento» (2004: 19). Aquí residiría la mayor importancia de *Caramurú*, una obra recuperada recientemente por algunos críticos entre los que se encuentra Fernando Aínsa, quien, en un artículo del 2005, al que estas notas le deben mucho, destaca que, más allá de las falencias, esta novela es una fundamental contribución a la «preparación de un ambiente propicio» para la emergencia del género, a pesar de haber surgido en «un contexto histórico tan azaroso como indefinido» (104-106).

Pasados los años, y sobre todo a partir del ansiado fin de la última dictadura militar en el Uruguay, la mayoría de los novelistas del país volvieron a posar notoriamente su mirada en el pasado; es así como en el período redemocratización política y cultural con la publicación de numerosas novelas históricas de alta calidad este subgénero fue celebrado tanto por la crítica como por el público y empezó a ocupar de allí en más un lugar central y guía de la narrativa uruguaya. Como

---

[18] Zum felde se refiere a Magariños como a un «tranquilo patriarca literario» (1930/1967: 146), Barbagelata lo calificaba ya antes de «patriarca malhumorado y desdeñoso» (1917: 464) y en un pie de foto del artículo de Rama se lo llama «el patriarcal artesano» (1968: 184).

entonces en *Caramurú* pero también muy distinto a la forma en que lo había aspirado y podido concretar Magariños Cervantes en su época, los autores uruguayos más recientes han sabido buscar en los acontecimientos y las figuras de la Historia nuevas formas de pensar desde la ficción los avatares del presente.

BIBLIOGRAFÍA

Obras de Alejandro Magariños Cervantes citadas

MAGRIÑOS CERVANTES, Alejandro (¿1850?): *Caramurú*. Montevideo: Claudio García y Cía./Biblioteca Rodó.

— (1854): *Estudios históricos, políticos y sociales sobre el Río de la Plata*. Paris: Tipografía de Adolfo Blondeau

— (1880): *Violetas y ortigas*. Montevideo: Imprenta de El Siglo.

Bibliografía general

AÍNSA, Fernando (2005): «"En la lóbrega y pavorosa noche". *Caramurú*, los inicios de la narrativa de signo nacional uruguayo», en *Río de la Plata*, n° 28, pp. 93-106.

— (2008): «*Caramurú*: los inicios de la narrativa de signo nacional», en *Revista de la Academia Nacional de Letras*, año 3, n° 4, pp. 99-111.

BENEDETTI, Mario (1963): *Literatura uruguaya del siglo XX*. Montevideo: Alfa

CÁNOVA, Virginia (1989): *Caramurú: La obra que inicia el camino de la novela nacional uruguaya*. Montevideo: Ediciones de la Banda Oriental.

— (1990): *Bibliografía de las obras desconocidas u olvidadas de la narrativa uruguaya de mediano y largo alcance (1806-1888)*. Montevideo: Instituto Iberoamericano Universidad de Gotemburgo.

GARCÍA CALDERÓN, V./BARBAGELATA, H. D. (1917): «La literatura uruguaya», en *Revue Hispanique*, año XI, n° 40, pp. 415-542.

LAERA, Alejandra (2004): *El tiempo vacío de la ficción. Las novelas argentinas de Eduardo Gutiérrez y Eugenio Cambaceres*. Buenos Aires: Fondo de Cultura Económica.

PEREDA, Setembrino (1892): *La literatura nacional y el doctor Sienra*. Carranza: Paysandú/Establecimiento Tipográfico de El Paysandú.

PÉREZ PETIT, Víctor (1944): *En la Atenas del Plata*. Montevideo: Imprenta Atlántida.

PIGLIA, Ricardo (1993): *La argentina en pedazos*. Buenos Aires: Ediciones de la Urraca.

Rama, Ángel (1968): «El mundo romántico», en *Enciclopedia uruguaya*, 20, pp. 183-198.

Rosiello, Leonardo (1990): *Narraciones breves uruguayas (1930-1880)*. Montevideo/Gotemburg: TAE/Instituto Iberoamericano Universidad de Gotemburgo.

San Román, Gustavo (2003): «Eduardo Acevedo Díaz, Alejandro Magariños Cervantes y los orígenes de la novela histórica en el Uruguay», en *Bulletin of Spanish Studies*, vol. LXXX, n° 3, pp. 323-345.

Sommer, Doris (1991): *Foundational Fictions. The national Romances of Latin America*. Berkeley/Los Angeles/Oxford: University of California Press.

Visca, Arturo Sergio (1960): «Nuestros mitos literarios», en *Un hombre y su mundo*. Montevideo: Ediciones Asir.

Zubillaga, Juan Antonio (1931): *Estudios y opiniones*, vol. II. Montevideo: Impresora uruguaya

Zum Felde, Alberto (1930/1967): *Proceso intelectual del Uruguay*, vol. 1. Montevideo: Ediciones del Nuevo Mundo.

7. Necesidad de la utopía

Fernando Aínsa y su utopía portátil

Luisa Valenzuela

Es sabido que el mundo globalizado, donde imperan (bastante tembleques hoy) el capitalismo salvaje y el liberalismo a ultranza, abomina de las utopías que murieron mucho antes de la lamentable y muy cuestionada muerte de las ideologías. Por suerte existe al menos un escritor que sabe revivirlas desde otro sitio, ni el u-lugar ni el no-lugar sino el fastuoso, inasible, reverberante lugar de la palabra.

Fernando Aínsa es hombre de la utopía. No porque viva en un mundo ficticio sino porque ése ha sido su tema desde siempre, al que le conoce el historial, las entretelas, las glorias y fracasos. Bastaría con leer su libro *La reconstrucción de la utopía* para reconocer la profundidad de esta afirmación y de sus conocimientos al respecto, pero dicho volumen es sólo la nave insignia alrededor de la cual gravita toda la obra ainseana como una flota que directa o indirectamente la acompaña, avalándola.

En sus momentos de duda, que son los más, escritores y escritoras solemos plantearnos una pregunta desazonante: ¿Para qué sirve la literatura? O más específica y concretamente: ¿De qué sirve seguir escribiendo? Y bien, en la obra que hoy nos concierne tenemos una forma de respuesta por demás satisfactoria: la literatura sirve para devolverle una forma específica a los paraísos en los que creemos y que creemos perdidos. Una forma verbal, una cabida, diríamos, en el corazón mismo de eso que Heidegger llamó la casa del ser: el lenguaje.

Con toda minuciosidad, queriéndolo o no, Fernando Aínsa ha ido armando su propia utopía móvil, líquida diríamos adoptando el concepto de Bauman. Sí, líquida porque así es el lenguaje que fluye y se evapora y condensa y congela hasta armar castillos de significado que crecen en el aire.

«Einstein decía que la imaginación es más importante que el conocimiento», empieza afirmando el libro anteriormente mencionado. Y es éste el motor que no sólo mueve a Aínsa sino también a muchos de sus personajes de ficción. Y si no los mueve, lo anhelan como algo desesperadamente necesario. Ya lo veremos. "La falta de imaginación los movió a ser crueles" dice Borges de un par de sus propios personajes, porque sin imaginación no podemos ponernos en los zapatos de los otros ni sentir empatía alguna por ellos. Y es de empatía que está hecho el sueño de una comunidad universal, aunque muchas veces llegue a agriarse y se torne pesadilla.

En varios de sus volúmenes de cuentos, Fernando Aínsa recrea un pueblo que se nos hace mítico aunque quizá exista en la costa norte de su pequeño país, más allá de Punta del Diablo que sí existe. El pueblo se llama El Paso, de nombre predestinado porque parecería que nadie reside en él en permanencia aunque muchos sientan la imposibilidad de moverse más allá de la frontera signada por el mar de una parte y unas tierras infranqueables de la otra. «En El Paso todo pasa sobre él y poco queda. La tierra nos obliga a pensar en lo que no queremos y el agua nos permite soñar en lo que quisiéramos» se puede leer en el cuento "Las palomas de Rodrigo". Y la frontera líquida vuelve como un llamado. Allí donde no pasa nada se sueña con que pase todo. Se sueña y se rechaza el sueño, al mismo tiempo, porque lo increíble perturba las mentes temerosas del cambio. Pero esos miedos no son válidos para quien escribe, para quien sabe cabalgar las fuerzas de lo imposible. Emblemático resulta el cuento «Los naufragios de Malinow». Malinow el afuereño, el extranjero extraño y claro, descendiente de rusos blancos según parece, solía acercarse a las costas de El Paso por las noches para luego narrar naufragios que sólo él había logrado entrever. Vestigios de otros tiempo, de otras costas, engendros de su imaginación desbocada o de sus monstruos internos. Malinow narraba naufragios y nadie le creía y la indiferencia iba creciendo a su alrededor como quitándole el aire hasta que cierto día partió para no volver. En El Paso quedó entonces el hueco, el vacío dejado por la ausencia de historias, por la ausencia de esa imaginación que tenía a los habitantes en vilo y también en situaciones de desconcierto y sorna. Malinow partió y la imaginación de El Paso quedó yerma: «Es que aquí no pasa nada digno de ser contado y la verdad de nuestras vidas cotidianas es muy aburrida. Descubrimos con angustia que este pueblo necesita —como probablemente también lo necesitan otros pueblos— de algo que parezca mentira para seguir viviendo y para que las noches de invierno sean menos largas».

La aparente mentira suele despertarnos a verdades mucho más profunda e íntimas y echa luz sobre las zonas oscuras de nuestro ser, allí donde no osamos mirar hasta que viene otro y nos aclara las tinieblas. Eso parecería estar diciendo Aínsa. Recordemos al respecto las palabras de George Steiner cuando habla de los lúgubres lugares: «No estoy seguro de que quede personalmente intacto quien, por escrupuloso que sea, emplee tiempo y recursos imaginativos en el examen de esos lúgubres lugares. Sin embargo esos lúgubres lugares están en el centro del panorama. Si los pasamos por alto, no puede establecerse ninguna discusión seria sobre las potencialidades humanas».

De lúgubres lugares y también de radiantes lugares está conformado el universo de Fernando Aínsa, como estrella fugaz de innumerables puntas llamada Utopía.

Tengo entre las manos un pequeño manual que nos indica algunas maneras de lograr asir esta estrella fugaz por la cola para poder cabalgarla como a potro salvaje. Se trata de un volumen delgado, casi un vademécum compendiado por nuestro autor: *De aquí y allá. Juegos de la distancia*. El título de por sí nos dice todo y no nos dice nada, nos da y nos quita en un juego de atracciones fatales. De aquí y de allá, sí, pero ¿de dónde, en verdad? Porque el aquí es allá y viceversa; caso contrario no tendríamos posibilidad alguna de distancia. Siempre estamos lejos, lejos de todo, y es precisamente el distanciamiento lo que nos permite ver, ver con discriminación y perspectiva y a la vez con permiso para soñar. Nuestro aquí es el allá de otros, pero es también el allá nuestro. Porque somos móviles absolutos en esta utopía líquida propuesta por Aínsa y a la cual suscribimos. No hay puntos fijos, dado que la palabra no los tiene. Ni tampoco lo tienen los cuerpos, esos entes hechos a su vez de palabras.

Ser más uno mismo en el afuera (aquí) que en su propio país (allá). Ser minoritario: he aquí una definición que puede convertirse en auténtica vocación.

Los nuevos trashumantes, los que pueden decir con soltura: «mi lugar es el desarraigo».

Eso leemos. Trampas y más trampas para hacernos creer en la estabilidad y caer en la insegura certidumbre, porque

El mundo es redondo. Pero nunca es más redondo que cuando uno se aleja y, al seguir alejándose, empieza a volver. De insistir, nos encontramos sorprendidos en el punto de partida.

Hay tantos peligros en el trayecto hacia esa forma íntima y profunda de conocimiento en la cual el pájaro azul no está necesariamente en nuestro propio patio trasero (con perdón de las involuntarias alusiones). Así nos enteramos al leer el vademécum:

Quería escaparme y me dijeron: «vete corriendo». Los creí, porque mi vocación era la fuga y porque no tenía otro remedio. ¿Conocen la ley de fugas? Te dicen: «estás libre», te alejas tranquilamente y te disparan por la espalda.

El paso a partir de El Paso, dejando atrás Macondo o Comala o Santa María, esos míticos lugares engendrados por la literatura que en su más mínima expresión se concentran en El Paso, ha sido dado. Una y mil veces, porque no es la iteratividad o la repetición de un gesto lo importante, sino quién es uno cuando parte. Estamos constituidos por las muchas vidas de las que habla Aínsa, muchas vidas que pueden vivirse en una sola, siempre y cuando haya una pluma al alcance de la mano. Y cuando digo pluma no me refiero en exclusivo a ese símbolo que hoy puede encarnar en una computadora, también pienso en la otra, la pluma aviar que es la unidad constitutiva del ala. Vivir no es preciso, navegar es preciso, afirmó Pessoa. Y volar más aun, agregaría Aínsa.

Desde El Paso, ese tenue lugar inexistente, el destino final es todo el orbe. Es decir, cualquier parte, el verdadero *allá* de un *acá* que está sólo en nuestra propia mente y viaja con nosotros sin abandonarnos nunca pero sin manifestarse del todo, como una fata morgana, como algo que reverbera señalando la precaria existencia de lo inasible. Como el remanente cardillo de un espejo que ha desaparecido tiempo atrás. Los mundos del exilio cobran formas diversas y las distancias tienen su propio lenguaje: «La distancia no sería, entonces, el resultado de una descolocación geográfica, sino el de un desajuste de nuestro centro de gravedad personal y colectivo».

Quien busca los exilios voluntarios, las distancias creadoras, inquietantes, estimulantes, encuentra lugares donde el verbo asentarse tiene un significado muy particular. Existen, como dice Barthes en *El grado cero de la escritura*, «las ciudades de Deriva: ni muy grandes ni muy nuevas, es necesario que tengan un pasado (por ejemplo, Tánger, antigua ciudad internacional) pero que estén todavía vivas; ciudades donde varias ciudades se mezclen en su interior; ciudades sin espíritu de promoción, ciudades perezosas, ociosas, y sin embargo de ninguna manera lujosas, donde reine el desenfreno pero no demasiado seriamente [...]. La ciudad es entonces una especie de agua que simultáneamente lleva y arrastra lejos de la ribera de lo real: allí uno se encuentra inmóvil (sustraído de toda competencia) y desviado (sustraído de todo orden conservador)».

Dichas ciudades, si no las encontramos como tales, muy a pesar nuestro las creamos, imponiéndole a una ciudad cualquiera las cualidades que le falta. Como Madrid en el *El paraíso de la reina María Julia*. Dicha novela es una de las más acabadas utopías líquidas de Fernando Aínsa porque allí el lugar que se construye, el «paraíso» que se construye está hecho de la pura palabra. El encuentro profundo, íntimo y sexual de Ricardo, joven chileno, estudiante eterno, con la «reina» María Julia (Maruja), cubana, entrada en años, de buenas tetas eso sí y con buena mano para la cocina y otros menesteres igualmente femeninos aunque mucho más inconfesables, tiene lugar por intermediación de mitos literarios. Él parecería querer leerla, ella quiere escribirle un texto preestablecido. Las palabras de él son las de los caballeros andantes de épocas remotas: «De eso se había tratado al principio: de añadir a mis triunfos de caballero andante y de Cruzado en la Orden de Tu Camino, una provecta isleña como tú. Eso y nada más: crucificarte y dejarte en el borde de mi ruta, porque los Hidalgos de mi estirpe no deben sucumbir nunca a las Sibilas que encantan y se atraviesan en el Romance de sus vidas».

Las palabras de ella le hacen eco, pero añaden la savia deseante de los poetas barrocos. En capítulos alternos y alternancias eróticas se va desarrollando esa despareja relación de pareja. Ella sabe muy bien cómo irla conduciendo a pesar de todas las diferencias:

No, así no, porque la Fiesta de mi cuerpo necesita de los sabios preparativos que aseguren su éxito. A mi edad no se regalan tan alegremente las secreciones de las ansias retenidas. Logro tan ansiado necesita de prolegómenos, de atmósfera y tono, de estilo y buena letra. Se necesita en el galope final de los corceles, de arneses bien engrasados y herraduras templadas en la fragua por un herrero de oficio. Si del belfo ha de brotar espuma, el jinete debe saber que las espuelas no se hincan de golpe en los hijares, sino que la mano debe conducir con habilidad las riendas a buen puerto. La carrera tiene sus preparativos y el piafar nervioso sólo indica raza y temple, pero no asegura la victoria de la meta a conquistar.

María Julia y Ricardo encuentran en su desparejo encuentro una forma de felicidad inconfesable, deseante, visceral, desgarradoramente erótica, y la encuentran en un abrazo mutuo en busca de bocanadas de aire puro porque son dos náufragos casi ahogados, remanentes del tercer mundo, exiliados que se cruzan en el sentido más animal de la palabra para ir armando su propia utopía hecha de una diálogo disonante pero intensísimo.

Y el Gin, siempre escrito con mayúscula y bebido sin medida, es el caballo alado que los transporta al reino donde pueden compartirse las ilusiones, a la isla perdida con la que ambos sueñan y a la cual quizá lograron llegar al final de la historia. O no. Eso no importa. Lo que importa es el sueño como vehículo hacia otras dimensiones del ser. Y si María Julia es el reflejo contemporáneo de la reina Sibila de fines de la Edad Media, de esa misma reina que atrapó con sus artes diabólicas a un caballero andante desocupado que se había quedado sin causa por la cual luchar, entonces la actual «cachidiabla», como la apoda su joven amante en perfecto chileno, cobra dimensiones épicas. En esta novela Fernando Aínsa logra construir magistralmente su propia utopía de libertad donde la lujuria se conjuga con el puro lenguaje. Una utopía portátil que podemos transportar a cualquier rincón del mundo no porque esté condensada en un libro, no, sino porque desarrolla un mecanismo sutil y dúctil de transformación de lo real a través de nuestra forma de narrarlo. Y de narrarnos, a nosotros mismo y a los otros, sobre todo a aquellos con quienes dialogamos en la intimidad y a quienes les estamos dibujando el mapa de nuestro propio ser. Un ser múltiple, sabemos, por ser múltiples las vidas de cada uno. Quienes viven una sola vida se aburren, dice Aínsa: las vidas de cada uno son como las muñecas rusas, unas dentro de otras, o son vidas reencarnadas simultáneamente sin depender de muertes sucesivas porque

> Nosotros los reencarnados cambiamos los papeles, la nacionalidad y hasta el nombre, sin necesidad de que nuestro espíritu haya vagado en la nada del espacio sideral esperando el pellejo de otro para volver a este mundo. Nacemos y morimos sin dificultad y sin metafísica, aunque nos digamos a veces 'esta voz la he oído antes' o 'me parece haber vivido ya esta situación', privilegios que son como se sabe exclusividad de los reencarnados.

Al concepto de distancias que unen podemos agregarle la idea de la propia identidad que es multifacética y proteica. Y que por eso mismo nos permite pensar en nuestras raíces como rizomáticas o fasciculadas o como más nos gusten, pero cualquiera de esas percepciones será un engaño porque siempre las querremos aéreas, independientes, nunca raíces parásitas ni adheridas a la tierra. Raíces que nos permitan trasladarnos y que vengan con nosotros donde sea que vayamos, como las que Fernando Aínsa ostenta y dibuja con su escritura.

Julia Kisteva hablando de Hannah Arendt no dice que «ella nos recuerda que el término griego *hekastos*, cada uno, deriva de *hekas*, lejos, y que *bios theoretikos* es fundamentalmente una *bios xinokos*, una vida extranjera».

Vida extranjera que Aínsa conoce a fondo, en la narrativa de su pluma y la de su cuerpo. Este escritor nómada parecería haber vivido la mayor parte de su vida adulta fuera del Uruguay, quizá por mucho tiempo en ese pueblo de su mente, El Paso, que reclama imaginación como alimento indispensable para seguir vivo. Aínsa personifica el perfecto ejemplo de escritor de fronteras, o del borde, según la definición de la crítica Emily Hicks: «un escritor de códigos entrecruzados, de mundos en fusión, profusión, difusión, mundos en combustión y hasta en extinción, visionario de aquello que se consume para renacer distinto, enriqueciéndose en lo híbrido». En esta definición caben quienes manejan un variado conjunto de códigos simultáneamente. Porque «la escritura del borde como aquella que ofrece una nueva forma de conocimiento: información sobre y comprensión del presente hacia el pasado en términos de las posibilidades del futuro». Se trata acá de las diversas formas de contrabando cultural, propone Hicks, al cual Aínsa hace eco sin saberlo cuando habla de *fugitivos culturales* que surgen con los éxodos, los exilios, las exaltaciones.

En este trabajo me reconozco a mi vez como contrabandista cultural al pretender abordar la variada y muy diversa obra de este gran escritor con breves ojeadas a variadas y muy diversas propuestas teóricas. Dado que no soy ensayista, confieso que mi intención ha sido desde la primera línea la de trazar un derrotero personal por la escritura de Aínsa, o más bien señalar ciertos ejes y entrecruzamientos que se me han ido presentando al transitar la riqueza de sus páginas.

Pienso ahora en Derrida, en diálogo con Anne Dufourmantelle, cuando se centran en la hospitalidad, un tema caro a nuestro autor desde todo punto de vista, el teórico y el práctico. «La hospitalidad» dice Derrida «supone la posibilidad de una delimitación rigurosa de los umbrales o de las fronteras: entre lo familiar y lo no familiar, entre lo extranjero y lo no extranjero, el ciudadano y el no-ciudadano, pero sobre todo entre lo privado y lo público, el derecho privado y el derecho público».

La delimitación es incontestable, pero incluyente. Nada queda fuera de estos polos opuestos, todo es abrazado, todo cabe en la utopía líquida de Aínsa. «Ser bisagra, ¿a quién le gusta ese papel? Pero no creo que exista otro posible en este segundo lustro de los ochenta», dice María Julia, reina de un saber etílico que colma los intersticios de un decir pegajosos, aglutinante. «Cualesquiera que sean las formas del exilio, la lengua es lo que uno guarda para sí» nos asegura Derrida en la obra citada. Porque, y es Aínsa quien esto afirma «aunque la etimología de utopía indique un territorio que no está en ninguna parte, la utopía del futuro, la utopía "reconstruida", debería ser una verdadera pantopía, la utopía de todos los lugares posibles». Aquellos mismos donde iremos a plantar, como pica en Flandes, nuestra propia lengua y todo lo que con ella logremos contruir de nuevo y diferente.

Por lo pronto, en su obra de ficción y quizá hasta en su vida, Fernando Aínsa ha sabido transformar el exilio en Utopía. Pero no como la ausencia de lugar (ya Marc Augé analizó extensivamente esos no-lugares anónimos de la modernidad), sino como ese sitio fuera del espacio físico donde podemos habitar a nuestras anchas: «Para el exiliado la experiencia suele ser más dura. En el origen del exilio hay un frustrado proyecto de utopía social al que no quiere renunciar», dice en la conclusióin de su libro-insignia.

Sabemos que Fernando Aínsa ha encontrado la fórmula para negarse a la renuncia de tal proyecto entregándose de lleno a la imaginación. Como la esfera de Pascal cuyo centro está en todas partes y la circunferencia en ninguna, la utopía ainsieana nos envuelve y contiene, al menos durante el deleitable tiempo de lectura de sus libros.

Crítica de la utopía como centro de las representaciones imaginarias en la obra de Fernando Aínsa

Víctor Bravo

Resemantización de la utopía

No-ser-siempre-todavía

¿Es posible pensar América Latina? ¿Es posible pensar una cultura, sus horizontes homogéneos, identificatorios, si su nacimiento se dio en el complejo y contradictorio cruce de las violencias de la conquista? ¿Cómo, si esa fundación tiene la fuerza devastadora de una negación, y esa negación el acontecimiento de una fundación? Trauma de origen donde una negación nos funda y una fundación nos niega. Este trauma parece constituir la cultura en un «devenir», en el sentido que Deleuze le da a esta expresión: la conciencia y la angustia de una «desterritorialización» y de una demanda de territorrialización en el horizonte de las culturas (1977: 292 y ss.). Ernesto Mayz Vallenilla ve en este trauma el problema fundamental de América: «se impone […] una radical pregunta que debemos contestar sin ambigüedades ni falacias. […] ¿es que por vivir de Expectativa […] no somos todavía? ¿O será, al contrario, que ya somos […] y nuestro ser más íntimo consiste en un esencial y reiterado *no-ser-siempre-todavía*?» (1993: 428).

En ese «no-ser-siempre-todavía» parece ubicarse la reflexión y la demanda sobre la condición de ser de América Latina. Condición en devenir que abre el incesante arco valorativo entre los extremos opuestos de la maravilla y la inferioridad, y que, históricamente, ha planteado de manera incesante la reflexión y la demanda sobre la condición de ser. Desde el intento de recuperación de la grandeza de los mundos indígenas devastados por la conquista, tal como puede verse, de diversa manera, por ejemplo, en los escritos del Inca Garcilaso y de Woman Poma de Ayala, en el Perú; o de Fernando de Alva Ixtlilxochitl o Fernando de Alvarado Tezozomoc, en México; hasta la épica de la generación de la Independencia, y su llamado a la reconstrucción después de la guerra,, tal como lo hace Bello desde la Silva; de allí su delimitación lingüística presente en su *Gramática castellana para uso de los americanos* (1847); de allí el deslinde como «pequeño género humano» hecho por Bolívar desde su *Carta de Jamaica*, de 1815. El anhelo de nuestra condición de ser ha abierto un nuevo arco entre dos extremos: la heterogeneidad, que parece constituirnos; y el ansia de unidad que atraviesa nuestros imaginarios y nuestras expresiones; así, el mestizaje como unidad en muchos pensadores vinculados a la corriente positivista en el siglo XIX, y aun en el XX; de allí la fuerza diferencial de la «raza», de Rodó a Vasconcelos; de allí el canto poético al continente, de Darío a Neruda; de allí la diferenciación civilizatoria de los pueblos americanos, en las tesis de Darcy Ribeiro.

Dos líneas pueden observarse en este «pensar América Latina»: las teorías de la subalternidad y la poscolonialidad que, tomando fundamentalmente las tesis que Edward Said utiliza en su reflexión sobre la India (1978), y buscando antecedentes propios en las tesis de Ángel Rama, sobre todo en *La ciudad letrada* (1984), *en* las tesis de Franz Fanon (1961) y Aimé Césaire (1950), han tratado de construir una teoría de lo latinoamericano, en tesis académicas producidas en los departamentos de literatura de Norte América y, por proyección, de América Latina, y que ha generado posiciones fuertemente críticas (Bravo 2000); y una segunda línea que podríamos llamar de resignificación de la heterogeneidad como hecho constitutivo de nuestra cultura, que se expresa de diversas maneras y en diversos momentos; así, en claro antecedente, la percepción de heterogeneidad que ya nos describe Bolívar: «Nosotros somos un pequeño género humano; poseemos un mundo aparte, cercado por dilatados mares, nuevo en casi todas las artes y ciencias, aunque, en cierto modo, viejo en los usos de la sociedad civil» y que tiene importantes momentos en las tesis de cultura antropofágica, de Oswald de Andrade; y en la noción de transculturación postulada por Fernando Ortiz (1984), y aún más recientemente, en la tesis de cultura incorporativa, postulado por Lezama Lima (1969) o en la noción de culturas híbridas, planteada por Nestor García Canclini (1992).

RESEMANTIZACIÓN DE «UTOPÍA»

En este amplio arco entre heterogeneidad y unidad quizás podemos ubicar el importante aporte de la obra reflexiva de Fernando Aínsa. Creo que su obra puede verse como un momento de madurez y de confluencia de las líneas que sobre el pensar América Latina, sobre ese «no ser siempre todavía», se han abierto históricamente.

En 2002 el autor afirmará: «En casi 26 años de vida y trabajo en París formalicé una vocación por el pensamiento y la cultura latinoamericanos que han marcado mi vida profesional y creativa» (Aínsa, 2002a:10). Esa vocación ha articulado una «visión» sobre América Latina que tiene sus más claros desarrollos en la reformulación de la noción de «utopía» (presente en toda su obra y desarrollada de manera sistemática en *La reconstrucción de la utopía, de 1997 y 1999*); y en su propuesta de «Geopoética» (desarrollada de manera sistemática en *Del topos al logos. Propuestas de geopoética*, 2006).

Karl Manhhein, en su famoso ensayo «Utopía» había delimitado la noción: «La palabra "utopía", de origen griego, significa literalmente "en ningún lugar"…a partir de la publicación de "Utopía", de Sir Tomás Moro se escogió esa palabra como denominador aglutinante de obras de distinto carácter que —en forma de diálogo, novela o similar— imaginan una sociedad o estado libre, en el que se suponen ya sobrepasadas las deficiencias humanas"; y señala cómo esta noción se convierte en instrumento para pensar la sociedad: "El análisis de esta determinada forma de concepción intelectual del mundo o de este determinado modelo de pensamiento, denominado conciencia utópica o pensamiento utópico, se convirtió en uno de los campos de investigación más ricos para los sociólogos contemporáneos» (1970: 83). Quizás podríamos señalar dos momentos importantes de significación y resignificación de la noción de utopía como perspectiva para comprender lo social y lo humano: el desarrollo teórico de Ernst Bloch (2006); y el desarrollo teórico de Fernando Aínsa.

En el mejor sentido nietzscheano, el neo marxista Bloch concibe al hombre como un ser inacabado, orientado a ser; de allí su noción de función utópica, sentimiento irrenunciable que lleva al hombre, siempre, a ser otro.

Frente a las utopías totalitarias una de las primeras utopías resignificadas y recuperadas para la comprensión de hechos de modernidad ha sido la utopía estética: quizá una de las más esplendentes manifestaciones de la utopía se de en el horizonte de la estética: la plenitud del hombre, la promesa de felicidad cumplida en la manifestación del arte. Podría decirse que esta será una de las características de la modernidad, que alcanzará su primera gran expresión con el romanticismo. Shelley concebirá esta plenitud como «la educación estética del hombre», destino que representará gran parte de la novena moderna, desde *Heinrich von Ofterdingen* (1802), de Novalis, a *Buddenbrooks* (1900), de Thomás Mann; desde *A Portrait of the Artist as a Young Man* (1915), de James Joyce, a *Paradiso* (1966), de José Lezama Lima: la travesía de una vida hacia el sentido trascendente del arte.

Para Novalis sólo la poesía permite el paso a la suprema realidad. Allí, en ese espacio de plenitud fundado por el poema, dirá Novalis, «todo lo que es visible se relaciona con lo invisible, lo audible con lo anaudible, lo sensible con lo insensible. Y quizás lo pensable con lo impensable». La poesía se presenta de este modo como «lo real absoluto», y mientras más poética se presente una cosa es más verdadera. El personaje de la novela irá en busca de la «flor azul», símbolo de la plenitud del arte, y el mismo poeta asumirá el sueño y la noche como «lugares» para el habitar del poeta. En esta asunción de la plenitud estética, lo real se presenta como una exclusión o como una profunda transformación. En Novalis esa exclusión se expresa en la afirmación de la noche y en el rechazo al día. La transfiguración, en el mito órfico que se desprende de la muerte de Sophie, acaecida el 19 de marzo de 1797, para transfigurarse, en la resonancia de uno de las más antiguas tradiciones poéticas: la vida, expresada en los extremos del dolor y de la muerte, se transfigura en la esencialidad misma del poema.

En herencia recibida de Novalis, Mallarmé concebirá el poema como la esencialidad misma del lenguaje y la vida como lo que existe para llegar a un libro. La palabra esencial, más que nombrar se convierte en un fin en sí misma, se convierte en un objeto, y la palabra literaria se reduce al ser.

Esa experiencia estética, tal como la muestran textos como *Igitur - Un coup de dés jamais n'abolira le hazard* (1897), no sólo es una experiencia de la vida transfigurada, sino también del sin sentido, del absurdo y de la muerte. La filosofía, de Nietzsche a Heidegger, va a asumir esa esencialidad del lenguaje, y así, Nietzsche identificará, en momentos, al superhombre con el hombre estético y verá en el poema el lugar de la verdad, más allá de las dicotomías convencionales de lo verdadero y lo falso.

El lenguaje estético, identificado con el ser, será retomado por Heidegger, para decir que el lenguaje es la casa del ser, y para buscar esa casa en el poema. De este modo leerá a Hölderlin, para quien «[p]onen los poetas el fundamento de lo permanente», y para quien «lleno de méritos está el hombre, más no por ellos sino por la poesía hace de esta tierra su morada».

La utopía estética es una afirmación optimista sobre la razón del arte, se corresponde con la «Institución arte», tal como ha sido comprendida en occidente, sobre todo a partir del siglo XVIII, y a la asunción de los valores estéticos de trascendencia y permanencia. Sin embargo, la utopía estética sufrirá una de sus crisis, uno de sus «desencantos», fundamentalmente con el Dadaísmo, donde los valores de permanencia y de trascendencia del arte, incluso la misma institución del arte, son cuestionados. Los *ready-mades* de Marcel Duchamp serán expresión emblemática de esta crisis, y podría decirse que si bien la utopía estética persiste como motivación central de muchas poéticas contemporáneas, es posible, de pronto, escuchar los ruidos de negación y el desencanto de la expresión poética; y así, por ejemplo, mientras que para poetas como Saint-John Perse, «cuando las religiones se derrumban, la poesía es el refugio de lo divino» y para Lezama Lima el poema es la sustantivación de lo invisible, o para Octavio Paz en el poema es posble vencer el paso del tiempo al convertir «el presente» en «presencia»; en poetas como César Vallejo, en pleno desencanto del poema, es la inutilidad de la afirmación de trascendencia. Así dirá: «Y si después de tantas palabras / no sobrevive la palabra / Entonces para qué». De Duchamp a Vallejo la utopía estética, la única que quizás se ha mantenido en pie en la caída de la utopías en la «era del vacío» de la posmodernidad, se resquebraja, se quiebra, alcanza la más extrema de las refutaciones.

Fernando Aínsa parte de la necesidad de «resemantizar» la noción de «utopía», partiendo, como Bloch, de que la utopía es consustancial con lo humano; del hombre como *homo utópicus*. Aínsa hace una importante distinción entre «utopías del orden» y «utopías de la libertad»:

> En una simplificación extrema, la Utopía de Moro inaugura la línea basada en la libertad, y la *Ciudad del sol* de Campanella la del orden, lo

que se ha traducido, sin hacer juego de palabras, en dos modalidades opuestas del género: las utopías que describen un estado ideal del ser [...] y las que definen el ser ideal del Estado (utopías institucionales y totalizantes, cuando no totalitarias) (1999: 23).

Este deslinde le permite una visión crítica de las utopías históricas («El soñar despierto, que caracterizó buena parte de la historia del pensamiento del siglo XX, se ha transformado en un inventario de "pesadillas" y toda intención utópica reenvía a la triste realidad de las utopías realizadas»; ibíd.: 15); y una recuperación del sentimiento utópico: «Para Aínsa el período de las utopías totalitarias "se ha clausurado" coincidirá con Oswald de Andrade en pensar que un ciclo de las utopías históricas que se inicia en el Renacimiento y adquiere razón histórica con la Revolución francesa, alcanza su último prestigio y avatar con la realización de las utopías marxistas del siglo XX, y su clausura» (Andrade, 2001, 157 y ss.; Aínsa, 1999: 63 y 213) Sin duda que la utopía se manifiesta de manera importante en la Antigüedad, antes de su formulación por Moro; y en su *avant la lettre* tiene en Platón su formulación más acabada. Para Isaac Pardo, responde a la doctrina de la armonía Universal («Es evidente que la teoría platónica de la felicidad, dentro de la república ideal, alcanzada mediante el sometimiento del individuo a los fines superiores del Estado, no era más que un caso particular de esa doctrina de la armonía universal») y responde a un anhelo presente en todos los tiempos: «Porque el Reino de los Mil Años, y antes el Paraíso y el reino Mesiánico, y la República, y la Edad de Oro, y mucho antes la leyenda del *Dilmun* entre sumerios, y mucho después Utopía y todas las autopías son solo centellantes facetas de un mismo anhelo, inmenso, proteico e inextinguible» (1983: 92 y 464). Sin duda que esa condición de anhelo siempre presente vincula la utopía a lo originario, de allí la frase de Servier: «la utopía viene en línea recta de lo edénico» (1969: 232). Es de hacer notar que una cultura nacida de un trauma de lo originario, hace brotar, en su herida, las formas entusiastas de la utopía.

Aínsa señala los rasgos caracterizadores de la Utopía, señala críticamente su vertiente pesadillesca, sólo para contrastarla con la otra vertiente de lo utópico: la libertad. Señala «[o]tra vertiente del género utópico propone sistemas en los que se ha suprimido toda regla normativa, todo sistema jurídico, a fin de restaurar al hombre en la integridad de su verdadera naturaleza» (1999: 24); y una tradición en este sentido: «Una tradición del pensamiento utópico libertario, desde "La abadía de Téleme" de Rabelais hasta las utopías anarquistas contemporáneas, pasando por algunas de las propuestas del socialismo utópico del siglo XIX, ofrecen esa "extraña luz de delirio, luz del sueño y pasión que sobrevuela sobre las mesas en los momentos de rebelión" con que se define "lo maravilloso utópico"» (ibíd.: 24). Desde esta perspectiva será posible concebir el hombre como *homo utópicus* e interpretar la cultura: la crítica a los modelos totalitarios que tienen en el imaginario de la utopía de orden su referencia; y los modelos democráticos que se alimentan de las utopías de la libertad. La propuesta de Aínsa se ubica en un horizonte reflexivo que ha utilizado la noción de utopía para interrogar y describir la realidad del nuevo continente. La noción de «Patria» de Hostos quizás pueda pensarse como una de sus prefiguraciones más importantes. Señala Hostos: «Yo no tengo patria en el pedazo de tierra en el que nació mi cuerpo; pero mi alma se ha hecho de todo el continente americano una patria intelectual, que amo más cuanto más la conozco y compadezco» (citado por Aínsa 1999: 189). Henríquez Ureña es sin duda el más prestigioso antecedente en el pensamiento utópico sobre América, fundamentalmente en sus dos ensayos de 1925, «La utopía de América» y «Patria de la justicia». En el primer ensayo proclamará que «Nuestra América debe afirmar la fe en su destino, en el porvenir de la civilización». Para Henríquez Ureña, «hay que ennoblecer la idea clásica». En el ensayo «Patria de la justicia» señala que la palabra utopía debe ser «nuestra flecha de anhelo», y enuncia su famosa expresión: «Si en América no han de fructificar la utopías, ¿dónde encontraran asilo?» (Henríquez Ureña 1985). Alfonso Reyes hablará del presentimiento de un nuevo mundo: «Desde que el hombre ha dejado constancia de sus sueños, aparece en forma de raro presentimiento la probabilidad de un nuevo mundo»; en las resonancias de ese presentimiento, el descubrimiento del nuevo continente se expresa como la posibilidad misma de la utopía: «Ya tenemos descubierta a América […] comienza a definirse a los ojos de la humanidad como posible campo donde realizar una justicia más igual, una libertad mejor entendida, una felicidad más completada y mejor repartida entre los hombres, una soñada república, una Utopía» (1992: 192 y 223). En este horizonte de resignificación de la utopía Aínsa despliega a su reflexión para hacer visible horizontes históricos donde la diversidad y hete-

rogeneidad del continente alcanza la unidad, por ejemplo en la unidad
política soñada por Francisco de Miranda, por Gervasio Artigas y sobre
todo por Simón Bolívar. Aínsa de esta manera se separa de una posible
identificación con las utopías históricas que, en sus últimos avatares del
siglo XX llevaron los pueblos a la confiscación de la libertad y a la negación de los derechos humanos más esenciales; tan como ha señalado
Bruckner, «[d]e esa enfermedad murió el comunismo: del choque frontal entre las maravillas anunciadas y la ignominia adquirida» (2001:
43). En contra posición, la resignificación de la utopía supondrá más
que la conquista de un orden ideal, el devenir caracterizado por un profundo anhelo. De allí la expresión función utópica, formulada por
Bloch, y utilizada desde su propia perspectiva por Fernando Aínsa para
describir la presencia caracterizadora de la utopía en el nuevo continente. En este sentido esta reflexión dialogará con las tesis de Osward de
Andrade *A marcha das utopía* (1953), cuyo título modifica para precisar la condición irrenunciablemente utópica del continente, «La marcha (sin fin) de la utopías en América Latina» (218), y en refutación de
las tesis de Haroldo de Campos, quien en 1984 planteaba que habíamos entrado en una postutopía.

Alteridad e identidad en América Latina son interrogados por Aínsa desde la perspectiva de la condición utópica. La utopía imaginada
por Europa en una desconocida lejanía y que parece condensarse en la
intuición de Séneca: «Vendrán siglos en que el océano aflojará las liga-
duras y cadenas de las cosas, y se descubrirá una gran tierra, y otro
como Tiphis descubrirá nuevos mundos, y no será Thule la última de
la tierra». La condición utópica del continente desde «las maravilla-
das» cartas y diarios a bordo de Colón, que aparece y reaparece en el
nuevo género narrativo nacido en el nuevo mundo, *La Crónica de
Indias* y que alimenta el intento de restablecer el cristianismo primitivo, tal la tarea de *Los doce Apóstoles*, los doce Franciscano que llegan a
México en 1524, a cinco años de la caída de Tenochtitlan; así las
misiones Jesuíticas del Paraguay y los pueblos hospitales de Vascos de
Quiroga en México; así décadas después el discurso mestizo de un
Garcilaso cantando el esplendor perdido de un señorío, en el inicio de
lo que Subirats llama el «culto al mestizaje parental que desde Garcilaso no ha dejado de reiterarse» (1994: 373); así, el canto de Neruda al
Machu Picchu y la representación ficcional de los mundos mitológi-
cos y las maravillas del nuevo mundo, tal como puede verse de distin-

ta manera en autores como José María Arguedas o Miguel Ángel
Asturias, en Rosario Castellanos o Alejo Carpentier; y aún la contradicción entre las fuerzas de desterritorialización y territorialización de
una cultura conquistada que se proyecta, por ejemplo, en la representación estética de las dos orillas, tal como es posible ver por ejemplo,
en Carpentier y Cortázar; en José Donoso o Carlos Fuentes.

La resemantización de la utopía funda, en la obra de Fernando
Aínsa una perspectiva de comprensión de América Latina, en el movimiento pendular entre su condición heterogénea y su irrenunciable
anhelo de unidad.

DEL TOPOS AL LOGOS

Uno de los aportes más significativos de la obra reflexiva de Fernando Aínsa es la propuesta de lo que el Autor llama una geopolítica: la
construcción cultural (y, de manera significativa, literaria) de un espacio en la representación del nuevo mundo. El nuevo continente, en su
situación solitaria entre dos Océanos, se resistió desde el comienzo a ser
percibido por la mirada Europea: Colón jamás lo verá creyendo haber
llegado o estar cerca de Catay o Cipango; los habitantes de ese nuevo
Mundo serán víctimas también de una percepción equívoca: creerán
desde sus parámetros que los recién llegados son seres venidos del cielo;
ese doble equívoco estará acompañado de representaciones mitológicas
que determinaran el ritmo y la destrucción por la conquista: desde, por
un lado, la internalización en tierras desconocidas en busca del mítico
dorado, por otro, la parálisis y la entrega ante los dioses que bajan del
cielo. El reconocimiento del nuevo espacio empezará con Vespucio y
tendrá un momento importante en Humboldt; sin embargo su
impronta marcará el imaginario de nuestra cultura. Así, es sorprendente observar por ejemplo, a siglos de la llegada de los europeos a novelistas como Carpentier o García Márquez, con genio narrativo, narrar el
mundo americano como si se nombrase por primera vez.

Ese paso, del «topos al logos», como una de las entonaciones de
nuestra cultura, se encuentra en la «propuesta de geopoética» de Aínsa: la condición Americana —esa que Mayz Vallenilla llamara «el problema de América»— propicia la entonación creadora de un logos
fundacional de un «topos» que se resiste a ser imaginado. Quizá esa

sea una de las tensiones fundamentales de nuestra expresión creadora; y la obra de Aínsa hace un brillante registro de este proceso: la irrupción del Nuevo Mundo como la más espectacular toma de posición y lucha de una nueva capacidad perceptiva para ese nuevo y sorprendente espacio. Para Aínsa, el «espacio americano apareció desde el primer momento a los ojos de Occidente como un lugar o conjunto de "lugares posibles" para el despliegue de un prodigioso imaginario geográfico». La primera experiencia es demiúrgica: nombrar por primera vez, es decir, fundar una representación: «En la medida que se desconocía su articulación interna, el vacío primordial del espacio inédito ofrecía una predisposición cosmológica a la creación demiúrgica. Su propia indeterminación era una invitación a conquistarlo y a "bautizarlo" con palabras nuevas, apasionantes "grafías" con las que se construyeron progresivamente los paisajes arquetípicos con que ahora se lo caracteriza» (2006: 37). Del topos al logos: el topos de la selva; la fundación física, descriptiva, ficcional de las ciudades; el espacio como lejanía o frontera; como expectación de realidades soñadas o presentidas; los espacios devoradores («se lo tragó la selva»), indominados, conquistados: los espacios de la desmesura con sus selvas y sus ríos, con sus ciudades insólitas como Tenoctitran, enigmáticas como Buenos Aires, imaginadas como Macondo o Santa María; fantasmales como Comala…; y los espacios del vacío y de la nada, como la Pampa y la Patagonia; el espacio como la lejanía y el hallazgo. La narrativa, creadora de ámbitos, mundos, laborioso en su afán de cuadratura, desde la Crónica de Indias a la narrativa moderna, atendiendo a esa apetencia de fundación, al misterio poético que siempre será nombrar la desmesura, la lejanía, lo primigenio.

La utopía es un imaginario de la lejanía, espacial y temporal. En su propuesta de geopoética Aínsa deriva, en estricta coherencia de la utopía en tanto que imaginario de un espacio, por ejemplo de las islas, en una teorética del espacio. La concepción del espacio cultural en Aínsa estrecha sus lazos comunicantes con su resemantización de la utopía.

OBJETO Y HORIZONTE

El deslinde teórico y metodológico de nociones centrales como utopía y geopoética, permite a Aínsa trazar posibilidades perceptivas de la cultura en general y de la cultura latinoamericana en particular.

Para el efecto elige fundamentalmente el corpus de la narrativa y con él establece las redes de visibilidad de esa cultura, su «cartografías», sus horizontes fundamentales en una exhaustivas valoración y lectura de la narrativa del continente. En dos libros mayores se trazan esas redes, en *Los buscadores de la utopía,* publicado en Caracas por Monte Ávila Editores en 1977; y el libro *Identidad cultural de Iberoamérica en su narrativa,* publicado en Madrid por la editorial Gredos en 1986. Esas redes se extienden en otros importantes libros, en el ya citado *Del topos al logos;* en *Espacios del imaginario latinoamericano,* publicado en La Habana en 2002, o a veces como focalizando la literatura de un país, Uruguay, por ejemplo, su país de origen, en libros como *Tiempo reconquistado,* publicado en Montevideo en 1977 y dedicado a la literatura Uruguaya. En estos libros las nociones de utopía y espacio son los hilos de oro en un exhaustivo registro narrativo del continente, en un movimiento de horizonte y objeto pues nos sorprende poniendo en evidencia los hilos de correspondencias entre textos de diferentes países y épocas; o en la focalización de análisis detenidos sobre autores y obras, tal la obra de Cortázar, de Onetti, de Donoso; en una doble dialéctica de desterritorialización y territorialidad; y en representaciones narrativas pendulares entre lo local y lo universal.

En el No-ser-siempre-todavía que parece caracterizar nuestra cultura, Fernando Aínsa, como un arquitecto de lo imaginario que traza sus líneas tanto en el vacío como en la desmesura, establece los horizontes de visibilidad y gravitación de lo Latinoamericano en repuesta a la apetencia fundamental de nuestra América.

BIBLIOGRAFÍA

Obra de Fernando Aínsa

Textos

AÍNSA, Fernando (1970): *Las trampas de Onetti.* Montevideo: Alfa.
— (1977a): *Tiempo reconquistado. Siete ensayos sobre literatura uruguaya.* Montevideo: Géminis.
— (1977b): *Los buscadores de la utopía. La significación novelesca del espacio latinoamericano.* Caracas: Monte Ávila.
— (1986): *Identidad cultural de iberoamérica en su narrativa.* Madrid: Gredos.

— (1992a): *Historia, utopía y ficción de la ciudad de los césares. Metamorfosis de un mito.* Madrid: Alianza.
— (1992b): *De la Edad de Oro a El Dorado.* México: Fondo de Cultura Económica.
— (1999): *La reconstrucción de la utopía.* México: Unesco (1ª ed. en francés de 1997).
— (2002a): *Pasarelas. Letras entre dos mundos.* Paris: Indigo & Côté-Femmes.
— (2002b): *Espacios del imaginario latinoamericano. Propuestas de geopolítica.* La Habana: Editorial Arte y Literatura.
— (2002c): *Del canon a la periferia. Encuentros y transgresiones de la literatura uruguaya.* Montevideo: Trilce.
— (2003a): *Del espacio vivido al espacio del texto.* Zaragoza: Universidad De Zaragoza.
— (2003b): *Reescribir el pasado. Historia y ficción en América Latina.* Mérida: Ediciones El Otro, El Mismo.
— (2006): *Del topos al logos. Propuestas de geopoética.* Madrid/Frankfurt: Iberoamericana/Vervuert.

Creación
— (1968): *Con cierto asombro* (Novela).
— (1985): *Con acento extranjero.* (Novela).
— (1988): *Las palomas de rodrigo* (Cuentos).
— (1989): *Los naufragios de malinow* (Cuentos).
— (1991): *De aquí y de allá* (Aforismos).
— (2000): *Travesías. Juegos a la distancia.* (Aforismos). Málaga: Litoral.
— (1994): *El paraíso de la reina María Julia.* (Novela). Paris: Indigo. [Madrid, Huerga & Fierro, 1995; Montevideo, Editorial Fin De Siglo, 1997.]
— (2007): *Aprendizajes tardíos.* (Poesía). Mérida: El Otro El Mismo.

Bibliografía general

ALVA IXTLILXOCHITL, Fernando (2000): *Historia de la nación chichimeca* [1640]. Madrid: Dastin.
ALVARADO TEZOZOMOC, Hernando (2001): *Crónica mexicana* [1598]. Madrid: Dastin.
ANDRADE, Oswald de (2001): *Escritos antropófagos.* Buenos Aires: Corregidor.

BLOCH, Ernst (2006): *El principio esperanza*, vol. 3. Madrid: Trotta (1ª ed. en Alemán de 1959).

BRAVO, Víctor (2000): *¿Postcoloniales nosotros? En terrores de fin de milenio*. Mérida: Ediciones El Libro de Arena.

BRUCKNER, Pascal (2002): *La euforia perpetua. Sobre el deber de ser feliz*. Barcelona: Tusquets.

CÉSAIRE, Aimé (2006). *Discurso sobre el colonialismo*. Madrid: Akal.

DELEUZE, Gilles/GUATTARI, Felix (1977): *Mil mesetas. Capitalismo y esquizofrenia*. Valencia: Pretextos, 3ª ed. (1ª ed. en francés de 1980).

LEZAMA LIMA, José (1969): *La expresión americana*. Madrid: Alianza.

GARCIA CANCLINI, Nestor (1992): *Culturas híbridas. Estrategias para entrar y salir de la modernidad*. Buenos Aires: Sudamericana

MANHHEIM, Karl (1979): «Utopía», en Neususs, Rnhelm, *Utopía*. Barcelona: Barral.

MAYS VALLENILLA, Ernesto (1993): «El problema de América» (1957), en *Fuentes de la cultura latinoamericana* (III). México: Fondo de Cultura Económica.

FANON, Frantz (1983): *Los condenados de la tierra*. México: Fondo de Cultura Económica (1ª ed. en francés de 1961).

HENRÍQUEZ UREÑA, Pedro (1982): *La utopía de América*. Caracas: Biblioteca Ayacucho.

HORKHEIMER, Max (1971): «La Utopía», en *Utopía*. Barcelona: Barral (1ª ed. en alemán de 1968).

PARDO, Isaac (1983): *Fuegos bajo el agua. La invención de la utopía*. Caracas: Casa de Bello.

RAMA, Ángel (1984): *La ciudad letrada*. Hanover: Ediciones del Norte.

REYES, Alfonso (1992): *Última tulé y otros ensayos*. Caracas: Biblioteca Ayacucho.

SERVIER, Jean (1969): *Historia de la utopía*. Caracas: Monte Ávila (1ª ed. en francés, 1967).

SUBIRATS, Eduardo (1994): *El continente vacío. La conquista del nuevo mundo y la conciencia moderna*. Madrid: Anaya & Muchnik.

LA UTOPÍA DE AMÉRICA Y EL QUIJOTISMO

Anna Housková

El aspecto más comentado del tema de la utopía de América es su proyección desde Europa.[1] En el género utópico, el lugar inexistente (u-topos) se comprende más bien como «otro lugar» que sí existe en alguna parte. Veinticuatro años después del descubrimiento de América, Thomas More ubicó la isla Utopía en la zona del Nuevo Mundo, a donde el narrador llegó con la expedición de Amérigo Vespucci. A su vez, la ubicación geográfica es tan vaga que no contradice el nombre de Utopía, traducido por Quevedo como «no hay tal lugar». Las esperanzas de una mejor organización de la sociedad, ya frustradas en Europa, se proyectan en el espacio «vacío» detrás del océano, mezcladas con la rica herencia del imaginario de los mitos antiguos y medievales. La tensión entre la utopía y la conquista, entre la explotación sin escrúpulos y los sueños sobre un mundo humano y justo, resalta, como una fotografía en negativo, las contradicciones de la civilización europea en sí misma.

Se han dedicado menos esfuerzos a comprender la concepción de la utopía en el ámbito exclusivo de la reflexión latinoamericana (más sistemáticamente lo estudia Fernando Aínsa), que es en lo que seguidamente me concentraré, teniendo en cuenta tres aspectos: la crítica

---

[1] Ver Aínsa (1992), Buarque de Holanda (1987), Cro (1982), Zavala (1958).

del utopismo europeo, la concepción hispanoamericana de la utopía y el quijotismo.

LA CRÍTICA DEL PENSAMIENTO UTÓPICO EUROPEO

La fascinación por todo lo nuevo es sintomática en la Edad Moderna de Europa —y América— fue para los europeos el único mundo completamente nuevo en nuestro planeta. Después de siglos, los escritores latinoamericanos nos devuelven una reflexión irónica de nuestras utopías. América es el lugar más propicio para tal crítica.

Jorge Luis Borges la expresa en forma concisa, en varios cuentos. En *El informe de Brodie* (1971) parodia los libros de viaje a «otros mundos» de tipo swiftiano; en *Utopía de un hombre que está cansado* (1974) juega con la idea de un viaje al futuro. El cuento principal al respecto es «Tlön, Uqbar, Orbis Tertius» (1940), una parodia de *Utopía* de Tomás Moro.

Antes de comentar este cuento, recordemos los rasgos constitutivos del género utópico creado por Moro:

1) El espacio excluído (isla, pueblo aislado, etc.). El lugar privilegiado de la utopía se puede caracterizar por las palabras «en otra parte»: la verdadera vida está en otra parte (el título de novela de Milan Kundera es significativo).

2) El tiempo excluído. El modelo estático de la sociedad se concibe fuera del tiempo. La idea de una posible vida nueva se aplaza a «otro tiempo», «alguna vez», a un futuro «después de…».

3) El mundo construible. El hombre, igual a Dios, es capaz de crear un mundo con su propia razón. La utopía expresa la crítica de lo que «es» por medio de una imagen alternativa de la sociedad como «debería ser» (Aínsa 1990: 69). El texto de Moro no supone una realización, sino que su imagen (una «relectura» renacentista de la idea antigua de que el hombre es capaz de mejorarse a sí mismo) tiene carácter de ejemplo. Es por eso por lo que el narrador debe regresar de la isla Utopía a su civilización: «he vivido allí más de cinco años y nunca quisiera volver si no fuera para dar a conocer ese Nuevo Mundo» (More 1978: 55).

El cuento «Tlön, Uqbar, Orbis Tertius» tiene un lugar clave en la narrativa de Borges, que lo colocó al comienzo de su libro *Ficciones* e involucró en él los temas centrales de su obra. Esta posición subraya la importancia que tiene una parodia de la utopía en la visión borgesiana del mundo. De acuerdo con las reglas del género utópico, el cuento comienza en el mundo «real», donde se encuentran el autor y su amigo, y se dirigen a un lugar inexistente —en este caso no geográfico sino enciclopédico—: Uqbar es una entrada en un tomo inexistente de la *Anglo-American Cyclopaedia*, y tan sólo en la literatura de Uqbar, en una ficción de la ficción, se encuentra el propio lugar utópico, el planeta Tlön. Allí se multiplica el juego de la ficción: el idealismo de la filosofía de Tlön afecta a la realidad en que las ideas engendran objetos secundarios llamados *hrönir*. Tlön tiene todos los atributos utópicos: un lugar aislado y excluído del tiempo, con una organización premeditada, de «rigor de ajedrecistas», y una lengua artificial. Es esclarecedor relacionar la utopía con la enciclopedia: la idea ilustrada de hacer un compendio de todos los conocimientos es un aspecto utópico, que va a crecer vertiginosamente con los inventos informáticos (anticipados por Borges, también, en el cuento «Funes el memorioso»).

La «Postdata», al final del cuento, explica que Tlön lo creó una sociedad secreta, por estímulo del ascético millonario Ezra Buckley (un oxímoron borgesiano): «Buckley descree de Dios, pero quiere demostrar al Dios no existente que los hombres mortales son capaces de concebir un mundo» (Borges 1996: 441). Éste es el primer principio de la utopía: la invención racional del mundo. En general, la simboliza una ciudad ideal —aquí hiperbolizada en todo un planeta (en su invención, el millonario Buckley no es nada ascético).

Borges juega con una parodia de la concepción europea de la utopía como la formuló, críticamente, Ortega y Gasset: la utopía en cuanto un proyecto de «la razón geométrica» que intenta subordinar la diversidad de la vida a las reglas abstractas. La utopía presenta su propia construcción como la única verdad, a la cual Ortega opone una pluralidad de perspectivas (1981: 149). Según la crítica de Ortega —con la cual coincide la visión borgesiana de la utopía—, un problema esencial de la civilización occidental consiste en la invención racional de ideas inadecuadas a la vida.

El segundo principio subrayado por Borges es el afán trágico por realizar la utopía —que Tomás Moro no proponía pero que está latente en un modelo utópico y, más tarde, se pone de relieve:

> Casi inmediatamente, la realidad cedió en más de un punto. Lo cierto es que anhelaba ceder. Hace diez años bastaba cualquier simetría con apariencia de orden —el materialismo dialéctico, el antisemitismo, el nazismo— para embelesar a los hombres. ¿Cómo no someterse a Tlön, a la minuciosa y vasta evidencia de un planeta ordenado? [...] El contacto y el hábito de Tlön han desintegrado este mundo. Encantada por su rigor, la humanidad olvida que es un rigor de ajedrecistas, no de ángeles (Borges 1996: 442-443).

Sin embargo, la relación de Jorge Luis Borges con la utopía es ambigua: no solamente irónica sino también gozosa. Borges disfruta de la imaginación que va más allá de la realidad, descubriendo posibilidades invisibles. El cuento sobre Tlön no sólo pone un espejo crítico al racionalismo utópico, sino que se detiene con deleite en el país de las maravillas detrás del espejo. La utopía y toda la filosofía sistemática le fascina a Borges no por proponer un sistema universal sino por surgir de la imaginación. Cuando la invención utópica o filosófica se presenta como una descripción omnivalente, es risible; pero la capacidad de inventar descubre en el mundo posibilidades inopinadas. En la obra de Tomás Moro, la utopía aporta un modelo hipotético y no un proyecto del futuro. Y eso es precisamente lo que le atrae a Borges: pues una palabra clave de su propia creación es «la conjetura». El centro de gravedad se traslada del orden racional hacia la imaginación.

A diferencia de Borges, otro crítico de la utopía moderna, Octavio Paz, no ve el problema del pensamiento utópico en su racionalismo sino en su obsesión por el futuro. La concepción lineal de la historia como un avance siempre adelante, igual que la persecución diaria de nuevos productos (nuevos embalajes) y nuevas vivencias, desplaza el sentido de la vida hacia el futuro (Paz 1983: 279). La vida está en otra parte y en otro tiempo —puras promesas de «alguna vez», en un futuro espléndido.

A pesar de su actitud crítica, Octavio Paz, igual que Borges, tiene una relación ambigua con la utopía. Su rechazo de la obsesión por el futuro y su propio énfasis en el presente surgen de una determinada concepción armónica que tiene ya algo que ver con el anhelo utópico y también con el mito arcádico: no se proyecta en el futuro sino en una unidad primordial, anterior al tiempo. El «presente eterno» de Octavio Paz yace escondido en las bases del mundo humano, y la poesía es justamente el medio de vislumbrar un instante esa realidad original.

De esta manera, los dos escritores aprecian el aspecto que es común a la utopía y la literatura: la imaginación.

LA CONCEPCIÓN HISPANOAMERICANA DE LA UTOPÍA

El segundo aspecto del tema de la utopía es su propia concepción formulada en los ensayos hispanoamericanos. Podemos observar una contradicción: por una parte, en Latinoamérica se critica el pensamiento utópico europeo y no se escribieron allá textos del género utópico clásico; or otra, el aspecto utópico está implícito en toda la literatura y el pensamiento hispanoamericano; a comienzos del siglo XXI, cuando en otros lugares la utopía no despierta mayor interés (en los países ex socialistas se ha considerado obsoleta), en Latinoamérica sigue viva. Creo que una explicación de su importancia se puede buscar en el vínculo entre la utopía y la identidad cultural. El otro mundo no está en otra parte sino que es la misma América. No hay que viajar a otros lugares, allí mismo se encuentra «lo real maravilloso». La utopía, en las tierras americanas, puede tomarse como uno de los componentes que integran su propia historia. Si bien en la época colonial América fue un objeto de los sueños y los intereses europeos, desde el comienzo del siglo XIX llega a ser el sujeto de su propia historia y sus propias perspectivas.

A comienzos del siglo XIX, la emancipación hispanoamericana tomó las riendas de la historia en sus manos. Acogió las ideas de la Ilustración francesa y de la Independencia norteamericana, pero sólo como estímulos para sus propias soluciones. No quería imitar proyectos ajenos; lo que la inspiraba era el espíritu utópico: una confianza en su futuro y una imaginación alternativa. Ya en el transcurso de las luchas independentistas, Simón Bolívar subrayó la importancia de la imaginación: entre la posibilidad de imitar o de improvisar prefirió la improvisación. Con el mismo ímpetu, más tarde, José Martí propone la necesidad de «crear» como lema de la generación joven y del continente joven, que retorna a su propia historia y sus propias fuentes; para ello propone una hipérbole provocativa: los jóvenes de América «entienden que se imita demasiado, y que la salvación está en crear.

Crear es la palabra de pase de esta generación. El vino, de plátano; y si sale agrio ¡es nuestro vino!» (1971: 165).

Los ensayistas hispanoamericanos caracterizan la imaginación con los conceptos hermenéuticos de interpretación y comprensión. Alfonso Reyes escribió: «La imaginación, la loca de la casa, vale tanto como la historia para la interpretación de los hechos humanos. Todo está en saberla interrogar y en tratarla con delicadeza» (1960: 75) .Un sentido similar lo expresa una serie de defensas de la poesía, desde los ensayos de José Martí hasta los de Octavio Paz.

En el concepto de la imaginación, los autores hispanoamericanos no destacan tanto la libertad creativa (que interesaba a los pensadores europeos, por ejemplo, a Jean-Paul Sartre); les importan más las posibilidades ocultas del mundo, la capacidad de imaginarse este mundo de otra manera: vislumbrar algo radicalmente diverso a la realidad que tenemos a la vista. La imaginación no crea algo nuevo del todo, sino que descubre puntos de vista alternativos y re-crea las imágenes esenciales de su cultura. En este sentido, dice Octavio Paz que la contribución de la poesía es la memoria (1990: 68). De modo similar, Jorge Luis Borges relaciona la creación y la tradición: «los verbos *conservar* y *crear*, tan enemistados aquí, son sinónimos en el Cielo» (1996: 363). Una cultura permanece viva al re-crearse; y, por otro lado, (re)crear las imágenes significa encontrar relaciones sumergidas en el fondo de las palabras y de la memoria de una comunidad.

Ya por lo dicho se nota que la concepción hispanoamericana de la utopía difiere de la europea por tener otros acentos: en primer lugar, no predomina el modelo racional (la «razón geométrica» orteguiana) ni la obsesión por el futuro, sino la imaginación alternativa; en segundo lugar, existe un vínculo especial de la utopía con la historia americana.

Alfonso Reyes, gran conocedor de la cultura helénica, renovó la idea antigua del «mejoramiento humano». Reyes no excluía el logro del mejoramiento humano de la historia sino que lo incorporó en el «tiempo largo» de los grandes ciclos culturales, en cuyo proceso participa cada vida humana: el hombre es un «injerto"»de sus antepasados y responsable de las generaciones futuras. En los años de la Segunda Guerra Mundial escribió:

> Nos negamos a admitir que el mundo de mañana, el que nazca del conflicto, pueda ser únicamente el fruto de la exasperación, de la violencia,

del escepticismo. No: tenemos que legar a nuestros hijos una tierra más maternal, más justa y más dulce para la planta humana (Reyes 1960: 153).

En el mismo sentido, Pedro Henríquez Ureña habla del «ansia de perfección»; en este sintagma une el ansia vital con la perfección abstracta, insinuando lo esencial de la utopía (otras palabras claves de la utopía las usa en los títulos de sus ensayos «El descontento y la promesa» o «Patria de la justicia»). Henríquez Ureña incluye el «ansia de perfección» en una historia que, a diferencia de la utopía, no tiene comienzo: no se empieza desde cero, América Latina ya no se ve como «pueblo joven». La historia americana se concibe en su particularidad espacial, es decir, en la coexistencia de diversas tradiciones culturales que comparten el mismo espacio. Es por eso po lo que no sucumbe al nacionalismo militante y, según la opinión de estos pensadores, es capaz de asumir la herencia del humanismo en el momento en que Europa lo prevarica.

Desde los años treinta del siglo XX, la reflexión de la identitdad cultural hispanoamericana se amarga, criticando, con escepticismo, las consecuencias de las utopías proyectadas en América. Ezequiel Martínez Estrada ve el problema de la existencia argentina en la carga enorme de sueños desvanecidos de una vida mejor. Buenos Aires, la ciudad con inmigración más grande en el mundo, aparece en su obra como un trasatlántico que no navega a ninguna parte y cuyos pasajeros, después de atravesar el océano, perdieron el coraje para seguir al interior del país (Martínez Estrada 1991: 144).

En vez de utopía se ha producido una heterotopía: un espacio específico en que es «representada, negada e invertida» toda la cultura. Si bien en la concepción de la heterotopía de Michel Foucault (1994) ésta viene definida en tanto que espacio delimitado, como, por ejemplo, la cárcel, el jardín, el museo, el barco, en Argentina tal espacio extraño es justamente el centro del mapa, su hipertrofiada capital.

En el pensamiento hispanoamericano de hoy se propone «la reconstrucción de la utopía» —tal como tituló su libro del año 1997 Fernando Aínsa—. De nuevo, el descontento se aúna a la promesa. ¿De dónde surge la esperanza? América Latina ha sido «siempre pluralista y receptiva a todo tipo de relaciones interculturales. Su gente, tanto como sus ideas, ha estado más abierta al 'otro' que en las regiones del mundo caracterizadas por civilizaciones cerradas» (Aínsa 1999: 71). Cierta promesa la expresa también Carlos Fuentes al final de *El espejo enterrado*: «¿Hay alguien mejor preparado que nosotros, los españoles, los hispanoamericanos y los hispánicos en los Estados Unidos para tratar este tema central del encuentro con el otro en las condiciones de la modernidad del siglo venidero?» (1992: 379).

Hay que tener en cuenta que al introducir el principio de pluralidad, el sentido mismo de la utopía se transforma: las reflexiones sobre la utopía no aspiran a validez universal sino que se concentran en una coexistencia de «utopías parciales». Fernando Aínsa ha llamado esta tendencia «utopía consensual»:

> Hoy la alternativa dicotómica tradicional entre la propuesta de una sociedad radicalmente diferente o la aceptación de la existente con reformas y cambios tiende a sustituirse por la existencia de una multiplicidad de utopías parciales, consensuales, generadas en forma colectiva en los espacios propicios del mundo de la educación y el trabajo y en el fragmentario de las ciudades (Aínsa 1999: 73).

Ernesto Sábato habla de ecotopías o de utopía de comunidades: «Por lo demás, no se pretende imaginar perfectos paraísos terrenales sino simplemente comunidades mejores, a la luz de la experiencia de los últimos siglos y con el auxilio de una filosofía que ya conoce y ha denunciado la catástrofe...» (1987: 134-135).

He tratado de mostrar que la mayor vitalidad de la reflexión de la utopía en esta región del mundo se debe a su vínculo con el tema de la identidad cultural y a su diferente concepción, que dos siglos del pensamiento hispanoamericano liberaron de la rigidez racionalista, la abrieron a la historia y la ligaron con la imaginación. Desde luego el descontento, la fuente de todas las utopías, va más allá de la esfera del pensamiento. La vitalidad mayor de la utopía en América Latina, sin duda, se debe a las agudas diferencias sociales y la gran miseria que padece —ya que la utopía ofrece, usando las palabras de Henríquez Ureña, la patria de la justicia.

LA UTOPÍA Y EL QUIJOTISMO EN LA NOVELA

La utopía en tanto que una imaginación alternativa atrae tanto a los ensayistas como a los novelistas. Carlos Fuentes la consideró uno de los aspectos fundamentales de la novela, en su libro *Valiente mundo nuevo*, cuyo título alude al motivo de la utopía en *La tempestad*, de Shakespeare, y el subtítulo precisa: *Épica, utopía y mito en la novela hispanoamericana*.

¿Qué es lo que puede añadir el género novelesco a la reflexión de la utopía? Desde luego, la imagen narrativa. Según una observación de María Zambrano: «quizás la imagen, aun no tenida en cuenta por quien edifica la utopía, tenga mayor fuerza atractiva, mayor eficiencia que la idea misma» (1986: 308). Se trata de una imagen de América como el lugar feliz, que oscila entre la utopía y Arcadia pastoral —siendo la tradición pastoral más fecunda para la novela (Frey 1982), especialmente para su tipo idílico.

Entre los novelistas hispanoamericanos del «boom», sólo Alejo Carpentier asume plenamente la utopía, por ejemplo, en *Los pasos perdidos*. Primero, ofreciendo una visión de América como un lugar privilegiado donde existen posibilidades ya perdidas en Europa; y segundo, aprovechando algunos pricipios del género utópico: el viaje por un mundo diferente y el principio de lo ejemplar de ese mundo que visita. Ya ha observado Carlos Fuentes que «el Viajero de Moro y el Narrador de Carpentier regresan a persuadir, sermonear, transformar a sus contemporáneos occidentales» (1990: 131).

No obstante, la mayoría de las novelas no comparte la visión utópica de América. Su imaginación crea mundos que más bien simbolizan la experiencia de las utopías malogradas —la renacentista en *Cien años de soledad*, la ilustrada en *Yo el supremo*, la comunista en *El Sexto*.

En *Cien años de soledad*, de García Márquez, el primer Buendía funda una ciudad con disposición simétrica y justa, la cual relaciona íntimamente la utopía de la ciudad ideal con la historia de América, donde no es excepcional usar el verbo «fundar la ciudad» en primera persona. Al comienzo, este lugar feliz tiene la inocencia de la edad oro, y el futuro de un siglo por delante. Al final de la novela, casi todos emigran: su nuevo sueño es París y Macondo está destinado a la extinción.

En *Yo el supremo*, Augusto Roa Bastos ha concebido la fundación del Paraguay independiente como un proyecto ilustrado del dictador Francia, inspirado por la lectura de los enciclopedistas franceses. A igual que en toda utopía, el dictador trata de mejorar el mundo a través de las instituciones, las órdenes, las leyes. Sin embargo, su intención racional se pervierte en dos direcciones: hacia la relatividad histórica y hacia la imaginación mítica indígena.

Por fin, José María Arguedas colocó en la cárcel El Sexto —una heterotopía de todo el Perú, cuyo piso superior es destinado a los presos políticos— una polémica con la ideología comunista de «la lucha de clases», que no puede llevar a una «sociedad sin clases».

A diferencia de los ensayos, en las novelas la utopía adquiere otra dimensión. Todas las novelas mencionadas que aluden al fracaso de una utopía tienen, a la vez, una relación con *El Quijote*. En *Cien años de soledad* lo indica, especialmente, «la imaginación desaforada» del fundador de la estirpe de los Buendía. En la novela de Roa Bastos *Yo el supremo*, el protagonista es explícitamente un doble oscuro de don Quijote, que aplica a la vida los principios leídos en los libros y que, incluso, tiene el propósito (así como Pierre Menard, de Borges) de «escribir una novela imitada del Quixote, por la que siente fascinada admiración» (Roa Bastos 1987: 171). También el protagonista de *El Sexto*, de Arguedas, tiene un ejemplar del *Quijote*, su único libro en la cárcel; y en un acto quijotesco llega a tomarse la justicia por su mano, ayudando a los necesitados, con consecuencias problemáticas.

La utopía y el quijotismo tienen en común la capacidad de imaginarse el mundo de otra manera y de captar las posibilidades que ofrece más allá de los intereses inmediatos. La utopía clásica y *El Quijote* parten de los ideales renacentistas de humanidad y de justicia (no olvidemos que entre todo lo heredado de Europa, el Renacimiento fue la fuente esencial de la cultura hispanoamericana).

A pesar de la fuente común, el quijotismo ofrece una alternativa al conformismo diferente de la utopía. No propone un orden general más perfecto, orientado a mejorar la organización social, las instituciones, las leyes.

En cierta medida, se encuentra cerca de una «utopía parcial», que Fernando Aínsa caracteriza como «una utopía consensual, pluralista y colectiva que abandonaría la visión profética de la utopía fuertemente ideologizada del siglo XX», agregando:

> Hoy la alternativa dicotómica tradicional entre la propuesta de una sociedad radicalmente diferente o la aceptación de la existente con reformas y cambios tiende a sustituirse por la existencia de una multiplicidad de utopías parciales, consensuales, generadas en forma colectiva en los

espacios propicios del mundo de la educación y el trabajo y en la fragmentación de las ciudades (Aínsa 1999: 73).

Pero a diferencia de las «utopías parciales», la actitud de don Quijote es individual. Por esencia, no se trata de un ideal comunitario. El quijotismo no supone una organización diferente de toda la sociedad, ni siquiera una organización diferente de un segmento de la sociedad. Parte del presupuesto de que también un solo hombre es capaz de hacer algo, de acuerdo con la máxima: si quieres que algo esté bien hecho, hazlo tú mismo.

Comparándolo con alternativas utópicas, se puede observar que la intención del personaje de Cervantes no se orienta a las relaciones vigentes entre los hombres, ni a la búsqueda, para ellas, de equilibrio y consenso. Actúa por sí mismo, desde su perspectiva, que es una entre muchas; al confrontar esta perspectiva con la de los otros surge la relatividad de cada una y la locura de la del protagonista. A la vez —y en eso consiste la polivalencia y la inmortalidad de la novela de Cervantes… en las actividades locas o risibles de don Quijote trasluce algo que va más allá de la situación empírica y que posibilita distintas interpretaciones, nunca definitivas.

La actitud de don Quijote y de Sancho surge de una realidad más amplia que la red de las relaciones sociales vigentes. Sus hechos individuales, sean locos o sensatos, son vanos solamente en las circunstancias del momento, pero el lector siente que sí tienen sentido en un horizonte más lejano. En su lucha contra la injusticia y el mal, don Quijote es siempre vencido, pero nunca se siente vencido. Su actitud surge de los valores espirituales de bondad, amor, ayuda, sin imponer a los demás su verdad. Lo fundamenal es la visión abierta del mundo y del personaje, opuesto al gesto autoritario, a los «propietarios de la verdad», a cualquier fundamentalismo.

En la novela de Cervantes, la multiplicidad de perspectivas o verdades relativas no excluye la existencia de una totalidad subyacente. El perspectivismo del Quijote, al igual que en la concepción de Ortega y Gasset, difiere fundamentalmente tanto del utopismo, como de la relatividad del posmodernismo:

> La historia, al reconocer la relatividad de las formas humanas, inicia una forma exenta de relatividad. Que esta forma aparezca dentro de una

cultura determinada y sea una manera de ver el mundo surgida en el hombre occidental no impide su carácter absoluto. [...] Más allá de las culturas está un cosmos eterno invariable del cual va el hombre alcanzando vislumbres en un esfuerzo milenario... (Ortega 1966: 312-313).

El interés de don Quijote se dirige a la «cosa» misma, por encima de las relaciones actuales, del «qué dirán», etc. La concentración en las relaciones entre los participantes, divide; en cambio, el interés por la "cosa" misma crea un horizonte común. De esta manera, el «individualismo» quijotesco es sensible al sentido de la totalidad.

Al final, cabe notar la significación del humor, en cuanto actitud abierta frente al mundo. La visión abierta del conjunto del universo, con toda su variedad y relatividad, es inseparable del humor. El humor en *El Quijote* —y en general— une la situación inmediata y la axiología atemporal, lo empírico y lo absoluto. Acaso sea el humor una posibilidad de dar a las dicotomías interiores de la cultura occidental una nueva unidad, sin excluir su contradicción.

BIBLIOGRAFÍA

AÍNSA, Fernando (1990): *Necesidad de la utopía*. Buenos Aires/Montevideo: Tupac/ Nordan.
— (1992): *De la Edad de Oro a El Dorado*. México: Fondo de Cultura Económica.
— (1999): *La reconstrucción de la utopía*. México: Correo de la Unesco.
BORGES, Jorge Luis (1996): *Obras completas*, tomo I. Barcelona: Emecé.
BUARQUE DE HOLANDA, Sergio (1987): *Visión del paraíso*. Caracas: Biblioteca Ayacucho.
CRO, Stelio (1982): «Los fundamentos teóricos de la utopía hispanoamericana», en *Anales de la Literatura Hispanoamericana,* 11, pp. 11-37.
DE TORO, Alfonso (2008): «*Borgesvirtual*: el creador de los medios virtuales-digitales y la teoría de diversos mundos», en *Borges infinito. Borgesvirtual*. Hildeheim/Zürich/New York: Georg Olms Verlag, pp. 291-305.
FOUCAULT, Michel (1984): «La pensé du dehors», en *Dits et écrits. 1954-1988*. Paris: Gallimard.
FREY, Northrop (1982): «Diversidad de utopías literarias», en Manuel, Frank E. (ed.), *Utopía y pensamiento utópico*. Madrid: Espasa-Calpe, pp. 55-81.
FUENTES, Carlos (1990): *Valiente mundo nuevo*. Madrid: Mondadori.
— (1992): *El espejo enterrado*. México: Fondo de Cultura Económica.

MARTÍ, José (1971): *Páginas escogidas*, tomo I. La Habana: Editorial de Ciencias Sociales.

MARTÍNEZ ESTRADA, Ezequiel (1991): *Radiografía de la pampa*. Nanterre *et al.*: ALLCA XX.

MORE, Thomas (1978): *Utopie*. Traducción de B. Ryba. Praha: Mladá fronta.

ORTEGA Y GASSET, José (1966): *Las Atlántidas. Obras completas*, tomo III. Madrid: Revista de Occidente, pp. 283-316.

— (1981): *Tema de nuestro tiempo*. Madrid: Alianza.

PAZ, Octavio (1983): *Los signos en rotación*. Madrid: Alianza.

— (1990): La otra voz. Poesía y fin de siglo. Barcelona: Seix Barral.

REYES, Alfonso (1960): *Obras completas*, vol. XI. México: Fondo de Cultura Económica.

ROA BASTOS, Augusto (1987): *Yo el Supremo*. Madrid: Cátedra.

SÁBATO, Ernesto (1987): *Apologías y rechazos*. Barcelona: Seix Barral.

SVATOŇ, Vladimír (2004): *Proměny dávných příběhů*. Praha: Univerzita Karlova v Praze.

ZAMBRANO, María (1986): «La huella del paraíso», en *El hombre y lo divino*. México: Fondo de Cultura Económica, pp. 306-317.

ZAVALA, Silvio (1958): «*La Utopía* de T. Moro en la Nueva España», en *El ensayo mexicano moderno*, tomo II. México: Fondo de Cultura Económica, pp. 307-327.

LAS SIETE CIUDADES DE CÍBOLA: UTOPÍA Y REALIDAD EN LA EXPEDICIÓN DE VÁZQUEZ CORONADO

Carmen de Mora

> [...] antes de ser esta firme realidad que unas veces nos entusiasma y otras nos desazona, América fue la invención de los poetas, la charada de los geógrafos, la habladuría de los aventureros, la codicia de las empresas y, en suma, un inexplicable apetito y un impulso de trascender límite (Reyes 1997: 13-14).

Ha señalado muy atinadamente Fernando Aínsa que América Latina, desde sus orígenes, ha tenido «primero a los ojos de los europeos y luego de los propios americanos, los dos ingredientes básicos de la utopía, espacio y tiempo, es decir, un territorio donde fundarse y una historia con un pasado por recuperar o un futuro donde proyectarse con facilidad» (1997: 107). La mayoría de las expediciones españolas enviadas hacia el Nuevo Mundo fueron organizadas a partir de una «geografía visionaria de América», en términos de Silvio Zavala. El hecho de que América se convirtiera para los europeos en una materialización de sueños y lugares imaginarios concebidos desde la Antigüedad generó una tensión permanente entre utopía o imaginación, y realidad, en la percepción que tuvieron de ella los exploradores y conquistadores que ha quedado testimoniada en las Relaciones y crónicas de los primeros años de la Conquista; muchos de ellos se dejaron la vida en el empeño de aquellas búsquedas quiméricas. Las ilustraciones *Delle Navigationi et Viaggi* (1550) de Giovanni Battista Ramusio, salpicadas de monstruos marinos, figuras mitológicas, plantas y animales exóticos, recrean la mentalidad mítica que impulsó los viajes, y algunas de las leyendas utópicas medievales dejaron su huella en los nombres de la geografía americana, como la Antilia y el Brasil.

A veces, era la propia realidad, y no sólo el mito, el principal motor de la búsqueda; así, las innumerables riquezas que proporcionaron las conquistas de México y Perú constituyeron una garantía sobre la posibilidad de hallazgos similares en otras regiones. De este modo surgió la leyenda de El Dorado, que alcanzó una extraordinaria difusión. Bajo el estímulo de los tesoros del imperio incaico, los conquistadores oyeron hablar de la vida del legendario cacique de la laguna de Guatavita (Colombia), quien practicaba una ceremonia en la que recubría su cuerpo desnudo de una especie de resina que espolvoreaba con oro molido, de ahí que el nombre de El Dorado se convirtiera en sinónimo de riquezas y fabulosos imperios. Con la ilusión de hallarlos Jiménez de Quesada, Benalcázar y Federman organizaron expediciones que recorrieron las regiones del Magdalena y el Amazonas. El mito de la casa del Sol también procede del imperio incaico y está asociado con la acumulación de oro en los Templos del Sol. Escribe Aínsa: «La relación intensa que la utopía mantiene con el pasadoreanima los estereotipos arcaicos de la conciencia» (2003: 6).

Mas incluso cuando los resultados no fueron los deseados aquellas incursiones en regiones desconocidas e inhóspitas sirvieron, al menos, para obtener importantes conocimientos geográficos a lo largo y a lo ancho del territorio americano; así, si la expedición de Vázquez Coronado resultó un fracaso conforme a los objetivos de riqueza que se había trazado, desde el punto de vista geográfico fue de las más importantes: desde la ciudad de México recorrieron el actual estado de Sonora, Arizona y Utah. Maureen Ahern definió este logro con palabras muy certeras: «A los veinte años del regreso de la expedición de Francisco Vázquez de Coronado en busca de las siete ciudades de Cíbola de 1540 a 1542, los grandes espacios en blanco en los mapas de Norteamérica se habían llenado de topónimos e imágenes nuevas» (1994: 187). Lo paradójico, por tanto, fue que mirando hacia el pasado, sin saberlo, se estaban sentando las bases del futuro.

Otro mito que deslumbró a los expedicionarios de Cíbola fue el de Quivira, parangonable con el del hombre dorado de América del Sur, que ejerció una enorme influencia sobre la colonización de los países del sudoeste de los Estados Unidos. Tras la fracasada expedición de Vázquez Coronado a Cíbola —que había sido precedida de otras tentativas igualmente fallidas como las de Nuño de Guzmán y fray Marcos—, hacia fines del siglo XVI, el Adelantado Juan de Oñate dejó fundado el reino de Nuevo México en aquella región. Santa Fe, la capital, sirvió de punto de partida para las sucesivas expediciones hacia las grandes ciudades «debajo del Norte». Allí fue enviado Hernando de Alvarado con veinte compañeros a averiguar y comprobar dónde se encontraban unas extrañas vacas de las que les habían hablado. Llegaron a una provincia llamada Cicuye, donde fueron recibidos con muestras de alegría, y recibieron información, de un indio, de que existían grandes poblados. Ese indio —a quien llamaron «El Turco» por su aspecto— le dio al general, que había llegado a Tiguex, la siguiente noticia:

> [...] decía que avía en su tierra un río [...], que tenía dos leguas de ancho, a donde avía peçes tan grandes como cavallos y gran número de canoas grandísimas, de más de a veinte remeros por banda, y que llevaban velas y que los señores iban en popa sentados debajo de toldos y en la proa una grande águila de oro. Decía más, quel común servicio de todos en general era plata labrada y los jarros, platos y escudillas eran de oro. Llamaba a el oro Acocáis. Diósele a el presente crédito por la eficacia con que lo decía y porque le enseñaron joyas de alatón y oliolo y decía que no era oro, y el oro y la plata cognoçía muy bien y de los otros metales no hacía caso de ellos (Mora 1992: 88).

Ni siquiera valieron los testimonios de los vecinos de Cicuye, quienes negaron tener los brazaletes de oro que «El Turco» decía y, además, aseguraron que los engañaba. De esa forma, concluido el cerco de Tiguex, se organizó un viaje en demanda de Quivira donde decía «El Turco» que había oro y plata. Finalmente, se descubrió el engaño del indio, que —según confesó— había sido una estrategia para desorientarlos y que se perdieran en los llanos, en consecuencia, los caballos morirían de hambre y ellos podrían vencerlos más fácilmente.

Fracasadas o exitosas todas las expediciones y conquistas tuvieron un elemento común: las incontables dificultades y penalidades que tuvieron que sufrir quienes participaron en ellas para llevar a cabo sus objetivos:

> El rico circuito entablado entre ambos —imaginación y realidad— es parte del motor de la historia americana, hecha no sólo de sueños no cumplidos, sino de la esperanza objetivada y arrebatada con energía a un espacio no siempre tan generoso y paradisíaco como se creyó en un

principio y a un tiempo histórico no siempre dispuesto a darle legitimidad a los productos de la imaginación (Ahern 1994: 108).

LAS SIETE CIUDADES DE CÍBOLA: LA GESTACIÓN DEL MITO EN EUROPA

La utopía de las siete ciudades de Cíbola está muy relacionada con el mito de la Atlántida que aparece en dos diálogos de Platón: el *Timeo* y el *Critias*. En el segundo, Critias cuenta una historia que decía haber escuchado de niño a su abuelo, quien a su vez la conocía a través de Solón, y éste, de unos sacerdotes egipcios de la ciudad de Sais. En dicha historia se hablaba de la Atlántida, isla situada frente a las columnas de Hércules que desapareció en el mar a causa de un gran terremoto seguido de una inundación. En el *Critias* se explica que los dioses decidieron de esa manera castigar la soberbia de sus habitantes. Esta historia, cuya veracidad ha sido puesta en duda, fue rescatada en el Renacimiento por los humanistas y adoptada como un modelo de utopía, puesto que el gobierno de la Atlántida había estado presidido por la justicia y la virtud, hasta que los atlantes, que la habitaban, se dejaron arrastrar por la soberbia y la ambición. Con razón argumenta un heredero del humanismo como Pedro Henríquez Ureña: «La utopía no es un vano juego de imaginaciones pueriles: es una de las magnas creaciones espirituales del Mediterráneo, nuestro gran mar antecesor. El pueblo griego da al mundo occidental la inquietud del perfeccionamiento constante» (1989: 6). Sin embargo, el concepto de utopía que manejo aquí carece del valor edificante en que lo entiende Henríquez Ureña, para pasar a asimilarse al mito. Aínsa se ha referido a esta peculiaridad de las relaciones entre mito y utopía en América sobre todo en la fase inicial:

> Pese a que la diferencia entre mito y utopía se puede precisar en un plano teórico, resulta mucho más difícil establecerla en la práctica, especialmente en el caso de América Latina. En efecto, es casi imposible separar en el momento del encuentro, de la conquista y la colonización, el proceso de mera transculturación de mitos clásicos como los de la Edad de oro, el Paraíso Terrenal, las Islas Fortunadas, la Arcadia, el país de Jauja o de Cucaña, de lo que es la propuesta concreta de construcción de la Ciudad Ideal de la utopía (1990: 27).

De este mito derivó la creencia medieval en lugares e islas fabulosas, en medio del Océano Atlántico, que llegaron a figurar en la cartografía de la época: la isla de San Brandan (o Borondon), procedente de una vieja leyenda irlandesa; la de Brasil, de origen desconocido; la isla de los Hombres y las Mujeres –reminiscencia del mito clásico de las amazonas; o la isla de la Mano de Satán. De todas, la que más tiempo ha perdurado en los mapas, es la de Antilia o Antilla, identificada por Cronau con la antigua Atlántida.[1] Con frecuencia la Antilla figura con el nombre de Sette Ciudades o Sete Ciudades (isla de las Siete Ciudades), así, alude Cronau a una noticia anotada en el célebre «Globo terráqueo» de Martin Behaim, que se conserva en Nüremberg, a propósito de la Insula Antilla, llamada Septe Citade:

> En el año 734, según se cuenta desde el nacimiento de Cristo, cuando toda Hispania estaba conquistada por los herejes de África, fue habitada la descrita isla por un arzobispo de Porto Portugal, con seis obispos más y otros cristianos, hombres y mujeres, que habían huido de Hispania con su ganado y toda su hacienda. En el año 1414 pasó cerca de ella un buque venido de Hispania (Cronau 1982: 208).

Después del descubrimiento de América aparece en el mapamundi de Ruysch, de 1508, y en el globo de Schöner, de 1523. Durante el reinado de Juan II de Portugal se hicieron varios intentos para volver a encontrar la isla de las Siete Ciudades; entre ellos el de Fernando Dulmo, quien hizo en marzo de 1480 una instancia al rey solicitando que le regalase la Gran isla o islas o Continente, llamada de las Siete Ciudades, la cual se comprometía a buscar. Como Dulmo no podía sufragar él solo los gastos de la expedición estableció un contrato con un tal Alfonso por el que le cedía a éste la mitad de sus derechos a

---

[1] Según los datos recogidos por Cronau, en 1414, un buque español llegó a las inmediaciones de esta isla. Diez años después aparece la parte norte de la isla en un atlas italiano que se conserva en la Biblioteca de Weimar. La información de que barcos españoles habían penetrado hacia Occidente se confirma en los mapas dibujados en 1436 por Andrés Bianco y en 1434 por el genovés Bedario o Bedrazio. Enrique de Gandía proporciona algunas fechas anteriores a las recogidas por Cronau: la del mapa de Pizigani, de 1367 y el de Portulano de 1424. El dibujante Andrés Benicasa dibujó un mapa por 1476 en el que da a la isla Antilla forma prolongada. También las cartas de Bartolomé Pareto (1475), de Fray Mauro (1460), Ortelius, Mercator y Toscanelli (1484) dan cuenta de su existencia. Cf. Cronau (1982: 206).

cambio de la financiación. Sin embargo, aunque se conocen todos los detalles de los preparativos, se ignora si se llevó a cabo dicho viaje. Poco más tarde, en 1486, el rey comisionó al navegante flamenco van Olmen y al portugués Juan Alfonso del Estreito para encontrar la isla de las Siete Ciudades y para hallar la Antilla, en caso de que no se tratara de la misma isla. Por otra parte, el embajador de Ludovico el Moro en Londres informaba en 1497 de que Juan Gaboto la había hallado a cuatrocientas leguas al occidente de Inglaterra.

El sincretismo con otras leyendas de origen americano

En lugar de desaparecer al enfrentarse a la realidad, los mitos y leyendas se actualizaron y transformaron, e influía en ello la contaminación con otros de carácter local, pues todas las informaciones que recibían los españoles para localizar los lugares míticos de la imaginación europea procedían de informantes indígenas, de ahí que, a veces, el Dorado, las Amazonas o la Fuente de la juventud se situaran en varios lugares (cf. Aínsa 1994: 115-116). Señala Enrique Gandía que, una vez realizado el descubrimiento de América, la leyenda de los Siete Obispos refugiados en una tierra desconocida se mantuvo latente hasta mediados del siglo XVI. Y reconoce en el origen de esta leyenda tres influencias: la de los Siete Obispos huidos de Portugal; el mito religioso de los indios mexicanos, el Chicomoztot, o siete cuevas, de donde habían traído su origen las siete tribus de los nahuas;[2] y la que tal vez se originara a partir de las declaraciones de los indígenas y del aspecto fantástico que en la lejanía presentaban las casas construidas en las rocas.

La primera noticia de las siete ciudades se dio en la Jornada que hizo Nuño de Guzmán a la Nueva Galicia hacia 1529, cuando era presidente de la Primera Audiencia de Nueva España. Guzmán tuvo como criado a un indio del valle de Oxitípar, a quien los españoles llamaban Tejo. Según el testimonio de Castañeda Nájera, en su *Relación*, éste le contó que, cuando era niño, su padre solía dirigirse tierra adentro para mercadear con plumas de aves y, a cambio, recibía mucha

---

[2] Piensa Gandía que la relación de estas siete cuevas misteriosas pudo ser confundida con la leyenda de las Siete Ciudades (1946: 65).

cantidad de oro y plata. En un par de ocasiones en que había acompañado a su padre, pudo ver pueblos muy grandes, comparables a México y su comarca, entre ellos, siete pueblos, a los que se tardaba en llegar cuarenta días desde su tierra, donde había calles de platería (cf. Mora 1992: 64).[3] A raíz de esta noticia, Nuño de Guzmán reunió casi cuatrocientos hombres españoles y veinte mil indios amigos de Nueva España para ir en busca de las Siete Ciudades. Pero cuando llegaron a Culiacán no pudieron seguir adelante porque la cordillera de la sierra se lo impedía y se detuvieron allí, poblaron la ciudad y regresaron (Primera parte, cap. primero).

Otro testimonio procede de los supervivientes de la fracasada expedición de Pánfilo de Narváez a la Florida (1527): Álvar Núñez Cabeza de Vaca, Alonso del Castillo Maldonado, Andrés Dorantes y el negro Esteban. Fueron sobre todo Álvar Núñez y Estebanico quienes propagaron la leyenda de la existencia del rico país de las Siete Ciudades. Robert Ricard, basándose en la idea sugerida por Gandía de que, en la expedición de fray Marcos fue la fantasía del negro Estebanico la que avivó la leyenda, sugiere que éste la conocía por ser natural de Azamor, ciudad árabe ocupada por los portugueses entre 1513 y 1542 (1929: 414). Para Ricard el caso de Estebanico no era aislado y piensa que la leyenda pudo transmitirse, directa o indirectamente, dado que está demostrada la existencia de influencias portuguesas en México, sobre todo en el norte del país, en el siglo XVI. También recuerda que el maestro de Estebanico, Andrés Dorantes, vivía en Gibraleón, en la actual provincia de Huelva, y que Cabeza de Vaca era de Jerez de la Frontera, es decir, de una zona, en la Baja Andalucía marítima, donde las relaciones con Portugal han sido constantes en la época de los grandes descubrimientos (Ricard 1936: 404-405).

Bandelier aporta datos que apuntan a otra expedición previa a la que llevara a cabo fray Marcos. Alude al testimonio del franciscano fray Juan Domingo Arricuita, quien en el prólogo de su *Crónica seráfica y apostólica* del colegio de Propaganda Fide de la Santa Cruz de Querétaro de la Nueva España (México, 1792), menciona que en el año 1538, en el mes de enero, partieron de México, bajo las órdenes del virrey, los padres fray Juan de la Ascensión y fray Pedro Nadal, y

---

[3] En lo sucesivo, para las Relaciones sobre Cíbola las citas corresponden a esta esta misma edición.

viajando al Noroeste alrededor de 600 leguas alcanzaron un río muy profundo que no pudieron atravesar. Aduce que en el siglo XVI no existe otro testimonio de dicha expedición a no ser el de fray Jerónimo de Mendieta, en su *Historia eclesiástica indiana* (libro cuarto, cap. XI), libro que trata sobre el proceso de conversión de los indios de la Nueva España (cf. Bandelier 1890). En efecto, en el capítulo XI, refiere Mendieta que entre los prelados de Nueva España el que más se preocupó de enviar ministros a predicar el Santo Evangelio por el Nuevo Mundo fue fray Antonio de Ciudad Rodrigo. De los numerosos frailes que envió, dos fueron, hacia 1538, por tierra y por la misma costa del Mar del Sur, hacia el norte por Jalisco y la Nueva Galicia. Iban acompañados de un capitán que también se disponía a descubrir nuevas tierras. Hallaron dos caminos abiertos, el capitán escogió el que quedaba a mano derecha, pero se encontró con un terreno tan montañoso que no pudo seguir adelante y tuvo que volverse. De los frailes, uno cayó enfermo y también se volvió, y el otro, con dos indios intérpretes, tomó el camino de la izquierda, que iba hacia la costa, y lo encontró expedito. Después de caminar doscientas leguas tuvo información de que más al norte había un país muy poblado, de gente vestida, que tenían casas de tierra de varios pisos. Y también de que había vacas salvajes y turquesas. Comenta Mendieta: «En demanda de esta tierra habían salido muchas y gruesas armadas por mar, y ejércitos por la tierra, y de todos la encubrió Dios, y quiso que un pobre fraile descalzo la descubriese primero que otros».[4] Y aunque no da los nombres de los dos expedicionarios sí determina que su viaje precedió al de fray Marcos e inclusive fue el estímulo más directo de éste.

Datos muy similares fueron recogidos en la *Historia* de Mota Padilla.[5] A pesar de la falta de noticias sobre dicha expedición Bandelier admite que fue el primer descubrimiento del territorio conocido actualmente por Arizona.[6]

Los indicios aportados por Cabeza de Vaca no bastaban para organizar una expedición en toda regla; sin embargo, el virrey Mendoza estaba muy interesado en descubrir lo que había más allá de las mon-

---

[4] Cf. <http:// www.cervantesvirtual.com/servlet/SirveObras/1203830532892 37286>.

[5] Éste, además, identificaba a uno de los religiosos con Fray Juan de Olmeda. Cf. Mota Padilla (1973: cap. XXII).

[6] *Cf.* Bandelier (1980: cap. II, 2ª parte).

tañas del Norte. Para ello contaba con la valiosa ayuda de Estebanico tanto por los años vividos entre los indios como por sus conocimientos de las lenguas indígenas. De este modo organizó una expedición dirigida por fray Marcos de Niza ayudado por el negro Esteban.[7]

La *Relación* de fray Marcos contiene varias informaciones sobre las siete ciudades, y casi todas provienen de los informantes que Esteban, que se había adelantado hacia el Norte, le enviaba. Uno de los indios que había estado allá ofrece la siguiente descripción:

> […] en esta primera provincia hay siete ciudades muy grandes, todas debajo de un señor, y de casas de piedra y de cal, grandes; las más pequeñas de un sobrado y una azotea encima, y otra de dos y de tres sobrados, y la del señor de cuatro, juntas todas por su orden; y en las portadas de las casas principales muchas labores de piedras turquesas, de las cuales, dijo, que hay en gran abundancia. Y que las gentes destas ciudades anda muy bien vestida. Y otras muchas particularidades me dixo, así destas siete ciudades como de otras provincias más adelante, cada una de las cuales dice ser mucho más cosas questas siete ciudades (333-334).

Y a medida que fray Marcos avanzaba en el camino, se confirmaban las noticias que había recibido desde un principio tanto por las señales que le dejaba Esteban[8] como por las noticias de los indios. Cuando ya se encontraba cerca, supo que a Esteban lo habían matado por haberse arriesgado a entrar en la ciudad; a pesar de ello consiguió que dos indios principales lo acompañaran a la vista de Cíbola: «Tiene muy hermoso parecer de pueblo, el mejor que en estas partes yo he visto; son las casas por la manera que los indios me dixeron, todas de piedra con sus sobrados y azuteas, a lo que me pareció desde un cerro donde me puse a vella. La población es mayor que la ciudad de México» (348).

---

[7] En una certificación de fray Antonio de Ciudad Rodrigo, fraile de la orden de los Menores y ministro provincial, se explica que la elección de fray Marcos se debió al hecho de ser docto en teología, en cosmografía y en «el arte de la mar» (Pacheco/Cárdenas/Torres de Mendoza 1864-1888: 328-329).

[8] Según fray Marcos, le había encargado: «Que si la cosa fuese razonable me enviase una cruz blanca de un palmo; y si la cosa fuese grande, la enviase de dos palmos; y si fuese cosa mayor y mejor que la Nueva España, me enviase una gran cruz» (Mora, 1992: 333).

Como reconoció Maureen Ahern, «Cíbola era la configuración de una cadena de discursos orales y escritos que habían cautivado la imaginación y las ambiciones políticas de Nueva España por más de una década». Se refiere a los discursos orales: el del indio Tejo a Nuño y Diego de Guzmán; el de los indígenas a Cabeza de Vaca y sus compañeros, los que Marcos de Niza pudo escuchar de los guías y el que el propio Marcos de Niza le refirió al virrey Mendoza (cf. Ahern 1998: 189).

En cuanto a la expedición de Vázquez Coronado, de acuerdo con la información que proporciona la *Relación* de Castañeda Nájera, se organizó de la siguiente manera. El virrey don Antonio de Mendoza reunió a los expedicionarios en la ciudad de Compostela, cabeza del Nuevo Reino de Galicia, de donde partieron el primero de febrero de 1540. Después de acompañarlos durante dos jornadas, él regresó a Nueva España. En simultaneidad con ésta había organizado otra expedición, al mando de Pedro de Alarcón, destinada a salir con dos navíos que estaban en el puerto de Navidad, el San Pedro y el Santa Catalina, hacia Jalisco y seguir la ruta del campo, por mar, para prestar ayuda a los expedicionarios de tierra y hacer descubrimientos por la costa. Fray Antonio Tello añade a las motivaciones conocidas que tuvo el virrey para organizar la jornada otras de carácter social:

> Por estas cossas vinieron a encontrarse el Virrey y el Marqués del Valle, de que se siguió que el Marqués volvió a España, donde murió, y el Virrey se determinó a enviar a la jornada, porque en aquel tiempo se hallaba mucha gente desocupada y vacía en la tierra y como corcho sobre el agua, y agua reposada, sin tener donde salir ni en que occuparse, y todos atenidos a que el Virrey les hiçiese algunas mercedes y a que los vecinos de México le sustentasen a sus mesas, los quales lo haçían con muy buena voluntad, y así se halló luego gente y se aprestaron para la jornada más de tresçientos hombres [...] (Tello 1973: 126).[9]

Las malas noticias no se hicieron esperar. Vázquez Coronado había enviado, en una breve expedición, al capitán Melchor Díaz, Juan de Saldíbar y una docena de hombres de Culiacán, para buscar aquellas tierras en las que fray Marcos decía que había tantas grandezas y que

---

[9] Más tarde, Mota Padilla retomaría casi literalmente las palabras de este cronista. Cf. Mota Padilla (1973: 111).

el negro Esteban había descubierto. Llegaron hasta Chichiltic-calli y al no hallar nada de interés tuvieron que regresar. Fray Marcos se encargó de disipar los recelos y dudas que generaron tan malas nuevas.

Cuando en mayo de 1540 Vázquez Coronado y los hombres que lo acompañaron llegaron al primer pueblo de Cíbola quedaron desengañados de las noticias que fray Marcos de Niza había traído de aquellas tierras. Dice al respecto Castañeda Nájera en el capítulo noveno de su *Relación*: «y como bieron el primer pueblo que fue Cíbola fueron tantas las maldiciones que algunos echaron a fray Marcos cuales Dios no permitan le comprendan» (76). Y como si quisiera contrastar y contradecir la descripción del fraile presenta una visión desmitificadora: «Él es un pueblo pequeño, ariscado y apeñuscado, que de lejos hay estancias en la Nueva España que tienen mejor aparençia. Es pueblo de hasta doscientos hombres de guerra, de tres y de cuatro altos, y las casas chicas y poco espaciosas no tienen patios. Un patio sirve a un barrio» (77). El asombro del relator describe bien el que debieron sentir todos cuantos se habían embarcado en aquella empresa en busca de riquezas: «Porque aber fama tan grande de grandes tesoros y en el mismo lugar no hallar memoria ni apariencia de aberlo, cosa es muy de notar. En lugar de poblados hallar grandes despoblados, y en lugar de ciudades populosas hallar pueblos de doscientos vecinos…» (108). Al menos sí comprobaron que tenían turquesas aunque no tantas como había dicho fray Marcos.

Otra descripción muy detallada aparece en el libro segundo, capítulo CII de la *Crónica miscelánea de la Sancta Provincia de Jalisco* de fray Antonio Tello:

> El General, dándose la mayor priesa que pudo, llegó a Tzíbola y vio que era un pueblo repartido en dos barrios, uno que estaba en un altillo, y otro en la falda que hacía un llano, y que tenían las cassas de tres y quatro altos, y estaban como cercados, de manera que haçían al pueblo redondo, unas cassas junto a otras y todas las puertas hacia dentro, dexando una o dos entradas y salidas a él, y en medio un gran patio, y en la mitad de ese patio, debaxo de tierra, tenían una gran sala cubierta con unas grandes vigas de pino y encima mucha tierra, y por arriba una portañuela a manera de las de los navíos, y puestas por escalera dos grandes vigas, y en el suelo un fogón pequeño, y las paredes y todo muy bruñido y encalado; y allí se están ellos todos los días y noches jugando, y las mujeres están en las cassas, haçiendo las comidas, y se las llevan allí. Este

656   Carmen de Mora

es el orden de todos aquellos pueblos, que por toda aquella tierra vieron (Tello 1973:141).[10]

Fray Marcos construyó su *Relación* desde la confianza en el mito de las Siete Ciudades y de que, en consecuencia, hallaría en la región de Cíbola las riquezas imaginadas. Su propósito consistió en persuadir al virrey de esa verdad subjetiva y a ella subordinó el resto de la narración. Estilísticamente destaca, con ese fin, el uso de la *repetitio*: poblaciones grandes, comida abundante, buena acogida de los indios, gente bien vestida y con adornos valiosos, son los elementos recurrentes. Pero fray Marcos era consciente de que un obstáculo se oponía al poder persuasivo de su discurso: el hecho de que sus informantes eran indios, ya que no tenía comunicación directa con Esteban porque éste iba muy por delante. Para contrarrestar este punto débil, el fraile se preocupó de mostrar que había indagado sobre su capacidad («y para saber dél como lo sabía, tuvimos muchas demandas y respuestas y halléle de muy buena razón», 150) o de reforzar las informaciones multiplicando el número de testigos, como ocurre a propósito de las poblaciones de Cíbola: «Los cuales me dixeron que, de allí, iban en treinta jornadas á la ciudad de Cibola, que es la primera de las siete; y no me lo dijo solo uno, sino muchos; y muy particularmente me dixeron la grandeza de las casas y la manera dellas, como me lo dixeron los primeros» (151).

Castañeda es el único de los autores relacionados con el mito de las siete ciudades que asume la autoría de su texto y no se presenta como simple relator. Es el único que trata de interpretar y no sólo de informar, de valorar los hechos sin limitarse a describirlos y escribe tiempo después de que los hechos hubieran ocurrido. Ello justifica que se atreva a contar la «verdad» de los hechos, a referir las desventuras y el valor de los españoles, pero también a denunciar sus flaquezas y errores. Resulta significativo que Castañeda tardara tanto en escribir su *Relación* (1563) y que lo hiciera cuando ya el virrey Mendoza, patro-

---

[10] También este autor comenta el desengaño que sufrieron el general y sus hombres: «Habiéndose el General y su gente aposentado en los dichos dos barrios, procuró saber y tener notiçia de todas las cossas que había en aquellas partes y tierra, pareçiéndole cossa de burla las grandezas que la fama publicaba de aquellas tierras, y envió a llamar y aseguró otros seys pueblos que había en aquella Provincia, y fueron siete con el primero, de que debió de tomar nombre de las Siete Ciudades» (Tello 1973: 142).

cinador de la expedición de Vázquez Coronado, hacía años que había salido de México (1551).

En la narración de Castañeda se entrecruzan datos objetivos sobre aspectos geográficos, etnográficos, culturales, etc., con datos imaginarios y fantásticos procedentes de lecturas y relatos míticos y legendarios. Los mitos de las siete ciudades y el reino de Quivira constituyen, en efecto, la sustancia legendaria que sirvió de estímulo a la expedición de Vázquez Coronado y alimentó las expectativas de riquezas que ayudaron a soportar el hambre, el frío y los enfrentamientos con los naturales. A aquellos elementos se añadían las informaciones ya mal intencionadas, por parte de los naturales, ya mal interpretadas por los españoles sobre riquezas y tesoros inexistentes. Ahora bien, no puede perderse de vista que el autor adopta en todo caso una perspectiva desmitificadora, puesto que él ya era testigo de la irrealidad de esos mitos cuando escribía; por tanto, dichas leyendas están en relación con los hechos (*res gestae*), no dependen de la visión de quien los narra. Al contrario, su texto es una crítica a la credulidad inmotivada que acarreó el desastre de la expedición, de ahí que la materia histórica se encauce a partir de la confrontación entre mito o utopía y realidad, o, lo que es lo mismo, entre engaño y desengaño.

BIBLIOGRAFÍA

AHERN, Maureen (1994): «*La Relación de la jornada de Cíbola:* los espacios orales y culturales», en Ortega, Julio/Vázquez, José Amor (eds.), *Conquista y Contraconquista. La escritura del Nuevo Mundo. Actas del XXVIII Congreso del Instituto Internacional de Literatura Iberoamericana*. México/Providence: El Colegio de México/Brown University.

AÍNSA, Fernando (1997): *La reconstrucción de la utopía*. México: Unesco.

— (1990): *Necesidad de la utopía*. Buenos Aires/Montevideo: Tupac/Nordan.

— (2003): «Más allá de la globalización. La utopía como alternativa», en García Gutiérrez, Rosa/Navarro Domínguez, Eloy/Núñez Rivera, Valentín (eds.), *Utopía*. Frankfurt: Meter Lang.

BANDELIER, Adolphe F. (1890): *Contributions to the History of the Sothwestern Portion of the United States*. Papers of the Archeological Institute of America, Am. Series, V, and The Hemenway Southwestern Archaeological Expedition, Cambridge.

CRONAU, Rodolfo (1982): *América*, I. Barcelona: Montaner y Simón.

GANDIA, Enrique de (1946): *Historia crítica de los mitos y leyendas de la conquista americana*. Buenos Aires: Centro Difusor del Libro.

HENRÍQUEZ UREÑA, Pedro (1989): *La utopía de América*. Compilación y cronología de Ángel Rama y Gutiérrez Girardot. Caracas: Biblioteca Ayacucho.

MENDIETA, Jerónimo de (fray), (1573-1597): *Historia eclesiástica indiana*, en <http://www.cervantesvirtual.com/servlet/SirveObras/1203830532892 37286> (16/08/09).

MORA, Carmen de (1992): *Las siete ciudades de Cíbola. Textos y testimonios sobre la expedición de Vázquez Coronado*. Sevilla: Alfar.

MOTA PADILLA, Matías de la (1973): *Historia del Reino de Nueva Galicia en la América Septentrional* [1742]. Guadalajara: Universidad de Guadalajara/Instituto Jalisciense de Antropología e Historia.

REYES, Alfonso (1997): *Última Tule*, en *Obras completas*, vol. XI. México: Fondo de Cultura Económica.

RICARD, Robert (1929): *Journal de la Société des Américanistes de Paris*, t. XXI.

— (1936): *Journal de la Société des Américanistes de Paris*, t. XXVIII.

PACHECO, Joaquín F./CÁRDENAS, Francisco de/TORRES DE MENDOZA, Luis (eds.) (1864-1888): *Documentos inéditos de Indias*, vol. III. Madrid: CSIC.

EL ÁNGEL DE LA UTOPÍA: HACIA UNA ICONOGRAFÍA DE LA IMAGINACIÓN UTÓPICA

Enrique Pérez Cristóbal

Con el decidido propósito de renovar las agotadas formas de reflexión en torno a la utopía, casi a punto de terminar el siglo XX, Fernando Aínsa apelaba —desde la raíz misma de la tradición latinoamericana— a la urgente necesidad de abordar de un modo interdisciplinar las distintas expresiones del pensamiento utópico (1996: 21).[1] Sugerencia que ya él mismo había practicado al abordar los diferentes vínculos entre el espacio novelesco latinoamericano y la utopía (Aínsa 1977) y que, desde entonces, no cesaría de explorar, abriendo nuevas formas de leer tanto el viejo *corpus utopicum* (Aínsa 1999) como las más recientes versiones del utopismo contemporáneo (Aínsa 2005: 185).

Es en ese marco, sugerido y ahondado por el propio Aínsa, donde debe inscribirse toda posibilidad de abordaje interdisciplinar de las formas plurales no sólo del discurso utópico, sino también de su iconografía. Frente a las innumerables alusiones a un *imaginario de la utopía*, pocas han sido hasta el momento, sin embargo, las tentativas por construir una *iconografía de lo utópico* (Klein 1970: 310-326;

---

[1] «[…] perspectiva […] que sólo enunciamos como propuesta programática para trabajos futuros. La necesidad de estudiar de forma interdisciplinaria las variadas formas *plurales* del discurso utópico, las que van de la narrativa a la teoría política, de la arquitectura a la filosofía, de las artes visuales y *visionarias* a las disciplinas científicas» (Aínsa 1996: 21).

Tibbe 2005: 99). Si no resulta demasiado difícil advertir el potencial escatológico latente en determinadas imágenes —del *hortus conclusus* a las ciudades futuristas filmadas por la ciencia ficción social—, sí parece serlo, en cambio, el precisar el mecanismo desencadenante de ese potencial, capaz de modificar e incluso de subvertir el contenido de casi cualquier imagen.

LA NATURALEZA CAMBIANTE DE LA IMAGEN Y LAS PRIMERAS REPRESEN-TACIONES UTÓPICAS

Tal y como a lo largo de la historia ha demostrado la cultura popular, no existe imagen cuyo sentido no pueda subvertirse. Una intuición que es posible encontrar en la esencia del carnaval antiguo (Caro Baroja 1979) así como en buena parte de la publicidad moderna. Tanto la entomología como el psicoanálisis, por su parte —haciéndose eco de ese carácter cambiante de la imagen— recurrirán al concepto latino de *imago* para definir la última transformación constitutiva del individuo (Chazal/Mathieu-Castellani 1994: 177). Pues como deja entrever el culto romano a las *imagines pictas* (Plinio el Viejo, *Historia natural*, XXXV, 6) o la antigua tradición de la magia simpática (Frazer 1984: 113) la imagen es, antes que nada, el resultado de una transformación. De hecho, podría decirse que es la posibilidad de mutación la condición *sine qua non* para que una imagen llegue a ser verdaderamente imagen. Su carácter cambiante hace así de ella un espacio estructuralmente abierto. Como sugiere Didi-Huberman, «la *imagen abierta* designa menos una cierta categoría de imágenes que un momento privilegiado, un *acontecimiento de imagen*, donde se rasga profundamente, al contacto de una cierta realidad, la organización aspectual de lo semejante» (2007: 35). Es precisamente esa fisura —causada por dicho contacto— la que posibilita a la imagen la asunción de nuevos significados, actualizando así una y otra vez su naturaleza de puro acontecimiento.

Al menos ya desde Platón, la imagen del cuerpo —matriz de cualquier otra imagen existente (Merlau-Ponty 1962: 15)— ha servido para ofrecer el primer modelo utópico de la ciudad ideal. La *Politeia* platónica nace así bajo el paradigma de la imagen somática (Dagognet 2008: 23), haciendo coincidir la tripartición biomórfica del cuerpo (cabeza, pecho y abdomen) con la conocida tripartición jerárquica de la sociedad (*oratores, bellatores* y *laboratores*). Imagen sobre la que más tarde se levantará la concepción del *corpus mysticum*, o cuerpo de Cristo, que organizará, a su vez, la estructura de la sociedad medieval (Le Goff/Truong 2003: 180). Como símbolo mediador o imagen de contacto, el *corpus mysticum* no deja de reflejar así aquella fisura producida justamente por su función mediadora —base de todo su potencial escatológico—. El motivo de la Piedad muestra a menudo, por ello, el cuerpo de Cristo justo en el instante de su transformación en imagen: dando lugar tanto a la hostia como al vino de la eucaristía, manando éste último, precisamente, de la llaga abierta durante la crucifixión por la lanza de Longinos —todo ello bajo el emblema del pelícano que abre sus entrañas para alimentar a sus crías.[2]

LA IMAGEN COMO EMBLEMA DE LA UTOPÍA

No sólo cambia nuestra lectura de las imágenes: su apertura esencial, como muestra el cuerpo abierto de Cristo, apunta directamente a ese *re-sorte* —visual y metafísico— que garantiza al mismo tiempo la interrupción de su sentido histórico (*hic et nunc*) y la pervivencia de su sentido utópico (*illic et deinde*). No siendo el pasado un fenómeno propiamente objetivo, sino un hecho de la memoria, no es extraño que la historia aparezca hoy antes como el resultado de sucesivos olvidos que como un *continuum* coherente y perfecto (Benjamin 2006: 431-443). Lejos de presentarse como una herencia ininterrumpida, el pasado —y con él la carga histórica de toda imagen— exige así para poder ser desvelado de una o varias cesuras. De hecho, es ese intervalo el que hace posible cada nueva lectura, a la vez que la vuelve históricamente necesaria.[3] Puede decirse que es ahí donde reside el potencial subversivo de toda imagen: en su capacidad —interrumpido su sentido histórico— de apuntar a un sentido utópico, a algo siempre radicalmente *otro*.

---

[2] Tal y como sucede, por ejemplo, en la *Imago pietatis con la Virgen y María Magdalena*, del Maestro de la Virgen de Strauss (hacia 1400, tempera sobre madera, Galería de la Academia, Florencia).

[3] Intuición que, ya en 1929, llevaría a Aby Warburg a proponer —tal y como puede leerse en su diario— una iconología del intervalo (*Ikonologie des Zwischenraumes*) (Gombrich 1992: 343).

Siendo, justamente, ese potencial de transformación el que hace de la imagen, en no poca medida, un emblema de la utopía. Al igual que ésta, la imagen también tiende a convertirse en un no-lugar, pues el paso del tiempo evacua inevitablemente su topicidad, en favor de su naturaleza de puro acontecimiento (Didi-Huberman 2007: 35). La imagen es así un tiempo, o mejor dicho, un instante condenado a deshacer una y otra vez su efímero espacio. Naturaleza aporética que comparte con el dinamismo de lo utópico. La imagen, de un modo no muy diferente a la imaginación utópica —como ya intuyó Walter Benjamin— es capaz de «cambiar nuestra imagen del mundo (*Weltbild*) en una medida todavía imprevisible» (1997: 70).

UNA ICONOLOGÍA DE LA MEDIACIÓN: LA DIALÉCTICA DEL UMBRAL

Si cada imagen almacena un potencial de alteración imprevisible, algunas de ellas han hecho de él, sin embargo, la esencia misma de su manifestación histórica. Circunstancia que resulta evidente en el caso de la figura del ángel.[4] Su capacidad para hacer de la materia una metáfora del espíritu ha convertido así al ángel en la imagen por excelencia de la mediación.

De entre toda la serie de imágenes cargadas de un potencial utópico, tal vez sea la del ángel por ello la que mejor permita entender el mecanismo de esa bomba escatológica que late en el fondo de cada imagen. Como anticipación de lo posible más allá de lo actual —según la definición de Paul Ricœur (1999: 93)—, el utopismo comparte con la angeología una cierta ordenación de lo potencial, así como un modelo imaginario de realización de lo ideal. Si la utopía representa una forma de mediación entre el presente y el futuro, la figura del ángel, en tanto que intermediario, encarna por excelencia la imagen de la *dialéctica del umbral*. Una intuición que, desde su aprovechamiento escatológico por parte de las tres religiones del libro (Alberioni 2002), levantará lentamente su monopolio, a modo de utópica polvareda,

---

[4] «[...] per esprimere la luminosità dell'Angelo gli fecero il volto rosso, le vesti candide, poi dorate, poi regali; per esprimere che era ligero comme l'aria prima gli aggunsero le ali, poi il suo corpo sfumò in una nube, poi le sue vesti si attorcigliarano, poi ne fecero una testa volante» (Bussagli 1991: 302).

hasta alcanzar a los más diversos ámbitos: desde la representación pictórica del espacio —como deja entrever, durante el Renacimiento, la
afinidad entre la perspectiva regular y la Anunciación (Arasse 1999)—
a la revolución copernicana de la visión de la historia —tal y como aparece reflejada en la pintura del siglo XX, de la *Engel-serie* de Paul Klee a
las ilustraciones bíblicas de Marc Chagall—,[5] pasando por el aprovechamiento revolucionario de la figura del ángel en América Latina,
desde la insurrección de los indios olleros de Huarochiri (O'Phelan
2002: 935-967) al ángel de la jiribilla de la Revolución cubana, invocado por Lezama Lima (1981: 111-113).

Que el ángel y la utopía comparten un mismo principio parece
corroborarlo el hecho de que el espacio originario del ángel sea no
tanto el templo, como defendía Avicena, como la *región del no-donde*
(*Nâ-kojâ-âbâd*), según sugería Sohravardî (2006: 229). Espacio utópico, por excelencia, y por ello verdadera matriz de todo espacio
ideal, como comprobaría el propio san Juan cuando uno de los siete
ángeles le otorgase la visión del plan urbanístico de la nueva Jerusalén,
modelo por excelencia, durante toda la Edad Media, de la ciudad utópica (Klein 1970: 322). Momento que, tal vez mejor que ningún otro
pintor barroco, supo apresar Alonso Cano, en el retablo de Santa Paula, en Sevilla.[6] Entre la planta geométrica de la nueva Jerusalén —detalladamente descrita en el Apocalipsis (Ap. 21-22)— y el escorzo inclinatorio de san Juan, la figura del ángel parece actuar como una suerte
de puente (armonioso a la vez que irregular) entre las formas ideales de
la ciudad sagrada y la forzada pose del cuerpo de san Juan. Hecho que
parece subrayar la fina capa al viento que rodea la espalda del ángel,
cuya forma elíptica, a la altura del apostol, se convierte en un triángulo tridimensional al ascender, ópticamente, en dirección a la nube que
sostiene a la Jerusalén celeste.

---

[5] Representaciones que corren paralelas a toda una serie de análisis históricos
donde el ángel se convierte —como sucediera ya en la historia eclesiástica (Ramírez
1994: 59)— en pieza clave de la reflexión histórica, así: en la crítica al hombre contemporáneo en el caso de las *Duineser Elegien* (Szondi 1995: 26), en el análisis de la
«imagen deseante» (*Wunschbild*) por parte de Ernst Bloch (1996: 1272), en el mesianismo apocalíptico de Walter Benjamin (2006: 438) o en la lectura mito-utópica
que, en 1959, realizara Lezama Lima de la Revolución cubana (1981: 110-112).

[6] Alonso Cano, *La visión de san Juan Evangelista de Jerusalén*. Londres, Wallace
Collection, 1638.

Diálogo —entre urbanismo utópico, mediación angélica y carnalidad— que se encuentra, a su vez, en el fondo mismo de la invención de la perspectiva. Lejos de ofrecer una imagen desteologizada de la visión del mundo, como sostenía Panofsky (1975: 158), la construcción de la perspectiva regular se constituyó, desde Ambroggio Lorenzetti a Piero della Francesca, como un instrumento que permitía al pintor figurar la aparición de la Divinidad en el cerco del espacio humano, esto es, entre la súbita aparición del ángel Gabriel y la continente sorpresa de María. La perspectiva, como instrumento figurativo, permitía representar así el momento más elusivo de toda la historia del cristianismo: la Encarnación. Instante que habría que entender, según la prédica contemporánea de Bernardino de Siena, como el momento en el que:

> La eternidad entra en el tiempo, la inmensidad en la medida, el Creador en la criatura [...], la vida en la muerte [...], lo infigurable en la figura, lo inenarrable en el discurso [...], lo incircunscribible en el espacio, lo invisible en la visión, lo inaudible en el sonido [...], lo impalpable en lo tangible [...], el continente en el contenido. El artesano entra en su obra, la amplitud en la brevedad, la anchura en la estrechez, la altura en la pequeñez, la nobleza em la ignominia, la gloria en la confusión (Bernardino de Siena 1950: 54).

La perspectiva como *commensuratio*, según la denominará Piero della Francesca (antes que como forma simbólica del infinito en acto, como defendía Panofsky) se convirtió así —en buena parte de las Anunciaciones del *Quattrocento* y del *Cinquecento*— en un cerco matemático de lo *inconmensurable*. Cerco que, como en una *mise en abîme*, representará a escala humana el cuerpo de María. Pues ella será considerada, a partir de la Anunciación, como la *estancia* de la divinidad, así como el *tabernáculo (habitaculum)* de Jesús (Didi-Huberman 1990: 191-195). Circunstancia que, a través de una metonimia de resonancias antropológicas e históricas, llevará a los pintores del Renacimiento, de Fra Angelico a Tintoretto, a escenificar la Anunciación en toda una serie de interiores —dimanados de una arquitectura idealizada— como imagen del *habitaculum* mariano (Arasse 1999: 55-56). Una arquitectura procedente, en su mayor parte, de los nuevos ideales de la antigüedad, cuyos interiores quedarán habitualmente abiertos (si bien se irán cerrando a medida se aproxime el Barroco) a través ya de un pórtico, ya de una ventana ya de una puerta —nueva metonimia del *habitaculum* mariano. Apertura que –de un modo muy similar a la llaga del costado de Cristo— permitirá poner en relación el espacio del hombre y el de la divinidad, a través, nuevamente, de la mediación del ángel. Como si la ciudad del ideal cultural y arquitectónico —la Antigua Roma—, en tanto que metonimia del *tabernáculo* mariano, diera directamente al *hortus conclusus* del *summum* religioso —el jardín edénico—. Así, entre otras, en las Anunciaciones de Fra Filippo Lippi o del Maestro de los paneles Barberini.[7]

La figura del ángel Gabriel pondrá en contacto así ambos espacios, en órdenes no obstante tan diversos como la anatomía, la arquitectura, el *ars topiaria* o la política.

EL ÁNGEL DE LA REVOLUCIÓN

Si el ángel puede actuar como un transmisor de la ley, como ya sugirió el Pseudo Dionisio Areopagita —haciendo de Moisés un ángel más, a causa de su labor mediadora (*Coelestis Hierarchia* IV, 3, 180d-181a); representación ésta que llegará nada menos que hasta Chagall—, también puede convertirse en el espoleador de nuevas revoluciones. Su labor mediadora no sólo transcurre así entre lo incircunscribible y su habitación, sino también entre el presente y el porvenir, entre la realidad y la utopía.

A parte de la abundante mitología en torno al ángel caído, tal vez uno de los ejemplos más sorprendentes de ese potencial subversivo se encuentre en la historia colonial de América Latina. Instrumento de catequización a través del teatro (García Gutiérrez 1993: 33) y las celebraciones religiosas —como muestra *La procesión del Corpus Christi* en Cuzco—, la figura del ángel bíblico pronto se verá enriquecida al contacto con la tradición indígena, así en el caso de los ángeles aymara (*puli*) y de la danza colonial, aún practicada en los suburbios de La Paz, conocida como *Chaltripuli* (Pared Candia 1991: 143).

---

[7] Fra Filippo Lippi, *Anunciación*, hacia 1445, Múnich, Alte Pinakothek; Maestro de los paneles Barberini (Fra Carnavale), *Anunciación*, hacia 1450, Washington, National Gallery of Art, Kress Collection.

A través tanto de las fiestas populares, en las que era corriente disfrazarse de ángel, como mediante el estímulo de las fraternidades indígenas,[8] la figura del ángel se irá propagando en el inconsciente colectivo —adherida siempre a la iconografía bélica de los arcángeles guerreros, especialmente de Miguel—. En ese clima iconológico tendrá lugar uno de los episodios más increíbles de *lo maravilloso utópico* de la historia latinoamericana. Así, en 1750, en Lima, con motivo de la festividad del arcángel Miguel, un grupo de indígenas —conocidos como los indios olleros de Huarochiri— no dudará en alzarse en armas contra el virrey. Adornados todos ellos con una imponente serie de plumas —evocando tanto a la iconografía del arcángel Miguel como a la imagen de los *wamincas* o guerreros indígenas—, aprovecharán la serie de festejos para levantarse contra el poder opresor. Tratando de revocar la ley y reclamando un trato más justo, los indios olleros de Huarochiri, convertidos en emisarios celestes, serán no obstante desprovistos de su atuendo mediador y muy pronto reducidos (O'Phelan 2002: 935-967).

Una revuelta en la que la iconografía militar de la figura angélica jugó seguramente un papel importante, no sólo en el caso del arcángel Miguel, tal y como permite entrever la tradición de ángeles arcabuceros de la escuela de Cuzco. Una iconografía que, desde la ciudad peruana, se difundirá por toda la zona andina, alcanzando uno de sus mayores hitos en la serie ángeles arcabuceros de la Iglesia de Calamarca, en La Paz (Mesa/Gisbert 1983).

Aun sin ser mencionada explícitamente, la intuición americanista de Lezama Lima recogería parte de dicha tradición al forjar —con motivo de la Revolución cubana— la conocida figura del *ángel de la jiribilla*, en una iconografía en la que nuevamente catolicismo y revolución se daban por un instante la mano:

> Ligereza, llamas, ángel de la jiribilla. Mostramos la mayor cantidad de luz que puede, hoy por hoy, mostrar un pueblo en la tierra [...]. Ángel de la jiribilla ruega por nosotros. Y sonríe. Obliga a que suceda. Enseña una de tus alas, lee: realízate, cúmplete, sé anterior a la muerte. Vigila las cenizas que retornan. Sé el guardían del etrusco potens, de la posibilidad

---

[8] Nacidas en el interior de las hermandades jesuitas, advocadas al patronato de diferentes ángeles; así, la de Lima, al arcángel Miguel (Mesa/Gisbert 1983).

infinita. Repite: lo imposible al actuar sobre lo posible engendra un posible en la infinitud (Lezama 1981: 110-111).

Algunos años antes, en un breve ensayo acerca de los «Últimos ángeles de Picasso», el mismo Lezama hacía coincidir la lucha con lo ancestral —tal y como era vivida por el pintor malagueño— con la lucha del ángel. Anticipaba de ese modo el poeta cubano una de las claves de por qué más tarde él mismo daría cuerpo, a través del ángel de la jiribilla, a un mito capaz de abrazar la infinitud de la poesía y la infinitud de la utopía: «En la forma en que se verificaba ese duelo entre la aproximación infinita y la lejanía que se encarna, sobre esa llanura tenía que cumplimentarse la aparición del ángel» (Lezama 1977: 461).

Movimiento que recuerda a la economía de la Encarnación —según aparece reflejada en la serie de Anunciaciones renacentistas—, y que calca al mismo tiempo el gesto de aparición de no pocos de los ángeles de Paul Klee (Riedel 2000), especialmente del *Angelus dubiosus* y del *Angelus novus*. Imágenes ambas de la violenta presión ejercida por la historia sobre la reserva de ilusiones del siglo XX. No es extraño así que Jean Greisch haya creído ver en la figura del *Angelus dubiosus* —que con su mano izquierda cubre su cara, en señal a la vez de protección y vulnerabilidad— un emblema de la obra con la que Hans Jonas intentó responder al *enfant terrible* del utopismo (Jonas 1990: 370).[9] El *Angelus dubiosus*, según Greisch, sería el emblema así de una *hermenéutica del miedo*, la de Jonas, capaz de enfrentar la seducción prometeica que emana del pensamiento utópico, al que Ernst Bloch parece haber dado su expresión filosófica canónica. Desde un conocimiento mayor de los peligros y las virtualidades de la civilización tecnológica, el *principio responsabilidad* —al igual que el *Angelus dubiosus*— parece ser sumamente consciente de su extrema vulnerabilidad. Frente a la transposición del *nunc stans* subjetivo del instante místico al ámbito del orden público —donde, según Jonas, descansa el error del *principio esperanza* de Bloch (Jonas 1990: 412-413)—, el *Angelus dubiosus* no parece temer por su propia subjetividad. Su gesto defensivo está destinado antes a proteger y preservar la vida de todo lo que en

---

[9] Véase la presentación a la obra de Jonas *Das Prinzip Verantwortung* (1979), de la que el mismo Greisch es traductor al francés (Jonas 1990).

el futuro aparece como esencialmente frágil y amenazado, ya sean las generaciones futuras o la naturaleza.

Frente a la mirada ciega del *Angelus dubiosus*, los ojos desmesuradamente abiertos del *Angelus novus* no dejan de transmitir, sin embargo, una misma intranquilidad. La que, entre la aparición del *Prinzip Hoffnung* (1938) y el *Prinzip Verantwortung* (1979), llevó a Walter Benjamin al comienzo de la Segunda Guerra Mundial a reconocer en ese gesto reactivo a la vez que progresivo —con el que el *Angelus novus* vuelve su mirada sin dejar de avanzar— una imagen dialéctica de la historia contemporánea. Desplegadas sus alas, a causa de la tormenta de polvo desencadenada en el Paraíso, el *Angelus novus* no puede dejar de mirar hacia atrás, sin llegar nunca, sin embargo, a plegar totalmente sus alas y de ese modo detenerse. Condenado a alejarse del Paraíso, por una tormenta que no hace sino acercarle al futuro, la única certeza que tiene, al igual que el propio Benjamin, es la de conocer el nombre de ese viento que lo aleja de su origen utópico: «Nosotros damos el nombre de Progreso a este tempestad» (2006: 438).

El ángel de la utopía y el ángel de la historia son así, para Benjamin, uno y el mismo. A diferencia del *Angelus dubiosus* de Greisch y Jonas —de mirada ciega, recordémoslo, preocupado por las generaciones futuras— el *Angelus Novus* de Benjamin no mira ya hacia el futuro, a pesar sin embargo de marchar hacia él; sus ojos exageradamente abiertos apenas pueden contemplar la redención de lo que ha sido, tal y como el propio Benjamin confiesa (Scholem 2008: 150). El ángel es para Benjamin así una suerte de imagen dialéctica, esto es, una imagen fulgurante cuyo brillo se esparce en el no-presente del conocimiento posible, a través del cual se cumple la salvación de todo lo que una vez ha sido (ibíd.).

El ángel no es así, en definitiva, sino una imagen de su propia aparición, una instantánea de la utopía (*Utopie des Augenblicks*): mediador entre un ahora y un siempre, un aquí y un más allá; entre lo con-mensurable de una perspectiva —la figurativa— y lo inconmensurable de una promesa —la redención—. En otras palabras, el ángel es la imagen de una revolución instantánea, una irrupción inesperada de la utopía en la historia, de lo imposible en lo posible —aunque tal vez sólo el huésped de ese instante, no su habitación, pueda habitar la imposible dialéctica de ese súbito e inesperado umbral.

BIBLIOGRAFÍA

Aínsa, Fernando (1977): *Los buscadores de la utopía. La significación novelesca del espacio latinoamericano.* Caracas: Monte Ávila Editores.

— (1996): «Bases para una nueva función de la utopía en América Latina», en Cerutti Guldberg, Horacio/Agüero, Oscar (eds.), *Utopía y nuestra América.* Quito: Abya-Yala, pp. 9-31.

— (2004): *Espacios de encuentro y mediación: sociedad civil, democracia y utopía en América Latina.* Montevideo: Nordan.

Alberione, Ezzio/Pozzoli, Luigi/Ravasi, Gianfranco/Sequeri, Pierangelo (2002): *Gli angeli nella Biblia, nella teologia, nella letteratura.* Milano: Paoline Editoriale Libri.

Arasse, Daniel (1999): *L'Annonciation italienne. Une histoire de perspective.* Paris: Hazard.

Benjamin, Walter (1997): *Sur l'art et la photographie.* Paris: Carré.

— (2006): *Écrits français.* Paris: Gallimard.

Bernardino de Siena (1950): *Pagini scelte.* Milano.

Bloch, Ernst (1996): *The Principle of Hope*, III. Cambridge, Mass.: MIT Press.

Caro Baroja, Julio (1979): *El carnaval.* Madrid: Taurus.

Chazal, Roger/Mathieu-Castellani, Gisèle (eds.): *La pensée de l'image: signification et figuration dans le texte et dans la peinture imaginaire du texte.* Paris: Presses Universitaires de Vincennes.

Dagognet, François (2008): *Le corps.* Paris: Presses Universitaires de France.

Didi-Huberman, Geores (1990): *Fra Angelico. Dissemblance et figuration.* Paris: Flammarion.

— (2000): *Devant le temps. Histoire de l'art et anachronisme des images.* Paris: Les Éditions de Minuit.

— (2007): *L'image ouverte.* Paris: Gallimard.

— (2008): *La rèssemblance par contact. Archéologie, anachronisme et modernité de l'empreinte.* Paris: Les Éditions de Minuit.

Frazer, James G. (1984): *Le Rameau d'or.* Paris: Laffont.

Gamboa Hinestrosa, Pablo (1996): *La pintura apócrifa en el arte colonial. Los doce arcángeles de Sopó.* Bogotá: Editorial Universidad Nacional.

García Gutiérrez, Armando (1993): «El teatro como método cultural de evangelización en México (1523-1531)», en Meyrán, Daniel/Ortiz, Alejandro (eds.), *El teatro mexicano visto desde Europa.* Perpignan: Presses Universitaires de Perpignan, pp. 27-37.

Gombrich, Ernst H. (1992): *Aby Walburg: eine Intelektuelle Biographie.* Hamburg: Europäische Verlagsanstalt.

JONAS, Hans (1979): *Das Prinzip Verantwortung*. Frankfurt: Insel Verlag.
— (1990): *Le principe responsabilité*. Paris: Éditions du Cerf.
KLEIN, Robert (1970): «L'urbanisme utopique de Filarate à Valentin Andrea», en *La forme et l'intelligible*. Paris: Gallimard, pp. 310-326.
LE GOFF, Jacques/TRUONG, Nicolas (2003): *Une histoire du corps au Moyen Âge*. Paris: Éditions Liana Levi.
LEZAMA LIMA, José (1977): *Obras completas*. México: Aguilar.
— (1981): *Imagen y posibilidad*. La Habana: Editorial Letras Cubanas.
MERLEAU-PONTY, Maurice (1962). *L'œil et l'esprit*. Paris: Gallimard.
MESA, José de/GISBERT, Teresa (1983): *Los ángeles de Calamarca*. La Paz: Compañía Boliviana de Seguros.
O'PHELAN, Scarlett (2002): «Una rebelión abortada. Lima 1750: la conspiración de los indios olleros de Huarochirí», en Guerra Martinière, Margarita/Holguín Callo, Oswaldo/Gutiérrez Munñoz, César (eds.), *Sobre el Perú: homenaje a José Agustín de la Fuente Candamo*. Lima: PUCP.
PANOFSKY, Erwin (1975): *La perspective como forme symbolique*. Paris: Gallimard.
PARED CANDIA, Antonio (1991): *La danza folklórica en Bolivia*. La Paz: Librería Editorial Popular.
RAMÍREZ, fray Francisco Xavier (1994): *Coronicón sacra-imperial de Chile*. Santiago de Chile: Edición de la Dirección de Bibliotecas, Archivos y Museos.
RICOEUR, Paul (1999): *Ideología y utopía*. Barcelona: Gedisa.
RIEDEL, Ingrid (2000): *Engel der Wandlung. Die Engelbilder Paul Klees*. Freiburg: Herder.
SCHOLEM, Gershom (2008): *Benjamin et son ange*. Paris: Rivages.
SOHRAVARDÎ (2006): *L'archange empourpré*. Paris: Fayard.
SZONDI, Peter (1997): *Le Elegie Duinesi di Rilke*. Milano: SRL.
TIBBE, Lieske (2005): «Pictorial Harmony and Conceptual Complexity. Neo-Impressionistand Symbolist Representations of a New Golden Age», en Kemperink, Marie G./Roenhorst, Willemien H. S. (eds.), *Visualizing Utopia*. Leuven: Peeters, pp. 91-109.

El poema en el margen de la utopía: Octavio Paz y José Ángel Valente

José Luis Fernández Castillo

La obra ensayística de Fernando Aínsa ha reflexionado con penetrante lucidez y precisión en torno a la crisis que atraviesa el concepto de utopía en nuestra época. Títulos como *Los buscadores de la utopía* (1977), *Necesidad de la utopía* (1990), *Génesis del discurso utópico americano* (1992) y *La reconstrucción de la utopía* (1997) dan cuenta de la crucial gravitación que el pasado, el presente y el futuro del género utópico han ejercido en la actividad intelectual del escritor uruguayo. Aínsa ha asumido el reto no pequeño de intentar esclarecer desde qué perspectivas de pensamiento cabe hoy enfrentarse a una nueva formulación de la creatividad utópica que pueda sin embargo sortear los peligros del dirigismo extremo o la totalitaria imposición de un paraíso diseñado tan sólo a imagen y semejanza de la razón o de la técnica.

Desde estas coordenadas podemos encontrar en su obra incitaciones y puntos de partida que nos ayuden a comprender las complejas relaciones que historia y utopía entablan con la poesía moderna y contemporánea. Convendría destacar previamente al menos dos ideas centrales.

En primer lugar, Aínsa destaca el sentido aporético de todo pensamiento centrado en la utopía: «la utopía supone una verdadera aporía.

Desde un punto de vista conceptual e histórico cierra el futuro, aunque lo abra a las posibilidades de la imaginación» (1997: 236). La utopía, por tanto, concibe, ya desde sus más remotos ejemplos (la *politeia* platónica o la isla imaginada por Tomás Moro) la proyección de un *topos outopos* de perfección ideal que clausura el futuro al concebirlo como perfecto al tiempo que otorga instrumentos críticos para perfeccionar un presente en apariencia clausurado o inmodificable. Esta condición aporética de la utopía pudiera acaso estar en la raíz de su ya originaria ambivalencia entre lo peyorativo y lo prestigiado, entre lo utópico y lo distópico, su reverso carnavalesco. En efecto, Aínsa señala cómo la distopía resulta en sus orígenes contemporánea de la utopía: frente a la sociedad sometida al orden racional de los filósofos de la *República* platónica surge la anti-utopía satírica de *Las aves* de Aristófanes (1997: 29). La utopía, pues, nace en Occidente atravesada por una ambigüedad originaria que somete al *topos outopos* a lo que Abi Warburg ha llamado, en el campo de la historia de las imágenes, un *dinamograma*, es decir, una entidad simbólica eminentemente tensional que puede sufrir una inversión semántica que haga derivar sus connotaciones de lo positivo a lo negativo o viceversa (Gombrich 1970: 248-249). La utopía surge, así, desde una no erradicable fragilidad constitutiva fruto de la cual ha sido la atracción y la repulsión que, a partes iguales, ha suscitado en la historia intelectual de Occidente desde sus orígenes.

La segunda idea del escritor uruguayo que nos gustaría destacar atañe aún más directamente a las relaciones entre poesía y utopía, pues toca la materia misma del hecho poético: el lenguaje. Frente a una irreflexiva y conformista celebración del fin de la historia ¿con qué palabras pensar una posible reconstrucción de lo utópico? Aínsa escribe a este respecto, sobre «la necesidad imperiosa de otro lenguaje para decir "otras cosas" de "otra manera", para ver y analizar una realidad cada vez más compleja, para quebrar un discurso de pensamiento único donde las viejas palabras ya no significan lo mismo que antaño» (2003: 3). Lo utópico requeriría, para su problemática reconstrucción un *lenguaje otro* que supiera a un tiempo constituirse en una suerte de *contra-lenguaje* y, restaurar un vínculo perdido con una dañada o periclitada plenitud semántica: «donner un sens plus pure aux mots de la tribu».

Es nuestra intención en este artículo colaborar en la comprensión de las remanencias y potencialidades de lo utópico en el dominio de la poesía hispánica, concretamente en dos de sus poetas mayores en la última mitad del siglo pasado: Octavio Paz y José Ángel Valente. Nos moveremos así entre las dos orillas del idioma entre las cuales se mueven igualmente las reflexiones y la obra de Fernando Aínsa, desde un comparatismo que pretende aproximar, en su singularidad, a dos autores caracterizados tanto por la fuerte conexión entre poesía y pensamiento que alimenta sus obras como por la apertura desde la tradición hispánica a un numeroso y rico tejido de referentes culturales occidentales y orientales.

La historia de las relaciones entre poesía y utopía en Occidente remonta a un origen de signo polemológico y controvertido que viene ya a encarnar la condición ambigua y aporética propia de lo utópico. La poesía es así desterrada de la república de Platón cuando su actividad imitativa no se rige por los preceptos del estado y se convierte en un «arte frívolo», venero de sentimientos de «placer y dolor» cuya intensidad descontrolada puede enturbiar la ley del buen gobierno (*República* 606a). Mas la censura platónica desvela asimismo el poder fascinante que la poesía alberga: el poeta, como fuente inspirada de poesía, es descrito por el filósofo como una suerte de criatura proteica que, merced a su facultad de imitación, es capaz de «adoptar todas las formas» (*República* 398a). Esta condición metamórfica, que tanto recuerda a la *negative capability* que John Keats reconociera en el poeta, le aparta de la verdad genuina del mundo de las ideas al tiempo que le otorga el poder de ser —aun ficticiamente, en el ámbito de una «mentira» ya condenada por el logos sin fisuras que identifica el ser y el pensar— todo lo que el deseo y su lenguaje le permitan.

La poética de Aristóteles afirma, a su vez, la superioridad de la poesía sobre la historia: frente a lo acontecido, el poema proyecta lo que «podría acontecer» (*Poética* 1451b), cargándose así de una potencia ontológica que es la base de proyección propia de lo utópico: la posibilidad de desplegar un espacio ficticio de lo no acaecido postulando condiciones distintas de las determinadas por una particularidad histórica.

Poder de proyección transformadora de lo histórico carente de la solidez de la verdad aceptada por el logos instituido, la poesía de la modernidad occidental ha testimoniado el auge y la caída de sucesivas encarnaciones de lo utópico desde la anhelada y temida Revolución Francesa y su reverso oscuro de atrocidades jacobinas cuya huella ambigua y problemática recorre *The Prelude* de William Wordsworth.

La segunda mitad del siglo XX acabó de romper la recia confianza en la marcha hegeliana de un *Geist* que mostrara la exacta trabazón histórica entre lo real y lo racional y ha vivido con especial intensidad la condición aporética que vincula lo utópico a lo distópico en una irresoluble oscilación bipolar. ¿De qué lado por tanto situar lo utópico y lo histórico en la poesía de un dilatado «después de Auschwitz» que aún nos concierne? ¿Cuál es su equilibrio de fuerzas?

Tanto Paz como Valente parten de una ruptura decisiva y problemática entre palabra poética e historia que es necesario analizar. Ante los desastres de la historia y el despotismo revolucionario, el poeta —escribe Paz— descubre un tiempo que no es «el futuro de las utopías» sino «el tiempo antes del tiempo» (1974: 69). Por ello la poesía afirma y niega a la vez, paradójicamente, «el tiempo y la sucesión» en la medida en que el poema se ofrece como un tiempo que ha de retornar, un «tiempo arquetípico» (Paz 1972: 188-189) encarnado en un ritmo cuya naturaleza es la rememoración y el regreso de la palabra. Valente afirma por su parte en su ensayo «Situación de la poesía, el exilio y el reino» la «no contextualidad» de lo histórico y lo poético, característica de la época contemporánea (2008: 1187), frente a la «aceptación de determinados contenidos sociales como un a priori positivo de la obra poética», cuyo ejemplo encuentra el poeta español en el compromiso ideológico de la obra de Pablo Neruda. Existe una «no homogeneidad» entre el «logos literario» y el «logos social» que ocasiona la «*extraterritorialidad*» o el «*exilio* (interior o exterior, político o simplemente social)» del escritor contemporáneo (ibíd.: 1188) y asegura así la posibilidad de su rebeldía frente a las determinaciones del tiempo histórico.

La poesía parte, pues, de su capacidad para situarse, desde su abierta posibilidad constitutiva, frente a lo histórico, en una ruptura que no es sin embargo entendida por los poetas como una mera *deshistorización*. Cabría recurrir aquí a una de las principales voces de la lírica del siglo XX, Paul Celan: «el poema no es intemporal. Por supuesto encierra una pretensión de infinitud, intenta pasar a través del tiempo: a través de él, no por encima de él» (1999: 498). Se trata por tanto de una contradictoria oposición de la palabra poética al tiempo de la historia puesto que la poesía no puede prescindir, empero, del estigma o la huella de unos acontecimientos colectivos demasiado dolorosos o brutales. El poema —escribe Celan en «El meridiano»— «recuerda sus fechas»

(1999: 505). Fechas que pueblan también muchos de los poemas de José Ángel Valente o de Octavio Paz. Podríamos evocar, por ejemplo, el «Madrid 1937» de *Piedra de Sol*, poema en el cual el regreso al tiempo originario que la unión amorosa logra (la recuperación instantánea de esa «ración de tiempo y paraíso» que pertenece al ámbito del instante erótico y poético) surge confrontado al contexto terrible de los bombardeos de las tropas franquistas sobre la ciudad de Madrid (Paz 1990: 344). Lo mismo sucede con los muchos poemas de Valente que se originan de una fecha o la incorporan: «John Cornford, 1936», «Cementerio de Morette-Glières, 1944», «Campo dei Fiori, 1600». Inscripciones de la tragedia o la represión militar o eclesiástica que se reinscriben una y otra vez en el terco retornar de la copertenencia entre palabra poética y lo que Valente llama «material memoria».

En el contexto de esta relación problemática con la historia, la palabra poética es ante todo en estos autores denuncia de la degradación de un lenguaje que ha servido para justificar o propiciar la barbarie desde el discurso de las ideologías. Escribir es ejercer una violencia contra la clausura ideológica. Por ello estos autores constituyen una forma de *contrapalabra* al modo en que Celan definía este término: un «acto de libertad», una palabra «que no se inclina ante los "mirones y figurones de la historia"» (1999: 501). Escribe Paz en *Pasado en claro*: «Hemos quebrantado a los nombres / hemos dispersado a los nombres / hemos deshonrado a los nombres. / Ando en busca del nombre desde entonces» (2004: 696). Valente, en el poema titulado «Crónica, 1968» da cuenta de una análoga decadencia: «las palabras se pudren, son devueltas, /como pétreo excremento, / sobre la noche de los humillados» (2006: 308).

Por ello, ante esta concepción negativa de la historia, el poema no puede ser ya un regreso romántico a un origen perdido. La poesía es concebida en Occidente desde sus comienzos, señala Giorgio Agamben, como una «topología de lo irreal», un *topos outopos* donde el deseo se encuentra libremente con su objeto. Sin embargo, la época moderna representa, según el pensador italiano, el momento en el cual el poema se convierte en el «lugar de una ausencia» (Agamben 1993: 129). El poema es el espacio de la pérdida de una integridad de sentido que puede sólo recuperarse ya fragmentariamente. El poema «Fábula» de Octavio Paz retoma precisamente el esquema de un mito de caída del hombre del paraíso original. Un enclave *ucrónico* e idílico en el que «todo era de todos / todos eran todos / sólo había una palabra inmensa y sin revés» se quiebra por la ruptura de esa palabra o sentido total («un día se rompió en fragmentos diminutos»), origen traumático de «las palabras del lenguaje que hablamos / fragmentos que nunca se unirán / espejos donde el mundo se mira destrozado» (Paz 2004: 139). El origen es, por tanto, irrecuperable. El *topos outopos* se sostiene en la época de Paz y de Valente como ámbito de una plenitud perdida, de una irredención de lo histórico pues, como escribe Valente en «Figuras»: «no podíamos saber / de qué palabra habíamos nacido / y no podíamos sin ella / engendrarla en nosotros» (2006: 482). El *logos* no se presenta ya como una totalidad esclarecida a la que vincular el sentido poético, sino como una fragmentación o un origen por siempre perdido y ausente.

La poesía de Paz o de Valente no puede así integrarse del todo en el discurso histórico pero tampoco puede ya perfilarse como un *eu-topos* de plena reintegración futura del sentido puesto que ésta ya no podría encontrar fundamento en el que asentarse. El *topos*, lugar o morada, que tanto Paz como Valente abren en sus poemas podría definirse más bien a través de conceptos como *heterotopía* o *atopía*. *Heterotopía* en el sentido foucaultiano: un lugar que «existe realmente» (en tanto cuerpo de lenguaje y escritura: el poema) y alberga sin embargo una alteridad u otredad nunca del todo reductible a la presencia (Foucault 2001: 1574). *Atopos* en el sentido que Barthes rescata de la cualificación dada a Sócrates por sus interlocutores: ámbito de lo «inclasificable, de una originalidad sin cesar imprevista» (1977: 43).

Entre la *heterotopía* y la *atopía*, el espacio poético de estos autores es un dominio de resistencia a la totalización ideológica, sea bajo la forma de una *eu-topía* maximalista que postula una histórica resolución futura de las contradicciones de lo real, sea bajo la efigie de sospechosas y conformistas declaraciones del «fin de la historia». No hay definitivo regreso al origen ni anuncio de un porvenir de progresión ilimitada. Se rechaza la utopía como «racionalismo pueril» o «angelismo secularizado» (Cioran 1995: 1040) para habitar un margen hétero-atópico sustraído al discurso totalizante de las ideologías. El poema surge de la imperfección inherente a la palabra, de su destino truncado, de la opacidad irresoluble del lenguaje, de la sombra desvelada de la razón y de la imposibilidad de imponer desde ella un discurso perfecto, una total imagen de lo real.

Por ello el margen topológico que el poema constituye no puede radicar en el pasado de un origen perdido ni habitar un futuro de arquetípica perfección. El tiempo del poema es, tanto en Valente como en Paz, un tiempo *otro*, conflictivo, tensado entre la fugacidad y la memoria: el tiempo presente, el tiempo vivo donde tiene lugar no la proyección sino la génesis de lo histórico y que vertebra poemas cruciales de Paz como «Viento entero» o «El mismo tiempo» y textos esenciales del poeta español como «Sobre el tiempo presente».

Ajeno a cualquier índole de estructura teleológica, el tiempo en Paz carece de todo sentido que no sea el estrictamente creado por su realización poética: todo instante puede devenir *kairós*, definirse como espacio de revelación en que se cifra el sentido pleno de lo que el poeta mexicano denomina *vivacidad*. El espacio poético no se concibe como eternización petrificante del instante memorable sino como regreso continuo de lo fugaz: un presente perpetuo en la medida en que se constituye en originador de un tiempo que se niega a entrar en la sucesión haciéndose espacio de reencuentro con un comienzo constante de lo real. En «El otro tiempo», podemos leer:

No son las mismas horas
otras,
son otras siempre y son las mismas
entran y nos expulsan de nosotros [...]
dentro del tiempo hay otro tiempo
quieto
 sin horas ni peso ni sombra
sin pasado ni futuro
                    sólo vivo
como el viejo del banco
unimismado, idéntico, perpetuo
nunca lo vemos
                    es la transparencia (Paz 2006: 346).

Palabras reiteradas en la poesía paciana: transparencia, vivacidad. Palabras que remiten a un *tiempo otro*, al ámbito de un *outopos* descubierto en el seno del instante, en la frágil fugacidad que siempre regresa. La transparencia actúa en la escritura de Paz como espacio de lo irrepresentable de lo real presente, de la presencia *misma* y siempre *otra*. Pues lo que la palabra poética descubre es una alteridad irreductible, una *heterotopía* (este lugar, otro lugar) o *atopía* (lugar inclasificable, indecible). Por ello, la operación poética consiste para Paz en un disolver los nombres que aseguran la decibilidad pragmática de las cosas: «el poeta no es el que nombra las cosas sino el que disuelve sus nombres, el que descubre que las cosas no tienen nombres» (*El mono gramático*; Paz 2006: 593), por lo cual el lenguaje poético se piensa como el lenguaje «que se devora y anula para que nazca lo otro, lo sin medida, el basamento vertiginoso, el fundamento abismal de la medida» (ibíd.: 603).

De un análogo tiempo conflictivo parte el poema «Sobre el tiempo presente» de Valente. Escribir sobre el presente es escribir «desde un naufragio», «desde el patíbulo» al que alude la cita de la *Ballade des pendus* de François Villon que encabeza el poema, con un «lenguaje secreto», pues ya no existe «clave» para una palabra que se ha extraviado en los horrores de un tiempo de indigencia y oprobio. No se trata, como en la poesía de Paz, de distinguir lo irrepresentable de una presencia fugaz que se manifiesta como perpetua originación de lo real. El presente muestra su conflictiva apertura, se hace también alteridad de sí mismo, *tiempo otro*: tiempo de manifestación de un fondo de latencia, de todo aquello que pervive no formado, no historizable *todavía*, en tanto reserva de un contenido pretérito que el presente proyectar hacia su cumplimiento. El tiempo presente, como el *Jetztzeit* de Walter Benjamin, se hace receptáculo de un pasado reprimido o borrado por el discurso de la causalidad histórica, es depositario de un «ciego legado» cuya supervivencia y reconocimiento depende directamente de él.

Valente explora en este poema un espacio de latencia que hace del presente el topos temporal desde el cual la memoria de los traumas históricos puede aún proyectarse como redención imposible. La afinidad con la concepción de la historia de Walter Benjamin se hace aún más evidente a través de la lectura de la célebre tesis segunda de las «Tesis de la filosofía de la historia» del pensador alemán: «El pasado lleva consigo un índice temporal mediante el cual queda remitido a la redención. Existe una cita secreta entre las generaciones que fueron y la nuestra. Y como cada generación que vivió antes que nosotros, nos ha sido dada una flaca fuerza mesiánica sobre la que el pasado exige sus derechos» (Benjamin 1969: 256). Acaso el «tiempo presente» valentiano puede comprenderse mejor como ocasión de esa «flaca fuerza mesiánica» que ha de proyectar hacia la incertidumbre abierta del futuro su contenido de irreductible testimonio, de remanencia indómita que proviene de todo lo aún no cumplido, lo no formado, lo que no ha cobrado faz y latido de vida. El *material memoria* de la palabra no coincide por ello enteramente con lo *pretérito* sino con lo *preterido*, lo que pervive como gravitación de una redención imposible:

> desde la imposibilidad de adivinar aún la conjurada luz,
> de presentir la tierra, el término
> la certidumbre al fin de lo esperado (Valente 2006: 299).

Escribir desde el tiempo presente es hacerlo desde una tensión que otorga descendencia tanto a lo destruido como a lo que aguarda aún su consumada existencia:

> Escribo sobre el hálito de un dios que aún no ha cobrado forma,
> sobre una revelación no hecha (Valente 2006: 299).

La proyección redentora que el poema contiene no concreta sin embargo el contenido de su futuridad. Muy al contrario, queda vinculada a una «fe sombría» que defiende aún, contra toda lógica histórica, lo imposible. El «tiempo venidero» se hace tiempo de todo «cuanto estamos a punto de no ser» (Valente 2006: 300). El futuro no es, por ello, el integral cumplimiento *eutópico* del pasado sino incumplimiento, tiempo de preterición o de omisión de un pasado nunca por completo redimido, afectado de esa im-perfección propia del presente, sólo desde la cual nos es dable tanto la memoria como la acción que podría, *ahora, aquí*, reconocer lo oprimido por la verdad histórica.

A este respecto, resulta significativo cómo Valente recurre, sobre todo hacia el último período de su obra, a *lo imposible* como principio definitorio de la palabra poética. Lo posible comprendido como «infinitud de lo posible», *heterotopos* de un «posible que infinitamente nos rebasa» y en el cual contempla el poeta el territorio desierto de un ser «esencialmente errante» (Valente 2006: 431) sin sede o lugar fijo donde asentar su fundamento.

El espacio desierto marca además un posible vínculo entre la poesía de Valente y la de Paz en relación al *topos outopos*. El espacio desierto, vacío, es en ambos autores ámbito de lo inminente, de un devenir, aparecer o manifestarse de una otredad irreductible a la fijación semántica. Así cabría interpretar el proceso metapoético de advenimiento de la palabra de los textos de *¿Águila o sol?*, ese «mundo por poblar» u «hoja en blanco» (231) que testimonia la paulatina formación del poema, así como la «paramera abrasada» de *Blanco* de la que brota igualmente esa palabra que es «aerofanía», desvanecimiento de sí misma; asimismo, Valente hace del desierto un espacio vacío de posibilidad ilimitada, descondicionada, lugar del que «ha de nacer un clamor nuevo», como leemos en «Sobre el tiempo presente», umbral expectante ante la inminencia de una otredad anhelada.

El lenguaje heterotópico que estos poetas exploran frente a la linealidad de la historia busca la apertura de un vacío semántico, de un *átopos* inclasificable, de un lugar donde pueda manifestarse la incondicionalidad de un sentido resistente ante la transparencia lógica de la *eutopía* técnica, un ámbito de lo inacabado, de lo incompleto frente a la clausura ideológica del *fin de la historia*. «La poesía está vacía —escribe Paz en *El mono gramático*— no es sino el lugar de la aparición que es, simultáneamente, el de la desaparición» (2006: 604). «Las palabras crean espacios agujereados, cráteres, vacíos. Eso es el poema» (Valente 2008: 463) podemos leer en las *Notas a un simulador* de Valente. El acercamiento a la tradición mística apofática signa la obra de ambos poetas desde vertientes culturales muy diversas en cada caso (budismo *maddhyamica* en el caso de Paz, mística cristiana en el de Valente). Sin embargo, no cabría identificar este componente apofático con un sentido convencionalmente religioso —la diferencia crucial entre lo religioso y lo místico es afirmada por ambos autores—. El espacio vacío, irrepresentable, apofático, es en los dos poetas un espacio de resistencia y reviviscencia de lo poético: el enigma de una otredad que quiebra la clausura pragmática del lenguaje, que «viene de un lugar exterior a los *prágmata*», escribe Valente (2008: 468) y es para Paz acceso a «la otra cara del ser» (*Ladera este*; 2006: 494), lugar donde «los signos se borran» (ibíd.: 495) y el sentido se hace claridad, invisibilidad de una incomprensible, paradójica coincidencia entre realidad y vacío.

Si Umberto Eco, desde la semiótica, ha definido la ideología como una no problemática relación entre lenguaje y cultura en la cual el proceso crítico de cuestionamiento del propio código lingüístico queda bloqueado, esta palabra *atópica* introduce una opacidad semántica que problematiza la comunicabilidad plena del lenguaje instrumental dedicado a la manipulación o a la planificación de lo real. El poema sostiene así su espacio enigmático como resistencia «inconmutable» (Cuesta Abad 2002: 262), ofreciendo «formas no conocidas, insumisas, de la realidad» que constituyen el «espacio del sueño creador» que es la palabra poética (Valente 2008: 470). Paz define a su vez la actividad poética en su poema «El cántaro roto» de *La estación violenta* como un «soñar sueños activos».

La palabra poética está provista así para ambos autores de un genuino fondo de potencialidad. El no-lugar o lugar de lo irrepresentable que acontece en la poesía de Paz y de Valente no es en ningún caso una reacción escapista, ni un mero éxtasis personal frente al tiempo colectivo de la historia. Karl Heinz Bohrer ha señalado la tendencia en autores claves de la modernidad a una suerte de «utopía estética» (1994: 203) caracterizada por un desplazamiento de lo utópico desde sus condiciones objetivas al interior de un éxtasis del sujeto y su capacidad de elaboración fantástica. Si existe en la poesía de Paz y de Valente una ruptura con lo histórico, el *topos outopos* abierto por sus poemas no puede sin embargo definirse como una fetichización extática del vacío o la nada sino como una elaboración poética de los límites del logos y una exploración de la génesis del proceso creativo.

El vacío que se abre en los poemas de Paz y de Valente es un espacio de inminencia y aparición. Lo que adviene en dicho espacio no es sino el espacio de una *decibilidad* ilimitada de lo real que funda su constante renovación, su perpetua libertad fuera de las directrices planificadoras de un *progressus* o un *regressus* histórico. Estaríamos, pues, ante una concepción de lo real muy cercana a lo que Ernst Bloch definía como *Vor-Schein*, pre-aparición, ámbito de lo que todavía no es, de lo que se encuentra en un estado de realidad procesual, «circulando en turbulenta existencia» (1987: I, 214), en una «no clausurada capacidad de llegar a ser» que abre la obra artística a un «real posible» que es «expresión de apertura material» (ibíd.: I, 206). Lo real posible se presenta como latencia de un espacio «sólo parcialmente condicionado», principio, pues, de un inacabamiento o imperfección generadora que constituye la realidad. El poema vive de un sentido fragmentario, parcialmente vacío, renuente a una totalidad que no puede existir sin generar en sí misma otredad. «El otro está en el uno / el uno es otro» (134), escribe Paz en «Cuento de dos jardines» y en su «Carta a León Felipe podemos leer:

La poesía
es la hendidura
el espacio
entre una palabra y la otra,
configuración del inacabamiento (92).

La palabra poética nos habla por ello de un perpetuo recomenzar, de una originación o apertura constante practicada como vacío, desescritura, destrucción de un sentido clarificado o comunicable, fijado en una identidad sin alteridad posible. Por eso la palabra se reviste en muchos poemas de Paz y de Valente de una fuerza genesíaca que encuentra en las antiguas cosmogonías o en la Cábala judía sus más afines referentes. Se trata de la génesis de una palabra-acto o palabra creadora de un *novum* de realidad que cuestiona y subvierte lo ya instituido. «Un linaje comienza / en un nombre / un Adán / como un templo vivo» (*Ladera este*; Paz, 2006: 445), leemos en el poema de Paz «Tumba del poeta», de *Ladera este*. En «*Bet*» de *Tres lecciones de tinieblas* podemos acercarnos a una experiencia análoga del acto de nombrar: «ven sobre las aguas: dales nombres: para que lo que no esté, se fije y sea estar, estancia, cuerpo» (Valente 2006: 397).

El espacio *heterotópico*, abierto a lo otro, que el poema funda se opone a una concepción de lo histórico guiada por un plenario logos sin fisuras para presentar la palabra poética como creación de tiempo, generación de devenir. Creación de tiempo en el sentido que le ha otorgado a esta categoría el pensamiento de Cornelius Castoriadis, como emergencia de alteridad, *eidos* o forma que no es deducible a partir de lo que existía previamente (1997: 392). «Alteridad y tiempo —escribe el pensador griego— son solidarios» (ibíd.: 395). Un *tiempo otro*, que rompe la linealidad causal y desde cuya ruptura es posible la concepción de un espacio de irreductible rebeldía a toda vertiente totalitaria de lo ideológico.

El verdadero espacio de reflexión utópica que estos poetas exploran es el propio lenguaje entendido como inagotable decibilidad potencial, materia animada por una infinitud de sentidos que constituyen la imperfección de la realidad, su continuo llegar a ser, su manantial interminable de formas. Es por ello que el lenguaje no se hace en estos poetas *topos outopos* de un vacío como mera carencia o privación, sino dominio potencial de la vivacidad de la materia. Una materia animada, poseedora de *dinamis*, al modo aristotélico, para cuya comprensión recurren ambos poetas, muy significativamente, a la noción clásica de *anima mundi*: materia aún no del todo creada, «materia madre», escribe Paz en «Viento entero», «madre, matriz, materia», escribe Valente en «He» de *Tres lecciones de tinieblas*.

La completud de lo real queda por siempre rota por un devenir que asegura asimismo su vivificación. La realidad es así lo imperfecto, posee una ausencia de *telos* último que ambos autores entienden desde distintas categorías místicas. Octavio Paz desde el misterio de la total identificación entre plenitud y vacío, *nirvana* y *samsara*, iluminación y realidad del budismo maddhyamica: «No hay fin, todo ha sido un perpetuo recomenzar» (*El mono gramático*; 2006:603) Valente desde una condición epectética del ser que, influida por la teología de Gregorio de Nisa, se define como un deseo infinito de plenitud nunca del todo lograda: «de comienzo en comienzo / por comienzos que no tienen fin» (2006: 372).

Sea desde la afirmación de un inasible y abismático devenir (Paz), sea desde la latente inminencia de lo que aún no es (Valente), la poesía de ambos autores constituye un topos de resistencia frente a cualquier totalización ideológica. La especulación crítica sobre los límites de lo representable o lo posible que esta poesía lleva a cabo constituye el lenguaje como *topos outopos* o ámbito de una otredad tan irreductible como incondicionada, espacio del nacimiento o la génesis de nuevas imágenes del ser. Una vertiente acaso de ese «otro lenguaje» que, según Fernando Aínsa, la función crítica de lo utópico necesita en nuestra época. Un margen vacío, un espacio de crítica insumisa donde lo real nunca coincide del todo consigo mismo pues todo estaría aún por crearse, por decirse. No la plenaria utopía, sino su margen. Acaso porque ha sido destino de los poetas salvar la imperfección y vivir para siempre desterrados del reino lógico de lo perfecto.

BIBLIOGRAFÍA

AGAMBEN, Giorgio (1993): *Stanzas. Word and Phantasm in Western Culture*. Minneapolis: University of Minnesota Press.

Aínsa, Fernando (2003): «Más allá de la globalización», en García Gutiérrez, Rosa/Navarro Domínguez, Eloy/Núñez Rivera, Valentín (eds.), *Utopía: los espacios imposibles*. Frankfurt/New York: Peter Lang, pp. 1-15.

Barthes, Roland (1977): *Fragments d'un discours amoureux*. Paris: Seuil.

Benjamin, Walter (1969): *Illuminations*. New York: Harcourt, Brace & World.

Bloch, Ernst (1986): *The Principle of Hope*, vol. 1. Oxford: Basil Blackwell.

Bohrer, Karl Heinz (1994): *Sudenness: On the Moment of Aesthetic Appearance*. New York: Columbia University Press.

Castoriadis, Cornelius (1997): World in Fragments: Writings on Politics, Society, Psychoanalysis and the Imagination. Stanford: Stanford University Press.

Celan, Paul (2007): *Obras completas*. Madrid: Trotta.

Cioran, Emile (1995): *Œuvres*. Paris: Gallimard.

Cuesta Abad, José Manuel (2001): *La escritura del instante. Una poética de la temporalidad*. Madrid: Akal.

Eco, Umberto (1989): *La estructura ausente. Introducción a la semiótica*. Barcelona: Lumen.

Foucault, Michel (2001): *Dits et écrits, II, 1976-1988*. Paris: Gallimard.

Gombrich, Ernst H. (1970): *Aby Warburg. An intellectual Biography*. London: The Warburg Institute.

Paz, Octavio (1972): *El arco y la lira*. Barcelona: Seix Barral.

— (1974): *Los hijos del limo*. Barcelona: Seix Barral.

— (2004): *Obra poética (1935-1998). Obras completas*, vol. VII. Barcelona: Galaxia Gutenberg/Círculo de Lectores.

Valente, José Ángel (2006): *Poesía y prosa*. Barcelona: Galaxia Gutenberg/Círculo de Lectores.

— (2008): *Ensayos*. Barcelona: Galaxia Gutenberg/Círculo de Lectores.

Entre la utopía y el desencanto del espacio: propuestas para una geopoética en la obra lírica de Aníbal Núñez

Maria Lucía Puppo

Del *topos* al *logos* poético. Introducción

El espacio literario surge a partir del espacio íntimamente vivido o imaginado, recuperado por la memoria o soñado a través de la escritura. En palabras de Fernando Aínsa: «construir y habitar concretan el lugar, el *topos*; al describirlo se lo trasciende en *logos*. La representación se filtra y distorsiona a través de mecanismos que transforman la percepción exterior en experiencia psíquica y hacen de todo espacio un espacio experimental y potencialmente literario» (2006: 11). Muchas veces el espacio de la ficción impone nuevas correspondencias causales y temporales, conformando así lo que Mijail Bajtín denominó *cronotopo*. Por otra parte, está íntimamente ligado a la *semiosfera* de la que habló Iuri Lotman, un universo semiótico particular «fuera del cual es imposible la semiosis» (1996: 24).

Por su carácter orgánico e integrador, las reflexiones teórico-críticas de Fernando Aínsa propician el abordaje atento y riguroso de los textos literarios sin desmerecer el valor de la creatividad y el asombro en la tarea hermenéutica. Las continuadas reflexiones de este autor acerca de la utopía y el espacio americano reaparecen en *Del topos al logos. Propuestas de geopoética* (2006), donde el objetivo es trazar las coordenadas de un «sistema de lugares», es decir, sentar las bases de una poética espacial en la narrativa latinoamericana. Siguiendo esta idea rectora, Aínsa transita diversas vías que permiten desentrañar las múltiples operaciones con las que el logos literario representa, refigura o transforma el topos de América. Si bien sus propuestas han surgido y mostrado mayormente su eficacia aplicadas a un corpus narrativo latinoamericano, la operatividad de su método transdisciplinario invita a traspasar las fronteras de los géneros y las áreas culturales, como esperamos demostrar en este trabajo.

Durante largos años desconocida o ausente en el canon de la poesía española del último tercio del siglo veinte, la obra poética del salmantino Aníbal Núñez (1944-1987) hoy suscita un continuado y creciente interés entre poetas, críticos, editores y lectores. Como lo ha expresado recientemente Miguel Casado, pionero en la tarea reivindicatoria de la obra de Núñez, los temas nucleares de su poesía son «un escenario mezclado de ruina arquitectónica y paisaje natural, el debate acerca de la realidad y su representación, la separación irreductible entre lo humano y la naturaleza, la belleza, el azar, sus vínculos con la vida personal» (2008: 70).[1] En una afirmación tan general ya se deja entrever una preferencia por cierto simbolismo arquitectónico y una dimensión espacial del poema, que se manifiesta en la cuidada elección de un léxico, de las imágenes y de determinados recursos y tópicos. No deja de sorprender el gusto por los paisajes y las construcciones en un poeta que en su corta vida fue muy reacio a los viajes. Los minuciosos paseos por la ciudad de Salamanca y sus alrededores, que los poemas evidencian de libro a libro, tienen dos grandes implicancias en la poética de Núñez, como lo ha señalado Menchu Gutiérrez:

> Por una parte, esta inmovilidad aparente dice que en una geografía caben todas las geografías; en una ciudad, todas las ciudades; por otra, que lo que «no está» entra en ellas, en la experiencia de ellas, a través de otra clase de transposición; que una calle estrecha puede convertirse en un cañón con sólo entornar los ojos y dejar que el deseo opere esa transformación (2008: 161).

[1] Si bien estos temas o conjuntos de motivos son recurrentes en la poesía de Núñez, no permanecen inalterables o estáticos a lo largo de su trayectoria, como esperamos demostrarlo en las páginas que siguen. Al respecto es iluminadora una aseveración de Ángel Luis Prieto de Paula: «la obra de Aníbal Núñez equidista tanto de la mera reiteración formularia de un mismo sistema poético como de un alejamiento evolutivo de los orígenes» (2008: 171).

¿Es posible distinguir el espacio percibido del espacio soñado en el poema, o acaso es inútil pretender deslindar ambas instancias? ¿Cómo analizar la semiosis espacial en una obra compleja que se demora en las superficies fónicas del texto para arremeter contra los falsos cristales de la representación? El objetivo de este trabajo es explorar tres ejes espaciales en torno a los cuales se organiza morfológica y semánticamente la poesía de Núñez. Tras la consideración del imaginario arquitectónico en general, examinaremos la sintaxis espacial que opone dos semiosferas antagónicas, la urbana y la rural, y dentro de la primera, las ciudades de Salamanca y de Madrid. Continuando la senda abierta por las reflexiones de Fernando Aínsa, nuestras conclusiones permitirán señalarán algunas claves de la geopoética que conforman los textos del autor salmantino.

El goce de la arquitectura

En un poema temprano y no incluido en libro por Núñez, leemos: «Quise ser arquitecto de pequeño: / me acuerdo / de la ciudad que quise llena de enredaderas / los patios de palomas...» (II, 31).[2] Luego agrega el texto que su incapacidad para «extraer de verdad raíces cuadradas» disuadió al «arquitecto en proyecto», que en el poema siguiente pasa a autodesignarse «boxeador frustrado» (II, 32-33). Más allá de la anécdota biográfica, una constante preocupación por el espacio resulta evidente en toda la trayectoria poética y plástica del autor.

El poema «De un palacio cerrado orientado hacia el este», incluido en *Alzado de la ruina* (1974-1981, 1983), expone una situación paradigmática.[3] El hallazgo de un edificio antiguo da lugar a un ejercicio

---

[2] Todos los poemas citados en el trabajo corresponden a la edición de F. Rodríguez de la Flor y E. Pujals Gesalí de la *Obra poética* de Aníbal Núñez (Madrid: Hiperión, 1995). Aclararemos el volumen sólo en el caso de que se trate del segundo tomo de esta edición, que recoge poemas sueltos e inéditos, escritos sobre poética y traducciones.

[3] Los números entre paréntesis a continuación del título de un poemario indican la fecha aproximada de génesis y la fecha de publicación, según lo establecido en la edición de *Obra poética* (1995). En el caso de que hubiera una fecha de reedición del poemario, ésta se incluirá detrás de las anteriores.

indagatorio que se detiene sobre cada parte visible del palacio: los muros, la fachada, las puertas, el jardín, la traza de tres cuerpos y la torre. Desde un lugar exterior e incómodo, la voz poética emprende un monólogo atravesado por guiones y signos de interrogación mientras «la visión se atiene / a la escueta ranura» (1995: 256). La solidez y «el vacío solemne, clausurado, sin ecos» que encarna el edificio contrastan con el estatuto precario del sujeto, alistado en «el Orden de la duda» (257). Llama la atención el empleo de términos como *pilastra, zapatas, artesones, clavos de estrella, vanos* y *remate,* poco habituales en el habla cotidiana y pertenecientes a la jerga técnica.[4]

La arquitectura impone un espacio artificial, medido y cerrado sobre el espacio natural. La singularidad del edificio se destaca en el entramado urbano, donde el paseante solitario y abstraído persigue «la Belleza presunta: / en plena calle, bajo la hora llena» (257). El palacio es un espacio-significado en torno al cual se construye el poema, hecho que podemos relacionar con la pertinencia, respecto del discurso poético contemporáneo, de la hipótesis de Jameson (1991) acerca del «giro espacial» que caracteriza la posmodernidad. En la poética de Núñez están presentes tres rasgos de la espacialidad señalados por Brian McHale (1999).[5] En primer lugar la *verticalidad,* que dictamina un orden ascensional en la mirada que recorre el «alto palacio» sobre el que aterrizan, en dirección opuesta, las gotas de lluvia y los rayos de sol. Segundo, el *anacronismo,* en este caso de un palacio que bien puede ser renacentista o barroco, situado en cualquier ciudad europea. Es notorio: las percepciones del sujeto poético se enlazan en la sincronía de la descripción sin una pregunta puntual acerca del origen, pues interesa ante todo el aquí y ahora del espacio en cuanto posibilidad de significado para el presente de la enunciación. En tercer lugar, el monumento arquitectónico es sometido a un complejo proceso de *recodificación* que opera con diferentes subcódigos: el del lenguaje espectral y alegórico, que ve en él una cifra abstracta que remite a la simbología hermética; el de la ironía frente al tópico clásico del *Exegi monumentum aere peren-*

---

[4] En los dos tomos de la *Obra poética* hemos registrado más de 150 palabras o expresiones pertenecientes al léxico arquitectónico. Como lo prueban los términos y las citas que reproducimos, el autor poseía un profundo conocimiento e interés por la arquitectura.

[5] El trabajo de McHale (1999) analiza textos poéticos de Hill, Heaney y Schwerner.

nius, de Horacio; y el que persigue una deconstrucción paródica y anti-sentimental del poema elegíaco romántico. Por todo esto el texto se revela asimétrico y complejo, como un edificio conformado por desniveles y construido en varias etapas.

El sujeto poético se entrega al placer de contemplar la arquitectura ajena pero, paradójicamente, apenas repara en la casa propia. En la poesía de Núñez las pocas menciones a una vivienda convencional no se asocian a la calidez del hogar. Por ejemplo, cuando se refiere a «la casa de la doliente duda» donde un «hijo / perplejo [...] habita herido y sobrevive alado» (320). La inadecuación de la morada respecto del habitante (o viceversa) demuestra que aquella ha dejado de ser un «último reducto del idilio» frente al mundo despersonalizado y riesgoso de la ciudad (Aínsa 2003).

Dos posibilidades del laberinto urbano: Salamanca y Madrid

Apropiándonos de las palabras de Aínsa diremos que en la poesía de Núñez hay numerosas huellas de «una geopoética de la ciudad fundada en la memoria que su trama urbana es capaz de condensar, trama infatigable de imaginación y memoria en la ciudad donde se redimensiona la perdida noción de *genius loci* y se sientan las bases de una nueva "arquitectura espiritual"» (2006: 142).

En esta geopoética la ruina constituye, sin lugar a dudas, una de las imágenes medulares, equivalente a otros «símbolos heráldicos» o «emblemáticos» como la carta escarlata de Hawthorne, la ballena blanca de Melville o el faro de Virginia Woolf (Frye 1990: 92). En varios poemarios del autor hay elementos paratextuales como títulos o ilustraciones que apuntan hacia un referente real, en la mayoría de los casos un palacio o monumento de la provincia de Salamanca.[6] Evocando y al mismo tiempo resignificando las connotaciones literarias del motivo, la ruina de Núñez se asocia a la decadencia pero también

---

[6] Los poemarios de Núñez más significativos para el estudio del motivo de la ruina son los cuatro últimos, *Alzado de la ruina* (1974-1981), *Cuarzo* (1974-1979, 1981, 1988), *Clave de los tres reinos* (1974-1985, 1986) y *Primavera soluble* (1978-1985, 1992), a los que se les suman la *plaquette Trino en estanque* (1982) y el largo poema *Memoria de la casa sin mención al tesoro ni a su leyenda antigua* (1984, 1992).

a una estética postmoderna, que reposa sobre el fragmentarismo y la dispersión (Puppo 2006, 2007). El castro abandonado o la mansión añosa alteran el equilibrio de la vivienda cotidiana y por lo tanto perturban a los que no captan su belleza difícil y «terrible» (253):

> recientes moradores te ignoran, absorbida
> toda su fantasía por espacios más fáciles,
> siendo tú —santuario de los que sufren cerco—
> para ellos un escollo, un peligroso signo
> de lo que no se entiende porque no se repite (251).

La presencia enigmática y singular de la ruina en la ciudad contemporánea marca la incursión en un espacio «patrimonio de unos pocos», donde ocurre una «ruptura del hábito» (Casado 1999: 170); se trata de uno de los no-lugares estudiados por Marc Augé, pues está desprovista de su contexto original y su carácter histórico fue limado por la intemporalidad de la naturaleza. Más que relatora de historias, la ruina es un signo abierto a distintas posibilidades interpretativas, capaz de enfrentar al sujeto con la experiencia del tiempo puro (Augé 2003: 110-116). «Imán, jaula del sueño, cruce de arquitecturas / y de historias» (255), las ruinas de Núñez subrayan en Salamanca los rasgos de una ciudad caleidoscópica, atemporal y casi fantástica. El sujeto poético recorre sus calles como un visitante meditabundo y extasiado, «póstumo paseante por la ciudad ajena» (259). En la visión del poeta, como en el grabado de David Roberts de 1838, Salamanca está «despoblada» y «hermosa», rodeada por colinas que se asemejan a «altivas / torres» (273).

Lejos del estereotipo de la tradicional urbe universitaria, en la poesía de Núñez Salamanca es ante todo una ciudad española de provincia, con puertas antiguas y puentes sobre el río; una ruina inmensa que como madre-araña tiende «murallas cálidas» alrededor de sus habitantes, hasta convertirse «en planeta ella misma, en orbe aislado» (260, 263).[7] El poeta la declara «mi ciudad» en su «Tríptico del Tormes», mientras lamenta que las gentes hayan olvidado la higuera que

---

[7] Fernando Rodríguez de la Flor ve una acentuación de este rasgo urbano en paralelo con la creciente impronta de la muerte en la poesía de Núñez: «La ciudad se convirtió en un cerco, en un cercado cuyas órbitas inestables pronto entraron en relación con los huertos de cruces y los cementerios, por lo demás ya próximos, cuya sombra entretanto había ido alargándose» (2008: 242).

forma parte de su escudo y fantasea con la posibilidad de que una barca cruce «a la orilla del pasado imposible» (157). Aquella «ciudad perdida» poco tiene que ver con la ciudad del presente, que tala sus árboles «y se suplanta / y se oculta a sí misma bajo muros / de vergüenza» (155). Ciudad-madre pretérita y fantasmal, la urbe imposible también fue objeto de las pesquisas de Núñez en su *Pequeña guía incompleta y nostálgica de Salamanca* (Tesitex, 1995).

En el prólogo de *Estampas de ultramar* (1974, 1986) el poeta relata las desventuras que sufrió el manuscrito de este libro antes de ser publicado; una etapa del inminente naufragio fue su envío a «la metrópoli lejana» (121). Esta definición coincide con la postura distanciada que asume la voz poética en el poema titulado «Madrid», incluido en *Definición de savia* (1974, 1991). En este texto hasta el «habitante» de la capital española deviene en mero «usuario de la ciudad» y «transeúnte» (159), como si la apropiación del espacio urbano sólo pudiera corresponder a fines transitorios o utilitarios. En Madrid se encuentran «las más fulgurantes avenidas»; «todo es presente» pues dominan la prisa y la ignorancia del pasado. Sin embargo, «debajo de la acera [...] / [...] hay útiles de piedra, hachas de mano» que pertenecieron a «lejanísimos hombres». La superposición de distintos estratos arqueológicos sólo confirma la desorientación babélica en la urbe: si al habitante del siglo veinte le resulta indiferente el hombre prehistórico que moraba en su espacio, éste nunca podía sospechar que de su chispa «iba a salir el plano del infierno» (159).

Contrastando con la visión ruinosa, abstracta y estética de Salamanca, la descripción madrileña destaca una serie de significantes superficiales y vaciados de contenido para culminar en el tópico infernal. Esta visión negativa se impone en otros poemas donde no se menciona una ciudad específica. Condenado a vivir también él en una «alacena urbana» (169), el poeta deambula por las calles cual «fragilísima ave», siempre tentado de «perder la vista en ver más alto» (210). En otra ocasión el desplazado urbano es un personaje literario, el pastor de Garcilaso.[8] Para Salicio la ciudad no connota tanto una carencia de naturaleza como una negación absoluta del ámbito idílico, tal como lo propone una ventana que

---

[8] Se trata del poema «Salicio habita en el tercero izquierda», perteneciente a *Definición de savia* (1974, 1991).

da a un jardín profanado por la prisa,
a una boca de riego violentada,
a un árbol flagelado por los sábados,
a un puré de residuos,
al reino que alquilaron los pastores
que vendieron al lobo los rebaños... (153).

Expresión de una sociedad hostil en un mundo postindustrializado, en la poética de Núñez la gran ciudad es violenta e hipócrita, una auténtica prisión semiótica. Así resultan las dos modalidades para referirse al vínculo que se establece entre el sujeto poético y la ciudad: si la actitud de Núñez hacia la vieja Salamanca ejemplifica lo que Laura Scarano (2002) denominó como el «gesto cómplice», hacia Madrid y la urbe contemporánea el poeta manifiesta claramente un «gesto antagónico».

El campo como reservorio utópico

En una poesía como la de Núñez, que remite constantemente a las preguntas fundamentales y a los hitos que marcaron la tradición lírica de Occidente, no es infrecuente el tópico del *locus amœnus*. La naturaleza ofrece un decorado propicio para la meditación del poeta tendido bajo un manzano (174), o bien al regreso del bosque, el arco iris aparece como una «señal [...] para el reposo» (271). No se trata sin embargo de un «cándido lirismo neopastoril» anquilosado en la visión renacentista del *topos* (Rodríguez de la Flor/Pujals Gesalí 1995: 10). A veces el paisaje se asemeja al escenario romántico, con una profusión de musgo, liquen y jardines abandonados (Casado 1999: 171), hasta evocar el «valle de la inquietud» de Poe (160).

Como el poeta decimonónico que veía en la naturaleza un reservorio de pureza así como el reflejo de sus estados de ánimo, el sujeto poético de fines del siglo veinte no elude el tono elegíaco:

[...]
¿Qué fingido presagio de cosecha,
de pradera, de bosque
te hace seguir, Naturaleza, morando en los frutales
mutilados, en cardos, hasta en breves
amapolas?

¿Qué esperas? ¿Por ventura
la fecha del milagro: repentina
repoblación de trinos y de savia? (166)

Los poemas centran su atención en episodios cotidianos: las semillas caen en tierra aunque «no van a morir dando la vida / a un edificio de verdor» (105); un olmo prodiga inocente sus ramas, ignorando que ese «día memorable» lo derribará «un hacha servicial» (114). En el poemario *Naturaleza no recuperable* (1972-1974, 1991) la utopía bucólica subraya el contraste con «la voz omnipotente y melodiosa / de la Industria de la Profanación» (114-115).[9] En el trasfondo de estos textos se advierte la tesis de Adorno y Horkheimer, la destrucción de la naturaleza a causa del mito ilustrado y su continuación en la tecnocracia. En el daño ejercido sobre el ecosistema la voz poética experimenta lo que Max Weber llamó *die Entzauberung der Welt*, el «desencantamiento del mundo» (Puppo 2008). Oponiendo pequeños frentes de resistencia, los vegetales y las aves encarnan la generosidad y la libertad en los textos de Núñez. Estas imágenes se entretejen en alegorías para ilustrar algún postulado ético o vital, como es el caso de la savia, que «da vida: no la implanta / como fatal obligación» (174).

En el «Tríptico de Santiz», incluido en *Clave de los tres reinos* (1974-1985, 1986), el sujeto poético se presenta a sí mismo acompañado, recorriendo un valle. Tras haberse perdido comprueba el error del solipsismo; entonces el campo resulta ser más que un escenario acogedor:

---

[9] En el primer libro que publicó individualmente, *Fábulas domésticas* (1972), Núñez reunió varios poemas erigidos sobre el escenario conservador de la España franquista que parodian los discursos dominantes de la publicidad, la política, la moral y la religión. El simplismo de este género, que antropomorfiza a animales y plantas, continuó en otros poemarios donde se alude a la función protectora de los árboles y se subraya la generosidad de la naturaleza y la gratuidad de sus dones. Este repertorio de temas e imágenes se intensifica en el siguiente poemario, *Naturaleza no recuperable (Herbario y elegías)* (1972-1974, 1991). El libro se abre con la traducción de un fragmento de las *Geórgicas* de Virgilio y en casi todas las composiciones la protagonista es la naturaleza (a través de hierbas, plantas, flores, árboles, praderas, bosques, pájaros, insectos, ríos, lluvias). El sujeto poético escribe desde la intimidad con todo lo viviente, se entrega a la contemplación bucólica y llora —con sarcasmo, sin sentimentalismo— un estilo de vida perdido. Con un significado más vago y difícil de desentrañar, las alegorías vegetales también se hacen presentes en el ya citado volumen *Definición de savia*.

Y no es a descansar a que vinimos:
a remover el lodo que nos cubre
para que otros levanten el error hecho cuenco.
No a solazarnos, a reconocernos
en la tierra y sus heces, en sus irisaciones
que esmalten el sendero y en sus bruscas
erupciones... (361).

La excursión tierra adentro permite recuperar o al menos emprender la búsqueda de una identidad olvidada o corrompida en la jungla urbana. Sin señales para guiarse ni el confort de los refugios artificiales, el poeta se reconoce parte sucia y brusca de la naturaleza... pero ese llamado interior pronto choca contra la realidad más prosaica: «No son nuestros los campos» y a los visitantes sólo les cabe «una senda oblicua» (361).

Espacio de resistencia simbólica y, al mismo tiempo, propiedad privada que es privilegio de unos pocos, el campo es un horizonte cada vez menos posible para el poema. Su presencia velada e inaccesible remite más bien al tópico que expresa el deseo de algo irremediablemente perdido, la nostalgia del paraíso.

A MODO DE CONCLUSIÓN

Un análisis sistemático de la semiosis espacial en la obra de Aníbal Núñez no debería soslayar las evocaciones de lugares a partir de referencias y mensajes icónicos incluidos en los textos poéticos. En este sentido se destaca el poemario *Figura en un paisaje* (1974, 1992, 1993), que incluye catorce composiciones que giran en torno a pinturas de Botticelli, Tiziano, Durero y otros artistas canónicos. En estos casos la voz poética no se demora tanto en el recurso de la *ecphrasis* como en el apóstrofe a los personajes insertos en el espacio representado del cuadro. Un capítulo aparte merecerían también las evocaciones de espacios del pasado, como es el caso de la ciudad «fiel y amiga» del Capitán Hölderlin (212), o los múltiples escenarios donde transcurren los pastiches fragmentarios del discurso colonialista en *Estampas de ultramar* (1974, 1986). Por lo demás son cuestiones pendientes de la crítica las indagaciones acerca de los escritos inéditos recientemente publicados en el volumen *Cartapacios* (2007), así como de la citada *Pequeña guía incompleta y nostálgica de Salamanca*. En los textos de Núñez el imaginario arquitectónico provee escenarios que provocan la curiosidad y el asombro del sujeto poético, desatando en él distintas reflexiones sobre el paso del tiempo, el gozo y el dolor, la belleza. Una clave de la geopoética que conforma su obra lírica es que luego de haber explorado en profundidad la potencialidad estética de la ruina, en los últimos libros el sujeto poético se inclina hacia paisajes despojados, conmemorando sus «bodas con la intemperie» (310). El texto «Desdén de arquitectura» pertenece a *Cuarzo* (1974, 1979) y presenta la figura de un eremita que

> [...] Execra
> a toda arquitectura: ya aborrece
> lo medido que alberga
> lo desmedido, abjura
> de la decoración (o la cobarde
> imposición de ritmo al aire) [...] (310).

El «huraño» eremita es una de las tantas figuras del poeta que reniega del espacio construido por ser éste imposición de un código, portador de un orden simbólico y, por lo tanto, de una jerarquía. Y como ya lo hemos comprobado, la valoración del espacio urbano también es ambivalente. Salamanca aparece como una urbe cargada de historicidad y, al mismo tiempo, como una ciudad abstracta e irreal. Madrid, en cambio, es un infierno anónimo y dinámico que subsiste ahogando su pasado. Los espacios humanos, corruptos y desacralizados, contrastan con la armonía que caracteriza a los entornos naturales. Pero ya hemos advertido que el deleite del *locus amœnus* y las alegorías exaltadoras del mundo natural también dan paso al desengaño y la crítica social. La convivencia solidaria y fraternal con la naturaleza sólo es posible en una época distante, en tanto utopía del pasado. El sujeto poético confiesa con razón: «ya es imposible el mito» (360).

Acaso la dimensión espacial más enigmática de la poesía de Núñez sea aquella que se vislumbra alrededor del dibujo que trazan los versos sobre la página en blanco, en algunos casos remitiendo a numeraciones y juegos tipográficos, las más de las veces apelando a las lagunas de silencio que separan los versos y las estrofas. Ese reducto sólo asequible para los lectores iniciados es el «espacio de la escritura» donde, en palabras de Gonzalo Abril (2009), se produce y escenifica «un interior imaginario». Se trata del espacio interior atravesado de exterioridad «que los poetas son capaces de representar muy poderosamente a través del movimiento del sujeto implicado, de sus desplazamientos y transformaciones, de sus juegos de máscaras, de sus cambios de entonación» (189).

Para terminar, una observación hecha desde la perspectiva de la poética del imaginario. La lírica de Núñez opera fundamentalmente con dos esquemas de orientación y espacialización, la oposición adentro/afuera y el dinamismo de ascenso y descenso. Paseante, desertor o «ajeno a la contienda», el poeta es el visitante que se interna en el palacio hasta absorber cada detalle, o bien el observador incómodo que no logra penetrarlo. Su movimiento está dirigido a las alturas, como el de las aves, pero sus caídas (en el amor, en el desengaño) lo acercan a Ícaro en una batalla que ya sabe, de antemano, perdida. Entre la utopía y el desencanto del espacio se despliega la espiral de su vuelo.

BIBLIOGRAFÍA

ABRIL, Gonzalo (2009): «Hacia una poética del espacio. Espacios poéticos en *Tinta preta* de Eloísa Otero», en Casado, Miguel (ed.), *Cuestiones de poética en la actual poesía en castellano*. Madrid/Frankfurt: Iberoamericana/Vervuert, pp. 175-198.

AÍNSA, Fernando (2003): «¿Espacio mítico o utopía degradada? Por una geopoética de la ciudad en la narrativa», en *Revista de la Universidad de La Habana*, 257.

— (2006): *Del topos al logos. Propuestas de geopoética*. Madrid/Frankfurt: Iberoamericana/Vervuert.

AUGÉ, Marc (2003): *El tiempo en ruinas*. Barcelona: Gedisa.

CASADO, Miguel (1999): *La puerta azul. Las poéticas de Aníbal Núñez*. Madrid: Hiperión.

— (2008): «Belleza triste del símbolo», en Casado, Miguel (ed.), *Mecánica del vuelo. En torno al poeta Aníbal Núñez*. Madrid: Círculo de Bellas Artes, pp. 67-92.

FRYE, Northrop (1990): *Anatomy of Criticism. Four Essays*. Princeton: Princeton University Press.

GUTIÉRREZ, Menchu (2008): «El ritual de la espera», en Casado, Miguel (ed.), *Mecánica del vuelo. En torno al poeta Aníbal Núñez*. Madrid: Círculo de Bellas Artes, pp. 157-162.

JAMESON, Fredric (1991): *Postmodernism, or, The Cultural Logic of Late Capitalism*. Dirham: Duke University Press.

LOTMAN, Iuri (1996): *La semiosfera, I. Semiótica de la cultura y del texto*. Madrid: Cátedra.

MCHALE, Brian (1999): «Archaeologies of Knowledge: Hill's Middens, Heaney's Bogs, Schwerner's Tablets», en *New Literary History* 30 (1), pp. 239-262.

NÚÑEZ, Aníbal (1995): *Obra poética*. Edición de F. Rodríguez de la Flor y E. Pujals Gesalí. Madrid: Hiperión, 2 vols.

— (1995): *Pequeña guía incompleta y nostálgica de Salamanca*. Fotografías de José Núñez Larraz. Ed. de Vicente Forcadell. Salamanca: Tesitex.

PRIETO DE PAULA, Ángel Luis (2008): «El taller del hechicero», en Casado, Miguel (ed.), *Mecánica del vuelo. En torno al poeta Aníbal Núñez*. Madrid: Círculo de Bellas Artes, pp. 163-183.

PUPPO, María Lucía (2006): «De ruinas y cristales: una poética del tiempo en los textos de Aníbal Núñez», en *Revista de Literatura*, vol. LXVIII, n° 135, pp. 199-219.

— (2007): «La imagen como espejo de la idea: las construcciones alegóricas en la poesía de Aníbal Núñez», en *Analecta Malacitana*, vol. XXX, n° 1, pp. 193-204.

— (2008): «Erigir versos como pancartas: crítica e ideología en la poesía de Aníbal Núñez», en Pais, Gabriela (comp.), *Actas del Primer Congreso Internacional de Literatura: Arte y Cultura en la globalización* [1998]. Buenos Aires: La Bohemia, pp. 862-868.

RODRÍGUEZ DE LA FLOR, Fernando/PUJALS GESALÍ, Esteban (1995): «Que no se sabe ni no se es visto y no se ve si no se sabe: la escritura cronográfica de Aníbal Núñez», introducción a Aníbal Núñez, *Obra poética*. Madrid: Hiperión, vol. I, pp. 9-19.

— (2008): «La poética vital de Aníbal Núñez», en Casado, Miguel (ed.), *Mecánica del vuelo. En torno al poeta Aníbal Núñez*. Madrid: Círculo de Bellas Artes, pp. 203-245.

SCARANO, Laura (2002): «Poesía urbana: el gesto cómplice de Luis García Montero», en García Montero, Luis, *Poesía urbana. Estudio y antología*. Sevilla: Renacimiento, pp. 9-32.

WEBER, Max (1989): *Die Entzauberung der Welt*. Leipzig: Reclam.

Caminos de la utopía: del Mediterráneo al Nuevo Mundo

Taissia Paniotova

Quiero empezar mi artículo recordando las palabras de P. Enriquez Ureña el cual en su conocida conferencia «Utopía de América» decia que: «Hay que ennoblecer nuevamente la idea clásica. La utopía no es vano juego de imaginaciones pueriles: es una de las magnas creaciones espirituales del Mediterráneo, nuestro gran mar antecesor. El pueblo griego da al mundo occidental la inquietud del perfeccionamiento constante. Cuando descubre que el hombre puede individualmente ser mejor de lo que es y socialmente vivir mejor de como vive, no descansa para averiguar el secreto de toda mejora, de toda perfección… Cuando el espejismo del espíritu clásico se proyecta sobre Europa, con el Renacimiento, es natural que resurja la utopía» (1989: 6-7).

De estas palabras se deduce que el problema de relación entre la utopía clásica y América es un problema fundamental.

La utopía y lo utópico

El primer problema que se plantea a quien estudia la utopía, radica en su definición. Los autores contemporáneos ya hacen diferencia entre el «modo utópico» y el género utópico. Por ejemplo, Fernando Aínsa cita la concepción de Raymond Ruyer, para quien el «modo utópico», por oposición al «género utópico», consiste en la facultad de imaginar, de modificar lo real por la hipótesis, de crear un orden diferente al real, lo que no supone renegar de lo real, sino una profundización de lo que podría ser. En cuanto, al género, este supondría «la representación de un mundo organizado, específico, previsto en todos sus detalles», como ocurre en *La República* de Platón, o en la propia *Utopía* de Tomás Moro, donde todos y cada uno de los aspectos de la vida ciudadana han sido considerados y estrictamente planificados.

Horacio Cerutti desarrollando esta idea ya distingue, al menos, cuatro criterios con los que se hace presente la utopía en América «como horizonte, como género, como ejercicio y como función al interior del discurso historiográfico» (1969: 186).

El concepto de horizonte utópico alude a lo axiológicamente deseable de toda ideología o programa de la praxis política, que empuja hacia la transformación social, política, económica, etc.; o sea, «un conjunto de valores articulados cuya no vigencia en la situación presente, genera la movilización en pro de su adopción».

Como género se tendría que reconstruir la historia literaria de las ideas utópicas y explicarlas en función de su topos, de las mediaciones que las hacen posibles y que se hallan en la literatura latinoamericana.

El ejercicio utópico alude a las prácticas «revolucionarias» que invierten o superan las estructuras de la intersubjetividad, tales como, los proyectos de comunidades «quiliásticas», milenaristas, anarquistas, comunitarias y hasta revolucionarias, que construyen espacios públicos y privados, la mayor de las veces experiencias reducidas que tienden a desaparecer por causas de persecución y aislamiento, como por ejemplo, los hospitales pueblo de don Vasco de Quiroga, las reducciones jesuitas en el Paraguay, etc. (Cerutti G. 1989: 185-186).

En nuestro trabajo no vamos a teorizar sobre la realización de la utopía en en el futuro. Dedicaremos nuestra atención a los problemas de percepción de la herencia antigua por America Latina y su posterior contribución en la articulación de la tradición utópica.

IDEAS UTÓPICAS Y PRE-UTÓPICAS EN LA CULTURA CLÁSICA

La rica temática sobre las islas poetizada la encontramos en los mitos de la literatura clásica griega: las islas homéricas situadas en el mar Mediterraneo, los jardines de Hespéridas al oeste de Gibraltar, la isla Syros, cuyos habitantes viven en la prosperidad en el fin del mundo, aislados de otros pueblos.

Homero en su *Odisea* habla de diferentes pueblos, que viven en países fabulosos y tienen abundancia de todo, están libres de todas las desgracias, que ahogan la humanidad: el hambre, las enfermedades, las guerras, y no sufren ninguna necesidad. Hesíodo en *Las obras y días* caracteriza diferentes edades de la raza humana —la edad de oro, de plata, de bronce, de semidioses y de hierro— como una involución decadente. En la edad de oro los hombres («raza de oro») vivían como los dioses, libres de sufrimientos y dolores en completa abundancia. La segunda —«raza de plata»— ya no era tan feliz y noble como la de oro. La tercera —«raza de bronce»— era inferior a la de plata, ya que su gente era muy violenta y se aniquilaba mutuamente en las batallas. La cuarta raza, que Zeus creó, era más noble y justa que las dos últimas. Las guerras exterminaron a éstos pueblos en parte y Zeus les desterró a una isla lejana y felíz, donde ellos vivían como héroes, a quienes la tierra daba trigo y frutos tres veces por año. Al fin, Zeus creó la quinta raza, la de hierro, y los hombres de esta raza «jamás dejan de sufrir trabajos y dolores diarios», ya que los dioses los habían condenado a sufrir continuamente.

Según Stelio Cro, aquí Hesíodo plantea tres ideas que influyeron en el pensamiento occidental: 1) la idea de la edad de oro; 2) la idea de la existencia felíz en las islas felices en los confines del mundo; 3) la idea de la edad de hierro como la de corrupción y del mal (1977: 42).

Platón fue uno de los primeros pensadores griegos que realizó la revaloración racional de los mitos. El propuso dos proyectos: uno fue realizado en el estilo de la novela estatal (*La República, Las Leyes*), y el segundo estaba relacionado con los espejismos de la Atlántida —por su esencia una gran isla-continente. Posteriormente, Aristóteles toma la estafeta de la novela estatal, y Yambulo y Evèmero crean las utopías geográficas —las novelas del viaje, que desarrollan la temática de las islas bienaventuradas—. También de las islas felices de Cronos, que se encuentran a cinco días de navegación al oeste de Britania que, en parte, nos relata Plutarco.

Ahora dirigimos nuestra mirada a la obra de Platón y su novela política. ¿Qué aconseja Sócrates, el personaje favorito de sus diálogos a aquel legislador que se aventura en la creación de un estado ideal? Él aconseja tomar un principio como punto de partida y basándose en él, primero, construir en la imaginación una ciudad ideal, tan perfecta que cualquier otra mejora posterior simplemente se hace innecesaria (ya que es imposible el mejoramiento de la perfección). Semejante principio Platón lo encuentra en la justicia tomándolo como base en su proyecto de ciudad ideal. Por consiguiente, en las obras de Platón nos enfrentamos con un método estrictamente racional que al utilizarlo el autor de forma especulativa crea una construcción enteramente racional en la forma de utopía.

Las búsquedas del país feliz fueron características también de los autores romanos, los cuales se remontaban en su imaginación a la Arcadia, o a los pueblos bárbaros, lejanos de Roma, o buscaban la salvación en la huida a las islas bienaventuradas que se encontraban en el Océano. Ovidio en *Las Metamorfosis* desarrolla el motivo de diferentes edades y contrapone a un estado de decadencia y corrupción un estado feliz e inocente, donde el hombre vivía sin propiedad, sin guerras, sin trabajos. Esa misma idea la plantea Luciano en su diálogo *Saturnalia* al hablar de la edad de oro por boca de Cronos. Y en la obra de Tácito por primera vez aparece la idea de la edad de oro en relación con la idea del buen salvaje atribuida a los pueblos germánicos. En su *Germania* el opone las costumbres buenas y las virtudes de los germanos a la corrupción de la sociedad romana. El significado de este trabajo consiste en la representación del «buen salvaje» como existente en la realidad.

Como podemos ver, en el pensamiento clásico aparecieron ideas sobre el tema del buen salvaje como un hombre bueno y un estado natural (la edad de oro) como un modelo de virtud. También surgieron las primeras utopías en el estilo de novela estatal, la novela geográfica, etc., que hallaron eco en la época del Renacimiento.

El Renacimiento como nuevo punto de partida de la utopía

No obstante, en el siglo xvi la utopía fue generada, no por un filosofar sobre la justicia, sino por la «invención» de América, según J. A. Maravalle. El descubrimiento del Nuevo Mundo sirvió de confirmación empírica a las ideas de los humanistas del siglo xv, que teorizaron sobre este tema. Basándose en los textos clásicos, ellos identificaron la

Edad de Oro con la época del triunfo de la virtud, de la sabiduría, de la sinceridad, de la coexistencia pacífica, y la Edad de Hierro, con la época de los vicios, de la violencia, de la mentira. Los datos de la realidad contemporanea, profundamente analizados por los humanistas les convencían cada vez más que la civilización europea se estaba corrompiendo y que se haría necesaria una renovación. Con el Descubrimiento de América ellos recibieron el posible modelo de la renovación. A la América la empezaron a identificar con la Edad de Oro y a Europa, por el contrario, con la Edad de Hierro.

El descubrimiento de las nuevas tierras, persuadió a las gentes que existía no un modelo único de sociedad, otrora creado por Dios, sino numerosas sociedades organizadas de forma diferente. La gente empezó a comprender por su propia experiencia que la sociedad es creación humana y no divina, y por tanto, las estructuras sociales no son constantes, y dependen de las condiciones del tiempo y del espacio. De aquí, se deduce que el discurso utópico moderno renace no solo con la nueva evaluación de la herencia clásica, y de la reflexión de los antagonismos sociales de la época de acumulación inicial del capital, sino también, del reconocimiento por Europa de la existencia de una realidad alternativa. Europa paso a paso toma conciencia de la «otredad» de América.

Numerosos «Diarios de viajes» respondían al ardiente deseo de los hombres de la época del Renacimiento conocer mucho más sobre los países descubiertos. Y se puede decir con palabras de Alfonso Reyes que a «partir de ese instante el destino de América —cualesquiera que sean las contingencias y los errores de la historia—comienza a definirse a los ojos de la humanidad como posible campo donde realizar una justicia más igual, una libertad mejor entendida, una felicidad más completa y mejor repartida entre los hombres, una república soñada, una utopía» (1960: 57).

La obra que dio nombre al género utópico, apareció como afirma en uno de sus trabajos F. Aínsa, a consecuencia «del choque», sufrido por Tomás Moro cuando éste tuvo conocimiento de los diarios de viajes de entonces. La sociedad ideal de los utopistas, protagonista de la cual, como afirmaba Moro, era una de las repúblicas desconocidas, se encontraba en el Nuevo Mundo, que por casualidad en su inicio fue concebido como una isla.

De tal forma, a pesar del parecido externo de las utopías del Renacimiento con las utopías clásicas aquí podemos observar una metodologia diferente y otro tipo de utopía. El investigador moderno parte no de la construcción filosófica-racional de un modelo ideal, basado en un principio abstracto, sino de la observación de la vida de los pueblos nuevos (o del análisis de los resultados de estas observaciones). Él descubre diferentes modos de gobierno, los compara con los ya conocidos modelos europeos y, al fin, construye un nuevo modelo, el cual sería capaz de tener en cuenta todas las ventajas de estos últimos, eludiendo al mismo tiempo, a sus rasgos negativos.

No deja de ser paradójico que en el proceso de colonización de América, en la etapa, llamada por F. Aínsa «preutópica» las imágenes mitológicas clásicas, frutos de la invención colectiva europea, jugaron papeles, que de ningún modo les eran propios. Éstas se manifestaban en calidad de originales «modelos mentales», y de hipótesis, que se dirigían a la búsqueda empírica de la tierra prometida, no importa como se llamase —el reino de Cronos, el Paraíso, o el Dorado—. Los españoles, como señaló Claude Lévi-Strauss, trataban, no de elaborar nuevos conceptos, sino de comprobar la veracidad de las viejas leyendas y mitos greco-latinos —el mito de la Atlántida, la Edad de Oro, las amazonas—, así como también de los mitos nacidos en América, tales como, la leyenda de la Ciudad de los Césares y de El Dorado.

La nueva evaluación de la herencia antigua se observa en la polémica de B. de las Casas y J. de Sepúlveda, el cual, apoyándose en la teoría de Aristóteles justificaba la colonización y reducción de los indios a la esclavitud. Por otra parte, el hombre autóctono y su «estado natural», sin propiedad privada, sincero y riguroso, con estudio obligatorio de ciencias y artes, «entusiasman a los misioneros por sus evidentes paralelos con los textos clásicos sobre formas ideales de organización social, de la *República* de Platón a la *Utopía* de Moro» (Aínsa 1999: 138). Vasco de Quiroga y los padres jesuitas, se proponían crear repúblicas indígenas, ambos tenían ante sus ojos los modelos literarios clásicos y una sólida base empírica en la forma de vida de los pueblos autóctonos de América.

«LA UTOPÍA PARA SÍ»

A fines del siglo XVIII América Latina en general, continuaba siendo el territorio de «utopía para otros» y, al mismo tiempo, comenzaba la creación de la «utopía para sí». El eco de las revoluciones burguesas que retumbaron en América del Norte, Francia y Haití, repercutió en todo el hemisferio occidental. En América Latina se inició un período de guerras y revoluciones de liberación nacional que inmediatamente determinaron el cambio del curso de la corriente utópica. En lugar de las utopías religiosas «utopías de las órdenes», y la «utopía de la evasión», de novelas de viajes del Renacimiento, características del período histórico anterior, nace la «utopía de carácter no local sino continental». Estas utopías por su contenido y forma de expresión son seculares y racionalistas. En las condiciones civilizadoras de América éstas realizan los ideales de la Ilustración europea con todas sus cualidades y defectos.

Un rasgo distintivo del pensamiento utópico propiamente latinoamericano en esta etapa es su estrecho vínculo con el contexto sociopolítico. Esto concierne a todas las obras más importantes del género: Simón Bolívar, José Martí, José Vasconcelos, Diego Vicente Tejera, Domingo Faustino Sarmiento y muchos otros. Todas estas obras son eslabones del mosaico utópico de los cambios históricos posibles en la práctica, los cuales no se pueden valorar, ni como fantasías absurdas, ni como proyectos fracasados. Al contrario, siendo reflejo de la realidad social que cambiaba constantemente y su parte necesaria, todos ellas valoraban críticamente el presente desde las posiciones del ideal futuro, lo cual era necesario para aquella función normativa de regulación, que siempre cumplió la utopía.

La labor de reconstruir la historia de las ideas utópicas en América Latina es una empresa que rebasa los objetivos de este artículo. En calidad de ejemplo nosotros vamos a analizar las utopías de dos pensadores cubanos: José Martí (1853-1895) y Diego Vicente Tejera (1848-1903).

La imagen de las «dos Américas», surgida en la obra de José Martí, es el resultado de la comprensión de la comunidad de objetivos de los pueblos de América Latina, o como decía Martí, de los pueblos de «Nuestra América», por una parte, y la contraposición de sus intereses a los intereses pragmáticos y agresivos del vecino del norte, por otra, reforzando y ampliando la concepción bolivariana de «Nuestra América», como fórmula de unidad de los pueblos latinoamericanos. Martí fue uno de los primeros que llamó la atención sobre el peligro que partía del poderoso vecino del norte, el cual como escribía «está necesitado de nuestras tierras y desdeña a sus habitantes». También Martí vio las dificultades del desarrollo de los jóvenes estados independientes de América Latina. La experiencia de más de medio siglo de existencia mostró que las repúblicas cayeron «en desigualdades, injusticias y violencia».

En esta «doble negación» de realidad americana Martí desarrolla su programa positivo. Al igual que Bolívar su programa contiene dos partes inseparables: internacional y nacional, el proyecto *Nuestra América* y el ideal de República *Con todos y para el bien de todos.* Y ¿cómo se imaginaba Martí esta república ideal?

La república se basa en el reconocimiento de la dignidad ciudadana, las libertades individuales y el bienestar colectivo dentro de las leyes y el orden: «porque si en las cosas de mi patria me fuera dado preferir un bien a todos los demás un bien fundamental que de todos los del país fuera base y principio… Quiero que la ley primera de nuestra República sea el culto de los cubanos a la dignidad plena del hombre» (Martí 1953: 1118-1119).

En su prédica de la libertad del individuo más a propósito en el contexto de la cultura del romanticismo, Martí no traspasa los límites de la democracia individual: tanto en la política, como en la economía él interviene como contrario a la libertad, que se desborda en anarquía, la riqueza inmesurada y la cruel explotación.

La base del bienestar colectivo debe ser el trabajo común. El hombre que utiliza los bienes que él mismo no creó, no sólo es inútil, sino también dañino para la sociedad. Prácticamente la república de *Con todos y para el bien de todos* es un país de trabajadores en el cual no existe la explotación del hombre por el hombre, y surgen nuevas relaciones entre los hombres, en las cuales se basa «el sistema democrático de la igualdad».

El sistema democrático de igualdad incluye en si la igualdad política, económica y cultural. La igualdad política supone la garantía de la libertad política, un sistema de gobierno elegido por el pueblo, y que da cuenta de su gestión ante él y puede ser destituido por él. «Hombres somos, y no vamos a querer gobiernos de tijera o de figurines, sino trabajo de nuestras cabezas, sacado del molde de nuestro país» (Martí 1953: 1126). El sufragio universal y la elección secreta, la rendición de cuentas periódica de las personas elegidas pueden atraer a la vida política a amplios sectores del pueblo y afirmar los principios democráticos de la vida de la sociedad.

La igualdad económica, según Martí, es inalcanzable sin el aumento del bienestar de las masas trabajadoras, y ante todo, de la liquidación de la pobreza. Para alcanzar este objetivo Martí propone prácticamente igual que los populistas rusos, realizar la redistribución de las tierras, que pertenecen a los latifundistas. Rica es la nación que cuenta con muchos propietarios pequeños. No es rico el país donde los ricos son pocos, sino aquél donde cada tiene un poco de riqueza. La propiedad conserva los Estados.

La igualdad cultural, relacionada con la nueva distribución de la cultura y la educación en utilidad de las clases trabajadoras, también es un componente importantísimo del «sistema democrático de igualdad». Según la opinion de Martí, el problema más terrible de todos los problemas que pueden existir en el pueblo es el de la ignorancia de las clases que tienen a su lado la injusticia. La instrucción del pueblo no sólo es condición para despertarlo para grandes tareas, sino también garantía de que otra vez no será engañado.

La república de *Con todos y para el bien de todos*, siendo en su esencia «república democrática de igualdad», no traerá consigo la injusticia del dominio de una clase sobre otra, en ella se instalará el equilibro abierto y honrado de todas las fuerzas sociales. Y entonces «cada hombre se conoce y ejerce, y disfrutan todos de la abundancia que la Naturaleza puso para todos en el pueblo que fecundan con su trabajo y defienden con sus vidas» (Martí 1953: 340).

Tal es la esencia de la concepción utópica de Martí, cuya realización inmediata en un futuro cercano, como político prudente no consideraba posible, pero que le infirió significado trascendental y perspectiva a su otra utopía: el proyecto de la unidad latinoamericana.

La tradición utópica del siglo XIX está representada por otro proyecto utópico menos conocido pero no menos significativo: la utopía del «socialismo cubano» del conocido poeta Diego Vicente Tejera. El pensamiento de este pensador lleva las huellas de las ideas del socialismo utópico europeo y en parte del marxismo, las cuales se difundieron en América Latina junto con las oleadas de emigrantes, que se sucedieron después de las derrotas de las revoluciones de 1830, 1848, 1871. Las utopías creadas por Diego Vicente Tejera se relacionaban con la creación de aquellos proyectos, los cuales Marta E. Peña caracterizó como «romanticismo político», cuyas expresiones —esencialmente artísticas y literarias— tuvieron una gran influencia en América Latina.

En 1891 Tejera escribe su trabajo *Sistema práctico social y sus líneas fundamentales*, donde niega la existencia de clases, disolviéndolas en cinco «estados sociales»: miseria, pobreza, confort, riqueza, y lujo. El estado de miseria se caracteriza por la falta de lo más necesario para la satisfacción de las necesidades naturales del hombre en alimentos, vivienda y ropa; el estado de pobreza garantiza solamente lo más necesario. El estado de bienestar, riqueza y lujo no sólo garantiza las necesidades naturales excesivas (dos, tres, o cuatro veces superior a la norma); este estado supone la satisfacción de necesidades de un orden superior, es decir, «las que demanda el espíritu»: en la educación, y el goce del arte, etc.

¿Desaparecerán en un futuro estos estados? Tejera considera que no. Se conservará el estado de de miseria, ya que, «siempre habrá individuos que por causa de su vagancia o vicios se encontrarán en este estado, no sabiendo como salir de él y que son culpables de su estado». En un futuro los incapaces de trabajar tienen garantizado el estado de pobreza. En lo que se refiere a los trabajadores, éstos, a medida que se desarrolle la producción y la conversión del trabajo en obligación general, tendrán la posibilidad de alcanzar el estado de prosperidad.

En la sociedad rije «la ley fundamental», la cual Tejera describe de la forma siguiente: «Lo mismo que la sociedad demanda de cada uno de sus miembros dejar una parte de su libertad para la utilidad de la comunidad, a nadie le será permitido traspasar el estado de lujo». De la masa existente de bienes excesivos, voluntariamente devueltos por los ricos en el momento de creación de la nueva sociedad, y de los posteriores pagos al Estado en proporción al nivel de importancia de cada estado, se forma «el bienestar común», el cual es la principal fuente de desarrollo de las fuerzas productivas y la base para la transición paulatina de un estado social a otro.

La utopía posterior del «socialismo cubano» Tejera la formula en las conferencias, leídas ante los obreros cubanos en el club San Carlos. Si su proyecto de 1891, creado según el tipo de las teorías europeas de los socialistas utópicos, pretendía a la universalidad, ahora Tejera se basa en la originalidad. Él considera necesario «demostrar originalidad, creando una doctrina, la cual directamente refleja las necesidades específicas de Cuba», ya que como cualquier pueblo tiene diferentes condiciones de existencia, diferentes problemas, resueltos por los legisladores.

La originalidad y el utopismo de la concepción de Tejera consistía en que él consideraba el atraso de Cuba condición, que favorecía la realización del ideal socialista. Factores favorables según Tejera eran el amorfismo social, el democratismo de la sociedad cubana, la comunidad de ideas, y las ansias del pueblo cubano, engendradas en su confrontación con el enemigo común.

Tejera explicaba el democratismo de la sociedad cubana por toda una serie de causas: el origen común de sus antepasados, que no se distinguían por una singular nobleza; la larga dominación del despotismo colonial; así como también, por el trabajo condición vital de cada cubano. Escribía que la sociedad cubana era democrática y la condición de su existencia es el trabajo, en Cuba no hay ninguna clase semejante a la nobleza europea, que pueda vivir en el ocio, y de la renta de la propiedad de sus antepasados. Los bienes de los cubanos se forman y desaparecen con la misma rapidez, e incluso el latifundista es el mayor señor entre nuestros ricos, debe dejar la ciudad, para personalmente dirigir el gran trabajo de la safra azucarera (Tejera, 1887: 4).

Consecuencia del democratismo de la sociedad cubana es su propia amorfilidad social, su falta de forma. Tejera pregunta: donde se encuentran entre nosotros estas clases, las cuales se dividen y subdividen en grupos rígidos, encerrados en el círculo de sus preocupaciones particulares como en inquebrantable fortaleza, con diferentes ideales y sentimientos e intereses contrarios? Las clases que viven temiéndose una a otra y pueden entrar en combates sangrientos, como ha tenido lugar varias veces en la historia. Donde en Cuba termina el pueblo comienza la clase media? Donde termina la clase media comienza la superior? Tenemos no una verdadera nobleza o solo tres decenas de marqueses y condes de opereta? Quién forma nuestra grande y pequeña burguesía? En conclusion quiénes somos si no el pueblo, pueblo y solamente pueblo de origen plebeyo y con costumbres plebeyas, con algunas familias ricas más o menos educadas y cultas? (Tejera 1916: 24).

El fortalecimiento de la amorfilidad social contribuyó el dominio colonial, ya que todas las capas sociales en igual medida sentían su presión. El carácter común de ultraje generó la comunidad de sentimientos e ideas. Al pueblo cubano le es distintivo la libertad absoluta, de prejuicios tradicionales, le mueve el poderoso espíritu de de renovación, pero le falta la educación y la cultura general. Por tanto, el sistema de educación debe ser completamente reorganizado, empezando por la creación de programas racionales de educación obligatoria y terminando con las ciencias de dirección del Estado. La educación debe ser general y combinarse con el trabajo productivo y el respeto al trabajo.

No es difícil notar la similitud de estas ideas con las ideas de los socialistas utópicos europeos. Como escribió F. Aínsa en su obra *Reconstrucción de la utopía*, «preocupaciones como la generalización de la educación —que fue bandera de la primera generación hispanoamericana de la independencia— fueron recogidas directamente de las teorías de Owen ("El caracter se forma", había dicho el escritor inglés), de Fourier y su "revolución moral", y las proposiciones del Nuevo Cristianismo (1824) de Saint-Simon» (Aínsa 1999: 166).

La nueva sociedad libre surgirá en las ruinas del odiado regimen colonial. Tejera considera que como resultado de la victoria de la revolución nacional libertadora «Cuba comparece ante nosotros con un regimen antiguo destruido en pedazos, sin tener nada en su base, un campo devastado, arado y abonado por la sangre de la tirania, en el cual nosotros podemos diseminar aquellas semillas que nosotro queremos; una tabla limpia donde podemos construir todo lo que queramos según nuestro capricho». De las ruinas amorfas del mundo viejo resurgirá la nueva Cuba, en la cual se realizará el lema: «La justicia es igualdad, la igualdad es la fraternidad» (Tejera 1916: 9).

Resumiendo, podemos llegar a la conclusión de que evidentemente el desarrollo de las ideas utópicas en América Latina se caracterizan por el tránsito de la etapa de «utopía para otros» a la etapa de «utopía para sí», la dominación de proyectos y programas utópicos de carácter político de clara y directa intención racionalista y laica. El siglo XX trajo con sigo nuevas utopías, muchas de las cuales no solo se limitaron a una simple teorización sino que estaban relacionadas con la práctica revolucionaria. Es difícil no ponernos de acuerdo con Aínsa en que «la historia de América Latina es, en buena parte, una historia de esperanzas, de proyectos, pero en general de esperanzas frustradas, de utopías no realizadas, a veces apenas esbozadas, pero cuya tendencia y latencia resultan indiscutibles, especialmente si se la compara con otras regiones del mundo. En América Latina, la esperanza ha sido siempre superior al temor y a las frustraciones que provoca la dura confrontación con la realidad y se ha traducido en la indiscutible vigencia de la función utópica en expresiones que van de las artes a la filosofía, de planteos políticos a experiencias alternativas, cuyos sucesivos modelos forman parte de la intensa historia del imaginario subversivo universal» (Aínsa 1990: 18-19). Y todo esto confirma la continuidad de la utopía en la historia, conciencia y cultura.

Bibliografía

Aínsa, Fernando (1990): *Necesidad de la utopía.* Montevideo: Nordam.
— (1998): *De la Edad del Oro a El Dorado. Génesis del discurso utópico Americano.* Mexico: Fondo de Cultura Económica.
— (1999): *La reconstrucción de la utopía.* México: Correo de la Unesco/Librería Editorial.
Cerutti G., Horacio (1989): «Itinerarios de la utopía en nuestra América», en *De varia utópica. Ensayos de utopía (III).* Bogotá: Instituto Colombiano de Estudios Latinoamericanos y del Caribe/Publicaciones Universidad Central.
Cro, Stelio (1977): «Las fuentes clásicas de la utopía moderna: el Buen Salvaje y las Islas Felices en la historiografía indiana», en *Anales de Literatura Hispanoamericana,* pp. 39-51.
Enriquez Urena, P. (1989): «La utopía de América», en Rama, Ángel/Gutiérrez Girardot, Rafael (eds.), *La utopía de América.* Caracas: Biblioteca Ayacucho, pp. 3-8.
Martí, José (1953): *Nuestra América,* en *Obras escogidas.* La Habana: Libreria Económica
— (1953): *Con todos y para bien de todos,* en *Obras escogidas.* La Habana: Librería Económica
Reyes, Alfonso (1960): *La ultima Tulé,* en *Obras completas.* México: Fondo de Cultura Económica, vol. XI.
Tejera, Diego Vicente (1887): *Conferencias sociales y politicas.* Cayo Hueso
— (1916): *Enseñanzas y profecías.* La Habana: La Prueba.

8. Aprendizajes tardíos

El aprendizaje de todos

Washington Benavides

Aprendizajes tardíos nos parecen los años de aprendizaje de un personaje goetheano. De cierta manera, el narrador y el ensayista convergen en los profundos y sencillos poemas de este libro.

Leerlo nos sugirió los poemas de Antonio Machado (sevillano) que encuentra su sitio en la tierra por los Campos de Castilla, en aquellas peladas serranías o entre olivares y un olmo viejo, antes que en la gloria de los sentidos que significa su tierra natal.

Aínsa sabe ver el mundo exterior.

No olvidemos (porque él nos pide que no olvidemos) que está recuperando lo inmediato y lo mediato, las fotos y la papelería que acompaña (inevitablemente) a todo escritor, a todo hombre (genérico) que entabla combate con los "signos arbitrarios", que así definiera a las palabras, el filósofo «sturmer» Georg Samann.

Todos estamos en ese aprendizaje.

Lo sabemos.

El retorno de Fernando Aínsa

Manuel Vilas

Fernando Aínsa no sólo es un gran tipo y un especialista consumado en literatura latinoamericana, es también un poeta estupendo. Aínsa nació en 1937 en Palma de Mallorca, hijo de padre aragonés. Aínsa ha vivido en Uruguay, su país de adopción, y en París. Lo cierto es que nuestro poeta nunca olvidó su origen aragonés, y finalmente se decidió por vivir entre Zaragoza y el pueblo turolense de Oliete, donde tiene una casa de campo que inspira buena parte de su poesía. Y es que Fernando Aínsa acaba de publicar un libro de poemas titulado *Aprendizajes tardíos*. Es su primer libro de poemas, pero no lo parece. El libro de Fernando Aínsa habla del regreso del poeta a sus ancestros, al lugar de donde vienen sus antepasados, a Oliete (Teruel). En Oliete, Fernando Aínsa se reencuentra con su pasado aragonés, evoca su amado Montevideo, sus años vividos en París, toda su memoria. Hace un repaso exhaustivo de su vida, vida que ahora quiere entregarse al campo aragonés, a la naturaleza, a los árboles, a las plantas, a la huerta. Aínsa se convierte en un hortelano metafísico del tiempo y de la vida, pero desde unos tonos poéticos que buscan la sencillez, el lenguaje coloquial y el humor amable: «Me presento: / tardío aprendiz de hortelano, / falso modesto cocinero, / y otras cosas / que ahora poco importan». El poeta de este libro se transfigura, a la manera latina, pero no exenta de ironía, en hortelano. El hortelano alcanza una filosofía de la vida llena de sencillez, espíritu socrático, escepticismo y aceptación inteligente de las cosas. Esa aceptación da una gran lucidez a los versos de Aínsa.

Otras zonas del libro, a mi juicio bellísimas, exploran momentos muy reales de su vida inmediata, como la superación de un cáncer que aparece en el poema «Marzo, 2005»: «Amputado de ti mismo, / —dicen que extirpado el mal de tan mala consonancia— / quieres olvidar al silencioso cangrejo que anidaba en tus entrañas». La muerte está presente y zumba en los poemas, es una especie de recordatorio entre dulce y oscuro que acompaña al poeta en todos los actos de su vida cotidiana. Muy hermoso e intenso, a modo de broche necesario, es el poema que cierra el libro, dedicado a su padre, cuyas cenizas viajan de Uruguay a Oliete en una urna funeraria junto a la ropa del poeta. Saca el poeta Fernando Aínsa lección humana de todas las cosas que le ocurren. Se sabe mortal, pero no por eso deja de cavar en su huerto, a la búsqueda de los frutos, porque los frutos ocupan nuestro tiempo de vivos.

Fernando Aínsa ha escrito un libro conmovedor y un libro excelente, que en absoluto es un primer libro, sino el libro de un poeta muy hecho. La verdad es que me gusta mucho este libro. Me gusta la manera en que Fernando piensa en su vida. Me gustan sus recuerdos. Me gusta su cosmopolitismo que acaba en Oliete. Me gusta que Fernando Aínsa se haya hecho poeta en la mayoría de edad, a la edad cumplida, porque a la poesía, como al arte en general, el tiempo le sienta bien, o muy bien.

BIBLIOGRAFÍA

AÍNSA, Fernando (2007): *Aprendizajes tardíos*. Sevilla: Renacimiento.

Aprendizajes tardíos

Raúl Carlos Maícas

Siente uno especial complicidad y afecto por gentes tan honestas, independientes y sabias como Fernando Aínsa, nuestro Alberto Manguel particular. Por eso, cada nueva entrega libresca suya nos brinda, además de una grata e instructiva oferta de lectura, un catálogo de ambiciones, quimeras y curiosidades compartidas.

Frente al carnaval de egos o al venenoso autobombo que inunda de continuo nuestra república de las letras, Fernando prefiere el rigor y el trabajo discreto pero bien hecho. Soledad sonora de un francotirador cultural con hechuras de erudito y credibilidad a prueba de mafias y camarillas. Prestidigitador de utopías y sentimentalismos, este latinoamericano ejerciente incluso ha tenido la osadía de abandonar París y asentarse entre nosotros, lo cual podría parecernos un disparate o, mejor, un auténtico lujo intelectual para esta sempiterna Zaragoza gusanera y para el limbo turolense de Oliete, que son sus actuales lugares de residencia. Al fin y al cabo, uno es de donde se asientan sus bibliotecas.

Desde que compartimos territorio residencial, hace ya algunos años, uno lo viene disfrutando como lector, como colaborador y como contertulio. Hispano-uruguayo transterrado, Aínsa es aragonés de raíces profundas y, al tiempo, feliz ciudadano del mundo. Mágica pócima que ojalá no tenga fecha caducidad y sí largo aliento en nuestra memoria vital y literaria.

Aprendizajes tardíos, su primer y último poemario publicado hasta ahora, es un semillero de versos que atrapan, que brindan a la sencillez una aureola legendaria. No es país este para viejos poetas pero Fernando tiene la ambición del aventurero y el ardor y la tenacidad que sólo retroalimentan un espíritu joven, un contrastado buen gusto estético y una curiosidad intacta frente al espectáculo la vida.

Esta gavilla de poemas editada con esmero por Renacimiento, en cuyo germen algo tuve que ver, brinda la oportunidad a su autor de un nuevo comienzo, de un nuevo territorio que cultivar y desde el que hipnotizarnos con su catálogo de revelaciones impregnadas, dice Juan Marín, de «serenidad grecolatina». De ahí que uno, abrumado por esta prodigiosa anomalía ahora impresa, califique *Aprendizajes tardíos* como un intenso, deslumbrante, detallista y hermoso autorretrato lírico.

(Fragmento del diario *La mano sobre los ojos*)

El mensaje ecopoético de Fernando Aínsa: entre cuento naturalístico y diálogo con la existencia

Antonella Cancellier

> ¿Tú también, Fernando? Como Anteo.

El gigante Anteo, en el panteón griego, es hijo de Poseidón (el dios del Mar) y de Gea (la Tierra). Cuenta el mito que Anteo siempre vencía porque Gea enderezaba a su hijo cada vez que se caía. Al tocar la tierra, Anteo volvía a recobrar las energías para seguir luchando.

¿Tú también, Fernando? Como Anteo.

Aprendizajes tardíos (2007),[1] primer libro de poemas de Fernando Aínsa,[2] y la fuerza de su poesía nacen del contacto con la tierra.

La clave del título, desarrollada intensamente a lo largo de las composiciones, está anticipada en el texto liminar donde Fernando Aínsa se impone redactando un prólogo en versos libres que se adapta conforme y armónicamente con la obra que va a introducir, estando presentes todos los tópicos dignos y apropiados: el contexto, las intenciones, una *captatio benevolentiae* (cierto tono autoirónico, cierta modestia), su poética. No falta un pacto de confianza entre el autor y el lector, un «lector amigo».

---

[1] Publicado en dos ediciones: en Sevilla (Renacimiento, 2007) y Mérida, Venezuela (El Otro, El Mismo, 2007, con prólogo de Virgilio López Lemus). Las citas corresponden a la edición española.

[2] Siguen *Clima Húmedo* y *Bodas de Oro*, inéditos.

Me presento
tardío aprendiz de hortelano,
falso modesto cocinero,
y otras cosas
que ahora poco importan.
Así recorro feliz mi nueva propiedad
tierras de memoria familiar recuperada
olvidada heredad replantada con esmero.
(No esquivo el dulce sabor de las claudias
ni del higo que pende sobre el bancal vecino.)

Esgrimo lápiz y libreta
(de momento el ordenador apagado)
y de una vasta biblioteca recibo apoyo;
pues nadie ignora
que no hay inspiración que valga
sin un verso leído no sé dónde.

Haré del recuento de parte de mi vida
(y sus altibajos variados)
materia del devaneo en que me solazo
tras adivinar el fin posible
en un diagnóstico apelado,
instancia en la que todavía me debato.
Y en eso estamos.

Chi non conosce la natura, non sa nulla, e non può ragionare, per ragionevole ch'egli sia. Ora colui che ignora il poetico della natura, ignora una grandissima parte della natura, anzi non conosce assolutamente la natura, perché non conosce il suo modo di essere (Giuseppe Leopardi, *Zibaldone*, 1821).

La vía maestra del conocimiento, por lo tanto, no lleva el nombre triunfante de la razón. Si conocimiento es «penetrare nel sistema della natura», no es posible alcanzarlo sólo con los instrumentos de la razón. Conocer a la naturaleza significa conocer «su manera de ser», es decir, «il poetico nell'intero sistema della natura».

En este pequeño homenaje a Fernando Aínsa quiero seguir el hilo «verde» de su mensaje ecopoético: ya no búsqueda de la utopía, sino aprendizaje fundamental de habitar y vivir poéticamente la tierra.

Aprendizajes tardíos recoge las reflexiones cruciales de su geopoética y es una exploración sobre el terreno más amado por Fernando Aínsa, «el único que [...] importe ahora» («La ley del embudo», 21); y quien lo visitó lo puede comprender. El campo de Teruel, Oliete, *hic et nunc*. Entonces «era tan sólo / pocos días de vacaciones en invierno o verano / El centro del mundo era otro» («Nueces, 1», 45); ahora su campo lo educa lentamente a una nueva mirada, a una nueva audición de las cosas: la mente se adecua progresivamente a la forma de la naturaleza y gana una lucidez que se traduce en una expresión literaria inusual, nueva para él. En el aproximarse a la naturaleza, Aínsa encuentra la esencia de lo poético, y el viático ideal, que se hace actitud, para concebir la relación —una estrecha copertenencia sapiencial— entre el hombre y el universo. Aquí llega a comprender cómo hay que mirar a la naturaleza y a la vida también, y cómo hay que escribirlas en forma poética.

Una poesía que se expresa en una lengua clara, discursiva, cuyo razonamiento no concede nada a los fáciles juegos, a los halos líricos, a las ambigüedades construidas, a las analogías excesivas, ni a la seducción perversa de las metáforas.

Aprendizajes tardíos no es exactamente un libro sino un cuaderno de poemas de carácter íntimo, coloquial, que con todo no se asocia a una reductora noción de cotidianeidad. Lo que *Aprendizajes tardíos* propone es una sensación y una reflexión que conduce al hermético territorio de las cosas. Poesía, pues, gnoseológica que acerca a la metafísica; que no excluye la historia ni la identidad; que asume la condición del tiempo y de la contingencia, pero las transfigura y las trasciende; que acepta la duda pero también la revelación. Poemas donde ética y estética están fuertemente vinculadas.

Si hay que decir de los ascendientes, por supuesto lo acompañan y le abren el camino Horacio y Virgilio (¡nunca le pregunté a Fernando si la elección del prologuista de la edición venezolana también se debe a su nombre!). Pero les debe mucho también a dos mujeres extraordinarias: a la uruguaya Amanda Berenguer (por algunas imágenes resplandecientes) y a la polaca Wisława Szymborska, Nobel de Literatura de 1996, «la autora de "el silencio de las plantas" / (esa poeta de nombre impronunciable)» ([¿Qué es esto de las raíces?...], 80) con que comparte la idea de un diálogo —el con «las enraízadas»— necesario e imposible.

La maravilla delante de los fenómenos de la naturaleza rige todo el poemario: «Pasan los años / y no dejo de extrañarme. / Cuando de los árboles caen las hojas / —otoño dorado entre los chopos— / el níspero florece / y bordonean tenaces las abejas» ([Pasan los años...], 35); o, «Me sorprendió del campo la línea tan bien tendida, / la sombra de las matas alargadas / en ese atardecer del regreso. / Era la primera vez que tras la esquiva convalecencia, / algo cansado, / pero con alegría / abría las persianas sobre la huerta» ([De esta patata nueva...], 31). Para escribir líneas también pueden ser el motor las líneas del paisaje, la geometría del espacio.

La cifra que marca el conjunto, desarrollándose con variantes, es el tiempo que de alguna manera le da título al libro y tema también.

Sentir con la tierra, descubrir su «ritmo secreto» (*Aprendizaje tardío*, 34), asimilarse al orden natural en una simpatía esencial con la naturaleza casi despersonalizándose por el deseo de integración total a «sus secretas leyes» ([¿Qué es esto de las raíces?...], 79) es uno de estos aprendizajes tardíos.

Dice Fernando en el poema que le dedica a José ([José es dueño...], 55-56):

> José es dueño de un secreto calendario
> que pregona al ritmo de la luna
> y sentencia cuando menos lo esperamos.
> Del ajo afirma: "Ni en Navidad en casa,
> ni en San Juan en la tierra".
>
> De cuando la sazón se apropia del fruto
> conoce el latido,
> cuestión de menguante o creciente
> según la hortaliza
> la planta o la arranca
> —¡más nunca se equivoca!—.
>
> Oteando el cielo
> ha hecho del injerto
> un capítulo de la Astronomía.
> («Trocadas ramas mechan en tronco ajeno»,
> dijo el poeta sobre este oficio que más bien debiera ser arte.)
>
> No hay engaño posible.
> A golpes de azada, acelgas, judías y lechugas se alinean
> con ese impulso vertical de todo lo que crece.

Conocedor del orden natural
se hace respetar cuando las cosecha
y, precavido,
guarda la simiente
porque aquí todo lo mide con un ritmo cíclico
del que han desaparecido las horas,
[minutos y segundos,
ese tiempo lineal que dictaba antaño mi agenda
y de los que aprendo a su lado
—poco a poco—
a borrar sus trazos.

Con sutil ambigüedad, Aínsa declina el tiempo, con la melancolía de lo perecedero por una naturaleza cuyo fulgor anuncia la caducidad o bien con la alegría por una naturaleza que justamente por su florecer fugaz, por el límite temporal de su esplendor, hay que disfrutar y gozar.

Se impone con toda plenitud el «pensiero poetante» de Aínsa (para decirlo con la frase feliz de Antonio Prete que de esta manera define la escritura de Leopardi), su pensamiento que se va configurando mientras se teje el discurso lírico.

Algunos ejemplos:

De esta patata nueva
cuyo sencillo sabor degusto
con una chorrada de aceite este mediodía,
como podría hacerlo otro cualquiera,
vi su blanca flor no hace tanto ([De esta patata nueva…], 31);

u otra modalidad:

Frutas a punto de morir
yacen en mi plato.

No hace ni una hora
un cordón las uncía a la clorofila de sus vidas.
Tenían todavía la ambición de ser
                    la uva, buen mosto y mejor vino
                    el melocotón, frasco y almíbar
                    la ciruela, deliciosa compota laxativa.

Todas ellas
    —como tantos otros—
perdidas las esperanzas
frustrada su vocación
sin otro destino
terminan siendo devoradas ([Frutas a punto de morir...], 33).

Sería interesante reflexionar sobre el tránsito de naturaleza viva hasta las extremas condiciones de naturaleza muerta. Fernando percibe, como Amanda Berenguer, la frontera de este proceso de sublimación, capta la potencia transformadora y fija el estatuto de un tiempo nuevo: ya no eliminación de la vida, sino nueva condición, porque la metamorfosis es metatropía, conquista de otro estado, de otra forma, de otro lugar, de otro tiempo. Para Fernando, y creo que le proviene directamente de Amanda, la metamorfosis es palingénesis, por lo tanto, restitución de una vida nueva, extrema y extraordinaria experiencia biológica de la naturaleza que se hace gustar. Una plenitud gozosa, pagana, epicurea (no hay que olvidar la escuela en Atenas denominada justamente «El jardín» donde se enseñaba el arte de vivir y ser feliz) que sabe disfrutar de los placeres elementales cuya gama, en *Aprendizajes tardíos*, comprende las «intensas acelgas de sabor metálico» ([Tras mucho deambular...], 19), el «sencillo sabor» de la patata ([De esta patata nueva...], 31), «el fuerte acento, / entre amargo y perfumado» de la rúcula ([Como otras tantas cosas...], 39), «el olvidado sabor ácido» de la manzana ([No quisiera desmentir su redondez...], 40), «el perfume intenso» del ajo («La sospecha confirmada», 41).

Sabiduría de vida y experiencia de escritura coexisten continua y estrechamente en estos poemas, todos imprescindibles, en los que los hechos recuperados de una marginalidad cotidiana reciben el aura de un detalle que los cristaliza. La verdadera poesía, se sabe, está hecha de cosas de siempre que de pronto se revelan porque Fernando Aínsa no necesita ni la ideología ni la retórica: en él y en su obra habita la poesía de la vida, la única a la que deberíamos darle este nombre.

El tiempo, hemos dicho, como cifra de *Aprendizajes tardíos*. Pero hay también otra cifra fuerte, muy fuerte, el espacio: *el aquí y el allá* en que tanto se ha debatido el pensamiento crítico, pero no sólo, de Fernando.

«¿Qué es esto de las raíces?» (78-80), se pregunta Aínsa en unas densas páginas, casi como para siglar su propia biografía (que se con-

densa en proyecciones vegetales, en movilísimas imágenes del tiempo
y de su fluir), y como para siglar la imposibilidad de un balance final:

¿Qué es esto de las raíces?
Las tienen ellas, plantas y árboles,
            fijados al paisaje desde el primer brote
            hasta el rayo que los parte o la hoz que las siega.
¿Por qué debo tenerlas yo,
            personaje provisorio de tan diversos escenarios?

¿Fueron raíces las que unían a la barra de muchachos
que bajábamos a la playa las noches de verano
y freíamos pescado sobre la arena
de aquel Montevideo ahora evocado?
¿Fueron raíces las que se arrancaron
cuando el aire se hizo irrespirable?
¿Qué fueron de ellas los años en que cambiaste de lengua,
            cielo y compañera?

Errabundo trabajador,
cosmopolita, por entonces sin saberlo,
voluble viajero
            ¿arraigado dónde?
Imaginabas otras vidas posibles
            como un juego de piezas intercambiables
            —cuentos, destinos alternativos—
cuando te asomaste
a la orilla del Pacífico
en Papudo
y mirabas seducido las vetustas casas de madera
hogares de otras existencias que podrías haber vivido
o novelabas los caserones en Normandía
            con sus persianas bajadas en el invierno interminable,
desde una bicicleta alquilada en la estación.

¿Raíces?
Las tienen ellas,
cuya silenciosa vocación botánica
José cuida con esmero.
Arraigados vegetales

          árboles plantados en sus trece
          orientados hacia el sur,
callados,

          creciendo a su ritmo,
             palmo a palmo,
          como indican sus secretas leyes.

Aunque fuera del viento pasajero encaramado
por tantos años
ahora me digo
—algo más sosegado—
al modo de la autora de «el silencio de las plantas»
          (esa poeta de nombre impronunciable)
que la relación unilateral entre ellas
          —las enraizadas—
y yo
no va mal del todo,
aunque la conversación entre nosotros
sea tan necesaria como imposible.

A la extranjería dedicará Fernando su ponencia final. De hecho, la identidad es el núcleo de toda su obra. Es aquí dónde Fernando proyecta también esta preocupación, incluso en la vida vegetal: «De esta patria no es el eucalipto / que planté en protegido rincón asoleado, / sufre en invierno y apenas remonta en primavera. / Año a año se afianza, / ya no tiene la nostalgia de la humedad del aire / tierra donde naciera, / allá en el cono Sur» («Geórgica», 37).

De otras latitudes viene la rúcola. Viene de mi ciudad ([Como tantas otras cosas…], 39):

Como tantas otras cosas
la rúcola se aclimata
aunque mantiene un vínculo secreto con su ciudad de origen.

Comprada en un mercado abierto de Padua
un domingo gris del mes de mayo
llegó su semilla en una maleta
y se esparció por el campo.

Fue delicada mata al principio
y necesitó de atención y cuidado.
Hoy
      —años después—
es la sabrosa maleza con que se alegran las ensaladas en verano.

Nadie diría que no es de aquí,
si no fuera por el fuerte acento,
      entre amargo y perfumado,
con que mantiene tan vivo su origen.

Gea. Del mito, pues nos llega esa tierra simbólica y nutricia de Anteo, a cuyo lema se amparan los poemas de Fernando Aínsa. Tierra que alimenta: al hombre y a su poesía. Tierra, la de Teruel, siempre lista para acoger a sus hijos. Naturaleza madre, nunca madrastra. El poema, muy intenso (81-83), con que Fernando Aínsa concluye Aprendizajes tardíos y con el que yo quiero terminar, ha de ser leído como un testamento:

Papá está disimulado en mi equipaje.
Viaja con pasaporte español y cédula uruguaya
envueltas en un plástico
y sin otro papeleo:
esos certificados, autorizaciones previas
y partidas de estado civil añejas
que exigían celosos funcionarios municipales,
evitados gracias a su hábil escamoteo entre mi ropa.

Papá no se ha delatado en la aduana.
Ya está en casa,
la mía,
la que fue suya,
donde tengo la foto en que se apoya sobre el guardabarros
del primer auto que llegó al pueblo,
el gesto altanero del señorito,
sombrero en mano
seguro de sí.

Papá vuelve a su tierra,
recogiendo las redes de su vida como quienes
      —empujados, por no decir, forzados—

cruzaron hace décadas el Atlántico.
Allí, frente al río pardo,
—que de plata no tiene ni su brillo—
cumplió un destino
para quedarse luego fijado en un estante entre Unamuno y Mozart
a quienes dedicó su diletante vocación dispersa.

Desempaquetado,
en lo alto de mi biblioteca de libros uruguayos
Papá espera ahora su viaje definitivo
en una urna sellada de cerámica de Teruel.

Un día de estos nos iremos juntos a lo alto del cabezo,
amurallado recinto que domina el pueblo
última morada de nuestros antepasados.

Allí,
al pie del pino donde ya tengo un agujero de un metro cuadrado,
y no hay otro rumor que el silbido entre sus hojas
del aire que lo azota
               (¿has escuchado otro árbol que no sea el pino
                  capaz de darle voz al viento del modo que lo hace?)
lo dejaré con un sentido «hasta luego»,
pues lo tengo decidido
y espero que mi voluntad se cumpla:
cuando me abrace la dama del abismo,
con la que me tuteo y dialogo,
aquí vendré
a descansar,
—a mi vez—
a tu lado.

Oliete
Septiembre de 2005-mayo de 2006

El valle secreto o el *LOCUS MEMORIAE* de los tardíos aprendizajes de Fernando Aínsa

Luisa Miñana

Si se me permite una inocente *boutade* chovinista —yo vivo en Aragón—, diré que *Aprendizajes tardíos* es el libro al fin aragonés de Fernando Aínsa. Aunque lo sea sólo circunstancialmente y nada más que porque, como ya casi todo el mundo sabe, el valle secreto que acoge al autor/actor de estos tardíos aprendizajes se esconde en un lugar de Teruel (provincia aragonesa) llamado Oliete. Y en todo caso, en lo que a antecedentes literarios se refiere, se trataría de un libro aragonés por compartir topos intelectual y una cierta sensibilidad ante la dúplice experiencia del «regreso» y de la vida en la «aldea» con un casi paisano de la antigüedad, Marco Valerio Marcial, ciudadano romano de Bílbilis, villa situada no lejos del valle del Jalón, dentro del territorio que sería andando el tiempo Aragón.

Sin embargo, dicho lo dicho, habrá que desdecirse porque tanto Marcial como Fernando Aínsa recorren en sus versos caminos y emociones de largo aliento, de perfil humanamente universal, lo mismo en su transcurso geográfico que en el literario, igual en el discurso filosófico como en las experiencias ciertas que lo alimentan.

En Marcial fue en quien pensé ipso facto, cuando leí por primera vez el poemario de Fernando Aínsa, —recuerdo que así se lo dije a él— y sobre todo su proemio, ya que Aínsa discurre luego en sus versos por caminos más ponderados y voluntariosos, menos sarcásticos también, que los que constituyen el grueso de la obra y opiniones del desencantado y quejumbroso, por inmaduro, Marcial. Inicia Fernando Aínsa ese prólogo:

> Me presento:
> tardío aprendiz de hortelano,
> falso modesto cocinero
>   y otras cosas
>   que ahora poco importan.
>
> Así recorro feliz mi nueva propiedad
> tierras de memoria familiar recuperada
> olvidada heredad replantada con esmero.

Y por su parte Marcial atestiguaba en su poema «Vida sosegada» (libro XII) que:

> [...] mi Bílbilis —a donde he vuelto—,
> tierra soberbia por su minas
> de oro y de hierro,
> tras muchos años me ha recuperado,
> y ella me ha convertido en campesino.

Coinciden, al cabo de los siglos, el hispano-romano Marcial y el hispano-uruguayo Aínsa en su alabanza de la vida sencilla, sujeta a los ciclos naturales, en su aprecio del bienestar que proporciona ese discurrir sereno y tranquilo, en su ensalmo del *hortus*, del jardín (tema de largo arraigo en la literatura y el arte universales, como es sabido, bien conocido además por Fernando Aínsa en cuanto ensayista (2007: s/p), en su acercamiento a los personajes que son sus vecinos en el vergel o en su cercanía, y cuya amistad franca y simple —propia del mundo del jardín cerrado— se opone a las relaciones más protocolarias, políticas o sociales de sus vidas pasadas en la gran ciudad cosmopolita. Veamos.

Sobre el ritmo natural de las cosas, Aínsa (en el poema «Aprendizaje tardío»):

> Cuando florece el cerezo
> y se cubre el presentimiento blanco de fruta,
> empieza realmente la primavera.
> Porque el almendro pudo confundir su flor

con las nieves de febrero
y el melocotón darnos falsa esperanza
de bonanza en el ventoso marzo,
tantos trajes tiene el vestuario de la naturaleza.

Son estos aprendizajes tardíos
                    —en realidad de hortelano improvisado—
los que ahora me ocupan:
descubrir el ritmo secreto de lo que me rodea,
la tenaz indiferencia con que llevan adelante su empeño
los árboles frutales de la huerta.

Marcial, en el poema «Un vergel» (libro XII):

Este bosque, estas fuentes,
esta sombra tejida por flexibles pámpanos,
esta dócil acequia para el riego,
los prados, los rosales que no envidian
a los de Pestum que florecen
dos veces en el año, hortalizas
que se dan en enero sin helarse,
las anguilas domésticas que nadan en estanques cubiertos,
y el blanco palomar con las palomas blancas…

Sobre la oposición entre vida natural y cortesana (urbana, diríamos nosotros), reflexiona Marcial:

Aquí, tranquilo, sin más esfuerzo que el que dicta mi pereza,
me recreo por Boteado y por Platea,
—estos son nombres rudos de tierras celtíberas—,
gozo de horas de sueño profundo
y reparador que no interrumpe,
a veces, ni la hora tercia
y, así, recupero lo que en treinta años
no pude dormir.
Ni me acuerdo de la toga: cuando la pido,
me alcanzan una túnica que tengo cerca,
sobre una silla desvencijada.
El fuego, cuando me levanto,
ya me espera con un montón de leña

del encinar cercano, y con corona de ollas
que puso la granjera;
acude un cazador que tú querrías
encontrarte en apartada selva;
un granjero imberbe
reparte las raciones a los siervos,
y les ruega
que hagan cortar
la larga cabellera.
Así quiero vivir y así morir.

Y por su parte Fernando Aínsa:

Tras mucho deambular del adulado orgullo
por un mundo que te sonreía
gracias al cargo del que estabas
                    (provisionalmente)
investido,
hete aquí en el porche de esta casa,
tan bien orientada hacia el sur oeste,
comiendo intensas acelgas de sabor metálico
                    (para atenuarlo —aconsejaba la abuela—
                    al hervirlas,
                    poner más agua de la necesaria
                    o cambiarla a media cocción).

La antigua ambición está jubilada,
Disuelta poco a poco en un tiempo archivado.
Se reduce el espacio
                    —es cierto—
Pero ese desinterés
                    (¿despojamiento?)
se concentra en un nuevo territorio,
el único que nos importa ahora:
el valle y esta tarde en que no sopla el aire
                    (pero tampoco hay sofocos)
y la mirada se pierde
                    ociosa, tal vez inútil,
de la chopera hacia el este.

Del resto, el olvido impide la memoria.

Sobre las personas que acompañan en la soledad del jardín, Marcial nombra, como hemos visto, al cazador, al granjero y a la granjera, a los siervos, a su amiga y cómplice Marcela. Fernando Aínsa, por su parte, les dedica un capítulo íntegro de su poemario, el tercero, introducido por el último verso del poema que cierra el anterior: «Piensa en la gente que te rodea». Para el inmaduro Marcial, los personajes que le acompañan parecen estar allí para hacerle a él el tiempo más placentero, para ayudarle a olvidar los sinsabores de su vida en Roma, hipotecada al favor de los poderosos; una vida que el bilbilitano vilipendia tanto como añora. Aínsa, sabio y reflexivo, ponderado diría yo, busca en su propio discurso poético y filosófico una nueva ordenación vital, un nuevo equilibrio necesario tras la dura experiencia de la enfermedad y el diálogo cara a cara con la muerte; y en ese discurso abre voluntariamente un espacio propio a cada una de las personas por las que se siente reconfortado (el agricultor José, el pastor Rafael, el minero José Luis, la compañera de casi toda la vida, el nieto recién llegado…), y gracias a las cuales el sentido vital del *hortus* se completa.

El jardín literario de Fernando Aínsa, el valle secreto como él mismo enuncia en el segundo poema del libro, es un *hortus conclusus* y así lo reconoce, ética e iconográficamente, el propio autor al encabezar el capítulo segundo del poemario —el dedicado a las plantas y frutos que allí crecen—, con la conclusiva cita de Pedro Soto de Rojas: «Paraíso cerrado para muchos, / jardines abiertos para pocos». Escobar y Díaz incluyen como invariantes definitorios del jardín cerrado, a lo largo de todas las culturas, cuatro elementos: el cerramiento (físico, psicológico o incluso metafórico), las plantas, los animales y el agua. Y aluden igualmente a otros elementos que suelen aparecer: la cabaña, la montaña (o escalera, algo que represente la idea del ascenso), y el trazado interior del espacio ajardinado (Escobar e Isla 1993: 5-10).

Todos ellos son rastreables entre los versos de *Aprendizajes tardíos*. Lo cerrado es en estos textos deseo de soledad y de sosiego, de preservación del espacio personal hallado a través de la memoria, de ahí la contundencia con que se habla del valle secreto:

Del valle secreto escondo su emplazamiento
(Del valle secreto… v. 1).

Desde esta orilla
—en el fondo del valle que ahora habito
(«Que la soledad es mala consejera…», vv. 16-17).

Secreto, profundo son aquí equivalentes a cerrado, teniendo además en cuenta que no estamos ante un jardín artificioso, sino ante un
lugar geográfico en el que la mano humana se inserta en diálogo equi-
librado.

Las plantas y los animales, las criaturas diríamos, aparecen como
protagonistas a lo largo del libro —ya lo hemos comentado—, elementos primordiales del viejo lugar familiar, del viejo mundo, recuperado ahora: desde frutales varios y verduras a hortalizas, la mayoría
autóctonas —como exige la tradición iconográfica—, pero también
algunas extranjeras transplantadas con éxito (y que completan el
espectro paradisíaco de este jardín para la perceptiva literaria y simbólica). También los animales son los propios de este valle escondido: los humildes perros, ovejas, los burros. El valle secreto mediterráneo turolense de Aínsa no está lejos del mundo virgiliano de las
Geórgicas.

La casa (la cabaña) es citada como lugar de refugio, de meditación,
de reconocimiento personal, en varias ocasiones a lo largo de libro:

tengo entre las paredes de mi casa
(«Del valle secreto…», v. 13)

hete aquí en el porche de esta casa,
tan bien orientada hacia el sur oeste
(«Tras mucho deambular…», vv. 6-7).

Cuando la oigo hablar con los perros me conforto:
sé que sigue ahí
—en la cocina, el porche o el jardín—
(«Cuando la oigo hablar…», vv. 1-3).

Papá no se ha delatado en la aduana.
        Ya está en casa,
            la mía,
        la que fue suya
(«Papá esta disimulado en mi equipaje…», vv. 9-12).

Porque esta casa es también heredad y herencia quiero introducir aquí una llamada de atención hacia el concepto de casa como memoria, tan fundamental en estos *Aprendizajes tardíos* en los que precisamente la memoria de la historia personal ha venido posibilitada porque el *hortus* no es únicamente un *locus amœnus*, sino también (o quizás sobre todo):

> antaño solar de abuelos paternos,
> hogaño, herededad y residencia
> (Marzo 2005: vv. 10-11).

Es decir, un *locus memoriae*. A este respecto, señala Gina Saraceni: «la casa de la memoria y la memoria de la casa son la promesa que la escritura intenta cumplir aunque ese cumplimiento es también restitución de algo que no existió y que se añora a pesar de no haberlo tenido» (2008: 34). Retomaremos este hilo enseguida, pero antes terminemos de rastrear las señales que como *hortus conclusus* guarda el valle de Fernando Aínsa.

Son esenciales también los rasgos descriptivos del jardín que se diseminan entre los poemas. Informan acerca de la tipología rústica, naturalmente ordenada por tanto, del mismo. Se corresponderían con la invariante del trazado interior aludida arriba: hay un camino que pasa frente a la entrada, titubea y se estrecha y no ofrece escapatoria, que conduce inevitablemente al jardín («Del valle secreto», vv. 6-8) como el primer poema del libro —en el que se cita ese camino obligado— conduce indefectiblemente a la memoria, aunque en un principio se esgrima cierta resistencia a su ejercicio:

> Se reduce el espacio
> es cierto—
> pero ese desinterés
>   (¿despojamiento?)
> se concentra en un nuevo territorio,
> el único que nos importa ahora:
> el valle y esta tarde en que no sopla el aire
>   (pero tampoco hay sofocos)
> y la mirada se pierde
>   ociosa, tal vez inútil,
> de la chopera hacia el este.

Del resto, el olvido impide la memoria
(«Tras mucho deambular…», vv. 15-26).

Precisamente el fértil viaje por la memoria que constituye una de
las líneas conductoras esenciales de *Aprendizajes tardíos* está igualmente ya inevitablemente apuntado en el poema casi inicial «Del valle
secreto…», porque ese camino sin escapatoria conduce precisamente:

> al pie de la represa,
> cuyos doscientos setenta y tres escalones aún subo
> cuando vienen mis hijos y ahora mis nietos (vv. 9-11).

Tras la represa aguarda el agua, otra de las invariantes necesarias del
hortus conclusus, esgrimiendo su alto poder escenográfico evocador
como principio vital necesario. Y al alimón de dicho poder configura-
dor y evocador, los doscientos setenta y tres escalones de la misma
represa que sin duda debemos asimilar con la última invariante que
nos queda por certificar, la presencia de un elemento que signifique el
ascenso, y en concreto la escala del Conocimiento. Como explica Emanuela Kretzulesco-Quaranta (aludiendo a la divisa de Leonardo da
Vinci, *hostinato rigore*, también querida por Paul Valéry), se trataría de
«domar la memoria, después de haber aprendido a regir los sentidos y
las pasiones, y a conocer el mecanismo de músculos y nervios y el valor
de las percepciones» (2005: 307). Respecto a este esfuerzo y método de
conocimiento, recordaré tan sólo dos pasajes del poemario de Fernando Aínsa, el primero ya desde el prólogo «Me presento…»:

> Esgrimo lápiz y libreta
>   (de momento el ordenador apagado)
> y de una vasta biblioteca recibo apoyo;
>   pues nadie ignora
>   que no hay inspiración que valga
>   sin un verso leído no sé dónde.

> Haré del recuento de parte de mi vida
>   (y sus altibajos variados)
>   materia del devaneo en que me solazo
>   tras adivinar el fin posible
>   en un diagnóstico apelado… (vv. 11-21).

Y el segundo completamente contundente:

> No es,
>
> sin embargo,
> resignada aceptación de cómo se reducen expectativas,
> la que la visión del embudo me provoca,
> sino comprobar la real dimensión de una ley de vida:
> hay que aprender a conocerse,
> aún a costa de sí mismo
>
> («La ley del embudo», vv. 12-18).

Diríase que entre los aprendizajes tardíos que Fernando Aínsa enfrenta y testifica (mediante técnica que, por usar un tour de force semántico, podría entenderse como de realismo poético, con claros y evidentes ecos clásicos por el propio autor referidos incluso), no sólo están únicamente los de los oficios ahora apreciados de hortelano («Me presento…», «José es dueño…») o de carpintero («Las herramientas están alineadas…»), ni el descubrimiento del «ritmo secreto de lo que me rodea» («Aprendizajes tardíos»), ni la forma de borrar los trazos del «tiempo lineal que dictaba antaño mi agenda» («José es dueño…»), sino además ese duro aprender a conocerse, aún a costa de sí mismo. Tal gesto de introspección implica de alguna manera una actitud de aislamiento, de autoexilio que, paradójicamente, parece ser la vía por la que en este libro Fernando Aínsa logra en parte sobreponerse personal y literariamente a las consecuencias del otro exilio, el político y geográfico, vivido en su caso prácticamente desde siempre, en su condición de hijo de exiliado español en Uruguay, y de exiliado él mismo después en Europa.[1]

Autoexilio, introspección, que no es, a mi entender, exactamente ausencia de tensión dialéctica interior. Resulta cuando menos revelador la inclusión del término «tardíos» en el título del poemario, que vuelve a subrayarse varias veces más en diferentes textos del libro y que parece un guiño reinterpretativo y alusivo a las teorías sobre el llamado «estilo tardío"» establecidas por Adorno y que más recientemente Edward Said ha conceptuado no sólo como aquel que el artista engendra debido a la proximidad del final de la vida, sino también el

---

[1] Ver entre las obras de creación de Fernando Aínsa, por ejemplo, *Travesías* o *Los que han vuelto*, o entre la ensayística *Pasarelas. Letras entre dos mundos*.

que se genera desde una actitud de exilio intelectual, gracias al cual el arte no se pliega a la realidad (Said 2009), sino que retoma el dialogo con ella sin dejarse avasallar ni encerrar por un tiempo concreto. La situación de la que parte la escritura de *Aprendizajes tardíos* entraña por demás ambos presupuestos, puesto que su autor lo escribe durante la convalecencia de una grave enfermedad que habrá de transcurrir en la soledad elegida del valle secreto.

Creo que en términos generales esta situación intelectual vale a la hora de abordar *Aprendizajes tardíos* como un libro en el que se verifica la unificación de términos y emociones escindidas, la superación de un transcurso anterior e interior que se comprende ahora caótico y errático. Sin embargo, aquí se trata de oponerse a uno mismo oponiendo entre sí dos realidades, también dos actitudes ante la historia, también dos formas de apreciar el tiempo. Y se trata, al fin, de hallar para uno mismo una nueva ubicación en la que esos contrarios, sin negarse, convivan medianamente en paz. En ese proceso aparece como fundamental la memoria, que si bien al principio esgrime un cierto caos («En el desorden de la caja...»), va paulatinamente encontrando su ritmo y su pauta, generando una ordenación nueva, conforme se acomoda al ritmo natural de las cosas. Es la memoria la que termina conduciendo de una a otra realidad, también de una a otra orilla del exilio, conciliándolas. Dos realidades, decía:

> Una, la del valle secreto recóndito y delimitado que en el poemario es el presente, y otra, la Babel cosmopolita, mundo global sin fronteras plagado de vidas intercambiables y viajeras (Vuelvo otra vez..., ¿Qué es esto de las raíces...?) desde la que se llega al presente.

Una, la del exilio voluntario introspectivo que dialoga con las raíces ancestrales, aunque no de manera exclusiva, y otra la del exilio doblemente impuesto entre un lado y otro del Atlántico, la realidad del transterrado,[2] que al cabo condujo a la errance, la erranza, como

---

[2] «Transterrado» es un término acuñado, como se sabe, por el filósofo español exiliado en México José Gaos, para designar «la idea entrañable, para todo empatriado, de las dos patrias, de su patria de origen y empatriado de una patria de destino» (*Diccionario de Filosofía Latinoamericana*. Biblioteca Virtual Latinoamericana. Universidad Nacional Autónoma de México). «Estamos aquí, somos de allá», enuncia Fernando Aínsa en el comienzo de *Travesías*.

forma de vida y de conocimiento, tal y como desarrollaba Fernando Aínsa en *Travesías* (2000: 9-10).[3]

Una, la del tiempo cíclico, natural, reincidente y regenerador. Otra la del tiempo lineal y fugaz de las agendas, perecedero.

Estas dos realidades contrapuestas constituyen una puesta al día del tópico clásico dualista "alabanza de aldea/menosprecio de corte" del que hablábamos al comienzo, introduciendo en él además la variante dislocadora del tema del exilio político que es la que exige la entrada en acción de la memoria.

Pero la memoria no es posible en ese tiempo lineal y fugaz de las agendas. Ni siquiera en el tiempo progresivo de la Historia. Porque la memoria exige no únicamente conocimiento. Exige reconocimiento emocional. Por eso la memoria se abre paso cuando lo hace el tiempo cíclico, el tiempo del retorno, que es el tiempo que rige en el jardín, cuando el presente al fin se hace cargo del legado que le llega a través de la memoria y desde luego a través de la memoria de la figura del padre, del propio hecho físico del retorno de las cenizas del padre a la heredad familiar, que se narra intencionadamente en el último poema del conjunto (Papá está disimulado en mi equipaje…). El ciclo abierto antaño con el exilio del padre se completa ahora y permite al hijo, enfrentado él mismo a un posible propio final, reordenar su tiempo, aunque al comienzo de la andadura poética ello pareciera imposible:

En el desorden de la caja con fotos
Se comprueba un cierto caos de la memoria,
Ingobernable azar de los recuerdos"
(En el desorden de la caja…, vs. 1-3).

Y aunque el reencuentro con el padre ya sólo sea cierto más allá del límite del camino, cuando la muerte les devuelva a uno y a otro, —padre y heredero reconstruido—, al tiempo atemporal y ahistórico de la naturaleza que habrá de suceder en el espacio y escenario reducido de apenas un metro cuadrado —no hará falta ya más mundo—:

---

[3] El autor encontraba la exacta equivalencia del concepto francés *errance* en el castellano «erranza». Este término existía en la vigésima edición del Diccionario de la Real Academia, pero ha desaparecido en la vigésimo primera. Los diccionarios franco-españoles sugieren como traducción la palabra «andanza». Pero indudablemente no es lo mismo, no.

Allí,
al pie del pino donde ya tengo un agujero de un metro
      (cuadrado,
y no hay otro rumor que el silbido entre sus hojas
del aire que lo azota
(¿has escuchado otro árbol que no sea el pino
capaz de darle voz al viento del modo que lo hace?)
lo dejaré con un sentido «hasta luego»,
pues lo tengo decidido
            y espero que mi voluntad se cumpla:
                  cuando me abrace la dama del abismo,
                        con la que me tuteo y dialogo,
aquí vendré
      a descansar
                              —a mi vez—
      a tu lado
(«Papá está disimulado en el equipaje…», vv. 36-50).

Este diálogo indirecto con el padre cierra el libro, decíamos, y en verdad pesa tanto que convierte el ejercicio de memoria realizado a lo largo del poemario en un cierto «proceso de lectura e interpretación de un legado», en el sentido derridiano apuntado por Saraceni de que aquello que somos es «primero que nada herencia» (2008: 14 y 55). Esta misma autora analiza de forma bastante precisa algunos de los *leitmotivs* de la literatura ejercida por los hijos de exiliados, a su vez exiliados también muchos de ellos (como es el caso de Fernando Aínsa). Entre esos elementos nucleares está precisamente el diálogo, directo o indirecto, con la figura del padre. Se trataría de una «escritura hacia atrás»,[4] donde la

---

[4] «Si la genealogía es un movimiento errático e impredecible atravesado por líneas de fuga que zanjan toda idea de progreso temporal; si el origen y el pasado son el resultado del encuentro entre lo que sobrevive del pasado y las condiciones presentes de su hallazgo, entonces también el saber que se obtiene escribiendo hacia atrás es un saber de la precariedad y de la falta, de la interrupción y la incompletitud; un saber-haber inapropiable que se obtiene en el momento mismo en que se asume su imposibilidad o su falta. De aquí que el heredero que (re)escribe su pasado adquiere una herencia "inoperante" y precaria, la herencia de lo que está siempre por venir porque nunca estuvo y nunca estará, la herencia como una forma de interpelación que reclama una lectura del secreto que atraviesa toda genealogía y que interpela al heredero para poner a prueba su capacidad hermenéutica, su disposición a asumir la responsabilidad que el mandato reclama» (Saraceni 2008: 32)

memoria desempeña una acción esencial, aunque imposible realmente, en la formulación de una identidad propia individual y social; una escritura que denota todas las fracturas de las experiencias atravesadas y que en el lenguaje construye un hogar que no encuentra correlato en la realidad.[5] Como afirma Ugarte: «la particular naturaleza de la experiencia del exilio —el abandono del hogar, la importancia que adquiere la correspondencia y las relaciones humanas, las comparaciones, la separación espacio temporal y la duplicidad y división del ser— conducen al autor, quizás de manera inconsciente, a un diálogo consigo mismo sobre la naturaleza misma del proceso literario, así como de las dificultades que nacen del esfuerzo por reproducir la realidad. A mi modo de ver la literatura del exilio no representa una categoría literaria única, con lenguaje y convención propias, sino más bien, que deja al descubierto el proceso literario en sí mismo» (1999: 24).

Hay que pensar que en el caso del escritor exiliado hijo de exiliado a su vez se suma evidentemente un doble extrañamiento. Uno primero que es el que supone la imposibilidad de acceder a una parte incógnita de ese territorio de la herencia, esa parte hasta donde no puede alcanzar la memoria propia, el exilio heredado digamos, y que en alguna media condiciona la relación con el propio país (ya lo sea éste por nacimiento o crianza). Después sobreviene el extrañamiento propio, el progresivo distanciamiento respecto a ese país de crianza y formación personal; un desarraigo que tampoco se compensa en el territorio de llegada —tras el exilio propio—, ni siquiera, al parecer, aunque ese territorio de nuevo comienzo sea el mismo de la memoria heredada, el del origen familiar: evidentemente el paso del tiempo nunca ocurre en balde y la fractura histórica es siempre difícil de sobrepasar, entraña siempre dolor. Por eso, y en contraposición a la paulatina reconciliación (o sea reconocimiento por fin en paz y sosiego) con las raíces propias que sí se verifica a lo largo de los *Aprendizajes tardíos* de Fernando Aínsa, éste augura y proyecta para su nieto un futuro sin raíces, sin tiránicas, desgarradoras, identidades geo-históricas, en un mundo globalizado e intercambiable:

---

[5] «Heimat: palabra que expresa al mismo tiempo la sensación de casa (hogar), corazón y región en que se vive», escribía el propio Fernando Aínsa en *Travesías* («Variantes sobre el hogar»), 2000: 57.

No hablarás nunca de raíces porque,
        Aunque las quisieras
no las tienes
ni debes tenerlas
        (si me permites el consejo)
[...]

En el río de tu vida
confluyen demasiados afluyentes
        conocidos los unos
        sospechados otros
        ignoto alguno
                que se remontan a Dios sabe dónde
como para hacer de la identidad una búsqueda
que vaya más allá de lo que encierra
                un particular sentimiento
(«Arún», vv. 35-38 y 45-53)

Sin embargo, es precisamente ese «particular sentimiento» hallado al cabo en el abrigo del valle secreto" lo que a mi entender, en el caso de *Aprendizajes tardíos*, permite hablar de una cierta superación de tantas fracturas. Un sentimiento que acompaña la apropiación que se produce por parte del autor del hogar de los antepasados como realmente suyo, como lugar finalmente en verdad perteneciente al periplo vital que lo ha conducido hasta él:

Así recorro feliz mi nueva propiedad
tierras de memoria familiar recuperada
olvidada heredad replantada con esmero
(«Me presento…», vv. 6-9).

Es verdad que no dejará de ser la escritura de Fernando Aínsa, ni siquiera en este poemario tan personal —seguramente por ello mismo— una escritura construida desde

un mundo trasatlántico cruzado sin remedio
(«Que la soledad es mala consejera…», v. 5).

También es verdad que su pensamiento no dejará de discurrir entre las dos orillas, esas que han mantenido durante todo el tiempo contemporáneo de la Historia un diálogo sangrante de exilios, de travesías a menudo tan dolorosas como fructíferas intelectualmente hablando, aunque no así en lo que a cambios sociales tangibles se refiere (y pienso, no sólo, pero sobre todo en los países hispanoamericanos). Unos cambios anhelados y exigidos en los años sesenta y setenta del siglo pasado por una comprometida socialmente generación de jóvenes —futuros exiliados— que, en el caso de Hispanoamérica, reunieron en algunos casos además esa condición de hijos de exiliados españoles y europeos en general provocados por los enfrentamientos bélicos de mediados de siglo XX y sus derivaciones políticas:

> ¿cuántos son los sobrevivientes de aquella foto de 1968?
> ¿dónde están, si es que están?
>
> Desde esta orilla
> —en el fondo del valle que ahora habito,
>   tierra de antepasados que voy recuperando—
>   no lo sabré nunca,
>   porque de nada sirve recordar el mundo que pretendimos
>   cambiar
>   entre pizza y churrasco.
>   Entonces bastaba la voluntad
> —y eso no nos faltaba—
> pero todo quedó igual y cuesta reconocerlo
> («Que la soledad es mala consejera…», vv. 16-25).

Pero igualmente se revela a través de sus *Aprendizajes tardíos* que el autor ha encontrado un real y definitivo lugar de referencia en esa heredad de sus antepasados, en ese valle secreto, que va reconociendo en todos y cada uno de sus aspectos, y que le permite contemplar desde «esta orilla» más interior que geográfica, yo diría que no sólo la vida vivida sino el futuro incluso.

Parece además muy posible que tal reconocimiento haya sido factible no sólo por el carácter esencial de legado familiar que posee el lugar, sino también por la formulación psico-poética, metafórica, de esta heredad como *hortus conclusus*. Un jardín preservado que a su vez preserva, que en el caso de Fernando Aínsa «cura»: un lugar que a partir del exilio interior en el que sitúa al autor la enfermedad grave y la conciencia de la muerte (un tercer exilio diríamos) le conduce, superando en ella sus otras condiciones de exiliado, al fin hacia sí mismo, hacia esa identidad sentimental necesaria que haga posible al cabo una cierta armonía.

Creo sinceramente que nadie mejor que Fernando Aínsa en textos como el que incluyo a continuación, ya como conclusión, ha explicado el valor y cualidad de *Aprendizajes tardíos*, aun antes de que éstos cobraran forma:

> Una vez escribí:
> «A veces tengo nostalgia de un país donde no he estado nunca. Me siento exiliado de una tierra prometida a la que no he podido llegar y de la cual tengo vagas noticias. Su lejanía me da vértigo».
> Me pregunto ahora. ¿se trataba realmente de una isla?
> Muy probablemente sí, porque también hay «islas de tierra firme», «ínsulas Baratarias» brotando del imaginario en un rincón de la Mancha o en el fondo de un valle...

Porque, al fin y al cabo, si la suerte nos depara una playa donde sobrevivir al término de nuestros desvelos, una isla de utopía encontrada tras periplos varios, deberíamos ser capaces de construir en ella un mundo. Un mundo que no necesitara destruir el de los demás, porque —pese a todo y a tantos complacidos agoreros— sigue habiendo todavía en este malherido planeta suficiente espacio libre para soñar» (*Travesías* 2000: 118-119).

BIBLIOGRAFÍA

AÍNSA, Fernando (2000): *Travesías. Juegos a la distancia*. Málaga: Litoral.
— (2003): *Pasarelas. Letras entre dos mundos*. Alicante: Edición digital. Biblioteca Virtual Miguel de Cervantes, en <http://www.cervantesvirtual.com/FichaObra.html?Ref=10533&portal=157>.
— (2007): «La naturaleza se transforma en paisaje en la narrativa latinoamericana (entrevista con Fernando Aínsa)», en <http://www.resonancias.org/content/read/635/> (02/08/2009).
— (2009): *Los que han vuelto*. Zaragoza: Mira.
ESCOBAR ISLA, José Manuel/DÍAZ, Antonio María (1993): *Hortus conclusus. El jardín cerrado en la cultura europea*. Madrid: Instituto Juan de Herrera.

HORACIO (1973): *Odas-Epodos*. Madrid. Espasa-Calpe.

KRETZULESCO-QUARANTA, Emanuela (2005): *Los jardines del sueño. Polifilo y la mística del Renacimiento*. Madrid: Siruela.

MARCIAL, Marco Valerio (1986): *Epigramas*. Zaragoza: Guara Editorial.

SAID, Edward W. (2009): *Sobre el estilo tardío. Música y literatura contracorriente*. Barcelona. Debate.

SARACENI, Gina (2008): *Escribir hacia atrás. Herencia, lengua, memoria*. Rosario: Beatriz Viterbo. Reproducción digital en <http://books. google. es/books?id=V5efZ9btolEC&dq=escribir+hacia+atr%C3%A1s&source=gbs_navlinks_s> (17/07/2009)

UGARTE, Michael (1999): *Literatura española en el exilio. Un estudio comparativo*. Madrid. Siglo XXI.

VIRGILIO (2003): *Obras completas*. Madrid: Cátedra.

Los poemas del sosiego de Fernando Aínsa

Héctor Loaiza

> El que no está separado de la fuente es el hombre
> natural, el que no está separado de la esencia es el hom-
> bre espiritual
>
> Tchuang-Tseu[*]

Fernando Aínsa es más conocido por sus ensayos sobre el pensamiento y la literatura latinoamericanos, el exilio de los escritores, la utopía... Esta vez, ha publicado un magnífico poemario, *Aprendizajes tardíos* (Sevilla, Renacimiento, 2007). En dicha obra ha plasmado poemas con un tono justo, suerte de confidencias y diario poético. ¿Por qué ha recurrido a la poesía? Los avatares de su existencia le han inducido a tomar «el lápiz y la libreta» para escribir estos poemas. El resultado es excelente, la actitud lúcida y madura.

El sus versos de la edad del sosiego hace un balance sagaz de su existencia. El mismo título Aprendizajes tardíos ya nos indica su intención. Se describe como «tardío aprendiz de hortelano» haciéndonos participar de su nueva vida en la antigua casa de sus antepasados, en tierra aragonesa, en un pueblo cerca de Teruel. Allí, redescubre el gozo de estar en contacto con el paisaje y formar parte de él. Describe al mundo con todos los sentidos en alerta: la vista le permite pintarnos su entorno y también algunos de sus habitantes; recurre al olfato para transmitirnos olores, fragancias y perfumes; nos describe el gusto nuevo que tienen las frutas, las legumbres y todo lo que encuentra su paladar, dentro de un marco de vida sencillo y natural.

[*] Tchuang-Tseu (entre 350-275 a.C.): poeta y filósofo chino que enseñaba una doctrina libertaria, una filosofía metafísica y una moral contra la autoridad del Estado.

De su nuevo existir, Aínsa alude al «dulce sabor de las [ciruelas] claudias», de la «uva, buen mosto y mejor vino», del melocotón que con la nieves de febrero le dio «falsa esperanza» y la manzana «se merece el mordisco que le arrebata / esa ambición de ser naturaleza muerta / cuadro impresionista». Evoca un día de enero de 1981 cuando plantó una noguera, «de la que recojo ahora sus cuantiosos frutos», compara a su fruto —la nuez— con una cabeza reducida, «duro de romper su cráneo», la forma de su fruto: «como un cerebro / dividido en dos hemisferios de fijas nervaduras / aquí la razón, allí las emociones, / lógica y sentimiento, sin comprenderse…».

Ha rescatado de la memoria, sensaciones, olores, recuerdos de su propia existencia examinando fotos, cartas, mensajes y viejos papeles que yacían en cajas de zapatos. Están también sus manuscritos incompletos y los discos de vinilo «que no pueden sonar / pues perdí en una mudanza el giradiscos de rasposa aguja / con que Bach y los Panchos alegraban mi vida…». Esas añoranzas, sin sentimentalismo ni recurso a una retórica fácil, desembocan en una conclusión perspicaz: «no lograrás recomponer el rompecabezas de tu vida…».

Se refiere con cierto humor a su condición de «falso modesto cocinero». De la negación aparente se impone como un auténtico chef para aderezar, fermentar y dar brillo a las palabras. La fórmula empleada denota el estilo del poeta, usando un tono sincero y maduro, en un español depurado tamizado por el habla rioplatense que lo eleva a una auténtica universalidad.

El placer de cultivar sus propias patatas, admirar «el campo [que le] regalaba ese rincón de flores» y después saborear: «De esta patata nueva / cuyo sencillo sabor degusto / con una chorrada de aceite este mediodía…». Se refiere a las virtudes de la rúcola —planta italiana de la familia de las crucíferas—: «Como tantas otras cosas / la rúcola se aclimata…». Y termina después con esta descripción: «Es la sabrosa maleza con que se alegran las ensaladas en verano» y explica su sabor: «entre amargo y perfumado…».

Desde el sur de Aragón, recuerda las reminiscencias de su juventud en Montevideo, nostalgia de ultramar, donde sus padres emigraron. En uno de sus poemas [«Que la soledad es mala consejera]» —los corchetes son del autor—, evoca sus inquietudes juveniles, las anécdotas son retratadas con pocas palabras e imágenes contundentes: «Aquellos sabores lejanos / degustados en otros tiempos / de un mundo trasatlántico cruzado sin remedio; / aquella imparable gula juvenil, / impune despliegue de tenedores y cuchillos / para comilonas rociadas de mal vino y peor poesía, / con tanto adverbio perentorio, / gerundios indiscriminados, / tantas verdades proclamadas en alargadas sobremesas…».

La imagen de la «gula juvenil» que no sólo es gastronómica sino identificación a ideales. En otro de sus poemas «Nueces, 4», el balance de su existencia tiene resabios de una autocrítica: «Hoy te dices sobrio y frugal / pero sabes que la frugalidad hipócrita de la vejez no es más que falta de deseo y de apetito…». Contrapone lo anterior con otra remembranza melancólica: «Recuerdas el ímpetu del mordisco al 'chorizo al pan' / comido al pie del camión abierto de madrugada / en la esquina de Garibaldi y bulevar Artigas / donde recalaban los trasnochadores…». Y esta constatación sobre los «embutidos en la parrilla / chorreantes de grasa y pimentón»: «Por entonces, los llamabas de chancho y no de cerdo / (de marca Ortonello para ser preciso) / y los comías con ganas, esas ganas que te faltan ahora…».

En el poema «La ley del embudo», utiliza la figura del instrumento para retratar su propia vida. En la «boca recoge todo…» equivale a la expansiva juventud que recibe y asimila todo, «que invitaba al vertido sin medida / a creerse capaz de todo…» Están comprendidos los sueños inveterados, la ambición de poder y el deseo de abarcar todo. Más allá, precisa su visión presente: «No es / sin embargo / resignada aceptación de cómo se reducen expectativas / la que la visión del embudo me provoca / sino comprobar la real dimensión de una ley de vida: / hay que aprender a conocerse, / aún a costa de sí mismo».

El autor no osa hacer una apología «del retorno a las raíces» que se ha convertido en un lugar común y cuyas nefastas consecuencias siguen asolando al mundo. No podía caer en semejante simplificación de su itinerario nómada, rozado a diversas culturas y nutrido por intensas lecturas literarias de variados horizontes. Lo precisa así: «No hablarás nunca de raíces porque, / aunque las quisieras / no las tienes / ni debes tenerlas / (si me permites el consejo)…». Más lejos, reafirma su verdadera identidad individual: «En el río de tu vida / confluyen demasiados afluentes / conocidos los unos / sospechados los otros / que se remontan Dios sabe dónde…». Y es aún más explícito: «¿Qué es esto de las raíces? / Las tienen ellas, plantas y árboles, / fijados al paisaje desde el primer brote / hasta el rayo que los parte o la hoz que las siega, / ¿Por qué debo tenerlas yo, / personaje provisorio de tan diversos escenarios?».

Nos transmite su redescubrimiento de un modo de vida secular y una visión cíclica temporal que difiere de la lineal usada en las urbes. En su poema «José es dueño» pinta a grandes trazos un personaje aragonés: «José es dueño de un secreto calendario / que pregona al ritmo de la luna / y sentencia cuando menos lo esperamos. / el ajo afirma: 'ni en Navidad en casa, / ni en San Juan en la tierra'». Y más adelante: «Conocedor del orden natural / se hace respetar cuando las cosecha / y, precavido, / guarda la simiente / porque aquí todo lo mide con un ritmo cíclico / del que han desaparecido las horas / minutos y segundos, / ese tiempo lineal que dictaba antaño mi agenda / y de los que aprendo a su lado / —poco a poco / a borrar sus trazos».

El tono del poemario es púdico y digno. Hay muy pocas referencias a sus «altibajos variados», «al diagnóstico apelado / instancia en la que todavía me debato...». Sólo en una poesía alude de manera velada a la parca: «Me asomé a su borde sin quererlo, [...] / y la vi como un relámpago en la sombra / con sus brazos tendidos en lo hondo, / breve consciencia que se fue instalando / en el diálogo que mantengo desde entonces con ella...». Y termina esbozando el autorretrato de su templanza, sus relaciones con la dama de la guadaña:

> [...]
> la invito a largas partidas de ajedrez
> (émulo del caballero del 'séptimo sello')
> postergando el jaque mate con que gana siempre,
> pues no ignoro que por esta u otra causa,
> se cerrará
> (¿segará?)
> un día no tan lejano
> mi vida en este valle
> donde las lágrimas tan poco cuentan.

9. Transgresiones

Palabras para Fernando Aínsa

Pablo Montoya

Por Fernando Aínsa siento una mezcla de admiración y gratitud. Ambos sentimientos son, sin duda, dos formas de la amistad. Acaso las más duraderas y reconfortantes.

Mi admiración por Fernando tiene que ver con su magisterio intelectual. La primera vez que lo vi fue en un seminario de la Sorbonne Nouvelle. Allí estuvo Fernando invitado por el profesor Claude Fell, quien nos departía sus conocimientos sobre la novela histórica latinoamericana. Aquella mañana escuché deslumbrado el itinerario que Fernando Aínsa hizo por las coordenadas de la utopía, la historia y la literatura. Y hablo de deslumbramiento porque eso sucede cuando ante nosotros se abre una veta del conocimiento que aún no habíamos oteado con el rigor necesario. Quiero decir que, con lo que habló Fernando Aínsa aquella mañana, yo empecé a orientarme mejor en ese intrincado horizonte de la literatura que bebe en la historia y del cual él ha extraído problemáticas y dilucidado postulados de gran utilidad para los estudios literarios.

Luego, cuando pedí ayuda a la Unesco para una posible publicación de una antología de cuento africano de expresión francesa que yo traducía por aquellos años, hablé con Fernando Aínsa. Sus comentarios, su mirada sobre la literatura africana del siglo XX, y en especial sobre el concepto de la negritud, me ayudaron a superar ese modo mío un poco ingenuo en que comprendía por entonces las relaciones entre lo negro en el arte y la literatura y sus valores renovadores.

Desde esos dos encuentros, que quizás Fernando Aínsa ha olvidado y que yo evoco siempre, su figura ha sido para mí una suerte de guía en los meandros de la crítica literaria. Creo que son fundamentales sus libros sobre Onetti, sobre la utopía y sobre la novela histórica, sobre la identidad cultural y la música en la literatura latinoamericana. Esta admiración, creo que vale la pena señalarlo, se fortaleció aún más cuando recientemente lo escuché en Salamanca hablar sobre el nomadismo, lo extraterritorial, el exilio, la periferia y los cada vez más desdibujados centros en la literatura actual latinoamericana. Allí Fernando Aínsa, demostró cómo es de vasto y de vital su conocimiento de la literatura de nuestro continente. Sin desconocer las figuras prestigiosas del pasado, Aínsa se movía con sorprendente lucidez por las cartografías de esa literatura que ahora se escribe en el siempre convulso mundo de la América Latina.

Cuando conocí a Fernando Aínsa, hacia 1994, yo era un estudiante de doctorado y un inmigrante colombiano en París. Pero también era un aprendiz de escritor. Y es aquí cuando surge mi gratitud por su presencia. No sólo he hablado con el Aínsa maestro, sino con el Aínsa escritor que me ofreció su apoyo. Apoyo que me ha resultado invaluable, por no decir único, porque entonces yo era un poco menos que nadie. Fernando, el intelectual consumado que ha frecuentado con acierto la novela, el cuento, la poesía y el ensayo, me ofreció su amistad y su credibilidad cuando muy pocos creían en mi trabajo de escritor. En París, ante auditorios reducidos pero atentos, él presentó dos de mis libros de cuentos, seleccionó uno de ellos en su antología de cuentistas latinoamericanos en París publicada por la Editorial Popular y, hace poco, presentó en Salamanca, con la generosa inteligencia que lo caracteriza, mi novela sobre el exilio de Ovidio.

Por ello deseo unirme al evento que la Universidad de Lille realiza en estos días para conmemorar la figura del escritor, del intelectual y del amigo Fernando Aínsa. Desde las montañas de Antioquia, donde vivo actualmente, y desde donde trato de descifrar con dolor y perplejidad este país llamado Colombia, celebro la escritura de Fernando Aínsa, y celebro al hombre que la ha forjado para nosotros.

Loma del Chocho
Envigado-Colombia
31 de mayo de 2009

LA HIBRIDEZ FECUNDA: PARA UNA LECTURA DE *PROSAS ENTREVERADAS* DE FERNANDO AÍNSA

Fernando Moreno

Para comenzar, creo que lo más explícito y natural en este caso es que reproduzca el extenso diálogo, —bueno, relativamente extenso diálogo que a veces se convierte en monólogo—, que tuve (o sostuve, porque estaba a punto de caer) conmigo mismo cuando, después de haber respondido con agrado, y honrado, la invitación de la gran organizadora Norah me dije —esto es, Fernando dijo a Moreno (o, mejor, Fernando preguntó a Moreno)— cómo podría colaborar de la manera menos ineficaz posible en este evento, al mismo tiempo que rendía una cálido y sincero homenaje a Fernando, no yo, es decir, no a mí, sino a Aínsa.

He aquí el diálogo.

FERNANDO: A ver, veamos, y valga la redundancia, si de proposiciones se trata, aunque como se aprecia de inmediato, también de trata de preposiciones, digamos que por Fernando más vale hacer algo sobre Fernando.

MORENO: Creo que sí, bien merece una lectura nuestro querido amigo, no sólo porque se trata de un amigo, sino también porque es un intelectual de más que reconocida trayectoria internacional y cuyos ensayos siguen nutriendo la reflexión sobre los signos identitarios culturales y literarios latinoamericanos. Sus escritos apelan la realización de una inmersión.

FERNANDO: ¿Vas entonces a ensayar con los ensayos?

MORENO: No en esta ocasión… Más bien, y aunque lo haga mal, hablaré sobre el Fernando Aínsa narrador, que también está muy bien. Porque, como sabes, tiene además en este ámbito una producción considerable y sostenida. En relación con las novelas basta recordar títulos tales como *El testigo* (1964), *Con cierto asombro* (1968), *De papá en adelante* (1970), *Con acento extranjero* (1985), *El paraíso de la reina María Julia* (1995); así como los cuentos incluidos en *Las palomas de Rodrigo* (1988) *Los naufragios de Malinow y otros relatos* (1988) y los de prosa varia —aforismos y textos breves— que integran el libro, *Travesías. Juegos a la distancia* (2000).

FERNANDO: Ah, y ¿vas a hablar sobre alguno de estos libros…?

MORENO: No, porque no creo equivocarme diciendo que habrá sin duda muy ilustres y muy sabias y muy sabios colegas que realizarán lúcidos, pertinentes e inteligentes comentarios sobre esos textos.

FERNANDO: ¿Entonces?

MORENO: Entonces me limitaré a proponer algunos apuntes inspirados en la lectura de quizás el más reciente libro de Fernando Aínsa, titulado *Prosas entreveradas*, editado en mayo del año 2009 por Ediciones de la Librería Cálamo de Zaragoza. Un libro no muy extenso, de 65 páginas, donde reúne algunos textos que ya habían sido editados en revistas y antologías, confiriéndoles un nuevo contexto y componiendo un conjunto que, aunque cuantitativamente breve, es cualitativamente denso y singular.

FERNANDO: Entiendo, aunque lo que no entiendo es lo de entreverado.

MORENO: Me parece que quedará claro si te digo que el propio autor se encarga de aclarar el sentido del título, introduciendo como epígrafe las acepciones que el *Diccionario de la Real Academia Española* proporciona para el verbo «entreverar»: 1. Mezclar, introducir algo entre las cosas// 2. Dicho de personas, animales o cosas: Mezclarse desordenadamente// 3. Dicho de dos masas de caballería: Encontrarse para luchar.

FERNANDO: Sí, ahora me parece algo más evidente ¿Y ya sabes lo que vas a decir?

MORENO: Más o menos. Te lo anticipo si prometes no interrumpirme.

Fernando: De acuerdo, adelante entonces…
Moreno: Gracias. Ahí voy.

Dividido el cuatro partes, la primera sin nombre, y las siguientes tituladas sucesivamente «Breves», «Brevísimos» y «Cosas de escritores», el conjunto textual de *Prosas entreveradas* se compone de sesenta y cuatro «objetos discursivos» y una fotografía y, como se habrá supuesto, es a primera vista inclasificable, excepto si se lo considera como una miscelánea tan flexible como rigurosa, en la cual la variedad y la fragmentación constituyen puntos y manifestaciones centrales de su composición discursiva.

De hecho, esta primera visión del conjunto permite entrever ya una filiación que se establece con otros libros de factura más o menos similar, entre los cuales se cuenta, por ejemplo, *Despistes y franquezas* de Mario Benedetti, quien caracterizaba ese texto suyo como un «entrevero» en el que se encontraban, entre otros elementos, «cuentos realistas», viñetas de humor, enigmas policíacos, relatos fantásticos, fragmentos autobiográficos, poemas, parodias, graffiti. El escritor uruguayo confesaba también su afición por los entreveros literarios y recordaba a sus cultivadores más insignes: «Cortázar, sin ir más lejos, fue todo un especialista (ver: *La vuelta al día en ochenta mundos*, *Último round*, *Salvo el crepúsculo*), pero en América Latina también cultivaron el amasijo gentes tan sabias como Oswald de Andrade (con las «invenciones» de su célebre Miramar), Macedonio Fernández (con su regodeo en el absurdo) y el más cercano Augusto Monterroso (con su espléndido humor)» (Benedetti 1990: 13).

Pero volvamos a las Prosas entreveradas de Fernando Aínsa. Precisamente el «entre» de entreverado, de entrever, el que nos servirá de entrada a este microcosmos, el que nos permitirá entreabrir una primera puerta.

Entremezclar y entretejer

Estamos frente a un conjunto de textos de diferente factura, dimensión, alcance y perspectiva enunciativa. En realidad, entonces, frente a un hibridismo de concreción diversa. Narraciones prosopopéyicas con final sorpresivo y un dosificado registro de relaciones analógicas («Los sutiles envoltorios del amor»), fábulas paródicas («Se abrió la temporada de caza»); historias alegóricas («La domadora de palabras»); cuento filosófico con ecfrasis —representación verbal de un representación visual— en su entrepiso («Paisaje desde el otro lado del estrecho»); cuento satírico y moralizador («Amadou, el rey»); relato metafórico («La otra guerra de siempre»); narración falsamente ensayística («Las dificultades de la traducción»), cuentos breves con presencia o elusión de las dimensiones temporal y espacial; frases, interrogaciones, esbozos de diálogos, refranes, sentencias, instantáneas, aforismos e incluso un decálogo, ya célebre («Los diez mandamientos del escritor»).

Los puntos de vista narrativos son también múltiples y cambiantes. Encontramos terceras personas con focalización reducida y/o singularizada; narrador impersonal con perspectiva autorial; segunda persona donde un yo parece desdoblarse y hablarse a sí mismo en un intrincado proceso de autorreflexión; primera persona del plural, con un nosotros que es también un yo colectivo; primera personal del singular, con un narrador personal que cuestiona y se auto cuestiona.

Sin embargo esta heterogeneidad establece líneas sutiles, hila relaciones entre las partes del todo, las que entrenzan por contraste o por analogía. En determinados casos el orden de los textos homologa el orden —o el desorden— de la vida, la mezcla dispar de voces que en distinto registro entreteje sus historias. Muchos son relatos que, modelados a partir de una parodia de los códigos y los efectos de discursos literarios y culturales, desgranan historias mínimas de alcance máximo y en ellas el discurso de lo íntimo y cotidiano, cohabita y contrasta con la naturaleza absurda, hiperbólica, caricaturesca, insólita o humorística de algunas de sus anécdotas. Hasta podría decirse que los textos que forman parte del libro constituyen un conjunto en gran medida cohesionado por recurrencias y entrecruzamientos. Las recurrencias más evidentes se resuelven en el nivel temático, donde priman las cuestiones identitarias, las relaciones del hombre con lo real y con la llamada realidad, las problemática del exilio y de la alteridad, las interrogaciones sobre el fenómeno temporal, el desajuste entre existencia y conciencia de la misma, y, evidentemente, todo un conjunto de situaciones vinculadas con la propia práctica de la escritura y de la literatura.

Pero además de estas conexiones, está presente, como telón de fondo, una dimensión, una actitud, una orientación significativa que implica la puesta en tela de juicio de certezas y supuestas verdades, la apuesta por la interrogación y el desasosiego, por el ingreso en el dominio de la inquietante, pero también sana, incertidumbre. No es otra, por ejemplo, la perspectiva central de «Paisaje desde el otro lado del estrecho», donde el narrador toma conciencia de los límites de su conciencia, de la estrechez de sus modalidades de representación, de su insignificancia y también de su impotencia frente a las barreras de todo tipo que modulan los espacios del mundo.

Entreabramos ahora una segunda puerta.

ENTREMETER Y ENTRECOMILLAR

Se trata aquí de uno de los rasgos característicos de la literatura contemporánea y de su optimización en la narrativa breve o más que breve. Se entremeten discursos sin comillas o con comillas, como sucede en aquella mini sección titulada «Frases solicitadas en préstamo (sin devolución)» (55) como la cita de Víctor Hugo que ahí aparece. «La razón es la inteligencia en ejercicio, la imaginación es la inteligencia en erección» (sin comentarios). En no resulta demasiado difícil constatar la presencia de una red evocativa de discursos alternos, la configuración, simultánea al movimiento de la lectura, de un profuso tejido de llamadas, de apelaciones controladas de y hacia muchos otros textos, en síntesis, la emergencia de una expansiva y envolvente red intra e intertextual que constituye quizá uno de los rasgos más destacado de la construcción discursiva del universo del autor, un universo que, por lo mismo, es representativo de la interacción cultural de mundos.

Un ejemplo. La sección «Breves» comienza con un micro relato titulado «Bañarse dos veces en las mismas aguas», y dice:

> Cuentan que no hace mucho un vecino de este pueblo quiso desmentir a Heráclito de Efeso y bañarse dos veces en las mismas aguas del río. Entró seguro a su cauce y luego, bien empapado, tomó su bicicleta y pedaleó sudoroso un par de kilómetros corriente abajo. Allí esperó sumergido hasta el cuello el paso de aquellas primeras aguas.
>
> Pero no pudo contar su hazaña, porque murió pocos días después, no se sabe si de bronquitis o contaminado (29).

Aquí, como nos damos cuenta, el relato que sirve de fuente no es aquel pensamiento filosófico atribuido por Platón al presocrático (o no únicamente). El texto de Aínsa está también dialogando con la Heraclitana de Augusto Monterroso, en la cual se indica que:

> Cuando el río es lento y se cuenta con una buena bicicleta o caballo sí es posible bañarse dos (y hasta tres, de acuerdo con las necesidades higiénicas de cada quién) veces en el mismo río (1978).

De modo que al margen de la mera o somera referencialidad, el sistema intertextual de —y en la obra de— opera en cuanto creador de sentido, en cuanto elemento significante, convirtiéndose en testimonio no sólo de una operación sincrética, de homenaje y de afinidad estética, sino también en elemento portador y dispensador de un tono discursivo, de una concepción escritural, de una singularidad enunciativa.

Es por esas vías, por donde camina este discurso de la peregrinación, pero nunca peregrino. Es por medio de ese ejercicio de transmutación intertextual, de sabio bricolaje escritural, de irreverente homenaje, cómo, con ironía y humor a veces, con lúcida locura, con espanto y crueldad otras, con un tono fantástico que parece natural, con una tonalidad absurda que parece lógica, con un grotesco que termina por familiarizarse, se va construyendo el discurso.

Se procede así a la modulación de un discurso en el que la caricatura, la ironía, la referencia autocrítica e incluso autodestructiva desempeñan un papel fundamental y en el que el objetivo paródico constituye una motivación y una problemática fundamentales, hasta el punto de convertirse en un compromiso y en un desafío para la propia escritura, para el proceso de la escritura, situación sobre la cual se vuelve sin cesar, como sucede en el ya aludido Decálogo, aquí llamado «Los diez mandamientos del escritor»:

1. Te amarás a ti mismo por sobre todas las cosas.
2. No mencionarás el nombre de Borges en vano.
3. Seis días descansarás y uno escribirás.
4. Te inventarás tu propia filiación literaria.
5. Si cometes parricidio generacional, será con pudor y disimulo.
6. No seducirás a la poetisa en busca de prólogo.

7. No robarás las metáforas del poeta inédito.
8. No llamarás palimpsesto intertextual a la simple copia banal.
9. No desearás el éxito de ventas del prójimo escritor.
10. No eliminarás las comillas de las citas ajenas (63).

A partir de determinadas características de estas paródicas afirmaciones, podemos entreabrir una tercera y, por esta vez, última puerta.

ENTRETENER Y ENTRECOGER

Practicante, artesano y teórico de la forma breve, Fernando Aínsa ha indicado que ésta «propicia en el lector una apertura, un fermento que proyecta la *inteligencia* y la *sensibilidad* más allá de la anécdota literaria» (en Rotger/Valls 2005: 36). Presencia y actualización de un pathos y de un logos que se concreta, como todos sabemos aquí, en el ejercicio del ingenio. Ingenio que no es sólo ocurrencia, artificio, sutiliza o ardid, sino además aquel ingenio que se puede definir como un proyecto vital elaborado por la inteligencia, orientado por un afán lúdico. Con él se trata de alcanzar una libertad desligada, desprejuiciada, esto es al margen de la veneración y de la norma. Para ello el ingenio procede a una devaluación generalizada, globalizante, de la realidad.

El valor máximo del ingenio es la libertad. Esto quiere decir que la inteligencia se rebela para escapar de las coerciones, de sus innumerables servidumbres que la acosan. Gracias al ingenio, dice Marina (1992), se deja de ser esclavo de la lógica, se deja de estar sometido al ser y a sus fundamentos, se deja de rendir tributo a «la verdad», a la belleza, a la bondad entendidas como valores absolutos. Se puede decir entonces que el discurso que responde a la estética del ingenio, se aparta y se subleva de los trascendentales metafísicos y parte en pos del disparate sensato y de una (otra) revelación de un sesgo original del mundo, de un ángulo desbaratador de certidumbres.

El ingenio debe liberarse de la costumbre, de la lógica y de la norma. En contrapartida, tiende a adentrarse en lo marginal, tiene que buscar lo extravagante, lo absurdo, lo escandaloso. La inteligencia, es decir, el ingenio, huye de la gravedad, de la seriedad, de la norma. La agresión contra valores e instituciones establecidos es concomitante con una actitud de singular desconfianza frente a la realidad, de atracción y rechazo ante sus imperativos.

La sátira, la burla, el ingenio verbal constituyen entonces procedimientos degradatorios eficaces de la realidad que permiten afianzar el sitial privilegiado de la inteligencia que se ha independizado, eximido de sus ataduras; estos ejercicios de ingenio se convierten en feroces dardos de esa «agresividad intelectualizada» que caracteriza el comportamiento del ingenioso. Estamos en presencia del «humor siniestro» del que hablaba el agraciado Gracián. En síntesis, el ingenio hace uso del poder del humor para desactivar lo terrible, para dominar el sentimiento del horror real, para desviarlo y derivarlo hacia el ámbito de lo asible

Por medio de la risa, de la sátira y de la parodia se llega a concretar una inversión de la imagen oficial del mundo (lo cual, como es sabido, sucede en la llamada cultura de la carnavalización). De este modo se desbaratan los ritos y se quiebran las imágenes unidimensionales, lo estático se dinamiza, los cauces dejan de encauzar y la risa emerge como técnica liberadora. Pero la risa hace que todo sea desvalorizado, ridículo o ridiculizable y el sujeto, que forma parte de esa totalidad, se encuentra inmerso en el mismo proceso. Una tenue depresión y desencanto recorre la trama del ingenio y del escritor ingenioso. De ahí que en la microficción coexistan, burla y desengaño, humor y melancolía, risa y tragedia.

La libertad, en este proyecto ingenioso, implica, evidentemente, abandonar la seriedad. El hombre serio al que alude el pensador español se somete a la realidad; por ello no tiene conciencia de la libertad, de su libertad. Pero a partir del momento que se concibe como libre quiere disfrutar su libertad; entonces ingresa en el juego. Porque el juego libera de las tenazas, de las esposas de la realidad; no las suprime, pero las rescata de su aspecto fundamentalmente serio y circunspecto. Con ese juego, gracias a ese juego, el individuo, el escritor de microficciones ingresa en el ámbito de la libertad absoluta, se sume en la ejecución de una actividad placentera, autosuficiente, en teoría inagotable, y que, por lo mismo, puede provocar resultados inesperados.

Con genio e ingenio, el microficcionador reacciona ante las coerciones sociales, busca libertad, arremete contra las normas con poderosa sutileza, con grave levedad, con amarga sonrisa. De este modo ha ido sugiriendo, sugiere y propone, casi sin cesar, una obra que es poderosa puesta en tela de juicio de la realidad, sutil aceptación de la ineluctabilidad de su presencia.

Es esta sintomática cualidad la que le permite, por lo demás, atraer, aprehender y entrecoger a un lector necesariamente cómplice, implicado, entretenido y reflexivo, entregado a las falsas facilidades y a los verdaderos entresijos que propone la prosa que no siempre es rosa.

POR ÚLTIMO, VAYAMOS ENTRECERRANDO LO ENTREABIERTO

¿Por qué elegir este territorio del entrevero, esta hibridez? Es probable que la elección de una modalidad por un autor o las expectativas que origina en un lector sean signos de la posición histórica que el hablante o ejecutante (autor o lector) asume en un determinado momento, que sean indicios de su adhesión a una determinada tradición, porque es ahí donde se expresa y se concreta plenamente su idiosincracia y su posición ante el mundo, que no es la de un sujeto solitario, marginal, sino la de un espíritu en la actualidad de la Historia y en contacto permanente con determinadas modalidades y prácticas sociales y culturales. Con esta elección, el autor aparece entonces como un personaje que busca tanto la libertad como la interrogación permanente, esto es, una actitud que no sólo se revela en la búsqueda de un tipo de discurso que se adapte a la manera de querer representar el mundo, sino que, además, se mantiene todo el tiempo —en la temática de la obra y en su contenido—, comprometido ideológica, literaria y humanamente. Se constata un paso de la circunstancia a la universalidad, del hoy y aquí al tiempo sin fronteras, acorde con el hecho de que los textos de las *Prosas entreveradas*, despliegan el dinamismo de la fragmentación y de la hilación. Son de hecho textos que instauran un inagotable vaivén, un viaje constante hacia otros textos, que proponen idas y regresos entre el mito y la historia, traslaciones entre la oralidad y la escritura, tránsitos entre la subjetividad individual y la intersubjetividad social, y que en ese transitar proponen una ética poética, un mundo que es grito y reflexión, memoria, experiencia, conciencia y huella, un mundo vislumbrado por los discursos, pero siempre inagotable e inasible, un mundo que acoge las palabras y el silencio.

Prosas entreveradas es un volumen atípico; es también un texto atópico. Sus huellas son socráticas: es inclasificable, a la vez extraño y sin lugar asignado o asignable, pero que posee un punto de encuentro común, porque cuestionando los discursos del poder y el poder del discurso, desmoronando mitos e irguiendo otros, continúa construyendo en el imaginario lector los fundamentos de nuevas propuestas e interpretaciones de lo real. En suma, y en síntesis, hibridismo fecundo.

MORENO: Eso es, o era, Fernando...
FERNANDO: Vaya, vaya Moreno, te lo agradezco.
MORENO: De nada, pero no es a mí a quien hay que agradecer, sino a Fernando, a Fernando Aínsa. Gracias.

BIBLIOGRAFÍA

BENEDETTI, Mario (1990): *Despistes y franquezas*. Madrid: Alfaguara.
ROTGER, Neuts/VALLS, Fernando (eds.) (2005): *Ciempiés. Los microrrelatos de Quimera*. Barcelona: Montesinos.
MARINA, José Antonio (1992): *Elogio y refutación del ingenio*. Barcelona: Anagrama.
MONTERROSO, Augusto (1978): *Lo demás es silencio*. México: Joaquín Mortiz.

Una lectura «entreverada» de la prosa de Juan Carlos Onetti: «Un sueño realizado»

Ana Gallego Cuiñas
Universidad de Granada

> *De toda la memoria sólo vale*
> *el don preclaro de evocar los sueños.*
> Antonio Machado

> *Fueron felices aquellos sueños y,*
> *por lo tanto, más sorpresivo el despertar.*
> Fernando Aínsa

Escribir una lectura, máxime si se trata de un texto de Juan Carlos Onetti, y hacer una cabal y fecunda disertación de la misma es una aporía. O mejor: es como contar un sueño. Pero lo que uno sueña raramente interesa a nuestro interlocutor —a menos que él aparezca en el sueño— y es muy difícil de explicar. Se trata siempre de una experiencia casi inenarrable que toma, a la luz de la vigilia, una forma fragmentaria, cifrada, inaprehensible y extraña. Ahora bien: dentro del sueño nada es anómalo y todo fluye con naturalidad, a pesar de la lógica perversa que rige la historia de cada uno de ellos; una historia que se fragua *entreverando* retales de vivencias (propias y ajenas), mundos posibles, deseos, frustraciones, sombras oscuras, destellos blancos. Pero los lectores no han de preocuparse: este sueño de Onetti que voy a contarles nos espeja a todos y cada uno de nosotros; es decir, no se aburrirán. El único problema que puede surgir deriva de la capacidad de comunicación (lo que uno siente en los sueños es claro, transmitirlo no tanto) del contador (la contadora en este caso, yo), aunque el escollo es fácil de solventar: el lector que quiera entender en toda su plenitud el sueño de Onetti habrá de leerlo.

Leer a Onetti siempre es un placer, un trabajo poético sobre y con la palabra; es escribir un epílogo.[1] Aunque, paradójicamente, la prosa de este uruguayo funcionó como un prólogo, como un texto precursor, que anticipó y posibilitó la nueva literatura latinoamericana.[2] La postura estética de Onetti, su *forma* de narrar, se definió por su cariz renovador y vanguardista; por su significativa asimilación, y no imitación, de las innovaciones técnicas y de las vanguardias europeas, que fueron adaptadas al contexto de América Latina. En *El pozo*, su primera obra, ya desplegó nuevas fórmulas narrativas que superaron a la mayoría de las producciones literarias de ese momento, abriendo un camino que más tarde recorrería la nueva novela latinoamericana. Onetti se convirtió entonces en el adalid de la renovación literaria del continente y pasó a formar parte de esa extraordinaria genealogía de escritores que han cambiado con su tinta el curso de las letras. Pero en aquella época no se le hizo suficiente justicia, y fue entendido como un escritor para escritores, un autor oscuro con una poética inextricable, que en muchas ocasiones fue orillado por la crítica, los concursos y los premios literarios. Y «[e]s que, según la imagen empleada por Ortega y Gasset, los gestos de aquellos que marchan a la cabeza de un grupo generacional y están avizorando perspectivas ocultas para quienes vienen detrás, resultan incomprensibles o extravagantes» (Prego 1981: 34). No obstante, su originalidad y valía fueron reconocidas por sus compañeros escritores; y fue admirado y seguido por la nómina del *boom*.[3] Incluso muchos jóvenes lo vieron como un Maestro: «un adelantado que, solitariamente, había percibido los cambios sutiles obrados por el tiempo y había empezado a codificarlos en sus cuentos y novelas» (ibíd.: 33). Ciertamente, su obra creó un espacio —lúdico y onírico— en el que habrían de articularse complejos mundos narrativos, a la par que profundiza en las posibilidades del punto de vista, e invita al lector a la participación activa. Para Onetti leer y escribir son operaciones similares, de tal modo que la lectura de su obra termina siendo más estructural que interpretativa.

Uno de los textos que mejor y más nítidamente revela esa *forma* «avanzada» de la poética de Onetti es «Un sueño realizado», publicado

---

[1] Recordemos la etimología del vocablo «epílogo»: sobre/encima de la palabra.

[2] Leer a Onetti, por tanto, sería como escribir el epílogo de un prólogo.

[3] No hay que olvidar, como apuntó Donald L. Shaw, que *La vida breve* debería ser pensada como la primera novela del boom; la antesala de *Rayuela* y *Cien años de soledad*.

en 1941, nueve años antes de *La vida breve* y dos después de *El pozo*. Se trata de uno de sus cuentos más conocidos, pero a pesar de lo que pudiera parecer, sus múltiples lecturas no se han agotado. La explicación la encontramos en el modo en que Onetti usa el silencio, que viene a fungir de motor estructural de la narración y define el tono del relato. En este caso, esa forma reproduce la del sueño —inenarrable, fragmentaria e infinita— y los vacíos que deja «al despertar», cuando la «memoria» intenta «evocarlos». Así, el uruguayo difumina los límites de lo real y lo ficcional, del sueño y la vigilia, del soñador y el soñado. Verbigracia, en *La vida breve* escribe: «Sentí que despertaba no de este sueño, sino de otro incomparablemente más largo, de otro que incluía a éste y en el que yo había soñado que soñaba este sueño». Pareciera que lo importante no es pensar (la vigilia, la interpretación), sino soñar (literatura, lectura y construcción). Y esta aseveración nos remite también al Eladio Linacero que contaba sueños para huir de *El pozo*:[4]

> Lo curioso es que, si alguien dijera de mi que soy «un soñador», me daría fastidio. Es absurdo. He vivido como cualquiera o más. Si hoy quiero hablar de los sueños, no es porque no tenga otra cosa que contar. Es porque se me da la gana, simplemente. Y si elijo el sueño de la cabaña de troncos, no es porque tenga alguna razón especial. Hay otras aventuras más completas, más interesantes, mejor ordenadas. Pero me quedo con la de la cabaña porque me obligará a contar un prólogo, algo que me sucedió en el mundo de los hechos reales hace unos cuarenta años. También podría ser un plan el ir contando un «suceso» y un sueño. Todos quedaríamos contentos (2005: 5).

Las preguntas que parece hacerse Juan Carlos Onetti son: cómo se escribe un sueño y cómo se lee, es decir, cómo se narra (se representa). Literatura y sueño se unen en su prosa, construida (escrita y leída) con palabras soñadas.

¿CÓMO SE ESCRIBE UN SUEÑO?

La pregunta también podría formularse de otro modo: ¿cómo se escribe literatura? La respuesta nos la da Onetti en «Un sueño realiza-

---

[4] Véanse también Silveira (1986) y Pont (1990).

do», que puede ser leído como una reflexión sobre el proceso de creación y sobre la escritura de ficción. Escribir literatura, ya lo he anunciado, es como contar un sueño: una práctica que no es lineal, deja
vacíos y es incontestablemente personal. El uruguayo siempre se ha
mostrado como un acérrimo defensor de la soledad y la subjetividad
en el escritor. Y este cuento es, entre otras muchas cosas, un canto a
la soledad que, recurriendo a la ficción y al dramatismo, nos fija en la
retina la imagen[5] de una mujer «rara» que muere realizando un sueño.
La experiencia de la escritura no se puede compartir, y tampoco la del
sueño: «Es algo que yo quiero ver y que no lo vea nadie más, nada de
público. Yo y los actores, nada más. Quiero verlo una vez, pero que
esa vez sea tal como yo se lo voy a decir y hay que hacer lo que yo diga
y nada más» (Onetti 1994: 108). Como señala Elena M. Martínez,
«La obra de la "loca" contiene el secreto de la condición solitaria del que
escribe; la "loca", como el escritor, postula su propia verdad y la escritura es un proceso de llegar a conocer y obtener su propia verdad»
(1992: 80-81). La dificultad de acceso a la «verdad» produce la relatividad del conocimiento y recala en la construcción del texto, en la no
fiabilidad del narrador. Lagman (el empresario de teatro) nos escamo-
tea datos, información, aunque el desnivel entre él y el lector no es
muy significativo.[6] Nosotros, los lectores —como el narrador—, sólo
podemos aspirar a un conocimiento oblicuo, imperfecto y sesgado, ya
que la «verdad» es inasible y sólo comprendida desde la locura. El lector fracasa, como lo hizo el narrador, en su deseo de verdad, de interpretación, de esclarecimiento final, y, se ve abocado a leer in perpe-
tuum entre líneas, entre los márgenes del silencio, de lo no dicho. El
«valor» del texto (una mercancía) como el del sueño (para ser realizado hay que pagar: para escribir hay que pagar) se empoza en el misterio —que, por tanto, también deviene mercancía—, en la ambigüedad, en el fracaso del acceso a la verdad.

Por otro lado, Onetti construye una ficción que evidencia la problemática de la escritura convirtiéndola en anécdota, como habría
de hacer Henry James. Por ese motivo, la narrativa de Onetti no
apuesta por decir directamente, sino por hacer ver y dar a entender

---

[5] La imagen (lo visual) tiene un lugar sobresaliente en la poética de Onetti:
busca la «imagen-relato» en sus textos, es decir, hacer de la imagen el argumento
del relato.

[6] Esto sucede en otras narraciones de Onetti, por ejemplo en *Los adioses*.

(ver/narrar),[7] dejando en evidencia vacíos de significación que han de ser rellenados por cada lector. Onetti sentenció: «Hay varias manera de mentir, pero la más repugnante de todas es decir la verdad, toda la verdad, ocultado el alma de los hechos. Porque los hechos son siempre vacíos, son recipientes que tomarán la forma del sentimiento que los llena». Hay tantas realidades como subjetividades. La lectura construye, completa y da alma a la escritura fija, inmóvil e inerte. De esta manera, lo que vamos a encontrar en este cuento es un desplazamiento del sentido y la problemática de la escritura a la lectura: la enunciación vaga de las distintas partes de una historia como mecanismo esencial de la narración. La perplejidad nos asalta reiteradamente: ¿de qué forma consigue esto el narrador de Onetti? Las historias se van armando a través de una pléyade de modos narrativos, de una escritura específica. En primera instancia tenemos las observaciones objetivas y factuales: una empresa de teatro relata cómo se llevó a escena el sueño de una loca:

> En la escena hay casas y aceras, pero todo confuso, como si se tratara de una ciudad y hubieran amontonado todo eso para dar impresión de una gran ciudad. Yo salgo, la mujer que voy a representar yo sale de una casa y se sienta en el cordón de la acera, junto a una mesa verde. Junto a la mesa está sentado un hombre en un banco de cocina. Ese es el personaje suyo. Tiene puesta una tricota y gorra. En la acera de enfrente hay una verdulería con cajones de tomates en la puerta. Entonces aparece un automóvil que cruza la escena y el hombre, usted, se levanta para atravesar la calle y yo me asusto pensando que el coche lo atropella. Pero usted pasa antes que el vehículo y llega a la acera de enfrente en el momento que sale una mujer vestida con traje de paseo y un vaso de cerveza en la mano. Usted lo toma de un trago y vuelve en seguida que pasa un automóvil, ahora de abajo para arriba, a toda velocidad; y usted vuelve a pasar con el tiempo justo y se sienta en el banco de cocina. Entretanto yo estoy acostada en la acera, como si fuera una chica. Y usted se inclina un poco para acariciarme la cabeza (Onetti 1994: 111).

En segunda instancia, están las insinuaciones que agrega el que narra a lo que *ve*, y que se traducen en opiniones subjetivas y juicios

---

[7] Onetti dice que este cuento «nació de un sueño; "vi" a la mujer en la vereda, esperando el paso de un coche, "supe" que también ella estaba soñando».

de *valor*: «Comprendí, ya sin dudas, que estaba loca y me sentí más cómodo», o «Y la sonrisa era mala de mirar porque uno pensaba que frente a la ignorancia que mostraba la mujer del peligro de envejecimiento y muerte repentina en cuyos bordes estaba, aquella sonrisa sabía, o, por lo menos, los descubiertos dientecillos presentían, el repugnante fracaso que los amenazaba» (Onetti 1994: 105). La escritura está perfectamente lograda, y cada una de sus frases, de sus procedimientos, cumple una función perspicua y va reforzadas por una miríada de dispositivos textuales: la elipsis «Hoy vi a su amigo bien acompañado. Esta tarde; con aquella señora que estuvo en el hotel anoche con ustedes. Aquí todo se sabe. Ella no es de aquí; dicen que viene en los veranos. No me gusta meterme, pero los vi entrar en un hotel. Sí, qué gracia; es cierto que usted también vive en un hotel. Pero el hotel donde entraron esta tarde era distinto... De ésos, ¿eh?» (ibíd.: 112); la prolongada posposición de datos aclaratorios y el escamoteo de los mismos («muerte repentina»); la sintaxis instalada en el terreno de la hipótesis «si la primera vez le hubiera preguntado por el sentido de aquello...» (ibíd.: 103). Y es que, repito, estos modos narrativos no se avienen a una realidad (y en todo caso, ésta sería fragmentaria, incierta, parcial, falsa), a una verdad, a unas historias con principio y fin, sino a sus aproximaciones y asedios, a los intentos de contar un sueño.

De otra parte, en la escritura parecen imbricarse dos planos. Esto se ve con claridad a través de los personajes, que se mueven en una realidad de pesadillas de la que sólo se pueden desprender por la vía del sueño: la fantasía, la imaginación y la escritura. Sus personajes no se sienten cómodos en el plano real y pasan al del sueño, así la loca cuando duerme es feliz, o en la descripción de Blanes, se dice que estuviera a punto de dormirse o recordara algún momento limpio y sentimental de su vida que, desde luego, nunca había podido tener (quizás, ese «don preclaro» de la memoria de «evocar los sueños»). Entonces, el sueño se equipara a la felicidad, a la locura y a la escritura, e incluso llegar a ser una *forma* de lectura. Mario Benedetti sostiene que en Onetti lo que encontramos es:

> [...] una formulación onírica de la existencia, pero quizá fuera más adecuado decir insomne en lugar de onírico. En las novelas de Onetti es difícil encontrar es luminosos, soles radiantes: sus personajes arrastran su

cansancio de medianoche en medianoche, de madrugada en madrugada. El mundo parece desfilar frente a la mirada (desalentada, minuciosa, inválida) de alguien que no puede cerrar los ojos y que, en esa tensión agotadora, ve las imágenes un poco borrosas, confundiendo dimensiones, yuxtaponiendo cosas y rostros que se hallan, por ley, naturalmente alejados entre sí. Como sucede con otros novelistas de la fatalidad (Kafka, Faulkner, Beckett), la lectura de un libro de Onetti es por lo general exasperante (1974: 63).

Los sueños en Onetti son experiencias tan profundas como lo real, pero el sueño en este cuento evoca un espacio positivo, luminoso, caluroso. El insomnio -la incapacidad de soñar- adquiere la *forma* de la pesadilla, del frio, es como ponerse un abrigo mojado en un día de lluvia. Señala Aínsa acerca la poética onettiana: «mundo onírico para uno, insomne para otros, pero fantástico siempre. Sin embargo, no se ha destacado que lo patético de esa ensoñaciones que no logra la libertad absoluta para sus seres, sino una sujeción mucho más lóbrega a las leyes de la realidad soñada. La realidad imaginada o soñada no deja de estar atada a los mismo principios y motivaciones de la realidad circunstanciada y mediata de la que, presuntamente, quiere evadirse. El hecho de que lo imaginario esté uncido de tal modo a las leyes muchas veces más crueles, acerca la visión onírica de Onetti a la pesadilla, más que a la liberación ansiada» (1970: 134-135). La realización del sueño precipita la muerte. Sabemos, efectivamente, que en el final del cuento, la loca muere en la representación, cuando realiza su sueño, haciendo responsables y partícipes de su muerte a Blanes y Langman, al propio lector y al espectador (Martínez 1992: 85). El sueño anticipa la realidad, y más que «sentido» produce «experiencia»: el sueño se realiza y deviene experiencia; la realidad es la muerte. Porque la obra, el sueño, es un sinsentido: «Pero la mayor locura está en que ella dice que ese sueño no tiene ningún significado para ella, que no conoce al hombre que estaba sentado con la tricota azul, ni a la mujer de la jarra, ni vivió tampoco en una calle parecida a este ridículo mamarracho que hizo usted. ¿Y por qué, entonces? Dice que mientras dormía y soñaba eso era feliz, pero no es feliz la palabra sino otra clase de cosa. Así que quiere verlo todo nuevamente» (Onetti 1994: 114). La loca quiere ver su sueño, narrarlo, representarlo, porque lo importante para ella es la experiencia, la felicidad que experimentaba en el momento del sueño. Aquí el cuento funciona como un artefacto, como una máquina de Goldberg, que encadena una serie de acciones consecutivas para llevar a cabo una última tarea muy simple: la realización de un sueño. Eso lo sabemos desde el principio (desde el mismo título), pero lo *fantástico* es que la trama se va desarrollando de una manera indirecta (como cuando contamos un sueño). Lo relevante para Onetti no es el sentido del texto sino la experiencia de la escritura. Afirmó nuestro autor en *Requiem por Faulkner*: «No me siento un escritor. Sí, en todo caso, un lector apasionado, capaz de conversar horas y horas sobre un libro. Pero ajeno. Y cuando uno escribe tampoco se siente un escritor, porque se está trabajando en la inconsciencia y lo único que importa es escribir».

¿Cómo se lee un sueño?

Hay una relación entre la lectura y los sueños, como bien dijo Borges, y en este «vínculo» Onetti tiene uno de sus resortes narrativos. Pareciera que Onetti nos ofrece la transcripción de un sueño, que conlleva un modo específico de lectura: fragmentada y plagada de silencios y vacíos (de nuevo, igual que la narración de un sueño). Y es que prácticamente no pasa nada en este cuento: no hay diálogos ni comunicación, sólo silencio. Ya lo dice la loca: «no es cuestión de argumento». Esto pone en primer plano la dificultad del lenguaje para expresar la experiencia, que es la única «verdad» (personal e intransferible) posible (no el sentido). Entonces, ¿qué leemos? Una atmósfera onírica inexpresable, como la experiencia onírica.

No hay que olvidar que la acción, los hechos, en Onetti son siempre vacíos: recipientes que tomarán la silueta del sentimiento que los llene; de ahí la vindicación del sueño como modo de realización:[8] me sueño soñarme.[9] Muñoz Molina lo explica: «Los soñadores de Onetti

---

[8] Exactamente como Moncha cuando decide marchar a Europa a cumplir su sueño.

[9] La representación de la loca es «un juego en el que se desdobla en creadora, actriz y espectadora. Ella es el sujeto del espectáculo y el objeto del juego» (Martínez 1992: 80). Y es que en «Un sueño realizado» se evoca la lectura de *Siete noches* de Borges, donde éste llega a la conclusión de que los sueños son «la actividad estética más antigua y específicamente una actividad de orden dramático donde el que sueña es el auditorio, los actores, el argumentos y las palabras que oímos» (ibíd.).

suelen tener una temible resolución: quieren ver cumplidos los sueños, quieren darle forma con ellos al mundo, regirlo en virtud de normas imaginarias tan severamente como si aplicaran el código Civil»
(Onetti 2003: 22-23). El hemisferio del sueño y el de la realidad conviven en Onetti, sin embargo cuando se pasa a un nivel onírico, como
he adelantado, sobreviene la muerte. Es decir, Onetti transforma el
germen del tratamiento del sueño en un modo —mecanismo— de
narrar que le permite introducir el elemento fantástico que aparece
ligado a la forma breve, a lo no-dicho, a los silencios inherentes al despertar del sueño y a su distinta lógica interna. Estas lagunas invitan al
lector a una participación directa en la narración que establece un lazo
dialéctico entre lectura y sueño. Los lectores de Onetti conectan sus
textos en el espacio del sueño (Martínez 1992: 90) y los sueños funcionan como «elemento disruptor de lo lineal», tienen otra lógica:
«Las estrategias que Onetti utiliza para articular las historias enrique-
cen sus textos y proveen la posibilidad de establecer múltiples relaciones y conexiones; el lector deja de ser un agente pasivo para convertirse en agente organizador del corpus» (Martínez 1992: 16). Muñoz
Molina también alude a este procedimiento con lucidez: «parece que
los tanteos y las incertidumbres de la narración son nuestros, que nosotros mismos, mediante el veneno de la lectura, nos transfiguramos
en personajes de Onetti y soñamos sus vidas como si fueran nuestras, o como si no fueran de nadie, igual que ellos sueñan las vidas de
otros o los ven vivir desde una lejanía y una inmovilidad que son exactamente la lejanía absoluta y la inmovilidad perezosa y caviladora del
lector» (Onetti 2003: 18,19).

Los lectores de este maestro uruguayo tenemos que aceptar que en
su poética no vamos a hallar una verdad unívoca; y que es imposible
pretender borrar la incertidumbre que define su ficción, ya que ahí
radica su fuerza: en la ambigüedad extrema. Sus escritos no están ter-
minados y no dependen de la interpretación, sino de una interrogación perpetua que, como en las grandes obras, nos atrapa y cambia
nuestro modo de leer: «leer en todo momento de inactividad, leer hasta que mis ojos protestan, allá por la madrugada y es necesario tomar
una pastilla y esperar otras "lecturas", otras formas de soñar» (Onetti
1995: 33). Esto es: escribir un cuento es producir un lector. Escribir
«Un sueño realizado» es producir un lector omnívoro e insomne, que
sólo habría de abandonarse al sueño para estar más cerca de un «sor-

presivo despertar», de la narración de prosas entreveradas en un tiempo (verbal) otro, sin pasado, presente ni futuro (imperfecto).

BIBLIOGRAFÍA

AÍNSA, Fernando (1970): *Las trampas de Onetti*. Montevideo: Alfa.

— (2009): *Prosas entreveradas*. Zaragoza: Ediciones de la Librería Cálamo.

BENEDETTI, Mario (1974): «Juan Carlos Onetti y la aventura del hombre», en Giaocman, Helmy F., *Homenaje a Juan Carlos Onetti. Variaciones interpretativas en torno a su obra*. New York: Anaya, pp. 60-73.

MARTÍNEZ, Elena M. (1992): *Onetti: estrategias textuales y operaciones del lector*. Madrid: Verbum.

ONETTI, Juan Carlos (1994): *Cuentos completos*. Madrid: Alfaguara.

— (1995): *Confesiones de un lector*. Madrid: Alfagura.

— (2005): *El pozo*, en *Obras Completas I*. Barcelona: Galaxia Gutemberg, pp. 1-31.

PONT, Jaume (1990): «*El pozo* o el abismo del ser», en *Juan Carlos Onetti. Premio «Miguel de Cervantes» 1980*. Barcelona: Antrhopos, pp. 103-118.

PREGO, Omar/PETIT, Maria Angélica (1981): *Juan Carlos Onetti o la salvación por la escritura*. Madrid: Sociedad General Española de Librería.

SILVEIRA, María C. (1986): *El primer Onetti y sus contextos*. Madrid: Pliegos, pp. 99-130.

CUERPOS EN PERSPECTIVA: ENCARNACIONES DE LO POLÍTICO EN LA NARRATIVA DE FERNANDO AÍNSA DE LOS SESENTA

Raúl Caplán
Université d'Angers

La narrativa de Fernando Aínsa de los sesenta constituye un corpus reducido, conformado por la novela corta *El testigo* (1964), los cuentos (independientes pero levemente interrelacionados) de *En la orilla* (1966) y su segunda novela, *Con cierto asombro* (1968).[1] Todos estos textos se sitúan dentro de las tendencias experimentales de la época, destinadas a hacer estallar los códigos de la narrativa «tradicional». Los títulos son ya anunciadores de una perspectiva diferente, distanciada: en la primera novela, el protagonista-narrador, «testigo» de sus propias vivencias, sólo llega a comprender lo que lo rodea a través de la escritura; si «la orilla» tiene una dimensión topográfica (remite a la «rambla» de Montevideo, paseo a orillas del Río de la Plata), también anuncia que la escritura se despliega en una «orilla», en un espacio fronterizo, ambiguo (ni tierra ni mar, o tierra y mar a la vez), rompiendo con los moldes de la cuentística tradicional. Esa orilla, anuncia el multiperspectivismo que preside a este (y otros) textos narrativos de Aínsa de los sesenta, donde la narración es asumida por diversos personajes; un caso extremo es el de CCA, donde cinco personajes asumen alternativamente la narración. No sólo se multiplican las perspectivas,

---

[1] De ahora en adelante citaremos respectivamente y de manera abreviada ET, ELO y CCA seguidas del número de página. En el caso de *En la orilla*, indicamos eventualmente cuál de los tres cuentos que componen el libro —«En la orilla», «Hugo Martínez» o «Usted, en una de esas»— remite la cita.

sino que se las confunde a veces: así, en «En la orilla» aparece puntualmente un «nosotros» que remite al grupo de jóvenes que se reúnen en el bar de un barrio montevideano. El matizado «asombro» del último título, puede remitir, como un guiño metatextual, a la perplejidad múltiple que produce esta novela.[2] La contratapa de la edición sugiere que ese asombro es el del propio autor ante su obra:

> Aínsa pleitea con esa vida, la quiebra y la desmenuza y casi no puede creer en lo que resulta. Por eso mira los retazos que de ella quedan entre sus dedos, CON CIERTO ASOMBRO.

Este asombro lo comparte con algún personaje, como se lo puede leer en el *excipit*[3] y en último término con el propio lector, desconcertado por la multiplicidad de puntos de vista, el arte de la elusión, la intrincada composición que exige una gran atención pues indicios importantes para la comprensión son brindados a veces de manera casi imperceptible. Como un guiño suplementario, el calambur del título (*con cierto/ concierto*) recuerda que este aparente caos está concertado, ordenado por el autor.

La preocupación por cómo contar es esencial en estos textos; de hecho, las tramas narrativas son bastante tenues: las 90 páginas del *Testigo* se resumen a la primera experiencia amorosa y sexual del narrador y a la noche del reencuentro casual con esa misma joven y su madre cuatro años más tarde. Esto no quiere decir que la materia narrada sea mera excusa; hay siempre una intriga que se va revelando: la separación de los padres de Lorenzo en *En la orilla*, la relación que madre e hija tienen con el mismo hombre en *El testigo*, la identidad del agresor de la joven Marisa en *Con cierto asombro*. Este cómo contar supone un *desde dónde contar*, pues las voces narrativas en Aínsa siempre se encarnan.

A menudo las aproximaciones a la literatura de los sesenta subrayan cómo los cimientos del Uruguay batllista se desintegran, se tambalean y anuncian el gran derrumbe que se perfila en el horizonte; este

---

[2] Y buena parte de la obra narrativa de Aínsa, como lo apunta Carolina Blixen: «La suma de los juicios [a propósito de la narrativa de Aínsa] resulta paradojal [*sic*]» (en Oreggioni 2001: I, 26).

[3] Se trata de las palabras de Maruja dirigidas a su ex vecino y amante, Ricardo: «[…] esas noches, en esos sueños, te lo aseguro, no te dejaré en paz, porque aunque de día [te] digas feliz, de noche tendrás que decir, con cierto, asombro, es mentira» (CCA 243).

tópico aparece también en estos textos, en particular en las dos novelas: así, el protagonista de *El testigo*, a punto de desplomarse por una
borrachera, reflexiona críticamente sobre esa tendencia de los uruguayos a «agarrarnos a lo que sabíamos iba a caer» (ET 62). Es la misma
ironía que aparece en las reflexiones aciduladas de Calodoro en *El
Paredón* de C. Martínez Moreno (1963), o en el imposible parricidio
de Ramón Budiño en *Gracias por el fuego* de M. Benedetti (1965).
Abordaremos en este trabajo un aspecto de esa mirada sobre la realidad uruguaya de la época: el de los avatares del cuerpo. El cuerpo,
«efecto de una construcción social y cultural» (Le Breton 2000: 14),
es un verdadero libro en el que se pueden leer algunos rasgos de la
época: los deseos reprimidos o auto-reprimidos, los desfases entre el
lenguaje corporal y el hablado, la sublimación o el rechazo de los cuerpos femeninos, etc. Y junto al deseo, también la violencia que se ejerce sobre los cuerpos de manera a veces inesperada y brutal (como en la
escena de la playa de *En la orilla* y en otra escena también playera en
Con cierto asombro). De los primeros escarceos amorosos y la iniciación sexual de los jóvenes de clase media *(En la orilla, El testigo)*, a la
sexualidad transgresiva y autodestructora de *Con cierto asombro*,
muchos rasgos de la sociedad uruguaya de la época quedan plasmados
en el reducido pero rico corpus ainsiano de los sesenta.

El cuerpo del delito

Resulta llamativa la casi total ausencia del cuerpo masculino en
estos textos, ausencia que se hace completa cuando el cuerpo viene
ligado a la sensualidad o el erotismo. Esta ausencia se verifica incluso
en el caso extremo en el que una relación sexual es evocada desde un
punto de vista femenino, como sucede cuando Maruja expresa su
deseo por Ricardo (su ocasional amante y vecino del piso inferior) y lo
llama con el pensamiento para que venga a reunirse con ella: «Y ahora
ven, sube ya mi viejo, ven sobre mis pechos, sobre mis hombros, bésa-
me con los labios salados, vuélcate entero en mí» (CCA 183-184).

El cuerpo femenino, en cambio, es objeto de múltiples descripciones, tanto más detalladas cuanto más deseable es. Se percibe así el
modelo de la belleza femenina dominante en la época. En primer
lugar, estos cuerpos deseables son jóvenes, a menudo adolescentes: por

los 18 años rondan la innominada vecina de Alberto (*En la orilla*), Mónica (*El testigo*) y Marisa (*Con cierto asombro*);[4] son, además, cuerpos de vírgenes (o al menos percibidos inicialmente como tales) como corresponde a jóvenes honestas.

Las descripciones se concentran en algunos detalles anatómicos y vestimentarios que reaparecen de manera significativa. La belleza femenina está ligada a la delgadez, a la delicadeza de los rasgos, empezando por los faciales.[5] Esto contrasta con la pesadez de los personajes femeninos que no generan deseo, como la gorda *Adela*, compañera de estudios del protagonista de ET, a la cual éste ignora e íntimamente desprecia: «Decido mirarla fijamente por un momento y darle a entender algo que no llegaré a decir —'Me reventás gorda!'» (ET 8).[6]

Esos rostros (que recuerdan el de las pinturas de Botticelli o de Modigliani) quedan enmarcados por un cabello largo y a menudo rubio.[7] Las formas del cuerpo son estilizadas, agradablemente redondeadas, pero sin excesos adiposos: rostro, busto, caderas, nalgas y piernas son las zonas sistemáticamente evocadas. No hay referencias al maquillaje,[8] pero sí a la vestimenta ajustada que destaca las formas: «pantalones y ceñido buzo negro» (ELO 19); «bajo su ajustado pantalón de pana verde oscura y ese delicado buzo que le ceñía el busto» (ET 19). Por su parte, los «zapatos de taco 'alfiler'» (ET 12) realzan la estatura. La atención a la indumentaria y la coquetería aparecen como rasgos típicamente femeninos: «Mónica ha cruzado sus piernas, arreglado su falda y está mojando un dedo con saliva para frotarlo contra el cuero algo raspado de la punta de su zapato. El desgaste del cuero se nota menos» (ET 23).

---

[4] Las dos únicas mujeres maduras ligada a la sexualidad y el erotismo son Ninica en *El testigo* y sobre todo Maruja en *Con cierto asombro*. Entre Maruja y Ricardo se establece una relación sexual completamente desgajada de afectos, sexualidad pura, sin tabúes, generosamente regada de alcol, no desprovista de brutalidad y violencia (auto)destructora.

[5] *Cf.* el «rostro ovalado» (ELO 19 y ET 13).

[6] Reventar es un uruguayismo por *fastidiar*.

[7] «pelo rubio cayendo sobre los hombros redondos y la frente despejada» (ELO 19); «pelo caído sobre la cara» (ET 12); «una rubia alta», «una rubia llamativa» (CCA 92-93).

[8] Maquillaje y afeites aparecen en estos textos como un subterfugio por parte de las mujeres ya mayores que intentan esconder —en vano— el paso de los años, como se aprecia en esta cita: «ojos [de Ninica] cansados, enmarcados por las arrugas de unos años que intenta disimular con maquillaje, con pintura discretamente repartida por la cara» (ET 25).

Si la indumentaria es importante, los movimientos también resultan muy estudiados, como si las jóvenes estuvieran en constante actitud de seducción, buscando atraer la mirada de los hombres: el cuerpo de Mónica «provoca un comentario [...] entre [...] dos diarieros» (ET 12); el paso de la vecina de Alberto delante del bar hace que los jóvenes lancen varios piropos: «Chiquilina! vení!»; «Cómo creciste, nena!» (ELO 20).[9] Hay una estudiada sensualidad en los movimientos de estas jóvenes, sus desplazamientos tienen gracia y fluidez: «Mónica, con un vaquero ajustado y un grueso pull-over resbalándole sobre las caderas, venía ondulante hacia mí» (ET 31).

Estas muchachas encarnan ese cuerpo modelado (cuya quintaesencia son, precisamente las «modelos» publicitarias, las que desfilan en las pasarelas, las estrellas de cine), trabajado por la dieta y el ejercicio: el cuerpo de Mónica es «flexible y deportivo» (ET 12).[10] Son jóvenes «modernas», de clase media o media-alta, que transgreden —parcialmente— los códigos de «buena conducta» de la pacata sociedad montevideana de los sesenta. Mónica es hija de una francesa «liberada»; Marisa ha abandonado la casa de su madre (Doña Matilde) para instalarse sola en una modesta pensión. Sin embargo, la presentación del cuarentón Ricardo a su madre será la ocasión para una reconciliación entre Doña Matilde y su hija, haciendo que las «auténticas rebeldías» que Marisa creyó vivir durante algunos meses (a nivel político y sexual) «se vengan al mismo suelo» (CCA 169).

El narrador describe a estas jóvenes como «desenvueltas»; el participio adjetivo puede remitir a la persona (ET 10) o al cuerpo femenino (ELO 19); calificativo ambiguo, pues si bien es valorizante en la mirada fascinada de los hombres, no deja de tener ciertas connotaciones

---

[9] Estos piropos destacan la fascinación que genera el misterio de la condición femenina, el surgimiento de las formas, el paso de niña a mujer.

[10] Una década antes, un viajero francés dejaba esta idealizada descripción de las mujeres uruguayas que se acerca en parte a la que propone Aínsa: «la femme 'typiquement' uruguayenne possède de longs cheveux noirs. Ses grands yeux francs, des plus expressifs, brillent d'un lumineux éclat. Sa peau, dont la douceur attire l'ardente caresse du soleil, prend un magnifique aspect bronzé. La souplesse de son corps, la perfection de ses formes, la finesse de ses mains, de ses jambes et de ses chevilles, s'allient merveilleusement à sa démarche aisée et donnent beaucoup de grâce à son allure. En prenant de l'âge, la femme uruguayenne a toutefois tendance à perdre sa ligne svelte de jeune fille. Être bien en chair est d'ailleurs considéré comme un signe d'excellent santé» (Gilles 1952: 77).

peyorativas (cf. *DRAE*: 2. f. Impudicia, liviandad) que pueden remitir a la mirada femenina, sobre todo la de la generación de las madres. Estas jóvenes «liberadas» aparecen como objetos del deseo pero también como seres peligrosos, como nuevos modelos de femineidad a los que los jóvenes no saben exactamente cómo hacer frente. Así, la vecina de Alberto pasa delante de la «barra» [grupo de amigos] del bar con una actitud desenfadada y provocante («los grandes ojos burlones, profundos y fijos en nosotros», ELO 19), sabiéndose deseada y gozando de la superioridad que ese estatuto le da; los torpes piropos de los jóvenes denotan su sorpresa y su incapacidad de enfrentarse a esta figura femenina de manera natural, pues siguen prisioneros de prejuicios y percepciones arcaicas de la mujer. Esa superioridad aparece a nivel narrativo, pues la joven, personaje secundario del cuento, asume la narración al inicio y final del mismo. En el final, es ella quien da cuenta del cruce de miradas con Alberto, y de la tristeza de éste pues ella está en ese mismo instante besándose y frotándose con otro hombre contra un muro. La *desenvoltura* recuerda, por contraste, que en la sociedad uruguaya, el cuerpo está como *envuelto* (literalmente en ropajes que esconden las partes más «provocantes»), atrapado en una red de convenciones, expuesto a la mirada reprobadora de la sociedad no bien se aleja de la senda trazada. Pero esta «desenvoltura» de las jóvenes no llega a alterar radicalmente los roles en la intimidad del acto sexual, como lo veremos más adelante.

La actitud de las mujeres del balneario ante la llegada de «la francesa» (la madre de Mónica, Josephine Le Duc, conocida como «Ninica») es reveladora: todas la ven como una mujer liberada, peligrosa, cazadora de hombres (de maridos...). Por su belleza, su desparpajo («se pasaba todo el día al sol, apenas cubierta por un reducido bikini que había suscitado los comentarios de todas las mujeres del balneario», ET 32), todas desconfían de ella, aunque no puedan reprocharle nada en particular; le atribuyen numerosos e infundados «chismes» (ET 22), comentan que «esas mujeres tienen amantes más jóvenes», y que «a veces los mantienen y todo» (ET 77). Por ello la madre del protagonista le dice reiteradamente a su hijo Jorge que no debe frecuentar a Mónica y su madre: «Esta mujer no me gusta. No deberías salir con ella ni con su hija. Tiene mala reputación» (ET 22).

Es la madre también la que increpa al hijo por haber pasado dos horas encerrado en su cuarto con Mónica: normalmente ambos jóvenes debían haber ido al cine (a ver *El puente sobre el río Kwai*); sin embargo, es otro frágil puente el que van a construir durante esas horas: mientras en la planta baja de la casa el padre discute de política con un conocido, Don Ramón, ambos jóvenes tienen una relación sexual y Jorge descubre la «experiencia inolvidable de un mundo jamás experimentado por [él]» (ET 20). Más tarde, durante la cena, la madre le reprocha su actitud y sospecha lo que ha pasado:

> Mi madre no dejaba de mirarme. 'Estuve haciendo compras, acabo de llegar y tu padre me ha dicho que Mónica se pasó como dos horas en tu cuarto. No me gusta eso. [...] No es por nosotros, por tu padre o por mí; es por los demás. Imagínate, estaba Don Ramón con tu padre. ¿Qué habrá pensado?' (ET 55).

Ante las evasivas de Jorge, la madre termina subiendo al cuarto después de la cena, «como si buscara el dato que le faltaba para convertir sus preocupaciones en certezas» (ET 57). Ese indicio lo encontrará finalmente en un bolígrafo «abierto» tirado por el suelo —pues Mónica estaba escribiendo una carta cuando un cruce de miradas llevó a Jorge a comprender que ella le daba su tácita autorización para pasar al acto—. El bolígrafo abandonado —que la madre castradora observa con detenimiento antes de cerrarlo— resulta doblemente simbólico: por su dimensión fálica y porque el acto sexual se produce cuando Mónica está escribiendo una carta a su padre; de ese modo el protagonista resulta un *objeto de sustitución*, algo que adelanta ya el título de la novela, que hace del protagonista un mero «testigo».

Las inquietudes de las madres son múltiples: que mujeres liberadas como Ninica les «roben» a sus maridos; que se acuesten con sus hijos y causen su perdición; que al no ocuparse de sus propias hijas hagan correr a sus hijos varones el riesgo de dejarlas embarazadas forzándolos al matrimonio. En todos los casos, la presencia femenina «exógena» socava las estructuras existentes, introduce un peligroso desequilibrio en la pareja y/o la familia y por ello se hace todo lo posible para aislarlas. Por su parte, los consejos de la madre del protagonista vienen a compensar la supuesta negligencia de Ninica, que no se ocupa como debería de proteger la virginidad de su hija.[11]

---

[11] El lector se enterará más tarde de que finalmente es Ninica la engañada, pues el hombre al que ama y por el que estuvo dispuesta a abandonar a su marido la manipula,

La presencia materna es recurrente. El primer relato de *En la orilla* está literalmente enmarcado por la madre: en el incipit se asoma a la ventana para solicitarle al hijo que no regrese tarde, pretextando la posible inquietud paterna: «¡Por Dios, Alberto! no vengas muy tarde. No hagas sufrir a tu padre» (ELO 9). En el *excipit*, antes de acostarse, la última acción de Alberto, que regresa tarde y tristemente a la casa (pues acaba de ver a la vecina por la que siente atracción pero que no se atreve a abordar en brazos de otro) es «[apagar] la luz del frente que [su] madre deja siempre encendida hasta que [él vuelva]» (ELO 32).

La presencia de las madres no sólo se da en lugares estratégicos del texto, también tienen un peso importante en la acción: la madre de Alberto que se asoma a la ventana para perseguir con sus «últimas recomendaciones» al hijo encarna la censura y la represión; sólo antes de perderla de vista, después de «[doblar] la esquina», puede el joven «[sentirse] libre» de esa pesada dominación (ELO 9). Como una figura tutelar, la madre vigila al hijo varón para permitir así la reproducción del orden social. Del mismo modo, Jorge observa que «Mi madre se sentó en el mismo sillón en que había estado sentada Mónica» en los instantes previos al acto sexual (ET 57). Si esta actitud castradora resulta un fardo para los jóvenes, la ausencia de la madre es menos soportable aún, como lo muestra el drama de Lorenzo, uno de los jóvenes que se reúnen habitualmente en el bar: «Mi madre se fue de casa. Sí, te lo confieso, se fue… se fue con otro. Parece un folletín, ¿no?, pero es así» (ET 29).

El dolor es tal que Lorenzo se deja golpear brutalmente por uno de sus camaradas, como si el engaño de la madre mereciera que el hijo fuera castigado.

El control materno se complementa con la experiencia prostibular, que permite la canalización de la sexualidad masculina (pre y post-matrimonial) y que responde a esa idea según la cual la sexualidad del hombre exige una práctica más recurrente.

Si bien estos esquemas permanecen vigentes en los sesenta, hay numerosos elementos que entran en contradicción, y la contención de la libido choca con diversas prácticas que trae la modernidad, mediante una liberalización progresiva de las costumbres (véanse las referencias a

---

al ser también amante de su hija, lo que conduce a Ninica cuatro años más tarde a suicidarse al volante de su coche.

bares, discotecas y clubes nocturnos en *El testigo*). Otro ejemplo de esto son las referencias ya citadas a las nuevas figuras femeninas y su carácter inquietante, por la iniciativa que parecen tomar en algunas ocasiones;[12] sin embargo, en cuanto se produce el verdadero encuentro entre los cuerpos masculino y femenino, los papeles tradicionales de unos y otros reaparecen, y el hombre retoma la iniciativa. La relación sexual de Jorge y Mónica en el cuarto de aquél, es descrita exclusivamente a través de las acciones del joven, como lo muestran las formas verbales utilizadas: «me levanté y comencé a besarla» (ET 11); «mi propia turbación al inclinarme sobre ella, besarla, levantarla de su sillón [...], ir echándola en la alfombra [...] para desprenderle, uno a uno, los botones del buzo que dejarían descubiertos los pechos sueltos, para abrirle la cremallera de su pantalón con dedos torpes, con las manos que recorrieron sus muslos una y otra vez» (ET 21). No hay ninguna iniciativa por parte de la joven, ninguna reacción, podría tratarse de un cuerpo muerto o de un maniquí; Mónica no pronuncia en ningún momento una palabra, sus sentimientos y percepciones permanecen impenetrables para el narrador-protagonista y por lo tanto para el lector.

Por otra parte, esta elusiva descripción del acto sexual manifiesta la presencia de ciertos tabús: para empezar, la descripción del acto mismo está ausente, y ciertas partes de la anatomía (el pene, la vagina), cuya centralidad en el acto sexual resulta ocioso señalar, están igualmente ausentes del relato. Por si fuera poco, la elipsis del acto sexual es doble, pues ese supuesto *debut*[13] aparece dos veces en la novela: en las primeras páginas, el narrador lo evoca de este modo: «me levanté y comencé a besarla, acaparé el exclusivo galardón obtenido en una nueva vida de hombre, improvisada, casi sin quererlo, sobre la alfombra de mi dormitorio» (ET 11).

---

[12] Tal es el caso de Mónica en el reencuentro con el narrador cuatro años más tarde de su primera y única relación sexual. La joven, con algunas copas de más, toma la iniciativa en el asiento trasero del coche conducido por su madre: «Mónica, algo tomada, me besa en la boca, indiferente a su madre. Ríe al ver reflejados en el espejo retrovisor, los ojos empapados en lágrimas de Ninica, me acaricia la pierna» (ET 43).

[13] «Debutar» y «debut» son los términos utilizados habitualmente en el habla rioplatense para remitir a la primera experiencia sexual masculina. Decimos « *supuesto* debut» pues no queda claro si se trata de una primera relación para ambos; Jorge ha tenido probablemente relaciones con prostitutas; en cuanto a Mónica, el lector se enterará posteriormente de su relación (¿consumada sexualmente?) con el amante de su madre.

De este modo, a la manera del cine hollywoodiano, tras los primeros escarceos amorosos («comencé a besarla») se produce una elipsis mediante la cual se pasa no tan siquiera a la situación post-coital sino a las consecuencias íntimas que tendrá tal acto para el narrador («acaparé el exclusivo galardón...»). En la segunda ocasión, la elipsis se produce tras la apertura de la cremallera (ET 21) y las caricias a los «muslos», para pasar luego al momento post-coital: «ella [...] se arregló rápidamente la ropa y el pelo» (ibíd.).

La actividad sexual fuera del prostíbulo (en el caso del hombre) o del matrimonio (en el de la mujer) constituyen transgresiones a las normas. Del mismo modo, el rechazo del adulterio femenino es total: lo manifiestan las mujeres que denigran a Ninica (pero no al hombre que se acuesta con ella, amigo de la familia); lo manifiesta dolorosamente el hijo cuya madre ha abandonado al padre para irse con otro (ELO 29); lo expresa la propia mujer adúltera que necesita justificarse: el recorrido por bares y clubes nocturnos de Ninica, Mónica y Jorge (hilo conductor de la trama de *El testigo*) se explica porque Ninica está buscando a su antiguo amante para que éste le diga la verdad a su hija y para que ésta pueda repetírsela a su vez a su padre (ET 24). Ninica trata así de limpiar su reputación de mujer *ligera* de cascos (pues su hija la había descubierto in *fraganti* con su amante años antes), para hacerle comprender a Mónica que ese amante es el hombre de su vida; lo que Ninica ignora aún es que ese mismo hombre ha seducido a su propia hija. El adulterio femenino parece la ruptura mayor dentro del orden de esta sociedad: en *Con cierto asombro*, Susana termina confesando vergonzosamente a Raúl su infidelidad con Ricardo (doblemente transgresiva, pues Ricardo era empleado en la empresa periodística de Raúl).

EL SEXO Y LO POLÍTICO

La asociación de estos dos términos, que en nuestras sociedades posmodernas resulta banal por la sobreexposición mediática de los políticos, puede sonar anacrónica para hablar del Uruguay de los sesenta, en el cual nada más alejado de la política que el sexo. Las esferas pública y privada se mantenían intocadas, o en todo caso la vida privada de los dirigentes no llegaba a aflorar al conocimiento público a través de los medios de comunicación. Sin embargo, la narrativa de Aínsa de estos años muestra que los cambios que se están produciendo en uno y otra no son ajenos entre sí. En menor medida en los cuentos de *En la orilla*, más claramente en las dos novelas, se tejen relaciones entre ambos polos, y en particular en *Con cierto asombro*, lo que sin duda se explica por el hecho de que la redacción de esta novela se produce cuando se ha agravado la crisis económica, financiera y política en el Uruguay, han tenido lugar las elecciones de 1966 y ha llegado a la presidencia Jorge Pacheco Areco.[14]

La crisis del sistema político bipartidista, la confusión generada por la multiplicación de alianzas, de *cambios de chaqueta*, la pérdida de peso de los clubes políticos que «compraban votos» otorgando cargos públicos o favores, el descrédito progresivo de los políticos, la desconfianza de la población respecto a los partidos «tradicionales» (Blanco y Colorado) para resolver los problemas generados por la globalización capitalista (crisis del sistema productivo y desempleo, quiebras fraudulentas de instituciones bancarias y fuga de capitales…), la falta de alternativas claras desde la izquierda, van generando un clima enrarecido, y favorecen el advenimiento de los militares al poder a inicios de los setenta.

La narrativa de Aínsa resulta un buen barómetro de estos cambios que estaban en el aire. De manera tangencial en *En la orilla*, algo indirecta en *El testigo*,[15] más radical en *Con cierto asombro*, sexualidad y

---

[14] Vicepresidente electo en 1966, ocupa el lugar de Óscar Gestido cuando éste fallece en diciembre de 1967.

[15] *El testigo* es una novela que ha sido reiteradamente situada dentro de ese subgénero de la «Literatura de balneario», tal como lo «bautizó peyorativamente Benedetti» (H. Verani, 38). También podría entrar en esa rúbrica *Con cierto asombro*, al menos parcialmente (pues una parte importante de la acción tiene lugar en un balneario cercano a Montevideo). A nuestro entender esta clasificación es poco operativa, y da cuenta de un aspecto relativamente secundario (la localización de las historias narradas). En el caso que nos concierne, si bien algunos rasgos de la «literatura de balneario» están presentes («la frivolidad de jóvenes desencantados que se aburren confortablemente en balnearios de moda», «el hastío y la alienación afectiva», «la incomunicación y el desasosiego tributarios de Cesare Pavese, la cinematografía de Antonioni y la *nouvelles vague* francesa», ibíd.), estos textos, lejos de quedarse en lo anecdótico, dan cuenta de los cambios de paradigma que se están produciendo en la sociedad uruguaya a todo nivel, y sería más pertinente relacionarlos con otros textos de la literatura hispanoamericana como *Tres tristes tigres* de G. Cabrera Infante u otras «nuevas novela».

política van a imbricarse y dibujar la silueta de un Uruguay en pleno desmembramiento. Veámoslo con algunos ejemplos concretos.

En el segundo relato de *En la orilla*, titulado «Hugo Martínez», el narrador da cuenta sintéticamente del recorrido del personaje epónimo, con quien compartió las aulas en el liceo y con el que se vuelve a cruzar algunas veces en los años posteriores. Joven rebelde y carismático en sus años liceales (organiza huelgas contra la invasión de Guatemala en 1954), Hugo seduce por su facilidad de palabra. Su retrato es el del típico arribista: estudiante de derecho (condición sine quae non para hacer política en los partidos tradicionales), militante estudiantil, oportunista («tenía [para las elecciones de 1958] sus cartas apostadas a cualquiera de las posibilidades: ganaba en los dos juegos», ELO 45), digno heredero de su padre (que también hace política), hace funcionar los clásicos engranajes de la política uruguaya, en particular el amiguismo.[16] Paralelamente a la descripción de este ascenso político, el narrador muestra cómo su carisma está vinculado también con su cuerpo: el narrador cita la opinión de una joven liceal, Laura, que lo define, suspirando, como «Un 'churro' bárbaro»[17] (ELO 38); esta misma Laura será su novia años más tarde y, según el propio Martínez, «la única persona que por ahora me ha podido dominar» (ELO 43). Aunque la pareja sigue junta durante varios años, en un clásico noviazgo a la uruguaya,[18] la prioridad que le da el protagonista al ascenso político por encima de la vida afectiva lo lleva a cambiar de pareja. Así, un empleado municipal le habla al narrador con admiración de Hugo Martínez, diciéndole que es un «tipo extraordinario», «[un] tipo de carrera», que no sólo «está trabajando como un loco por el partido» sino que «además está por casarse con la hija de uno de los Concejales» (ELO 47-48).

Se llega así al desenlace del relato, cuando el lector descubre que Martínez ha muerto (probablemente en un accidente de automóvil,

---

[16] Uruguayismo que corresponde al «enchufe» peninsular.

[17] Dos uruguayismos aparecen en este sintagma: «churro», que designa a una «[p]ersona muy hermosa y atractiva», y «bárbaro» que, cuando remite a una persona, equivale a «simpático, comprensivo y solidario» (Kühl de Mones 1993).

[18] En el siguiente encuentro entre el narrador y Hugo, aquél le pregunta: «—¿Y Laura? ¿seguís con ella? […] —Sí, qué remedio **me toca** —con una guiñada de complicidad me añadió—: Dice que quiere casarse conmigo» (ELO 45; negritas del original).

algo sugerido por la velocidad con que el protagonista ha *hecho carre-ra*) y que el narrador comparte su vida con Laura, la ex compañera de estudios y ex admiradora de Martínez. De este modo, con leve ironía el espacio textual se transforma en el lugar del fracaso de estos políti-cos tradicionales; la muerte de Martínez es un nuevo anuncio proféti-co del desplome del sistema político vigente, en el cual una élite se transmite de padres a hijos las riendas del poder.

La interpenetración entre sexo y política aparece con más fuerza *en El testigo*. La primera relación sexual entre Jorge y Mónica, en la plan-ta alta de la casa de aquél, tiene lugar mientras en la planta baja su padre discute de política con un conocido. Como Jorge teme que el padre, receloso, suba a su cuarto, hará el amor no sólo en silencio, sino con los oídos alertas a los posibles crujidos de la escalera, anun-ciadores de la venida de un adulto. Esta situación hace que, en el rela-to, el descubrimiento del cuerpo de Mónica y del erotismo propio aparezcan como un contrapunto a la conversación en la cual se vierten una serie de gastados tópicos. Pues el padre, típico representante de una clase media uruguaya liberal y batllista, está brindando su diag-nóstico de la crisis y proponiendo su solución. La cual consiste en cas-tigar a su propio partido votando al partido adverso: «Yo creo que hay que dejar de lado esa tradición de familias de votar siempre lo mismo, y lo que hay que hacer, *como gran cambio*, es votar a los blancos…» (ET 21; énfasis nuestro).[19]

Ahora bien, esta propuesta queda descalificada de múltiples mane-ras: por el punto de vista del narrador (quien apunta que su padre sigue «pontificando»), por el carácter timorato de la propuesta (el «gran cambio» no es más que la manida alternancia), y sobre todo por la inconsecuencia que hace destacar la escena, pues el mismo padre que propone «dejar de lado [una] tradición de familias» es el (torpe) guardián de esas tradiciones, en lo que concierne la moral sexual en particular. El fracaso del padre en este ámbito (pues los jóvenes están haciendo el amor *encima de su propia cabeza*, por así decirlo) destaca el carácter irrisorio de la solución política propuesta. La escena sintetiza

---

[19] Sobre este «gran cambio» ironizaba ya Carlos Martínez Moreno en *El paredón*, cuando el protagonista confrontaba el supuestamente revolucionario triunfo de los «Blancos» en las elecciones de 1958 con el triunfo casi simultáneo de la revolución conducida por Fidel Castro en Cuba.

las contradicciones de esas empantanadas clases medias, conscientes de la necesidad de cambios de fondo pero incapaces de asumirlos por miedo a perder sus (menguados) privilegios.

En *Con cierto asombro* esta relación entre política y sexo se prolonga de manera más radical aún. Toda la novela gira en torno a un episodio judicial: Ricardo está detenido, acusado del intento de asesinato de Marisa, su joven amante, quien se encuentra herida de bala y en estado inconsciente. Varias personas vinculadas a Ricardo (Mario, Carlos María, Alfredo, Maruja) se reúnen en un bar para concertar una defensa conjunta, testimoniando en su favor. Uno de los convocados es Raúl, propietario de la revista en la que trabajaban Ricardo, Mario y Carlos María,[20] y que acababa de cerrarla, dejando a sus empleados en una situación difícil. El lector se enterará en el correr de la novela de dos hechos importantes:

1. Ricardo se ha acostado con Susana, la amante y *mantenida* de Raúl;

2. Raúl ha sido testigo del intento de suicidio de Marisa que la ha dejado en estado de coma; esta tentativa se produce en el atardecer, en una playa a la que Raúl ha llevado a la joven con la intención de acostarse con ella y, sobre todo, de vengarse de la traición de Ricardo.

Raúl sabe pues que Ricardo no es culpable del intento de asesinato del que se lo acusa, pero calla por despecho, y sólo se verá obligado a confesar la verdad cuando Marisa salga del coma y explique lo sucedido a la policía.

Toda la novela gira pues en torno a Ricardo y a sus diversas facetas. Periodista, observador lúcido de la realidad, hombre de izquierdas pero condenado a trabajar para patrones vinculados con el poder;[21] mujeriego, inestable, bebedor, Ricardo es la figura central y al mismo tiempo un personaje casi ausente, a cuya interioridad nunca accedemos, presentado exclusivamente a través de la mirada de otros. Vive solo, y tiene una relación puramente física con Maruja, su vecina, una mujer que «debía haber sido muy hermosa» pero que en el presente tiene «una gordura más fruto de un abandono general que de otra

---

[20] El apellido de Raúl, «Geik», sugiere que el personaje está inspirado de uno de los hermanos Scheck, propietarios de el diario *El País* de Montevideo, de radios y de un canal de televisión —probablemente Eduardo Scheck (1925-2008), fundador de las revistas *Lunes* (1955) y *Reporter* (1961).

[21] Por la concentración de los *mass media* en manos de la oligarquía local.

cosa» (CCA 12). Maruja vive sola, pues su ex marido le ha sacado a su hijo; «triste borracha», «hembra absurda», es «como el pozo de aguas corrompidas al que tenía que descender obligadamente [Ricardo] cuando tenía la extraña sed que sólo esas aguas lograban aplacarle» (CCA 17). En la relación con Maruja, Ricardo encuentra la posibilidad de vivir una sexualidad plena, sin límites, transgresiva, violenta y brutal por momentos. En ese huis clos aparece un «Ricardo oscuro» (CCA 38), salvaje, desligado de todas las convenciones y las trampas de la cotidianeidad. En Marisa, en cambio, Ricardo busca el entusiasmo de creer en algo, de vivir un amor puro, de lanzarse al compromiso político, de avanzar hacia la revolución. Cómo se compaginan ambas facetas de Ricardo, es algo que el lector no sabe, aunque una clave la da su amigo Alfredo, un profesor de historia lisiado con el que conversa a menudo en un bar. La lucidez de Alfredo muestra que la relación con Marisa encarna las contradicciones de la época; el activismo político de Marisa es sólo una manera de «[trasladar] al plano nacional su problema familiar», de rebelarse «ante el país» como una prolongación de la rebelión ante la madre (CCA 186). Alfredo no tiene una respuesta definitiva, y se pregunta si Ricardo creía en todos esos embates juveniles de Marisa o si simulaba adherir a todo aquello para conservar el privilegio de «[acostarse] con ella» (CCA 187). El final de la novela parece confirmar su hipótesis, pues Ricardo terminará casándose con Marisa comenzando así «un suave declive que tal vez sólo una conmoción grave del país podrá alterar» (CCA 241). De este modo la nueva vida de Ricardo aparece como una falsa solución, una especie de escapismo. La relación entre el cuarentón Ricardo y la postadolescente Marisa es evocada al final de la novela a través de la publicación de un edicto matrimonial y de los pensamientos de Maruja, que imagina a Ricardo caminando por las calles de su nuevo barrio («el Prado», un barrio que es la quintaesencia de la decadencia uruguaya, con sus viejas casonas señoriales degradándose, pues la burguesía se ha trasladado hacia los barrios cercanos al río). De este modo, esta relación aparece como la metafórica encarnación del fracaso de la izquierda, concretamente el de la Unión Popular que pretendió en aquellos años conglomerar las fuerzas de izquierda para acabar con el bipartidismo pero que obtiene muy magros resultados en las elecciones de 1962 y 1966. Metáfora también de una especie de pacto del conformismo, de una continuidad que sigue siendo un movimiento descendente, un deslizamiento, una decadencia. Al término de este trabajo percibimos que las relaciones entre hombres y mujeres (afectivas, sexuales) resultan en la narrativa de Aínsa un revelador de las frustraciones y fracasos de un país y de una época. Son, a su manera, síntomas de lo que Mario Benedetti llamó con particular lucidez «el país de la cola de paja».[22]

BIBLIOGRAFÍA

AÍNSA, Fernando (1964): *El testigo*. Montevideo: Alfa.
— (1966): *En la orilla*. Montevideo: Aquí testimonio.
— (1968): *Con cierto asombro*. Montevideo: Alfa.
GILLES, Albert (1952): *L'Uruguay. Pays heureux*. Paris: Nouvelles Éditions Latines.
KÜHL DE MONES, Ursula (1993): *Nuevo Diccionario de Uruguayismos*. Santafé de Bogotá: Instituto Caro y Cuervo.
LE BRETON, David (2000): *Anthropologie du corps et modernité* [1990]. Paris: Presses Universitaires de France (Collection Quadriges).
OREGGIONI, A. (coord.) (2001): *Nuevo Diccionario de Literatura Uruguaya*. Montevideo: Banda Oriental.

---

[22] Este ensayo, publicado en 1960, fue un verdadero *best seller* y tuvo dos ediciones ampliadas: la cuarta en 1968 y la novena en 1973.

Para una revisión de la obra de Julio Ricci*

Nicasio Perera San Martín

Julio Ricci (1920-1995) no fue nunca santo de la devoción de la *intelligentsia* uruguaya. Como no formaba parte de ninguna camarilla, capilla o casta, se le aplicó durante muchos años la regla general —tanto más eficaz en cuanto es tácita— del ninguneo.

Políglota, podemos atestiguar que hablaba con soltura y con solvencia, francés, italiano, portugués, inglés. Recordamos la anécdota de Fernando de un encuentro casual en su casa con un ruso, con el cual Ricci se puso a hablar en ruso, como si no hubiera hecho otra cosa en su vida. Pero seguramente el inventario está lejos de ser completo.

Lingüista, naturalmente, se había formado en el Instituto de Estudios Superiores de Montevideo, donde vivió la mayor parte de su vida, pero también había obtenido una Licenciatura en una universidad sueca. Todo ello le situó siempre en una posición de *outsider*, tanto con respecto a la cultura oficial, como con respecto a las corrientes y al discurso intelectual dominante, al cual atacó con frecuencia, en particular por lo que él llamaba su «hipercriticismo».

* Buena parte de este trabajo formaba parte de uno mayor, dedicado al *lenguaje del cuerpo* en el cuento uruguayo. Lo hemos desglosado y adaptado para rendir homenaje, a la vez, a Fernando Aínsa, que se ha ocupado con frecuencia de la obra de Ricci, y a este último, cuya amistad compartimos ambos durante muchos años.

De todo ello surgen una serie de paradojas: Ricci, que había enseñado en la reputada universidad sueca de Gotemburgo y en alguna universidad norteamericana, sólo accedió a la enseñanza superior uruguaya (IPA) en el período de la dictadura. Como también obtuvo, en el mismo período, el Primer Premio de Narrativa del Municipio de Montevideo y el Premio Ministerio de Cultura en 1977. Y no por adhesión al régimen, sino porque, una vez más, los déspotas y sus amanuenses probaron que no saben leer.

Su actividad literaria también es muy tardía, pero no por ello menos considerable. Publicó su primer libro de cuentos en 1968, fundó una revista, foro literario en 1977 y una editorial, Géminis, también en la década de los setenta (activa al menos desde 1973), todo ello con cincuenta años bien cumplidos.

En poco más de un cuarto de siglo de actividad literaria (1968-1995) publicó ocho volúmenes de cuentos, editó diecisiete números de foro literario (1977-1988) y varias decenas de libros, esencialmente de narrativa y de crítica literaria. Entre los autores uruguayos que editó, cabe destacar el primer volumen de cuentos de Miguel Angel Campodónico (1974) y toda su contribución a la difusión de la obra de L. S. Garini. Este último forma, junto a Felisberto Hernández, el dúo de cuentistas uruguayos más originales del siglo XX.[1]

Julio Ricci publicó el tercer y último volumen de cuentos de Garini (*Equilibrio y otros desequilibrios*) y, después de su muerte, preparó y prologó las ediciones de un primer volumen de textos publicados originalmente bajo otro pseudónimo (L. S. Garini también lo es) —*Cuentos divinos*—y de la suma *(Obra completa)*.

Como ya se puede ver, la actividad editorial de Ricci fue intensa y variada, llevando a cabo varios aportes importantes y originales a la cultura uruguaya, en un período harto difícil. La revista *Foro Literario* aún espera un estudio que evalúe sus criterios y contribuciones. Pero lo que nos va a ocupar aquí es la obra original del propio Julio Ricci.

Si algo puede caracterizar globalmente la obra de Ricci es la denuncia de la opresión social que la crisis y la dictadura han llevado a extremos inimaginables en aquel Uruguay consensual que se ensalzaba primero y se ironizaba después bajo el *slogan* «Como el Uruguay no hay».

---

[1] Sobre este autor, ver Perera San Martín (1999 y s/f).

Los cuentos de Ricci son, precisamente, el re-cuento minucioso de la destrucción de todos los lazos de solidaridad social que cimentaban la cohesión de la sociedad uruguaya, son los partes del naufragio de todos los proyectos, ilusiones y ambiciones, son los partes del derrumbe.

Su obra se inscribe claramente en el Uruguay —en el Montevideo— de su época, en un «aquí y ahora» angustiante, referido con frecuencia de forma explícita por los topónimos, o elocuentemente evocado por diversos rasgos que lo singularizan.

No es extraño, pues, que el primer texto de su primer libro[2] nos sitúe de entrada en la Ciudad Vieja, en un destartalado edificio de apartamentos que huele a humedad, donde las luces de los pasillos no funcionan y donde los nombres de los ocupantes son apenas recordados por alguna sílaba desvaída que aún conservan las etiquetas de los timbres. El lento recorrido iniciático que nos lleva hasta ese último reducto en que se obstina en sobrevivir Pivoski es una perfecta alegoría de lo que se ha vuelto Montevideo: una ciudad oscura, mugrienta, maloliente, donde la gente se oculta en rincones recoletos para, mal que bien, sobrevivir a la decadencia.

En ese recorrido apuntan temas fundamentales en toda la obra de Ricci: mientras espera que le abran, el narrador temporiza: «Había que dar tiempo. A lo mejor Pivoski estaba orinando o liberando el intestino y no podía venir de inmediato» (10).

Luego, mientras descubre el antro de Pivoski anota: «Solo faltaba el water. Con todo, debajo del catre divisé una escupidera cargada de orines que a lo que parecía oficiaba de excusado» (11).

Casi todo el Ricci por venir está en esas pocas páginas: un narrador en 1ª persona, ingenuo y curioso a la vez, descubre el mundo que agobia a un personaje oscuro, a menudo judío de Europa central, naufragado en un Montevideo espectral que será la tumba de sus últimas ilusiones. La «vuelta de tuerca» final, tal vez innecesaria, en que el «ingeniero» burócrata que oficiaba de narrador se identifica con Pivoski, está, por eso mismo, por su aparente inutilidad, gritando que ese judío desesperado podemos ser todos nosotros.

¿Qué mejor metáfora de los pobladores de un país de inmigrantes que esos judíos, polacos, húngaros o lo que fueren? ¿Qué mejor metáfora de ese aferrarse a un pasado irremediablemente perdido, que el

---

[2] «Pivoski», en Ricci (1968: 9-21).

cadáver de la madre celosamente custodiado en un baúl, en una habitación cerrada con llave? ¿Qué mejor metáfora de la alienación colectiva en que se va hundiendo una sociedad entera, que el «Memorándum» de Pivoski sobre la necesidad de matar al Amor y a la Amistad? Que Ricci sea excesivo, no cabe ninguna duda. Pero tampoco la hay de que una buena parte de sus excesos entronca con una de las vertientes más profundas de la literatura rioplatense, esa entrañable fusión entre lo cómico y lo trágico: lo grotesco.

Como en los orígenes del grotesco rioplatense, en las primeras décadas del siglo XX, inmigración, mundo urbano y grotesco aparecen indisolublemente ligados.

Pero entre ese primer libro y los que le siguen, hay diferencias importantes. Los siete cuentos de *Los maniáticos* presentan siempre la misma perspectiva cronológica: a partir de un presente actual (fines de la década de los sesenta), la historia de los personajes permite evocar los grandes hitos de la historia económica y social del país que fueron marcando el modo de vida de la clase media: la crisis del 29,[3] la devaluación,[4] el contrabando de artículos de consumo corriente,[5] sin olvidar la guerra,[6] la creciente influencia cultural norteamericana,[7] el viaje a Bariloche,[8] la casita en el balneario[9] y los turistas porteños,[10] todo mezclado. Temas y situaciones remiten al «medio pelo», a la clase media uruguaya, que constituía, por entonces, la mayoría del país. También aparece allí toda una guía del comercio con que medio Montevideo se llenaba la boca por entonces: la Mueblería Gomensoro, el Bazar Colón, las confiterías La Liguria y el Lion d'Or... Cada texto va pautando un *aspecto* del descalabro que destruye el tejido social.

En *El Grongo* (1976), tanto la perspectiva narrativa como las referencias socio-culturales han cambiado. Todos los textos se sitúan en un presente acuciante que no parece tener otras raíces que el pasado individual de los personajes.[11] Eficaz representación del feroz indivi-

---

[3] «La mesita», en Ricci (1968: 31-37).
[4] «Las pastillas», en Ricci (1968: 47-51).
[5] «La cámara», en Ricci (1968: 39-45).
[6] Ibíd.
[7] «El nicho», en Ricci (1968: 53-66).
[8] Ibíd.: 66.
[9] «Las pastillas», en Ricci (1968: 47-51).
[10] «El pollo», en Ricci (1968: 23-29).
[11] Cf. «El shoijet», en Ricci (1976: 19-33) o «El Gamexán», en Ricci (1976: 147-155).

dualismo que se ha instalado en un país otrora consensual y solidario. El mundo se ha ensanchado, y hay textos cuya acción transcurre en los Estados Unidos[12] (entonces —como ahora— son los uruguayos los que emigran) o en Italia.[13]

Las técnicas se han diversificado: hay cartas, poemas, discursos. El propio discurso paratextual también se ha desarrollado: hay un prefacio[14] que se presenta como un manifiesto en favor de «la literatura asqueante» y que señala influencias diversas; cada texto viene precedido de una dedicatoria ológrafa en español o en alemán, en inglés, italiano o chino. El título mismo del volumen no remite a un cuento, ni a una característica común del conjunto, sino a un personaje de un cuento,[15] que sin embargo no aparece en ningún otro texto.

Y aquí reside, tal vez, la prueba más evidente de la estrategia oblicua[16] del volumen. El Grongo, amenaza colectiva fantasmal que cada uno imagina a su manera, condensa el diagnóstico más grotesco que deriva de la violenta crítica política y social que Ricci desarrolla a lo largo de todo el volumen. El usar dicho nombre como título parece indicarlo como elemento central del discurso narrativo.

El resto del discurso paratextual opera por diversión. Glosar, en el prefacio, la peripecia del protagonista de «Los domingos no los paso más en casa de mi señora» (Ricci 1976: 16-18), o atizar las violentas reacciones que provoca «Los coleccionistas de escupidas» (ibíd.: 65-77) son formas de proteger el discurso de «La cola». Como las dedicatorias políglotas y los personajes en ellas citados son formas de protegerse (con la amenaza implícita de la notoriedad internacional) de las eventuales iras que «La cola» podía despertar en los pequeños déspotas de turno.

Notoriamente inspirado por la cola para sacar número para iniciar el trámite del pasaporte, «La cola» va degenerando lentamente hacia una pesadilla kafkiana que nos propulsa fuera del tiempo y que implica no sólo una violenta crítica del régimen, sino también una no

[12] Cf. «El laburo», en Ricci (1976: 123-135).

[13] Cf. «El apartamento», en Ricci (1976: 79-104).

[14] Ricci (1976: I-VII).

[15] «La cola», en Ricci (1976: 35-52). Años más tarde, comentando el título del volumen *Los mareados* (1987: 5-7), Ricci demostrará ampliamente que sus títulos no son fortuitos.

[16] Sobre esta cuestión, ver Perera San Martín (1994: I, 31-41).

menos violenta crítica de la pasividad con que la población lo soporta o, en el mejor de los casos, una acuciante denuncia del desamparo absoluto del hombre común frente al poder. Es, probablemente, la estrategia oblicua que intentábamos describir antes, la que le permite obtener a *El Grongo* un premio municipal y otro ministerial. Ironías del sistema.

La ironía, justamente, es el resorte principal de *Ocho modelos de felicidad* (1980), y genera también el título del volumen siguiente (*Cuentos civilizados*, 1985).

De hecho, *El Grongo, Ocho modelos de felicidad* y *Cuentos civilizados* constituyen un conjunto homogéneo que propone toda una galería de personajes alienados: frustrados,[17] neuróticos,[18] maníaco-depresivos,[19] paranoicos,[20] esquizofrénicos[21] se debaten en un ambiente enrarecido por la crisis económica, política y social, cuyos límites el texto va marcando puntualmente por medio de alusiones concretas (a las devaluaciones, a los escándalos financieros, al doble empleo, al hundimiento progresivo en la esfera del dólar, al consumismo, al desarrollo de un poder tan anónimo como omnipresente y omnímodo).

La expresión directa de esos extremos es de naturaleza corporal y los textos aparecen plagados de toses, eructos y estertores, de escupitajos, orines y excrementos. La crítica ha mostrado ya suficientemente la relación entre ese «lenguaje del cuerpo» y la opresión. Ahora bien, esos extremos son muy pronunciados en Ricci, que practica un feísmo de raíces arltianas al cual, como ya lo vimos, él eleva a la categoría estética de «literatura asqueante».

Esta parece caracterizarse no sólo por su temática, sino por un lenguaje crudo, cuando no vulgar, en el cual abundan los neologismos.

---

[17] «Los domingos no los paso más en casa de mi señora» o «Juancito», en Ricci (1976: 7-18 y 107-121, respectivamente); «El Pochito» o «El marcapaso», en Ricci (1980: 41-48 y 57-63, respectivamente); «Las operaciones del amor», en Ricci (1985: 50-59).

[18] «Las ideas parsimoniosas del Señor F. Szomogy» o «El gerente», en Ricci (1980: 11-39 y 105-112, respectivamente).

[19] «Historia de una radio», en Ricci (1980: 65-82); «Las operaciones del amor», en Ricci (1985: 41-59).

[20] «El cumpleaños», en Ricci (1980: 49-55).

[21] «El Gamexan», en Ricci (1976: 147-155); «La necesidad de ser esquizofrénico» o «La jerarquía», en Ricci (1985: 29-40 y 87-103, respectivamente).

En ese mundo degradado por la opresión social, hasta las deyecciones se degradan. El protagonista de «La baba»,[22] en consonancia con su nueva condición de babosa, «cuando repta, deja una baba».

Este cuento, aunque publicado en 1985, ya fuera del período de la dictadura, es uno de los pocos textos —que nosotros conozcamos— dedicado a la caza de brujas en la administración pública y al terrible delito de «tener ideas» durante ese funesto período.

Reconocemos sin reservas que la obra de Ricci apunta —y va— más lejos: es la propia condición humana la que está en juego y no un simple concurso de circunstancias históricas, como lo prueban numerosos trabajos que le han sido dedicados. Pero lo que intentamos aquí es establecer el lugar que históricamente ocupa Ricci en el desarrollo del discurso literario uruguayo y, desde ese punto de vista, tal vez su propia vocación, pero en todo caso su destino como escritor aparecen ligados al estrecho margen de libertad que el régimen dejaba a la creación,[23] y a la necesidad de elaborar una estrategia oblicua para expresarse en esos márgenes. Ésta —y no otra— es la marginalidad de Ricci, esta —y no otra— es su originalidad (¿acaso ambos conceptos no se reúnen las más veces?).

A nuestros ojos, ese conjunto homogéneo que señalábamos culmina la obra de Ricci.

Prueba de ello, es el hecho de que, una vez terminado ese período, la obra de Ricci parece perder fuerza, aún cuando el autor busca nuevas vías para expresarse. Veamos el punto más en detalle.

En 1987 aparece *Los mareados*, un nuevo volumen que reúne diez cuentos. Si mantenemos el criterio de análisis de las etapas anteriores, podemos constatar un nuevo cambio: en los textos que mejor responden al propósito anunciado en la liminar («El viaje a Pocitos», «El cumpleaños de Lina», «La pieza», «El viaje a Tumba», «El viaje al suelo I», «El viaje de retorno»), la narración intenta apresar un momento preciso en la vida de sus personajes y las proyecciones —al pasado, inmediato o lejano, o al futuro— funcionan como contracanto del ensimismamiento de ese presente infranqueable. Ese mismo objetivo redunda en un cierto inmobilismo en la acción. Resulta entonces obvio señalar que, en la mayoría de los casos, ese ensimismamiento termina por confundirse, expresa o tácitamente, con la muerte.

---

[22] *Idem*, "La baba" en *Cuentos civilizados*, pp.113-122.
[23] Recuérdense las persecuciones a Onetti, a Mercedes Rein, a Nelson Marra con que debutó el régimen en el terreno de la literatura. Ya sabemos que después…

Más allá de esos aspectos formales de la escritura, cabe destacar la aparición de un nuevo tema de alcance universal, la paz («La cuestionable eficacia de la paz», 9-18), el retorno de situaciones, temas y personajes ya tratados en textos anteriores, y la reelaboración de elementos tomados de textos de otros autores: el personaje gariniano de la sirvienta humillada (Garini - «Los zapatos»[24] / Ricci - «El cumpleaños de Lina», 43-52) o la visión benedettiana de la muerte (Benedetti - «Acaso irreparable»[25]/ Ricci - «El viaje a Tumba», 73-76).

Si se compara la distancia que va de estas reelaboraciones a la del Chejov de «Las cerillas» (*Cuentos civilizados*, 3-14), que puede considerarse magistral, se comprenderá por qué hablamos de pérdida de fuerza expresiva.

En 1990, Julio Ricci ataca un nuevo género: el relato (*Cuentos de Fe y Esperanza*).[26] Es indudable que Ricci había escrito antes varios textos cuya extensión, cuya segmentación en secuencias o cuyas historias (procesos diversos) los emparentaban con el género relato.[27] Pero en «Historia de amor», la adscripción al género no sólo es indiscutible, sino que viene asumida por el autor y el editor. Este texto, si bien retoma algunos elementos que ya nos son familiares (la burocracia, la jerarquía empresarial y la obsesión del cálculo electrónico), conecta directamente con otra tradición, menos transitada en nuestra literatura: la ciencia ficción. Desde los autómatas del siglo XVIII, pasando por todos los frankensteins, golems y hortensias imaginables, hasta llegar a los lamentables artefactos contemporáneos de *sex-shop*, la animación de formas artificiales está ligada a la satisfacción de pulsiones vitales (así fueren metafísicas) que el entorno socio-cultural coarta. La sofisticación de los medios empleados por «el ingeniero Alberto Etchetegui» para construir su «Beatrice» —medios que, contrariamente a lo que suele ocurrir en la ciencia ficción, el texto no explora— contrasta singularmente con el carácter pequeño-burgués de sus utópicos ideales.

A esta nueva veta se pueden asimilar «El desalme» y «La utilidad del video» que forman el volumen bilingüe publicado por Ricci en Francia (*Le désâmement / El desalme*, 1994).

---

[24] «Los zapatos» o «La rebelión», en Garini (1979: 9-13).

[25] «Acaso irreparable», en Benedetti (1968).

[26] En la contratapa, «Historia de amor» es presentado como «cuento o nouvelle», pero nada se dice de «Notas para un cuento» que, a su manera, también lo es.

[27] Sobre esta cuestión, cf. Perera San Martín (1980: 192-197 y 1985: 541-545).

Elaboraciones laboriosas, de complejidad artificiosa, tanto *Cuentos de fe y esperanza* como *El desalme* tienen, tal vez, como virtud mayor, una angustiada premonición de la así llamada «mundialización», pero resisten mal una lectura atenta.

El volumen que debía cerrar su actividad creadora, *Los perseverantes* (1993), sorprende por su heterogeneidad, tanto desde el punto de vista formal, como desde el punto de vista del mundo narrado. Hay relatos dilatados, como «El viaje a Suecia» (ibíd.: 89-140) y textos más breves, como «La vuelta y el retorno» (ibíd.: 27-41), en que Ricci parece volver al Montevideo y a los personajes de sus comienzos. Hay alegorías y fábulas pero, globalmente, predomina una tentación discursiva que desdibuja la trama y muestra con frecuencia a la historia narrada, a los propios personajes, como mero pretexto para el desarrollo de un discurso moral sobre el hombre y la sociedad.

Un balance final de este rápido panorama permitiría destacar el carácter a la vez tardío y prolífico de la obra de Ricci: ocho volúmenes de cuentos, numerosas traducciones, una obra importante de editor (tanto de su revista, foro literario, como de numerosos volúmenes de narrativa y de crítica), cierto número de publicaciones dispersas en periódicos y revistas.

Cierta crítica ha sostenido que Ricci tiene «la pluma fácil», nosotros preferiríamos calificar su estilo de escritura coloquial, según la expresión de Noemí Ulla (1990) y subrayar una «soltura» estilística en la que destaca la creatividad en el campo del léxico.

Esa escritura coloquial es, más que rioplatense, estrictamente montevideana. Y entronca, naturalmente, con los orígenes de la expresión literaria del mundo urbano, abigarrado y cosmopolita. Su «literatura asqueante» no es sino un avatar del feísmo del grotesco.

Por otra parte, profundamente comprometido con el devenir del hombre, en una sociedad que se vuelve, día a día, más agresiva, Ricci resulta un representante emblemático del *insilio*, que él expresa mediante la estrategia de la perspectiva oblicua.

Si bien la evolución de las circunstancias históricas va desdibujando lentamente su mundo narrado, la obra de Ricci es insoslayable para comprender y analizar el Uruguay de la dictadura. Amén de algunos rasgos fundamentales de la condición humana.

Bibliografía

Campodónico, Miguel Ángel (1974): *Blanco, inevitable rincón*. Montevideo: Géminis.

Perera San Martín, Nicasio (1980): «Elementos teóricos para la distinción entre cuento y relato», en *Nueva Estafeta*, n° 21-22, agosto-septiembre, pp. 192-197.

— (1985): «Para una semiología de los géneros narrativos», en *Teoría semiótica. Lenguajes y textos hispánicos*. Madrid, Consejo Superior de Investigaciones Científicas, pp. 541-545.

— (1994): «Problemas metodológicos de la narrativa del insilio», en *Coloquio Internacional: El texto latinoamericano*. Poitiers/Madrid: Universidad de Poitiers/Fundamentos, vol. I, pp. 31-41.

— (1999): «Un equilibrista: L. S. Garini», en *Locos, excéntricos y marginales en las literaturas latinoamericanas*. Poitiers: Centre de Recherches latinoaméricaines.

— (s/f): «Equilibrio de L. S. Garini: un modelo de relato», en <http://letrasuruguay.espaciolatino.com>.

Garini, L. S. (1979): *Equilibrio y otros desequilibrios*. Montevideo: Géminis.

— (1994): *Obra completa*. Montevideo: Yoea.

Cassinetta, Casimiro/Garini, L. S. (1990): *Cuentos divinos*. Montevideo: Signos.

Ricci, Julio (1968): *Los maniáticos*. Montevideo: Alfa.

— (1976): *El Grongo*. Montevideo: Géminis.

— (1980): *Ocho modelos de felicidad*. Prólogo de Domingo Luis Bordoli. Buenos Aires: Macondo.

— (1985): *Cuentos civilizados*. Montevideo: Géminis.

— (1987): *Los mareados*. Montevideo: Monte Sexto.

— (1990): *Cuentos de Fe y Esperanza*. Montevideo: Asesur/Signos y Amauta.

Benedetti, Mario (1968): «Acaso irreparable», en *La muerte y otras sorpresas*. México: Siglo XXI.

— (1994): *Le désâmement / El desalme*. Saint-Nazaire: M.E.E.T.

— (1993): *Los perseverantes*. Montevideo: Graffiti.

Ulla, Noemí (1990): *Identidad rioplatense, 1930. La escritura coloquial*. Buenos Aires: Torres Agüero.

ABAD FACIOLINCE Y FUGUET EN SU PROSA/CULTURA NO FICTICIA

Wilfrido H. Corral

¿QUÉ HACER CON ESTOS CHICOS?

En su reciente «Una narrativa desarticulada desde el sesgo oblicuo de la marginalidad», nuestro homenajeado comprueba por qué sus interpretaciones lo mantienen entre los críticos a los que siempre recurrimos en esa esfera llamada imprecisamente transatlántica. Desde el estudio con que mi generación comenzó a conocerlo, *Los buscadores de la utopía* (1977), hasta «Las raíces populares de la nueva narrativa», de su *Narrativa hispanoamericana del siglo XX* (2003), Fernando Aínsa ha analizado con rigor los avatares de los «nuevos» y las ideas fijas o entusiasmos de la crítica de ambas orillas, prudencia debida a su trayectoria personal y profesional. Del artículo reciente empleo como trampolín el inicio de su análisis de un escritor genial: «Rafael Courtoisie es un ejemplo de escritor polifacético que maneja con solvencia la crítica, tiene un reconocido oficio poético y se ha asegurado un indiscutido lugar en la nueva narrativa» (47). Esa gran capacidad crítica de Courtoisie (Uruguay, 1958) no está recogida en libro hasta ahora, y se puede argumentar con desenvoltura que está aglomerada maravillosamente en su novela *Goma de mascar* (2008). Como arguye Fernando, la multiplicidad temática de Courtoisie se eleva a otro poder con sus transgresiones genéricas (48). Esta es una de las ventajas y desventajas de los nuevos narradores, y ubico entre las últimas el desconocimiento generalizado de la prosa no ficticia de ellos.

Si en algo se asemejan los narradores hispanoamericanos recientes a sus antecesores inmediatos es en la atención que le prestan a esa prosa no ficticia como manera de ser una parte mayor de la cultura de la cual se nutren. El esmero va más allá de cualquier interés estrictamente estético, ya que frecuentemente es una fuente de ingresos, tal vez mayor de lo que fue para sus a veces maestros «boomistas», cuando éstos estaban en similar etapa de sus carreras. En una época de reivindicaciones de género sexual, tampoco debe pasar desapercibido el hecho de que son muy pocas las narradoras del continente que contribuyen a ese estado del arte, como muestro más adelante. Paralela y sorpresivamente, el público hiperespecializado no ha querido ver, más allá de algunas teorías, cómo las variaciones del discurso ficticio y el «real» se nutren entre sí en las tres últimas generaciones de narradores, a pesar de que los postreros de este siglo hacen todo lo posible para mostrar la validez de su empeño por confundir esas tergiversaciones. Naturalmente, los tiempos y públicos cambian, y por ende algunas suposiciones de los narradores.

Si hay que precisar esfuerzos sostenidos me quedaría con el Bolaño de *Entre paréntesis (2004)*, el César Aira de *Pequeno manual de procedimientos* (publicado en portugués en 2007) y algunos textos muy desperdigados de Santiago Gamboa, aunque todavía no hay una colección característica o contundente de la prosa no ficticia de este último u otros narradores de similar nivel. Aira, por supuesto, tiene otros libros de ensayos, y publica prosa no ficticia constantemente, pero su libro de 2007 es una compilación representativa de su trayectoria hasta fechas recientes. Por estas articulaciones, una manera de confirmar las coyunturas señaladas arriba es examinar a otros narradores que cumplen con las varias condiciones mencionadas anteriormente de manera consistente, cotejarlos entre sí, con referencias a todavía otros, y enfatizando las diferencias, que no siempre son generacionales. Mi muestra se circunscribe entonces a los «libros de ensayo» del colombiano Héctor Abad Faciolince (1957) y del chileno-americano Alberto Fuguet (1964), y mantengo en mente la continua peculiaridad de las definiciones de aquella calificación genérica.

Establecido ese trasfondo, un hecho particular que une y reivindica a los escogidos, reiterando que señalaré algunas salvedades, es su dedicación a lo que se sigue conociendo como «literatura de calidad» en América Latina, no fuera de ella, talón de Aquiles en algunas evaluaciones actuales. Éste es el estado del arte que me ocupa, aun admitiendo la idea de Thomas S. Kuhn en su seminal *The Structure of Scientific Revolutions* (1962, versión española de 1971), de que lo que suscita la imaginación (en este caso narrativa) tiene mucho que ver con vivir en una época desarticulada, que por ende altera las estructuras del conocimiento histórico. No es raro entonces que se diga o intuya entre sus intérpretes que Abad escribe novelas ensayísticas y altamente alusivas, y que Fuguet, tal vez a pesar de sí, intente lo mismo, aunque con un enfoque fugaz de concesiones culturales populizantes, de intereses estéticos efímeros, porque es obvio que tiene cierto talento pero no la disciplina para enaltecerlo. Tenemos así dos polos de la práctica de la prosa no ficticia de los nuevos narradores.

Paralelamente, y esto es más complicado de precisar para autores que todavía tienen mucho que escribir, se puede argüir que son decididamente apolíticos, o que a diferencia de sus antecesores, no encontraron causa común con la vieja izquierda, para después criticar el autoritarismo de los anti-autoritarios o el dogmatismo de los nuevos dogmas. Creo más exacto postular, como he desarrollado en otra ocasión (Corral 2009b), que esta muestra podría terminar siendo típica de este principio de siglo, y que no se caracteriza por creer que sigue teniendo pertinencia o sentido la taxonomía Izquierda/Derecha, que todavía es generalmente acrítica o imprecisa respecto de regímenes totalitarios identificados con esos polos. Tampoco creo, si se piensa en la madurez intelectual a la que llegaron rápidamente autores como Vargas Llosa y la mayoría de los que discuto aquí, que se pueda sostener que la juventud justifica o permite ser benévolo con la falta de definición.

Se establece entonces una dinámica mediante la cual se tendría que discernir dónde y cuándo publican Abad y Fuguet, cuál es la resonancia que tiene cada uno. En el caso de este dúo sin conductor, la amplitud de fuentes y recursos que emplea hace casi imposible atribuirles categorías, establecer una jerarquía definitiva, o precisar sus avatares y devenir. Por ejemplo, Abad tiene una columna semanal, publica en *Letras Libres y en revistas* y periódicos de su país, mientras Fuguet puede escribir directamente en inglés, para medios estadounidenses, y enseña periodismo. Ambos publican también en *El País* español y otros periódicos latinoamericanos. Estas diferencias son positivas, porque todos ellos devalúan cierta autoridad, actitud que define su periodismo cultural, empleando los métodos de este medio contra las pretensiones del periodismo establecido.

Vale señalar todavía otro destiempo o desencuentro pertinente. En 1996, año que se reconoce como el estreno temporal promedio de la obra de los nuevos narradores más representativos, Enrique Serna publicó *Las caricaturas me hacen llorar*, selección de artículos y ensayos escritos entre 1987 y 1996. Esa colección, que practica genialmente el arte combinatorio que la diferencia de la prosa no ficticia mexicana de entonces (que tenía la política como sacramento), ha pasado desapercibida, y los especializados latinoamericanistas no la citan o conocen. Se podría argüir que a pesar de alguna tirada estimable las publicaciones nacionales rara vez se distribuyen debidamente, pero sería una justificación incompleta.

La razón principal por el desconocimiento de esa obra de Serna y otras pocas que serían sus pares sigue siendo la falta de atención crítica y general a la prosa multigenérica, paradójicamente cuando los especialistas hablan de la importancia de la interdisciplinaridad. En el 2008 Serna publicó *Giros negros*, título prestado a los reporteros de la fuente policial para referirse al submundo vil. En su preámbulo a esa compilación Serna dice que reúne un mosaico de crónicas, ensayos y piezas de varia invención para escudriñar «los giros negros de la vida cultural, política y erótica, los bajos mundos de la farándula y la academia, las patologías neuróticas del hombre contemporáneo, las transgresiones *mediocres*, las claudicaciones del orgullo patrio» (2008: 13). Serna tiene varios ensayos y notas valiosos no recogidos. ¿Por qué no lo conocemos más a él y Courtoisie entonces? Es revelador no poder atribuir similar contexto a otros narradores hispanoamericanos, aunque en base a su nacionalidad sí se puede señalar grandes ensayistas antecesores para los elegidos, como Germán Arciniegas, Carlos Fuentes, y otros pocos.

¿Más allá de la prosa no ficticia de Donoso y Edwards cuál sería el gran ensayista chileno a quien sigue o respondería inmediatamente Fuguet? No es fácil encontrar un maestro, a no ser que se retroceda a la primera mitad del siglo veinte. Si me referí a Serna es por su desobediencia a los maestros y por la necesidad de tener en cuenta esos tipos de salvedades al hablar de los autores de este tipo de prosa, que no es siempre de ocasión. A mediados de los noventa Serna vaticinaba que «lo peor que puede pasarle a la literatura en el próximo milenio es que se acentúe la falsa polarización entre narrativa light y narrativa para entendidos, como lo desean, en una delatora comunión de intereses, los literatos de cenáculo y los mercaderes de la edición» (1996: 295), y tenía razón.

Piénsese también en descubrimientos y recuperaciones tardíos como los del colombiano Andrés Caicedo (1951-1977), y *su El libro negro de Andrés Caicedo. La huella de un lector voraz* (2008), antecedido por la varia invención de *El cuento de mi vida* (2007), y seguido por la «autobiografía cinemática» *Mi cuerpo es una celda* (2008), armada por Fuguet. Estas colecciones en verdad hacen que se supedite la ficción precursora de Caicedo, o que se la quiera poner en perspectiva, actos a posteriori que obviamente se podrían dar con otros autores. Someramente, la prosa/cultura no ficticia del «nuevo» narrador sigue siendo espinoso encontrar, jerarquizar y sobre todo conceptualizar, y es dable comenzar a rescatarla y elucidarla con los mejores ejemplos de ella, ahora.

ABAD FACIOLINCE Y SUS FORMAS

Siempre me he visto tentado a comparar a Abad Faciolince con Tolstoi, no tanto por la presencia del ruso en el pensamiento y prosa no ficticia del colombiano, y nunca por la extensión, sino más bien por la atención a eso que se podría llamar generalmente «desfiles de la familia», el parecido entre las cosas. Tampoco es necesario recordar al respecto la oración con que comienza *Anna Karenina*. Pero para entender una parte considerable de la ficción del colombiano sí vale pensar en que, como en las novelas del ruso, en Abad hay dos amores (sentido amplio) que se desenvuelven en paralelo: el proceso creativo y la cotidianidad que tiende a desarmarlo. Hay además una gran seguridad intelectual y soltura estilística para desmenuzar ese desenvolvimiento, más allá de que emplee la misma ironía que lo convirtió en el único *best seller* de mi muestra, con una novela autobiográfica decididamente literaria: *El olvido que seremos* (2006), que ha engendrado más prosa no ficticia que la presunta ficción de su título, ahora explicado de manera detectivesca y borgeana (Abad 2009).

Su primer libro de ensayo, en la acepción más amplia del término y si se exceptúan el sui generis *Tratado de culinaria para mujeres tristes* (1996) y la temática anticipatoria de *Palabras sueltas* (2002), es *Las formas de la pereza*. Este va más allá de su cuestionamiento de esa forma genérica, porque de los narradores de quienes me ocupo, el colombiano tiene mayor conciencia de que la pretensión de «leer mentes» es una forma decididamente baja del periodismo, y un subtexto de su conjunto es elevar el listón de esa profesión. Así, por ejemplo, no le preocupa mucho la obsesión de sus compatriotas escritores con el peso del pasado, traducido como García Márquez y la obligación de hacerle venias o atacarlo visceralmente, o convertir la obsesión con la violencia y el narcotráfico en estandarte. Como ocurre con sus pocos pares coetáneos en la práctica (el ecuatoriano Leonardo Valencia, el mexicano Jorge Volpi), los márgenes de sus textos son borrosos, pero existen. En éstos Abad excluye, por ejemplo, textos concentrados exclusivamente en su país, no por mostrar una «nueva sensibilidad», sino por saber que así se llega a esa forma de la pereza ensayística que es no dialogar con los lectores.

Es más, demuestra que se puede creer que establecer fronteras entre discursos o géneros puede ser un tipo de esencialismo, especie de pecado del cual un escritor se debe distanciar. Pero también sabe que ese argumento puede conducir a otra forma de pereza: una defensa de teorías esotéricas que pretende elevar el nivel del auditorio, o establecer un presunto compromiso dialógico, como modo de evitar reacciones robotizadas. De hecho, Abad es más conversacional como ensayista, pero deja la dialéctica a los que se enojan con sus textos, y el resto a los que los disfrutan. Con su prosa no ficticia uno se olvida y se acuerda de la tradición del ensayo y sus convenciones y límites, o cercanía a la crónica y otra prosa afín. Es más, Abad fomenta el arte de la provocación, distanciándolo del tipo de burla que puede caracterizar a un autor como Fuguet, acercándolo hacia un cuestionamiento ético de lo que pasa por cultura actual y sus acólitos, castigándonos por ser lo suficientemente ingenuos de creer en nuestra propia mitología. El autor de *Asuntos de un hidalgo disoluto* (2000) nos da codazos y reaccionamos, nos instiga otra vez, y reaccionamos menos, dejándonos saber que puede venir alguien diferente que fisgonee de una manera peor.

Las formas de la pereza contiene cuatro partes relativamente simétricas, división que podría hacer creer que el autor o su editor cavilaron acerca de una conciliación temática cabal. Los lectores que busquen conexiones con su ficción podrían dirigirse a la segunda y cuarta partes, dedicadas a «Paseos literarios» y «Desocupado lector». Pero resulta que la tercera, «Plegarias periodísticas» contiene un sesudo y a la vez directo ensayo titulado «Dogma, doxa y episteme (Opiniones de un opinador)» de 2006 que después de aseverar «Decía mi abuelita que la constancia vence lo que la dicha no alcanza» (144), procede a proveer trece pautas (144-148) para producir periodismo de opinión sensato, es decir, como el suyo. Este ensayo podría definir buena parte de su propia práctica, porque al manifestar que quiere «dejar atrás las teorías que he elaborado sobre mi oficio, o sobre la doxa en general» (142) es para incursionar en su práctica ensayística en temas más pegados a la tierra. No es casual entonces que critique dogmas posmodernos, y que ubique esa condición entre los males humanistas de su momento.

Se podría profesar también que la organización de esta colección privilegia la literatura, o una visión muy amplia de ella, y se estaría en lo correcto. Pero no se desprende de ese hecho que su autor se apega a tradiciones trilladas. Más bien, su prosa no ficticia tiene la precisión expresiva que caracteriza a su ficción, e incluye momentos reveladores de una mente que también se organiza por sus sentimientos. Por ejemplo, la primera parte, «Ah, el amor» insiste en entender al individuo, real o ficticio, como parte de la materia social, y su autor concibe el presente como histórico en sus implicaciones. Los tres ensayos de esta parte, sobre el "amor latino" (comillas suyas), el matrimonio ideal, y la felicidad conyugal (con los Tolstoi como protagonistas) tratan de diagnosticar un ambiente o mentalidad y cómo son alterados de maneras casi imperceptibles. Claro, es inevitable que lidie con preguntas sobre cómo vivir, o el arte de la vida. Pero entonces debemos recordar que estos textos surgen de un narrador, que la suya es en verdad una indagación *desde* la literatura, y que la «vida» quiere decir un estilo o comportamiento, y cómo se los acomoda, ya sea a las normas sociales o a la expresión de una personalidad.

La poeta Elizabeth Bishop decía que su pereza la agobiaba, pero quería que se la perdonara, porque se debía a querer hacer bien las cosas, o no hacerlas. En la prosa no ficticia del colombiano hay una dinámica similar centrada en cómo templar el sentimiento con el comportamiento, y por ende si hay lecciones, son de cómo pensar y sentir en vez de cómo vivir. Para él, la «pereza» es una serie de formas, ninguna de las cuales tiene que ver con el bloqueo del escritor o con el miedo a la página en blanco. La cuarta de sus «Trece tesis sobre periodismo y literatura» afirma que la «literatura existe no sólo para que haya una escritura narrativa que se libere de las amarras de los hechos, de la dictadura de la realidad, sino también para poder penetrar en lo más íntimo y recóndito del ser humano sin hacer pornografía» (117-118). Recurre entonces a los clásicos españoles, y a Borges y Vargas Llosa, para aseverar en «El peligro de leer libros (¿qué hacer con la literatura?)» (161-174) que conservamos un tesoro ilustre, y «no porque seamos puristas apegados a una tradición, ni nostálgicos monárquicos de la "madre patria", sino porque transmitimos las cadencias de una ilustre construcción cultural de siglos, adaptada a nuestras nuevas y cambiantes realidades» (172).

La postura anterior no le ganará fanáticos a Abad en buena parte de la academia norteamericana, pero no importa, porque, como otros, Fuguet incluido, no escribe para ellos. Vale matizar que las opiniones de esta nueva generación no son apolíticas, sino que no siguen las directivas de cierto academicismo latinoamericanista comprometido. Aún así, se mantiene al tanto de la crítica especializada y es objetivo. Precisamente, en «La literatura como peste» (83-92) elogia la visión de los comparatistas Franco Moretti y Fredric Jameson respecto de la difusión mundial de la novela moderna, por medio de transacciones entre experiencias locales y patrones occidentales (87). Si tales comentarios no salvan a mundo y corrigen sólo a especialistas es porque lo que falta en las vidas de los narradores (y críticos) que se dedican a la prosa no ficticia es el sentido de ser responsables ante alguien que no sea ellos mismos, su familia o gremio, editores tiránicos y reseñadores idiotas. No obstante, estos narradores, como Montaigne, miran hacia sí mismo, quieren conocerse, se aferran de sus yoes.

Así, no hay un texto de Abad en que no salga a relucir un yo sincero, nunca separado de su epidermis o desdoblado con disfraces forzados hoy muy comunes en los narradores actuales. Esta apertura absoluta, especie de asociación libre intelectual, está ejemplificada magníficamente en el extenso «El devorador de libros» (183-196) y en «Un libro abierto» (197-209), ambos de finales de los noventa, y plantillas para lo que dice en otros sobre la lectura. Como los mejores ensayistas, un par de pensamientos, lecturas, anécdotas o historias personales o de otros siempre le recuerdan algo más inteligente, o más interesante, o aún mejor, contradictorio, o un libro. Así, la televisión aparece y reaparece como su *bête noire* favorita, a no ser que se exceptúe el nacionalismo estúpido. Sin embargo, la sensatez se asoma constantemente, y afirma "quiero decir que si uno nació en Medellín, no debe empezar leyendo a Robbe-Grillet, y que si uno nació en Borgoña sus primeras lecturas no han de ser *San Antoñito y la Marquesa de Yolombó* (204). Y aunque en «Notarios en una guerra de familia» (127-131) alega que un periodista de opinión no puede tomar partido (130), en el genial y fulminante «Por qué es tan malo Paulo Coelho» (211-218) hace todo lo contrario, dice lo que muchos sienten (si esto es tomar partido, lo acepto). En éste, el ensayo con que cierra *Las formas de la pereza*, no hay evasiones. Se sigue a sí mismo, y su mirada es la misma que en otros textos: contraria, divertida, ecléctica y no siempre irónica.

FUGUET Y LA PRESUNTA LEVEDAD DEL NUEVO NARRADOR

Sin duda, la prosa no ficticia de Fuguet es fiel al título de su colección, pero no es una auto-crítica sino una especie de *performance* para parecer más *cool*, diría él (cuando podría decir sereno o tranquilo y seguro de sí mismo), sobre todo porque en realidad se muestra interesante, pero perplejo, y frecuente e intelectualmente frívolo, en cuyo caso sus pares light serían el argentino Rodrigo Fresán y el boliviano Edmundo Paz Soldán. Puede ser la presión generacional por figurar, porque esa frivolidad se da más cuando Fuguet y Compañía escriben para periódicos que, extrañamente, todavía les abren sus páginas. Mucho más que sus coetáneos, Fuguet también parece sentir la necesidad no de explicar su arte sino de explicar su persona o figura, admitiendo por extensión que tal vez sea más de lo último que lo primero. Si se quiere ser categórico respecto a *apuntes autistas* (así, en minúscula) se podría decir que cuando polemiza con una idea o individuo Fuguet no lo hace meramente para ganar o perder un argumento sino para probar que existe. Por ende, depende demasiado en la contingencia del significado y la referencia, produciendo una colisión entre lo fantástico y lo prosaico.

Por esas razones estaba dispuesto a examinar la «cultura» de un autor antipático, yendo contra una de las normas que enfatiza a través de su colección: la obvia necesidad de separar autor de obra. Pero a decir verdad, me parece que al tratar o retratar lo personal Fuguet es el narrador más honesto, como es evidente en el excelente y conmovedor relato, crónica, historia, biografía (así lo califica en varios momentos) «Perdido (Missing)» (357-374), sobre un tío suyo que se abandona a la droga, a sí mismo, se aísla de su familia, y, que se sepa, del mundo. No es casual que Fuguet termine sus *apuntes autistas* con ese texto, porque en él arguye generalmente que la creatividad artística es una actuación, un ejercicio autoconsciente de auto-expresión en el cual el artista intenta liberarse de las expectativas culturales, morales, políticas y psicológicas de la sociedad. Sí, otros autores comparten ese deseo de no ser sumisos al mundo, pero Fuguet es el que más se libera y cura, aun si se piensa en la gran libertad que expresa Abad. Fuguet es más visceral e imperfecto, pero no menos valioso.

Tanto al comienzo como al fin de su colección Fuguet expresa su preocupación sobre el «género» al que pertenece, y esa inquietud va a servir como sujeta libros conceptual. Al final, en una página totalmente aislada y en cuerpo menor, dice: «Estos apuntes, crónicas, escritos, columnas y textos se escribieron en muchas partes. Demasiadas» (383), agradeciéndole a su agente por entender que «un narrador es un narrador, da lo mismo que escriba o filme» (383). En la «Nota» con que se abre el libro, asevera «Soy un narrador, a veces por escrito, a veces visual, a veces periodístico» (9), establece la arbitrariedad de sus escritos, y afirma que no sabe qué tipo de libro es apuntes autistas, y que tampoco le importa. Añade: «Creo que se trata, de alguna manera, de cuentos cortos sobre hechos reales. O ensayos sobre temas que me interesan. Todo es en primera persona» (10), para terminar con el cliché «Mi casa es tu casa». Bien, sus textos desplazan los géneros, ¿pero qué hay de nuevo en eso? Por otro lado, sus referencias casi siempre son literarias o cinemáticas, y decididamente anglófilas, como muestra en «El sonido del silencio» (57-60) y «Austin revisitado (la cultura de no hacer nada)» (61-71).

A pesar de esa indeterminación, Fuguet o sus editores (con la aprobación suya, se supone), ordena su libro de acuerdo a actos humanos relacionados: «Viajar» (14-75), «Mirar» (76-163), «Leer» (164-262) y «Narrar» (264-374), y por supuesto hay que tener en cuenta las obvias relaciones entre esos temas generales cuando los aplica un narrador. De la misma manera, como con otros prosistas, desmenuzar cada texto sólo conduce a caer en la trampa del texto híbrido, que se puede dar por sentado como el modus operandi de cada uno de los autores que examino. Así, tal vez como su ficción, su prosa no ficticia está llena de metáforas sobre su condición de escritor «rebelde», y se granjeará el cariño de una nueva generación de universitarios neurasténicos, lo cual limita su alcance a un grupo no curado del acné o aficionado a varios tipos de clones posmodernos que en verdad ya han pasado de moda.

Apuntes autistas es una justificación autobiográfica no de su método sino de sus intereses. La fijación en el autor «joven», que paradójicamente no va acompañada de alguna nota extensa sobre un coetáneo que no sea amigo suyo, está relacionada a la fijación con el «maestro», con lo cual también batalla internamente todo narrador. Pero es curioso, en el mejor de los casos, que un «chileno» que no se presenta como chileno, no escriba de otro maestro evidente: Bolaño. Fuguet opta por un blanco más fácil para su generación, García Márquez. Lo interesante es que los ataques frecuentemente viscerales contra el colombiano que Fuguet manifiesta, o mejor dicho manifestaba en entrevistas y reportajes anteriores, se convierten aquí en un mea culpa a regañadientes, y no deja de ser una venia ante el viejo maestro, desde una perspectiva joven. No extraña entonces que su «Gabo y yo: un largo y sinuoso camino» termina equiparando a García Márquez y Caicedo, decide leerlo, y en algunos casos re-leerlo, incluyendo *Cien años de soledad* (280). No obstante, nunca, pero nunca, titubea sobre el maestro Vargas Llosa, a cuya prosa, ficticia y no, recurre a través de su libro.

En textos como «Lectores» (167-171), «Escuela de escritores» (253-257) y «Cosas literarias que me gustan» (303-304) y varios de las secciones «Leer» y «Narrar» hay una desconfianza de la abstracción. Pero no revelan una perspectiva amplia, rara vez hay llamados a la historia, y evita consistentemente la legitimación de las citas. No obstante, la escritura de Fuguet se asemeja a la de sus pares rebeldes sin causa en no recurrir al fácil prestigio moral del multiculturalismo anglosajón. Así, sus textos funcionan mejor cuando abandona la pretensión de querer ser odiado y vuelve a temas que verdaderamente lo persiguen y obsesionan, como el cine. En este caso, «Ser cinépata» (79-86), en que comienza citando a Caicedo, y «Mi película favorita» (123-126) no alteran las expectativas de los lectores, aunque retome la temática en «El horror de escribir» (317-322), en el cual expresa que «Lo más intolerable de las películas de escritores, o de artistas en general, es que, por un lado intentan mostrarlos 'como genios' o 'como seres distintos', pero, al mismo tiempo, porque son los protagonistas.

Porque están en la pantalla como héroes, deben 'actuar' como gente común» (321). ¿Cómo cotejar esta fascinación con el desdén que demuestra hacia la literatura metaficiticia (véase «Lectores», 167-171, y «Nerviosos», 205-207), o con su admiración por las películas de Charlie Kaufman (173-175)? No importa, Fuguet no es perfecto, se contradice, lo sabe, pero no lo admite y ahí debe terminar la cosa si no queremos ser virtuosos.

Decía más arriba que esta compilación es una justificación autobiográfica de los intereses del autor, y ese proceder se percibe más en las notas que escribe sobre pocos autores «chilenos» o sobre su relación con las lenguas en que se expresa. Esas coordenadas se mezclan, porque al escribir sobre Ariel Dorfman o Isabel Allende, ambos de los cuales viven en Estados Unidos y dicen escribir directamente en inglés, es como si estuviera escribiendo de sí mismo. Aparentemente, los une su imprecisa relación con Chile y el desprecio de los chilenos hacia ellos, frecuentemente compartido por otros latinoamericanos. Es complejo descifrar esta situación, porque se trata, otra vez, de tratar de separar autor de obra, objetivamente. El texto sobre Dorfman, «Confessions of an unrepentant exile» (233-241), está escrito en una especie de spanglish (véase también «Tratar de estar mejor», 177-179), aparentemente por insistencia de Dorfman, y el patético resultado no contribuirá a que Dorfman sea menos odiado por sus compatriotas, por quienes no siente ningún cariño, y le da igual. En ese sentido Fuguet es igual a Dorfman, aunque desde la derecha, como deja claro en «Cómplices» (353-356).

En aquel texto escrito a cuatro manos el antipático es Dorfman, y no porque Fuguet le evite explicarse políticamente al no señalar la contradicción de que el crítico del imperio estadounidense en *Para leer al pato Donald* (1971, en co-autoría) lleva muchísimos años viviendo allí, en condiciones privilegiadas y generando grandes ingresos. Cuando Fuguet dice, en una de las pocas veces que emplean el español, «Veamos lo que pasa con esto de escribir en una lengua que fue mía y ya no lo es» (235), está afirmando una decisión de volver a sus raíces, mientras Dorfman quiere negar y olvidar las suyas. No les ayuda el hecho de que el texto contenga una inmensa cantidad de errores elementales y vergonzosos en inglés (234-236, 238-239), que si los linotipistas no son de culpar, entonces habría que concluir que Dorfman tendrá que contratar mejores redactores. Las paces que Fuguet hace con Allende son diferentes, porque en «¿De qué hablamos cuan-

do hablamos de Isabel Allende?» (217-222) concluye, luego de rastrear por qué no es una buena escritora, que con Paula se convierte en
«irresistiblemente literaria» (222), apuntando que García Márquez
nunca escribiría memorias semejantes.

Como se sabrá, en 1996 Fuguet aparece en el firmamento literario
con la famosa y polémica antología *McOndo*, que compila con Sergio
Gómez, pero aquí no habla de éste, ni de otros que son sus coetáneos
o mayores más logrados, entre ellos Alejandro Zambra y José Donoso.
En este asunto, otra vez interviene la autobiografía, porque Fuguet se
formó en Estados Unidos (Nueva York y su cine parecen ser su utopía,
California su cruz), sus referentes culturales son casi exclusivamente
de ese país, y sólo ahora, ya instalado en Chile, parece estar descubriendo sus raíces. Pero se siente desguarnecido, y son múltiples las
veces que estos textos se refieren a la soledad, aparte de los epígrafes
con que se inicia la colección. Sus testimonios «La pega de uno (escribir, ayudar, salvar)» (281-284), escrito en inglés, y «Yo hablo español»
(285-288), revelan otra fuente de esa soledad, pero no que la condición que describe es común para el emigrante aculturado en Estados
Unidos, así que no se debe sentir tan mal, como escritor.

En Fuguet vemos que el secreto para una prosa ficticia memorable
es con frecuencia la predisposición del escritor para ser sorprendido. De
todos estos textos —en mucho de los cuales muestra su preferencia por
la «ficción-ficción» de manera conservadora, acudiendo a los «clásicos»
y su admitido prejuicio «anti-moda» (211)— el más sostenido, como
literatura y crítica, es «Voceros (todo está en todo)» (189-200). Aunque
naturalmente ningún autor puede estar predispuesto de manera equita-
tiva, Fuguet se ha convertido en un pararrayos al bucear osadamente en
materias o personajes improbables con poco más que una corazonada
respecto a lo que va a encontrar. Es una valentía diferente digamos, de la
de Abad, pero no deja de ser una temeridad poco común. Como otros,
aunque con mayor ahínco, Fuguet sigue luchando con cómo la transac-
ción entre narrador y materia se puede manipular fácilmente para bien
del mercado, con momentos exagerados para guiar a los lectores hacia
ciertas emociones, euforia o perspicacias predestinadas. En esos casos la
prosa, ficticia o no, adquiere el peso del sentimentalismo, el gran enemigo de la buena escritura. Este no es siempre el caso de Fuguet y Abad,
aún si se toma en cuenta que esta condición se hace más difícil mientras
va creciendo su fama como autores.

CONCLUSIÓN NO FICTICIA

Como patentiza la prosa examinada de estos dos narradores, uno puede faltarle el respeto a varios ídolos y seguir vendiendo ideas culturales, y el mundo no se va a acabar. Ellos no practican una forma hispanoamericana del *new journalism* estadounidense, ni producen un ensayo «puro» a lo Montaigne. Más bien, su alcance es generalmente superior, no una profesión que se convirtió en profesión enteramente por lo que decía de sí misma. No se necesita un título, licencia o credencial para escribir este tipo de prosa, sólo talento y cierta experiencia. Si la necesidad de definir y mantener una identidad profesional es fuerte en los académicos, no es un eje o compás para estos narradores, aun cuando a veces revelen la naturaleza del ser humano o propongan una tabla de salvación. Ellos en verdad no han cambiado el código genético del periodismo, que lleva cuatro siglos mezclando lo serio y lo que es bombo y platillo. Lo que los diferencia de aquellos especialistas y sus debilidades es que, por medio de la literatura, quieren ser creadores y espejos de su propio público, y por esa razón podemos encontrar en sus escritos cierto orgullo y petulancia levemente exagerados. No obstante, cuando hablan de literatura, actúan como guía y seguidor del público, su crítico y su sirviente, su creador y su voz.

Las visiones que se tiene de ellos revelan la persistencia de ciertos paradigmas coyunturales asociados a su época, junto a una falta casi natural de auto-especulación modesta, no exenta de reciclaje de parte de algunos de ellos. Ese auto-concepto está coadyuvado por un oximorónico entusiasmo cauteloso de parte de sus pocos críticos (a veces secundado por espaldarazos de los mismos autores) en libros, revistas, entrevistas y sondeos respecto a qué pasará con ellos, condiciones exacerbadas por notables prejuicios y una considerable falta de información o perspectiva al evaluarlos.[1] Este proceder persiste, y se nota, por

---

[1] Suplementos como «Babelia» presentan registros efímeros. Son reveladores, por razones diferentes: *Cuadernos Hispanoamericanos,* nº 604 (octubre de 2000), dossier dirigido por Teodosio Fernández; *Desafíos de la ficción,* ed. de Eduardo Becerra (Alicante: Cuadernos de América Sin Nombre, 2002); Iago de Balanzó *et al., Cuadernos de la Cátedra de las Américas I* (Barcelona: Institu Catalá de Cooperació Iberoamericana, 2004); José Luis de la Fuente, *La nueva narrativa hispanoamericana* (Valladolid: Universidad de Valladolid, 2005); *Cuadernos Hispanoamericanos,* nº 673-674

ejemplo, en un apurado y poco informado dossier sobre «la nueva guardia» armado con referencias no obligadas por *ADNCultura* [2. 75 (17 de enero de 2009)], suplemento de *La Nación* bonaerense. De aquella selección sólo Castellanos Moya sobresale. Es patente que la visión que se tiene de estos narradores hasta el 2010 también revela la persistencia del paradigma Bolaño, pero las comparaciones exactas, como evaluación definitiva, se nos escapan. Después de todo, no hay que confundir la notoriedad de los mensajeros con la popularidad de sus mensajes.

Por supuesto, no hay un progreso exactamente similar, una recepción parecida o un pensamiento compartido entre Abad y Fuguet, impulso que nos debe contentar. No obstante, los asemeja el hecho de que a veces buscan el lado oscuro de aquella *Neverland* que puede ser nuestra cultura actual, y es así porque ninguna cultura ha sido o puede ser vista como pura, valga el pleonasmo. Ambos han heredado no tanto la actitud de ser anti-, sub- o seudo- algún maestro, sino la preferencia por una gran gama de lecturas e intereses culturales que, vaya ironía, algunos lectores por lo general no tienen, o comparten sólo los más populares. Con todo, se puede sospechar que quieren dirigirse a lectores como ellos, y que poco les importa convencerlos con su conocimiento o deslumbrarlos con su inteligencia, que en Fuguet puede ser pasarse de listo.

La selección de estos dos narradores da a su vez una visión más compleja y necesaria de la dificultad de determinar qué es y hacia dónde progresa la «nueva narrativa» hispanoamericana de este comienzo de siglo en general, la suya en particular, y qué valores permanentes se vislumbra, aun dentro de la precariedad temporal. No es este el lugar para explayarse acerca de diferencias específicas con sus coetáneos como «narradores», evaluación crítica que todavía no supera la etapa embrionaria (véase Corral 2009a). Con las salvedades que he discutido, en una época relativista en que se celebra la conveniencia, la ciencia falsa y la seudo-historia, la simpleza y el éxito instantáneo, la fama y el ruido,

(julio-agosto de 2006), dossier dirigido por Leonardo Valencia; Jorge Fornet, *Los nuevos paradigmas. Prólogo narrativo al siglo XXI* (La Habana: Editorial Letras Cubanas, 2006); Jesús Montoya Juárez y Ángel Esteban (eds.), *Entre lo local y lo global: la narrativa latinoamericana en el cambio de siglo, 1990-2006* (Madrid/Frankfurt: Iberoamericana/Vervuert, 2008); *La narrativa del milenio*, ed. de Jorge Rufinnelli; Nuevo Texto Crítico, XXI, 41-42 (2009); y Guaraguao, 13. 30 (verano de 2009).

la prosa de Abad y Fuguet es un antídoto bastante completo contra ese estado cultural aparentemente definitorio. A la vez, esa prosa/cultura bisagra les sirve a ellos para elogiar la dificultad, el fallo, la inteligencia, la oscuridad y el silencio discreto con menos rodeos. Su prosa no fictícia es una práctica, y como toda práctica, está muy, pero muy infrateorizada, lo cual es bueno para los lectores.

Como narradores estos autores no tienen todavía una década que puedan llamar suya, porque en su narrativa, y sólo en ella, a veces pisotean y pavonean como los tempranos posmodernistas de los noventa, y a veces tambalean como mejorados «boomistas» de los sesenta. Como otros narradores contemporáneos que analiza Aínsa, «están abocados a seguir escribiendo desde la postura descolocada por la que han optado, y descubren que en realidad son ya tantos que son mayoría» (49). Sin embargo, en su prosa no fictícia se encuentra generalmente una seguridad y autoridad que, con las salvedades que he señalado, no sólo promete sino que ya muestra una enjundia que no hay que definir por su seriedad sino por su trascendencia. Por último y por lo que va, Abad y Fuguet no han caído presa de los diferentes pensamientos apocalípticos que les rodean, porque les resultan efímeros, esforzados, y sobre todo falaces. En ese sentido se podría decir que son "realistas", y su prosa no fictícia transmite que sólo se puede mitigar los males literarios desarrollando mecanismos de contención. Sus lectores dirán qué hacer con estos chicos, y por ahora, si se les puede pedir más.

BIBLIOGRAFÍA

ABAD FACIOLINCE, Héctor (2007): *Las formas de la pereza*. Bogotá: Aguilar.
— (2009): «Un poema en el bolsillo», en *Letras Libres*, XI, 128, agosto, pp. 16-25.
AÍNSA, Fernando (2008): «Una narrativa desarticulada desde el sesgo oblicuo de la marginalidad», en Montoya Juárez, Jesús/Esteban, Ángel (eds.), *Entre lo local y lo global. La narrativa latinoamericana en el cambio de siglo (1990-2006)*. Madrid/Frankfurt: Iberoamericana/Vervuert, pp. 35-50.
CORRAL, Wilfrido H. (2009a): «¿Cuándo dejan de ser nuevos los narradores?», en *Encuentro de la Cultura Cubana*, 51-52, pp. 229-233.
— (2009b): «¿Qué queda del sesentayochismo en los nuevos narradores hispanoamericanos?», en *Guaraguao*, 13.30, pp. 39-54.

FUGUET, Alberto (2007): *Apuntes autistas*. Santiago de Chile: Aguilar Chilena de Ediciones.

SERNA, Enrique (1996): «Vejamen de la narrativa difícil», en *Las caricaturas me hacen llorar*. México: Joaquín Mortiz, pp. 288-296.

— (2008): *Giros negros*. México: Cal y Arena.

ENTRE TANTOS AMIGOS QUE SE ME
DESAPARECEN, CADA UNO A SU MODO,
¿CÓMO NO ALEGRARME DE QUE
FERNANDO LO SIGA SIENDO Y MUCHOS
LO CELEBREN?

Ida Vitale

MATAR UNA MOSCA

Hay algunos que no matan una mosca, pero cómo saber si ya no han sentido, o si no llegarán a sentir pronto la necesidad de tener alguna a mano para matarla con la terrible saña que hasta ahora no se permitieron manifestar y que quizás hagan extensiva a otra criatura, a falta de moscas.

BATIENTES

Batientes de una ventana siempre cerrada, que no baten, han ido cambiando su naturaleza: son hojas venenosas, aceros dispuestos a cortar la cabeza que pueda aparecer, en el riesgo del quicio.

VERANO

Con el verano austinita, el agua del estanque, reducida, alcanza la paz última de saberse apenas levemente mojada.

VERSOS CALLADOS

Versos callados, una flor sembrada en el silencio de un maestro zen.

ESCRIBIR

Escribir es una constante elección de palabras, entre azufrado y sulfuroso, entre plan y conjura, entre giro y viraje, entre loma y colina, entre muero y renazco.

NORMA

El sobresalto fuera del poema y dentro del poema, apenas aire contenido.

RECURSO

Como no estás a salvo de nada, intenta ser tú mismo la salvación de algo.

10. Testimonios

RE-CONOCIMIENTO

Cristina Peri Rossi

Querido Fernando: Dos escritores se leen entre sí buscándose como libros abiertos, encontrando, aquí y allá, la palabra afín, el sentimiento semejante, y muchas veces, el estímulo para seguir. Son deudas que se dan por sobreentendidas, son apoyos de los que no se habla, hasta que llega la ocasión del re-conocimiento. Hermosa palabra: re-conocerse, es decir, encontrarse a uno mismo en el otro o en la otra.

Tus textos muchísimas veces me han inspirado, me han hablado de cosas de las que yo quería oír hablar y hablar a mi vez, por eso están en el estante de lo que Goethe llamó las afinidades electivas. Diálogo de páginas que hablan sin voz pero que nos embriagan porque unen la piel de la palabra a la conciencia del significado.

Navegar por esas páginas es encontrar islas, pelícanos, algas y algos que forman la geografía interior.

Más allá de habitaciones, de cuartos y puertas, siempre nos encontraremos tú y yo en ese espacio sin fronteras ni banderas del amor a la escritura.

Que las palabras te protejan.

Profecía del hombre dividido

Dolan Mor

Aunque algunos aún no lo sepan, en el año 6509, Fernando Aínsa vivirá en cuatro lugares diferentes al mismo tiempo.

No quiero decir con esta profecía que Aínsa poseerá el don de la ubicuidad, como Dios, sino que (como muchos escritores de ahora que burlan, a través de Internet, los poderes de la muerte) él será varias personas a la vez, varios espíritus dentro de un mismo nombre, repartidos en infinitos y pequeños ordenadores o cuerpos, destinados a vivir en distintas geografías mentales.

En ese año 6509 yo también estaré vivo (según la misma profecía) y seré el experimento científico de un investigador famoso, pero tendré la forma metálica, maravillosa y fría de un robot; por ese motivo a Fernando Primero (El Uruguayo), nunca tendré el privilegio de conocerlo porque las veces que viajaré en avión celular y privado a Montevideo para investigar (o para que investiguen a través de mis capacidades robóticas) sobre su vida en Uruguay, y le pregunte a los uruguayos por él, por el espectro ya remoto de Fernando Aínsa, me contestarán que se encontrará de viaje por Europa o que estará residiendo en Francia, trabajando en una oficina como director literario de Ediciones Unesco.

A Fernando Segundo (El Francés) tampoco lo conoceré de aquí a cuatro mil quinientos años porque a París siempre iré de paseo, metido muchas veces en pequeñas cajas de laboratorios o también iré a contemplar el Sena a través de unas cámaras que ocultarán dentro de las cuencas bronceadas de mis ojos, y preferiré no ver a nadie que me recuerde las miserias dictatoriales del Sur con las utopías de sus ensayos sobre América Latina.

Sin embargo, cuando ya me haya cansado de buscar y buscar a los dos primeros Fernandos, sin éxito alguno, me encontraré con el tercer Fernando (El Español).

Dicho encuentro ocurrirá en la librería Cálamo de Zaragoza, en el año 6516.

El poeta aragonés y amigo de ambos, Manuel Savil (que en esos tiempos lejanos, según la misma profecía, cumplirá cadena perpetua en una cárcel de Barbastro por uso continuado de humor en sus obras) le presentará esa noche su primer y hasta entonces único poemario, *Aprendizajes tardíos*.

En dicha presentación, antes de leer los poemas de su libro, Aínsa, con manos y voz temblorosas, hablará emocionado de su azarosa vida de emigrante, de los recuerdos "en tierras amarillas" de su padre turolense, de su infancia nunca terminada, de su mal aprendido arte culinario, de su enfermedad casi mortal, de su sabia decisión volteriana de querer imitar a Wittgenstein con los años renunciando al mundanal ruido para irse a trabajar en un jardín de Oliete (Teruel), su pueblo natal.

Después vendrán las inevitables coincidencias en nuestro itinerario-citadino-convivir-zaragozano:

1) Los dos, Aínsa y yo, sin saberlo, seremos amigos (por nuestra propia cuenta de correo electrónico) del insular cadáver perteneciente al escritor, poeta y ensayista cubano Virgilio López Lemus.

2) Los dos sufriremos en el fondo la metamorfosis de esos animales de lecturas que buscarán domesticar la palabra para intentar salvarse de la inevitable condena de existir en la jungla de los hombres.

3) A los dos nos gustará la Historia, París, Montevideo, Onetti, la cerveza alemana Rauchbier en la Plaza San Francisco de Zaragoza, y la obra de Severo Sarduy, entre otras muchísimas cosas.

Pero Aínsa me superará en particulares vivencias literarias…

Fernando tendrá el privilegio, el raro privilegio, de ser amigo, en sus años parisinos, del escritor cubano Severo Sarduy, e incluso compartirán trabajos ocasionales en una radio espacial de entonces (dicen que uno invitará al otro a su programa radial para aliviar sus penurias económicas).

No obstante, domesticaré mi envidia (porque, robot al fin, sentiré envidia de esa amistad entre dos hombres o entre dos escritores latinoamericanos) y así la vida en la ciudad en Zaragoza pasará, y entre presentaciones de libros, coincidencias en librerías, premiaciones y cervezas en bares, nuestra amistad literaria irá engordando (como mi leve e incipiente barriga), creciendo como el brillo de sus pequeños, tímidos ojos, alcanzando poco a poco largas dimensiones de cariño, al extremo de que me iré relacionando, sin saberlo, con los tres Fernandos a la vez.

Un día, sin embargo, querré profundizar en su obra y leeré, aparte de sus poemas y ensayos, su narrativa corta. Será entonces que descubriré a Fernando Cuarto (El Narrador Breve).

Desde esa tarde que me adentre en los sutiles territorios de sus entreveradas, parcas narraciones, sacrificaré a los otros tres Fernandos porque comprenderé la dimensión de ignorar la geografía terrenal para vivir, como todo escritor debe aspirar algún día, en la Patria Invisible de las Letras.

A partir de ese día ya no me interesarán para nada sus experiencias en Uruguay, ni sus años en Francia, ni, incluso, su estancia de permanencia ubicua o su nacimiento en un pueblo de Aragón. Tampoco me deslumbrará su amistad con Severo Sarduy.

Esos datos le serán útiles sólo a su memoria aferrada a no hacerse nunca senil o a los estudiosos de las autorías literarias que para entonces, según la profecía de la que hablo en estas páginas, sí estarán bien muertos.

Para mí (y esto puede sorprenderle un poco en el futuro a mi amigo Fernando porque nunca se lo había confesado) el verdadero Aínsa, el que preferiré compartir cada vez que quiera leer buena narrativa, o beberme una cerveza Rauchbier en las calurosas tardes aragonesas de verano, será el de esos aforismos mezclados con cuentos breves que me trasladarán a las sombrillas verdes de un bar donde beberemos sin parar cervezas alemanas, mientras alguien leerá esas joyas suyas que alumbran ahora nuestras manos libreras como los tesoros de Augusto Monterroso.

Fernando Aínsa de lejos y de cerca

Hugo Burel

Por alguna razón que nunca termino de entender, pero que a la larga he aceptado, varios de mis mejores amigos residen lejos de Uruguay. Alguno de ellos desde hace más de tres décadas y por ello nuestra amistad ha sido siempre marcadamente epistolar. Después, los prácticos medios electrónicos desarrollados a partir de la Internet determinaron que lo instantáneo del e-mail aboliese las distancias, con la nostálgica pérdida de la calidez del papel de las cartas y la bienvenida llegada de los sobres coloridos enviados por avión. Fernando Aínsa integra ese fiel y a veces demasiado lejano grupo de camaradas de los que un océano me separa. No obstante, desde que nos conocimos a comienzos de los noventa en la editorial Trilce de Montevideo, Fernando y yo hemos cultivado un vínculo y una admiración mutua que hoy quiero expresar en esta semblanza que homenajea al amigo y testimonia el reconocimiento al escritor y al académico.

Recuerdo claramente aquella tarde de otoño en las oficinas de Trilce de la calle Misiones cuando Pablo Harari nos presentó. Yo acababa de publicar *Solitario Blues*, mi tercer libro de cuentos, y allí mismo se lo regalé a Fernando, diez minutos después de habernos conocido. No se si él había leído mi escasa obra de entonces, pero yo sí conocía la suya porque años atrás, en mis comienzos como narrador deslumbrado por Juan Carlos Onetti, había tenido la fortuna de encontrar y luego leer con avidez y sorpresa un libro suyo que me fascinó desde el título: *Las trampas de Onetti* (1970). Fue el primer ensayo que leí sobre el escritor —el primero importante que alguien le dedicó— y en él encontré las claves de mi fascinación por el autor de *El pozo* a la par que me permitió descodificar no solo sus «trampas» —que Fernando descubría y consignaba con astucia, rigor y lúcido abordaje crítico— sino los componentes humanos y el basamento existencial de su literatura. No obstante, lo más importante de ese testimonio de Aínsa estaba en la dedicatoria genérica de la obra: «A quienes, como Onetti, todavía creen en el destino propio de la novela». Esa creencia todavía me habita.

Qué maravilloso mecanismo es ese de que un autor nos acerque a otro. Además estaba esa actitud de Fernando de animarse con Onetti nada menos, de atreverse a develar su juego y adentrarse con valentía en ese mundo claustrofóbico, nihilista y por momentos sin salida que durante diez años frecuentó sin tregua —a partir del sacudón que le produjo la lectura en una contratapa de Marcha de un fragmento de «Una tumba sin nombre»— para cosechar luego ese esclarecedor estudio sobre las claves de la narrativa onettiana. Además me había gustado el sesgo del título, llamar tramposo a Onetti y descubrir los trucos del mago marcaba un talante de desafío.

Cuando leí *Las trampas de Onetti* Fernando no vivía en Uruguay y posiblemente ya estaba en París trabajando en Unesco, porque si mi memoria no me engaña tuve que leer sus trampas allá por 1972. Entonces, Aínsa era otro compatriota que había marchado al exilio durante los años de plomo del Uruguay, pero gracias a eso —como decía Camus, Sísifo ejercitaba sus músculos— este hombre de varios mundos —nacido en España, formado en Uruguay, consolidado en Francia— habría de transformarse en un individuo capaz de entender las realidades diversas del exilio, la metrópoli, la melancolía del expatriado y el estímulo de las culturas europeas que conocería sin desdeñar ni olvidar la patria latinoamericana. La añoraba, pero su interés no quedaba en el mero gesto plañidero: seguía de cerca a sus creadores, indagaba en sus mundos de ficción, reflexionaba sobre sus procesos políticos y culturales, reparaba en sus obras y, pese a la distancia, era un testigo atento y comprometido.

Ese hombre de mundo, amable, informado y agudo en sus juicios sin ser nunca jactancioso, era el que yo conocí aquella tarde en la editorial que casualmente compartíamos. Lo que sobrevino después ha sido una paciente secuencia de correspondencia, encuentros a ambos lados del océano almuerzos o cenas mediante, y un intercambio permanente de estímulos, opiniones, proyectos y, en especial de su parte, una generosa actitud de difusión en Francia y España de mi trabajo como autor junto con el de otros uruguayos. Y en ello radica una de las más notables características de Fernando Aínsa crítico: su permanente afán en promover a los escritores compatriotas con un interés y una constancia que supera con creces lo que se realiza en Uruguay.

La primera prueba de ello la recibí ese mismo año que nos conocimos con Fernando, pues en diciembre de 1993 publicaría con Trilce un ensayo que intentaba llenar un vacío crítico sobre la narrativa uruguaya reciente (*Nuevas fronteras de la narrativa urruguya*). Su propuesta tenía el sello de lo que antes he manifestado, ya que insertaba poco más de treinta años de literatura nacional en un contexto latinoamericano y así reconciliaba lo autóctono y regional y lo vinculaba con lo universal. Y ya desde el prólogo, Fernando confesaba que ese era «un libro que se ha nutrido de la nostalgia que me ha dado la distancia en el espacio y en el tiempo en la que he vivido pero, sobre todo, de la voluntad de vencer el olvido gracias a la correspondencia mantenida con colegas y amigos, a la acumulación de fichas, recortes y anotaciones y, sobre todo, a las lecturas para seguir desde "cerca", aunque estuviera "lejos", la producción narrativa del Uruguay». Ésta, más que una declaración sobre una necesidad intelectual o académica es una confesión vinculada a los afectos y una reflexión sobre lo relativo de toda distancia. Renglones después, el propósito está expresado de manera más categórica: «Pero más allá de la nostalgia y la voluntad en que se ha plasmado, su redacción final ha sido el resultado de una decisión asumida reflexivamente: aprovechar todas las tribunas que se me han brindado en los últimos veinte años, para presentar, explicar y difundir la literatura de mi país».

Para mi sorpresa, en uno de los capítulos del ensayo, titulado *El estallido polifónico de temas y estilos*, junto con otros autores mencionados había referencias a mi obra, concretamente a *Solitario Blues* y también a una novela anterior, *Tampoco la pena dura*, publicada en 1989. Acostumbrado a la brevedad crítica de las reseñas de periódicos o semanarios, ser mencionado en elogiosos términos por Aínsa significó para mí un certificado de existencia como autor que hasta entonces no había logrado.

Pero en la recuperada cultura de la democracia —hacía menos de
una década que había terminado la dictadura— ciertos reflejos estaban todavía condicionados por el pasado y el *stablishment* crítico
funcionaba bajo un mecanismo restaurador más que innovador. El
antiguo esquema de las generaciones definidas o autodefinidas —Novecientos, Centenario, Cuarenta y cinco o Sesenta— luego de la
quiebra institucional y la noche autoritaria había perdido continuidad y no había etiquetas que definieran nada ni identificaran a las
generaciones siguientes. En especial no había pensadores o críticos
que se preocuparan de hacerlo. De alguna manera Fernando había
recogido el guante y había afrontado el desafío de intentar un inventario crítico a partir de 1960 y llegar hasta el límite temporal que la
propia impresión de su ensayo le marcaba: 1993. Por eso algunas
voces pretendieron objetar ciertos enfoques del trabajo de Aínsa y
algún criterio de selección esgrimiendo un punto de vista tan pequeño como conservador. Reparaban en algunas ramas para no ver el
bosque. Al respecto, escribí saliendo al paso de esas livianas disiden-
cias: «Fue criticado por los que desde aquí no se han tomado ese trabajo. Le señalaron omisiones, errores —pequeños— en fechas o
datos. Pero todavía esperamos un equivalente válido que enmiende,
mejore o establezca otro esfuerzo similar. Inclusive es un libro que va
a incomodar a algunos, a ciertos grupos, a determinadas sacrosantas
ortodoxias, a esquemas de pensamiento que se distinguen por su rigidez. También es bueno eso para un libro: proponer un poco de fasti-
dio, de incomodidad».

Tres años después de nuestro primer encuentro, viajé a París con
mi familia y pudimos encontrarnos con Fernando y la suya. El
diciembre anterior yo había obtenido el Premio Juan Rulfo de Radio
Francia Internacional por mi cuento *El elogio de la nieve* y el julio
siguiente destiné el monto del premio a un viaje por Francia. Allí dis-
fruté de la hospitalidad de Aínsa en la ciudad en la que había vivido
desde 1972. Conocí su departamento cercano a la Tour Eiffel y su
espacio de trabajo en la Unesco. Almorzamos un domingo en Montmartre con nuestras esposas e hijos. Fernando, cálido anfitrión y con-
versador de todos los temas, demostró estar totalmente consustancia-
do con las realidades del sur y a su vez convencido cada vez más de
que ese sur, acaso lejano y para muchos folclórico, tenía mucho para
decir a título de no estereotiparse y no perder identidad.

En el ensayo antes mencionado se pregunta si «¿hablar de literatura nacional es un problema de número o de la conciencia difusa o claramente expresada de formar parte de una colectividad?». Y con más claridad aún lo subraya: «La peculiaridad de nuestra identidad no se diluye ni se aliena en su participación en el mundo, en ese saber *compartir con otros* una misma condición humana. Por el contrario, nuestro "derecho a lo peculiar" se enriquece con esa "apertura de fronteras"». Las cursivas y entrecomillados son de Fernando y la cita condensa su talante de hombre del sur insertado en la cultura europea sin renunciar a sus lazos de identidad, convencido de que esos lazos y esa identidad son más válidos si afrontan la tarea de integrarse al mundo, de abrirse a otras fronteras. Esa actitud de Fernando lo diferencia de otros intelectuales latinoamericanos que, insertos en la metrópoli desde el exilio o por las razones que sean, asumen un rol de *latinoamericanos profesionales* para aprovechar sus virtudes, la facilidad con que fascinan a los europeos, pero sin dejar de lado uno solo de sus más socorridos defectos.

En 1997, al año siguiente de nuestro encuentro en París, Fernando presentó en Montevideo una novela que publicó en 1995 en España: *El paraíso de la reina María Julia*. Fui yo quien le facilitó el contacto con la editorial Fin de Siglo para que esta se encargara de la edición montevideana. Aínsa ya había incursionado antes en la ficción con novelas como *Con cierto asombro o Con acento extranjero* y volúmenes de cuentos: *Las palomas de Rodrigo o Los naufragios de Malinow*. Ahora regresaba a la novela y lo hacía con un texto en el que reescribía desde la perspectiva del nuevo milenio que se avecinaba, la leyenda de *El paraíso de la reina Sibila* que circuló por España, Francia e Italia al final de la Edad Media y en la cual se contaba como un caballero andante, al quedar sin causa por la que luchar, se abandonó al amor sensual de una mujer identificada con el diablo. En la trasposición hecha por Fernando, el protagonista es un derrotado revolucionario sudamericano que ha perdido sus certidumbres y descubre en una vieja exiliada cubana no solo los misterios de un erotismo refinado sino la desgarrada dimensión de la ambigüedad y de la duda. Tuve el placer de que Aínsa me encargase la presentación montevideana de esa novela ambiciosa y erudita, cargada de guiñadas sobre el presente y repleta de dobles significados. Fue la primera vez que un colega me eligió para esa tarea tan grata de presentar un libro.

Transcribo algunas frases de lo que dije aquella vez:

La ficción es siempre más embriagadora que el más sesudo ensayo. El riesgo de crear más sensual que la más despiadada pesquisa sobre lo creado. Por eso la posibilidad de imaginar mundos, construir situaciones, hacer nacer personajes y establecer una suma de breves vidas gobernada por nuestra recóndita necesidad de contar, ha hecho reincidir a Aínsa en la novela. Sin dudas que el crítico, el abogado, el estudioso, el profesional de la cultura, encuentran su más expresiva faceta a la hora de convocar a sus fantasmas interiores. Se perfectamente que de la lectura de *El paraíso de la reina María Julia*, surgirán múltiples interpretaciones. Canalda[1] la ha editado bajo el sello de su colección *Literotismo*, privilegiando la deliciosa confrontación amatoria de Ricardo Gómez, joven, exiliado, sudaca y ex revolucionario exiliado en el Madrid versión PSOE y María Julia, Maruja, veterana, cubana de Miami, viuda y garbosamente en el ocaso. Pero también habrá una lectura política, con énfasis en el desencanto y la revisión de posturas dogmáticas, de la visión, desde Europa, del fin de un mundo bipolar, del repliegue y del desconcierto en las vísperas del fin del milenio. Y además los referentes a la leyenda medieval sobre el Paraíso de la Reina Sibila, los caballeros andantes y las entradas a paraísos que después resultan infernales. Aínsa sigue creyendo en el destino propio de la novela. Y como todos nosotros los que escribimos maneja trampas, pasajes secretos, una erudita batería de referencias cultas y palabras del más exacto uso del diccionario de la lengua. Alterna el punto de vista, traslada el yo del discurso, se mete en cada personaje, se calza su sensibilidad y transpira sus asaltos eróticos que puede describir y vivir a la vez. Nos hace respirar el aire caliente y seco de ese Madrid de recalada, habitar los miserables metros cuadrados en que agonizan y reviven Ricardo y Maruja.

Tal vez por todo esto no sea necesaria esta presentación. El destino de esta novela ya está trazado. El texto ya no es sólo de Aínsa. Anda por ahí defendiéndose solo y convocando al lector a descubrir ese hipotético paraíso. Miserias, gozos, desamores, desarraigos, certezas, dudas, desencuentros, soledad, ternura, pasión desenfrenada, un perpetuo torneo de ironías, espejos turbios y posters olvidados sobre paredes descascaradas. Las ruinas de lo que fue y la incertidumbre de lo que vendrá.

Lo que más me entusiasmaba de esa novela de Fernando y quise trasmitir en su presentación fue la escritura desde las dudas y no desde

---

[1] Edmundo Canalda, director de la editorial Fin de Siglo [nota del A.].

las certezas. No se escriben novelas a partir de certezas. Se lo hace a partir de dudas, de terribles conflictos interiores, de incertidumbres. Basta leer la «Advertencia preliminar ante el milenio que se avecina», que abre la novela y luego el «Epílogo introductorio», para apreciar que Aínsa parte de las ruinas de unas certezas demasiado arraigadas. Habla de herejes e iluminados, de vates y profetas desairados, de Utopías desarmadas. Nos pasea ante los escombros reales de un muro desmontado en *souvenirs*. De paso y como autor, se asume como mero copista de la historia y glosador de textos ajenos. Confiesa retomar los cuentos del pasado para narrarlos en el presente. Quiere hacerlo para ejemplo y escarmiento de los débiles de conciencia y los ligeros de memoria. En buen romance, delimita la cancha sobre la que se juega el juego de Ricardo y María Julia. Pero también le advierte al lector que se trata de una novela, que todo es ficción, que lo ejemplar radica en narrar otra vez lo narrado para que se comprenda mejor.

De modo que el lúcido indagador de la creación ajena era también un consumado narrador con recursos variados y capacidad para crear mundos y personajes de fuerte consistencia y difícil olvido. Confieso que hasta ese momento yo desconocía al Aínsa escritor de ficciones. Como también desconocía al formidable malabarista de lo breve que habría de encontrar en *Travesías. Juegos a la distancia* (2000), un libro miscelánico, inclasificable y pleno de aciertos, sutilezas, brevedad, consistencia y hallazgos reflexivos sobre la distancia, el allá y el aquí. En esos microrelatos y aforismos que enloquecen la brújula y la dimensión temporal, un Fernando más íntimo y sabio despliega un juego de correspondencias, espejos y reflejos múltiples en donde no deja de estar presente el sur que añora. Cuando me regaló *Travesías* estábamos en Piriápolis, un antiguo balneario de la costa uruguaya y era un luminoso día de julio en el invierno austral.

El intercambio de encuentros y textos ha seguido con fluidez por ambas partes. Fernando desde el ensayo y sus asedios siempre estimulantes de fenómenos como el canon y la periferia en la literatura uruguaya, los espacios de la memoria en nuestra cultura o los de encuentro y mediación a propósito de la democracia y la utopía en América Latina. Sus aportes lúcidos e inteligentes han significado para mí una referencia constante sobre el pensamiento liberado de ataduras dogmáticas y preconceptos adocenados. Y en retribución a estas entregas, el envío de mis novelas —o a veces su entrega personal vino mediante—

ha significado la espera del comentario que estimula o advierte, que elogia o repara pero que está realizado desde una posición alejada del amiguismo malentendido.

Hace algunos años Fernando abandonó París para establecerse en Zaragoza, en una opción vital que me sorprendió pero que demuestra, una vez más, su capacidad para encarar nuevos desafíos. También se vio enfrentado a una situación personal en la que ha demostrado un gran coraje, que es eso que Hemingway definía como la elegancia bajo presión. Pero su temple puesto a prueba le ha permitido seguir con sus proyectos y la producción de obra que, nuevamente para mi asombro, ha recalado en la poesía, con lo cual su condición de polígrafo y escritor completo queda demostrada. En nuestro último encuentro me entregó un pequeño ejemplar finamente impreso y compuesto bajo el título de *Aprendizajes tardíos* (2007) que indaga sobre la vida, la poesía y la horticultura. Habla de la rúcula, el ajo y la nuez; pero también del aprendizaje, de herramientas alineadas, de las raíces, de la malhadada enfermedad y de su padre. Versos sencillos, conmovedores e intimistas escritos en Oliete entre setiembre de 2005 y mayo de 2006.

Lejos y cerca, tal ha sido la presencia de Aínsa como amigo de los que habitan el otro lado del océano. Quizá esa condición de distancia y a la vez de cercanía, haya determinado el enriquecimiento del vínculo, esa cosa esporádica y a la vez permanente que lo ha signado. Textos cruzados, encuentros aquí y allá, el ir y venir de cartas y luego mails, el respeto y la consecuente estima.

Como ha escrito él mismo al comienzo de Travesías: *Estamos aquí, somos de allá. He aquí una proposición simple para empezar.* Fernando Aínsa, de lejos y de cerca, siempre un referente.

Bibliografía

Aínsa, Fernando (1970): *Las trampas de Onetti*. Montevideo: Alfa.
— (1993): *Nuevas fronteras de la narrativa uruguaya (1960-1993)*. Montevideo: Trilce.
— (1995): *El paraíso de la reina María Julia*. Madrid: Huelga & Fierro.
— (2000): *Travesías. Juegos a la distancia*. Málaga: Litoral.
— (2007): *Aprendizajes tardíos*. Sevilla: Renacimiento.

Esquina de barrio

Gregorio Manzur

Desde hace tiempo llamo a Fernando Aínsa: «Esquina de barrio». Y esto se remonta a épocas en que ambos trabajábamos en la Unesco, en París.

Al terminar las tareas salíamos a caminar y sin saber por qué nos deteníamos en la esquina de Vaugirard y Pasteur. Desde ese observatorio del mundo y sus dichosos habitantes, junto a presurosos Metros y no menos agitados coches, nos trenzábamos en literatura, en filosofía, en política y en… amores.

Según Fernando yo ya estaba en edad de sentar cabeza, es decir, casarme y tener al menos cinco hijitos. Yo estaba de acuerdo, pero había un abismo en mí causado por la partida de mi madre que impedía que otra mujer lo colmase.

«Sí, sí, comprendo», decía mi compadre, «pero quisiera presentarte a una amiga pintora que…» Yo aceptaba encantado su proposición y para celebrar el futuro encuentro, que seguramente sería decisivo, nos encaminábamos hacia un magrebino que hacía un cuscús de cordero que era gloria. Alternando los sabores de Oriente con un sólido Bordeaux, retomábamos el arreglo de la condición humana, proclamando el triunfo de la solidaridad y el amor entre los pueblos.

Al salir de aquel edén, Fernando, haciéndose el tontito, me llevaba hacia una agencia inmobiliaria y fingiendo interesarse en algún apartamento para él, me hacía ver lo importante que era poseer un *chez soi* en París. «Que nosotros somos extranjeros, que vivimos un poco en el aire, que un par de raíces echadas en este suelo nos puede ayudar a sentirnos mejor, más seguros de nosotros mismos y poder así desplegar las alas de nuestra ferviente imaginación creadora». Tan convincentes fueron esta y otras de sus arremetidas hacia la propiedad horizontal, que terminé por comprar, con un préstamo de quince años, el apartamento en el que aún vivo.

Volviendo a las letras, Fernando tuvo la gentileza de creer en mí como escritor. Y lo felicito, porque un vistazo a mis tentativas en el género, ponen en duda su exceso de confianza.

De regreso a la esquina ritual, me dijo un día que enviara mi novela *Sangre en el ojo*, a Madrid, para concursar en el Premio Sésamo. Pero que antes habría que darle, según él, unos toquecitos aquí y acullá... Escéptico pero obediente, así lo hice y para mi gran sorpresa, gané el premio.

Otro día me regaló una heladera, que cargamos en un «diablo» y cuando pasábamos por «la esquina», sacó un papel del bolsillo y me lo dio a leer. Se trataba de un retrato de autor, y el autor era yo. Tanto me gustó que lo llevé con heladera y todo al bar de la esquina y allí festejamos los dos eventos con sobradas libaciones. El retrato apareció más tarde en una de mis novelas, luego en un ensayo suyo, y últimamente en un libro sobre los indios huarpe.

Cuento estas anécdotas para decirles que Fernando ha sido y sigue siendo un hermano entrañable. Idóneo y meticuloso en sus críticas, siempre me alentó a afrontar el duro oficio de escribir. Una de sus enseñanzas más importantes fue la de hacerme ver la importancia de definir, con precisión, cuál es el meollo de un texto, cuento o novela. Establecer claramente cuál es el tema central y no apartarme de él por nada en el mundo. Evitar las digresiones como si fueran la peste, insistiendo de paso en que debía moderar los adjetivos, en general bastante enfáticos, evitando las frases demasiado largas, salvo en caso de absoluta necesidad.

Yo, a mi vez, le he seguido las huellas a mi «Esquina de barrio», desde sus primeros cuentos, luego sus novelas, alternadas por ensayos, artículos y conferencias. Su capacidad de análisis siempre me impresionó, por su profundidad, pero también porque soy incapaz de hacerlo. No cito títulos ni hago comentarios literarios, ya que sobradamente han de hacerlo otros colegas en esta ocasión y que serán más atinados que los míos.

Insisto, sí, en la calidad humana de nuestro autor, en ese fraternal sentido de la amistad que nos viene de aquellas tierras uruguayo-argentinas. Yo nunca fui muy adepto a coloquios y polémicas entre autores. Por timidez y porque nací solitario. Fernando entonces, sin saberlo quizás, tendió un puente entre mi carácter arisco y la civilización de las letras.

Bendito seas, paisano, compañero de penas y de dichosas exaltaciones. Que vivan mil años tus andazas de caballero letrado. La esquina nuestra sigue en pie; ahí lo espero.

París, marzo de 2009

EL 1992 DE FERNANDO AÍNSA

Edgar Montiel
Jefe de Políticas Culturales, Unesco-París

Ya se sabe que ese fue un año de conmemoraciones. De recargado trabajo para una organización como Unesco y peor todavía para su director de Publicaciones. En 1992 Fernando Aínsa libró su propia batalla para traducir en buenos libros el espinoso encuentro de los dos mundos: hizo ediciones, re-ediciones, traducciones, escribió prólogos, prefacios, postfacios, dictaminó sobre posibles libros, y no faltaron sesudos discursos y mensajes. Ese año aluvional, difícil de olvidar, preparamos juntos la antología Memoria de América en la poesía que buscaba encontrar en las metáforas la inasible «definición» de América, algo que solamente los poetas pueden hacer. Tuvimos escasos nueve meses —con sus noches— para acabarlo antes de octubre. Su ritmo de trabajo era para asustar a cualquiera. De los libros que publicó recuerdo la nueva edición de *El Dorado* de Walter Raleigh, que incorporó a la Colección Unesco de Obras Representativas, que él cuidaba como la niña de sus ojos. Pero también cuidó antologías de poesía salvadoreña, nicaragüense, uruguaya, y revisó una selección de teatro latinoamericano. No sé donde sacó tiempo para publicar en el Fondo de Cultura Económica su libro *De la Edad de Oro a El Dorado*, ese estudio erudito muy consultado por los «utopólogos» (Mónica, su esposa, dice que Fernando es como Napoleón, ¡sólo duerme cuatro horas!). Pero más allá de su esmerada labor de editor y promotor de la buena lectura, que ya era bastante, era alentador advertir que sus ideas, sus tesis, su visión de América circulaban mas allá de los libros, en mensajes, discursos, e incluso en informes oficiales destinados a las Cumbres Iberoamericanas, por supuesto sin que se mencionara su nombre, pues como cuidadoso Letrado sabía que estas elaboraciones pertenecían a la Organización. Con su vasto ejercicio escritural, que incluía la escritura en la sombra, Fernando se forjó un hábito de creador, ensayista y pensador, que hoy continua sorprendiéndonos tanto con una novedosa obra poética —¡por fin ha dejado hablar a su alma¡— como por sus penetrantes reflexiones sobre el logos y el topos en la poética americana.

LA CONTRIBUCIÓN DE FERNANDO AÍNSA A AMÉRICA. *CAHIERS DU* CRICCAL (1987-2004)

Osvaldo Obregón
CRICCAL/Université de Franche-Comté

Por iniciativa de Claude Fell —profesor en la Universidad de Paris 3 –Sorbonne Nouvelle— fue creado en 1984 el Centre de Recherches Interuniversitaire sur les Champs Culturels en Amérique Latine, más conocido por sus siglas CRICCAL, enfoque de investigación inédito en Francia, que vino a sumarse a los de otros centros similares en los dominios de la literatura, la antropología, la política y otras disciplinas, como se subraya en la breve presentación del primer número de *América*. Amplitud, entonces, del área de investigación, pero amplitud también en cuanto a la composición inhabitual del equipo de investigadores, procedentes de numerosas universidades de París y de provincia.

Otra característica del CRICCAL, desde sus comienzos, fue la de estar constituido tanto de docentes franceses, como de docentes y escritores de origen hispanoamericano. En las reuniones periódicas del seminario ha habido la posibilidad de que cada cual se exprese en su idioma materno y los sucesivos números de *América* han tenido siempre la doble marca del francés y del castellano transatlántico. El primer número de *América*, fue publicado a comienzos de 1987, fruto del seminario desarrollado durante los años 1984-1985 titulado *Politiques et productions culturelles dans l'Amérique latine contemporaine*. Este número fundador incluye trabajos de Claude y Ève-Marie

Fell, François Delprat, Jacqueline Covo, Jacques Gilard, Assia Gomez, Liliane Hasson, Alfred Melon, Annick Treguer, Carmen Vásquez (Puerto Rico), Luis Bocaz y Osvaldo Obregón (Chile); los escritores Rubén Bareiro Saguier (Paraguay), miembro del CNRS y Fernando Aínsa (España-Uruguay), en ese entonces funcionario de la Unesco. Entre otros miembros, pertenecían ya al Comité de redacción de *América*: Françoise Aubes, Norah Giraldi Dei Cas (Uruguay), Nilda Díaz y Teresa Orechia-Havas (Argentina). En la presentación al número 2, Fell señala que el CRICCAL reunía alrededor de 45 docentes-investigadores, que años más tarde alcanzaría a un centenar.

Cuando ya se han cumplido veinticinco años de existencia del CRICCAL, sustentado por investigadores de por lo menos dos generaciones, se puede medir lo que ha significado su aporte en el marco de la investigación sobre la cultura de América Latina. Casi cuarenta números de *América* testimonian de la variada producción, gestada tanto en los sucesivos seminarios, como en los congresos internacionales organizados periódicamente. Entre paréntesis, séanos permitido destacar a dos sólidos pilares del CRICCAL en su trayectoria: Claude Fell y François Delprat, reconocidas figuras del hispanismo francés.

Desde la perspectiva actual, la producción intelectual y literaria de Fernando Aínsa se ha plasmado en numerosos libros de ensayo y de ficción, aparte su tesonera actividad de divulgador de la literatura hispanoamericana a través de conferencias, prólogos, presentación de jóvenes autores y, en particular, por sus aportes como funcionario de las Ediciones Unesco y su responsabilidad de director de la misma en el período 1992-1999. Miembro activo del CRICCAL desde su fundación, ha tenido una presencia asidua en seminarios y congresos, atenuada estos últimos años por su residencia en España. Nuestro propósito como participante en este merecido homenaje es, como lo anuncia el título de este texto, establecer su contribución a los *Cuadernos América*. Se trata de trece ensayos, muchos de ellos desarrollados ampliamente en algunos de sus libros, que mencionaremos tanto en el texto como en la bibliografía final.

Para una aproximación más clara y coherente de este corpus, lo hemos ordenado en tres apartados: 1) temas generales de predilección sobre América Latina: la identidad cultural, la utopía y la memoria colectiva en el marco de la narrativa contemporánea; 2) aspectos de la narrativa latinoamericana: el topos de la selva, el binomio historia-ficción y la raíz popular de la nueva narrativa; y 3) análisis de textos literarios hispanoamericanos. Pondremos de manifiesto en cada apartado los vínculos temáticos entre los ensayos, así como los planteamientos del autor en su reflexión sobre la cultura latinoamericana, en un intento de hacer comprender su evolución desde la época colonial. Con el propósito de determinar sus principales características, se apoya preferentemente en la narrativa y en el ensayo, sus campos prioritarios de competencia.

TEMAS GENERALES DE PREDILECCIÓN SOBRE AMÉRICA LATINA

La contribución de Aínsa al primer número de *América* (1987) es muy significativa de su producción ensayística. El año anterior se había publicado uno de sus libros más importantes: *Identidad cultural de Iberoamérica en su narrativa* (Madrid: Gredos, 1986) y también su ensayo «Hacia un nuevo universalismo. El ejemplo de la narrativa del siglo XX», presentado al XXII Congreso del Instituto Internacional de Literatura Iberoamericana, realizado en la sede de la Unesco en junio de 1983 y publicado con el título: *Identidad cultural de Iberoamérica en su literatura* (Madrid: Alhambra, 1986; ed. de Saúl Yurkievich). Estos trabajos y los aportes de otros autores mencionados, confirman el interés por el tema de la identidad cultural en aquellos años.

1) «Presupuestos de la identidad cultural de Latinoamérica» en *Politiques et productions culturelles dans l'Amérique latine cotemporaine, América*, nº 1, 1987. En su introducción, Aínsa previene al lector de la complejidad del tema y de la dificultad de definir el concepto de «identidad cultural», aplicada indistintamente a los individuos, a la nación respectiva o, globalmente, a Latinoamérica. «En este breve trabajo —escribe… explicaremos el origen del concepto y adelantaremos una propuesta para una tipología de la identidad cultural tal como aparece formulada en la narrativa y el ensayo latinoamericano que pueda servir de marco de referencia metodológico para investigaciones futuras…» (209).

La primera distinción que establece es entre identidad individual y colectiva. En cuanto a la primera, el individuo es moldeado por la tradición familiar y por su contexto socio-cultural en continuo proceso. En cuanto a la segunda, se situaría sea a nivel regional, nacional o transnacional. En ambos casos, la identidad se va constituyendo en relación con los otros, en un juego constante de diferenciación. Sería ella el resultado de una tensión dinámica entre un movimiento centrífugo, de apertura al otro, y de un movimiento centrípeto, de repliegue en sí mismo. Del contacto forzado o no entre las culturas, actitudes de atracción y rechazo, han surgido los conceptos de aculturación (o transculturación), de deculturación y sincretismo cultural, que Aínsa define y utiliza en su ensayo.

Las relaciones entre Europa y América —paradigmático choque de culturas— son insoslayables con referencia al tema, puesto que los modelos europeos se impusieron a las poblaciones autóctonas: la lengua castellana, la religión católica y gran parte de la cultura hispánica, en desmedro de las lenguas indígenas y de sus tradiciones seculares. La constitución de las nuevas repúblicas durante el siglo XIX no significó una ruptura radical con los valores europeos. Reconocidos gobernantes e intelectuales identificaron a Europa con la civilización y a lo autóctono (indios y mestizos) con la barbarie (Sarmiento, entre otros). Dicha valoración se confirmó a fines del siglo con la inmigración europea, claramente selectiva. Como contrapartida, hubo otros sectores que propugnaron «la búsqueda de las raíces rotas de sus culturas de origen» para combatir «la actitud etnocéntrica de las metrópolis occidentales» (211).

En torno a la «unidad latinoamericana» o a la noción de «americanidad», Aínsa señala antecedentes importantes en obras de José Martí, de José Enrique Rodó, de José Vasconcelos, de Manuel Ugarte, de Francisco García Calderón, de Pedro Henríquez Ureña y de Alfonso Reyes. Junto a los aportes del género ensayístico, en cuanto a la identidad cultural, habría los aportes de la creación artística en los siglos XIX y XX, en particular, la contribución de la literatura. Cita el ejemplo de la novela *Cien años de soledad*, de significación tanto local como universal (referente al espacio americano de Macondo), que permite pasar de lo micro a lo macro cultural. El autor cita también «otros poblados arquetípicos de la ficción contemporánea» (225), creados por Ciro Alegría, Juan Rulfo y Juan Carlos Onetti. En el plano de la identidad cultural nacional, cita novelas de Ciro Alegría y José María Arguedas (Perú), de Miguel Ángel Asturias (Guatemala), de Rómulo Gallegos (Venezuela) y Cirilo Villaverde (Cuba). Otros autores citados son: Rubén Darío, Pablo Neruda, César Vallejo y Carlos Fuentes. Gracias a los escritores latinoamericanos, la identidad cultural se habría ido forjando de manera cada vez más compleja. La profunda renovación de la literatura latinoamericana, mediante la revalorización de las fuentes originales de la cultura y la adecuada asimilación de los modelos occidentales, le ha permitido alcanzar el universalismo, es la conclusión de Fernando Aínsa. Su insistencia constante en el juego dialéctico de las oposiciones para evitar simplificaciones lo lleva a formular casi al final una «Propuesta para una tipología de la identidad cultural» (233), en que figuran las antinomias: unidad-diversidad, cultura central-cultura periférica, campo-ciudad, civilización-barbarie, centrípeto-centrífugo, entre muchas otras.

Hay que destacar la abundante documentación en que se apoya su ensayo, tanto en el plano teórico (autores norteamericanos y latinoamericanos de diferentes épocas), como en el plano de la creación literaria contemporánea. Ésta será una constante en todos los textos de los dos primeros apartados. Su ensayo inicial es un valioso aporte a la controversia sobre el complejo concepto de identidad cultural, aplicado al ámbito latinoamericano durante los últimos decenios. Es oportuno agregar que en ella han participado también, con planteamientos divergentes e incluso opuestos: Jacques Lafaye, Gustav Siebenmann, Alfredo Roggiano y Mario Sambarino, entre otros.

2) «Utopías contemporáneas de América Latina» encabeza *América*, nº 32, 2004, titulado *Utopies en Amérique latine*. Su colaboración consta de dos textos: «Los estudios sobre la utopía en América Latina» y «Presupuestos teóricos. Función de la utopía en la historia de América Latina». La «utopía» constituye otro de los temas recurrentes de Aínsa, habiéndole ya dedicado cuatro libros: *Los buscadores de utopía* (1977); *Necesidad de la utopía* (1990); *De la Edad de Oro a El Dorado. Génesis del discurso utópico americano* (1992) y más recientemente, *La reconstrucción de la utopía* (1999, ver bibliografía final).

La primera parte «Los estudios sobre la utopía en América Latina» es una muy útil bibliografía comentada sobre el tema, que abarca tanto el ensayo como la ficción literaria en el marco latinoamericano contemporáneo. En este sentido es un valioso complemento al artículo de fondo: «Presupuestos teóricos. Función de la utopía en la historia de América Latina», al cual privilegiaremos por razones de espacio.

Partiendo desde la perspectiva actual, Aínsa constata que «todo proyecto utópico es sospechoso de totalitario» (17) y que «toda intención utópica reenvía a la triste realidad de las utopías realizadas» (17).

Ante tal desvalorización de la utopía, procede una vez más a reflexionar sobre su significación y la función que cumple o puede cumplir en la América hispánica, distinguiendo entre las nociones de «género utópico», fundado por Thomas Moro y «modo utópico», concepto más amplio que el anterior. Insiste en la «esencia histórica de la utopía», en el sentido en que las diversas utopías nacieron como respuesta en cada caso a un contexto histórico rechazado, situando la representación idealizada en otro espacio-tiempo, pasado o futuro.

En el pasado se sitúan los mitos de la Edad de Oro o Paraíso perdido (los cuales ya habían sido mencionados en el primer ensayo), comunes a civilizaciones tanto europeas como pre-hispánicas, en cambio en el futuro pueden proyectarse utopías optimistas (la sociedad ideal, igualitaria) o pesimistas (catástrofes ecológicas y otras). Citando a Alfonso Reyes, evoca el dogma católico de los dos paraísos: el que se perdió y el que se ganará después de la muerte, si se ha hecho mérito. Habría una dialéctica entre mitos del pasado y los del futuro. El autor propugna el rescate de todos los elementos utópicos que subyacen en la historia latinoamericana, aunque reconoce una gran paradoja: «la lista de utopías escritas en español es reducida» (29) si se la compara a otras regiones del mundo.

Al término de su ensayo, Aínsa establece cinco momentos «en que la tensión utópica ha cerrado el circuito que va de lo imaginario a lo real, de la teoría a la práctica» (32). Resumimos: 1) la huella del imaginario europeo que precedió el llamado «descubrimiento de América», el cual generó una conciencia de alteridad propia del género utópico; 2) el surgimiento durante la conquista y colonización de un discurso alternativo encarnado en el cristianismo misionero para construir un «mundo nuevo» en América; 3) los proyectos de unidad continental entre los nuevos estados surgidos de la independencia frente a España; 4) la actualización del mito de la tierra prometida a fines del siglo XIX, como substrato utópico de la emigración europea hacia América; y 5) la postura contemporánea del «derecho a nuestra utopía» propia del pensamiento americano, según él, desde las propuestas pioneras de Pedro Henríquez Ureña y de Alfonso Reyes.

Lejos de todo dogmatismo, la conclusión del autor muestra una gran flexibilidad en cuanto a su concepción de la utopía cuando señala que «la utopía no es un proyecto total y absoluto, sino una propuesta» (33).

3) En «La frontera territorial argentina: del programa político a la ficción utópica» (n° 13, 1993, 10), titulado *Frontières culturelles en Amérique latine*, hay una evidente continuidad temática entre este ensayo de Aínsa y el precedente, con el punto común de las utopías, asociadas en este caso al concepto de «frontera territorial», problema, agregamos, inherente a la situación política de América Latina durante el siglo XIX, como consecuencia de la constitución de las nuevas repúblicas después de la independencia frente a España. La elección del caso argentino se explica por varias razones: la proximidad espacial con la segunda patria del autor: Uruguay; la riqueza del tema en el plano de las ideas y de la política, con dos representantes paradigmáticos y rivales: Domingo Faustino Sarmiento (1811-1888) y Juan Bautista Alberdi (1810-1884), estrechamente coetáneos; y la abundancia de escritos de ficción, que ilustran con variados matices aquellos temas de frontera, inmigración y utopía, estrechamente ligados.

Aunque ambas figuras eminentes tuvieran una concepción global distinta de la situación argentina —Alberdi consideraba simplificadoras las antinomias sarmientianas de civilización/barbarie, campo/ciudad— coincidían en plantear como factor de progreso una política urgente de inmigración europea. Ya en su obra *Argirópolis* (1950) de proyección utópica, recuerda el autor del ensayo, Sarmiento propugnaba el modelo europeo, destinado a hacer recular la barbarie, representada por gauchos e indígenas. Esto presuponía imponer límites fronterizos claros, garantes del estado moderno. Esta idea legitimaba la guerra de pacificación posterior, que tuvo lugar en Argentina —e igualmente en Chile, agregamos— precisamente durante la segunda mitad del siglo XIX. La constitución de 1853 sobre política inmigratoria, manifestaba claramente las expectativas: de los extranjeros se esperaba que «puedan labrar la tierra, mejorar las industrias e introducir las ciencias y las artes» (87).

Sin embargo, la inmigración masiva que se produjo en vida de Sarmiento y Alberdi, lejos aún de haber alcanzado su apogeo, les decepcionó hondamente. Los inmigrantes «reales» distaban mucho de los inmigrantes «idealizados». Su concentración en Buenos Aires prefiguró una nueva Babel y la amenaza babilónica extendida a todo el territorio ponía en serio peligro la buscada identidad argentina. La percepción de los espacios de frontera se modificó, ya no fueron concebidos como «salvajes», sino como lugares de encuentro y utopía.

Aínsa analiza esta transformación en su proyección ficcional. *Martín Fierro* (1872) de José Hernández refleja la idealización del mundo gauchesco; *Una excursión a los indios ranqueles* (1870) de Lucio V. Mansilla, muestra un interés casi inédito por el mundo indígena, asimilado hasta entonces a la barbarie. Otras obras idealizan el pasado pre-inmigración, como *La gran aldea* (1884) de Lucio López, que evoca un Buenos Aires de otro tiempo.

El tema más desarrollado es el de «La frontera como espacio utópico» (92), en torno a dos obras: *Los gauchos judíos* (1910) de Alberto Gerchunoff, recopilación de cuentos, y en particular, la novela *Pampa gringa* (1936) de Alcides Greca. La primera es una exaltación del espacio fronterizo argentino, que remite al mito de «la tierra de promisión», donde el colono laborioso puede desarrollarse plenamente. *Pampa gringa* es más compleja, en tanto describe un presente de miseria en un pequeño pueblo de provincia, al cual llega un inmigrante gallego. Su amistad con el maestro César Hidalgo le lleva a entrever un mundo futuro, de raigambre utópica, en que la pampa se convertiría en una «tierra de maravilla», gracias a su feracidad y al esfuerzo de los colonos. Aínsa subraya con justeza la similitud de esta visión utópica con el proyecto planteado por Sarmiento en *Argirópolis* en 1850. No obstante, la ruda realidad del presente lleva a Hidalgo a imaginarse una revolución social que terminaría con los especuladores de Buenos Aires y con la maffia de Rosario, la «Nueva Génova», beneficiarios del trabajo esforzado de los trabajadores de la pampa. La función de toda frontera sería, según Aínsa: «la de proteger la intimidad de una identidad y la de favorecer el intercambio que le permite la elasticidad de su propio límite» (98).

4) «Lugares de la memoria. Sistemas celebratorios y memoria selectiva. La preservación literaria del recuerdo», *América*, n° 30, 2003. Este número está dedicado al tema: *Mémoire et culture en Amérique latine*, objeto del VIII Congreso Internacional organizado por el CRICCAL en octubre 2002.

En la introducción, el autor recuerda su pasado montevideano, evocando el centro de la capital uruguaya, impregnado de historia nacional, punto de partida para distinguir entre memoria individual y memoria colectiva, alimentada ésta por ritos celebratorios: fiestas patrias, aniversarios y otros jalones de la memoria de un país. Sin embargo, subraya que los recuerdos individuales están condicionados por los colectivos. Otra distinción importante, formulada por Henri Bergson, es entre «tiempo real» y «tiempo vivido» (imaginario o ilusorio, cargado de subjetividad). Este último tiene una proyección privilegiada en la creación y, en particular, en la literatura.

Aínsa subraya la importancia del pasado en la construcción de la identidad, tanto individual como colectiva. La historia vendría a reemplazar la función del mito en las sociedades sin escritura. Habría dos actitudes opuestas: la reconstrucción y la destrucción de la memoria. Por ejemplo, por un lado la creación de museos, bibliotecas, archivos, etc., y por otro, su destrucción premeditada, con la consigna de derribar el viejo orden. La iniciativa de la Unesco para conservar un patrimonio mundial, poniéndolo al abrigo de toda demolición, es muy significativa, al respecto.

Mediante la propia vivencia y los numerosos soportes a nuestra disposición, la memoria individual puede abarcar algunas generaciones. Más allá, es la historia la que puede ensanchar el rescate de un pasado lejano, siempre que los pueblos no «vivan al día» confrontados a una situación precaria de mera supervivencia. En una situación normal, presente, pasado y futuro deben estar estrechamente ligados, de la misma manera que deben estarlo el tiempo y el espacio. Y como es habitual en el autor, esta fusión la lleva al plano de la creación: «El espacio/tiempo se lo puede reconstruir en la conciencia o simplemente recrearlo, crearlo, inventarlo en la ficción novelesca o poética» (35).

El ensayo termina con un apartado que se titula: «Espacios que rezuman temporalidad» (36), dos esencialmente: «las ciudades» y los «espacios naturales», valiéndose de las narrativas europea e hispanoamericana en su demostración. Sobre las primeras dice textualmente: en ellas se entrecruzan «mito e historia, memoria colectiva e individual» (37). Da algunos ejemplos europeos, como los escenarios de la Biblia o de la antigüedad greco-latina, así como el espacio urbano de París, con Victor Hugo, Balzac o Zola; el Dublín de Joyce en *Ulises*, la Praga de Kafka, el San Petersburgo de Dostoiewski y la Barcelona de Eduardo Mendoza en *La ciudad de los prodigios*. En los ejemplos hispanoamericanos cita *La Habana para un infante difunto*, *La ciudad de las columnas* y *Tres tristes tigres* de Cabrera Infante, así como *Adanbuenosayres* de Leopoldo Marechal. El espacio urbano sería el más cargado de historia.

En cuanto a los «espacios naturales» evoca la pampa de *Martín Fierro* de José Hernández y de *Don Segundo Sombra* de Güiraldes; los andes peruanos de Ciro Alegría y José María Arguedas; la selva de *La Vorágine* de José Eustasio Rivera y *Los pasos perdidos* de Carpentier, todas novelas emblemáticas de la literatura hispanoamericana. En síntesis, Aínsa expresa su convicción de que la palabra escrita es garantía de la permanencia de los recuerdos, con mayor razón si se trata de un texto ficcional.

Es de notar las abundantes referencias a autores que han analizado el problema del espacio-tiempo en el plano de la historia, de las ciencias y de la filosofía, tanto en la antigüedad griega (Heráclito, Aristóteles), como en la época contemporánea: Fernand Braudel, Frederic Jackson Turner, Samuel Alexander y Hermann Minkowski, entre los principales.

5) «Las políticas del libro en América Latina. La perspectiva de la Unesco». Integra el nº 23 de *América*, 1999, titulado: *Le livre et la lecture*, que el propio Aínsa presenta en una breve «Introducción» donde, aparte de anticipar la composición del número, destaca la proximidad cronológica entre «[...] la invención de la imprenta por Gutemberg (1457) con el "descubrimiento" de América (1492), convirtiendo, desde ese momento, la producción y difusión del libro en componente esencial de la cultura del Nuevo Mundo» (5).

A continuación explica el proyecto general de la Unesco, surgido a comienzos de los setenta para promover «el desarrollo del libro y la lectura en las regiones de Asia, países árabes, Africa y América Latina» (17). Esto significaba precisar los objetivos y crear los organismos encargados de concretarlos. Obviamente el artículo sólo se limita al campo latinoamericano, en que como veremos, Aínsa está bien situado para orientar al lector sobre el tema. En efecto, él formó parte del equipo fundador del Centro Regional para el Fomento del Libro en América Latina (CERLALC), constituido en 1971 con sede en Bogotá. Fue director del mismo entre 1972-1974, lo que le permitió captar toda la complejidad de una tal política. En primer lugar, la diversidad de competencias que intervienen en la producción del libro: diseñadores, técnicos gráficos e informáticos, traductores, gestores, promotores publicitarios ventas, directores literarios y, finalmente, el editor, encargado de aunar todos los esfuerzos.

En segundo lugar, lograr que los estados miembros le otorgaran prioridad a «la promoción, la edición, la producción, la comercialización y la difusión del libro» (18), en virtud del papel del libro y de la creación literaria en la transmisión de la cultura y la formación de la juventud. Poner en práctica dicho proyecto no fue fácil, ya que cada etapa necesitó superar problemas inherentes a la edición, la legislación sobre el derecho de autor, las normas aduaneras, la creación de bibliotecas, la organización de campañas de lectura en medio urbano y rural, etc. Destaca luego las diversas políticas nacionales del desarrollo del libro en América Latina, que no podremos evocar ahora.

El último problema desarrollado se refiere al impacto de las nuevas tecnologías en el sector editorial. Subraya el hecho de que ellas están cambiando todo el proceso de edición y distribución. En resumen, la producción digital de libros, diccionarios, enciclopedias y manuales escolares está en franca competición con las ediciones tradicionales en papel. Las librerías comienzan a disminuir frente al aluvión digital. La venta del libro ha debido recurrir a nuevas estrategias de difusión y comercialización. Se han multiplicado las ferias del libro en diversas capitales de América Latina, siendo la excepción la de Guadalajara. Incluso, ya existe un Salón Internacional del Libro Latinoamericano Rotativo (SILAR), que convoca a los profesionales del libro antes de las ferias ya citadas para facilitar la concertación.

El artículo se termina con una breve consideración acerca del papel fundamental de las bibliotecas públicas latinoamericanas en la difusión del libro, aunque algunas sólo existan gracias a las donaciones, lo que menoscabaría la calidad del fondo bibliográfico. Por otra parte, hay diferencias apreciables entre los países en cuanto a la cantidad y calidad de las bibliotecas. En el último párrafo, Aínsa propone una serie de temas a desarrollar sobre el número monográfico en cuestión. Un anexo titulado «Ley tipo del libro», gestado en el marco de la Unesco para favorecer la creación del Consejo Nacional del Libro en cada país, complementa su trabajo.

Aspectos de la narrativa latinoamericana: el *topos* de la selva, la dicotomía historia-ficción y la raíz popular de la nueva narrativa

En este apartado incluimos cinco artículos que se refieren a la narrativa hispanoamericana contemporánea, cuatro sobre la novela y uno sobre el cuento. Los primeros están ordenados según la cronología global de las referencias literarias que ilustran el análisis, de manera que el lector tenga una perspectiva más clara de la evolución de dicha narrativa.

1) «¿Jardín del Edén o Infierno verde? Naturaleza y paisaje en la novela de la selva», *América*, n° 29, 2003, *Le paysage II*. Se trata de una selección de cinco novelas «canónicas» en torno al tema de la selva, que abarcan algo más de un siglo: *Cumandá* (1879) de Juan León Mera; *La Vorágine* (1924) de José Eustasio Rivera; *Canaima* (1935) de Rómulo Gallegos; *Los pasos perdidos* (1953) de Alejo Carpentier; y *El hablador* (1986) de Mario Vargas Llosa. La introducción precisa las nociones de espacio y paisaje, para luego centrarse en el espacio americano, revelado al resto del mundo por los viajes de Colón. Percibido como un «Nuevo Mundo» por los europeos, despertó tanto la curiosidad y la imaginación, como la codicia de poseer sus riquezas. Hizo renacer los mitos de la Arcadia y del «buen salvaje», entre muchos otros.

Numerosos escritores de las nuevas repúblicas americanas se sintieron atraídos por el tópico de las fuerzas telúricas, como lo demuestra «la novela de la tierra» de los años veinte y, en particular, la fascinación de la selva, que Aínsa explora en su artículo. Su demostración nos revela que la percepción y representación de la selva es diferente en cada caso, según sea la sensibilidad del autor y las corrientes literarias sucesivas: romanticismo, naturalismo, realismo y otras. La percepción de la selva como espacio religioso en *Cumandá* de Mera, «catedral verde» que inspira devoción y temor, a la vez, espacio paradisiaco, que se revela después como lugar peligroso (reptiles venenosos, calor y humedad excesivos) y también de explotación del hombre por el hombre.

En *La Vorágine* de Rivera, el protagonista Arturo Cova busca en la selva un refugio, pero ésta se transforma después para él en una cárcel, en un laberinto inextricable, en una «selva sádica» que termina por devorarlo. Este desenlace muestra, según Aínsa, «la fuerza triunfante de la naturaleza» (28).

En *Canaima* de Gallegos la selva es representada como una deidad maléfica opuesta a Cajuña, el dios bueno. El joven Marcos Vargas, como tantos otros que se introducen en ella tras el caucho, el oro y los diamantes, es pronto testigo de los abusos cometidos sobre peones e indios. Su sensibilidad le lleva a compartir con estos últimos y convivir con la india Aymara, de quien tendrá un hijo que llevará su nombre.

Este hecho prefigura el mestizaje étnico y cultural, que caracteriza gran parte de la América Latina.

En *Los pasos perdidos* de Carpentier la selva es presentida como un mundo anterior a la creación, en el cual la figura del indio no esta idealizada. En su viaje a las fuentes del Orinoco, el protagonista (etnólogo musical) reflexiona sobre el sentido de la naturaleza salvaje, que se presenta a él como un mundo en clave, que necesita de un código para ser descifrada: «en la naturaleza hay un poema secreto, no siempre explicitado ni comprendido en su cabal significación» (34)

Por ultimo, en *El hablador* de Vargas Llosa, el antropólogo (personaje) se confronta con el narrador sobre el destino de los pueblos nativos frente al inexorable avance de la civilización blanca, propicia el respeto de su existencia selvática y de sus culturas, en tanto que para el narrador —álter ego del autor— el dilema de fondo es «modernizarse o extinguirse». En palabras de Aínsa, la controversia que sustenta el relato expresaría «el dilema no resuelto entre tradición y modernidad» (34).

2) «La invención literaria y la "reconstrucción" histórica», *América*, nº 12, 1993, número *titulado Histoire et Imaginaire dans le roman hispano-américain* (1ª serie). Este trabajo está complementado por otro de tema similar, integrado a la «segunda serie» (nº 14). El primer ensayo privilegia globalmente el plano conceptual, comenzando por señalar las relaciones complejas entre los discursos histórico y ficcional, distintos en sus objetivos, pero semejantes formalmente, en cuanto en ambos casos se trata de «relatos». Éstos intentan «reconstruir y organizar la realidad a partir de componentes pre-textuales» (documentos y otras fuentes).

Ambos discursos, considerados complementarios, tienden también a converger según las épocas, como lo demuestra la apertura de la historiografía hacia mitos, leyendas y creencias. La ficción habría nutrido la historia desde la antigüedad, como lo demuestran Homero en Grecia y Petronio en Roma, pero también los textos fundadores como *La Biblia* y los cantos épicos: el *Poema de Mio Cid* y otros.

Según Aínsa, varias novelas latinoamericanas han contribuido a la reconstrucción del pasado: *Las lanzas coloradas* de Úslar Pietri y *Canaima* de R. Gallegos (Venezuela); *Hombres de maíz* y *El señor presidente* de M. Á. Asturias (Guatemala); *Yo el Supremo* de A. Roa Bastos (Paraguay) y algunas obras de Ciro Alegría y J. M. Arguedas (Perú), «[n]ovelas que legitiman la historia o cristalizan una cierta idea de la identidad nacional» (13). Semejante función cumplen las novelas propiamente históricas como Cecilia Valdés de Cirilo Villaverde (Cuba), así como *Los de abajo* (1916) de Mariano Azuela y *La sombra del caudillo* (1929) de Martín Luis Guzmán, que integran el ciclo de la «novela de la revolución mexicana».

Las diferencias entre la historia y la ficción se manifestarían tanto a nivel de la «intención» como de «los materiales» utilizados, oscilando entre las convenciones de «veracidad» y de «ficcionalidad», respectivamente. La historia se caracterizaría por la objetividad, la diégesis y el discurso unisémico e inequívoco, en tanto que la ficción reivindicaría la subjetividad, la mimesis y el discurso plurisémico y equívoco. La narrativa constituye, en consecuencia, un discurso alternativo y complementario. La literatura testimonial del exilio, por ejemplo, ha cumplido una función rectificadora de la historia oficial en las dictaduras del continente.

Aínsa destaca al término de su ensayo las características particulares de algunos textos, como las *Crónicas de Indias*, concebidos con intención histórica, pero que incorporan la ficción literaria. Diarios, relaciones, crónicas y otros textos similares, con marcados rasgos ficcionales, constituyen, sin embargo, «la génesis de la memoria americana». El diario de Cristóbal Colón inauguraría la mezcla de lo histórico y lo ficticio en el continente americano.

3) «Nueva novela histórica y relativización transdisciplinaria del saber histórico», *América*, n° 14, 1994, titulado *Histoire et Imaginaire dans le roman hispano-américain contemporain* (2ª serie). En dicho número participan miembros de varios centros universitarios de investigación, principalmente de Francia.

En este ensayo Aínsa retoma el carácter antitético entre historia y narrativa. Sin embargo, subraya el hecho de que la relación entre ambas ha ido cambiando, debido a la apertura interdisciplinaria de la historiografía, por una parte, y por otra, al hecho de que la narrativa se ha nutrido de las ciencias sociales, la antropología y el psicoanálisis. La tesis que el autor defiende es que la complejidad histórica, en el marco de América Latina, ha encontrado una expresión más fiel en la ficción, particularmente en la narrativa, que en la propia disciplina histórica. Hace referencia a varias novelas de fuerte connotación histórica de los años sesenta del siglo XX: *La muerte de Artemio Cruz* (1962) de Carlos Fuentes; *Los recuerdos del porvenir* (1963) de Elena

Garro; *José Trigo* (1966) de Fernando del Paso; *Hijo de hombre* (1960) y *Yo, el Supremo* (1974) de Augusto Roa Bastos, entre las principales. Agrega en nota una veintena de títulos en que el contexto histórico es dominante.

Otras categorías mencionadas, a medio camino entre la historia y la ficción, serían «los relatos de vida, la literatura de testimonio y la novelización de base etno-sociológica» (32), como *Biografía de un cimarrón* (1966) de Miguel Barnet y *Hasta no verte, Jesús mío* (1966), de Elena Poniatowska.

Otro factor que ha tenido incidencia en el enfoque histórico es el influjo del psicoanálisis (Freud, Foucault, Lacan). Temas como la locura alimentan también la narrativa hispanoamericana, encarnada en Juana la Loca de *Terra Nostra* (1975) de Carlos Fuentes y en Carlota de *Noticias del Imperio* (1987) de Fernando del Paso.

En lo que se refiere al influjo de la *nouvelle histoire*, representada en Francia por Jacques Le Goff y la revista *Annales*, se pone énfasis tanto en lo social como en lo personal, con antecedentes en varias investigaciones realizadas por Jules Michelet sobre la brujería y algunos estudios medievalistas citados, como *El otoño de la Edad Media* de Johan Huizinga y los trabajos de George Dumezil sobre los mitos comunes a las culturas indo-europeas.

Casi al final destaca algunas novelas hispanoamericanas con valor histórico, que se sustentan en una rigurosa documentación, a partir de la cual se elabora un trabajo intertextual generador de las estructuras del relato. Los ejemplos paradigmáticos serían: *El siglo de las luces* (1962) y *El reino de este mundo* (1949) de Alejo Carpentier; *Noticias del Imperio* de Fernando del Paso y *Yo el Supremo* de Roa Bastos. Termina con un breve apartado: «Los asesinos de la memoria», en que señala la falsificación histórica como posibilidad entre los historiadores, la cual sería más deformante que la propia ficción. En suma, esta ponencia completa la anterior con nuevas reflexiones y ejemplos tomados de la narrativa.

4) «Raíces populares y cultura de masas en la nueva narrativa hispanoamericana», *América*, nº 25, 2000, *Les nouveaux réalismes* (2ª serie). Se parte de una constatación: los cambios operados en la narrativa hispanoamericana a partir de fines de los años setenta, en relación con los rasgos más acentuados que la caracterizaron en los años sesenta: es decir, su ambición totalizadora y su experimentalismo estético

en un contexto de radicalismo político. La novela experimental estaría representada, entre otras, por *La casa verde* (1966) de Vargas Llosa y *Cambio de piel* (1967) de Carlos Fuentes, de sofisticadas estructuras y algunas novelas de Salvador Elizondo: *El grafógrafo* (1972), por ejemplo, y las primeras novelas de Juan José Saer: *El limonero real* (1974), *Nadie nada nunca* (1980), *La mayor* (1982) y *La ocasión* (1988), estas últimas con marcada experimentación lingüística. La nueva narrativa, se plantea en franca ruptura con la anterior y en actitud de «abierto parricidio con las armas de la irrisión, el humor, la ironía, la parodia y el grotesco» (7).

Las fuentes principales de esta narrativa son las culturas marginadas o subvaloradas y la oralidad, con el fin de crear una literatura popular, a veces, testimonial. Se rescatan géneros ya en desuso, como crónicas, romances, folletines y otros. Se busca la inspiración en los temas tomados del cine, del teleteatro, del circo, de la música popular (tangos, boleros, salsa, chachachá), como también en el arte culinario y en los deportes que atraen a las grandes mayorías: el fútbol, el ciclismo, el tenis… Los ejemplos propuestos por Aínsa son tan numerosos, que sólo daremos algunos.

Novelas inspiradas en la música popular: *La guaracha del macho Camacho* (1976) y *La importancia de llamarse Daniel Santos* (1988) del puertorriqueño Luis Rafael Sánchez; *Bolero* (1986) del cubano Lisandro Otero; *Delito por bailar el chachachá* (1995) de Cabrera Infante; y *La Reina Isabel cantaba rancheras* (1994) del chileno Hernán Rivera Letelier.

Novelas inspiradas en el cine: *¿Marylin?* (1974) del colombiano Germán Santa María; *Por favor, rebobinar* del chileno Alberto Fuguet, gran admirador de Woody Allen; *Los ojos de Greta Garbo* (1993) obra póstuma de Manuel Puig, el cual fue un precursor de la tendencia con *La traición de Rita Hayworth* (1968).

Novelas inspiradas en el fútbol: *La sonrisa del golero* (1997) del uruguayo Carlos Bañales; *Las seductoras de Orange County* (1989) del chileno Juan Villegas; *Tiempo al tiempo* (1984) del peruano Isaac Goldemberg; y *Hay unos tipos abajo* (1998) del argentino Antonio del Masetto, que tiene como primer plano el clima político de dictadura y como trasfondo el Mundial de Fútbol 1978 en Buenos Aires. Sigue la serie deportiva con ejemplos del tenis, del ciclismo y del box. Termina con algunas novelas de la nueva narrativa que tienen como escenario la playa y su cultura específica «generada en el espacio de encuentro y convergencia social [...] a todo lo largo del continente latinoamericano» (14).

5) «La estructura abierta del cuento latinoamericano», *América*, n° 2, 1986, *Techniques narratives et représentations du monde dans le conte latino-américain*. Número dedicado a tres autores: Horacio Quiroga, Juan Rulfo y Rubén Bareiro Saguier, con participación de miembros del CRICCAL y de otros especialistas franceses y extranjeros. Este último ensayo desarrollado se propone reflexionar sobre el género «cuento» en su significación más actual y, en particular, sobre el cuento latinoamericano contemporáneo, cuyo fundador sería el uruguayo Horacio Quiroga (1878). Aínsa distingue dos tendencias: primero, el americanismo literario, vigente hasta los años cuarenta, de cuño criollista, nativista, cuyos representantes más notorios son Rufino Blanco Fombona (1874), Demetrio Aguilera Malta (1909-1981), Juan Bosch (1909-1975) y Manuel Rojas (1896-1973), entre otros. Ponen el acento en la realidad social del continente. Segundo, el vanguardismo, con la impronta del expresionismo y surrealismo, teñido de psicologismo y esoterismo, hasta incursionar en el cuento fantástico. Sus exponentes principales: Rafael Arévalo Martínez (1884-1975), Alfonso Hernández Catá (1885-1940), Julio Garmendia (1898-1977), Felisberto Hernández (1902-1964) y Enrique Anderson Imbert (1910-2000).

Ambas tendencias reflejarían las antinomias constantes de la literatura latinoamericana: lo nacional/lo internacional; lo rural/lo urbano; lo tradicional/ o renovador; lo auténticamente americano (lo indígena, lo nativo) frente a lo foráneo, lo universal. En el fondo, lo que estaría en juego es la «identidad cultural». Una síntesis de ambas tendencias se concretiza con los cuentos de Borges, Arreola, Onetti, Cortázar y el brasileño Guimaraes Rosa, los cuales integran diversos componentes formales con influencias europeas y norteamericanas, pero igualmente recuperan también las raíces históricas del cuento: crónicas, parábolas y otras variantes (en Asturias y Carpentier), así como mitos populares, leyendas y tradiciones orales amerindias (en Arguedas y Roa Bastos).

La última parte del ensayo está dedicada a un análisis del género, cuya estructura básica «debe estar abierta a temas, preocupaciones y estilos, y cerrada en la forma de su expresión» (79). Sus caracteres internos serían «la unidad de acción» y «la tensión interna del relato»; los externos: «la unidad de impresión o efecto» y la «brevedad dirigida». Se insiste también en la autonomía propia del cuento. El plano estructural es ilustrado con reflexiones de los propios creadores: Quiroga, Borges, Cortázar y Anderson Imbert. Esta reflexión crítica ha ido a la par con la experimentación formal y la preservación de la estructura del género, a diferencia de la novela, la poesía y el teatro, de estructuras más flexibles. A pesar de su estructura cerrada, concluye Aínsa, el cuento está abierto a la invención del autor para atrapar «un fragmento de la realidad» y proyectarlo en lo universal, como lo han hecho los principales cuentistas latinoamericanos: Quiroga, Borges, Cortázar, Carpentier y otros.

El tercer apartado, que no desarrollaremos, analiza puntualmente textos literarios de Donoso, Cortázar y Sarduy, breves estos últimos. Destaca por su mayor desarrollo, la convincente y sutil interpretación de El jardín de al lado, que imbrica el tema del exilio con el topos del jardín —«jardín-cuadro», «jardín-espejo» de la casa vecina— desde la subjetividad de un escritor chileno ya maduro, personaje narrador de la novela de Donoso, que añora el país y el jardín de su infancia.

Una apreciación global de los ensayos, objetos de esta aproximación, nos permite algunas conclusiones. En primer lugar, sus trabajos reflejan una auténtica pasión por la lectura, más allá de los marcos puramente profesionales. La amplitud del saber, en torno a América Latina —en particular, acerca de su literatura y de su ensayística— es también un rasgo preponderante. Es de notar que el autor no descarta sistemáticamente a Brasil, excluido por otros analistas a la hora de utilizar la denominación «América Latina».

Los temas de predilección de Aínsa —«la identidad cultural» y «la utopía»— ocupan un lugar importante en estos ensayos y, principalmente, en sus libros de mayor envergadura. Estos temas recurrentes lo llevan a incursionar en el pasado de América, en su agitada historia, desde la llegada de Colón hasta nuestros días: descubrimiento, conquista, colonización, independencia y período republicano. El patrimonio cultural, de múltiples raíces: indígena, hispánica, criolla, africana, presenta una complejidad difícil de cerner, a la hora de definir la identidad cultural, sea ésta individual o colectiva. Es en el soporte de la ficción literaria donde cristalizaría con mayores matices este concepto, lo que le permite explicar cómo se ha ido construyendo la identidad latinoamericana.

Una considerable ampliación del tema aparece en uno de sus libros más recientes: *Espacios de encuentro y mediación* (2004).

El otro concepto clave en el marco del pensamiento latinoamericano es el de «utopía». Para Aínsa ella constituye un proyecto indispensable para la evolución de América, aunque últimamente haya sido asimilada al «totalitarismo». Subraya el indudable interés por el pensamiento utópico en los últimos decenios, objeto de numerosos congresos, hasta el punto de señalar, con cierto humor, que «podría formarse una verdadera Internacional de la Utopía», compuesta por «Leopoldo Zea y Horacio Cerruti de México, los "hermanos" Weimberg de Argentina, Juan Durán Luzio de Costa Rica y otros corresponsales» («Introducción» a *De la Edad de Oro a El Dorado*, 1992, 1998). La constante referencia a la producción ensayística, desde los trabajos pioneros de Pedro Henríquez Ureña y Alfonso Reyes, le sirven de apoyo para su trabajo analítico, sumada a los aportes europeos en esta materia, desde las insoslayables figuras griegas: Heráclito, Platón y Aristóteles, hasta los pensadores actuales.

Precisamente, muchos de sus ensayos publicados en los Cuadernos del CRICCAL plantean las capitales relaciones entre América y Europa, verdadera columna vertebral de la historia cultural americana hasta hoy, en un juego constante «de atracción y de rechazo», visto desde el Nuevo Mundo. Una breve acotación: suscribimos totalmente este enfoque, tanto más cuanto que resulta desolador constatar la actitud reiterada por gran parte de las élites gobernantes e intelectuales latinoamericanas de reivindicar sólo las raíces europeas, tanto en el pensamiento como en las decisiones políticas, y la negación implícita o explícita de las raíces amerindias y africanas, sistemáticamente ignoradas o subvaloradas. Aquéllos que propugnan la valorización de todos los componentes culturales constituyen una excepción. Es el caso de Fernando Aínsa, en su concepción de la identidad cultural colectiva, por lo menos como proyecto, sino como utopía.

Otra constante es la del binomio historia-ficción, esta última representada sobre todo por la novela y su capacidad de nutrir la historia y plantearse como un discurso alternativo y complementario, más esencial aún en períodos de dictadura. Por otra parte, él destaca el universalismo ganado por la narrativa latinoamericana en el curso del siglo XX, gracias al aporte de sus principales exponentes: Jorge Luis Borges, Miguel Ángel Asturias, Alejo Carpentier, Juan Rulfo, Carlos

Fuentes, Ernesto Sábato, Julio Cortázar, Vargas Llosa y José Donoso, entre otros.

Creemos haber demostrado cómo se ha manifestado la contribución de Fernando Aínsa a los Cuadernos América. La constancia y la calidad de su participación. En varios números ya citados su competencia ha sido reconocida, de manera que sus ensayos, después de las presentaciones de los respectivos editores, han servido de portal introductorio al tema monográfico del número en cuestión, como sucede en *Utopies en Amérique latine* (nº 32), *Le livre et la lecture* (nº 23), *Histoire et imaginaire dans le roman hispano-américain contemporain I* (nº 12) y *Les nouveaux réalismes II* (nº 25).

El cambio de residencia de Aínsa hace una decena de años, a causa del término de su actividad en aquel privilegiado «observatorio» de la Unesco, donde trabajó desde 1972 a 1999, le ha posibilitado reencontrar sus raíces aragonesas, sin interrumpir por tanto su trabajo de escritura, por ejemplo, la elaboración de sus poemas de *Aprendizajes tardíos* (2007) y la publicación de algunas recopilaciones: *Pasarelas. Letras entre dos mundos* (2002), *Espacios de encuentro y mediación* (2004) y *Del topos al logos. Propuestas de geopoética* (2006), entre otros títulos. Sólo lamentamos el hecho de no contar con su fraternal compañía en las reuniones del CRICCAL. Agradezco a los organizadores haberme dado la oportunidad de participar en este congreso-homenaje.

BIBLIOGRAFÍA

Obras mencionadas de Fernando Aínsa

— (1977): *Los buscadores de la utopía*. Caracas: Monte Ávila.
— (1986): *Identidad cultural de Iberoamérica en su narrativa*. Madrid: Gredos.
— (1990): *Necesidad de la utopía*. Buenos Aires/Montevideo: Nordam.
— (1992/1998): *De la Edad de Oro a El Dorado. Génesis del discurso utópico americano*. México: Fondo de Cultura Económico.
— (1999): *La reconstrucción de la utopía*. México: El Correo de la Unesco.
— (1999): *La reconstrucción de la utopía*. Edición ilustrada. Buenos Aires: Ediciones del Sol.
— (2002): *Pasarelas. Letras entre dos mundos*. Paris: Indigo & Coté-Femmes.

— (2006): *Del topos al logos. Propuestas de geopoética*. Madrid/Frankfurt: Iberoamericana/Vervuert.

— (2007): *Aprendizajes tardíos (ficción)*. Sevilla: Renacimiento.

Esquema temático y bibliográfico de aproximación a sus ensayos

Temas generales de predilección sobre América Latina: la identidad cultural, la utopía y la memoria colectiva en el marco de la narrativa contemporánea:

— (1987): «Presupuestos de la identidad cultural de Latinoamérica», en *Politiques et productions culturelles dans l'Amérique latine contemporaine*, n° 1, pp. 209-241.

— (1999): «Las políticas del libro en América Latina. La perspectiva de la Unesco», en *Le Livre et la lectura*, n° 23, pp. 17-36.

— (1993): «La frontera territorial argentina: del programa político a la ficción utópica», en *Frontières culturelles en Amérique latine*, II, n° 13, pp. 81-100.

— (2003): «Lugares de la memoria. Sistemas celebratorios y memoria selectiva. La preservación literaria del recuerdo», en *Mémoire et culture*, n° 30, pp. 27-39.

— (2004): «Utopías contemporáneas de América Latina», en *Utopies en Amérique latine*, n° 32, pp. 17-33.

Aspectos de la narrativa latinoamericana: el topos de la selva, el binomio historia-ficción y la raíz popular de la nueva narrativa:

— (1987): «La estructura abierta del cuento latinoamericano», en *Techniques narratives et représentations du monde dans le conte latino-américain*, n° 2, pp. 67-85."

— (1993): «La invención literaria y la "reconstrucción histórica"», en *Histoire e Imaginaire dans le roman hispano-américain I*, n° 12, pp. 11-26.

— (1994): «Nueva novela histórica y relativización transdisciplinaria del saber histórico», en *Histoire et Imaginaire dans le roman hispano-américain II*, n° 14, pp. 25-39.

— (2000): «Raíces populares y cultura de masas en la nueva narrativa hispanoamericana», en *Les nouveaux réalismes II*, n° 25, pp. 5-16.

— (2003): «¿Jardín del Edén o infierno verde? Naturaleza y paisaje en la novela de la selva», en *Le Paysage II*, n° 29, pp. 21-37.

Análisis de algunos textos literarios hispanoamericanos:

— (1990): «El jardín de al lado: ¿cuadro o espejo?», en *L'exil et le roman hispano-américain actuel,* n° 7, pp. 125-137.

— (1997): «Los signos duales de la muerte. Lo fantástico como realismo exasperado en Apocalipsis de Solentiname», en *Le fantastique argentin: Silvina Ocampo, Julio Cortázar*, n° 17, pp. 61-69.

— (1998): «Severo Sarduy en Cuba, 1953-1961». «Deux écrits du jeune Sarduy: "En su centro", "El torturado"», en *Le néo-baroque cubain*, n° 20, pp. 79-87.

Reseñas biobibliográficas
y bibliografía de Fernando Aínsa

Reseñas biobibliográficas

José Luis Abellán (Madrid, España) es profesor emérito en la Facultad de Filosofía de la Universidad Complutense (Madrid). Ha sido Premio Nacional de Literatura (rama Ensayo, 1981) y se encuentra en posesión de la Medalla de Plata de la Unesco (1985) y de la Encomienda de Alfonso X el Sabio (1999). Autor de más de cincuenta libros, entre los que sobresale la *Historia crítica del pensamiento español* (7 vols.) y *La idea de América. Origen y evolución* (2ª edición revisada, actualizada y ampliada, 2009). Ha dado conferencias en todos los continentes, sobre todo en países de Europa y América Latina; también es autor de antologías y ediciones de numerosos clásicos españoles.

Ramón Acín (Piedrafita de Jaca, Huesca, España), escritor y profesor. Doctor en Filosofía y Letras (Universidad de Zaragoza), académico de número de la Real Academia de Bellas Artes de San Luis (Zaragoza). Ha dirigido colecciones literarias («Crónicas del Alba» en el Gobierno de Aragón; «Alba Joven», editorial Alba de Barcelona; y «Las Tres Sorores», editorial Prames de Zaragoza). Como crítico literario sus textos han aparecido en revistas (*Quimera, Letra Internacional, La Página, Turia, El Urogallo, Leer, Revista de Libros, Lucanor, Ínsula, Cuadernos Hispanoamericanos...*) y prensa diaria. Ha impartido conferencias en congresos nacionales e internacionales, así como en cursos de verano, universidades españolas y extranjeras. Como jurado ha intervenido en diversos premios de novela, relato, ensayo y poesía, incluyendo el Nacional de Poesía y el Nacional de Ensayo. Tiene publicados más de una veintena de obras (novela, relato, ensayo, literatura juvenil y dietario).

ALFREDO ALZUGARAT (Montevideo, Uruguay) es licenciado en Letras por la Universidad de la República del Uruguay, y narrador, crítico e investigador. En 1987 publicó *Porque la vida ya te empuja* (relatos) y en 1996, *War: la guerra es un juego* (cuentos). Ha participado en varias antologías de cuentos, entre ellas, *Extraños y Extranjeros* (1991); *Cuentos de atar* (1994); y *Cuentos uruguayos* (2007). Como investigador publicó en 1997 *Desde la otra orilla* (recopilación de testimonios) y en 2007, *Trincheras de papel. Dictadura y literatura carcelaria en Uruguay*. Participó en *En otras palabras, otras historias* (Hugo Achugar, comp., 1994), *La gesta literaria de Marcos Aguinis* (Juana Arancibia, comp., 1998), *El presente de la dictadura* (Álvaro Rico, comp., 2005), *William Henry Hudson y la tierra purpúrea* (2005) y *Actas. Jornadas Cervantinas a cuatrocientos años de la publicación del Quijote* (2006). Como crítico colabora en la actualidad en *El País Cultural*. Artículos suyos fueron publicados en *Cuadernos de Marcha, Hermes Criollo, Cuadernos del Claeh,* y en *Kipus* (Universidad Simón Bolívar, Quito), *Journal of Hispanic Philology* (Hammond, Indiana), *Venezuelan Literature & Arts Journal* (Saint Paul, Minnessotta) y en *Notas – Reseñas Iberoamericanas* (Frankfurt).

JORGE ARBELECHE (Montevideo, Uruguay) fue profesor de literatura egresado del Instituto de Profesores Artigas, ejerció la docencia en Enseñanza Secundaria, Universitaria y Formación Docente, obteniendo todos sus cargos por concurso. Fue inspector nacional de Literatura y es referente académico permanente de Formación Docente. Poeta y ensayista se especializó en el estudio y revalorización de Juana de Ibarbourou. Ha publicado poesía y crítica en todos los países de Latinoamérica, España, Italia y Estados Unidos. Ha participado en numerosos congresos y festivales internacionales. Integró, como miembro de número, la Academia Nacional de Letras del Uruguay y ejerció la presidencia de la misma durante un período. Ha recibido premios nacionales e internacionales por su obra poética. Recientemente fue publicada en Italia una antología suya bilingüe por la editorial Lieto Colle, titulada *40 poesie*.

EFER AROCHA (Bucaramanga, Colombia), fundador y director de revistas y periódicos alternativos, entre los que se destacan. para Colombia, el periódico *Rebelión* y la revista de ajedrez *Enroque*; y en París la revista *Vericuetos*. Es autor de tres libros de cuentos: *¡Oh Libertad!*, *La tierra que perdió la brisa y la luz del sol* y *Fleur de Huampani*. Como novelista ha publicado: *Curriculum Vitae et autres démarches* y *On enlève le point à l'I*; y como poeta: *Dulces conversaciones entre Heráclito, Marylin Monroe y Stalin* y *Vello púbico en el pavimento en señal de un goce pagano*.

WASHINGTON BENAVIDES (Tacuarembó, Uruguay), poeta uruguayo de lirismo refinado y dueño de una particular destreza para los ritmos y la musicalidad del verso. Autor, entre otros, de *Las milongas* (1965), *Hokusai* (1975), *Lección del exorcista* (1991), *Los pies clavados* (2000), la novela *La sangre de Caín* (2001) y el volumen de cuentos *Moscas de provincia* (1995). Ha traducido a Guimaraes Rosa y ha coordinado varias antologías de poesía y cuentos.

ALCIRA B. BONILLA (Buenos Aires, Argentina), doctora en Filosofía y Letras y licenciada en Filosofía; directora organizadora del Instituto de Investigaciones en Filosofía Práctica y Pensamiento de Asia, África, América Latina y el Caribe, Universidad Nacional de Río Negro, Argentina; profesora de la Universidad de Buenos Aires; investigadora del CONICET (filosofía del exilio y de la migración y filosofía práctica contemporánea europea y latinoamericana); Premio Nacional de Filosofía y Psicología, 1992, por el libro *Mundo de la vida: mundo de la historia*.

VÍCTOR BRAVO (Coro, Venezuela) es profesor titular de la Universidad de los Andes (Mérida, Venezuela). Es autor de diversos artículos y ensayos de crítica entre los cuales *Terrores de fin de milenio: del orden de la utopía a las representaciones del caos* (1999). El trabajo intelectual de Víctor, diverso en sus lenguajes (libros, cátedras, foros) y principalmente formativo, es de los más fecundos y visibles en el panorama intelectual venezolano de este fin de siglo.

HUGO BUREL (Montevideo, Uruguay) es un escritor uruguayo. Ha publicado 17 libros entre cuentos y novelas. En 1986 obtuvo el título de licenciado en Letras del Instituto de Filosofía Ciencias y Letras (actual Universidad Católica del Uruguay Dámaso Antonio Larrañaga). En la actualidad escribe una columna en la revista *Galería* y es docente en la Facultad de Ciencias Humanas. Su última novela, *El guerrero del crepúsculo*, obtuvo el Premio Lengua de Trapo de narrativa 2001, un galardón que festeja ante todo la calidad literaria de la obra.

MARÍA CABALLERO WANGÜEMERT (Logroño, España) es catedrática de Literatura Hispanoamericana en la Universidad de Sevilla. Su actividad docente en el Departamento de Filologías Integradas (Literatura Hispanoamericana) se compagina con la investigación. Ha publicado unos ochenta artículos de la materia, así como los libros: *La narrativa de René Marqués* (1986), *Letra en el tiempo* (1997*), Femenino plural. La mujer en la literatura* (1998), *Ficciones isleñas. Estudios sobre la literatura de Puerto Rico* (1999), *Borges y la crítica. El nacimiento de un clásico* (1999), *Novela histórica y posmodernidad en Manuel Mujica Láinez* (2000); *Memoria, escritura, identidad nacional: Eugenio María de Hostos* (2005); y ediciones críticas de *Recuerdos de provincia, autobiografía del argentino Domingo Sarmiento* (1992), *Viaje a La Habana, de la condesa de Merlin* (2006) y *La casa de los espíritus, de Isabel Allende* (2007). Miembro de AHILA, de la Asociación de Americanistas Españoles, del CELCIRP y del IILI, ha realizado estancias en Alemania (Mainz) y Francia (París) destinadas a la investigación. Ha sido profesor invitado del Centro de Estudios Avanzados de Puerto Rico y el Caribe (San Juan de Puerto Rico), donde impartió un doctorado durante seis cursos académicos.

ANTONELLA CANCELLIER (Padova, Italia) es catedrática de Lingüística Española e Hispanoamericana en la Facultad de Ciencias Políticas de la Universidad de Padova. Es autora de diversos artículos sobre el contacto entre las lenguas italiana y española en el continente americano. Sobre poesía, ha escrito ensayos, en particular, sobre Hernando Domínguez Camargo, José Hernández, José María Heredia, Carlos Sabat Ercasty, Pablo Neruda, César Vallejo, Jorge Luis Borges y Amanda Berenguer.

RAÚL CAPLÁN (Montevideo, Uruguay), doctor en Literatura Comparada, profesor e investigador en la Universidad de Angers. Ha publicado artículos sobre narrativa cubana (Cabrera Infante, Carpentier, J. Díaz...) y uruguaya (Benedetti, Butazzoni, Liscano, Maslíah, Rosencof...). Ha coordinado el número de setiembre de 2005 de la revista *Les Langues néo-latines* —«La culture uruguayenne entre deux espoirs (1980-2005)»— y el número 6 de *Cuadernos Angers-La Plata* sobre transiciones políticas y culturales en España y América Latina. Junto con M-L. Copete e I. Reck ha coordinado *Univers répressifs – Péninsule ibérique et Amérique latine* (2001); con M-L. Copete ha coordinado *Identités périphériques. Péninsule ibérique, Méditerrannée, Amérique latine* (2004). Es co-autor del *Diccionario de hispanoamericanismos no recogidos por la Academia* (coordinado por R. Richard), cuya cuarta edición está prevista para 2010.

CÉCILE CHANTRAINE-BRAILLON (Francia) es doctora en Literatura Latinoamericana, profesora titular en la Universidad de Valenciennes (Lille, Nord de France) e investigadora del centro CECILLE (Équipe d'accueil EA 4074 «Centre d'Études sur les *Civilisations, Langues et littératures étrangères*»). Es autora de una tesis de doctorado y de diversos artículos sobre la obra del escritor uruguayo Carlos Denis Molina. En la actualidad, sus investigaciones se centran en el teatro latinoamericano del siglo XX.

MATEI CHIHAIA (Rumanía), profesor de Filología Románica de la Universidad de Colonia. Realizó sus estudios superiores en Literatura Comparada, Filologías Románicas y Filosofía en las Universidades de Munich y Oxford. Obtuvo la *venia legendi* en Filologías Románicas en 2006 con una tesis sobre *Cine y metalepsis en los cuentos de Julio Cortázar*, de la que se publicó un capítulo: «Aquí, ahora. Die intermediale Metalepse bei Julio Cortázar, Dan Graham und Michael Snow» en *Intermedialität in Hispanoamerika. Brüche und Zwischenräume* (2007).

PATRICK COLLARD (Bélgica) es catedrático emérito de la Universidad de Gante (Bélgica), miembro de la Real Academia (belga) de Ciencias de Ultramar y consejero de la Fundación Duques de Soria. Su principal línea de investigación se centra en la prosa narrativa hispánica contemporánea, en particular las modalidades de las relaciones entre historia y ficción. Ha publicado sobre, entre otros, los españoles Ramón J. Sender, Segundo Serrano y Francisco Ayala, los cubanos Alejo Carpentier, Antonio Benítez Rojo, René Vázquez Díaz y Leonardo Padura, los colombianos Álvaro Mutis y Germán Espinosa. Entre libros como (co)autor o (co)editor y artículos en revistas especializadas, su lista de publicaciones abarca unos cien títulos.

WILFRIDO H. CORRAL (Ecuador) es autor de diez libros, el más reciente de los cuales es *Cartografía occidental de la novela hispanoamericana*. Recibió su doctorado de Columbia University y ha enseñado en las universidades de Massachusetts y Stanford. Su *Theory's Empire* (2005, en co-autoría con Daphne Patai) recibió numerosas reseñas, entre ellas en *The Wall Street Journal*, y fue selecionado «Libro del Año» en crítica por el *Times Literary Supplement* de Londres. Colaborador frecuente en revistas y periódicos hispanoamericanos, europeos y estadounidenses, ha terminado *Bolaño: nueva literatura mundial*, y prepara un libro sobre la narrativa hispanoamericana de los últimos quince años. Es director de Área en hispanística en Sacramento State University.

JORGE CORTÉS (Zaragoza, España), escritor. Ha publicado las novelas *La savia de la literesa* (2003) y *El brumario de Emilio* (2009); y es coautor de *El aragonés: identidad y problemática de una lengua* (1977) y *Los aragoneses* (1978). Ha participado en varias obras colectivas como *Casa Emilio: 50 aniversario* (1989, 1995 y 2009), *La charrada* (2006) y *Homenaje a José Antonio Labordeta* (2008). Es autor del relato «El maestro», incluido en el libro *Historias de maquis en el Pirineo aragonés* (1999). Desde 1974 hasta 1992 ha sido articulista en diversos medios aragoneses.

FRANÇOIS DELPRAT (Francia), profesor emérito de la Université de la Sorbonne Nouvelle-Paris 3. En la misma universidad, fue miembro de la directiva del Centre de Recherches Interuniversitaire sur les Champs Culturels en Amérique latine (CRICCAL) y director del centro entre 1994 y 1998. Trabaja sobre literatura y civilización de América Latina desde el siglo XIX hasta hoy. Entre sus libros recientes cabe mencionar: *Venezuela narrada* (2002) y, en colaboración con J. M. Lemogodeuc y J. Penjon, *Littératures de l'Amérique Latine* (2009).

PHILIPPE DESSOMMES FLÓREZ (Francia) es profesor *agrégé* en la Universidad Claude-Bernard, Lyon 1, y en la ENS de Lyon, donde dirige el Atelier de Traduction Hispanique, que creó en 1996. De Arturo Úslar Pietri tradujo: *Les vainqueurs, Le chemin de l'Eldorado, Insurgés et visionnaires d'Amérique latine* (cuentos, novela, ensayo), y *L'homme que je deviens* (poesía); participó en la edición crítica de Arturo Úslar Pietri, *Las lanzas coloradas* (2002), coordinada por François Delprat, con un «Recorrido de la narrativa de Uslar». Bajo su dirección, el ATH publicó dos antologías de cuentos: *Bolivariennes* y *Frontières* y publicará en francés en 2010-2011 una antología de Ednodio Quintero, *Le Combat et autres nouvelles, Les antipodes et le siècle*, de Ignacio Padilla, y *Toda la tierra* de Saúl Ibargoyen.

JOSÉ LUIS FERNÁNDEZ CASTILLO (Madrid, España), doctor en Filología Hispánica por la Universidad Autónoma de Madrid con la tesis *El ídolo y el vacío. La crisis de la divinidad en la tradición poética moderna: Octavio Paz y José Ángel Valente* (2008). Lector de español en la Universidad de la Sorbonne Nouvelle-Paris 3, *visiting instructor* en Bard College (Nueva York), profesor colaborador en el Instituto Cervantes de Tokio. Actualmente enseña en la Universidad de Queensland (Australia). He publicado artículos sobre poesía contemporánea española e hispanoamericana y literatura comparada: «Juan Eduardo Cirlot: en lo profundo de las aguas» (*Nigredo. Revista de poesía*, 2007); traducciones de poemas de Shinkichi Takahashi (en colaboración con Kyoko Mizoguchi); *Sui Generis. Literary translation magazine* (2008); y «Poesía y filosofía en Matar a Platón de Chantal Maillard» (publicación próxima en la revista *Espéculo*).

ENRIQUE FIERRO (Montevideo, Uruguay), poeta, ensayista, traductor y crítico literario. Vivió en México entre 1974 y 1985 y entre 1985 y 1989 fue director de la Biblioteca Nacional de Uruguay. Ha sido profesor universitario en su país, en Alemania y en México. Desde 1989 dicta clases en la Universidad de Texas en Austin, ciudad donde reside. Entre sus últimos libros de poesía: *Queda, Natural selection, Que la música* y *Resta*.

ALFREDO FRESSIA (Montevideo, Uruguay) es poeta, traductor y crítico literario. Desde 1976 reside en São Paulo. Su obra poética incluye:

Un esqueleto azul y otra agonía (1973, Premio MEC, Uruguay); *Clave final* (1982); *Noticias extranjeras* (); *Destino: Rua Aurora* (1986); *Cuarenta poemas* (1989); *Frontera móvil* (1997, Premio MEC, Uruguay); *El futuro/O futuro* (edición bilingüe español-portugués, 1998); *Amores impares* (*collage* sobre textos de nueve poetas, 1998); *Veloz eternidad* (1999, Premio MEC, Uruguay); *Eclipse* (2003); y *Senryu o El árbol de las sílabas* (2008, Premio Bartolomé Hidalgo). En Montevideo, 2009, acaba de salir su libro de crónicas y memorias *Ciudad de papel*.

ANA GALLEGO CUIÑAS (Granada, España) es investigadora contratada doctora en el Departamento de Literatura Española de la Universidad de Granada. Ha dictado varias conferencias internacionales, cursos y seminarios; y ha publicado los siguientes libros: *Trujillo: el fantasma y sus escritores. Historia de la novela del trujillato* (2006), *La fiesta del Chivo de Mario Vargas Llosa* (2007), una edición de *María* de Jorge Isaacs (2007), *Juegos de manos. Antología de la poesía hispanoamericana de mitad del siglo XX* (2008), y *De Gabo a Mario. La estirpe del boom* (2009), los dos últimos en colaboración con Ángel Esteban. Ha coordinado un monográfico sobre Onetti para la revista *Ínsula* (junio de 2009); y ha publicado artículos y capítulos de libro sobre novela del trujillato, Ricardo Piglia, y Juan Carlos Onetti en revistas de reconocido prestigio internacional tales como: *Hispanic Review, Revista de Crítica Literaria Latinoamericana, Ínsula, Hispanófila, Anales de Literatura Hispanoamericana, Antípodas, Hipertexto* o *Turia*. Asimismo es editora de la revista *LETRAL. Revista Electrónica de Estudios Trasatlánticos de Literatura*.

HUGO GARCÍA ROBLES (Montevideo, Uruguay) reflexiona sobre uno de los aspectos que ha preocupado a Fernando Aínsa en distintos libros. Quizá en *Travesías* sea más notorio pero el cambio de ubicación geográfica, el estar en un sitio y ser de otro, es una arista importante presente en su obra. Por otra parte, refleja la peripecia personal de Fernando que, hijo del exilio español, nació en Francia, vivió y se formó en Uruguay, tuvo activa y prolongada residencia en Paríspara desembocar finalmente en Zaragoza, donde nació su padre. *Otro lugar, otra lengua* examina por lo tanto las consecuencias y variables que nutren la experiencia de quien ha tenido por voluntad o por imperio de circunstancias, una vida itinerante.

Giuseppe Gatti (Roma, Italia), doctorando en Filología Hispánica, programa *Vanguardia y posvanguardia en España e Hispanoamérica*, Universidad de Salamanca. Reside actualmente en Montevideo para el período de investigación dedicado a la literatura uruguaya contemporánea. Su proyecto de Tesis doctoral es: «La apropiación subjetiva del espacio urbano y su proyección en la literatura de Hugo Burel». Presentó su trabajo de Grado en Salamanca en septiembre de 2008: «Imagen poética y visión oblicua en la escritura de Hugo Burel: *El elogio de la nieve y doce cuentos más*». Ha colaborado en varias revistas con «El teatro de Roberto Arlt y Luigi Pirandello: la sonrisa que viene de lo amargo» (*Cartaphilus*, junio de 2008); «La poesía venezolana contemporánea: el ruidoso silencio en la estética de Reynaldo Pérez Só» (*Tonos Digital*, junio de 2008); una entrevista al escritor uruguayo Hugo Burel, «*Memoria sin nostalgia, violines como flores*. Un encuentro con Hugo Burel» (*Nuestra América*); «El cine poético en el siglo XXI: silencios, imágenes y lentitud en la película uruguaya W*hisky*» (*Cartaphilus*, diciembre de 2007). Es también profesor de italiano en la Societá Dante Alighieri de Montevideo y responsable del ciclo de cine en italiano en la misma institución.

Ricardo Gattini (Valparaíso, Chile), escritor y ensayista chileno. Es autor de la narrativa *Adiós, querida gringa* (2007; *El barco de ébano* (2008); y «La esclavitud en el Cono Sur de América como referente historiográfico de un relato de ficción» (*Estudios Avanzados*, 2009); y colaborador de las revistas *Resonancias Literarias* de Pau (Francia) y *La Siega* de Barcelona.

Rudy Gerdanc (Buenos Aires, Argentina) cursó estudios de Ciencias Económicas y Ciencias Antropológicas. A partir de 1986 se instaló en Francia. Sus cuentos fueron leídos en la radio y publicados en diferentes revistas de Argentina, México, Francia y España. En septiembre de 1998 publicó su primer libro de cuentos *Pasiones compartidas*, y luego la versión francesa (*Passions partagées. Mémoire d'un voyage imaginaire*), así como también numerosos cuentos y poemas en el *Periódico de un día* (*Journal d'un Jour*). Su último libro *El pacto carnal/Le Pacete charnel* apareció en junio de 2008. Actualmente trabaja como bibliotecario y animador literario en el Centro de Formación Benoît Frachon de la CGT. Fue finalista del XI Certamen Internacional de

Narrativa Corta «Jara Carrillo» en 1995 y galardonado con el Primer Premio en el Concurso de Cuentos Voces del Chamamé en el mismo año. Entre sus antologías, destacan *Cuentos Migratorios* (2000) y *Siete latinoamericanos en París* (2001).

NORAH GIRALDI DEI CAS (Montevideo, Uruguay) es catedrática de Literatura Hispanoamericana de la Universidad de Lille, miembro del directorio de CECILLE (Équipe d'accueil EA 4074 «Centre d'Études sur les Civilisations, Langues et littératures étrangères»), y responsable en ese centro del área «Las Américas (Nords/Suds)». Custodia científico de los archivos de José Mora Guarnido y de Carlos Denis Molina (depositados en la Universidad de Lille), funda la red *Héroes de papel* en 2001 con investigadores hispano americanistas de diferentes universidades europeas y latinoamericanas. Sus investigaciones actuales sobre representaciones en la literatura del sujeto migrante y las culturas de la movilidad transnacional la han llevado a dirigir programas de investigación pluridisciplinarios: *Lugares y figuras de la barbarie* (2006-2008), *Lugares y figuras del desplazamiento* (2009-2011). Dentro de este programa se sitúa el proyecto de estudiar la obra y la trayectoria intelectual de Fernando Aínsa.

ROSA MARIA GRILLO (Salerno, Italia), catedrática de Lengua y Literaturas Hispanoamericanas en la Universidad de Salerno, es autora de numerosos ensayos y monografías publicadas en Italia, Francia, España, Estados Unidos, Colombia y Uruguay. Temas hispanoamericanos: Carlos Fuentes, J. J. Saer; cuentistas: teoría y práctica (Quiroga, Benedetti, Onetti), narrativa de emigración, exilio y viaje, el papel de la novela histórica latinoamericana en la construcción de las identidades nacionales. Es miembro del Comité científico del Centro Estudios «Mario Benedetti» de Alicante y del Centro Studi Americanistici «Circolo Amerindiano» de Perugia y de sus respectivas revistas (*América sin nombre* y *Thule*) y publicaciones (*Cuadernos de América sin nombre* y *Quaderni di Thule*). Desde 2000 dirige la colección de narrativa latinoamericana en italiano «A Sud del Rio Grande» (Oédipus, Salerno/Milano), de la cual se han publicado hasta ahora 11 títulos.

ANNA HOUSKOVA (Praga, República Checa), catedrática de Literatura Hispanoamericana en la Universidad Carolina de Praga, directora del

Instituto de Estudios Románicos en esta misma universidad. Publicó el libro *Imaginación de Hispanoamérica. Identidad cultural hispanoamericana en novelas y ensayos* (en checo, 1998) y numerosos artículos en revistas académicas checas y extranjeras. Editó *La otra margen de Occidente* (2004), antología de treinta ensayos latinoamericanos de los siglos XIX y XX traducidos al checo. Dictó conferencias en las universidades de Sevilla, Zaragoza, Lima, Cuzco, México, Boston. Organizó en Praga tres simposios iberoamericanistas.

SAÚL IBARGOYEN (Montevideo, Uruguay) vive en México desde hace mucho tiempo. En 2001 le fue otorgada la nacionalidad mexicana. A partir de sus primeras publicaciones en 1954 hasta el presente, ha dado a conocer más de 50 títulos entre poesía, cuento, novela, teatro infantil, testimonio y ensayo, en Uruguay, México, Cuba, Canadá, Venezuela y Estados Unidos. Es miembro correspondiente de la Academia Nacional de Letras del Uruguay.

FATIHA IDMHAND (Francia) es doctora en Literatura Hispanoamericana, profesora titular en la Universidad del Littoral Côte d'Opale (Lille, Nord de France) e investigadora del centro CECILLE (Équipe d'accueil EA 4074 «Centre d'Études sur les Civilisations, Langues et littératures étrangères»). Es autora de una tesis de doctorado sobre el escritor y periodista español José Mora Guarnido (Alhama de Granada, 1894-Montevideo, 1967) y de diversos artículos sobre la obra de escritores entre España y Uruguay y «entre dos mundos». En la actualidad, sus investigaciones se centran en migraciones y exilios del siglo XX con un amplio trabajo sobre genética textual y manuscritos del siglo XX, y trabajó sobre los fondos de archivos de José Mora Guarnido y Carlos Liscano.

DANTE LIANO (Guatemala) comenzó a publicar narrativa desde muy joven. En 1973, ganó una Mención de Honor en los Premios Literarios Centroamericanos de Quetzaltenango. El año sucesivo ganó el Primer Premio en la sección Novela, con *Casa en Avenida*, siempre en el mismo concurso. Se graduó en Letras en la Universidad Nacional de San Carlos y ello le permitió obtener una beca del Gobierno italiano. De 1975 a 1977 vivió en Florencia, en el ambiente estudiantil de la ciudad toscana. En 1978 regresó a su país, donde publicó *Jornadas y otros cuentos*.

Entró como profesor en la Universidad Nacional para enseñar literatura. La persecución contra los docentes universitarios lo decidió a dejar el país en 1980. Sólo en 1987 publicó un segundo libro de cuentos: *La vida insensata*. Mientras, trabajó como «Lector» de Lengua Española en Bolonia y en Milán. Escribió la novela *El lugar de su quietud*, finalista del Premio Herralde en 1987. En 1991 le fue concedido el Premio Nacional de Literatura de su país. En 1992, el Ministerio de Cultura de Guatemala publicó la novela. Escribió *El hombre de Montserrat*, publicado en México en 1994 (en Italia, en 1999 y en España en 2006). Sucesivamente, publicó, siempre en México, en 1996, *El misterio de San Andrés* (en Italia, 1998, y en España, 2006). *El hijo de casa* (también finalista en el Premio Herralde) fue publicado en Italia en el 2003 y sucesivamente en España en el 2004. En 2008, salieron *Pequeña historia de viajes, amores e italianos* y sus *Cuentos completos*. Con Rigoberta Menchú ha colaborado en la publicación de cino libros de relatos mayas. Como ensayista, ha publicado *Visión crítica de la literatura guatemalteca*, la edición crítica de *El hombre que parecía un caballo y otros cuentos*, de Rafael Arévalo Martínez, y la edición crítica de *La arquitectura de la vida nueva*, de Miguel Ángel Asturias. Actualmente es catedrático de Literatura Hispanoamericana en la Universidad Católica de Milán.

AMADEO LÓPEZ (León, España) es doctor en Letras y Ciencias Humanas por la Université de la Sorbonne Nouvelle-Paris 3 y profesor emérito de Literatura Hispanoamericana en la Université Paris X-Nanterre, donde creó el GRELPP (Grupo de Investigación en Literatura, Filosofía y Psicoanálisis). Su doble formación de filósofo e hispanista lo llevó a interesarse por las relaciones específicas que mantienen la Literatura, la Filosofía y el Psicoanálisis en los países de lengua española. Sobre esos temas publicó numerosos trabajos, entre los que cabe destacar el libro *La conscience malheureuse dans le roman hispano-américain contemporain. Littérature, Philosophie et Psychanalyse*; la edición de seis tomos de los trabajos de su grupo de investigación; varias colaboraciones en libros colectivos y múltiples artículos. Colaboró y colabora en varias revistas de audiencia internacional.

MERCEDES LÓPEZ-BARALT (San Juan, Puerto Rico), con dos doctorados (Cornell y Universidad de Puerto Rico), tiene libros sobre literatura colonial, Arguedas, literatura y antropología, Galdós y literatura puertorriqueña. Ha sido profesora visitante en Estados Unidos, Ecuador y Madrid. Miembro de la Academia Puertorriqueña de la Lengua Española y correspondiente de la de Madrid, pertenece al Comité Científico de la revista *América sin Nombre* (Alicante). Enseña en la Universidad de Puerto Rico.

VIRGILIO LÓPEZ LEMUS (Cuba) es investigador literario en el Instituto de Literatura y Lingüística, profesor de la Universidad de La Habana y miembro de la Academia de Ciencias de Cuba. Poeta, ensayista y crítico literario, posee una treintena de libros publicados, los más recientes de 2008 y 2009 son *El siglo entero. El discurso poético de la nación cubana en el siglo* XX y *Métrica, verso libre y poesía experimental de la lengua española*. Ha sido *professeur invité* en la Université de Rouen.

RAÚL CARLOS MAÍCAS (Teruel, España) es escritor y periodista. Ha promovido diversas actividades culturales y colaborado en distintos medios de comunicación aragoneses, así como en revistas de ámbito latinoamericano como *Letras Libres*. Fundó, en 1983, la revista cultural *Turia*; una publicación de difusión española e internacional que continúa dirigiendo en la actualidad y que goza de un consolidado prestigio, avalado por la concesión, en 2002, del Premio Nacional de Fomento a la Lectura. Como autor, ha publicado dos volúmenes de diarios: *Días sin huella* (1988) y *La marea del tiempo* (2007), ambos con una favorable acogida de la crítica.

SILVANA MANDOLESSI (Argentina) se especializó en Literaturas Modernas y Teoría Literaria en la Universidad Nacional de Córdoba y obtuvo su doctorado en la Katholieke Universiteit Leuven (Bélgica) con una tesis sobre la incorporación del escritor polaco Witold Gombrowicz al canon de la literatura argentina. Ha publicado artículos sobre la problemática de la identidad (nacional) en Armonía Somers, César Aira, Witold Gombrowicz, Jorge Luis Borges, Juan José Saer. Actualmente se desempeña como investigadora postdoctoral del Fondo de Investigación de la KULeuven con un proyecto sobre la relación entre escritura migrante y estrategias autoficcionales en la obra de Héctor Bianciotti, J. J. Saer y Copi.

GREGORIO MANZUR (Mendoza, Argentina) es autor de los libros siguientes: *La garganta del águila* (cuentos); *Solstice du Jaguar* (novela); *Iguazú* (novela); *Murmullos del silencio* (poesía), bilingüe español-francés; *Piqué sur la Rouge* (novela); *El Forastero* (cuentos); *Guanacache, las aguas de la sed* (relato etnográfico); *Les mouvements du silence*, autobiografía alrededor del taichi; y de próxima publicación, *L'Art du combat avec son ombre*, una reflexión sobre la práctica del taichi y sus bases filosóficas: el taoísmo y el budismo zen.

DANIEL MESA GANCEDO (Zaragoza, España), profesor titular de Literatura Hispanomericana en la Universidad de Zaragoza y, anteriormente, en las universidades de Lyon-Lumière, Salzburg, Poitiers, Paris X, Sevilla y Jaén. Entre los resultados de sus investigaciones destacan tres libros: *La emergencia de la escritura. Para una poética de la poesía cortazariana* (Kassel, 1998), *La apertura órfica. Hacia el sentido de la poesía de Julio Cortázar* (Berna, 1999) y *Extraños semejantes. El personaje artificial y el artefacto narrativo en la literatura hispanoamericana* (Zaragoza, 2002). Ha colaborado en la edición de la poesía completa de Cortázar (Barcelona, 2005) y ha coordinado un volumen sobre la obra de Ricardo Piglia: *Ricardo Piglia: la escritura y el arte nuevo de la sospecha* (Sevilla, 2006). Trabaja en la actualidad sobre géneros como el «poema extenso» y los diarios, y colabora en un grupo de investigación sobre historiografía literaria (Universidad de Zaragoza) y en otro sobre las relaciones literarias entre España e Hispanoamérica (Universidad de Sevilla).

LUISA MIÑANA (Zaragoza, España), licenciada en Filosofía y Letras por la Universidad de Zaragoza. Ha publicado la novela *Pan de Oro* (2006), el poemario *Las esquinas de la Luna* (2009), y el libro-*blog La arquitectura de tus huesos* (<http://laarquitecturadetushuesos.wordpress.com>, 2008-2009). Es coautora del ensayo *El retablo aragonés del siglo XVI. Estudio evolutivo de las mazonerías* (1993). Coordina la revista cultura digital *El Cronista de la Red* (<http://www.aragoneria.com/cronista>). Mantiene los blogs *Luisamiñana.blog* (<http://luisamr.blogspot.com>, página personal) y *Un blog para Daniel* (<http://unblogparadaniel. blogspot. com, dedicado al mundo de la discapacidad>).

Jaime Monestier (Montevideo, Uruguay) cursó sus estudios normales en la Facultad de Humanidades (1ª época) y la Facultad de Derecho. En 1987, funda la revista *Planes & Programas*, temas pedagógicos. Entres sus publicaciones destacan: *Laicidad y relación educativa* (1983); *El combate laico. Bajorrelieve de la reforma vareliana* (1992; Premio Único al Ensayo Histórico del Ministerio de Educación y Cultura); *Ángeles apasionados* (novela, 1996; mención del mismo Ministerio); *Amor y anarquía* (novela, 2000, 2º Premio Nacional de Narrativa); *Sexteto & Tres Piezas Breves* (cuentos, 2003, mención del Ministerio); *Morir es una costumbre* (cuentos, 2006). Es también autor de cuentos en revistas y publicaciones diversas. Figura en varias antologías: *Cuentos fantásticos del Uruguay* (1999); *El cuento uruguayo* (2002); *Pájaros en el espejo* (2003). También publicó cuentos y ensayos en internet: Hontanar Cervantes Publishing y Letras Uruguay.

Edgar Montiel (Perú) dirige la sección Cultura y Desarrollo (Division des Politiques Culturelles) de la Unesco. Fue consejero cultural para el Mercosur en la Unesco entre 1998 y 2001. Licenciado en eoconomía y filosofía por la Universidad Mayor de San Marcos (Lima), es doctor en Desarrollo Económico y Social. Realizó misiones diplomáticas para su país así como para las Naciones Unidas. Profesor de Universidad y ensayista, es autor de numerosos libros entre los cuales *El humanismo americano. Filosofía de una comunidad de naciones* (2000), *El nuevo orden simbólico. La cultura en la era de la globalización*. (2002).

Pablo Montoya, escritor colombiano, profesor de Literatura en la Universidad de Antioquia, Medellín. Hizo su maestría y doctorado en Estudios Hispánicos y Latinoamericanos en la Université de la Sorbonne Nouvelle-Paris 3. Ha publicado, entre otros, las novelas *La sed del ojo* (2004) y *Lejos de Roma* (2008), y los libros de ensayo *Música de pájaros* (2005) y *Novela Histórica en Colombia 1988-2008, entre la pompa y el fracaso* (2009).

Dolan Mor (Cuba), poeta, narrador y autor de varios libros, entre ellos, *Nabokov's Butterflies* (Premio de Poesía Delegación del Gobierno en Aragón, 2006), *Los poemas clonados de Anny Bould* (Premio Internacional Miguel Labordeta de Poesía, 2007), *El libro bipolar* (Premio Santa Isabel de Portugal, 2008) y *La novia de Wittgenstein* (Premio Internacional Barcarola de Poesía, 2008). Su obra aparece recogida en antologías publicadas en España, México y Estados Unidos. Ha colaborado en revistas españolas e hispanoamericanas como *Quimera*, *Turia* y *Letralia*. En la actualidad algunos de sus textos se traducen al inglés, francés y polaco. Desde 1999 reside en Aragón, España.

Carmen de Mora (Sevilla, España) es catedrática de Literatura Hispanoamericana de la Universidad de Sevilla y directora del Departamento de Filologías Integradas. Es responsable del grupo de Investigación «Relaciones Literarias entre Andalucía y América» y coordina el Proyecto de Excelencia «Migraciones intelectuales: escritores hispanoamericanos en España (1914-1939)». Es autora de numerosas publicaciones sobre Literatura Hispanoamericana Contemporánea, relato breve hispanoamericano y literatura Colonial. Entre sus libros figuran: *Teoría y práctica del cuento en Cortázar* (1982), *Las siete ciudades de Cíbola. Textos y testimonios sobre la expedición de Vázquez Coronado* (1992), *Diversidad sociocultural de la literatura hispanoamericana* (1995), *En breve. Estudios sobre el cuento hispanoamericano contemporáneo* (1995; 2000, 2ª ed. corregida y aumentada), *Escritura e identidad criollas. Modalidades discursivas de la prosa hispanoamericana del siglo XVII* (2001). Ha editado *La Florida* del Inca Garcilaso (1988). Es directora de la colección «Escritores del Cono Sur» (Universidad de Sevilla) y editora, junto con Antonio Garrido Aranda, de *Nuevas lecturas de «La Florida del Inca»* (2008). Ha sido profesora visitante en diversas universidades europeas y americanas, entre ellas, las de Regensburg (Alemania); Michigan (USA); Concepción (Chile); Iberoamericana (México).

Fernando Moreno Turner (Chile) es doctor de Tercer Ciclo en Estudios Ibéricos e Iberoamericanos por la Université de la Sorbonne Nouvelle-Paris 3 (1980) y doctor de Estado en Estudios Latinoamericanos por la Université de Poitiers (1996). Actualmente es catedrático de Literatura Hispanoamericana en la Université de Poitiers y director del Centro de Investigaciones Latinoamericanas de la misma universidad (CRLA-Archivos). Autor de numerosos trabajos y artículos sobre la poesía y la narrativa hispanoamericanas contemporáneas publicados en revistas especializadas en Francia, Europa y América Latina. También ha escrito varios libros y ha editado textos colectivos; entre los más recientes cabe destacar *Roberto Bolaño, una literatura infinita* (2005); *Fronteras de la literatura y la crítica* (2006); *La memoria de la dictadura. Roberto Bolaño, Nocturno de Chile. Juan Gelman, Interrupciones 2* (2006).

DANUTA TERESA MOZEJKO (Córdoba, Argentina), doctora en Letras (Université de la Sorbonne Nouvelle-Paris 3), es profesora titular plenaria de la Cátedra de Literatura Latinoamericana en la Facultad de Filosofía y Humanidades de la Universidad Nacional de Córdoba, donde dirigió el Doctorado en Letras. Ha publicado *La manipulación en el relato indigenista* (1994) y, en colaboración con R. Costa, *El discurso como práctica* (2001); *Lugares del decir: Competencia social y estrategias discursivas* (2002); *Lugares del decir 2* (2007); *Gestión de las prácticas: opciones discursivas* (2009). Es autora de numerosos artículos de la especialidad.

OSVALDO OBREGÓN (Chile) es profesor en la Université de Franche-Comté y doctor en Letras y Ciencias Humanas por la Université de la Sorbonne Nouvelle-Paris 3. Es autor de: *Le théâtre latino-américain en France (1958-1987)* (2000); *Teatro latinoamericano. Un caleidoscopio cultural (1930-1990)* (2000); *La diffusion et réception du théâtre latino-américain en France, de 1958 à 1986* (2002); *Le théâtre latino-américain contemporain: 1940-1990* (anthologie, 1998; selección, introducción y bibliografía).

TERESA ORECCHIA HAVAS (Argentina) es catedrática de Literatura Hispanoamericana en la Université de Caen Basse-Normandie. Ha sido directora adjunta del Laboratoire d'Études Italiennes, Ibériques et Ibéro-américaines de la misma Universidad. Especialista de la Literatura argentina, es autora de una tesis de doctorado sobre las estrategias narrativas en la novelística de Leopoldo Marechal y de una Habilitación a dirigir Investigaciones sobre la obra de Ricardo Piglia. Además de una serie de artículos sobre narración y poesía ríoplatense, ha editado tres volúmenes colectivos de trabajos sobre la representación de la ciudad en la literatura hispanoamericana.

JULIO ORTEGA (Perú) es catedrático de Literatura Latinoamericana en Brown University, donde dirige el Proyecto Transatlántico, una iniciativa académica dedicada a estudiar la historia cultural de la geotextualidad hispánica. Sus últimos libros son *Transatlantic Translations, Dialogues in Latin American Literature* (2006) y una edición de la *Obra poética* de Rubén Darío para el Círculo de Lectores de Barcelona. Coordina la serie «Nuevos Hispanismos» de la editorial Iberoamericana/Vervuert.

TAISSIA PANIOTOVA (Rusia) estudió Filosofía en la Universidad Lomonosov de Moscú y en la Universidad de la Habana. Defendió su Tesis de Candidato con el tema «El desarollo de las ideas socialistas en Cuba en los finales del siglo XIX y comienzos del siglo XX» y su Tesis de Doctorado «El genesis del discurso utopico». Doctora en Ciencias Filosóficas, profesora titular de la Facultad de Filosofía y Culturología en la Universidad Federal del Sur, Rostov-del-Don, Rusia. Ha publicaco, entre otras obras: *La utopía en el espacio del diálogo de las culturas* (monografía, 2004, con prólogo de F. Aínsa); *Sobre algunas pecualiaridades del desarollo de las ideas socialistas en Cuba* (1990); *Lo racional y lo mitológico en la utopía* (2001); *Imágenes del mundo y del hombre en la cultura latinoamericana* (2002); y *La tradición utópica del pensamiento cubano del siglo XIX* (2007).

ROSA PELLICER (Zaragoza, España) es profesora titular de Literatura Hispanoamericana de la Universidad de Zaragoza. Buena parte de sus trabajos está dedicada a escritores argentinos, como Borges, Bioy, sus obras en colaboración, Cortázar o Piglia y el género policial. Otra vertiente de su investigación es la dedicada a las historias de Indias y su relación con la literatura, como los espacios imaginarios o los personajes históricos. También se ocupado de la prosa narrativa del fin de siglo.

NICASIO PERERA SAN MARTÍN (Montevideo, Uruguay), escritor de origen uruguayo. Ejerció como profesor en la Université de Nantes y como investigador en el CRLA de la Université de Poitiers. Fue el presidente de la Maison des Écrivains Étrangers et des Traducteurs de Loire-Atlantique (Nantes, Francia).

JULIO PEÑATE RIVERO (España) se licenció en Filología Hispánica en la Universidad Autónoma de Barcelona y en Sociología y Antropología en la de Lausanne. Catedrático de Literatura Española e Hispano-americana en la Université de Fribourg (Suiza), ha dictado cursos en las universidades de Berna, St. Gallen, Zürich, Franche-Comté, Zagreb y Católica del Perú, entre otras. Investiga sobre literatura de viajes, narrativa insular, literatura fantástica, relato breve y narrativa policial hispánica. En los últimos años ha editado: *Benito Pérez Galdós y el cuento literario como sistema* (2001), *Relato de viaje y literaturas hispánicas* (2004), *Leer el viaje. Estudios sobre la obra de Javier Reverte* (2005) y *El viaje en la literatura hispánica: de Juan Valera a Sergio Pitol* (2008, con Francisco Uzcanga).

WILFREDO PENCO (Montevideo, Uruguay), crítico y ensayista literario, especializado en literatura uruguaya y latinoamericana. Autor de diversas obras e investigaciones, fue coordinador de la primera edición del *Diccionario de Literatura Uruguaya* (Premio Bartolomé Hidalgo). Integró jurados nacionales e internacionales en concursos literarios, ha participado en coloquios y seminarios y dictó conferencias en diversos países de América Latina, Estados Unidos y Europa. Ex director de Cultura de la ciudad de Montevideo, actualmente es presidente de la Academia Nacional de Letras del Uruguay y director de la Colección de Clásicos Uruguayos (Biblioteca Artigas). Es, asimismo, miembro correspondiente de la Real Academia Española y la Academia Argentina de Letras e integrante de la Asociación de Academias de la Lengua Española

CRISTINA PERI ROSSI (Montevideo, Uruguay) es licenciada en Literatura Comparada, escritora, periodista y profesora. En l974 se exilió en Barcelona y adquirió la nacionalidad española. Es novelista, cuentista, poeta y ensayista. Antes de exiliarse había obtenido los premios literarios más importantes de su país y publicado cinco libros. Ha obtenido la invitación de la DAAD, en Berlín, y la Guggheim de estados Unidos. Reconocida como una de las más importantes escritoras del iberoamérica, ha ganado dos veces el Award Prize en Estados Unidos y el Rafael Alberti, en poesía, de Barcelona, en el mismo género, siendo la primera mujer en obtener el Premio Internacional de poesía de la Fundación Loewe en 2008. Su obra abarca todos los géneros y es considerada como una escritora integral, un icono del feminismo y de la posmodernidad. Ha sido traducida a más de veinte lenguas. Entre sus novelas: *Solitario de amor, La nave de los locos, La última noche de Dostoievsky* y *El amor es una droga dura*. Entre sus libros de relatos: *El museo de los esfuerzos inútiles, Una pasión prohibida, Cosmoagonías, La rebelión de los niños, La tarde del dinosaurio, Desastres íntimos*. Entre sus libros de poesía: *Diáspora, Descripción de un naufragio, Evohé, Babel bárbara, Inmovilidd de los barcos, Estrategias del deseo, Habitación de hotel, Playstation*. Sus dos ensayos más importantes son: *Fantasías eróticas* y *Cuando fumar era un placer*.

Perla Petrich, (Argentina) profesora en la Université de Paris 8 y especializada en Tradición oral maya, migraciones latinoamericanas y literatura latinoamericana. Es responsable de ALHIM (grupo de investigación sobre América Latina. Memoria-Historia). Ha publicado y coordinado: «Identités: positionnements des groupes indiens en Amérique latine» (*Les Cahiers ALHIM*, 2004) y «Flux migratoires du XX siècles en Amériques latine» (*Les Cahiers ALHIM*, 2006).

Néstor Ponce (Argentina) es autor de cinco novelas (*El intérprete*, 1998; *La bestia de las diagonales*, 1999; *Hijos nuestros*, 2004; *Una vaca ya pronto serás*, 2006; *Azote*, 2008); un volumen de cuentos (*Perdidos por ahí*, 2004); uno de poesía (*Sur*, 1982); y de cuatro obras de ensayo y una decena de libros en tanto que coordinador. Sus libros han sido traducidos al francés y al alemán. Como ensayista ha dado a luz libros sobre la literatura policial, sobre la historia y la cultura de Argentina y de México, así como un centenar de artículos críticos sobre la relación entre política, cultura y estética. Trabajó como traductor y periodista. Actualmente es director de colección en Éditions du Temps y catedrático de Literatura y Civilización Hispanoamericana en la Université de Rennes 2, donde dirige el Laboratorio Interdisciplinario de Investigaciones sobre las Américas.

Teresa Porcecanski (Uruguay), antropóloga, escritora y docente en la Universidad de la República Oriental del Uruguay. En ensayo, ha publicado más de un centenar de artículos y seis libros sobre Ciencias Sociales y Trabajo Social. En ficción, ha publicado siete colecciones de cuentos, siete novelas y un libro de poesía. Ha recibido reconocimientos del Ministerio Educación y Cultura (1967, 1976, 1995, 2009), Intendencia Municipal de Montevideo (1986, 1989), Fundación

Guggenheim (1992), Premio de la Crítica Bartolomé Hidalgo (1995), Premio «Morosoli» en Literatura (2004), Residencia en Bellagio (Fundación Rockefeller, 2006). Textos suyos integran diversas antologías iberoamericanas y han sido traducidos al holandés, francés, inglés, alemán, portugués, rumano y húngaro.

JULIO PRIETO (España) es poeta y crítico literario. Doctor en Filosofía y Letras por la New York University, ha ejercido la docencia en varias universidades norteamericanas (Emory, McGill, Northwestern). Actualmente desarrolla un proyecto de investigación en la Universität Potsdam con el apoyo de una beca de la Fundación Alexander von Humboldt. Es autor de numerosos ensayos críticos, entre los que cabe destacar el libro *Desencuadernados: vanguardias ex-céntricas en el Río de la Plata* (2002), y de un volumen de poesía, *Sedemas* (2006). De próxima aparición son un libro de ensayos, *De la sombrología: seis comienzos en busca de Macedonio Fernández* y un volumen de poesía, *De masa menos*.

MARIA LUCÍA PUPPO (Argentina) doctora en Letras, es profesora de Teoría de la Comunicación y Teoría y Análisis del Discurso Literario en la Universidad Católica Argentina. Es investigadora del Consejo Nacional de Investigaciones Científicas y Técnicas (CONICET) de ese país, donde ha participado en diversos proyectos referidos a poéticas hispánicas de los siglos XX y XXI. En 2006 publicó *La música del agua. Poesía y referencia en la obra de Dulce María Loynaz*.

CARMEN RUIZ BARRIONUEVO (España) es catedrática de Literatura Hispanoamericana en la Universidad de Salamanca, donde dirige la Cátedra de Literatura Venezolana «José Antonio Ramos Sucre». Es Premio «María de Maeztu» de la Universidad de Salamanca a la excelencia investigadora (2008). Ha trabajado autores de los siglos XIX y XX, cubanos y venezolanos, así como poesía y prosa de los mismos siglos desde el modernismo. Entre sus publicaciones: *El «Paradiso» de Lezama Lima* (1980); *La mitificación poética de Julio Herrera y Reissig* (1991); *Rubén Darío* (2002); *Asedios a la escritura de José Lezama Lima* (2008). Organizó en 2000 el *XXXIII Congreso del IILI*, cuyas actas se publicaron como *La literatura iberoamericana en el 2000. Balances, perspectivas y prospectivas* (2003).

Roberto Sánchez (México) es licenciado en filosofía por la Universidad Michoacana de San Nicolás de Hidalgo (UMSNH), maestro y doctor en filosofía por la Universidad Autónoma de México (UNAM). Ha publicado una gran cantidad de ensayos, entre los cuales destacan los siguientes: *De las relaciones entre filosofía y poesía* (2006); *Nietzsche: nihilismo y tragedia* (2007); y *El caballero de la fe. Un paseo breve por la obra y crítica cervantinas* (2008). Como cuentista publicó *Los dados* (1990) y *Cristales en la calle* (1991). Ha escrito las narraciones *El río en otoño* (1993) y *Luna escondida* (1995).

Sabine Schlickers, (Alemania) catedrática de Literaturas Iberorrománicas en la Universität Bremen (Alemania), es autora de estudios sobre adaptaciones cinematográficas (*Verfilmtes Erzählen*, 1997), la novela naturalista hispanoamericana (*El lado oscuro de la modernización*, 2003), la literatura gauchesca (*Que yo también soy poeta*, 2007) y, junto con K. Meyer-Minnemann, sobre *La novela picaresca* (2008). En 2010 saldrá *La obsesión del Yo*, un libro de ensayos sobre la auto(r)ficción en la literatura española y latinoamericana. Actualmente se dedica a representaciones del pasado en cine y literatura.

Victoria Torres (Argentina) es licenciada en Letras por la Universidad de La Plata, Argentina. Se desempeña como docente en la Universität zu Köln (Alemania), institución en donde además realiza un doctorado sobre la literatura uruguaya del siglo XIX. Ha publicado varios artículos sobre literatura hispanoamericana en diversos medios nacionales e internacionales.

Consuelo Triviño Anzola (Colombia), narradora y ensayista colombiana, es doctora en Filología Románica por la Universidad Complutense de Madrid. Ha sido profesora de Literatura Española e Hispanoamericana en universidades de Colombia y España. Actualmente colabora con el suplemento cultural «ABCD las Artes y de las Letras» del diario *ABC*. Como narradora ha publicado, *Siete relatos, Prohibido salir a la calle* (novela), *El ojo en la aguja* (cuentos), *José Martí, amor de libertad* (biografía), *La casa imposible* (cuentos), *La semilla de la ira* (novela) y *Una isla en la luna* (novela). Como ensayista ha publicado trabajos sobre José María Vargas VIla, Germán Arciniegas y Baldomero Sanín Cano. Asimismo ha participado en distintos proyectos de investigación en torno a la narrativa española e hispanoamericana de finales del siglo XIX y principios del XX.

LUISA VALENZUELA (Argentina) vivió, entre 1979 a 1989, en Nueva York, donde fue escritora en residencia en Columbia University y New York University. Hoy está definitivamente radicada en su ciudad. Ha publicado más de veinte libros, entre otros las novelas: *El gato eficaz, Como en la guerra, Cola de Lagartija, Novela negra con argentinos* y *La travesía*. Y varios volúmenes de cuentos, algunos reunidos en *Cuentos completos y uno más*.

KRISTINE VANDEN BERGHE (Bélgica) enseña Literaturas Hispánicas en la Université de Liège (Bélgica). Sus principales áreas de investigación son las relaciones entre literatura e historia en México y las novelas y los ensayos escritos por los 'nuevos novelistas hispanoamericanos'. Entre otros libros, publicó *Intelectuales y anticomunismo. La revista Cadernos Brasileiros (1959-1971)* (1997) y *Narrativa de la rebelión zapatista* (2005). Asimismo editó *El laberinto de la solidaridad. Cultura y política en México 1910-2000* (2002) y *Amazonía: civilizaciones y barbaries* (2009).

LUIS VERES (Valencia, España) se licenció en el año 1992 en Filología Hispánica en sus tres especialidades en la Universidad de Valencia. Hasta 2009, fue profesor de Teoría de Lenguaje en la Facultad de Ciencias de la Información del CEU San Pablo (Valencia). Es autor de diversos artículos y libros de crítica literaria como *La narrativa del indio en la revista Amauta* (2001), *Periodismo y literatura de vanguardia en América Latina* (2003) y también de ficciones como *El hombre que tuvo una ciudad* (1998). En 1999 ganó el XVII Premio Vicente Blasco Ibáñez de novela con *El cielo de cemento* (2000).

ENRIQUE VILA MATAS (Barcelona, España). De su obra narrativa destacan *Bartleby y compañía, El mal de Montano, Doctor Pasavento*. Entre sus libros de ensayos literarios encontramos *El viajero más lento, Desde la ciudad nerviosa, El viento ligero en Parma*. Reconocido internacionalmente, ha sido traducido a 29 idiomas y ha obtenido, entre otros, el Premio Rómulo Gallegos (2001), el Premio Herralde (2002), el Premio Nacional de la Crítica en España (2003), el Prix Médicis-

Étranger (2003), el Internazionale Ennio Flaiano (2005), el Premio de la Real Academia Española (2006), el Premio Elsa Morante (2007), el Internazionale Mondello de la ciudad de Palermo (2009). Pertenece a la Orden de Caballeros del Finnegans, en cuyo escudo reza el lema extraído de la última frase del sexto capítulo de *Ulises*, de Joyce: «Gracias. ¡Qué grandes estamos esta mañana!».

MANUEL VILLAS (Barbastro, España) es poeta y narrador. Es autor de los siguientes libros de poemas: *El Cielo* (2000), *Resurrección* (2005, XV Premio Internacional de Poesía Jaime Gil de Biedma), y *Calor* (2008, VI Premio Internacional fray Luis de León), que fue elegido libro del año 2008 por la revista de literatura *Quimera* y fue finalista del Premio de la Crítica. Como narrador, ha publicado el libro de relatos *Zeta* (2002), y las novelas *Magia* (2004), *España* (2008) y *Aire Nuestro* (2009).

IDA VITALE (Montevideo, Uruguay) es poeta, ensayista, traductora y crítica literaria. Vivió en México entre 1974 y 1985 y reside, desde 1989, en Austin, Texas. Entre sus últimas publicaciones: *De plantas y animales. Acercamienos literarios*, *El ABC de Byobu* y *Léxico de afinidades* (prosas); *Trema, Reason enough, 40 poemas* y *Fracción quinta* (poemas).

Bibliografía de Fernando Aínsa

Preparada por Rosa Ana Medina

Libros publicados

2009
Prosas entreveradas. Zaragoza: Librería Cálamo, 66 p.
Los que han vuelto. Zaragoza: Mira, 131 p.

2008
Espacios de la memoria. Lugares y paisajes de la cultura uruguaya. Montevideo: Trilce, 159 p.

2007
Aprendizajes tardíos. Mérida: Ediciones El Otro, el Mismo, 84 p.
Aprendizajes tardíos. Sevilla: Editorial Renacimiento, 83 p.
Vzkrísení utopie. Bucarest: Host, 232 p.

2006
A reconstrução da utopia. São Leopoldo: Nova Harmonia, 303 p.
Del topos al logos. Propuestas de geopoética. Madrid/Frankfurt: Iberoamericana/Vervuert, 304 p.

2005

El paraíso de la reina María Julia. La Habana: Editorial Arte y Literatura, 173 p.

Espacio literario y fronteras de la identidad. San José: Universidad de Costa Rica, 178 p.

2004

Espacios de encuentro y mediación. Sociedad civil, democracia y utopía en América Latina. Montevideo: Nordan Comunidad, 158 p.

2003

Narrativa hispanoamericana del siglo XX: del espacio vivido al espacio del texto. Zaragoza: Prensas Universitarias de Zaragoza, 124 p.

2002

Pasarelas. Letras entre dos mundos: ensayo. Paris: Indigo & Côté-femmes, 194 p.

Espacios del imaginario latinoamericano. Propuestas de geopoética. La Habana: Editorial Arte y Literatura, 120 p.

Del canon a la periferia. Encuentros y transgresiones en la literatura uruguaya. Montevideo: Ediciones Trilce, 158 p.

2000

Reconstructia utopiei. Cluj-Napoca: Clusium, 174 p.

Travesías. Juegos a la distancia. Málaga: Litoral, 124 p.

1999

La reconstrucción de la utopía. México: El Correo de la Unesco, 238 p.

La reconstrucción de la utopía. Trad. al macedonio. Skopje: s.e., 195 p.

La reconstrucción de la utopía. Buenos Aires: Ediciones del Sol, 252 p.

La reconstrucción de la utopía. Trad. al ruso. Mokba: Academia de Ciencias de Rusia/Unesco, 205 p.

1998

De Aici, de acolo: Jocuri la distanta. Bucaresti: Editura Orient-Occident, 67 p.

Necesidad de la utopía. Ed. bilingüe polaco-español. Warsowa: Centro de Estudios Latinoamericanos, 171 p.

1997

El paraíso de la reina María Julia. Montevideo: Editorial Fin de siglo,
    184 p.
La Reconstruction de l'utopie: essai. Paris: Unesco/Éditions Arcantères,
    197 p.

1995

Problemática de la identidad en el discurso narrativo latinoamericano.
    San José: Facultad de Letras, Escuela de Filología, Lingüística y
    Literatura, 40 p.
El paraíso de la reina María Julia. Bogotá: Índigo/Tercer Mundo,
    212 p.
La reescritura de la historia en la nueva narrativa latinoamericana. San
    José: Facultad de Letras, Escuela de Filología, Lingüística y Litera-
    tura, 40 p.

1993

Nuevas fronteras de la narrativa uruguaya: 1960-1993. Montevideo:
    Trilce, 151 p.

1992

*Historia, utopía y ficción de la Ciudad de los Césares: metamorfosis de un
    mito.* Madrid: Alianza Editorial, 120 p.
De la Edad de Oro a El Dorado: génesis del discurso utópico americano.
    México: Fondo de Cultura Económica, 212 p.

1991

De aquí y de allá: juegos a la distancia. Montevideo: Ediciones el Mira-
    dor, 90 p.
Necesidad de la utopía. Montevideo: Nordan, 171 p.

1988

Las palomas de Rodrigo. Montevideo: Monte Sexto, 90 p.
Los naufragios de Malinow y otros relatos. Montevideo: Ediciones de la
    Plaza, 97 p.

1987

D'ici, de là-bas: jeux de distances. Dijon: Aleï, 96 p.

1986
Identidad cultural de Iberoamérica en su narrativa. Madrid: Gredos, 590 p.

1984
Con acento extranjero. Stockholm: Nordan, 134 p.

1977
USA: una revolución en las conciencias. Bogotá: Círculo de Lectores, 208 p.
Tiempo reconquistado: siete ensayos sobre literatura uruguaya. Montevideo: Ediciones Géminis, 193 p.
Los buscadores de la utopía. Caracas: Monte Ávila, 428 p.

1972
USA: una revolución en las conciencias. Caracas: Tiempo Nuevo, 141 p.

1970
Las trampas de Onetti. Montevideo: Alfa, 194 p.
De papá en adelante. Caracas: Monte Ávila, 257 p.

1968
Con cierto asombro: novela. Montevideo: Alfa, 143 p.

1966
En la orilla. Montevideo: Aquí Poesía, 59 p.

1964
El testigo. Montevideo: Alfa, 90 p.

En obras colectivas

2009
«Caramurú o la conquista de la independencia inteligente de la nación», en Houvenaghel, Eugenia/Logie, Ilse (eds.), *Alianza entre Historia y ficción: homenaje a Patrick Collard*. Genève: Droz, pp. 325-336.

«¿Adiós a la utopía? Balance, cuestionamiento y propuestas para un pensamiento fundamental en la historia de América Latina», en Dembicz, Andrzej (ed.), *América Latina: interpretaciones a inicios del siglo XXI*. Warsowa: Centro de Estudios Latinoamericanos, pp. 27-40.

«Prólogo: escribir mientras dura la derrota», en Navascués, Javier de, *Baúl de sombras*. Sevilla: Ediciones de la Fundación de Cultura Andaluza, pp. 7-13.

«Miradas desde el subsuelo: la metamorfosis del punto de vista», en Montoya Juárez, Jesús/Esteban, Ángel (eds.), *Miradas oblicuas en la narrativa latinoamericana contemporánea: límites de lo real, fronteras de lo imaginario*. Madrid/Frankfurt: Iberoamericana/Vervuert, pp. 18-38.

«Del yo al nosotros: el desdoblamiento de la identidad en las novelas cortas de Juan Carlos Onetti», en Onetti, Juan Carlos, *Novelas cortas*. Edición de Daniel /Balderston. Poitiers: Centre de Recherches Latino-Américaines, pp. 641-654.

«Alegato final por una nueva utopía», en Cerutti Guldberg, Horacio/Pakkasvirta, Jusi (eds.), *Utopía en marcha*. Quito: Abya-Yala, pp. 417-435.

2008

«Peregrinaciones en la narrativa hispanoamericana de los siglos XIX y XX. Entre el viaje iniciático y la búsqueda de raíces», en Peñate, Julio/Uzcanga, Francisco (eds.), *El viaje en la literatura Hispánica: de Juan Valera a Sergio Pitol*. Madrid: Verbum, pp. 47-65.

«Una narrativa desarticulada desde el sesgo oblicuo de la marginalidad», en Montoya Juárez, Jesús/Esteban, Ángel (eds.), *Entre lo local y lo global: la narrativa latinoamericana en el cambio de siglo (1990-2006)*. Madrid/Frankfurt: Iberoamericana/Vervuert, pp. 35-50.

«Uruguay: una poesía de encrucijada y asimilación», en Barrera, Trinidad (coord.), *Historia de la literatura hispanoamericana. Siglo XX*. Madrid: Cátedra, pp. 751-767.

2007

«Prólogo». *Cuentos uruguayos*. Selección e introducción de Fernando Aínsa. Madrid: Editorial Popular, 2007. 114 p.

«Al rescate del pensamiento crítico», en *Cornelius Castoriadis. Diálogos y controversias*. Montevideo: Nordan, pp. 47-54.

«Del topos al logos: Propuestas de geopoética latinoamericana», en Rehrmenn, Norbert/Ramírez Sáinz, Laura (eds.), *Dos culturas en diálogo: historia cultural de la naturaleza, la técnica y las ciencias naturales en España y América Latina*. Madrid/Frankfurt: Iberoamericana/Vervuert, pp. 207-219.

«La diversidad americana en el discurso fundacional de Cristóbal Colón», en Amran, Rica (coord.), *Entre la Péninsule ibérique et l'Amérique. Cinq-centième anniversaire de la mort de Christophe Colomb*. Paris: Indigo & Côté-Femmes, pp. 211-224.

«Los refugios del deseo: transgresiones y cuerpos desarticulados en la literatura uruguaya», en Iglesia, Lina/Ménard, Béatrice (eds.), *Figures du désir dans la littérature de langue espagnole. Hommage à Amadeo López*. Paris: Centre de Recherches Ibériques et Ibéro-Américaines, pp. 27-46.

«Una "jirafa de cemento armado" a orillas del "río como mar". La invención literaria de Montevideo», en Navascués, Javier de (ed.). *La ciudad imaginaria*. Madrid/Frankfurt: Iberoamericana/Vervuert, pp. 9-36.

«Estética y melancolía del deterioro urbano», en Orecchia Havas, Teresa (ed.), Les villes et la fin du XX siècle en Amérique latine: littératures, cultures, représentations. Las ciudades y el fin del siglo XX en América Latina: literaturas, culturas, representaciones. Bern: Peter Lang, pp. 7-27.

«Reflejos espectaculares de una puesta en abismo», en López Lemus, Virgili, *Narciso, las aguas y e l espejo, Una especulación sobre la poesía*. La Habana: Unión, pp. 11-21.

«La utopía compartida de Don Quijote. Los cronistas americanos de esta "peregrina historia"», en González Boixó, José (ed.), *Utopías americanas del Quijote*. Salamanca: Fundación Instituto Castellano y Leones de la Lengua, pp. 245-260.

2006

«Liminar», en Salen, Diana B., *Narratología y mundos de ficción*. Buenos Aires: Biblos, pp. 9-10.

2005

«El destierro europeo de los aborígenes Americanos. Bolivia en la obra ensayística y narrativa de Carlos Martines Moreno», en Guereña,

Jean-Louis/Zapata, Mónica, *Culture et éducation dans les mondes hispaniques. Essais en hommage à Ève-Marie Fell*. Tours: Presses Universitaires François-Rebelais, pp. 113-121.

«Cuerpos preñados de fantasía (Instrucciones para darse a luz a sí mismo). La literatura hispanoamericana con los cinco sentidos», en Valcárcel, Eva, *La literatura hispanoamericana con los cinco sentidos*. La Coruña: Universidad de La Coruña, pp. 31-43.

«Un alegato a favor de lo "maravilloso" utópico», en Ramírez Ribes, María, *La utopía contra la historia*. Caracas: Fundación para la Cultura Urbana, pp. XV-XXII.

«La invención literaria de Montevideo», en Orecchia Havas, Teresa (ed.), *Mémoire(s) de la ville dans les mondes hispanique et luso-brésilien. Memoria(s) de la ciudad en el mundo hispánico y luso-brasileño*. Bern: Peter Lang, pp. 3-31.

«La utopía de la democracia en Uruguay. Entre la nostalgia del pasado y el desmentido de la historia», en Fuente, José de la/Acosta, Yamandú (coords.), *Sociedad civil, democracia e integración: miradas y reflexiones del IV encuentro del corredor de las Ideas del Cono Sur*. Santiago de Chile: Ediciones Universidad Católica Silva Henríquez, pp. 15-30.

2004

«Imaginární znaky objevení ameriky», en Housková, Anna (ed.), *Druhý breh západu: vý Iberoamerickych esejú*. Praha: Mladá fronta, pp. 304-318.

«Construcción y demolición de los sistemas celebratorios de la historia de América Latina», en Chibán, Alicia (coord.), *El archivo de la independencia y la ficción contemporánea*. Salta: Universidad Nacional de Salta, pp. 9-16.

«¿Fin de personaje o nuevos héroes? Marginados y descolocados en la narrativa rioplatense», en Chialant, Maria Teresa, *Il personaggio in letteratura*. Napoli: Edizioni Scientifiche Italiane, pp. 167-184.

«Escritoras hispanoamericanas», en Caballe, Anna (ed.), *La vida escrita por las mujeres, / I. Lo mío es escribir. Siglo XX, 1960-2001*. Barcelona: Lumen, pp. 55-70.

«El cuento latinoamericano: un pájaro barroco en una jaula geométrica», en Burgos, Fernando (ed.), *Los escritores y la creación en Hispanoamérica*. Madrid: Castalia, pp. 215-220.

«Reflejos espectaculares de una puesta en abismo», en López Lemus, Virgili, *Narciso, las aguas y el espejo. Una especulación sobre la poesía.* Las Palmas de Gran Canaria: Gobierno de Canarias/Dirección General de Universidades e Investigación, pp. 13-20.

«Pasos perdidos, identidad encontrada. La edad del paisaje en Alejo Carpentier», en Márquez Rodríguez, Alexis, *Nuevas lecturas de Alejo Carpentier.* Caracas: Universidad Central de Venezuela, pp. 194-210.

«Los desgarramientos de la pertenencia histórica», en Flawia de Fernández, Nilda María, *Polémicas por la patria: literatura y crisis.* San Miguel de Tucumán: Instituto Interdisciplinario de Literaturas Argentina y Comparadas/Universidad Nacional de Tucumán, pp. 13-22.

«El viaje como trasgresion y descubrimiento. De la Edad de Oro a la vivencia de América», en Peñate Rivero, Julio (ed.), *Relatos de viaje y literaturas hispánicas.* Madrid: Visor Libros, pp. 44-70.

2003

«Pasos perdidos, identidad encontrada. La edad del paisaje en Alejo Carpentier», en Vásquez, Carmen (ed.), *Alejo Carpentier et los pasos perdidos.* Paris: Indigo & Côté Femmes, pp. 195-210.

«El destino de la utopía como alternativa», en Cerutti Guldberg, Horacio/Páez Montalbán, Rodrigo (coord.), *América Latina: Democracia, pensamiento y acción. Reflexiones de utopía.* México: Plaza y Valdés, pp. 17-35.

«El destino de la utopía Latino Americana como interculturalidad y mestizaje», en Fornet-Betancourt, Raúl (ed.), *Culturas y poder. Interacción y asimetría entre culturas en el contexto de la globalización.* Bilbao: Desclée de Brouwer, pp. 279-299.

«Los refugios del cuerpo desarticulado», en Mora Valcárcel, Carmen de/García Morales, Alfonso (eds.), *Escribir el cuerpo: 19 asedios desde la literatura hispanoamericana.* Sevilla: Universidad de Sevilla, pp. 31-48.

«Brève introduction au monde austral», en Dessommes Flórez, Philippe (ed.), *Frontières: anthologie de nouvelles hispano-américaines.* Lyon: Presses Universitaires de Lyon, pp. 58-71.

«Lugares de la memoria. Sistemas celebratorios y memorias selectivas. La preservación literaria del recuerdo», en *Mémoire et culture.* Paris: Presses de la Sorbone Nouvelle, pp. 27-43.

«Una ventana abierta a un paisaje que todavía no es: la lección de Ernst Bloch en América Latina», en *Noche del mundo y razón utópica*. San José de Costa Rica: Perro Azul, pp. 95-137.

«Creencias del aldeano vanidoso. *La utopía de nuestra América* de José Martí», en Housková, Anna (ed.), *Trascendencia cultural de la obra de José Martí. Actas del simposio Internacional celebrado en Praga, del 21 al 23 de octubre de 2002*. Praha: Facultad de Filosofía y Letras/Universidad Carolina de Praga, pp. 9-24.

«Más allá de la globalización: La utopía como alterativa», en García Gutiérrez, Rosa/Navarro Domínguez, Eloy/Núñez Rivera, Valentín (eds.), *Utopía: los espacios imposibles*. Frankfurt: Peter Lang, pp. 1-15.

2002

«¿Espacio mítico o utopía degradada? Notas para una geopoética de la ciudad en la narrativa latinoamericana», en Navascués, Javier de (ed.), *De Arcadia a Babel Naturaleza y cuidad en la literatura hispanoamericana*. Madrid/Frankfurt: Iberoamericana/Vervuert, pp. 19-40.

«La frontera. ¿Límite protector de diferencias o espacios de encuentro y transgresión?», en Gras Balaguer, Menene/Martinell, Emma/Torres Torres, Antonio (eds.), *Fronteras: Lengua, Cultura e Identidad*. Barcelona: Institut Català de Cooperació Iberoamericana, pp. 19-34.

«El destino de la Utopía latinoamericana como interculturalidad y mestizaje», en *Hacia una Mundialización Humanista. V Identidad Cultural y Estandarización simbólica*. Paris: Unesco, pp. 175-193.

«The Challenges of Postmodernity and Globalization: Multiple or Fragmented Identities? Latin America Writes: Postmodernity in the PeripheryBack», en Volek, Emil (ed.), *Interdisciplinary Cultural Focus*. New York: Routledge Press, pp. 59-78.

«La obra periodística de José Bergamín, las virtudes de la polémica y el panfleto», en Ambrosi, Paola (ed.), *José Bergamín. Tra avanguardia e barocco. Actas del Congreso Internacional (Verona, 2-4 de abril de 1998)*. Pisa: Edizioni ETS, 266 p.

«¿Infierno verde o Jardín del Edén? El topos de la selva en la vorágine y los pasos perdidos», en Ponce, Néstor (ed.), *La représentation de l'espace dans le roman hispano-américain: «Los pasos perdidos» de Alejo Carpentier, «La Vorágine» de José Eustasio Rivera*. Nantes: Éditions du Temps, pp. 9-37.

«Composición musical y estructura novelesca. Las felices interferencias de la ficción hispanoamericana», Esteban, Ángel/Gracia Morales, Alfonso/Salvador, Álvaro (eds.), *Literatura y música popular en Hispanoamérica*. Granada: Universidad de Granada, pp. 163-175.

«Más allá de la globalización. El destino de la utopía latinoamericana como interculturalidad y mestizaje», en Montiel, Edgar (ed.), *Pensar la mundialización desde el sur. Anales del IV corredor de las ideas del Conosur*. Asunción: Mercosur/Konrad Adenauer Stiftung/CIDSEP, pp. 565-584.

«El poder del miedo en la narrativa de Luisa Valenzuela», en Valenzuela, Luisa, *Simetrías y cambio de armas. Luisa Valenzuela y la crítica*. Valencia: Excultura, pp. 59-80.

2001

«El pensamiento latinoamericano y su aventura», en Biagini, Hugo E./Fornet-Betancourt, Raúl (eds.), *Arturo Ardao y Arturo Andrés Roig. Filósofos de la autenticidad: en homenaje*. Aachen: Wissenschaftsverlag, pp. 13-16.

«Las "ínsulas de tierra firme" de la narrativa hispanoamericana: entre la memoria y la esperanza», en Alemany, Carmen/Mataix, Remedios/Rovira, José Carlos, *La isla posible*. Murcia: Asociación Española de Estudios Literarios Hispanoamericanos, pp. 17-27.

«La lógica del crítico como procedimiento formal de lo fantástico en la narrativa de Anderson Imbert», en Alcira Arancibia, Juana (ed.), *La lógica del crítico en la creación lúdico-poética: homenaje a Enrique Anderson Imbert*. Buenos Aires: Corregidor, pp. 67-74.

«Prólogo», en Bareiro Saguier, Rubén, *Siete Latinoamericanos en París*. Madrid: Editorial Popular, pp. 68-79.

«La prospecttiva americana di José Enrique Rodó dal campidoglio di Roma», en Rodó, José Enrique, *Sulla Strada di Paros*. Salerno: Oedipus, pp. 7-20.

2000

«París, ¿un pretexto para realizar un sueño Americano?», en *Cuentos migratorios 14: escritores latinoamericanos en París*. México: Linajes, pp. 5-11.

«Nuevas fronteras de Identidad», en Albares Albares, Roberto/Heredia Soriano, Antonio/Piñero Moral, Ricardo Isidro (coords.), *Filosofía hispánica y diálogo intercultural.* Salamanca: Fundación Gustavo Bueno, p. 37-54

«Ariel, una lectura para el año 2000», en Ette, Tomar/Heydenreich, Titus (eds.), *José Enrique Rodó y su tiempo: cien años de «Ariel»: 12º Coloquio interdisciplinario de la Sección Latinoamérica del Instituto Central para Estudios Regionales de la Universidad de Erlangen-Nürnberg.* Frankfurt: Vervuert Verlag, pp. 41-57.

«Raíces populares y cultura de masas en la nueva narrativa hispanoamericana», en Giudicelli, Christian (ed.), *Les nouveaux réalisme. 2ème série: Autre réel, autre écriture.* Paris: Université la Sorbone Nouvelle, 198 p.

1999

«L'Attualita di Ariel», en Rodó, José Enrique, *Ariel.* Bolonia: In Forma di Parole, pp. 91-103.

«Italia en la otra orilla de la narrativa uruguaya contemporánea. Los reflejos de la identidad en el espejo. *Los aborígenes* de Carlos Martínez Moreno», en Grillo, Rosa Maria (ed.), *Italia-Uruguay, culture in contatto.* Salerno: Edición Scitnfiche Italiane, pp. 233-247.

«Los signos duales de la ciudad en la narrativa Latinoamericana como Costa Rica», en Córdaba, Saray (ed.), *La ciudad y sus historias.* San José de Costa Rica: Editorial de la Universidad de Costa Rica, pp. 23-45.

«Droit d'ingérence: Un point de vue latino-americain sur les justifications et les limites du droit d'ingérence», en *Les droits de l'homme à l'aube du XXIᵉ siècle.* Bruxelles: Bruylant, pp. 48-61.

«Marginales y marginalizados en la nueva narrativa uruguaya», en *Locos, excéntricos y marginales en las literaturas latinoamericanas.* Poitiers: Centre de Recherches Latino-Américaines/Université de Poitiers, pp. 438-454.

«Maladrón», en Segala, Amos (coord.), *Vida, obra y herencia de Miguel Ángel Asturias.* Nanterre *et al.*: Unesco/ALLCA XX, 1999, pp. 568-570.

1998

«El desafío de la identidad múltiple en la sociedad globalizada», en *Fronteras e Identidades.* San José de Costa Rica: Universidad de Costa Rica, pp. 19-37.

«Problemática de la identidad en el discurso narrativo latinoamericano», en *Fronteras e Identidades*. San José de Costa Rica: Universidad de Costa Rica, pp. 123-141.

«Tiempo individual y tiempo colectivo: entre historia y esperanza», en: García Wiedemann, Emilio J. (ed.), *Los Tiempos de la Libertad*. Barcelona: Ediciones del Serbal, pp. 39-51.

«Preface», en Garmendia, Salvador, *Memories of Altagracia*. London: Peter Owen, pp. 5-11.

«Introducción», en Renard, Marilyne-Armande (sel.), *Poésie uruguayenne du XXᵉ siècle*. Genève: Ed. Fundación Patiño/Unesco, pp. 7-43.

1997

«Del espacio vivido al espacio del texto: significación histórica y literaria del "estar" en el mundo», en Covo, Jacqueline (coord.), *Historia, espacio e imaginario*. Villeneuve d'Ascq: Presses Universitaires du Septentrion, 1997, pp. 33-42.

«Invención literaria y "reconstrucción" histórica en la nueva narrativa latinoamericana», en Kohut, Karl (ed.), *La invención del pasado. La novela histórica en el marco de la posmodernidad*. Madrid/Frankfurt: Iberoamericana/Vervuert, pp. 111-121.

«Los signos duales de la muerte. Lo fantástico como realismo exasperado en Apocalipsis de Solentiname», en Giudicelli, Christian (ed.), *Le fantastique argentin. Silvina Ocampo, Julio Cortázar*. Paris: Presses de la Sorbonne Nouvelle, pp. 61-70.

Selección de Cortés, María Lourdes, *Déluge de soleil: nouvelles contemporaines de Costa Rica*. Paris: Unesco, 131 p.

1996

«La construcción de un nuevo espacio cultural Iberoamericano», en Aínsa, Fernando/Montiel, Edgar, *Mensaje de América. Cincuenta años junto a la Unesco*. México: Universidad Nacional Autónoma de México, pp. 245-258.

«Gênese do discurso utópico», en Fornet-Betancourt, Raúl (ed.), *A teologia na história social e cultural da América Latina. 2*. São Leopoldo: Editora Unisinos, pp. 65-90.

«Las ciudades invisibles de Italo Calvino. ¿Utopía visionaria o crónica de la memoria del futuro?», en *Coloquio internacional Borges, Calvino, la literatura*. Madrid: Fundamentos, pp. 61-83.

«La Tierra Prometida como motivo en la narrativa argentina», en Höfner, Eckard (ed.), *Erzählte Welt: Studien zur Narrativik in Frankreich, Spanien und Lateinamerika, Festschrift für Leo Pollmann*. Frankfurt: Vervuert, pp. 1-21.

«Prólogo: una reflexión para más allá del año 2000», en Biagini, Hugo E., *Fines de siglo, fin de milenio*. Buenos Aires: Alianza, pp. 11-19.

«Des racines d'une utopie», en Burgh, James, *La cité des Césars: Une utopie en Patagonie*. Ed. de Martine Azoulai. Paris: Unesco, pp. 9-43.

«Liminar», en Amorim, Enrique, *La carreta*. Edición crítica coordinada por Fernando Aínsa. Nanterre *et al.*: ALLCA XX, pp. XI-XVI.

«Génesis del texto: de los cuentos a la novela», en: Amorim, Enrique, *La carreta*. Edición crítica coordinada por Fernando Aínsa. Nanterre *et al.*: ALLCA XX, pp. XXIX-XLVI.

«Introduction», en Amorim, Enrique, *La carreta*. Edición crítica coordinada por Fernando Aínsa. Nanterre *et al.*: ALLCA XX, pp. XVII-XXXVIII.

«Préface», en Silva, José Asunción, *Le centenaire de la mort de José Asunción Silva*. Paris: Unesco, pp. 11-13.

1995

«Préface», en Espinosa, Germán, *Les cortéges du diable*. Paris: La Différence, pp. I-X.

«Entre la decepción y la esperanza. *La isla de Robinsón* de Arturo Úslar Pietri: de la historia a la utopía», en *Literatura y cultura venezolanas*. Caracas: La Casa de Bello, pp. 101-110.

«Bases para una nueva función de la utopía en América Latina», en Cerutti, Horacio/Agüero, Óscar (eds.), *Utopía y nuestra América*. Quito: Abya-Yala, pp. 9-29.

«Préface», en Santamaría, Germán, *Condamné vivre*. Paris: Unesco, pp. 11-16.

«Los signos duales de la muerte: diacronía, rito y sacrificio en *La noche boca arriba* de Julio Cortázar», en Vilar, Norbeto (ed.), *Cortázar. Doce ensayos sobre el cuento. La noche boca arriba*. Buenos Aires: El Arca, pp. 31-43.

«Préface», en Muñiz-Huberman, Angelina, *Dulcinée*. Paris: Indigo & Côté-Femmes, pp. 7-11.

«Identidad y utopía en América Latina», en *Federico Mayor amicorum liber: solidarité, égalité, liberté = solidaridad, igualdad, libertad*. Bruxelles: Bruylant, pp. 1141-1155.

«Hostos y la unidad de América: raíces históricas de una utopía necesaria», en López, Julio César (ed.), *Hostos: sentido y proyección de su obra en América*. Río Piedras: Instituto de Estudios Hostosianos/Universidad de Puerto Rico, pp. 417-442.

«La marche sans fin des utopies en Amérique Latine», en *Nouveau monde, autres mondes. Surréalisme et Amériques*. Paris: Lachenal & Ritter, pp. 27-39.

1994

«Mythe, prodige et aventure de l'Eldorado», en *Chercheurs d'or*. Dijon: Presses Universitaires de Dijon, pp. 49-66.

«Reflejos y antinomias de la problemática de la identidad en el discurso narrativo latinoamericano», en Ubieta Gómez, Enrique, *Identidad cultural latinoamericana. Enfoques filosóficos y literarios*. La Habana: Academia, pp. 69-73.

«The Antinomies of Latin American Discourses of Identity and Their Fictional Representation», en Chanady, Amaryll (ed.), *Latin American Identity and Constructions of Difference*. Minneapolis: University of Minnesota, pp. 1-25.

1993

«Alegato en favor de una nueva retórica para el viejo discurso sobre "nuestra utopía"», en Colombres, Adolfo (ed.), *América Latina: el desafío del tercer milenio*. Buenos Aires: Ediciones del Sol, pp. 181-195.

«La utopía empírica del cristianismo social», en Pizarro, Ana (org.), *América Latina: Palavra, Literatura e Cultura*. São Paulo: UNICAMP, vol. I, pp. 85-111.

«El maestro Leopoldo Zea», en Zea, Leopoldo, *Filosofar a la altura del hombre. Discrepar para comprender*. México: Universidad Nacional Autónoma de México, pp. 297-301.

«Entrevista con Leopoldo Zea», en Zea, Leopoldo, *Filosofar a la altura del hombre. Discrepar para comprender*. México: Universidad Nacional Autónoma de México, pp. 21-27.

«La invención literaria y la reconstrucción histórica», en Aubès, Françoise (ed.), *Histoire et imaginaire dans le roman hispano-américain contemporain*. Paris: Presses de la Sorbonne Nouvelle, pp. 25-41.

«L'histoire et la nouvelle littérature en Amérique Latine», en Bocanegra, Guadalupe (dir)/Ortiz, José A. (ed.), *Les 500 années de l'Amé-*
rique Latine (1492-1992). L'Amérique Latine et l'Europe face à l'his-
toire. Paris: Page & Image, pp. 192-196.

«José Donoso et les belles étrangères chilennes», en Bocanegra, Guadalupe (dir)/Ortiz, José A. (ed.), *Les 500 années de l'Amérique latine*
(1492-1992). L'Amérique latine et l'Europe face à l'histoire. Paris:
Page & Image, pp. 188-191.

«Relectura de la utopía de Vasco de Quiroga», en Potelet, Jeanni-
ne/Farré, Joseph (eds.), *Mundus Novus / Mondes Nouveaux (XVIe-XXe*
siècles): Hommage à Charles Minguet. Paris: Université Paris X-
Nanterre, pp. 45-63.

«Invención de la utopía y deconstrucción de la realidad», en Zea, Leopoldo (comp.), *Sentido y proyección de la conquista.* México: Fondo
de Cultura Económica, pp. 17-36.

«Die entstehung des utopischen diskurses», en Fornet-Betancourt,
Raúl (ed.), *Theologien in der Sozial-und kulturgeschichte lateiname-*
rikas. Die perspektive der Armen. Band 2. Theologien in der praxis
von mission und kolonialisierung ethnizität und nationale kultur.
Eichstätt: Bildung & Verlag GmbH, pp. 71-99.

«Los signos imaginarios del encuentro y la invención de la utopía», en
Housková, Anna/Procházca, Martin (eds.), *Utopías del nuevo mun-*
do: actas del Simposio Internacional, Praga, 8-10 de junio de 1992.
Praha: Instituto de Literatura Checa y Universal de la Academia
Checa de Ciencias/Departamento de Estudios Iberoamericanos de
la Universidad de Carolina, pp. 8-26.

«Eduardo Acevedo Díaz», en Luis Iñigo Madrigal (coord.), *Historia de*
la Literatura Hispanoamericana. Vol. II: *Del neoclasicismo al moder-*
nismo. Madrid: Cátedra, pp. 209-217.

1992

«La frontera: ¿límite protector de diferencias o encuentro de espacio y
transgresión?», en: *América Latina: historia y destino: Homenaje a*
Leopoldo Zea. México: Universidad Nacional Autónoma de México, pp. 53-62.

«De l'homme duel et des antinomies de l'Amérique», en Pageaux,
Daniel-Henri (dir.), *Ernesto Sábato.* Paris: L'Harmattan, pp. 99-
129.

«Invención del "otro" y desconstrucción de la realidad en el discurso fundacional de la alteridad americana», en *II Simposio de Filología Iberoamericana: Literatura hispanoamericana y Español de América, Sevilla del 11 al 15 de marzo de 1991.* Zaragoza: Libros Pórtico, pp. 137-159.

Coedición con Edgar Montiel de *Memoria de América en la poesía. Antología 1492-1992.* Paris: Unesco, 313 p.

«Macondo más allá de la geografía y del mito», en Cobo Borda, Juan Gustavo (sel.), *Para que mis amigos me quieran más. Homenaje a Gabriel García Márquez.* Bogotá: Siglo del Hombre Editores, pp. 81-87.

1991

«Presentación», en *La novela histórica.* Edición coordinada por Fernando Aínsa. México: Universidad Nacional Autónoma de México, pp. 11-12.

«La reescritura de la historia en la nueva narrativa latinoamericana», en *La novela histórica.* Edición coordinada por Fernando Aínsa. México: Universidad Nacional Autónoma de México, pp. 13-31.

«Préface», en Zea, Leopoldo, *Discours d'outre barbarie.* Paris: Lierre & Coudrier, pp. 5-9.

«La frontera: ¿límite protector de diferencias o espacio de encuentro y transgresión?», en *III Jornadas Internacionales de Literatura Hispanoamericana. Las fronteras en la literatura hispanoamericana: sociales, culturales, étnicas y temporales.* Genève: Fundación Simón I. Patiño, pp. 11-22.

1990

«Testimonianza sull'esilio spagnolo un Uruguay», en Sechi, Maria, *Fascismo ed esilio II: la patria lontana: testimonianze dal vero e dell'immaginario.* Pisa: Giardini, pp. 11-25.

«"Un relato" de James Burgh: El modelo utópico protestante de la ciudad de los Césares», en Mcduffie, Keith/Minc, Rose (eds.), *Homenaje a Alfredo A. Roggiano: En este aire de América.* Pittsburgh: Instituto Internacional de Literatura Iberoamericana, pp. 45-61.

«Sobre fugas, destierros y nostalgia en la obra de Onetti», en *La obra de Juan Carlos Onetti. Coloquio internacional.* Madrid: Fundamentos, pp. 7-23.

«El imaginario subversivo latino-americano en la perspectiva del principio esperanza de Ernst Bloch», en *L'Amérique Latine entre la dépendance et la libération*. Paris: Les Belles Lettres, pp. 97-112.

«El jardín de al lado: ¿Cuadro o espejo?», en *L'exil et le roman hispanoaméricain actuel*. Paris: Centre de Recherches Interuniversitaires sur les Champs culturels en Amérique latine, pp. 125-137.

1989

«Necesidad de la utopía», en Cerutti Guldberg, Horacio/Rodríguez Lapuente, Manuel (comps.), *Arturo Andrés Roig. Filósofo e historiador de las ideas*. Guadalajara: Universidad de Guadalajara, 347 p.

«De la historia a la ficción: mito y utopía de la ciudad de los césares», en Chang-Rodríguez, Raquel/Beer, Gabriela de (eds.), *La historia en la literatura iberoamericana. Memorias del XXVI Congreso del Instituto Internacional de Literatura Iberoamericana*. New York/Hanover: City College of the University of New York/Ediciones del Norte, pp. 41-55.

«El espacio disociado en *El jardín de al lado* de José Donoso», en De León, Olver Gilberto (coord.), *Novela y exilio. En torno a Mario Benedetti, José Donoso y Daniel Moyano*. Paris: Signos, pp. 27-89.

1988

«De los cuentos a la novela: la génesis del texto *La carreta* de Enrique Amorim», en Segala, Amo (coord.), *Littérature Latino-Américaine et des Caraïbes du XXᵉ siècle. Théorie et pratique de l'édition critique*. Roma: Bulzoni, 364 p.

1987

«Los posibles de la imaginación», en Verani, Hugo J. (ed.), *El escritor y la crítica: Juan Carlos Onetti*. Madrid: Taurus, pp. 115-141.

«Macro-estructuras condicionantes del discurso y tratamiento literario en "diente por diente"», en Institut d'Études Hispaniques et Hispano-américaines de l'Université de Toulouse-le-Mirail, *Le récit et le monde (Horacio Quiroga-Juan Rulfo-Rubén Bareiro Saquier)*. Paris: L'Harmattan, 294 p.

«La estructura abierta del cuento latinoamericano», en *Techniques narratives et représentations du monde dans le conte latino-américain*. Paris: Université de La Sorbonne Nouvelle, pp. 67-85.

1986

«Spirala deschisa a ramanului latino-american», en Georgescu, Paul Alexandru (selec.), *Antologia criticii literare hispano-americane.* Bucaresti: Editura Univers, pp. 148-160.

«Descolocación y representación paródica en la obra de Cortázar», en *Lo lúdico y lo fantástico en la obra de Cortázar.* Madrid: Gredos, pp. 109-123.

«Presupuestos de la identidad cultural de Latinoamérica», en *Politiques et production culturelles dans l'Amérique Latine contemporaine.* Paris: Université de la Sorbonne Nouvelle, pp. 209-241.

1985

«El fin de la Edad de Oro y el descubrimiento de América», en *Mélanges américanistes en Hommage de Paul Verdevoye.* Paris: Éditions Hispaniques, pp. 365-373.

1984

«Imagen y posibilidad de la utopía en *Paradiso* José Lezama Lima», en *Coloquio internacional sobre la obra de José Lezama Lima. Vol. 2.* Madrid: Fundamentos/Espiral, pp. 73-93.

1982

«Utopie, terre promise, émigration, exil», en *L'imaginaire subversif. Interrogations sur l'utopie.* Genève: Éditions Noir, pp. 76-91.

«Función de la utopía en el pensamiento de América Latina», en Horanyi, Matías (coord.), *Pensamiento y Literatura en América Latina: Memoria del XX Congreso del Instituto Internacional de Literatura Iberoamericana, Budapest 17-20 de agosto de 1981.* Budapest: Universidad de Hungría, pp. 23-32.

1981

«Las dos orillas de Julio Cortázar», en Lastra, Pedro (ed.), *Julio Cortázar.* Madrid: Taurus, pp. 34-64.

1980

«Sobre fugas, destierros y nostalgias en la obra de Onetti», en *Juan Carlos Onetti Premio Miguel de Cervantes.* Barcelona: Anthropos, pp. 83-103.

1978

«Caos y génesis del hombre americano en la narrativa del espacio selvático», en *Actas del XVII Congreso de Literatura Iberoamericana*. Madrid: Cultura Hispánica del Centro Iberoamericano de Cooperación, pp. 941-958.

1976

«La espiral abierta de la novela latinoamericana», en Loveluck, Juan (ed.), *Novelistas hispanoamericanos de hoy*. Madrid: Taurus, pp. 17-46.

«La demarcación del espacio en la ficción novelesca: El ejemplo de la narrativa latinoamericana», en Tzvetan, Todorov (ed.), *Teoría de la novela*. Madrid: Sociedad Española General de Librerías, pp. 305-352.

1975

«Modos de lo sobrenatural en Anderson Imbert», en Giacoman, Helmy F. (ed.), *Homenaje a Enrique Anderson Imbert*. New York: Las Américas, 396 p.

1974

«Función del amor en la obra de J. C. Onetti», en Giacoman, Helmy F. (ed.), *Homenaje a Juan Carlos Onetti: variaciones interpretativas en torno a su obra*. Salamanca: Anaya, pp. 109-131.

«La forma como autonomía», en Ortega, Julio (ed.), *Palabra de escándalo*. Barcelona: Tusquets, pp. 337-345.

1970

Coedición con Melogno, Wellington de *Bibliografía para el estudio de los partidos políticos uruguayos*. Paris: École des Hautes Études en Sciences Sociales, 96 p.

1968

«Introduction», en *Nuevos rebeldes de Colombia: Cuentos*. Edición y selección de Fernando Aínsa. Montevideo: Alfa, pp. 7-18.

1966

«Prólogo», en *13 cuentos de 13 periodistas*. Montevideo: Mar Dulce.

Tabula gratulatoria

José Luis Abellán, Madrid
Ramón Acín Fanlo, La Cartuja (Zaragoza)
Yamandú Acosta, Montevideo
Begoña Alberdi, La Puebla de Arganzón (Burgos)
Alfredo Alzugarat, Montevideo
Jorge Arbeleche, Montevideo
Leonor Arias Saravia, Bahía Blanca
Efer Arocha, Paris
Eduardo Barraza Jara, Osorno
Diana Battaglia, Buenos Aires
Eduardo Becerra Grande, Madrid
Giuseppe Bellini, Milano
Washington Benavides, Montevideo
Niall Binns, Madrid
Rogelio Blanco Martínez, Madrid

Alcira Beatriz Bonilla, Buenos Aires
Raúl Brasca, Buenos Aires
Víctor Bravo, Mérida
Thomas Bremer, Halle
Hugo Burel, Montevideo
Edgar Bustamante Delgado, Barcelona
Anna Caballé Masforroll, Barcelona
Marita Caballero, Sevilla
Rosalba Campra, Roma
Antonella Cancellier, Padova
Raúl Caplán, Nantes
Raquel y Eugenio Chang Rodríguez, New York, NY
Cécile Chantraine-Braillon, Saint Amand les Eaux
Matei Chihaia, Wuppertal
Doreley Carolina Coll, Prince Edward Island

Patrick Collard, Sevilla

Will H. Corral, Sacramento, CA

María Lourdes Cortés, San José

Jorge Cortés Pellicer, Zaragoza

Ana María da Costa Toscano, Oporto

Rafael Courtoisie, Montevideo

Adrián Curiel Rivera, Mérida, Yucatán

Claude Cymerman, Paris

Ghislaine Delaune Gazeau, Peillac

François Delprat, Bourg-la-Reine

Philippe Dessommes Flórez, Lyon

Nilda Díaz, Créteil

Diony Durán Manaricúa, Rostock

Ángel Esteban del Campo, Granada

Milagros Ezquerro, Paris

Claude Fell, Paris

Éve-Marie Fell, Tours

José Luis Fernández Castillo, Brisbane

Rafael Fernández Hernández, Sta. Cruz de Tenerife

Teodosio Fernández Rodríguez, Madrid

Joselyn Fernández-Pino, Savigny-le-Temple

Malva E. Filer, New York, NY

Manuel M. Forega, Zaragoza

Alfredo Fressia, São Paulo

Manuel Fuentes Vázquez, Tarragona

Ana Gallego Cuiñas, Granada

Hugo García Robles, Montevideo

Giuseppe Gatti, Salamanca

Flavia Gattini Osorio, Barcelona

Ricardo Gattini Ramírez, Santiago de Chile

Rudy Gerdanc, Paris

Frauke Gewecke, Heidelberg

Norah Giraldi Dei Cas, Villeneuve d'Ascq Cedex

Roberto González Echevarría, New Haven, CT

Paco Goyanes, Librería Cálamo, Zaragoza

Rosa Maria Grillo, Fisciano-Salerno

Gustavo Guerrero, Paris

Eva Guerrero Guerrero, Salamanca

Michèle Guicharnaud Tollis, Pau

Ricardo Herrero Velarde, Editorial Popular, Madrid

Anna Housková, Praha

Saúl Ibargoyen, México, D.F.

Ibero-Amerikanisches Institut, Berlin

Fatiha Idmhand, Villeneuve d'Ascq Cedex

Noé Jitrik, Buenos Aires

Venko Kanev, Rouen

Tatiana Krasavchenko, Mokba

Nucha y Mauricio Langon, Solymar

Hervé Le Corre, Paris

IURY LECH, Madrid
ROBIN LEFÈRE, Bruxelles
DANTE LIANO, Milano
HÉCTOR LOAIZA, Pau
ELIDA LOIS, Buenos Aires
GUILLERMO LOPETEGUI, Montevideo
AMADEO LÓPEZ, Bourg-la-Reine
MERCEDES LÓPEZ BARALT, San Juan de Puerto Rico
VIRGILIO LÓPEZ LEMUS, La Habana
ESPERANZA LÓPEZ PARADA, Madrid
ANNICK LOUIS, Paris
RAÚL CARLOS MAÍCAS, Teruel
SILVANA MANDOLESSI, Heverlee
CELINA MANZONI, Buenos Aires
GREGORIO MANZUR, Paris
CARMEN MÁRQUEZ MONTES, Las Palmas de Gran Canaria
MARISA MARTÍNEZ PÉRSICO, Salamanca
GIOCONDA MARÚN, Harrison, NY
SONIA MATTALIA ALONSO, Valencia
ROSA ANA MEDINA, Zaragoza
DANIEL MESA GANCEDO, Zaragoza
LUISA MIÑANA, Zaragoza
JUAN CARLOS MONDRAGÓN VARACCHI, Paris
JAIME MONESTIER, Montevideo
EDGAR MONTIEL, Paris
PABLO JOSÉ MONTOYA CAMPUZANO, Medellín
DOLAN MOR, Zaragoza
JOSÉ LUIS MORA GARCÍA, Madrid

CARMEN DE MORA, Sevilla
MABEL MORAÑA, St. Louis, MO
FERNANDO MORENO, Poitiers
FRANÇOISE MOULIN CIVIL, Paris
DANUTA TERESA MOZEJKO, Córdoba
ANGELINA MUÑIZ HUBERMAN, México, D.F.
MARIANO NAVA CONTRERAS, Mérida
FERNANDO NINA, Nattheim
FRANCISCA NOGUEROL JIMÉNEZ, Salamanca
OSVALDO OBREGÓN, Saint Maurice
FLORENCE OLIVIER, Paris
TERESA ORECCHIA HAVAS, Boulogne-Billancourt
JULIO ORTEGA, Providence, RI
MÓNICA OSORIO VERA, Santiago de Chile
TAISSIA PANIOTOVA, Rostov
ALBERTO PAREDES, México D.F.
ROSA PELLICER DOMINGO, Zaragoza
WILFREDO PENCO, Montevideo
JULIO PEÑATE RIVERO, Fribourg
NICASIO PERERA SAN MARTÍN, Nantes
ENRIQUE PÉREZ CRISTOBAL, Leganés
CRISTINA PERI ROSSI, Barcelona
PERLA PETRICH GARCÍA RUIZ, Paris
ERNA PFEIFFER, Graz
JAVIER PINEDO , Talca
SVEND PLESCH, Rostock
NÉSTOR PONCE, Rennes

TERESA PORZECANSKI, Montevideo
JULIO PRIETO, Berlin
MARÍA LUCÍA PUPPO, Buenos Aires
MARYSE RENAUD, Poitiers
LUIS A. RETTA, Montevideo
ALBERTO J. RIBES LEIVA, Madrid
GRACIELA N. RICCI, Milano
ROMANISCHES SEMINAR: SPANISCHE LITERATUR DER NEUZEIT, Zürich
JOSÉ CARLOS ROVIRA, Alicante
CARMEN RUIZ BARRIONUEVO, Salamanca
ÁLVARO SALVADOR JOFRE, Granada
ROBERTO SÁNCHEZ BENÍTEZ, Morelia
SABINE SCHLICKERS, Bremen
MARÍA ANGÉLICA SEMILLA DURÁN, Lyon
ENRIQUE SERRANO, Zaragoza
BERNARD SESÉ, Paris
ANTONIO SIDEKUM, Nova Petrópolis
GUSTAV SIEBENMANN, Speicher
PABLO SILVA, Grinnell, IA

MODESTA SUÁREZ, Toulouse
VICTORIA TORRES, Köln
ABRIL TRIGO, Columbus, OH
CONSUELO TRIVIÑO ANZOLA, Madrid
LUISA VALENZUELA, Buenos Aires
FERNANDO VALLS GUZMÁN, Barcelona
DAGMAR VANDEBOSCH, Gent
KRISTINE VANDEN BERGHE, Liège
CARMEN VÁSQUEZ, Paris
LUIS VERES, Valencia
KLAUS DIETER VERVUERT, Madrid
ENRIQUE VILA MATAS, Barcelona
MANUEL VILAS, Zaragoza
EDUARDO J. VIOR, Viedma
IDA VITALE Y ENRIQUE FIERRO, Austin, TX
ANTONIA VIU BOTTINI, Santiago de Chile
CHRISTIAN WENTZLAFF-EGGEBERT, Köln
VALERI ZEMSKOV, Mokba